CAMPING CARAVANING FRANCE

Cette publication n'est pas un répertoire de tous les campings existants, mais une liste volontairement limitée de terrains choisis après visites et enquêtes effectuées sur place par nos inspecteurs.

Le guide Camping Caravaning France 1993 propose une SELECTION de plus de 3 500 terrains classés en 5 catégories (⚠⚠⚠ ... ⚠).

Le classement que nous attribuons à chaque camp dépend de la nature et du confort de ses installations.

Il est indépendant du classement officiel en étoiles établi par les préfectures.

Les terrains sont cités par ordre de préférence dans chaque localité.

Nos enquêtes continuent. Pour nous aider à améliorer cet ouvrage, rejoignez les nombreux lecteurs qui, régulièrement, nous font part de leurs appréciations et suggestions. Ecrivez-nous. Par avance, merci.

Sommaire

Comment utiliser ce guide

3 ENTRÉES POSSIBLES

1

**Vous désirez connaître
les ressources d'un département**

Le tableau des **localités classées par départements** (page 31) vous permettra dans une région donnée, de choisir, parmi tous les terrains que nous recommandons, ceux qui disposent d'aménagements de loisirs particuliers (✖ ⴵ), les camps ouverts en permanence (P), ceux qui proposent des locations (caravanes, mobil home, bungalows) ou une possibilité de restauration, ou bien encore ceux qui bénéficient d'un environnement particulièrement calme (⬡).

2

**Vous souhaitez visualiser, sur une carte,
les ressources d'une même région**

L'atlas (page 56) en repérant les localités possédant au moins un terrain sélectionné vous permettra d'établir rapidement un itinéraire. Cet atlas signale aussi les villes possédant un camping ouvert à l'année ou des terrains que nous trouvons particulièrement agréables dans leurs catégories (voir légende page 57).

3

**Vous avez choisi la localité
où vous désirez faire étape**

La **nomenclature alphabétique** (page 73) vous permet de vous reporter à la localité de votre choix, aux terrains que nous y avons sélectionnés et au détail de leurs installations.

Dans tous les cas consultez le **chapitre explicatif** (pages 4 à 9)
qui donne la signification des signes conventionnels utilisés
et les précisions complémentaires sur les équipements,
les services et les prestations des terrains que nous recommandons.

Signes conventionnels
Abréviations principales

LOCALITÉS

Ⓟ ⬦SP	Préfecture – Sous-Préfecture
23700	Numéro de code postal
12 73 ②	Numéro de page d'atlas (p. 56 à 72) – N° de la carte Michelin et du pli
G. Bretagne	Localité décrite dans le guide vert Michelin Bretagne
1 050 h.	Population
alt. 675	Altitude (donnée à partir de 600 m)
♯ ⛷	Nature de la station : thermale – de sports d'hiver
✉ 05000 Gap	Code postal et nom de la commune de destination
✆	Indicatif téléphonique
⛴	Transports maritimes
🛈	Information touristique

TERRAINS

CLASSE

⋀⋀⋀⋀	Terrain très confortable, parfaitement aménagé
⋀⋀⋀	Terrain confortable, très bien aménagé
⋀⋀	Terrain bien aménagé, de bon confort
⋀	Terrain assez bien aménagé
△	Terrain simple mais convenable

Sélection particulières

Ⓜ	Terrain d'équipement moderne
❄ ◇	Caravaneige sélectionné – Parc résidentiel sélectionné

AGRÉMENT

⋀⋀⋀ ... ⋀	Terrains agréables dans leur ensemble
🦢 🦢	Terrain très tranquille, isolé – Tranquille surtout la nuit
⇐ ⇐	Vue exceptionnelle – Vue intéressante ou étendue
« »	Elément particulièrement agréable

SITUATION ET ACCÈS

✆ Fax ✉	Téléphone – Transmission de documents par télécopie – Adresse postale du camp (si différente de la localité)
N – S – E – O	Direction : Nord – Sud – Est – Ouest (indiquée par rapport au centre de la localité)
Ⓟ	Parking obligatoire pour les voitures en dehors des emplacements
🐕	Accès interdit aux chiens

CARACTÉRISTIQUES GÉNÉRALES

3 ha	Superficie (en hectares) du camping
60 ha/3 campables	Superficie totale (d'un domaine) et superficie du camp proprement dit
(90 empl.)	Capacité d'accueil : en nombre d'emplacements
⚬━ ⚬━	Camp gardé : en permanence – le jour seulement
⊏⊐	Emplacements nettement délimités
♀ ♀♀ ♑♑♑	Ombrage léger – Ombrage moyen – Ombrage fort (sous-bois)

5

ÉQUIPEMENT

Sanitaires – Emplacements

Installations avec eau chaude : Douches – Lavabos

Éviers ou lavoirs – Postes distributeurs

Cabinets de toilette ou lavabos en cabines (avec ou sans eau chaude)

Installations sanitaires spéciales pour handicapés physiques

Installations chauffées

Aire de services pour Camping-Cars

Branchements individuels pour caravanes : Electricité – Eau – Evacuation

Ravitaillement – Restauration – Services divers

Super-marché, centre commercial – Magasin d'alimentation

Bar (licence III ou IV) – Restauration (restaurant, snack-bar)

Plats cuisinés à emporter – Machines à laver, laverie

Loisirs – Distractions

Salle de réunion, de séjour, de jeux...

Tennis – Golf miniature

Jeux pour enfants

Piscine : couverte – de plein air

Bains autorisés ou baignade surveillée

Voile (école ou centre nautique) – Promenades à cheval ou équitation

LOCATIONS

Location de tentes

Location de caravanes – de résidences mobiles

Location de chambres – de bungalows aménagés

RÉSERVATIONS – PRIX

R Ⱦ Réservations acceptées – Pas de réservation

★ 8 – 🚗 5 Redevances journalières : par personne, pour le véhicule

▣ 10/12 pour l'emplacement (tente/caravane)

⚡ 7 (4A) pour l'électricité (nombre d'ampères)

LÉGENDE DES SCHÉMAS

Ressources camping

(○) Localité possédant au moins un terrain sélectionné dans le guide

△ Terrain de camping situé

Voirie

Autoroute

Double chaussée de type autoroutier (sans carrefour à niveau)

❶ ❷ Echangeurs numérotés : complet, partiel

Route principale

Itinéraire régional ou de dégagement

Autre route

Sens unique – Barrière de péage

Piste cyclable – Chemin d'exploitation, sentier

Pentes (Montée dans le sens de la flèche) 5 à 9 % – 9 à 13 % – 13 % et plus

Col – Bac – Pont mobile

Voie ferrée, gare – Voie ferrée touristique

Limite de charge (indiquée au-dessous de 5 tonnes)

Hauteur limitée (indiquée au-dessous de 3 m)

Curiosités

Eglise, chapelle – Château

Phare – Monument mégalithique

Ruines – Curiosités diverses

Table d'orientation, panorama – Point de vue

Repères

Localité possédant un plan
dans le Guide Rouge Michelin

Information touristique – Bureau de poste principal

Eglise, chapelle – Château

Ruines – Monument – Château d'eau

Hôpital – Usine

Fort – Barrage – Phare

Calvaire – Cimetière

Aéroport – Aérodrome – Vol à voile

Stade – Golf – Hippodrome

Zoo – Patinoire

Téléphérique ou télésiège – Forêt ou bois

Précisions complémentaires

SÉLECTION

Le nom des camps est inscrit en **caractères gras** lorsque tous les renseignements demandés, et notamment les prix, nous ont été communiqués par les propriétaires au moment de la réédition.

Toutes les insertions dans ce guide sont entièrement **gratuites** et ne peuvent en aucun cas être dues à une prime ou à une faveur.

CLASSE

La classe (ᴀᴀᴀᴀ ... ᴀ) que nous attribuons à chaque terrain est indiquée par un nombre de tentes correspondant à la nature et au confort de ses aménagements.

Terrains agréables (ᴀᴀᴀᴀ ... ᴀ) – Ces camps, signalés dans le texte par des « tentes rouges », sont particulièrement agréables dans leur ensemble et leur catégorie. Ils sortent de l'ordinaire par leur situation, leur cadre, leur tranquillité ou le style de leurs aménagements.

▸ *Voir atlas pages 56 à 72.*

SÉLECTION PARTICULIÈRES

Terrains modernes (Ⓜ) – Leur conception générale, leur style et leurs installations (sanitaires surtout) présentent un caractère rationnel et moderne.

Caravaneiges (❄) – Ces camps sont équipés spécialement pour les séjours d'hiver en montagne (chauffage, branchements électriques de forte puissance, salle de séchage etc.).

Parcs résidentiels (◇) – Ces terrains, orientés essentiellement vers une forme de caravaning sédentaire, possèdent un confort et des installations au-dessus de la moyenne. Leurs emplacements, vastes et bien aménagés, sont généralement loués (en totalité ou presque) à des caravaniers laissant leur installation sur place (à l'année ou à la saison).

Location longue durée – *Places disponibles (ou limitées) pour le passage :* Nous signalons ainsi les camps à vocation résidentielle (P.R.L. ou autres) qui, bien que fréquentés en majorité par une clientèle d'habitués occupant des installations sédentaires, réservent néanmoins des emplacements pour accueillir la clientèle de passage.

Aires naturelles – Ces terrains sont généralement aménagés avec simplicité mais se distinguent par l'agrément de leur situation dans un cadre naturel et offrent des emplacements de grande superficie.

ÉQUIPEMENT ET SERVICES

Admission des chiens – En l'absence du signe ⌖, les chiens sont admis sur le camp *mais doivent obligatoirement être tenus en laisse.* En outre, leur admission peut être soumise à une redevance particulière et très souvent à la *présentation d'un carnet de vaccination à jour.*

Le gardiennage permanent (⌐) implique qu'un responsable, logeant généralement sur le camp, peut être contacté en cas de besoin en dehors des heures de présence à l'accueil, mais ne signifie pas nécessairement une surveillance effective 24 h sur 24.

Le gardiennage de jour (⌐) suppose la présence d'un responsable à l'accueil ou sur le camp au moins 8 h par jour.

Sanitaire – *Nous ne mentionnons que les installations avec eau chaude* (ⓐⓑⓒⓓ).

Branchements électriques pour caravanes (⌾) – Le courant fourni est en 220 V. Avec les prix, nous indiquons l'ampérage disponible quand cette précision nous est donnée.

Commodités – Loisirs – La plupart des ressources ou services mentionnés dans le texte, particulièrement en ce qui concerne le ravitaillement (ⓐⓑ), la restauration (✗ⓐ) et certains loisirs de plein air (ⓐⓑ), ne sont généralement accessibles qu'en saison en fonction de la fréquentation du terrain et indépendamment de ses dates d'ouverture.

Mention « A proximité » – Nous n'indiquons que les aménagements ou installations qui se trouvent dans les *environs immédiats* du camping (généralement moins de 500 m) et aisément accessibles pour un campeur se déplaçant à pied.

LOCATIONS

▸ *Voir dans le tableau p. 31 à 54* les localités possédant un ou plusieurs terrains pratiquant la location de **caravanes, bungalows** aménagés etc... La nature de ces locations est précisée au texte de chaque terrain par les signes appropriés (🏠🏚🏡) ou les mentions littérales : studios, appartements.
S'adresser au propriétaire pour tous renseignements et réservation.

OUVERTURE – RÉSERVATIONS

Ouverture – Les périodes de fonctionnement sont indiquées d'après les dates les plus récentes communiquées par les propriétaires.
Ex. : juin-sept. (début juin à fin septembre).
Faute de précisions, ou en cas de non-réponse de la part du propriétaire, le mot saison signifie ouverture probable en saison – dates non communiquées.
Le mot Permanent signale les terrains ouverts toute l'année.

▸ *Voir atlas p. 56 à 72.*

Réservation d'emplacements (R ℞). – Dans tous les cas où vous désirez réserver un emplacement, écrivez directement au propriétaire du terrain choisi (joindre une enveloppe timbrée pour la réponse) et demandez toutes précisions utiles sur les modalités de réservation, les tarifs, les arrhes, les conditions de séjour et la nature des prestations offertes afin d'éviter toute surprise à l'arrivée.
Des frais de réservation sont perçus par certains propriétaires sous forme d'une somme forfaitaire non remboursable.

LES PRIX

Les prix que nous mentionnons sont ceux qui nous ont été communiqués par les propriétaires en septembre au moment de la réédition (nous indiquons s'il s'agit d'un tarif de l'année précédente dans la mesure où cette précision nous est signalée).
Dans tous les cas, ils sont donnés à titre indicatif et susceptibles d'être modifiés si le coût de la vie subit des variations importantes.
Sauf cas particuliers (location annuelle, forfaits longue durée, « garage mort »), les redevances sont généralement calculées par journées de présence effective, décomptées de midi à midi, chaque journée entamée étant facturée intégralement.
Nous n'indiquons que les *prix de base* (tarifs forfaitaires par emplacement ou redevances par personne, pour le véhicule et pour l'emplacement) ainsi que les prix des branchements électriques pour caravanes et de l'eau chaude si ces précisions nous sont communiquées. Il est à noter que, dans la très grande majorité des camps que nous sélectionnons, l'eau chaude (douches, éviers, lavabos) est en général comprise dans les redevances par personne ou par emplacement.
Certaines prestations peuvent être facturées en sus (piscine, tennis) – les visiteurs, les chiens, certaines taxes (séjour, enlèvement des ordures ménagères, etc.) peuvent également donner lieu à une redevance complémentaire.
De toute façon, les tarifs en vigueur doivent obligatoirement être affichés à l'entrée du camp (ainsi que son classement officiel en étoiles, sa capacité d'accueil et son règlement intérieur) et *il est vivement conseillé d'en prendre connaissance avant de s'installer.*

En cas de contestation ou de différend, lors d'un séjour sur un terrain de camping, au sujet des prix, des conditions de réservation, de l'hygiène ou des prestations, efforcez-vous de résoudre le problème directement sur place avec le propriétaire du terrain ou son représentant.
Faute de parvenir à un arrangement amiable, et si vous êtes certain de votre bon droit, adressez-vous en premier lieu aux Services compétents de la Préfecture du département concerné et, éventuellement, à une Association de Défense des Consommateurs.
En ce qui nous concerne, nous examinons attentivement toutes les observations qui nous sont adressées afin de modifier, le cas échéant, les mentions ou appréciations consacrées aux camps recommandés dans notre guide, mais nous ne possédons ni l'organisation, ni la compétence ou l'autorité nécessaires pour arbitrer et régler les litiges entre propriétaires et usagers.

CAMPING CARAVANING FRANCE

This publication is not a complete list of all camping sites in France but a deliberately limited list of sites chosen on the basis of our Inspectors' on-the-spot enquiries.

The Michelin Guide Camping Caravaning France 1993 contains a *SELECTION* of over 3 500 camping sites classified in 5 categories (⚞⚞⚞⚞ ... ⚞).

The classification that we give to each site depends on the type and range of its facilities.

It is quite independent of the official star ratings set by the Préfectures.

The sites under each heading place name are listed in order of preference.

Our on-the-spot enquiries continue from year to year. To help us improve this publication many readers regularly send us their comments and suggestions.
We would be happy to hear from you.

Contents

How to use this guide

THREE OPTIONS

1

**To find out what facilities are available
in a "département"**

The table of **localities, classified by "département"** (administrative
district) (p. 31), lists all the camping sites that we recommend in a
given area, and shows those which have particular recreational
facilities (✗ ⌇), those which are open throughout the year (P), those
which hire out caravans, mobile homes or bungalows, those with eating
places, and also those which are in particularly quiet surroundings (⌇).

2

**To see the resources of a district
on the map**

The **atlas** (p. 56) marks the places with at least one selected site and
makes it easy to work out a route. The atlas also shows the towns with
sites that are open throughout the year or which we consider above
average within a given category (see key p. 57).

3

**To see what is available
in a particular place**

Under the name of a given place in the **alphabetical section** (p. 73) are
listed the sites we have selected and the facilities available.

Always consult the **Explanatory notes** section (pp. 12 to 16)
which gives the meaning of the symbols used in this guide and
maps and more detailed information on the facilities, services
and charges of the sites we recommend.

Conventional signs
Abbreviations

LOCALITIES

ℙ ⟨SP⟩	Prefecture – Sub-prefecture
23700	Postal code number
12 73 ②	Atlas page number (pp 56 to 72) – Michelin map number and fold
G. Bretagne	Place described in the Michelin Green Guide Brittany
1 050 h.	Population
alt. 675	Altitude (over 600m)
♨ ❧	Resort: spa – winter sports
✉ 05000 Gap	Postal number and name of the postal area
☏	Trunk dialling code
⚓	Maritime services
🛈	Tourist Information Centre

CAMPING SITES

CLASSIFICATION

⋀⋀⋀⋀	Very comfortable, ideally equipped
⋀⋀⋀	Comfortable, very well equipped
⋀⋀⋀	Well equipped, reasonably comfortable
⋀⋀	Acceptable
⋀	Rudimentary

Special features

Ⓜ	Sites with modern facilities
❄ ◇	Selected winter caravan sites – Selected residential sites

AMENITIES

⋀⋀⋀⋀ ... ⋀	Pleasant site
🦢 🦢	Quiet isolated site – Quiet site, especially at night
≤ ≤	Exceptional view – Interesting or extensive view
« »	Particularly attractive feature

LOCATION AND ACCESS

✆ Fax ✉	Telephone – Telephone document transmission – Postal address of camp (if different from name of locality)
N – S – E – O	Direction from nearest listed locality : North – South – East – West
Ⓟ	Cars must be parked away from pitches
🐕	No dogs allowed

GENERAL CHARACTERISTICS

3 ha	Area available (in hectares ; 1ha = 2.47 acres)
60 ha/3 campables	Total area of the property and area used for camping
(90 empl.)	Capacity (number of spaces)
⚷ ⚷	Camp guarded: day and night – day only
⊡	Marked off pitches
♀ ♀♀ ♔	Shade – Fair amount of shade – Well shaded

FACILITIES

Sanitary installations – Pitch fitments

Sites with running hot water: showers – wash basins
Laundry or dish washing facilities – Running water
Individual wash rooms or wash basins with or without hot water
Sanitary installations for the physically handicapped
Heating installations
Service bay for camper vans
Each caravan bay is equipped with electricity – water – drainage

Food shops – Restaurants – Other facilities

Supermarket; shopping centre – Food shop
Bar (serving alcohol) – Eating places (restaurant, snack-bar)
Take away meals – Washing machines, laundry

Recreational facilities

Common room – Games room
Tennis courts – Mini golf
Playground
Swimming pool: covered – open air
Bathing allowed or supervised bathing
Sailing (school or centre) – Pony trekking, riding

RENTING

Tents
Caravans – Mobile homes
Rooms – Bungalows

RESERVATION – PRICES

R 斺   Reservations: accepted – not accepted
🚶 8 – 🚗 5   Daily charge: per person, per vehicle
🔲 10/12   per pitch (tent/caravan)
⚡ 7 (4A)   for electricity (by no of amperes)

KEY TO THE LOCAL MAPS

Camping

(0)   Locality with at least one camping site selected in the guide
△   Location of camping site

Roads

Motorway
Dual carriageway with motorway characteristics (no at grade junctions)
Numbered junctions: complete, limited
Major road
Secondary road network
Other road
One-way road – Toll barrier
Cycle track – Cart track, footpath
Gradient (ascent in the direction of the arrow) 1:20 to 1:12; 1:11 to 1:8; + 1:7
Pass – Ferry – Drawbridge or swing bridge
Railway, station – Steam railways
Load limit (given when less than 5t)
Headroom (given when less than 3m)

13

Sights of interest

Church, chapel – Castle, château
Lighthouse – Megalithic monument
Ruins – Miscellaneous sights
Viewing table, panoramic view – Viewpoint

Landmarks

Towns having a plan
in the Michelin Red Guide

Tourist Information Centre – General Post
Office
Church, chapel – Castle, château
Ruins – Statue or building – Water tower
Hospital – Factory or power station
Fort – Dam – Lighthouse
Wayside cross – Cemetery
Airport – Airfield – Gliding airfield
Stadium – Golf course – Racecourse
Zoo – Nature reserve – Skating rink
Cable-car or chairlift – Forest or wood

Additional information

SELECTION

The names of sites are in **bold type** when the owners have supplied us with all requested details, in particular prices, at the time of revision.

Inclusion in the Michelin Guide is **free** and cannot be achieved by pulling strings or bribery.

CLASSIFICATION

The classification (⚲⚲⚲⚲ ... ⚲) we give each camping site is indicated by the number of tents corresponding to the nature and comfort of the equipment.

Pleasant sites (⚲⚲⚲⚲ ... ⚲) – These grounds, indicated in the text by red tents, are particularly pleasant as a whole and within their own class. They may be outstanding in situation, setting, quietness or the style of their amenities.

▸ *See the atlas pp 56 to 72.*

SPECIAL FEATURES

Camping sites with modern facilities (Ⓜ) – The general layout, style and installations (sanitary particularly) are convenient and modern.

Winter caravan sites (❄) – These sites are specially equipped for a winter holiday in the mountains. Facilities generally include central heating, high power electric points and drying rooms for clothes and equipment.

Residential sites (◇) – These sites essentially cater for static caravans and have above average comfort, standards and equipment. The vast majority of the spacious and well equipped pitches on these sites are occupied on an annual or seasonal basis.

Location longue durée – *Places disponibles (ou limitées) pour le passage :* This mention indicates camping sites (residential, country park and other sites) which cater essentially for regular campers using static pitches but nevertheless leave some touring pitches available.

Aires naturelles – Camping sites in a rural setting offering minimal facilities. Their chief attraction is their pleasant situation in natural surroundings. They generally offer spacious pitches.

FACILITIES

Dogs – Unless this symbol ⚱ is indicated, dogs are allowed on the camping site but *must be on a leash.* Furthermore some sites may charge for dogs. Very often an up-to-date *vaccination card is required.*

Camping site guarded day and night (o⚊) – This implies that a warden usually living on the site can be contacted, if necessary outwith the normal reception hours. However, this does not mean round the clock surveillance.

Camping site guarded by day (o⚊) – This indicates the presence of someone responsible, on the premises, for at least 8 hours a day.

Sanitary installations – *In the text we only mention installations with running hot water* (🚿😊🚽🛁).

Caravan electricity supply points (⊕) – The electric current is 220 volts. When the information is provided by the proprietor, the power available in amperes is indicated in brackets after the mains electricity supply point rental charge.

Food shops – Recreational facilities – Most of the facilities and services indicated in the text, particularly those services concerned with food shops (🍖🛒), eating places (✗🍴) and certain outdoor activities (🏊♨), are only available in season and even then it may depend on the demand and not the date the camping site opens.

« A proximité » : this mention indicates facilities in the immediate proximity of the camping site (generally less than 500m) and easily accessible for campers on foot.

RENTING

▸ *See the table pp 31 to 54* for the localities with at least one or more sites which rent **caravans** or **bungalows**. Detailed information of what exactly is available in each case will be found under the relevant site indicated by the appropriate symbol (⌂⌂⌂) or by the French terms *studios, appartements* (meaning studios or flats).
Enquire directly to the proprietor.

PERIODS OF OPENING – PITCH RESERVATIONS

Periods of opening – The periods of opening are the most recent dates supplied by the owner.
The mention, juin-sept, is inclusive (i.e. beginning June through end of September).

Season – Due to lack of information or no response from the owner the word saison (season) means likely to be open during the season (unspecified dates).

Permanent – This indicates that the site is open all year round.

▸ *See the atlas pp 56 to 72.*

Pitch reservations (R R) – Whenever you wish to book a site in advance, write directly to the owner and include an international reply paid stamp coupon and self-addressed envelope. Ask for all details concerning the booking regulations, the prices, the deposits, any special conditions pertaining to the stay and the facilities offered by the site in question, to avoid any unpleasant surprises.

Booking fees, charged by some owners, are not refunded.

CHARGES

The charges we indicate are those that were supplied to us in September at the time of reedition. If and when the information is given to us, we specify when the charges given are those of the previous year.

In any event they should be regarded as basic charges and may alter due to fluctuations in the cost of living.

The charges are generally calculated on the actual number of days counting from midday to midday with each partial day being counted as a full day. Exceptions to the above mentioned are: annual rentals, long stay and residential rates.

We indicate *basic charges* either an all inclusive charge per pitch, or fee charged per person, per vehicle and per pitch. If the information is given, we indicate for caravans, the rental charge for connection to mains electricity supply and the charge for hot water. It should, however, be noted that for the great majority of camping sites which we select, the charge for running hot water (showers, wash basins and laundry or dish washing facilities) is included in the *basic charge* per person or per pitch.

Supplementary fees may be charged for certain facilities (swimming pool, hot water), visitors, dogs and taxes (tourist tax, refuse collection tax etc.).

Without exception *the following information should be posted at the site entrance:* the camp's regulations, its official classification (indicated by stars), its capacity and current charges. *It is advisable to study them well before settling in.*

If during your stay in a camping site you have grounds for contention concerning your reservation, the prices, standards of hygiene and facilities offered, try in the first place to resolve the problem with the proprietor or the person responsible.

If you believe you are quite within your rights, it is possible to take the matter up with the Prefecture of the "département" in question.

We welcome all suggestions and comments, be it criticism or praise, relative to camping sites recommended in our guide. We do, however, stress the fact that we have neither the department, the competence, nor the authority to deal with matters of contention between campers and proprietors.

Tableau des localités

Classement départemental

Vous trouverez dans le tableau des pages suivantes un classement par départements de toutes les localités citées dans la nomenclature.

Légende :

01 – AIN	Numéro et nom du département
▯ à ▯▯	Pages d'atlas situant les localités citées
♨, ⛷	Nature de la station (thermale, de sports d'hiver)
▣	Localité représentée par un schéma dans le guide
Le Havre	(Localité en rouge) Localité possédant au moins un terrain agréable sélectionné (△ ... △△△)
P	(Permanent) Localité possédant un terrain ouvert toute l'année
🦫	Localité possédant au moins un terrain très tranquille
Restauration	Localité possédant au moins un terrain proposant une possibilité de restauration
Loc.	Localité dont un terrain au moins propose la location de caravanes ou de bungalows
✗✗	Localité possédant au moins un terrain avec tennis
⟋, ▣	Localité possédant au moins un terrain avec piscine (de plein air, couverte)

Se reporter à la nomenclature (classement alphabétique général des localités pour la description complète des camps sélectionnés et utiliser les cartes détaillées à 1/200 000 pour situer avec précision les localités possédant au moins un terrain sélectionné (**◐**).

Table of localities

Classified by "départements"

You will find in the following pages a classification by "département" of all the localities cited in the main body of the guide.

Key :

01 – AIN	Number and name of a « département »
▯ to ▯▯	Pages of the atlas showing the « département » boundaries and listed localities
♨, ⛷	Classification of the town (health resort, winter sports resort)
▣	Locality with a local map in the guide
Le Havre	(Name of the locality printed in red) Locality with at least one selected pleasant site (△ ... △△△)
P	(Permanent) Locality with one selected site open all year
🦫	Locality with at least one selected very quiet, isolated site
Restauration	Locality with at least one selected site offering some form of on-site eating place
Loc.	Locality with at least one selected site renting caravans or bungalows
✗✗	Locality with at least one selected site with tennis courts
⟋, ▣	Locality with at least one selected site with a swimming pool (open air, indoor)

Refer to the body of the guide where localities appear in alphabetical order, for a complete description of the selected camping sites. To locate a locality (**◐**) with at least one selected camping site, use the detailed maps at a scale of 1 : 200 000.

Ortstabelle

Nach Departements geordnet

Auf der Tabelle der folgenden Seiten erscheinen alle im Führer erwähnten Orte nach Departements geordnet.

Zeichenerklärung :

01 – AIN	Nummer und Name des Departements
🛈 bis 🖽	Seite des Kartenteils, auf welcher der erwähnte Ort zu finden ist
⚓, 🏂	Art des Ortes (Heilbad, Wintersportort)
⌖	Ort mit Kartenskizze im Campingführer
Le Havre	(Ortsname in Rotdruck) Ort mit mindestens einem besonders angenehmen Campingplatz (🛆 ... 🛆🛆🛆)
P	(Permanent) Ort mit mindestens einem das ganze Jahr über geöffneten Campingplatz
🌳	Ort mit mindestens einem sehr ruhigen Campingplatz
Restauration	Mindestens ein Campingplatz am Ort mit Imbiß
Loc.	Ort mit mindestens einem Campingplatz mit Vermietung von Wohnwagen oder Bungalows
🎾	Ort mit mindestens einem Campingplatz mit Tennisplatz
🏊, 🔲	Ort mit mindestens einem Campingplatz mit Frei- oder Hallenbad

Die vollständige Beschreibung der ausgewählten Plätze finden Sie im alphabetisch geordneten Hauptteil des Führers. Benutzen Sie zur Auffindung eines Ortes mit mindestens einem ausgewählten Campingplatz (**O**) die Abschnittskarten im Maßstab 1 : 200 000.

Lijst van plaatsnamen

Indeling per departement

In deze lijst vindt u alle in de gids vermelde plaatsnamen, ingedeeld per departement.

Verklaring der tekens :

01 – AIN	Nummer en naam van het departement
🛈 bis 🖽	Bladzijden van de kaarten waarop de betreffende plaatsen te vinden zijn
⚓, 🏂	Soort plaats (badplaats, wintersportplaats)
⌖	Plaats waarvan een schema in de gids staat
Le Havre	(Plaatsnaam rood gedrukt) Plaats met minstens één geselekteerd fraai terrein (🛆 ... 🛆🛆🛆)
P	(Permanent) Plaats met een terrein dat het hele jaar open is
🌳	Plaats met minstens één zeer rustig terrein
Restauration	Plaats met minstens één kampeerterrein dat over een eetgelegenheid beschikt
Loc.	Plaats met minstens één terrein waar caravans of bungalows gehuurd kunnen worden
🎾	Plaats met minstens één terrein met tennisbanen
🏊, 🔲	Plaats met minstens één terrein met zwembad (openlucht, overdekt)

Raadpleeg voor een volledige beschrijving van de geselekteerde terreinen de algemene alfabetische opgave van plaatsen en gebruik de deelkaarten schaal 1 : 200 000 om een plaats met minstens één geselekteerd terrein (**O**) te lokaliseren.

	Permanent	Restauration	Loc. 🚐 ou 🚗	Loc. 🏠 et autres	🍴	📷/🛷

01 - AIN [11][12]

	Perm.	Rest.	Loc.🚐	Loc.🏠	🍴	📷/🛷
Ambérieux-en-Dombes...	—	—	—	—	✕	—
Ars-sur-Formans...	—	—	—	—	✕	—
Bellegarde-sur-Valserine	—	—	•	—	✕	▣
Bourg-en-Bresse...	—	—	—	—	—	🛷
Champfromier...	—	~	—	—	—	—
Châtillon-sur-Chalaronne	—	—	•	—	—	🛷
Chavannes-sur-Suran...	—	—	—	—	—	—
Cormoranche-sur-Saône	—	—	—	—	—	—
Dompierre-sur-Veyle...	—	—	—	—	✕	—
Gex...	—	—	—	—	✕	—
Hautecourt-Romanèche..	—	—	—	—	—	—
Journans...	—	~	—	—	✕	—
Mantenay-Montlin...	—	—	—	—	✕	—
Massignieu-de-Rives...	—	—	—	—	✕	—
Messimy-sur-Saône...	—	~	—	—	—	—
Montmerle-sur-Saône...	—	—	—	—	✕	—
Montrevel-en-Bresse...	—	—	•	•	✕	—
Murs-et-Gelignieux...	—	—	—	—	—	—
Niévroz...	—	~	—	—	—	—
Le Plantay...	—	~	•	—	—	—
Poncin...	—	—	—	—	✕	—
St-Maurice-de-Gourdans	P	—	—	—	—	—
St-Nizier-le-Bouchoux...	—	—	—	—	—	—
St-Paul-de-Varax...	—	—	—	—	✕	—
Serrières-de-Briord...	—	—	•	—	✕	—
Virieu-le-Grand...	—	—	—	—	✕	—
Vonnas...	—	—	—	—	✕	🛷

02 - AISNE [2][6][7]

	Perm.	Rest.	Loc.🚐	Loc.🏠	🍴	📷/🛷
Berny-Rivière...	P	—	•	—	✕	🛷
Chamouille...	—	—	—	—	—	—
Charly...	—	—	—	—	✕	—
Chauny...	—	—	—	—	—	—
Fère-en-Tardenois...	P	—	—	—	—	—
Guignicourt...	—	—	—	—	✕	—
Guise...	—	—	—	—	—	—
Hirson...	—	—	—	—	—	🛷
Le Nouvion-en-Thiérache	—	—	—	—	—	—
Presles-et-Boves...	—	—	—	—	✕	—
Ressons-le-Long...	P	—	—	—	—	—
St-Quentin...	—	—	—	—	—	▣
Seraucourt-le-Grand...	P	—	—	—	—	—
Villers-Hélon...	—	~	•	—	—	—

03 - ALLIER [10][11]

	Perm.	Rest.	Loc.🚐	Loc.🏠	🍴	📷/🛷
Arfeuilles...	—	~	—	—	—	—
Bayet...	—	—	—	—	✕	—
Bourbon-l'Archamb.. ♨	—	~	—	—	✕	🛷
Braize...	—	~	•	—	—	—
Châtel-de-Neuvre...	—	—	—	—	✕	—
Châtel-Montagne...	—	—	•	—	✕	—
Chouvigny...	—	~	—	—	✕	—
Couleuvre...	—	—	—	—	✕	—
Diou...	—	—	—	—	✕	—
Dompierre-sur-Besbre...	—	—	—	—	✕	🛷
Le Donjon...	—	—	—	—	✕	—
Ferrières-sur-Sichon...	—	—	—	—	✕	—
Gannat...	—	—	—	—	✕	—
Isle-et-Bardais...	—	—	—	•	✕	—
Jenzat...	—	—	—	—	✕	—
Lapalisse...	—	—	—	—	✕	—
Louroux-de-Bouble...	—	—	—	—	—	—
Mariol...	—	—	—	—	✕	🛷
Le Mayet-de-Montagne..	—	—	—	—	✕	—
Néris-les-Bains ♨	—	—	—	•	✕	▣
Paray-sous-Briailles...	—	—	—	—	✕	—
St-Bonnet-Tronçais...	—	—	—	•	✕	—
St-Pourçain-sur-Sioule...	—	—	—	—	✕	🛷
St-Victor...	—	—	—	—	—	—
St-Yorre...	—	—	—	—	✕	🛷
Trézelles...	—	—	—	—	✕	—
Urçay...	—	—	—	—	—	—
Varennes-sur-Allier...	—	—	—	—	✕	🛷
Vichy ♨	—	—	•	•	✕	▣
Vieure...	—	—	•	—	✕	—

04 - ALPES-DE-HAUTE-PROVENCE [16][17]

	Perm.	Rest.	Loc.🚐	Loc.🏠	🍴	📷/🛷
Annot...	—	—	•	—	—	—
Barcelonnette 🦅	P	—	•	•	✕	🛷
Barrême...	—	—	—	—	—	—
Beauvezer...	—	—	—	—	✕	—
Castellane...	P	—	•	•	✕	—
Château-Arnoux...	P	—	•	•	—	—
Clamensane...	—	—	—	—	—	—
Condamine-Châtelard...	P	—	•	—	✕	—
Dauphin...	—	—	—	—	✕	—
Digne-les-Bains ♨	—	—	•	—	✕	—
Esparron-de-Verdon...	—	—	•	—	—	—
Forcalquier...	—	—	—	—	✕	🛷
Gréoux-les-Bains ♨	—	—	—	—	✕	—
La Javie...	—	—	—	—	—	—
Larche...	—	—	—	—	✕	—
Manosque...	—	—	—	—	—	—
Les Mées...	—	—	—	—	✕	—
Mézel...	—	—	—	—	—	—
Montpezat...	—	—	•	—	✕	🛷
Moriez...	—	—	—	—	—	—
Moustiers-Ste-Marie...	—	—	•	—	✕	—
Niozelles...	—	—	•	•	✕	—
Oraison...	—	—	—	—	✕	—
Peyruis...	—	—	•	—	✕	🛷
Puimichel...	—	~	—	—	—	—
Puimoisson...	—	—	—	—	✕	—
St-André-les-Alpes...	—	—	•	—	✕	—
St-Jean (Col) 🦅	P	—	•	•	✕	🛷
St-Julien-du-Verdon...	—	—	•	—	✕	—
St-Laurent-du-Verdon...	—	~	•	—	✕	—
St-Paul...	—	—	•	—	✕	—
Ste-Tulle...	—	—	—	—	✕	🛷
Seyne 🦅	P	—	•	•	✕	▣
Sisteron...	—	—	—	—	✕	—
Le Vernet...	P	—	•	—	—	—
Villars-Colmars...	—	—	—	—	✕	—
Volonne...	—	—	•	—	✕	🛷
Volx...	—	—	—	—	✕	—

05 - HAUTES-ALPES [12][16][17]

	Perm.	Rest.	Loc.🚐	Loc.🏠	🍴	📷/🛷
Abriès 🦅	P	—	•	—	—	—
Ancelle 🦅	—	~	—	—	—	🛷
L'Argentière-la-Bessée...	—	—	•	—	✕	—
Barret-le-Bas...	—	—	—	—	—	—
Briançon...	P	—	•	•	✕	—
Ceillac 🦅	—	—	—	—	—	🛷
Chorges...	P	—	—	—	—	🛷
Crots...	—	—	—	—	—	—
Embrun...	P	~	•	—	•	✕ ▣
Espinasses...	—	—	—	—	—	—

	Permanent	Restauration	Loc. 🚐 ou 🏠	🏠 et autres	☐ ou	🎾	🏊
La Faurie	–	•	–	–	–	–	–
Gap	P	–	•	•	–	–	🏊
La Grave 🐦	–	–	–	–	–	–	–
Guillestre	P	–	•	–	•	🎾	–
Jarjayes	–	•	–	–	–	–	–
Orcières 🐦	P	–	•	•	–	–	–
Orpierre	–	–	•	–	–	🎾	–
Poligny	–	–	–	–	–	🎾	–
Puy-St-Vincent	–	🍴	–	–	–	–	–
Reallon	–	–	–	–	–	🎾	–
Réotier	–	–	–	–	–	–	–
Ribiers	–	–	–	–	–	–	–
La Roche-de-Rame	P	–	–	–	–	–	–
La Roche-des-Arnauds	P	–	•	–	–	🎾	–
St.-Apollinaire	–	–	•	–	–	–	–
St-Bonnet-en-Champsaur	–	–	•	–	–	🎾	–
St-Clément-sur-Durance	–	–	–	–	–	–	–
St-Disdier	–	–	–	•	–	–	–
St-Étienne-en-Dévoluy	–	–	–	•	–	–	–
St Firmin	–	–	–	–	–	🎾	🏊
St-Jean-St-Nicolas	–	–	–	–	–	🎾	–
St-Léger-les-Mélèzes	–	🍴	–	–	–	🎾	–
St-Maurice-en-Valg.	–	–	–	–	–	–	–
St-Michel-de-Chaillol	–	–	–	–	–	–	–
Savines-le-Lac	–	–	–	–	–	–	🏊
Serres	–	🍴	•	–	•	–	🏊
Veynes	–	🍴	–	–	–	–	–
Villar-d'Arène	–	–	•	–	–	🎾	–
Villar-Loubière	–	–	–	–	–	🎾	–

06 - ALPES-MARITIMES 17

	Permanent	Restauration	Loc. 🚐 ou 🏠	🏠 et autres	☐ ou	🎾	🏊
Antibes ☐	P	–	•	•	–	🎾	🏊
Auron 🐦	P	–	–	–	–	–	–
Le Bar-sur-Loup	–	🍴	•	–	–	🎾	🏊
Cagnes-sur-Mer ☐	P	–	•	•	–	🎾	🏊
Cannes	–	–	•	•	–	🎾	🏊
La Colle-sur-Loup	–	–	•	•	–	🎾	–
Entraunes	–	–	–	–	–	–	–
Gilette	–	–	•	–	–	🎾	🏊
Isola	–	–	–	•	–	–	–
Mandelieu-la-Napoule	–	–	•	•	–	🎾	🏊
Opio	–	–	•	•	–	🎾	🏊
Pégomas	–	–	•	•	–	🎾	🏊
Peillon	–	–	–	–	–	–	–
Puget-Théniers	–	–	•	–	–	🎾	🏊
Roquebillière	–	–	•	–	–	–	–
Roqueseron	–	🍴	•	–	–	–	–
St-Martin-Vésubie	P	–	•	–	–	🎾	–
St-Sauveur-sur-Tinée	–	–	–	–	–	–	–
Séranon	P	–	•	•	–	🎾	–
Sospel	P	–	•	–	–	🎾	–
Touët-sur-Var	P	–	–	–	–	🎾	–
Vence	–	🍴	•	–	–	–	–
Villeneuve-Loubet ☐	P	–	•	•	•	–	🏊

07 - ARDÈCHE 11 12 16

	Permanent	Restauration	Loc. 🚐 ou 🏠	🏠 et autres	☐ ou	🎾	🏊
Andance	–	–	–	–	–	🎾	🏊
Annonay	P	–	•	–	–	–	–
Asperjoc	–	🍴	•	–	–	🎾	🏊
Aubenas	–	–	–	•	–	🎾	🏊
Beauchastel	P	–	–	–	–	🎾	☐
Berrias-et-Casteljau	–	–	•	–	–	🎾	🏊
Bourg-St-Andéol	–	–	•	–	–	🎾	🏊
Casteljau	–	–	•	–	–	🎾	🏊
Chauzon	–	🍴	–	•	–	🎾	–
Le Cheylard	–	🍴	–	–	–	–	–
Darbres	–	🍴	•	•	•	🎾	–
Dornas	–	🍴	–	–	–	–	–
Eclassan	–	–	–	–	–	–	🏊
Félines	–	–	–	–	–	–	🏊
Issarlès (Lac d')	–	–	–	–	–	–	–
Joannas	–	🍴	•	•	–	🎾	🏊
Joyeuse	–	–	•	–	–	🎾	🏊
Lablachère	–	–	•	–	–	🎾	🏊
Lalouvesc	–	–	–	–	•	–	–
Lanas	–	–	–	–	–	–	–
Larnas	–	–	•	–	–	🎾	🏊
Lavillatte	–	–	–	–	–	–	–
Maison-Neuve	–	–	•	–	–	🎾	🏊
Malarce-sur-la-Thines	–	–	–	–	–	–	–
Malbosc	–	–	–	–	–	–	–
Marcols-les-Eaux	–	–	–	–	–	🎾	–
Meyras	–	•	–	•	–	–	–
Montpezat-sous-Bauzon	–	–	–	•	–	🎾	🏊
Montréal	–	•	–	•	–	–	–
Les Ollières-sur-Eyrieux	–	•	–	•	–	🎾	🏊
Orgnac-l'Aven	–	–	•	–	–	🎾	🏊
Payzac	–	–	–	•	–	–	–
Pradons	–	–	•	–	–	🎾	🏊
Privas	–	–	–	–	–	🎾	🏊
Ribes	–	–	–	–	–	–	–
Rosières	–	🍴	•	•	–	🎾	🏊
Ruoms ☐	–	🍴	•	•	–	🎾	🏊
Sablières	–	🍴	•	•	–	–	–
St-Agrève	–	–	–	–	–	–	–
St-Alban-Auriolles	–	–	•	–	–	🎾	🏊
St-Cirgues-en-Montagne	–	–	–	–	–	–	–
St-Fortunat-sur-Eyrieux	–	–	•	–	–	🎾	🏊
St-Jean-le-Centenier	–	–	–	–	–	–	–
St-Julien-en-St-Alban	–	–	•	–	–	🎾	🏊
St-Lager-Bressac	–	–	–	–	–	🎾	–
St-Laurent-du-Pape	–	–	•	•	–	🎾	🏊
St-Martin-d'Ardèche ☐	–	–	•	–	–	🎾	🏊
St-Martin-de-Valamas	–	–	–	–	–	🎾	–
St-Maurice-d'Ardèche	–	🍴	–	•	–	🎾	🏊
St-Maurice-d'Ibie	–	–	•	–	•	–	🏊
St-Remèze	–	–	•	•	•	–	🏊
St-Sauveur-de-Cruzières	–	–	•	–	–	🎾	🏊
St-Sauveur-de-Montagut	–	–	•	–	–	🎾	🏊
St-Vincent-de-Barrès	–	–	•	–	–	🎾	–
Satillieu	–	–	–	–	–	🎾	🏊
Tournon-sur-Rhône	–	–	•	–	–	🎾	🏊
Vagnas	–	🍴	•	–	–	🎾	🏊
Vallon-Pont-d'Arc ☐	P	🍴	•	•	–	🎾	🏊
Valvignères	–	–	•	–	–	–	🏊
Les Vans	P	🍴	•	–	–	🎾	🏊
Vernoux-en-Vivarais	–	–	•	–	–	🎾	🏊
Villeneuve-de-Berg	–	–	–	•	–	🎾	🏊
Vion	–	–	–	–	–	🎾	🏊
Viviers	–	–	•	–	–	🎾	🏊
Vogüé	–	–	–	•	–	🎾	🏊

08 - ARDENNES 2 7

	Permanent	Restauration	Loc. 🚐 ou 🏠	🏠 et autres	☐ ou	🎾	🏊
Attigny	–	–	–	–	–	🎾	–
Autry	–	–	•	–	–	–	–
Bourg-Fidèle	–	–	•	–	–	🎾	–
Buzancy	–	🍴	–	–	–	🎾	–
Charleville-Mézières	–	–	•	–	–	–	☐
Haulmé	P	–	•	–	–	–	–
Les Mazures	P	–	–	–	–	🎾	–

	Permanent	Restauration	Loc. ou / et autres	ou
Monthermé				✂ —
Mouzon				✂ 🛶
Revin				— —
Sedan				— —
Signy-l'Abbaye				✂ —
Signy-le-Petit				— —

09 - ARIÈGE 14 15

Aigues-Vives	P	•	•	— 🛶
Albiès	P			— —
Artigat				✂ 🛶
Augirein				— —
Aulus-les-Bains	P	•	•	✂ —
Ax-les-Thermes	P	•	•	— —
Cos	P			✂ 🛶
Durfort	P	•	•	— 🛶
Lavelanet				— 🛶
Luzenac				— —
Massat				— —
Mauvezin-de-Prat				— —
Mazères		•		✂ 🛶
Montferrier	P			— —
Oust	P	•		✂ —
Pamiers	P	•	•	— —
St-Girons		—	•	✂ 🛶
Seix				— —
Sorgeat	P			— —
Tarascon-sur-Ariège		•	•	— —
Verdun			•	— —
Vicdessos	P			— 🛶

10 - AUBE 6 7

Arcis-sur-Aube				— —
Bar-sur-Aube				— —
Dienville			•	— —
Ervy-le-Châtel				— —
Géraudot				— —
Marcilly-le-Hayer				✂ —
Radonvilliers				✂ —
St-Hilaire-sous-Romilly	P	•		✂ —
Soulaines-Dhuys				✂ —
Troyes				✂ —

11 - AUDE 15

Arques		•		— —
Axat				— 🛶
Belflou		•		— —
Brousses-et-Villaret		•		— —
Carcassonne		•	•	✂ 🛶
Chalabre		•		✂ 🛶
Lespinassière		•		— —
Lézignan-Corbières		•		— —
Mas-Cabardès				✂ —
Mirepeisset		•		✂ —
Montclar		•		✂ —
Narbonne		•	•	✂ 🛶
Nébias		•	•	✂ 🛶
Puivert				— —
Rennes-les-Bains				✂ —
Ste-Colombe-sur-l'Hers		•		— —
Saissac				✂ 🛶
Sigean	P	•	•	— —
Trèbes				✂ 🛶
Villemoustaussou				— 🛶

12 - AVEYRON 15

	Permanent	Restauration	Loc. ou / et autres	ou
Alrance				— —
Aubin				✂ 🛶
Belcastel				✂ —
Belmont-sur-Rance		•		✂ 🛶
Brusque				— —
Canet-de-Salars				✂ 🛶
Capdenac-Gare		•	•	✂ 🛶
Cassagnes-Bégonhès		•		— —
Conques				— —
Decazeville				✂ —
Enguiales				— —
Entraygues-sur-Truyère				✂ 🛶
Espalion				— —
Firmi				✂ —
La Fouillade				✂ —
Golinhac				— —
Lacalm				— —
Laguiole				✂ —
Marcillac-Vallon				✂ —
Millau		•	•	✂ 🛶
Mostuéjouls				— —
Najac		•	•	✂ 🛶
Nant		•	•	✂ 🛶
Naucelle				— —
Le Nayrac				✂ —
Pons				— —
Pont-de-Salars				✂ 🛶
Rignac				— —
Rivière-sur-Tarn		•		✂ 🛶
Rodez		•		✂ 🛶
St-Amans-des-Cots		•		✂ 🛶
St-Beauzély		•		— —
St-Geniez-d'Olt		•		— —
St-Rome-de-Tarn				✂ —
St-Salvadou				— —
St-Symphorien-de-Th.				✂ —
Ste-Eulalie-d'Olt				— —
Salles-Curan				— 🛶
Sénergues				— —
Séverac-le-Chateau				✂ 🛶
Thérondels				✂ 🛶
Le Truel				— —
Villecomtal				— —
Villefranche-de-Rouergue				— 🛶

13 - BOUCHES-DU-RHÔNE 16

Aix-en-Provence	P	•	•	— 🛶
Arles		•		✂ 🛶
Ceyreste				✂ 🛶
Châteaurenard				✂ 🛶
La Ciotat		•	•	✂ 🛶
La Couronne	P	•	•	✂ 🛶
Fontvieille				— —
Gémenos		•		✂ 🛶
Istres	P			— —
Mallemort				✂ 🛶
Maussane-les-Alpilles				✂ 🛶
Mouriès				— —
Peynier				✂ 🛶
Port-St-Louis-du-Rhône		•	•	✂ 🛶
Puyloubier				✂ 🛶
La Roque-d'Anthéron	P			— 🛶
St-Andiol				✂ 🛶
St-Étienne-du-Grès				✂ —

	Permanent	Restauration	Loc. ou	et autres	ou
St-Rémy-de-Provence	—	•	—	—	✗ 🏊
Stes-Maries-de-la-Mer	P	•	—	•	✗ 🏊
Tarascon	—	—	—	—	—

14 - CALVADOS [4][5]

	Permanent	Restauration	Loc. ou	et autres	ou
Aunay-sur-Odon	—	—	—	—	✗
Bayeux	—	—	—	—	🏊
Bénouville	—	—	—	—	✗ 🏊
Bernières-sur-Mer	—	—	—	—	✗
Blangy-le-Château	—	—	•	—	✗ 🏊
Cabourg	—	—	—	—	✗ 🏊
Cahagnes	—	🍴	—	—	—
Colleville-Montgomery-P.	—	—	•	—	✗
Colleville-sur-Mer	—	—	—	—	—
Condé-sur-Noireau	—	—	—	—	—
Courseulles-sur-Mer	—	—	•	—	🏊
Creully	—	—	—	—	✗
Danestal	—	—	—	—	—
Deauville	—	—	•	•	• 🏊
Dives-sur-Mer	—	—	—	—	—
Étréham	—	🍴	•	•	🏊
Falaise	—	—	—	—	✗ 🏊
Grandcamp-Maisy	—	—	—	—	—
Hermanville-sur-Mer	—	—	•	—	—
Honfleur	—	—	•	—	✗ 🏊
Houlgate	—	—	•	•	✗ 🏊
Isigny-sur-Mer	—	—	—	—	✗
Lisieux	—	—	—	—	✗
Luc-sur-Mer	—	—	—	•	✗ 🏊
Martragny	—	🍴	•	—	🏊
Merville-Franceville-P.	—	—	•	—	—
Moyaux	—	🍴	•	—	✗ 🏊
Orbec	—	—	—	—	✗
Ouistreham	P	—	—	—	✗
Pont-l'Évêque	—	—	•	—	✗
St-Aubin-sur-Mer	P	•	—	—	✗ 🏊
St-Pierre-sur-Dives	—	—	—	—	✗ 🏊
Surrain	—	—	—	—	✗
Thury-Harcourt	—	—	—	—	—
Trévières	—	—	—	—	—
Vierville-sur-Mer	—	—	—	—	—
Villers-sur-Mer	—	—	•	—	✗ 🏊

15 - CANTAL [10][11][15]

	Permanent	Restauration	Loc. ou	et autres	ou
Allanche	—	🍴	—	—	✗
Apchon	—	—	—	—	—
Arnac	P	🍴	•	—	• ✗ 🏊
Arpajon-sur-Cère	—	—	—	—	✗
Aurillac	—	—	—	—	✗
Champs-sur-Tarentaine	—	—	—	—	✗ 🏊
Chaudes-Aigues	♨	—	—	—	✗ 🏊
Cheylade	—	—	—	—	—
Ferrières-St-Mary	—	—	—	—	✗
Fontanges	—	—	—	—	—
Jabrun	—	🍴	—	—	✗
Jussac	—	—	—	—	✗
Lacapelle-Viescamp	—	—	•	—	🏊
Lanobre	—	—	—	•	—
Laurie	—	🍴	—	—	—
Madic	—	—	—	—	—
Mandailles-St-Julien	—	—	—	—	—
Massiac	—	—	•	—	✗ 🏊
Maurs	—	—	—	—	✗ 🏊
Molompize	—	—	—	—	—
Montsalvy	—	—	—	—	✗ 🏊

	Permanent	Restauration	Loc. ou	et autres	ou
Neuvéglise	—	—	•	•	✗ 🏊
Pers	—	—	—	—	—
Pleaux	—	—	•	—	✗ 🏊
Polminhac	—	—	—	—	✗
Riom-ès-Montagnes	—	—	—	—	✗
Ruynes-en-Margeride	P	—	—	•	✗ 🏊
Saignes	—	—	—	•	✗
St-Amandin	—	—	—	—	✗
St-Constant	—	•	•	—	—
St-Flour	—	—	—	—	✗ 🏊
St-Gérons	—	—	—	—	✗ 🏊
St-Jacques-des-Blats	—	—	—	—	✗ 🏊
St-Just	—	—	•	—	🏊
St-Martin-Cantalès	—	🍴	—	—	—
St-Martin-Valmeroux	—	—	•	—	✗ 🏊
Salers	—	—	—	—	✗
Siran	—	—	—	—	✗ 🏊
Thiézac	—	—	—	—	✗ 🏊
Trizac	—	—	•	—	—
Vebret	—	—	—	—	—
Vic-sur-Cère	—	—	•	•	✗ 🏊

16 - CHARENTE [9][10]

	Permanent	Restauration	Loc. ou	et autres	ou
Angoulême	—	—	—	—	✗ 🏊
Aunac	—	🍴	—	—	✗
Chasseneuil-sur-Bonnieure	—	—	—	—	▨
Cognac	—	—	—	—	✗ 🏊
Montbron	—	🍴	•	—	✗ 🏊
Montemboeuf	—	—	—	—	✗ 🏊
Ruffec	—	—	—	—	✗

17 - CHARENTE-MARITIME [9]

	Permanent	Restauration	Loc. ou	et autres	ou
Andilly	—	—	—	—	—
Angoulins	—	•	•	—	🏊
Arces	—	—	—	—	🏊
Archiac	—	—	—	—	✗
Arvert	—	—	—	—	—
Benon	—	—	—	—	—
Bourcefranc-le-Chapus	—	—	—	—	—
Breuillet	—	—	•	•	✗ 🏊
Cadeuil	—	—	•	—	—
Chaniers	—	—	•	—	—
Charron	—	—	—	—	—
Châtelaillon-Plage	—	—	—	—	—
Cozes	—	—	—	—	✗ 🏊
Dompierre-sur-Charente	—	—	—	—	✗ 🏊
Fouras	P	—	•	•	✗ 🏊
Gémozac	—	—	—	—	✗ 🏊
Genouillé	—	—	—	—	✗
Grandjean	—	—	—	—	✗
La Grève-sur-Mignon	—	—	—	—	—
L'Houmeau	—	—	—	—	🏊
Jonzac	♨	—	—	—	🏊
Lagord	—	—	—	—	—
Marans	—	—	—	—	✗ 🏊
Matha	—	—	—	—	✗ 🏊
Les Mathes [A]	—	—	•	•	✗ 🏊
Médis	—	🍴	•	•	—
Meschers-sur-Gironde	—	—	—	—	✗ 🏊
Mirambeau	—	—	—	—	✗ 🏊
Montendre	—	—	—	—	✗ 🏊
Nancras	—	—	—	—	—
OLÉRON (Île de)					
La Brée-les-Bains [A]	—	—	•	•	✗ —
Le Château-d'Oléron	—	🍴	•	•	✗ 🏊

	Permanent	Restauration	meublé ou	et autres	ou
La Cotinière	—	—	•	•	—
Dolus-d'Oléron	—	—	•	•	—
Le Grand-Village-Plage	P	—	—	•	—
St-Denis-d'Oléron	—	—	•	•	🍴
St-Georges-d'Oléron	—	—	•	•	🍴🏊
St-Pierre-d'Oléron	P	—	—	•	🍴🏊
St-Trojan-les-Bains	—	—	•	—	🍴
Pons	—	—	—	—	🏊
Pont-l'Abbé-d'Arnoult	—	—	—	—	🍴🏊
RÉ (Île de)					
Ars-en-Ré ⚓	P	—	•	•	🍴🏊
Le Bois-Plage-en-Ré	P	—	•	•	🍴🏊
La Couarde-sur-Mer	—	—	•	•	🍴🏊
La Flotte	—	✎	•	•	🍴🏊
Loix-en-Ré	P	—	•	•	🍴🏊
Les Portes-en-Ré	—	—	—	—	—
St-Clément-des-B.	—	—	•	•	🍴
Ste-Marie-de-Ré	—	—	—	—	—
Rochefort ⚓	P	—	—	•	—
La Rochelle	P	—	—	•	🍴
Ronce-les-Bains	—	—	•	—	🍴🏊
La Ronde	—	—	—	—	—
Royan ⚓	—	—	•	—	🍴🏊
St-Augustin-sur-Mer	P	—	•	•	🍴🏊
St-Fort-sur-Gironde	—	—	—	—	—
St-Georges-de-Didonne	P	—	•	•	🍴
St-Jean-d'Angély	—	—	—	—	🏊
St-Palais-sur-Mer	—	—	•	•	🏊
St-Sauveur-d'Aunis	—	—	—	—	🏊
St-Savinien	—	—	—	—	🍴🏊
St-Seurin d'Uzet	—	—	—	—	—
St-Sornin	—	—	—	—	—
Saintes	—	—	•	•	—
Semussac	—	✎	—	—	—
Tonnay-Charente	—	—	—	—	—
Vergeroux	—	—	—	—	🍴

18 - CHER 6 10 11

	Permanent	Restauration	meublé ou	et autres	ou
Bourges	—	—	—	—	🍴🏊
La Chapelle-d'Angillon	—	—	—	—	🍴🏊
La Guerche-sur-l'Aubois	—	—	—	•	—
Henrichemont	—	—	—	—	—
Jars	—	—	—	•	—
Ménétréol-sur-Sauldre	—	—	—	—	—
Nançay	P	—	—	—	🍴
St-Amand-Montrond	—	—	—	•	🍴
Ste-Montaine	—	—	—	•	🍴
Vesdun	—	—	—	•	🍴
Vierzon	—	—	—	—	—

19 - CORRÈZE 10 13

	Permanent	Restauration	meublé ou	et autres	ou
Argentat	—	—	•	•	🍴🏊
Aubazine	—	—	•	—	🍴
Auriac	—	—	—	•	🍴
Beaulieu-sur-Dordogne	—	—	•	•	🍴🏊
Beynat	—	—	•	—	🍴
Bort-les-Orgues	—	✎	•	—	🍴
Camps-St-Mathurin-Léobazel	—	—	•	•	🍴
Chamberet	—	✎	—	—	—
Chauffour-sur-Vell	—	✎	•	—	🏊
Donzenac	—	—	—	—	🍴🏊
Eygurande	—	—	—	•	🍴

	Permanent	Restauration	meublé ou	et autres	ou
Lacelle	—	—	—	•	🍴
Lissac-sur-Couze	—	—	•	•	🍴
Marcillac-la-Croisille	—	✎	—	•	🍴🏊
Masseret	—	—	—	•	🍴🏊
Meymac	—	—	•	•	—
Meyssac	—	—	—	—	🍴🏊
Nespouls	—	—	•	—	🍴🏊
Neuvic	—	—	•	—	🍴🏊
Palisse	—	—	—	—	🍴🏊
St-Pantaléon-de-Lapleau	P	—	•	—	🍴
St-Salvadour	—	—	•	—	—
Seilhac	—	—	•	•	🍴🏊
Servières-le-Château	P	—	•	•	🍴🏊
Sornac	—	✎	—	—	—
Soursac	—	✎	•	—	—
Tarnac	—	—	•	—	🍴
Treignac	—	—	•	•	—
Tulle	—	—	—	•	🍴
Ussel	—	—	—	•	—
Viam	—	✎	—	—	—
Vigeois	—	✎	—	—	—
Vitrac-sur-Montane	—	—	—	—	🍴

2A - CORSE-DU-SUD 17

	Permanent	Restauration	meublé ou	et autres	ou
Belvédère-Campomoro	P	—	—	—	—
Bonifacio	—	—	•	•	🍴🏊
Cargèse	—	—	•	•	🍴🏊
Évisa	—	—	•	—	—
Favone	—	—	•	—	—
La Liscia (Golfe de)	—	—	•	—	—
Olmeto	—	✎	•	—	—
Osani	—	✎	•	—	—
Piana	—	—	•	—	—
Pinarellu	—	✎	•	—	🍴🏊
Porticcio	—	—	•	—	🍴🏊
Portigliolo	—	✎	•	—	—
Porto	—	—	—	—	—
Porto-Vecchio ⚓	P	✎	•	•	± 🏊
Propriano	—	—	•	—	🍴🏊
Ruppione (plage de)	—	—	•	—	—
Ste-Lucie-de-Porto-V.	—	—	•	—	🏊
Sotta	P	—	•	—	—
Suartone	—	✎	•	—	—
Tiuccia	—	—	•	—	—

2B - HAUTE-CORSE 17

	Permanent	Restauration	meublé ou	et autres	ou
Aléria	—	—	•	—	🍴
Algajola	—	—	•	—	🍴
Bastia	—	—	•	•	🍴
Calvi	—	✎	•	•	🍴🏊
La Canonica	—	—	•	—	🏊
Corte	—	—	•	—	🏊
Farinole (Marine de)	—	—	•	—	—
Figareto	—	—	•	—	—
Galéria	—	—	•	•	—
Ghisonaccia	—	—	•	•	🍴🏊
L'Île-Rousse	—	✎	•	•	🍴🏊
Lozari	—	✎	•	•	🍴🏊
Moriani-Plage	—	—	•	—	—
Morsiglia	P	—	—	—	—
St-Florent	—	—	•	—	🏊
Vivario	—	—	•	—	—

21 - CÔTE-D'OR 7 11 12

Commune	Permanent	Restauration	Loc. (mobil-home ou caravane)	Loc. (chalet et autres)	☒	🍴	🏊
Arnay-le-Duc	—	—	—	●	—	🍴	—
Beaune	P	—	●	—	—	🍴	—
Châtillon-sur-Seine	—	—	●	—	—	—	☒
Montbard	P	—	—	—	●	🍴	☒
Montigny-sur-Vingeanne	—	—	—	—	—	—	—
La Motte-Ternant	—	—	—	—	—	—	—
Pontailler-sur-Saône	—	—	—	—	—	—	—
Pouilly-en-Auxois	—	—	—	—	—	—	—
Précy-sous-Thil	—	—	—	—	●	🍴	—
Premeaux-Prissey	—	—	—	—	—	—	—
Riel-les-Eaux	—	—	—	—	—	—	—
Saulieu	—	—	●	—	—	🍴	🏊
Selongey	—	—	—	—	—	🍴	—
Semur-en-Auxois	—	—	●	—	—	🍴	—
Vandenesse-en-Auxois	—	—	●	—	—	—	—
Venarey-les-Laumes	P	—	—	—	—	—	—

22 - CÔTES-D'ARMOR 3 4

Commune	Permanent	Restauration	Loc. (mobil-home ou caravane)	Loc. (chalet et autres)	☒	🍴	🏊
Binic ☒	—	—	—	●	—	—	—
Bréhec-en-Plouha	—	—	—	—	—	—	—
Broons	P	—	—	—	—	🍴	🏊
Callac	—	—	—	—	—	🍴	—
Caurel	—	—	●	—	—	🍴	🏊
Chatelaudren	—	—	—	—	—	🍴	—
Collinée	—	—	—	—	—	—	—
Dinan ☒	—	◗	●	—	—	🍴	—
Erquy ☒	—	◗	●	●	—	—	🏊
Étables-sur-Mer	—	—	●	●	—	—	🏊
Jugon-les-Lacs	—	—	●	—	—	🍴	🏊
Lancieux	—	—	—	—	—	🍴	—
Lannion	—	—	—	—	—	🍴	—
Louargat	P	◗	●	—	—	🍴	—
Merdrignac	—	—	●	—	—	🍴	—
Mur-de-Bretagne	—	—	—	—	—	—	—
Paimpol	—	—	—	—	—	—	—
Perros-Guirec ☒	—	—	●	●	—	🍴	🏊
Plancoët	—	—	—	—	—	—	—
Planguenoual	—	—	—	—	—	—	—
Pléhédel	—	—	—	—	—	—	—
Plélo	—	—	—	—	—	🍴	🏊
Pléneuf-Val-André	—	—	●	●	—	🍴	☒
Plestin-les-Grèves	—	—	—	—	—	—	—
Pleubian	—	◗	●	—	—	—	—
Pleumeur-Bodou	—	◗	—	—	—	—	—
Pléven	—	—	—	—	—	—	—
Ploubazlanec	P	◗	—	—	—	—	—
Plouézec	—	◗	—	—	—	—	—
Plougrescant	—	—	●	—	—	—	—
Plouguernével	—	◗	—	●	—	—	—
Plouha	—	—	●	—	—	🍴	🏊
Plufur	—	—	—	—	—	—	—
Plurien	—	—	—	—	—	—	—
Pontrieux	P	—	—	—	—	—	—
Pordic	—	◗	●	—	—	—	—
St-Alban	—	—	—	—	—	🍴	—
St-Brieuc	—	—	●	—	—	🍴	—
St-Cast-le-Guildo	—	◗	●	●	—	🍴	🏊
St-Jacut-de-la-Mer	—	—	—	—	—	🍴	—
St-Lormel	P	—	—	—	—	—	—
St-Michel-en-Grève	—	—	—	—	—	🍴	🏊
St-Nicolas-du-Pélem	—	—	●	—	—	—	🏊
St-Quay-Portrieux	—	—	—	—	—	🍴	—
Trébeurden ☒	—	—	●	—	—	—	—
Tregastel	—	—	—	●	—	🍴	—
Trélévern	—	◗	●	—	—	—	🏊
Trévou-Tréguignec	—	—	—	—	—	—	—

23 - CREUSE 10

Commune	Permanent	Restauration	Loc. (mobil-home ou caravane)	Loc. (chalet et autres)	☒	🍴	🏊
Anzême	—	◗	—	—	—	🍴	—
Aubusson	—	—	—	—	—	—	—
Bourganeuf	—	—	—	—	—	—	—
Le Bourg-d'Hem	—	—	●	—	—	—	—
Bussière-Dunoise	—	—	—	—	—	—	—
La Celle-Dunoise	—	—	—	—	—	🍴	—
Chambon-sur-Voueize	P	—	—	—	—	🍴	—
La Chapelle-Taillefert	—	—	—	—	—	—	—
Châtelus-Malvaleix	—	—	—	—	—	🍴	—
Chénérailles	—	—	—	—	—	🍴	—
Crozant	—	—	—	—	—	—	—
Dun-le-Palestel	—	—	—	—	—	—	—
Évaux-les-Bains ✝	—	◗	—	—	●	🍴	☒
Gueret	—	—	—	—	—	—	—
Moutier-d'Ahun	—	—	●	—	—	🍴	—
Royère-de-Vassivière	—	—	—	—	—	—	—
St-Vaury	—	—	—	—	—	—	—
La Souterraine	—	—	—	—	—	—	—

24 - DORDOGNE 9 10 13 14

Commune	Permanent	Restauration	Loc. (mobil-home ou caravane)	Loc. (chalet et autres)	☒	🍴	🏊
Abjat-sur-Bandiat	—	◗	●	●	—	🍴	🏊
Alles-sur-Dordogne	—	—	—	—	—	—	🏊
Angoisse	—	◗	—	—	—	—	🏊
Antonne-et-Trigonant	—	—	—	—	—	—	—
Badefols-sur-Dordogne	—	—	●	●	—	🍴	🏊
Beaumont	—	—	●	—	—	🍴	🏊
Belvès	—	◗	●	●	—	🍴	🏊
Bergerac	P	—	—	—	—	🍴	🏊
Beynac-et-Cazenac	—	◗	●	—	—	🍴	🏊
Biron	—	◗	●	●	—	🍴	🏊
Brantôme	—	—	—	—	—	—	—
Le Bugue	—	—	—	—	—	—	🏊
Le Buisson-Cussac	—	—	—	—	—	—	—
Cadouin	—	—	—	—	—	—	—
Campagne	—	—	—	—	—	—	—
Campsegret	—	—	—	—	—	—	—
Carsac-Aillac	—	—	●	—	—	🍴	🏊
Castelnaud-Fayrac	—	—	●	—	—	—	🏊
Cazoulès	—	—	—	—	—	—	—
Cénac-et-St-Julien	—	—	●	—	—	—	🏊
Le Change	—	—	—	—	—	—	—
La Chapelle-Aubareil	—	◗	●	—	—	—	🏊
Coly	—	◗	●	—	—	—	🏊
Coux-et-Bigaroque	—	—	●	●	—	—	🏊
Couze-et-St-Front	—	—	—	—	—	—	—
Cubjac	—	—	—	—	—	—	—
Daglan	P	—	●	—	—	🍴	🏊
Eymet	—	—	—	—	—	—	—
Les Eyzies-de-Tayac	—	◗	—	—	—	🍴	🏊
Fossemagne	—	—	●	—	—	🍴	🏊
Groléjac	—	—	●	—	—	🍴	🏊
Hautefort	—	—	●	—	—	—	🏊
Lalinde	—	—	●	—	—	🍴	🏊
Le Lardin-St-Lazare	—	—	—	—	—	🍴	—
Lisle	—	—	●	—	—	🍴	—
Maison-Jeannette	—	—	—	—	—	—	🏊
Marcillac-St-Quentin	—	◗	●	—	—	—	🏊
Mareuil	—	◗	●	—	—	—	🏊
Molières	—	◗	●	—	—	—	🏊

	Permanent	Restauration 🍲	Loc. 🏠 ou 🏕	Loc. 🏠 et autres	🍴	🎿 ou 📺
Monfaucon		🍲	●	●		🎿
Monpazier		🍲	●	●		🎿
Montignac					🍴	🎿
Mouleydier					🍴	
Nabirat				●		🎿
Neuvic					🍴	🎿
Nontron					🍴	🎿
Parcoul		🍲	●	●		🎿
Périgueux	P	🍲	●	●		🎿
Peyrignac		🍲				
Peyrillac-et-Millac		🍲	●			🎿
Piégut-Pluviers					🍴	🎿
Plazac			●	●		🎿
Pont-St-Mamet		🍲				🎿
Ribérac						🎿
La Roche-Chalais	P					
La Roque-Gageac ⌂	P		●	●	🍴	🎿
Rouffignac			●	●		🎿
Rouffillac			●			🎿
St-Antoine-de-Breuilh					🍴	
St-Astier						🎿
St-Aubin-de-Nabirat		🍲				
St-Avit-de-Vialard		🍲	●			🎿
St-Cirq			●		●	🎿
St-Crépin-et-Carlucet			●			🎿
St-Cybranet			●	●		🎿
St-Cyprien			●	●		🎿
St-Geniès			●	●	🍴	🎿
St-Julien-de-Lampon			●	●	🍴	🎿
St-Léon-sur-Vézère			●	●	🍴	🎿
St-Martial-de-Nabirat			●	●	🍴	📺
St-Pompont			●	●	🍴	🎿
Saint-Rémy			●	●	🍴	🎿
St-Saud-Lacoussière			●		🍴	🎿
St-Seurin-de-Prats				●	🍴	🎿
Salignac-Eyvigues				●	🍴	🎿
Sarlat-la-Canéda ⌂		🍲	●	●	🍴	🎿
Sigoulès			●		🍴	🎿
Siorac-en-Périgord			●	●	🍴	🎿
Tamnies			●		🍴	🎿
Terrasson-la-Villedieu			●		🍴	🎿
Thonac			●			🎿
Tocane-St-Apre			●		🍴	🎿
Tourtoirac			●		🍴	🎿
Trémolat			●	●	🍴	🎿
Valeuil		🍲				
Vergt-de-Biron		🍲				
Veyrines-de-Domme		🍲				
Vézac		🍲	●	●	🍴	🎿
Villamblard					🍴	🎿
Villefranche-de-Lonchat			●	●	🍴	🎿
Vitrac			●	●	🍴	🎿

25 - DOUBS 7 8 12

	Permanent	Restauration 🍲	Loc. 🏠 ou 🏕	Loc. 🏠 et autres	🍴	🎿 ou 📺
Arc-et-Senans						
Émagny					🍴	
Gilley	P					
Glère		🍲				🎿
Goumois		🍲				
Les Hôpitaux-Neufs		🍲			🍴	
L'Isle-sur-le-Doubs						🎿
Labergement-Ste-Marie			●		🍴	
Levier		🍲				
Lods					🍴	
Maiche	P			●		
Malbuisson			●	●		
Morteau					🍴	

	Permanent	Restauration 🍲	Loc. 🏠 ou 🏕	Loc. 🏠 et autres	🍴	🎿 ou 📺
Mouthe 🍲	P		●			
Ornans			●	●	🍴	🎿
Rougemont		🍲				
Le Russey	P					
St-Hippolyte						
St-Point-Lac					🍴	🎿
Vaufrey						
Vuillafans				●	🍴	

26 - DRÔME 12 16

	Permanent	Restauration 🍲	Loc. 🏠 ou 🏕	Loc. 🏠 et autres	🍴	🎿 ou 📺
Albon			●		🍴	🎿
Aurel		🍲	●			🎿
Beaumont-en-Diois	P	🍲				
Bonlieu-sur-Roubion						🎿
Bourdeaux			●		🍴	🎿
Bourg-de-Péage		🍲	●		🍴	🎿
Buis-les-Baronnies		🍲			🍴	🎿
Chabeuil		🍲	●		🍴	
Charmes-sur-L'herbasse						
Châteauneuf-du-Rhône			●	●	🍴	
Die			●	●	🍴	🎿
Dieulefit			●		🍴	🎿
Eymeux						
Hauterives				●	🍴	🎿
Lachau						
Lens-Lestang					🍴	
Menglon		🍲				
Mirabel-et-Blacons			●	●	🍴	🎿
Mirmande		🍲				
Miscon		🍲				
La Motte-Chalancon						
Nyons				●		🎿
Pierrelongue						
Le Poët-Laval			●			
Recoubeau-Jansac			●			
Rémuzat			●		🍴	
Romans-sur-Isère			●		🍴	🎿
St-Agnan-en-Vercors						
St-Donat-sur-l'Herbasse			●		🍴	🎿
St-Ferréol-Trente-Pas			●		🍴	🎿
St-Jean-en-Royans						
St-Martin-en-Vercors						
St-Nazaire-en-Royans						
St-Nazaire-le-Désert			●			
St-Paul-Trois-Châteaux						
St-Vallier					🍴	
Saou		🍲				
Séderon						
Suze-la-Rousse		🍲				
Tain-l'Hermitage		🍲			🍴	🎿
Tulette		🍲				
Valence			●		🍴	🎿
Vercheny			●			
Vinsobres	P		●		🍴	

27 - EURE 5 6

	Permanent	Restauration 🍲	Loc. 🏠 ou 🏕	Loc. 🏠 et autres	🍴	🎿 ou 📺
Les Andelys		🍲			🍴	🎿
Bernay		🍲			🍴	📺
Bourg-Achard		🍲			🍴	
Fiquefleur-Equainville			●		🍴	🎿
Le Gros-Theil	P	🍲	●		🍴	🎿
Louviers					🍴	
Pont-Authou	P					
Poses					🍴	
St-Pierre-du-Vauvray	P				🍴	
Verneuil-sur-Avre			●			

	Permanent	Restauration	Loc. (ou 🚲)	🏠 et autres	🎾 🏊 ou 🏊
Vauvert	P	—	•	•	🎾 🏊
Le Vigan	—	🦢	—	•	🏊
Villeneuve-lès-Avignon	—	—	—	—	🎾 🏊

31 - HAUTE-GARONNE 14 15

	Permanent	Restauration	Loc. (ou 🚲)	🏠 et autres	🎾 🏊 ou 🏊
Aspet	—	—	—	—	🎾 🏊
Aurignac	—	—	—	—	🎾 🏊
Avignonet-Lauragais	—	—	—	—	—
Boulogne-sur-Gesse	P	—	—	—	🎾 🏊
Boussens	P	•	—	—	🎾 🏊
Caraman	—	—	—	—	🎾
Cazères	—	—	—	—	🏊
Fos	P	—	—	—	🎾 🏊
Luchon ♨ 🦭	P	🦢	•	•	🎾 🏊
Mane	—	—	—	•	🎾 🏊
Martres-Tolosane	—	—	—	—	🎾 🏊
Nailloux	—	—	•	•	🎾
Peyssies	P	—	—	—	🎾
Revel	—	—	—	—	🎾 🏊
St-Béat	P	—	—	—	🏊
St-Bertrand-de-Comminges	—	—	—	•	—
St-Ferréol	—	—	•	—	🎾 🏊
St-Martory	—	—	—	—	🎾

32 - GERS 13 14

	Permanent	Restauration	Loc. (ou 🚲)	🏠 et autres	🎾 🏊 ou 🏊
Auch	P	—	—	—	🎾 🏊
Barcelonne-du-Gers	—	—	—	—	—
Castéra-Verduzan 🔱	—	—	—	—	—
Cazaubon 🔱	—	—	—	—	🎾
Cezan	—	🦢	•	•	—
Condom	—	—	—	—	—
Estang	—	—	•	•	—
Lectoure	—	—	—	—	🎾
Marciac	—	•	—	—	🎾
Masseube	—	—	•	—	🎾 🏊
Miélan	—	•	—	—	🎾
Mirande	—	—	—	—	🎾 🏊
Mirepoix	—	🦢	—	•	🏊
Montesquiou	—	🦢	•	—	🏊
Pouylebon	—	🦢	—	—	🏊
Riscle	—	—	—	—	🎾 🏊
Thoux	P	•	—	—	🎾 🏊

33 - GIRONDE 9 13 14

	Permanent	Restauration	Loc. (ou 🚲)	🏠 et autres	🎾 🏊 ou 🏊
Abzac	—	•	•	—	—
ARCACHON (Bassin)					
Andernos-les-Bains [⚓]	P	•	•	•	🎾 🏊
Arcachon	—	•	•	•	—
Arès	—	•	•	•	🏊
Cap Ferret	—	•	—	—	🎾 🏊
Cassy	—	•	—	—	🎾 🏊
Claouey	P	—	•	—	🎾 🏊
Lanton	—	•	•	—	🎾 🏊
Lège-Cap-Ferret	P	—	•	—	—
Pyla-sur-Mer	—	•	•	—	🎾 🏊
Bayas	—	—	•	—	—
Blasimon	—	—	—	•	—
Bordeaux	P	—	—	—	🎾 🏊
Carcans	P	•	•	—	🎾 🏊
Castillon-la-Bataille	—	•	—	•	—
Grayan-et-l'Hôpital	P	•	•	—	🎾
Gujan-Mestras	—	—	•	•	🎾 🏊
Hourtin	—	•	•	—	🎾 🏊

	Permanent	Restauration	Loc. (ou 🚲)	🏠 et autres	🎾 🏊 ou 🏊
Hourtin-Plage	—	•	•	—	🎾 🏊
Lacanau (Étang de)	—	•	•	—	🎾 🏊
Lacanau-Océan	—	•	•	—	🎾 🏊
Lacanau-de-Mios	P	—	—	—	🎾
Laruscade	—	—	—	—	🏊
Mios	—	•	—	—	🎾
Montalivet-les-Bains	—	•	•	—	🎾
Naujac-sur-Mer	—	•	•	—	—
Petit-Palais-et-Cornemps	—	—	—	—	—
Le-Porge	—	•	•	—	🎾 🏊
La Reole	—	—	—	—	🏊
St-Christoly-de-Blaye	P	—	•	—	🎾
St-Christophe-de-Double	—	—	•	—	—
St-Émilion	—	—	—	—	🎾 🏊
St-Palais	P	🦢	•	—	🎾 🏊
Salles	P	🦢	•	•	🎾 🏊
Sauveterre de Guyenne	P	—	—	—	🎾 🏊
Soulac-sur-Mer [⚓]	P	—	•	•	🎾 🏊
Vendays-Montalivet	—	🦢	—	—	—
Vensac	—	—	•	•	🎾
Le Verdon-sur-Mer	—	—	•	—	🎾 🏊

34 - HÉRAULT 15 16

	Permanent	Restauration	Loc. (ou 🚲)	🏠 et autres	🎾 🏊 ou 🏊
Adissan	—	—	—	—	🏊
Agde [⚓]	—	•	—	—	🎾 🏊
Balaruc-les-Bains 🔱	—	•	—	—	🏊
Bouzigues	—	•	—	—	—
Brissac	—	•	—	—	—
Canet	—	•	—	—	—
Carnon-Plage	—	•	•	—	🎾 🏊
Castries	P	—	—	—	—
Colombiers	—	—	—	•	🎾 🏊
Creissan	—	—	—	•	🎾 🏊
Frontignan [⚓]	—	•	•	—	🎾 🏊
Ganges	—	—	—	•	—
Gigean	—	•	—	—	🎾 🏊
Gignac	P	🦢	—	•	🎾 🏊
La Grande-Motte [⚓]	—	•	•	—	🎾 🏊
Lamalou-les-Bains 🔱	—	•	•	—	🎾 🏊
Lansargues	—	—	—	•	🎾
Lodève	P	•	•	—	🎾 🏊
Loupian	—	•	—	—	—
Lunel	—	—	—	•	—
Marseillan	—	•	—	—	🎾 🏊
Mons	P	🦢	•	—	—
Montagnac	—	•	—	—	🎾 🏊
Montblanc	—	•	—	—	🎾
Montpellier	—	•	•	—	🎾 🏊
Palavas-les-Flots	—	•	•	—	🎾 🏊
Pézenas	—	•	•	—	🎾 🏊
Pomérols	—	•	—	—	—
Portiragnes	—	•	•	—	🎾 🏊
Le Pouget	—	—	—	—	🏊
St-André-de-Sangonis	—	—	—	•	—
St-Bauzille-de-Putois	—	—	•	—	🏊
St-Martin-de-Londres	—	🦢	—	•	—
La Salvetat-sur-Agout	—	—	—	•	🎾 🏊
Sauvian	—	•	—	—	🎾 🏊
Sérignan	—	•	•	—	🎾 🏊
Sète	—	•	•	—	🎾 🏊
La Tour-sur-Orb	—	•	—	—	—
Valras-Plage [⚓]	—	•	•	—	🎾 🏊
Valros	—	•	—	—	—
Vias [⚓]	—	•	•	•	🎾 🏊
Vic-la-Gardiole	—	•	•	—	🎾 🏊
Villeneuve-lès-Béziers	P	—	—	—	🎾 🏊
Viols-le-Fort	—	🦢	•	—	🎾 🏊

35 - ILLE-ET-VILAINE [4]

Localité	Permanent	Restauration	Loc. 🏠 ou 🛏	et autres	✗ ou ▨
Antrain	—	—	—	—	—
Bourg-des-Comptes	—	☞	—	—	—
Cancale	—	—	—	•	—
La Chapelle-aux-Filtzm.	—	☞	•	—	▨
Châteaugiron	—	—	—	—	—
Châtillon-en-Vendelais	—	—	—	—	✗✗
Cherrueix	—	—	—	•	—
Dinard	—	—	•	•	✗✗ ▨
Dol-de-Bretagne	—	—	•	•	✗✗ ▨
Fougères	P	—	—	—	✗✗
Montauban	—	—	—	—	—
Pont-Réan	—	—	—	—	—
Rennes	—	—	—	—	✗✗ ▨
St-Aubin-du-Cormier	—	—	—	—	—
St-Briac-sur-Mer	—	—	•	—	✗✗
St-Coulomb	—	☞	—	—	—
St-Guinoux	—	—	—	—	—
St-Lunaire	—	—	•	•	—
St-Malo	—	—	•	•	✗✗ ▨
St-Marcan	—	☞	—	—	—
St-Père	—	—	—	—	▨
St-Thurial	P	—	—	—	—
Sens-de-Bretagne	—	—	—	—	✗✗
Tinténiac	—	—	•	—	✗✗ ▨

36 - INDRE [10]

Localité	Permanent	Restauration	Loc. 🏠 ou 🛏	et autres	✗ ou ▨
Argenton-sur-Creuse	—	—	—	—	—
Arpheuilles	—	—	—	•	—
Le Blanc	—	—	—	—	✗✗ ▨
Buzançais	—	—	—	—	✗✗
Chaillac	P	—	—	—	✗✗
Châteauroux	—	—	•	—	✗✗ ▨
Châtillon-sur-Indre	—	—	—	—	—
La Châtre	—	—	—	—	—
Fougères	—	—	—	—	✗✗
Issoudun	—	—	—	—	—
Mézieres-en-Brenne	—	—	—	—	—
Migné	—	—	—	—	—
La Motte-Feuilly	—	—	—	—	—
Le Pont-Chrétien-Ch.	—	—	—	—	—
Poulaines	—	—	—	—	—
Rosnay	P	—	—	—	✗✗
Ruffec	—	—	—	—	✗✗
St-Gaultier	—	—	—	—	✗✗
Ste-Sévère-sur-Indre	—	—	—	—	—
Valençay	—	—	—	—	✗✗ ▨
Vatan	—	—	—	—	✗✗ ▨
Vendoeuvres	—	—	—	—	✗✗

37 - INDRE-ET-LOIRE [5] [9] [10]

Localité	Permanent	Restauration	Loc. 🏠 ou 🛏	et autres	✗ ou ▨
Abilly	—	—	—	—	—
Ballan-Miré	—	—	—	—	✗✗ ▨
Barrou	—	—	—	—	✗✗
Bléré	—	—	—	—	✗✗ ▨
Candes-St-Martin	—	—	—	—	✗✗
Château-Renault	—	—	—	—	✗✗ ▨
Chemillé-sur-Indrois	—	—	•	—	✗✗
Chenonceaux	—	—	•	—	✗✗ ▨
Chinon	—	—	—	—	✗✗ ▨
Chisseaux	—	—	—	—	✗✗
Civray-de-Touraine	—	—	—	—	✗✗

Localité	Permanent	Restauration	Loc. 🏠 ou 🛏	et autres	✗ ou ▨
Descartes	—	—	—	•	✗✗
Genillé	—	—	—	—	✗✗
L'Île-Bouchard	—	—	—	—	✗✗ ▨
Langeais	—	—	—	—	✗✗
Limeray	—	—	—	—	—
Loches	—	—	—	—	✗✗ ▨
Luynes	—	—	—	—	—
Marcilly-sur-Vienne	—	—	—	—	—
Montbazon	—	•	—	—	✗✗
Montlouis-sur-Loire	—	•	—	—	—
Monts	—	—	—	—	—
Nazelles-Négron	—	—	—	—	—
Preuilly-sur-Claise	—	—	—	—	✗✗ ▨
Richelieu	—	—	—	—	—
St-Paterne-Racan	—	—	—	—	✗✗ ▨
Ste-Catherine-de-F.	—	—	•	•	✗✗ ▨
Ste-Maure-de-Touraine	—	—	—	—	✗✗ ▨
Tours	—	—	—	—	✗✗
Trogues	—	☞	—	—	—
Veigne	—	•	•	—	✗✗ ▨
Veretz	—	—	—	—	—
Villedômer	—	—	—	—	✗✗
Yzeures-sur-Creuse	—	—	—	—	✗✗ ▨

38 - ISÈRE [11] [12] [16] [17]

Localité	Permanent	Restauration	Loc. 🏠 ou 🛏	et autres	✗ ou ▨
Les Abrets	—	☞	•	—	—
Allemont	P	—	•	—	✗✗ ▨
Allevard	⛷ ☞	—	—	—	—
Autrans	P	☞	—	—	✗✗ ▨
Les Avenières	—	—	•	—	✗✗
Beauvoir-en-Royans	—	—	•	—	—
Bougé-Chambalud	—	—	•	•	✗✗ ▨
Le Bourg-d'Arud	—	—	•	—	✗✗
Le Bourg-d'Oisans	—	—	•	—	✗✗ ▨
Chanas	—	—	—	—	✗✗
Choranche	—	—	—	—	—
Clonas-sur-Vareze	P	—	•	—	✗✗
Les Deux-Alpes	⛷	—	—	•	✗✗
Entre-Deux-Guiers	—	☞	•	•	✗✗ ▨
Faramans	—	—	—	—	✗✗
Le Freney-d'Oisans	—	—	•	—	✗✗ ▨
Gresse-en-Vercors	⛷	☞	—	—	✗✗ ▨
Lans en Vercors	⛷	—	—	—	—
Méaudre	P	—	•	—	✗✗ ▨
Monestier-de-Clermont	—	—	•	—	—
Montalieu-Vercieu	—	—	•	—	✗✗
Petichet	—	—	•	—	—
Pommier-de-Beaurepaire	P	—	—	—	—
Pont-en-Royans	—	•	—	—	▨
Renage	—	•	—	—	▨
Roybon	—	☞	—	—	—
St-Christophe-en-Oisans	—	☞	—	—	—
St-Étienne-de-Crossey	—	—	—	—	—
St-Hilaire-du-Touvet	—	—	—	—	✗✗
St-Laurent-en-Beaumont	—	•	—	—	▨
St-Martin-de-Clelles	—	—	—	—	—
St-Martin-d'Uriage	—	—	•	—	✗✗ ▨
St-Pierre-de-Ch.	⛷	—	—	—	—
St-Prim	—	☞	—	—	—
Theys	—	☞	—	—	—
Trept	—	•	•	—	✗✗ ▨
Vernioz	—	☞	—	—	✗✗ ▨
Villard-de-Lans	⛷	—	—	—	—
Vinay	—	—	—	—	—
Vizille	—	—	•	—	✗✗
Voiron	—	—	—	—	—

39 - JURA 🔲

	Permanent	Restauration	Loc.		ou
Arbois	—	—	—	—	⌲
Blye	—	—	—	—	—
Bonlieu	—	—	•	—	—
Champagnole	—	—	•	—	✕⌲
Chancia	—	—	—	—	—
Chaux-des-Crotenay	—	—	—	—	✕⌲
Chissey-sur-Loue	—	—	—	—	—
Clairvaux-les-Lacs	—	—	—	—	—
Dole	—	—	•	•	✕⌲
Doucier	—	—	•	—	✕
Lac-des-Rouges-Truites	—	🦢	—	•	✕
Longchaumois	—	—	—	—	—
Lons-le-Saunier	⚓	—	—	—	☒
Marigny	—	—	—	—	—
Moirans-en-Montagne	P	—	—	—	—
Monnet-la-Ville	—	—	—	—	—
Mouchard	—	—	—	—	—
Ounans	—	—	•	—	—
Pont-de-Poitte	—	—	•	•	⌲
St-Claude	—	—	•	—	⌲
St-Laurent-en-Grandvaux	—	—	—	—	—
Salins-les-Bains	⚓	—	—	—	—
La Tour-du-Meix	—	—	—	—	—
Vouglans	—	—	—	—	—

40 - LANDES 🔲🔲

	Permanent	Restauration	Loc.		ou
Aire-sur-l'Adour	—	—	•	—	—
Amou	P	—	•	•	✕⌲
Aureilhan	P	—	•	•	✕⌲
Azur	—	—	•	•	✕
Bélus	—	—	•	—	✕
Bias	—	—	•	•	✕⌲
Biscarrosse	—	—	•	•	✕⌲
Capbreton	P	—	—	•	✕
Castets	—	—	•	—	✕
Cauneille	—	—	—	•	—
Dax	⚓	🦢	•	•	✕⌲
Gabarret	—	—	—	•	—
Gastes	—	—	•	•	✕☒
Geaune	—	—	—	•	✕
Habas	—	🦢	—	•	✕
Hagetmau	—	—	—	—	—
Hossegor	—	—	•	—	✕
Labenne	P	—	•	•	✕⌲
Labrit	—	—	—	—	—
Léon	—	🦢	•	—	✕⌲
Lesperon	—	🦢	—	•	—
Linxe	—	—	•	•	—
Lit-et-Mixe	—	—	•	—	✕⌲
Louer	—	—	—	—	—
Messanges	—	—	•	•	✕☒
Mézos	—	—	•	•	✕☒
Mimizan	—	—	•	•	✕⌲
Moliets-et-Maa	—	—	•	•	✕⌲
Montfort-en-Chalosse	—	—	—	•	—
Morcenx	—	—	—	•	—
Mugron	—	🦢	—	—	—
Ondres	—	—	•	—	✕
Onesse-et-Laharie	—	—	—	—	⌲
Parentis-en-Born	—	—	•	•	⌲
Pontenx-les-Forges	—	—	—	—	—
Roquefort	—	—	—	•	✕
St-André-de-Seignanx	P	—	•	—	✕
St-Julien-en-Born	—	—	•	—	✕
St-Justin	P	—	•	—	⌲

	Permanent	Restauration	Loc.		ou
St-Martin-de-Seignanx	—	—	•	—	⌲
St-Michel-Escalus	—	🦢	•	•	—
St-Paul-en-Born	—	🦢	•	—	—
St-Sever	P	—	—	—	✕⌲
Ste-Eulalie-en-Born	—	🦢	•	•	✕⌲
Sanguinet	—	—	•	•	✕⌲
Sarbazan	—	—	—	—	✕
Seignosse	—	—	•	•	✕⌲
Sore	—	—	—	•	✕⌲
Soustons	—	—	•	•	✕⌲
Vielle	—	—	•	•	✕⌲
Vieux-Boucau-les-Bains	—	—	—	—	✕⌲
Ychoux	—	—	•	—	—

41 - LOIR-ET-CHER 🔲 🔲

	Permanent	Restauration	Loc.		ou
Bracieux	—	—	—	—	✕⌲
Candé-sur-Beuvron	—	—	•	—	✕
Cellettes	—	—	—	—	✕
Châtres-sur-Cher	—	—	—	—	✕
Cheverny	—	—	•	—	⌲
Chouzy-sur-Cisse	—	—	—	—	—
Crouy-sur-Cosson	—	—	—	—	✕
Fréteval	P	—	—	—	✕
Lunay	—	—	—	—	✕
Mareuil-sur-Cher	—	—	—	—	✕
Mennetou-sur-Cher	—	—	—	—	✕⌲
Mesland	—	—	•	—	✕⌲
Les Montils	—	—	—	—	✕
Montoire-sur-le-Loir	—	—	—	—	☒
Muides-sur-Loire	—	—	—	—	✕
Mur-de-Sologne	—	—	—	—	✕
Neung-sur-Beuvron	—	—	—	—	✕
Nouan-le-Fuzelier	—	—	—	—	✕⌲
Onzain	P	—	•	•	✕⌲
Oucques	—	—	—	—	✕
Pezou	—	—	—	—	✕
Pierrefitte-sur-Sauldre	—	🦢	•	•	✕⌲
Romorantin-Lanthenay	—	—	—	—	✕⌲
St-Aignan	—	—	—	—	✕⌲
Salbris	—	—	—	—	✕☒
Soings-en-Sologne	—	—	—	—	✕
Suèvres	—	—	•	—	✕⌲
Vernou-en-Sologne	—	—	—	—	—

42 - LOIRE 🔲

	Permanent	Restauration	Loc.		ou
Balbigny	—	—	—	—	—
Chalmazel	🦢	P	🦢	•	✕
Charlieu	—	🦢	—	—	✕
Cordelle	—	🦢	—	—	—
Estivareilles	—	—	—	—	—
Feurs	P	—	🦢	—	✕⌲
Leignecq	—	—	—	—	—
Montbrison	—	—	—	—	✕
Noirétable	—	—	—	—	✕
La Pacaudière	—	—	—	—	✕⌲
Pélussin	—	—	—	—	✕
Pouilly-sous-Charlieu	—	—	—	—	✕
St-Alban-les-Eaux	—	🦢	—	—	—
St-Bonnet-le-Château	—	—	—	—	✕⌲
St-Galmier	—	—	—	—	✕
St-Germain-Laval	—	—	—	—	✕
St-Jodard	—	—	—	—	—
St-Paul-de-Vézelin	—	🦢	—	—	—
St-Pierre-de-Boeuf	—	—	—	—	✕⌲
St-Sauveur-en-Rue	—	—	—	—	—
Villerest	—	—	—	—	⌲

43

	Permanent	Restauration	Loc. 📠 ou 🏠	Loc. 🗠 et autres	🎾 ⛷ ou

43 - HAUTE-LOIRE 11 16

	Permanent	Restauration	Loc. 📠/🏠	Loc. et autres	🎾 ⛷
Allègre	—	—	—	—	—
Alleyras	—	—	—	•	🎾
Aurec-sur-Loire	—	—	—	—	—
Blesle	—	—	—	—	—
Brioude	—	—	—	•	—
Céaux-d'Allégre	—	—	—	—	🎾
La Chaise-Dieu	—	—	—	•	🎾
Le Chambon-sur-Lignon	—	—	•	•	—
Champagnac-le-Vieux	—	—	•	•	🎾
Craponne-sur-Arzon	—	—	—	—	🎾
Goudet	—	—	•	•	— ⛷
Jullianges	—	—	—	—	🎾
Landos	—	—	—	—	—
Langeac	—	—	—	—	—
Lavoûte-sur-Loire	—	—	—	🎾	—
Lempdes	—	—	—	🎾	⛷
Mazet-St-Voy	—	—	•	—	—
Le Monastier-sur-Gazeille	—	—	•	—	—
Monistrol-sur-Loire	—	—	—	🎾	🏠
Paulhaguet	—	—	—	—	—
Pinols	—	—	—	•	—
Le Puy-en-Velay	—	—	•	—	🎾 ⛷
St-Didier-en-Velay	—	—	—	🎾	—
St-Julien-Chapteuil	—	—	—	🎾	⛷
St-Pal-de-Chalencon	—	—	—	🎾	—
St-Privat-d'Allier	—	—	—	🎾	—
Ste-Eugénie-de-Villeneuve	—	—	—	—	—
Ste-Sigolène	—	—	—	—	—
Saugues	—	—	•	🎾	🏠
Sembadel-Gare	—	—	—	🎾	—
Solignac-sur-Loire	—	—	—	—	—
Tence	—	—	—	—	—
Vorey	—	—	—	🎾	⛷

44 - LOIRE-ATLANTIQUE 4 9

	Permanent	Restauration	Loc. 📠/🏠	Loc. et autres	🎾 ⛷
Ancenis	—	—	•	—	—
Assérac	—	—	•	—	—
Batz-sur-Mer	—	—	•	•	—
La Baule 🏠	—	—	•	•	🎾 ⛷
La Bernerie-en-Retz	—	—	•	—	🎾 ⛷
Beslé	—	—	•	—	—
Blain	—	—	•	—	—
Bourgneuf-en-Retz	P	—	•	•	🎾 ⛷
Le Croisic	—	—	•	•	🎾 ⛷
Le Gâvre	—	—	—	—	🎾
Guémené-Penfao	—	—	—	—	—
Guérande	—	—	•	•	🎾 ⛷
Héric	P	—	—	—	—
Machecoul	—	—	—	🎾	🏠
Marsac-sur-Don	—	🦢	—	—	—
Mesquer	—	—	•	•	— ⛷
Missillac	—	—	—	—	—
Les Moutiers-en-Retz	P	•	•	•	🎾 ⛷
Nantes 🏠	P	—	•	—	—
Nort-sur-Erdre	—	🦢	—	—	—
Nozay	—	—	—	—	—
Oudon	—	—	—	—	—
Piriac-sur-Mer	—	—	•	•	🎾 ⛷
La Plaine-sur-Mer	—	—	•	•	—
Pornic	P	•	•	—	⛷
Pornichet	—	•	•	—	⛷
Préfailles	—	—	—	—	⛷
St-André-des-Eaux	—	—	—	🎾	🏠
St-Brévin-les-Pins	P	•	•	•	🎾 ⛷

	Permanent	Restauration	Loc. 📠/🏠	Loc. et autres	🎾 ⛷
St-Étienne-de-Montluc	P	—	—	—	—
St-Julien-de-Concelles	—	—	—	—	—
St-Lyphard	—	—	—	🎾	—
St-Michel-Chef-Chef	—	—	—	—	—
St-Nazaire	—	—	•	—	—
St-Père-en-Retz	—	—	—	🎾	—
Ste-Reine-de-Bretagne	—	🦢	•	•	🎾 ⛷
Savenay	—	—	•	—	—
La Turballe	—	—	—	—	⛷
Vallet	—	—	—	🎾	—

45 - LOIRET 5 6

	Permanent	Restauration	Loc. 📠/🏠	Loc. et autres	🎾 ⛷
Beaulieu-sur-Loire	—	—	—	—	—
Châteaurenard	—	—	—	—	—
Chatenoy	—	—	•	—	—
Châtillon-Coligny	—	—	—	—	—
Coullons	—	—	—	—	—
Courtenay	—	—	—	—	—
Ferrières	—	—	—	🎾	—
Gien	—	🦢	•	•	🎾 ⛷
Lorris	—	—	—	—	—
Malesherbes	P	—	—	—	—
Nibelle	—	—	•	🎾	⛷
Orléans	—	—	—	•	🎾 ⛷
St-Père-sur-Loire	—	—	—	🎾	—

46 - LOT 10 13 14 15

	Permanent	Restauration	Loc. 📠/🏠	Loc. et autres	🎾 ⛷
Alvignac	—	🦢	•	🎾	—
Anglars-Juillac	—	—	—	—	—
Bagnac-sur-Célé	—	—	—	🎾	⛷
Brengues	—	•	•	🎾	⛷
Bretenoux	—	—	—	🎾	⛷
Cahors	—	—	—	🎾	⛷
Cajarc	—	—	—	🎾	⛷
Calviac	—	🦢	—	🎾	⛷
Cassagnes	—	—	—	—	—
Castelnau-Montratier	—	—	—	🎾	—
Cazals	—	—	—	🎾	—
Comiac	—	🦢	—	🎾	—
Concorès	—	—	•	•	⛷
Crayssac	—	—	•	•	🎾 ⛷
Cressensac	—	—	•	—	⛷
Creysse	—	—	•	—	—
Duravel	—	—	•	•	🎾 ⛷
Figeac	—	—	•	•	🎾 ⛷
Frayssinet	—	—	•	—	⛷
Gourdon	—	—	•	•	🎾 ⛷
Gramat	—	—	•	•	🎾 ⛷
Issendolus	P	—	•	—	⛷
Lacapelle-Marival	—	—	•	🎾	⛷
Lalbenque	—	—	•	—	⛷
Lamagdelaine	—	—	•	—	⛷
Larnagol	—	—	•	—	⛷
Leyme	—	—	•	🎾	🏠
Limogne-en-Quercy	—	—	•	🎾	⛷
Loubressac	—	—	•	—	⛷
Loupiac	—	—	•	•	⛷
Marcilhac-sur-Célé	—	—	•	🎾	—
Martel	—	—	•	—	⛷
Miers	—	—	—	—	⛷
Montbrun	—	—	•	—	⛷
Montcabrier	—	—	•	—	⛷
Padirac	—	—	•	•	⛷
Payrac	—	—	•	•	🎾 ⛷
Puybrun	—	—	•	—	⛷

	Permanent	Restauration	Loc. mobil-home ou caravane	Loc. chalet et autres	ou

(Lot – suite)

	Permanent	Restauration	Loc. (mobil)	Loc. (chalet)	Services
Puy-l'Évêque	–	–	•	–	🎾 🏊
Les Quatre-Routes	–	•	–	•	🏊
Rocamadour	–	–	•	•	🏊
St-Céré	P	–	•	–	• 🏊
St-Cirq-Lapopie	P	🍴	•	–	🎾
St-Germain-du-Bel-Air	–	🍴	–	•	🎾 –
St-Pantaléon	–	–	•	–	• 🏊
St-Pierre-Lafeuille	–	–	•	–	🎾 🏊
St-Sulpice	–	–	•	•	🎾 🏊
Souillac	–	🍴	–	•	🎾 🏊
Touzac	–	–	•	•	• –
Vayrac	–	–	–	•	–
Vers	–	–	•	–	🎾 🏊
Le Vigan	–	🍴	–	•	🏊

47 - LOT-ET-GARONNE 14

	Permanent	Restauration	Loc. (mobil)	Loc. (chalet)	Services
Agen	–	–	•	–	🎾 🏊
Casteljaloux	–	–	•	–	🎾 🏊
Castillonnès	–	–	–	–	🎾 🏊
Cuzorn	–	–	–	–	🎾 🏊
Damazan	–	–	–	•	🎾
Fumel	–	–	–	–	🎾
Lougratte	–	–	–	–	🎾 –
Miramont-de-Guyenne	–	–	•	–	• 🏊
Monflanquin	–	🍴	•	–	• 🏊
Montauriol	–	–	–	–	🎾 🏊
Parranquet	–	–	–	•	🎾 🏊
Penne-d'Agenais	–	–	•	–	🎾 🏊
Puymirol	–	–	–	–	🎾 🏊
St-Sernin	–	–	–	–	🎾 🏊
St-Sylvestre-sur-Lot	P	–	–	–	🎾 🏊
Ste-Livrade-sur-Lot	–	–	–	–	🎾 🏊
Salles	–	–	•	•	🏊
Sauveterre-la-Lémance	–	–	–	–	🏊
Tonneins	–	–	–	–	🎾
Tournon-d'Agenais	–	–	•	–	🎾
Trentels	–	🍴	–	–	🎾
Villefranche-du-Queyran	–	–	–	–	🏊
Villeréal	–	🍴	•	•	• 🎾 🏊

48 - LOZÈRE 11 15 16

	Permanent	Restauration	Loc. (mobil)	Loc. (chalet)	Services
La Canourgue	–	–	–	•	– 🏊
Chastanier	–	•	–	–	–
Florac	–	🍴	–	–	🎾 –
Grandrieu	–	🍴	–	–	🎾 –
Ispagnac	–	–	•	–	🎾 –
Laubert	P	•	–	•	–
Le Malzieu-Ville	–	–	–	–	–
Marvejols	–	–	–	•	🎾 –
Meyrueis	–	–	–	–	🏊
Naussac	–	–	–	–	🎾 –
Rousses	–	–	–	–	–
Le Rozier	–	–	•	•	🎾 🏊
St-Alban-sur-Limagnole	–	–	•	•	🎾 🏊
St-Germain-du-Teil	–	–	•	•	🏊
St-Rome-de-Dolan	–	🍴	–	–	–
Ste-Énimie	–	–	–	–	–
Serverette	–	–	–	–	–
Les Vignes	–	–	•	•	–
Villefort	–	–	•	–	–

Pas de publicité payée dans Camping Caravaning France

49 - MAINE-ET-LOIRE 4 5 9

	Permanent	Restauration	Loc. (mobil)	Loc. (chalet)	Services
Angers ⌂	P	–	•	–	🎾 🏊
Baugé	–	–	–	–	🎾 🏊
Bouchemaine	–	–	–	–	🎾 –
Brain-sur-l'Authion	–	–	–	–	🎾 🏊
La Breille-les-Pins	–	–	–	–	– –
Challain-la-Potherie	–	–	–	–	🎾 🏊
Chalonnes-sur-Loire	–	–	–	–	🎾 🏊
Châteauneuf-sur-Sarthe	–	–	–	–	🎾 🏊
Chaumont d'Anjou	–	–	–	–	– –
Cheffes	–	–	–	–	🏊
Cholet	–	–	•	•	🎾 🏊
Coutures	–	–	–	–	🎾 🏊
Doué-la-Fontaine	–	–	–	–	🎾 🏊
Durtal	–	–	–	–	🏊
Gennes	–	–	–	–	– 🏊
Gesté	–	–	–	–	– –
Grez-Neuville	–	–	–	–	🎾 –
La Jaille-Yvon	–	🍴	–	–	– –
Le Lion-d'Angers	–	–	–	–	🏊
Montreuil-Bellay	–	–	•	•	🎾 🏊
Montreuil-Juigné	–	–	–	–	🏊
Montsoreau	–	–	–	–	🎾 –
Morannes	–	–	–	–	🏊
Mûrs-Érigné	–	🍴	–	–	– –
Noyant-la-Gravoyère	–	–	–	–	🎾
Nueil-sur-Layon	–	–	–	–	– –
La Possonnière	–	–	–	–	– –
Pouancé	–	–	–	–	– –
Pruillé	–	–	–	•	• 🎾 🏊
Les Rosiers	–	–	–	–	🎾 🏊
St-Lambert-du-Lattay	–	–	–	–	– –
St-Martin-de-la-Place	–	–	–	–	🎾 🏊
St-Mathurin-sur-Loire	–	–	–	–	🎾 🏊
Saumur	P	🍴	•	•	🎾 🖼
Seiches-sur-le-Loir	–	–	–	–	– –
La Tessouale	–	–	•	–	– –
Thouarcé	–	–	–	–	🎾 –
Tiercé	–	–	–	–	🎾 🏊
La Varenne	–	–	–	–	– –
Varennes-sur-Loire	–	–	•	–	🎾 🏊
Vernantes	–	–	–	–	🎾 –
Vihiers	–	–	–	–	– –

50 - MANCHE 4

	Permanent	Restauration	Loc. (mobil)	Loc. (chalet)	Services
Agon-Coutainville	–	–	–	–	🎾 –
Annoville	–	🍴	–	–	– –
Barfleur	–	–	–	–	– –
Barneville-Carteret ⌂	–	–	•	•	🏊
Beaubigny	–	🍴	–	–	– –
Beauvoir	–	–	•	–	– –
Blainville-sur-Mer	–	–	•	–	🎾 🏊
Brécey	–	–	•	–	🏊
Bréhal	–	–	–	–	🎾 🏊
Carentan	P	–	–	–	– –
Cherbourg	P	–	–	–	– –
Courtils	–	–	•	–	– –
Coutances	–	–	–	–	🎾 🖼
La Croix-Avranchin	–	–	•	–	🎾 –
Denneville	–	–	•	–	🎾 –
Ducey	–	–	•	–	🎾 –
Genêts	–	–	•	–	🏊
Gouville-sur-Mer	–	–	•	–	🎾 –
Granville	–	–	•	•	🎾 🏊
Jullouville ⌂	–	–	•	–	– –
Maupertus-sur-Mer	–	–	•	–	🎾 🏊

	Permanent	Restauration	Loc. caravane ou mobil-home	Loc. et autres	⚒ ✗ ⛷	⌂
Montfarville	—	—	—	—	—	
Montmartin-sur-Mer	P	—	—	—	✗	—
Les Pieux	—	—	•	•	— ✗	⛷
Ravenoville	—	—	•	—	✗	⛷
St-Georges-de-la-Rivière	—	—	•	—	✗	—
St-Germain-sur-Ay	—	—	•	—	✗	⛷
St-Hilaire-du-Harcouët	—	—	—	—	✗	—
St-Jean-le-Thomas	—	—	—	—	—	—
St-Martin-d'Aubigny	—	—	—	—	✗	—
St-Pair-sur-Mer	—	—	•	•	—	⛷
St-Vaast-la-Hougue	—	—	—	—	✗	—
Ste-Marie-du-Mont	—	—	—	—	✗	—
Ste-Mère-Église	P	—	—	—	✗	—
Servon	—	—	—	—	—	⛷
Surtainville	P	—	—	•	—	—
Torigni-sur-Vire	—	—	—	—	✗	—
Villedieu-les-Poêles	—	—	—	—	✗	—

51 - MARNE ⑥ ⑦

	Permanent	Restauration	Loc. caravane ou mobil-home	Loc. et autres	⚒ ✗ ⛷	⌂
Arrigny	—	—	—	—	—	
Châlons-sur-Marne	—	—	—	—	✗	—
Fismes	—	—	—	—	—	
Giffaumont-Champaubert	—	—	—	—	—	
Le Meix-St-Epoing	P	—	—	•	—	
Reims	—	•	—	—	—	
Ste-Marie-du-Lac-Nuisement	—	—	•	—	—	
Ste-Menehould	—	—	—	—	—	⛷
Sézanne	—	—	—	—	✗	⛷

52 - HAUTE-MARNE ⑦

	Permanent	Restauration	Loc. caravane ou mobil-home	Loc. et autres	⚒ ✗ ⛷	⌂
Andelot	—	—	—	—	—	
Bourbonne-les-Bains ⚕	—	—	—	•	✗	—
Braucourt	—	—	—	—	✗	—
Froncles-Buxières	—	—	—	—	✗	—

53 - MAYENNE ④ ⑤

	Permanent	Restauration	Loc. caravane ou mobil-home	Loc. et autres	⚒ ✗ ⛷	⌂
Ambrières-les-Vallées	—	—	—	—	—	
Andouillé	—	—	—	—	—	
Bais	—	—	—	—	✗	⛷
Château-Gontier	—	—	—	—	✗	⛷
Craon	—	•	—	—	✗	⛷
Daon	—	—	—	—	—	
Ernée	—	—	—	—	✗	⛷
Évron	P	—	—	•	✗	⛷
Laval	—	—	—	—	—	
Mayenne	—	—	—	—	—	⛷
Menil	—	—	—	—	—	
Meslay-du-Maine	—	—	—	—	—	
Montsurs	P	—	—	—	—	—

54 - MEURTHE-ET-MOSELLE ⑦ ⑧

	Permanent	Restauration	Loc. caravane ou mobil-home	Loc. et autres	⚒ ✗ ⛷	⌂
Baccarat	P	—	—	—	✗	⛷
Blamont	—	—	—	—	✗	—
Jaulny	—	•	—	—	—	
Mandres-aux-Quatre-T.	—	🦢	—	—	—	
Nancy ⌂	—	—	—	—	—	
Tonnoy	—	—	—	—	✗	—

55 - MEUSE ⑦

	Permanent	Restauration	Loc. caravane ou mobil-home	Loc. et autres	⚒ ✗ ⛷	⌂
Dun-sur-Meuse	—	—	—	—	—	
Montmédy	—	—	—	—	—	
Romagne-sous-Montf.	—	—	—	—	—	
Sivry-sur-Meuse	—	—	—	—	—	
Varennes-en-Argonne	—	—	—	—	—	

56 - MORBIHAN ③ ④

	Permanent	Restauration	Loc. caravane ou mobil-home	Loc. et autres	⚒ ✗ ⛷	⌂
Ambon	—	—	—	•	—	⛷
Arradon	—	—	—	•	—	⛷
Arzon	—	—	—	—	—	⛷
Baden	—	—	—	•	—	⛷
Baud	—	—	—	•	—	—
BELLE-ÎLE-EN-MER						
Bangor	—	🦢	—	—	✗	—
Locmaria ⌂	—	—	—	—	—	—
Le Palais	—	🦢	•	—	✗	—
Belz	—	—	—	—	✗	⛷
Carnac ⌂	—	—	•	—	✗	⛷
Caudan	—	—	—	—	—	
Crach	P	—	•	•	✗	⛷
Damgan	—	—	—	•	—	⛷
Erdeven	—	—	•	•	—	⛷
Le Faouët	—	—	—	—	—	
La Gacilly	—	—	—	—	—	
Guéméné-sur-Scorff	—	—	—	—	—	
Le Guerno	—	—	—	—	—	
Guidel	—	—	—	•	—	✗
Ile-aux-Moines	—	—	—	—	—	
Josselin	P	—	—	—	—	
Larmor-Plage	—	—	—	•	—	✗
Locmariaquer	—	—	—	•	—	✗
Locmiquélic	—	—	—	—	—	
Melrand	—	—	—	—	—	
Muzillac	—	—	—	•	—	✗
Pénestin	—	🦢	—	•	—	⛷
Ploemel	P	—	—	•	—	⛷
Ploemeur	—	—	—	—	—	
Plougoumelen	—	—	—	—	—	✗
Plouharnel	—	—	•	•	—	⛷
Plouhinec	—	—	•	•	—	⛷
Questembert	—	—	—	—	—	
QUIBERON						
Quiberon ⌂	—	—	•	•	—	—
St-Julien	—	—	•	•	—	—
St-Pierre-Quiberon	—	—	—	•	—	—
Réguiny	—	—	—	—	✗	⛷
La Roche-Bernard	—	—	—	—	✗	—
Rochefort-en-Terre	—	—	—	—	—	
St-Congard	—	—	—	—	—	
St-Gildas-de-Rhuys	—	—	—	—	—	—
St-Jacut-les-Pins	—	🦢	—	—	—	
St-Nicolas-des-Eaux	—	—	—	—	—	
St-Philibert	—	—	—	•	—	✗
St-Vincent-sur-Oust	—	🦢	—	—	—	
Ste-Anne-d'Auray	—	—	—	—	✗	—
Sarzeau ⌂	—	—	—	•	—	⛷
Sérent	P	—	—	—	✗	⛷
Surzur	—	—	—	—	—	
Taupont	—	—	—	•	—	⛷
Theix	—	🦢	—	—	—	—
Trédion	—	—	—	—	—	
La Trinité-Porhoët	—	—	—	—	✗	—
La Trinité-sur-Mer	—	🦢	•	—	•	⛷
Vannes	—	—	—	—	—	

	Permanent	Restauration	Loc. ou	Loc. et autres		ou

57 - MOSELLE 7 8

	Permanent	Restauration	Loc. ou	et autres		ou
Baerenthal	—	—	—	•	🎾	—
Corny-sur-Moselle	—	—	—	—	🎾	—
Dabo	—	—	—	•	—	—
Morhange	—	—	—	•	—	—
Phalsbourg	—	—	—	—	—	—
St-Avold	P	—	—	—	—	—

58 - NIÈVRE 6 10

	Permanent	Restauration	Loc. ou	et autres		ou
Bazolles	—	—	—	—	—	—
Brèves	—	—	—	—	—	—
Château-Chinon	—	🦢	—	—	—	—
Chatillon-en-Bazois	—	—	—	—	🎾	🎿
Clamecy 🅰	—	—	—	—	—	—
Corancy	—	—	—	—	—	—
Crux-la-Ville	—	—	—	•	—	—
Dornes	—	—	—	—	—	—
Entrains-sur-Nohain	—	—	—	—	—	—
Luzy	—	🦢	•	—	•	🎿
Montapas	—	—	—	—	—	—
Montigny-en-Morvan	—	—	—	—	—	—
Moulins-Engilbert	—	—	—	—	🎾	—
La Nocle-Maulaix	—	—	—	—	—	—
Planchez	—	—	—	—	🎾	—
Pougues-les-Eaux	—	—	—	—	🎾	🎿
Prémery	—	—	—	—	🎾	—
St-Honoré-les-Bains ⚲	—	—	—	•	🎾	🎿
St-Péreuse	—	🦢	•	—	🎾	🎿
Les Settons	—	—	•	—	🎾	—
Varzy	—	—	•	—	🎾	—

59 - NORD 1 2

	Permanent	Restauration	Loc. ou	et autres		ou
Aubencheul-au-Bac	—	—	—	—	—	—
Avesnes-sur-Helpe	—	—	—	—	🎾	—
Bavay	P	—	•	—	—	—
Bollezeele	—	—	—	—	—	—
Bray-Dunes	—	—	•	•	🎾	—
Coudekerque	P	—	—	—	—	—
Felleries	—	—	—	—	—	—
Godewaersvelde	—	—	—	—	—	—
Grand-Fort-Philippe	—	—	—	—	—	—
Hondschoote	—	—	—	—	—	—
Lynde	—	—	—	—	—	—
Maubeuge	P	—	—	—	—	—
Ohain	—	🦢	—	—	—	—
Prisches	P	—	—	—	—	—
Renescure	—	—	—	—	—	—
St-Amand-les-Eaux ⚲	—	🦢	—	—	—	—
St-Jans-Cappel	—	—	—	—	—	—
Solesmes	—	—	•	—	—	—
Staple	P	🦢	—	—	—	—
Steenbecque	—	🦢	—	—	—	—
Téteghem	—	—	—	—	—	—
Warhem	P	—	—	—	—	—
Watten	—	—	—	—	—	—
Willies	—	—	—	—	—	—

Si vous désirez réserver un emplacement pour vos vacances, faites-vous bien préciser au préalable les conditions particulières de séjour, les modalités de réservation, les tarifs en vigueur et les conditions de paiement.

60 - OISE 5

	Permanent	Restauration	Loc. ou	et autres		ou
Attichy	P	—	—	—	🎾	🎿
Beauvais	P	—	—	—	—	—
Lagny	—	—	—	—	—	—
Liancourt	P	—	—	—	—	—
Orvillers-Sorel	—	—	—	—	—	—
Pierrefonds	—	—	—	—	—	—
St-Leu d'Esserent	—	—	—	—	—	—
Salency	P	—	—	—	🎾	—
Songeons	—	🦢	—	—	—	—

61 - ORNE 4 5

	Permanent	Restauration	Loc. ou	et autres		ou
Alençon	—	—	—	—	🎾	—
Argentan	—	—	—	—	🎾	🔲
Bagnoles-de-l'O. ⚲	—	—	—	—	—	—
Bretoncelles	—	🦢	—	—	—	—
Essay	—	—	—	—	—	—
La Ferrière-aux-Étangs	—	—	•	—	🎾	—
La Ferté-Macé	—	—	—	—	🎾	🎿
Flers	P	—	—	—	—	—
Gacé	—	—	—	—	—	—
St-Evroult-N.-D.-du-Bois	—	—	—	—	🎾	—
Vimoutiers	P	—	—	—	🎾	—

62 - PAS-DE-CALAIS 1 2

	Permanent	Restauration	Loc. ou	et autres		ou
Amplier	P	•	—	—	—	—
Ardres	P	—	—	—	—	—
Arques	—	—	—	—	—	—
Audinghen	—	—	—	—	—	—
Audresselles	—	—	—	—	—	—
Audruicq	—	—	—	—	—	—
Auxi-le-Château	—	—	—	—	🎾	—
Beaurainville	P	—	—	—	—	—
Beauvoir-Wavans	—	—	—	—	—	—
Berck-sur-Mer	—	—	—	—	🎾	—
Beuvry	—	—	—	—	—	—
Biache-St-Vaast	—	—	—	—	—	—
Blendecques	—	—	—	—	—	—
Boubers-sur-Canche	—	—	—	—	—	—
Camiers	P	—	—	—	—	🎿
Croix-en-Ternois	—	—	—	—	—	—
Cucq	—	—	—	—	—	—
Escalles	—	—	—	—	—	—
Fillièvres	—	—	—	—	—	—
Frévent	—	—	—	—	🎾	🔲
Grigny	P	—	—	—	—	—
Guînes	—	—	•	—	•	🎾
Landrethun-les-Ardres	—	—	—	—	—	—
Leubringhen	—	—	—	—	—	—
Licques	—	—	—	—	—	—
Maisnil-Lès-Ruitz	—	—	—	•	🎾	🎿
Mametz	—	—	—	•	—	—
Merlimont	—	—	—	•	🎾	🎿
Montreuil	P	—	—	—	—	—
Oye-Plage	—	—	—	•	🎾	🎿
St-Omer	—	—	—	•	🎾	🎿
Serques	—	—	—	—	—	—
Tollent	—	—	—	—	—	—
Tortequesne	—	—	—	•	🎾	—
Tournehem-sur-la-Hem	P	—	•	—	—	—
Villers-Brûlin	—	—	—	•	—	—
Warlincourt-lès-Pas	—	—	—	—	—	🎿

Column headers (repeated for both sides):

| | Permanent | Restauration | Loc. ⛺ ou 🚐 | Loc. 🏠 et autres | ☐ ou ✄ / ⛷ |

63 - PUY-DE-DÔME 10 11

Commune	Permanent	Restauration	Loc. camping	Loc. gîtes et autres	Activités
Ambert	P	•	–	–	☐
Les Ancizes-Comps	–	–	–	•	–
Arlanc	–	–	–	•	✄
Aydat (Lac d')	–	⚓	–	–	–
Billom	–	–	–	✄	☐
Blot-l'Église	–	–	–	✄	–
La Bourboule ⚕	P	•	•	–	✄ ☐
Bromont-Lamothe	–	–	–	•	–
Ceyrat	P	•	•	–	–
Chambon (Lac) 🏠 ⚓	–	–	•	–	✄ –
Châtelguyon ⚕	–	•	•	–	⛷
Clémensat	–	–	–	–	–
Cournon-d'Auvergne	P	•	–	–	✄ ⛷
Espinchal	–	–	–	–	–
Issoire	P ⚓	•	–	–	✄ ⛷
Labessette	–	⚓	–	–	–
Lapeyrouse	–	–	–	–	✄ –
Loubeyrat	–	–	–	–	⛷
Les Martres-de-Veyre	–	–	–	–	✄ –
Miremont	–	•	–	–	✄ –
Montaigut-le-Blanc	–	–	–	–	✄ –
Le Mont-Dore ⚕ ⚓	–	–	–	–	–
Murol	–	•	•	•	✄ ⛷
Nébouzat	–	–	–	–	☐
Orcival	–	⚓	•	–	–
Orléat	–	–	–	–	–
Picherande	–	–	–	–	✄ –
Pontaumur	–	–	–	–	✄ –
Pont-de-Menat 🏠	–	–	–	•	–
Pontgibaud	–	–	–	–	–
Puy-Guillaume	–	–	–	–	–
Royat ⚕	–	–	–	•	✄ –
St-Alyre-d'Arlanc	–	–	–	–	–
St-Amant-Roche-Savine	–	–	–	–	✄ –
St-Clément-de-Valorgue	–	⚓	–	–	–
St-Donat	–	–	–	–	–
St-Éloy-les-Mines	–	–	–	–	⛷
St-Gal-sur-Sioule	–	–	•	–	–
St-Georges-de-Mons	–	–	–	•	✄ ⛷
St-Germain-Lembron	–	⚓	–	–	⛷
St-Germain-l'Herm	–	–	–	•	–
St-Gervais-d'Auvergne	–	–	–	•	–
St-Nectaire ⚕	–	–	–	•	–
St-Priest-des-Champs	–	–	–	–	–
St-Rémy-sur-Durolle	–	–	•	–	✄ ⛷
Singles	–	–	•	–	• ⛷
Tauves	–	–	–	•	–
La Tour-d'Auvergne ⚓	–	–	–	–	–
Vernet-la-Varenne	–	–	–	–	–
Vollore-Ville	–	⚓	–	–	–

64 - PYRÉNÉES-ATLANTIQUES 13 14

Commune	Permanent	Restauration	Loc. camping	Loc. gîtes et autres	Activités
Ainhoa	P	⚓ •	–	–	–
Anglet 🏠	P	–	•	•	✄ ⛷
Arette	P	–	–	–	–
Arthez-de-Béarn	–	–	–	–	✄ ⛷
Ascain	–	–	•	•	✄ ⛷
Bayonne	–	⚓	–	–	✄ ⛷
Bedous	–	–	–	–	✄ ⛷
Biarritz 🏠	–	–	–	–	✄ ⛷
Bidart	–	–	–	•	✄ ⛷
Bielle	P	–	–	–	–
Bruges	–	–	–	•	–
Bunus	–	–	–	–	–
Cambo-les-Bains ⚕	–	–	–	–	✄ ⛷
Eaux-Bonnes ⚕	–	–	–	–	–
Escot	–	⚓	•	–	• ⛷
Gère-Bélesten	P	–	–	–	–
Gourette ⚓	–	–	–	•	–
Gurmençon	–	–	–	•	–
Hasparren	–	–	–	•	✄ ⛷
Helette	–	⚓	–	–	✄ –
Hendaye 🏠	–	⚓	–	–	✄ ⛷
Iholdy	–	–	–	–	–
Irissarry	–	–	–	–	–
Itxassou	P	–	•	•	–
Izeste	–	–	–	–	–
Larrau	–	–	–	–	–
Laruns	P	–	•	•	✄ ⛷
Lescun	–	–	–	–	–
Louvie-Juzon	–	–	•	–	–
Mauléon-Licharre	–	⚓	–	•	–
Oloron-Ste-Marie	–	–	–	–	✄ ☐
Orthez	–	–	–	–	✄ ⛷
Osses	–	⚓	–	–	–
Pau	P	–	–	–	✄ ☐
St-Jean-de-Luz 🏠	P	–	•	•	✄ ⛷
St-Jean-Pied-de-Port	–	–	•	–	✄ ⛷
St-Palais	–	–	–	–	✄ ⛷
St-Pée-sur-Nivelle	–	–	•	–	⚓
Salies-de-Béarn ⚕	–	–	–	•	–
Sare	–	–	–	•	⛷
Sauveterre-de-Béarn	P	–	–	–	–
Souraïde	P	–	•	•	✄ ⛷
Tardets-Sorholus	–	–	•	–	–
Urdos	–	–	–	–	–
Urrugne	–	–	–	•	✄ ⛷

65 - HAUTES-PYRÉNÉES 13 14

Commune	Permanent	Restauration	Loc. camping	Loc. gîtes et autres	Activités
Aragnouet	–	–	–	–	✄ –
Argelès-Gazost 🏠 ⚕	P ⚓	•	–	•	✄ ⛷
Arreau	P	•	–	•	✄ –
Arrens-Marsous	P	–	•	•	✄ ⛷
Bagnères-de-B. ⚕	P	–	•	•	✄ ☐
Bourisp	P	–	•	•	✄ –
Campan	–	–	–	–	✄ –
Cauterets ⚕ ⚓	–	–	–	–	–
Estaing	P ⚓	•	–	–	–
Gavarnie	P	–	–	–	⛷
Gèdre	P	–	•	–	–
Gouaux	P	–	–	–	–
Loudenvielle	P	–	–	–	–
Lourdes 🏠	P	–	•	•	✄ ⛷
Luz-St-Sauveur 🏠 ⚕ ⚓	P ⚓	•	•	•	⛷
Mauvezin	–	–	–	–	–
Monléon-Magnoac	–	–	–	–	–
St-Lary-Soulan ⚓	–	–	–	–	–
Ste-Marie-de-Campan	P	–	•	•	✄ ⛷
Vielle-Aure	P	–	–	–	–
Vignec	P	–	–	–	✄ ⛷

66 - PYRÉNÉES-ORIENTALES 15

Commune	Permanent	Restauration	Loc. camping	Loc. gîtes et autres	Activités
Alénya	–	–	–	–	–
Amélie-les-Bains-P. ⚕	–	–	•	–	⛷
Argelès-sur-Mer 🏠	–	–	•	•	✄ ⛷
Arles-sur-Tech	–	•	•	•	⛷
Banyuls-sur-Mer	–	–	–	–	–
Le Barcarès	P	–	•	•	✄ ⛷
Le Boulou ⚕	P ⚓	•	–	–	⛷

	Permanent	Restauration	🏕 ou 🚐	🏠 et autres	📷 ou	🎾 🏊
Bourg-Madame	P	—	—	•	—	—
Canet-Plage [A]	—	—	•	•	•	🎾 🏊
Céret	P	—	—	—	—	—
Collioure	—	—	—	—	—	—
Corsavy	—	—	•	—	—	—
Egat	P	—	—	—	—	—
Elne	—	—	—	—	🎾	—
Err	P	—	—	•	—	—
Fuilla	—	—	•	•	—	—
Laroque-des-Albères	—	🦢	•	•	—	🎾 🏊
Llauro	—	—	—	—	—	—
Maureillas-las-Illas	—	—	—	•	—	🏊
Molitg-les-Bains 🛁	—	—	—	—	—	—
Néfiach	—	—	—	—	—	🏊
Osséja	—	—	—	—	—	—
Palau-de-Cerdagne	—	—	—	—	—	—
Palau-del-Vidre	P	—	•	•	—	🏊
Ria-Sirach	—	—	—	—	—	—
Sahorre	—	—	—	—	—	—
Saillagouse	P	—	•	•	•	🎾 🏊
St-Cyprien	—	—	•	—	—	🎾 🏊
St-Jean-Pla-de-Corts	—	—	•	—	—	🎾 🏊
St-Laurent-de-Cerdans	—	—	•	—	—	🏊
St-Paul-de-Fenouillet	—	—	—	—	—	🏊
Ste-Marie	—	—	•	—	—	🎾 🏊
Sournia	—	—	•	—	—	🎾 —
Tautavel	—	—	•	—	—	—
Torreilles	—	—	•	•	•	🎾 🏊
Vernet-les-Bains 🛁	—	—	•	•	—	🏊
Villelongue-dels-Monts	—	—	—	—	—	—
Villeneuve-de-la-Raho	P	—	—	—	—	—
Villeneuve-des-Escaldes	P	—	—	—	—	—

67 - BAS-RHIN [67]

	Permanent	Restauration	🏕 ou 🚐	🏠 et autres	📷 ou	🎾 🏊
Dambach-la-Ville	—	—	—	—	🎾	—
Gerstheim	—	—	—	—	🎾	🏊
Haguenau	—	—	—	—	🎾	—
Harskirchen	P	—	—	—	🎾	—
Le Hohwald 🚡	P	—	—	—	—	—
Keskastel	P	—	—	—	🎾	—
Lauterbourg	—	—	—	—	—	—
Niederbronn-les-B 🛁	P	🦢	•	—	•	🎾 📷
Oberbronn	—	—	•	—	—	🎾 🏊
Rhinau	—	—	—	—	🎾	🏊
Rothau	—	—	—	—	—	—
St-Pierre	—	—	—	—	🎾	—
Saverne	—	—	—	—	—	—
Sélestat [A]	—	—	—	—	🎾	📷
Wasselonne	—	—	—	—	🎾	📷

68 - HAUT-RHIN [68]

	Permanent	Restauration	🏕 ou 🚐	🏠 et autres	📷 ou	🎾 🏊
Aubure	—	—	—	—	—	—
Bendorf	—	🦢	—	—	—	—
Burnhaupt-le-Haut	—	—	—	—	—	—
Cernay	—	—	•	—	—	🎾 📷
Colmar	—	—	—	—	—	—
Éguisheim	—	—	—	—	—	—
Fréland	—	—	—	—	—	—
Guewenheim	—	—	—	—	🎾	🏊
Gunsbach	P	—	—	—	—	—
Heimsbrunn	P	—	—	—	—	—
Kaysersberg	—	—	—	—	🎾	—
Kruth	—	—	—	—	—	—
Labaroche	—	🦢	—	—	—	—
Lapoutroie	—	—	—	—	—	—
Lautenbach-Zell	P	—	—	—	—	🎾 🏊
Masevaux	—	—	—	—	—	🎾 🏊
Mittlach	—	🦢	—	—	—	—
Moosch	—	🦢	—	—	—	—
Mulhouse	—	—	•	—	—	🎾 📷
Munster	—	—	—	—	—	—
Neuf-Brisach	P	—	•	—	—	📷
Orbey	P	—	•	—	—	🎾 —
Ranspach	—	—	•	—	—	—
Ribeauvillé	—	—	—	—	🎾	📷
Riquewihr	—	—	—	—	—	—
Rombach-le-Franc	—	—	—	—	—	—
Rouffach	—	—	—	—	—	—
Ste-Marie-aux-Mines	P	—	—	—	—	—
Seppois-le-Bas	—	—	—	—	🎾	🏊
Turckheim	—	—	—	—	—	—
Urbès	—	—	•	•	—	🎾 🏊
Wattwiller	—	—	•	•	—	🎾 🏊
Wihr-au-Val	—	—	—	—	—	—
Willer-sur-Thur	—	—	—	—	—	—

69 - RHÔNE [11] [12]

	Permanent	Restauration	🏕 ou 🚐	🏠 et autres	📷 ou	🎾 🏊
L'Arbresle	—	—	—	—	🎾	—
Bessenay	—	—	—	—	—	🏊
Condrieu	—	—	•	—	—	🎾 —
Cublize	—	—	—	—	🎾	🏊
Fleurie	—	—	—	—	—	—
Haute-Rivoire	—	🦢	—	—	—	—
Lyon	P	—	•	—	—	🏊
Mornant	—	—	—	—	—	—
Poule-les-Echarmeaux	—	—	—	—	—	—
St-Jean-la-Bussière	—	—	—	—	—	—
St-Symphorien-sur-Coise	—	🦢	—	—	🎾	—
Ste-Catherine	—	🦢	—	—	—	—
Villefranche-sur-Saône	—	—	•	—	—	—

70 - HAUTE-SAÔNE [7] [8]

	Permanent	Restauration	🏕 ou 🚐	🏠 et autres	📷 ou	🎾 🏊
Autrey-le-Vay	—	—	—	—	—	—
Les Aynans	—	—	—	—	—	—
Champagney	P	—	—	—	—	—
Luxeuil-les-Bains 🛁	—	—	—	—	—	—
Mélisey	P	—	—	—	—	—
Port-sur-Saône	—	—	•	—	—	🎾
Preigney	—	—	—	—	—	—
Rioz	—	—	—	—	—	—
Vesoul	—	—	—	—	—	—
Villersexel	—	—	—	—	—	—

71 - SAÔNE-ET-LOIRE [11] [12]

	Permanent	Restauration	🏕 ou 🚐	🏠 et autres	📷 ou	🎾 🏊
Autun	—	—	•	—	—	—
Bourbon-Lancy 🛁	—	—	•	—	•	🎾 🏊
Chagny	—	—	•	—	—	🎾 🏊
Chambilly	—	—	—	—	—	—
Charolles	—	—	—	—	—	🏊
Chauffailles	—	—	—	—	🎾	🏊
La Clayette	P	—	—	—	—	🏊
Cluny	—	—	—	—	🎾	🏊
Crêches-sur-Saône	—	—	•	—	—	—
Digoin	—	—	—	—	—	🏊
Épinac	—	—	—	—	—	—
Gibles	—	🦢	—	—	—	🏊
Gigny-sur-Saône	—	🦢	—	—	—	🏊
Issy-l'Evêque	—	🦢	—	—	—	🏊

	Permanent	Restauration	Loc. ou	et autres	ou
Louhans	—	—	•	—	— ✗ ⛵
Mâcon	—	•	—	—	— ✗ —
Matour	—	—	—	—	— ✗ ⛵
Mervans	—	—	—	—	— — —
Paray-le-Monial	—	—	•	—	— — ⛵
St-Bonnet-de-Joux	—	—	—	—	— ✗ —
St-Cyr	P	—	—	—	— — ⛵
St-Germain-du-Bois	—	—	—	—	— ✗ —
Salornay-sur-Guye	—	🛶	—	—	— ✗ —
Toulon-sur-Arroux	—	—	—	—	— ✗ —
Varenne-sur-le-Doubs	—	—	—	—	— — —
Volesvres	—	—	—	—	— ✗ —

72 - SARTHE 5

	Permanent	Restauration	Loc. ou	et autres	ou
Avoise	P	—	—	—	— — —
Bessé-sur-Braye	—	—	—	—	— ✗ ⛵
Bouloire	—	—	—	—	— — —
Brûlon	—	—	—	—	— ✗ —
Chartre-sur-le-Loir	—	—	—	—	— — ⛵
Conlie	—	—	—	—	— — —
Connerré	—	—	—	—	— ✗ —
Écommoy	—	—	—	—	— ✗ —
La Flèche	P	—	—	—	— ✗ —
Fresnay-sur-Sarthe	—	—	—	—	— ✗ ⛵
Luché-Pringé	—	—	—	—	— ✗ ⛵
Le Lude	—	—	—	—	— ✗ —
Malicorne-sur-Sarthe	—	—	—	—	— ✗ —
Mamers	—	—	—	—	— ✗ —
Mansigné	—	—	—	—	— ✗ —
Marçon	—	—	—	—	— ✗ —
Mayet	—	—	—	—	— — —
Précigné	—	—	—	—	— ✗ ⛵
Ruillé-sur-Loir	—	—	—	—	— ✗ —
Sablé-sur-Sarthe	—	—	—	—	— ✗ —
St-Calais	—	—	—	—	— ✗ ⛵
Sillé-le-Guillaume	—	🛶	•	•	— ✗ —
Tennie	—	—	—	—	— ✗ —

73 - SAVOIE 12

	Permanent	Restauration	Loc. ou	et autres	ou
AIGUEBELETTE (Lac d')	—	—	—	—	— — —
Novalaise-Lac ⌂	—	—	—	—	— ✗ —
St-Alban-de-Montbel	—	—	•	—	— ✗ —
Aigueblanche	—	—	—	—	— ✗ ⛴
Aillon-le-Jeune 🚠	P	—	—	—	— ✗ —
Aime	—	—	—	—	— — —
Aix-les-Bains ⚓	P	—	•	—	• ✗ ⛴
Albens	—	—	—	—	— ✗ —
Albertville	—	—	—	—	— — —
Aussois 🚠	P	🛶	—	—	— ✗ —
La Bâthie	—	—	—	—	— — —
Beaufort	—	—	—	—	— — —
Bourg-St-Maurice 🚠	—	—	—	—	— ✗ ⛴
Bozel	—	🛶	—	—	— ✗ —
Challes-les-Eaux ⚓	—	—	—	—	— ✗ —
Chanaz	—	—	—	—	— ✗ —
Le Châtelard	—	—	—	—	— — —
Entremont-le-Vieux	—	—	•	—	— — —
Landry	—	—	—	—	— ✗ —
Lanslevillard 🚠	—	—	—	—	— ✗ —
Lescheraines	—	—	—	—	— ✗ —
Les Marches	—	—	—	•	— — —
Modane 🚠	P	—	—	—	— ✗ —
Montchavin	—	—	—	—	— ✗ —
Orelle	—	—	—	—	— — —

	Permanent	Restauration	Loc. ou	et autres	ou
Peisey-Nancroix	P	🛶	•	•	— ✗ —
Pralognan-la-V. 🚠	—	—	•	—	— ✗ ⛴
Queige	—	—	—	—	— ✗ —
La Rochette	—	—	—	—	— — —
La Rosière de Montvalezan 🚠	—	—	•	—	— ✗ —
Ruffieux	—	—	—	—	— ✗ —
St-Avre	—	🛶	—	•	— ✗ ⛴
St-Jean-de-Couz	—	🛶	—	—	— — —
St Pierre d'Albigny	—	—	—	—	— ✗ —
St-Pierre-de-Curtille	—	—	—	—	— ✗ —
St-Rémy-de-Maurienne	—	—	—	—	— ✗ —
Ste-Hélène-du-Lac	—	—	—	—	— — —
Col des Saisies 🚠	—	—	•	—	— — —
Séez	P	—	—	—	— — —
Sollières-Sardières	—	—	—	—	— — —
Termignon	—	—	—	—	— ✗ —
Tignes 🚠	—	—	—	—	— ✗ ⛴
La Toussuire 🚠	—	—	•	—	— — —
Val-d'Isère 🚠	—	—	—	—	— ✗ —
Valloire	—	—	—	—	— ✗ ⛴
Villarembert	—	—	—	—	— — —

74 - HAUTE-SAVOIE 12

	Permanent	Restauration	Loc. ou	et autres	ou
Abondance 🚠	—	—	—	—	— ✗ —
Amphion-les-Bains	—	—	—	•	— ✗ —
ANNECY (Lac d')	—	—	—	—	— — —
Alex ⌂	—	—	—	—	— — —
Bout-du-Lac	—	—	•	—	— ✗ —
Doussard	—	—	•	—	— — —
Duingt	—	—	—	—	— — —
Lathuile	—	—	•	—	— ✗ —
Menthon-St-Bernard	—	—	•	—	— — —
St-Jorioz	—	🛶	•	—	— ✗ ⛴
Sévrier	—	—	•	—	— ✗ —
Talloires	—	—	•	—	— — —
Argentière 🚠	—	—	—	—	— — —
La Balme-de-Sillingy	—	—	—	—	— — —
La Baume	—	—	—	—	— — —
Bonneville	—	—	—	—	— — —
Chamonix ⌂ 🚠	—	—	•	•	— ✗ ⛴
Châtel 🚠	—	—	—	—	— ✗ ⛴
Chedde	—	—	—	—	— — —
Chêne-en-Semine	—	—	•	—	— ✗ ⛴
Choisy	—	🛶	—	—	— — —
Les Contamines-Montjoie 🚠	—	—	—	—	— ✗ —
Cruseilles	—	—	•	—	— ✗ ⛴
Cusy	—	—	•	—	— — —
Excenevex	—	—	•	—	— — —
Les Gets	—	—	—	—	— — —
Le Grand-Bornand 🚠	—	—	•	—	— ✗ ⛴
Les Houches 🚠	—	—	—	—	— — —
Lugrin	—	—	—	•	— — —
Maxilly-sur-Léman	—	—	•	•	— — —
Megève 🚠	P	—	•	—	— — ⛴
Le Petit-Bornand-les-G.	—	—	—	—	— — —
Praz-sur-Arly 🚠	P	—	—	—	— — —
Présilly	—	—	—	—	— — —
Le Reposoir	—	—	•	—	— — —
Rumilly	—	—	•	•	— — ⛴
St-Ferréol	—	—	—	—	— — —
St-Gervais-les-Bains ⚓ 🚠	—	—	•	—	— — ⛴
St-Jean-d'Aulps	P	—	—	—	— — —
St-Jean-de-Sixt	—	—	—	—	— — —

	Permanent	Restauration	Loc. ⛺ ou 🚐	🏠 ✗ ⛵ et autres	📷 ou 🎿
Sallanches 🄰 🎿	—	•	—	•	— —
Samoëns 🎿	P	•	—	•	✗ 🎿
Sciez	—	—	•	—	— —
Serraval	—	—	—	—	✗ —
Servoz	—	—	•	—	✗ —
Seyssel	—	—	—	—	✗ —
Sillingy	P	—	—	—	✗ —
Sixt-Fer-à-Cheval	—	🏊	—	—	— —
Taninges	P	—	—	—	✗ —
Thônes	—	🏊	—	—	• ✗
Thonon-les-Bains ⚓	—	—	—	—	✗ —
Verchaix	P	—	—	—	✗ —

76 - SEINE-MARITIME

	Permanent	Restauration	Loc. ⛺ ou 🚐	🏠 ✗ ⛵ et autres	📷 ou 🎿
Aumale	—	—	—	—	— —
Bazinval	P	—	—	—	✗ —
Bourg-Dun	—	—	—	—	✗ —
Dieppe	P	•	—	—	✗ 📷
Étretat	—	—	—	—	✗ —
Fécamp 🄰	—	—	—	—	— —
Gueures	—	—	—	—	— —
Le Havre	—	—	—	—	— —
Incheville	—	—	—	—	— —
Jumièges	—	—	—	—	✗ —
Les Loges	—	—	—	—	✗ —
Martigny	—	—	—	—	— —
Neufchâtel-en-Bray	—	🏊	—	—	— —
Offranville	—	—	•	•	✗ —
Omonville	—	—	—	—	— —
Pierreval	—	—	—	—	✗ —
Rouen	—	—	—	—	— —
St-Aubin-sur-Mer	—	—	•	—	— —
St-Pierre-en-Port	—	—	—	—	— —
St-Valéry-en-Caux	P	—	—	•	— —
Sassetot-le-Mauconduit	—	🏊	—	—	— —
Touffreville-sur-Eu	—	—	—	—	— —
Toussaint	—	—	—	—	✗ —
Le Tréport	—	—	—	•	✗ —
Veules-les-Roses	—	—	—	—	— —
Vittefleur	—	—	—	—	— —
Yport	—	—	—	—	✗ —

77 - SEINE-ET-MARNE

	Permanent	Restauration	Loc. ⛺ ou 🚐	🏠 ✗ ⛵ et autres	📷 ou 🎿
Bagneaux-sur-Loing	—	—	—	—	✗ —
Episy	P	—	—	—	✗ —
La Ferté-Gaucher	P	—	—	—	✗ 🎿
La Ferté-sous-Jouarre	P	🏊	—	—	✗ —
Hermé	—	🏊	•	—	✗ —
Jablines	—	—	—	—	— —
Louan	—	—	—	—	— —
Marne-la-Vallée	P	•	—	•	✗ 📷
Melun	—	—	—	—	✗ 📷
Varreddes	—	—	—	—	✗ 🎿
Veneux-les-Sablons	—	—	—	—	— —
Verdelot	—	—	—	—	✗ —

78 - YVELINES

	Permanent	Restauration	Loc. ⛺ ou 🚐	🏠 ✗ ⛵ et autres	📷 ou 🎿
Condé-sur-Vesgre	—	🏊	—	—	— —
Maisons-Laffitte	P	•	—	—	— —
Rambouillet	P	🏊	—	—	— —
St-Illiers-la-Ville	—	🏊	—	—	— 🎿

79 - DEUX-SÈVRES

	Permanent	Restauration	Loc. ⛺ ou 🚐	🏠 ✗ ⛵ et autres	📷 ou 🎿
Argenton-Château	—	—	—	—	✗ 🎿
Argenton-l'Église	—	—	—	—	✗ —
Azay-sur-Thouet	—	—	—	—	✗ —
Le Beugnon	—	—	—	—	— —
Celles-sur-Belle	P	—	—	•	✗ —
Coulon	—	—	—	—	✗ —
Coulonges-sur-l'Autize	—	—	—	—	✗ 🎿
Mauzé-sur-le-Mignon	—	—	—	—	— —
Melle	P	—	—	—	✗ —
Niort	—	—	—	—	— —
Pamproux	—	—	—	—	✗ 🎿
Parthenay	P	•	—	—	✗ 🎿
Prailles	—	•	—	•	✗ —
Puyhardy	—	🏊	—	—	— —
St-Varent	—	—	—	—	✗ 📷
Sauzé-Vaussais	—	—	—	•	✗ 🎿
Secondigny	—	—	•	—	✗ 🎿
Le Vert	—	—	—	—	— —

80 - SOMME

	Permanent	Restauration	Loc. ⛺ ou 🚐	🏠 ✗ ⛵ et autres	📷 ou 🎿
Ault	—	—	—	—	— —
Bertangles	—	—	•	—	— —
Cayeux-sur-Mer	—	—	•	—	— —
Le Crotoy	—	🏊	—	—	— —
Forest-Montiers	—	—	•	—	— —
Fort-Mahon-Plage	—	—	—	—	— —
Friaucourt	—	—	—	—	— —
Ham	—	—	—	—	— —
Lanchères	P	—	—	—	— —
Loeuilly	—	—	—	—	— —
Lucheux	—	—	—	—	— —
Montdidier	P	—	•	—	✗ —
Noyelles-sur-Mer	—	—	—	—	— —
Pendé	—	—	—	—	— —
Péronne	P	—	—	—	— —
Poix-de-Picardie	—	—	—	—	— —
Port-le-Grand	—	—	—	—	— 📷
Proyart	—	—	—	—	— —
Quend	—	🏊	—	•	— ✗
Rue	—	—	—	—	— —
St-Blimont	—	—	—	—	✗ —
St-Quentin-en-Tourmont	—	—	—	—	— —
St-Valery-sur-Somme	—	•	—	—	✗ 🎿
Villers-sur-Authie	—	—	—	—	— —
Vironchaux	—	—	—	—	— —

81 - TARN

	Permanent	Restauration	Loc. ⛺ ou 🚐	🏠 ✗ ⛵ et autres	📷 ou 🎿
Alban	—	🏊	—	—	— —
Anglès	—	—	•	—	✗ 🎿
Le Bez	—	—	—	—	— —
Brassac	—	—	—	—	— —
Cahuzac-sur-Vère	—	—	—	—	✗ —
Castelnau-de-Montmiral	—	—	—	—	— 🎿
Castres	—	•	—	—	— —
Cordes	—	—	•	•	— 🎿
Damiatte	—	—	•	—	— —
Gaillac	—	—	—	—	✗ 🎿
Labastide-Rouairoux	—	—	—	—	— —
Larroque	—	—	—	—	— —
Mazamet	—	—	—	—	— 📷
Mirandol-Bourgnounac	—	🏊	—	—	— 🎿
Monestiés	—	—	—	—	✗ —

	Permanent	Restauration 🐾	Loc. 🚐/🏕️	🏠 et autres	⌧ ou	🍴/🎾
Nages	–	–	•	–	–	🍴
Pampelonne	–	–	–	–	–	–
Rabastens	–	–	–	–	–	⌧
Rivières	–	–	•	–	•	🍴 ⅃
Roquecourbe	–	–	–	–	–	🍴
Rouquié	–	–	–	–	–	–
St-Pierre-de-Trivisy	–	–	–	–	–	🍴
Sorèze	–	–	–	–	–	🍴

82 - TARN-ET-GARONNE ⑭

	Permanent	Restauration 🐾	Loc. 🚐/🏕️	🏠 et autres	⌧ ou	🍴/🎾
Beaumont-de-Lomagne	–	–	–	–	•	🍴
Caussade	–	–	–	–	–	🍴 ⅃
Lafrançaise	–	–	–	–	–	–
Laguépie	–	–	–	–	•	🍴
Lavit	–	–	–	–	–	–
Monclar-de-Quercy	–	–	–	–	•	🍴
Montpezat-de-Quercy	–	–	–	–	•	🍴 ⅃
Négrepelisse	–	–	–	–	–	–
St-Antonin-Noble-Val	–	–	•	–	–	🍴 ⌧
St-Nicolas-de-la-Grave	–	–	–	–	–	🍴
St-Sardos	–	–	–	–	–	🍴
Touffailles	–	–	–	–	–	🍴

83 - VAR ⑰

	Permanent	Restauration 🐾	Loc. 🚐/🏕️	🏠 et autres	⌧ ou	🍴/🎾
Agay	–	🐾	•	•	•	🍴 ⅃
Artignosc-sur-Verdon	P	🐾	•	–	–	⅃
Aups	P	🐾	•	•	–	⅃
Belgentier	–	–	•	–	–	–
Bormes-les-Mimosas	P	–	–	–	–	–
Brignoles	–	–	–	–	–	⅃
La Cadière-d'Azur	–	–	•	•	–	⅃
Callas	–	–	•	–	•	⅃
Le Camp-du-Castellet	P	–	•	–	•	🍴 ⅃
Carqueiranne	–	–	•	–	–	⅃
Cavalaire-sur-Mer	–	–	•	•	–	⅃
Cavalière	–	–	•	–	–	⅃
Cogolin	–	–	•	•	•	🍴 ⅃
Comps-sur-Artuby	–	–	•	–	–	–
La Croix-Valmer	–	–	•	–	–	⅃
Fayence	–	–	•	–	•	🍴 ⅃
Fréjus	P	–	•	•	•	🍴 ⅃
La Garde-Freinet	–	–	–	–	•	🍴 ⅃
Giens	–	–	•	•	–	⅃
Grimaud	–	–	•	•	–	⅃
Hyères	P	–	•	•	•	🍴 ⅃
Le Lavandou	–	–	•	•	•	🍴
La Londe-les-Maures	–	–	•	•	•	🍴
Le Luc	–	–	–	–	–	–
Le Muy	P	–	•	–	•	🍴 ⅃
Nans-les-Pins	–	🐾	•	•	–	⅃
Le Pradet	–	–	–	–	–	–
Puget-sur-Argens	P	–	•	•	•	🍴 ⅃
Ramatuelle	–	–	•	•	•	🍴 ⅃
Régusse	–	🐾	•	•	•	⅃
Roquebrune-sur-Argens	–	🐾	•	•	•	🍴 ⅃
La Roque-Esclapon	P	–	–	–	–	–
St-Aygulf	–	–	•	–	•	🍴 ⅃
St-Cyr-sur-Mer	–	–	•	–	•	🍴 ⅃
St-Mandrier-sur-Mer	–	–	•	–	•	🍴 ⅃
St-Maximin-la-Ste-B.	–	🐾	•	–	–	⅃
St-Paul-en-Forêt	P	🐾	•	•	–	🍴 ⅃
St-Raphaël	P	–	•	•	–	🍴 ⅃
Ste-Anastasie-sur-Issole	–	–	•	•	–	🍴 ⅃
Salernes	–	–	–	–	–	⅃
Les Salles-sur-Verdon	–	–	–	–	–	⅃

	Permanent	Restauration 🐾	Loc. 🚐/🏕️	🏠 et autres	⌧ ou	🍴/🎾
Sanary-sur-Mer	–	–	•	•	–	🍴 ⅃
Signes	P	–	–	–	–	–
Sillans-la-Cascade	P	–	•	•	•	⌧
Six-Fours-les-Plages 🏠	–	–	–	–	–	–
La Verdière	–	–	–	–	–	🍴
Vidauban	–	–	–	•	–	🍴
Vinon-sur-Verdon	–	–	–	•	–	⅃

84 - VAUCLUSE ⑯

	Permanent	Restauration 🐾	Loc. 🚐/🏕️	🏠 et autres	⌧ ou	🍴/🎾
Apt	P	🐾	•	•	–	🍴 ⅃
Aubignan	–	–	–	–	–	🍴
Avignon	P	–	•	–	–	⅃
Beaumes-de-Venise	–	–	–	–	–	–
Bédoin	–	–	•	–	–	⅃
Bollène	P	–	•	•	–	⅃
Bonnieux	–	🐾	–	–	–	–
Cadenet	–	–	•	•	–	–
Caromb	–	–	–	–	–	–
Châteauneuf-du-Pape	–	🐾	–	–	–	–
Cucuron	–	🐾	•	–	–	–
L'Isle-sur-la-Sorgue	–	–	•	–	–	⅃
Jonquières	–	–	–	–	–	🍴
Lourmarin	–	–	•	–	•	⅃
Malaucène	–	–	–	–	–	–
Malemort-du-Comtat	–	–	•	–	–	🍴 ⅃
Maubec	–	🐾	–	–	–	🍴
Mazan	P	–	•	–	–	⅃
Mondragon	P	–	–	–	–	–
Monteux	–	–	–	–	–	–
Mornas	P	🐾	•	•	–	🍴 ⅃
Murs	–	🐾	–	–	–	–
Orange	–	–	•	•	–	🍴
Pertuis	–	🐾	–	–	–	⅃
Roussillon	–	🐾	–	–	–	–
Rustrel	–	🐾	•	–	–	⅃
Sarrians	–	–	•	–	–	–
Sault	–	–	•	–	–	⅃
Le Thor	–	–	•	–	–	–
La Tour-d'Aigues	–	–	–	–	–	🍴
Vacqueyras	–	–	–	–	–	–
Vaison-la-Romaine	–	🐾	–	–	–	⅃
Valréas	–	–	–	–	–	–
Vedène	–	–	•	–	–	⅃
Villes-sur-Auzon	–	–	•	–	–	🍴 ⅃
Visan	–	–	–	–	–	⅃

85 - VENDÉE ⑨

	Permanent	Restauration 🐾	Loc. 🚐/🏕️	🏠 et autres	⌧ ou	🍴/🎾
L'Aiguillon-sur-Mer	–	–	•	–	–	🍴 ⅃
Aizenay	–	–	–	–	–	⅃
Angles	–	–	•	–	–	⅃
Apremont	–	–	–	–	–	⅃
Avrillé	–	–	•	–	–	⅃
La Barre-de-Monts	–	🐾	•	–	–	⅃
Bois-de-Céné	–	–	•	–	–	⅃
La Boissière-de-Montaigu	–	🐾	–	–	–	–
Brem-sur-Mer	–	–	•	–	–	⅃
Brétignolles-sur-Mer	–	–	•	–	–	⅃
Les Essarts	–	–	•	–	–	🍴
La Faute-sur-Mer	–	–	•	–	–	🍴 ⅃
Fontenay-le-Comte	–	–	•	–	–	⅃
Grand'Landes	P	–	–	–	–	⅃
Grosbreuil	–	–	•	–	–	⅃
Jard-sur-Mer 🏠	–	–	•	–	–	⅃
Lairoux	P	–	–	–	–	⅃
Landevieille	–	🐾	•	•	–	🍴 ⅃

	Permanent	Restauration	Loc. caravane ou	Loc. et autres	ou (loisirs)
Le Langon	—	•	—	—	✗ —
Longeville-sur-Mer ⌂	—	•	•	—	✗ ⛵
Luçon	—	—	—	—	• —
Maillé	—	—	—	—	— —
Maillezais	—	—	—	—	✗ —
Le Mazeau	—	—	—	—	— —
Mervent	P	—	•	•	— ⛵
Mesnard-la-Barotière	—	—	—	—	— —
Montaigu	—	—	•	—	— —
La Mothe-Achard	—	—	—	•	• —
Mouchamps	—	—	—	—	— —
Nalliers	—	—	—	—	✗ —
Nieul-le-Dolent	—	—	—	—	— —
Nieul-sur-l'Autise	—	—	—	—	✗ —
NOIRMOUTIER (Île de)	—	—	—	—	— —
Barbâtre	—	—	—	—	✗ ⛵
Noirmoutier-en-l'Île	—	—	—	—	— —
Notre-Dame-de-Monts ⌂	—	—	•	•	• ⛵
Le Perrier	—	—	—	•	✗ ⛵
La Pommeraie-sur-Sèvre	—	—	—	—	✗ —
Pouzauges	—	—	—	—	— —
Les Sables-d'Olonne ⌂	—	•	•	•	✗ ⛵
St-Denis-du-Payré	—	—	—	—	— —
St-Gilles-Croix-de-Vie	—	•	•	—	✗ ⛵
St-Hilaire-de-Riez ⌂	P	🏊	•	•	✗ ⛵
St-Hilaire-la-Forêt	—	—	—	—	✗ —
St-Jean-de-Monts ⌂	—	🏊	•	•	✗ ⛵
St-Julien-des-Landes	—	🏊	•	—	✗ ⛵
St-Malô-du-Bois	—	—	—	—	— —
St-Michel-en-l'Herm	—	—	—	—	— —
St-Révérend	—	—	—	—	— ⛵
St-Vincent-sur-Jard	—	—	•	•	• ✗ —
Sallertaine	—	—	—	—	— —
Soullans	—	—	—	—	✗ —
Talmont-St-Hilaire	—	—	•	•	✗ ⛵
La Tranche-sur-Mer ⌂	—	🏊	•	•	• ✗ ⛵
Triaize	—	—	—	—	✗ —
Vairé	—	—	—	—	✗ —
Vouille-les-Marais	—	—	—	•	✗ —

86 - VIENNE 9 10

	Permanent	Restauration	Loc. ou	Loc. et autres	ou
Availles-Limouzine	—	—	—	—	✗ —
Bonnes	—	—	—	—	✗ —
La Bussière	—	—	—	—	✗ —
Chauvigny	P	—	—	—	— —
Couhé	—	—	•	—	— ⛵
Coulombiers	P	—	—	—	✗ —
Dangé-St-Romain!	—	—	—	—	— —
Ingrandes	—	—	•	—	— ⛵
Montmorillon	P	—	—	—	— ⛵
Les Ormes	—	—	—	—	— ⛵
Poitiers	—	—	—	—	✗ ⛵
La Roche-Posay ⚓	—	—	—	—	✗ ⛵
St-Cyr	—	—	•	•	— ✗ —
St-Pierre-de-Maillé	—	—	—	—	— —
St-Savin	—	—	—	—	— ⛵
Sanxay	—	—	—	—	— ⛵
Vouillé	—	—	—	—	✗ ⛵

87 - HAUTE-VIENNE 10

	Permanent	Restauration	Loc. ou	Loc. et autres	ou
Aixe-sur-Vienne	—	—	—	—	— ⛵
Ambazac	—	—	—	—	— —
Beaumont-du-Lac	—	—	—	—	— —
Bellac	P	—	—	—	✗ ⛵
Bessines-sur-Gartempe	P	—	—	—	— —

	Permanent	Restauration	Loc. ou	Loc. et autres	ou
Bujaleuf	—	—	•	—	— —
Châteauneuf-la-Forêt	—	—	—	—	✗ —
Châteauponsac	—	—	•	•	✗ —
Compreignac	—	—	—	—	— —
Coussac-Bonneval	—	—	—	—	✗ —
La Croisille-sur-Briance	—	—	—	—	— —
Eymoutiers	—	🏊	—	—	— —
Ladignac-le-Long	—	—	—	—	— —
Laurière	—	—	—	•	— —
Limoges	P	—	—	—	— —
Magnac-Bourg	—	—	—	—	✗ —
Morterolles-sur-Semme	P	—	—	—	— —
Nexon	—	—	—	•	— —
Peyrat-le-Château	—	—	•	—	✗ —
Razès	—	—	•	•	✗ —
Rochechouart	—	—	•	—	✗ —
St-Germain-les-Belles	—	—	—	—	— —
St-Hilaire-les-Places	—	—	—	—	— —
St-Laurent-les-Églises	—	—	—	—	✗ ⛵
St-Léonard-de-Noblat	—	—	—	—	— —
St-Pardoux	—	—	—	•	✗ —
St-Sulpice-les-Feuilles	—	—	—	—	✗ —
St-Yrieix-la-Perche	—	—	•	—	— —
Sussac	—	—	—	•	— —

88 - VOSGES 7 8

	Permanent	Restauration	Loc. ou	Loc. et autres	ou
Anould	P	—	—	—	— —
La Bresse 🦢	P	—	—	—	✗ —
Bussang	P	—	—	—	✗ ⛵
Celles-sur-Plaine	—	—	•	•	✗ ⛵
La Chapelle-Devant-B.	—	—	•	•	✗ ⛵
Contrexéville ⚓	—	—	—	—	— —
Corcieux	—	—	•	•	✗ ⛵
Épinal	P	—	•	•	✗ —
Ferdrupt	—	—	—	—	— —
Fontenoy-le-Château	P	—	—	—	— —
Gemaingoutte	—	—	—	—	— —
Gérardmer ⌂ 🦢	P	—	•	•	✗ —
Granges-sur-Vologne	P	—	—	—	— ⛵
Herpelmont	—	—	—	—	— —
Plombières-les-Bains ⚓	—	—	—	—	— —
Rehaupal	—	—	—	—	— —
St-Dié	P	—	•	—	— —
St-Maurice-sur-Mos. 🦢	—	—	•	•	✗ ⛵
Senones	—	—	—	—	— —
Le Thillot	P	—	—	—	✗ ⛵
Le Tholy	—	—	•	—	✗ ⛵
Vagney	—	🏊	—	—	— —
Vittel ⚓	—	—	•	—	— —
Xonrupt-Long. ⌂ 🦢	P	—	•	—	— —

89 - YONNE 6 7

	Permanent	Restauration	Loc. ou	Loc. et autres	ou
Accolay	—	—	—	—	— —
Ancy-le-Franc	—	🏊	—	—	✗ —
Andryes	—	—	—	—	— ⛵
Auxerre	—	—	—	—	✗ ⛵
Bléneau	—	—	—	—	— —
Champignelles	—	—	—	—	— ✗
L'Isle-sur-Serein	—	—	—	—	— ✗
Ligny-le-Châtel	—	—	—	—	— ✗
St-Fargeau	—	🏊	•	—	— —
Vermenton	—	—	—	—	— ✗
Vézelay	—	—	—	—	✗ —
Villeneuve-les-Genêts	P	🏊	•	•	— ✗

	Permanent	Restauration	Loc. (ou / et autres)		ou	

90 - TERRITOIRE-DE-BELFORT 🔟

	Permanent	Restauration	Loc.		ou	
Delle	—	🤚	—	—	—	—

91 - ESSONNE 🔢

	Permanent	Restauration	Loc.		ou	
Étampes	—	—	—	—	✂	—
Milly-la-Forêt	—	🤚	—	—	—	—
Monnerville	—	🤚	—	—	—	🛋
St-Chéron	—	🤚 •	—	—	✂	🛋

94 - VAL-DE-MARNE 🔢

	Permanent	Restauration	Loc.		ou	
Champigny-sur-Marne	P	—	•	—	✂	—
Choisy-le-Roi	—	—	•	—	✂	—

PRINCIPAUTÉ-D'ANDORRE 🔢

	Permanent	Restauration	Loc.		ou	
Canillo 🖻	—	—	—	—	✂	🖻
Encamp	—	—	•	—	✂	🛋
La Massana	—	—	•	—	—	🛋

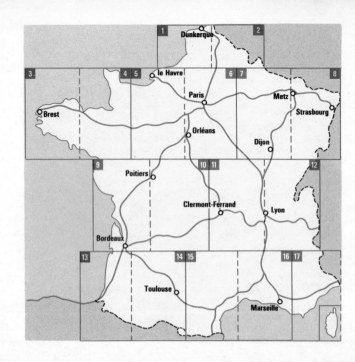

1

TABLEAU
D'ASSEMBLAGE

ATLAS KEY MAP

SEITENEINTEILUNG

OVERZICHTSKAART

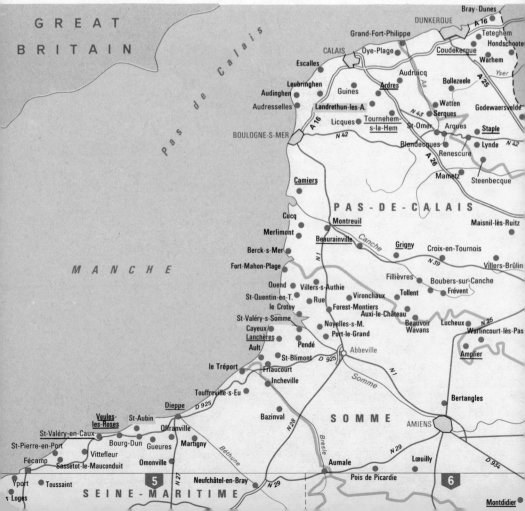

GREAT

BRITAIN

Pas de Calais

MANCHE

DUNKERQUE

Bray-Dunes

Teteghem
Hondschoote

Grand-Fort-Philippe
Coudekerque
Warhem

CALAIS
Oye-Plage
Audruicq
Bollezeele
Yser

Escalles
Ardres

Leubringhen
Guines
Watten
Godewaersvelde

Audinghen
Serques
Staple

Audresselles
Landrethun-les-A.
St-Omer
Arques

Licques
Tournehem-
s-la-Hem
Lynde

BOULOGNE-S-MER
Blendecques
Renescure

N 42
Mametz
Steenbecque

Camiers

PAS - DE - CALAIS

Cucq
Montreuil
Maisnil-lès-Ruitz

Merlimont
Beaurainville
Canche
Grigny
Croix-en-Tournois

Berck-s-Mer
N 39
Villers-Brûlin

Fort-Mahon-Plage
Fillièvres
Boubers-sur-Canche

Quend
Villers-s-Authie
Vironchaux
Tollent
Frévent

St-Quentin-en-T.
Rue
Forest-Montiers

le Crotoy
Auxi-le-Château
Beauvoir
Lucheux
N 25

St-Valéry-s-Somme
Noyelles-s-M.
Wavans
Warlincourt-lès-Pas

Cayeux
Port-le-Grand

Lanchères

Ault
Pendé
Amplier

St-Blimont
Abbeville
D 925

le Tréport
Friaucourt
Somme
N 1

Incheville

Touffreville-s-Eu
Bertangles

Dieppe
D 925

Veules-
les-Roses
St-Aubin
Bazinval
SOMME
AMIENS

St-Valéry-en-Caux
Offranville

St-Pierre-en-Port
Bourg-Dun
Gueures
Martigny

Fécamp
Vitttefleur
Omonville
Aumale
Lœuilly
D 934

Sessetot-le-Mauconduit
N 29

Yport
Toussaint
Neufchâtel-en-Bray
Pois de Picardie

s Loges
SEINE - MARITIME
N 29

5

6

Montdidier

LÉGENDE

Localité possédant au moins un terrain de camping sélectionné	● Apt	
Localité possédant un schéma dans le guide	■ Carnac	
Région possédant un schéma dans le guide	*Ile de Ré*	
Localité possédant au moins un terrain agréable sélectionné	Moyaux	
Localité possédant au moins un terrain sélectionné ouvert toute l'année	Lourdes	
Localité repère	LILLE	

LEGEND

● Apt	Town with at least one selected camping site
■ Carnac	Town with a plan in the guide
Ile de Ré	Region with a local map in the guide
Moyaux	Town with at least one selected camping site classified as pleasant
Lourdes	Town with at least one selected camping site open all the year round
LILLE	Town appearing as reference point only

ZEICHENERKLÄRUNG

Ort mit mindestens einem ausgewählten Campingplatz	● Apt	
Ort mit Stadtplan oder Übersichtskarte im Führer	■ Carnac	
Gebiet mit Übersichtskarte im Führer	*Ile de Ré*	
Ort mit mindestens einem ausgewählten und besonders angenehmen Campingplatz	Moyaux	
Ort mit mindestens einem ganzjährig geöffneten Campingplatz	Lourdes	
Orientierungspunkt	LILLE	

VERKLARING

● Apt	Plaats met tenminste één geselekteerd kampeerterrein
■ Carnac	Plaats met schema in de gids
Ile de Ré	Gebied met schema in de gids
Moyaux	Plaats met tenminste één fraai geselekteerd kampeerterrein
Lourdes	Plaats met tenminste één gedurende het gehele jaar geopend kampeerterrein
LILLE	Plaats ter oriëntering

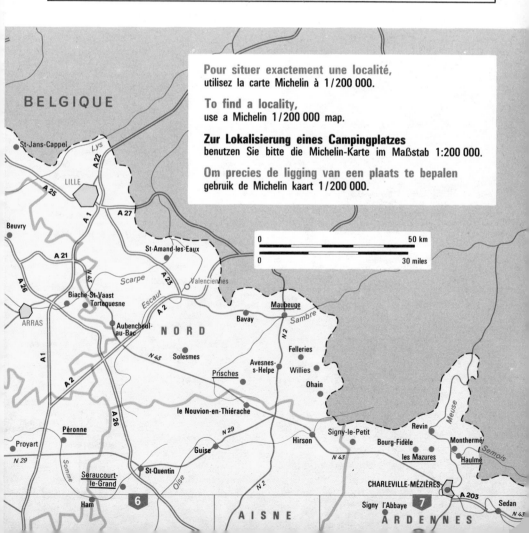

Pour situer exactement une localité,
utilisez la carte Michelin à 1/200 000.

To find a locality,
use a Michelin 1/200 000 map.

Zur Lokalisierung eines Campingplatzes
benutzen Sie bitte die Michelin-Karte im Maßstab 1:200 000.

Om precies de ligging van een plaats te bepalen
gebruik de Michelin kaart 1/200 000.

M A N C H E

Ile d'Ouessant

Brignogan-Plages
St-Pol-de-Léon
Cléder
Plouescat
Tréflez
Plougoulm
Plounévez-Lochrist
Landédé
Lampaul-Ploudalmézeau
Lanildut
Plouarzel
St-Renan
Locmaria-Plouzane
le Conquet

Carantec
Henvic
Plouézoch
Plougasnou
Guimaëc
Locquirec
St-Michel-en-Grève
Plestin
Plufur
Plufur

Morlaix
Elorn
N 12
Landerneau
Sizun
F I N I S T È R E
Botmeur
Huelgoat

Trégastel
Perros-Guirec
Ploumanac'h
Plougrescant
Trévou-Tréguignec
Trélévern
Pleumeur-Bodou
Lannion
D 786
Pleubian
Paimpol
Plouézec
Bréhec
Plouha
Pontrieux
Pléhédel
St-Quay-Portrieux
Etables
Louargat
Guingamp
Binic
Plélo
Pordic
Châtelaudren
Trieux
D 700

BREST
N 165
Camaret-s-Mer
Crozon
Lanvéoc
Hanvec
Trégarvan
Telgruc-s-Mer
Châteaulin
Pentrez-Plage
Ploéven
Plomodiern
Plonévez-Porzay
Locronan
Châteauneuf-du-Faou
N 164
Aulne
Callac
St-Nicolas-du-Pélem
C Ô T E S -
Plouguernével
Caurel
Mur-de-Bretagne
D 768

Ile de Sein
Cléden-Cap-Sizun
Douarnenez
Pont-Croix
Primelin
Plouhinec
Plozévet
Landudec
Quimper
Odet
St-Yvi
Elliant
Trégourez
Guéméné-s-Scorff
le Faouët
M O R B I H A N
Melrand
Réguiny
St-Nicolas-des-Eaux

Plonéour-Lanvern
Tréguennec
Combrit
Plomeur
Penmarch
Guilvinec
Treffiagat
Lesconil
Loctudy
Plobannalec
Bénodet
la Forêt-Fouesnant
Fouesnant
Concarneau
Trégunc
Névez
Raguenès-Plage
Port-Manech
Rosporden
Arzano
Pont-Aven
Riec-s-Bélon
Moëlan-s-Mer
le Pouldu
Guidel
Quimperlé
Caudan
Baud
Blavet
N 24

Ploemeur
Larmor-Plage
LORIENT
N 165
Locmiquélic
Plouhinec
Belz
Ste-Anne-d'Auray
Ploemel
Vanne
Ile de Groix

O C É A N   A T L A N T I Q U E

Erdeven
Plouharnel
la Trinité
Carnac
Crach
Baden
St-Philibert
Ploügoumelen
Arradon
Ile-aux-Moines
Locmariaquer
Arzon
Sarzea
St-Gildas-de-Rhuys

Presqu'île de Quiberon

Belle-Ile-en-Mer

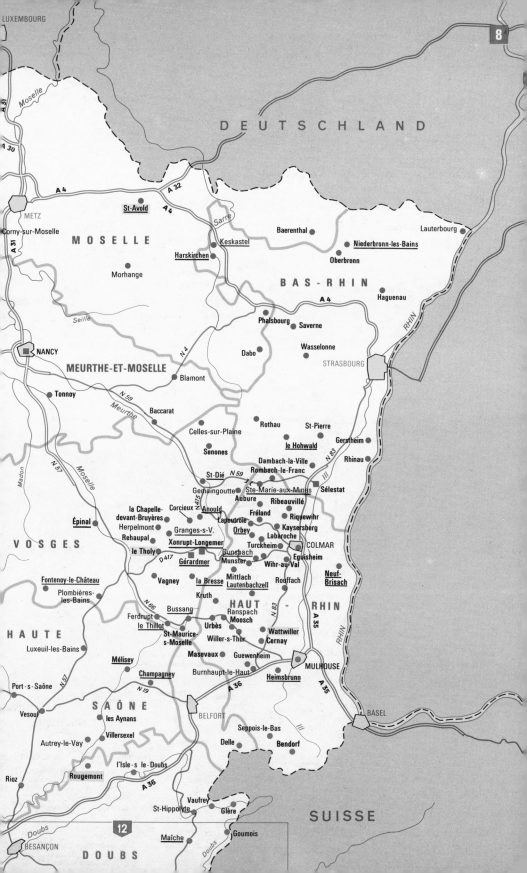

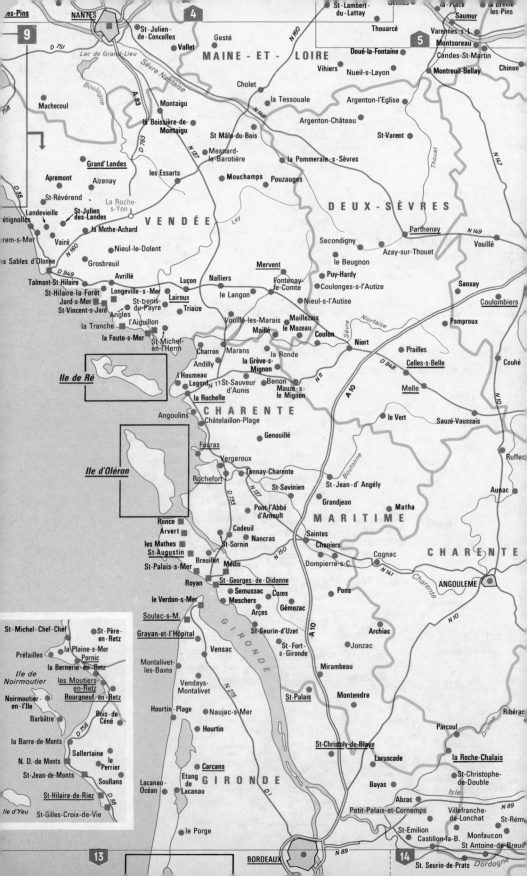

CANTAL

Loubressac · St-Céré · Arpajon-s-Cère · Thérondels · St-Just · le Malzieu-Ville

Leyme · Chaudes-Aigues · Grandrieu

15 · Lacapelle-Marival · St-Symphorien-de-Thénières · Jabrun · St-Alban-s-Limagnole

Issendolus · Maurs · Montsalvy · Pons · Lacalm · Serverette

- Air · N 140 · Laguiole

LOT · St-Sulpice · Brengues · St-Constant · Enguialès · le Nayrac · LOZÈRE · Laubert

arcilhac-s-Célé · Bagnac-s-Célé · Figeac · St-Amans-des-Cots

Vers · Montbrun · Conques · Sénergues · Golinhac · Marvejols · St-Germain-du-Teil

Larnagol · Cajarc · Capdenac-Gare · Decazeville · Firmi · Villecomtal · St-Geniez-d'Olt

St-Cirq-Lapopie · Aubin · Marcillac-Vallon · Lot · Ste-Eulalie-d'Olt · la Canourgue

D 911 · Rignac · AVEYRON · Gages-le-Haut · Ste-Enimie · Ispagnac

Limogne-en-Quercy · Belcastel · Rodez · Florac

Lalbenque · Villefranche-de-Rouergue · Aveyron · Pont-de-Salars · Sévérac-le-Château · St-Rome-de-Dolan · Rousses

tpezat-de-Quercy · St-Salvadou · Canet-de-Salars · les Vignes · Meyrueis · St-André-de-V.

la Fouillade · Naucelle · Mostuéjouls · les Plantiers

St-Antonin-Noble-Val · Najac · Cassagnes-Bégonhès · Salles-Curan · le Rozier · Rivière-s-Tarn

D 926 · Mirandol-Bourgnounac · St-Beauzély · Vallerauge

Laguépie · Alrance · Millau · le Vigan

grepelisse · Pampelonne · Monesties · N 88 · le Truel · Tarn · Ganges

Larroque · Cordes · St-Rome-de-Tarn · Nant · Brissac

Cahuzac-s-Vère · Monclar-de-Quercy · Castelnau-de-Montmiral · Rivières · St-Martin-de-Londres

Gaillac · ALBI · Alban · Belmont-s-Rance · Lodève · Viols-le-Fort

Rabastens · N 112 · Brusque · St-André-de-Sangonis · Gignac

TARN · A 68 · St-Pierre-de-Trivisy · Nages · la Tour-s-Orb · Canet · N 109 · le Pouget

Damiatte · Roquecourbe · Brassac · Rouquié · la Salvetat-s-Agout · Lamalou-les-Bains · Adissan · Gigea

N 126 · Castres · le Bez · Anglès · Mons · Montagnac · Bouzigue

Caraman · 14 · Revel · Mazamet · N 112 · Labastide-Rouairoux · HÉRAULT · Pézenas · Loupian · Balaruc

GARONNE · A 61 · Sorèze · Valros · Pomérols · Sète

Nailloux · St-Ferréol · Mas-Cabardès · Lespinassière · Montblanc · Marseillan-Plage

Avignonet-Lauragais · Saissac · Brousses-et-Villaret · Creissan · BÉZIERS · Villeneuve-lès-B. · Agde

Belflou · Villemoustaussou · Colombiers · Vias

Mazères · Carcassonne · Trèbes · Lézignan-Corbières · Mirepeisset · Sauvian · Sérignan · Portiragnes-Plage

Pamiers · Montclar · Narbonne · Valras-Plage · Golfe

ARIÈGE · Mirepoix · AUDE · A 9

Aigues-Vives · Chalabre · Sigean

Foix · Ste Colombe-s-l'Hers · Puivert · Nébias · Arques · Rennes-les-Bains

Montferrier · Lavelanet · Tautavel · le Barcarès

Verdun · Albiès · Axat · D 117 · Torreilles-Plage

essos · Sorgeat · Sournia · Néfiach · PERPIGNAN · Ste-Marie · Canet-Plage

Ax-les-Thermes · Molitg-les-Bains · Villeneuve-de-la-Raho · Alénya · St-Cyprien

Principauté d'Andorre · N 20 · Ria · Llauro · Elne · Argelès-s-Mer · Collioure

PYRÉNÉES · Fuilla · Vernet-les-Bains · Palau-del-Vidre · Villelongue

Villeneuve-des-Escaldes · Egat · Sahorre · St-Jean-Pla-de-Corts · Céret · le Boulou · Laroque-des-Albères · Banyuls

Bourg-Madame · Saillagouse · ORIENTALES · Amélie-les-Bains-Palalda · Corsavy · Maureillas-las-Illas

Palau-de-Cerdagne · Err · Osséja · Arles-s-Tech · St-Laurent-de-Cerdans · Tech

Renseignements
sur les terrains sélectionnés

Particulars
of selected camping sites

Beschreibung
der ausgewählten Campingplätze

Gegevens
over de geselekteerde terreinen

ABILLY
37160 I.-et-L. – 1 145 h.   10 – 68 ⑤

△ Municipal, au bourg, par sortie S rte de Leugny, dans une île de la Claise
1 ha (33 empl.) plat, herbeux ᐤᐤ – ᐧ ᐩ ᐧ ᐨ ⊕ – A l'entrée : ✗ ᐧᐧ

ABJAT-SUR-BANDIAT
24300 Dordogne – 693 h.   10 – 72 ⑮ ⑯

▲ᐧ **Le Moulin de Masfrolet** ᐧ « Cadre pittoresque », ℰ 53 56 82 70, N : 2,4 km,
bord du Bandiat et d'un étang
12 ha/6 campables (200 empl.) ⊶ plat, incliné, en terrasses, herbeux ☐ ᐤᐤ –
ᐧᐧ ᐧ ⊕ ᐧ ᐧ ✗ 🖫 – 🖾 ✗ ᐧᐧ – Location : 🏠

△ **La Ripole** ᐧ, ℰ 53 56 86 85, S : 0,8 km par D 96 rte de St-Saud-Lacousière
puis à droite 2 km par rte de Chabanas
1,35 ha (32 empl.) ⊶ peu incliné et plat, terrasse, herbeux, étang ☐ – ᐧ ᐧ
ᐧ ᐧ ⊕
15 juin-15 sept. – **R** conseillée – ⅄ 15 🖸 12 ⅏ 10

ABONDANCE
74360 H.-Savoie – 1 251 h. alt. 930   12 – 70 ⑱ G. Alpes du Nord
– ᐧ.
🖪 Office de Tourisme, Mairie
ℰ 50 73 02 90

▲ᐧ **Le Pré** ᐧ, ℰ 50 73 00 93, au bourg, bord de la Dranse (rive gauche)
0,6 ha (50 empl.) ⊶ plat, herbeux, pierreux – ᐧ ᐧ ᐧ 🖫 ᐧ ᐧ ⊕ 🖫 garderie
– ᐧ – A proximité : ✗
20 déc.-avril, juin-sept. – **R** été, indispensable hiver – 🖸 2 pers. 60, pers. suppl.
20 (hiver 25) ⅏ 15 (2A)

▶ Benutzen Sie immer die neuesten Ausgaben
der **Michelin-Straßenkarten** und -Reiseführer.

ABREST **03** Allier – 73 ⑤ – rattaché à Vichy

Les ABRETS
38490 Isère – 2 804 h.   12 – 74 ⑭

▲ᐧᐧ **Le Coin Tranquille** ᐧ ᐧ « Cadre agréable », ℰ 76 32 13 48, E : 2,3 km par
N 6 rte du Pont-de-Beauvoisin et rte à gauche
4 ha (180 empl.) ⊶ plat, herbeux ☐ ᐧ – ᐧ ᐧ ᐧ ᐧ 🖫 ᐧ ⊕ ᐧ ✗ ᐧ
🖫 – 🖾 ᐧᐧ ᐧ
avril-oct. – **R** conseillée juil.-août – 🖸 piscine comprise 2 pers. 98, pers. suppl.
27 ⅏ 8 (2A) 12 (3A), hors saison : 19 (6A)

ABRIÈS
05460 H.-Alpes – 297 h. alt. 1 547   12 – 77 ⑲ G. Alpes du Sud
– ᐧ.

▲ᐧᐧ **Queyras-Caravaneige** ❄ ᐧ, ℰ 92 46 71 22, sortie S rte de Ristolas, bord
du Guil
1,5 ha (109 empl.) ⊶ non clos, plat, pierreux, herbeux – ᐧ ᐧ ᐧ 🖫 ᐧ ⊕ ᐧ
✗ ᐧ – ᐧ
Permanent – **R** indispensable hiver – 🖟 été - été : ⅄ 19,30 ᐧ 9,70 🖸 19,30
– hiver : 🖸 2 pers. 75, 3 pers. 87, 4 pers. 95 ⅏ 9,80 (3A) 26 (6A) 39 (10A)

ABZAC
33230 Gironde – 1 472 h.   9 – 75 ②

▲ᐧ **Le Paradis**, ℰ 57 49 05 10, SE : 1,5 km par D 247, à 300 m de la N 89, bord
de l'Isle et d'un lac
5 ha (60 empl.) ⊶ plat, herbeux ᐧ (2 ha) – ᐧ ᐧ ᐧ 🖫 ᐧ ⊕ ᐧ 🖫 – 🖾 ᐧ
ᐧᐧ ᐧ (plage) vélos – Location : 🏠
15 mars-oct. – **R** conseillée 15 juil.-20 août – ⅄ 15 🖸 25 ⅏ 12 (6A)

ACCOLAY
89460 Yonne – 377 h.   6 – 65 ⑤

△ **Municipal Moulin Jacquot** ᐧ, sortie O rte de Mailly-la-Ville, près du canal
du Nivernais
0,7 ha (50 empl.) ⊶ plat, herbeux ᐧ – ᐧ ᐧ ᐧ ⊕ 🖫 – ᐧᐧ
Rameaux-15 oct. – **R** conseillée juil.-août – ⅄ 5,80 ᐧ 4 🖸 3,80 ⅏ 6 (3A) 8
(6A) 10 (10A)

ADÉ **65** H.-Pyr. – 85 ⑧ – rattaché à Lourdes

ADISSAN
34230 Hérault – 706 h.   15 – 83 ⑤ ⑮

▲ᐧ **Les Clairettes** ᐧ ᐧ, ℰ 67 25 01 31 ✉ Fontès 34320, NO : 1,4 km par
D 128 rte de Péret
1,3 ha (50 empl.) ⊶ plat, pierreux, herbeux ☐ – ᐧ ᐧ ᐧ 🖫 ᐧ ⊕ ᐧ ✗ 🖫 – ᐧ
juin-15 sept. – **R** conseillée 10 juil.-20 août – 🖸 piscine comprise 2 pers. 59 (75
avec élect. 3A), pers. suppl. 14

83 Var – ⊠ 83700 St-Raphaël.
🅱 Office de Tourisme, bd de la Plage,
N 98 ☎ 94 82 01 85

▲▲▲▲ **Esterel Caravaning**, réservé aux caravanes ⤿ ≤ Massif de l'Esterel « Site et cadre agréables », ☎ 94 82 03 28, Fax 94 82 87 37, NO : 4 km
12,5 ha (495 empl.) ⊶ en terrasses, peu incliné, pierreux ⛤ ♀ – 🖥 🕁 🖏 🖩 - 18 empl. avec sanitaires individuels (🖥 🕁 wc) ⊛ ⚤ ⚘ ☒ ⵌ ᵀ ✕ ⯬ – 🖳 – 🗀 ✕ ⯬ ⚘ ⵌ ⤺ squash – Location : 🖙
avril-sept. – **R** *conseillée 15 juin-août* – *Tarif 92* : 🔲 *élect., piscine et tennis compris 2 pers.* 128

▲▲▲ **Vallée du Paradis** ≤ « Belle entrée fleurie », ☎ 94 82 16 00, Fax 94 82 72 21, NO : 1 km, bord de l'Agay
3 ha (213 empl.) ⊶ plat, herbeux ⛤ ♀♀ (2 ha) – 🖥 🕁 🖏 🖩 ⊛ ⵌ ᵀ ✕ ⯬ 🖳 – 🗀 ⤺ – Location : 🏠
15 mars-15 oct. – **R** *indispensable juil.-août* – 🔲 *2 pers.* 80, *3 pers.* 90, *4 pers.* 120 〔℔〕 16 (10A)

▲▲▲ **Les Rives de l'Agay** « Entrée fleurie », ☎ 94 82 02 74, NO : 0,7 km, bord de l'Agay et à 500 m de la plage
1,4 ha (120 empl.) ⊶ plat, herbeux, sablonneux ⛤ ♀♀ – 🖥 🕁 🖏 ⵌ 🖩 ⯬ ⊛ ⚤ ⚘ ⵌ ✕ ⯬ 🖳 – 🗀 ⤺ – Location : 🖙, studios
mars-3 nov. – **R** *conseillée juin-sept.* – 🔲 *jusqu'à 4 pers.* 110, *pers. suppl.* 21 〔℔〕 15 (6A)

▲▲▲ **International du Dramont**, ☎ 94 82 07 68, à 2 km au sud de la localité, bord de mer
7,5 ha (400 empl.) ⊶ accidenté, herbeux, pierreux, rocheux ♀♀ pinède – 🖥 🕁 🖏 🖩 ⯬ 🖩 ⊛ ⚘ ⵌ ᵀ snack ⯬ ⵌ – 🗀 ✕ ⯬ ⤺ – Location : 🖙, bungalows toilés
15 mars-10 oct. – **R** *conseillée juil.-août* – 🔲 *3 pers.* 154 〔℔〕 17 (4A)

▲▲▲ **Azur Rivage**, ☎ 94 44 83 12, à Anthéor-Plage, E : 5 km, près de la plage
1 ha (73 empl.) ⊶ en terrasses, peu incliné, pierreux ♀♀ – 🖥 🕁 🖏 🖩 ⯬ 🖩 ⊛ ⵌ – 🗀 – A l'entrée : ᵀ ✕ ⯬
Pâques-sept. – **R** *indispensable juil.-août* – *Tarif 92* : 🔲 *3 pers.* 113, *4 pers.* 148 〔℔〕 18 (3A)

▲▲▲ **Agay-Soleil** ≤ « Entrée fleurie », ☎ 94 82 00 79, E : 0,7 km, bord de plage – ✂ juil.-août
0,7 ha (65 empl.) ⊶ plat, peu incliné, sablonneux ⛤ ♀♀ – 🖥 🕁 ⵌ 🖩 ⊛ ᵀ ✕ ⯬ – 🗀 – A proximité : ✂ ⤺ – **R** – 🔲 *1 à 3 pers.* 125 〔℔〕 16 (2A) 20 (6A)
15 mars-15 nov.

▲▲ **le Viaduc**, ☎ 94 44 82 31, à Anthénor-Plage E : 5 km, à 100 m de la plage
1,1 ha (69 empl.) ⊶ plat, en terrasses, peu incliné, herbeux, pierreux ♀ – 🖥 🕁 🖏 🖩 ⊛ 🖩 ⯬ – 🗀 – A proximité : ⵌ ᵀ ✕ ⯬
Rameaux-sept. – **R** *conseillée* – 🔲 *3 pers.* 120, *pers. suppl.* 23 〔℔〕 19 (6A)

▲▲ **Royal-Camping**, ☎ 94 82 00 20, S : 1,5 km, bord de plage – ✂
0,7 ha (70 empl.) ⊶ plat, herbeux, gravier ♀♀ – 🖥 🕁 🖏 🖩 ⊛ – 🗀 – A proximité : ⵌ ᵀ ✕ ⯬
27 mars-3 oct. – **R** – *Tarif 92* : 🔲 *3 pers.* 90, *pers. suppl.* 22 〔℔〕 15 (3A) 19 (6A)

▲▲ **Le Rastel**, ☎ 94 82 06 93, NO : 1,5 km
1 ha (78 empl.) ⊶ plat et terrasses, pierreux ⛤ ♀ – 🖥 ⵌ 🖩 ⯬ ⊛ snack 🖳 – ⵌ – Location : 🖙 – *Places disponibles pour le passage*

▶ *Dans ce guide*
un même symbole, un même mot,
*imprimés en **noir** ou en rouge, en maigre ou en **gras**,*
n'ont pas tout à fait la même signification.

Lisez attentivement les pages explicatives.

34300 Hérault – 17 583 h.
🅱 Office de Tourisme, espace Molière
☎ 67 94 29 68

▲▲▲▲ **International de l'Hérault**, ☎ 67 94 12 83, Fax 67 94 42 84, S : 1,5 km, à 80 m de l'Hérault
10 ha (417 empl.) ⊶ plat, herbeux ♀ – 🖥 🕁 ⵌ 🖩 ⊛ – ᵀ snack ⯬ 🖳 – 🗀 salle d'animation ✂ ⵌ – Location : 🖙 🖙
Pâques-sept. – **R** *conseillée juil.-août* – 🔲 *piscine et tennis compris 2 pers.* 102, *3 ou 4 pers.* 135, *5 ou 6 pers.* 170 〔℔〕 18 (10A)

▲▲▲ **La Pinède** ≤ « Sur le versant nord du Mᵗ Sᵗ Loup », ☎ 67 21 25 00, SE : 2,5 km par D 32ᴱ rte du Cap d'Agde et 0,6 km par chemin à gauche (hors schéma)
5 ha (247 empl.) ⊶ en terrasses et incliné, pierreux, herbeux ⛤ ♀ – 🖥 🕁 🖏 🖩 ⯬ ⊛ ⚤ ⚘ ⵌ ᵀ ✕ ⯬ 🖳 – ⵌ
juin-15 sept. – **R** – 🔲 *piscine comprise 2 à 6 pers.* 100 à 181 〔℔〕 18 (4A)

▲▲ **Les Sablettes** ⤿, ☎ 67 94 36 65 ⊠ 34309 Agde Cedex, S : 3,5 km
2,6 ha (218 empl.) ⊶ plat, sablonneux, herbeux – 🖥 ⵌ ⯬ ⊛ ⵌ ᵀ – 🗀
Pâques-sept. – **R** *conseillée* – 🔲 *2 pers.* 70, *pers. suppl.* 15 〔℔〕 15 (5A)

▲▲ **Les Romarins**, ☎ 67 94 18 59 ⊠ 34309 Agde Cedex, S : 3 km, près de l'Hérault
1,8 ha (130 empl.) ⊶ plat, herbeux ♀ – 🖥 🕁 ⵌ 🖩 ⊛ 🖳 – ✂ ⤺
juin-sept. – **R** *conseillée* – 🔲 *2 pers.* 62, *pers. suppl.* 14 〔℔〕 13 (6A)

▲▲ **La Pépinière**, ☎ 67 94 10 94 ⊠ 34309 Agde Cedex, S : 2,5 km, à 200 m de l'Hérault
1,9 ha (100 empl.) ⊶ plat, herbeux, sablonneux – 🖥 ⊛ ⚤ ᵀ – ⤺ ⵌ – Location : 🖙
Pâques-sept. – **R** *conseillée août* – 🔲 *piscine comprise 2 pers.* 65, *pers. suppl.* 18 〔℔〕 12 (3A)

AGDE

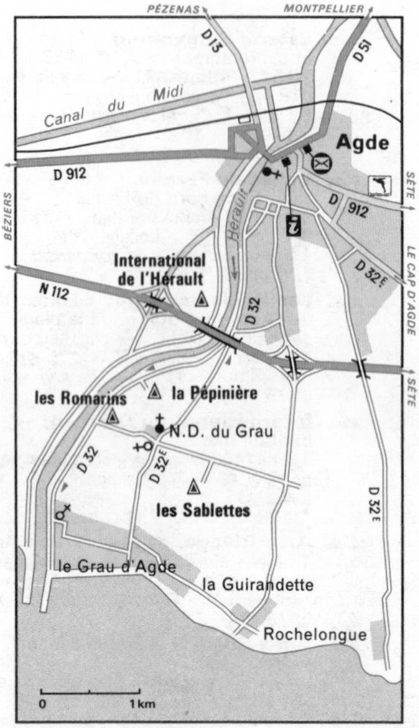

AGEN Ⓟ

14 – **79** ⑮ G. Pyrénées Aquitaine

47000 L.-et-G. – 30 553 h.
ℹ Office de Tourisme, 107 bd. Carnot ✆ 53 47 36 09

⛺ Château Lamothe-d'Allot, ✆ 53 96 75 15 ✉ 47550 Boé, SE : 6,5 km par D 305 rte d'Auch et D 443 rte de St-Pierre-de-Gaubert, bord de la Garonne et d'un plan d'eau
12ha/1,5 campable (90 empl.) ⊶ (saison) plat, herbeux, gravillons ⊏ ♀ – 🚿 ⌒ ▣ ♿ ⊛ ⚲ ⅋ 🍷 – ⌂ 🎾 ⛳ ⚡ 🏊 toboggan aquatique ≋

AGON-COUTAINVILLE

4 – **54** ⑫ G. Normandie Cotentin

50230 Manche – 2 510 h.
ℹ Office de Tourisme, pl. 28 Juillet 1944 (saison) ✆ 33 47 01 46

⛺ Municipal le Marais, ✆ 33 47 25 72, sortie NE, près de l'hippodrome
2 ha (150 empl.) ⊶ plat, herbeux – 🚿 ⊕ ⌒ ▣ ♿ ⊛ ⚲ – A proximité : 🛒 🎾 ⛳

AGOS-VIDALOS **65** H.-Pyr. – **85** ⑰ ⑱ – rattaché à Argelès-Gazost

AIGUEBELETTE (Lac d')

12 – **74** ⑮ G. Alpes du Nord

73 Savoie

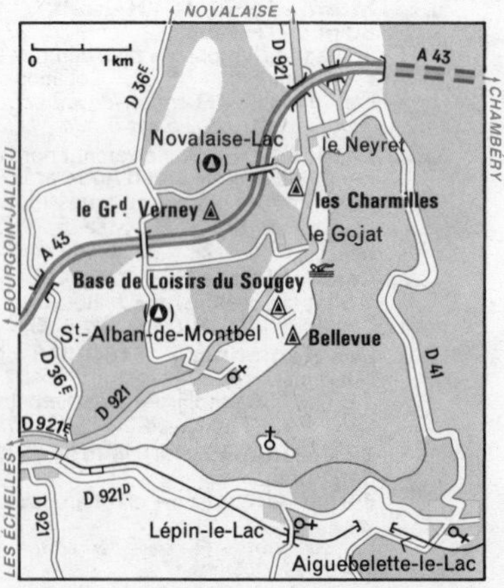

Novalaise-Lac – 1 234 h. – ⊠ 73470 Novalaise

▲▲▲ **Les Charmilles** ≤, ℘ 79 36 04 67, à 150 m du lac
2,3 ha (100 empl.) ⊶ en terrasses, gravillons – 🔲 🔲 🔲 🔲 🔲 🔲 🔲 – 🔲 🔲 🔲 🔲
– A proximité : 🔲 🔲
25 juin-août – **R** *conseillée* – 🔲 *3 pers. 81, pers. suppl. 19* 🔲 *15 (3A) 19 (6A)*

▲▲▲ **Le Grand Verney** 🔲 ≤, ℘ 79 36 02 54, O : 1,2 km, au Neyret
2 ha (83 empl.) ⊶ plat, peu incliné et en terrasses, herbeux 🔲 – 🔲 🔲 🔲 🔲 ⊕
🔲 🔲 🔲
avril-1er nov. – *Places limitées pour le passage* – **R** *conseillée* – 🔲 *13* 🔲 *13*
🔲 *10,50 (2A) 12,50 (3A) 15,50 (4A)*

St-Alban-de-Montbel – 418 h. – ⊠ 73610 St-Alban-de-Montbel

▲▲▲ **Base de Loisirs du Sougey** ≤ montagne de l'Epine, ℘ 79 36 01 44,
Fax 79 44 10 24, NE : 1,2 km, à 300 m du lac
3 ha (175 empl.) ⊶ plat et incliné, herbeux, gravillons – 🔲 🔲 🔲 🔲 ⊕ 🔲 –
🔲 🔲 – A proximité : 🔲 🔲 🔲 🔲 🔲
15 avril-15 oct. – **R** *conseillée juil.-août*

▲ **Bellevue** 🔲 ≤ montagne de l'Épine, ℘ 79 36 01 48, NE : 1,2 km, bord du
lac
1 ha (75 empl.) ⊶ en terrasses, herbeux 🔲 – 🔲 🔲 ⊕ 🔲 – A proximité : 🔲 🔲
🔲 🔲
avril-oct. – **R** *conseillée* – 🔲 *16* 🔲 *14* 🔲 *10 (3A) 13,50 (6A)*

AIGUEBLANCHE   🔲 – 🔲 ⑰

73260 Savoie – 2 665 h.

▲▲▲ **Piscine du Morel**, ℘ 79 24 05 25, à Bellecombe NO : 1,7 km par rte de la
Lèchère, bord d'un canal et à 250 m de l'Isère
0,6 ha (40 empl.) ⊶ (saison) peu incliné et plat, pierreux, gravillons 🔲 🔲 – 🔲
🔲 🔲 🔲 🔲 🔲 ⊕ – A proximité : 🔲 sauna 🔲 🔲 🔲 🔲 toboggan aquatique,
parcours sportif

AIGUES-MORTES   🔲 – 🔲 ⑧ G. Provence

30220 Gard – 4 999 h.
🔲 Office de Tourisme, porte de la
Gardette ℘ 66 53 73 00

▲▲▲▲ **La Petite Camargue** « Entrée fleurie », ℘ 66 53 84 77, Fax 66 53 83 48, O :
3,5 km par D 62 rte de Montpellier – 🔲 dans locations
10 ha (420 empl.) ⊶ plat, herbeux, sablonneux 🔲 (5 ha) – 🔲 🔲 🔲 🔲 🔲 🔲 ⊕ 🔲
🔲 🔲 🔲 🔲 🔲 🔲 🔲 🔲 tir à l'arc, discothèque – Location : 🔲
10 avril-18 sept. – **R** *conseillée juil.-août* – 🔲 *piscine comprise 1 ou 2 pers. 60*
à 120 (77 à 150 avec élect. 5A), pers. suppl. 26 ou 30

AIGUES VIVES   🔲 – 🔲 ⑤

09600 Ariège – alt. 560

▲▲▲ **La Serre** 🔲 ≤ lac Montbel, ℘ 61 03 06 16, sortie O du bourg
5 ha (150 empl.) ⊶ plat, peu incliné, en terrasses, herbeux 🔲 🔲 – 🔲 🔲 🔲 🔲
🔲 ⊕ 🔲 🔲 🔲 – 🔲 🔲 🔲 vélos – Location : 🔲 🔲
Permanent – **R** *conseillée juil.-1er sept.* – 🔲 *piscine comprise 1 pers. 25* 🔲 *12*
(5A)

AIGUÈZE   🔲 – 🔲 ⑨ G. Provence

30760 Gard – 215 h.
    Schéma à St-Martin-d'Ardèche

▲ **Les Cigales,** ℘ 66 82 18 52, au SE du bourg, sur D 141, avant le pont de
St-Martin
0,5 ha (36 empl.) ⊶ plat et terrasse, herbeux 🔲 – 🔲 🔲 🔲 ⊕ – 🔲
mars-oct. – **R** *conseillée juil.-août* – *Tarif 92* : 🔲 *piscine comprise 2 pers. 54*
🔲 *8,50 (2A)*

L'AIGUILLON-SUR-MER   🔲 – 🔲 ⑪ G. Poitou Vendée Charentes

85460 Vendée – 2 175 h.
    Schéma à la Tranche-sur-Mer

▲▲▲ **Bel Air,** ℘ 51 56 44 05, Fax 51 97 15 58, NO : 1,5 km par D 44 et rte à gauche
7 ha (350 empl.) ⊶ plat, herbeux, sablonneux 🔲🔲 (4 ha) – 🔲 🔲 🔲 🔲 🔲 🔲
⊕ 🔲 🔲 🔲 🔲 🔲 🔲 – 🔲 🔲 🔲 tir à l'arc – A proximité : 🔲 – Location : 🔲
mai-15 sept. – **R** *indispensable* – *Tarif 92* : 🔲 *piscine comprise 2 ou 3 pers.*
87/97, pers. suppl. 20 🔲 *15 (3A) 20 (7A)*

▲▲▲ **Le Pré des Sables** 🔲, ℘ 51 27 13 88, Fax 51 97 11 65, au nord de la ville
1,6 ha (104 empl.) ⊶ plat, herbeux – 🔲 🔲 🔲 🔲 🔲 ⊕ 🔲 – 🔲 🔲 – Location :
🔲 🔲
juin-1er oct. – **R** *conseillée saison* – 🔲 *2 pers. 65 (80 avec élect.)*

AILLON-LE-JEUNE   🔲 – 🔲 ⑯ G. Alpes du Nord

73340 Savoie – 261 h. alt. 1 000 –
🔲.
🔲 Office de Tourisme ℘ 79 54 63 65

▲▲▲ **C.C.D.F. Jeanne et Georges Cher** 🔲 🔲 ≤, ℘ 79 54 60 32, SE : 1,8 km
par D 32, à l'entrée de la station, à 50 m d'une rivière
1 ha (40 empl.) ⊶ non clos, plat, pierreux, herbeux – 🔲 🔲 🔲 🔲 🔲 🔲 🔲 ⊕
– 🔲 – A proximité : 🔲 🔲
Permanent – **R** *conseillée hiver* – *Adhésion obligatoire* – *Eté* : 🔲 *2 pers. 28* –
hiver : 🔲 *11* 🔲 *6* 🔲 *11* 🔲 *10 (3A) 12 (5A) 20 (10A)*

AIMARGUES

30470 Gard – 2 988 h.

  ▲▲▲ **Bellevue,** ℘ 66 88 63 75, au SE du bourg, accès par D 979
3,5 ha (181 empl.) •—ɽ plat, herbeux, verger – 🗐 ♌ 🖽 🔊 🖫 ♿ ⊛ ᴁ ᶌ snack
ᴁ – 🛌 🏊
Permanent – **R** conseillée juil.-août – 🅱 piscine comprise 2 pers. 64 (76 avec élect. 6A), pers. suppl. 17

AIME

73210 Savoie – 2 963 h. alt. 690.
🄸 Office de Tourisme, av. Tarentaise
℘ 79 09 79 79

  ▲▲ **Le Tuff** ≤, ℘ 79 55 67 32, SO : 5 km par N 90 rte de Moûtiers, à 0,7 km au S de Centron, bord de l'Isère et d'un petit plan d'eau
4 ha (150 empl.) •—ɽ plat, herbeux, gravier – 🗐 ♌ 🖽 🖫 ♿ ⊛ 🍷 🖫 – 🛌
15 juin-15 sept. – **R** – ⚹ 16 🅱 20 🛊 13 (3A) 20 (6A) 32 (10A)

  ▲▲ **la Glière** ≤, ℘ 79 09 77 61, SO : 3,5 km par N 90 rte de Moutiers et à Villette, D 85 à droite, bord d'un ruiseau
1,5 ha (50 empl.) •—ɽ en terrasses, pierreux, herbeux ☲ ♀ – 🗐 ♌ 🖽 ⊛ ᴁ ᶌ
15 mai-15 sept. – **R** conseillée juil.-août – ⚹ 13 ⇔ 5 🅱 13 🛊 12 (5A) 24 (10A)

AINHOA

64250 Pyr.-Atl. – 539 h.

  ▲▲ **Xokoan** ⚤, ℘ 59 29 90 26, à **Dancharia,** SO : 2,5 km, puis à gauche avant la douane, bord d'un ruisseau (frontière)
0,6 ha (35 empl.) •—ɽ plat, peu incliné, herbeux – 🗐 ♌ 🖽 🖫 ⊛ ᴁ 🍷 ✕ 🖫 – 🛌 – Location : 🏠 (hôtel)
Permanent – **R** conseillée – 🅱 2 pers. 51 🛊 14 (10A)

  ▲ **Harazpy** (aire naturelle) ⚤ ≤, ℘ 59 29 89 38, NO : 0,8 km par D 20 rte de Cambo et chemin à gauche à la sortie du bourg
1 ha (25 empl.) •—ɽ plat, peu incliné, incliné, herbeux – 🗐 ♌ 🖽 ♿ 🖫 ⊛ 🖫 – 🛌
juil.-15 sept. – 🅱 2 pers. 52, pers. suppl. 14 🛊 14 (6A)

▶ *Utilisez le guide de l'année.*

AIRE-SUR-L'ADOUR

40800 Landes – 6 205 h.
🄸 Office de Tourisme ℘ 58 71 64 70

  ▲ **S.I. les Ombrages de l'Adour,** ℘ 58 71 75 10, près du pont, derrière les arènes, bord de l'Adour
2 ha (100 empl.) •—ɽ plat, herbeux ♀ – 🗐 ♌ 🖽 ⊛
mai-sept. – **R** – ⚹ 14 🅱 14,50 🛊 10 (8 ou 10A)

AIX-EN-PROVENCE ⊗

13100 B.-du-R. – 123 842 h. –
♨ (fermé pour travaux).
🄸 Office de Tourisme, pl. du Général-de-Gaulle ℘ 42 26 02 93

  ▲▲▲ **Chantecler,** ℘ 42 26 12 98, Par centre ville : SE : 2,5 km, accès par cours Gambetta – av. Malicrida et chemin du Val St. André à gauche - Par A8 (direction Nice) : Sortie Aix Est
8 ha (240 empl.) •—ɽ plat, peu incliné et en terrasses, herbeux ☲ ♀♀ – 🗐 ♌ 🖽
🖫 sauna 🎬 ⊛ ᴁ ᶌ ᴁ 🍷 ✕ ᴁ ᴁ 🖫 – 🛌 ᴁ – Location : 🏠 🏠
Permanent – **R** conseillée, indispensable juil.-20 août – ⚹ 26 piscine comprise
🅱 31 🛊 18 (5A) hors saison : 30 (10A)

AIXE-SUR-VIENNE

87700 H.-Vienne – 5 566 h.

  ▲ **Municipal les Grèves,** ℘ 55 70 12 98, av. des Grèves, bord de la Vienne
3 ha (120 empl.) •—ɽ plat et peu incliné, herbeux ♀ (2 ha) – 🗐 🖽 ⊛ – A proximité : 🖫 (découverte l'été)
juin-sept. – **R** conseillée juil.-août – ⚹ 11 ⇔ 5 🅱 6 🛊 16 (5A) 32 (10A) 48 (16A)

AIX-LES-BAINS

73100 Savoie – 24 683 h. –
♨ (fermé pour travaux).
🄸 Office de Tourisme, pl. Maurice-Mollard ℘ 79 35 05 92 et Résidence les Belles Rives au Grand Port (mai-sept.) ℘ 79 34 15 80

  ▲▲▲ **International du Sierroz,** ℘ 79 61 21 43, NO : 2,5 km, bd Robert-Barrier, à 100 m du lac
5 ha (300 empl.) •—ɽ plat, herbeux, pierreux ☲ ♀♀ (2,5 ha) – (🗐 ♌ 🖽 mai-sept.)
🖫 ♿ 🎬 ⊛ ᴁ ᶌ ᴁ ᴁ – 🖫 – A proximité : 🖫 ♀
15 mars-14 nov. – **R** – ⚹ 13 🅱 25/30 (37 ou 51 avec élect. 3 ou 6A)

  ▲▲▲ **Alp'Aix,** ℘ 79 88 97 65, NO : 2,5 km, 20 bd du Port-aux-Filles, à 150 m du lac
1,2 ha (90 empl.) •—ɽ plat, herbeux, pierreux ☲ ♀ – 🗐 🖽 🖫 ♿ ⊛ ᴁ ᶌ 🖫 – 🛌 – A proximité : ᴁ 🖫 🏊
5 avril-8 oct. – **R** conseillée 15 juin-août – ⚹ 15 🅱 29 🛊 10 (4A) 15 (6A)

  à la Biolle N : 7 km par N 201 – ⊠ 73410 la Biolle :

  ▲▲ **Le Clos des Fourches** ≤, ℘ 79 54 77 77, sur N 201, accès par centre bourg
1 ha (50 empl.) •—ɽ plat à incliné, herbeux ♀ – 🗐 (🔊 mai-1ᵉʳ nov.) 🖫 ⊛ 🖫 – 🛌
🖽 🏊 – Location : 🏠 🏠
Permanent – **R** conseillée juil.-20 août – ⚹ 8 piscine comprise ⇔ 10 🅱 14 🛊 9

à Brison-St-Innocent N : 4 km par D 991 – ⊠ 73100 Brison-St-Innocent :

▲▲▲ **Le lac des Berthets** ≼, ℰ 79 54 36 66, chemin des Berthets
1,6 ha (100 empl.) ⊶ – 🗂 ⛆ 🔊 🗟 ᇈ ⊕ 🖼
mai-15 oct. – **R** - ✦ *14* 🔲 *25* 🕪 *11 (4A)*

▲▲▲ **La Rolande** 🌲 ≼, ℰ 79 54 36 85, chemin des Berthets
1,5 ha (100 empl.) ⊶ peu incliné, herbeux ᇬ – 🗂 ⛆ 🖵 🗟 ⊕ - 🏠
mai-sept. – **R** *conseillée juil.-août* – 🔲 *3 pers. 62,20, pers. suppl. 12,40* 🕪 *10,20 (2A)*

à Grésy sur Aix NE : 4 km par N 201 et D 911
⊠ 73100 Grésy-sur-Aix :

▲▲▲ Municipal Roger Milési ≼, ℰ 79 88 28 21, O : 2 km, à Antoger
0,6 ha (38 empl.) ⊶ (juil.-août) plat, herbeux, gravillons ⊏ – 🗂 🖵 ᇈ ⊕ - ✕

AIZENAY
🔟 – 🔠 ⑬

85190 Vendée – 5 344 h.
🄱 Syndicat d'Initiative, pl. Mutualité (juil.-août) ℰ 51 94 62 72

▲ **Municipal la Forêt,** ℰ 51 34 78 12, SE : 1,5 km par D 948, rte de la Roche-sur-Yon et chemin à gauche
1 ha (50 empl.) ⊶ plat, herbeux, bois attenant ᇬ – 🗂 ⛆ 🖵 ⊕ 🖼 - ✕ 🐎 – A proximité : tir à l'arc
15 juin-15 sept. – **R** - ✦ *9* 🚗 *4,50* 🔲 *6* 🕪 *10 (5A)*

ALBAN
🔟🔟 – 🔠🔠 ⑫ G. Gorges du Tarn

81250 Tarn – 904 h. alt. 614

▲ **Municipal la Franquèze** 🌲 ≼, sortie O rte d'Albi puis 0,5 km par chemin à droite, à 100 m d'un plan d'eau
0,5 ha (36 empl.) plat et peu incliné, terrasses, herbeux – 🗂 ⛆ 🖵 🗟 ⊕
juin-sept. – **R** - ✦ *8* 🔲 *7* 🕪 *8 (3A)*

ALBENS
🔟🔟 – 🔠🔠 ⑮

73410 Savoie – 2 439 h.

▲▲▲ **Beauséjour** ≼, ℰ 79 54 15 20, sortie SO par rte de la Chambotte
1,9 ha (100 empl.) ⊶ vallonné, prairie – 🗂 ⊕
10 juin-15 sept. – **R** - ✦ *8,50* 🚗 *8,50* 🔲 *8,50* 🕪 *11 (6A)*

ALBERTVILLE ◁SP▷
🔟🔟 – 🔠🔠 ⑰ G. Alpes du Nord

73200 Savoie – 17 411 h.
🄱 Office de Tourisme, 1 r. Bugeaud
ℰ 79 32 04 22

à Venthon NE : 3 km par D 925 rte de Beaufort – ⊠ 73200 Venthon :

▲▲▲ **Les Marmottes** 🌲 ≼, ℰ 79 32 57 40, au bourg
1,3 ha (80 empl.) ⊶ plat et peu incliné, herbeux ᇬ – 🗂 🖵 ⊕ - 🏠
Pâques-15 oct. – **ℝ** - ✦ *17* 🚗 *6* 🔲 *10* 🕪 *10*

ALBIÈS
🔟🔠 – 🔠🔠 ⑤

09310 Ariège – 141 h.

▲▲▲ **Municipal la Coume** ≼, ℰ 61 64 98 99, au bourg
1 ha (50 empl.) peu incliné, en terrasses, herbeux ⊏ – 🗂 ⛆ 🖵 🗟 ᇈ 🎽 ⊕ 🔺 ❄ - 🏠
Permanent – **ℝ** - ✦ *9* 🔲 *12* 🕪 *15 (5A) 30 (10A)*

ALBON
🔟🔠 – 🔠🔠 ① ② G. Vallée du Rhône

26140 Drôme – 1 543 h.

▲▲▲▲ **Senaud** « Cadre agréable », ℰ 75 03 11 31, Fax 75 03 08 06, S : 1 km par D 122, au château
30 ha/3 campables (140 empl.) ⊶ plat et peu incliné, herbeux, pierreux ᇬᇬ – 🗂 ⛆ 🔊 🖵 ᇈ ⊕ 🔺 ❄ 🍴 ᇋ 🎁 - 🏠 ✕ 🔆 🏊 half-court, golf – Location : 🛖 🏠 – Garage pour caravanes
mars-oct. – *Places disponibles pour le passage* – **R** – *Tarif 92 :* ✦ *19,50 piscine comprise* 🔲 *28* 🕪 *8 (3A) 15 (6A)*

ALENÇON Ⓟ
🔠 – 🔠🔠 ③ G. Normandie Cotentin

61000 Orne – 29 988 h.
🄱 Office de Tourisme, Maison d'Ozé
ℰ 33 26 11 36

▲▲▲ **Municipal de Guéramé** « Cadre agréable », ℰ 33 26 34 95, au SO de la ville, par bd périphérique rte de Guéramé, bord de la Sarthe
1,5 ha (60 empl.) ⊶ plat et en terrasses, herbeux – 🗂 ⛆ ᇈ ⊕ 🔺 ❄ - 🏠 ✕ 🛶
mai-sept. – **R** – *Tarif 92 :* ✦ *7,50* 🚗 *8,50* 🔲 *8,50* 🕪 *6,50 à 19,50 (4 à 15A)*

ALÉNYA
🔟🔠 – 🔠🔠 ⑳

66200 Pyr.-Or. – 1 562 h.

▲ **Municipal,** ℰ 68 22 17 26, sortie E vers St-Cyprien par av. de la Mer
1 ha (50 empl.) ⊶ (juil.-août) plat, herbeux ᇬ – 🗂 ⊕
15 juin-15 sept. – **R** *conseillée* – *Tarif 92 :* ✦ *14,70* 🔲 *24,67* 🕪 *8,92*

ALÉRIA **2B** H.-Corse – 🔠🔠 ⑥ – voir à Corse

ALÈS ⊗

30100 Gard – 41 037 h.

🅱 Office de Tourisme, 2 r. Michelet (Chambre de Commerce) ℰ 66 78 49 10 et pl. Gabriel-Péri (Pâques-Toussaint) ℰ 66 52 32 15

16 – 80 ⑱ G. Gorges du Tarn

△ Municipal les Châtaigniers, ℰ 66 52 53 57, S par av. Jules-Guesde et chemin des Sports, face au stade
1 ha (75 empl.) ⚬ plat, herbeux ⚨ – 🗑 🍽 🚿 ⊙ – 🚤 – A proximité : ✕ ▥

à Cendras NO : 5 km par D 916 – ✉ 30480 Cendras :

▲ **La Croix Clémentine** ⚬ ≪, ℰ 66 86 52 69, NO : 2 km par D 916 et D 32 à gauche
12 ha/6 campables (234 empl.) ⚬ plat et en terrasses, pierreux, herbeux ⊏ ⚨⚨ – 🗑 🍽 🚿 ⊟ 🎬 & 🔥 ⚡ ▦ ▼ ▚ ♦ ✕ 🍴 ⚓ 🏠 – 🏠 discothèque ✕ 🔥 🚤 ▭ vélos – Location : 🛏 🏠
avril-sept. – **R** *conseillée juil.-août* – ▣ *piscine et tennis compris 2 pers. 86 (98 avec élect. 6A)*

ALEX **74** H.-Savoie – 74 ⑥ – voir à Annecy (Lac d')

ALGAJOLA **2B** H.-Corse – 90 ⑬ – voir à Corse

ALLANCHE

15160 Cantal – 1 220 h. alt. 985

11 – 76 ③ G. Auvergne

▲ **Municipal Parc du Pont Valat** ⚬ ≪, ℰ 71 20 45 87, S : 1 km sur D 679 rte de St-Flour, à 50 m de l'Allanche
3,4 ha (100 empl.) ⚬ plat, peu incliné, herbeux – 🗑 🍽 🚿 ⊙ – 🏠 ✕
15 juin-15 sept. – **R** – 🚶 *6,90* 🚗 *3* ▣ *4,70* ⚡ *12 (5A)*

ALLÈGRE

43270 H.-Loire – 1 176 h. alt. 1 021

11 – 76 ⑥ G. Auvergne

△ **Municipal la Pinède** ⚬ ≪ « Agréable pinède », ℰ 71 00 76 79, N : 0,8 km par D 13 et D 21 rte de Vorey et chemin à gauche, près du terrain de sports
2,5 ha (33 empl.) plat, herbeux ⚨⚨ – 🗑 ▚ ⊙
juin-sept. – **R** – 🚶 *8* 🚗 *6* ▣ *6* ⚡ *7 (3 ou 5A) 13 (6A)*

ALLEMONT

38114 Isère – 600 h. alt. 820

12 – 77 ⑥

▲ **Le Grand Calme** ≪, ℰ 76 80 70 03, au sud du bourg, sur D 526, près de l'eau d'Olle – alt. 720
3 ha (130 empl.) ⚬ plat, herbeux ⚨⚨ (1 ha) – 🗑 🍽 🚿 ▦ ⊙ – A proximité : ✕ ⚓ ✕ 🔥 🚤 ▭ – Location : 🛏 (hotel)
Permanent – **R** *conseillée* – ▣ *2 pers. 40* ⚡ *11 (5A) 18 (10A)*

▲ **Municipal le Plan** ≪, ℰ 76 80 76 88, au pied du barrage du Verney, près de l'eau d'Olle – alt. 730
1,5 ha (101 empl.) ⚬ plat, gravier, pierreux, herbeux – 🗑 ▚ & ▦ ⊙ ⚥ ▼ – 🏠 – A proximité : ✕ 🚤
Permanent – **R** *conseillée* – ▣ *2 pers. 29/37* ⚡ *6,85 (10A)*

▲ **Les Grandes Rousses** ≪, ℰ 76 80 78 52, sortie SO par D 526, près du pont sur l'eau d'Olle – alt. 710
0,6 ha (34 empl.) ⚬ plat, herbeux, pierreux ⚨ (0,3 ha) – 🗑 🍽 🚿 & ⊙ – 🏠 – A proximité : vélos

---

ALLEREY **21** Côte-d'Or – 65 ⑰ ⑱ – rattaché à Semur-en-Auxois

---

ALLES-SUR-DORDOGNE

24480 Dordogne – 302 h.

13 – 75 ⑯

▲ **Port de Limeuil** ⚬ « Cadre agréable », ℰ 53 63 29 76, Fax 53 63 04 19, NE : 3,4 km par D 51ᴱ rte de Limeuil et à gauche avant les deux ponts au confluent de la Dordogne et de la Vézère
7 ha/4 campables (90 empl.) ⚬ plat, peu incliné, en terrasses, herbeux ⚨ – 🗑 🚿 🚿 & ▦ ⊡ ⊙ ▚ – 🏠 🔥 ▭ ▨ (plage) vélos
15 mai-15 sept. – **R** – ▣ *piscine comprise 2 pers. 89, pers. suppl. 25* ⚡ *20 (5A)*

ALLEVARD

38580 Isère – 2 558 h. –
♨ 21 mai-29 sept. – 🚞.

🅱 Office de Tourisme, pl. de la Résistance ℰ 76 45 10 11

12 – 74 ⑥ G. Alpes du Nord

▲ **Clair Matin** ⚬ ≪ « Décoration florale », ℰ 76 97 55 19, sortie SO rte de Grenoble et à droite
3,5 ha (150 empl.) ⚬ incliné et en terrasses, herbeux ⚨⚨ – 🗑 🚿 ▚ & ⊙ ▦ – 🏠 🚤
12 mai-sept. – **R** *conseillée juil.-août* – ▣ *2 pers. 66,50, pers. suppl. 13,50* ⚡ *9,80 (2A) 10,90 (3A) 17,65 (6A)*

▲ **Idéal Camping** ≪, ℰ 76 97 50 23, sortie N sur D 525 rte de Chambéry, à 100 m du Bréda
1 ha (60 empl.) ⚬ plat, peu incliné, herbeux ⚨ verger – 🗑 ▚ ⊡ ⊙ – 🏠 – A proximité : ✕ 🚤 – Location : 🏠
mai-25 sept. – **R** *conseillée juil.-20 août* – Tarif 92 : ▣ *1 pers. 32, pers. suppl. 8* ⚡ *10 (2A) 13 (4A)*

ALLEYRAS

43570 H.-Loire – 232 h. alt. 750

⚠ Municipal 🏕 ≤, ✆ 71 57 56 86, NO : 2,5 km, à Pont-d'Alleyras, accès direct à l'Allier – alt. 660
0,9 ha (60 empl.) ⊶ (saison) plat et peu incliné, terrasse, herbeux – 🔥 🍽 🚻 ⊕ 🔥 – 🍴 🚣 – Location : huttes
mai-sept. – **R** conseillée juil.-août

ALLUYES

28800 E.-et-L. – 577 h.

⚠ **Municipal,** sortie NO par D 28¹ rte d'Illiers Combray, attenant au stade et près du Loir
0,5 ha (33 empl.) plat, herbeux – 🔥 🍽 🚻 & ⊕ – 🚣 vélos – A proximité : 🍴
mai-sept. – **R** – 🏕 8 🚗 8 🗉 5/8 ₪ 12 (10A)

ALRANCE

12430 Aveyron – 468 h. alt. 760

⚠ **Les Cantarelles** ≤, ✆ 65 46 40 35, S : 3 km sur D 25, bord du lac de Villefran-che-de-Panat
2,5 ha (120 empl.) ⊶ plat, peu incliné, herbeux – 🔥 🍽 🚻 🗟 ⊕ 🔥 🍴 🍽 – 🚗
🚣
mai-sept. – **R** conseillée – 🗉 2 pers. 58, pers. suppl. 16 ₪ 12 (6A)

ALVIGNAC

46500 Lot – 473 h.
🅱 Bureau de Tourisme, r. Centrale
(juil.-août) ✆ 65 33 66 42

⚠ **Municipal,** sortie E rte de Padirac
0,6 ha (35 empl.) peu incliné et en terrasses, herbeux – (🔥 juin-sept.) ⊕ – 🍽 –
A proximité : 🍴 🍽
15 avril-sept. – **R** – 🏕 7 🗉 11 ₪ 6 (5A)

⚠ **La Chataigneraie (aire naturelle)** 🏕, ✆ 65 33 72 11 ⊠ 46500 Rocamadour,
SO : 1,5 km par D 20, rte de Rignac et chemin de Varagne à droite
3 ha (25 empl.) peu incliné, herbeux – 🔥 🚣 🚲
avril-sept. – **R**

▶ *Pas de publicité payée dans ce guide.*

AMBARES-ET-LAGRAVE 33 Gironde – 71 ⑨ – rattaché à Bordeaux

AMBAZAC

87240 H.-Vienne – 4 889 h.

⚠ **Municipal de Jonas** 🏕 ≤, ✆ 55 56 60 25, NE : 1,8 km par D 914 rte de
Laurière et chemin à gauche, près d'un plan d'eau
1,7 ha (70 empl.) ⊶ (juil.-août) en terrasses, herbeux – 🔥 🚣 ⊕ – A proximité :
🚲 (plage)
juin-15 sept. – **R** conseillée juil.-15 août – Tarif 92 : 🏕 6,30 🚗 3,15 🗉 3,15
₪ 8,40 (5A) 13,15 (6 à 10A), 25,20 (plus de 10A)

AMBÉRIEUX-EN-DOMBES

01330 Ain – 1 156 h.

⚠ **Municipal le Cerisier** ≤, ✆ 74 00 83 40, S : 0,8 km par D 66 rte de Lyon
et à gauche, près d'un plan d'eau
2 ha (80 empl.) ⊶ plat, herbeux, gravier ▭ – 🔥 🍽 🚻 & ⊕ – A proximité : 🍴
avril-oct. – **R** conseillée – 🏕 10.50 🚗 5 🗉 10,50 ₪ 10,50 (6A)

AMBERT ⚐

63600 P.-de-D. – 7 420 h.
🅱 Office de Tourisme, 4 pl. de
l'Hôtel-de-Ville ✆ 73 82 61 90 et pl.
Georges-Courtial (saison)
✆ 73 82 14 15

⚠ **Municipal les Trois Chênes,** ✆ 73 82 34 68, S : 1,5 km par D 906 rte de
la Chaise-Dieu, bord de la Dore (rive gauche)
1,2 ha (120 empl.) ⊶ plat, herbeux 🔟🔟 – 🔥 🚣 🗟 ⊕ 🔥 🌱 🍽 – 🚗 🖥 –
A proximité : 🚲
mai-sept. – **R** conseillée juil.-août – 🏕 14 🚗 9 🗉 11 ₪ 15 (10A)

⚠ **La Biourne,** ✆ 73 95 63 86 ⊠ 63940 Marsac-en-Livradois, S : 7 km par
D 57ᴱ, bord de la Dore et d'un étang
2 ha (50 empl.) ⊶ plat, herbeux – 🚣 (🔥 🚻 juin-sept.) ⊕ 🔥 🍴 🍽
Permanent – **R** – 🏕 12 🗉 12 ₪ 13

AMBON

56190 Morbihan – 1 006 h.

⚠ **Les Peupliers,** ✆ 97 41 12 51, sortie par D 140 rte de Damgan puis O :
0,8 km par chemin à droite
2,8 ha (100 empl.) ⊶ plat, herbeux – 🔥 🚣 ⊕ 🍽 – 🥤 – Location : 🚐
15 avril-oct. – **R** conseillée 14 juil.-15 août – Tarif 92 : 🏕 12 piscine comprise
🚗 9 🗉 9 ₪ 10 (10A)

AMBRIÈRES-LES-VALLÉES

53300 Mayenne – 2 841 h.

⚠ **Municipal de Vaux** 🏕 « Situation agréable », ✆ 43 04 00 67, SE : 2 km par
D 23 rte de Mayenne et à gauche, à la piscine, bord de la Varenne (plan d'eau)
0,75 ha (61 empl.) ⊶ plat et en terrasses, herbeux, gravillons ▭ – 🔥 🚻 ⊕ 🔥
🍽 – A l'entrée : 🍴 🚣 🥤 tir à l'arc
mai-sept. – **R** conseillée juil.-août – 🗉 1 pers. 22, pers. suppl. 10 ₪ 8 (10A)

AMÉLIE-LES-BAINS-PALALDA

66110 Pyr.-Or. – 3 239 h. –
♨ 20 janv.-19 déc.
🛈 Office de Tourisme et du
Thermalisme, quai du 8 Mai 45
✆ 68 39 01 98

⚠ **Hollywood Camping** ⌕ ≼, ✆ 68 39 08 61, sortie NE par rte de Céret et,
à la Forge, chemin à droite
2 ha (40 empl.) ⊶ en terrasses, pierreux, herbeux ◨ ♀ – 🖩 ⇆ 🗂 🛓 🛆 ⊕ ㋡
▽ ✗ ♿ – 🖩 – 🔆 ㎐ (bassin)
15 mars-15 nov. – **R** conseillée, indispensable juil.-août – 🅔 piscine comprise
2 pers. 60, pers. suppl. 20 🛱 15 (4A) 18 (6A)

L'AMÉLIE-SUR-MER **33** Gironde – 71 ⑯ – rattaché à Soulac-sur-Mer

---

AMOU

40330 Landes – 1 481 h.
🛈 Syndicat d'Initiative, Mairie
✆ 58 89 00 22

⚠ **Municipal la Digue** ⌕, sortie S par rte de Bonnegarde et à droite, au stade,
bord du Luy
0,6 ha (33 empl.) plat, herbeux ◨ ♀ (0,4 ha) – 🖩 ㋡ ⊕ ㋡ – parcours sportif
Permanent – Tarif 92 : ♦ 7 ⇌ 5 🅔 10/18 avec élect.

AMPHION-LES-BAINS

74 H.-Savoie – ✉ 74500 Évian-les-
Bains.
🛈 Syndicat d'Initiative, r. du Port
(10 juin-sept.) ✆ 50 70 00 63

⚠ **La Plage**, ✆ 50 70 00 46, à 200 m du lac Léman
1,5 ha (83 empl.) ⊶ plat, herbeux ♀ – 🖩 ⇆ ㎉ 🗂 🛓 ▥ ⊕ ㋡ ▽ ♈ ▤ – 🔄
- A proximité : ℅ ㎐ ⚓ parcours sportif – Location : 🛏 🛖
avril-2 nov. – **R** conseillée juil.-août – Tarif 92 : ♦ 18 🅔 28 🛱 10 (2A) 15 (3A)
25 (10A)

AMPLIER

62760 P.-de-C. – 271 h.

⚠ **Le Val d'Authie**, ✆ 21 48 57 07, au sud du bourg par D 24, 93 r. des Marais,
bord de l'Authie et d'un étang
2,4 ha (75 empl.) ⊶ plat, herbeux ◨ – 🖩 ㎉ 🗂 sauna ⊕ ♈ ✗ – 🔄 ㎐
Permanent – **R** – ♦ 12 🅔 20 🛱 12 (3A) 20 (10A)

ANCELLE

05260 H.-Alpes – 600 h. alt. 1 327
– ⛷

⚠ **Les Auches** ⌕ ≼, ✆ 92 50 80 28, sortie N par rte de Pont du Fossé et à droite
1,8 ha (90 empl.) ⊶ peu incliné, terrasses, herbeux – 🖩 ⇆ ㋡ 🗂 ⊕ ▤ – 🔄
⇆ 🔆
fermé 11 au 31 mai et 26 sept.-24 oct. – Places disponibles pour le passage
– **R** indispensable hiver, conseillée été – 🅔 piscine comprise 2 pers. 73, pers.
suppl. 20 🛱 13 (2A)

ANCENIS ⊛

44150 Loire-Atl. – 6 896 h.
🛈 Office de Tourisme, pl. Millénaire
✆ 40 83 07 44

⚠ **Municipal de l'Ile Mouchet**, ✆ 40 83 08 43, sortie O par bd Joubert et à
gauche avant le stade, accès direct à la Loire
3 ha (150 empl.) ⊶ plat, herbeux ♀ – 🖩 ㎉ ♿ ⊕ – 🔄 – A proximité : ℅ ㎐
🔆 parcours sportif
15 avril-sept. – **R** conseillée juil.-août – 🅔 2 pers. 36,50, pers. suppl. 9 🛱 12,50
(10A)

Les ANCIZES-COMPS

63770 P.-de-D. – 1 910 h. alt. 710

⚠ **Municipal Comps-les-Fades**, ✆ 73 86 81 64, N : 1,8 km par D 62 et rte
de Comps à gauche
4,3 ha (90 empl.) ⊶ peu incliné, herbeux ◨ ♀ – 🖩 ㎉ 🗂 🛓 ⊕ – 🔄 – Location :
chalets
juin-15 sept. – **R** juil.-août – ♦ 9 🅔 12 🛱 10 (5A)

ANCY-LE-FRANC

89160 Yonne – 1 174 h.

⚠ **Municipal,** sortie S par D 905 rte de Montbard (face au château), bord d'un
ruisseau et près d'un étang
0,5 ha (33 empl.) plat, herbeux ♀♀ – 🖩 ⇆ ㋡ 🛓 ⊕ – A proximité : ℅
15 juin-15 sept. – **R** – ♦ 8,50 ⇌ 3 🅔 5/6 🛱 6 (3A)

ANDANCE

07340 Ardèche – 1 009 h.

⚠ **Les Sauzets** ≼, ✆ 75 34 20 20, N : 2 km par N 86 rte de Serrières et à droite,
bord du Rhône et d'un plan d'eau
14 ha/9 campables (60 empl.) ⊶ plat, gravier, pierreux, herbeux – 🖩 ⇆ ㋡ 🗂
🛓 🛆 ㋡ ▽ ▤ – 🔆 🔄
avril-15 oct. – **R** conseillée juin-août – ♦ 20 piscine comprise ⇌ 15 🅔 20 avec
élect. 4A

ANDELOT

52700 H.-Marne – 1 024 h.

⚠ **Municipal du Moulin**, N : 1 km par D 147 rte de Vignes-la-Côte, bord du
Rognon
0,45 ha (23 empl.) plat, herbeux ◨ – 🖩 ㋡ 🛓
juin-15 sept. – **R** – ♦ 5,35 ⇌ 3,60 🅔 3,60 🛱 11,85

Les ANDELYS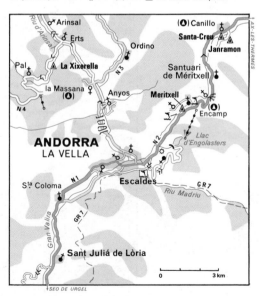

⑤ – ⑤⑤ ⑰ G. Normandie Vallée de la Seine

27700 Eure – 8 455 h.
🛈 Syndicat d'Initiative, 24 r. Philippe-Auguste (fermé matin hors saison)
𝒫 32 54 41 93

à Bernières-sur-Seine SO : 6 km par D 135
⊠ 27700 Bernières-sur-Seine :

△△△ **Château-Gaillard** ◇ 🕭, 𝒫 32 54 18 20, Fax 32 54 32 66, SO : 0,8 km rte de la Mare, à 200 m de la Seine
22 ha/13 campables (150 empl.) ⊶ plat et peu incliné, herbeux, pierreux, sablonneux ⊏⊐ ⬩ – 🗂 ⭗ 🖘 🗔 Ⅲ ⊕ ♨ 🖄 🍷 🖹 – 🏕 🛖 ⬩ 🎇 🐎 tir à l'arc – A proximité : ⬩
fermé 1ᵉʳ au 28 janv. – **Location longue durée** – *Places limitées pour le passage* – **R** *conseillée* – *Tarif 92 :* 🛉 *24,75 piscine comprise* 🗐 *16,50/26,30 (36 avec élect. 6A)*

à Bouafles S : 4 km par D 313 – ⊠ 27700 Bouafles :

△△△ **Château de Bouafles** ◇, réservé aux caravanes 🕭, 𝒫 32 54 03 15, sortie N par D 313, bord de la Seine
9 ha (191 empl.) ⊶ plat, herbeux, gravier ⊏⊐ ⬩ – 🗂 ⭗ 🖘 🗔 solarium ⬩ Ⅲ ⊕ 🐎 🍷 – 🏕 🛖 🎇 ⬩ – A proximité : 🎇 – Location : 🛖 fermé fév. – **Location longue durée** *(6 400 F à 9 500 F)* – **R** *conseillée* – 🛉 *18* 🗐 *24*

ANDERNOS-LES-BAINS 33 Gironde – ⑦① ⑲ – voir à Arcachon (Bassin d')

ANDILLY

⑨ – ⑦① ⑫

17230 Char.-Mar. – 1 481 h.
△ **Municipal** (aire naturelle), à 3,8 km au NO du bourg, bord du canal du Curé et près du canal de Marans-la-Rochelle – itinéraire par Villedoux vivement conseillé (chemin d'accès à droite dangereux après le pont) – croisement difficile pour caravanes
1 ha (24 empl.) ⊶ plat, herbeux – 🗂

ANDORRE (Principauté d')

⑭ – ⑧⑥ ⑭ ⑮ G. Pyrénées Roussillon

57 770 h. – ✆ 628 (interurbain avec la France)
🛈 Syndicat d'Initiative à Andorre-la-Vieille, r. du Dr-Vilanova 𝒫 20 2 14

Canillo – alt. 1 531

△ **Santa-Creu** ⬕, 𝒫 51 4 62, au bourg, bord du Valira del Orient (rive gauche)
0,5 ha ⊶ peu incliné et terrasse, herbeux – 🗂 🕭 ⊕ – A proximité : 🎇 🖳
15 juin-sept. – **R** – 🛉 *10* 🚗 *10* 🗐 *11 élect. comprise*

△ **Janramon** ⬕, 𝒫 51 4 54, NE : 0,4 km par rte de Port d'Envalira, bord du Valira del Orient (rive gauche)
0,6 ha ⊶ plat, herbeux – 🗂 🕭 ⊕ 🍷 – A proximité : 🎇 🖳
15 juin-sept. – **R** – 🛉 *11* 🚗 *11* 🗐 *11 élect. comprise*

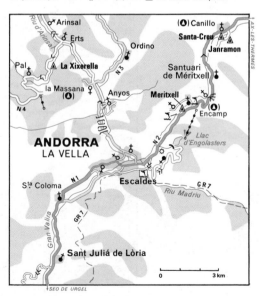

Encamp – alt. 1 313

△△ **Meritxell** ⬕, 𝒫 31 1 00, à l'ouest du bourg, bord du Valira del Orient (rive droite)
2 ha ⊶ plat et peu incliné, herbeux ⬩⬩ – 🗂 ⭗ 🖘 Ⅲ ⊕ ♨ 🍷 🗶 🖘 🖹 – A proximité : 🎇 🖳
fermé oct. – **R** – 🛉 *19,80* 🚗 *19,80* 🗐 *19,80*

La Massana – alt. 1 241

ᏯᏯᎯ **La Xixerella** ≤, ℰ 35 0 36, NO : 3,5 km par rte de Pal, bord d'un ruisseau –
alt. 1 450
5 ha plat, peu incliné, pierreux, herbeux – 🏕 ⛺ 🍴 🎣 🎦 🎮 ☺ 🍷 snack 🎬 – 🚗
discothèque 🎱 🚴 🏊 – A proximité : ✗
fermé mai et oct. – **R** conseillée juil.-août

ANDOUILLÉ
53240 Mayenne – 1 926 h.

🅰 – 🔢 ⑳

ᐃ **Municipal,** sortie SO par D 104 rte de St-Germain-le-Fouilloux, attenant au
jardin public, bord de l'Ernée
1 ha (31 empl.) plat, herbeux – 🏕 ⛺ 🍴 🎦 ♿ ☺ – A proximité : 🚴 parcours
sportif
mars-oct. – ℞ – ✱ 4,95 🚐 2,60 🔲 2,65 ⚡ 4,20

ANDRYES
89480 Yonne – 406 h.

🌀 – 🔢 ⑮

ᐃ **Au Bois Joli** 🦢, ℰ 86 81 70 48, SO : 0,6 km par rte de Villeprenoy
5 ha (65 empl.) ⊶ incliné, pierreux, herbeux ♀♀ – 🏕 ⛺ 🍴 🎣 🎦 🎮 ☺ 🛶 ⛵ 🎣
– 🚴 🏊 vélos
avril-sept. – **R** conseillée juil.-août – ✱ 19,70 piscine comprise 🚐 9,90 🔲
11,60/12,80 ⚡ 15,20 (5A)

ANDUZE
30140 Gard – 2 913 h.
🄳 Syndicat d'Initiative, Plan de Brie
ℰ 66 61 98 17

🔟🔢 – 🔢 ⑰ G. Gorges du Tarn

ᏯᏯᎯ **Malhiver,** ℰ 66 61 76 04, SE : 2,5 km, accès direct au Gardon
2,26 ha (102 empl.) ⊶ plat, herbeux ♀♀ – 🏕 ⛺ 🍴 🎦 ♿ ☺ 🛶 ⛵ ✗ 🏊 🎬
– 🚴 🏊 – Location : 🛖
avril-sept. – **R** conseillée – 🔲 élect. (6A) et piscine comprises 3 pers. 128, pers.
suppl. 18

ᏯᏯᎯ **L'Arche** 🦢 ≤, ℰ 66 61 74 08, Fax 66 61 88 94, NO : 2 km, bord du Gardon
5 ha (250 empl.) ⊶ plat, peu incliné et terrasses, herbeux ♀♀ – 🏕 🎣 🎦 ♿ ☺
🛶 ⛵ 🏊 🍷 🎬 snack 🚴 🎬 – 🚗 🚴 🔟 half-court
avril-sept. – **R** conseillée 15 juin-août – 🔲 2 pers. 63, pers. suppl. 14 ⚡ 14 (6A)

ᐃ **Le Pradal,** ℰ 66 61 81 60, N : 0,8 km par D 129 rte de Générargues, bord du
Gardon
3,5 ha (133 empl.) ⊶ plat, herbeux ♀♀ – 🏕 ⛺ 🍴 🎣 🎦 ☺ 🏊 🍷 🎣 🎬 – 🚗
✗ 🏊 – A proximité :
15 mai-sept. – **R** conseillée juil.-août – 🔲 2 pers. 79 ⚡ 17 (6A) 21 (10A)

ᐃ **Les Fauvettes** ≤, ℰ 66 61 72 23, NO : 1,7 km
3,2 ha (60 empl.) ⊶ plat, peu incliné et en terrasses, herbeux 🏕 ♀♀ – 🏕 ⛺ 🍴
🎦 🎮 🏊 🍷 🎬 – 🚴 🏊 toboggan aquatique
Pâques-sept. – **R** conseillée juil.-août – Tarif 92 : 🔲 piscine comprise 2 pers.
65, pers. suppl. 14 ⚡ 13 (6A)

à *Corbès* NO : 5 km – ✉ 30140 Corbès :

ᐃ **Cévennes-Provence** 🦢 ≤, ℰ 66 61 73 10, au Mas-du-Pont, bord du Gardon
de Mialet et près du Gardon de St-Jean
30 ha/10 campables (200 empl.) ⊶ plat, accidenté et en terrasses, herbeux 🏕
♀♀ – 🏕 ⛺ 🍴 🎦 🎮 ☺ 🏊 🎬 – 🚗 ✗ 🎱 🚴 🔟 – Location : 🛖
avril-15 oct. – **R** conseillée juil.-août – 🔲 2 pers. 57,60 ou 72, pers. suppl. 12,80
ou 16 ⚡ 12 (3A) 14 (6A) 16 (10A)

à Lézan SE : 9 km par D 907 (hors schéma) – ⊠ 30350 Lézan :

⚠⚠ **Mas des Chênes,** *℘* 66 83 80 68, N : 1,3 km par D 24 rte d'Alès et D 982 rte d'Anduze à gauche, près du Gardon d'Anduze (accès direct)
13 ha/4 campables (180 empl.) •→ plat, pierreux, herbeux, bois ⚑ – ⌂ ♨ ⚲
🔥 ♿ ⊕ ▦ – ⚓ ⚑ ⟶ – A proximité : ↦ ⚲ – Location : ⊡
avril-oct. – **R** *conseillée* – ▣ *piscine comprise 2 pers. 68* ⚡ *14 (3A) 15 (6A)*

à Massillargues-Attuech SE : 7,5 km – ⊠ 30140 Massillargues :

⚠⚠ **La Tour de Barre** ⚲, *℘* 66 61 60 43 et 66 61 62 43, N : 1,5 km, à Attuech, bord du Gardon d'Anduze
3,5 ha (80 empl.) •→ plat, herbeux, pierreux ⚑ – ⌂ ♨ ⛺ 🔥 ♿ ⊕ ▦ ⚲ ⛳ – ⚲ ⟶ ⚲
15 juin-août – **R** *conseillée 15 juil.-15 août* – ▣ *piscine comprise 2 pers. 71, pers. suppl. 14* ⚡ *14,50 (6A)*

⚠⚠ **Le Fief** ⚲, *℘* 66 61 81 71, N : 1,5 km, à Attuech, à 250 m du Gardon d'Anduze
4 ha (80 empl.) •→ plat, herbeux ⚑ – ⌂ ⚲ ⊕ ▦ – ⚓ ⚑ ⟶ vélos –
A proximité : ⚲ ⚲
vac. de printemps, juin-sept. – **R** *conseillée juil.-août* – ▣ *piscine comprise 1 ou 2 pers. 66, pers. suppl. 14* ⚡ *13 (6A)*

ANGERS ℗

49000 M.-et-L. – 141 404 h.
🛈 Office de Tourisme, pl. Kennedy
℘ 41 88 69 93

④ – ⑥③ ⑳ G. Châteaux de la Loire

⚠⚠⚠ **Lac de Maine** Ⓜ ⚲ ≼, *℘* 41 73 05 03, Fax 41 22 32 11, SO : 4 km par D 111 rte de Pruniers, près du lac (accès direct) et à proximité de la Base de Loisirs
4 ha (163 empl.) •→ plat, herbeux, gravillons ⚑ – ⌂ ♨ ⛺ 🔥 ♿ ▦ ⊕ ⚲ ⚲
✗ snack ⛳ ⚲ ⟶ – A proximité : ⚲ ⚲
10 fév.-20 déc. – **R** *conseillée juil.-août* – ▣ *piscine comprise 3 pers. 65* ⚡ *10,70 (4A) 16,10 (6A) 26,80 (10A)*

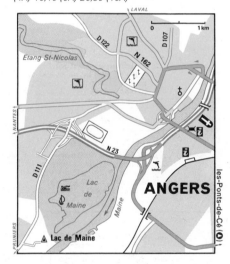

aux Ponts-de-Cé S : 6,5 km (hors schéma) – ⊠ 49130 les Ponts-de-Cé :

⚠⚠ **Municipal de l'Ile,** *℘* 41 44 62 05, dans l'île du château, près de la Loire
2,3 ha (145 empl.) •→ plat, herbeux, jardin public attenant ⚑ ⚑ – ⌂ ♨ ⛺ 🔥
♿ ⊕ ▦ – ⚓ ↦ ⟶ – A proximité : ⚲
Permanent – **R** *conseillée* – ▣ *2 pers. 33* ⚡ *10 (3A) 20 (6A)*

ANGLARS-JUILLAC

46140 Lot – 329 h.

⑭ – ⑦⑨ ⑦

⚠ **Base Nautique Floiras** ⚲, *℘* 65 36 27 39, Fax 65 21 41 00, au SO du bourg par la D 8 à Juillac et chemin à droite, bord du Lot
1 ha (25 empl.) •→ plat, herbeux ⚑ – ⌂ ⚲ 🔥 ♿ ⊕ – ⚓ ⟶ ⚲ vélos
Pâques-15 oct. – **R** *conseillée juil.-août* – ✳ *15* ▣ *20* ⚡ *12 (16A)*

ANGLÈS

81260 Tarn – 588 h. alt. 745

⑮ – ⑧③ ②

⚠⚠⚠ **Le Manoir** ⚲ « Cadre agréable », *℘* 63 70 96 06, au sud du bourg, rte de Lacabarède
3,3 ha (178 empl.) •→ plat et peu incliné, terrasse, herbeux ⚑ ⚑ – ⌂ ♨ ⛺ 🔥
♿ ♿ ⚲ ⚐ ♔ ✗ ⛳ ⚲ – ⚓ discothèque ⟶ – A proximité : ⚲ – Location :
⎚ (hôtel)
Pâques-oct. – **R** *conseillée* – ▣ *élect. et piscine comprises 2 pers. 82, pers. suppl. 15*

ANGLES

85750 Vendée – 1 314 h.

9 – 71 ⑪ G. Poitou Vendée Charentes

▲▲▲ **Moncalm - l'Atlantique** M, ℘ 51 97 55 50, Fax 51 56 31 50, au bourg, sortie vers la Tranche-sur-Mer et rue à gauche – (en 2 parties)
4,3 ha (300 empl.) ⚬━ (saison) plat, herbeux, pierreux ⊡ – 🛆 🖐 🛁 🖼 🕹 ⊛ 🏊 ⚲ 🎡 ⍩ 🛒 sauna – 🍽 🚣 toboggan aquatique, half-court, vélos – Location : 🛖 🛏
avril-sept. – **R** conseillée – 🅴 piscine comprise 2 pers. 90, pers. suppl. 20 ⓖ 12 (3A) 15 (6A) 22 (10A)

▲ **Le Port de Moricq,** ℘ 51 97 54 02, SE : 3 km sur rte de Grues, bord d'un canal
1 ha (50 empl.) ⚬━ plat, herbeux – 🛆 🛁 🖐 ⊛ – 🍽 – A l'entrée : 🍴 ✕
15 juin-15 sept. – **R** – 🍴 12,50 ⇔ 7 🅴 10 (21,50 avec élect. 10A)

▲ **le Troussepoil,** ℘ 51 97 51 50 ⊠ 85560 Longeville-sur-Mer, O : 1,3 km par D 70, rte de Longeville-sur-Mer
0,6 ha (40 empl.) ⚬━ plat, herbeux – 🛆 🖐 🛁 🖼 🕹 ⊛ 🖼 – 🏊 – Location : 🛖 🛏
juin-sept. – **R** conseillée – 🅴 piscine comprise 2 pers. 42 ⓖ 10

ANGLET

64600 Pyr.-Atl. – 33 041 h.
🅱 Office de Tourisme, 1 av. de la Chambre-d'Amour ℘ 59 03 77 01

Schéma à Biarritz

13 – 78 ⑱ G. Pyrénées Aquitaine

▲▲▲ **Parme** « Cadre boisé et fleuri », ℘ 59 23 03 00, SO : 3 km par N 10 et rte à gauche
3 ha (200 empl.) ⚬━ plat, en terrasses et peu incliné, herbeux ⚬⚬ – 🛆 🖐 🛁 🖼 🕹 🖼 ⊛ ⚲ 🍴 🛒 – A proximité : ✕ – Location : 🛖 🛏
Permanent – **R** conseillée juil. – **R** août – 🍴 20 piscine comprise ⇔ 10 🅴 25 ⓖ 25 (5A)

▶ *Terrains agréables :*
Ces terrains sortent de l'ordinaire par leur situation,
leur tranquillité, leur cadre et le style de leurs aménagements.
Leur catégorie est indiquée dans le texte par les
signes habituels mais en rouge (▲▲▲ ... ▲).

ANGOISSE

24270 Dordogne – 559 h.

10 – 75 ⑦

▲▲▲ **Rouffiac en Périgord** ⚲ « Site agréable », ℘ 53 52 68 79, SE : 4 km par D 80 rte de Payzac, à 150 m d'un plan d'eau (accès direct)
54 ha/6 campables (100 empl.) ⚬━ en terrasses et peu incliné, herbeux ⚬⚬ (3,5 ha) – 🛆 🖐 🛁 🖼 🕹 ⊛ ⚲ 🚣 ⍩ 🛒 – A proximité : 🍴 ✕ ✕ 🎣 (plage) 🐎 ⍰ toboggan aquatique, tir à l'arc, vélos
mai-sept. – **R** – 🍴 17 🅴 18 (29,50 ou 38,50 avec élect. 15 à 25A)

ANGOULÊME ℗

16000 Charente – 42 876 h.
🅱 Office de Tourisme, 2 pl. St-Pierre ℘ 45 95 16 84

9 – 72 ③ ⑭ G. Poitou Vendée Charentes

▲▲▲ **Municipal de Bourgines,** ℘ 45 92 83 22, sortie NO vers rte de la Rochelle, quartier St-Cybard, bord de la Charente
2,3 ha (150 empl.) ⚬━ plat, herbeux ⊡ ⚲ – 🛆 🖐 🛁 ⍩ 🖼 🕹 🎫 ⊛ ⍩ – 🛒
A proximité : ✕ 🎣 – 🍴 12 🅴 25 ⓖ 15 (5A) 26 (15A)
mars-oct. – **R** juil.-août – 🍴 12 🅴 25 ⓖ 15 (5A) 26 (15A)

ANGOULINS

17690 Char.-Mar. – 2 908 h.

9 – 71 ⑬

▲ **les Chirats,** ℘ 46 56 94 16, O : 1,7 km par rue des Salines et rte de la douane, à 100 m de la plage
2 ha (147 empl.) ⚬━ (saison) plat et peu incliné, herbeux, pierreux ⊡ – 🛆 🖐 🛁 🖼 🕹 ⊛ ⚲ 🍴 snack – Location : 🛖 🛏
Pâques-sept. – **R** indispensable 10 juil.-20 août – 🅴 piscine comprise 2 pers. 63 (77 ou 84 avec élect. 6A)

ANNECY (Lac d')

74 H.-Savoie
🅱 Office de Tourisme, Clos Bonlieu, 1 r. Jean-Jaurès ℘ 50 45 00 33

12 – 74 ⑥ ⑯ G. Alpes du Nord

Alex – 574 h. – ⊠ 74290 Alex

▲ **Les Ferrières** ≼, ℘ 50 02 87 09, O : 1,5 km par D 909 rte d'Annecy et chemin à droite
5 ha (200 empl.) ⚬━ peu incliné à incliné, herbeux – 🛆 🛁 🕹 ⊛ 🍴 🖼 – 🛒
juin-sept. – **R**

▲ **Le Fier** ≼, ℘ 50 02 89 11, E : 2 km par D 909 rte de Thones (hors schéma)
1,5 ha (100 empl.) ⚬━ plat, herbeux ⚲ – 🛆 ⍩ ⊛
juin-15 sept. – **R** conseillée juil.-août – Tarif 92 : 🅴 2 pers. 37 ⓖ 11 (3A)

Bout-du-Lac – ⊠ 74210 Faverges

▲▲▲ **International du Lac Bleu** M ≼, ℘ 50 44 30 18, rte d'Albertville, bord du lac (plage) – 🚲 20 juin-20 août
3,2 ha (234 empl.) ⚬━ (saison) plat, herbeux, pierreux ⚬⚬ – 🛆 🛁 🖼 🕹 ⊛ 🍴 snack 🖼 – 🛖 🎣 – A proximité : 🚣 ✕ 🏌 – Location : 🛏 studios et appartements
8 avril-14 oct. – **R** – Tarif 92 : 🅴 3 pers. 85 ⓖ 15 (4A)

86

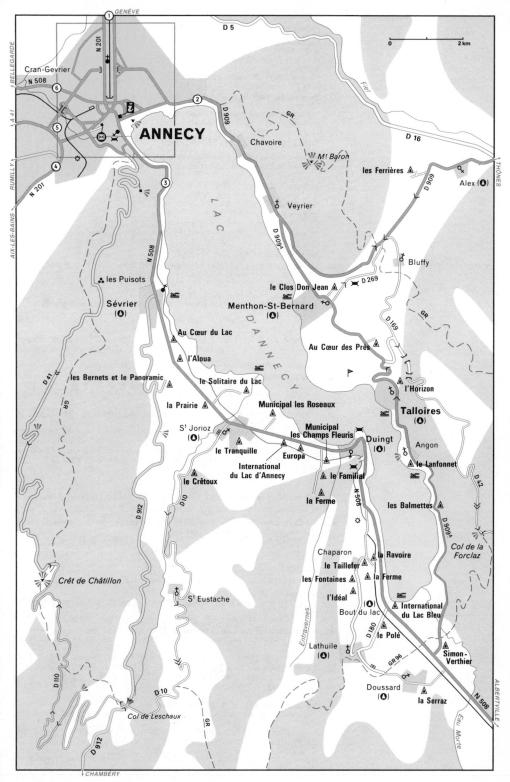

Doussard – 2 070 h. – ⊠ 74210 Doussard

⋀⋀ **La Serraz** ⩽ « Cadre agréable », ℘ 50 44 30 68, au bourg, sortie E, près de la poste
2,5 ha (187 empl.) ⊶ plat, herbeux ⚲ – 🗊 ⇄ ⇆ 🗐 ♿ ☺ ⊒ ⵌ ⨼ 🖳 – 🚐 ⵌ vélos
15 mai-sept. – **R** conseillée juil.-25 août – 🔲 3 pers. 87, pers. suppl. 19 🔌 15 (3A) 21 (6A) 32 (10A)

⋀ **Simon de Verthier** ⩽, ℘ 50 44 36 57, NE : 1,6 km, à Verthier, près de l'Eau Morte
0,5 ha (26 empl.) ⊶ plat, herbeux – 🗊 ⵣ 🗐 ♿ ☺
mai-sept. – **R̄** – 🔲 2 pers. 45, pers. suppl. 10 🔌 10 (4A)

Duingt – 635 h. – ⊠ 74410 Duingt

⋀⋀ **Municipal les Champs Fleuris** ⩽, ℘ 50 68 57 31, O : 1 km
1,3 ha (123 empl.) ⊶ plat et en terrasses, herbeux – 🗊 ⇄ ⵣ 🗐 ♿ ☺
15 juin-15 sept. – 🔲 3 pers. 65, pers. suppl. 16 🔌 8 (3A) 13 (6A)

⋀ **le Familial** ⩽, ℘ 50 68 69 91, SO : 1,5 km
0,5 ha (25 empl.) ⊶ plat, herbeux – 🗊 ⇄ ⇆ 🗐 ☺
mai-sept. – **R** – 🔲 3 pers. 54, pers. suppl. 10 🔌 12 (3A) 14 (5A)

⋀ **la Ferme** ⩽, ℘ 50 68 58 12, SO : 1,8 km
0,65 ha (35 empl.) ⊶ peu incliné, herbeux – 🗊 ⇄ ⇆ ☺ – 🚐
15 juin-15 sept. – **R** – 🔲 3 pers. 54, pers. suppl. 14 🔌 10 (3A)

Lathuile – 668 h. – ⊠ 74210 Lathuile

⋀⋀⋀ **La Ravoire** Ⓜ ⩽, ℘ 50 44 37 80 ⊠ 74210 Doussard, N : 2,5 km
1,6 ha (90 empl.) ⊶ plat, herbeux – 🗊 ⇄ ⇆ 🗐 ♿ ☺ ⵌ ⵌ ⵌ 🖳 – 🚐 ⵌ
mai-sept. – **R** conseillée juil.-août – ⵌ 27 piscine comprise 🔲 75 avec élect. (5A)

⋀⋀ **L'Idéal** ⵌ ⩽, ℘ 50 44 32 97, N : 1,5 km
3 ha (300 empl.) ⊶ plat et peu incliné, herbeux ⚲ – 🗊 ⇆ ♿ ☺ ⊒ ⵌ ⨼ – 🖳
– 🚐 ⵌ ⵌ
15 mai-sept. – **R̄** – Tarif 92 : 🔲 piscine comprise 2 pers. 57, pers. suppl. 16 🔌 14 (4A)

⋀⋀ **Le Polé** ⩽, ℘ 50 44 32 13, NE : 1,4 km sur D 180, à 500 m du lac (Plage)
1 ha (60 empl.) ⊶ plat, pierreux 🖵 – 🗊 ⇄ ⇆ 🗐 ☺ – 🚐 – A proximité : ⵌ ⵌ
juin-sept. – **R** conseillée – 🔲 2 pers. 50 🔌 10 (2A) 13 (4A)

⋀⋀ **Les Fontaines** ⩽, ℘ 50 44 31 22, N : 2 km, à Chaparon
2,2 ha (135 empl.) ⊶ plat, herbeux ⚲⚲ – 🗊 ⇆ 🗐 ♿ ☺ ⊒ ⵌ 🖳 – ⵌ
juin-sept. – **R̄** – Tarif 92 : ⵌ 17 piscine comprise 🔲 22 🔌 13 (3A) 18 (6A)

⋀⋀ **La Ferme,** ℘ 50 44 33 10, N : 2 km, à Chaparon
2,5 ha (180 empl.) ⊶ plat, incliné et en terrasses, herbeux ⚲ – 🗊 ⵣ ♿ ☺ ⵌ
ⵌ 🖳 🖳 – ⵌ – A proximité : ⵌ
15 mai-sept. – **R** saison – Tarif 92 : 🔲 piscine comprise 2 pers. 45, pers. suppl. 12 🔌 6 (6A) 20 (10A)

⋀ **Le Taillefer** ⩽, ℘ 50 44 30 34 ⊠ 74210 Doussard, N : 2 km, à Chaparon
1 ha (32 empl.) ⊶ peu incliné, en terrasses, herbeux – 🗊 ⇄ ⇆ 🗐 ☺ ⵌ – 🚐 ⵌ
mai-sept. – **R** – 🔲 2 pers. 55 🔌 15 (4A)

Menthon-St-Bernard – 1 517 h. – ⊠ 74290 Menthon-St-Bernard.
🅱 Syndicat d'Initiative (fermé après-midi oct.-mai) ℘ 50 60 14 30

⋀⋀ **Le Clos Don Jean** ⵌ ⩽, ℘ 50 60 18 66, sortie par rte de Veyrier-du-Lac et chemin à droite, au sud des Moulins
0,8 ha (76 empl.) ⊶ peu incliné, herbeux ⚲ – 🗊 ⵣ ☺ 🖳 – 🚐
juin-15 sept. – **R** conseillée – Tarif 92 : 🔲 3 pers. 47 🔌 9 (2A)

St-Jorioz – 4 178 h. – ⊠ 74410 St-Jorioz.
🅱 Syndicat d'Initiative (fermé matin hors saison) ℘ 50 68 61 82

⋀⋀⋀ **Europa** ⩽, ℘ 50 68 51 01, SE : 1,4 km
3 ha (210 empl.) ⊶ plat, herbeux, pierreux – 🗊 ⇆ ⵣ 🗐 ♿ ☺ ⊒ ⵌ snack
– ⵌ
juin-25 sept. – **R** – Tarif 92 : 🔲 piscine comprise 3 pers. 84 🔌 14,80 (4A)

⋀⋀⋀ **International du Lac d'Annecy** ⩽, ℘ 50 68 67 93, SE : 1 km
2,5 ha (133 empl.) ⊶ plat, herbeux, pierreux ⚲ (1,5 ha) – 🗊 ⵣ 🗐 ♿ ☺ ⊒ 🖳
– 🚐 ⵌ
20 juin-8 sept. – **R** conseillée – 🔲 piscine comprise 2 ou 3 pers. 84 🔌 15 (4A)

⋀⋀ **Le Solitaire du Lac** ⵌ ⩽, ℘ 50 68 59 30, N : 1 km, accès direct au lac
1,9 ha (182 empl.) ⊶ plat, herbeux ⚲ – 🗊 ⵣ 🗐 ☺ – 🚐 ⵌ
avril-oct. – **R** conseillée, indispensable juil.-août – 🔲 2 pers. 55, 3 pers. 68, pers. suppl. 15 🔌 16 (5A)

⋀⋀ **Le Tranquille** ⩽, ℘ 50 68 63 50, sortie SE
1 ha (80 empl.) ⊶ plat, herbeux ⚲ – 🗊 ⵣ ☺ ⊒ ⵌ 🖳 – 🚐 ⵌ – Location : 🏠
avril-sept. – **R̄** – 🔲 1 ou 2 pers. 30, pers. suppl. 8,50 🔌 7 (2A) 13 (4A) 19 (6A)

⋀⋀ **La Prairie** ⩽, ℘ 50 68 63 51, sortie NO rte d'Annecy
2 ha (150 empl.) ⊶ plat, herbeux ⚲ – 🗊 🗐 ☺ – 🚐
30 mai-15 sept. – **R** conseillée – Tarif 92 : 🔲 2 pers. 35, pers. suppl. 8,50 🔌 10 (3A) 15 (6A)

▲▲ **L'Aloua** ≤, ℰ 50 52 60 06 ⊠ 74320 Sévrier, NO : 1,5 km, à 300 m du lac –
2,3 ha (185 empl.) ●━ plat, herbeux ♀ (1 ha) – ㊑ ⚏ 🖳 ⚅ 🖩 – A proximité :
🍴 ☕
20 juin-5 sept. – **R**

▲▲ **Le Crêtoux** 🌲 ≤, ℰ 50 68 61 94, SO : 2,5 km
6 ha (80 empl.) ●━ incliné, en terrasses, herbeux ♀ (1 ha) – ㊑ ⚅ 🖩 – 🚗
15 juin-15 sept. – **R** – 🖳 *2 pers. 55, pers. suppl. 12* (ᵫ) *12 (3A) 15 (6A)*

▲ Municipal les Roseaux 🌲, ℰ 50 68 66 59, NE : 1,5 km, à 150 m du lac
0,6 ha (49 empl.) ●━ plat, herbeux, pierreux ♀♀ – ㊑ ⚏ ⚅

Sévrier – 2 980 h. – ⊠ 74320 Sévrier.
🛈 Office de Tourisme ℰ 50 52 40 56

▲▲▲ **Les Bernets et le Panoramic** ≤, ℰ 50 52 43 09, S : 3,5 km
2,5 ha (220 empl.) ●━ (saison) plat et peu incliné, herbeux ♀ (1 ha) – ㊑ ⚐ ⚏
🖳 ⚅ ⛧ ♟ snack 🖩 – 🚗 🛥 – Location : 🏠
15 mai-sept. – **R** – 🖳 *jusqu'à 3 pers. 73* (ᵫ) *14 (3A)*

▲▲ **Au Cœur du Lac** ≤, ℰ 50 52 46 45, S : 1 km, accès direct au lac
1,7 ha (100 empl.) ●━ en terrasses et peu incliné, herbeux ♀ – ㊑ ⚐ ⚏ 🖳 ⚅
🛢 🖩 – A proximité : ☕
8 avril-sept. – **R** – 🖳 *2 pers. 78* (ᵫ) *14 (5A) et 2 par ampère suppl.*

Talloires – 1 287 h. – ⊠ 74290 Talloires.
🛈 Office Municipal de Tourisme ℰ 50 60 70 64

▲▲ **Le Lanfonnet** ≤, ℰ 50 60 72 12, SE : 1,5 km
1,9 ha (170 empl.) ●━ plat, peu incliné, herbeux ♀♀ (0,5 ha) – ㊑ ⚏ ⚅ 🛢 ⛧
✗ ⛐ 🖩
mai-25 sept. – **R** – 🖳 *2 pers. 88, pers. suppl. 23* (ᵫ) *15 (3A) 18,80 (6A)*

▲▲ **Au Cœur des Prés** ≤, N : 2 km
1 ha (100 empl.) ●━ peu incliné, herbeux ♀♀ – ㊑ ⚏ 🖳 ⚅ ⚅
juin-15 sept. – **R** *conseillée 15 juil.-15 août – Tarif 92 :* 🖳 *3 pers. 47, pers. suppl.*
9,50 (ᵫ) *11 (3A)*

▲▲ **L'Horizon** ≤ lac et montagnes « Site agréable », ℰ 50 60 78 71, N : 1 km
2 ha (165 empl.) ●━ (saison) incliné, herbeux ♀ – ㊑ ⚏ 🖳 ⚅ ⚅
15 mai-sept. – **R** – 🖳 *2 pers. 55* (ᵫ) *10 (3A)*

▲ Les Balmettes ≤, ℰ 50 60 73 61, SE : 2 km, près du lac
0,8 ha (60 empl.) ●━ en terrasses, incliné, herbeux – ㊑ ⚏ ⚅

ANNONAY
07100 Ardèche – 18 525 h.
🛈 Office de Tourisme, pl. des
Cordeliers ℰ 75 33 24 51

🔟🔟 – 🟨🟨 ① G. Vallée du Rhône

▲▲ **Municipal de Vaure** ≤, ℰ 75 33 46 54, N : par sortie ④ rte de St-Étienne,
attenant à la piscine et près d'un parc
2,5 ha (78 empl.) ●━ plat et peu incliné, herbeux – ㊑ ⚐ ⚏ 🖳 ⚅ ⛧ ⚅ 🚗 ⛺
– 🚗 – A l'entrée : 🖳 – A proximité : 🍴 ⛧
Permanent – **R** *conseillée* – ⛟ *9,50* 🚗 *3* 🖳 *8,50/13,50* (ᵫ) *10A : 8,50 (hiver*
10,50)

ANNOT
04240 Alpes de H.-Pr. – 1 053 h.
alt. 700.
🛈 Syndicat d'Initiative, pl. de la
Mairie (saison) ℰ 92 83 23 03

🔟🔟 – 🟨🟨 ⑱ G. Alpes du Sud

▲ **La Ribière** ≤, ℰ 92 83 21 44, NO : 1 km par D 908 rte d'Allos, bord de la Vaïre
1 ha (60 empl.) ●━ plat, en terrasses, pierreux, herbeux – ㊑ ⚐ ⛧ ⚅ ⛐
15 fév.-15 nov. – **R** – ⛟ *10* 🖳 *11/12* (ᵫ) *10 (5A)*

ANNOVILLE
50660 Manche – 474 h.

④ – 🟨🟨 ⑫

▲▲ **Municipal les Peupliers** 🌲, ℰ 33 47 67 73, SO : 3 km par D 20 et chemin
à droite, à 500 m de la plage
2 ha (100 empl.) ●━ plat, sablonneux, herbeux – ㊑ ⚐ ⚏ 🖳 ⚅
15 juin-15 sept. – **R** *conseillée 15 juil.-16 août* – ⛟ *9,65* 🖳 *10,69* (ᵫ) *8,26 (2A)*

ANOULD
88650 Vosges – 2 960 h.

⑧ – 🟨🟨 ⑰

▲ **Les Acacias,** ℰ 29 57 11 06, sortie O par N 415 rte de Colmar et chemin à
droite
0,8 ha (50 empl.) ●━ (15 mai-sept.) plat, herbeux – ㊑ ⚏ ⚅ 🖩 – 🚗 ☕ (bassin)
Permanent – **R** – ⛟ *14* 🚗 *8* 🖳 *8* (ᵫ) *12 (3A) 18 (6A) 30 (10A)*

▶ *Sie suchen in einem bestimmten Gebiet*
   - einen besonders angenehmen Campingplatz (▲ ... ▲▲▲)
   - einen das ganze Jahr über geöffneten Platz
   - einfach einen Platz für einen mehr oder weniger langen Aufenthalt ...
In diesem Fall ist die nach Departements geordnete Ortstabelle
im Kapitel « Erläuterungen » ein praktisches Hilfsmittel.

06600 Alpes-Mar. – 70 005 h.

🛈 Maison du Tourisme, 11 pl. du Général-de-Gaulle ☎ 93 33 95 64

▵▵▵ **Le Pylone,** ☎ 93 74 94 70, Fax 93 33 30 54, N : 4,5 km par N 7, à 300 m de la plage et au bord de la Brague – ⋟
10 ha (800 empl.) ⊶ plat, herbeux ▭ ⚇ – 🔿 ⇄ 🖾 🎞 ☺ ⚘ ▽ 🍴 🗙 ⚓
– ⚓ 🖾 🛶 🛶
Permanent – *Places disponibles pour le passage* – **⋉** – *Tarif 92 :* 🚶 30 ⚗ 20
🅴 15 (20 avec élect.)

▵▵▵ **Antipolis,** ☎ 93 33 93 99, Fax 92 91 02 00, N : 5 km par N 7 et chemin à gauche, bord de la Brague – ⋟
4,5 ha (260 empl.) ⊶ plat, herbeux ▭ ⚇ – 🔿 ⇄ 🖾 🖾 🖾 ☺ ⚘ ▽ 🛶
🍴 snack ⚓ – 🖾 – 🛶 ⚘ 🛶 – Location : 🛖
Pâques-sept. – **R** *conseillée juil.-août* – 🅴 *élect. (10A) et piscine comprises 3 pers.*
130

▵▵▵ **Le Rossignol,** ☎ 93 33 56 98, N : 3 km par N 7 et av. Jules-Grec à gauche
1,3 ha (88 empl.) ⊶ plat et en terrasses, herbeux, gravier ▭ ⚇ – 🔿 ⇄ 🖾 ☺
⚘ ▽ 🖾 – 🛶 ⚘ 🛶 – Location : 🛖
28 mars-22 sept. – **R** *conseillée juil.-août* – 🅴 *piscine comprise 3 pers.* 91/99,
4 *pers.* 115/121, *pers. suppl.* 21 🛠 13 (3A) 16 (6A)

▵▵ **les Frênes,** ☎ 93 33 36 52, N : 4,9 km par N 7 et chemin à gauche
2,5 ha (110 empl.) ⊶ plat, herbeux ⚇ – 🔿 ⇄ 🖾 ☺ ⚘ ▽ 🛶 🍴 snack ⚓
🖾 – Location : 🛖 🛖

▵ **Les Treilles,** ☎ 93 74 14 31, N : 5 km par N 7, D 4 à gauche rte de Biot puis chemin des Groules
0,8 ha (40 empl.) ⊶ plat, herbeux ⚇ – 🔿
juin-2 sept. – **R** *conseillée* – 🚶 20 ⚗ 10 🅴 6 ou 10/10

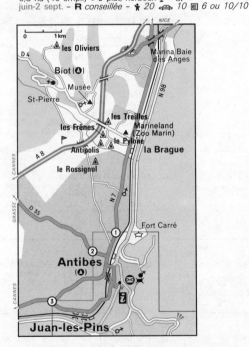

à *Biot :* NO : 8 km – ✉ 06410 Biot.
🛈 Office de Tourisme, pl. de la Chapelle ☎ 93 65 05 85

▵ **Les Oliviers,** réservé aux tentes ⋟ ⋜ « Cadre et situation agréables »,
☎ 93 65 02 79, N : 2 km, 274 chemin des Hautes-Vignasses – (rampe 20 %) –
🅿
1 ha (50 empl.) ⊶ en terrasses, pierreux, herbeux ⚇ – 🔿 ⚘ ⚓ – 🛶
🛶
juin-sept. – **R** *conseillée juil.-août* – 🅴 *2 pers.* 65

▶ *Si vous recherchez :*
un terrain agréable ou très tranquille
un terrain ouvert toute l'année
un terrain effectuant la location de caravanes,
de résidences mobiles ou de bungalows
un terrain avec tennis ou piscine
Consultez le tableau des localités citées, classées par départements.

ANTONNE-ET-TRIGONANT

24420 Dordogne – 1 050 h.

Ɱ **Au Fil de l'Eau,** ℘ 53 06 17 88, sortie NE et rte d'Escoire à droite, bord de l'Isle
1,5 ha (50 empl.) ⊶ plat, herbeux – ⌂ ⇆ ⊟ ⅋ ⊕
15 juin-15 sept. – **R** conseillée juil.-août – 🗉 2 pers. 49, pers. suppl. 14 🗓 10 (5A)

ANTRAIN

35560 I.-et-V. – 1 489 h.

Ɐ Municipal ≤, à l'ouest du centre ville, 4 rue des Pungeoirs
0,4 ha (25 empl.) incliné, herbeux – ⌂ ⇆ ⊟ ⅋ ⊕ – À proximité : ⛏
mai-sept. – **R** conseillée août

ANZÊME

23000 Creuse – 519 h.

Ɐ **Municipal de Péchadoire** ⚓ ≤ « Situation agréable », SE : 2 km par rte de Péchadoire puis 0,7 km par chemin à gauche, à 150 m de la Creuse (plan d'eau)
1 ha (30 empl.) plat et peu incliné, en terrasses, herbeux ♀ (0,2 ha) – ⌂ ⇆ ⊟
⊕ ⩲ ⛽ – ⩲ – À proximité : ⛏ ⚒ ≊ (plage)
15 avril-15 oct. – **R** – ⭢ 7 ⇐ 5 🗉 5 🗓 11

APCHON

15400 Cantal – 257 h. alt. 1 052

Ɐ **Municipal** ≤, au sud du bourg sur D 49 rte de Cheylade
0,7 ha (22 empl.) plat à incliné, herbeux – ⌂ ⇆ ⊟
juil.-sept. – **R** – ⭢ 6,50 ⇐ 4,50 🗉 4/6 🗓 11 (5 à 15A)

APREMONT

85220 Vendée – 1 152 h.

Ɱ **Les Prairies** ⚓ « Cadre agréable, entrée fleurie », ℘ 51 55 70 58, NE : 2 km, sur D 40, rte de Maché
1,5 ha (90 empl.) ⊶ plat, herbeux ♀ – ⌂ ⇆ ⊟ ⅋ ⊕ ⛏ ⛽ – ⩲ ⛷
mi mars-fin sept. – **R** conseillée – ⭢ 15,40 piscine comprise ⇐ 5 🗉 13,20
🗓 10,80 (4A) 14,10 (6A)

APT ⟨ℙ⟩

84400 Vaucluse – 11 506 h.
🛈 Office de Tourisme, av. Philippe-de-Girard ℘ 90 74 03 18

Ɱ **Les Chênes Blancs** ⚓, ℘ 90 74 09 20 ✉ 84490 St-Saturnin-d'Apt, NO : 8 km par N 100 rte d'Avignon et D 101 à droite, par Gargas
3,4 ha (190 empl.) ⊶ plat, pierreux ♀♀ – ⌂ ⚶ ⊟ ⊕ ⩲ ⛽ ⛏ ⛽ – ⛷ vélos
– Location : ⌂
15 mars-oct. – **R** conseillée juil.-août – ⭢ 16 piscine comprise 🗉 18,50 🗓 11 (3A) 16 (6A)

Ɐ **Moulin des Ramades,** ℘ 90 74 03 67 ✉ 84750 Casaneuve, E : 5 km par N 100 rte de Forcalquier et D 35 à gauche, bord du Calavon
2 ha (67 empl.) ⊶ plat, pierreux, herbeux – ⌂ ⇆ ⊟ ⊕ ⥌ snack ⭢ ⛽ –
⚒ ⩲
Permanent – **R** conseillée juil.-août – 🗉 2 pers. 50 🗓 8 (2 ou 3A) 12 (5A) 18 (10A)

Ɐ **Le Lubéron** ⚓ ≤, ℘ 90 04 85 40, Fax 90 74 12 19, SE : 2 km par D 48 rte de Saignon
3,5 ha (90 empl.) ⊶ peu incliné, terrasses, herbeux ♀ – ⌂ ⇆ ⊟ ⅋ ⊕ ⩲
– ⛷ – Location : ⌂
Pâques-oct. – **R** juil.-août – 🗉 piscine comprise 2 pers. 47, pers. suppl. 15 🗓 13 (6A) 18 (10A)

Ɐ **La Clé des Champs** (aire naturelle) ⚓ ≤, ℘ 90 74 41 41, N : 3 km, accès par rte de la Cucuronne (près de la poste) et quartier St-Michel
1 ha (25 empl.) ⊶ plat, herbeux, pierreux ♀ verger – ⌂ ⇆ ⊟ ⅋ ⊕ ⩲ ⛽
avril-sept. – **R** conseillée – ⭢ 12 ⇐ 6 🗉 10/12 🗓 8 (4A) 14 (6A)

ARAGNOUET

65170 H.-Pyr. – 336 h. alt. 1 000

Ɐ **Municipal du Pont du Moudang** ❄ ≤ « Situation agréable »,
℘ 62 39 62 84, E : 2 km par D 929 rte de St-Lary-Soulan, au confluent de deux torrents
1,5 ha (100 empl.) ⊶ plat, peu incliné et en terrasses, pierreux, herbeux et goudronné ♀♀ (0,7 ha) – ⌂ ⊟ (⇆ sauf juil.-août) ⅋ ⊞ ⊕ ⩲ ⛽ – ⛑ –
À proximité : ⚒
fermé oct. – **R** conseillée pour caravanes été, indispensable hiver – 🅁 pour tentes
– Tarif 92 : ⭢ 11 🗉 13 🗓 été : 16 (4A) hiver : 27 (moins de 6A) 47 (plus de 6A)

ARBOIS

39600 Jura – 3 900 h.
🛈 Office de Tourisme, Mairie ℘ 84 37 47 37

Ɐ **Municipal les Vignes** ≤ « Cadre agréable », ℘ 84 66 14 12, sortie E par D 107 rte de Mesnay, au stade
2,3 ha (139 empl.) ⊶ plat, peu incliné et en terrasses, herbeux, gravillons ♀ –
⌂ ⚶ ⊟ ⅋ ⊕ ⩲ ⛽ – ⛑ – À proximité : ⛷
avril-sept. – **R** conseillée – Tarif 92 : ⭢ 12 🗉 12 ou 18 🗓 12 (10A)

L'ARBRESLE

69210 Rhône – 5 199 h.

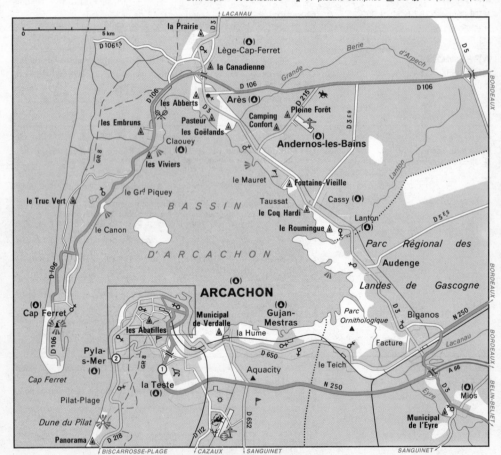

▲▲▲ **Municipal**, ℰ 74 01 11 50, O par N 7 rte de Tarare, bord de la Turdine
1 ha (95 empl.) ⊶ plat, herbeux, gravillons ⊡ ⚲ – 🍴 ⚡ 🛁 🔲 ⚙ ⚘ ▽ – ✂
Pâques-fin sept. – *Places limitées pour le passage* – 🏠 – *Tarif 92 :* ✶ 6 ⚌ 3,90
🅴 3,90 🔌 4,60 (2A) 9,40 (4A) 14 (6A)

ARCACHON (Bassin d')

33 Gironde

⬜ – 🔲 ⑲ ⑳ G. Pyrénées Aquitaine

Andernos-les-Bains – 7 176 h. – ⊠ 33510 Andernos-les-Bains.
🅱 Office de Tourisme, esplanade du Broustic ℰ 56 82 02 95

▲▲▲ **Fontaine-Vieille**, ℰ 56 82 01 67, SE : 2,5 km, au Mauret, bord du Bassin
13 ha (855 empl.) ⊶ plat, sablonneux, herbeux ⚲⚲ – 🍴 ⚡ 🛁 🔲 🛒 ⚙ 🌐 ▽ 🍴
✗ 🔥 🛁 – 🏠 ⚤ 🔲 vélos – A proximité : ✂ – Location : 🏠 🔲
15 mai-15 sept. – 🏠 – *Tarif 92 :* 🅴 *2 pers. 70 (90 avec élect. 5A), pers. suppl.*
15

▲▲▲ **Pleine Forêt**, ℰ 56 82 17 18, Fax 56 26 01 65, NE : 2,5 km par D 215
6 ha (300 empl.) ⊶ plat, sablonneux ⚲⚲ pinède ⚲ – 🍴 ⚡ 🛁 🔲 🛒 🌐 ▽
🛁 ⚡ 🔥 🛁 – 🏠 ⚤ 🔲 – A proximité : ✂ – Location : 🏠 🔲
Permanent – 🏠 *conseillée* – ✶ 15 piscine comprise ⚌ 5 🅴 35 🔌 15 (6A)

▲▲▲ **Camping Confort**, ℰ 56 82 03 27, NE : 87 av. de Bordeaux
1,5 ha (89 empl.) ⊶ plat, sablonneux ⚲⚲ – 🍴 ⚡ 🛁 🔲 🌐 ⚙ ▽ – ⚤ 🔲 – Location :
🏠
avril-sept. – 🏠 *conseillée* – ✶ 17 piscine comprise 🅴 35 🔌 15 (3A) 19 (6A)

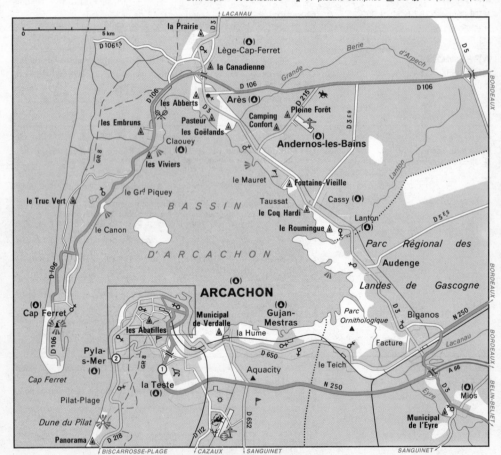

Arcachon – 11 770 h. – ⊠ 33120 Arcachon.
🅱 Office de Tourisme, pl. F.-Roosevelt ℰ 56 83 01 69 et Château Deganne

▲▲▲ **Municipal les Abatilles** « Cadre agréable », ℰ 56 83 24 15, au sud de la ville,
allée de la Galaxie
4,2 ha (480 empl.) ⊶ vallonné, sablonneux ⊡ ⚲⚲ – 🍴 ⚡ 🛁 🔲 🛒 🌐 ⚘ ▽
🔲 – 🏠 ⚤ – A proximité : 🛒

Arès – 3 911 h. – ⊠ 33740 Arès

⩘⩘ **La Canadienne** « Cadre agréable », ℘ 56 60 24 91, N : 1 km
2 ha (100 empl.) ⊶ plat, herbeux ⬭ – ⛺ ⇆ ⊟ ⛱ ⟐ ⊕ ⟿ ▨ – ⛴ ⟐
⟁ vélos
mai-sept. – **R** *conseillée juil.-août* – ▣ *piscine comprise 2 pers. 90* ⟨ⁿ⟩ *12 (4A)*

⩘⩘ **Municipal les Goëlands,** ℘ 56 82 55 64, Fax 56 60 26 30, SE : 1,7 km, près
d'étangs et à 500 m du Bassin
10 ha (350 empl.) ⊶ plat et vallonné, sablonneux ⬱⬱ – ⛺ ⇆ ⊟ ⛱ ⊕ ⟿ ⟐
⟐ ▨ – ⟐ – A proximité : ⟐ (étang) – Location : bungalows toilés
avril-sept. – **R** *conseillée juil.-août* – ▣ *2 pers. 76,80* ⟨ⁿ⟩ *11 (6A)*

⩘⩘ **Les Abberts** « Entrée fleurie », ℘ 56 60 26 80, sortie N puis r. des Abberts
à gauche
2 ha (125 empl.) ⊶ plat, sablonneux, herbeux ⬱⬱ – ⛺ ⇆ ⊟ ⊕ ❦ snack ⟿
▨ – ⟐ ⟐
15 mai-sept. – **R** *conseillée juil.-août* – ⟐ *16* ▣ *31* ⟨ⁿ⟩ *17 (6A)*

⩘ **Pasteur,** ℘ 56 60 33 33, au sud du bourg, rue du Pilote, à 300 m du bassin
1ha (50 empl.) ⊶ herbeux, sablonneux ⬱⬱ – ⛺ ⟐ ⊟ ⛱ ⊕ ⟿ ▨ – vélos –
Location : ⟐, chalets
15 avril-sept. – **R** *conseillée* – ▣ *2 pers. 68* ⟨ⁿ⟩ *14 (6A)*

Cap Ferret – ⊠ 33970 Lège-Cap-Ferret-Océan.

⛭ Office de Tourisme, 12 av. de l'Océan (saison) ℘ 56 60 63 26

⩘⩘ **Le Truc Vert** « Entrée fleurie et cadre agréable », ℘ 56 60 89 55 et
56 60 86 40, Fax 56 60 99 47, N : 7,5 km par D 106 et RF à gauche, à 300 m
de la plage
10,5 ha (480 empl.) ⊶ plat, incliné, accidenté, sablonneux ⬱⬱ pinède – ⛺ ⇆ ⊟
⊟ ⛱ ⟐ ⊕ ⟐ ❦ ✗ grill ⟿ ▨ – ⟐ discothèque ⟐ vélos – A proximité : ⟐
15 mai-sept. – **R** *conseillée juil.-août* – ⟐ *21* ▣ *51* ⟨ⁿ⟩ *19 (6A)*

Cassy – ⊠ 33138 Lanton

⩘ Le Coq Hardi, ℘ 56 82 01 80, sortie NO, bord du Bassin
8,5 ha (425 empl.) ⊶ plat, herbeux, sablonneux ⬱⬱ (3 ha) – ⛺ ⟐ ⊟ ⊕ ❦ ⟐
▨ – ⟐ ⟐ ⟁ – A proximité : ✗

Claouey – ⊠ 33950 Lège-Cap-Ferret

⩘⩘ **Les Viviers** « Agréable situation au bord des viviers, îles », ℘ 56 60 70 04,
Fax 56 60 76 14, SO : 1,5 km, près du Bassin
33 ha (1 100 empl.) ⊶ plat, sablonneux ⟐ ⬱⬱ pinède – ⛺ ⇆ ⊟ ⛱ sauna,
solarium ⛱ ⊕ ⟐ ❦ grill ⟿ ▨ – ⟐ ⟐ ⟐ – Location : ⟐ ⟐
mai-sept. – **R** *conseillée 15 juin-août* – ▣ *3 pers. 118/126*

⩘⩘ **Municipal les Embruns** ⟐ « Cadre agréable », ℘ 56 60 70 76, O : 0,7 km
18 ha (800 empl.) ⊶ (saison) plat, accidenté, incliné, sablonneux ⬱⬱ pinède –
⛺ ⇆ ⊟ ⟐ ⛱ ⊕ ▨ – ⟐ – A proximité : ⟐
Permanent – **R** *conseillée juil.-août* – ▣ *élect. (6A) comprise 2 pers. 52,20, 3 pers.*
65,90

Lanton – 3 734 h. – ⊠ 33138 Lanton

⩘⩘ **Le Roumingue,** ℘ 56 82 97 48, Fax 56 82 96 09, NO : 1 km, bord du Bassin
33 ha/10 campables (300 empl.) ⊶ plat, herbeux, sablonneux ⬱⬱ – ⛺ ⇆ ⊟
⛱ ⊕ ⟿ ⟐ ⟐ ❦ ✗ ⟿ ▨ – ⟐ ⟐ ⟐ ⟐ – Location : ⟐ ⟐ ⟐ ⟐
29 mai-18 sept. – **R** *conseillée* – ▣ *2 pers. 82, pers. suppl. 20* ⟨ⁿ⟩ *14 (4A) 21*
(6A)

Lège-Cap-Ferret – 5 564 h. – ⊠ 33950 Lège-Cap-Ferret.

⛭ Office Municipal de Tourisme, le Canon ℘ 56 60 86 43

⩘ **La Prairie,** ℘ 56 60 09 75, NE : 1 km par D 3 rte du Porge
1,5 ha (65 empl.) ⊶ plat, herbeux – (⛺ ⇆ ⟐ avril-1er nov.) ⊟ ⊕ ▨ – ⟐
Permanent – **R** *conseillée juil.-août* – ▣ *2 pers. 42* ⟨ⁿ⟩ *11 (10A)*

Pyla-sur-Mer – ⊠ 33115 Pyla-sur-Mer.

⛭ Office de Tourisme, rond-point du Figuier ℘ 56 54 02 22 et Grande Dune de Pyla
(juin-sept.) ℘ 56 22 12 85

⩘⩘ **Panorama** ⟐, ℘ 56 22 10 44, Fax 56 22 10 12, S : 7 km rte de Biscarrosse –
accès piétons à la plage par escalier abrupt et chemin
15 ha/10 campables (450 empl.) ⊶ (saison) accidenté, incliné, en terrasses, plat
et sablonneux ⬱⬱ pinède – ⛺ ⇆ ⊟ ⟐ ⛱ sauna ⛱ ⊕ ⟐ ❦ ✗ ⟿ ▨ garderie
– ⟐ ⟐ ⟐ ⟁ – A proximité : ⟐ ⟐ – Location : ⟐ ⟐ ⟐
mai-15 oct. – **R** – ⟐ *24 piscine comprise* ⟐ *24* ▣ *37/47* ⟨ⁿ⟩ *20 (3 à 10A)*

La Teste – 20 331 h. – ⊠ 33260 la Teste.

⛭ Office de Tourisme, pl. J.-Hameau et pl. Marché (juil.-août) ℘ 56 66 45 59

⩘⩘ **la Pinède** Ⓜ, ℘ 56 22 23 24, S : 9 km sur D 112, rte de Cazaux, bord du canal
(hors schéma)
5 ha (200 empl.) ⊶ plat, sablonneux, herbeux ⟐ ⟐ – ⛺ ⇆ ⊟ ⛱ ⊕ ⟐ ❦
✗ ⟿ ▨ – ⟐ ⟁ – Location : ⟐ ⟐
avril-oct. – **R** *conseillée juil.-août* – ▣ *piscine comprise 2 pers. 82, pers. suppl. 20*

Voir aussi à *Gujan-Mestras, Mios*

ARCES
17120 Char.-Mar. – 485 h.   🖪 – 🗍🗍 ⑮

🔺 **La Ferme de chez Filleux** ⌂, 🖉 46 90 84 33, NO : 3,5 km sur D 244 rte de Semussac
1,5 ha (150 empl.) ⊶ (juil.-août) peu incliné, herbeux, étang – 🗍 🗍 🗍 🗍 🗍
🗍 🗍 🗍 – 🗍 🗍 🗍 🗍 – Location : 🗍, bungalows toilés
juin-15 sept. – **R** *conseillée juil.-août* – *Tarif 92 :* 🗉 *piscine comprise 3 pers. 51, pers. suppl. 14* 🗍 *14 (5A)*

ARC-ET-SENANS
25610 Doubs – 1 277 h.   🗍🗍 – 🗍🗍 ④ G. Jura

🔺 **Bords de la Loue** ⌂, SE : 1 km, près d'un ruisseau
0,5 ha (28 empl.) plat, herbeux 🗍 – 🗍 🗍 🗍 🗍 🗍
juin-15 sept. – **R** – ☫ *12* 🗉 *15* 🗍 *10 (16A)*

ARCHIAC
17520 Char.-Mar. – 837 h.   🖪 – 🗍🗍 ⑫

🔺 **Municipal**, 🖉 46 49 10 46, près de la piscine
1 ha (48 empl.) plat, en terrasses, herbeux, pierreux 🗍 – 🗍 🗍 🗍 🗍 🗍 –
A proximité : 🗍 🗍 – **R** – ☫ *7,50* 🗍 *4* 🗉 *4,50* 🗍 *10*
15 juin-15 sept.

ARCIS-SUR-AUBE
10700 Aube – 2 855 h.   🗍 – 🗍🗍 ⑦ G. Champagne

🔺🔺 **l'Île** « Cadre agréable dans une île », 🖉 25 37 98 79, sortie N rte de Châlons-sur-Marne, bord de l'Aube
1,3 ha (80 empl.) ⊶ plat, herbeux, gravillons 🗍 🗍 – 🗍 🗍 🗍 🗍 🗍 🗍 🗍 – 🗍
15 avril-sept. – **R** *conseillée juil.-août* – *Tarif 92 :* ☫ *12,50* 🗍 *4,50* 🗉 *5,20*
🗍 *7 (5A) 8,20 (plus de 5A)*

ARCIZANS-AVANT **65** H.-Pyr. – 🗍🗍 ⑰ – rattaché à Argelès-Gazost

ARDRES
62610 P.-de-C. – 3 936 h.   🗍 – 🗍🗍 ② G. Flandres Artois Picardie

🔺🔺 **St-Louis** ⌂ « Belle décoration arbustive », 🖉 21 35 46 83, à Autingues, S : 2 km par D 224 rte de Licques et D 227 à gauche
1,5 ha (72 empl.) ⊶ 🗍 plat, herbeux 🗍 🗍 – 🗍 🗍 🗍 🗍 🗍 🗍 🗍 🗍 – 🗍 🗍
Permanent – **R** *conseillée août* – ☫ *12,50* 🗉 *13* 🗍 *9 (4A)*

ARÈS **33** Gironde – 🗍🗍 ⑲ – voir à Arcachon (Bassin d')

ARETTE
64570 Pyr.-Atl. – 1 137 h.   🗍🗍 – 🗍🗍 ⑤ ⑮ G. Pyrénées Aquitaine

🔺 **Municipal Pont de l'Aroue,** sortie NO par D 918 rte de Lanne, bord du Vert d'Arette
0,5 ha (35 empl.) plat, herbeux 🗍 🗍 – 🗍 🗍 🗍 🗍
Permanent – **R** *conseillée* – 🗉 *élect. comprise 1 à 7 pers. 25 à 53*

ARFEUILLES
03640 Allier – 843 h.   🗍🗍 – 🗍🗍 ⑥

🔺 **Municipal** ⌂, 🗍, sortie NE par rte de St-Pierre-Laval et chemin à droite
1,5 ha (66 empl.) incliné, herbeux 🗍 – 🗍 🗍 🗍 🗍
mai-1ᵉʳ oct. – **R** – ☫ *10* 🗍 *5* 🗉 *5* 🗍 *10 (jusqu'à 6A) 11 (jusqu'à 10A)*

ARGELÈS-GAZOST ⟨SP⟩
65400 H.-Pyr. – 3 229 h. –   🗍🗍 – 🗍🗍 ⑰ G. Pyrénées Aquitaine
🗍 10 mai-20 oct.
🖪 Office de Tourisme, Grande Terrasse 🖉 62 97 00 25

🔺🔺🔺 **Les Trois Vallées** Ⓜ 🗍, 🖉 62 90 35 47, sortie N
3 ha (133 empl.) ⊶ plat, herbeux – 🗍 🗍 🗍 🗍 🗍 🗍 🗍 🗍 – 🗍 🗍 🗍 🗍
🗍 toboggan aquatique 🗍 – A proximité : 🗍
vac. de printemps, 15 mai-15 oct. – **R** *conseillée* – ☫ *20 piscine comprise* 🗉
20 🗍 *10 (2A)*

🔺 **Deth Potz** ⌂, 🗍, 🖉 62 90 37 23, SE : 2 km par D 100, rte de Beaucens et à gauche rte de Boo-Silhen (D 100ᴬ)
2 ha (100 empl.) ⊶ (juil.-août) peu incliné à incliné, herbeux – 🗍 🗍 🗍 🗍
Permanent – **R** – ☫ *10,50* 🗉 *10,50* 🗍 *9 (2A) 24,50 (6A)*

🔺 **Le Bordeleau,** sortie S, bord du Gave d'Azun
0,9 ha (87 empl.) plat, herbeux 🗍 🗍 – 🗍 🗍 🗍 🗍
saison – **R** *conseillée* – *Tarif 92 :* ☫ *9,30* 🗉 *9,30* 🗍 *13,20 (3A)*

à Agos-Vidalos NE : 5 km par ① – ✉ 65400 Agos-Vidalos :

🔺🔺🔺 **La Tour** 🗍, 🖉 62 97 55 59, sur la N 21, à Vidalos
2 ha (130 empl.) ⊶ plat, herbeux 🗍 🗍 – 🗍 🗍 🗍 🗍 🗍 🗍 🗍 🗍 – 🗍 🗍 🗍
26 déc.- 15 oct. – **R** *conseillée 14 juil.-15 août* – *Tarif 92 :* ☫ *17* 🗉 *18,50*
🗍 *9,70 (2A) 24 (5A) 48 (10A)*

🔺🔺 **La Châtaigneraie** 🗍, 🖉 62 97 07 40, sur N 21, à Vidalos
1,5 ha (100 empl.) ⊶ plat, peu incliné, terrasses, herbeux – 🗍 🗍 🗍 🗍 🗍 🗍 🗍
🗍 🗍 – 🗍 🗍 – Location : 🗍, studios
Permanent – ☫ *16 piscine comprise* 🗉 *16* 🗍 *9 (2A) 22 (6A)*

🔺🔺 **Le Soleil du Pibeste** Ⓜ 🗍 🗍, 🖉 62 97 53 23, sortie sud sur la N 21
1,5 ha (90 empl.) ⊶ plat et peu incliné, en terrasses, herbeux, pierreux – 🗍 🗍
🗍 🗍 🗍 🗍 🗍 🗍 🗍 – 🗍 🗍 🗍
Permanent – **R** *conseillée* – ☫ *17 piscine comprise* 🗉 *17* 🗍 *4,75 par ampère*

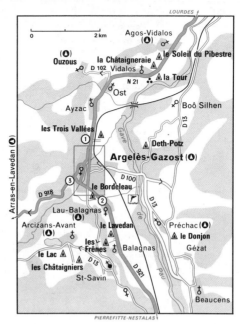

à Arcizans-Avant S : 5 km par St-Savin alt. 630
⊠ 65400 Arcizans-Avant :

Le Lac ♨ « Site agréable ≤ lac, château et montagnes », 𝒫 62 97 01 88,
sortie O, à proximité du lac
2 ha (66 empl.) ⊶ peu incliné, prairie ⚲ – 🎍 🤝 💧 🗟 ⊕ 🔫 📺 – 🛖
juin-sept. – **R** conseillée – Tarif 92 : 🛉 17 🖃 19 🔌 15 (3A)

Les Châtaigniers (aire naturelle) ♨ ≤, à 200 m au sud du bourg
1,5 ha (25 empl.) ⊶ (saison) peu incliné, terrasse, herbeux ⚲ – 🎍 🤝 💧 🗟 ⊕
– 🛖 🏀
juin-sept. – **R** conseillée – 🛉 9,70 🚗 4,50 🖃 4,50 🔌 9 (2A) 22 (6A)

à Arras-en-Lavedan SO : 3 km par ③ (hors schéma) alt. 630
⊠ 65400 Arras-en-Lavedan :

Relais de l'Aubisque ≤, 𝒫 62 97 02 11, sortie SO
1 ha (50 empl.) ⊶ incliné, herbeux ⚲⚲ – (🎍 🤝 🐾 saison) 🗟 ⊕ 🔫 📺 – 🛖
– Location : 🏠
mai-sept. – **R** – 🛉 10,50 🖃 10,50 🔌 10,50 (2 ou 3A)

Le Picourlet ≤, 𝒫 62 97 02 11, sortie SO et à droite
0,7 ha (40 empl.) ⊶ en terrasses, plat, peu incliné, herbeux – 🎍 🤝 🐾 🗟 ⊕
juil.-août – **R** – 🛉 10,50 🖃 10,50 🔌 10,50 (2 ou 3A)

à Lau-Balagnas par ② SE : 1 km – ⊠ 65400 Lau-Balagnas :

Le Lavedan ❄ ≤, 𝒫 62 97 18 84, SE : 1 km
1,6 ha (140 empl.) ⊶ plat, herbeux ⚲ (1 ha) – 🎍 🤝 💧 🐾 🗟 🍴 ⊕ 🔫 🏐 🍷
📺 – 🛖 🏀 🔫 (couverte l'hiver) – Location : 🏠
20 déc.-10 oct. – **R** conseillée juil.-août – 🖃 piscine comprise 1 à 3 pers. 75, pers.
suppl. 19 🔌 10 (2A) 20 (4A) 30 (6A)

Les Frênes ≤, 𝒫 62 97 25 12, SE : 1,2 km
3 ha (165 empl.) ⊶ plat et terrasses, herbeux ⚲ (1 ha) – 🎍 🤝 💧 🗟 🛒 🏐 ⊕
🔫 🍷 📺 – 🛖 🏀
Permanent – **R** conseillée 14 juil.-15 août – 🛉 15 🖃 17 🔌 5 par ampère (2 à 10A)

La Prairie ≤, 𝒫 62 97 11 87, SE : 1 km
1 ha (80 empl.) ⊶ plat, herbeux – 🎍 🤝 💧 🗟 🛒 ⊕
15 juin-15 sept. – **R** – 🛉 11,50 🚗 5 🖃 5,50 🔌 10 (2A) 15 (3A) 30 (6A)

à Ouzous N : 4,4 km par N 21, rte de Lourdes et D 102 à gauche
⊠ 65400 Ouzous

La Ferme du Plantier (aire naturelle) ♨ ≤, 𝒫 62 97 58 01, au nord du bourg
0,6 ha (15 empl.) ⊶ plat, peu incliné, incliné, herbeux – 🎍 🤝 💧 🐾 🗟 🛒 ⊕
juin-sept. – **R** – 🛉 10 🚗 10 🖃 10/11 🔌 10 (3A)

à Préchac SE : 3 km par D 100 et nouvelle route à droite
⊠ 65400 Préchac :

Le Donjon ≤, 𝒫 62 90 31 82, sortie SE par D 13 rte de Beaucens
0,5 ha (40 empl.) ⊶ plat, herbeux ⚲ – 🎍 🤝 💧 🗟 ⊕
fermé sept. – **R** – 🛉 10,20 🖃 10,20 🔌 10,20 (2A) 20,20 (6A)

ARGELÈS-SUR-MER

66700 Pyr.-Or. – 7 188 h.

🛈 Office de Tourisme à Argelès-Plage, pl. de l'Europe ✆ 68 81 15 85

Centre :

🏔🏔 **La Massane** « Cadre agréable », ✆ 68 81 06 85, Fax 68 81 59 18
2,7 ha (184 empl.) ⊶ plat, herbeux 🔲 ⚏⚏ (1,6 ha) – 🍴 🚿 ⚗ 🔄 🗓 & ⊘ 🔄 ▽
🔄 📺 – 🍴 📷 ⛱ 🔄 – A proximité : 🎾
15 mars-15 oct. – **R** *conseillée juil.-août* – 🔲 *piscine comprise 2 pers. 87 (103 avec élect.), pers. suppl. 16*

🏔🏔 **Pujol,** ✆ 68 81 00 25, Fax 68 81 21 21
3,3 ha (220 empl.) ⊶ plat, herbeux, sablonneux ⚏⚏ – 🔄 ⚗ 🗓 & ⊘ 🔄 snack
🔄 📺 – 🔄
juin-sept. – **R** *conseillée* – 🔲 *piscine comprise 2 pers. 85 (103 avec élect.), pers. suppl. 21*

🏔🏔 **Les Ombrages** 📎 « Entrée fleurie », ✆ 68 81 29 83, à 400 m de la plage
3,2 ha (250 empl.) ⊶ plat, herbeux 🔲 ⚏⚏ – 🔄 🔄 ⚗ 🗓 & ⊘ 🔄 🔄 – 📷 🐎
half-court
juin-sept. – **R** *conseillée* – 🔲 *2 pers. 80, pers. suppl. 18* 🔌 *17 (6A)*

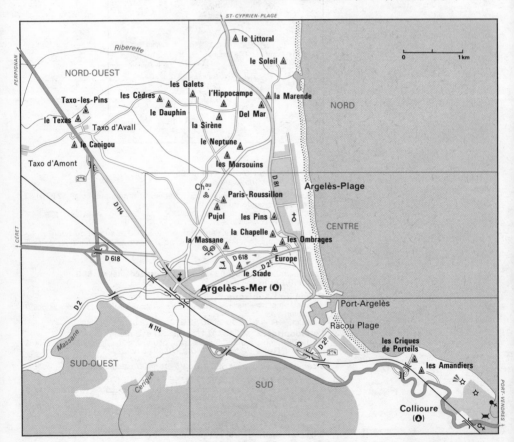

🏔🏔 **La Chapelle,** ✆ 68 81 28 14 ✉ 66702 Argelès-sur-Mer Cedex, av. du Tech, à 300 m de la plage
5 ha (350 empl.) ⊶ plat, herbeux 🔲 ⚏⚏ – 🔄 ⚗ 🍴 🗓 ⊘ 🔄 – A proximité : 🔄
28 mai-24 sept. – **R** *conseillée* – 🔲 *2 pers. 82, pers. suppl. 21* 🔌 *15 (3A) 18 (6A)*

🏔🏔 **Les Pins** 📎, ✆ 68 81 10 46 ✉ 66702 Argelès-sur-Mer Cedex, av. du Tech, à 500 m de la plage
4,5 ha (326 empl.) ⊶ plat, herbeux, sablonneux ⚏⚏ – 🔄 ⚗ 🗓 & ⊘ 🔄 – 🔄
– A proximité : 🔄
juin-sept. – **R** *conseillée* – 🍴 *24* 🔄 *8* 🔲 *32* 🔌 *17 (6A)*

🏔🏔 **Le Stade,** ✆ 68 81 04 40, rte de la plage
2,4 ha (188 empl.) ⊶ plat, herbeux ⚏⚏ – 🔄 ⚗ 🗓 ⊘ 🔄 🔄 📷 🔄 – 🔄
A proximité : 🎾 🔄 – Location : 🔄
15 avril-sept. – **R** *conseillée juil.-août* – 🔲 *2 pers. 72* 🔌 *16 (5 ou 6A) 18 (8 ou 10A)*

▲▲ **Europe,** 𝒞 68 81 08 10 ✉ 66701 Argelès-sur-Mer Cedex, à 500 m de la plage
1 ha (100 empl.) ⊶ plat, herbeux ⚏ – ⌂ ⚲ 🖪 ⊕ ⤮ ▦
avril-oct. – **R** conseillée juil.-août – 🖾 2 pers. 63 (🕯) 12,50 (3A) 15,50 (6A) 19 (10A)

▲▲ **Paris-Roussillon** ⚲, 𝒞 68 81 19 71 ✉ 66702 Argelès-sur-Mer Cedex
2,8 ha (200 empl.) ⊶ plat, herbeux ⚌ – ⌂ ⚲ 🖪 ⊕ ⤮ snack ⤚ – ▦
– ⤳ – Location : ⊨
30 avril-sept. – **R** conseillée 10 juil.-16 août – 🖾 piscine comprise 2 pers. 76, pers.
suppl. 18 (🕯) 16,50 (3A)

Nord :

▲▲▲ **La Sirène** « Cadre agréable », 𝒞 68 81 04 61, Fax 68 81 69 74 ✉ 66702
Argelès-sur-Mer Cedex
16 ha (666 empl.) ⊶ plat, herbeux ⊡ ⚏ (9 ha) – ⌂ ⤙ ⤚ 🖪 🖸 ⊕ ⤮ ⚞ ⤝ ⟙ ❢ ✗ ⤚ ⤮
▦ – ⤳ discothèque ✗⸓ ⸗ ⤚ ⤳ tir à l'arc, piste de bi-cross – Location : ⊞ ⊠
3 avril-25 sept. – **R** conseillée, indispensable juil.-août – 🖾 piscine et tennis
compris 1 à 3 pers. 180, pers. suppl. 37 (🕯) 20 (6A)

▲▲▲ **Le Soleil** « Cadre agréable », 𝒞 68 81 14 48, Fax 68 81 44 34 ✉ 66702 Argelès-sur-Mer Cedex, bord de la plage et de la Riberette – ✗✗
15 ha (750 empl.) ⊶ plat, herbeux, sablonneux ⊡ ⚏ – ⌂ ⚲ 🖪 ⊕ ⤮ ❢ ✗
⤚ ▦ – ✗✗ ⸓ ⤳ – Garage pour caravanes à proximité
15 mai-sept. – **R** conseillée – ⚘ 35 piscine comprise 🖾 55 (🕯) 15 (10A)

▲▲▲ **Les Marsouins,** 𝒞 68 81 14 81, Fax 68 95 93 58 ✉ 66702 Argelès-sur-Mer
Cedex
10 ha (587 empl.) ⊶ plat, herbeux ⚏ – ⌂ ⚲ 🖪 🖸 ⊕ ⤞ snack ⤚ ▦ – ⤳
⤲ vélos – A proximité : ⸓ ⤝ – Location : ⊞
vac. de printemps-sept. – **R** conseillée 5 juil.-20 août – 🖾 2 pers. 83, pers. suppl.
19,80 (🕯) 15,50 (3A)

▲▲▲ **Les Galets** ⚲, 𝒞 68 81 08 12, Fax 68 81 68 76
3,4 ha (161 empl.) ⊶ plat, herbeux ⊡ ⚏ (1 ha) – ⌂ ⚲ 🖪 ⊕ ⤮ ✗ ⤚ ▦
– ⤳ ⤲ ⤳ – A proximité : poneys, toboggan aquatique ⸓ tir à l'arc – Location :
⊞ ⊠, chalets
mars-1er nov. – **R** conseillée juil.-août – 🖾 piscine comprise 2 pers. 98, pers. suppl.
23 (🕯) 19 (6A)

▲▲▲ **L'Hippocampe** « Cadre agréable », 𝒞 68 81 10 10
1,7 ha (140 empl.) ⊶ plat, herbeux ⊡ ⚌ – ⌂ ⚲ 🖪 ⚲ 🖸 ⊕ ⤮ ❢ ⤚ ▦ – ⤲
15 mai-15 sept. – **R** conseillée – 🖾 piscine comprise 2 pers. 81, pers. suppl 20
(🕯) 18 (4A)

▲▲▲ **Le Neptune,** 𝒞 68 81 02 98 ✉ 66702 Argelès-sur-Mer Cedex
3 ha (180 empl.) ⊶ plat, herbeux ⚌ (1,5 ha) – ⌂ ⚲ 🖪 ⊕ ⤞ snack ⤚ ▦ –
⤲ toboggan aquatique – A proximité : ⸓ ⤝
Pâques-sept. – **R** conseillée, indispensable juil.-août – Tarif 92 : 🖾 2 pers. 92, pers.
suppl. 26 (🕯) 20 (6A)

▲▲▲ **Del Mar,** 𝒞 68 81 10 38, Fax 68 81 63 85 ✉ 66701 Argelès-sur-Mer Cedex,
à 500 m de la plage
4,5 ha (273 empl.) ⊶ plat, herbeux, sablonneux ⊡ ⚏ – ⌂ ⤙ ⤚ 🖪 🖸 ⊕ ⤮
❢ snack ⤚ ▦ – ⤳ – Location : ⊞, bungalows toilés
15 mai-sept. – **R** conseillée juil.-août – 🖾 piscine et tennis compris 3 pers.
147, pers. suppl. 34 (🕯) 18 (3A)

▲▲ **La Marende,** 𝒞 68 81 12 09, à 400 m de la plage
2,7 ha (177 empl.) ⊶ plat, herbeux ⊡ ⚏ – ⌂ ⤙ ⤚ 🖪 🖸 ⊕ ✗ ⤚ ▦ – ⤲
– A proximité : ✗✗ ⸓
15 juin-15 sept. – **R** conseillée – ⚘ 20 🖾 40

▲▲ **Le Littoral,** 𝒞 68 81 17 74
4,5 ha (274 empl.) ⊶ plat, herbeux ⚏ – ⌂ ⚲ 🖪 🖸 ⊕ ⤮ ⤚ ▦ – ⤝ ⤲
– Location : ⊞
juin-20 sept. – **R** conseillée juil.-août – 🖾 2 pers. 75 (🕯) 18 (2 à 3A)

Nord-Ouest :

▲▲▲ **Le Dauphin** ⚲ « Entrée fleurie », 𝒞 68 81 17 54 ✉ 66701 Argelès-sur-Mer
Cedex
5,5 ha (300 empl.) ⊶ plat, herbeux ⊡ ⚏ – ⌂ ⤙ ⤚ 🖪 – 93 empl. avec sanitaires
individuels (⌂ ⤙ ⤚ wc) ⚲ 🖪 ⊕ ❢ ✗ ⤚ ▦ – ⤝ ✗ ⤲ ⤳ half-court, tir
à l'arc – A proximité : ⸓ – Location : ⊞
25 mai-sept. – **R** conseillée juil.-août – 🖾 piscine comprise 2 pers. 115 (supplément pour sanitaires individuels 45), pers. suppl. 25 (🕯) 20 (5A)

▲▲▲ **Taxo-les-Pins** ⚲, 𝒞 68 81 06 05, Fax 68 81 06 40 ✉ 66702 Argelès-sur-Mer
Cedex, à Taxo d'Avall
6 ha (300 empl.) ⊶ plat, herbeux ⊡ ⚏ – ⌂ ⚲ 🖪 ⚲ 🖸 ⊕ ⤞ ⤮ ✗ ⤚
▦ – ✗ ⤲ ⤳ vélos – Location : ⊞
15 fév.-15 nov. – Places disponibles pour le passage – **R** conseillée – ⚘ 25 piscine
comprise 🖾 35/55 avec élect. (3A)

▲▲ **Les Cèdres** ⚲, 𝒞 68 81 03 82
3 ha (170 empl.) ⊶ plat, herbeux ⚏ – ⌂ ⚲ 🖪 ⚲ ⊕ ▦
juin-sept. – **R** conseillée juil.-août – 🖾 2 pers. 70, pers. suppl. 18 (🕯) 15 (3A)

▲▲ **Le Canigou,** 𝒞 68 81 02 55 ✉ 66701 Argelès-sur-Mer Cedex, à Taxo d'Amont
1,2 ha (110 empl.) plat, herbeux ⚏ – ⌂ ⚲ 🖪 ⊕ ▦ – ⤳ – Location : ⊞
avril-sept. – **R** conseillée – 🖾 piscine comprise 2 pers. 68, pers. suppl. 18 (🕯) 15
(3A) 20 (10A)

▲▲ **Le Texas** « Cadre boisé », 𝒞 68 81 00 17 ✉ 66702 Argelès-sur-Mer Cedex,
à Taxo d'Avall
2,5 ha (180 empl.) ⊶ plat, herbeux ⊡ ⚏ – ⌂ ⊕ – ⤳ ⤲
15 juin-15 sept. – **R** conseillée août – 🖾 piscine comprise 2 pers. 63, pers. suppl.
18,90 (🕯) 14,70 (3A) 21 (6A)

Sud :

⛰ **Les Criques de Porteils** « Situation dominante ≤ mer et Argelès »,
 ℱ 68 81 12 73, SE : 5 km
5 ha (230 empl.) ⊶ en terrasses et peu incliné, pierreux ⚬ - 🔥 ⚄ 🖼 ⚅ ⚘ ⚙ 🏊
✗ cases réfrigérées ⚖ 🖼 - 🛖 ⚡ ⚖
Pâques-sept. - **R** *juil.-15 août* - 🛒 *2 pers. 75, pers. suppl. 24* 🗲 *15 (6 à 10A)*

Voir aussi à *Collioure*

ARGENTAN ⟨ᔆ⟩

61200 Orne – 16 413 h.
🅸 Office de Tourisme, pl. du Marché
ℱ 33 67 12 48

🗒 – 🗒 ③ G. Normandie Cotentin

⛰ Municipal du Parc de la Noë « Situation agréable près d'un parc et d'un plan
d'eau », ℱ 33 36 05 69, au sud de la ville, r. de la Noë, à proximité de l'Orne
0,3 ha (25 empl.) ⊶ plat, herbeux ⌁ ⚬ - 🔥 ⚄ 🖾 🖼 ⚅ ⚘ - 🛖 - A proximité :
✗ ⚖ 🖾 🏊

ARGENTAT

19400 Corrèze – 3 189 h.
🅸 Office de Tourisme, av. Pasteur
(15 juin-15 sept.) et Mairie (hors
saison) ℱ 55 28 16 05

🗒 – 🗒 ⑩ G. Berry Limousin

⛰ **Le Gibanel** ⚲ ≤ « Situation agréable près d'un château (XVIᵉ) et au bord
de la Dordogne » ℱ 55 28 10 11, Fax 55 28 81 62, NE : 4,5 km par D 18 rte
d'Egletons puis chemin à droite
60 ha/6 campables (250 empl.) ⊶ plat et en terrasses, herbeux ⚬⚬ - 🔥 ⚄ 🖾
⚅ 🖼 ⚅ ⚘ ⚙ ⚖ ⚘ ✗ ⚖ 🖼 - 🛖 ⚡ ⚖ - Location : ⚚ ⚚ 🛏
juin-15 sept. - **R** *conseillée juil.-15 août – Tarif 92* : ⚘ *22* ⚗ *9* 🗲 *13* 🗲 *14 (6A)*

⛰ **Saulou** ⚲ ≤ « Cadre agréable », ℱ 55 28 12 33, Fax 55 28 80 67 ⌧ 19400
Monceaux-sur-Dordogne, sortie S rte d'Aurillac puis 6 km par D 116 à droite,
à Vergnolles, bord de la Dordogne
5,5 ha (150 empl.) ⊶ plat, herbeux, sablonneux ⌁ ⚬⚬ (2,5 ha) - 🔥 ⚄ 🖾 ⚄
🖾 ⚅ ⚘ ⚖ ⚘ ✗ ⚖ 🖼 - 🛖 ⚡ ⚖ vélos
15 avril-20 sept. - **R** *conseillée* - ⚘ *20 piscine comprise* 🖼 *30* 🗲 *10 (2A) 15
(6A)*

⛰ **Le Vaurette** ≤, ℱ 55 28 09 67, Fax 55 28 81 14 ⌧ 19400 Monceaux-sur-
Dordogne, SO : 9 km par D 12 rte de Beaulieu, bord de la Dordogne
3,5 ha (120 empl.) ⊶ plat et peu incliné, herbeux ⚬⚬ (1 ha) - 🔥 ⚄ 🖾 🖼 ⚅
⚘ ⚖ ⚘ ✗ 🖼 - 🛖 - ⚗ ⚖ ⚖
mai-sept. - **R** *conseillée juil.-août* - ⚘ *20 piscine comprise* 🖼 *20* 🗲 *12 (6A)*

⛰ **Municipal le Longour**, ℱ 55 28 13 84, N : 1 km par D 18 rte d'Egletons, près
de la Dordogne
1,8 ha (92 empl.) ⊶ plat, herbeux ⚬⚬ (1 ha) - 🔥 ⚄ 🖾 🖼 ⚅ ⚘ - A proximité :
🏊
juin-15 sept. - **R** - ⚘ *12* 🖼 *12* 🗲 *12 (6A)*

⛰ **L'Echo du Malpas**, ℱ 55 28 10 92, SO : 2,1 km par D 12 rte de Beaulieu,
bord de la Dordogne
5 ha 100 (empl.) ⊶ plat, herbeux ⚬⚬ (3 ha) - 🔥 ⚄ 🖾 ⚄ 🖾 ⚅ ⚘ ⚗ ⚘ 🖼 - ⚖ ⚖ ⚖
⚖ - Location : ⚚
25 avril-10 oct. - **R** *conseillée 10 juil.-10 août* - ⚘ *16 piscine comprise* 🖼 *20*
🗲 *12 (6A)*

⛰ **Le Vieux Port** (aire naturelle) ⚲, ℱ 55 28 19 55 ⌧ 19400 Monceaux-sur-
Dordogne, SO : 4 km par D 12 rte de Beaulieu puis D 12ᴱ rte de Vergnolles
et chemin, bord de la Dordogne
1 ha (25 empl.) ⊶ plat et terrasse, herbeux ⚬ (0,5 ha) - 🔥 ⚄ ⚄ ⚘ - ⚖
juil.-août - **R** - ⚘ *8,50* ⚗ *5* 🖼 *5* 🗲 *9 (5A)*

ARGENTIÈRE

74 H.-Savoie – alt. 1 253 – ⚑
⌧ 74400 Chamonix-Mont-Blanc

🗒 – 🗒 ⑨ G. Alpes du Nord

⛰ **Le Glacier d'Argentière** ≤, ℱ 50 54 17 36, S : 1 km par rte de Chamonix,
aux Chosalets, à 200 m de l'Arve
1 ha (70 empl.) ⊶ incliné, herbeux - 🔥 ⚄ ⚄ ⚘ - 🛖
8 juin-25 sept. - **R** - ⚘ *18* ⚗ *7* 🖼 *8/11* 🗲 *10 (2A) 13 (3A) 16 (4A)*

L'ARGENTIÈRE-LA-BESSÉ

05120 H.-Alpes – 2 191 h. alt. 970

🗒 – 🗒 ⑱ G. Alpes du Sud

⛰ **Municipal les Ecrins** ≤, ℱ 92 23 03 38, S : 2,3 km par N 94 rte de Gap,
près de la Durance et d'un petit plan d'eau
1 ha (60 empl.) ⊶ non clos, plat, herbeux, pierreux - 🔥 ⚄ ⚄ ⚅ ⚘ ⚗ - 🛖
- A proximité : ⚖
vac. scolaires, juin-sept. - **R** *conseillée* - ⚘ *16* 🖼 *15* 🗲 *11 (10A)*

ARGENTON-CHÂTEAU

79150 Deux-Sèvres – 1 078 h.
🅸 Syndicat d'Initiative, r. Porte
Virèche (mi juin-mi sept.)
ℱ 49 65 96 66

🗒 – 🗒 ⑦ G. Poitou Vendée Charentes

⛰ **Municipal du lac d'Hautibus** ≤, ℱ 49 65 95 08, au NO du bourg, rue de
la Sablière, à 150 m du Ouère (accès direct)
0,7 ha (60 empl.) peu incliné à incliné, herbeux - 🔥 ⚄ ⚘ - ⚖ - A proximité :
✗ ⚖ 🖾 🏊
15 juin-15 sept. - **R** - ⚘ *9* 🖼 *7* 🗲 *7 (3A) 9 (6A)*

ARGENTON-L'ÉGLISE

79290 Deux-Sèvres – 1 491 h.

🗒 – 🗒 ①

⛰ **Municipal les Planches**, N : 0,6 km rte du Grand-Sault, bord de l'Argenton
0,5 ha (30 empl.) plat, herbeux - 🔥 ⚄ ⚘ - A proximité : ✗
15 mai-sept. - **R** *15 juil.-août* - ⚘ *5,20* ⚗ *2,60* 🖼 *2,60* 🗲 *5,20*

ARGENTON-SUR-CREUSE
⑩ – ⑥⑧ ⑰ ⑱ G. Berry Limousin

36200 Indre – 5 193 h.
🛈 Office de Tourisme, pl. de la
République ☎ 54 24 05 30

⚠ **Les Chambons,** ☎ 54 24 15 26, sortie NO par D 927 rte du Blanc et à gauche,
37 rue des Chambons, à St-Marcel, bord de la Creuse
1,5 ha (75 empl.) ⊶ plat, herbeux ⚉ – 🗑 🖐 🗲 & ⊕
15 mai-15 sept. – **R** conseillée juil.-août – 🚶 13 🚗 7,50 🖾 7,50 🔌 12,50 (5A)

ARLANC
⑪ – ⑦⑥ ⑥ G. Auvergne

63220 P.-de-D. – 2 085 h.

⚠⚠ **Municipal le Metz,** ☎ 73 95 15 62, O : 1 km sur D 999A rte de St-Germain-
l'Herm, bord de la Dolore, plan d'eau et plage à 100 m
1,5 ha (65 empl.) plat, herbeux, pierreux ⚉ – 🗑 🖐 🗲 & ⊕ – A proximité :
🍴 🍽 🚣 🚏 – Location : huttes
juin-15 sept. – **R** – 🚶 9 🚗 5 🖾 7 🔌 8 (5A)

ARLES ◁➂▷
⑯ – ⑧⑬ ⑩ G. Provence

13200 B.-du-R. – 52 058 h.
🛈 Office de Tourisme, esplanade des
Lices ☎ 90 96 29 35 et à la Gare
SNCF ☎ 90 49 36 90

⚠ **Les Rosiers,** ☎ 90 96 02 12, E : 2 km par N 453 rte de Raphèle-les-Arles, à
Pont de Crau – interdit aux caravanes de plus de 5,50 m
3 ha (150 empl.) ⊶ plat, herbeux ⚉ – 🗑 🖐 ⊕ – 🍴 🚣
15 mars-oct. – **R** conseillée juil.-août – 🚶 15 piscine comprise 🚗 5 🖾 13
🔌 12 (2A) 14 (4A) 16 (6A)

O : 14 km par N 572 rte de St-Gilles et D 37 à gauche
✉ 13200 Arles :

⚠⚠ **Crin Blanc,** ☎ 66 87 48 78, au SO de Saliers
4,5 ha (183 empl.) ⊶ plat, herbeux – 🗑 🖐 🗲 & ⊕ 🍴 🚏 🍽 🚣 – 🍽 🚣
vélos, half-court – Location : 🏠
avril-sept. – **R** conseillée – 🖾 élect. (10A) et piscine comprises 2 pers. 105

ARLES-SUR-TECH
⑮ – ⑧⑥ ⑱ G. Pyrénées Roussillon

66150 Pyr.-Or. – 2 837 h.
🛈 Syndicat d'Initiative, r. Barjau
☎ 68 39 11 99

⚠⚠ **Le Vallespir-La Rive** ◁, ☎ 68 39 05 03, Fax 68 39 87 13, NE : 2 km rte
d'Amélie-les-Bains-Palalda, bord du Tech
4 ha (240 empl.) ⊶ plat et peu incliné, herbeux ▭ ⚉⚉ (2,5 ha) – 🗑 🖎 🖐 &
⊕ 🚣 🚏 🍴 🍽 🚣 🍽 🚣 – Location : 🚐 🏠
avril-oct. – **R** conseillée – Tarif 92 : 🚶 19,50 piscine comprise 🖾 21,50 🔌 12,50
(4A) 14 (6A) 15,50 (8A)

ARNAC
⑩ – ⑦⑥ ①

15150 Cantal – 203 h.

⚠⚠⚠ **Municipal de la Gineste** 🦆 ◁ « Site agréable », ☎ 71 62 91 90, NO : 3 km
par D 61 rte de Pleaux puis 1,2 km par chemin à droite, à la Gineste, bord du
lac d'Enchanet
3 ha (94 empl.) ⊶ en terrasses, herbeux ▭ – 🗑 🖐 🗲 & ⊕ 🚣 🚏 🍴 🍽 🖾
– 🚐 🚣 🚏 – Location : 🏠
Permanent – **R** conseillée – 🖾 élect. et piscine comprises 2 pers. 65, 4 pers.
110, pers. suppl. 25

ARNAY-LE-DUC
⑪ – ⑥⑤ ⑱ G. Bourgogne

21230 Côte-d'Or – 2 040 h.

⚠⚠ Municipal de Fouché 🦆 ◁, ☎ 80 90 02 23, E : 0,7 km par D 17C, rte de
Longecourt
5 ha (190 empl.) ⊶ plat, peu incliné, herbeux ▭ – 🗑 🖐 🗲 & ⊕ 🚣 🚏 🚣
🖾 – 🚐 🚣 – A proximité : 🍽 🚏 (plage)

ARPAJON-SUR-CÈRE
⑩ – ⑦⑥ ⑫

15130 Cantal – 5 296 h. alt. 600

⚠⚠⚠ **Municipal de la Cère,** ☎ 71 64 55 07, au sud de la ville, accès sur D 920,
face à la station Esso, bord de la rivière
2 ha (106 empl.) ⊶ plat, herbeux ▭ – 🗑 🖐 🗲 & ⊕ – 🚐 – A proximité : 🍽
juin-sept. – **R** conseillée – Tarif 92 : 🚶 8,50 🚗 4,70 🖾 6,30/7,90 🔌 11 (6A)
15 (10A)

ARPHEUILLES
⑩ – ⑥⑧ ⑦

36700 Indre – 273 h.

⚠ Municipal (aire naturelle) 🦆, au bourg, derrière l'église, bord d'un étang et du
Rideau
0,6 ha (8 empl.) peu incliné, herbeux – 🗑 🖐 ⊕ – Location : gîte d'étape
Pâques-Toussaint – **R** conseillée juil.-août – Gratuit

ARQUES
⑮ – ⑧⑥ ⑦ G. Pyrénées Roussillon

11190 Aude – 210 h.

⚠ **Le Village du Lac** 🦆 ◁, ☎ 68 69 88 30, Fax 68 69 85 49, sortie E par D 613
rte de Narbonne et 0,8 km par chemin à droite, à 150 m d'un plan d'eau
0,6 ha (30 empl.) ⊶ peu incliné, herbeux, pierreux – 🗑 🗲 & ⊕ 🖾 – A proximité :
🍴 snack 🚣 🚐 🚏
15 avril-sept. – **R** conseillée – 🖾 3 pers. 85, pers. suppl. 19 🔌 14 (4A)

ARQUES
1 – 51 ③ G. Flandres Artois Picardie

62510 P.-de-C. – 9 014 h.

▲▲ **Municipal,** ℰ 21 88 53 66, N : 2,2 km par N 42 rte de Cassel et D 210 à
gauche, rte de Clairmarais, bord d'étangs
10 ha/1,7 campable (150 empl.) ⊶ plat, herbeux ⊏⊐ – 🛱 ⏦ 🖸 🗟 & 🏢 ⊕ –
🛁
avril-sept. – **R** – 🛉 12 🔳 20 🔞 15 (6A)

ARRADON
3 – 63 ③

56610 Morbihan – 4 317 h.

▲▲▲ **Penboch** ⬥, ℰ 97 44 71 29, Fax 97 44 79 10, SE : 2 km par rte de Roguedas,
à 200 m de la plage
3,5 ha (175 empl.) ⊶ (saison) plat, herbeux ⊏⊐ – 🛱 ⏦ 🖸 🗟 & ⊕ 🏧 🛱 ⩩ 🍹
🖲 – 🛖 🏊 🏊 – Location : �
18 avril-25 sept. – **R** conseillée juil.-août – 🛉 19 piscine comprise 🔳 56 🔞 14
(6A) 16 (10A)

▲▲ **L'Allée** ⬥ « Verger », ℰ 97 44 01 98, O : 1,5 km par rte du Moustoir et à
gauche
2 ha (100 empl.) ⊶ plat et peu incliné, herbeux ⊏⊐ ⬥ – 🛱 ⏦ 🖸 🗟 & ⊕ 🖲
– 🏊
Pâques-15 oct. – **R** conseillée 15 juil.-15 août – Tarif 92 : 🛉 13 🔳 20 🔞 9 (3A)
12 (6A) 15 (10A)

ARRAS-EN-LAVEDAN 65 H.-Pyr. – 85 ⑰ – rattaché à Argelès-Gazost

ARREAU
14 – 85 ⑲ G. Pyrénées Aquitaine

65240 H.-Pyr. – 853 h. alt. 704

▲▲ **Municipal** ⬳, ℰ 62 98 65 56, au SO de la localité, bord de la Neste d' Aure
1,9 ha (60 empl.) ⊶ plat et peu incliné, en terrasses, herbeux, pierreux – 🛱 ⏦
🖸 🏢 ⊕ 🍹 – À proximité : 🍴 🏊
Permanent – **R** conseillée juil.-août – 🛉 15 🔳 17 🔞 12 (2A) 18 (4A) 27 (6A)

ARRENS-MARSOUS
13 – 85 ⑰ G. Pyrénées Aquitaine

65400 H.-Pyr. – 721 h. alt. 878.
🛈 Office de Tourisme ℰ 62 97 02 63

▲▲▲ **La Hèche** ⬥ ⬳ « Situation agréable », ℰ 62 97 02 64, E : 0,8 km par D 918
rte d'Argelès-Gazost, bord du Gave d'Arrens
5 ha (166 empl.) ⊶ plat, herbeux 🟤🟤 (1 ha) – 🛱 & 🏢 ⊕ 🖲 – 🛁 🏊 –
À proximité : 🏊 🍴 🌲 toboggan aquatique
Permanent – **R** – 🛉 10 🔳 10 🔞 10 (3A) 20 (6A)

▲ **Le Moulian** ⬥ ⬳, ℰ 62 97 41 18, à Marsous, à 500 m au SE du bourg, bord
du Gave d'Azun
1,2 ha (75 empl.) ⊶ plat, herbeux – 🛱 🏔 🖸 & ⊕ 🖲 – 🛁
19 juin-12 sept. – **R** conseillée 15 juil.-15 août – 🛉 11,80 🔳 12,80 🔞 11,50
(3A) 23 (6A)

▲ **Municipal le Tech** ⬥ ⬳ lac et montagnes « Site agréable », SO : 7 km par
D 105 rte d'Aste, à 50 m du lac du Tech et bord d'un torrent – alt. 1 230 –
Croisement peu facile pour caravanes
1,2 ha (33 empl.) ⊶ accidenté et en terrasses, pierreux, herbeux – 🛱 ⏦
juil.-août – Tarif 92 : 🛉 12 🚐 4 🔳 11

▲ **Le Gerrit** (aire naturelle) ⬥ ⬳, ℰ 62 97 25 85, à l'est du bourg
1,1 ha (25 empl.) ⊶ plat, peu incliné, herbeux ⬥ – 🛱 🏔 🖸 ⊕ – 🏊
15 juin-15 sept. – **R** conseillée 25 juil.-20 août – 🛉 9 🔳 10 🔞 9 (2A)

ARRIGNY
7 – 61 ⑧ ⑨ G. Champagne

51290 Marne – 284 h.

▲▲ **La Forêt** ⬥, ℰ 26 72 63 17, S : 2,7 km par D 13 rte de Montier-en-Der et à
gauche rte de la presqu'île de Larzicourt, à 250 m du lac du Der-Chantecoq
4 ha (100 empl.) ⊶ en terrasses, herbeux, gravier 🟤🟤 – 🛱 🖸 ⊕ 🖲 – 🏊 –
À proximité : 🏊
mai-sept. – **R** conseillée juil.-août – 🛉 11 🔳 11 🔞 12 (4A)

ARROU
5 – 60 ⑯

28290 E.-et-L. – 1 777 h.

▲▲ **Municipal,** sortie O par D 111 rte du Gault-Perche, près de l'Yerre et d'un
plan d'eau (accès direct)
1,4 ha (75 empl.) ⊶ plat, peu incliné, herbeux – 🛱 🖸 & 🏢 ⊕ 🏧 ⩩ – 🍴 🏊
avril-oct. – **R** – 🛉 4,60 🔳 6,50 🔞 7,80 (6A)

ARS-EN-RÉ 17 Char.-Mar. – 71 ⑫ – voir à Ré (Ile de)

ARS-SUR-FORMANS
12 – 74 ① G. Vallée du Rhône

01480 Ain – 851 h.

▲▲ **Municipal le Bois de la Dame** ⬥, ℰ 74 00 77 23, O : 0,4 km, près d'un
étang – Interdit aux caravanes 2 essieux
1 ha (104 empl.) ⊶ peu incliné et terrasse, herbeux, pierreux – 🛱 ⏦ 🖸 🗟 &
⊕ – 🍴 🏊
mai-sept. – **R** conseillée juil.-août – 🔳 2 pers. 40 🔞 7 (6A)

100

ARTHEZ-DE-BÉARN
64370 Pyr.-Atl. – 1 640 h.

🏔 **Municipal du Lac** ⚫, 🕿 59 67 76 56, S : 2,5 km par D 31 rte de Lacq et chemin à gauche, bord d'un étang
0,6 ha (50 empl.) plat et terrasse, herbeux 🔸🔹 – 🗂 ♨ 🚿 ⊕ 🅿 – A proximité : 🛖 🏊
15 juin-oct. – **R** – 🛪 10 🚗 7,50 🅴 8,50/11 🔌 11 (10A)

13 – 85 ⑥

ARTIGAT
09130 Ariège – 416 h.

🏔 **Municipal les Eychecadous** ⚫, 🕿 61 68 98 24, NE : 0,5 km par D 9 rte de Toulouse et chemin à droite, bord de la Lèze
0,4 ha (39 empl.) ⚬━ (saison) plat, herbeux – 🗂 🕭 ⊕ 🌣 ▽ – 🏊 – A proximité : 🏊
15 juin-sept. – **R** juil.-août – 🛪 13 🅴 11/12 🔌 14

14 – 86 ④

ARTIGNOSC-SUR-VERDON
83630 Var – 201 h.

🏔 **L'Avelanède** ⚫, 🕿 94 80 71 57, SE : 3 km, à l'intersection de la D 471 et de la D 71
8 ha (40 empl.) ⚬━ plat et peu incliné, terrasses, pierreux, herbeux – 🗂 ♨ 🖃 ⊕ – 🚗🍴 🏊
juin-15 sept. – **R** conseillée 14 juil.-15 août – 🛪 21 piscine comprise 🅴 25 🔌 15 (6A)

🏔 **Municipal l'Eouvière Verte** ⚫, 🕿 94 80 71 06, Fax 94 80 77 62, N : 3 km par D 411 rte de St-Laurent-du-Verdon et chemin à droite, à 500 m du Verdon
30 ha/12 campables (199 empl.) ⚬━ peu incliné et accidenté, pierreux, herbeux 🔸🔹 chênaie – 🗂 ♨ 🖃 ⊕ ▦ – 🚗 – A proximité : snack 🛒 🏊
Permanent – **R** conseillée août – 🛪 11 🅴 11 🔌 9

17 – 84 ⑤

ARVERT
17530 Char.-Mar. – 2 734 h.

    Schéma aux Mathes

🏔 **Municipal du Bois Vollet,** 🕿 46 36 81 76, au nord du bourg, à 150 m de la D 14
0,8 ha (33 empl.) ⚬━ plat, herbeux, sablonneux 🔸🔹 – 🗂 ♨ 🚿 🖃 ⊕ – A proximité : 🏊
5 juin-19 sept. – **R** – Tarif 92 : 🅴 3 pers. 34 🔌 12,50 (6A)

🏔 **Le Petit Pont,** 🕿 46 36 07 20, NO : 2,5 km sur D 14
0,6 ha (33 empl.) ⚬━ plat, herbeux, pierreux – 🗂 🏊 ⊕ – Garage pour caravanes et bateaux
Pâques-sept. – **R** conseillée – 🅴 3 pers. 48 🔌 12 (4A) 16 (6 ou 10A)

9 – 71 ⑭

ARZANO
29130 Finistère – 1 224 h.

🏔 **Ty-Nadan** ⚫ « Cadre et site agréables », 🕿 98 71 75 47, Fax 98 71 77 31 ✉ 29310 Locunolé, O : 3 km par rte de Locunolé, bord de l'Ellé
7 ha/3 campables (200 empl.) ⚬━ plat et peu incliné, herbeux 🔲 🔸 – 🗂 ♨ 🚿 🖃, sauna 🕭 ⊕ 🌣 ▽ ⚑ 🍴 ✕ crêperie 🍴 ▦ garderie – 🛖 discothèque ✕ 🏊 🏊 – Location : 🚐, gîte d'étape
10 avril-11 sept. – **R** conseillée juil.-août – 🛪 25 piscine comprise 🅴 49 🔌 13 (6A)

3 – 58 ⑰

ARZON
56640 Morbihan – 1 754 h.

    Schéma à Sarzeau

🏔 Municipal du Tindio ⚫, 🕿 97 53 75 59, NE : 0,8 km, à Kerners, bord de mer
5 ha (220 empl.) ⚬━ plat et peu incliné, herbeux – 🗂 🚿 🏊 🖃 🕭 ⊕ ▦

3 – 63 ⑫ G. Bretagne

ASCAIN
64310 Pyr.-Atl. – 2 653 h.
🅱 Syndicat d'Initiative (saison)
🕿 59 54 00 84

🏔 **Zélaïa** « Cadre agréable », 🕿 59 54 02 36, O : 2,5 km sur D 4 rte d'Ibardin
2,4 ha (170 empl.) ⚬━ plat, herbeux 🔸🔹 – 🗂 🚿 🖃 ⊕ 🌣 ▦ 🚗 – 🛖 🏊
15 juin-15 sept. – **R** conseillée juil.-août – 🅴 piscine comprise 2 pers. 66 🔌 13 (4A)

🏔 **La Nivelle,** 🕿 59 54 01 94, NE : 1,7 km par D 918 rte de St-Pée, bord de la Nivelle
3 ha (133 empl.) ⚬━ plat, herbeux 🔸🔹 – 🗂 🏊 🖃 ⊕ 🌣 🚗 – ▦ – 🛖 – A proximité : 🍴 ✕ ✕ – Location : 🚐
15 juin-15 sept. – **R** conseillée août – 🛪 12,40 🅴 21 🔌 12,35 (3 à 15A)

🏔 **Les Truites** ⚫ ⚫, 🕿 59 54 01 19, NO : 2 km par la vieille route de Ciboure et à droite, bord de la Nivelle
1,2 ha (110 empl.) ⚬━ plat, herbeux 🔸🔹 – 🗂 🏊 🖃 ⊕ – 🛖
15 juin-sept. – **R** conseillée – 🛪 17 🅴 26 🔌 13,50 (6A)

13 – 78 ⑪ ⑱ G. Pyrénées Aquitaine

ASPERJOC
07600 Ardèche – 370 h.

🏔 **Vernadel** ⚫ ⚫ montagnes « Belle situation dominante », 🕿 75 37 55 13 – alt. 500 – accès par pente assez forte, croisement difficile pour caravanes
4 ha/2 campables (22 empl.) ⚬━ en terrasses, peu incliné, herbeux, pierreux 🔲 – 🗂 🍴 snack – 🏊 – Location : 🚐
Pâques-sept. – **R** – 🅴 piscine comprise 2 pers. 72

16 – 76 ⑲ G. Vallée du Rhône

ASPET

31160 H.-Gar. – 986 h.

    Municipal le Cagire, ℘ 61 88 51 55, sortie S par rte du col de Portet-d'Aspet, bord du Ger
1,5 ha (42 empl.) ⌒ (saison) plat et incliné, herbeux ⚥ – 🛖 ⤴ ≈ ⊕ – 🏠 – A proximité : ✗ 🔱
avril-sept. – **R** *conseillée juil.-août* – ✲ 8 🔲 9 🗲 8 (6A)

ASSÉRAC

44410 Loire-Atl. – 1 239 h.

    La Baie ⚲ ≼, ℘ 40 01 71 16, O : 6 km rte de la pointe de Pen-Bé, à Keravélo, à proximité de la mer
2 ha (68 empl.) ⌒ plat, herbeux – 🛖 ⤴ ⊕ – 🏠 – Location : ⛺
vac. de printemps, week-ends de mai et 15 juin-15 sept. – **R** *conseillée juil.-août*
– ✲ 11 ⇔ 7,50 🔲 14 🗲 12,50 (5A)

    Le Traverno ⚲, ℘ 40 01 73 35, sortie O par D 82 puis chemin à droite
2 ha (100 empl.) ⌒ plat et peu incliné, herbeux – (🛖 ⤴ juil.-août) ⊕
juil.-sept. – **R** – ✲ 12,50 ⇔ 4,50 🔲 7,80 🗲 10,50 (3A) 14,30 (5A)

ATTICHY

60350 Oise – 1 651 h.

    Municipal « Entrée fleurie », ℘ 44 42 15 97, au SE du bourg, près de la piscine, r. de la Fontaine Aubier, bord d'un étang et près de l'Aisne
1,5 ha (60 empl.) ⌒ plat, herbeux ⛵ – 🛖 ⤴ ⛲ 🚿 ⊕ ⚒ ⊽ – 🍴 – A proximité :
✗ 🔱
Permanent – *Places limitées pour le passage* – **R** *conseillée* – *Tarif 92 :* ✲ 7 🔲
10 🗲 5A : 8 (hors-saison 15) 10A : 20

ATTIGNY

08130 Ardennes – 1 216 h.

    Municipal le Vallage, ℘ 24 71 23 06, sortie N rte de Charleville-Mézières et rue à gauche après le pont sur l'Aisne, près d'un étang
1,2 ha (100 empl.) ⌒ plat, herbeux ⚥ – 🛖 ≈ ⊕ – ✗
Pâques-sept. – **R** – *Tarif 92 :* ✲ 5,70 ⇔ 3,40 🔲 3,40 🗲 11 (10A)

▶ *Demandez à votre libraire le catalogue des* **publications Michelin.**

ATUR 24 Dordogne – 75 ⑤ – rattaché à Périgueux

AUBAZINE

19190 Corrèze – 788 h.

    Centre Touristique du Coiroux, ℘ 55 27 21 96, Fax 55 27 29 33, E : 5 km par D 48 rte du Chastang, près d'un plan d'eau
165 ha/5 campables (143 empl.) ⌒ peu incliné, herbeux ⛵ ⚥⚥ (1 ha) – 🛖 ⤴
⤴ 🍴 ⚒ ⊕ 🞫 ⚒ – 🏠 🚣 – A proximité : tir à l'arc, golf (1,2 km) 🍴 ✗
✗ ⛵ (plage) 🐎
avril-oct. – **R** *conseillée* – *Tarif 92 :* 🔲 2 pers. 43/46 (60 ou 66 avec élect.), pers.
suppl. 12

AUBENAS

07200 Ardèche – 11 105 h.
🚩 Office de Tourisme, 4 bd Gambetta
℘ 75 35 24 87

    La Chareyrasse ⚲, ℘ 75 35 14 59, SE : 3,5 km par rte à partir de la gare, à St-Pierre-sous-Aubenas, bord de l'Ardèche
2,3 ha (100 empl.) ⌒ plat, herbeux, pierreux ⚥⚥ – 🛖 ≈ ⛲ ⊕ 🞫 🍴 – 🏠 🚣
🔱 – A proximité : ✗
30 avril-sept. – **R** *conseillée juil.-août* – 🔲 *piscine comprise 2 pers.* 68 🗲 13 (10A)

    Municipal les Pins ⚲ « Situation et cadre agréables », ℘ 75 35 18 15, NO : 2,5 km sur D 235 rte de Lazuel
4,5 ha (200 empl.) ⌒ accidenté et en terrasses, pierreux ⚟ – 🛖 ⤴ ⤴ ⊕ 🞫
⊽ 🞫 – 🔱

    à St-Privat NE : 4 km par N 104 rte de Privas – ✉ 07200 St-Privat :

    Le Plan d'Eau ⚲, ℘ 75 35 44 98, SE : 2 km par D 259 rte de Lussas, bord de l'Ardèche
1 ha (100 empl.) ⌒ (juil.-août) plat, pierreux, herbeux ⚥ – 🛖 ⤴ ≈ ⛲ ⚒ ⊕ 🞫
🍴 🔲 – 🔱 🚣 – Location : ⛺
juin-15 sept. – **R** *conseillée 15 juil.-13 août* – 🔲 *piscine comprise 2 pers.* 59
🗲 14 (4A)

AUBENCHEUL-AU-BAC

59265 Nord – 516 h.

    Municipal Les Colombes, ℘ 27 89 25 90, sortie S par N 43 rte de Cambrai puis 0,5 km par D 71 à gauche, bord d'un étang et près du canal de la Sensée
2,5 ha (101 empl.) ⌒ plat, herbeux ⛵ – 🛖 ≈ ⚒ ⊕

AUBIGNAN

84810 Vaucluse – 3 347 h.

    Intercommunal du Brégoux ≼ « Cadre agréable », ℘ 90 62 62 50, SE : 0,8 km par D 55 rte de Caromb et chemin à droite
3,5 ha (197 empl.) ⌒ plat, herbeux ⚥ – 🛖 ⤴ ⊕ 🞫 🞫 – ✗ 🚣
15 mars-oct. – **R** *conseillée* – *Tarif 92 :* ✲ 11,50 🔲 9,50 🗲 9,20 (7A)

AUBIN
12110 Aveyron – 4 846 h.

🔺 **Municipal le Gua,** *ℰ* 65 63 03 86, sortie E rte de Cransac et chemin à droite, attenant à la piscine et à 100 m d'un étang
0,3 ha (18 empl.) plat, gravillons 🖵 ⚡ - 🗐 🔚 🚻 🗑 ⊛ – A proximité : ✖ ⚓
15 avril-15 sept. – **R** – *Tarif 92 :* ⚡ *6,30* 🚗 *3,60* 🅔 *3,90* 🕯 *6,70 (5A) 17 (10A)*

🔲 15 – 80 ① G. Gorges du Tarn

AUBURE
68150 H.-Rhin – 372 h. alt. 800

🔺 **Municipal la Ménère** 🔉 ⬿, *ℰ* 89 73 92 99, au bourg, près de la poste –
Accès conseillé par sortie S rte de Ribeauvillé et chemin à droite
0,9 ha (60 empl.) en terrasses, herbeux, sablonneux – 🗐 🔚 🚻 ⊛
juin-sept. – ⚡ *6,50* 🚗 *6* 🅔 *4/6,50* 🕯 *16 (15A)*

🔲 8 – 62 ⑱ G. Alsace Lorraine

AUBUSSON ⬟
23200 Creuse – 5 097 h.
🔳 Syndicat d'Initiative, r. Vieille
ℰ 55 66 32 12

🔺 **Municipal,** *ℰ* 55 66 18 00, S : 1,5 km sur D 982 rte de Felletin, bord de la Creuse
3 ha (95 empl.) ⊶ plat, herbeux ⚡⚡ (0,5 ha) – 🗐 🔚 🏊 🗑 ⊛ – tir à l'arc
vac. de printemps, Pentecôte-sept. – **R** *juil.-août* – *Tarif 92 :* ⚡ *6,10* 🚗 *6,10*
🅔 *6,10* 🕯 *7,70 (10A)*

🔲 10 – 73 ① G. Berry Limousin

AUCH 🅿
32000 Gers – 23 136 h.
🔳 Office de Tourisme, pl. de la Cathédrale *ℰ* 62 05 22 89

🔺 **Municipal de l'Ile Saint-Martin,** *ℰ* 62 05 00 22, sortie S par N 21 rte de Tarbes, au Parc des Expositions, dans une île du Gers
1,5 ha (48 empl.) ⊶ plat, herbeux, gravier 🖵 ⚡⚡ – 🗐 🔚 🚻 🗑 🍴 🏪 🔘 ⊛ ⚡ 🗑
– 🏊 – A proximité : ✖ 🔳 ⚓
Permanent – **R** – ⚡ *11,85* 🅔 *7,20* 🕯 *7,30 (5A) 20,60 (6 à 10A)*

🔲 14 – 82 ⑤ G. Pyrénées Aquitaine

AUDINGHEN
62179 P.-de-C. – 503 h.

🔺 **Municipal du Musée** 🔉, *ℰ* 21 32 97 22, SO : 1,3 km par D 940 et rte à droite, près du musée de la 2ᵉ guerre mondiale
2,7 ha (157 empl.) ⊶ plat, herbeux 🖵 – 🗐 🔚 🚻 🗑 🚹 ⊛ – 🗄
15 mars-15 oct. – ⚡ *10,80* 🅔 *12* 🕯 *7,60 (2A) 15,20 (4A) 22,80 (6A)*

🔲 1 – 51 ①

AUDRESSELLES
62164 P.-de-C. – 587 h.

🔺 **Municipal les Ajoncs,** *ℰ* 21 32 97 40, sortie SE par D 940 rte de Boulogne-sur-Mer et à gauche, à 300 m de la plage
2,5 ha (179 empl.) ⊶ plat, herbeux, sablonneux – 🗐 🔚 🚻 🗑 🚹 ⊛
avril-oct. – **R** – ⚡ *12,40* 🚗 *5* 🅔 *14,30* 🕯 *11,25 (4A)*

🔲 1 – 51 ①

AUDRUICQ
62370 P.-de-C. – 4 586 h.

🔺 **Municipal les Pyramides,** *ℰ* 21 35 59 17, N : bord d'un canal
2 ha (90 empl.) ⊶ plat, herbeux – 🗐 🔚 🚻 🗑 🚹 ⚡ 🗑 🗄 – 🗄 ⚓
avril-sept. – **R** *conseillée* – 🅔 *2 pers. 32, pers. suppl. 9* 🕯 *10 (6A)*

🔲 1 – 51 ③

AUGIREIN
09800 Ariège – 73 h.

🔺 **Bellongue** 🔉 ⬿ « Cadre agréable », *ℰ* 61 96 82 66, au bourg, bord de la Bouigane
0,3 ha (22 empl.) ⊶ (saison) plat, herbeux – 🗐 🔚 🚻 🚹 ⊛ 🔘 – 🗄 –
A proximité : snack 🍸
avril-oct. – **R** *conseillée juil.-août* – ⚡ *15* 🅔 *15/20* 🕯 *10 (3A) 20 (6A) 30 (9A)*

🔲 14 – 86 ②

AULT
80460 Somme – 2 054 h.

🔺 Municipal la Cavée Verte 🔉, *ℰ* 22 60 48 77, S : 1 km rte d'Eu, à 400 m du D 940
2 ha (100 empl.) ⊶ incliné et en terrasses, herbeux 🖵 – (🗐 🔚 🏊 saison) 🗑 ⊛ – 🗄

🔲 1 – 52 ⑤ G. Flandres Artois Picardie

AULUS-LES-BAINS
09140 Ariège – 210 h. alt. 762.
🔳 Syndicat d'Initiative, résidence de l'Ars *ℰ* 61 96 01 79

🔺 **Le Coulédous** Ⓜ ❄ ⬿, *ℰ* 61 96 02 26, sortie NO par D 32 rte de St-Girons, près du Garbet
1,9 ha (72 empl.) ⊶ plat, herbeux, pierreux, gravillons, étang ⚡ – 🗐 🔚 🚻 🏊
🗑 🚹 🍴 ⊛ ⚡ 🗑 🗄 🔘 – 🗄 ⚓ – A proximité : tir à l'arc, parcours sportif
✖ 🍴 – Location : gîtes, chalets
Permanent – **R** *conseillée juil.-août* – *adhésion obligatoire pour séjour supérieur à 4 jours* – ⚡ *14* 🅔 *15* 🕯 *9 (3A) 18 (6A) 28 (10A)*

🔲 14 – 86 ③ ④ G. Pyrénées Aquitaine

AUMALE
76390 S.-Mar. – 2 690 h.

🔺 **Municipal le Grand Mail** ⬿, par centre ville
0,4 ha (60 empl.) plat, herbeux – 🗐 🗑 ⊛
Pâques-sept. – ⚡ *6* 🚗 *3,50* 🅔 *3,50* 🕯 *8,50 (6A)*

🔲 1 – 52 ⑯ G. Normandie Vallée de la Seine

AUNAC

16460 Charente – 292 h.

▲ **Municipal** (aire naturelle) ⏵ « Situation agréable au bord de la Charente »,
à 1 km au SE du bourg
1,2 ha (25 empl.) plat, herbeux ♀ (0,5 ha) – 🏠 ⏚ 🚽 ⊕ ⏚ – ⚓
15 juin-15 sept. – **R** – **⚡** 6 ⊕ 4,50 🗉 4,50/6 🔌 8

AUNAY-SUR-ODON

14260 Calvados – 2 878 h.
🛈 Office de Tourisme, pl. de l'Hôtel-de-Ville ✆ 31 77 60 32

▲ **Municipal la Closerie,** NE : 0,7 km par D 8 rte de Caen, près du terrain de sports
0,8 ha (59 empl.) peu incliné, herbeux – 🏠 ⏚ ⊕ ⏚ – ✂ – A proximité : parcours sportif
15 juin-15 sept. – **R** – **⚡** 8 ⊕ 4 🗉 8

AUPS

83630 Var – 1 796 h.
🛈 Office de Tourisme, pl. F.-Mistral ✆ 94 70 00 80

⛰ **International Camping** ⏵, ✆ 94 70 06 80, Fax 94 70 10 51, O : 0,5 km par D 60 rte de Fox-Amphoux
4 ha (150 empl.) ⚡ plat, pierreux, herbeux ♀ (2 ha) – 🏠 ⏚ 🚽 ⊕ – discothèque
✂ ⏚ – Location : 🚐
avril-sept. – **R** conseillée juil.-août – **⚡** 17,50 piscine comprise 🗉 12,50 🔌 11

⛰ **St-Lazare,** ✆ 94 70 12 86, NO : 1,5 km sur D 9 rte de Régusse
2 ha (56 empl.) ⚡ plat, peu incliné, pierreux, herbeux 🔲 – 🏠 ⏚ 🔥 🗉 ♿ –
♀ – 🚗 ⏚ – Location : 🚐
avril-sept. – **R** conseillée juil.-août – **⚡** 15 piscine comprise 🗉 11 🔌 12 (10A)

⛰ **Les Prés** ⏵ ≤, ✆ 94 70 00 93, sortie SE rte de Tourtour et chemin à droite
– Croisement difficile
1,2 ha (90 empl.) ⚡ plat, herbeux ♀♀ – 🏠 ⏚ 🔥 🗉 ▥ ⊕ snack ⏚ 🗉 –
A proximité : ✂ ⏚
Permanent – Places disponibles pour le passage – **R** conseillée juil.-août – **⚡**
13,50 🗉 17 🔌 12 (4A) 17 (6A)

AUREC-SUR-LOIRE

43110 H.-Loire – 4 510 h.
🛈 Syndicat d'Initiative, r. du Monument (20 juin-15 sept.) ✆ 77 35 42 65

⛰ **Port-Buisson** ≤, ✆ 77 35 24 65, SO : 1,5 km par D 46 rte de Bas-en-Basset,
à 100 m de la Loire (accès direct)
3,5 ha (168 empl.) ⚡ en terrasses, peu incliné et plat, herbeux 🔲 – 🏠 ⏚ 🚽
🗉 ♿ ⊕ ✂ ▽ 🗉 – ⚓ – A proximité : ♀ ≋
mai-sept. – **R** conseillée juil.-août – 🗉 2 pers. 45, pers. suppl. 13 🔌 15 (6A)

AUREILHAN

40200 Landes – 562 h.

⛰ **Eurolac** « Cadre agréable », ✆ 58 09 02 87, Fax 58 09 41 89, sortie N, près du
lac – ✂ juil.-août
13 ha (525 empl.) ⚡ plat, herbeux, sablonneux 🔲 ♀♀ – 🏠 ⏚ 🚽 🔥 🗉 ♿ 🚇
⊕ ⏚ ▽ ♀ 🗉 ✂ 🗉 – 🚐 garderie ✂ ⏚ ⚓ ≋ ⏚ 🐴 parcours sportif
– Location : 🚐 🏠, studios, chalets
3 avril-6 nov. – **R** conseillée juil.-août – 🗉 piscine comprise 2 pers. 103 (120
avec élect. 6A)/130 avec élect. 6A

⛰ **Municipal,** ✆ 58 09 10 88, NE : 1 km, près du lac
6 ha (440 empl.) ⚡ plat, herbeux, sablonneux ♀♀ – 🏠 ⏚ 🚽 🔥 ♿ ⊕ 🚇 🗉
🗉 – 🚗 ⚓ ≋ – A proximité : ⏚ ✂
juin-sept. – **R** conseillée – 🗉 2 pers. 36 🔌 12 (6A)

⛰ **La Route des Lacs** ⏵, ✆ 58 09 01 42, E : 1,5 km par rte de St-Paul-en-Born
et chemin à gauche
3,5 ha (100 empl.) ⚡ plat, herbeux ♀ (annexe ♀♀) – 🏠 ⏚ 🚽 🗉 ⊕ 🚇 🗉 –
Location : 🚐
Permanent – **R** conseillée 20 juil.-15 août – **⚡** 13 ⊕ 4 🗉 11 🔌 11

AUREL

26340 Drôme – 204 h.

▲ **Municipal la Colombe** ⏵ ≤ « Site agréable », ✆ 75 21 74 51, à 500 m au
nord du bourg, bord d'un torrent
0,6 ha (50 empl.) non clos, en terrasses, pierreux ♀ – 🏠 ⏚ 🚽 ⊕ – ⏚ –
A proximité : ✂
avril-oct. – **R** conseillée – Tarif 92 : **⚡** 10 ⊕ 3,50 🗉 3,50 🔌 9,50 (3A)

AURIAC

19220 Corrèze – 250 h. alt. 605

⛰ **Municipal** ⏵ ≤ « Site agréable, entrée fleurie », ✆ 55 28 25 97, sortie SE par
D 65 rte de St-Privat, près d'un plan d'eau et d'un parc boisé
1,7 ha (85 empl.) ⚡ peu incliné, plat, herbeux 🔲 ♀ (1 ha) – 🏠 ⏚ 🚽 ⊕ 🗉 –
✂ ⏚ ⚓ ≋ (plage)
15 juin-15 sept. – **R** – Tarif 92 : **⚡** 8,50 ⊕ 3 🗉 3,50 🔌 6,50 (6A)

AURIGNAC

31420 H.-Gar. – 983 h.
🛈 Syndicat d'Initiative, pl. de la Mairie (juil.-août) ✆ 61 98 70 06

⛰ **Anacaur,** ✆ 61 98 70 08, sortie SE par D 635 rte de Boussens et à droite, près
du stade
0,9 ha (48 empl.) ⚡ (juil.-août) peu incliné et plat, herbeux 🔲 – 🏠 ⏚ 🚽 ⊕ –
🚐 – A proximité : ✂ ⏚ ≋
juin-sept. – **R** – 🗉 élect. (3A) et piscine comprises 1 pers. 20 🔌 12 (16A)

AURILLAC ▣

15000 Cantal – 30 773 h. alt. 631.
🅱 Office de Tourisme, pl. du Square
✆ 71 48 46 58

🔺🔺🔺 **Municipal l'Ombrade** « Décoration florale », ✆ 71 48 28 87, N : 1 km par D 17 et chemin du Gué-Bouliaga à droite, de part et d'autre de la Jordanne
5 ha (200 empl.) ⊶ plat et en terrasses, herbeux 🖵 ⚲ – 🗐 ⇄ 🛁 🔳 ⊕ 🛋 ᵂ
🖾 – 🛒 – A proximité : 🕴
mai-sept. – **R** – 🛉 *7,60* 🚗 *5,50* 🄴 *5,50* 🄖 *7 (6A)*

AURON

06 Alpes-Mar. – alt. 1 608 – 🐿
✉ 06660 St-Étienne-de-Tinée.
🅱 Office de Tourisme, Immeuble de la Ruade ✆ 93 23 02 66

🔺🔺🔺 **Caravaneige la Ferme** ❄, réservé aux caravanes 🐾 ≤, ✆ 93 23 01 68, sortie O par D 39 rte de Nabinas
1 ha (60 empl.) ⊶ plat et peu incliné, pierreux, herbeux – 🗐 ⇄ 🛁 🔳 🔳 ⊕ ᵂ
🖾 – 🛒
Permanent – *Places limitées pour le passage* – **R** *conseillée juil.-août et hiver –*
Tarif 92 : 🄴 *2 pers. 76, 3 pers. 86, 4 pers. 92, pers. suppl. 14* 🄖 *8 (2A) 15 (3A)*
28 (6A)

AUSSOIS

73500 Savoie – 530 h. alt. 1 489 –
🐿.
🅱 Office de Tourisme ✆ 79 20 30 80

🔺🔺🔺 **Municipal la Buidonnière** Ⓜ ❄ 🐾 ≤ Parc de la Vanoise « Site agréable », ✆ 79 20 35 58, sortie S rte d'Avrieux et à gauche
4 ha (190 empl.) ⊶ en terrasses et peu incliné, herbeux 🖵 – 🗐 ⇄
🛁 🔳 🛂 🔳 🔳 ⊕ 🖾 – 🛒 🕱 🛋 ᵃ🚣 – A proximité : tir à l'arc, parcours sportif
Permanent – **R** *conseillée – Tarif 92 :* 🄴 *1 pers. 21 (hiver 22)* 🄖 *8,70 (2A) 21,80*
(6A) 31 (10A)

AUTRANS

38880 Isère – 1 406 h. alt. 1 050 –
🐿.
🅱 Office de Tourisme, route de Méaudre ✆ 76 95 30 70

🔺🔺🔺 **Au Joyeux Réveil** ❄ ≤, ✆ 76 95 33 44, sortie NE par rte de Montaud et à droite
1,5 ha (100 empl.) ⊶ (saison) plat, herbeux – 🗐 ⇄ 🛁 🛂 🔳 🔳 ⊕ – 🛒 🛋
– Location : chalets
Permanent – **R** *conseillée –* 🄴 *piscine comprise 2 pers. 52* 🄖 *11,50 à 48 (2 à 10A)*

🔺🔺🔺 **Caravaneige du Vercors** ❄ ≤, ✆ 76 95 31 88, S : 0,6 km par D 106c rte de Méaudre
1 ha (90 empl.) ⊶ en terrasses, herbeux, pierreux – 🗐 ⇄ 🛁 🔳 🛂 🔳 ⊕ 🖾 –
🛒 – A proximité : 🕴
Permanent – **R** *conseillée été, indispensable hiver –* 🄴 *2 pers. 50 (hiver 55), pers.
suppl. 14 (hiver 16)* 🄖 *2 à 10A : 12 à 26 (hiver 16 à 55)*

AUTREY-LE-VAY

70110 H.-Saône – 69 h.

🔺 **Municipal**, à l'Est du bourg, près du D 9, bord de l'Ognon
0,8 ha (20 empl.) plat, herbeux – 🗐 🛋 ⊕
15 avril-15 oct. – **R** – *Tarif 92 :* 🛉 *6* 🚗 *5* 🄴 *12* 🄖 *10 (5A)*

AUTRY

08250 Ardennes – 133 h.

🔺 **Municipal le Paquis**, sortie S par D 21, bord de l'Aisne
0,5 ha (30 empl.) plat, herbeux – 🗐 ⇄ 🛁 ⊕
15 avril-sept. – **R** – 🛉 *5,40* 🚗 *3,20* 🄴 *3,20* 🄖 *9,70 (16A)*

AUTUN ◁🐷▷

71400 S.-et-L. – 17 906 h.
🅱 Office de Tourisme, 3 av. Charles-de-Gaulle ✆ 85 52 20 34 et pl.
Terreau (juin-sept.) ✆ 85 52 56 03

🔺🔺🔺 **Municipal du Pont d'Arroux**, ✆ 85 52 10 82, sortie N par D 980 rte de Saulieu, faubourg d'Arroux, bord du Ternin
2,8 ha (104 empl.) ⊶ plat, herbeux 🖵 ⚲ – 🗐 🛁 🛂 🔳 ⊕ 🍽 snack 🛋 – 🛒 ᵃ🚣
🔳
Rameaux-oct. – **R** *conseillée juil.-août* – 🛉 *10,50* 🚗 *6* 🄴 *10* 🄖 *11 (2A)*

AUXERRE ▣

89000 Yonne – 38 819 h.
🅱 Office de Tourisme, 1 et 2 quai de la République ✆ 86 52 06 19

🔺🔺🔺 **Municipal**, ✆ 86 52 11 15, au SE de la ville, près du stade, 8 rte de Vaux, à 150 m de l'Yonne – Interdit aux caravanes de plus 5 m.
4,5 ha (220 empl.) ⊶ plat, herbeux ⚲⚲ – 🗐 ⇄ 🛁 🛂 🔳 🛂 🔳 ⊕ 🛋 ᵂ 🛒 🔳 –
🛒 ᵃ🚣 – A proximité : 🕴 🔳 🛋
avril-sept. – **R** – 🛉 *11* 🚗 *6,50* 🄴 *5,50* 🄖 *10 (3 à 6A)*

AUXI-LE-CHÂTEAU

62390 P.-de-C. – 3 051 h.

🔺 **Municipal des Peupliers**, ✆ 21 41 10 79, sortie SO vers Abbeville et 0,6 km par rte à droite, au stade, bord de l'Authie
1,6 ha (82 empl.) ⊶ plat, herbeux 🖵 – 🗐 ⇄ 🛁 🔳 🛂 ⊕ – ᵃ🚣 – A proximité :
🕱
avril-sept. – **R** *conseillée* – 🛉 *10,40* 🚗 *5,70* 🄴 *10,40* 🄖 *9,10 (3A) 13,70 (6A)*

AVAILLES-LIMOUZINE
10 – 72 ⑤

86460 Vienne – 1 324 h.

⚠ **Municipal le Parc** ⚲ « Cadre et situation agréables au bord de la Vienne »,
ℰ 49 48 51 22, sortie E par D 34, à gauche après le pont
2,7 ha (100 empl.) ⚋ (saison) plat, herbeux ⚲⚲ – 🛖 ⚙ 🔄 ⚙ ⊛ 🛁 – A l'entrée :
🔥 🏓 🎿 – A proximité : 🎯
mai-15 sept. – **R** *conseillée* – 🏃 *8,60* 🚐 *3,20* 🅴 *3,70* 🔌 *6,90 (6A)*

Les AVENIÈRES
12 – 74 ⑭

38630 Isère – 3 933 h.

⚠⚠ **Municipal les Épinettes,** ℰ 74 33 92 92, à 0,8 km du centre bourg par D 40
rte de St-Genix-sur-Guiers puis à gauche
2,2 ha (84 empl.) ⚋ plat et peu incliné, herbeux, gravier ⊟ ⚲ – 🛖 ⚙ 🔄 🔲 🕎
⊛ 🛁 ⚐ – 🔲 🍴 – A proximité : 🔻
avril-oct. – **R** *conseillée* – 🏃 *9,50* 🚐 *4,50* 🅴 *8* 🔌 *11 (3A)*

AVESNES-SUR-HELPE ◁SP▷
2 – 53 ⑥ G. Flandres Artois Picardie

59440 Nord – 5 108 h.

🚲 Syndicat d'Initiative, 41 pl. du
Général Leclerc ℰ 27 57 92 40

⚠ **Municipal le Champ de Mars,** ℰ 27 57 99 04, à Avesnelles, r. Léo
Lagrange
1 ha (40 empl.) ⚋ peu incliné, herbeux ⊟ – 🛖 ⚙ 🔄 ⚙ 🔲 – A proximité : 🎯
🔥
avril-oct. – **R** *Tarif 92 :* 🏃 *8* 🚐 *6,50* 🅴 *7,50* 🔌 *6,50 (6A)*

AVIGNON P
16 – 81 ⑪ ⑫ G. Provence

84000 Vaucluse – 86 939 h.

🚲 Office de Tourisme et Accueil de
France, 41 cours Jean-Jaurès
ℰ 90 82 65 11 et au Châtelet, Pont
d'Avignon ℰ 90 85 60 16

⚠⚠ **Municipal du Pont St-Bénézet** ← Palais des Papes et le pont,
ℰ 90 82 63 50, sortie NO rte de Villeneuve-lès-Avignon, par le pont Edouard-
Daladier et à droite, dans l'île de la Barthelasse
8 ha (300 empl.) ⚋ plat, herbeux ⚲ – 🛖 ⚙ 🔄 🔲 🕎 ⚙ ⊛ 🛁 🍴 snack 🍴 – 🔲
🎯
mars-oct. – **R** *juil.-8 août* – 🏃 *17* 🅴 *13/20* 🔌 *14 (6A)*

⚠⚠ **Bagatelle** ←, ℰ 90 86 30 39, Fax 90 27 16 23, sortie NO rte de Villeneuve-
lès-Avignon par le pont Édouard Daladier et à droite, dans l'île de la
Barthelasse, près du Rhône
4 ha (360 empl.) ⚋ plat, herbeux ⊟ ⚲⚲ – 🛖 ⚙ 🔄 🔲 🕎 ⚙ ⊛ 🛁 🍴 self 🍴
🔲 – 🔲 – A proximité : 🔻 – Location : 🚐
Permanent – **R** *conseillée juil.-août* – *Tarif 92 :* 🏃 *13,90* 🚐 *6,50* 🅴 *6,50/8*
🔌 *12 (6A)*

au Pontet NE : 4 km par rte de Carpentras – ✉ 84130 le Pontet :

⚠ **Le Grand Bois,** ℰ 90 31 37 44, NE : 3 km par D 62 rte de Vedène et rte à
gauche, au lieu-dit la Tapy – Par A 7 : sortie Avignon-nord
1,5 ha (134 empl.) ⚋ plat, herbeux – 🛖 ⚙ 🔄 🔲 ⚙ ⊛ 🛁 🍴 ✗ 🔲 – 🔲 🔻
– Location : 🚐 (hôtel)
15 avril-15 oct. – **R** *juil.-août* – 🏃 *16 piscine comprise* 🚐 *8* 🅴 *7/13* 🔌 *10 (5A)*

Voir aussi à Vedène

AVIGNONET-LAURAGAIS
14 – 82 ⑲

31290 H.-Gar. – 954 h.

⚠ **Municipal le Radel** (aire naturelle), SO : 2,2 km par N 113 rte de Villefranche-de-Lauragais et chemin à gauche, bord du canal du Midi
0,9 ha (25 empl.) plat, herbeux – 🛖
mars-oct. – **R** – 🏃 *13* 🅴 *13*

AVOISE
5 – 64 ②

72430 Sarthe – 495 h.

⚠ **Municipal,** au bourg, sur D 57, bord de la Sarthe
1,8 ha (30 empl.) plat, herbeux ⊟ ⚲ – 🛖 ⚙ 🔄 🔲 ⚙ 🛁 ⚐ – 🎿
Permanent – **R** – 🅴 *élect. comprise 2 pers. 35, pers. suppl. 10*

AVRILLÉ
9 – 67 ⑪ ⑫

85440 Vendée – 1 004 h.

⚠⚠ **Les Mancelières,** ℰ 51 90 35 97, S : 1,7 km par D 105 rte de Longeville-
sur-Mer
2,6 ha (140 empl.) ⚋ plat et peu incliné, herbeux, petit étang ⊟ ⚲ (1 ha) – 🛖
⚙ 🔄 🔲 ⚙ ⊛ 🛁 🔲 – 🔲 🏓 – Location : 📞
mai-sept. – **R** *conseillée* – *Tarif 92 :* 🅴 *2 pers. 51, pers. suppl. 13* 🔌 *12,50 (6A)*

⚠ **Municipal de Beauchêne,** ℰ 51 22 30 49, sortie SE par D 949 rte de Luçon,
bord d'un petit étang
2 ha (180 empl.) ⚋ plat et peu incliné, herbeux ⚲ – 🛖 ⚙ 🔄 ⚙ 🛁 ⚐
15 juin-15 sept. – **R** *conseillée 1ᵉʳ au 15 août* – 🏃 *9,50* 🚐 *3,20* 🅴 *7,50*
🔌 *10,50 (6A)*

AXAT
15 – 86 ⑦

11140 Aude – 919 h.

⚠⚠ **Pont d'Aliès** (ex Station des Pyrénées) ← « Site et cadre agréables »,
ℰ 68 20 53 27, N : 1 km, carrefour des D 117 et D 118, bord de l'Aude
1,8 ha (98 empl.) ⚋ (saison) plat et peu incliné, herbeux ⚲⚲ (1 ha) – 🛖 🔄
⚙ 🛁 🍴 🔲 – 🔲 Centre de documentation touristique 🔻
avril-oct. – **R** *conseillée août* – 🅴 *piscine comprise 2 pers. 60, pers. suppl. 15*
🔌 *12 (4 à 10A)*

AX-LES-THERMES

09110 Ariège – 1 489 h. alt. 720 –
⚕ – ≋ au Saquet.
🛈 Office de Tourisme, pl. du Breilh
ℱ 61 64 20 64

▲▲ Municipal Malazéou ≼, ℱ 61 64 22 21, NO : 1,5 km sur N 20 rte de Foix, bord
de l'Ariège
5 ha (300 empl.) •── plat, peu incliné, herbeux ⚘ – 🗊 ⇆ 🖵 🖃 ▥ ⊛ – *Places
disponibles pour le passage*

▲▲ **Fournil** ≼, ℱ 61 64 24 40, NO : 2 km sur N 20, après Savignac-les-Ormeaux
– alt. 680
2,4 ha (168 empl.) •── plat, herbeux – 🗊 ⇆ ⩗ ▥ ⊛ 🖃 – ⚤ – Location : ⊡
Permanent – **R** – *Tarif 92 :* 👤 *7,50* 🖃 *7,50* 🔌 *6 à 25 (2 à 10A)*

AYDAT (Lac d')

63 P.-de-D. – 1 322 h. alt. 825
✉ 63970 Aydat

▲▲ **La Clairière** ⏴, ℱ 73 79 31 15, à Rouillas-Bas
1 ha (48 empl.) •── en terrasses, herbeux ▱ ⚘ – 🗊 ⇆ 🖵 🔊 ⊛ – 🏠
juin-15 sept. – **R** – 👤 *13* 🖃 *19* 🔌 *13 (5A)*

▲▲ **Les Volcans** ⏴ ≼, ℱ 73 79 33 90, à la Garandie – alt. 1 020
1,3 ha (54 empl.) •── peu incliné, herbeux – 🗊 🖵 ⊛
15 juin-5 sept. – **R** *conseillée 1ᵉʳ-15 août* – 👤 *9,50 et 7,50 pour eau chaude
(jusqu'à 3 pers.)* 🖃 *14* 🔌 *12 (4A) 18 (6A)*

Les AYNANS

70200 H.-Saône – 303 h.

▲ Municipal ⏴, au bourg, bord de l'Ognon
0,7 ha (33 empl.) plat, herbeux ⚲ – 🗊 🖃 ⊛
mars-oct. – *Places limitées pour le passage* – ℟

AZAY-SUR-THOUET

79130 Deux-Sèvres – 1 013 h.

▲ **Municipal les Peupliers** ⏴, sortie S par D 139 rte de St-Pardoux, bord
du Thouet
0,6 ha (28 empl.) plat, herbeux – 🗊 ⇆ 🖵 ⊛ – A proximité : ✗
juin-sept. – ℟ – 👤 *6* ⚤ *4* 🖃 *4* 🔌 *10*

AZUR

40140 Landes – 377 h.

▲▲▲ **La Paillotte** ⏴ ≼, ℱ 58 48 12 12, Fax 58 48 10 73, SO : 1,5 km, bord du lac
de Soustons
7 ha (310 empl.) •── plat, sablonneux, herbeux ▱ ⚘ – 🗊 ⇆ 🖵 🔊 🖃 🕞 ⊛
🛋 ▽ 🛁 🍴 ✗ 🛒 🖃 salle de musculation – 🛖 ⚤ 🛶 (plage surveillée)
🛶 – A proximité : tir à l'arc ✗ 🎿 – Location : 🛖 – Garage pour caravanes et
bateaux
juin-15 sept. – **R** *indispensable 14 juil.-15 août* – 🖃 *piscine comprise 2 pers. 100
(120 ou 140 avec élect. 6A)*

▲▲▲ **Municipal** ⏴, ℱ 58 48 30 72, S : 2 km, à 100 m du lac de Soustons
6,5 ha (200 empl.) •── plat, sablonneux, pierreux, herbeux ⚲ – 🗊 ⇆ 🖵 🖃 ⅋ ⊛
🛋 ⚤ 🛶 – A proximité : tir à l'arc ✗ 🎿 ⩲ (plage surveillée)
15 juin-15 sept. – **R** *conseillée 15 juil.-15 août* – *Tarif 92 :* 👤 *14* 🖃 *25,50*
🔌 *11 (6A)*

BACCARAT

54120 M.-et-M. – 5 022 h.
🛈 Syndicat d'Initiative, pl. des
Arcades (15 juin-sept.) ℱ 83 75 13 37

▲▲ **La Rive**, ℱ 83 75 44 38, sortie NO sur N 59 rte de Nancy, face au garage
Peugeot, bord de la Meurthe
1,5 ha (50 empl.) •── plat et peu incliné, herbeux, gravier ▱ – 🗊 ⇆ ⊛ 🛋 ▽
Permanent – **R** – 👤 *9* ⚤ *6* 🖃 *6* 🔌 *8/12 (2 à 6A)*

▲ **Municipal** ⏴, sortie SE par D 158 rte de Lachapelle et à gauche, bord de
la Meurthe
0,7 ha (50 empl.) plat, herbeux ⚲ – 🗊 ⇆ 🖵 ⊛ – A proximité : ⇞ ✗ 🖃
mai-15 sept. – **R** – *Tarif 92 :* 👤 *5* ⚤ *4* 🖃 *5/7,50* 🔌 *7 (10A)*

BADEFOLS-SUR-DORDOGNE

24150 Dordogne – 188 h.

▲▲▲ **les Bö-Bains,** ℱ 53 22 51 89, Fax 53 22 46 70, sortie O, par D 29, rte de
Lalinde, bord de la Dordogne
3 ha (68 empl.) •── plat, terrasse, herbeux ▱ – 🗊 ⇆ 🖵 🖃 🕞 ⊛ 🍴 snack 🛒
🖃 ⩗ 🛶 vélos – A proximité : ✗ – Location : 🛖 🛖 🛖
mai-1ᵉʳ oct. – **R** *conseillée* – 👤 *20 piscine comprise* 🖃 *30* 🔌 *15 (6A)*

BADEN

56870 Morbihan – 2 844 h.

▲▲ **Mané Guernehué** ⏴, ℱ 97 57 02 06, Fax 97 57 15 43, SO : 1 km par rte de
Mériadec et à droite
5,3 ha (200 empl.) •── (saison) plat, peu incliné à incliné et en terrasses, herbeux
– 🗊 ⇆ 🖵 🔊 🖃 🕞 ⊛ ⩗ ▽ 🍴 🖃 – 🎿 ⚤ 🛶 toboggan aquatique – Location :
🛖 🛖
10 avril-sept. – **R** *conseillée juil.-août* – 👤 *18 piscine comprise* 🖃 *48,50* 🔌 *14 (6A)
16 (10A)*

BAERENTHAL

57230 Moselle – 723 h.

🏕 **Municipal de Ramstein-Plage** « Site agréable », ✆ 87 06 50 73, à l'ouest du bourg par r. du Ramstein, bord d'un plan d'eau
6 ha (350 empl.) ⊶ (saison) plat et peu incliné, herbeux ♀ – 🛒 ☺ 🍴 - 🍽 ⚿ – Location : huttes
avril-sept. – *Places limitées pour le passage* – **R** *conseillée juil.-août* – ★ *12,50* 🔲 *6,50* 🅿 *20 (5A)*

BAGNAC-SUR-CÉLÉ

46270 Lot – 1 582 h.

🏕 Municipal du Pont Neuf, ✆ 65 34 94 31, au SE du bourg, derrière la gare, bord du Célé
1 ha (66 empl.) ⊶ plat, herbeux – 🛒 ⊟ ☺ – 🍲 – A proximité : 🍽
15 juin-sept. – **R** *conseillée*

BAGNEAUX-SUR-LOING

77167 S.-et-M. – 1 516 h.

🏕 **Municipal de Pierre le Sault,** ✆ 64 29 24 44, au NE de la ville, près du terrain de sports, entre le canal et le Loing, à 200 m d'un plan d'eau
3 ha (130 empl.) ⊶ plat, herbeux, bois attenant ♀ – 🛒 ⇄ ⊟ & 🏦 ☺ ⚲ 🍲 – 🍲 🍽 🛵
avril-oct. – *Places disponibles pour le passage* – **R** – ★ *12* 🔲 *9* 🅿 *9,50 (3A)* 16 (6A) 23 (10A)

BAGNÈRES-DE-BIGORRE ‹ꇐ›

65200 H.-Pyr. – 8 424 h. –
♨ 6 avril-oct.
🛈 Office du Tourisme et du Thermalisme, 3 allée Tournefort
✆ 62 95 50 71

🏕 **Les Tilleuls,** ✆ 62 95 26 04, sortie NO rte de Labassère, av. Alan-Brooke
2 ha (100 empl.) ⊶ plat et peu incliné, herbeux ♀ – 🛒 ⇄ ⊟ 🏞 ☺ 🍲 – 🍲 🛵
mai-sept. – **R** *conseillée juil.-août* – *Tarif 92 :* ★ *15* 🔲 *16,20* 🅿 *10,50 (2A)* 21 (4A) 31,50 (6A)

🏕 **Le Monlôo** ⬋, ‹, ✆ 62 95 19 65, sortie N, par D 938 rte de Toulouse puis à gauche 1,4 km par D 8 et chemin à droite
1,5 ha (75 empl.) ⊶ peu incliné et plat, herbeux ♀ – 🛒 🏞 & 🏦 ☺ – 🍲 🍽 🍲
Permanent – **R** *conseillée 15 juil.-15 août* – ★ *16,50 piscine comprise* 🔲 *16,50* 🅿 *11 (2A) 22 (5A)*

🏕 **Les Fruitiers** ‹ Pic du Midi, ✆ 62 95 25 97, 91 route de Toulouse
1,5 ha (100 empl.) ⊶ plat, herbeux ♀ – 🛒 ⇄ ⊟ 🏞 ☺ – 🍲 🛵 – A proximité : 🔲
mai-25 oct. – **R** *conseillée 14 juil.-15 août* – ★ *15,50* 🔲 *16* 🅿 *10,50 (2A) 21 (4A) 31,50 (6A)*

à Beaudéan SE : 4 km par D 935 – ✉ 65710 Beaudéan :

🏕 **L'Arriou** ‹, ✆ 62 91 74 04, à l'est du bourg par D 935 et chemin, bord de l'Adour
2,8 ha (100 empl.) ⊶ plat, herbeux, terrasse – 🛒 🏞 ⊟ 🏦 ☺ – 🍲 – A proximité : 🍽
Permanent – **R** – ★ *16 piscine comprise* 🔲 *14* 🅿 *13 (2A) 19 (4A) 29 (6A)*

à Pouzac NO : 2,5 km par D 955 rte de Tarbes – ✉ 65200 Pouzac :

🏕 **Bigourdan,** ✆ 62 95 13 57, S : sur D 935
0,6 ha (33 empl.) ⊶ (saison) plat, herbeux ♀♀ – 🛒 🏞 ☺ – 🍲 – A proximité : 🍴
Pâques-sept. – **R** *conseillée juil.-août* – *Tarif 92 :* ★ *14,50* 🔲 *16* 🅿 *10,50 (2A)*

BAGNÈRES-DE-LUCHON 31 H.-Gar. – 🔲 ⲅ⳿ – voir Luchon

BAGNOLES-DE-L'ORNE

61140 Orne – 875 h. –
♨ 5 mai-28 oct.
🛈 Office de Tourisme, pl. de la République (8 avril-28 oct.)
✆ 33 37 85 66

🏕 **Intercommunal de la Vée** ⬋, ✆ 33 37 87 45, SO : 1,3 km, près de Tessé-la-Madeleine, à 30 m de la Vée
2,8 ha (265 empl.) ⊶ plat, herbeux 🔲 – 🛒 ⇄ ⊟ & ☺ 🍲 – 🍲 🛵
début avril-fin oct. – **R** – 🔲 *élect. (3 à 10A) comprise 1 pers. 35 à 43,90*

🏕 **Le Clos Normand,** ✆ 33 37 92 43 ✉ 61410 Couterne, SE : 2,5 km par D 916 rte de Couterne
1 ha (33 empl.) ⊶ plat, herbeux – 🛒 ⇄ ⊟ 🏞 ☺ – 🍲 🛵
Pentecôte-fin sept. – **R** – *Tarif 92 :* 🔲 *2 pers. 29,50* 🅿 *13 (5A) 18 (10A)*

BAGNOLS-SUR-CÈZE

30200 Gard – 17 872 h.
🛈 Office de Tourisme, esplanade du Mont-Cotton ✆ 66 89 54 61

🏕 **Les Genêts d'Or,** ✆ 66 89 58 67, Fax 66 89 58 67, sortie N rte de Pont-St-Esprit puis 2 km par D 360 à droite – 🍽 *juil.-20 août*
3,5 ha (95 empl.) ⊶ plat 🔲 – (🛒 ⇄ ⊟ *juin-15 sept.*) ⊟ & ☺ ⚲ 🍽 ✗ 🔲 – 🛵 🍲 – Location : 🚐
avril-sept. – **R** *conseillée juil.-août* – ★ *18 piscine comprise* 🚗 *20* 🔲 *32* 🅿 *12 (3A)*

🏕 **La Coquille** ⬋, ✆ 66 89 03 05, sortie N par N 86 rte de Pont-St-Esprit puis 2 km par D 360 à droite, bord de la Cèze
1,2 ha (30 empl.) ⊶ plat, herbeux, sablonneux ♀ – 🛒 🏞 ⊟ & ☺ 🍲 – 🍲 🍲
Pâques-sept. – **R** *conseillée juil.-août* – 🔲 *piscine comprise 2 pers. 70* 🅿 *12 (3A)*

BAIS

53160 Mayenne – 1 571 h.

▲ Municipal Claires Vacances, sortie O par D 241 rte d'Hambers, près d'un plan d'eau
1 ha (22 empl.) plat, herbeux – 🖫 ⬧ 🖴 🔀 ⊕ – 🏊 – A proximité : 💥 ⚓

BALARUC-LES-BAINS

15 – 83 ⑯ G. Gorges du Tarn

34540 Hérault – 5 013 h. –
♨ 24 fév.-12 déc.
🅸 Office de Tourisme, 6 av. du Port
🖉 67 48 50 45

▲▲▲ **les Vignes,** 🖉 67 48 04 93, N : 1,5 km par D 129 puis à droite, rte de Sète et chemin à gauche
2 ha (128 empl.) plat, herbeux, pierreux 🖾 – 🖫 ⬧ 🖴 🖬 🔀 ⬧ ⊕ 🔀 💲 ⚓
🖩 – 🏊
avril-oct. – **R** *conseillée juil.-août* – 🖩 *piscine comprise 2 pers.* 65 🅷 12 (4A) 14 (6A) 18 (10A)

▲ Municipal Chemin des Bains, 🖉 67 48 51 48, sortie N par D 129 rte de Montpellier
1,7 ha (125 empl.) ⊶ plat, herbeux, pierreux 🖾 💲 – 🖫 🔀 ⊕

BALBIGNY

11 – 73 ⑱

42510 Loire – 2 415 h.
🅸 Syndicat d'Initiative, Mairie
🖉 77 28 14 12

▲▲▲ La Route Bleue ⬧, 🖉 77 27 24 97, NO : 2,5 km par D 56 rte de Pinay et à gauche, bord de la Loire
2 ha (70 empl.) ⊶ plat, peu incliné, herbeux – 🖫 ⬧ 🖴 🖬 💲 ⊕ 🔀 ▽ 🍴 🖩 – 🏤

BALLAN-MIRÉ

5 – 64 ⑭ ⑮

37510 I.-et-L. – 5 937 h.

▲▲ **La Mignardière,** 🖉 47 53 26 49, Fax 47 53 94 89, à 2,5 km au NE du bourg, à proximité du plan d'eau de Joué-Ballan
2,5 ha (150 empl.) ⊶ plat, herbeux, petit bois attenant 🖾 – 🖫 ⬧ 🖴 🔀 🖬 💲
🖩 ⊕ 🔀 ▽ 🖩 – 💥 🏊 vélos – A proximité : 🍴 grill 💲 ⚓ poneys
Pâques-sept. – **R** *conseillée 25 juin-août* – 🕏 24 *piscine comprise* 🖩 32 🅷 18 (6A)

La BALME-DE-SILLINGY

12 – 74 ⑥

74330 H.-Savoie – 3 075 h.

▲ **La Vieille Ferme** (aire naturelle) ⬧, 🖉 50 68 84 05, NO : 1,3 km par N 508 rte de Frangy puis 2 km par rte à gauche
3 ha (25 empl.) ⊶ plat et peu incliné, prairie – 🖫 ⊕ – 🏤 ⚓
juin-sept. – **R** *conseillée juil.-août* – 🕏 11 ⚙ 4 🖩 11,50 🅷 8 (2A) 11,50 (4A) 16 (6A)

▲ **La Bergerie** (aire naturelle) ⬧ ⊰, 🖉 50 68 73 05, NO : 1,3 km par N 508 et rte à droite, à Lompraz
1 ha (25 empl.) ⊶ plat, herbeux – 🖫 ⊕
juil.-août – **R** *conseillée juil.-août*

BANGOR 56 Morbihan – 63 ⑪ ⑫ – voir à Belle-Ile-en-Mer

BANYULS-SUR-MER

15 – 86 ⑳ G. Pyrénées Roussillon

66650 Pyr.-Or. – 4 662 h.
🅸 Office de Tourisme, av. de la République 🖉 68 88 31 58

▲▲ **Le Stade,** 🖉 68 88 31 70, SO : 1,5 km par D 86 et chemin à droite
0,6 ha (32 empl.) ⊶ en terrasses, pierreux 🖾 💲💲 – 🖫 ⬧ 🖬 ⊕ – ⚓ – A proximité : 🍴
avril-sept. – **R** *conseillée sept., indispensable juil.-août* – 🕏 18 🖩 24

BARATIER 05 H.-Alpes – 77 ⑰ ⑱ – rattaché à Embrun

BARBÂTRE 85 Vendée – 67 ① – voir à Noirmoutier (Ile de)

BARBIÈRES 26 Drôme – 77 ② – rattaché à Bourg-de-Péage

Le BARCARÈS

15 – 86 ⑩

66420 Pyr.-Or. – 2 422 h.
🅸 Office de Tourisme, Front de Mer
🖉 68 86 16 56 et Centre Culturel Cocteau-Marais (mai-sept.)
🖉 68 86 18 23

▲▲▲ **California,** 🖉 68 86 16 08, Fax 68 86 18 20 ✉ 66423 Le Barcarès Cedex, SO : 1,5 km par D 90
5 ha (170 empl.) ⊶ plat, herbeux, verger 🖾 💲 – 🖫 ⬧ 🖴 🖬 💲 ⊕ 🔀 ▽ 🖳
🍴 🖩 – 🏤 💥 ⚓ 🏊 vélos – Location : 🖩 🖩 🖩
17 avril-24 sept. – **R** *conseillée juil.-août* – 🖩 *piscine comprise 2 pers.* 90, pers. suppl. 25 🅷 14 (10A)

▲▲▲ **Le Pré Catalan,** 🖉 68 86 12 60, Fax 68 86 40 17, SO : 1,5 km par D 90 puis 0,6 km par chemin à droite
4 ha (220 empl.) ⊶ plat, sablonneux, herbeux 🖾 💲 – 🖫 ⬧ 🖴 🔀 ⊕ 🖳 🍴 ✗
💲 🖩 – 🏤 💥 ⚓ 🏊 – Location : 🖩
30 mars-sept. – **R** *conseillée juil.-août* – 🖩 *piscine et tennis compris 2 pers.* 98, pers. suppl. 24 🅷 17 (6A)

▲▲▲ **L'Europe,** ✆ 68 86 15 36, SO : 2 km par D 90, à 200 m de l'Agly
6 ha (361 empl.) ⊶ plat, herbeux – Plates-formes am. et sanit. individuels (🚿 ⚎
wc) 🖐 🏖 ♟ snack 🍴 🖳 – 🔲 ✖ 🏊 vélos – Location : 🚐 🚍 🏠
Permanent – **R** conseillée juil.-août – 🅴 piscine et tennis compris 2 pers. 99, pers.
suppl. 28 🕄 15 (10A)

▲▲▲ **La Salanque,** location exclusive de bungalows, ✆ 68 86 14 86,
Fax 68 86 47 92, O : 1 km par chemin de l'Hourtou
2 ha (107 empl.) ⊶ plat, sablonneux, herbeux 🖾 – Sanitaires individuels (🚿 ⚎
wc) 🖐 🏖 ♟ snack 🍴 sauna – 🔲 salle de musculation ✖ 🐎 🏊 –
Location : 🏠
27 mars-oct. – **R** conseillée – 🅴 élect., piscine et tennis compris 1 pers. 2 310 F
à 2 870 F la semaine

BARCELONNE-DU-GERS ⑭ – ⑱② ②

32720 Gers – 1 312 h.

▲ **Municipal les Rives de l'Adour** ⚲, S : 1,5 km par D 107 rte de Lembeye
et à gauche avant le pont, bord de la rivière
0,5 ha (50 empl.) ⊶ plat, herbeux, pierreux 🖾 ♀ – 🚿 ⊔ 🖐 ☺
15 juin-15 sept. – **R** conseillée – ★ 7 🅴 10 🕄 5 (6 ou 10A)

BARCELONNETTE ⟨SP⟩ ⑰ – ⑱ ⑧ G. Alpes du Sud

04400 Alpes-de-H.-Pr. – 2 976 h.
alt. 1 132 – ⛷ au Sauze SE :
4 km, à Super-Sauze SE : 10 km et à
Pra-Loup SO : 8,5 km.

🚩 Office de Tourisme, pl. F.-Mistral
✆ 92 81 04 71

à l'Ouest sur D 900 rte du Lauzet-Ubaye :

▲▲▲ **L'Ubaye** ≼, ✆ 92 81 01 96, Fax 92 81 92 53 ✉ 04340 Meolans-Revel, à 9 km
de Barcelonnette, bord de l'Ubaye – alt. 1 073
5 ha (219 empl.) ⊶ en terrasses, peu incliné, pierreux, herbeux, petit plan d'eau
🖾 ♀♀ – 🚿 ⚎ ⊔ 🏖 🖪 🖐 ☺ ⛲ 🥀 snack 🖪 – 🔲 ✖ 🏊 – Location : 🚐
🚍 🏠, chalets
Permanent – **R** conseillée – 🅴 piscine comprise 2 pers. 74, pers. suppl. 19 🕄
été : 14 (6A) hiver : 20 (10A)

▲▲ **le Rioclar** ⚲, ✆ 92 81 10 32 ✉ 04340 le Lanzet-Ubaye, à 11 km de
Barcelonnette, bord d'un petit plan d'eau et accès direct à l'Ubaye – alt. 1 073
8 ha (110 empl.) ⊶ accidenté et en terrasses, pierreux, herbeux 🖾 ♀♀ (pinède)
– 🚿 ⚎ ⊔ 🖐 ☺ ♟ snack 🍴 🖪 – 🔲 🥀 tir à l'arc, vélos – A proximité : 🚣
– Location : 🚐
juil.-août – **R** conseillée – 🅴 2 pers. 55, pers. suppl. 17 🕄 15 (6 ou 10A)

▲▲ **le Fontarache** ≼, ✆ 92 81 90 42 ✉ 00440 les Thuiles, à 7 km de
Barcelonnette, près de l'Ubaye – alt. 1 108
4 ha (250 empl.) ⊶ plat et peu accidenté, pierreux, gravier, herbeux ♀ – 🚿 ⚎
⊔ 🖾 🖐 ☺ ⛲ 🖪 – ✖ – Location : 🚐
juin-sept. – **R** août – 🅴 2 pers. 50 🕄 13 (6A)

BARFLEUR ④ – ⑤④ ③ G. Normandie-Cotentin

50760 Manche – 599 h.
🚩 Office de Tourisme, rond-point
Guillaume le Conquérant (avril-sept.)
✆ 33 54 02 48

▲▲ **Municipal la Blanche Nef** ⚲, ≼, ✆ 33 23 15 40, à 500 m au NO de la ville,
près de la mer
2,5 ha (90 empl.) ⊶ plat et peu incliné, herbeux – 🚿 ⚎ ⊔ 🖐 🎠 ☺ – 🔲 –
A proximité : 🐟
13 mars-8 nov. – **R** conseillée juil.-août – 🅴 2 pers. 40, pers. suppl. 11 🕄 7 (3A)
12 (6A) 15 (10A)

BARJAC ⑯ – ⑧⓪ ⑨

30430 Gard – 1 361 h.

▲▲ **La Buissière** ⚲ « Cadre sauvage », ✆ 66 24 54 52, NE : 2,5 km sur D 176
rte d'Orgnac-l'Aven
1,6 ha (40 empl.) ⊶ (saison) accidenté, pierreux 🖾 ♀ – 🚿 ⚎ 🖾 🖐 ☺ 🖪 – 🔲
🖐 🏊
avril-sept. – **R** conseillée juil.-15 août – 🅴 piscine comprise 2 pers. 66,50, 3 pers.
84, pers. suppl. 13,50 🕄 10,50 (2A) 15 (4A) 20 (6A)

▲▲ **La Combe** ⚲, ✆ 66 24 51 21, O : 3 km par D 901 rte de Mende et D 384
à droite rte de Mas Reboul
2 ha (100 empl.) ⊶ plat et peu incliné, herbeux – 🚿 ⚎ 🖾 ☺ 🖪 – 🔲 ✖ 🏊
avril-sept. – **R** conseillée août – 🅴 piscine comprise 2 pers. 57, pers. suppl. 14
🕄 12 (10A)

BARNEVILLE-CARTERET ④ – ⑤④ ① G. Normandie Cotentin

50270 Manche – 2 222 h.
🚩 Office de Tourisme, r. des Écoles
✆ 33 04 90 58

▲▲▲ **Municipal les Bosquets** ⚲ « Cadre sauvage », ✆ 33 04 73 62, SO : 2,5 km
par rte de Barneville-Plage et rue à gauche, à 450 m de la plage
10 ha/6 campables (240 empl.) ⊶ plat et accidenté, sablonneux, herbeux, dunes
boisées – 🚿 ⚎ 🖐 – 🔲 – A proximité : 🐎
avril-sept. – **R** conseillée juil.-août – ★ 13 🅴 16,30 avec élect.

▲ **Le Relais de Gerfleur,** ✆ 33 04 38 41, sortie NO par rte de Carteret, bord
d'un ruisseau
1,5 ha (75 empl.) ⊶ plat et peu incliné, herbeux, petit étang 🖾 – 🚿 ⚎ ⊔ 🖐
🖐 ☺ ♟ – 🔲
15 avril-19 sept. – **R** conseillée juil.-août – ★ 14 🅴 16 🕄 10 (3A) 15 (6A)

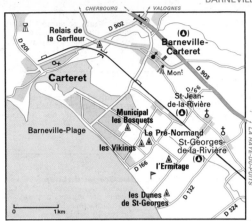

à St-Jean-de-la-Rivière SE : 2,5 km – ⊠ 50270 St-Jean-de-la-Rivière :

ₘₐₐ **Les Vikings** ⟍, ℰ 33 53 84 13, par D 166 et chemin à droite
7 ha (200 empl.) ⟋ plat, herbeux, sablonneux – 🗊 ⬧ ⬧ 🖸 ⓐ 🍴 ✕ 🛒 🖳 –
🏊 ⛱️ ⟍ – A proximité : 🏌️ golf, toboggan aquatique
mars-oct. – *Places disponibles pour le passage* – **R** *conseillée* – 🌞 *20 piscine comprise* 🖸 *20* 🔌 *14 (4A)*

ₘₐₐ **L'Ermitage** ⟍, ℰ 33 04 78 90, O : 2 km par D 166 et chemin à gauche
4 ha (100 empl.) ⟋ plat, herbeux, sablonneux 🖵 – 🗊 ⬧ ⬧ 🖸 ⓐ 🍴 🖳 –
🏊 ⛱️ *half-court, tir à l'arc* – A proximité : 🏌️ golf, toboggan aquatique –
Location : 🛖
Pâques-15 sept. – **R** *conseillée juil.-août* – 🌞 *20* 🖸 *22* 🔌 *15 (3A) 25 (6A)*

ₘₐ **Le Pré Normand** ⟍, ℰ 33 53 85 64, Fax 33 53 73 17, sur D 166
1,4 ha (90 empl.) ⟋ légèrement accidenté, herbeux, sablonneux 🖵 – 🗊 ⬧ ⬧
🖸 ⓐ 🍴 🛒 🖳 – 🏊 ⟍ - A proximité : 🏌️ golf, toboggan aquatique – Location :
🛖
Pâques-sept. – *Places disponibles pour le passage* – **R** *conseillée juil.-août* – 🌞
19,50 🖸 *19,50* 🔌 *14 (3A) 21 (6A)*

Voir aussi à *St-Georges-de-la-Rivière*

La BARRE-DE-MONTS

9– 67 ① ⑪

85550 Vendée – 1 727 h.

ₘₐₐ **Le Marais Neuf,** ℰ 51 49 05 02, S : 1,3 km par rte de N.-D.-de-Monts puis
0,6 km par rte à droite
1,5 ha (100 empl.) ⟋ plat, sablonneux, herbeux 🖵 – 🗊 ⬧ ⬧ 🖸 ⓖ ⓐ 🛒 ⟋
🖳 – 🏊 ⛱️ ⟍ – Location : 🛖
avril-15 sept. – **R** *conseillée* – 🖸 *piscine comprise 3 pers. 70* 🔌 *10 (5A) 15 (10A)*

ₘₐ la **Grande Côte,** ℰ 51 68 51 89, **à Fromentine,** O : 2 km par D 38B rte de la Grande
Côte, bord de la plage
21 ha (945 empl.) ⟋ (saison) plat et accidenté, sablonneux 🌲🌲 pinède – 🗊 ⬧
🖸 ⓖ ⓐ 🖳 ⟍ – Location : 🛖, bungalows toilés
18 avril-30 sept. – **R** *conseillée*

ₐ **La Corsive** ⟍, ℰ 51 68 50 06, O : 1,2 km par D 38B rte de la Grande Côte
puis 0,8 km par rte à gauche
1,3 ha (100 empl.) ⟋ plat, herbeux, sablonneux ⓠ – 🗊 ⬧ ⬧ 🖸 ⓐ – ⛱️ –
A proximité : 🍴
15 mai-sept. – **R** *conseillée* – 🖸 *2 pers. 39 (52 avec élect. 8A), pers. suppl. 9,50*

ₐ **Le Marais,** ℰ 51 68 53 12, SE : 0,6 km par rue face à l'église, vers St-Urbain
1,3 ha (85 empl.) ⟋ plat, herbeux, sablonneux ⓠ 🗊 🖸 ⓖ ⓐ
Pâques-sept. – **R** – 🌞 *8,10* 🚗 *4,10* 🖸 *8,10*

BARRÊME

17 – 81 ⑰ G. Alpes du Sud

04330 Alpes-de-H.-Pr. – 473 h.
alt. 720

ₘₐ **Napoléon** ⟍ ⟨, ℰ 92 34 22 70, sortie SE par rte de Castellane et 0,6 km par
chemin à gauche après le pont, bord de rivière
2,5 ha (130 empl.) ⟋ plat et terrasse, herbeux ⓠ – 🗊 ⬧ ⬧ 🖸 ⓐ – 🏊 ⛱️
🌊
15 juin-15 sept. – **R** – 🖸 *2 pers. 35, pers. suppl. 10* 🔌 *10 (10A)*

BARRET-LE-BAS

16 – 81 ⑤

05300 H.-Alpes – 237 h. alt. 649

ₘₐ **Les Gorges de la Méouge** ⟍ ⟨, ℰ 92 65 08 47, sortie E par D 942 rte de
Laragne-Montéglin et chemin à droite, près de la Méouge
1,5 ha (80 empl.) ⟋ plat, herbeux ⓠ – 🗊 ⬧ ⬧ 🖸 ⓐ ⟍ – 🏊 ⟍ – Location :
🛖 🚗
15 avril-sept. – **R** *conseillée* – 🖸 *piscine comprise 2 pers. 54,50, pers. suppl.*
14,50 🔌 *10,60 à 18,50 (2 à 10A)*

BARROU

37350 I.-et-L. – 511 h.

▲ **Municipal** ⚑, sortie NO vers Descartes puis 0,8 km par petite route à gauche, près de la Creuse – Croisement difficile pour caravanes
0,5 ha (40 empl.) plat, peu incliné, herbeux – 🛒 ⚲ & ⊕ – A proximité : ✗
15 juin-15 sept. – **R** *juil.-août* – ★ 7 🔲 8 🔃 8 (2 à 6A)

BAR-SUR-AUBE ⬛

10200 Aube – 6 707 h.

🏛 Syndicat d'Initiative, bd Gambetta
(15 mai-15 sept.) ℰ 25 27 24 25

▲▲ **Municipal la Gravière,** ℰ 25 27 12 94, sortie NO par N 19 rte de Troyes et av. du Parc, bord de l'Aube
1,25 ha (62 empl.) ⚡ plat, herbeux ⚲ – 🛒 ⇔ ⇪ 🗟 ⊕ – A proximité : 🎯
avril-15 oct. – **R** – *Tarif 92 :* ★ 4,70 ⇔ 2,70 🔲 2,80 🔃 11,50 (6A) 21 (10A)

Le BAR-SUR-LOUP

06620 Alpes-Mar. – 2 465 h.

▲▲ **Les Gorges du Loup** ⚑ ≤ vallée et montagne « Agréable cadre boisé, belle situation dominante », ℰ 93 42 45 06, NE : 1 km par D 2210 puis 1 km par chemin des Vergers à droite – Accès aux emplacements difficile (forte pente), véhicule tracteur disponible – **🅿**
1,6 ha (33 empl.) ⚡ en terrasses, pierreux, herbeux ⚲ – 🛒 ⚲ 🗟 ⊕ ⚩ ⚲
🔲 – 🔙 🏊 – **R** *conseillée juil.-août* – *Tarif 92 :* 🔲 *piscine comprise 4 pers.* 115 🔃 10 à 20 (2 à 10A)
avril-1er oct.

BAS-RUPTS 88 Vosges – 62 ⑰ – rattaché à Gérardmer

BASTIA 2B H.-Corse – 90 ③ – voir à Corse

La BÂTHIE

73540 Savoie – 1 880 h.

▲ **Le Joli Mont** ≤, ℰ 79 89 61 13, au bourg
1,6 ha (65 empl.) ⚡ plat, herbeux ⚲ verger – 🛒 ⇔ ⊕ – 🔙
15 juin-1er sept. – **R** *conseillée août* – ★ 15 ⇔ 4,50 🔲 8 🔃 10 (9A)

BATZ-SUR-MER

44740 Loire-Atl. – 2 734 h.

▲▲▲ **La Govelle,** ℰ 40 23 91 63, SE : 2 km par D 45, bord de l'océan
0,8 ha (50 empl.) ⚡ plat, herbeux, sablonneux ⛱ – 🛒 ⇔ ⇪ 🗟 ⊕ 🍹 ⚩ – 🔙
half-court, vélos
avril-sept. – **R** *conseillée juil.-août*

BAUD

56150 Morbihan – 4 658 h.

▲▲ **Municipal de Pont-Augan** ⚑, ℰ 97 51 04 74, O : 7 km par D 3 rte de Bubry, bord du Blavet et d'un bassin
0,9 ha (32 empl.) ⚡ plat, herbeux, pierreux ⛱ – 🛒 ⇔ 🗟 ⊕ – vélos – Location : gîtes
mai-sept. – **R** *conseillée*

BAUGÉ

49150 M.-et-L. – 3 748 h.

🏛 Syndicat d'Initiative Château de Baugé (15 juin-15 sept.)
ℰ 41 89 18 07 et à la Mairie
ℰ 41 89 12 12

▲ **Municipal du Pont des Fées** ⚑ « Cadre agréable », ℰ 41 89 14 79, Fax 41 89 01 61, E par D 766 rte de Tours, bord du Couasnon
1 ha (50 empl.) plat, herbeux ⛱ ♀ (0,5 ha) – 🛒 ⇔ ⇪ 🗟 ⊕ 🔲 – A proximité : ✗ ⚲
15 juin-15 sept. – **R** *conseillée* – ★ 8,10 ⇔ 4,50 🔲 4,50 🔃 8,10 (6A)

La BAULE

44500 Loire-Atl. – 14 845 h.

🏛 Office de Tourisme et Accueil de France, 8 pl. de la Victoire
ℰ 40 24 34 44

▲▲▲ **La Roseraie** Ⓜ « Décoration florale et arbustive », ℰ 40 60 46 66, Fax 40 60 11 84, sortie NE de la Baule-Escoublac
4 ha (240 empl.) ⚡ plat, herbeux ⛱ – 🛒 ⇔ ⇪ 🗟 ⊕ & ⊕ ⚲ 🍹
✗ ⚩ 🔲 – 🔙 🎯 ⚲ 🏊, toboggan aquatique, half-court
avril-sept. – **R** *conseillée juil.-août* – ★ 28 *piscine comprise* 🔲 62 🔃 20 (3A) 30 (10A)

▲▲▲ **Les Ajoncs d'Or** ⚑ « Décoration arbustive », ℰ 40 60 33 29, chemin du Rocher
2,9 ha (200 empl.) ⚡ plat, peu incliné, herbeux ⛱ ⚲ – 🛒 ⇔ ⇪ 🗟 ⊕ ⚲ 🍹
⚩ 🔲 – 🏊 vélos – Location : 🔲
Pâques-sept. – **R** – *Tarif 92 :* ★ 25 *piscine comprise* 🔲 30 🔃 12,50 (3A) 17 (5A)

▲▲▲ **L'Eden** « Cadre agréable », ✆ 40 60 03 23, à 1 km au NO de la Baule-Escoublac, vers Guérande
4,5 ha (180 empl.) ⊶ peu incliné, herbeux 🖵 ♀ – 🗑 ⇆ 🛁 🗓 🕭 ⊕ 🎿 ⛵ 🛶 🏖
🖸 – 🛠 ⤳ toboggan aquatique – Location : 🚏
Pâques-fin sept. – **R** *conseillée* – *Tarif 92 :* 🛉 *27 piscine comprise* 🖸 *36* 🔌 *14 (3A) 18 (6A) 22 (10A)*

▲▲▲ Municipal « Cadre agréable », ✆ 40 60 17 40, av. du Capitaine R. Flandin et av. de Diane, à droite après le pont du chemin de fer
5 ha (350 empl.) ⊶ (saison) plat, accidenté et terrasses, sablonneux 🖵 ♀ (caravaning) 𝅘 (camping) – 🗑 ⇆ 🛁 🖈 🗓 🕭 ⊕ 🎿 – 🚜 – A proximité : 🏇

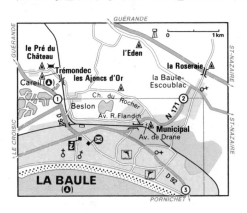

à *Careil* NO : 2 km par D 92 – ✉ 44350 Guérande :

▲▲▲ **Le Pré du Château**, réservé aux caravanes « Cadre agréable autour d'un château du 14ᵉ siècle », ✆ 40 60 22 99
2 ha (48 empl.) ⊶ plat, herbeux, gravier 𝅘𝅥 – 🗑 ⇆ 🛁 🗓 🕭 ⊕ 🎿 ⛵ 🛶 🖸 sauna – 🛏 ⤳
avril-sept. – **R** *conseillée* – 🖸 *élect. (6A) et piscine comprises 2 pers. 107, pers. suppl. 25*

▲ **Trémondec,** ✆ 40 60 00 07
2 ha (40 empl.) ⊶ peu incliné et en terrasses, herbeux 🖵 – 🗑 ⇆ 🗟 🗓 ⊕ 🖸 – 🛏 vélos
15 avril-sept. – **R** – 🛉 *20* 🖸 *24* 🔌 *12 (3A) 16 (6A)*

La BAUME
74430 H.-Savoie – 191 h.
🄸🄸 – 🗗🄾 ⑰

▲ **Municipal** ⬙, N : 1,2 km sur D 902 rte de Thonon-les-Bains
1 ha (25 empl.) plat et en terrasses, pierreux, herbeux – 🗑 🗟 ⊕
juil.-août – **R** – 🛉 *12* 🚐 *4* 🖸 *6/8* 🔌 *10 (3A) 15 (6A) 20 (9A)*

BAVAY
59570 Nord – 3 751 h.
🄸 – 🗗🄱 ⑤ G. Flandres Artois Picardie

à *Hon-Hergies* NE : 4 km par D 84 – ✉ 59570 Bavay :

▲▲▲ La Jonquière, ✆ 27 66 95 17, NO : 2 km, à Hergies
3 ha (140 empl.) ⊶ plat, herbeux, petit étang 🖵 ♀ – (🗑 ⇆ 🛁 mars-15 oct.)
🗓 ⊕ 🍽 brasserie 🛏 – 🛏 🚜
Permanent – *Places disponibles pour le passage* – **R**

BAYAS
33230 Gironde – 447 h.
🄸 – 🗗🄾 ②

▲▲▲ Le Chêne 🐾, ✆ 57 69 13 78, N : 2,2 km par D 247 rte de Laruscade et chemin à droite, sur D 133, bord d'un plan d'eau
2,3 ha (80 empl.) ⊶ plat, herbeux ♀ – 🗑 🗟 🗓 🕭 ⊕ 🍽 – 🛏 🚜 🛶 vélos
– Location : 🚏 🚐 🚏
avril-sept. – **R** *conseillée saison* – 🛉 *10* 🖸 *14* 🔌 *11 (4A) 16 (6A) 25 (10A)*

BAYET
03500 Allier – 556 h.
🄸🄸 – 🗗🄸 ⑤

▲ **Municipal L'Île des Grottes**, ✆ 70 45 42 61, S : 0,4 km par D 219, à 150 m de la Sioule et bord d'un bief
1,5 ha (50 empl.) ⊶ plat, herbeux – 🗑 🗟 ⊕ 🎿 – 🎣
avril-oct. – **R** *conseillée juil.-août* – 🖸 *2 pers. 30 (40 avec élect.), pers. suppl. 10*

▶ *In deze gids*
heeft een zelfde letter of teken, **zwart** *of* **rood**,
dun of **dik** *gedrukt niet helemaal dezelfde betekenis.*

Lees aandachtig de bladzijden met verklarende tekst.

BAYEUX ⏌

14400 Calvados – 14 704 h.
🛈 Office de Tourisme, 1 r. des
Cuisiniers ☎ 31 92 16 26

🔺🔺🔺 **Municipal** « Décoration arbustive », ☎ 31 92 08 43, Fax 31 21 98 78, N : sur
bd périphérique d'Eindhoven
2,5 ha (225 empl.) ⚬━ plat, herbeux, goudronné 🏕 ♀ – 🛱 ⚲ 🔥 🚿 ♿ ⊕ 🖫 – 🏠
🏖 🏊 (couverte l'hiver) – A proximité : 🍴
15 mars-15 nov. – **R** *conseillée juil.-août* – 🏕 11,50 🖪 14,10 🔋 11,70 (5A)

BAYONNE ⏌

64100 Pyr.-Atl. – 40 051 h.
🛈 Office de Tourisme, pl. de la
Liberté ☎ 59 59 31 31

🔺🔺🔺 **La Chêneraie** ❧ « Cadre agréable », ☎ 59 55 01 31, Fax 59 55 11 17, NE :
4 km par N 117 rte de Pau et chemin à droite
10 ha/6 campables (170 empl.) ⚬━ plat et incliné, herbeux, étang ♀♀ – 🛱 🍴
🗄 ⚲ 🔥 🚿 ♿ ⚡ 🌲 ☂ ⚑ ⚲ 🗙 🛒 🖫 – 🏠 🍴 🏖 🏊 tir à l'arc – Location :
bungalows toilés
Pâques-sept. – **R** *conseillée juil.-août* – 🏃 19 piscine comprise 🖪 40🔋 15 (6A)

Voir aussi à *St Martin de Seignanx*

BAZINVAL

76340 S.-Mar. – 335 h.

🔺 **Municipal de la Forêt,** sortie SO par D 115 et rte à gauche
0,4 ha (20 empl.) plat et peu incliné, herbeux 🏕 – 🛱 ⚲ 🔥 🏢 ⊕ - 🍴
Permanent – **R** – 🏕 7 🚗 6 🖪 6 🔋 10A : 10 (hors saison 12)

BAZOLLES

58110 Nièvre – 260 h.

🔺🔺 **Base de Plein Air et de Loisirs** ❧, ☎ 86 38 90 33, N : 5,5 km par D 958 rte de
Corbigny et D 135 à gauche, près de l'étang de Baye (accès direct)
1,5 ha (80 empl.) ⚬━ plat, gravier 🏕 – 🛱 ⚲ 🔥 🚿 ♿ ⊕ 🖫 – A proximité : 🏖
🔩
avril- oct. – **R** *juil.-août*

BEAUBIGNY

50270 Manche – 174 h.

🔺 **Bel Sito** ❧ ≤, ☎ 33 04 32 74, au bourg
6 ha (50 empl.) ⚬━ plat et incliné, herbeux, sablonneux – 🛱 ⚲ 🔥 🗄 ⊕ 🖫
Pâques-15 sept. – **R** – 🏕 13 🖪 18 🔋 11 (3A) 22 (6A)

BEAUCAIRE

30300 Gard – 13 400 h.
🛈 Maison du Tourisme, 24 cours
Gambetta ☎ 66 59 26 57

🔺 **S.I. le Rhodanien,** ☎ 66 59 25 50, au champ de foire, à 50 m du Rhône
1 ha (60 empl.) ⚬━ plat, herbeux, gravier 🏕 ♀♀ – 🛱 ⚲ 🔥 ⚲ 🗄 ⊕ 🌲 ☂ – 🏖
(bassin) – A proximité : ⚲
avril-oct. – **R** *conseillée* – 🏕 17 🖪 17/18 🔋 12 (3A) 20 (6A) 27 (10A)

BEAUCHASTEL

07800 Ardèche – 1 462 h.

🔺🔺🔺 **Municipal les Voiliers** ❧, ☎ 75 62 24 04, E : 1,5 km par rte de l'usine
hydro-électrique, bord du Rhône
1,5 ha (114 empl.) ⚬━ (saison) plat, herbeux 🏕 ♀♀ – 🛱 ⚲ 🔥 🔥 🏢 🖫 – 🏊
– A proximité : ⚲ 🖫 🔩
Permanent – **R** *conseillée* – 🏕 10 piscine comprise 🚗 6,50 🖪 7 🔋 12 (5A)

BEAUDÉAN 65 H.-Pyr. – 85 ⑱ – rattaché à Bagnères-de-Bigorre

BEAUFORT

73 Savoie – 1 996 h. alt. 743
✉ 73270 Beaufort-sur-Doron.
🛈 Office de Tourisme, pl. de la Mairie
☎ 79 38 37 57

🔺🔺🔺 **Municipal Domelin** Ⓜ ❧ ≤, ☎ 79 38 33 88, Fax 79 38 35 17, N : 1,2 km par
rte d'Albertville et rte à droite
2 ha (100 empl.) ⚬━ plat, herbeux ♀ – 🛱 ⚲ 🔥 ⊕
juin-sept. – **R** *conseillée* – 🏕 14 🚗 7,50 🖪 12 🔋 11

BEAULIEU-SUR-DORDOGNE

19120 Corrèze – 1 265 h.
🛈 Syndicat d'Initiative, pl. Marbot
(avril-sept.) ☎ 55 91 09 94

🔺🔺 Camp V.V.F. ❧, ☎ 55 91 10 62, NE : 2 km par rte de St-Céré et D 41 à gauche
après le pont, dans une île de la Dordogne (accès direct au bourg par passerelle
piétons) – Ⓟ – ✄
1 ha (42 empl.) ⚬━ plat, herbeux ♀♀ – 🛱 ⚲ 🔥 ⊕ 🖫 garderie – 🏠 🏖
A proximité : ⚲ 🏊 – Adhésion V.V.F. indispensable

🔺🔺🔺 **Les Îles** « Situation agréable dans une île de la Dordogne », ☎ 55 91 02 65,
rue Henri-Chapoulart
4 ha (100 empl.) ⚬━ (saison) plat, peu incliné, herbeux ♀♀ – 🔥 ⚲ (🛱 juil.-août)
🗄 ⊕ ☂ 🖫 – 🏠 🏖 🏊 – A proximité : ⚲ 🏊
mai-sept. – **R** *conseillée juil.-août* – 🏕 18 🖪 20 🔋 14 (6 ou 10A)

BEAULIEU-SUR-LOIRE

△

45630 Loiret – 1 644 h.

6 – 65 ⑫

▲ **Municipal Touristique du Canal,** sortie E par D 926 rte de Bonny-sur-Loire, près du canal
0,6 ha (37 empl.) plat, herbeux ⌂ – 🎐 ⚬ 🔥 ⊕ – 🐎
Pâques-Toussaint – **R** – ✗ *10* ▣ *5* 🅗 *13 (6A) 18,50 (10 à 16A)*

BEAUMES-DE-VENISE

84190 Vaucluse – 1 784 h.
🖪 Syndicat d'Initiative Intercommunal,
cours Jean Jaurès (fermé après-midi
hors saison) 🖉 90 62 94 39

16 – 81 ⑫ G. Provence

⟁ Municipal ≤, 🖉 90 62 95 07, sortie N par D 90 rte de Malaucène et à droite, bord de la Salette
1,5 ha (100 empl.) ⚬ peu incliné et plat, herbeux, pierreux ⌂ – 🎐 ⚭ 🔥 ⊕ 🔥 – ✗
avril-oct. – ⏏

BEAUMONT

24440 Dordogne – 1 155 h.
🖪 Syndicat d'Initiative (juin-sept.)
🖉 53 22 39 12

13 – 75 ⑮ G. Périgord Quercy

⟁ **Les Remparts,** 🖉 53 22 40 86, sortie SO par D 676 rte de Villeréal, près du stade
1,5 ha (60 empl.) ⚬ en terrasses, herbeux, pierreux ⌂ ⚬⚬ – 🎐 ⚭ 🔥 🔥 ⊕ ▣
– 🔥 – A proximité : ✗ – Location : 🚐
mai-sept. – **R** *conseillée juil.-août –* ✗ *17 piscine comprise* ▣ *20* 🅗 *11 (4 à 6A)*

BEAUMONT-DE-LOMAGNE

82500 T.-et-G. – 3 488 h.

14 – 82 ⑥ G. Pyrénées Aquitaine

⟁⟁ **Municipal du Lac** ≤ « site agréable », 🖉 63 65 26 43, E : 0,8 km, accès par la déviation et chemin, bord d'un plan d'eau
1,2 ha (100 empl.) ⚬ plat, herbeux ⌂ – 🎐 ⚭ 🔥 ⊕ 🔥 🔥 ▣ – 🚐 ✗ 🔥 🔥
🔥 🔥 toboggan aquatique, parcours sportif – Location : gîtes
Pâques-sept. – **R** *conseillée juil.-août –* ✗ *10,50* ▣ *10,50* 🅗 *10,50(6A) 18,50(10A)*

BEAUMONT-DU-LAC

87120 H.-Vienne – 129 h. alt. 650

10 – 72 ⑲

△ **Beaumont-du-Lac** ≤, 🖉 55 69 22 40, NE : 3,5 km par D 43 rte de Royère-de-Vassivière, près du lac de Vassivière (accès direct)
2 ha (112 empl.) ⚬ incliné, en terrasses, herbeux ⌂ ⚬ (1 ha) – 🎐 🔥 🔥 ⊕
15 juin-août – ⏏ – *Tarif 92 :* ✗ *14,50* ▣ *11,50* 🅗 *8,50 (3A)*

BEAUMONT-EN-DIOIS

26310 Drôme – 58 h. alt. 657

16 – 77 ⑭

△ **Municipal St-Martin** 🔥 ≤, S : 0,5 km, bord d'un ruisseau
0,8 ha (24 empl.) plat, herbeux, pierreux ⚬ – 🎐 ▣ – 🚐
Permanent – **R** – *Tarif 92 :* ✗ *9* 🔥 *5,50* ▣ *5,50/8,50*

BEAUNE ⊛

21200 Côte-d'Or – 21 289 h.
🖪 Office de Tourisme, pl. Halle face à
l'Hôtel Dieu 🖉 80 22 24 51

11 – 69 ⑨ G. Bourgogne

⟁⟁ **Municipal les Cent Vignes** « Belle délimitation des emplacements et entrée fleurie », 🖉 80 22 03 91, sortie N par r. du Faubourg-St-Nicolas et D 18 à gauche, 10 r. Auguste-Dubois – interdit aux caravanes de plus de 5,80 m
2 ha (116 empl.) ⚬ plat, herbeux, gravillons ⌂ ⚬ – 🎐 ⚭ 🔥 ▣ 🔥 ⊕ 🔥 ✗
🔥 🔥 – 🚐 🐎
15 mars-oct. – **R** *conseillée –* ✗ *11,50* ▣ *17* 🅗 *16,50 (6A)*

à Savigny-lès-Beaune NO : 6 km par sortie rte de Dijon et D 18 à gauche
✉ 21420 Savigny-lès-Beaune :

△ **Municipal,** NO : 1 km par D 2 rte de Bouilland, bord d'un ruisseau
1,5 ha (55 empl.) plat et peu incliné, herbeux – 🎐 ⚭ ▣ ⊕
mai-sept. – **R** – *Tarif 92 :* ✗ *8* 🔥 *4* ▣ *5,20* 🅗 *8*

à Vignoles E : 3 km rte de Dole puis D 20 H à gauche
✉ 21200 Vignoles :

△ **Les Bouleaux,** 🖉 80 22 26 88, à Chevignerot, bord d'un ruisseau
1 ha (17 empl.) ⚬ plat, herbeux ⚬ – (🎐 ⚭ avril-nov.) ▣ ⊕ – 🚐 – A proximité :
✗ 🐎
Permanent – **R** – *Tarif 92 :* ✗ *8* 🔥 *4,50* ▣ *7,50* 🅗 *8 (3A)*

BEAURAINVILLE

62990 P.-de-C. – 2 093 h.

1 – 51 ⑫

⟁ **Municipal de la Source** 🔥, 🖉 21 81 40 71, SE : 1,5 km par D 130 rte de Loison et chemin à droite après le pont, entre la Canche et le Fliez
1,5 ha (120 empl.) ⚬ plat, herbeux, étang – 🎐 ⚭ 🔥 ▣ 🔥 ⊕ – 🚐 🔥🔥
Permanent – *Places disponibles pour le passage –* **R** *juil.-août –* ✗ *13,80* ▣ *13,80*
🅗 *10,70 (4A)*

BEAUVAIS ℗

60000 Oise – 54 190 h.
🖪 Office de Tourisme, r. Beauregard
🖉 44 45 08 18

7 – 55 ⑨ ⑩ G. Flandres Artois Picardie

à St-Paul O : 6 km par N 31 rte de Rouen – ✉ 60650 St-Paul :

⟁ **Le Clos Normand** 🔥, 🖉 44 82 27 30, au SO du bourg, à 0,5 km de la N 31
2 ha (70 empl.) ⚬ plat et en terrasses, herbeux ⌂ ⚬ – 🎐 ⚭ ⊕ – 🚐
Permanent – *Places disponibles pour le passage –* ⏏ – ✗ *9,50* 🔥 *3,50* ▣ *8,50*
🅗 *8 (3A) 16 (6A)*

BEAUVEZER

04370 Alpes-de-H.-P. – 226 h.
alt. 1 150

⛰ Municipal les Relarguiers ⚲ ≼, ℘ 92 83 47 73, au S du bourg, sur D 908, près du Verdon
1 ha (100 empl.) ⊶ (saison) plat, gravillons, pierreux ⌂ – 🛖 ⚬ 🚿 & ▥ ⊛ 🛢
– 🛗

BEAUVOIR

50 Manche – 426 h.
✉ 50170 Pontorson

⛰ **Sous les Pommiers,** ℘ 33 60 11 36, au bourg sur D 976, à 200 m du Couesnon
2,5 ha (100 empl.) ⊶ plat, herbeux – 🛖 ⚬ 🚿 🖥 ⊛ 🚿 🍽 ⚑ – 🛗 – Location : 🛏
Pâques-Toussaint – **R** conseillée juil.-août – 🏕 11 ⇔ 8,50 📖 9,50/12,50 🔌 11 (6A)

BEAUVOIR-EN-ROYANS

38160 Isère – 59 h.

⛰ **Château de Beauvoir** ≼, ℘ 76 38 40 74, Fax 76 38 49 60, au bourg
0,6 ha (20 empl.) ⊶ plat, herbeux ⚑ verger – 🛖 ⚬ 🖥 ⊛ 🚿 🍹 🍽 – discothèque
15 avril-oct. – **R** conseillée juil.-août – 🏕 15 ⇔ 5 📖 13 🔌 8 (6 ou 10A)

BEAUVOIR-WAVANS

62390 P.-de-C. – 409 h.

⛰ **L'Eau Vive,** ℘ 21 04 00 67, sortie S par D 117 vers Beauvoir-Rivière, bord de l'Authie
2 ha (92 empl.) ⊶ plat, herbeux ⌂ – 🛖 ⚬ 🚿 & ⊛ – 🛗 🚣
fin mars-26 sept. – *Places disponibles pour le passage* – **R** – 🏕 11 📖 17 🔌 11 (3A)

BÉDOIN

84410 Vaucluse – 2 215 h.
🏛 Syndicat d'Initiative, espace Marie-Louis Gravier ℘ 90 65 63 95

⛰ **Municipal la Pinède** ⚲, ℘ 90 65 61 03, sortie O par rte de Crillon-le-Brave et chemin à droite
7 ha (130 empl.) ⊶ en terrasses, pierreux ⌂ ⚑⚑ pinède – 🛖 ⚲ ⊛ 🚿 – 🎋
– A proximité : 🍽
Pâques-sept. – **R** conseillée – 🏕 17 piscine comprise ⇔ 10 📖 12 🔌 11

▲ **Pastory** ≼, ℘ 90 65 60 79, NO : 1 km par D 19 rte de Malaucène
1,2 ha (100 empl.) ⊶ plat et peu incliné, pierreux, herbeux ⚑⚑ (0,7 ha) – 🛖 &
⊛
15 mars-1er nov. – **R** conseillée – 🏕 12 ⇔ 7 📖 7 🔌 12 (6A) 20 (10A)

▲ **Belle-Vue** (aire naturelle) ⚲ ≼ Mt Ventoux et plaine de Carpentras
« Situation dominante », ℘ 90 62 42 29 ✉ 84410 Crillon-le-Brave, SO : 4 km
par D 974, rte de Carpentras puis 0,7 km par chemin à gauche – Croisement difficile pour caravanes
1 ha (25 empl.) ⊶ peu accidenté, pierreux ⌂ ⚑ – 🛖 ⊛ – 🛗
avril-oct. – **R** conseillée – 🏕 13 piscine comprise ⇔ 12 📖 12 🔌 13 (15A)

BEDOUS

64490 Pyr.-Atl. – 554 h.

▲ **Municipal de Carolle** ⚲ ≼, sortie O rte d'Osse-en-Aspe et chemin à gauche après le passage à niveau, à 150 m du Gave d'Aspe
0,7 ha (46 empl.) plat, herbeux ⚑ – 🛖 ⊙ – 🚣
mars-oct. – **R** – 🏕 7,50 ⇔ 4,50 📖 5,50 🔌 13

BEG-MEIL 29 Finistère – 58 ⑮ – rattaché à Fouesnant

BELCASTEL

12390 Aveyron – 245 h.

▲ **Municipal** ⚲ ≼ « Situation agréable », au bourg, bord de l'Aveyron
0,8 ha (32 empl.) plat, herbeux ⚑ – 🛖 ⚲ ⊛ 🖥 – 🚿 – A proximité : 🍽
mai-15 oct. – **R** conseillée juil.-août – 🏕 15 ⇔ 6 📖 13/24 avec élect. (15A)

BELFLOU

11410 Aude – 85 h.

▲ **Le Cathare** (aire naturelle) ⚲ ≼, ℘ 68 60 32 49, E : 2,5 km par D 33 et chemin à gauche, au château de la Barthe, à 250 m d'un plan d'eau
1,2 ha (25 empl.) ⊶ peu incliné, terrasse, herbeux, pierreux ⚑ – 🛖 🚿 ⊛ 🍽 🎋
– 🛗 🛏 – Location : 🛏
mars-nov. – **R** conseillée juil.-août – 🏕 10,50 📖 10,50 🔌 7 (3A)

BELGENTIER

83210 Var – 1 442 h.

⛰ **Les Tomasses,** ℘ 94 48 92 70, SE : 1,5 km par rte de Toulon puis 0,7 km par chemin à droite, bord du Gapeau
2 ha (91 empl.) ⊶ plat, pierreux, herbeux ⌂ ⚑ – 🛖 ⚬ 🚿 🖥 ⊛ 🚿 🎋 🛢 –
🍽 – A proximité : 🐎
15 mars-15 oct. – **R** conseillée – 🏕 15 piscine comprise 📖 17/19 🔌 12 (3A) 16 (6A) 20 (10A)

BELLAC 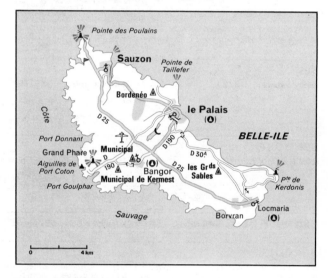...

BELLAC ⬡

87300 H.-Vienne – 4 924 h.
🅸 Office de Tourisme, 1 bis r.
L.-Jouvet ℘ 55 68 12 79

🛆 **Municipal les Rochettes,** ℘ 55 68 13 27, sortie N par D 675 vers le Dorat et à gauche
1,2 ha (100 empl.) ⊶ plat et en terrasses, herbeux – 🏠 ⇆ ᵈ ⊕ – A proximité : 🎿 🗙
Permanent – 🅁 – ⭐ *6,90* 🚗 *4,20* 🔲 *4,20 - redevance pour la 1ère nuit 35*
🅱 *8 (2A) 16 (4A) 24 (6A)*

🔟 – 🟨🟨 ⑦ G. Berry Limousin

BELLEGARDE-SUR-VALSERINE

01200 Ain – 11 153 h.
🅸 Syndicat d'Initiative, 24 pl. Victor-Bérard ℘ 50 48 48 68

🛆 **Municipal du Crêt d'Eau** ≤ « Entrée fleurie », ℘ 50 56 60 81,
Fax 50 48 35 48, N : 3 km par rte de Nantua et à gauche
2 ha (70 empl.) ⊶ plat et peu incliné, incliné, herbeux 🖙 – 🏠 ⇆ ᵈ 🖸 ᵍ ⊕
🛶 ⏚ 🔲 – 🛒 🗙 – A proximité : 🥖 🗙 🎿 🔳 toboggan aquatique 🛝 🏊
– Location : bungalows toilés
5 juin-4 sept. – 🅁 *conseillée* – ⭐ *25 piscine comprise* 🔲 *26* 🅱 *16 (10A)*

🔢 – 🟨🟨 ⑤ G. Jura

BELLE-ÎLE-EN-MER

56 Morbihan ⛴ - En été réservation indispensable pour le passage des véhicules et des caravanes. Départ de **Quiberon (Port-Maria), arrivée au Palais** – En 1992 : Pâques-sept., 8 à 13 services quotidiens ; hors saison, 5 services quotidiens - Traversée 45 mn - Voyageurs 78 F (AR), autos (selon longueur), caravanes (tarifs non communiqués) – Renseignements : Cie Morbihannaise et Nantaise de Navigation, 56360 Le Palais (Belle-Ile-en-Mer) ℘ 97 31 80 01

③ – 🟨🟨 ⑪ ⑫ G. Bretagne

Bangor – 735 h. – ⬜ 56360 Bangor

🛆 **Municipal de Kernest** 🕭, ℘ 97 31 81 20, O : 1,2 km
4 ha (100 empl.) ⊶ plat, herbeux, gravillons – 🏠 ⇆ ᵈ ᵍ ⊕ 🔲 – 🛒 🗙
avril-sept. – 🅁 *conseillée juil.-août* – ⭐ *16* 🚗 *6,50* 🔲 *12,60* 🅱 *5,80*

🛆 **Municipal** 🕭, ℘ 97 31 89 75, à l'ouest du bourg
0,8 ha (65 empl.) plat et peu incliné, herbeux – 🏠 – A proximité : 🎿
mai-sept. – 🅁 *conseillée juil.-août* ⭐ *10* 🚗 *5* 🔲 *6,30*

Locmaria – 618 h. – ⬜ 56360 Locmaria

🛆 **Les Grands Sables** ≤, ℘ 97 31 84 46, NO : 3 km par rte des Grands Sables, à 400 m de la plage
2 ha (30 empl.) ⊶ peu incliné, pierreux, herbeux – 🏠 ᵍ
2 juil.-sept. – 🅁 *conseillée* – ⭐ *10* 🚗 *4* 🔲 *7*

Le Palais – 2 435 h. – ⬜ 56360 le Palais

🛆 **Bordénéo** 🕭 « Décoration florale et arbustive », ℘ 97 31 88 96, NO : 1,7 km par rte de Port Fouquet, à 500 m de la mer
3 ha (165 empl.) ⊶ plat, herbeux 🖙 – 🏠 ⇆ ᵈ 🖸 ᵍ ⊕ 🛶 🔲 – 🛒 🗙 vélos
– Location : 🏚
Pâques-sept. – 🅁 *conseillée juil.-août* – ⭐ *16,60* 🚗 *7,35* 🔲 *19* 🅱 *9,50 (5A)*

BELLERIVE-SUR-ALLIER **03** Allier – 🟨🟨 ⑤ – rattaché à Vichy

BELMONT-SUR-RANCE

12370 Aveyron – 1 021 h.

🛆 **Le Val Fleuri** ≤, ℘ 65 99 95 13, sortie SO par rte de Lacaune et chemin à droite, bord du Rance
1 ha (59 empl.) ⊶ plat, herbeux, pierreux – 🏠 ⇆ ᵈ 🖸 ⊕ 🗙 🛶 – 🚣 –
A proximité : 🎿 🕭
15 mars-oct. – 🅁 *juil.-août* – 🔲 *2 pers. 52, pers. suppl. 20* 🅱 *8 (2A) 10 (4A) 12 (6A)*

🔢 – 🟨🟨 ⑬

BÉLUS

40300 Landes – 400 h.

▲▲▲ **L'Escarbillat** ﹩ « Cadre agréable », ℰ 58 57 69 07, NO : 2,5 km par D 75 et rte à droite, bord d'un ruisseau et d'un étang
5 ha (111 empl.) •━ plat, herbeux ⌂ ♉♉ (1,5 ha) – 🎪 ♨ 🛁 🖌 & ⊕ 🏕 🗜
♈ ✕ ▣ – 🛒 ✕ – Location : ⛺
15 juin-15 sept. – **R** conseillée août – ⴲ 16 ▣ 27 ⚡ 13,50 (10A)

BELVEDERE-CAMPOMORO **2A** Corse-du-Sud – 90 ⑱ – voir à Corse

BELVÈS

24170 Dordogne – 1 553 h.

▲▲▲ **Les Hauts de Ratebout** ﹩ ≤, ℰ 53 29 02 10, Fax 53 29 08 28, SE : 7 km par D 710 rte de Fumel, D 54 et rte à gauche – ✺ juil.-août
10 ha/6 campables (135 empl.) •━ plat, incliné, terrasses, herbeux – 🛁 ♨ 🛁
🖌 & ⊕ 🏕 ♈ ✕ 🗜 ▣ – 🛒 ✕ 🌊 🏊 – Location : 🏚, villas
mai-19 sept. – **R** indispensable juil.-août – Tarif 92 : ⴲ 29,40 piscine comprise
▣ 42 ⚡ 16 (6A)

▲▲▲ **Le Moulin de la Pique,** ℰ 53 29 01 15, Fax 53 28 29 09, SE : 3 km sur D 710 rte de Fumel, bord de la Nauze, d'un étang et d'un bief
12 ha/6 campables (110 empl.) •━ plat, herbeux ⌂ ♉ – 🛁 ♨ 🛁 🖌 & ⊕ 🏕
♈ 🗜 ♈ ✕ 🖌 ▣ – 🛒 ✕ 🌊 – Location : 🏚
mai-sept. – **R** conseillée juil.-août – ⴲ 26,25 piscine comprise ▣ 43,50 ⚡ 15 (6A)

▲▲▲ **Les Nauves,** ℰ 53 29 12 64, SO : 4,5 km par D 53 rte de Monpazier et route de Larzac à gauche
40 ha/5 campables (80 empl.) •━ peu incliné, herbeux ♉♉ (0,5 ha) – 🎪 ♨
🏊 🖌 & ⊕ ♈ snack 🗜 ▣ – 🛒 🌊 half-court – Location : ⛺
20 mai-sept. – **R** conseillée 15 juil.-15 août – ⴲ 20 piscine comprise ▣ 30
⚡ 13 (6A)

▶ *Les **cartes Michelin** sont constamment tenues à jour.*

BELZ

56550 Morbihan – 3 372 h.

▲▲ **St-Cado Camping** ≤, ℰ 97 55 33 54, NO : 2 km, à St-Cado, près de la Rivière d'Etel (mer)
2 ha (100 empl.) •━ plat et peu incliné, herbeux ♉ (0,5 ha) – 🎪 🛁 ⊕ ▣ – ✕
🌊
juin-15 sept. – ▣ 2 pers. 40 ⚡ 10

BENDORF

68480 H.-Rhin – 202 h.

▲▲ **Les Hêtres** ﹩ « Cadre agréable », ℰ 89 40 34 72, O : 1 km, en forêt - alt. 625
3,5 ha (100 empl.) •━ (saison) incliné, accidenté, herbeux ♉♉ – 🎪 ⊕ – 🛒
mai-sept. – Places disponibles pour le passage – **R** conseillée – ⴲ 11 🚐 8 ▣
8 ⚡ 10 (3A) 15 (6A)

BÉNIVAY-OLLON **26** Drôme – 81 ③ – rattaché à Buis-les-Baronnies

BÉNODET

29950 Finistère – 2 436 h.
🅱 Office de Tourisme, av. Plage
ℰ 98 57 00 14

▲▲▲ Le Letty ﹩ « Agréable situation en bordure de plage », ℰ 98 57 04 69
10 ha (511 empl.) •━ (saison) plat, herbeux ♉ – 🎪 ♨ 🛁 ♈ sauna & ⊕ 🏕 ♈
🗜 🖌 ▣ solarium, nurserie – 🛒 salle de musculation ✕ 🌊 – A proximité :
15 juin-6 sept. – 🅡

▲▲▲ **La Pointe St-Gilles** ﹩ « Entrée fleurie », ℰ 98 57 05 37, près de la mer –
7 ha (486 empl.) •━ plat, herbeux ⌂ ♉ – 🎪 ♨ 🛁 🏊 🖌 & ⊕ 🏕 ♈ ♈ 🗜 ▣ –
🛒 🌊 half-court – A proximité : 🏇 – Location : 🏚
mai-sept. – 🅡 – ⴲ 24 piscine comprise 🚐 11 ▣ 37 ⚡ 16 (6 ou 10A)

▲▲▲ **Port de Plaisance** ﹩, ℰ 98 57 02 38, Fax 98 57 25 25, sortie N rte de Quimper
3,5 ha (242 empl.) •━ plat et peu incliné, herbeux ⌂ ♉ – 🎪 ♨ 🛁 🖌 & ⊕ 🗜
♈ ✕ crêperie 🗜 ▣ – 🛒 ✕ 🌊 – A proximité : 🏇 – Location : ⛺ 🏚
Pâques-sept. – **R** indispensable 14 juil.-15 août – Tarif 92 : ⴲ 20 piscine comprise
🚐 10 ▣ 30 ⚡ 13 (2 ou 3A) 15 (5 ou 6A) 20 (10A)

▲▲▲ **La Plage,** ℰ 98 57 00 55, r. du Poulquer, à 150 m de la mer
5 ha (300 empl.) plat, peu incliné et en terrasses, herbeux ♉ (2 ha) – 🎪 ♨ 🛁
🏊 🖌 & ⊕ 🗜 ♈ snack 🗜 ▣ – 🛒 🌊 toboggan aquatique – A proximité :
🏇 – Location : ⛺ 🏚
15 mai-sept. – **R** – ⴲ 21 piscine comprise 🚐 9 ▣ 23 ⚡ 12 (4A) 13 (6A)
14 (10A)

▲▲ **Le Poulquer,** ℰ 98 57 04 19, r. du Poulquer, à 150 m de la mer
3 ha (250 empl.) •━ plat et peu incliné, herbeux ⌂ ♉ – 🎪 🛁 & ⊕ ▣ –
🛒 🌊 – A proximité : 🏇
15 mai-sept. – **R** conseillée – Tarif 92 : ⴲ 20 piscine comprise 🚐 8 ▣ 23
⚡ 12 (3A) 15 (6A) 20 (10A)

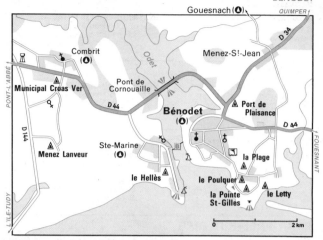

à Gouesnach N : 5 km par D 34 rte de Quimper et rte à gauche (hors schéma)
⊠ 29118 Gouesnach :

▲ **Pors-Kéraign** ⬙, ℰ 98 54 61 37, O : 2,5 km, à 250 m de l'Odet
1 ha (75 empl.) ⚬━ peu incliné, herbeux ♀ verger – 🗒 🖘 ⊕
15 juin-15 sept. – **R** *conseillée* – ⚤ *12,20* ⬅ *6* 🗉 *8,50* 🔌 *11 (10A)*

à Ste-Marine O : 5 km par le pont de Cornouaille
⊠ 29120 Pont-l'Abbé :

▲▲ Le Hellès ⬙, ℰ 98 56 31 46, r. du Petit-Bourg, à 400 m de la plage
3 ha (150 empl.) ⚬━ plat et peu incliné, herbeux – 🗒 🖘 🗇 ⅗ ⊕ 🗐
juin-sept. – **R** *conseillée*

Voir aussi à *Combrit*

BENON
17170 Char.-Mar. – 426 h.

⑨ – ⑰① ②

▲ **Municipal du Château** « Parc », au bourg
1 ha (70 empl.) ⚬━ plat, herbeux ♀ – 🗒 🌡 🗇 🗐 ⅗ ⊕ 🗐 – 🛠 🚣
mai-sept. – **R** – ⚤ *10* ⬅ *5* 🗉 *5* 🔌 *10 (5A)*

BÉNOUVILLE
14970 Calvados – 1 258 h.

⑤ – ⑭ ⑯ G. Normandie Cotentin

▲▲▲ **Les Hautes Coutures,** ℰ 31 44 73 08, Fax 31 95 30 80, sortie N rte de
Ouistreham, accès direct au canal maritime – 🍖
3,3 ha (222 empl.) ⚬━ peu incliné, herbeux ⌷ – 🗒 🌡 🗇 🗐 ⅗ ⊕ 🖈 🗊 🖳
🍷 🗐 – 🏠 🛠 🚣 – 🐎
avril-sept. – **R** – ⚤ *25* 🗉 *27*

BERCK-SUR-MER
62600 P.-de-C. – 14 167 h.
🄱 Office Municipal de Tourisme, pl.
Entonnoir ℰ 21 09 50 00

① – ⑤① ⑪ G. Flandres Artois Picardie

▲▲▲ **L'Orée du Bois,** ℰ 21 84 28 51, NE : 2 km, à **Rang-du-Fliers**
18 ha/8 campables (200 empl.) ⚬━ plat, sablonneux, herbeux, étang ⌷ ♀ – 🗒
🌡 🗇 ⅗ ⊕ 🗐 🍷 🗐 – 🏠 🛠 🚣 – A proximité : 🐎
avril-oct. – *Places disponibles pour le passage en juil. et août –* **R** *conseillée* – 🗉
2 pers. 58, pers. suppl. 17 🔌 *18 (3A) 29 (6A)*

► *Ne pas confondre :*

▲ *... à ...* ▲▲▲ : *appréciation* **Michelin**
et ★ *... à ...* ★★★★ : *classement officiel*

► *Do not confuse :*

▲ *... to ...* ▲▲▲ : **Michelin** *classification*
and ★ *... to ...* ★★★★ : *official classification*

► *Verwechseln Sie bitte nicht :*

▲ *... bis ...* ▲▲▲ : **Michelin**-*Klassifizierung*
und ★ *... bis ...* ★★★★ : *offizielle Klassifizierung*

BERGERAC

10 - 75 ⑭ ⑮ G. Périgord Quercy

24100 Dordogne - 26 899 h.
Office de Tourisme, 97 r. Neuve-d'Argenson ✆ 53 57 03 11

Municipal la Pelouse, ✆ 53 57 06 67, r. J.J. Rousseau, par rte de Bordeaux et r. Boileau à droite, bord de la Dordogne
1,5 ha (80 empl.) plat et peu incliné, herbeux -
Permanent - R - *10,35 6,20 10,75 (3 ou 6A)*

BERNAY

5 - 55 ⑲ G. Normandie Vallée de la Seine

27300 Eure - 10 582 h.
Syndicat d'Initiative, 29 r. Thiers ✆ 32 43 32 08

Municipal, ✆ 32 43 30 47, SO : 2 km par N 138 rte d'Alençon et rue à gauche
1 ha (50 empl.) plat, herbeux - - - A proximité :
15 mai-15 sept. - **R** *conseillée juil.-août - 11 12 12/19 14 (10A)*

La BERNERIE-EN-RETZ

9 - 67 ① ②

44760 Loire-Atl. - 1 828 h.

les Écureuils, ✆ 40 82 76 95, Fax 40 64 79 52, sortie NE rte de Nantes et à gauche après le passage à niveau, av. Gilbert-Burlot
5,3 ha (317 empl.) plat et peu incliné, herbeux, sablonneux - snack -
15 mai-19 sept. - **R** *conseillée - piscine comprise 2 pers. 87, pers. suppl. 24 14 (6A)*

BERNIÈRES-SUR-MER

5 - 54 ⑮ G. Normandie Cotentin

14990 Calvados - 1 563 h.

Municipal le Hâvre de Bernières, ✆ 31 96 67 09, à l'ouest de la station sur D 514, à 400 m de la plage
6 ha (180 empl.) plat, herbeux - - -
A proximité :
avril-15 nov. - *Places limitées pour le passage* - **R** *conseillée juil.-août - Tarif 92 : 15,85 20 12,35 (5A) 20,60 (10A)*

BERNIÈRES-SUR-SEINE

27 Eure - 55 ⑰ - rattaché aux Andelys

BERNY-RIVIÈRE

6 - 56 ③

02290 Aisne - 528 h.

La Croix du Vieux Pont « Installations originales », ✆ 23 55 50 02, Fax 23 55 05 13, S : 1,5 km sur D 91, à l'entrée de Vic-sur-Aisne, bord de l'Aisne et d'un étang
15,5 ha (280 empl.) plat et incliné, herbeux - -
Permanent - **Location longue durée** - *Places disponibles pour le passage* - **R** - *élect. (4A) et piscine comprises 1 à 5 pers. 50 à 145*

BERRIAS ET CASTELJAU

16 - 80 ⑧

07460 Ardèche - 541 h.

Les Cigales , ✆ 75 39 30 33, NE : 1 km, à la Rouvière
3 ha (70 empl.) (saison) peu incliné à incliné, pierreux, herbeux - -
13 avril-sept. - **R** *conseillée juil.-août - piscine comprise 2 pers. 44 12 (4A)*

BERTANGLES

1 - 52 ⑧ G. Flandres Artois Picardie

80260 Somme - 700 h.

Le Château « Verger », ✆ 22 93 37 73
0,9 ha (33 empl.) plat, herbeux - -
11 avril-12 sept. - **R** *conseillée juil.-15 août - 13 8 12 10 (3A)*

BESLÉ

4 - 63 ⑥

44 Loire-Atl.
44290 Guémené Penfao

le Port, ✆ 40 87 23 18, sortie N 0,8 km par D 59, rte de Pipriac et à droite après le passage à niveau, bord de la Vilaine -
0,5 ha (35 empl.) plat, herbeux, pierreux - - - Location :

BESSÈGES

16 - 80 ⑧

30160 Gard - 3 635 h.
Office de Tourisme, r. A.-Chambonnet (fermé après-midi 16 sept-14 juin) ✆ 66 25 08 60

Les Drouilhèdes , ✆ 66 25 04 80 30160 Peyremale, O : 2 km par D 17 rte de Génolhac puis 1 km par D 386 à droite, bord de la Cèze
1,5 ha (90 empl.) plat, pierreux, herbeux -
- - Location :
mars-oct. - **R** *conseillée - 2 pers. 75, pers. suppl. 15 15 (6A)*

BESSENAY

11 - 73 ⑲

69690 Rhône - 1 611 h.

St-Cry, ✆ 74 70 83 20, S : 3,5 km sur N 89 rte de Montbrison, bord de la Brévenne -
3 ha (110 empl.) plat, herbeux - - - Garage pour caravanes
mai-sept. - **R** - *9,50 6,30 6,30 11 (3A)*

BESSÉ-SUR-BRAYE

72310 Sarthe – 2 815 h.

🛈 Syndicat d'Initiative, r. Val-de-Braye (saison) ☎ 43 35 31 13 et Mairie (hors saison) ☎ 43 35 30 29

5 – 64 ⑤

🛆 **Municipal** « Cadre agréable », ☎ 43 35 31 13, sortie vers Savigny-sur-Braye et à droite, bord de la Braye
2 ha (120 empl.) ⊶ plat, herbeux ⚲ (1 ha) – 🛱 ⬚ ⬚ 🔳 🕭 ⊛ – 🛖 ✕ 🛷
15 avril-15 sept. – **R** conseillée – ⚹ 6,25 ⬅ 4,20 🔳 4,20 🏠 6,25 (moins de 5A) 9,40 (5A et plus)

BESSINES-SUR-GARTEMPE

87250 H.-Vienne – 2 988 h.

10 – 72 ⑧

🛆 **Municipal de Sagnat** ≤ « Situation agréable », ☎ 55 76 17 69, Fax 55 76 10 40, SO : 1 km par D 27, rte de St-Pardoux et à gauche, bord de l'étang
1 ha (50 empl.) ⊶ en terrasses, plat, peu incliné, herbeux 🛱 – 🛱 🛆 🔳 🕭 ⊛
🔳 – 🛖 🛬 (plage)
15 juin-15 sept. – **R** – ⚹ 8,20 ⬅ 4,30 🔳 7,70 🏠 7,80 (5A)

Le BEUGNON

79130 Deux-Sèvres – 355 h.

9 – 67 ⑰

🛆 **Municipal** (aire naturelle) ⚶, sortie O par D 128, rte de Scillé, au stade
0,4 ha (16 empl.) peu incliné, herbeux – 🛱 ⬚ 🔳 ⊛
avril-oct. – **R** – ⚹ 5,50 🔳 6,50 🏠 8

▶ *Des vacances réussies sont des vacances bien préparées !*
Ce guide est fait pour vous y aider... mais :
– N'attendez pas le dernier moment pour réserver
– Évitez la période critique du 14 juillet au 15 août
Pensez aux ressources de l'arrière-pays, à l'écart des lieux de grande fréquentation.

BEUVRY

62660 P.-de-C. – 8 744 h.

2 – 51 ⑭ ⑮

🛆 **Municipal,** ☎ 21 65 08 00, au NE du bourg, accès par r. Alfred-Gosselin, bord d'un canal
1 ha (80 empl.) ⊶ plat, herbeux 🛱 ⚲ – 🛱 ⊛ – A proximité : ✕
avril-oct. – **R** – Tarif 92 : ⚹ 7,30 🔳 9,95 🏠 6,65 à 16,40 (1 à 6A)

BEYNAC-ET-CAZENAC

24220 Dordogne – 498 h.

Schéma à La Roque Gageac

13 – 75 ⑰ G. Périgord Quercy

🛆 **Le Capeyrou** ≤, ☎ 53 29 54 95, S : en face de la station essence, au bord de la Dordogne
2,5 ha (100 empl.) ⊶ plat, herbeux ⚲ – 🛱 ⬚ 🛆 🕭 ⊛ 🔳 – 🛖 🛶 🛬 –
A proximité : 🛒 🍴 ✕ ✕ 🛷
juin-sept. – **R** conseillée juil.-août – ⚹ 18 piscine comprise 🔳 20 🏠 12 (3A)

BEYNAT

19190 Corrèze – 1 068 h.

10 – 75 ⑨

🛆 **L'Etang de Miel** ≤ « Situation agréable », ☎ 55 85 50 66, E : 4 km par N 121 rte d'Argentat, bord de l'étang
50 ha/9 campables (200 empl.) ⊶ vallonné, peu incliné, herbeux ⚲⚲ – 🛱 ⬚
⬚ 🕭 ⊛ 🛞 🍴 🔳 – 🛖 ✕ 🛷 🛬 (plage) poneys, vélos – A proximité : ✕
juin-15 sept. – **R** conseillée – 🔳 2 pers. 70, pers. suppl. 16 🏠 12 (6A)

LE BEZ

81260 Tarn – 654 h. alt. 600

15 – 83 ②

🛆 **Le Plô** ⚶ ≤, ☎ 63 74 00 82, O : 0,9 km par D 30 rte de Castres et chemin à gauche
2,5 ha (65 empl.) ⊶ plat, en terrasses, vallonné, herbeux – 🛱 ⬚ ⬚ 🕭 ⊛ – 🛖
15 juin-sept. – **R** – ⚹ 9 ⬅ 5 🔳 10/13 🏠 9 (4A)

BIACHE-ST-VAAST

62118 P.-de-C. – 3 981 h.

2 – 53 ③

🛆 **Municipal les Étangs** ⚶, ☎ 21 50 15 02, SO : 1 km par la r. du 19 Mars-1962, bord de la Scarpe et près d'un étang – Par A 1 : sortie Fresnes-lès-Montauban
1,5 ha (100 empl.) ⊶ plat, herbeux 🛱 – 🛱 ⊛ – 🛷
avril-oct. – **R** – ⚹ 8,50 🔳 11,50 🏠 18 (6A)

BIARRITZ

64200 Pyr.-Atl. – 28 742 h.

🛈 Office de Tourisme, square d'Ixelles ☎ 59 24 20 24

13 – 78 ⑪ ⑱ G. Pyrénées Aquitaine

🛆 **Biarritz-Camping,** ☎ 59 23 00 12, 28 rue d'Harcet – ⚶
3 ha (267 empl.) ⊶ plat et incliné, herbeux ⚲ – 🛱 ⬚ ⬚ 🕭 ⊛ 🛞 🍴 ✕ 🛒 –
🔳
28 avril-29 sept. – **R** conseillée juil.-août pour caravanes – **R** pour tentes – Tarif 92 : ⚹ 16 🔳 20/30 🏠 10 (3A)

Voir aussi à *Anglet* et *Bidart*

12

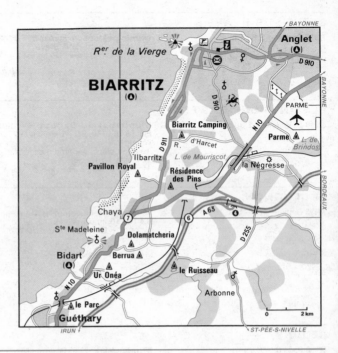

Rᵉʳ de la Vierge

BIARRITZ
(**O**)

Biarritz Camping

R. d'Harcet

Ilbarritz

Pavillon Royal

Résidence
des Pins

la Négresse

Chaya

Sᵗᵉ Madeleine

Dolamatcheria

Bidart
(**O**)

Berrua

Ur Onéa

le Ruisseau

Arbonne

le Parc

Guéthary

IRUN

ST-PÉE-S-NIVELLE

0   1   2 km

BAYONNE

Anglet
(**O**)

D 910

PARME

Parme   L. de
Brindos

L. de Mouriscot

BAYONNE

BORDEAUX

BIAS

40170 Landes – 505 h.

    13 – 78 ⑭

▲ **Municipal le Tatiou** ⑤, ℱ 58 09 04 76, O : 2 km par rte de Lespecier
10 ha (505 empl.) ⊶ plat, sablonneux ♀♀ pinède – 🏠 ⬟ ⬟ & ⊕ ⬟ 🍴 snack
🗔 – 🏠 🌊 – A proximité : 🎾
Pâques-oct. – **R** conseillée – Tarif 92 : 🗉 piscine comprise 1 ou 2 pers. 46, 3 pers.
60, 4 pers. 71, 5 pers. 81 🔌 12 (2A) 16 (4A) 20 (10A)

BIDART

64210 Pyr.-Atl. – 4 123 h.
🛈 Office de Tourisme, r. Grande-Plage
(fermé oct.-déc. et après-midi
janv.-juin) ℱ 59 54 93 85

Schéma à Biarritz

    13 – 78 ⑪ ⑱ G. Pyrénées Aquitaine

▲▲ **Le Ruisseau** ⑤ ≪ « Agréable cadre boisé près d'un plan d'eau »,
ℱ 59 41 94 50, Fax 59 41 95 73, E : 2 km sur rte d'Arbonne, bord de l'Ouhabia
et d'un ruisseau
14 ha/7 campables (400 empl.) ⊶ plat, incliné et en terrasses, herbeux 🌳 ♀♀
– 🏠 ⬟ ⬟ 🗔 sauna & ⑤ ⬟ 🍴 ✕ ⬟ ⬟ – 🗔 🏠 💥 🏠 ⬟ 🌊 vélos, salle de
musculation, practice de golf – Location : 🏠 🏠
23 mai-sept. – **R** conseillée juil.-août – 🗉 piscine comprise 2 pers. 84, pers. suppl. 21

▲▲ **Pavillon Royal** ⑤ ≪, ℱ 59 23 00 54, Fax 59 23 44 47, N : 2 km, av. Prince-
de-Galles, bord de la plage – ⑫ (tentes) – 🎾
5 ha (355 empl.) ⊶ plat et en terrasses, sablonneux, herbeux ♀ (1,7 ha) – 🏠
⬟ ⬟ 🗔 sauna & ⬟ ⊕ ⬟ 🍴 ✕ ⬟ ⬟ – ⬟ 🌊 – A proximité : 🏠 golf (18
trous) – Location : 🏠
15 mai-25 sept. – **R** conseillée juil.-août – 🗉 élect. et piscine comprises 2 pers.
135 (160 avec plate-forme am.), pers. suppl. 20

▲▲ **Résidence des Pins** « Belle décoration florale », ℱ 59 23 00 29,
Fax 59 41 24 59, N : 2 km
6 ha (370 empl.) ⊶ en terrasses, herbeux, sablonneux 🌳 ♀♀ – 🏠 ⬟ ⬟ 🗔 &
⊕ ⬟ 🍴 🏠 ⬟ – 🏠 ✕ 🏠 🌊 – A proximité : 🏠 – Location : 🏠
22 mai-sept. – **R** conseillée juil.-août – 🗉 piscine comprise 2 pers. 90, pers. suppl.
20 🔌 20 (10A)

▲▲ **Berrua** « Entrée fleurie », ℱ 59 54 96 66, Fax 59 54 78 30, E : 0,5 km rte
d'Arbonne
5 ha (300 empl.) ⊶ peu incliné et en terrasses, herbeux ♀ (1,5 ha) – 🏠 ⬟ ⬟
🗔 & ⊕ ⬟ 🍴 ✕ snack ⬟ – 🏠 ✕ 🏠 🌊 – Location : 🏠, chalets
20 avril-10 oct. – **R** conseillée juil. – 🗉 piscine comprise 2 pers. 78 à 88 🔌 15
(6A)

▲▲ **Ur-Onéa**, ℱ 59 26 53 61, E : 0,3 km, r. de la Chapelle, à 500 m de la plage
2,5 ha (120 empl.) ⊶ en terrasses, peu incliné, herbeux – 🏠 ⬟ ⬟ 🗔 & ⊕ ⬟
🍴 🏠 ⬟ – 🏠 🌊 – A proximité : 🎾 poneys – Location : 🏠 🏠
10 avril-sept. – **R** conseillée juil.-août – Tarif 92 : 🗉 2 pers. 64 🔌 12 (10A)

▲ **Le Parc**, ℱ 59 26 54 71, S : 1,2 km, à 400 m de la plage
2,4 ha (200 empl.) ⊶ en terrasses, herbeux ♀ – 🏠 ⬟ ⬟ 🗔 & ⬟ ⊕ 🍴 🏠 –
🏠 🌊 – Location : pavillons
juin-20 sept. – **R** conseillée juil.-août – 🗉 2 pers. 45 🔌 11 (3A) 13 (4A) 15 (6A)

▲ **Dolamatcheria**, ℱ 59 54 96 74, E : 0,5 km rte d'Arbonne
2,5 ha (150 empl.) ⊶ peu incliné, herbeux ♀ – 🏠 ⬟ ⬟ 🗔 ⬟ ⊕ ⬟ – ⬟ –
15 juin-15 sept. – **R** conseillée juil.-août – Tarif 92 : 🗉 2 pers. 50 🔌 10 (3A)

BIELLE

64260 Pyr.-Atl. – 470 h.

△ **l'Ayguelade** ≤, ℘ 59 82 60 62, N : 1 km par N 134 bis rte de Pau, bord du Gave d'Ossau
1,2 ha (80 empl.) ⊶ plat, herbeux ⚖ – 🍴 ⇨ 💧 🔨 🛒 ⊕ – 🚽 –
A proximité : 🍸 ✕
Permanent – **R** conseillée juil.-août – 🚶 12 ▣ 15 🔌 8 (3A) 13 (6A)

BILLIERS 56 Morbihan – 63 ⑭ – rattaché à Muzillac

BILLOM

63160 P.-de-D. – 3 968 h.
🆔 Syndicat d'Initiative, r. Carnot (juin-15 sept.) ℘ 73 68 39 85

🔺 **Municipal le Colombier,** ℘ 73 68 91 50, au NE de la localité par rte de Lezoux et allées des tennis
1 ha (40 empl.) ⊶ plat et peu incliné, herbeux ⛲ – 🍴 ⇨ 💧 🔨 ⊕ – 🚽
🛶 – A proximité : ✕ 🔲
15 mai-15 oct. – **R** conseillée juil.-août – Tarif 92 : 🚶 9 🚗 4,50 ▣ 6,50 🔌 8,20 (4A) 15,50 (10A)

BINIC

22520 C.-d'Armor – 2 798 h.
🆔 Office de Tourisme, esplanade de la Banche (fermé après-midi hors saison) ℘ 96 73 60 12

🔺 **Kerviarc'h les Palmiers** ≤ « Plantations décoratives », ℘ 96 73 72 59, O : 1,5 km
1,2 ha (70 empl.) ⊶ en terrasses et peu incliné, herbeux – 🍴 🔨 🛒 ⊕ 🍸 –
Location : 🏠
juin-sept. – **R** conseillée – Tarif 92 : 🚶 14 🚗 8 ▣ 12 🔌 12 (3A)

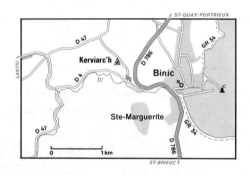

La BIOLLE 73 Savoie – 74 ⑮ – rattaché à Aix-les-Bains

BIOT 06 Alpes-Mar. – 84 ⑨ – rattaché à Antibes

BIRON

24540 Dordogne – 132 h.

🔺 **Étang du Moulinal** 🌿 ≤ « Situation agréable au bord de l'étang »,
℘ 53 40 84 60, Fax 53 40 81 49, S : 4 km rte de Lacapelle-Biron puis 2 km par rte de Villeréal à droite
10 ha/5 campables (200 empl.) ⊶ plat, herbeux ⛲ ⚖ – 🍴 ⇨ 💧 🔨 🛒 ⊕ 🏊
🍷 🍽 ✕ 🔥 🛒 – 🚽 ✕ 🛶 🔲 🚣 half-court – Location : 🏠 🏘, bungalows toilés
20 mai-25 sept. – **R** conseillée 4 juil.-25 août – 🚶 32 piscine comprise ▣ 40,50 🔌 16,50 (3A) 21 (6A)

BISCARROSSE

40600 Landes – 9 054 h.
🆔 Office de Tourisme, pl. Marsan (juil.-août) ℘ 58 78 80 92

🔺 **Mayotte** 🌿 « Cadre agréable », ℘ 58 78 00 00, Fax 58 78 83 91, N : 6 km par rte de Sanguinet puis, à Goubern, 2,5 km par rte à gauche, à 150 m de l'étang de Cazaux (accès direct)
12 ha/5 campables (480 empl.) ⊶ plat, sablonneux, herbeux ⛲ ⚖⚖ pinède –
🍴 ⇨ 💧 🔨 🛒 ⊕ 🏊 🍷 ✕ 🚣 🔥 – 🚽 salle de remise en forme, discothèque, ♨ 🛶 🚣 – A proximité : 🚣 – Location : 🏘
mai-sept. – **R** conseillée – ▣ élect. et piscine comprises 3 pers. 165/180

🔺 **Les Écureuils** Ⓜ « cadre agréable », ℘ 58 09 80 00, Fax 58 09 81 21, N : 4,2 km par rte de Sanguinet et rte de Navarrosse à gauche, à 400 m de l'Étang de Cazaux
6 ha (150 empl.) ⊶ plat, sablonneux, herbeux ⛲ ⚖ – 🍴 ⇨ 💧 🔨 🛒 🛒 ⊕
🍸 🔥 – 🚽 ♨ 🛶 vélos – A proximité : 🚣 snack 🚣 ♪ – Location : 🏘
mars-nov. – **R** conseillée – 🚶 29 piscine comprise ▣ 38 🔌 19 (3A)

▲▲▲ **Bimbo,** ℰ 58 09 82 33, Fax 58 09 80 14, N : 3,5 km par rte de Sanguinet et rte de Navarrosse à gauche
5 ha (120 empl.) ⊶ plat, sablonneux ⌁ ♀ pinède – 🛖 ⬳ 📛 🔄 🕭 ⊕ ⚎ ♥ ⬛
🔲 – 🍴 🚲 vélos – A proximité : ⟂ – Location : 🏠 🏚, chalets
vac. de printemps-sept. – **R** conseillée juil.-août – ⚑ 20 🚐 15 🔲 15/40
🕪 20 (4A)

▲▲▲ Navarrosse Ⓜ, ℰ 58 09 84 32, N : 4,5 km par rte de Sanguinet et rte à gauche, bord de l'étang de Cazaux et du canal Transaquitain
16 ha/7 campables (500 empl.) ⊶ plat, sablonneux ⌁ ♀ – 🛖 ⬳ 📛 🔄 🕭
⚎ ♥ 🔲 – 🍴 🚲 ⬳ 🎣 – A proximité : 🏊 🏚
avril-oct. – **R**

▲▲ Municipal de Latécoère, ℰ 58 78 13 01, SO : 1,5 km, bord de l'étang de Biscarrosse
2,7 ha (160 empl.) ⊶ plat, sablonneux ⌁ ♀♀ pinède – 🛖 ⬳ 📛 🔄 ⊕ ⚎ 🔲
– ⬳ 🎣 – A proximité : ♀ ✗ – Location : 🏠

à Biscarrosse-Plage NO : 9,5 km par D 146
✉ 40520 Biscarrosse-Plage :
🛈 Office de Tourisme, av. Plage ℰ 58 78 20 96

▲▲▲ le Vivier ♨, ℰ 58 78 25 76, au nord de la station
16 ha (416 empl.) ⊶ plat, sablonneux ♀♀ pinède – 🛖 ⬳ 📛 🔄 🕭 ⊕ ⚎ 🔲 –
🏚 🍴 🚲 – A proximité : 🐾

▶ *Ce guide n'est pas un répertoire de tous les terrains de camping mais une sélection des meilleurs camps dans chaque catégorie.*

BLAIN
🄴 – 🆂🆃 ⑯ G. Bretagne

44130 Loire-Atl. – 7 434 h.
🛈 Office de Tourisme, pl. Jean-Guihard ℰ 40 87 15 11

▲ **Municipal le Château,** ℰ 40 79 11 00, sortie SO par N 171 rte de St-Nazaire, près du château (14ᵉ siècle) et à 250 m du canal de Nantes à Brest
1 ha (44 empl.) plat, herbeux – 🛖 ⬳ 📛 🔄 ⊕ – A proximité :
mai-sept. – **R** – ⚑ 6,50 🚐 6,50 🔲 6,50 🕪 6,50 (3 à 10A)

BLAINVILLE-SUR-MER
🄴 – 🆂🆃 ⑫ G. Normandie Vallée de la Seine

50910 Manche – 1 113 h.

▲▲▲ **Village de Vacances le Senéquet,** ℰ 33 47 23 11, Fax 33 47 09 55, NO : 2 km sur D 651 – ♨
5 ha (100 empl.) ⊶ plat et peu incliné, herbeux, gravillons ⌁ – 🛖 ⬳ 📛 🔄 🕭 ⊕ ⚎ ♥ 🖳 ♀ ✗ 🍴 – 🔲 garderie – 🏚 salle omnisports, salle de spectacles 🍴
7 juin-17 sept. – **R** conseillée – Adhésion obligatoire pour séjour supérieur à 1 semaine – ⚑ 12 piscine comprise 🔲 20/38 avec élect.

▲▲ **La Mélette,** ℰ 33 47 14 84, O : 1 km, sur D 651
5 ha (115 empl.) ⊶ plat, herbeux, sablonneux – 🛖 ⬳ 📛 🔄 ⊕ – 🏚 🍴 🚲
15 juin-15 sept. – **R** – ⚑ 10,60 🔲 14,50 🕪 8,80 (4A)

BLAMONT
🄶 – 🆂🆅 ⑦

54450 M.-et-M. – 1 318 h.

▲ **Municipal de la Vezouze,** sortie E par D 993 rte de Cirey-sur-Vezouze, au terrain de sports, près de la Vezouze et d'un étang
0,8 ha (66 empl.) ⊶ – 🛖 🔄 ⊕ – A proximité : 🍴 ⬳
mai-sept. – **R** juil.-août – ⚑ 10 🔲 6/10 🕪 9 (3A) 13 (6A) 15 (10A)

Le BLANC ⊛
🄸🄾 – 🆂🆃 ⑯ G. Berry Limousin

36300 Indre – 7 361 h.
🛈 Office de Tourisme, pl. de la Libération (juin-sept.) ℰ 54 37 05 13

▲▲▲ **Municipal,** ℰ 54 37 88 22, E : 2 km sur N 151 rte de Châteauroux, bord de la Creuse
1 ha (100 empl.) ⊶ plat, herbeux ⌁ ♀ – 🛖 🔄 🔲 ⊕ – 🏚 🍴 – A proximité : 🍴 ⬳
15 mai-sept. – **R** – ⚑ 8,70 🔲 8,70 🕪 8,70

BLANGY-LE-CHÂTEAU
🄶 – 🆂🆅 ⑱

14130 Calvados – 618 h.

▲▲▲ **Le Brévedent** ♨ ≤, ℰ 31 64 72 88, Fax 31 64 33 41, SE : 3 km par D 51, au château, bord d'un étang – ♨
21 ha/3,5 campables (130 empl.) ⊶ plat et incliné, herbeux ♀♀ verger – 🛖 🔄 📛 ⊕ ⚎ 🖳 ♀ ✗ 🔲 – 🏚 🍴 🚲 🎣 – A proximité : 🍴 🍴
15 mai-15 sept. – **R** conseillée 8 juil.-18 août – ⚑ 25 piscine comprise 🔲 35 🕪 16 (4A)

▲▲ **le Domaine du Lac,** ℰ 31 64 62 00, sortie NO par D 140 rte du Mesnil-sur-Blangy, bord d'un plan d'eau et du Chaussey
7 ha/3 campables (100 empl.) ⊶ plat et peu incliné, herbeux ⌁ ♀ – 🛖 ⬳ 📛 🔄 ⊕ ⚎ ♀ ✗ 🔲 – ⬳ half-court – A proximité : 🍴 🔲
avril-oct. – **R** juil.-août – ⚑ 22 🔲 25 🕪 15 (3A) 18 (5A)

BLAVOZY **43** H.-Loire – 🏴 ⑦ – rattaché au Puy-en-Velay

BLENDECQUES

62570 P.-de-C. – 5 210 h.

    🏕 Le Parfum des Sapins (Municipal de Liévin), 𝄞 21 93 48 85, Fax 21 95 65 50, SO : 2 km par D 210ᵉ rte d'Helfaut
1,15 ha (60 empl.) plat, herbeux – 🚿 ⛺ 📷 🛒 ♿ ☺ – 🚵 – A proximité : 🍴
mars-oct. – 🏨

1 – 51 ③

BLÉNEAU

89220 Yonne – 1 585 h.

    🏕 **Municipal la Pépinière** « Cadre agréable », sortie N par D 64 rte de Champcevrais
1,3 ha (50 empl.) ⚡ (saison) plat, herbeux 🔲 ♋♋ – 🚿 🔥 ☺ – 🚗 - A l'entrée : ✂ 🛶
Pâques-15 oct. – 🏨 – 🚶 5,30 🔲 7,60 (2) 8,10 (10A)

6 – 65 ③

BLÉRÉ

37150 I.-et-L. – 4 388 h.
🛈 Office de Tourisme, r. J.-J.-Rousseau (15 juin-sept.)
𝄞 47 57 93 00

    🏕 **Municipal la Gatine** « Entrée fleurie », 𝄞 47 57 92 60, à l'Est de la ville, r. du Commandant-Lemaître, près du Cher
4 ha (270 empl.) ⚡ plat, herbeux ♋ – 🚿 ⛺ 🔥 📷 🛒 ♿ ☺ – 🚗 🚵 🛶 – A proximité : ✂ 🔥
10 avril-16 oct. – 🏨 – Tarif 92 : 🔲 1 ou 2 pers. 37, pers. suppl. 9,40 (2) 13,50 (4A)

5 – 64 ⑯ G. Châteaux de la Loire

BLESLE

43450 H.-Loire – 703 h.

    🏕 **Municipal la Bessière** 🏖 ≤, 𝄞 71 76 25 82, SE : 1,5 km par D 8 et chemin à droite, bord de la Sianne
0,6 ha (42 empl.) ⚡ plat et peu incliné, terrasse, herbeux 🔲 – 🚿 ☺ 🛶
15 juin-15 sept. – R – 🚶 8 🚗 8 🔲 7 (2) 8 (15A)

11 – 76 ④ G. Auvergne

BLOT-L'ÉGLISE

63440 P.-de-D. – 392 h. alt. 639

    🏕 **Municipal,** S : 0,5 km par D 50 rte de Manzat
0,5 ha (50 empl.) plat, herbeux 🔲 – 🚿 🔥 ☺ – ✂
15 juin-15 sept. – 🏨 – Tarif 92 : 🚶 5 🚗 3 🔲 3 (2) 8

11 – 73 ③ ④

BLYE

39130 Jura – 110 h.

    🏕 **Les Claies,** 𝄞 84 48 30 55, sortie S par D 151 rte de Pont-de-Poitte
1 ha (40 empl.) ⚡ plat, herbeux – 🚿 🛶 ♿ ☺
15 juin-15 sept. – R – 🚶 10 🚗 4 🔲 5 (2) 9 (5A)

12 – 70 ⑭

La BOCCA **06** Alpes-Mar. – 84 ⑨ – rattaché à Cannes

BOIS-DE-CÉNÉ

85710 Vendée – 1 232 h.

    🏕 **Le Bois Joli** 🏖, 𝄞 51 68 20 05, Fax 51 90 31 03, sortie S par D 58 rte de Challans et D 28 à droite
3 ha (120 empl.) ⚡ plat, herbeux 🔲 ♋ – 🚿 🛶 📷 ♿ ☺ 🍷 – 🚗 ✂
15 juin-15 sept. – R conseillée – 🔲 tennis compris 2 pers. 68 (2) 18 (6A)

9 – 67 ②

Le BOIS-PLAGE-EN-RÉ **17** Char.-Mar. – 71 ⑫ – voir à Ré (Ile de)

La BOISSIÈRE-DE-MONTAIGU

85600 Vendée – 1 584 h.

    🏕 **L'Eden** 🏖, 𝄞 51 41 62 32, Fax 40 68 98 62, SO : 2,3 km par D 62 rte de Chavagnes-en-Paillers puis à droite
15 ha/8 campables (100 empl.) ⚡ plat, pierreux, herbeux, prairies, étang et sous-bois 🎪 – 🚿 ⛺ 🔥 📷 ♿ ☺ 🚵 🎿 🍷 🔥 – 🚗 ✂ 🔥 🛶 🐎 – Location : 🏠
mai-oct. – R conseillée – 🔲 élect. (4A), piscine et tennis compris 3 pers. 99

9 – 67 ④

BOISSON

30 Gard – ✉ 30500 St-Ambroix

    🏕 **Château de Boisson** 🏖, 𝄞 66 24 85 61, Fax 66 24 80 14, au bourg – ✂
5 ha (90 empl.) ⚡ plat, herbeux, pierreux 🔲 ♋♋ – 🚿 ⛺ 🔥 📷 🛒 🍷 snack 🔥 – 🚗 ✂ 🚵 🔥 vélos – A proximité : 🏇 – Location : 🏠 🏠, appartements
mai-sept. – R conseillée juil.-août – 🚶 25 piscine comprise 🔲 50 (2) 17 (4 à 6A)

16 – 80 ⑧

BOLLÈNE

84500 Vaucluse – 13 907 h.

🛈 Office de Tourisme, pl. Reynaud-de-la-Gardette ℰ 90 30 14 43

▲▲▲ **Le Barry** 🏕 « Cadre agréable », ℰ 90 30 13 20, N : 3,5 km par D 26 rte de Pierrelatte et rte à droite, par St-Pierre
3 ha (100 empl.) ⊶ peu incliné et en terrasses, pierreux, herbeux 오오 – 🗟 ⚒
🗟 ⊕ ⚏ ⚑ ✗ 🍴 🖳 – 🖳 discothèque 🏊‍ – Location : 🛏
Permanent – **R** conseillée juin-sept. – ✱ 22 piscine comprise 🔲 28 ⒣ 18 (6A)

▲▲ **Municipal du Lez,** ℰ 90 30 16 86, accès par pl. du 18-Juin-1940, bord du Lez
1,2 ha (70 empl.) ⊶ plat et terrasse, pierreux, herbeux 오오 – 🗟 ⚒ ⚏ ⚓ ⊕
avril-sept. – **R** – ✱ 8,30 🚗 2,60 🔲 2,60 ⒣ 5,80 (4A) 6,95 (4A)

▲ **la Simioune** « Agréable cadre boisé », ℰ 90 30 44 62, NE : 5 km par rte de Lambisque (ancienne rte de Suze-la-Rousse longeant le Lez) et à gauche
1,5 ha (80 empl.) accidenté, sablonneux, bois – 🗟 ⚒ ⚒ ⚓ – ⚏ poneys
Permanent – **R** conseillée juin-sept. – ✱ 18 piscine comprise 🔲 15/20

BOLLEZEELE

59470 Nord – 1 476 h.

▲▲ **St. Antoine** 🏕, ℰ 28 68 84 18, sortie S par D 246 rte de Volckerinckhove et chemin à gauche
1,2 ha (39 empl.) ⊶ plat et peu incliné, herbeux 🖵 – 🗟 🗟 ⊕ ⚑
Pâques-oct. – **R** – ✱ 10 🚗 10 🔲 10 ⒣ 8 (2A) 10 (4A)

BONIFACIO **2A** Corse-du-Sud – – voir à Corse

BONLIEU

39130 Jura – 206 h. alt. 785

▲▲ **L'Abbaye** ≤, ℰ 84 25 57 04, E : 1,5 km par N 78 rte de St-Laurent-en-Grandvaux
2 ha (120 empl.) ⊶ plat et incliné, herbeux – 🗟 ⚒ ⚓ ⊕ ⚑ ✗ 🍴 🖳
mai-sept. – **R** conseillée – 🔲 2 pers. 50 ⒣ 9 (5A)

BONLIEU-SUR-ROUBION

26160 Drôme – 286 h.

▲ **Les Chênes** 🏕, ℰ 75 46 71 81, NO : 1,5 km par D 74 et chemin à droite
1,2 ha (33 empl.) ⊶ plat 오오 – 🗟 ⚒ ⚓ ⚒ ⊕ – 🖳 🏊
juil.-août – **R** conseillée 12 juil.-20 août – 🔲 élect. (5A) et piscine comprises
2 pers. 65, pers. suppl. 18

BONNAL **25** Doubs – – rattaché à Rougemont

BONNES

86300 Vienne – 1 290 h.

▲ **Municipal,** ℰ 49 56 44 34, au sud du bourg, bord de la Vienne
1,2 ha (65 empl.) ⊶ plat, herbeux, pierreux – 🗟 🗟 ⚓ 🍴 ⊕ 🚗 🖳 – 🏊‍
A proximité : 🏊
15 mai-sept. – **R** conseillée août – ✱ 10 🚗 5 🔲 5 ⒣ 10 (10A)

BONNEVAL

28800 E.-et-L. – 4 420 h.

▲▲▲ **Municipal** 🏕 « Cadre boisé », ℰ 37 47 54 01, S : 1,5 km par rte de Conie et rte de Vouvray à droite, bord du Loir
2,6 ha (130 empl.) ⊶ plat et peu incliné, herbeux, gravier, bois attenant ⚪ – 🗟 ⚒ 🗟 ⚓ ⚏ ⚒ 🚗 ⚐ 🖳 – 🖳 🏊 – A proximité : 🏊 (découverte l'été)
Permanent – **R** conseillée juil.-15 août – Tarif 92 : 🔲 1 à 8 pers. 20 à 90 ⒣ 10 (6A)

BONNEVILLE ◁▷

74130 H.-Savoie – 9 998 h.

🛈 Syndicat d'Initiative, pl. Hôtel de Ville ℰ 50 97 38 37

▲▲ **Municipal du Bois des Tours** Ⓜ ≤, ℰ 50 97 04 31, NE : r. des Bairiers
1,3 ha (70 empl.) ⊶ peu incliné, plat, herbeux – 🗟 ⚒ ⚓ 🗟 ⊕ – 🏊‍
15 juin-15 sept. – **R** – Tarif 92 : ✱ 9,50 🚗 6,70 🔲 7,70 ⒣ 10,50 (6A)

BONNIEUX

84480 Vaucluse – 1 422 h.

🛈 Syndicat d'Initiative Intercommunal, pl. Carnot ℰ 90 75 91 90

▲▲ **Municipal du Vallon** 🏕 ≤, ℰ 90 75 86 14, sortie S par D 3 rte de Ménerbes et chemin à gauche
1,3 ha (80 empl.) ⊶ plat et en terrasses, pierreux, herbeux 오오 (0,3 ha) – 🗟 🗟 ⊕
15 mars-15 oct. – **R** – Tarif 92 : ✱ 8,20 🚗 5,10 🔲 7,20 ⒣ 9,80

BORDEAUX

33000 Gironde – 210 336 h.

🛈 Office de Tourisme et Accueil de France, 12 cours 30-Juillet
ℰ 56 44 28 41, Gare St-Jean
ℰ 56 91 64 70 et à l'Aéroport, hall arrivée ℰ 56 34 39 39

à Ambarès-et-Lagrave NE : 14 km par D 911 (ex N 10)
✉ 33440 Ambarès-et-Lagrave :

▲▲ **Clos Chauvet** « Cadre agréable et entrée fleurie », ℰ 56 38 81 08, SO : 1 km sur D 911, rte de Bordeaux – Par A 10, sortie 32¹, rte d'Ambarès-Lagrave
0,8 ha (35 empl.) ⊶ plat, peu incliné, herbeux 오오 – 🗟 ⚒ ⚓ 🗟 ⊕ – 🖳
A proximité : 🏊
mai-oct. – **R** – Exclusivement pour passage touristique – Tarif 92 : ✱ 17 🔲 15 ⒣ 12 (10A)

à *Villenave-d'Ornon* SE : 9 km par N 113 et D 108 à gauche
⊠ 33140 Villenave-d'Ornon :

▲▲▲ **Les Gravières,** ℰ 56 87 00 36, NE : 2 km rte de Bègles, bord et près d'étangs
– Par rocade A 630 : sortie Bègles-Caminasse (20a)
10 ha/3,5 campables (150 empl.) ⚬━ plat, herbeux ♀♀ – 🚿 🍴 🏊 🖼 🏛 ⊕ 🛒
🛒 🏊 🍴 🖼 – 🛶
Permanent – **R** *conseillée saison* – 🏕 *18* 🔲 *17/24 ou 30* 🔌 *10 (3A) 15 (5A)*

BORMES-LES-MIMOSAS

83230 Var – 5 083 h.
🅱 Office de Tourisme, pl. Gambetta
ℰ 94 71 15 17 et bd de la Plage La
Favière (juin-sept.) ℰ 94 64 82 57

▲▲▲ **Manjastre** 🦌 ≤ « Cadre agréable », ℰ 94 71 03 28, Fax 94 71 63 62, NO :
5 km, sur N 98 rte de Cogolin – 🚫 juin-sept.
3,5 ha (120 empl.) ⚬━ en terrasses, pierreux 🖂 ♀♀ – 🚿 🛆 🏊 ⊕ 🛒 🍴 🖼 –
Permanent – **R** *conseillée saison* – 🏕 *23,50 piscine comprise* 🔲 *28,50*
🔌 *18 (6A) 28 (10A)*

Voir aussi *au Lavandou*

BORT-LES-ORGUES

19110 Corrèze – 4 208 h.
🅱 Office de Tourisme, pl. Marmontel
ℰ 55 96 02 49

▲▲▲ **Les Aubazines** 🦌 ≤ monts du Cantal « Belle situation au bord du lac »,
ℰ 55 96 08 38, N : 2,5 km par D 979 rte d'Ussel et chemin à droite
26 ha/4,5 campables (139 empl.) ⚬━ en terrasses, plat, herbeux, pierreux,
sablonneux 🖂 ♀♀ (1 ha) – 🚿 🛆 🏊 🖼 🛆 ⊕ 🖼 – 🛒 🛶 – A proximité :
🍴 🍽 🛶 🚲 🚫
12 juin-11 sept. – **R** *conseillée juil.-août* – 🏕 *11* � *7* 🔲 *8* 🔌 *12 (5A)*

▲ **Outre-Val** 🦌 ≤ « Belle situation au bord du lac », ℰ 55 96 05 82, N : 12 km
par D 979 rte d'Ussel et rte à droite – Accès difficile pour caravanes (pente à
17 %), véhicule tracteur disponible
3,2 ha (70 empl.) ⚬━ en terrasses, herbeux, sablonneux, pierreux ♀ – 🚿 🏊 ⊕
🛶 🛒 🍴 🍽 – 🛒 🛶
mai-oct. – **R** *conseillée* – 🔲 *élect. (10A) comprise 2 pers. 49, pers. suppl. 11*

▲ **Le Bois d'Enval** 🦌 « Belle situation dominante ≤ monts du Cantal »,
ℰ 55 96 06 62, N : 11,5 km par D 979 rte d'Ussel et rte à droite – alt. 650
2 ha (33 empl.) incliné, plat, herbeux – 🚿 ⊕
mai-15 oct. – **R** *juil.-août* – 🏕 *8,50* 🚗 *4,50* 🔲 *8* 🔌 *10 (8A)*

▲ **Municipal Beausoleil** 🦌 ≤, ℰ 55 96 00 31, SO : 2 km par D 979 et rte de
Ribeyrolles
4 ha (200 empl.) ⚬━ plat, peu incliné, herbeux ♀♀ – 🚿 🛆 🖼 ⊕ 🛒 🖼 – 🛶
juin-sept. – **R** – *Tarif 92 :* 🏕 *8,30* 🚗 *4,30* 🔲 *4,30* 🔌 *5,40 (moins de 10A)*
13,20 (plus de 10A)

▲ **Municipal le Tourlourou** 🦌 ≤, SO : 4,5 km par D 979 et rte de
Ribeyrolles, près de la Dordogne
1,6 ha (130 empl.) ⚬━ plat, herbeux ♀ (1 ha) – 🚿
Pâques-sept. – **R** – *Tarif 92 :* 🏕 *5,40* 🚗 *3,40* 🔲 *2,60*

Les BOSSONS 74 H.-Savoie – 74 ⑧ – rattaché à Chamonix-Mont-Blanc

BOTMEUR

29128 Finistère – 191 h.

▲ **Municipal** 🦌 ≤, au bourg, près de la mairie
0,4 ha (33 empl.) non clos, en terrasses, herbeux – 🚿 🛆 🛆
Permanent – 🏕 *7* 🚗 *5* 🔲 *7*

BOUAFLES 27 Eure – 55 ⑰ – rattaché aux Andelys

BOUBERS-SUR-CANCHE

62270 P.-de-C. – 604 h.

▲▲ **La Flore,** sortie E par D 340 rte de Frévent
1 ha (50 empl.) ⚬━ peu incliné, herbeux – (🚿 juin-sept.) 🖼 ⊕
avril-oct. – **R** *conseillée* – 🔲 *3 pers. 39* 🔌 *10,50 (3A)*

BOUCHEMAINE

49080 M.-et-L. – 5 799 h.

▲ **Municipal le Château** « Entrée fleurie », ℰ 41 77 11 04, S par D 111, bord
de la Maine
1 ha (100 empl.) ⚬━ plat, herbeux ♀♀ – 🚿 🛆 🏊 ⊕ – A proximité : 🚫 🛶
mai-15 sept. – **R** – 🏕 *10* 🚗 *10* 🔲 *10* 🔌 *13*

BOUGÉ-CHAMBALUD

38150 Isère – 814 h.

▲▲▲ **Le Temps Libre** ⬦ 🦌, ℰ 74 84 04 09, Fax 74 84 15 71, sortie SE par D 131
rte d'Épinouze puis 0,7 km par rte à droite, bord du Dolon – Par autoroute A7 :
sortie Chanas
4 ha (150 empl.) ⚬━ en terrasses, herbeux, pierreux 🖂 ♀ – 🚿 🛆 🛆 🖼 ⊕ 🛆
🛒 🍴 🖼 – 🛒 🚫 🚲 🛶 🛶
mars-oct. – Location longue durée – Places disponibles pour le passage – **R** –
🏕 *20 piscine et tennis compris* 🔲 *32* 🔌 *17 (9A)*

BOULOGNE-SUR-GESSE
14 – 82 ⑮

31350 H.-Gar. – 1 531 h.

ᐃ **Municipal du Lac** ॐ, ℘ 61 88 20 54, SE : 1,3 km par D 633 rte de Montréjeau et rte à gauche, à 300 m du lac
2 ha (165 empl.) ⊶ plat et peu incliné, herbeux ⵚ – 🗐 🖰 🖰 ⊕ 🖭 – 🏠 –
A proximité : 🍴 🍽 🚿 ⚱ 🏊 – Location : bungalows toilés
Permanent – **R** *conseillée* – 🕆 *8,20* 🖪 *7,60* ⅁ *10*

BOULOIRE
5 – 64 ④

72440 Sarthe – 1 829 h.

ᐃ **Municipal,** sortie E rte de St-Calais
1,3 ha (33 empl.) plat, peu incliné et terrasse, herbeux – 🗐 🖰 🖰 🎞 ⊕ –
A proximité : 🚿
Pâques-sept. – **R** – *Tarif 92 :* 🕆 *10* 🚗 *5* 🖪 *5* ⅁ *10 ou 20*

Le BOULOU
15 – 86 ⑲ G. **Pyrénées Roussillon**

66160 Pyr.-Or. – 4 436 h. –
🏵 fév.-nov.
🅱 Office de Tourisme, r. des Écoles
℘ 68 83 36 32

ᐃ **Le Mas Llinas** ॐ ⩻ Chaîne des Albères « Agréable situation »,
℘ 68 83 25 46, N : 3 km par N 9 rte de Perpignan et chemin à gauche, devant l'Intermarché
3 ha (100 empl.) ⊶ en terrasses, gravier – 🗐 🖰 🖄 🖪 ⚲ ⊕ 🖭 – 🏠 🗲 –
Location : 🛖
Permanent – **R** *conseillée juil.-août* – 🖪 *piscine comprise 1 à 4 pers. 44 à 85, pers. suppl. 12* ⅁ *11 (5A)*

ᐃ **L'Olivette,** ℘ 68 83 48 08, S : 2 km par N 9, aux Thermes du Boulou, bord de la Rome
2,7 ha (190 empl.) ⊶ plat et terrasse, herbeux 🗐🗐 – 🗐 🖰 🖄 🖄 ⚲ –
avril-oct. – **R** *conseillée juil.-août* – 🖪 *1 pers. 40, 2 pers. 57* ⅁ *8 (6A) 14 (10A)*

BOURBON-LANCY
11 – 69 ⑯ G. **Bourgogne**

71140 S.-et-L. – 6 178 h. –
🏵 2 avril-21 oct.
🅱 Office de Tourisme, pl. d'Aligre (fermé matin nov.-mars)
℘ 85 89 18 27

ᐃ **Municipal du Plan d'Eau,** ℘ 85 89 34 27, sortie O par rte de Moulins et chemin à gauche, bord du plan d'eau
1,8 ha (64 empl.) ⊶ peu incliné, herbeux ⵚ – 🗐 🖰 🖰 🖪 ⚲ ⊕ 🖄 – 🏠 poneys, toboggan aquatique – A proximité : 🍴 🍽 🚗 🍽 🏊 – Location : chalets
juin-sept. – **R** – *Tarif 92 :* 🕆 *8,20* 🚗 *5* 🖪 *5/6* ⅁ *7 (10A)*

ᐃ **Municipal de Saint-Prix** « Cadre agréable », ℘ 85 89 14 85, vers sortie ③ rte de Digoin, à 200 m d'un plan d'eau
2,5 ha (128 empl.) ⊶ plat, incliné et en terrasses, herbeux ⵚ – 🗐 🖰 🖰 ⊕ 🖄
🍽 – 🏠 🗲 – A proximité : 🍽 🍽
15 avril-15 oct. – **R** – *Tarif 92 :* 🕆 *8,20* 🚗 *5* 🖪 *5/6* ⅁ *7 (10A)*

BOURBON-L'ARCHAMBAULT
11 – 69 ⑬ G. **Auvergne**

03160 Allier – 2 630 h. –
🏵 15 janv.-14 déc.
🅱 Office de Tourisme, 1 pl. des Thermes (avril-oct.) ℘ 70 67 09 79

ᐃ **Municipal Parc Jean Bignon** ॐ, ℘ 70 67 08 83, sortie SO par rte de Bourges et rue à droite
3 ha (157 empl.) ⊶ (avril-sept.) plat et peu incliné, herbeux ⚱ – 🗐 🖰 🖰 ⚲ ⊕
🖄 🍽 🖭 – A proximité : 🍽 🍽 🍽
mars-oct. – **R** – *Tarif 92 :* 🕆 *10,70* 🚗 *4,40* 🖪 *6* ⅁ *10 (moins de 5A)*
11,50 (plus de 5A)

BOURBONNE-LES-BAINS
7 – 62 ⑬ G. **Alsace Lorraine**

52400 H.-Marne – 2 764 h. –
🏵 mars-nov.
🅱 Office de Tourisme, Centre Borvo, pl. des Bains (mars-nov.)
℘ 25 90 01 71

ᐃ **Le Montmorency** ⩻, ℘ 25 90 08 64, sortie O par rte de Chaumont et rte à droite, à 100 m du stade
1,5 ha (60 empl.) ⊶ peu incliné, herbeux – 🗐 🖰 🖰 🖪 ⊕ 🖄 🍽 – A proximité : 🍽 🍽 – Location : 🛖
avril-oct. – **R** *conseillée* – 🕆 *9,80* 🖪 *8,80/9,80* ⅁ *8,80 (6A)*

La BOURBOULE
11 – 73 ⑬ G. **Auvergne**

63150 P.-de-D. – 2 113 h. alt. 852 –
🏵.
🅱 Office de Tourisme, pl. de l'Hôtel-de-Ville ℘ 73 81 07 99

ᐃ **Les Clarines** ❄ ⩻, ℘ 73 81 02 30, E : 1,5 km, par av. du Maréchal Leclerc et D 996 rte du Mont-Dore
3 ha (150 empl.) ⊶ peu incliné et en terrasses, herbeux, gravier 🗐🗐 (2 ha) – 🗐
🖰 🖰 🖰 🎞 ⚲ 🖪 ⊕ 🖄 🍽 – 🗲 – A proximité : 🛖
Permanent – **R** *conseillée juil.-août* – *Tarif 92 :* 🖪 *piscine comprise 2 pers. 61 (hiver 54), pers. suppl. 17 (hiver 14)* ⅁ *11,50 (3A) 22 (6A) 29 (10A)*

ᐃ **Municipal les Vernières** ⩻, ℘ 73 81 10 20, sortie E par D 130 rte du Mont-Dore, près de la Dordogne
1,5 ha (165 empl.) ⊶ plat et terrasse, herbeux ⵚ ⚱ – 🗐 🖰 🖪 ⚲ 🎞 ⊕ 🖭 –
🏠 🗲 – A proximité : 🍽 🍽
avril-sept. – **R** – *Tarif 92 :* 🕆 *13* 🖪 *9,45* ⅁ *11 (3A) 22 (6A) 33 (10A)*

à Murat-le-Quaire N : 2,5 km par D 88 – ✉ 63150 Murat-le-Quaire :

ᐃ **Municipal les Couderts** ⩻, sortie N rte de la Banne d'Ordanche, bord d'un ruisseau – alt. 1 040
1,7 ha (45 empl.) ⊶ (saison) plat, peu incliné, en terrasses, herbeux ⵚ – 🗐 🖰
🖄 🖪 ⊕ 🖭 – 🗲 – vac. scolaires, 15 mai-sept. – **R** *conseillée juil.-août* – 🕆 *10,50* 🚗 *4* 🖪 *6*
⅁ *9 (3A) 18 (6A) 26 (10A)*

BOURCEFRANC-LE-CHAPUS

🗺 – 🗂 ⑭ G. Poitou Vendée Charentes

17560 Char.-Mar. – 2 851 h.

Schéma à Oléron

⚠ **Municipal la Giroflée** ⌂, 🛱 46 85 06 43, S : 2 km, près de la plage
3,2 ha (100 empl.) ⟜ (juil.-août) plat, herbeux, sablonneux 🌳 (2 ha) – 🏠 ⇌ ⛺
🚿 ⊕ – A proximité : 🍴 ⛤ ⛵
juin-15 sept. – **R** conseillée 1er-15 août – ⚶ 10 🔲 8,50 ⚡ 10 (3 ou 5A)

BOURDEAUX

🗺 – 🗂 ⑬

26460 Drôme – 562 h.
🛈 Syndicat d'Initiative, pl. de la Lève
🛱 75 53 35 90

⚠ **Municipal le Gap des Tortelles** ⌂ ≪, 🛱 75 53 30 45, sortie SE par D 70
rte de Nyons et chemin à droite, bord du Roubion
0,7 ha (44 empl.) ⟜ plat et terrasse, herbeux, pierreux 🌳 – 🏠 🏊 🍴 ⊕ –
A proximité : ⛤ ⛵
15 avril-15 oct. – **R** conseillée juin à août – 🔲 2 pers. 35, pers. suppl. 11,30
⚡ 11 (3A)

au Poët-Célard NO : 4 km par D 328 – ✉ 26460 Bourdeaux :

⚠⚠ **Le Couspeau** ⌂ ≪ « Site agréable », 🛱 75 53 30 14, Fax 75 53 37 23, SE :
1,3 km par D 328A – alt. 600
2 ha (50 empl.) ⟜ en terrasses et peu incliné, herbeux 🔲 – 🏠 ⇌ 🏊 🍴 ⊕ 🟫
snack 🍴 🔲 – 🔳 ⛤ ⛵ 🏊 vélos – Location : chalets
mai-sept. – **R** conseillée juil.-août – 🔲 piscine comprise 2 pers. 90 ⚡ 15 (3A)
18 (6A)

BOURG-ACHARD

🗺 – 🗂 ⑤ G. Normandie Vallée de la Seine

27310 Eure – 2 255 h.

⚠⚠ **Le Vanneau,** interdit aux camping-cars, réservé aux caravanes ⌂ « Cadre
normand », 🛱 32 56 42 93, S : 5 km par D 83, à Bosc-Bénard-Crescy – 🅟
2,5 ha (69 empl.) ⟜ plat et peu incliné, herbeux – 🏠 ⇌ 🔲 ⊕ – 🔳 ⛤ 🏊
avril-sept. – **R** – ⚶ 8 et 8 pour eau chaude 🔲 8 ⚡ 8 (6A)

⚠ Le Clos Normand, 🛱 32 56 34 84, sortie O rte de Pont-Audemer
1,4 ha (85 empl.) ⟜ plat et peu incliné, herbeux, bois attenant – 🏠 🏊 ⊕ 🍴 –
🏊

BOURGANEUF

🗺 – 🗂 ⑨ G. Berry Limousin

23400 Creuse – 3 385 h.

⚠ **Municipal la Chassagne,** N : 1,5 km par D 912, rte de la Souterraine, bord
du Taurion
0,7 ha (70 empl.) plat, peu incliné, herbeux – 🏠 🏊 ⊕
15 juin-15 sept. – **R** – ⚶ 7 ⇌ 5 🔲 5 ⚡ 6 (5A)

Le BOURG-D'ARUD

🗺 – 🗂 ⑥ G. Alpes du Nord

38 Isère – alt. 950 – ✉ 38143
Venosc

⚠⚠ **Le Champ du Moulin** ⌂ ≪ « Site agréable », 🛱 76 80 07 38,
Fax 76 80 24 44, sortie O par D 530, bord du Vénéon
1 ha (51 empl.) ⟜ plat, herbeux, pierreux – 🏠 ⊕ 🔲 📯 ⊕ 🟫 🍴 snack, pizzeria
🔳 – tir à l'arc – A proximité : ⛤ ⛵ 🏊 – Location : 🚐, appartements, gîte
d'étape
15 déc.-15 mai et 15 juin-15 sept. – **R** conseillée 15 juin-15 sept. – 🔲 2 pers.
81,50 (hiver 86,50), pers. suppl. 20 (hiver 21,50) ⚡ 3 à 10A : 10 à 28 (hiver 10
à 40,50)

⚠ **La Cascade** ≪, 🛱 76 80 04 77, au SO du bourg, près d'une cascade
0,5 ha (41 empl.) peu incliné, herbeux 🌳🌳 (0,5 ha) – 🏠 ⇌ ⛺ ⊕
mai-1er nov. – **R** conseillée – ⚶ 10 ⇌ 5 🔲 9 ⚡ 8,50

⚠ Le Savet ≪, 🛱 76 80 06 91, au bourg, à 50 m du Vénéon
0,25 ha (15 empl.) plat, herbeux, pierreux – 🏠 ⇌ ⛺ ⊕ – 🔳 – A proximité :
⛤ ⛵ 🏊 tir à l'arc
juin-sept. – **R** conseillée

BOURG-DE-PÉAGE

🗺 – 🗂 ②

26300 Drôme – 9 248 h.

à Barbières SE : 15 km par D 149 – ✉ 26300 Barbières :

⚠⚠ **le Gallo-Romain,** 🛱 75 47 44 07, SE : 1,2 km par D 101 rte du Col de
Tourniol, bord de la Barberolle
3 ha (35 empl.) ⟜ plat et peu incliné, pierrreux, herbeux 🔲 – 🏠 ⇌ ⛺ 🔲 🚿
⊕ 🍴 🍽 🍴 🔳 – 🔳 🏊 vélos – Location : 🛏
mai-sept. – **R** conseillée – ⚶ 15 piscine comprise 🔲 60 ⚡ 15 (30A)

BOURG-DES-COMPTES

🗺 – 🗂 ⑥

35580 I.-et-V. – 1 727 h.

⚠ **Municipal la Courbe** ⌂, O : 2 km par rte de Guichen et rte à gauche avant
le pont, à 100 m de la Vilaine et d'un étang
1 ha (60 empl.) plat, herbeux – 🏠 🏊 ⊕
avril-oct. – **R** – Tarif 92 : ⚶ 7 ⇌ 4 🔲 4 ⚡ 7,50 (3A)

▶ *Si vous recherchez :*
un terrain effectuant la location de caravanes,
de résidences mobiles ou de bungalows
Consultez le tableau des localités citées, classées par départements.

Le BOURG-D'HEM

23220 Creuse – 278 h.

⚠ **Municipal** ⊗ ≤ « Site agréable », ℘ 55 62 84 36, à 1,7 km à l'ouest du bourg par D 48 rte de Bussière-Dunoise et chemin à droite, bord de la Creuse
0,33 ha (36 empl.) ⊶ en terrasses, herbeux ⌀ – ⌂ ⛱ 🚻 🖪 ⊛ & ♨ – 🏖 (plage)
– A proximité : ⍨ snack
juin-sept. – **R** *conseillée juil.-août* – ⚲ 10 ⇌ 6 ▣ 6 ⓗ 7 (5A)

Le BOURG-D'OISANS

38520 Isère – 2 911 h. alt. 719.

🅱 Office de Tourisme, quai Girard ℘ 76 80 03 25

🏔🏔 **A la Rencontre du Soleil** ≤, ℘ 76 80 00 33, Fax 76 80 26 37, NE : 1,7 km rte de l'Alpe-d'Huez, bord de la Sarennes
1,6 ha (73 empl.) ⊶ plat, herbeux ⌑ ⌀⌀ – ⌂ ⛱ 🚻 🖪 ⊛ ✕ 🛒 – 🏕 ⌆
🏊 – 23 mai-15 sept. – **R** *indispensable juil.-25 août* – ▣ *piscine comprise 3 pers. 102, pers. suppl. 21* ⓗ *14 (2A)*

🏔🏔 **La Cascade** ❀ ≤, ℘ 76 80 02 42, NE : 1,5 km rte de l'Alpe-d'Huez, près de la Sarennes
2,4 ha (140 empl.) ⊶ plat, herbeux, pierreux – ⌂ ⛱ 🚻 🖪 ⊪ ⊛ 🖪 – 🏕 ⌆
95 ⓗ 10 (6A) 25 (10 ou 15A) – fév.-sept. – **R** *indispensable juil.-août* – ▣ *piscine comprise 2 pers. 85, 3 pers.*

🏔 **Caravaneige le Vernis** ❀, interdit aux camping-cars, ℘ 76 80 02 68, SE : 2,5 km sur N 91 rte de Briançon et près de la Romanche – ❀
1,2 ha (60 empl.) ⊶ plat, herbeux – ⌂ ⛱ ⌿ 🖪 ⊪ ⊛ 🖪
fermé mai et oct. – **R** *indispensable hiver* – ▣ *2 pers. 55, pers. suppl. 13*

à la Garde NE : 4 km par N 91 et D 211 à gauche – ✉ 38520 la Garde :

⚠ **Le Préoula** ⊗ ≤, ℘ 76 80 11 19, au bourg – alt. 970
0,2 ha (12 empl.) ⊶ plat, herbeux, pierreux – ⌂ ⛱ 🚻 ⊛ – A proximité : ⍨
25 juin-25 août – **R** – ▣ *2 pers. 42, pers. suppl. 12* ⓗ *12 (2A) 20 (6A)*

à Rochetaillée N : 7 km par N 91 rte de Grenoble et rte d'Allemont à droite
✉ 38520 le Bourg-d'Oisans :

🏔🏔 **Belledonne** ≤, ℘ 76 80 07 18
3,5 ha (150 empl.) ⊶ plat, herbeux ⌀ – ⌂ ⛱ ⌿ 🖪 & ⊛ ⌆ ⍨ 🛒 🖪 – 🏕
🏊 ⌆ – A proximité : ✕
juin-6 sept. – **R** *conseillée* – ▣ *piscine comprise 2 pers. 80, 3 pers. 91, pers. suppl. 19* ⓗ *10 (3A) 16 (6A)*

BOURG-DUN

76740 S.-Mar. – 481 h.

🏔🏔 **Municipal Les Garennes** ⊗, ℘ 35 83 10 44, S : 0,8 km par D 101 rte de Luneray, au stade
1,5 ha (70 empl.) ⊶ (saison) plat, peu incliné, herbeux – ⌂ ⛱ 🚻 🖪 ⊛ – ✕
avril-sept. – *Places limitées pour le passage* – **R** *juil.-août* – ⚲ *9,30* ▣ *8,60*
ⓗ *12,20 (16A) 16,25 (20A)*

BOURG-EN-BRESSE 🅿

01000 Ain – 40 972 h.

🅱 Office de Tourisme, 6 av. Alsace-Lorraine ℘ 74 22 49 40 et bd de Brou (juil.-août) ℘ 74 22 27 76

🏔🏔 **Municipal de Challes** « Entrée fleurie », ℘ 74 45 37 21, sortie NE par rte de Lons-le-Saunier, à la piscine
1,3 ha (125 empl.) ⊶ plat, goudronné, herbeux ⌀ – ⌂ ⛱ 🚻 🖪 ⊛ ⌆ ⌿ 🅿
🖪 – 🏕 🏊 – A proximité : 🏊
début avril-15 oct. – **R** – *Tarif 92* – ⚲ 10 ▣ 18/30 avec élect. 6A

BOURGES 🅿

18000 Cher – 75 609 h.

🅱 Office de Tourisme et Accueil de France, 21 r. V. Hugo ℘ 48 24 75 33

🏔🏔 **Municipal** « Entrée fleurie », ℘ 48 20 16 85, au S de la ville, Bld de l'Industrie (périphérique), près de l'Avron
2 ha (117 empl.) ⊶ plat et peu incliné, herbeux, gravier ⌑ ⌀ (1 ha) – ⌂ ⛱ 🚻
⌿ 🖪 & ⊪ ⊛ ⌆ – 🏕 – A proximité : ✕ ⌿
15 mars-15 nov. – 🅁 – ⚲ 13 ▣ 22 ⓗ 10 (6A) 20 (10A)

BOURG-FIDÈLE

08230 Ardennes – 732 h.

🏔🏔 **La Murée** ⊗, ℘ 24 54 24 45, N : 1 km par D 22 rte de Rocroi, bord de 2 étangs
0,4 ha (23 empl.) ⊶ plat, herbeux – ⌂ ⛱ 🚻 🖪 & ⊪ ⊛ ⌆ ⌿ ⍨ ✕ 🛒 🖪
– 🏊
fermé fév. – **R** *conseillée mai-sept.* – ⚲ 18 ⇌ 9 ▣ 25 ⓗ 20 (10A)

BOURG-MADAME

66760 Pyr.-Or. – 1 238 h. alt. 1 130.

🅱 Syndicat d'Initiative, pl. de Catalogne ℘ 68 04 55 35

🏔🏔 **Mas Piques** ≤, ℘ 68 04 62 11, Fax 68 04 68 32, au nord de la ville, rue du Train Jaune, près du Rahur (frontière)
1,5 ha (103 empl.) ⊶ plat, herbeux – ⌂ ⛱ ⌿ 🖪 & ⊪ ⊛ ⌆ ⌿ 🖪 – 🏕 –
A proximité : 🛒 – Location : 🚐
Permanent – **R** *conseillée été* – ▣ *2 pers. 56, pers. suppl. 18* ⓗ *14 (3A) 28 (6A) 40 (10A)*

🏔🏔 **La Gare,** ℘ 68 04 80 95 ✉ 66760 Ur, N : 2,5 km par N 20
1 ha (70 empl.) ⊶ plat, herbeux ⌀ – ⌂ ⌿ 🖪 & ⊛ – 🏕
mai-sept. – **R** *conseillée 15 juil.-15 août* – ⚲ 9 ▣ 14 ⓗ 11,50 (2A) 13,50 (3A)

BOURGNEUF-EN-RETZ

44580 Loire-Atl. – 2 346 h.

⑨ – 67 ② G. Poitou Vendée Charentes

⋀⋀⋀ **Parc Résidentiel de la Guérivière**, réservé aux caravanes, ℘ 40 21 91 12, Fax 40 21 94 71, NO : 1,3 km par D 13 rte de Pornic puis 0,8 km par rte à droite 6 ha/1,7 campable (100 empl.) ⊶ plat, herbeux ⊡ – ⋔ ⇄ ➳ ⌾ ⅍ ⌾ ♨ ▽ ₤ ▣ – ⌂ ⋇ ⅃ – Location : ⊡⊡ ⌂
Permanent – **R** *indispensable* – ▣ *élect. (10A) et piscine comprises 4 pers.* 100

BOURG-ST-ANDEOL

07700 Ardéche – 7 795 h.
🅱 Syndicat d'Initiative, pl. Champs-de-Mars ℘ 75 54 54 20

16 – 80 ⑨ ⑩ G. Vallée du Rhône

⋀⋀ **Le Lion** ⋛ « Cadre agréable », ℘ 75 54 53 20, sortie N par N 86 puis 0,5 km par chemin à droite, près du Rhône (accès direct) – Sur N 86, prendre direction centre ville
5 ha (140 empl.) ⊶ plat, herbeux ⚍⚍ – ⋔ ⚠ ➳ ⌾ ♨ snack ▣ – ⅁ ⚤ ⅃ ⇉ avril-15 sept. – **R** *conseillée juil.-15 août* – ▣ *piscine comprise 2 pers.* 70, *pers. suppl.* 18 ⓗ 14 (6A)

BOURG-ST-MAURICE

73700 Savoie – 6 056 h. alt. 840 – ⛷ aux Arcs.
🅱 Office de Tourisme, pl. de la Gare ℘ 79 07 04 92

12 – 74 ⑱ G. Alpes du Nord

⋀⋀⋀ **Le Versoyen** ❄ ⋛ ⋖, ℘ 79 07 03 45, sortie NE par N 90 rte de Séez puis 0,5 km par rte des Arcs à droite, près d'un torrent
3,5 ha (200 empl.) ⊶ plat, herbeux, bois attenant – ⋔ ⇄ ⌓ ➳ ⚆ ⌾ ♨ – ⌂ – A proximité : ⚅ ⋇ ⚘ ⅃ ⚞ fermé 27 sept.-23 oct. – **R** *conseillée vac. scol.* – *Tarif 92 :* ♦ *15,80 (hiver 17,20)* ▣ *14,20 (hiver 15,40)* ⓗ *16,80 (4A)* 26 *(6A)* 42 *(10A)*

BOURISP

65170 H.-Pyr. – 103 h. alt. 800

14 – 85 ⑲

⋀⋀⋀ **Le Rioumajou** ❄ ⋛ ⋖, ℘ 62 39 48 32, Fax 62 39 51 64, NO : 1,3 km par D 929 rte d'Arreau et chemin à gauche, bord de la Neste d'Aure
5 ha (150 empl.) ⊶ plat, gravillons, pierreux ⚍⚍ ⚠ – ⋔ ⇄ ⌓ sauna ⚅ ⚠ ⚆ ⚤ ♨ ⅍ ▤ – ⌂ ⚘ ⅃ ⚞ – Location : ⊡⊡ ⊡⊡, bungalows toilés
Permanent – **R** *conseillée fév., indispensable juil.-août* – ▣ *piscine comprise 1 ou 2 pers.* 89, *pers. suppl.* 15 ⓗ 15 *(2A)* 20 *(4A)* 27 *(6A)*

⋀⋀ **La Mousquere** ⋖, ℘ 62 39 44 99, à l'ouest du bourg sur D 116, à 50 m du D 929, près d'un ruisseau
0,8 ha (45 empl.) ⊶ incliné, pierreux, herbeux – ⋔ ⇄ ⌓ ⚅ ⚠ ⚆ ⚤ ⚞ – ⌂ – A proximité : ⚅ – Location : ⊡⊡
20 déc.-20 sept. – **R** *conseillée 11 juil.-22 août* – ♦ 15 ▣ 16 ⓗ 12 *(3A)* 24 *(6A)*

BOUSSENS

31360 H.-Gar. – 797 h.

14 – 82 ⑯

⋀ **Municipal du Lac,** ℘ 61 90 03 60, au sud du bourg, près de la Garonne (plan d'eau)
0,3 ha (18 empl.) ⊶ (saison) plat, herbeux, gravillons ⚍⚍ ♨ – ⋔ ⚤ ⚆ ⚘ ⚞ – ⅃ – A proximité : ⋇ (saison)
Permanent – **R** *conseillée* – ▣ *2 pers.* 30 ⓗ 10 *(5A)*

BOUT-DU-LAC 74 H.-Savoie – 74 ⑯ – voir à Annecy (Lac d')

BOUZIGUES

34140 Hérault – 907 h.

15 – 83 ⑯

⋀⋀ **Lou Labech** ⋛ ⋖, ℘ 67 78 30 38, à 0,7 km à l'est du bourg, chemin du stade, à 100 m du bassin de Thau
0,6 ha (36 empl.) ⊶ peu incliné, en terrasses, pierreux, herbeux ⚍⚍ – ⋔ ⇄ ⌓ ➳ ⚅ ⚆ – A proximité : ⚅
15 juin-15 sept. – **R** *conseillée* – ▣ *1 à 5 pers.* 78 à 108 ⓗ 13 *(5A)*

BOZEL

73350 Savoie – 1 690 h. alt. 861

12 – 74 ⑱

⋀ **Municipal le Chevelu** ⋛ ⋖ « Cadre boisé », ℘ 79 22 04 80, E : 1 km par rte de Pralognan-la-Vanoise et à droite, bord du Doron
3 ha (200 empl.) ⊶ accidenté et en terrasses, pierreux, herbeux ⚍⚍ – ⋔ ⚤ ⚆ – A proximité : ⚅
juin-sept. – **R** *conseillée juil.-août* – ♦ 10 ⌕ 3,50 ▣ 4,50 ⓗ 10 *(3A)* 14 *(6A)* 23 *(10A)*

BRACIEUX

41250 L.-et-Ch. – 1 157 h.

⑤ – 64 ⑱ G. Châteaux de la Loire

⋀⋀⋀ **Municipal les Châteaux** ⋛, ℘ 54 46 41 84, sortie N rte de Blois, bord du Beuvron
8 ha (300 empl.) ⊶ plat, herbeux, sablonneux ⚍⚍ – ⋔ ⚠ ⚆ ▣ – ⋇ ⅃ avril-15 oct. – **R** – *Tarif 92 :* ♦ 8,10 ▣ 6 ⓗ 10,70 *(6A)*

BRAIN-SUR-L'AUTHION

49800 M.-et-L. – 2 622 h.

⑤ – 64 ⑪

⋀⋀ Municipal Caroline, ℘ 41 80 42 18, sortie S par D 113 rte de la Bohalle, à 100 m de l'Authion
3,5 ha (125 empl.) ⊶ plat, herbeux ⚍⚍ – ⋔ ⇄ ⚠ ➳ ⚅ ⚠ ⚆ ▣ – ⌂ ⚤ – A proximité : ⚅

BRAIZE

03360 Allier – 264 h.

▲▲ **Champ de la Chapelle** ⚬, ℰ 70 06 15 45, SE : 7 km par D 28 rte de Meaulnes, D 978^A à gauche rte de Lurcy-Levis et chemin
5,6 ha (80 empl.) •⊶ plat, herbeux ⚬⚬ – 🔲 ⬆ 🏠 🔲 🔥 ⊕ ⚘ 🔲 – 🚵 vélos
– A proximité : 🍽 ✕ – Location : 🚉
vac. de printemps-15 sept. – **R** – 🔲 *2 pers. 52, pers. suppl. 10* 🔌 *12*

BRANTÔME

24310 Dordogne – 2 080 h.
🅕 Syndicat d'Initiative, Pavillon Renaissance (Pâques-fin oct.)
ℰ 53 05 80 52

11 – 75 ⑤ G. Périgord Quercy

▲▲ Municipal, ℰ 53 05 75 24, E : 0,8 km par D 78 rte de Thiviers, bord de la Dronne
1,6 ha (106 empl.) •⊶ plat, herbeux ⚬ – 🔲 ⬆ 🏠 ⊕ – ✕ 🚵
mai-sept. – **R**

BRASSAC

81260 Tarn – 1 539 h.

15 – 83 ② G. Gorges du Tarn

▲▲ **Municipal de la Lande** ⚬, ℰ 63 74 09 11, sortie SO vers Castres et à droite après le pont, près de l'Agout et au bord d'un ruisseau – Pour caravanes, faire demi-tour au rond-point
0,6 ha (48 empl.) •⊶ (saison) plat, herbeux ⚬ – 🔲 ⬆ 🏠 ⊕ –
avril-oct. – **R** *conseillée juil.-août* – 🔥 *7* 🚗 *3* 🔲 *7* 🔌 *9 (5A)*

BRAUCOURT

52 H.-Marne
✉ 52290 Eclaron-Braucourt

7 – 61 ⑨

▲▲▲ **Presqu'île de Champaubert** ⚬ ≤ « Situation agréable au bord du lac du Der-Chantecoq », ℰ 25 04 13 20, Fax 26 72 64 69, NO : 3 km par D 153
3,5 ha (195 empl.) •⊶ plat et peu incliné, herbeux 🔲 – 🔲 ⬆ 🏠 🔲 ⊕ 🔲 🍽
🔲 – 🚉 ✕ – A proximité : 🚵 🏊 🐎
avril-15 oct. – **R** – 🔥 *18* 🚗 *12* 🔲 *16* 🔌 *11 (10A)*

BRAY-DUNES

59123 Nord – 4 755 h.

2 – 51 ④ G. Flandres Artois Picardie

▲▲▲ **Le Perroquet**, ℰ 28 58 37 37, NE : 3 km par rte de la Panne, avant la douane française, bord de plage
28 ha (800 empl.) •⊶ plat et accidenté, dunes 🔲 – 🔲 ⬆ 🏠 🔲 sauna ⊕ 🚉 🍽 ✕
🚵 – 🚉 ✕ 🔲 🐎 tir à l'arc, arbalète, practice de golf – Location : 🚉 🚉
avril-1er oct. – *Places disponibles pour le passage* – **R** – 🔥 *24 tennis compris* 🚗
8 🔲 *8/10* 🔌 *15 (4A)* *20 (10A)*

BRÉCEY

50370 Manche – 2 029 h.

4 – 59 ⑧

▲▲ **Municipal le Pont Roulland**, ℰ 33 48 60 60, E : 1,1 km par D 911 rte de Cuves, près d'un plan d'eau
1 ha (50 empl.) •⊶ plat et peu incliné, herbeux – 🔲 ⬆ 🏠 🔲 ⊕ – 🚉 🚵 🏊
– A proximité : ✕ 🐎
juin-sept. – **R** *conseillée* – *Tarif 92 :* 🔥 *12* 🔲 *12* 🔌 *10*

La BRÉE-LES-BAINS 17 Char.-Mar. – **71** ⑬ – voir à Oléron (Ile d')

BRÉHAL

50290 Manche – 2 351 h.

4 – 59 ⑦

▲▲▲ Intercommunal de la Vanlée, ℰ 33 61 63 80, à St-Martin, O : 5 km, près du golf, bord de plage
11 ha (405 empl.) •⊶ plat, accidenté, herbeux, sablonneux – 🔲 ⬆ 🔲 🔥 ⊕ 🚉
🍽 🚵 🔲 – 🚉 🚵 🏊

BRÉHEC-EN-PLOUHA

22 C.-d'Armor – ✉ 22580 Plouha

3 – 59 ② ③ G. Bretagne

▲ **Les Tamaris** ⚬ ≤ baie, ℰ 96 22 60 01, au vieux Bréhec, à 400 m de la plage
1,3 ha (66 empl.) •⊶ plat, peu incliné, en terrasses, herbeux – 🔲 🏠 ⊕ 🍽 – 🔲
15 juin-15 sept. – **R** – *Tarif 92 :* 🔥 *11,40* 🚗 *7,90* 🔲 *10,30* 🔌 *11 (3A)* *16 (6A)*

La BREILLE-LES-PINS

49390 M.-et-L. – 345 h.

5 – 64 ⑬

▲ Municipal les Loges ⚬ « Site agréable », ℰ 41 52 81 66, E : 3 km par D 155, puis aux Loges 1 km vers le sud par D 58, près d'un plan d'eau
5,2 ha (52 empl.) •⊶ (saison) peu incliné et accidenté 🔲 ⚬⚬ – 🔲 ⊕ – 🏊

BREM-SUR-MER

85470 Vendée – 1 709 h.

9 – 67 ⑫

▲▲▲ **Le Chaponnet** 🅜 ⚬, ℰ 51 90 55 56, Fax 51 90 91 67, à l'ouest du bourg
5 ha (346 empl.) •⊶ plat, herbeux 🔲 ⚬⚬ (2 ha) – 🔲 ⬆ 🏠 🔲 🔥 ⊕ ⚘ 🔲 🍽
snack 🔲 – 🚉 ✕ 🚵 🔲 toboggan aquatique – Location : 🚉
mai-sept. – **R** *conseillée* – 🔲 *piscine comprise 3 pers. 125, pers suppl. 20* 🔌 *15 (6A)*

▲▲ **L'Océan** ⚬, ℰ 51 90 59 16, O : 1 km
2,7 ha (173 empl.) •⊶ plat, herbeux 🔲 – 🔲 ⬆ 🏠 🔲 🔥 ⊕ snack 🚉 🔲 – 🚉
🚵
juin-15 sept. – 🔲 *2 pers. 54* 🔌 *12 (6A)*

132

⚠ **Le Brandais** ⌂, ℰ 51 90 55 87, sortie NO par D 38 et rte à gauche
2 ha (186 empl.) ⊶ (saison) plat et peu incliné, herbeux ⌕ ♨♨ – 🕁 ⏚ ⌂ 🛒
& ⚫ 🍴 ⤴ ▣ – 🍴 ♨
avril-oct. – **R** *conseillée 14 juil.-20 août* – ▣ *2 pers. 53, pers. suppl. 13* ⚡ *12 (4A) 14,50 (6A)*

⚠ **le Littoral** ⌂, ℰ 51 90 92 76, sortie NO par D 38 et rte à gauche
3,8 ha (291 empl.) ⊶ (saison) plat et peu incliné, herbeux ⌕ ♨♨♨ – 🕁 ⏚ ⌂ ♨
🛒 & ⚫ 🍴 snack ▣ – 🍴
avril-sept. – **R** *conseillée* – ▣ *2 pers. 43,50, pers. suppl. 12* ⚡ *10 (3A) 20 (6A)*

BRENGUES
46320 Lot – 159 h.

⑮ – ⑲ ⑨ G. Périgord Quercy

⚠ **Le Moulin Vieux** ⌂ <, ℰ 65 40 00 41, Fax 65 40 05 65, N : 1,5 km par D 41 rte de Figeac, bord du Célé
3 ha (83 empl.) ⊶ plat, herbeux, pierreux ♨♨ (1 ha) – 🕁 ⏚ ⌂ 🛒 & ⚫ ♨ 🍴
✕ ⤴ ▣ – 🍴 ♨♨ 🏹 tir à l'arc – A proximité : 🍴 – Location : 🏠 🛏 🛌
avril-oct. – **R** *conseillée juil.-août* – ✚ *20 piscine comprise* ▣ *20* ⚡ *12 (10A)*

⚠ **Municipal** ⌂, ℰ 65 40 06 82, sortie S par D 38, rte de Carayac et à droite, avant le pont, bord du Célé
0,5 ha (50 empl.) ⊶ (saison) plat, herbeux ♨♨ (0,2 ha) – 🕁 ⏚ ♨ 🛒 & ⚫ 🍴
– ♨ 🍴
Pâques-oct. – **R** *conseillée août* – ✚ *12* ▣ *13 (20 avec élect.)*

La BRESSE
88250 Vosges – 5 191 h. alt. 636 –
♨.
🅱 Office de Tourisme, 21 quai
Iranées ℰ 29 25 41 29

⑧ – ⑫ ⑰ G. Alsace Lorraine

⚠ **Belle Hutte** Ⓜ ❄ < « Dans un site agréable », ℰ 29 25 49 75, Fax 29 25 52 63, NE : 9 km par D 34 rte du col de la Schlucht, bord de la Moselotte – alt. 900
2 ha (100 empl.) ⊶ en terrasses, pierreux ⌕ – 🕁 ⏚ ⌂ 🛒 🍴 ⚫ ♨ – 🍴 ♨
(bassin) – A proximité : ♨
Permanent – **R** *conseillée* – 🅡 *été* – ✚ *12 (hiver 18,50)* ⤴ *7 (hiver 8,50)* ▣
7,50/9 (hiver 10,50) ⚡ *2 à 10A : 10 à 26 (hiver 13 à 38)*

⚠ **S.I. les Écorces** ❄ ⌂ <, ℰ 29 25 63 59, Fax 29 25 64 61, E : 1,7 km par D 34 rte de la Schlucht et chemin à droite, bord de la Moselotte
1,5 ha (150 empl.) ⊶ plat et incliné, herbeux – 🕁 ⏚ 🛒 🍴 ⚫ – 🏠
Permanent – **R** *conseillée hiver* – 🅡 *été* – *Tarif 92* : ✚ *11 (hiver 12,50)* ⤴ *6 (hiver 8,50)* ▣ *6,50/8 (hiver 8,50)* ⚡ *21*

BRETENOUX
46130 Lot – 1 211 h.
🅱 Syndicat d'Initiative,
av. Libération (15 juin-15 sept.)
ℰ 65 38 59 53

⑩ – ⑮ ⑲ G. Périgord Quercy

⚠ **La Bourgnatelle** ⌂, ℰ 65 38 44 07, au bourg, bord de la Cére
2,3 ha (135 empl.) ⊶ plat, herbeux ♨♨ – 🕁 ⏚ ⌂ 🛒 & ⚫ – 🍴 ✕ ⤴
♨ – A proximité : 🍴
mai-sept. – **R** *conseillée* – ✚ *18* ▣ *18,50* ⚡ *13 (5 à 16A)*

BRÉTIGNOLLES-SUR-MER
85470 Vendée – 2 165 h.

⑨ – ⑰ ⑫

⚠ **Les Dunes,** ℰ 51 90 55 32, Fax 51 90 54 85, S : 2,5 km par D 38 et rte à droite, accès direct à la plage
12 ha (760 empl.) ⊶ plat, sablonneux ⌕ ♨♨ (3 ha) – 🕁 ⏚ ⌂ 🛒 & ⚫ ♨ 🍴
🍴 🍴 ✕ ⤴ ▣ garderie – 🍴 ✕ ⤴ ♨ – A proximité : 🍴 – Location : 🏠
Pâques-Toussaint – *Quelques places disponibles pour le passage* – **R** *conseillée juil.-août* – ✚ *18,80 piscine comprise* ▣ *106 avec élect. (10A)*

⚠ **Les Vagues,** ℰ 51 90 19 48, au nord du bourg, sur D 38 vers St-Gilles-Croix-de-Vie
2,8 ha (185 empl.) ⊶ plat, peu incliné, herbeux ♨♨ – 🕁 ⏚ ⌂ 🛒 & ⚫ ♨ 🍴
▣ – 🍴 ✕ ⤴ – A proximité : ♨
avril-15 nov. – **R** *conseillée* – ▣ *piscine comprise 3 pers. 83* ⚡ *12 (4 ou 5A)*

⚠ **La Motine** « Cadre agréable », ℰ 51 90 04 42, Fax 51 33 80 52, par av. de la Plage et à droite, r. des Morinières
1,1 ha (103 empl.) ⊶ peu incliné, herbeux ⌕ ♨ – 🕁 ⏚ ⌂ 🛒 & ⚫ ♨ 🍴 🍴
✕ crêperie ▣ – A proximité : 🍴
avril-sept. – **R** *conseillée* – *Tarif 92* : ✚ *14* ▣ *54/62* ⚡ *10 (3 à 5A)*

⚠ **Au Bon Accueil,** ℰ 51 90 15 92, NO : 1,2 km par D 38 rte de St-Gilles-Croix-de-Vie
3 ha (120 empl.) ⊶ plat, herbeux, peu incliné ♨ – 🕁 ⏚ ♨ 🛒 ⚫ ▣ – ⤴ –
Location : 🏠
mai-sept. – **R** *conseillée* – ▣ *piscine comprise 2 pers. 65* ⚡ *14 (6A)*

⚠ **L'Eden,** ℰ 51 90 16 43, av. de la Plage
0,9 ha (70 empl.) ⊶ plat, herbeux ⌕ ♨ – 🕁 ⏚ 🛒 ⚫ – A proximité : 🍴 ✕ 🍴
Pâques-Toussaint – **R** *conseillée juil.-août* – ▣ *2 pers. 62* ⚡ *12,60 (4A)*

BRETONCELLES
61110 Orne – 1 221 h.

⑤ – ⑯ ⑤ ⑥

⚠ **Le Paradis** (aire naturelle) ⌂ <, ℰ 37 37 25 08, sortie SO par D 38 rte de Rémalard puis 2 km par chemin à gauche
1 ha (25 empl.) ⊶ plat et peu incliné, herbeux, petit étang – 🕁 ⏚ 🛒 ⚫ – 🏠
15 avril-15 oct. – **R** *conseillée juil.-août* – ✚ *9* ⤴ *6,50* ▣ *7,50* ⚡ *11 (2A)*

BREUILLET

17920 Char.-Mar. – 1 863 h.

△△△ **Transhumance** ⚫, ℰ 46 22 72 15, S : 1,5 km par D 140 puis 0,5 km par chemin à gauche
10 ha/5 campables (360 empl.) ⚊ plat, herbeux ⚲⚲ (1 ha) – ⌂ 坮 ⇌ 🖫 ⚙ 🚿 ⏚ ⬤ ✗ ⇲ 🖩 – 🖼 🎾 🛥 ⛵ – Location : 🏠, chalets, bungalows toilés
mai-15 sept. – **R** *conseillée juil.-août* – 🔲 *piscine comprise 2 pers. 55, pers. suppl. 17* 🛒 *15*

BRÈVES

58530 Nièvre – 286 h.

△ **Municipal les Fontaines** ⚫, au sud du bourg, bord de l'Yonne
1,2 ha (66 empl.) plat, herbeux – ⌂ ⚲⚲ ⬤ – 🖾
15 juin-15 sept. – **R** – ⚲ *15* 🚗 *4* 🔲 *6* 🛒 *7 (10A)*

BRÉVILLE-SUR-MER **50** Manche – 59 ⑦ – rattaché à Granville

BRIANÇON ⊲SP⊳

05100 H.-Alpes – 11 041 h.
alt. 1 321.

🖪 Office de Tourisme, au Prorel et Porte de Pignerol ℰ 92 21 08 50

△△△ **L'Iscle de Prelles** ⚫ ≤, ℰ 92 20 28 66 ⊠ 05120 St-Martin-de-Queyrières, **à Prelles,** SO : 6,5 km par N 94 rte de Gap et à gauche, bord de la Durance – alt. 1 150
3 ha (150 empl.) ⚊ plat, pierreux, herbeux, gravillons ⚲⚲ – ⌂ ⚲ 🖫 ⏚ ⬤ 🚿 snack 🖩 – 🖼 🛥 – A proximité : 🎾
25 avril-sept. – **R** *15 juil.-15 août* – *Tarif 92 :* ⚲ *18 piscine comprise* 🔲 *21*

△ **les Gentianes** ≤, ℰ 92 21 21 41 ⊠ 05100 Val des Prés, **à la Vachette,** NE : 3,8 km par N 94 rte de Turin et D 994ᵍ à gauche, bord de la Clarée – alt. 1 368
1,6 ha (90 empl.) ⚊ plat, herbeux, pierreux – ⌂ ⇌ ⏚ 🖫 ⏛ ⬤ snack 🖩 – 🖾 (bassin)
Permanent – **R** *conseillée* – ⚲ *19,80* 🔲 *19,80* 🛒 *15 (6A) 22 (10A)*

à Chantemerle NO : 6 km par N 91 alt. 1 350 – ⊠ 05330 St-Chaffrey :
🖪 Office de Tourisme ℰ 92 24 71 88

△△△ **Caravaneige Serre-Chevalier** ✿ ≤ « Cadre et site agréables », ℰ 92 24 01 14, près de la N 91, bord de la Guisane
3 ha (170 empl.) ⚊ plat, herbeux, pierreux, étang – ⌂ ⇌ ⏚ 🖫 ⏛ ⬤ 坮 ⚲ ⛱ ⚟ 🎾 ✗ pizzeria ⇌ – 🖼 🎾 🛥 – Location : 🏠
18 déc.-20 avril, 14 juin-8 sept. – **R** *conseillée hiver* – **R** *été* – 🔲 *piscine comprise 3 pers. 115 (hiver 100)* 🛒 *14 (2A)*

BRIGNOGAN-PLAGES

29890 Finistère – 836 h.
🖪 Syndicat d'Initiative, r. de l'Église ℰ 98 83 41 08

△△△ **Le Phare** ⚫, ℰ 98 83 45 06, NO : 2,2 km rte de la Pointe de Pontusval, accès direct à la plage
3,5 ha (144 empl.) ⚊ (saison) plat, sablonneux, herbeux – ⌂ ⇌ ⏚ ⬤ 坮 🖩 – 🖼 🖩 – Location : bungalows toilés
Pâques-sept. – **R** *conseillée juil.-août* – ⚲ *11* 🔲 *20* 🛒 *9 (3A)*

△△△ **Les Nymphéas,** ℰ 98 83 52 57, sortie S par D 770 rte de Lesneven
1,2 ha (75 empl.) ⚊ (saison) plat, herbeux ⏛ – ⌂ ⬤ 🖩 – 🖾
mai-15 sept. – **R** *conseillée août* – ⚲ *10* 🚗 *6* 🔲 *12* 🛒 *9 (3A) 12 (6A)*

BRIGNOLES

83170 Var – 11 239 h.
🖪 Office de Tourisme, parking des Augustins ℰ 94 69 01 78

△△△ **Municipal,** ℰ 94 69 20 10, E : 0,8 km par N 7 rte de Nice
1 ha (90 empl.) ⚊ plat et peu incliné, herbeux ⏛ – ⌂ ⇌ ⏚ ⬤ – 🛥 – A proximité : 坮 🎾 🖩
15 mars-15 oct. – **R** *conseillée* – 🔲 *élect. (6A) comprise 2 pers. 55, pers. suppl. 11*

BRIOUDE ⊲SP⊳

43100 H.-Loire – 7 285 h.
🖪 Office de Tourisme, pl. Champanne ℰ 71 74 97 49 et Maison de Mandrin, r. du 4 Septembre ℰ 71 74 94 59

△△△ Intercommunal de la Bageasse, ℰ 71 50 07 70, SE : 2 km par rue des Olliers et avenue de la Bageasse, près de l'Allier (plan d'eau)
2 ha (85 empl.) ⚊ plat et en terrasses, herbeux – ⌂ ⇌ ⏚ 🖫 ⬤ – 🛥 – A proximité : 🎾 🖾 – Location : huttes
juin-sept. – **R** *conseillée juil.-août*

BRISON-ST-INNOCENT **73** Savoie – 74 ⑮ – rattaché à Aix-les-Bains

BRISSAC

34190 Hérault – 365 h.

△△△ **Le Val d'Hérault** ⚫ ≤, ℰ 67 73 72 29, S : 4 km par D 4 rte de Causse-de-la-Selle, à 250 m de l'Hérault (accès direct)
3,4 ha (135 empl.) ⚊ peu incliné et en terrasses, pierreux ⚲⚲ – ⌂ ⇌ ⚲ 🖫 坮 ⬤ 坮 ⚟ 🎾 ✗ 🖩 – 🖼 – Location : 🚐
15 mars-15 oct. – **R** *conseillée juil.-août* – 🔲 *2 pers. 62, pers. suppl. 14* 🛒 *13,50 (5A)*

BRIVES-CHARENSAC **43** H.-Loire – 76 ⑦ – rattaché au Puy-en-Velay

BROMONT-LAMOTHE
63230 P.-de-D. – 779 h. alt. 765   □□ – ▨ ⑬

▲▲ **Municipal Préguda,** sortie O par D 941 rte de Pontaumur, bord d'un étang
1 ha (50 empl.) plat et peu incliné, herbeux ⊠ ⚲ – 🏠 ⚌ ⊛ – A proximité : 🍴
mai-sept. – **R** conseillée juil.-août – 🛉 8 🖭 9 🚰 9,70 (6A)

BROONS
22250 C.-d'Armor – 2 327 h.   ▨ – ▥▥ ⑮

▲ **Municipal la Planchette,** sortie S par D 19 rte de Plumaugat, à la piscine
0,6 ha (34 empl.) plat et peu incliné, herbeux ⊠ – 🏠 ⚙ ⊟ ⊛ – ⚓ 🏊 –
A proximité : 🍴
Permanent – **R** – Tarif 92 : 🛉 8,50 🚗 3,50 🖭 3,50 🚰 10,50 (15A)

BROU
28160 E.-et-L. – 3 803 h.   ▨ – ▨▨ ⑯ G. Châteaux de la Loire
🛈 Syndicat d'Initiative, r. de la
Chevalerie (Pâques-sept.)
𝒫 37 47 01 12

▲▲▲ **Parc de Loisirs** ≤ « Décoration florale et arbustive », 𝒫 37 47 02 17, O :
1,5 km par D 13 rte d'Authon-du-Perche, à la Base de Plein Air
18 ha/4 campables (250 empl.) ⚡ plat, herbeux ⊠ ⚲ – 🏠 ⚙ ⊟ 🖸 ⊛ – 🍴
🕴 ⚘ 🏊 🖽 (plage) ⚱ toboggan aquatique – A proximité : ⚓
15 fév.-déc. – Places limitées pour le passage – **R** conseillée été – 🛉 14 🖭 13
🚰 11 (5A) 20 (10A)

BROUSSES-ET-VILLARET
11390 Aude – 254 h.   □▥ – ▨▨ ⑪

▲▲ **Le Martinet-Rouge** 🅂, 𝒫 68 26 51 98, S : 0,5 km par D 203 et chemin à
droite, à 200 m de la Dure
1 ha (30 empl.) ⚡ plat et peu accidenté, herbeux, pierreux, rochers ⊠ ⚲⚲ – 🏠
🖸 ⚘ ⊛ – ⚌ 🍷 – 🛶 – A proximité : 🗡
mai-oct. – **R** – 🛉 15 🖭 19,50 🚰 15 (6A)

BRUGES
64 Pyr.-Atl. – 833 h.   □▨ – ▨▥ ⑦ G. Pyrénées Aquitaine
✉ 64800 Bruges-Capbis-Mifaget

▲ **Landistou** 🅂, 𝒫 59 71 06 98, sortie SO par D 35 rte de Louvie-Juzon, bord
de rivière et d'un petit étang
2 ha (25 empl.) ⚡ plat, herbeux – 🏠 ⚙ 🏊 🖸 ⚘ ⊛ ⊟ – 🚂 – Location : gîte d'étape
fermé janv. – **R** conseillée – 🛉 10 (hiver 11) 🖭 12 🚰 3 à 10A : 10 à 20 (hiver
12,70 à 32)

BRÛLON
72350 Sarthe – 1 296 h.   ▨ – ▨□ ⑫

▲▲ **Municipal** 🅂 ≤ « Agréable situation », 𝒫 43 95 68 96, à 1 km au SE du
bourg, bord d'un plan d'eau
3 ha (53 empl.) ⚡ (juil.-août) plat, herbeux – 🏠 ⚙ ⊟ 🖸 ⚘ ⊛ – 🍴 ⚓ ⚌
– A proximité : ⚱
juin-sept. – **R** – Tarif 92 : 🛉 7,20 🚗 4,60 🖭 6,20 🚰 10 (3 ou 6A)

BRUNELLES
28400 E.-et-L. – 468 h.   ▨ – ▨□ ⑮ ⑯

▲ **Le Bois Jahan** 🅂 ≤, 𝒫 37 52 14 73, E : 2,5 km par D 110 et chemin, sur
D 351-7
3 ha (40 empl.) ⚡ en terrasses, peu incliné, herbeux, bois attenant (5 ha) ⊠ –
🏠 ⚙ ⊟ ⊛ ⚎ 🖸 – 🕴 🛶 –
mars-23 déc. – Places limitées pour le passage – **R** – 🛉 14 🖭 10/15 🚰 12 (3A)
15 (6A)

BRUSQUE
12360 Aveyron – 422 h.   □▥ – ▨□ ⑭

▲▲ **V.A.L. le Ceras** 🅂 ≤ « Agréable situation », 𝒫 65 49 50 66, S : 1,5 km par
D 92, bord du Dourdou et d'un petit plan d'eau
1 ha (40 empl.) ⚡ (saison) plat et peu incliné, herbeux, gravier ⚲⚲ (0,5 ha) – 🏠
⚙ ⊟ ⊛ – ⚓ ⚌ – Au village-vacances : 🍷 🗡 🕯 garderie 🏊 ⚱
29 mai-11 sept. – **R** conseillée – Adhésion obligatoire pour séjour supérieur à
une nuit – 🖭 4 pers. 103 (118 avec élect.)

Le BUGUE
24260 Dordogne – 2 764 h.   □▨ – ▨▥ ⑯ G. Périgord Quercy

▲▲ Municipal du Port, 𝒫 53 07 24 60, SE : 1 km par D 703 rte de Sarlat-la-Canéda
et chemin à droite, à 80 m de la Vézère
1,5 ha (140 empl.) ⚡ plat, herbeux ⚲ – 🏠 ⚙ ⊟ 🏊 ⊛ – A proximité : 🕴 ⚌
juin-sept. – **R**

BUIS-LES-BARONNIES
26170 Drôme – 2 030 h.   □▨ – ▨□ ③ G. Alpes du Sud
🛈 Syndicat d'Initiative, pl. du
Champ-de-Mars 𝒫 75 28 04 59

▲▲▲ **Les Éphélides** 🅂 ≤, 𝒫 75 28 10 15, SO : 1,4 km par av. de Rieuchaud, bord
de l'Ouvèze
2 ha (70 empl.) ⚡ plat, herbeux, pierreux – 🏠 ⊟ 🖸 ⚘ ⊛ snack – 🏊 vélos
– A proximité : ⚱ – Location : 🚂, bungalows toilés
15 avril-4 nov. – **R** juil.-août – Tarif 92 : 🛉 14 piscine comprise 🚗 10 🖭 10 🚰 13
(3A) 15 (6A) 18 (10A)

▲▲ **Municipal du Jalinier** ≤, 𝒫 75 28 04 96, au NE du bourg vers rte de Séde-
ron, près de la piscine et à 50 m de l'Ouvèze
1,2 ha (55 empl.) plat, herbeux, gravier ⚲ – 🏠 ⊟ 🖸 ⊛ – 🏊 – A proximité :
⚱ 🕴
mars-12 nov. – **R** – 🛉 9 🚗 7 🖭 7 🚰 15 (20A)

à Bénivay-Ollon O : 9 km par D 5, D 147 et D 347
✉ 26170 Benivay-Ollon :

△ **L'Écluse** ⚅ < « Verger », ℱ 75 28 07 32, S : 1 km sur D 347, bord d'un ruisseau
0,9 ha (20 empl.) ⊶ plat, pierreux ⊡ ⚲ - 🎱 ⚊ ☻ ♥ - 🍴
vac. de printemps-sept. - **R** *conseillée juil.-août* - 🛉 *15 piscine comprise* ⟺
8 🔲 *10* 🛁 *12 (3A) 17 (6A)*

Le BUISSON-CUSSAC
🔢 13 – 🔢 75 ⑯

24 Dordogne – 2 003 h.
✉ 24480 le Buisson-de-Cadouin

△ **Municipal de Vicq,** ℱ 53 22 01 73, N : 0,8 km par D 51E rte du Bugue, à droite avant le pont de Vicq, bord de la Dordogne
3 ha (80 empl.) ⊶ plat, herbeux ⚲⚲ (1,5 ha) - 🎱 ⚅ 💧 ☻ - ⚡ ⚊
15 juin-15 sept. - **R** *conseillée* - *Tarif 92* : 🛉 *14,50* ⟺ 🛉 *7,40* 🛁 *10,20 (8A)*

BUJALEUF
🔢 10 – 🔢 72 ⑲ G. Berry Limousin

87460 H.-Vienne – 999 h.

△ Municipal du Lac ⚅ < « Belles terrasses dominant le lac », N : 1 km par D 16 et rte à gauche, près du lac
2 ha (110 empl.) ⊶ en terrasses, herbeux ⚲ - 🎱 ⚅ 💧 ☻ - A proximité : ♥ snack
⚊ (plage)
juin-15 sept. - **R**

BUNUS
🔢 13 – 🔢 85 ④

64120 Pyr.-Atl. – 151 h.

⛰ **Inxauseta** ⚅ <, ℱ 59 37 81 49, au bourg, près de l'église
0,8 ha (40 empl.) ⊶ peu incliné, en terrasses, herbeux ⚲ - 🎱 ⚅ 💧 ☻ - ⚊
juil.-août - **R** - 🛉 *10* 🔲 *10* 🛁 *10 (5A)*

BURNHAUPT-LE-HAUT
🔢 8 – 🔢 87 ⑲

68520 H.-Rhin – 1 426 h.

⛰ **les Castors** ⚅, ℱ 89 48 78 58, NO : 2,5 km par D 466 rte de Guewenheim, bord de la Doller et d'un étang
2,5 ha (165 empl.) ⊶ plat, herbeux ⊡ ⚲ - 🎱 ⚊ ☻ ♥ - ⚊
avril-1er oct. - **R** - 🛉 *12* 🔲 *12* 🛁 *12 (3A) 17 (5A) 26 (6A et plus)*

BUSSANG
🔢 8 – 🔢 66 ⑧ G. Alsace Lorraine

88540 Vosges – 1 809 h.
🅸 Syndicat d'Initiative, r. d'Alsace
ℱ 29 61 50 37

⛰ **Domaine de Champé** <, ℱ 29 61 61 51, au NE de la localité, accès par rte à gauche de l'église, bord de la Moselle et d'un ruisseau
2,5 ha (40 empl.) ⊶ plat, herbeux - 🎱 ⚅ 💧 🎛 ♿ ▥ ☻ ♥ 🖥 - ⚊ ⚊ ✂ 🍴
Permanent - **R** *conseillée* - 🛉 *14,50 piscine comprise (hiver 15)* 🔲 *15* 🛁 *12 ou 15 (3 à 10A)*

La BUSSIÈRE
🔢 10 – 🔢 68 ⑮

86310 Vienne – 395 h.

⛰ **Camp V.V.F.** ⚅, ℱ 49 48 03 77, N : 1,8 km par D 11 rte de St-Pierre-de-Maillé, à 300 m de la Gartempe – ⚒
1 ha (30 empl.) ⊶ plat, herbeux ⊡ - 🎱 ⚅ 💧 ♿ ☻ ⚊ 🖥 garderie - ⚊ ✂
🐴 - A proximité : ⚊
juil.-9 sept. - **R** *conseillée 14 juil.-15 août (V.V.F Dourdan ℱ 64 59 78 18) -*
Adhésion V.V.F. obligatoire - 🔲 *2 pers. 48, pers. suppl. 17* 🛁 *16 (5A)*

BUSSIÈRE-DUNOISE
🔢 10 – 🔢 72 ⑨

23320 Creuse – 1 139 h.

△ **Municipal de la Vergne** ⚅ <, ℱ 55 81 68 90, S : 1,5 km par D 47 rte de Guéret et chemin à gauche, près d'un plan d'eau
1 ha (40 empl.) plat, herbeux ⊡ ⚲⚲ (0,5 ha) - 🎱 ⚅ 💧 ☻ - A proximité : ⚊ (plage)
juil.-août - **R** - *Tarif 92* : 🛉 *7,50* ⟺ *4,50* 🔲 *5* 🛁 *8*

BUZANÇAIS
🔢 10 – 🔢 68 ⑦

36500 Indre – 4 749 h.

⛰ **Municipal la Tête Noire** ⚅, ℱ 54 84 17 27, au NO de la ville par la r. des Ponts, bord de l'Indre
2,5 ha (166 empl.) ⊶ (saison) plat, herbeux ⚲ - 🎱 ⚅ 💧 🎛 ☻ - ⚊
A proximité : ✂ 🍴
mai-sept. - **R** *conseillée juil.-août - Tarif 92* : 🛉 *7,50* 🔲 *6,10* 🛁 *7,50 (6A) 10,50 (10A)*

BUZANCY
🔢 7 – 🔢 56 ⑨

08240 Ardennes – 446 h.

⛰ **Municipal la Samaritaine** ⚅, ℱ 24 30 08 88, sortie NO rte de Vouziers puis 1 km par chemin à gauche, à 150 m d'un étang
1,9 ha (100 empl.) ⊶ (saison) plat, herbeux - 🎱 ⚅ 💧 ☻ - A proximité : ⚊
vac. de printemps-sept. - **R** - 🛉 *5,50* ⟺ *2,80* 🔲 *2,80* 🛁 *9 (3A) 11,60 (6A) 15,80 (10A)*

Le CABELLOU **29** Finistère – 🔢 58 ⑮ – rattaché à Concarneau

CABOURG

14390 Calvados – 3 355 h.
🄑 Office de Tourisme, Jardins du Casino ℰ 31 91 01 09

▲▲▲ **Le Vert Pré** ◇, réservé aux caravanes, ℰ 31 91 41 68, SO : 2 km sur D 513 rte de Caen – 🌿
5,5 ha (240 empl.) ⊶ plat, herbeux, sablonneux ⊑ ♀ – 🗟 ⏚ 🗚 🗔 ⊛ ♨ ☵
🏺 – 🌂 ⚤ 🐟 – A proximité : 🐎 – *Location longue durée – Places limitées pour le passage*

CADENET

84160 Vaucluse – 3 232 h.

▲▲▲ **Val de Durance** 🕊 ≤, ℰ 90 68 37 75, SO : 2,7 km par D 943 rte d'Aix, D 59 à droite et chemin à gauche, bord d'un plan d'eau et à 300 m de la Durance
10 ha/2,4 campables (180 empl.) ⊶ plat, herbeux, pierreux – 🗟 ⏚ ⏚ 🗔 🗚 ⚒
⊛ ♨ ⚤ 🖳 🐟 🗔 – 🛒 🐟 ⚤ – Location : 🛏
avril-oct. – **R** *conseillée juil.-août* – 🖳 *2 pers. 65, pers. suppl. 20* 🔌 *17 (10A)*

CADEUIL

17250 Char.-Mar.

▲ **Lac Jamica,** ℰ 46 22 90 99 ✉ 17250 Ste-Gemme, à l'est du hameau sur D 728 rte de Saintes, bord d'un étang
12 ha/2 campables (100 empl.) ⊶ plat et peu incliné, herbeux ⊑ ♀♀ (1 ha) –
🗟 ⏚ ⏚ ⊛ – vélos – A proximité : snack – Location : 🛏 🛏
mai-oct. – **R** *conseillée juil.-août* – 🖳 *3 pers. 48, pers. suppl. 12* 🔌 *15 (10A)*

▶ *Zoekt u in een bepaalde streek*
  - *een fraai terrein (* ▲ *...* ▲▲▲ *)*
  - *een terrein dat het hele jaar open is (*Permanent*)*
  - *of alleen een terrein op uw reisroute of een terrein voor een langer verblijf,*

raadpleeg dan de lijst van plaatsnamen in de inleiding van de gids.

La CADIÈRE-D'AZUR

83740 Var – 3 139 h.
🄑 Syndicat d'Initiative, rond-point Roger-Salengro (saison)
ℰ 94 90 12 56

▲▲▲ **La Malissonne** ≤, ℰ 94 90 10 60, NO : 1,8 km sur D 66 rte de la Ciotat
4,5 ha (200 empl.) ⊶ en terrasses, peu incliné, herbeux ⊑ ♀ –
🗟 🗔 ⊛ 🖳 🍽 snack 🐟 – 🗔 🌂 🐟 🐟 half-court – Location : 🛏 🛏
mars-13 nov. – *Places disponibles pour le passage* – **R** *conseillée vac. scolaires, indispensable août* – 🖳 *piscine comprise 2 pers. 66/75, pers. suppl. 15,50* 🔌 *17 (plus de 5A)*

CADOUIN

24 Dordogne
✉ 24480 le Buisson-de-Cadouin

▲ **Municipal Panoramique,** sortie S par D 2 rte de St-Avit-Rivière
1 ha (33 empl.) en terrasses, herbeux ♀♀ – 🗟 ⏚ ⏚ ⊛ – 🐟
15 juin-15 sept. – **R** *conseillée* – 🖈 *11,60* 🖳 *6,10* 🔌 *8,20*

CAGNES-SUR-MER

06800 Alpes-Mar. – 40 902 h.
🄑 Office de Tourisme, 6 bd Maréchal-Juin ℰ 93 20 61 64

▲▲▲ **La Rivière** 🕊, ℰ 93 20 62 27, N : 3,5 km par r. J.-Feraud et chemin des Salles, bord de la Cagne
1 ha (90 empl.) ⊶ plat, herbeux ⊑ ♀♀ – 🗟 🗚 🗔 ⊛ 🖳 🐟 🗔 – 🗔 🐟
🏺 – Location : 🛏
Permanent – **R** *conseillée 15 juin-15 sept.* – 🖳 *piscine comprise 2 pers. 59, 3 pers. 76,50, pers. suppl. 12* 🔌 *9,50 (2A) 13,60 (4A) 16,80 (6A)*

▲ **Léouvé,** réservé aux caravanes 🕊 ≤, ℰ 93 20 53 87, NO : 2,5 km, chemin de Léouvé
0,3 ha (24 empl.) ⊶ (saison) plat, herbeux – 🗟 ⏚ 🗚 ⊛ ⚤ ⚤ 🗔 – 🗔 🐟
– Location : 🛏
avril-sept. – **R** *conseillée juil.-août* – *Tarif 92 :* 🖈 *12 piscine comprise* 🚗 *10,50* 🖳 *32* 🔌 *10 (10A)*

à Cros-de-Cagnes SE : 2 km – ✉ 06800 Cagnes-sur-Mer :

🄑 Syndicat d'Initiative, 20 av. des Oliviers (transfert sur la plage en été) ℰ 93 07 67 08

▲▲▲ **Panoramer** ≤ Baie des Anges, ℰ 93 31 16 15, N : 2,5 km, chemin des Gros Buaux
1,4 ha (96 empl.) ⊶ en terrasses, pierreux ⊑ ♀ – 🗟 ⏚ 🗚 🗔 ⊛ ⚤ pizzeria
🐟 – 🗔 🐟
Pâques-sept. – **R** *conseillée juil.-août* – 🖳 *3 pers. 127* 🔌 *12 (2A) 14 (6A) 17 (10A)*

▲▲ **le Todos** 🕊, ℰ 93 31 20 05, N : 3,8 km, chemin du Vallon des Vaux
1,6 ha (56 empl.) ⊶ plat et terrasses, herbeux, pierreux ♀ – 🗟 🗚 ⊛ snack 🗔
– 🗔 🐟 – A proximité : 🍽 🐟
avril-oct. – **R** *conseillée juil.-août* – *Tarif 92 :* 🖈 *15,50 piscine comprise* 🚗 *16* 🖳 *39,50 ou 46,50/38,50 ou 46,50* 🔌 *12 (3A) 16 (5A)*

▲▲ **le Val Fleuri** 🕊, ℰ 93 31 21 74, N : 3,5 km, chemin du Vallon des Vaux
1,5 ha (93 empl.) ⊶ plat et terrasses, herbeux, pierreux ♀♀ (0,4 ha) – 🗟 🗚 🗔
⚤ ⊛ ♀ 🐟 – 🗔
Permanent – **R** *conseillée juil.-août* – 🖳 *piscine comprise 2 pers. 80 ou 90, pers. suppl. 15* 🔌 *13 (5A)*

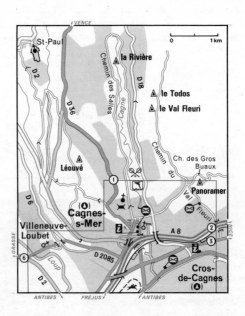

CAHAGNES

14240 Calvados – 934 h.

▲▲ **Municipal de la Vallée de Craham** ⚲, 𝒫 31 77 57 71, E : 2,3 km par D 193 rte de Villers-Bocage et chemin à gauche, à 200 m d'un plan d'eau
1 ha (82 empl.) peu incliné et en terrasses, herbeux – 🗐 ⇔ 🖰 🖫 ⊕ 🛱 ▽ – parcours sportif
15 juin-15 sept. – **R** – 🏃 *9,50* 🚗 *4,50* 🗉 *4,50 et 10 pour eau chaude et élect.*

CAHORS ℙ

46000 Lot – 19 735 h.
🛈 Office de Tourisme, pl. A.-Briand
𝒫 65.35.09.56

▲▲ **Rivière de Cabessut** ⚲ ≤, 𝒫 65 30 06 30, au N de la ville, par le pont Cabessut puis à gauche quai Ludo Rolles, bord du Lot
2 ha (102 empl.) ⊶ plat, herbeux 🖵 – 🗐 ⇔ 🖰 ⊕ 🚇 – 🖾 🛅 vélos
avril-oct. – **R** conseillée – 🏃 *12 piscine comprise* 🗉 *50* ⒣ *12 (10A)*

CAHUZAC-SUR-VÈRE

81140 Tarn – 1 074 h.

▲ **Municipal,** 𝒫 63 33 91 94, sortie NE par D 122 rte de Cordes, près de la Vère
1 ha (50 empl.) ⊶ (juil.-août) plat et peu incliné, herbeux – 🗐 ⊕ – 🍴 - A l'entrée :
15 juin-15 sept. – **R** conseillée – Tarif 92 : 🏃 *9* 🗉 *7,50* ⒣ *7,50 (3A)*

CAJARC

46160 Lot – 1 033 h.
🛈 Syndicat d'Initiative, pl. du Foirail
(15 juin-15 sept.) 𝒫 65 40 72 89

▲▲ **Municipal le Terriol** ≤, 𝒫 65 40 72 74, sortie SO par D 662 rte de Cahors et à gauche
0,8 ha (45 empl.) ⊶ plat, herbeux 🖵 – 🗐 ⇔ 🖰 ⊕ – A proximité : 🍴 🛅
mai-sept. – **R** conseillée juil.-août – 🏃 *11* 🗉 *13* ⒣ *12 (3 ou 5A)*

CALLAC

22 C.-d'Armor – 2 592 h.
✉ 22160 Callac-de-Bretagne

▲▲ **Municipal Verte Vallée** ⚲, 𝒫 96 45 58 50, sortie O par D 28 rte de Morlaix et av. Ernest-Renan à gauche, à 50 m d'un plan d'eau
1 ha (65 empl.) ⊶ peu incliné, herbeux 🖵 – 🗐 ⇔ 🖰 🖎 ⊕ – 🍴 🛅 - A proximité : 🍷 🖾
15 juin-15 sept. – **R** – Tarif 92 : 🏃 *7,70* 🚗 *2,70* 🗉 *4* ⒣ *7,60*

CALLAS

83830 Var – 1 276 h.

▲▲ **Les Blimouses** ⚲, 𝒫 94 47 83 41, S : 3 km par D 25 et D 225 rte de Draguignan
2,5 ha (74 empl.) ⊶ plat à incliné, en terrasses, pierreux, herbeux 🖵 ⚲ – 🗐 🖎 ⚿ ⊕ 🖩 – 🛅 – Location : 🏠 🚐
vac. de printemps-15 nov. – **R** conseillée saison – 🗉 *piscine comprise 2 pers. 58* ⒣ *12 (6A)*

CALVI **2B** H.-Corse – ⑨⓪ ⑬ – voir à Corse

CALVIAC

10 – 75 ⑳

46190 Lot – 230 h.

⛰ **Les 3 Sources** ⚲ « Agréable cadre boisé », ℱ 65 33 03 01, N : 2,3 km par D 25 rte de Lamativie bord de l'Escaumels
7,5 ha/3,5 campables (150 empl.) ⊶ peu incliné à incliné, pierreux, herbeux ᎒᎒ – 🛖 ⇄ ⇆ 🗟 ⊛ ᗡ ▽ � ✗ ᗡ – 🖵 – 🚣 ⏛ 🛶
15 mai-1ᵉʳ oct. – **R** conseillée juil.-15 août – ✻ 24 🗐 28 ₰ 13 (12A)

CAMARET-SUR-MER

🖪 – 58 ③ G. Bretagne

29129 Finistère – 2 933 h.

🖪 Syndicat d'Initiative, quai Toudouze ℱ 98 27 93 60

Schéma à Crozon

⛰ **Lambézen** ⚲ ≼ Camaret, mer et côte, ℱ 98 27 91 41, Fax 95 27 93 72, NE : 3 km par D 355 et rte à droite, à 400 m de la plage
1,8 ha (89 empl.) ⊶ plat et peu incliné, herbeux ᗘ – 🛖 ⇄ ⇆ 🗟 ⊛ ᗡ ▽ ⱄ ♈ 🖳 – 🖵 ᗰ 🛶 – Location : ᗗ
avril-sept. – **R** conseillée juil.-août – ✻ 24 piscine comprise 🗐 45 ₰ 15 (5A)

⛰ **Plage de Trez Rouz** ≼ Anse de Camaret, ℱ 98 27 93 96 ⊠ 29160 Crozon, NE : 3,5 km par D 355, près de la plage
1 ha (80 empl.) ⊶ peu incliné, herbeux – 🛖 ⇄ ⇆ 🗟 ⊛ 🖳
Pâques-sept. – **R** conseillée juil.-août – ✻ 21 ⇌ 7 🗐 16 ₰ 11 (10A)

CAMBO-LES-BAINS

13 – 85 ③ G. Pyrénées Aquitaine

64250 Pyr.-Atl. – 4 128 h. – ♨ 3 fév.-29 nov.

🖪 Office de Tourisme, parc Saint-Joseph ℱ 59 29 70 25

⛰ **Bixta-Eder** Ⓜ, ℱ 59 29 94 23, Fax 59 29 23 70, SO : 1,3 km par D 918 rte de St-Jean-de-Luz
1 ha (90 empl.) ⊶ (saison) plat et peu incliné, herbeux ᎒᎒ – 🛖 ⇄ ⇆ 🗟 ♿ 🖳 – 🖵 ᗰ – A proximité : ✗ 🛶
mars-oct. – **R** conseillée juil.-août – 🗉 2 pers. 70 ₰ 15 (6A)

CAMIERS

🖪 – 51 ⑪

62176 P.-de-C. – 2 176 h.

⛰ **C.C.D.F. Les Sables d'Or,** ℱ 21 84 95 15, S : 0,5 km sur ancienne rte d'Étaples
10 ha (336 empl.) ⊶ accidenté, sablonneux ᗘ ᎒᎒ – 🛖 ⇄ ⇆ 🗟 ♈ ⊛ ♈ 🖳 – 🚣 🛶
Permanent – **R** – Adhésion obligatoire – ✻ 11 piscine comprise ⇌ 11 🗐 11 ₰ 10 (3A) 12 (5A) 20 (10A)

▶ Pour choisir et suivre un itinéraire
Pour calculer un kilométrage
Pour situer exactement un terrain (en fonction des indications fournies dans le texte) :
Utilisez les **cartes Michelin** détaillées à 1/200 000, compléments indispensables de cet ouvrage.

CAMPAGNE

13 – 75 ⑯ G. Périgord Quercy

24260 Dordogne – 281 h.

⛰ Municipal le Val de la Marquise, ℱ 53 54 74 10, E : 0,5 km par D 35, rte de St-Cyprien, bord d'un étang
2,6 ha (110 empl.) ⊶ plat et en terrasses, herbeux ᗘ – 🛖 ⇄ ⇆ 🕳 🗟 ♿ ⊛ – 🖵

CAMPAN

14 – 85 ⑱ G. Pyrénées Aquitaine

65710 H.-Pyr. – 1 390 h. alt. 656

⛰ St-Roch ≼, ℱ 62 91 78 01, S : 1 km par D 935 rte de la Mongie, bord de l'Adour
1,5 ha (50 empl.) ⊶ plat, peu incliné, herbeux – 🛖 🕳 ⊛ – 🖵 – A proximité : ✗

Le CAMP-DU-CASTELLET

17 – 84 ⑭

83 Var – ⊠ 83330 le Beausset

⛰ **Les Grands Pins,** ℱ 94 90 71 44, SE : 0,6 km par D 26 rte du Brulat
4,5 ha (200 empl.) ⊶ plat, pierreux ᗘᗘ – (🛖 mars-oct.) 🗟 ⊛ 🖳 ✗ ᗡ 🖳 – ✗ 🚣 🛶 – Location : ᗗ
Permanent – Places disponibles pour le passage – **R** conseillée juin-sept. – 🗉 piscine comprise 2 pers. 48 ou 50 ₰ 16 (6A)

CAMPSEGRET

10 – 75 ⑮

24140 Dordogne – 403 h.

⛰ **Le Bourg,** ℱ 53 24 22 36, sur N 21, bord de la Seyse
1,3 ha (50 empl.) ⊶ (juil.-août) plat, herbeux ᗘ – 🛖 ⇄ ⇆ 🗟 ♿ ⊛ ᗡ – 🖵 – A proximité : 🖳 ♈ ✗ 🛶
juin-sept. – **R** conseillée – ✻ 10 ⇌ 5 🗐 5 ₰ 10 (6A)

CAMPS-ST MATHURIN-LEOBAZEL

10 – 75 ⑳

19430 Corrèze – 293 h.

⛰ **Municipal la Châtaigneraie** ⚲ ≼, ℱ 55 28 53 15, au SO de la commune, à Camps, sur D 13, rte de Bretenoux, bord d'un étang
1 ha (10 empl.) ⊶ (juil.-août) peu incliné, herbeux – (🛖 ⇄ ⇆ juil.-sept.) 🗟 ♿ ⊛ 🖳 – ✗ 🚣 ⇌ – A proximité : ✗ ᗡ – Location : huttes
juin-sept. – **R** conseillée juil.-août – ✻ 5 🗐 10 ₰ 10

CANCALE

35260 I.-et-V. – 4 910 h.
🛈 Office de Tourisme, r. du Port
𝒫 99 89 63 72

  ▵▵ **Notre-Dame du Verger** ⊱, 𝒫 99 89 72 84, NO : 3 km sur D 201, à 500 m de la plage (accès direct par sentier)
2,5 ha (150 empl.) en terrasses et peu incliné, herbeux – 🗇 ⇆ ⇌ 🖫 ☺ ⊼
⊒ – ⬚ – 🚡 – Location : 🚐 🚛
fin mars-fin sept. – **R** conseillée juil.-août – 🖹 1 ou 2 pers. 54 [9] 11 (6A)

  ▵▵ **Port-Mer Plage** ≤, 𝒫 99 89 63 17, N : 3,5 km par D 201 rte de la Pointe du Grouin, près de la mer, à 120 m de la plage (accès direct)
2,4 ha (83 empl.) en terrasses et peu incliné, herbeux – 🗇 ≋ 🖫 ☺ 🍴 🖫 – A proximité : ♨
11 avril-25 sept. – **R** juil.-août – 🖹 2 pers. 53,50, pers. suppl. 15,50 [9] 12 (5A)

  ▵▵ **Le Bois Pastel** ⊱, 𝒫 99 89 66 10, NO : 7,2 km par D 201 rte de St-Malo par la côte puis à gauche au lieu-dit la Gaudichais
2 ha (90 empl.) plat, herbeux ♀ – 🗇 ⇆ ⇌ 🖫 ♿ ☺ ⊼ ⇇
juil.-août – **R** conseillée – 🖹 1 ou 2 pers. 54,50 [9] 11,50 (6A)

  ▵ **Les Genêts** ⊱, 𝒫 99 89 76 17, O : 1,3 km par D 355 puis 0,5 km par rte à droite après la zone artisanale
1,3 ha (85 empl.) plat, herbeux – 🗇 ⇆ ≋ ♿ ☺ 🖫
fin mars-fin sept. – **R** conseillée – Tarif 92 : 🖹 1 ou 2 pers. 43 [9] 11 (6A)

CANDES-ST-MARTIN

37500 I.-et-L. – 244 h.

  ▵ Intercommunal Bellerive, 𝒫 47 95 98 11, SE : 0,6 km par D 751 rte de Chinon, bord de la Vienne
2 ha (66 empl.) plat, herbeux – 🗇 ⇆ ⇌ ☺ – 🚡 – A proximité : �

CANDÉ-SUR-BEUVRON

41120 L.-et-C. – 1 134 h.

  ▵▵▵ **La Grande Tortue** ⊱, 𝒫 54 44 15 20, sortie S par rte de Chaumont-sur-Loire et rte de la Pieuse, à 300 m du Beuvron
5 ha (208 empl.) plat et peu incliné, sablonneux, herbeux 🗖 ♀ – 🗇 ⇆ ⇌
🖫 ♿ ☺ ⊼ ⇇ ⊒ ✗ ⊱ 🚲 – 🚡 ≋ (bassin) half-court – Location : 🚐
15 avril-sept. – **R** conseillée juil.-août – 🖹 2 pers. 75, pers. suppl. 21 [9] 15 (6A)

CANET

34800 Hérault – 1 402 h.

  ▵▵ **Les Rivières** ⊱, 𝒫 67 96 75 53, N : 1,8 km par D 134ᴱ, à la Sablière, près de l'Hérault (accès direct)
2 ha (66 empl.) plat, pierreux, herbeux 🗖 ♀ – 🗇 ☺ ⊱ 🖫 – 🚛 ≋
20 juin-5 sept. – **R** conseillée – 🖹 2 pers. 63 [9] 13 (5A)

CANET-DE-SALARS

12290 Aveyron – 440 h. alt. 850

  ▵▵▵ **Le Caussanel** ≤ « Situation agréable au bord du lac de Pareloup »,
𝒫 65 46 85 19, SE : 2,7 km par D 538 et à droite
3,5 ha (200 empl.) plat, peu incliné, terrasses, herbeux – 🗇 ⇌ 🖫 ☺ ⊼ ⇇ ⊒ 🍴 🖫 – 🚛 ≋ ✗ 🚲 ≋
avril-oct. – **R** conseillée juil.-août – 🖹 piscine comprise 3 pers. 75 ou 95, pers. suppl. 18 [9] 12 (5A)

  ▵ **Municipal les Fontanelles,** SO : 0,5 km par D 176 rte d'Arvieu
1 ha (30 empl.) plat, herbeux – 🗇 ⇌ ☺
15 juin-15 sept. – **R** – 🖹 2 pers. 42, pers. suppl. 13,50 [9] 10,50

CANET-PLAGE

66 Pyr.-Or.
✉ 66140 Canet-en-Roussillon.
🛈 Office de Tourisme, pl. de la Méditerranée 𝒫 68 73 25 20

  ▵▵▵ **Le Brasilia,** 𝒫 68 80 23 82, Fax 68 73 32 97, bord de la Têt et accès direct à la plage
15 ha (1 000 empl.) plat, sablonneux, herbeux 🗖 ♀♀ (6 ha) – 🗇 ⇆ ⇌ 🖫
♿ ☺ ⊼ ⇇ 🍴 ✗ self ⊱ 🖫 – 🚐 discothèque ✗khir ≋ ⊒ ≋ – A proximité :
♨ – Location : 🚐 🏠
11 avril-15 oct. – **R** conseillée juil.-août – Tarif 92 : 🖹 1 ou 2 pers. 90, pers. suppl. 22 [9] 14 (5A)

▲▲▲ **Les Peupliers,** ℰ 68 80 35 87, Fax 68 73 38 75, à 500 m de la mer
4 ha (220 empl.) ⊶ plat, herbeux ▭ ⚲⚲ – 🍴 ⟲ 📷 ♿ 🔥 ⊕ 🏊 ⚟ ⤳ 🔲
– 🔲 ♨ ⤳ ⃕ half-court – A proximité : 🐎 – Location : 🚐
juin-sept. – **R** *conseillée juil.-août* – 🔲 *2 pers. 86, pers suppl. 23* [⚡] *13,50 (6A)*

▲▲▲ **Ma Prairie,** ℰ 68 73 26 17, Fax 68 73 28 82, O : 2,5 km, à Canet-Village (hors
schéma) - sortir par D 11 rte d'Elne et chemin à droite – ⚘ 15 juil.-15 août
4 ha (270 empl.) ⊶ plat, herbeux ▭ ⚲⚲ (2 ha) – 🍴 ⟲ 📷 🔥 ♿ ⊕ 🏊 ⚟ ✕
⤳ 🔲 – 🔲 ⚟ ⃕ – Location : 🚐
mai-sept. – **R** *conseillée* – 🔲 *piscine comprise 2 pers. 110, pers. suppl. 29,50*
[⚡] *18 (3A) 24 (6A)*

▲▲ **Domino,** ℰ 68 80 27 25, r. des Palmiers, à 250 m de la plage et du port
0,7 ha (63 empl.) ⊶ plat, herbeux ▭ ⚲⚲ – 🍴 ⟲ 📷 🔥 ♿ ⊕ ⚟ ⥅ 🔲 – 🔲
15 avril-sept. – **R** *conseillée juil.-août* – 🔲 *3 pers. 125, pers. suppl. 25* [⚡] *14 (3A)*
16 (6A) 20 (10A)

▲▲ **Le Bosquet,** ℰ 68 80 23 80, bord de la Têt, à 500 m de la mer
1,5 ha (130 empl.) ⊶ plat, herbeux ▭ ⚲⚲ – 🍴 ⊕ ⤳ 🔲 – 🔲 – A proximité :
🏊 juin-25 sept. – **R** *conseillée* – 🍴 *20* 🔲 *25* [⚡] *14 (6A)*

CANILLO Principauté d'Andorre – 🎑 ⑭ – voir à Andorre

CANNES   🔢 – 🔢 ⑨ G. Côte d'Azur

06400 Alpes-Mar. – 68 676 h.

🅱 Direction Générale du Tourisme et
des Congrès et Accueil de France,
espl. Prés. G.-Pompidou
ℰ 93 39 01 01 et à la Gare SNCF
ℰ 93 79 19 77

à la Bocca O : 3 km – ✉ 06150 Cannes-la Bocca :

▲▲▲ Ranch-Camping ≼, ℰ 93 46 00 11 ✉ 06110 le Cannet, NO : 1,5 km par D 9
puis bd de l'Esterel à droite
2 ha (136 empl.) ⊶ peu incliné, en terrasses, herbeux, pierreux ▭ ⚲⚲ – 🍴 ⟲
📷 ⚟ ⤳ 🔲 ⃕ – Location : 🚐

▲▲▲ **Le Grand Saule,** ℰ 93 47 07 50, Fax 93 47 24 55 ✉ 06110 le Cannet, NO :
2 km, sur D 9 – ⚘ juil-août
1 ha (55 empl.) ⊶ plat, herbeux ⚲⚲ – 🍴 ⟲ 📷 🔥 sauna ⊕ ⚟ ⥅ ⚟ snack 🔲 –
🔲 ⃕ – A proximité : ⚘ – Location : studios
31 mars-oct. – **R** *conseillée juil.-août* – 🔲 *piscine comprise 2 pers. 122, 4 pers.*
174 [⚡] *18 (6A)*

La CANONICA 2B H.-Corse – 🎑 ③ – voir à Corse

La CANOURGUE   🔢 – 🔢 ④ ⑤ G. Gorges du Tarn

48500 Lozère – 1 817 h.

🅱 Syndicat d'Initiative (15 juin-15
sept.) ℰ 66 32 83 67 et à la Mairie
ℰ 66 32 81 47

▲▲▲ **l'Urugne,** ℰ 66 32 88 73, Fax 66 32 88 14, E : 3,6 km par D 998 rte de
Ste-Enimie, bord de l'Urugne et près d'un golf (9 trous)
2 ha (50 empl.) ⊶ plat, herbeux – 🍴 ⟲ 📷 🔥 ♿ ⊕ ⚟ ⥅ ⚟ – 🔲 🚤 ⃕
– Location : gîtes
15 juin-15 sept. – **R** *conseillée 15 juil.-20 août* – 🔲 *piscine comprise 2 pers.*
58, pers. suppl. 19 [⚡] *13 (3A)*

CAPBRETON   🔢 – 🔢 ⑰ G. Pyrénées Aquitaine

40130 Landes – 5 089 h.

🅱 Office de Tourisme, av. Georges-
Pompidou ℰ 58 72 12 11

▲▲▲ **Municipal de la Civelle,** ℰ 58 72 15 11, sortie S et r. des Biches à droite,
à 50 m du Boudigau
6 ha (600 empl.) ⊶ plat, peu incliné, sablonneux, pierreux, herbeux ⚲⚲ – 🍴 ⟲
📷 ⚟ ⊕ 🏊 ⚟ – A proximité : ⚘ ♨ half-court
juin-sept. – **R** *conseillée – Tarif 92 :* 🍴 *15* 🔲 *20* [⚡] *10*

✕ ▲▲▲ La Pointe ⚟, ℰ 58 72 14 98, S : 2 km par D 652 rte de Labenne et av. Lartigau
à droite, bord du Boudigau
3 ha (228 empl.) ⊶ plat, sablonneux, herbeux ⚲⚲ – 🍴 ⟲ 📷 🔥 ♿ ⊕ 🏊 ⚟ ✕
⤳ 🔲 – 🔲 ♨ ⚘

▲▲ **Municipal Bel Air** Ⓜ, ℰ 58 72 12 04, av. du Bourret, près du parc des sports
1,5 ha (100 empl.) ⊶ plat, sablonneux ⚲ – 🍴 ⟲ 📷 🔥 ♿ ⊕ 🔲 – A proximité :
⚘
Permanent – **R** *conseillée – Tarif 92 :* 🍴 *15* 🔲 *20* [⚡] *10 (10A)*

CAP-COZ 29 Finistère – 🔢 ⑮ – rattaché à Fouesnant

CAPDENAC-GARE   🔢 – 🔢 ⑩

12700 Aveyron – 4 818 h.

▲▲ **La Diège,** ℰ 65 64 61 25, S : 7,5 km par D 86 rte de Cajarc et D 558 à gauche,
bord de la Diège
2,5 ha (50 empl.) ⊶ plat et terrasse, herbeux ⚲⚲ – 🍴 📷 🔥 ⊕ 🏊 ⚟ snack –
discothèque ⤳ ⥅ – Location : 🚐
avril-1er nov. – **R** *conseillée 15 juil.-10 août – Tarif 92 :* 🍴 *13,50* 🚗 *6* 🔲 *13,50*
[⚡] *10,50 (6A)*

▲▲ **Municipal les Rives d'Olt** Ⓜ, ℰ 65 80 88 87, sortie O par D 994 rte de
Figeac et bd P.-Ramadier à gauche avant le pont, près du Lot, jardin public
attenant
0,9 ha (53 empl.) ⊶ plat, herbeux ▭ ⚲ – 🍴 ⟲ 📷 🔥 ⊕ ⚟ – vélos – A proximité :
⚘
vac. de printemps, juin-sept. – **R** *– Tarif 92 :* 🍴 *9,50* 🚗 *5,50* 🔲 *5,50/13 avec*
élect.

CARAMAN
🗺️ – 🗺️ ⑲

31460 H.-Gar. – 1 765 h.

⚠️ **Municipal de l'Orme Blanc** 🅢, ℰ 61 83 25 77, SO : 1,5 km par D 11 rte de Villefranche-de-Lauragais et rte de Baziège, près d'un lac – 🄿 (tentes)
0,4 ha (30 empl.) ⊶ plat, peu incliné à incliné, herbeux 🗺️ 🗺️ – 🗺️ 🗺️ 🗺️ 🗺️ 🗺️
🗺️ 🗺️ 🗺️ 🗺️ – 🗺️ parcours sportif – A proximité : 🗺️ 🗺️
15 juin-15 sept. – **R** – 🗐 *2 pers. 23/35 (46 avec élect.)*

CARANTEC
🗺️ – 🗺️ ⑥ G. Bretagne

29226 Finistère – 2 609 h.
🄑 Office de Tourisme, r. Pasteur
ℰ 98 67 00 43

⚠️ **Les Mouettes** 🅢 « Cadre agréable », ℰ 98 67 02 46, Fax 98 78 31 46, SO : 1,5 km par rte de St-Pol-de-Léon et rte à droite, à la Grande Grève, près de la mer
3 ha (220 empl.) ⊶ plat et en terrasses, herbeux, étang 🗺️ 🗺️ – 🗺️ 🗺️ 🗺️ 🗺️
🗺️ 🗺️ 🗺️ 🗺️ 🗺️ 🗺️ 🗺️ 🗺️ pizzeria 🗺️ 🗺️ – 🗺️ 🗺️ 🗺️ 🗺️ toboggan aquatique –
Location : 🗺️
Pâques-sept. – **R** *conseillée* – 🗺️ *24 piscine comprise* 🗐 *64* 🗺️ *16 (6A)*

▶ *Si vous recherchez :*
    un terrain agréable ou très tranquille
    un terrain ouvert toute l'année
    un terrain effectuant la location de caravanes,
        de résidences mobiles ou de bungalows
    un terrain avec tennis ou piscine
Consultez le tableau des localités citées, classées par départements.

CARCANS
🗺️ – 🗺️ ⑱

33121 Gironde – 1 503 h.

⚠️ **Le Chêne Vert,** ℰ 56 03 37 12, S : 1 km par D 3 rte de Lacanau
2 ha (99 empl.) ⊶ plat, sablonneux, herbeux 🗺️ pinède – 🗺️ 🗺️ 🗺️ 🗺️ – Location :
🗺️
20 juin-10 sept. – **R** – 🗺️ *11* 🗐 *20* 🗺️ *12 (6A)*

⚠️ **Les Arbousiers,** ℰ 56 03 35 04, O : 2,3 km par D 207, rte de Carcans-plage et à droite
2, 3 ha (63 empl.) ⊶ plat, sablonneux, herbeux 🗺️ 🗺️ – 🗺️ 🗺️ 🗺️ 🗺️ 🗺️
juin-sept. – **R** *conseillée* – 🗐 *2 à 5 pers. 48 à 76* 🗺️ *11 (3A)*

⚠️ **Le Cap de Ville,** ℰ 56 03 33 74, O : 2,3 km par D 207 rte de Carcans-Plage
2 ha (80 empl.) ⊶ plat, herbeux, sablonneux 🗺️ 🗺️ – 🗺️ 🗺️ 🗺️ 🗺️ 🗺️
avril-fin sept. – **R** *conseillée saison* – 🗐 *1 à 5 pers. 31 à 80* 🗺️ *12 (3 ou 5A)*

à *Bombannes* O : 12 km par D 207 rte de Carcans-Plage et RF à droite

⚠️ **Base de Sports et de Loisirs,** ℰ 56 03 31 01, en 4 camps distincts, bord du lac d'Hourtin-Carcans
200 ha/30 campables (480 empl.) plat, accidenté, sablonneux 🗺️ pinède – 🗺️ 🗺️
🗺️ 🗺️ 🗺️ 🗺️ 🗺️ 🗺️ snack 🗺️ – 🗺️ 🗺️ 🗺️ 🗺️ 🗺️ 🗺️ 🗺️ tir à l'arc
Permanent – **R** *conseillée* – 🗺️ *18* 🗐 *37/50 avec élect.*

CARCASSONNE 🄿
🗺️ – 🗺️ ⑪ G. Pyrénées Roussillon

11000 Aude – 43 470 h.
🄑 Office de Tourisme et Accueil de France, 15 bd Camille-Pelletan
ℰ 68 25 07 04 et Porte Narbonnaise (Pâques-nov.) ℰ 68 25 68 81

⚠️ **La Cité** 🗺️, ℰ 68 25 11 77, sortie E par N 113 rte de Narbonne puis 1,8 km par D 104, rte de Cavérac, près d'un bras de l'Aude
7 ha (200 empl.) ⊶ plat, herbeux, verger 🗺️ – 🗺️ 🗺️ 🗺️ 🗺️ 🗺️ 🗺️ 🗺️ 🗺️ 🗺️ –
🗺️ 🗺️
mars-27 oct. – **R** – 🗐 *piscine comprise 2 pers. 71, pers. suppl. 23* 🗺️ *15*

⚠️ **Les Lavandières** « Cadre agréable », ℰ 68 25 41 66 ✉️ 11610 Pennautier, à **Pennautier**, NO : 4 km rte de Toulouse et D 203 à droite, bord du Fresquel – Par A 61 : sortie Carcassonne-Ouest
1 ha (36 empl.) ⊶ plat, herbeux 🗺️ 🗺️ – 🗺️ 🗺️ 🗺️ 🗺️ 🗺️ – 🗺️
avril-oct. – **R** *conseillée*

⚠️ **La Bastide de Madame** (aire naturelle) 🗺️, ℰ 68 26 80 06 ✉️ 11090 Carcassonne, SO : 6 km par D 118 rte de Limoux et chemin à droite après le passage à niveau
1 ha (25 empl.) ⊶ plat, en terrasses et peu incliné, herbeux – 🗺️ 🗺️ 🗺️ 🗺️ 🗺️
🗺️ – 🗺️
juil.-août – **R** *conseillée 15 juil.-15 août* – 🗐 *piscine comprise 2 pers. 50, pers. suppl. 13* 🗺️ *14 (15A)*

à *Preixan* S : 8 km par D 118 rte de Limoux (hors schéma) – ✉️ 11250 Preixan

⚠️ **Le Breil d'Aude,** ℰ 68 26 88 18, Fax 68 26 85 07, N : 1,5 km par D 118, bord d'un plan d'eau
11 ha/5 campables (70 empl.) ⊶ plat, peu incliné, herbeux 🗺️ 🗺️ (1,5 ha) – 🗺️
🗺️ 🗺️ 🗺️ 🗺️ 🗺️ 🗺️ 🗺️ 🗺️ – 🗺️ 🗺️ 🗺️ 🗺️ – Location : 🗺️
mars-oct. – **R** – 🗐 *piscine et tennis compris 2 pers. 62* 🗺️ *15 (3 à 6A)*

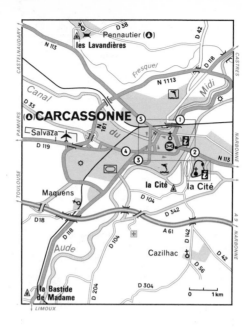

CAREIL **44** Loire-Atl. – 🔟 ⑭ – rattaché à la Baule

CARENTAN   ④ – 🔟 ⑬ G. Normandie Cotentin

50500 Manche – 6 300 h.
🅱 Office de Tourisme, bd Verdun
🖉 33 42 74 01

🔺 **Municipal le Haut Dyck** 🔥 « Plantations décoratives », *🖉* 33 42 16 89, au bord du canal, près de la piscine
2,5 ha (104 empl.) ⊶ plat, herbeux ⊡ – 🎪 🌳 🛁 🖥 🅰 ⊙ – 🔟 🔥 ⛵ – A proximité : 🏊
Permanent – **R** *conseillée juil.-août* – 🏕 *9,30* 🚗 *6,50* 🅴 *10,50* 🚲 *10,50 (6A)*

CARGÈSE **2A** Corse-du-Sud – 🔟 ⑯ – voir à Corse

CARNAC   ③ – 🔟 ⑫ G. Bretagne

56340 Morbihan – 4 243 h.
🅱 Office de Tourisme, av. des Druides *🖉* 97 52 13 52 et pl. de l'Église (Pâques-sept.)

🔺 **La Grande Métairie** « Site et cadre agréables », *🖉* 97 52 24 01, Fax 97 52 83 58, NE : 2,5 km, bord de l'étang de Kerloquet
11 ha (352 empl.) ⊶ plat et peu incliné, herbeux, rocheux ⊡ ⴏ – 🎪 🌳 🛁 🖥 🅰 ⊙ ⴞ 🛥 ⵢ ⛳ 🍴 ✗ 🏊 – 🔟 – ⛵ 🏊 – A proximité : 🏊
29 mai-18 sept. – **R** *conseillée juil.-août* – 🏕 *22 piscine comprise* 🅴 *95* 🚲 *12 (6A)*

🔺 Rosnual « Cadre agréable, belles plantations », *🖉* 97 52 14 57, NE : 2,5 km, à l'orée d'un bois – 🌿
8,5 ha (160 empl.) ⊶ plat, herbeux, petit étang ⊡ ⴏ – 🎪 🌳 🛁 🖥 ⊙ ⴞ ⵢ 🛥 🍴 ✗ 🏊 🖥 – ⛵ 🏊 – A proximité : 🏊 – Location : 🚐, bungalows toilés

🔺 **Moulin de Kermaux** 🔥, *🖉* 97 52 15 90, Fax 97 52 83 85, NE : 2,5 km
2,5 ha (120 empl.) ⊶ plat et peu incliné, herbeux ⊡ ⴏ – 🎪 🌳 🛁 🖥 ⊙ ⴞ ⵢ 🛥 – 🔟 – ⛵ 🏊 – Location : 🚐
10 avril-11 sept. – **R** *conseillée* – 🏕 *18 piscine comprise* 🅴 *60* 🚲 *10 (3A) 12 (6A)*

🔺 **Le Moustoir** 🔥, *🖉* 97 52 16 18, Fax 97 52 88 37, NE : 3 km
5 ha (165 empl.) ⊶ peu incliné, plat, herbeux 🌳🌳 pinède – 🎪 🛁 🖥 🅰 🖥 ⊙ ⵢ 🍴 ✗ 🏊 – 🔟 – ⛵ 🏊 – Location : 🚐
10 avril-12 sept. – **R** *conseillée juil.-août* – 🏕 *16,50* 🅴 *42* 🚲 *10,50 (6 ou 10A)*

🔺 **Les Bruyères** 🔥, *🖉* 97 52 30 57, N : 3 km
2 ha (105 empl.) ⊶ plat, herbeux – 🎪 🛁 🖥 ⊙ 🖥 🖥 – ✗ ⛵ – Location : 🚐
4 avril-23 oct. – **R** *conseillée juil.-août* – 🏕 *14,50* 🅴 *27* 🚲 *10,50 (4A)*

🔺 **L'Étang** 🔥, *🖉* 97 52 14 06, N : 2 km, à Kerlann, à 50 m de l'étang
2,5 ha (165 empl.) ⊶ plat, herbeux ⊡ – 🎪 🛁 🖥 (🏊 juil.-août) 🖥 ⊙ 🍴 🖥 – 🏊 ⛵ 🏊
avril-1er nov. – **R** – 🏕 *19* 🅴 *33* 🚲 *10 (6A)*

⚠ **Kérabus** 🦌, ☎ 97 52 24 90, NE : 2 km
0,8 ha (70 empl.) ⟶ plat, herbeux ⚕ – ⟶ ⟶ ⟶ ⟶ ⟶ – ⟶ – A proximité : ⟶
juin-15 sept. – **R** – ⟶ *11* ▣ *14* ⟨⟩ *10 (4A) 13 (6A)*

⚠ **Les Ombrages** 🦌, ☎ 97 52 16 52, N : 2,5 km, à Kerlann
1 ha (80 empl.) ⟶ plat, herbeux ⟶ ⚕ – ⟶ ⟶ ⟶ ⟶ ⟶ ⟶ – A proximité :
juin-15 sept. – **R** – ⟶ *15,50* ▣ *23* ⟨⟩ *10 (6A)*

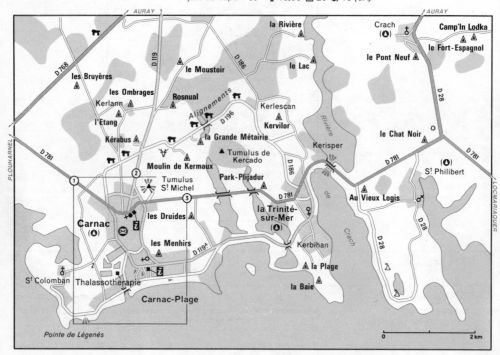

à Carnac-Plage S : 1,5 km :

⚠ **Les Menhirs,** ☎ 97 52 94 67, Fax 97 52 25 38, allée St-Michel, à 400 m de la plage
6 ha (360 empl.) ⟶ plat, herbeux ⟶ – ⟶ ⟶ ⟶ ⟶ sauna ⟶ ⟶ ⟶ ⟶ ⟶ ⟶ ⟶ garderie – ⟶ salle de remise en forme et d'animation ⟶ ⟶ ⟶ ⟶ toboggan aquatique, vélos – Location : ⟶
24 avril-sept. – **R** *indispensable 25 juin-août* – ⟶ *27 piscine comprise* ▣ *130* ⟨⟩ *17 (6A)*

⚠ **Les Druides,** ☎ 97 52 08 18, E : quartier Beaumer, à 500 m de la plage – ⟶
juil.-août
1,5 ha (110 empl.) ⟶ plat, peu incliné, herbeux ⟶ ⚕ – ⟶ ⟶ ⟶ ⟶ ⟶ ⟶ ⟶ ⟶
10 avril-8 mai, 19 mai-10 sept. – **R** – *3 pers. 104, pers.suppl. 18* ⟨⟩ *13,50 (3A)*

Voir aussi à *Crach, St-Philibert, la Trinité-sur-Mer*

CARNON-PLAGE   ⟨16⟩ – ⟨83⟩ ⑦ G. Gorges du Tarn

34 Hérault – ✉ 34280 la Grande-Motte

⚠ **Intercommunal les Saladelles,** ☎ 67 68 23 71, par D 59, à 80 m de la plage
7,6 ha (384 empl.) ⟶ plat, sablonneux – ⟶ ⟶ ⟶ ⟶ ⟶ ⟶ ⟶
Pâques-nov. – **R** *conseillée juil.-août* – ▣ *2 pers. 52,10 (67,80 ou 70,50 avec élect. 6A), pers. suppl. 15,90*

CAROMB   ⟨16⟩ – ⟨81⟩ ⑬

84331 Vaucluse – 2 640 h.

⚠ **Municipal le Bouquier,** N : 1,5 km par D 13 rte de Malaucène
1,5 ha (35 empl.) ⟶ en terrasses, plat, gravier, pierreux ⟶ – ⟶ ⟶ ⟶ ⟶ ⟶ ⟶ ⟶

▶ *Utilisez les **cartes Michelin** détaillées nᵒˢ ⟨51⟩ à ⟨90⟩ :*
*Les localités possédant des terrains sélectionnés y sont signalés par le signe (**O**).*
Elles sont le complément indispensable de ce guide.

CARQUEIRANNE

83320 Var – 7 118 h.
🛈 Office de Tourisme, pl. de la
Libération ℰ 94 58 60 78

Schéma au Pradet

Le Beau-Vezé ⌂, « Cadre agréable », ℰ 94 57 65 30, NO : 2,5 km par D 559
rte de Toulon puis 1 km par D 76 à droite
7 ha (150 empl.) ⊶ plat, peu incliné, en terrasses, pierreux ⊏⊐ ♀♀ pinède – ⋒
⇔ ⊕ ♿ ⊙ ⊒ – 🖵 ✗ ☾ – Location : studios
juin-20 sept. – **R** *indispensable* – 🄴 *piscine comprise 2 pers. 110, pers. suppl.*
35 🄳 *19 (6A)*

CARSAC-AILLAC

24200 Dordogne – 1 219 h.

Schéma à la Roque-Gageac

Le Plein Air des Bories ⌂, ℰ 53 28 15 67, S : 1,3 km par D 703 rte de
Vitrac et chemin à gauche, bord de la Dordogne – ✑
2,8 ha (90 empl.) ⊶ plat, sablonneux, herbeux ⊏⊐ ♀ (1,8 ha) – ⋒ ⇔ ⊟ 🖸 ♿
⊕ ♀ – 🖵 🖵 🗷 ☾
juin-15 sept. – **R** *conseillée* – 🄴 *piscine comprise 2 pers. 66, pers. suppl. 20*
🄳 *14 (6A)*

CASSAGNES

46700 Lot – 212 h.

Municipal du Lac, NO : 1,5 km sur D 673 rte de Fumel, près du lac
1,5 ha (25 empl.) non clos, peu incliné à incliné, accidenté, pierreux, herbeux ♑
– ⋒ ⚏ ⊙
avril-sept. – **R** – ⚡ *12* 🄴 *12* 🄳 *10*

CASSAGNES-BÉGONHÈS

12120 Aveyron – 1 040 h.

Municipal le Glandou, S : 1 km par D 902 rte de Réquista, bord d'un
étang
1,5 ha (38 empl.) ⊶ en terrasses, pierreux, herbeux ⊏⊐ – ⋒ ⇔ ⊟ ⊙
15 juin-15 sept. – **R** – ⚡ *10* 🄴 *15* 🄳 *8*

▶ *Parcs résidentiels, camps de week-end...*
  (voir chapitre explicatif).
  Nous indiquons au texte des terrains concernés
  dans quelle mesure ils disposent d'emplacements disponibles
  pour les campeurs-caravaniers itinérants et touristes de passage.

CASSY 33 Gironde – 71 ⑳ – voir à Arcachon (Bassin d')

CASTELJALOUX

47700 L.-et-G. – 5 048 h.

Municipal du Lac de Clarens, ℰ 53 93 07 45, SO : 2,5 km par D 933 rte de
Mont-de-Marsan, bord du lac
4 ha (240 empl.) ⊶ (saison) plat et accidenté, herbeux ♀♀ (3 ha) – ⋒ 🖸 ⊙ ♀
⊒ – 🗷 🖿 (plage) – A proximité : golf, parcours sportif 🕭

Municipal de la Piscine, ℰ 53 93 54 68, sortie NE par D 933 rte de Marmande,
bord d'un ruisseau
1 ha (65 empl.) plat, herbeux ♀ – ⋒ 🖸 ⊙ ✗ – ☾

CASTELJAU

07 Ardèche
✉ 07460 Berrias-et-Casteljau

La Rouveyrolle ⌂, ℰ 75 39 00 67, à l'est du bourg, à 100 m du Chassezac
2,5 ha (100 empl.) ⊶ (saison) plat, herbeux, pierreux ⊏⊐ ♀♀ – ⋒ ⇔ ⊟ 🖸 ♿
⊕ 🛒 snack ⚏ 🖿 – 🖵 🖿 ☾ – A proximité : 🖿 – Location : 🖼
avril-sept. – **R** *conseillée juil.-août* – 🄴 *piscine comprise 2 pers. 90* 🄳 *15 (5A)*

Mazet-Plage ⌂, ≼, ℰ 75 39 32 56, SO : 1 km par rte du Bois de Païolive, bord
du Chassezac
2 ha (100 empl.) ⊶ plat, en terrasses, herbeux, pierreux ♀♀ – ⋒ 🖸 ⊙ 🄫 ♀ 🖿
– 🖿 🖿 vélos – Location : 🖼
avril oct. – **R** *conseillée saison* – 🄴 *2 pers. 64* 🄳 *14 (6A)*

les Tournaires, ℰ 75 39 36 39, N : 0,5 km rte de Chaulet plage, au lieu-dit
les Tournaires, à 300 m du Chassezac
1,3 ha (35 empl.) ⊶ plat, herbeux – ⋒ ⇔ ⊟ 🖸 ♿ ⊙ snack – 🖵 ☾
Pâques-sept. – **R** *conseillée* – 🄴 *piscine comprise 2 pers. 70* 🄳 *11 (5A)*

Les Blaches « Site agréable et cadre sauvage », ℰ 75 39 05 26, N : 0,6 km
rte de Chaulet-Plage, accès direct au Chassezac
2 ha (80 empl.) ⊶ (saison) en terrasses, accidenté, rocheux, pierreux, herbeux
♀♀ – ⋒ 🖸 ⊙ 🖿 – 🖿 – A proximité : 🄫 ♀ snack – Location : 🖼
Pâques-Toussaint – **R** *conseillée juil.-août* – 🄴 *2 pers. 48, pers. suppl. 12* 🄳 *9 (2A)*
11 (4A) 13 (6A)

La Vignasse ⌂, « Site agréable », ℰ 75 39 30 27, N : 0,6 km rte de Chaulet-
Plage, accès direct au Chassezac
3 ha (95 empl.) ⊶ en terrasses, pierreux, herbeux ♀♀ – ⋒ ⊙ 🄫 ♀ snack 🖿
– 🖿 – Location : 🖼
début avril-sept. – **R** *conseillée* – 🄴 *2 pers. 48* 🄳 *8 (2A) 10 (4A) 12 (6A)*

CASTELLANE ⬡

04120 Alpes-de-H.-Pr. – 1 349 h.
alt. 724.

🛈 Office de Tourisme, r. Nationale
✆ 92 83 61 14

▰▰▰ **Le Verdon** ⌕ ≼ « Cadre et situation agréables », ✆ 92 83 61 29, Fax 92 83 69 37, Domaine de la Salaou, SO : 2 km par D 952 rte de Moustiers-Ste-Marie, bord du Verdon (petits plans d'eau)
14 ha/9 campables (421 empl.) ⛐ plat, herbeux, pierreux 🏕 ⚲ – 🎐 ⚱ 📺 🖥 🖳 ⚙
🚿 ▽ 🛒 🍷 ✗ pizzeria 🛋 🖥 cases réfrigérées – 🏚 🔭 ⚓ – Location : 🏚 🏠
15 mai-15 sept. – **R** conseillée juil.-août – Tarif 92 : 🅔 piscine comprise 3 pers.
100 (117 à 150 avec élect. 2 ou 6A), pers. suppl. 26

▰▰▰ **Gorges du Verdon** ⌕ ≼ « Site et cadre agréables », ✆ 92 83 63 64, Fax 92 83 74 72, SO : 9,5 km par D 952 rte de Moustiers-Ste-Marie, bord du Verdon – alt. 666
7 ha (195 empl.) ⛐ plat et peu incliné, accidenté, pierreux, herbeux ⚲⚲ pinède
– 🎐 🏖 🖥 ⚙ – 🖳 🍷 snack 🛋 🖥 – 🏚 ⚓ 🔭 – Location : studios
9 avril-27 sept. – **R** conseillée juil.-août – 🅔 piscine comprise 3 pers. 86, pers.
suppl. 18 🔌 18 (6A)

▰▰▰ **Le Clavet** ⌕ ≼, ✆ 92 83 68 96, à La Garde, SE : 7 km par N 85 rte de Grasse
– alt. 1 000 – Accès aux emplacements par pente à 12 %
7 ha (160 empl.) ⛐ en terrasses, peu incliné, pierreux, herbeux, bois attenant
🏕 – 🎐 ⚱ 📺 🖥 ⚙ 🖳 ✗ 🛋 🖥 – 🏚 ⚓ 🔭 🐎 vélos – Location :
bungalows toilés
15 avril-sept. – **R** conseillée – 🎣 27 piscine comprise 🅔 25 🔌 16 (10A)

▰▰ **International** ⌕ ≼, ✆ 92 83 66 67, NO : 1,7 km par rte de Digne et rte de
la Palud à droite
12 ha/8 campables (200 empl.) ⛐ plat, peu incliné, herbeux, pierreux 🏕 – 🎐
🏖 🖥 📺 🖳 & ⚙ 🚿 ▽ ⚱ ✗ 🛋 🖥 – 🏚 ⚓ 🔭 – Location : 🏚 studios
Pâques-1ᵉʳ oct. – **R** conseillée – 🅔 piscine comprise 2 pers. 90 🔌 21 (6A)

▰▰ **Les Lavandes** ≼, ✆ 92 83 68 78, SO : 0,3 km par D 952 rte de Moustiers-
Ste-Marie
0,6 ha (60 empl.) ⛐ plat, herbeux – 🎐 ⚱ 🖥 sauna 🌊 ⚙
23 mars-sept. – **R** conseillée juil.-août – 🎣 13 🚰 8 🅔 13 🔌 12 (10A)

▰ **Provençal** ≼, ✆ 92 83 65 50, NO : 2 km par N 85 rte de Digne
0,8 ha (45 empl.) ⛐ plat et peu incliné, herbeux, pierreux – 🎐 ⚱ 🖥 ⚙
juin-20 sept. – **R** conseillée juil.-août – 🅔 2 pers. 45 🔌 12,50 (3A) 20 (6A)

▰ **Frédéric Mistral** ≼, ✆ 92 83 62 27, sortie SO par D 952 rte de Moustiers-
Ste-Marie
1 ha (60 empl.) ⛐ plat, herbeux – 🎐 🏖 ⚱ 🖥 🌊 ⚙ – A proximité : ✗ 🔭
Permanent – **R** conseillée 15 juin-15 sept. – 🎣 15 🅔 13 🔌 10 (3A) 15 (6A)

▰ **Notre-Dame** ≼, ✆ 92 83 63 02, SO : 0,5 km par D 952 rte de Moustiers-
Ste-Marie, bord d'un ruisseau
0,6 ha (40 empl.) ⛐ plat, herbeux ⚲ – 🎐 🏖 🖥 ⚙ – ⚓ – Location : 🏚
avril-20 oct. – **R** conseillée juil.-août – Tarif 92 : 🅔 3 pers. 61 🔌 14,50 (3A)
18,50 (6A)

CASTELNAU-DE-MONTMIRAL

81140 Tarn – 910 h.

▰ **Le Rieutort** ⌕ ≼ « Agréable chênaie », ✆ 63 33 16 10, NO : 3,5 km par
D 964, rte de Caussade et D 87, rte de Penne, à droite
10 ha/0,5 campable (35 empl.) ⛐ peu accidenté, plat et peu incliné, herbeux,
bois attenant 🏕 ⚲⚲ – 🎐 ⚱ 🖥 ⚙ – 🏚 🔭 – A la Base de Loisirs (800 m) :
🍷 snack ✗ ⚓ 🛶 🔭 – Location : bungalows toilés
15 mai-sept. – **R** conseillée – 🅔 piscine comprise 2 pers. 37,20, pers. suppl.
11,20 🔌 9 (10A)

CASTELNAUD-FAYRAC

24 Dordogne – 408 h.
✉ 24250 Domme

Schéma à la Roque-Gageac

▰▰▰ **Maisonneuve** ⌕ ≼ « Ferme fleurie », ✆ 53 29 51 29, SE : 1 km par D 57
et chemin à gauche, bord du Céou
5 ha (140 empl.) ⛐ plat, prairie ⚲ ⚲ (1 ha) – 🎐 🏖 ⚱ 🏖 🖥 & ⚙ 🖳 🍷 🛋
🖥 – 🏚 🔭 ⚓ 🛶 – Location : bungalows toilés
avril-sept. – **R** conseillée juil.-août – 🎣 19 piscine comprise 🅔 30 🔌 12 (3A) 18 (6A)

CASTELNAU-MONTRATIER

46170 Lot – 1 820 h.

▰▰ **Municipal des 3 Moulins** ≼, sortie NO par D 19 rte de Lauzette
1 ha (50 empl.) en terrasses, herbeux, pierreux ⚲ (0,5 ha) – 🎐 ⚱ ⚙ – A l'entrée :
✗ 🔭
juin-sept. – **Ŕ** – 🎣 9 🅔 9 🔌 5

CASTÉRA-VERDUZAN

32410 Gers – 794 h. – ♨ mai-oct

▰▰ **Municipal Plage de Verduzan**, ✆ 62 68 12 23, Fax 62 68 10 49, au nord du
bourg, bord de l'Aulone et d'un plan d'eau
2 ha (100 empl.) ⛐ plat, herbeux 🏕 – 🎐 ⚱ 🖥 & ⚙ 🚿 ▽ 🖥 – 🏚 tir à l'arc
– A proximité : 🔭 – Location : bungalows toilés
avril-oct. – **R** conseillée juil.-août – 🅔 élect. (3A) comprise 1 à 3 pers. 87

CASTETS

40260 Landes – 1 719 h.

▰▰ **Municipal de Galan**, ✆ 58 89 43 52, E : 1 km par D 42 et à droite
4 ha (220 empl.) ⛐ plat, peu incliné, sablonneux, herbeux ⚲⚲ – 🎐 ⚱ 🏖 🖥 &
⚙ 🚿 ▽ 🖥 – 🏚 🔭 – Location : 🏚
15 juin-15 sept. – **R** – 🎣 14 🚰 2 🅔 16/31 avec élect.

CASTILLON LA BATAILLE

9 – 76 ⑬ G. Pyrénées Aquitaine

33350 Gironde

△ Municipal la Pelouse, ℰ 57 40 04 22, au sud du bourg, bord de la Dordogne
1,5 ha (60 empl.) ⟶ plat, herbeux ⚲ – 🔥 ⚙ 🚻 ⊛ – 🚗 – Location : gîtes

---

CASTILLONNÈS

14 – 79 ⑤ G. Pyrénées Aquitaine

47330 L.-et-G. – 1 424 h.

⚞ **Municipal la Ferrette,** ℰ 53 36 94 68, sortie N par N 21 rte de Bergerac
1 ha (64 empl.) ⟶ plat et peu incliné, herbeux ⚲ – 🔥 ⚙ 🚻 🈁 ⊛ – A proximité :
✂ 𝕷
juin-sept. – **R** conseillée – ♦ 12 🔳 10/15 🔋 15 (2 ou 6A) 30 (8A)

CASTRES ⟨SP⟩

15 – 83 ① G. Gorges du Tarn

81100 Tarn – 44 812 h.
🚩 Service du Tourisme, Théâtre
Municipal, pl. République
ℰ 63 71 56 58 et Gare Routière pl.
Soult (juil.-août)

⚞ Parc de Loisirs de Gourjade ⚞, ℰ 63 59 56 49, NE : 2 km par D 89 rte de
Roquecourbe, bord de l'Agout
53 ha/4 campables (91 empl.) ⟶ plat et terrasse, herbeux – 🔥 ⚙ 🚻 🈁 & ⊛
snack – A proximité : golf, practice de golf, tir à l'arc, vélos ⛵ 🚗

CASTRIES

16 – 83 ⑦ G. Gorges du Tarn

34160 Hérault – 3 992 h.

⚞ **Le Galipot** ⚞, ℰ 67 70 19 75, N : 0,9 km par D 26 rte de Guzargues, av. des
Pins à droite et r. du Romarin à gauche
1,3 ha (31 empl.) ⟶ plat et peu incliné, pierreux, herbeux ⚲ ⚱ – 🔥 ⚙ 🈁 &
⊛ 🌲 ▽ – Location : 🚐
15 mai-15 oct. – **R** conseillée juil.-août – 🔳 2 pers. 44, pers. suppl. 10 🔋 11 (10A)

CAUDAN

3 – 63 ①

56850 Morbihan – 6 674 h.

⚞ **Municipal de Kergoff** ⚞, ℰ 97 05 73 87, à l'ouest du bourg, près du stade,
à 200 m d'un plan d'eau
0,6 ha (55 empl.) ⟶ plat et peu incliné, herbeux – 🔥 🌲 ⊛ – A proximité : ✂
mai-sept. – **R** – ♦ 5,80 🚗 3,20 🔳 5,80 🔋 7,50 (6A)

CAUNEILLE

13 – 78 ⑦

40300 Landes – 679 h.

⚞ **Les Sources** ⚞, ℰ 58 73 04 40, sortie N, à 200 m de la N 117
1 ha (50 empl.) ⟶ en terrasses, plat, herbeux, pierreux ⚲ (0,5 ha) – 🔥 ⚙
🌲 🈁 ⊛ 🍴 – 🚗 🏊 (bassin) half-court, parcours sportif – Location : 🏠
mai-sept. – **R** conseillée juil.-août – ♦ 15 🔳 16 🔋 10 (6A)

CAUREL

3 – 58 ⑲

22530 C.-d'Armor – 384 h.

⚞ **Nautic International** ⚞ « Situation et cadre agréables », ℰ 96 28 57 94,
SO : 2 km, au lieu-dit Beau-Rivage, bord du lac de Guerlédan
2,6 ha (80 empl.) ⟶ plat, en terrasses, herbeux – 🔥 ⚙ 🚻 🈁 & ⊛ 🌲 ▽ 🛥
🔲 – 🚐 ✂ 🚗 𝕷 🏊 – A proximité : 🍴 ✕ crêperie ⛵
avril-sept. – **R** conseillée juil.-août – Tarif 92 : ♦ 21 piscine comprise 🚗 9 🔳
23 🔋 13 (6A)

CAUSSADE

14 – 79 ⑱ G. Périgord Quercy

82300 T.-et-G. – 6 009 h.

⚞ **Municipal la Piboulette** ⚞, ℰ 63 93 09 07, NE : 1 km par D 17, rte de
Puylaroque et à gauche, au stade, à 200 m d'un étang
1,5 ha (120 empl.) ⟶ plat, herbeux ⚲ – 🔥 🌲 🈁 ⊛ – 🚐 – A proximité : ✂
𝕷
mai-oct. – **R** conseillée juil.-août – ♦ 6,45 🔳 6,85 🔋 6,85 (3A)

CAUTERETS

14 – 85 ⑰ G. Pyrénées Aquitaine

65110 H.-Pyr. – 1 201 h. alt. 930 –
⚕ – 🚡.
🚩 Office de Tourisme, pl. de l'Hôtel-
de-Ville ℰ 62 92 50 27

⚞ **Le Cabaliros** ≤, ℰ 62 92 55 36, N : 1,6 km par rte de Lourdes et au pont à
gauche, bord du Gave de Pau
2 ha (100 empl.) ⟶ peu incliné, accidenté, herbeux – 🔥 ⚙ 🌲 🈁 & 🈁 ⊛ 🌲
▽ – 🔲
15 mai-15 oct. – **R** conseillée 15 juil.-15 août – Tarif 92 : ♦ 13 🔳 11,20 🔋 9,50
(2A)

⚞ **Le Péguère** ≤, ℰ 62 92 52 91, N : 1,5 km par rte de Lourdes, bord du Gave
de Pau
3,5 ha (83 empl.) ⟶ peu incliné, herbeux ⚲ (1,5 ha) – 🔥 🌲 🈁 ⊛ 🈁
vac. de printemps-sept. – **R** conseillée août – ♦ 13 🔳 11 🔋 9 (4A)

△ **Les Bergeronnettes** ≤, ℰ 62 92 50 69, N : 1,3 km par rte de Lourdes et
chemin à gauche, à 50 m du Gave – ✂
0,4 ha (50 empl.) ⟶ plat et peu incliné, herbeux – 🔥 🌲 🈁 ⊛
juin-sept. – **R** – ♦ 11 🚗 5,50 🔳 5,50 🔋 9,20 (2A) 15 (4A) 21,50 (6A)

CAVALAIRE-SUR-MER

83240 Var – 4 188 h.
🅱 Office de Tourisme, square de Lattre-de-Tassigny ✆ 94 64 08 28

La Baie, ✆ 94 64 08 15, Fax 94 64 66 10, sortie SO par rte du Lavandou et à gauche, à 400 m de la plage
5,5 ha (480 empl.) •— plat, peu incliné et en terrasses, herbeux ⌑ 🔢 – 🔟 🔟
🔟🔟🔟⊛🔟🔟✗🔟🔟 – 🔟🔟 🔟🔟 🔟 – Location : 🔟🔟
15 mars-15 oct. – **R** *indispensable juil.-août* – 🔟 *piscine comprise 1 à 3 pers. 120, pers. suppl. 27* 🔟 *25*

Les Canissons « Cadre agréable », ✆ 94 64 31 81, sortie SO par rte du Lavandou et rte à droite – 🔟
3 ha (150 empl.) •— peu incliné et en terrasses, herbeux ⌑ 🔢 – 🔟 🔟 🔟 🔟
🔟⊛🔟🔟🔟 – 🔟🔟 🔟🔟
15 mars-6 oct. – **R** *conseillée 20 juin-août – Autorisation parentale obligatoire pour les mineurs –* 🔟 *1 à 3 pers. 90, pers. suppl. 20* 🔟 *13 (5A) 18 (10A)*

Cros de Mouton 🔟 ⩽ « Situation agréable », ✆ 94 64 10 87, NO : 1,5 km
4,2 ha (160 empl.) •— en terrasses, pierreux ⌑ 🔢 – 🔟 🔟 🔟 🔟 ⊛ 🔟 🔟 ✗ 🔟
– 🔟 – Location : 🔟 🔟
15 mars-oct. – **R** *conseillée 15 juin-15 sept. –* 🔟 *21 piscine comprise* 🔟 *23* 🔟 *12 (10A)*

Bonporteau 🔟, ✆ 94 64 03 24, SO : 1 km par rte du Lavandou, à 200 m de la plage
3 ha (240 empl.) •— incliné et en terrasses, pierreux 🔢 – 🔟 🔟 🔟 🔟 ⊛ 🔟 ✗
🔟 🔟 cases réfrigérées – 🔟🔟 vélos – Location : 🔟 🔟
20 mars-15 oct. – **R** – 🔟 *3 pers. 103* 🔟 *16 (5A)*

La Pinède, ✆ 94 64 11 14, sortie SO par rte du Lavandou et rte à droite
2 ha (180 empl.) •— plat, herbeux ⌑ 🔢 – 🔟 🔟 🔟 🔟 🔟 🔟 🔟 ⊛ 🔟 🔟 🔟 –
🔟🔟 🔟🔟
10 mars-15 oct. – **R** *conseillée 15 juin-20 août –* 🔟 *2 ou 3 pers. 85, pers. suppl. 21* 🔟 *16 (5A)*

Roux 🔟 « Entée fleurie », ✆ 94 64 05 47, NE : 3 km par D 559 rte de Ste-Maxime et à gauche, rue du Docteur Pardigon
4 ha (245 empl.) •— peu incliné, en terrasses, pierreux ⌑ 🔢 – 🔟 🔟 🔟 🔟 🔟
⊛ 🔟 snack 🔟 – 🔟🔟 🔟🔟 vélos – Location : studios, appartements
Pâques-sept. – **R** *conseillée juil.-août –* 🔟 *20,60* 🔟 *23,70* 🔟 *14 (10A)*

CAVALIÈRE

83 Var – ✉ 83980 le Lavandou

Parc-Camping de Pramousquier 🔟 ⩽ « Site et cadre agréables », ✆ 94 05 83 95, E : 2 km par D 559 rte de Cavalaire, **à Pramousquier**
3 ha (180 empl.) •— en terrasses, pierreux, rocheux ⌑ 🔟 – 🔟 🔟 🔟 ⊛ 🔟 snack
🔟 🔟
25 avril-10 oct. – **R** *conseillée –* 🔟 *21* 🔟 *20,50* 🔟 *15 (3A) 20,50 (6A)*

CAYEUX-SUR-MER

80410 Somme – 2 856 h.

Municipal de Brighton les Pins, réservé aux caravanes, ✆ 22 26 71 04, NE : 2 km par D 102 rte littorale, à Brighton, à 500 m de la mer
4 ha (163 empl.) •— plat, herbeux ⌑ 🔟 🔟 🔟 🔟 🔟 ⊛ 🔟 🔟 🔟 🔟 🔟 –
🔟🔟 🔟🔟

CAZALS

46250 Lot – 538 h.

Municipal du Plan d'Eau ⩽, ✆ 65 22 84 45, sortie S par D 673 rte de Fumel, bord d'un plan d'eau
0,7 ha (55 empl.) •— plat, herbeux 🔟 – 🔟 🔟 🔟 🔟 ⊛ 🔟 – 🔟 🔟🔟 🔟 vélos

CAZAUBON

32150 Gers – 1 605 h. –
🔟 24 fév.-28 nov. à Barbotan

Municipal du Lac de l'Uby ⩽ « Situation et cadre agréables », ✆ 62 09 53 91, NE : 2,5 km par D 656 rte de Barbotan-les-Thermes et rte à droite, bord du lac
6 ha (308 empl.) •— plat et peu incliné, gravillons, herbeux 🔢 – 🔟 🔟 🔟 🔟 🔟
🔟 – 🔟🔟 – A proximité : 🔟 🔟🔟 🔟🔟 🔟 🔟
15 mars-nov. – **R** *conseillée – Tarif 92 :* 🔟 *14,50* 🔟 *4,60* 🔟 *9,80/12,70* 🔟 *7,50 (4A) 13 (6A) 21,50 (10A)*

CAZÈRES

31220 H.-Gar. – 3 155 h.

Intercommunal le Plantaurel 🔟 🔟 « Cadre agréable, entrée fleurie », ✆ 61 97 03 71, SO : 2,8 km par D 6, D 7 et D 62 rte de Mauran, près de la Garonne
3,5 ha (150 empl.) •— plat, herbeux ⌑ 🔢 – 🔟 🔟 🔟 🔟 ⊛ 🔟 🔟 🔟 – 🔟🔟 🔟🔟
– *Location longue durée – Places disponibles pour le passage*

CAZOULÈS

24370 Dordogne – 397 h.

Municipal la Borgne, ✆ 53 29 81 64, à 1,5 km au SO du bourg, bord de la Dordogne
5 ha (100 empl.) •— plat, herbeux 🔟 – 🔟 🔟 🔟 🔟 🔟 🔟 🔟 ⊛ 🔟 – 🔟🔟 🔟 🔟
15 juin-15 sept. – **R** *juil.-15 août –* 🔟 *16 piscine comprise* 🔟 *6* 🔟 *12* 🔟 *12 (10 ou 16A)*

CEAUX-D'ALLEGRE

43270 H.-Loire – 428 h. alt. 905

△ Municipal ⚸, ℘ 71 00 79 66, NE : 1,1 km par D 134, rte de Bellevue-la-Montagne et chemin à gauche, bord de la borne et près d'un plan d'eau
0,5 ha (35 empl.) ⚬┄ plat, pierreux, herbeux – 🗑 ⚬ 🏠 ᕫ ⊕ 🏊 ▽ – A proximité : ✖ 🛒 🏊

CEILLAC

05600 H.-Alpes – 289 h. alt. 1 643
– ⚿.
🅷 Syndicat d'Initiative, Mairie (saison)
℘ 92 45 05 74

11 – 77 ⑱ ⑲ G. Alpes du Sud

🇲 **Les Mélèzes** ⚸ ≼ « Site agréable », ℘ 92 45 21 93, SE : 1,8 km, bord du Mélezet
3 ha (100 empl.) ⚬┄ peu incliné, accidenté et terrasses, pierreux, herbeux – 🗑 ⚬ 🏠 ᕫ – 🏊 ▽ – 🏊
juin-20 sept. – **R** – 🚶 21 🚗 12 🅴 12 📳 9 (2A) 15 (4A)

La CELLE-DUNOISE

23800 Creuse – 589 h.

10 – 68 ⑱

△ **Municipal de la Baignade,** à l'est du bourg, par D 48ᴬ rte du Bourg d'Hem, près de la Creuse
1,4 ha (30 empl.) plat et en terrasses, herbeux – 🗑 ⚬ 🏠 ⊕ 🏊 – 🏠 ✖ – A proximité : 🛒 🐴 poneys
avril-sept. – **R** – 🚶 8 🚗 6,50 🅴 6,50 📳 7 (5A)

CELLES-SUR-BELLE

79370 Deux-Sèvres – 3 425 h.
🅷 Syndicat d'Initiative, aux Halles (juil.-août) et Mairie ℘ 49 79 80 17

9 – 72 ② G. Poitou Vendée Charentes

🇲 **Municipal la Boissière,** sortie S par rte de Melle
1,2 ha (40 empl.) peu incliné, plat, herbeux ⚿⚿ – 🗑 ⚬ 🏠 🛒 🏊 ⊕ – ✖ – A l'entrée : 🏊
Permanent – **R** conseillée juil.-août – 🅴 2 pers. 20,90, pers. suppl. 8 📳 7,80 (4A)

CELLES-SUR-PLAINE

88110 Vosges – 843 h.

8 – 62 ⑦

🇲 **le Lac** ≼, ℘ 29 41 19 25, au S du bourg, bord d'un ruisseau
3 ha (114 empl.) ⚬┄ plat, herbeux, goudronné – 🗑 ⚬ 🏠 ᕫ 🛒 ⊕ 🏊 ▽ – 🏠
avril-sept. – **R** conseillée – 🅴 1 pers. 32, pers. suppl. 16 📳 11 (4A) 15 (10A)

🇲 **la Plaine** ≼ ✉ 54540 Pierre-Percée, au S du bourg, bord d'un ruisseau
1 ha (65 empl.) ⚬┄ plat, herbeux – 🗑 ⚬ 🏠 ⊕

CELLETTES

41120 Loir-et-Cher – 1 922 h.
🅷 Syndicat d'Initiative, 2 r. de la Rozelle (juil.-août) ℘ 54 70 30 46

5 – 64 ⑰

△ **Municipal,** ℘ 54 70 48 41, sortie E par rte de Contres et D 77 à gauche, bord du Beuvron
1 ha (80 empl.) ⚬┄ plat, herbeux – 🗑 🏠 ⊕ – ✖ 🏊 vélos
juin-15 sept. – **R** – 🚶 13 🅴 9 📳 9 (6A)

CÉNAC-ET-ST-JULIEN

24250 Dordogne – 993 h.
Schéma à la Roque-Gageac

13 – 75 ⑰ G. Périgord Quercy

🇲 **Le Pech de Caumont** Ⓜ ⚸ ≼ « situation agréable », ℘ 53 28 21 63, S : 1,8 km
2,2 ha (100 empl.) ⚬┄ (saison) en terrasses, peu incliné, herbeux ⊏⊐ ⚿⚿ (0,5 ha) – 🗑 ⚬ 🏠 ᕫ 🛒 ⊕ 🏊 – 🏠 🏊 – Location : 🚐
avril-sept. – **R** conseillée juil.-août – 🅴 piscine comprise 2 pers. 62 📳 11 (6A)

CENDRAS **30** Gard – **80** ⑱ – rattaché à Alès

CÉRET ⚿

66400 Pyr.-Or. – 7 285 h.
🅷 Comité Municipal de Tourisme, 1 av. G.-Clemenceau ℘ 68 87 00 53

15 – 86 ⑲ G. Pyrénées Roussillon

△ **Les Cerisiers** ⚸ ≼ massif du Canigou « Agréable verger », ℘ 68 87 00 08, sortie E par D 618 rte de Maureillas-las-Illas puis 0,8 km par chemin à gauche
2 ha (90 empl.) ⚬┄ plat, herbeux ⚿ – 🗑 🏠 ⊕ 🏊 – 🏠 🏊
Permanent – **R** conseillée juil.-août – Tarif 92 : 🅴 2 pers. 31,20/46,80 avec élect. (4A), pers. suppl. 10,40

△ **Municipal Bosquet de Nogarède,** ℘ 68 87 26 72, E : 0,5 km par D 618 rte de Maureillas-las-Illas, bord d'un ruisseau
3 ha (120 empl.) ⚬┄ plat et accidenté, pierreux, herbeux ⚿⚿ – 🗑 ⚬ 🏠 🛒 🏊 ⊕
avril-oct. – **R** – 🚶 10 🚗 5 🅴 10 📳 10 (6A)

CERNAY

68700 H.-Rhin – 10 313 h.
🅷 Office de Tourisme, 1 r. Latouche (fermé matin hors saison)
℘ 89 75 50 35

8 – 66 ⑨ G. Alsace Lorraine

🇲 **Municipal les Acacias,** ℘ 89 75 56 97, sortie rte de Belfort puis à droite après le pont, r. René-Guibert, bord de la Thur
3,5 ha (140 empl.) ⚬┄ plat, herbeux – 🗑 ⚬ 🏠 🛒 🏊 ⊕ 🍷 snack – 🏠 🏊
– A proximité : 🏊 🔲 (découverte l'été)
mai-18 sept. – **R** conseillée juil.-août – Tarif 92 : 🚶 13 🅴 15,50 📳 18 (5A)

CEYRAT

11 – 73 ⑭ G. Auvergne

63122 P.-de-D. – 5 283 h.
🅸 Syndicat d'Initiative, Mairie
📞 73 61 42 55

⚠ **Le Chanset (Municipal Clermont Ceyrat)** ⩽ « Site agréable »,
📞 73 61 30 73, av. J.-B. Marrou – alt. 600
4 ha (262 empl.) o━ (saison) plat et incliné, herbeux ♀ – 🗟 ⇔ 占 🗟 & 🎜 ⊛ ⚓
– ⚞ ▾ 🖳 🖳 📷 🖳 – snack ☕ – 🖳 – Location : 🏠
Permanent – ☀ *8,80 ou 11,10* ⇌ *5,40 ou 5,60* 🔲 *4,40 ou 7,70* 🗓 *4,80 (2A)*
11 (4A) 17,80 (6A)

CEYRESTE

16 – 84 ⑭

13600 B.-du-R. – 3 004 h.

⚠ **Ceyreste** 🕭 « Cadre agréable », 📞 42 83 07 68, Fax 42 83 19 92, N : 1 km par
av. Eugène-Julien
3 ha (150 empl.) o━ (saison) en terrasses, pierreux ⛄ ♀♀ pinède – 🗟 ⇔ 🖺 🗟
& 🎜 ⊛ ⚓ ▾ 🖳 📷 – ⚞ – Location : 🖼 🏠 🖼
Pâques-oct. – *Places disponibles pour le passage* – **R** *conseillée juil.-août* – ☀ *21*
⇌ *21* 🔲 *21* 🗓 *12 (2A) 20 (6A)*

CEZAN

14 – 82 ④

32410 Gers – 158 h.

⚠ **Les Angeles** 🕭, 📞 62 65 29 80, SE : 3,6 km par D 303 rte de Réjaumont
et à droite rte de Prehac
3 ha (62 empl.) o━ peu incliné, terrasses, herbeux – 🗟 ⇔ 占 🗟 & ⊛ 🖳 snack
☕ – 🖼 ⚞ tir à l'arc – Location : 🏠
avril-sept. – **R** *conseillée juil.-août* – 🔲 *élect. (6A) et piscine comprises*
3 pers. 80

CHABEUIL

12 – 77 ⑫

26120 Drôme – 4 790 h.

⚠ **Le Grand Lierne** 🕭 ⩽ « Cadre agréable », 📞 75 59 83 14, Fax 75 59 87 95,
NE : 5 km par D 68 rte de Peyrus, D 125 à gauche et D 143 à droite - Par A
7 sortie Valence sud et direction Grenoble – ⚞
3,6 ha (134 empl.) o━ plat, pierreux, herbeux ⛄ ♀♀ – 🗟 ⇔ 占 🗟 & ⊛ 🖳 ♀
snack ☕ 📷 cases réfrigérées – 🖼 ⚞ ⚞ ⚞ mini-tennis, vélos – Location : 🖼,
bungalows toilés, chalets
10 avril-sept. – **R** *conseillée* – 🔲 *élect. et piscine comprises 2 pers. 110*

CHAGNY

11 – 69 ⑨ G. Bourgogne

71150 S.-et-L. – 5 346 h.
🅸 Syndicat d'Initiative, 2 r. des Halles
📞 85 87 25 95

⚠ Municipal du Pâquier Fané « Cadre agréable », 📞 85 87 21 42, à l'ouest de la
ville, rue Pâquier Fané, bord de la Dheune
1,8 ha (85 empl.) o━ plat, herbeux – ♀ – 🗟 ⇔ 🖺 🗟 ⊛ ☕ – 🖼 – A proximité :
⚞
mai-sept. – **R**

CHAILLAC

10 – 68 ⑰

36310 Indre – 1 246 h.

⚠ **Municipal les Vieux Chênes** « Cadre agréable », 📞 54 25 61 39, au SO
du bourg, au terrain de sports, bord d'un plan d'eau
2 ha (40 empl.) o━ incliné à peu incliné, herbeux ⛄ – 🗟 ⇔ 占 🗟 🎜 ⊛ ☕ –
⚞ ⚞
Permanent – **R** *conseillée juil.-août* – Tarif 92 : ☀ *7* 🔲 *3/10* 🗓 *7 (hiver 15)*

La CHAISE-DIEU

11 – 76 ⑥ G. Auvergne

43160 H.-Loire – 778 h. alt. 1 082.
🅸 Office de Tourisme, pl. Mairie
📞 71 00 01 16

⚠ **Municipal les Prades** 🖩, 📞 71 00 07 88, NE : 2 km par D 906 rte d'Ambert,
à 200 m du plan d'eau de la Tour
2,5 ha (100 empl.) o━ peu incliné et accidenté, herbeux ♀♀ pinède – 🗟 ⇔ 占
🗟 & ⊛ – ⚞ – A proximité : ⚞ ⚞ – Location : huttes
juin-sept. – **R** *conseillée* – Tarif 92 : ☀ *14* ⇌ *7* 🔲 *7* 🗓 *12 (10A)*

CHALABRE

15 – 86 ⑥

11230 Aude – 1 262 h.

⚠ **L'Eden II** 🕭 ⩽, 📞 68 69 26 33, Fax 68 69 29 95, SE : 5 km par rte de Puivert,
bord du Bleau
50 ha/4 campables (75 empl.) o━ plat, terrasses, herbeux ⛄ – 🗟 ⇔ 占 🗟 (8
sanitaires individuels : 🗟 ⇔ 占 wc) & ⊛ ⚓ ▾ ♀ snack ☕ 📷 – ⚞ ⚞ practice
de golf, tir à l'arc
3 avril-3 oct. – **R** *conseillée juil.-août* – Tarif 92 : 🔲 *piscine comprise 2 à 5 pers.*
59 à 100 (83 à 124 avec élect. 10A, 107 à 148 avec plateforme am., 131 à
172 avec sanitaire individuel)

CHALLAIN-LA-POTHERIE

4 – 63 ⑲

49440 M.-et-L. – 873 h.

⚠ **Municipal de l'Argos** (aire naturelle) ⩽ « Agréable situation au bord d'un
étang », au NE du bourg par D 73 rte de Loiré
0,8 ha (20 empl.) plat, herbeux ⛄ – 🗟 ⇔ 占 & ⊛
mai-sept. – **R** – Tarif 92 : ☀ *6* ⇌ *3* 🔲 *4* 🗓 *8 (7A)*

150

CHALLES-LES-EAUX

73190 Savoie – 2 801 h. –
♨ 30 mars-29 oct.
🏢 Office de Tourisme, av. Chambéry
(saison) *&* 79 72 86 19

ℕ – 🖩 ⑮ G. Alpes du Nord

⁂ **Municipal le Savoy** ≤ « Belle entrée fleurie », *&* 79 72 97 31, par r. Denarié,
à 100 m de la N 6 – Interdit aux caravanes de plus de 5 m
2,8 ha (100 empl.) o━ plat, herbeux, gravillons 🗔 – 🚿 ⏚ 占 🗇 ☺ 🛒 ▽ – 🏠
– A proximité : 🎯 🌊 (plan d'eau)
mai-sept. – **R** *indispensable juil.-août* – Tarif 92 : 🏕 15 🚗 5 🅴 14 ou 28

CHALMAZEL

42920 Loire – 597 h. alt. 867 – 🚠

ℕ – 🖩 ⑰ G. Vallée du Rhône

⁂ **Les Epilobes** ❄ 🌳 ≤ « Situation agréable », *&* 77 24 80 03, SO : 3,5 km
par D 6 rte du col du Béal puis à gauche 2,5 km par rte de la station – alt.
1 150
1,7 ha (60 empl.) en terrasses, herbeux – 🚿 ⏚ 占 🗇 ▥ ☺ – A proximité : 🍴 🍽
🌊
Permanent – **R** *conseillée hiver* – 🅴 *2 pers. 37, pers. suppl. 7,50* 🔌 *16 (6A)*
28 (10A)

CHALONNES-SUR-LOIRE

49290 M.-et-L. – 5 354 h.

④ – 🖩 ⑲ ⑳ G. Châteaux de la Loire

⁂ **Municipal le Candais,** *&* 41 78 02 27, E : 1 km par D 751 rte des
Ponts-de-Cé, bord de la Loire et près d'un plan d'eau
3 ha (219 empl.) o━ (saison) plat, herbeux 🍴 – 🚿 🌊 ☺ – 🏠 🚤 – A proximité :
🛝 🎯 占
mai-sept. – **R** *juil.-août* – 🏕 6 🚗 4,50 🅴 4,50 🔌 9,50

CHÂLONS-SUR-MARNE 🅿

51000 Marne – 48 423 h.
🏢 Office de Tourisme, 3 quai des
Arts *&* 26 65 17 89

⑦ – 🖩 ⑰ G. Champagne

⁂ **Municipal** « Entrée fleurie et cadre agréable », *&* 26 68 38 00, SE : 2 km vers
sortie ④ et D 60 rte de Sarry, bord d'un plan d'eau
3,5 ha (96 empl.) o━ (saison) plat, herbeux, gravier 🗔 🎯 (1,5 ha) – 🚿 ⏚ 占 ▥
☺ 🛒 🌊 🍽 – 🏠 🚤 – A proximité : 🎯
Rameaux-oct. – **R** *conseillée juil.-août* – 🏕 20 🚗 13 🅴 19 🔌 17 (5A)

CHAMBERET

19370 Corrèze – 1 376 h.
🏢 Syndicat d'Initiative, pl. Mairie
& 55 98 34 92

🔟 – 🖩 ⑲

△ **Municipal** 🌳 ≤, à 1,5 km au SO du bourg, rte de Meilhards et chemin du
stade à droite, près d'un plan d'eau
1 ha (34 empl.) plat, peu incliné, en terrasses, pierreux 🗔 🎯 – 🚿 ⏚ 🌊 ☺ 占
– A proximité : 🚤 🎯 🌊
15 juin-15 sept. – **R** – 🏕 8 🅴 10 🔌 6 (16A)

CHAMBILLY

71110 S.-et-L. – 516 h.

🔟 – 🖩 ⑦

△ **la Motte aux Merles** (aire naturelle) 🌳 ≤, *&* 85 25 19 84, SO : 5 km par
D 990 rte de Lapalisse et chemin à gauche
1 ha (25 empl.) o━ peu incliné, herbeux – 🚿 ⏚ 占 占
mars-oct. – **R** – 🏕 10 🅴 12

CHAMBON

30450 Gard – 196 h.

🔟 – 🖩 ⑦

△ **Aire Naturelle** 🌳 ≤, *&* 66 61 45 11, E : 3,9 km par D 29 rte de Peyremale
et chemin à gauche, au lieu-dit le Chamboredon, bord du Luech – Accès difficile
pour caravanes
3 ha (25 empl.) o━ peu incliné et en terrasses, herbeux, pierreux – 🚿 ⏚ 占 –
🌊
mai-1er nov. – **R** *conseillée* – 🅴 1 *pers. 16*

CHAMBON (Lac)

63790 P.-de-D. – alt. 877 – 🚠

🔟 – 🖩 ⑬ G. Auvergne

⁂ **La Plage** ≤ « Site et cadre agréables au bord du lac » *&* 73 88 60 27
7 ha (400 empl.) o━ plat, incliné et en terrasses, herbeux, pierreux 🗔 🎯 – 🚿
占 占 ☺ 🛒 🍴 🍽 🛝 🏠 – 🏠 – salle de spectacle et d'animation 🍽 🚲 🚤
🌊 (plage)
mai-sept. – **R** – 🏕 16 🅴 22 🔌 14 (6A) 20 (10A)

151

⋀⋀ **Municipal les Bombes** ≼ vallée de Chaudefour, ℐ 73 88 64 03, à l'est de Chambon-sur-Lac vers rte de Murol et à droite, bord de la Couze de Chambon (hors schéma)
1,5 ha (110 empl.) o━ plat, herbeux – ⍾ ⏚ ⇋ 🖫 ⬧ ⊛ – 🍽 – A proximité : 🍷
15 juin-15 sept. – **R** – *Tarif 92* : 🛉 *15,20* 🔳 *20* 🛱 *13 (3A) 24,50 (6A)*

⋀⋀ **Le Pré Bas** ≼, ℐ 73 88 63 04, à Varennes, près du lac
3,8 ha (180 empl.) o━ plat et peu incliné, herbeux ⊓ ⬍ (1,5 ha) – ⍾ ⏚ ⇋ ⩘
🖫 🕹 ⊛ 🔳 – 🍽 – A proximité : ⛷ – Location : 🏚
mai-25 sept. – **R** – 🛉 *16* 🔳 *25*

⋀ **Serrette** 🗞 ≼ lac et montagnes, ℐ 73 88 67 67, O : 2,5 km par D 996 rte du Mont-Dore et D 636 (à gauche) rte de Chambon des Neiges (hors schéma) – alt. 1 050
2 ha (72 empl.) o━ en terrasses, incliné, herbeux, pierreux – ⍾ ⏚ ⇋ 🖫 🕹 ⊛
🖫 – 🍽
15 juin-15 sept. – **R** *conseillée* – 🛉 *13* 🔳 *16* 🛱 *10 (3A) 18 (6A)*

Voir aussi à *Murol*

Le CHAMBON-SUR-LIGNON ⑪ – ⑯ ⑧ G. Vallée du Rhône

43400 H.-Loire – 2 854 h. alt. 960.
🄸 Office de Tourisme, 1 la Place
ℐ 71 59 71 56

⋀⋀⋀ **Les Hirondelles** 🗞 ≼ « Cadre agréable », ℐ 71 59 73 84, Fax 71 65 88 80, S : 1 km par D 151 et D 7 à gauche rte de la Suchère – alt. 1 000
1 ha (50 empl.) o━ plat, en terrasses, herbeux ⊓ ⬍ – ⍾ ⏚ ⇋ 🖫 ⬧ ⊛ 🕹 🖫
– 🍽 🏊 – Location : 🏠, chalets
15 juin-7 sept. – **R** *conseillée 14 juil.-15 août* – *Tarif 92* : 🔳 *2 pers. 65* 🛱 *10 (2A) 13 (4A)*

▶ *Ce guide n'est pas un répertoire de tous les terrains de camping mais une sélection des meilleurs camps dans chaque catégorie.*

CHAMBON-SUR-VOUEIZE ⑩ – ⑬ ② G. Berry Limousin

23170 Creuse – 1 105 h.
🄸 Syndicat d'Initiative, av. Clemenceau (juil.-août après-midi seul.) et Mairie (hors saison)
ℐ 55 82 11 36

⋀⋀ **Municipal la Pouge,** ℐ 55 82 13 21, au stade, SE : 0,7 km par D 915 rte d'Evaux-les-Bains, bord de la Tardes
1 ha (50 empl.) o━ plat, herbeux ⬍ – (⍾ ⩘ mars-fin nov.) 🖫 🍴 ⊛ – 🍽
🏊
Permanent – **R** *conseillée* – 🛉 *4,10* ⇔ *2,25* 🔳 *2,25* 🛱 *6,90 (hiver 12,50)*

CHAMBORIGAUD ⑯ – ⑧⓪ ⑦

30530 Gard – 716 h.

⋀ **La Châtaigneraie,** ℐ 66 61 44 29, N : 0,5 km par D 906 rte de Génolhac, bord du Luech
0,7 ha (66 empl.) o━ en terrasses, pierreux, herbeux ⬍⬍ – ⍾ ⊛ 🖫 – 🍽
avril-sept. – **R** – 🛉 *11* ⇔ *7* 🔳 *11* 🛱 *11,50 (3A)*

CHAMONIX-MONT-BLANC ⑫ – ⑭ ⑧ G. Alpes du Nord

74400 H.-Savoie – 9 701 h.
alt. 1 037 – ⛷.
🄸 Office de Tourisme, pl. du Triangle de l'Amitié ℐ 50 53 00 24

⋀⋀ **Les Rosières** ≼ vallée et massif du Mont-Blanc, ℐ 50 53 10 42, Fax 50 53 29 55, NE : 1,2 km par N 506, à 50 m de l'Arve (hors schéma)
1,5 ha (120 empl.) o━ plat, herbeux – ⍾ ⏚ ⇋ 🍴 🖫 ⊛ 🖫 – vélos – A proximité : 🏊 – Location : 🏚
18 déc.-20 oct. – **R** *conseillée hiver* – **R** *été* – 🔳 *2 pers. 61 (hiver 70), pers. suppl. 21 (hiver 30)* 🛱 *12 (2A) 14 (4A) 18 (10A)*

⋀⋀ Les Molliasses ≼ le Brévent et les Aiguilles Rouges, ℐ 50 53 16 81, S : 1 km par N 205 et chemin à gauche, bord d'un torrent
2,8 ha (70 empl.) o━ en terrasses, herbeux, pierreux ⬍ – ⍾ ⏚ ⇋ ⊛ ⩘ 🏊 🍷

aux Bossons SO : 3,5 km alt. 1 005 – ✉ 74400 Chamonix-Mont-Blanc

⋀⋀⋀ **Les Deux Glaciers** ❄ ≼, ℐ 50 53 15 84, rte du tremplin olympique
1,5 ha (100 empl.) o━ (saison) en terrasses, herbeux ⬍⬍ – ⍾ ⏚ ⇋ 🖫 🍴 ⊛ 🖫
– 🖫
fermé 17 nov.-13 déc. – **R** *conseillée hiver* – **R** *été* – 🔳 *2 pers. 55, pers. suppl. 17* 🛱 *10 (2A) 12 (3A) 14 (4A)*

⋀ **Les Marmottes** ≼ massif du Mont-Blanc et glaciers, au bourg, bord de l'Arve
0,8 ha (50 empl.) o━ plat, herbeux, pierreux – ⍾ ⏚ ⇋ 🖫 ⊛ – 🏊
15 juin-15 sept. – **R** – 🛉 *18* 🔳 *16* 🛱 *11 (3A) 15 (6A)*

⋀ Les Bossons ≼ massif du Mont-Blanc et glaciers, au bourg, bord du torrent et à 100 m de l'Arve
0,6 ha (35 empl.) o━ plat et peu incliné, herbeux ⬍⬍ – ⍾ ⏚ ⇋ 🖫 ⊛

⋀ **Les Cimes** ≼, ℐ 50 53 58 93, rte du tremplin olympique
1 ha (100 empl.) o━ peu incliné, herbeux ⬍⬍ – ⍾ ⏚ ⇋ 🖫 ⊛
juin-sept. – **R** – 🛉 *19* 🔳 *17* 🛱 *10 (3A)*

⋀ **Le Grand Champ** ≼ massif du Mont-Blanc et glacier du Taconnaz, ℐ 50 53 04 83, SO : 1,5 km par rte de Vers le Nant, derrière le Novotel, à 100 m d'un torrent – alt. 1 030
1,2 ha (100 empl.) o━ en terrasses, herbeux – ⍾ ⏚ ⊛ – A proximité : 🍷 ✗
15 avril-15 oct. – 🛉 *15* ⇔ *6* 🔳 *10* 🛱 *10 (3A)*

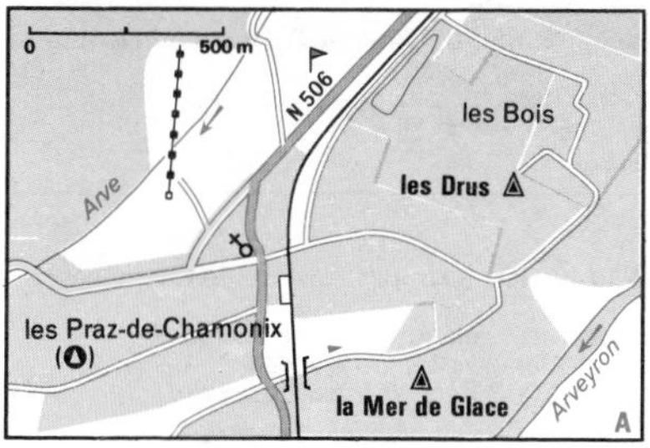

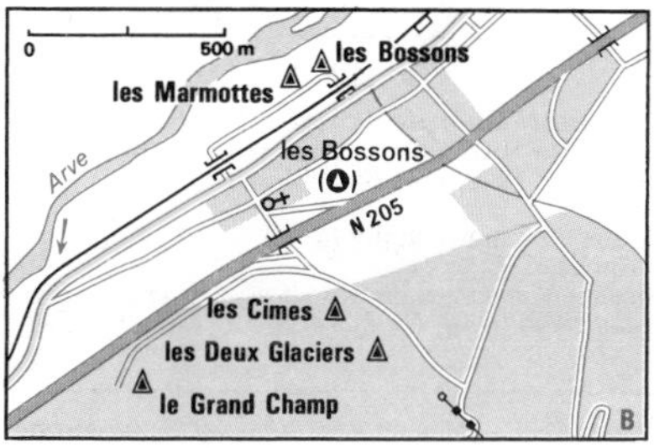

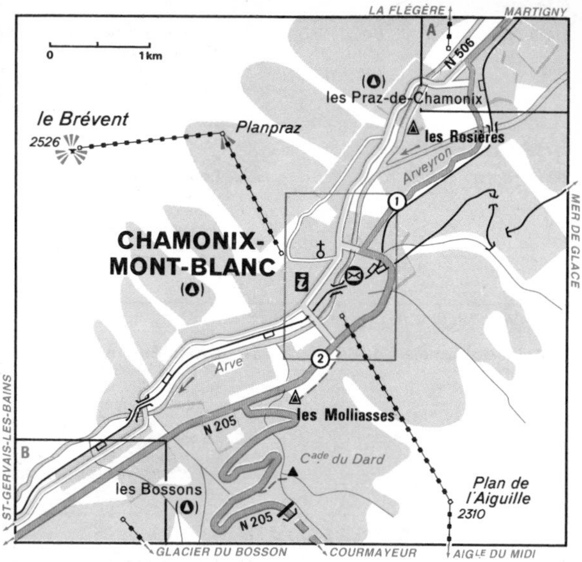

aux Praz-de-Chamonix NE : 2,5 km alt. 1 060
✉ 74400 Chamonix-Mont-Blanc :

La Mer de Glace ⩕ vallée et massif du Mont-Blanc « Dans une clairière », ✆ 50 53 08 63, aux Bois, à 80 m de l'Arveyron (accès direct)
2 ha (150 empl.) plat et accidenté, pierreux, herbeux
mai-sept. - R - ✝ *22* ▣ *21* ⚡ *13 (3A)*

Les Drus ❄ ⩕ vallée et massif du Mont-Blanc, ✆ 50 53 49 20, aux Bois
0,7 ha (70 empl.) plat, herbeux
15 mars-15 oct. - **R** *conseillée* - ✝ *17* ▣ *14* ⚡ *11 (3A) 15 (5 ou 6A) 20 (10A)*

CHAMOUILLE

6 - 56 ⑤

02860 Aisne - 147 h.

Le Parc de l'Ailette ⩕ « Site agréable », ✆ 23 24 83 06, SE : 2 km par D 19, à la Base de Plein Air et de Loisirs, à 200 m du plan d'eau (accès direct)
4,5 ha (196 empl.) peu incliné, plat, en terrasses - A proximité : (plage) toboggan aquatique
3 avril-sept. - **R** *conseillée - Mineurs non accompagnés non admis - ✝ 15 🚗 15 ▣ 20 ⚡ 15 (10A)*

CHAMPAGNAC-LE-VIEUX

11 - 76 ⑤

43440 H.-Loire - 301 h.

la Chanterelle ⩕ ✆ 71 76 34 00, N : 1 km par D 5 rte d'Auzon et chemin à droite, près d'un plan d'eau
4 ha (90 empl.) en terrasses, herbeux, sablonneux, pierreux, (sapinière) - A proximité : (plage) - Location :
juin-sept. - **R** *conseillée 15 juil.-15 août* - ▣ *2 pers. 45 (60 avec élect.), pers. suppl. 10*

CHAMPAGNEY

8 - 66 ⑦

70290 H.-Saône - 3 283 h.

Base de Plein Air de Champagney, ✆ 84 23 11 22, sortie O par D 4 rte de Ronchamp, bord d'un lac et d'une rivière
10 ha (200 empl.) plat, herbeux, pierreux (3,5 ha) - A proximité :
Permanent - **R** *conseillée juil.-août* - ✝ *8,70* 🚗 *3,70* ▣ *3,70 (16,30 avec élect. 5A)*

CHAMPAGNOLE

12 - 70 ⑤ G. Jura

39300 Jura - 9 250 h.
Office de Tourisme, Annexe Hôtel-de-Ville ✆ 84 52 43 67

Municipal de Boyse ⩕, ✆ 84 52 00 32, sortie NO par D 5 rte de Voiteur et à gauche, accès direct à l'Ain
3,7 ha (266 empl.) plat, incliné, herbeux - A proximité :
15 juin-15 sept. - **R** - *Tarif 92 :* ✝ *13* 🚗 *10* ▣ *10* ⚡ *13 (5A)*

CHAMPFROMIER
12 – 74 ⑤

01410 Ain – 440 h. alt. 640

⚠ **Municipal les Georennes** ⚬ ≤, SE : 0,6 km par D 14 rte de Nantua et chemin à gauche
0,67 ha (30 empl.) plat et terrasse, herbeux, pierreux ⚬ – 🏠 ⊕
15 juin-15 sept. – **R** – Tarif 92 : ⚬ 8 ⚬ 6 🖃 8 🕃 11

CHAMPIGNELLES
6 – 65 ③

89350 Yonne – 1 086 h.

⚠ **Le Petit Villars** ⚬, ℰ 86 45 10 40, SO : 3 km par D 14 rte de Champcevrais et rte à gauche
2 ha (54 empl.) ⚬ peu incliné, herbeux, étang – 🏠 ⟲ 🛁 ⊕ ⚬ ⟲ ⚬ – 🍽 🍴 (bassin) 🐎 vélos – Location : 🛏 – Garage pour caravanes
avril-oct. – **R** conseillée juil.-août – 🖃 3 pers. 62, pers. suppl. 16 🕃 7 (2A) 12 (4A) 17 (6A)

CHAMPIGNY-SUR-MARNE
6 – 101 ㉗ ㉘ G. Ile de France

94500 Val-de-Marne – 79 486 h.

⚠ **Paris-Est-le-Tremblay** (Touring Club de Paris) « Entrée fleurie », ℰ (1) 43 97 43 97, Fax 48 89 07 94 ✉ 94507 Champigny-sur-Marne Cedex, par bd des Alliés, à la limite de Joinville-le-Pont, près de la Marne – Par A 4 : sortie Pont de Nogent
7 ha (300 empl.) ⚬ plat, herbeux ⟲ (caravaning) ⚬ (4 ha) – 🏠 🏠 🖩 🛁 🏢 ⊕ ⚬ ⟲ 🗜 🍴 snack 🖥 – A proximité : 🍽 🍴
Permanent – **R** sauf pour groupes – Non accessible aux campeurs résidant dans les départements de la région parisienne – ⚬ 17 🖃 14 🕃 12 (4A) 26 (10A)

CHAMPS-SUR-TARENTAINE
11 – 76 ② G. Auvergne

15270 Cantal – 1 088 h.

⚠ **Municipal de la Tarentaine,** ℰ 71 78 71 25, SO : 1 km par D 679 et D 22, bord de la Tarentaine
3 ha (180 empl.) ⚬ plat, herbeux – 🏠 🏠 ⊕ 🖥 – A proximité : 🍽 🍴 ⚬ 🏊
15 juin-15 sept. – **R** – ⚬ 9,50 ⚬ 5,50 🖃 7,50 🕃 11 (6A)

CHANAS
12 – 77 ①

38150 Isère – 1 727 h.

⚠ **Les Guyots,** ℰ 74 84 25 36, à l'est du bourg, r. des Guyots, bord d'un ruisseau
1,7 ha (75 empl.) ⚬ plat, herbeux – 🏠 🏠 🖩 ⊕ ⚬ 🗜 – 🍽 🍴 ⚬ 🏊
mars-nov. – Places limitées pour le passage – **R** conseillée – Tarif 92 : ⚬ 16 piscine et tennis compris 🖃 20 🕃 12 (4A) 18 (6A)

⚠ **Beauséjour,** ℰ 74 84 31 01, au sud du bourg, sur D 519, à 300 m du Dolon
0,9 ha (50 empl.) ⚬ plat, herbeux, gravier ⟲ – 🏠 🏠 🖩 ⊕ – ⚬ 🏊 – A proximité : 🍽
15 avril-oct. – **R** – Tarif 92 : ⚬ 13 ⚬ 6,20 🖃 8/8,70 🕃 12 (5A)

CHANAZ
12 – 74 ⑮

73310 Savoie – 416 h.

⚠ **Municipal des Iles** ⚬ ≤, ℰ 79 54 58 51, O : 1 km par D 921 rte de Culoz et chemin à gauche après le pont, près d'un canal et à 300 m du Rhône (plan d'eau)
1,5 ha (82 empl.) ⚬ plat, gravier, herbeux ⟲ – 🏠 ⟲ 🛁 🖩 🛁 ⊕ ⚬ 🗜 – ⚬ 🍴 – A proximité : 🍴 🐎
mars-déc. – Places disponibles pour le passage – **R** conseillée – Tarif 92 : ⚬ 16,80 🖃 16,30 🕃 4A : 12,50 10A : 18,50 (hiver 40)

CHANCIA
12 – 70 ⑭

39 Jura – 87 h. – ✉ 01590 Dortan

⚠ **Municipal les Cyclamens** ⚬ ≤, ℰ 74 75 82 14, SO : 1,5 km par D 60E et chemin à gauche, au confluent de l'Ain et de la Bienne, près du lac de Coiselet
2 ha (160 empl.) ⚬ plat, herbeux – 🏠 🏠 🛁 ⊕ ⚬ – A proximité : 🏊 ⚬
mai-sept. – **R** – ⚬ 8,50 ⚬ 5,50 🖃 6

Le CHANGE
10 – 75 ⑥

24640 Dordogne – 516 h.

⚠ **Auberoche,** ℰ 53 06 04 19, N : 1,8 km par D 5 rte de Cubjac, bord de l'Auvézère
3 ha (50 empl.) ⚬ plat, herbeux ⟲ – 🏠 ⟲ 🛁 🖩 🛁 ⊕ ⚬ – 🍽 🍴 🏊
15 juin-15 sept. – **R** conseillée

CHANIERS
9 – 71 ⑤ G. Poitou Vendée Charentes

17610 Char.-Mar. – 3 086 h.

⚠ **Municipal,** au sud du bourg, bord de la Charente
1 ha (80 empl.) plat, herbeux ⚬⚬ peupleraie – 🏠 ⟲ 🛁 ⊕ – A proximité : 🍴 🍽
15 juin-19 sept. – **R** – ⚬ 8,40 ⚬ 2,80 🖃 5,80 🕃 5,40

CHANTEMERLE
05 H.-Alpes – 77 ⑱ – rattaché à Briançon

154

La CHAPELLE-AUBAREIL

24290 Dordogne – 330 h.

La Fage ⚬, ℰ 53 50 76 50, Fax 53 50 79 08, N : 1,2 km
5 ha (90 empl.) ⊶ en terrasses, incliné, herbeux [symbols] – Location : [symbols]
15 mai-20 sept. – **R** *conseillé* – 🏕 *29 piscine comprise* 🔲 *39/53* (🔌) *14 (6A)*

13 – 75 ⑰

La CHAPELLE-AUX-FILTZMÉENS

35190 I.-et-V. – 314 h.

Le Château ⚬, « Dans les dépendances d'un château du 17e siècle »,
ℰ 99 45 21 55, Fax 99 45 27 00, SO : 0,8 km par D 13 rte de St-Domineuc et à droite
5 ha (200 empl.) ⊶ plat, herbeux – [symbols] – discothèque [symbols]
20 mai-12 sept. – **R** *conseillée juil.-20 août* – 🏕 *25 piscine comprise* 🔲 *50* (🔌) *15 ou 18 (3 à 10A)*

4 – 59 ⑯

La CHAPELLE-D'ANGILLON

18380 Cher – 687 h.

Municipal des Murailles ⚬, SE : 0,8 km par D 12 rte d'Henrichemont et chemin à droite, près d'un plan d'eau
2 ha (35 empl.) plat, herbeux [symbols] (1 ha) – [symbols] – A proximité : [symbol]
mai-sept. – **R** – *Tarif 92 :* 🏕 *5* 🚗 *4* 🔲 *5* (🔌) *13*

6 – 65 ⑪ G. Berry Limousin

La CHAPELLE-DEVANT-BRUYÈRES

88600 Vosges – 633 h.

Les Pinasses, ℰ 29 58 51 10, NO : 1,2 km sur D 60 rte de Bruyères
3 ha (140 empl.) ⊶ (juil.-août) plat, herbeux, pierreux [symbols] (0,5 ha) – [symbols] – Location : studios
15 mars-15 sept. – **R** *conseillée 15 juil.-15 août* – 🏕 *19 piscine comprise* 🔲 *23* (🔌) *15 (4A) 18 (6A)*

8 – 62 ⑰

La CHAPELLE-ST-MESMIN

45 Loiret – 64 ⑨ – rattaché à Orléans

La CHAPELLE-TAILLEFERT

23000 Creuse – 310 h.

Municipal ⚬, sortie NO par D 52, rte de St-Victor, bord de la Gartempe
1 ha (33 empl.) peu incliné, herbeux, gravillons [symbols] – [symbols]
avril-sept. – **R** – 🏕 *5,50* 🚗 *4* 🔲 *4/5,50* (🔌) *6,50 (10A)*

10 – 72 ⑨

CHARLEVILLE-MÉZIÈRES 🅿

08000 Ardennes – 57 008 h.

🛈 Bureau Municipal du Tourisme,
4 pl. Ducale ℰ 24 33 00 17

Municipal du Mont-Olympe, ℰ 24 33 23 60, à Montcy-St-Pierre, accès par av. Forest et chemin à gauche après le pont
2 ha (100 empl.) ⊶ plat, herbeux [symbols] – [symbols] – A proximité : [symbols]
Pâques-15 oct. – **R** – *Tarif 92 :* 🏕 *9,30* 🚗 *5,20* 🔲 *5,20* (🔌) *11 (10A)*

2 – 53 ⑱ G. Champagne

CHARLIEU

42190 Loire – 3 727 h.

🛈 Office de Tourisme, pl. St-Philibert (fermé janv.) ℰ 77 60 12 42

Municipal, ℰ 77 69 01 70, à l'est de la ville, au stade, bord du Sornin
2,7 ha (100 empl.) ⊶ plat, herbeux [symbols] – A proximité : [symbols]
avril-sept. – **R** *juil.-août* – 🏕 *9,80* 🚗 *3,50* 🔲 *5,80* (🔌) *8 (4A) 16 (10A)*

11 – 73 ⑧ G. Vallée du Rhône

CHARLY

02310 Aisne – 2 475 h.

Municipal des illettes, ℰ 23 82 12 11, à 1,7 km au S du bourg par D 82 et à gauche
2 ha (75 empl.) ⊶ plat, herbeux [symbols] – A proximité : [symbols]
avril-sept. – **R** – *Tarif 92 :* 🔲 *élect. comprise 1 pers. 40, pers. suppl. 20*

6 – 56 ⑭

CHARMES-SUR-L'HERBASSE

26260 Drôme – 631 h.

Municipal les Falquets ⚬, ℰ 75 45 75 57, sortie SE, sur D 121 rte de Margès, bord de l'Herbasse
1 ha (75 empl.) ⊶ (saison) plat, herbeux [symbols] (0,4 ha) – [symbols]
mai-sept. – **R** *conseillée juil.-août*

15 – 77 ②

CHAROLLES ⊛

71120 S.-et-L. – 3 048 h.

🛈 Office de Tourisme, Ancien Couvent des Clarisses, r. Baudinot ℰ 85 24 05 95

Municipal « Cadre agréable », ℰ 85 24 04 90, sortie NE rte de Mâcon et D 33 rte de Viry à gauche, bord de l'Arconce
0,6 ha (60 empl.) ⊶ plat, herbeux, gravillons [symbols] – [symbols]
15 mars-15 oct. – **R** *conseillée – Tarif 92 :* 🏕 *10* 🚗 *7,50* 🔲 *7,50* (🔌) *7 (10A)*

11 – 69 ⑰ G. Bourgogne

CHARRON

17230 Char.-Mar. – 1 512 h.   ⚠ **Municipal les Prés de Charron,** ✆ 46 01 53 09, sortie N et à gauche, rue du 19 mars 1962
0,4 ha (20 empl.) plat, herbeux – 🗐 ♨ 🛁 ⊕ 🌲 – 🚴 – A proximité : 🎿
juil.-août – **R** *conseillée août* – 🏃 *10* 🚗 *3* 🔲 *5/6* 🔌 *7 (10A)*

CHARTRE-SUR-LE-LOIR

72340 Sarthe – 1 669 h.   ⚠⚠ **Municipal le Vieux Moulin,** ✆ 43 44 41 18, à l'Ouest du bourg, bord du Loir
1 ha (90 empl.) ⛺ (saison) plat, herbeux, – 🗐 ♨ 🛁 🖼 🛠 ⊕ – 🏊
15 avril-oct. – **R** – *Tarif 92 :* 🔲 *élect. et piscine comprises 1 pers. 43, pers. suppl. 12*

CHASSAGNES **07** Ardèche – ⑧⓪ ⑧ – rattaché aux Vans

CHASSENEUIL-DU-POITOU **86** Vienne – ⑥⑦ ⑳ – rattaché à Poitiers

---

CHASSENEUIL-SUR-BONNIEURE

16260 Charente – 2 791 h.   ⚠ **Municipal les Charmilles,** sortie O par D 27 rte de St-Mary et rue des Écoles à droite, bord de la Bonnieure
0,7 ha (50 empl.) plat, herbeux – 🗐 🕳 ⊕ – A proximité : 🏊 (découverte l'été)
15 juin-15 sept. – **R** – 🏃 *6,50* 🚗 *4* 🔲 *5* 🔌 *9*

CHASTANIER

48300 Lozère – 113 h. alt. 1 055   ⚠ **Pont de Braye,** ✆ 66 69 53 04, O : 1 km, carrefour D 988 et D 34, bord du Chapeauroux
1,5 ha (35 empl.) ⛺ en terrasses, pierreux, herbeux – 🗐 🛁 ⊕ 🌲 🛠 – A proximité : 🍴 🍽 – Location : 🏠 (hôtel)
15 mai-15 sept. – **R** – 🔲 *2 pers. 42, pers. suppl. 12* 🔌 *12 (3A)*

CHÂTEAU-ARNOUX

04160 Alpes-de-H.-Pr. – 5 109 h.   ⚠⚠ **Les Salettes** 🏖 ≤, ✆ 92 64 02 40, E : 1 km, au lac
🅱 Office de Tourisme, 1 r. Victorin-   4 ha (300 empl.) ⛺ plat, herbeux – 🗐 🕳 🖼 🛠 🏁 ⊕ 🌲 🛠 🏊 snack 🍴
Maurel ✆ 92 64 02 64   – 🛁 🚴 tir à l'arc – Location : 🏠
Permanent – **R** *conseillée juil.-août* – 🏃 *18,15 piscine comprise* 🔲 *17,60* 🔌 *4A : 10,65 6A : 14,85 (24,97 hiver)*

CHÂTEAU-CHINON ☜☞

58120 Nièvre – 2 502 h.   ⚠⚠ Municipal du Pertuy d'Oiseau 🏖 ≤, ✆ 86 85 08 17, sortie S par D 27 rte de
🅱 Office de Tourisme, r. du   Luzy et à droite
Champlain (transfert prévu) (vacances   1,8 ha (100 empl.) peu incliné à incliné, accidenté, herbeux – 🗐 ⊕ – 🏠
scolaires) ✆ 86 85 06 58

à St-Léger-de-Fougeret SO : 9,5 km par D 27 rte de St-Léger-sous-Beuvray et D 157 à droite – ✉ 58128 St-Léger-de-Fougeret :

⚠ **L'Etang de Fougeraie** 🏖 ≤, ✆ 86 85 11 85, SE : 2,4 km par D 157 rte d'Onlay, bord d'un étang
0,7 ha (20 empl.) ⛺ plat et vallonné, herbeux – 🗐 🖼 🛠 ⊕ 🖼
mai-oct. – **R** *conseillée juil.-août* – 🏃 *10* 🚗 *8* 🔲 *9* 🔌 *8 (4A)*

Le CHÂTEAU-D'OLÉRON **17** Char.-Mar. – ⑦① ⑭ – voir à Oléron (Ile d')

CHÂTEAUDUN ☜☞

28200 E.-et-L. – 14 511 h.   ⚠ **Municipal du Moulin à Tan,** ✆ 37 45 05 34, sortie NO par D 955 rte de
🅱 Office de Tourisme, 1 r. de Luynes   Brou puis 1 km par r. de Chollet à droite, bord du Loir
✆ 37 45 22 46   2,4 ha (120 empl.) ⛺ plat, herbeux – 🗐 🕳 🛠 🖼 🛠 ⊕
15 mars-15 oct. – **R** – 🏃 *6,50* 🚗 *3,50* 🔲 *5,50* 🔌 *7,50 (3 à 10A)*

CHÂTEAUGIRON

35410 I.-et-V. – 4 166 h.   ⚠ **Municipal les Grands Bosquets,** sortie E par D 34 rte d'Ossé, bord d'un plan d'eau
0,6 ha (33 empl.) plat, herbeux – 🗐 🕳 ⊕ – 🏊
avril-sept. – **R** – 🏃 *7,40* 🚗 *4,40* 🔲 *4,40/6,30* 🔌 *9,90*

CHÂTEAU-GONTIER ☜☞

53200 Mayenne – 11 085 h.   ⚠⚠ **Le Parc,** ✆ 43 07 35 60, N : 0,8 km par N 162 rte de Laval, près du complexe
🅱 Syndicat d'Initiative, Hôtel de Ville   sportif, bord de la Mayenne
(hors saison) ✆ 43 07 07 10 et   2 ha (55 empl.) ⛺ plat et peu incliné, herbeux 🗄 – 🗐 🕳 🛁 🖼 🛠 ⊕ 🖼 – 🏠
Péniche l'Élan quai Alsace (mai-sept.)   🚴 – A proximité : 🎿 🏊
✆ 43 70 42 74   mai-sept. – **R** – 🔲 *2 pers. 31, pers. suppl. 10,40* 🔌 *8,80 (8A)*

CHÂTEAULIN ⬡

29150 Finistère – 4 965 h.
🅸 Office de Tourisme, quai Cosmao
ℱ 98 86 02 11

⬡ ⬡ – 🔲 ⑮ G. Bretagne

⚠ **Municipal Rodaven,** ℱ 98 86 32 93, au sud de la ville, bord de l'Aulne (rive droite)
2 ha (75 empl.) ⚬━ plat, herbeux – 🛖 🗚 🗗 🗄 – ⛲ – A proximité : ✘ 🔲
juin-20 sept. – **R** – 🔲 *1 pers. 28, 2 pers. 45, pers. suppl. 9* 🔋 *10 (4 ou 5A)*

CHÂTEAUNEUF-DU-FAOU

29520 Finistère – 3 777 h.
🅸 Office de Tourisme, r. de la Mairie (fermé après-midi sept.-juin)
ℱ 98 81 83 90

⬡ – 🔲 ⑯ G. Bretagne

⚠ **Penn Ar Pont** 🏕 <, ℱ 98 81 81 25, SE : 1 km par D 36 rte de Rosporden, à droite après le pont, près de l'Aulne
2 ha (120 empl.) ⚬━ en terrasses, herbeux, pierreux 🗊 – 🛖 🗄 🗗 🗄 🗚 – ⛲
– A proximité : ✘ 🔲 vélos – Location : gîtes
22 mai-25 sept. – **R** *conseillée 15 juil.-15 août – Adhésion obligatoire pour séjour supérieur à 3 jours* – 🔲 *2 pers. 46, pers. suppl. 11* 🔋 *15 (12 à 16A)*

à St-Goazec SE : 5,5 km par D 36 rte de Rosporden et rte à gauche
✉ 29163 St-Goazec :

⚠ **Municipal du Goaker,** sortie NE, au lieu-dit Moulin du Pré, à 250 m de l'Aulne
0,8 ha (70 empl.) plat, herbeux – 🛖 🗄 🗄 🗗 🗄
15 juin-15 sept. – **R** – ⚲ *8* ⚬ *3* 🔲 *4* 🔋 *10*

CHÂTEAUNEUF-DU-PAPE

84230 Vaucluse – 2 062 h.
🅸 Office de Tourisme, pl. Portail
ℱ 90 83 71 08

🔲 – 🔲 ⑫ G. Provence

⚠ **L'Islon St-Luc** 🏕, ℱ 90 83 76 77, Fax 90 34 86 54, sortie S par D 17 rte de Sorgues puis 1,5 km par rte à droite, à 100 m du Rhône
1 ha (91 empl.) ⚬━ plat, pierreux, gravier 🗊 ⚦⚦ – 🛖 🗚 🗄 – ⛲
avril-sept. – **R** *conseillée juil.-août* – ⚲ *18* ⚬ *14* 🔲 *14* 🔋 *12 (2A) 16 (5A)*

CHÂTEAUNEUF-DU-RHÔNE

26780 Drôme – 2 094 h.

🔲 – 🔲 ① G. Vallée du Rhône

⚠ **Municipal** 🏕 <, ℱ 75 90 80 96, sortie N par D 73 rte de Montélimar puis chemin à droite
0,6 ha (50 empl.) plat, herbeux ⚦ – 🛖 🗄 🗄 🗗 🗄 ⛲ – A proximité : ⛲ ✘ 🔲
5 juin-5 sept. – **R** – ⚲ *7,60* ⚬ *4,60* 🔲 *4,60* 🔋 *7,60*

CHÂTEAUNEUF-LA-FORÊT

87130 H.-Vienne – 1 805 h.

🔲 – 🔲 ⑱ ⑲

⚠ **Municipal du Lac,** ℱ 55 69 39 29, à l'ouest de la commune, rte du stade, à 100 m d'un plan d'eau
1,5 ha (82 empl.) plat, herbeux – 🛖 ⛲ – ✘ – A proximité : ⛲ 🏊 (plage)
juin-15 sept. – **R** *conseillée – Tarif 92 :* ⚲ *6,50* ⚬ *2,50* 🔲 *5* 🔋 *9,50 (10A)*

CHATEAUNEUF-SUR-SARTHE

49330 M.-et-L. – 2 370 h.

⬡ – 🔲 ①

⚠ **Municipal du Port** « Décoration arbustive », sortie SE par D 859 rte de Durtal et chemin à droite après le pont, bord de la Sarthe
1 ha (70 empl.) ⚬━ (saison) plat, herbeux 🗊 ⚦⚦ (0,3 ha) – 🛖 🗄 🗄 ⛲ 🗄
mai-sept. – **R** – ⚲ *7,20* ⚬ *3,30* 🔲 *3,30* 🔋 *9 (10A)*

CHÂTEAUPONSAC

87290 H.-Vienne – 2 409 h.

🔲 – 🔲 ⑦ G. Berry Limousin

⚠ **Municipal la Gartempe,** ℱ 55 76 55 33, sortie SO sur D 711 rte de Nantiat, à 200 m de la rivière
0,8 ha (48 empl.) ⚬━ plat, peu incliné et terrasses, herbeux – 🛖 🗄 🗄 🗗 🗄 ⛲ ⛲
snack – 🗄 – A proximité : vélos, tir à l'arc, 🏊 ⛺ 🐎 – Location : gîtes
avril-sept. – **R** *conseillée juil.-août* – 🔲 *3 pers. 40, pers. suppl. 8* 🔋 *10 (6A)*

CHÂTEAURENARD

13160 B.-du-R. – 11 790 h.
🅸 Office de Tourisme, 1 r.
R.-Salengro, les Halles ℱ 90 94 23 27

🔲 – 🔲 ① G. Provence

⚠ **la Roquette,** ℱ 90 94 46 81, E : 1,2 km par D 28 rte de Noves et rte à droite, près du complexe sportif – par A 7 sortie Avignon Sud
0,55 ha (39 empl.) ⚬━ plat et terrasse, pierreux, herbeux – 🛖 🗄 🗚 🗄 ⛲ – 🗄
– A proximité : ✘ 🔲
avril-oct. – **R** *conseillée 15 juin-août* – ⚲ *14* 🔲 *15* 🔋 *15 (5A)*

CHÂTEAURENARD

45220 Loiret – 2 302 h.
🅸 Syndicat d'Initiative, Mairie
ℱ 38 95 21 84

⬡ – 🔲 ③ G. Bourgogne

⚠ **Municipal,** sortie E par D 943, rte de Joigny, bord de l'Ouanne
1 ha (45 empl.) plat, herbeux ⚦⚦ – 🛖 🗄 🗄 🗚 🗄 ⛲
mai-15 sept. – **R** – ⚲ *8,50* 🔲 *15* 🔋 *10,50 (3A) 19 (5A)*

CHÂTEAU-RENAULT

37110 I.-et-L. – 5 787 h.
🅸 Syndicat d'Initiative, Parc de Vauchevrier (saison) ℱ 47 29 54 43

⬡ – 🔲 ⑤ ⑥ G. Châteaux de la Loire

⚠ **Municipal du Parc de Vauchevrier,** ℱ 47 29 54 43, par centre ville, r. Paul-Louis-Courier, bord de la Brenne
3,5 ha (110 empl.) ⚬━ plat, herbeux – 🛖 🗚 🗄 – ✘ 🐎 ⛲
Pâques-sept. – **R** *– Tarif 92 :* ⚲ *8,10* 🔲 *8,10* 🔋 *8,45 (6A)*

CHÂTEAUROUX Ⓟ

36000 Indre – 50 969 h.
🅱 Office de Tourisme, pl. de la Gare
🖉 54 34 10 74

▲▲ Municipal du Rochat, 🖉 54 34 26 56, N par av. de Paris et rue à gauche, bord de l'Indre et à 100 m d'un plan d'eau
4 ha (300 empl.) ⚬⚬ plat, herbeux, gravillons ⛱ ⚻ – 🗑 ⚙ 🛏 🖥 ⅙ ⊞ ⊕ ⚘
📺 🖥 – 🍴 🚣 – À proximité : vélos ⟡ ✕ 🍴 🌊 🗋

CHÂTEL

74390 H.-Savoie – 1 255 h.
alt. 1 235 – 🖾.
🅱 Office de Tourisme 🖉 50 73 22 44

▲▲▲ L'Oustalet Ⓜ ❄ ≤ « Site agréable », 🖉 50 73 21 97, Fax 50 73 37 46, SO : 2 km par la rte du col de Bassachaux, bord de la Dranse – alt. 1 110
3 ha (100 empl.) ⚬⚬ peu incliné, herbeux, pierreux, gravillons 🗑 ⚙ 🛏 🖥 ⅙ 🖥 🎋 ⊕ – 🍴 🌊 ⚓ 🗋 (découverte l'été) – À proximité : 🍴 ⟡ ✕ 🛷 🜁 🐎
19 déc.-8 mai et 20 juin-10 sept. – **R** *conseillée été, indispensable hiver*

CHÂTELAILLON-PLAGE

17340 Char.-Mar. – 4 993 h.
🅱 Office de Tourisme, 1 allée du Stade 🖉 46 56 26 97

▲▲ Le Clos des Rivages, 🖉 46 56 26 09, SE : av. des Boucholeurs
3 ha (150 empl.) ⚬⚬ plat, herbeux, étang 🗑 – 🗑 ⚙ 🛏 🖥 ⊕ 🖥 – 🍴 🚣
15 juin-10 sept. – **R** *conseillée*

▲ **les Sables**, 🖉 46 56 86 37, N : 2 km par D 202 rte de la Rochelle et à droite
0,7 ha (50 empl.) ⚬⚬ plat, herbeux ⚙ (0,3 ha) – 🗑 ⚝ 🖥 ⅙ ⊕ – Location : 🚐
15 juin-15 sept. – **R** – 🗉 *3 pers. 49, pers. suppl. 14* 🖄 *10 (2A) 15 (5A)*

Le CHÂTELARD

73630 Savoie – 491 h. alt. 757

▲▲ **Les Cyclamens** Ⓜ 🗙 ≤, 🖉 79 54 80 19, vers sortie NO et chemin à gauche, rte du Champet
0,6 ha (33 empl.) ⚬⚬ plat, herbeux 🗑 – 🗑 ⚙ 🛏 🖥 ⊕ – 🚣
15 mai-20 sept. – **R** *indispensable 14 juil.-août* – 🟡 *16* 🗉 *14* 🖄 *11 (2A) 13,50 (3A) 16,80 (4A)*

CHATELAUDREN

22170 C.-d'Armor – 947 h.

▲ **Municipal de l'Étang** 🗙 ≤, au bourg, rue de la gare, bord d'un étang
0,6 ha (17 empl.) plat, herbeux 🗑 ⚙ 🛏 🖥 ⅙ ⊕
mai-15 sept. – **R** – 🟡 *18* 🚗 *5* 🗉 *18* 🖄 *12 (3 ou 5A)*

CHÂTEL-DE-NEUVRE

03500 Allier – 512 h.

▲ **de Neuvre** 🗙, 🖉 70 42 04 51, N : 0,5 km par N 9 et chemin à droite, bord de l'Allier
1,3 ha (80 empl.) ⚬⚬ plat, herbeux – 🗑 ⚙ ⊕ 🖥
Pâques-1er oct. – **R** *juil.-août* – 🟡 *12,50* 🗉 *11,50* 🖄 *10 (3A)*

▲ **La Courtine** 🗙, 🖉 70 42 06 21, sortie E par D 32, avant le pont, à 100 m de l'Allier (accès direct)
1,6 ha (33 empl.) ⚬⚬ plat, herbeux ⚙ – 🗑 ⚝ 🖥 ⊕ ⟡ – 🚣 – À proximité : 🜁
juin-15 sept. – **R** – 🟡 *12,50* 🗉 *10* 🖄 *10 (4A)*

CHÂTELGUYON

63140 P.-de-D. – 4 743 h. –
✚ 27 avril-10 oct.
🅱 Office de Tourisme, parc Étienne-Clementel (fermé nov.) 🖉 73 86 01 17

▲▲▲ **Clos de Balanède**, 🖉 73 86 02 47, sortie SE par D 985 rte de Riom
3 ha (250 empl.) ⚬⚬ plat et peu incliné, herbeux ⚙ verger – 🗑 ⚙ 🛏 🖥 ⊕ ⚘ 📺 ⟡ 🛒 🖥 – 🍴 🚣 🗋 half-court – Location : 🚐 – Garage pour caravanes
15 avril-15 oct. – **R** *conseillée juil.-août* – 🟡 *18 piscine comprise* 🚗 *7* 🗉 *15* 🖄 *12 (3A) 18 (5A)*

à St-Hippolyte SO : 1,5 km – ✉ 63140 Châtelguyon :

▲▲ **Municipal de la Croze** 🗙 ≤, 🖉 73 86 08 27, SE : 1 km par D 227 rte de Riom
3,7 ha (200 empl.) ⚬⚬ plat, peu incliné et en terrasses, herbeux, pierreux ⚙ – 🗑 ⚝ 🛏 🖥 – 🚣
24 avril-9 oct. – **R** – 🟡 *9,55* 🚗 *5,35* 🗉 *5,35 ou 8,80* 🖄 *8,80 (4A) 17,65 (6A) 26,35 (10A)*

Voir aussi à *Loubeyrat*

CHÂTEL-MONTAGNE

03250 Allier – 400 h.

▲ **La Croix Cognat**, 🖉 70 59 31 38, NO : 0,5 km par D 25 rte de Vichy
1,5 ha (33 empl.) ⚬⚬ peu incliné, en terrasses, herbeux – 🗑 ⚙ 🛏 ⊕ snack 🜁 🖥 – 🜁 🜁 (bassin) – À proximité : 🌊
avril-1er oct. – *Tarif 92* : 🗉 *2 pers. 36, pers. suppl. 11,50* 🖄 *10 (3A) 15 (6A)*

CHÂTELUS-MALVALEIX

23270 Creuse – 558 h.

▲ Municipal la Roussille 🗙 ≤, à l'ouest du bourg, bord d'un étang
0,5 ha (33 empl.) peu incliné, herbeux – 🗑 – 🌊

CHATENOY

6 – 65 ①

45260 Loiret – 295 h.

▲▲ **Les Terres Vaines** Ⓜ « Cadre boisé », ℰ 38 59 32 71, S : 1,4 km par D 948, rte de Sully-sur-Loire
1,2 ha (38 empl.) ⚬━ plat, herbeux, sablonneux ๛ – ⌂ ⇆ ⊟ ⅙ ▥ ⊕ ⚎ snack
– ▱ ⟀
15 mars-15 nov. – **R** – 🗉 élect. (3A) comprise 2 pers. 90

CHÂTILLON-COLIGNY

6 – 65 ② G. Bourgogne

45230 Loiret – 1 903 h.

▲ **Municipal de la Lancière,** ℰ 38 92 54 73, au sud du bourg, entre le Loing et le canal de Briare
0,8 ha (55 empl.) ⚬━ (saison) plat, herbeux ๛ (0,4 ha) – ⌂ ⌆ ⊕ cases réfrigérées
– ⟀
avril-oct. – **R** conseillée – ⚹ 8,70 ⇘ 4,40 🗉 6,60 🗓 8,10 (3A) 15,30 (6A)

CHATILLON-EN-BAZOIS

11 – 69 ⑤ G. Bourgogne

58110 Nièvre – 1 161 h.
🗉 Syndicat d'Initiative, Mairie
ℰ 86 84 14 76

▲ Municipal, pl. Pierre Saury, bord de l'Aron et à 300 m du canal du Nivernais
0,8 ha (30 empl.) plat, herbeux – ⌂ ⇆ ⌆ ⅙ ⊕ – A proximité : ✗ ⟀
avril-oct. – **R**

CHÂTILLON-EN-VENDELAIS

4 – 59 ⑱

35210 I.-et-V. – 1 526 h.

▲▲ **Municipal du Lac** ⚘ ≼ « Site et cadre agréables », ℰ 99 76 06 32, Fax 99 76 12 39, N : 0,5 km par D 108, bord de l'étang de Châtillon
0,6 ha (50 empl.) ⚬━ (saison) peu incliné, herbeux ⊡ ๏ – ⌂ ⇆ ⊟ 🗟 ⊕ – ⚎
– A proximité : ⍾ ✗
Pâques-Toussaint – **R** conseillée – ⚹ 7,20 ⇘ 3,10 🗉 4,10 🗓 13 (6A)

CHÂTILLON-SUR-CHALARONNE

12 – 74 ② G. Vallée du Rhône

01400 Ain – 3 786 h.
🗉 Office de Tourisme, pl. du
Champ-de-Foire ℰ 74 55 02 27

▲▲▲ **Municipal du Vieux Moulin** ⚘, ℰ 74 55 04 79, sortie SE par D 7 rte de Chalamont, bord de la Chalaronne
3 ha (140 empl.) ⚬━ plat, herbeux – ⌂ ⇆ ๏ 🗟 ⊕ – ▱ ⟀ ⟁ – A proximité :
⍾ ✗ snack
mai-sept. – *Places disponibles pour le passage* – **R** conseillée juil.-août – *Tarif 92 :*
⚹ 18 ⇘ 5 🗉 10 🗓 10 (15A)

CHÂTILLON-SUR-INDRE

10 – 68 ⑥ G. Berry Limousin

36700 Indre – 3 262 h.
🗉 Syndicat d'Initiative (juin-sept), pl.
du Champ-de-Foire ℰ 54 38 74 19 et
rte de Tours (oct.-mai) ℰ 54 38 81 16

▲ **Municipal de la Ménétrie** ⚘, au nord, en direction de la gare, r. du Moulin
la Grange
0,5 ha (45 empl.) plat, herbeux ๏ – ⌂ ๏ 🗟 ⊕ – ▱ ⟀
15 mai-15 sept. – **R** – ⚹ 4,50 🗉 4,50 🗓 6,50

CHÂTILLON-SUR-SEINE

7 – 65 ⑧ G. Bourgogne

21400 Côte-d'Or – 6 862 h.
🗉 Office de Tourisme, pl. Marmont
ℰ 80 91 13 19

▲▲ **Municipal** ⚘, ℰ 80 91 03 05, esplanade St-Vorles par rte de Langres
0,8 ha (66 empl.) ⚬━ plat, herbeux, goudronné ⊡ ๏ – ⌂ ⇆ ⊟ ⊕ – vélos –
A proximité : ⍾ ✗ ⍾ ⟁
avril-15 oct. – **R** – ⚹ 10 ⇘ 6 🗉 7 🗓 10 (2A) 20 (4A)

La CHÂTRE ⬢

10 – 68 ⑲ G. Berry Limousin

36400 Indre – 4 623 h.
🗉 Office de Tourisme, square
George-Sand ℰ 54 48 22 64

à Montgivray N : 2,5 km – ✉ 36400 Montgivray :

▲ **Municipal Solange Sand** ⚘ « Cadre agréable », ℰ 54 48 37 83, au château Solange-Sand, bord de l'Indre
1 ha (100 empl.) ⚬━ (saison) plat, herbeux, parc attenant – ⌂ ⇆ ๏ 🗟 ⊕ – ⟀
15 mars-15 nov. – **R** juin à août – ⚹ 8,20 ⇘ 4,10 🗉 6,70 🗓 6,30 (3A)
10 (6A) 17,35 (9A)

CHÂTRES-SUR-CHER

6 – 64 ⑲

41320 L.-et-Ch. – 1 074 h.

▲ **Municipal des Saules,** ℰ 54 98 04 55, au bourg, près du pont, bord du Cher
(plan d'eau)
1 ha (80 empl.) plat, herbeux, sablonneux ๏ – ⌂ ๏ ⊕ – ⟀ ⧫ – A proximité :
✗
15 mai-août – **R** – ⚹ 5,50 🗉 5,50 🗓 8,50 (10A)

CHAUDES-AIGUES

15 – 76 ⑭ G. Auvergne

15110 Cantal – 1 110 h. alt. 750 –
⚕ 26 avril-17 oct.
🗉 Office de Tourisme, 1 av. Georges-
Pompidou (saison) ℰ 71 23 52 75

▲▲ **Municipal le Couffour** ⚘ ≼, ℰ 71 23 57 08, S : 2 km par D 921 rte de Laguiole puis chemin à droite, au stade – alt. 900
2,5 ha (170 empl.) ⚬━ (saison) plat et incliné, herbeux – ⌂ ⇆ ๏ ⊕ – ▱ ✗
⟀
mai-15 oct. – **R** – *Tarif 92 :* ⚹ 7,30 ⇘ 3,20 🗉 4,20 🗓 11,50 (3A)

CHAUFFAILLES

71170 S.-et-L. – 4 485 h.

🄸 Office de Tourisme, r. Gambetta
(15 mai-15 sept.) ℰ 85 26 07 06

▲▲▲ **Municipal les Feuilles**, ℰ 85 26 48 12, Fax 85 84 65 75, au SO de la ville, par r.
du Chatillon, bord du Botoret
1,5 ha (50 empl.) ⊶ plat et peu incliné, herbeux, gravillons ⊡ – 🗂 ⛺ 🗑 ⊛ 🏕
– 🍴 🖼 – A proximité : 💥 🏊
mai-sept. – **R** *conseillée juil.-août*

CHAUFFOUR SUR VELL

19500 Corrèze – 326 h.

▲ **Feneyrolles** 🌿 « Cadre boisé », ℰ 55 84 09 58, E : 2,2 km par chemin du
lieu-dit Feneyrolles
3 ha (90 empl.) ⊶ (juil.-août) plat, peu incliné, en terrasses, pierreux 💢 – 🗂 ⛺
🏊 🖼 🕹 ⊛ 🍸 🔭 – 🍴 ⛵ 🏊 vélos – A proximité : 💥 – Location : 🚐
15 avril-sept. – **R** *conseillée juil.-août* – ⚡ 16 piscine comprise 🅴 16 🕼 10 (6A)

CHAUMONT D'ANJOU

49140 M.-et-L. – 261 h.

▲ **Municipal de Malagué** 🌿 « En forêt, près d'un étang », NO : 1,5 km par
rte de Seiches-sur-le-Loir et chemin à droite
1 ha (50 empl.) plat 💢 – 🗂 ⛺ 🗑 ⊛ – A proximité : 🦯
15 juin-15 sept. – **R** *conseillée – Tarif 92 :* 🅴 *élect. comprise 2 pers. 32, pers.*
suppl. 10

CHAUNY

02300 Aisne – 12 926 h.

▲▲▲ **Municipal** « Décoration florale et arbustive », ℰ 23 52 09 96, NO : 1,5 km par
rte de Noyon et D 56 à droite, près de la déviation
2,7 ha (36 empl.) ⊶ plat et peu incliné, herbeux, gravier 💢 – 🗂 ⛺ 🗑 ⊛ – 🏇
avril-oct. – **R** *– Tarif 92 :* ⚡ *8* ⛟ *5* 🅴 *5* 🕼 *10,50 (4A) 16 (6A) 25,50 (10A)*

CHAUVIGNY

86300 Vienne – 6 665 h.

🄸 Syndicat d'Initiative, Mairie
ℰ 49 46 30 21 et 5 r. Saint-Pierre
(juin-15 sept.) ℰ 49 46 39 01

▲▲▲ **Municipal de la Fontaine** ≼ « Jardin public attenant, pièces d'eau »,
ℰ 49 46 31 94, Fax 49 46 40 60, sortie N par D 2 rte de Tournon-St-Martin et rte
à droite, r. de la Fontaine
2,8 ha (120 empl.) ⊶ plat, herbeux – 🗂 ⛺ 🗑 🖼 🕹 ⊛ 🏕 🔭 🖼 – 🍴
Permanent – **R** *– Tarif 92 :* ⚡ *7,80* ⛟ *4,90* 🅴 *4,90* 🕼 *15A : 10 (hiver 15)*

CHAUX-DES-CROTENAY

39150 Jura – 362 h. alt. 750

▲▲▲ **Municipal** 🌿 ≼, ℰ 84 51 50 00, N : 0,7 km, à la piscine
1,2 ha (60 empl.) plat et peu incliné, herbeux – 🗂 🕹 ⊛ – 🍴 🏊 – A proximité :
💥
15 juin-août – **R** – ⚡ *9,30* 🅴 *13,90* 🕼 *10,40*

CHAUZON

07120 Ardèche – 224 h.

▲▲▲ **La Digue** 🌿, ℰ 75 39 63 57, à 1 km à l'est du bourg, à 100 m de l'Ardèche
(accès direct) – accès et croisement difficiles pour caravanes
2 ha (100 empl.) ⊶ (saison) plat et en terrasses, herbeux 💢 – 🗂 ⛺ 🏊 🖼 ⊛
🔭 🍸 🖼 – 💥 – A proximité : 🦯 – Location : 🚐 🏘
20 mars-sept. – **R** *conseillée* – 🅴 *2 pers. 71, pers. suppl. 18* 🕼 *14*

▲ **Beaussement** 🌿, ℰ 75 39 72 06, à 0,7 km au nord du bourg, bord de
l'Ardèche – Accès et croisement difficiles pour caravanes
1,3 ha (50 empl.) ⊶ (saison) plat et terrasses, pierreux, herbeux ♀ (0,5 ha) – 🗂
⛺ 🗑 ⊛ 🔭 🖼 – 🍴
20 mars-sept. – **R** *conseillée juil.-août* – 🅴 *2 pers. 54,50* 🕼 *13,50 (5A)*

CHAVANNES-SUR-SURAN

01250 Ain – 419 h.

▲ Municipal 🌿, sortie E par D 3 rte d'Arnans, bord du ruisseau
1 ha (25 empl.) plat, herbeux 💢 – 🗂 ⛺ 🏊 ⊛
mai-oct. – **R**

CHEDDE

74 H.-Savoie – ✉ 74190 Le Fayet

▲ Le Moustier ≼, ℰ 50 78 30 57, au bourg, r. du lac vert
1 ha (50 empl.) ⊶ plat, herbeux – 🗂 ⛺ 🗑 🕹 ⊛

CHEFFES

49125 M.-et-L. – 857 h.

▲ **Municipal de l'Écluse,** ℰ 41 42 85 52, sortie E par D 74 rte de Tiercé, près
de la Sarthe
2 ha (80 empl.) ⊶ plat, herbeux ♀ – 🗂 ⛺ 🗑 🖼 ⊛
juin-15 sept. – **R** *– Tarif 92 :* ⚡ *5,20* ⛟ *2,60* 🅴 *2,60* 🕼 *8,10 (4A) 13 (6A)*
20,80 (10A)

CHEMILLÉ-SUR-INDROIS
37460 I.-et-L. – 207 h.

▲ **Municipal du Plan d'Eau** ≤ « Agréable situation près d'un plan d'eau »,
𝒫 47 92 77 83, au SO du bourg
0,8 ha (73 empl.) ⛽ (saison) plat et peu incliné, herbeux – 🎚 ⚏ 🛁 ⊕ –
A proximité : ❢ ✗ ✳ 🖿 poneys
Pâques-oct. – **R** conseillée juil.-août – 🛉 8,50 ⛺ 5 🅴 8 🔌 10 (5 ou 6A)

🔢 – 🔢 ⑯

CHÊNE-EN-SEMINE
74270 H.-Savoie – 234 h.

▲▲▲ La Croisée ⚓ « Cadre boisé », 𝒫 50 77 93 52, au Centre de Loisirs de la
Semine, N : 2 km, à l'intersection des N 508 et D 14
2,9 ha (160 empl.) ⛽ plat, herbeux, pierreux 🖿 ⚏⚏ – 🎚 ⚏ 🛁 🖾 ⊕ 🅰 ☂ ❢
✗ 🖾 – 🖾 ✳ 🛟 🛶

🔢 – 🔢 ⑤

CHÉNÉRAILLES
23130 Creuse – 794 h.

▲ **Municipal la Forêt** ≤ « Cadre boisé au bord d'un étang », 𝒫 55 62 38 26,
SO : 1,3 km par D 55 rte d'Ahun
0,5 ha (33 empl.) peu incliné, plat, herbeux, pierreux ⚏⚏ sapinière – 🎚 ⚏ 🛁 🖾
⊕ 🅰 – A proximité : 🖫 🛟 🖾
15 juin-15 sept. – **R** – 🛉 8 ⛺ 5 🅴 5 🔌 10

🔢 – 🔢 ① G. Berry Limousin

CHENONCEAUX
37150 I.-et-L. – 313 h.
🅱 Syndicat d'Initiative, r. du Château
(mai-sept.) 𝒫 47 23 94 45

▲▲▲ **Le Moulin Fort,** 𝒫 47 23 86 22, Fax 47 23 80 93 ✉ 37150 Francueil, SE :
2 km par D 176 rte de Montrichard, D 80 rte de Francueil à droite et chemin
à gauche après le pont, bord du Cher
3 ha (137 empl.) ⛽ plat, herbeux, sablonneux – 🎚 ⚏ 🛁 🖾 🖾 ⊕ ❢ snack 🖾
– 🖾 🖫 🛟 🛶
15 avril-15 sept. – **R** conseillée juil.-août – 🛉 24 piscine comprise 🅴 24,20
🔌 19,80 (6A)

🔢 – 🔢 ⑯ G. Châteaux de la Loire

CHERBOURG ⏚
50100 Manche – 27 121 h.
🅱 Maison du Tourisme, 2 quai
Alexandre III 𝒫 33 93 52 02 et à la
Gare Maritime (15 mai-15 sept.
après-midi seul.) 𝒫 33 44 39 92

▲▲▲ **Les Pins,** 𝒫 33 43 00 78 ✉ 50470 la Glacerie, S : 6,5 km par N 13 et chemin
à gauche
6 ha (125 empl.) ⛽ plat, peu incliné, herbeux, pierreux, gravier ⚏⚏ – 🎚 ⚏ 🛁
🖾 🖾 🖿 ⊕ 🖾
Permanent – Places disponibles pour le passage – **R** – 🛉 15 🅴 18
▲▲ **Le Clos à Froment,** 𝒫 33 54 25 99 ✉ 50470 la Glacerie, S : 4 km par
N 13 rte de Valognes et à La Glacerie, à droite, rte de la Loge
1,7 ha (70 empl.) ⛽ peu incliné, pierreux 🖿 – 🎚 ⚏ 🛁 🖾 ⊕ 🅰 ☂ ☂ – 🖾
juin-sept. – **R** conseillée août – 🛉 15 🅴 15

🔢 – 🔢 ② G. Normandie Cotentin

CHERRUEIX
35120 I.-et-V. – 983 h.

▲ L'Aumône, 𝒫 99 48 97 28, S : 0,5 km, sur D 797
1,6 ha (70 empl.) ⛽ (saison) plat, herbeux – 🎚 🖾 ⊕ ❢ 🖾 – 🖾 🛟 – Location :
gîte d'étape
10 avril-sept. – **R** conseillée

🔢 – 🔢 ⑦

CHEVERNY
41700 L.-et-Ch. – 900 h.

▲▲▲ **Les Saules,** 𝒫 54 79 90 01, S : 2,5 km par D 102 rte de Contres
6 ha (160 empl.) ⛽ plat, herbeux 🖿 ❢ (1 ha) – 🎚 ⚏ 🛁 🖾 🖾 🖿 ⊕ 🅰 🖾
❢ 🖾 🖾 – 🖾 🖾 🛟 poneys, vélos
avril-sept. – **R** conseillée juil.-août – 🛉 24 piscine comprise 🅴 36 🔌 12 (2A)
16 (5A)

🔢 – 🔢 ⑰ G. Châteaux de la Loire

CHEYLADE
15400 Cantal – 360 h. alt. 952

▲ Municipal la Biaugue ⚓ ≤, à 400 m au NE du bourg
1 ha (50 empl.) peu incliné à incliné, herbeux – 🎚 🖾 🖾 ⊕
15 juin-15 sept. – **R** 1er-15 août

🔢 – 🔢 ③ G. Auvergne

Le CHEYLARD
07160 Ardèche – 3 833 h.

▲▲ **Municipal la Chèze** ⚓ ≤ le Cheylard et montagnes « Belle situation
dominante et cadre agréable », 𝒫 75 29 09 53, E : 1,3 km par rte de Privas et
à droite, au château
3 ha (100 empl.) ⛽ plat, incliné et en terrasses ⚏⚏ – 🎚 🖾 ⊕
Pâques-11 nov. – **R** conseillée juil.-août – Tarif 92 : 🅴 4 pers. 31/38 avec élect.

🔢 – 🔢 ⑲

CHINON ⏚
37500 I.-et-L. – 8 627 h.
🅱 Office de Tourisme, 12 r. Voltaire
𝒫 47 93 17 85 et route de Tours
(15 juil.-15 août) 𝒫 47 93 39 66

▲▲ **Municipal de l'Île Auger** ≤ ville et château, 𝒫 47 93 08 35, quai Danton,
bord de la Vienne
3 ha (150 empl.) ⛽ (mai-sept.) plat, herbeux, sablonneux – 🎚 ⚏ 🛁 🖾 ⊕ – 🛟
– A proximité : ✳ 🖫 🖾 🛶
15 mars-oct. – **R** – Tarif 92 : 🛉 9 ⛺ 9,20 🅴 9,20 🔌 8,50 (4A)

🔢 – 🔢 ⑬ G. Châteaux de la Loire

CHISSEAUX
37150 I.-et-L. – 522 h.

    ▲ **Municipal de l'Écluse,** au sud du bourg, près du Cher
1,2 ha (72 empl.) plat, herbeux ♀ – 🗻 🏕 🚻 📻 🛗 👌 ⊛ – 🍴
10 avril-sept. – **R** conseillée 14 juil.-15 août – Tarif 92 : ★ 12,65 🔲 12,65 🅼
12,65

⑯

CHISSEY-SUR-LOUE
39380 Jura – 336 h.

    ▲ **La Joussotte,** ☏ 84 37 63 17, NO : 0,7 km
1 ha (40 empl.) plat et peu incliné, herbeux – 🗻 🏕 🚻 ⊛
mai-sept. – **R** conseillée – ★ 14 ⇔ 7 🔲 7 🅼 14 (5A)

12 – 70 ④ G. Jura

CHOISY
74330 H.-Savoie – 1 068 h. alt. 626

    ▲ **Chez Langin** (aire naturelle) ⏃ ≼ « A l'orée d'un bois », ☏ 50 77 41 65, NE :
1,3 km par D 3 rte d'Allonzier-la-Caille, – puis 1,3 km par rte des Mégevands
à gauche et chemin - Par autoroute A 41 : sortie Cruseilles et D 3
2 ha (25 empl.) ⊶ peu incliné, herbeux – 🗻 🔨 📻 ⊛ – 🏊 (bassin)
Pâques-Toussaint – **R** conseillée – 🔲 2 pers. 60, pers. suppl. 20 🅼 15 (3A)

12 – 74 ⑥

CHOISY-LE-ROI
94600 Val-de-Marne – 34 068 h.

    ▲▲▲ Paris-Sud, ☏ (1) 48 90 92 30, 125 av. de Villeneuve-St-Georges (D 38), au
centre international de l'Auberge de Jeunesse, près du parc départemental des
sports – 🅿 (tentes)
7,5 ha (165 empl.) ⊶ plat, herbeux, gravier 🛏 (camping) – 🗻 🏕 📻 👌 🔟 ⊛
🏊 🔽 🏊 self 🍴 🖭 – 🔨 🚤 – A proximité : tir à l'arc 🍴 🐎 🚣 – Non accessible
aux campeurs résidant dans les départements de Seine et Val de Marne

6 – 101 ㉖

CHOLET ⏴⏵
49300 M.-et-L. – 55 132 h.
🅱 Office de Tourisme, pl. Rougé
☏ 41 62 22 35 et aire d'Accueil, rte
d'Angers (juin-août) ☏ 41 58 66 66

    ▲▲▲ **S.I. Lac de Ribou** ⏃ ≼ « Décoration florale et arbustive », ☏ 41 58 74 74,
Fax 41 62 80 99, SE : 5 km par D 20, rte de Maulevrier et D 600 à droite, à
100 m du lac
5 ha (200 empl.) ⊶ plat et peu incliné, herbeux 🛏 – 🗻 🏕 🚻 📻 🛗 👌 🔟 ⊛ 🏊
🔽 🏊 ♈ 🍴 ✕ 👣 – 🔨 🍴 🚤 🏊 toboggan aquatique, vélos – A proximité :
poneys, practice de golf, tir à l'arc 🐎 🚣 – Location : 🏚 🖐 (gîtes)
avril-oct. – **R** conseillée juil.-août – 🔲 piscine comprise 1 ou 2 pers. 62 🅼 10A :
15 (24 hors saison)

9 – 67 ⑤ ⑥ G. Châteaux de la Loire

CHORANCHE
38680 Isère – 132 h.

    ▲ **Municipal les Millières** ≼, au SE du bourg, près de la Bourne
0,4 ha (26 empl.) plat et terrasse, herbeux, pierreux 🛏 – 🗻 👌 ⊛
mars-oct. – **R** conseillée – ★ 11 ⇔ 3,50 🔲 6,50 🅼 9 (16A)

12 – 77 ③ ④

CHORGES
05230 H.-Alpes – 1 561 h. alt. 854

    ▲▲ **Le Serre du Lac** ≼, ☏ 92 50 67 57, SE : 4,5 km par N 94 rte de Briançon et
rte à droite
3,5 ha (80 empl.) ⊶ en terrasses, pierreux 🛏 – 🗻 🏕 🔨 📻 👌 🔟
– 🔨 🏊 – Location : 🏚
Permanent – **R** conseillée – ★ 17 piscine comprise ⇔ 6 🔲 6 🅼 12 (5A) 15
(10A)

17 – 77 ⑰

CHOUVIGNY
03450 Allier – 240 h.

    ▲ **Municipal le Bel** ⏃, SE : 3 km par D 915 rte d'Ébreuil puis 0,6 km par
chemin à droite, à Péraclos, bord de la Sioule
1,2 ha (33 empl.) plat et en terrasses, herbeux, pierreux ♀ – 🗻 📻 ⊛
Pâques-sept. – **R** conseillée juil.-août – 🔲 2 pers. 32/37, pers. suppl. 8 🅼 12

11 – 73 ④ G. Auvergne

CHOUZY-SUR-CISSE
41150 L.-et-Ch. – 1 619 h.

    ▲ **Les Cèdres,** ☏ 54 20 46 96, sortie S, 21 r. de la Gare, à 150 m de la Loire
0,4 ha (33 empl.) ⊶ plat 🏠 – 🗻 🏕 ⊛
juin-août – **R** conseillée juil.-août – ★ 17 🔲 17 🅼 16 (6A)

5 – 64 ⑰

La CIOTAT
13600 B.-du-R. – 30 620 h.
🅱 Office Municipal de Tourisme, bd
Anatole-France ☏ 42 08 61 32

    ▲▲▲ **Les Oliviers,** ☏ 42 83 15 04, Fax 42 83 94 43, E : 5 km par D 559 rte de Toulon
10 ha (533 empl.) ⊶ plat, incliné et en terrasses, pierreux ♀♀ (5 ha) – 🗻 🔨 ⊛
👌 🔽 self 👣 – 🔨 – Location : 🏚 🏚 🖭
mars-sept. – **R** conseillée – Tarif 92 : ★ 25 piscine comprise 🔲 25 🅼 16 (2A)
25 (3A)

    ▲▲ **St-Jean,** ☏ 42 83 13 01, Fax 42 71 46 41, NE : 2 km, av. de St-Jean, vers
Toulon, bord de mer
1 ha (90 empl.) ⊶ plat, pierreux, herbeux ♀♀ – 🗻 🔨 ⊛ 🏊 🍴 ✕ 👣 🖭 –
Location : studios
avril-1ᵉʳ oct. – **R** – Tarif 92 : 🔲 3 pers. 84 à 112 selon emplacement, pers. suppl.
25 🅼 14 (2A) 16 (3A) 22 (6A)

16 – 84 ⑭ G. Provence

CIVRAY-DE-TOURAINE

☖ – ⬚⬚ ⑯

37150 I.-et-L. – 1 377 h.

⚠ **Municipal de l'Isle,** S : 0,6 km par D 81 rte de Bléré, bord du Cher
1,2 ha (50 empl.) plat, herbeux ♀♀ (0,6 ha) – ⟨film⟩ ⟨shower⟩ 🖼 ⟨access⟩ ⟨food⟩ – A proximité : ✗
12 juin-5 sept. – **R** – *Tarif 92 :* ☗ *8* 🖂 *6* 🕎 *8*

CLAIRVAUX-LES-LACS

⬚⬚ – ⬚⬚ ⑭ G. Jura

39130 Jura – 1 361 h.

⚠⚠⚠ **Municipal En Fayolan** ≼, ☏ 84 25 83 23, SE : 1,2 km par D 118 rte de
Châtel-de-Joux et chemin à droite, au bord du lac, pinède attenante
5,5 ha (225 empl.) ⟨drain⟩ peu incliné, plat et en terrasses, herbeux, gravillons – ⟨film⟩
⟨icons⟩ – ⟨icons⟩
mai-sept. – **R** *conseillée* – *Tarif 92 :* 🖂 *2 pers. 47 (59 avec élect. 6A)*

CLAMECY ⟨SP⟩

☖ – ⬚⬚ ⑮ G. Bourgogne

58500 Nièvre – 5 284 h.

🚩 Office de Tourisme, r. Grand
Marché (Pâques à mi-oct.)
☏ 86 27 02 51

⚠ **S.I. Pont Picot** ⟨icon⟩ « Situation agréable », ☏ 86 27 05 97, S : bord de l'Yonne
et du canal du Nivernais – Accès conseillé pour caravanes par Beaugy
1 ha (100 empl.) ⟨drain⟩ (saison) plat, herbeux ♀ – ⟨film⟩ ⟨icons⟩
mai-sept. – **R** – ☗ *12* ⟨car⟩ *8,50* 🖂 *8,50* 🕎 *13 (5A)*

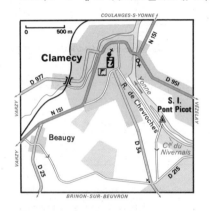

CLAMENSANE

⬚⬚ – ⬚⬚ ⑥ G. Alpes du Sud

04250 Alpes de H.-Pr. – 115 h.
alt. 690

⚠ **Le Clot du Jay** (aire naturelle) ⟨icon⟩ ≼, ☏ 92 68 32 29, Fax 92 61 38 45, E : 1 km
par D 1 rte du Sasse, près du Sasse
100 ha/4 campables (25 empl.) ⟨drain⟩ plat à incliné, herbeux ⟨icons⟩
– ⟨icon⟩ – Location : ⟨icon⟩ ⟨icon⟩, studios
Pâques-sept. – **R** *conseillée juil.-août* – ☗ *20 piscine comprise* ⟨car⟩ *8* 🖂 *20*
🕎 *13 (3A)*

CLAOUEY 33 Gironde – ⬚⬚ ⑲ – voir à Arcachon (Bassin d')

La CLAYETTE

⬚⬚ – ⬚⬚ ⑰ ⑱ G. Bourgogne

71800 S.-et-L. – 2 307 h.

🚩 Syndicat d'Initiative, 6 pl. Fossés
(mai-15 sept., fermé matin sauf
juil.-août) ☏ 85 28 16 35

⚠⚠⚠ **Municipal les Bruyères** « Entrée fleurie », ☏ 85 28 09 15, E : sur D 79 rte
de St-Bonnet-de-Joux, à 100 m de l'étang
2,25 ha (150 empl.) ⟨drain⟩ plat, peu incliné, herbeux, gravier ♀ – ⟨film⟩ ⟨icons⟩
⟨icon⟩ – ⟨icon⟩ – A proximité : ✗ ⟨icon⟩
Permanent – **R** *conseillée juil.-août* – ☗ *6,50* ⟨car⟩ *4,50* 🖂 *4,50* 🕎 *8*

CLÉDEN-CAP-SIZUN

☖ – ⬚⬚ ⑬

29113 Finistère – 1 181 h.

⚠ **La Baie** ≼, ☏ 98 70 64 28, O : 2,5 km, à Lescleden
0,4 ha (27 empl.) ⟨drain⟩ peu incliné et terrasse, herbeux – ⟨film⟩ ⟨icons⟩ (dîner
seulement)
Permanent – **R** – ☗ *11* ⟨car⟩ *4,60* 🖂 *11* 🕎 *9,50*

CLÉDER

☖ – ⬚⬚ ⑤

29233 Finistère – 3 801 h.

⚠⚠⚠ **Village de Roguennic** ⟨icon⟩ « Au bord d'une belle plage de sable fin »,
☏ 98 69 63 88, N : 5 km
8 ha (300 empl.) ⟨drain⟩ plat et accidenté, sablonneux, herbeux, dunes, bois attenant
– ⟨film⟩ ⟨icons⟩ – ⟨icon⟩ – A proximité : ✗ ⟨icon⟩ parcours
sportif
10 avril-sept. – **R** *conseillée* – 🖂 *1 pers. 35, pers. suppl. 12* 🕎 *9 (6A)*

⚠⚠⚠ Municipal de Poulennou ⟨icon⟩, ☏ 98 69 48 37, N : 5 km, près de la plage
2,3 ha (80 empl.) ⟨drain⟩ plat et vallonné, herbeux, sablonneux – ⟨film⟩ ⟨icons⟩ – ⟨icon⟩

CLÉMENSAT
63320 P.-de-D. – 69 h.

⚠ **La Gazelle** ⚲, ℱ 73 71 16 43, sortie SE rte de St-Floret
0,7 ha (30 empl.) ⊶ peu incliné, herbeux – 🚿 ⊕ - 🏊
15 juin-15 sept. – **R** – Tarif 92 : ★ 9 ⇔ 6 🅴 8 🅷 9 (6A)

⑪ – 🗾 ⑭

CLONAS-SUR-VAREZE
38550 Isère – 1 056 h.

⛰ **Les Nations,** ℱ 74 84 95 13 ✉ 38550 Auberives-sur-Varèze, E : 2,7 km, sur
N 7
1 ha (40 empl.) plat, herbeux 🔲 – 🚿 ⊕ 🖐 ⊕ – 🏕 🏊 – A proximité : 🍽
✗ – Location : 🛏(hôtel)
Permanent – **R** – 🅴 élect. (5A) comprise 2 pers. 60

⑫ – 🗾 ①

CLOYES-SUR-LE-LOIR
28220 E.-et-L. – 2 593 h.

⑤ – 🔲 ⑰ G. Châteaux de la Loire

⛰ **Parc de Loisirs** ◇, ℱ 37 98 50 53, Fax 37 98 33 84, sortie N par N 10 rte de
Chartres puis D 23 à gauche, bord du Loir
5 ha (100 empl.) ⊶ plat, herbeux 🔲 ⚲ – 🚿 ⊕ 🖐 🔳 ⊕ 🔀 🏊 🍽 ✗ 🐎 – 🏕
🏕 🐎 🏊 ⛵ (bassin) toboggan aquatique, poneys, vélos – A proximité : 🎾
Permanent – Location longue durée (6 000 F à 9 500 F) – Places disponibles
pour le passage – **R** – ★ 25 🅴 30 🅷 15 (5A)

CLUNY
71250 S.-et-L. – 4 430 h.
🅱 Office de Tourisme, 6 r. Mercière
(fermé matin sauf avril-oct.)
ℱ 85 59 05 34

⑪ – 🔲 ⑲ G. Bourgogne

⛰ **Municipal St-Vital** ≪, ℱ 85 59 08 34, sortie E par D 15 rte d'Azé
2 ha (179 empl.) ⊶ plat, peu incliné, herbeux – 🚿 ⊕ 🔳 ⊕ – 🏕 –
A proximité : 🎾 🏊
juin-sept. – **R** conseillée juil.-août – Tarif 92 : ★ 11 ⇔ 6,50 🅴 6,50 🅷 4,50
par ampère

COGNAC ⟨🚉⟩
16100 Charente – 19 543 h.

⑨ – 🔲 ⑤ G. Poitou Vendée Charentes

⚠ **Municipal,** ℱ 45 32 13 32, N : 2,3 km par D 24 rte de Boutiers, entre la
Charente et le Solençon
2 ha (160 empl.) ⊶ plat, herbeux ⚲⚲ (1 ha) – 🚿 ⊕ 🔀 🔳 ⊕ 🅰 – vélos
mai-15 oct. – **R** conseillée – 🅴 élect. comprise 1 à 4 pers. 44 à 77, pers. suppl. 13

COGOLIN
83310 Var – 7 976 h.
Schéma à Grimaud

⑰ – 🔲 ⑰ G. Côte d'Azur

⚠ **L'Argentière,** ℱ 94 54 57 86, Fax 94 54 06 15, O : 2,5 km par D 48 et chemin
de l'Argentière à gauche
8 ha (183 empl.) ⊶ plat et peu accidenté, en terrasses, sablonneux, herbeux ⚲
– 🚿 ⊕ 🔳 ⊕ 🅰 🍽 snack 🅰 – 🎾 🏊 vélos – Location : 🛖 🛖 🚐
avril-sept. – **R** conseillée juil.-août – 🅴 piscine comprise 2 pers. 80, pers. suppl.
20 🅷 14 (3A) 16 (6A) 22 (10A)

La COLLE-SUR-LOUP
06480 Alpes-Mar. – 6 025 h.

⑰ – 🔲 ⑨ G. Côte d'Azur

⚠ **Les Pinèdes** ⚲, ℱ 93 32 98 94, Fax 93 32 50 20, O : 1,5 km par D 6 rte de
Grasse, à 50 m du Loup
3,2 ha (120 empl.) ⊶ en terrasses, pierreux, herbeux ⚲⚲ – 🚿 ⊕ 🔳 🖐 ⊕ 🅰
✗ 🐎 – 🏕 🐎 🏊 – Location : 🛖 🚐
mars-20 nov. – **R** conseillée juil.-août – 🅴 piscine comprise 2 ou 3 pers. 66 à
95/89 à 100, pers. suppl. 19 🅷 13 (3A) 16 (6A) 19 (10A)

⚠ **Le Vallon Rouge,** ℱ 93 32 86 12, Fax 93 32 80 09, O : 3,5 km par D 6, rte
de Grasse, bord du Loup
3 ha (103 empl.) ⊶ plat, herbeux, pierreux ⚲⚲ – 🚿 🔀 🔳 ⊕ 🅰 🅰 pizzeria 🐎
🅰 – 🏊 vélos – Location : 🚐
20 mars-17 oct. – Places disponibles pour le passage – **R** conseillée juil.-août
🅴 élect. et piscine comprises 2 pers. 40 à 80, 3 pers. 100, 4 pers. 120 ou 150

COLLEVILLE-MONTGOMERY-PLAGE
14880 Calvados – 1 926 h.

⑤ – 🔲 ⑯ G. Normandie Cotentin

⛰ **Les Salines,** ℱ 31 96 36 85, sur D 514, à 300 m de la plage
6 ha (300 empl.) ⊶ plat, sablonneux, herbeux – 🚿 ⊕ 🔳 🖐 ⊕ 🍽 🐎 – 🏕
– A proximité : 🎣 🎾 🏊
15 mars-15 nov. – **R** – ★ 17 ⇔ 17 🅴 17 🅷 17 (6A)

COLLEVILLE-SUR-MER
14710 Calvados – 146 h.

④ – 🔲 ⑭

⚠ **Le Robinson,** ℱ 31 22 45 19, NE : 0,8 km par D 514 rte de Port-en-Bessin
1 ha (53 empl.) ⊶ plat, herbeux – 🚿 ⊕ 🔳 ⊕ – 🏕
15 juin-15 sept. – **R** 14 juil.-15 août – ★ 13 🅴 13 🅷 11 (6A)

COLLIAS
30210 Gard – 756 h.

⑯ – 🔲 ⑲

⛰ **Le Barralet** ⚲ ≪, ℱ 66 22 84 52, NE : 1 km par D 3 rte d'Uzès et chemin
à droite
2 ha (90 empl.) ⊶ plat et peu incliné, herbeux – 🚿 ⊕ 🔳 🖐 ⊕ 🍽 ✗ 🅰 – 🏊
Pâques-fin sept. – **R** conseillée juil.-août – 🅴 piscine comprise 1 à 4 pers. 29 à
77, pers. suppl. 15 🅷 13

COLLINEE

22330 C.-d'Armor – 894 h.

▲ **Municipal,** sortie SO par D 792, 14 rue du Baillot
0,3 ha (14 empl.) en terrasses, herbeux – 🔥 ⚓ 🏠 ☺
juin-sept. – **R** – *Tarif 92 :* 🛉 *9* ⚓ *2,50* 🔳 *2,50* 🛒 *10,50*

4 – 58 ⑳

COLLIOURE

66190 Pyr.-Or. – 2 726 h.
🛈 Office de Tourisme, pl. du 18-Juin
℘ 68 82 15 47

Schéma à Argelès

15 – 86 ⑳ G. Pyrénées Roussillon

▲ **Les Amandiers,** ℘ 68 81 14 69, NO : 1,5 km rte d'Argelès-sur-Mer et chemin à droite, à 300 m de la mer (accès direct) – Accès par rampe à 12 % – ❷ – ✂
1,7 ha (92 empl.) ⚬ plat et en terrasses, pierreux ⊠ 〰 – 🔥 ⅄ ☺ 🔳 – 🔳
avril-sept. – **R**

COLMAR ℗

68000 H.-Rhin – 63 498 h.
🛈 Office de Tourisme et Accueil de France, 4 r. Unterlinden
℘ 89 41 02 29

8 – 62 ⑲ G. Alsace Lorraine

⚞ **Intercommunal de l'Ill,** ℘ 89 41 15 94, E : 2 km par N 415 rte de Fribourg, à Horbourg, bord de l'Ill
2,2 ha (190 empl.) ⚬ plat et terrasses, herbeux ⅄ – (🔥 juin-15 oct.) ⚓ 🏠 🔳
🍴 ☺ ⚓ ⅄ ✕ 🔳 – 🔳 ⚓
fév.-nov. – **R** – 🛉 *12* 🔳 *14* 🛒 *12 (2 ou 3A) 21 (5 ou 6A)*

COLOMBIERS

34440 Hérault – 1 647 h.

15 – 83 ⑭

▲ **Les Peupliers,** ℘ 67 37 05 26, sortie N rte de Montady puis 0,4 km par rte à droite après le pont sur le canal du Midi
2 ha (50 empl.) ⚬ plat, herbeux – 🔥 🔳 ⅄ ☺ cases réfrigérées – Garage pour caravanes
Permanent – **R** *conseillée* – 🔳 *2 pers. 60* 🛒 *11 (4 ou 6A)*

COLY

24120 Dordogne – 193 h.

10 – 75 ⑦

⚞ **La Grande Prade** ✂, ℘ 53 51 66 13, SE : 2 km par D 62 rte de la Cassagne, près d'un plan d'eau
3,5 ha (100 empl.) ⚬ peu incliné, herbeux, pierreux ⅄ – 🔥 ⚓ 🏠 🔳 ☺ ⅄ 🔳
– 🔳 ⚓ – A proximité : ✕ – Location : 🔳 🔳
15 avril-15 oct. – **R** *conseillée* – 🛉 *15 piscine comprise* ⚓ *6* 🔳 *16* 🛒 *15 (5A)*

COMBRIT

29120 Finistère – 2 673 h.

Schéma à Bénodet

3 – 58 ⑮ G. Bretagne

⚞ **Menez Lanveur** ✂, ℘ 98 56 47 62, S : 2 km par rte d'Ile-Tudy et rte à gauche
1 ha (80 empl.) ⚬ plat, herbeux – 🔥 ⚓ ☺ 🔳 – Location : 🔳
15 mars-15 oct. – **R** *conseillée juil.-août* – *Tarif 92 :* 🛉 *11,50* ⚓ *6,50* 🔳 *13* 🛒 *9 (2A)*

▲ Municipal Croas Ver, ℘ 98 56 38 88, au sud du bourg, près du D 44 et du stade
1,5 ha (80 empl.) ⚬ plat et terrasse, herbeux ⊠ – 🔥 🏠

COMIAC

46190 Lot – 272 h.

10 – 75 ⑳

▲ **Municipal du Lac des Vergnes** ✂ ≼ « Agréable situation au bord d'un lac », O : 1 km sur D 29 rte de Laval-de-Cère
1,8 ha (33 empl.) plat à incliné, en terrasses, herbeux ⅄ – 🔥 ⅄ ☺ – A proximité : ✕ ⚓
juil.-août – **R** – 🛉 *8,50* 🔳 *8,50/10 avec élect.*

COMPREIGNAC

87140 H.-Vienne – 1 280 h.

10 – 72 ⑦ G. Berry Limousin

▲ **Municipal de Montimbert,** ℘ 55 71 04 49, N : 2,5 km par D 60 rte de St-Pardoux puis rte de St-Symphorien-sur-Couze
0,9 ha (66 empl.) plat et peu incliné, herbeux – 🔥 ⚓ 🏠 ☺ – 🔳 ⚓
juin-15 sept. – **R** – 🛉 *9* ⚓ *5* 🔳 *5* 🛒 *15*

COMPS-SUR-ARTUBY

83840 Var – 272 h. alt. 898

17 – 84 ⑦ G. Alpes du Sud

▲ l'Iscloun (aire naturelle) ≼, ℘ 94 47 58 59, à **Jabron,** N : 4,5 km par D 955 rte de Castellane, bord d'un ruisseau – alt. 760
0,7 ha (25 empl.) ⚬ plat, herbeux, pierreux – 🔥 ⚓ 🏠 ⅄ ☺

▶ *If in a given area you are looking for*
a pleasant camping site (▲ ... ⚞⚞⚞),
one that is open all year (Permanent)
or simply a place to stay or break your journey,
consult the table of localities in the explanatory chapter.

CONCARNEAU

3 – 58 ⑪ ⑮ G. Bretagne

29110 Finistère – 18 630 h.
🛈 Office de Tourisme, quai d'Aiguillon
☎ 98 97 01 44

▲▲▲ **Les Prés Verts** ⚲ « Décoration florale et arbustive », ☎ 98 97 09 74, NO : 3 km
par rte du bord de mer et à gauche, à 250 m de la plage (accès direct)
2,5 ha (150 empl.) ⊶ plat et peu incliné, herbeux – 🛁 📻 ≋ 🗟 ☺ 🏊 🖭 – 🍴
🚗 ⊰
11 avril-10 sept. – **R** *conseillée juil.-août*

▲▲ **Kérandon,** ☎ 98 97 15 77, N : par rte de Quimper
1,5 ha (100 empl.) ⊶ plat et peu incliné, herbeux – 🛁 🕭 📻 ☺ 🍷 ✗ – ✗ –
A proximité : 🏇
15 juin-15 sept. – **R** *conseillée juil.-août* – ⚐ 13 🚗 7 🍽 13 ⅁ 12 (5A)

▲ **Lochrist,** ☎ 98 97 25 95, N : 3,5 km par D 783 rte de Quimper et chemin à
gauche
1,5 ha (100 empl.) ⊶ plat, herbeux ⚐ (1 ha) – 🛁 🕭 📻 ☺ 🍷
15 mai-15 sept. – **R** *conseillée* – ⚐ 11 🚗 6 🍽 13 ⅁ 11,50 (10A)

au Cabellou S : 5 km par rte de Quimperlé et rte à droite
✉ 29110 Concarneau :

▲▲▲ **Kersaux** ⚲, ☎ 98 97 37 41, près de la plage
4 ha (200 empl.) ⊶ plat et peu incliné, herbeux – 🛁 🕭 📻 🗟 ☺ – A proximité :
🚣
15 juin-15 sept. – **R** – ⚐ 16 🚗 6 🍽 10 ⅁ 10 (3A)

Les CONCHES 85 Vendée – 67 ⑫ – rattaché à Longeville-sur-Mer

CONCORÈS

13 – 75 ⑱

46310 Lot – 287 h.

▲▲▲ **Moulin des Donnes** ⚲, ☎ 65 31 03 90, O : 0,9 km par D 12 rte de Gourdon
et chemin à gauche, bord du Céou
1,5 ha (66 empl.) ⊶ plat, herbeux ⚐ – 🛁 🕭 📻 ≋ 🗟 ☺ 🍷 🖭 – 🍴 ⊰ –
Location : 🏠, gîtes
Pâques-sept. – **R** *conseillée* – ⚐ 20 *piscine comprise* 🍽 20 ⅁ 15

La CONDAMINE-CHÂTELARD

17 – 81 ⑧

04530 Alpes-de-H.-Pr. – 168 h.
alt. 1 280

▲ **le Champ Félèze** ≤, ☎ 92 84 32 89, NE : 1 km par D 900 rte de Larche, bord
de l'Ubaye (petit plan d'eau)
1,5 ha (100 empl.) ⊶ (saison) plat, pierreux, herbeux – 🛁 🕭 📻 & ☺ snack 🖭
– ✗ – A proximité : ✗ – Location : gîte d'étape
Permanent – **R** *conseillée* – ⚐ 14 *(hiver 28)* 🚗 9 *(hiver 18)* 🍽 11 *(hiver 22)*
⅁ 13 (3A) 24 (6A)

CONDÉ-SUR-NOIREAU

4 – 55 ⑪ G. Normandie Cotentin

14110 Calvados – 6 309 h.

▲▲▲ **Municipal,** ☎ 31 69 45 24, sortie O, r. de Vire, à la piscine, près d'une rivière
et d'un plan d'eau
0,5 ha (33 empl.) ⊶ plat, herbeux, jardin public attenant – 🛁 🕭 📻 🗟 ☺ –
A proximité : ✗ 🚣 ⊰ ≋ *parcours sportif*

CONDÉ-SUR-VESGRE

5 – 60 ⑧

78113 Yvelines – 828 h.

▲▲▲ **La Mare aux Biches** ⚲ « Agréable cadre boisé », ☎ (1) 34 87 05 42, O :
2,7 km par rte de Boutigny-sur-Opton
3 ha (108 empl.) ⊶ plat et peu incliné, sablonneux, herbeux ⚐ ⚐⚐ – 🛁 🕭 📻
🗟 ▥ ☺ ≋ ✗ – 🍴 ⊰
fermé 16 déc.-14 janv. – *Places limitées pour le passage* – **R** *juin-août* – ⚐ 14
🚗 14 🍽 14 ⅁ 16 (3A) 22 (6A)

CONDOM ⊗

14 – 79 ⑭ G. Pyrénées Aquitaine

32100 Gers – 7 717 h.
🛈 Syndicat d'Initiative, pl. Bossuet
☎ 62 28 00 80

▲▲▲ **Municipal,** ☎ 62 28 17 32, sortie S par D 931 rte d'Eauze, près de la Baïse
0,8 ha (75 empl.) ⊶ plat, herbeux ⚐ – 🛁 🕭 📻 ≋ ☺ ▥ ✗ – 🍴 🏎 *vélos*
– A proximité : 🍷 ✗ 🚣 ⊰, *tir à l'arc* – Location : 🏠
Pâques-Toussaint – **R** – *Tarif 92* : ⚐ 12,50 🍽 12,50/15 ⅁ 10,50 (5A)

CONDRIEU

11 – 74 ⑪ G. Vallée du Rhône

69420 Rhône – 3 093 h.

▲▲▲ **Belle-Rive** ≤ « Cadre agréable », ☎ 74 59 51 08, sortie N par N 86 rte de
Givors puis rte à droite, près du Rhône
5 ha (180 empl.) ⊶ plat, herbeux, pierreux ⚐ ⚐ – 🛁 🕭 ≋ 🗟 ☺ 🏊 🖭 – 🍴
✗ ✗ – A proximité : 🍷 ✗
avril-sept. – *Places disponibles pour le passage* – **R** – *Tarif 92* : ⚐ 12 🚗 8 🍽
18 ⅁ 12 (2A)

CONLIE

5 – 60 ⑫

72240 Sarthe – 1 642 h.

▲ **Municipal La Gironde** ⚲, ☎ 43 20 81 07, au bourg, près d'un étang
0,8 ha (35 empl.) ⊶ plat, herbeux ⚐ – 🛁 🕭 📻 & ☺ ▥ ✗ – ⊰ ≋ *(bassin)*
mai-sept. – **R** – ⚐ 6,50 🍽 6,50 ⅁ 5,40 (3A) 9,70 (6A)

CONNERRÉ
72160 Sarthe – 2 545 h.

⬛ **5** – **60** ⑭ G. Châteaux de la Loire

△ Municipal la Plage aux Champs, ✆ 43 89 13 64, r. de la Gare, sortie N par D 33, bord de l'Huisne et d'un ruisseau
2,5 ha (200 empl.) ⊶ (saison) plat, herbeux ♀ – 🗊 🔊 ⊛ - 🗶 🏇

CONQUES
12320 Aveyron – 362 h.

⬛ **15** – **80** ① ② G. Gorges du Tarn

△ **Beau Rivage** « Décoration originale », ✆ 65 69 82 23, sur D 901, bord du Dourdou
1 ha (60 empl.) ⊶ (saison) plat, herbeux 🗔 ♀♀ – 🗊 🔊 🗟 ⊛ – 🚣 – A proximité : 🗶
avril-sept. – **R** conseillée juil.-août – 🗐 2 pers. 45 🔌 11 (5A)

Le CONQUET
29217 Finistère – 2 149 h.
🛈 Syndicat d'Initiative, Beauséjour (saison) ✆ 98 89 11 31 et Mairie (15 sept.-15 juin) ✆ 98 89 00 07

⬛ **3** – **58** ③ G. Bretagne

△△ **Municipal le Théven** ⑤, ✆ 98 89 06 90, Fax 98 89 12 17, NE : 5 km par rte de la plage des Blancs Sablons, à 400 m de la plage – Chemin et passerelle pour piétons reliant le camp à la ville
12 ha (450 empl.) ⊶ (saison) plat et peu accidenté, sablonneux, herbeux 🗔 – 🗊 🖢 🖕 ⊛ 🚜 🗟 ⊛ – 🗖 – A proximité : 🗶
15 avril-15 sept. – **R** – 🛉 12,50 🗐 10,40 🔌 11,50 (16A)

Les CONTAMINES-MONTJOIE
74170 H.-Savoie – 994 h. alt. 1 164 – ⛴
🛈 Office de Tourisme, pl. de la Mairie ✆ 50 47 01 58

⬛ **12** – **74** ⑧ G. Alpes du Nord

△△△ **Municipal le Pontet** Ⓜ ❄ ≼, ✆ 50 47 04 04, S : 2 km par D 902, bord d'un ruisseau
2,8 ha (197 empl.) ⊶ plat, gravillons, herbeux – 🗊 🖢 🖕 🗟 🖧 🕅 ⊛ 🗟 – 🗖 – A proximité : 🗶 🏇 practice de golf – Location : gîte d'étape
déc.-8 mai, juin-sept. – **R** conseillée – 🗐 3 pers. 78 (hiver 87), pers. suppl. 19 (hiver 21) 🔌 été : 11 (2A) 20 (4A) hiver : 12 à 42 (2 à 10A)

▶ *Si vous recherchez, dans une région déterminée :*
  - un terrain agréable (△ ... △△△△ *)*
  *- un terrain ouvert toute l'année (*Permanent*)*
  - ou simplement un camp d'étape ou de séjour
  Consultez le tableau des localités dans le chapitre explicatif.

CONTREXÉVILLE
88140 Vosges – 3 945 h. – ⊕ 5 avril-30 oct.
🛈 Office de Tourisme et de Thermalisme, r. du Shah de Perse ✆ 29 08 08 68

⬛ **7** – **62** ⑭ G. Alsace Lorraine

△△ **Municipal Tir aux Pigeons** ⑤ « A l'orée d'un bois », ✆ 29 08 15 06, SO : 1 km par D 13 rte de Suriauville
1,5 ha (80 empl.) ⊶ plat, herbeux, gravillons 🗔 ♀ – 🗊 🖢 🖕 🗟 ⊛ – 🗖
4 avril-20 oct. – **R** – 🛉 6 🗐 6 - Redevance pour une seule nuit : pers. 12 - empl. 12 🔌 8,50 (6A)

CORANCY
58120 Nièvre – 404 h.

⬛ **11** – **69** ⑥ G. Bourgogne

△△ **Municipal les Soulins** ⑤, ✆ 86 78 01 62, NO : 3,5 km par D 12 et à gauche après le pont au lieu-dit les Moulins, à 50 m du lac de Pannecière
1,2 ha (42 empl.) ⊶ plat, herbeux – 🗊 🖢 🖕 🗟 ⊛ – 🚣
15 juin-15 sept. – 🛉 15 🚗 8 🗐 12 🔌 10

CORBÈS
30 Gard – **80** ⑰ – rattaché à Anduze

CORCIEUX
88430 Vosges – 1 718 h.

⬛ **8** – **62** ⑰

△△△ **Domaine des Bans et la Tour** ⑤ ≼ « Cadre agréable », ✆ 29 50 68 98, Fax 29 50 73 63, en deux camps distincts (Domaine des Bans : 495 empl. et la Tour : 35 empl.), pl. Notre-Dame, bord d'un plan d'eau
15,7 ha (530 empl.) ⊶ plat, herbeux, pierreux 🗔 ♀ – 🗊 🖢 🖕 🗟 🖧 🖕 ⊛ 🖄 🗖 🗶 snack 🍴 🗟 – 🗖 discothèque 🗶 🚣 ♀ – Location : appartements, villas, chalets
juin-15 sept. (La Tour : permanent) – **R** conseillée – 🛉 25 piscine comprise 🗐 60 élect. comprise

△△ **La Berquaine** ⑤ ≼, ✆ 29 50 64 69, NE : 1,5 km, à Ruxurieux
2,5 ha (50 empl.) ⊶ en terrasses, peu incliné, herbeux 🗔 ♀ (0,5 ha) – 🗊 🖕 ⊛ – 🗖 🚣 🛶 (bassin)
avril-sept. – **R** conseillée juil.-août – 🛉 5,50 🚗 5 🗐 6 🔌 7,50 (3 ou 5A)

CORDELLE
42123 Loire – 749 h.

⬛ **11** – **73** ⑦

△△△ **Municipal de Mars** Ⓜ ⑤ ≼ gorges de la Loire « Situation dominante », ✆ 77 64 94 42, S : 4,5 km par D 56 et chemin à droite
1,2 ha (69 empl.) ⊶ peu incliné et en terrasses, herbeux 🗔 – 🗊 🖢 🖕 🗟 ⊛ 🖄 🖤 – 🗖
15 avril-sept. – **R** – 🛉 10 🗐 16 🔌 12

CORDES

81170 Tarn – 932 h.
🅸 Syndicat d'Initiative, Mairie
☎ 63 56 00 52 et pl. Bouteillerie
(mai-sept.) ☎ 63 56 14 11

▲▲▲ **Moulin de Julien** ⬩ « Décoration originale », ☎ 63 56 01 42, SE : 1,5 km par D 922 rte de Gaillac, bord d'un ruisseau
9 ha (130 empl.) ⚡ (saison) plat, incliné et en terrasses, herbeux, étang ♀ – 🍴 ♨ ⊙ ⚘ ▼ 🏠 – ♂ 🛒 ⚓ ⚓ – Location : 🚐 – Garage pour caravanes
avril-sept. – **R** conseillée 15 juil.-15 août – 🅴 piscine comprise 2 pers. 68, 3 pers. 92 🅷 7 (2A) 12 (5A)

▲ **Camp Redon** ⬩, ☎ 63 56 14 64 ✉ 81170 Livers-Cazelles, SE : 5 km par D 600 rte d'Albi puis 0,8 km par D 107 rte de Virac à gauche
1 ha (25 empl.) ⚡ plat, peu incliné, herbeux 🖵 – 🍴 ♨ ⊙ ⚘ – ♒ – Location : 🚐
15 mars-15 nov. – **R** conseillée août – 🅴 piscine comprise 2 pers. 45, pers. suppl. 15 🅷 10 (6A)

CORMORANCHE-SUR-SAÔNE

01290 Ain – 780 h.

▲▲▲ **Municipal de Pierre Torrion** Ⓜ, ☎ 85 31 70 23, NO : 1 km, près d'un plan d'eau
4,5 ha (117 empl.) ⚡ plat, herbeux 🖵 – 🍴 ♨ ♂ 🛒 ⊙ ⚘ ▼ 🏠 – ♒
mai-sept. – **R** conseillée – ⚘ 20 🅴 15/37 avec élect. (6A)

CORNEILLA-DE-CONFLENT **66** Pyr.-Or. – 86 ⑰ – rattaché à Vernet-les-Bains

CORNY-SUR-MOSELLE

57680 Moselle – 1 490 h.

▲▲ **le Paquis**, ☎ 87 52 03 59, N : 0,7 km par N 57 rte de Metz, puis 0,5 km par chemin à gauche, près de la Moselle et de plans d'eau
1,7 ha (100 empl.) ⚡ plat, herbeux ♀ – 🍴 ♨ ♂ ⚘ – A proximité : ✕
mai-sept. – **R** – Tarif 92 : ⚘ 12,50 ⇔ 8,50 🅴 8,50 🅷 12 (6A)

CORSAVY

66150 Pyr.-Or. – 194 h. alt. 793

▲ **Bellavista** ⬩ ← massif du Canigou « Site agréable », ☎ 68 39 17 55, sortie NO par D 43 rte de Batère
1,2 ha (50 empl.) ⚡ peu incliné à incliné, accidenté, pierreux, herbeux – 🍴 ♂ ⊙ 🏠 – A proximité : ▼ ✕
mai-août – **R** conseillée – ⚘ 17 🅴 10/15 🅷 7 (3 ou 6A) 10 (10A)

CORSE

Relations avec le continent :
50 mn environ par avion,
5 à 10 h par bateau
🚢 par Société Nationale Corse-Méditerranée (S.N.C.M.) – Départ de **Marseille** : 61 bd des Dames (2ᵉ) ☎ 91 56 62 05 – Départ de **Nice** : (Ferryterranée) quai du Commerce ☎ 93 13 66 66 – Départ de **Toulon** (3 mars-11 nov.) : 21 et 49 av. Infanterie de Marine ☎ 94 41 25 76

Aléria H.-Corse, pli ⑥ – 2 022 h. – ✉ 20270 Aléria

▲▲▲ **Marina d'Aléria** ⬩ « Décoration florale », ☎ 95 57 01 42, Fax 95 57 04 29, à 3 km à l'est de Cateraggio par N 200, à la plage de Padulone, bord du Tavignano
17 ha/7 campables (200 empl.) ⚡ plat, sablonneux, herbeux ♀♀ (4 ha) – 🍴 ♨ ☆ 🛒 ⊙ ⚘ self, pizzeria ♂ 🏠 – 🛒 ✕ ♂ ⚓ vélos – Location : 🚐
mai-oct. – **R** conseillée juil.-août – ⚘ 33 ⇔ 12 🅴 10/13 🅷 16 (9A)

Algajola H.-Corse, pli ⑬ – 211 h. – ✉ 20220 Algajola

▲▲ **A Marina** ←, ☎ 95 60 75 41, Fax 95 60 63 88 ✉ 20220 Aregno, E : 0,5 km sur N 197 rte de l'Ile-Rousse, à 200 m de la plage (accès direct)
5,5 ha (187 empl.) ⚡ plat, sablonneux, herbeux – 🍴 ♂ ⊙ ♨ ♂ ▼ snack 🏠 – 🛒 – Location : 🚐
mai-20 oct. – **R** – ⚘ 25 ⇔ 8 🅴 11/18 🅷 15 (16A)

▲ **Cantarettu-City** ⬩ ← « Ranch style western », ☎ 95 60 70 89, E : 2 km par N 197 rte de l'Ile-Rousse et chemin à droite
3,5 ha (150 empl.) ⚡ plat et peu incliné, sablonneux, herbeux, rochers ♀♀ – 🍴 🛒 ⊙ ▼ snack 🏠 – ✕ ♂
avril-sept. – **R** conseillée août – ⚘ 20 ⇔ 6 🅴 20/22 🅷 10 ou 15

▲ **Cala di Sole** ⬩, ☎ 95 60 73 98, Fax 95 60 75 10, au sud du bourg, accès sur N 195 rte de l'Ile-Rousse
5 ha (100 empl.) ⚡ plat, incliné et en terrasses, pierreux, herbeux – 🍴 ⊙ 🏠 – A proximité : ✕ – Location : studios
15 mai-sept. – **R** – ⚘ 20 ⇔ 4 🅴 15/18 🅷 15

▲ **Balanéa** (aire naturelle), ☎ 95 60 11 77 ✉ 20256 Corbara, E : 1,6 km par N 197 rte de l'Ile-Rousse et chemin à droite
2 ha (25 empl.) ⚡ (saison) peu incliné, pierreux ♀♀ – 🍴 ⊙
Pâques-oct. – **R** – 🅴 1 pers. 32 🅷 14 (10A)

Bastia 🅿 H.-Corse, pli ③ – 37 845 h. – ✉ 20200 Bastia.
🅸 Office Municipal de Tourisme, pl. Saint-Nicolas ☎ 95 31 00 89

▲▲▲ **Le Bois de San Damiano** « Situation et cadre agréables », ☎ 95 33 68 02 ✉ 20620 Biguglia, SE : 9 km par N 193 et rte du bord de mer à gauche, à 100 m de la plage (accès direct)
12 ha (200 empl.) ⚡ plat, sablonneux ♀ pinède – 🍴 🛒 ⊙ ⚘ ♂ ▼ ✕ 🏠 – ✕
mars-oct. – **R** – Tarif 92 : ⚘ 22 ⇔ 10 🅴 10/15 🅷 16 (10A)

Belvédère-Campomoro Corse-du-Sud, pli ⑱ – 128 h.
⊠ 20110 Belvédère Campomorro

⚲ **La Vallée** ≤, ℘ 95 74 21 20, au bourg, à 50 m de la plage
3,5 ha (200 empl.) o┳ en terrasses, peu incliné, herbeux, pierreux ⅋⅋ (0,5 ha) –
🗐 ⅍ 🖼 ♿ ⊕ 🏊 🖻
15 avril-sept. – ℟ – ✶ 26 ⇔ 12 🗉 12/17 avec élect. 16A

⚲ **Peretto-les Roseaux** ⊗, ℘ 95 74 20 52, au bourg, à 400 m de la plage
1,5 ha (50 empl.) en terrasses et plat, pierreux, herbeux ⊏⊐ ⅋ – 🗐 ⊕ 🖻 –
A proximité : 🏊
Permanent – ℟ conseillée – ✶ 19 ⇔ 5 🗉 7/10 🕅 13 (6A)

Bonifacio Corse-du-Sud, pli ⑨ – 2 683 h. – ⊠ 20169 Bonifacio

⚲⚲ **U Farniente** ⊗ « Agréable domaine », ℘ 95 73 05 47, NE : 5 km par N 198
rte de Bastia, à Pertamina Village
15 ha/3 campables (150 empl.) o┳ plat, peu incliné, pierreux ⊏⊐ ⅋⅋ – 🗐 ⅏ ⅗
⊕ 🏊 ✗ pizzeria ⋧ 🖻 – 🏠 ⅗ 🏊 vélos – Location : 🚐 🏡, studios
Pâques-15 oct. – ℟ – 🗉 piscine comprise 2 pers. 100 🕅 15 (5A)

⚲⚲ **Les Iles** ⊗ ≤ la Sardaigne et les îles, ℘ 95 73 11 89, Fax 95 73 18 77, E :
4,5 km rte de Piantarella, vers l'embarcadère de Cavallo
8 ha (100 empl.) o┳ peu incliné, vallonné, pierreux – 🗐 ⅗ ⅗ 🖼 ♿ ⊕ 🏊 snack
– 🏠 🏊 half-court – Location : 🏡
Pâques-15 oct. – ℟ – ✶ 30 piscine comprise ⇔ 10 🗉 12/18 🕅 15 (5A)

⚲⚲ **Pian del Fosse** ≤, ℘ 95 73 16 34, NE : 3,8 km sur D 58 rte de Santa-Manza
5,5 ha (100 empl.) o┳ peu incliné et incliné, en terrasses, pierreux, oliveraie ⅋⅋
(2 ha) – 🗐 ♿ ⅗ 🏊 🖻
Pâques-oct. – ℟ – ✶ 28 ⇔ 10 🗉 10/17 🕅 15 (5A)

⚲ **La Trinité** ≤, ℘ 95 73 10 91, NO : 4,5 km par N 196 rte de Sartène
4 ha (200 empl.) o┳ accidenté, plat et peu incliné, sablonneux, herbeux, rocheux
– 🗐 ⅗ ⅗ ♿ ⊕ 🏊 ⅋ 🖻 – A proximité : ✗ ⅗ ♀ ⅗ – Location : 🚐
avril-fin oct. – ℟ – ✶ 26 ⇔ 10 🗉 10/12 🕅 13 (10A)

Calvi ⊗ H.-Corse, pli ⑬ – 4 815 h. – ⊠ 20260 Calvi.
🅱 Office Municipal du Tourisme, Port de Plaisance ℘ 95 65 16 67

⚲ **Bella Vista** ⊗ « Cadre fleuri », ℘ 95 65 11 76, S : 1,5 km par N 197 et
rte de Pietra-Major à droite – ⊕
3 ha (146 empl.) o┳ plat et peu incliné ⅋⅋ – 🗐 🖼 ⊕ ⅍ ⅌ 🏊 ⋧ 🖻
Pâques-15 oct. – ℟ – ✶ 28 🗉 14/18 🕅 15 (10A)

⚲ **Dolce Vita,** ℘ 95 65 05 99, SE : 4,5 km par N 197 rte de l'Ile-Rousse, à
l'embouchure de la Figarella, à 200 m de la mer
6 ha (200 empl.) o┳ plat, herbeux, sablonneux ⊏⊐ ⅋⅋ – 🗐 🖼 ⊕ 🏊 snack (dîner
seulement) 🖻 – ⅗ ⅗ – Location : 🚐
mai-sept. – ℟ – ✶ 24 ⇔ 11 🗉 11/13 🕅 15 (6A)

⚲ **Les Castors** ≤, ℘ 95 65 13 30, S : 1 km par N 197 et rte de Pietre-Major à droite
2,5 ha (80 empl.) o┳ plat, herbeux ⅋⅋ – 🗐 ⅗ ⅍ ♿ 🏊 snack 🖻 – 🏠 ⅗
(bassin) – Location : studios

⚲ **Paduella** « Cadre agréable », ℘ 95 65 06 16, SE : 1,8 km par N 197 rte de
l'Ile-Rousse, à 400 m de la plage
2,5 ha (130 empl.) o┳ plat et en terrasses, sablonneux ⅋⅋ – 🗐 ⅍ ⊕ 🏊 ⅋ –
A proximité : ⅌ – Location : 🚐 🚐
mai-oct. – ℟ conseillée – ✶ 25 ⇔ 10 🗉 10 🕅 12 (6A)

⚲⚲ **Clos du Mouflon**, réservé aux tentes ⊗ ≤ mer et rochers « Situation
agréable », ℘ 95 65 03 53, SO : 15 km par D 81 B rte de Porto, dominant la
mer (accès direct) – Accès peu facile (pente à 20 %)
2,5 ha (50 empl.) o┳ en terrasses, pierreux ⊏⊐ – 🗐 🖼 🏊 ⅋ snack
6 juin-25 sept. – ℟ – ✶ 28 ⇔ 13 🗉 15

⚲ **Paradella** ≤, ℘ 95 65 00 97 ⊠ 20214 Calenzana, SE : 9,5 km par N 197 rte
de l'Ile-Rousse et D 251 à droite rte de la forêt de Bonifato
5 ha (150 empl.) o┳ plat, sablonneux, herbeux ⅋ – 🗐 ⊕ ⅍ 🏊 🖻 – ⅌ ⅗
– Location : 🚐
15 juin-sept. – ℟ – ✶ 26 piscine comprise ⇔ 10 🗉 11 🕅 12 (10A)

à Lumio NE : 10 km par N 197 – ⊠ 20260 Lumio :

⚲ **Le Panoramic** ⊗ « Belles terrasses ombragées », ℘ 95 60 73 13, NE :
2 km sur D 71 rte de Belgodère
2 ha (80 empl.) o┳ en terrasses, pierreux, sablonneux ⅋⅋ – 🗐 ⊕ 🏊 – ⅗ –
Location : 🚐
juin-15 sept. – ℟ – ✶ 25,50 piscine comprise ⇔ 7 🗉 11/16 🕅 19 (6A)

La Canonica H.-Corse, pli ③ – ⊠ 20290 Borgo

⚲ **A L Esperanza,** ℘ 95 36 15 09 ⊠ 20290 Lucciana, E : 2,6 km, vers la plage
de Pinéto
1 ha (100 empl.) plat, sablonneux, herbeux ⅋ – 🗐 ⋧
15 juin-15 août – ℟ – ✶ 19 ⇔ 10 🗉 10/14

Cargèse Corse-du-Sud, pli ⑯ – 915 h. – ⊠ 20130 Cargèse

⚲⚲ **Torraccia** ≤ vallée, montagne et la côte, ℘ 95 26 42 39, N : 4,5 km par D 81
rte de Porto
3 ha (67 empl.) o┳ en terrasses, accidenté, pierreux – 🗐 ⅗ ⅗ ⅍ ⅋ 🖻 – ✗
– Location : 🏡
15 mai-sept. – ℟ – Tarif 92 : ✶ 28 ⇔ 10 🗉 10/12

Corte H.-Corse pli ⑤ – 5 693 h. – ⊠ 20250 Corte

⚠ **Santa-Barbara** (aire naturelle) ≤, ℰ 95 46 20 22, Fax 95 46 26 97, SE : 3,5 km par N 200 rte d'Aléria
1 ha (25 empl.) ⊶ plat, pierreux – 🏕 ⊛ 🍽 ✕ – ⚊
mai-oct. – **R** conseillée – 🏕 25 piscine comprise ⇦ 12 ▣ 12/20 ⒣ 20 (20A)

Évisa Corse-du-Sud, pli ⑮ – 257 h. alt. 830 – ⊠ 20126 Évisa

⚠ **L'Acciola** ≤ montagne et golfe de Porto, ℰ 95 26 23 01, E : 2 km par D 84 rte de Calacuccia et D 70 à droite, rte de Vico, à proximité de la forêt d'Aitone – alt. 920
2,5 ha (70 empl.) ⊶ incliné, en terrasses, pierreux, herbeux ⚑ – 🏕 ▣
juin-sept. – **R** – 🏕 24 ⇦ 9 ▣ 9/16

Farinole (Marine de) H.-Corse, plis ② ③ – 176 h.
⊠ 20253 Farinole

⚠ **A Stella** ⚶ ≤, ℰ 95 37 14 37, sur D 80, bord de mer
3 ha (130 empl.) ⊶ plat, peu incliné et en terrasses, pierreux – 🏕 ⊛ ▣ – Location : 🏠
juin-sept. – **R** – 🏕 24 ⇦ 9 ▣ 9/18 ⒣ 15

Favone Corse-du-Sud, pli ⑦ – ⊠ 20144 Ste-Lucie-de-Porto-Vecchio

⚠ **Bon'Anno** ⚶, ℰ 95 73 21 35, à 500 m de la plage
3 ha (150 empl.) ⊶ plat, peu incliné, pierreux, herbeux ⚑⚑ – 🏕 ⇆ 🛁 ⊛ snack
▣ – A proximité : 🐎
juin-sept. – **R** conseillée août – 🏕 26 ⇦ 8 ▣ 11/13 ⒣ 16

Figareto H.-Corse pli ④ – ⊠ 20230 Talasani

⚠ **Valle Longhe** ⚶, ℰ 95 36 96 45, sortie N par N 198 rte de Bastia et 0,5 km par chemin à gauche
1,5 ha (50 empl.) ⊶ en terrasses – 🏕 ▣ ⅋ ⊛
avril-oct. – **R** conseillée 15 juil.-15 août – ▣ 1 pers 40/45, 2 pers. 65/70, 3 pers. 85/90 ⒣ 15 (5 ou 10A)

Galéria H.-Corse, pli ⑭ – 305 h. – ⊠ 20245 Galéria

⚠ **Les Deux Torrents** ⚶ ≤, ℰ 95 62 00 67, Fax 95 62 03 32, E : 5 km sur D 81 rte de Calenzana, bord du Fango et du Marsolino
4,5 ha (150 empl.) plat, herbeux ⚑ – 🏕 🛁 🍽 snack ▣ – half-court – Location : 🏠
15 juin-15 sept. – **R** – Tarif 92 : 🏕 22 ⇦ 10 ▣ 10/18

Ghisonaccia H.-Corse, pli ⑥ – 3 270 h. – ⊠ 20240 Ghisonaccia

⚠⚠ **Marina d'Erba Rossa** « Bel ensemble résidentiel », ℰ 95 56 25 14, Fax 95 56 27 23, E : 3,5 km par D 144 puis 0,5 km par rte à droite, bord de plage
12 ha/6 campables (160 empl.) ⊶ plat, herbeux ⟟⟟ ⚑⚑ (2 ha) – 🏕 ⇆ 🛁 🍽 ▣
⅋ 🛁 🍽 ✕ pizzeria ⇆ ⊛ solarium ⚊ 🎾 ⚼ ⇆ ⚊ – A proximité :
🐎 – Location : 🏠
mai-15 oct. – **R** conseillée – 🏕 25 piscine comprise ▣ 72 ⒣ 13 (5A)

⚠ **Arinella-Bianca** « Cadre agréable », ℰ 95 56 04 78, Fax 95 56 12 54, E : 3,5 km par D 144 puis 0,7 km par chemin à droite, bord de plage et d'étangs
10 ha (300 empl.) ⊶ plat, herbeux ⚑⚑ (7 ha) – 🏕 ⇆ 🛁 ▣ ⊛ ▣
⅋ ✕ self ⇆ ▣ – 🎾 vélos – A proximité : 🐎 – Location : 🏠
Pâques-15 oct. – **R** conseillée juin et sept., indispensable juil.-août – 🏕 35 ⇦
9 ▣ 16 ⒣ 16 (6A)

L'Île-Rousse H.-Corse, pli ⑬ – 2 288 h. – ⊠ 20220 l'Île-Rousse.
🛈 Syndicat d'Initiative, pl. Paoli (avril-oct.) ℰ 95 60 04 35

⚠ **Le Bodri** ≤, ℰ 95 60 10 86, Fax 95 60 39 02 ⊠ 20256 Corbara, SO : 2,5 km rte de Calvi, à 300 m de la plage
6 ha (333 empl.) ⊶ plat, peu incliné à incliné, pierreux ⚑ – 🏕 🛁 ⊛ 🍽 ⅋ snack
15 juin-15 sept. – **R** – 🏕 20 ⇦ 10 ▣ 20/25 ⒣ 13

La Liscia (Golfe de) Corse-du-Sud, pli ⑯ – ⊠ 20111 Calcatoggio

⚠ **La Liscia,** ℰ 95 52 20 65, sur D 81, à 5 km au NO de Calcatoggio, bord de la Liscia
3 ha (100 empl.) ⊶ plat et en terrasses ⚑⚑ – 🏕 ⚼ ⊛ 🛁 🍽 snack ▣ – ⇆
15 mai-15 oct. – **R** juil.-août – 🏕 24 ⇦ 8 ▣ 10/12 ⒣ 13 (5A)

⚠ **Calcatoggio** ≤, ℰ 95 52 28 31, sur D 81, à 4,5 km de Calcatoggio
3,5 ha (100 empl.) ⊶ peu incliné, en terrasses ⚑ – 🛁 ✕ ▣

Lozari H.-Corse, pli ⑬ – ⊠ 20226 Belgodère

⚠ **Le Clos des Chênes** ⚶ ≤, ℰ 95 60 15 13, Fax 95 60 21 16, S : 1,5 km par N 197 rte de Belgodère
5 ha (235 empl.) ⊶ plat, peu incliné, pierreux ⚑ – 🏕 ⇆ 🛁 ▣ ⊛ 🛁 snack ⇆
▣ – 🎾 ⇆ ⚊ toboggan aquatique – A proximité : 🐎 – Location : 🏠 🏠 🏠
3 avril-15 oct. – **R** conseillée – 🏕 25 piscine comprise ⇦ 10 ▣ 11/13 ⒣ 14 (5A)

⚠ **Le Belgodère** ⚶ ≤, ℰ 95 60 20 20, NE : 0,6 km sur D 81 rte de St-Florent, à 400 m de la plage
2 ha (150 empl.) ⊶ plat et peu incliné, pierreux – 🏕 ⇆ 🛁 ▣ ⊛ ▣ – 🏠
⇆ – Location : 🏠
10 mai-27 sept. – **R**

Moriani-Plage H.-Corse, pli ④ – ⊠ 20230 San Nicolao

⚠ **Merendella,** ℰ 95 38 53 47, S : 1,2 km par N 198 rte de Porto-Vecchio, bord de plage – ✻
7 ha (133 empl.) �o━ plat, herbeux, sablonneux ♀♀ – 🗟 ⇔ 🕁 🖪 ⊕ 🗷 🏋 ✕ 🖪 – 🖛
mai-15 oct. – **R** *conseillée juil.-août* – 🛉 *28* ⇦ *12* 🗏 *10/14* 🕅 *14 (2A) 16 (6A)*

Morsiglia H.-Corse, pli ① – 110 h. – ⊠ 20238 Morsiglia

⚠ **L'Isulottu** 🐌 ≤ montagne, villages et mer, ℰ 95 35 62 81, Fax 95 35 63 63, NO : 3,2 km par D 35 rte de Centuri-Port, à 500 m de la mer
3 ha (150 empl.) o━ incliné et en terrasses, pierreux ♀ – 🗟 ⊕ 🗷
Permanent – **R** – 🛉 *20* ⇦ *10* 🗏 *12/18* 🕅 *15*

Olmeto Corse-du-Sud, pli ⑱ – 1 019 h. – ⊠ 20113 Olmeto

à Olmeto-Plage SO : 3 km par N 196 et 7 km par D 157 – ⊠ 20113 Olmeto :

⚠ Village Club du Ras L'Bol, ℰ 95 74 04 25, sur D 157, à 50 m de la plage
6 ha (225 empl.) o━ plat, peu incliné et en terrasses, herbeux ♀ – 🗟 🖪 ⊕ 🗷
🏋 snack, pizzeria 🖪 – 🖛 – A proximité : discothèque 🛕 – Location : 🏠

Osani Corse-du-Sud, pli ⑮ – 103 h. – ⊠ 20147 Osani

⚠ **E Gradelle** 🐌 ≤ golfe de Porto et montagne, ℰ 95 27 32 01, SE : 3 km par D 424, à 400 m de la plage – ℗
2,2 ha (90 empl.) o━ incliné, accidenté, en terrasses, pierreux 🗟 ♀ – 🗟 🗷 snack – 🖛
juin-sept. – **R** – 🛉 *20* ⇦ *6* 🗏 *6/20*

Piana Corse-du-Sud, pli ⑮ – 500 h. – ⊠ 20115 Piana

⚠ **Plage d'Arone** 🐌 ≤, ℰ 95 20 64 54, SO : 11,5 km par D 824, à 500 m de la plage
3,8 ha (125 empl.) o━ plat, sablonneux, pierreux – 🗟 ⇔ 🕁 🕭 🖪
juin-sept. – **R** – 🛉 *25* ⇦ *10* 🗏 *10*

Pinarellu Corse-du-Sud, pli ⑧ – ⊠ 20144 Ste-Lucie-de-Porto-Vecchio

⚠ Le Pinarello 🐌, ℰ 95 71 43 98, sortie NO sur D 168ᴬ
5 ha (83 empl.) o━ plat et peu incliné, herbeux ♀♀ – 🗟 🕁 ⊕ 🏋 snack 🖪 – 🖛 ✕ 🗷 vélos

⚠ **California** 🐌, ℰ 95 71 49 24, S : 0,8 km par D 468 et 1,5 km par chemin à gauche, à 50 m de la plage (accès direct)
7 ha/4 campables (100 empl.) o━ peu accidenté et plat, sablonneux, étang ♀ – 🗟 🗟 🖪 ⊕ 🏋 🗷 ✕
15 mai-15 oct. – **R** – *Tarif 92 :* 🛉 *26* ⇦ *8* 🗏 *11/22* 🕅 *15 (4A)*

Porticcio Corse-du-Sud, pli ⑰ – ⊠ 20166 Porticcio

⚠ **Benista,** ℰ 95 25 19 30, NE : 3 km par D 55 rte d'Ajaccio, à la station Mobil, bord du Prunelli
4,5 ha (250 empl.) o━ (saison) plat, sablonneux, herbeux 🗟 ♀♀ 3,5 ha – 🗟 ⇔ 🕁 🖪 ⊕ 🗷 🏆 🏋 ✕ 🖪 – 🖛 🗷 🏋 – Location : 🏠
avril-oct. – **R** *conseillée 10 juil.- 25 août* – 🗏 *2 pers. 85, 3 ou 4 pers. 132, pers. suppl. 28* 🕅 *17 (5A)*

Portigliolo Corse-du-Sud, pli ⑱ – ⊠ 20110 Propriano

⚠ **Lecci e Murta** 🐌 ≤ « Site sauvage », ℰ 95 76 02 67, à 500 m de la plage – ℗
4 ha (150 empl.) o━ en terrasses, plat, pierreux, herbeux ♀ – 🗟 ⊕ 🗷 🖪 – ✕ – Location : 🏠
avril-15 oct. – **R** – 🛉 *29* ⇦ *11* 🗏 *11/17* 🕅 *16 (10A)*

Porto Corse-du-Sud, pli ⑮ – ⊠ 20150 Ota.
🖪 Syndicat d'Initiative, Golfe de Porto (avril-oct.) ℰ 95 26 10 55

⚠ **Les Oliviers** 🐌 ≤, ℰ 95 26 14 49, Fax 95 26 12 49, sur D 81, au pont, bord du Porto – ℗ (juil.-août)
2,5 ha (180 empl.) o━ en terrasses 🗟 ♀♀ – 🗟 🗟 🖪 ⊕ 🖪 – 🗷 vélos – A proximité : 🖛 – Location : 🏠
28 mars-5 nov – **R** *conseillée juil.-août – Tarif 92 :* 🛉 *30* ⇦ *11* 🗏 *11/12* 🕅 *14*

⚠ **Funtana al Oro** 🐌 ≤ « Cadre sauvage », ℰ 95 26 15 48, SE : 1,4 km par D 84 rte d'Evisa, à 200 m du Porto
2 ha (70 empl.) o━ en terrasses, rochers 🗟 ♀♀ – 🗟 🗟 🕭 ⊕ 🏋 🖪
avril-15 oct. – **R** – 🛉 *25* ⇦ *8* 🗏 *8/11* 🕅 *12 (10A)*

⚠ **Sole e Vista** 🐌 ≤ « Belle situation », ℰ 95 26 15 71, accès principal par parking du super marché Bravo, accès secondaire E : 1 km par D 124 rte d'Ota – (rampe à 18 %) - véhicule tracteur à la disposition des usagers – ℗ (juil.-août)
3 ha (150 empl.) o━ en terrasses, pierreux, rochers ♀ – 🗟 ⊕ 🖪 – A proximité : 🖛
15 mars-oct. – **R** – 🛉 *30* ⇦ *10* 🗏 *10/14* 🕅 *14 (10A)*

⚠ **Porto** ≤, ℰ 95 26 13 67, sortie O par D 81 rte de Piana
2 ha (60 empl.) o━ en terrasses, herbeux ♀ – 🗟 🗟
juin-sept. – **R** – 🛉 *27* ⇦ *9* 🗏 *9/14*

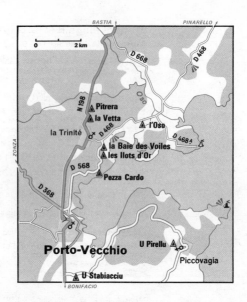

Porto-Vecchio Corse-du-Sud, pli ⑧ – 9 307 h.
✉ 20137 Porto-Vecchio.
🅱 Office de Tourisme, pl. de l'Hôtel-de-Ville (saison) 🏕 95 70 09 58

🏔 **La Vetta** « Cadre agréable », 🏕 95 70 09 86, N : 5,5 km
4,8 ha (100 empl.) ⊶ incliné, en terrasses, pierreux, herbeux, rochers ⚲ – 🗑 ⇌
🛁 🗟 ⊕ 🗟 – 🎣
15 mai-sept. – **R** – 🏊 *26 ou 30 piscine comprise* ⇌ 10 🗐 10 ⅷ 14
(16A)

🏔 **Pezza Cardo** 🐾, 🏕 95 70 37 51, NE : 6 km, à 150 m de la plage (accès direct)
2,5 ha (165 empl.) ⊶ plat et peu incliné, terrasses, herbeux, sablonneux, rochers
⚲ – 🗑 ⇌ 🐴 🗟 ⊕ 🗟
juin-sept. – **R** – 🏊 *25* ⇌ 8 🗐 8/10

🏔 **U Pirellu** 🐾 ⟨ « Agréable chênaie », 🏕 95 70 23 44, E : 9 km, à **Picco-vagia**
3 ha (100 empl.) ⊶ incliné et en terrasses, pierreux 🏕 ⚲⚲ – 🗑 ⊕ 🔩 snack 🗟
– Location : 🏠
mai-sept. – **R** – 🏊 *30* ⇌ 15 🗐 15/20 ⅷ 18 (10A)

🏔 **Pitrera** ⟨ « Décoration florale », 🏕 95 70 20 10, Fax 95 70 54 43, N : 5,8 km
3 ha (125 empl.) ⊶ en terrasses, pierreux, herbeux 🏕 ⚲ – 🗑 🐴 ⊕ 🍴 grill 🗟
cases réfrigérées – 🎣 half-court – Location : 🚐 🏠
Permanent – **R** *conseillée juil.-août* – 🏊 *31 piscine comprise* ⇌ 13 🗐 15/18
ⅷ 19

🏔 **Les Ilots d'Or,** 🏕 95 70 01 30, NE : 6 km, bord de plage
4 ha (180 empl.) ⊶ plat et en terrasses, sablonneux, herbeux, rochers ⚲⚲ – 🗑
🐴 🗟 🕹 ⊕ snack 🗟
15 mai-sept. – **R** – *Tarif 92* : 🏊 *25* ⇌ 8 🗐 8/10 ⅷ 12 (6A)

🏔 **la Baie des Voiles,** 🏕 95 70 01 23, NE : 6 km, bord de la plage
3 ha (180 empl.) ⊶ plat et en terrasses, sablonneux, herbeux, rochers ⚲⚲ – 🗑
🐴 🗟 ⊕ 🔩 🗟
15 avril-15 oct. – **R**

🏔 **U Stabiacciu,** 🏕 95 70 37 17, S : 2 km
3,5 ha (160 empl.) ⊶ plat, sablonneux, herbeux ⚲ – 🗑 🐴 ⊕ 🔩 🍴 🗟 – 🎿

🏔 **L'Oso,** 🏕 95 71 60 99, NE : 8 km, bord de l'Oso
3,2 ha (90 empl.) ⊶ plat, herbeux ⚲ – 🗑 🐴 ⊕ 🗟 – 🎿
21 juin-sept. – **R** *conseillée juil., indispensable août* – 🏊 *25 piscine comprise* ⇌
8 🗐 8/10 ⅷ 12

🔺 **La Monelière** 🐾 🏕 95 70 20 68, NO : 5,5 km par D 368 rte de Zonza et
chemin à droite (hors schéma)
2,8 ha (100 empl.) ⊶ plat, accidenté, herbeux, rochers ⚲⚲ – 🗑 ⇌
Permanent – **R** – 🏊 *22* ⇌ 8,50 🗐 8,50/9

Propriano Corse-du-Sud, pli ⑱ – 3 217 h. – ✉ 20110 Propriano.
🅱 Syndicat d'Initiative, 17 r. du Général-de-Gaulle 🏕 95 76 01 49

🏔 **Colomba** 🐾 ⟨, 🏕 95 76 06 42, NE : 2 km par N 196 rte d'Ajaccio et rte à
droite – 🅿
3 ha (250 empl.) ⊶ en terrasses, sablonneux ⚲⚲ – 🗑 ⊕ 🔩 🍴 ✗ 🎿 – A proximité : ✗ 🐾
mai-sept. – **R** – *Tarif 92* : 🏊 *24* ⇌ 10 🗐 10/20 ⅷ 15

Ruppione (plage de) Corse-du-Sud, pli ⑰ – ✉ 20166 Porticcio

▲▲ **Le Sud** ≤, ℘ 95 25 40 51, sur D 55, à 100 m de la plage
4 ha (200 empl.) ⟶ en terrasses et accidenté ⚲ – 🕏 ☵ 🖪 🕹 ☺ ⌲ pizzeria 🖳
– 🏠
mai-sept. – **R** – ✦ *31* ⟵ *11* 🅱 *11/15*

St-Florent H.-Corse, pli ③ – 1 350 h. – ✉ 20217 St-Florent

▲▲ **La Pinède** ⚘, ℘ 95 37 07 26, S : 1,8 km par rte de l'Ile-Rousse et chemin à
gauche après le pont, bord de l'Aliso
3 ha (80 empl.) ⟶ plat, incliné et en terrasses, pierreux, herbeux ⚲⚲ – 🕏 ☵ 🖵
🕹 ☺ 🖳 🖪 – 🦺
15 mai-15 sept. – **R** – ✦ *22 piscine comprise* ⟵ *13* 🅱 *12/18* 🕏 *18 (6A)*

▲ **Olzo,** ℘ 95 37 03 34, NE : 2,3 km par D 81 rte de Bastia
2 ha (60 empl.) ⟶ plat, herbeux ⚲⚲ – 🕏 🖳
avril-sept. – **R** – ✦ *23* ⟵ *12* 🅱 *13/18*

Ste-Lucie-de-Porto-Vecchio Corse-du-Sud, pli ⑧
✉ 20144 Ste-Lucie-de-Porto-Vecchio

▲▲▲ **Domaine du Puntonu** ⚘, ℘ 95 71 42 75, SO : 1,2 km par N 198 rte de
Porto-Vecchio
20 ha/8 campables (100 empl.) ⟶ plat, peu incliné, sablonneux, pierreux ⚲ –
🕏 ☺ 🖳 ⚘ – 🦺 mini-tennis

▲▲ **Santa-Lucia,** ℘ 95 71 45 28, sortie SO rte de Porto-Vecchio
4 ha (160 empl.) ⟶ plat et peu incliné, sablonneux, pierreux, rochers ▭ ⚲⚲ –
🕏 🖵 ☺ 🖳 – 🖳 🦺 – A proximité : ⌲ – Location : 🏠
juin-sept. – **R** – ✦ *27 piscine comprise* ⟵ *10* 🅱 *13* 🕏 *16 (6A)*

Sotta Corse-du-Sud, pli ⑧ – 762 h. – ✉ 20146 Sotta

▲ **U Moru** ⚘ ≤, ℘ 95 71 23 40, SO : 3 km par D 859 rte de Figari
6 ha (120 empl.) ⟶ peu incliné et plat, herbeux, sablonneux ⚲ – 🕏 ☺ 🖳 –
Location : 🏠
Permanent – **R** *conseillée août* – ✦ *23* ⟵ *8* 🅱 *9/15* 🕏 *15 (6A)*

Suartone Corse-du-Sud pli ⑨ – ✉ 20169 Bonifacio

▲▲▲ **Rondinara** ⚘ ≤, ℘ 95 70 43 15, Fax 95 70 56 79, SE : 3 km, à 400 m de la
plage
4 ha (150 empl.) ⟶ en terrasses et peu incliné, pierreux – 🕏 ☵ ☵ 🖵 🕹 ☺ 🖳
⌲ snack ⚘ 🖳 – 🦺
juin-sept. – **R** – ✦ *26 piscine comprise* ⟵ *12* 🅱 *12/16* 🕏 *15 (16A)*

Tiuccia Corse-du-Sud, pli ⑯ – ✉ 20111 Calcatoggio

▲ **U Sommalu** ≤, ℘ 95 52 24 21 ✉ 20111 Casaglione, N : 2,7 km par D 81
et D 25 rte de Casaglione
3,5 ha (135 empl.) ⟶ peu incliné et en terrasses, herbeux ⚲ – 🕏 ☵ ☵ 🖵 🖳
15 mai-sept. – **R** – ✦ *24* ⟵ *15* 🅱 *14/22*

▲ **Le Liamone** ⚘ ≤, ℘ 95 52 29 63, N : 4 km par D 81 et D25 rte de Casaglione
– ⚘
2 ha (70 empl.) ⟶ accidenté, incliné, herbeux, rochers ⚲⚲ – 🕏 ☵ 🖳 ⌲ snack,
pizzeria 🖳 – 🖳 – Location : 🏠 🏠
Pâques-15 oct. – **R** *indispensable juil.-août* – ✦ *20* ⟵ *8* 🅱 *8/12*

Vivario H.-Corse pi ⑤ – 493 h. – ✉ 20219 Vivario

▲ **le Soleil** ≤, S : 6 km par N 193, rte d'Ajaccio, à Tattone, près de la gare –
alt. 800
1 ha (25 empl.) ⟶ en terrasses, peu incliné et plat, herbeux – 🕏
mai-sept. – **R** – ✦ *20* ⟵ *10* 🅱 *5/15*

CORTE 2B H.-Corse – 🔢 ⑤ – voir à Corse

COS 🔢 – 🔢 ④
09000 Ariège – 236 h.

▲▲ **Municipal,** SO : 0,7 km sur D 617
0,7 ha (32 empl.) ⟶ (saison) plat, herbeux, peu incliné, ruisseau ⚲⚲ – 🕏 ☵ ☵
🖵 🕹 ☺ ⚘ ⌵ – 🖳 ⚘ – A proximité : 🦺
Permanent – **R** – 🅱 *piscine et tennis compris 2 pers. 35, pers. suppl. 8* 🕏 *10
(5A) 15 (10A) 20 (15A)*

La COTINIÈRE 17 Char.-Mar. – 🔢 ⑬ ⑭ – voir à Oléron (Ile d')

La COUARDE-SUR-MER 17 Char.-Mar. – 🔢 ⑫ – voir à Ré (Ile de)

▶ *Pour une meilleure utilisation de cet ouvrage,*
LISEZ ATTENTIVEMENT LE CHAPITRE EXPLICATIF.

COUDEKERQUE
1 – 51 ④

59380 Nord – 903 h.

▲▲ **le Bois des Forts**, réservé aux caravanes, ℰ 28 61 04 41, à 0,7 km au NO de Coudekerque-Village, sur la D 72
3,25 ha (130 empl.) ⟶ plat, herbeux – 🗻 ⊛ 🕭 🕭 ⊛ 🎄 🖙 – 🛏 🛥
Permanent – **R** conseillée 15 juin-15 août – ⭑ 10 ⇌ 12 🔲 25 🔋 10 (6A)

COUHÉ
9 – 68 ⑬

86700 Vienne – 1 706 h.

▲▲▲ **Les Peupliers** 🕭, ℰ 49 59 21 16, N : 1 km rte de Poitiers, à Valence, bord de la Dive
8 ha/1,5 campable (90 empl.) ⟶ plat, herbeux, étang 🖙 🕭 – 🗻 ⊛ 🕭 🖬 ⊛ 🍴
self 🕭 – 🛏 🕭 🖙 🛥
mai-sept. – **R** conseillée juil.-août – ⭑ 20 piscine comprise 🔲 28 🔋 12 (10A)

COULEUVRE
11 – 69 ⑬

03320 Allier – 716 h.

▲▲ **La Font St-Julien**, ℰ 70 66 13 54, sortie SO par D 3 rte de Cérilly et à droite, bord d'un étang
1 ha (50 empl.) ⟶ peu incliné, herbeux – 🗻 🕭 🖬 ⊛ – 🍴
avril-sept. – **R** – ⭑ 7,80 ⇌ 4 🔲 4 🔋 12,50 (10A)

COULLONS
6 – 65 ①

45720 Loiret – 2 258 h.

▲▲ **Municipal Plancherotte** 🕭 ≼ « Entrée fleurie », ℰ 38 29 20 42, O : 1 km par D 51 rte de Cerdon et rte des Brosses à gauche, près d'un plan d'eau
1,85 ha (63 empl.) ⟶ plat et peu incliné, herbeux 🖙 – 🗻 🕭 🕭 ⊛ 🎄 🖙 –
A proximité : 🍴 🕭 🖙 piste de bi-cross
29 mars-oct. – **R** – Tarif 92 : ⭑ 7 ⇌ 6 🔲 7 🔋 12,50 (16A)

COULOMBIERS
9 – 68 ⑬

86600 Vienne – 962 h.

▲ **Municipal**, à l'ouest du bourg, par D 95, rte de Jazeneuil
0,55 ha (25 empl.) plat et peu incliné, herbeux, gravillons 🖙 – 🗻 ⊛ 🕭 🖬 🚿
⊛ – A proximité : 🍴
Permanent – **R** – Tarif 92 : ⭑ 6 ⇌ 4 🔲 6 🔋 10 (3,5A)

COULON
9 – 71 ② G. Poitou Vendée Charentes

79510 Deux-Sèvres – 1 870 h.
🖪 Syndicat d'Initiative, pl. de l'Église (juin-sept.) ℰ 49 35 99 29

▲ **Municipal la Niquière**, ℰ 49 35 81 19, Fax 49 35 82 75, sortie N par D 1 rte de Benet
1 ha (40 empl.) ⟶ plat, herbeux 🕭 (0,4 ha) – 🗻 🕭 ⊛ – 🍴 🕭 – Location : gîtes
15 juin-15 sept. – **R** – Tarif 92 : ⭑ 8 ⇌ 3,50 🔲 4,60

COULONGES-SUR-L'AUTIZE
9 – 71 ①

79160 Deux-Sèvres – 2 021 h.

▲ Municipal le Parc 🕭 « Belle délimitation des emplacements », S : 0,5 km par rte de St-Pompain et rte à gauche
0,3 ha (24 empl.) plat et peu incliné, herbeux 🖙 🕭 – 🗻 ⊛ 🕭 🖬 🕭 ⊛ – A proximité :
🍴 🕭

COURLAY-SUR-MER 17 Char.-Mar. – **71** ⑮ – rattaché à St-Palais-sur-Mer

---

COURNON-D'AUVERGNE
11 – 73 ⑭ G. Auvergne

63800 P.-de-D. – 19 156 h.

▲▲▲ **Municipal**, ℰ 73 84 81 30, E : 1,5 km par rte de Billom et rte de la plage à gauche, bord de l'Allier et d'un plan d'eau
5 ha (200 empl.) ⟶ plat, herbeux, pierreux, gravier 🕭🕭 – 🗻 🕭 🕭 🕭 ⊛ 🖙 🍴
🕭 🖪 garderie – 🍴 🕭 🖙 🖙 🕭 – A proximité : 🏊 (couverte l'hiver) – Location :
🏠
Permanent – **R** – ⭑ 12,70 🔲 18,50 🔋 13,05 (5A) 19,60 (10A)

La COURONNE
13 – 84 ⑫

13 B.-du-R. – 🖂 13500 Martigues

▲▲▲ **le Mas**, ℰ 42 80 70 34, Fax 42 80 72 82, SE : 4 km par D 49 rte de Sausset-les-Pins et à droite, à la plage de Ste-Croix
5 ha (188 empl.) ⟶ peu incliné, accidenté, pierreux – 🗻 🕭 🕭 🕭 🕭 ⊛ 🖙 🍴
🍽 🖪 – 🕭 🏊 – Location : 🖮, studios
avril-sept. – **R** – 🔲 piscine comprise 2 pers. 87,50 🔋 17,60 (4A) 22 (10A)

▲▲ **L'Arquet** 🕭 ≼, ℰ 42 42 81 00, S : 1 km, chemin de la Batterie, à 200 m de la mer
6 ha (401 empl.) ⟶ peu incliné, accidenté, pierreux – 🗻 🕭 🕭 🖬 🕭 ⊛ 🖪 –
🕭 – Location : bungalows toilés

▲▲ **Le Cap** 🕭 « Cadre agréable », ℰ 42 80 73 02, Fax 42 42 80 01, S : 0,8 km par chemin du phare, à 200 m de la plage
2,5 ha (150 empl.) ⟶ plat et en terrasses, pierreux 🕭🕭 – 🗻 🕭 🕭 🕭 ⊛ 🖙 🍴
🕭 🕭 🖪 – 🛏 – A proximité : 🍴 – Location : 🖮 🖮
Permanent – **R** indispensable juil.-août, conseillée juin-sept. – ⭑ 21 ⇌ 15 🔲
21 🔋 18,50 (6A)

COURSEULLES-SUR-MER
14470 Calvados – 3 182 h.
🅱 Office de Tourisme, r. Mer
℘ 31 37 46 80

⎯⎯⎯ 5 – 54 ⑮ G. Normandie Cotentin

▲▲▲ **Municipal le Champ de Course,** ℘ 31 37 99 26, N : av. de la Libération, près de la plage
3,5 ha (290 empl.) ⊶ plat, herbeux 🖵 – 🏠 ⛺ 🏠 🖼 ⊕ 🔧 ⅊ – 🏠 –
A proximité : 🏓 ⛴ – Location : bungalows toilés
Pâques-sept. – **R** indispensable juil.-août – Tarif 92 : ⭑ 16,10 🖼 17,10 ⟦⟧ 14,20 (6A) 21,65 (10A)

COURTENAY
45320 Loiret – 3 292 h.
🅱 Syndicat d'Initiative, 1 pl. du Mail (mai-sept.) ℘ 38 97 00 60 et Mairie (hors saison) ℘ 38 97 40 46

⎯⎯⎯ 6 – 61 ⑬

à St-Hilaire-les-Andrésis NO : 4 km par N 60 et D 32 rte de Ferrières
✉ 45320 St-Hilaire-les-Andrésis :

▲ **Intercommunal,** NO : 1 km par D 32, au carrefour avec D 34 – Par A 6 : sortie Courtenay
1,8 ha (80 empl.) ⊶ juil.-août plat, herbeux – 🏠 🎋 ⊕
juin-15 sept. – **R** – Tarif 92 : ⭑ 10 ⊜ 5 🖼 7 ⟦⟧ 8

COURTILS
50220 Manche – 271 h.

⎯⎯⎯ 4 – 59 ⑧

▲▲▲ **St-Michel,** ℘ 33 70 96 90, sortie O par D 43 rte du Mont-St-Michel
1,8 ha (100 empl.) ⊶ plat et peu incliné, herbeux – 🏠 ⛺ 🏠 ⊕ – 🏠
25 mars-2 nov. – **R** – ⭑ 11 ⊜ 5,25 🖼 5,25/7,50 ⟦⟧ 11 (6A)

COUSSAC-BONNEVAL
87500 H.-Vienne – 1 447 h.

⎯⎯⎯ 10 – 72 ⑰ ⑱ G. Berry Limousin

▲ **Municipal les Allées,** ℘ 55 75 28 72, N : 0,7 km par D 17 rte de la Roche l'Abeille, au stade
1 ha (26 empl.) peu incliné 🖵 – 🏠 ⛺ 🏠 ⅊ ⊕ – A proximité : ✕
juin-sept. – **R** conseillée – ⭑ 5,50 🖼 4,50 ⟦⟧ 8

COUTANCES ⊗
50200 Manche – 9 715 h.
🅱 Office de Tourisme, pl. Georges-Leclerc ℘ 33 45 17 79

⎯⎯⎯ 4 – 54 ⑫ G. Normandie Cotentin

▲▲▲ **Municipal les Vignettes** ≼, ℘ 33 45 43 13, O : 1,2 km sur D 44 rte de Coutainville
1,3 ha (100 empl.) ⊶ (saison) plat et en terrasses, herbeux, gravillons 🖵 – 🏠 ⛺ 🏠 🎋 ⊕ – A proximité : ✕ ✕ 🔲
fermé 2 au 31 déc. – **R** conseillée 15 juil.-15 août – Tarif 92 : ⭑ 10 ⊜ 5 🖼 5

COUTURES
49320 M.-et-L. – 481 h.

⎯⎯⎯ 5 – 64 ⑪

▲▲▲ **Districal Européen** ⊱ « Cadre agréable », ℘ 41 57 91 63, Fax 41 51 85 81, NE 1,5 km, près du château de Montsabert
5 ha (140 empl.) ⊶ plat et peu incliné, herbeux, pierreux 🖵 ⟐⟐ – 🏠 ⛺ 🏠 🎋 🖼 🎋 🕎 ⊕ ⅊ ⊻ snack 🖼 – 🏠 ✕ 🏓 ⊸ ⛴ swin golf – Location : 🏠, bungalows toilés
avril-sept. – **R** conseillée juil.-août – 🖼 piscine et tennis compris 3 pers. 75, pers. suppl. 23 ⟦⟧ 9 (6A)

COUX-ET-BIGAROQUE
24220 Dordogne – 708 h.

⎯⎯⎯ 13 – 75 ⑯

▲▲▲ **La Faval** « Décoration florale et arbustive », ℘ 53 31 60 44, E : 1 km, près du carrefour des D 703 et 710, vers Siorac-en-Périgord
2,2 ha (100 empl.) ⊶ plat, herbeux, gravillons 🖵 ⟐⟐ – 🏠 ⛺ 🏠 🖼 ⊕ ⅊ ⭐ ⅊ –
🖼 – 🏠 ⊸ ⛴ – Location : 🏠
avril-1er oct. – **R** conseillée saison – ⭑ 21 piscine comprise 🖼 33 ⟦⟧ 14 (3A) 18 (6A)

▲▲▲ **Le Clou** ⊱, ℘ 53 31 63 32, Fax 53 31 69 33, N : 3,5 km par D 703 rte du Bugue
3 ha (100 empl.) ⊶ peu incliné, herbeux 🖵 ⟐⟐ – 🏠 ⛺ 🏠 🎋 🖼 🎋 ⊕ ⅊ ✕
⅊ 🖼 – 🏠 🏓 ⊸ ⛴ vélos – Location : 🏠
Pâques-1er oct. – **R** conseillée – ⭑ 25 piscine comprise 🖼 30 ⟦⟧ 14 (4A)

COUZE-ET-ST-FRONT
24150 Dordogne – 781 h.

⎯⎯⎯ 10 – 75 ⑮

▲▲ **Les Maury Bas,** ℘ 53 61 18 36, sortie SE par D 660 rte de Beaumont et à droite, près du terrain de sports, bord de la Couze
0,7 ha (30 empl.) ⊶ plat, herbeux – 🏠 ⛺ 🏠 🎋 ⊕ – ✕
15 juin-15 sept. – **R**

COZES
17120 Char.-Mar. – 1 730 h.

⎯⎯⎯ 9 – 71 ⑮

▲▲ **Municipal le Sorlut** ⊱, ℘ 46 90 75 99, au nord de la ville, près de la gare
1,4 ha (120 empl.) ⊶ plat, herbeux ⎓ – 🏠 🎋 🖼 ⊕ 🖼 – A proximité : 🏠 ✕
🏓
Pâques-15 oct. – **R** – Tarif 92 : ⭑ 9 🖼 10 ⟦⟧ 12 (5A)

CRACH

56950 Morbihan – 2 762 h.

Schéma à Carnac

3 – 63 ②

△△△ **Le Fort Espagnol** ⚫, ℰ 97 55 14 88, Fax 97 30 01 04, E : 0,8 km par rte de la Rivière d'Auray
4,4 ha (190 empl.) ⚬━ peu incliné et plat, herbeux ⌂ ⚑ pinède (1,5 ha) – ⚡ ⚏ ⚏ △ 🔥 🍴 ⚍ ⚑ – ⚑ ✎ (toboggan aquatique) – Location : ⚏
Pâques-15 sept. – **R** *conseillée* – *Tarif 92 :* ⚑ *18 piscine comprise* ▣ *35* ⚡ *10,50 (6A)*

△△ **Le Pont Neuf,** ℰ 97 55 14 83, au sud du bourg, 6 r. des Écoles
1 ha (65 empl.) ⚬━ peu incliné, herbeux ⌂ ⚑ – ⚡ ⚏ ⚏ △ 🔥 – ✎
25 juin-15 sept. – **R** *indispensable 1er-21 août* – ⚑ *18* ▣ *20* ⚡ *10 (6A)*

△△ **Camp'In Lodka,** ℰ 97 55 03 97, E : 0,9 km par rte de la rivière d'Auray
1,5 ha (25 empl.) ⚬━ peu incliné, herbeux ⌂ – ⚡ ⚏ ⚏ △ 🔥 ⚏ – ✎
✎ (bassin) vélos – Location : ⚏ – Garage pour caravanes
Permanent – **R** *indispensable* – ⚑ *20* ▣ *50 avec élect. (9A)*

CRAON

53400 Mayenne – 4 767 h.

🔟 Syndicat d'Initiative, r.
Alain-Gerbault (15 juin-août après-midi seul.) ℰ 43 06 10 14

4 – 63 ⑨ G. Châteaux de la Loire

△△ **Municipal** « Entrée fleurie », ℰ 43 06 10 14, à l'est de la ville par rte de Château-Gontier et à gauche, près d'un plan d'eau
1 ha (53 empl.) plat, herbeux ⌂ ⚑ – ⚡ ⚏ ⚏ △ 🔥 ⚏ △ ⚐ grill – A proximité :
🍴 ✎ ⚑ △ ✎
15 juin-août – **R** – ⚑ *8 et 2,70 pour eau chaude* ⚫ *2,70* ▣ *2,70* ⚡ *6,60 (6A)*

CRAPONNE-SUR-ARZON

43500 H.-Loire – 3 008 h. alt. 913

11 – 76 ⑦

△△ Municipal, ℰ 71 03 23 09, au sud du bourg vers rte de Retournac et rue à droite
0,5 ha (30 empl.) ⚬━ plat, herbeux ⌂ – ⚡ ⚏ ⚏ △ 🔥 ⚏ △ ⚐ ✎ – ⚏
A proximité : ✎ △ ✎

CRAYSSAC

46150 Lot – 413 h.

14 – 79 ⑦

△△△ **Les Reflets du Quercy** ⚫ ⚡ « Cadre agréable », ℰ 65 30 91 48, Fax 65 30 97 87, NO : 1,8 km par D 23 rte de Catus et rte à gauche
7,5 ha/3 campables (95 empl.) ⚬━ plat, incliné, en terrasses, pierreux, gravier, herbeux ⌂ ⚑ – ⚡ ⚏ ⚏ △ 🔥 ⚏ △ ⚐ ✎ ⚑ ✎ 🍴 🍴 garderie ⚏ ⚏ – ⚏ ✎ ✎
△ – Location : ⚏ ⚏ ⚏, bungalows toilés
10 avril-16 oct. – **R** *indispensable juil.-août* – ⚑ *18 piscine comprise* ▣ *60/85 avec élect. (3 à 10A)*

CRÊCHES-SUR-SAÔNE

71680 S.-et-L. – 2 531 h.

11 – 74 ①

△△ **Municipal Port d'Arciat,** ℰ 85 37 11 83, E : 1,5 km par D 31 rte de Pont de Veyle, bord de la Saône
5 ha (160 empl.) ⚬━ plat, herbeux ⚑ – ⚡ ⚏ ⚏ △ 🔥 ⚏ △ ⚐ ✎ 🍴 🍴 ✕ – ⚏ ✎
mai-sept. – **R** – ⚑ *11* ▣ *14* ⚡ *15 (6A)*

CREISSAN

34370 Hérault – 861 h.

15 – 83 ⑭

△ Municipal les Oliviers, ℰ 67 93 81 85, au NO du bourg
0,4 ha (20 empl.) ⚬━ plat, herbeux ⌂ – ⚡ ⚏ ⚏ △ ⚏ △ ⚐ ✎ – A proximité : ✎
△ – Location : ⚏
mars-oct. – **R** *conseillée*

CRESPIAN

30260 Gard – 159 h.

16 – 80 ⑱

△△△ **Mas de Reilhe,** ℰ 66 77 82 12, sortie S par N 110 rte de Sommières
2 ha (80 empl.) ⚬━ plat, accidenté et en terrasses, herbeux, pierreux ⌂ ⚑⚑ pinède
– ⚡ ⚏ ⚏ △ 🔥 ⚏ △ ⚐ ✎ ⚐ ✎ – ✎ ✎
20 mai-20 sept. – **R** *conseillée* – ⚑ *25 piscine comprise* ▣ *50* ⚡ *17 (6A)*

CRESSENSAC

46600 Lot – 570 h.

13 – 75 ⑱

△ **La Vedille,** ℰ 65 37 76 48, Fax 65 37 77 81, NO : 1,3 km par N 20 rte de Brive et chemin à gauche
2,5 ha (33 empl.) ⚬━ peu incliné, pierreux, herbeux, sous-bois ⌂ ⚑⚑ (0,8 ha) –
⚡ ⚏ ⚏ △ 🔥 ⚏ ⚏ snack – △
Pâques-sept. – **R** – ⚑ *15 piscine comprise* ⚫ *10* ▣ *15/20*

CREULLY

14480 Calvados – 1 396 h.

5 – 54 ⑮ G. Normandie Cotentin

△△ **Intercommunal des 3 Rivières** ⚫ ⚡, ℰ 31 80 12 00, NE : 0,8 km rte de Tierceville, bord de la Seulles
2 ha (82 empl.) ⚬━ plat et peu incliné, herbeux ⌂ – ⚡ ⚏ ⚏ △ 🔥 ⚏ ⚏ ⚐ ✎ – ⚏
Pâques-fin oct. – **R** – *Tarif 92 :* ⚑ *10,60* ▣ *12,40* ⚡ *10 (6A)*

CREYSSE
46600 Lot – 227 h.

🏕 **Le Port** ॐ, ≼, ℰ 65 32 20 40, Fax 65 38 78 21, S : près du château et de la Dordogne (accès direct)
3,5 ha (100 empl.) o⸗ peu incliné et plat, herbeux ᵠᵠ (0,8 ha) – 🗑 ⚲ 🖪 ⊕ 🧺 – 🍴 🚿
mai-20 sept. – **R** – ♣ *14 piscine comprise* 🔳 *14* (½) *9,50 (5A)*

13 – 75 ⑱ G. Périgord Quercy

Le CROISIC
44490 Loire-Atl. – 4 428 h.
🛈 Office de Tourisme, pl. 18 Juin 1940 ℰ 40 23 00 70

4 – 63 ⑬ ⑭ G. Bretagne

🏕 **L'Océan** ॐ, ℰ 40 23 07 69, NO : 1,5 km par D 45 rte de la Pointe, à 200 m de l'océan
6 ha (400 empl.) o⸗ plat, herbeux ᴄ⁊ – 🗑 ⚲ 🖪 ⊕ ⚫ 🧺 🍴 ⬥ 🖪 – 🏠 ✗ 🍴 🛎 toboggan aquatique – Location : 🚐 🛏
3 avril-3 oct. – **R** – 🔳 *piscine comprise 1 à 3 pers. 114,50* (½) *12,50 (4A) 18 (6A) 30 (10A)*

🏕 **La Pierre Longue,** ℰ 40 23 13 44, sortie O vers la Pointe du Croisic par av. Henri-Dunant, à 500 m de la mer
2,2 ha (135 empl.) o⸗ (saison) plat, herbeux – 🗑 ⚲ ⊕ 🧺 🛎 ✗
Pâques-15 sept. – **R** – *Tarif 92 :* ♣ *16* 🔳 *20* (½) *14 (3A) 20 (6A)*

La CROISILLE-SUR-BRIANCE
87130 H.-Vienne – 701 h.

10 – 72 ⑱

🏕 Municipal Étang de Nouailhas (aire naturelle) ॐ ≼ « Situation agréable », SE : 1,5 km par D 12 rte de Surdoux et chemin à droite, bord d'un ruisseau et près d'un étang
1 ha (15 empl.) non clos, incliné, terrasse, herbeux, gravier ♀ – 🗑 ⚲ ⊕ – A proximité : 🛎

La CROIX-AVRANCHIN
50240 Manche – 448 h.

4 – 59 ⑧

🏕 **Municipal le Clos Ruault,** N : 0,6 km sur D 40 rte d'Avranches
0,3 ha (25 empl.) plat, herbeux – 🗑 ⚲ 🖪 ⚫ – 🛏
mai-15 sept. – **R** – ♣ *6 et 6 pour eau chaude* 🔳 *7*

CROIX-EN-TERNOIS
62130 P.-de-C. – 218 h.

1 – 51 ⑬

🏕 le Ternois, ℰ 21 03 39 87
0,3 ha (19 empl.) o⸗ plat, herbeux ᴄ⁊ – 🗑 ⚲ ⚲ ⊕ ⚫ ▽ – A proximité : 🐎
Pâques-oct. – **R** *conseillée*

La CROIX-VALMER
83420 Var – 2 634 h.

Schéma à Grimaud

17 – 84 ⑦ G. Côte d'Azur

🏕 **Sélection Camping** ॐ, ℰ 94 79 61 97, Fax 94 54 25 14, SO : 2,5 km par D 559 rte de Cavalaire et au rond-point chemin à droite
5 ha (240 empl.) o⸗ en terrasses, sablonneux, rocheux ᴄ⁊ ♀♀ – 🗑 ⚲ ⚲ 🖪 ⚫ ⊕ 🧺 snack ⬥ 🖪 – 🛏 🍴 vélos – A proximité : ⚑ – Location : studios, appartements
avril-oct. – **R** *conseillée juil.-août* – 🔳 *3 pers. 112, pers. suppl. 31* (½) *18 (6A) 25 (10A)*

CROS-DE-CAGNES **06** Alpes-Mar. – 84 ⑨ – rattaché à Cagnes-sur-Mer

Le CROTOY
80550 Somme – 2 440 h.
🛈 Office de Tourisme, r. Carnot ℰ 22 27 05 25

1 – 52 ⑥ G. Flandres Artois Picardie

🏕 **Le Ridin** ॐ, ℰ 22 27 03 22, N : 3 km
2 ha (140 empl.) o⸗ plat, herbeux – 🗑 ⚲ ⚲ ⊕ 🖪 *indispensable mai à août* – ♣ *10* ⬅ *6* 🔳 *8/10* (½) *10 (4A)*

🏕 **Les Aubépines,** ℰ 22 27 01 34, N : 4 km par rte de St-Quentin-en-Tourmont et chemin à gauche
1,5 ha (93 empl.) o⸗ plat, sablonneux, herbeux ᴄ⁊ – 🗑 ⚲ 🖪 ⚫ ⊕ ⚲ 🖪
avril-oct. – **R** *conseillée août* – ♣ *11* ⬅ *5,50* 🔳 *9* (½) *11 (3A)*

CROTS
05200 H.-Alpes – 670 h. alt. 850

17 – 77 ⑰ G. Alpes du Sud

🏕 Municipal la Garenne ॐ ≼ « Cadre sauvage », ℰ 92 43 11 93, NO : 1,3 km, bord du lac de Serre-Ponçon
16 ha/5 campables (191 empl.) o⸗ plat et peu accidenté, pierreux, gravillons ᴄ⁊ (camping) ♀ (camping) – 🗑 ⚲ ⊕ 🖪 – 🛏 🛎 – A proximité : ⚑

CROUY-SUR-COSSON
41220 L.-et-C. – 471 h.

8 – 64 ⑧

🏕 **Municipal le Cosson** ॐ, sortie S par D 33 rte de Chambourd et route à gauche, bord du Cosson
1,5 ha (26 empl.) plat, pierreux, herbeux ♀♀ (0,5 ha) – 🗑 ⚲ 🛏 ⚫ ⊕ – A proximité : 🛎
12 juin-12 sept. – **R** – ♣ *9,50* 🔳 *7/14* (½) *8 (5A)*

CROZANT

23160 Creuse – 636 h.

🏕 **Municipal la Fontbonne** ⌂, sortie S rte de Dun-le-Palestel et à droite, à 300 m de la Sédelle
1 ha (33 empl.) plat et peu incliné, herbeux 🌳 – 🎿 ♻ 📛 ⊕
avril-sept. – **R** – 🏕 *8* 🚗 *5* 🔲 *5* 🔌 *10 (6A)*

CROZON

29160 Finistère – 7 705 h.
🅱 Office de Tourisme, Ancienne Mairie pl. Église (oct.-mai matin seul.) 𝒫 98 27 29 49 et bd Plage à Morgat (saison) 𝒫 98 27 07 92

🏔 **Les Pieds dans l'Eau** ⌂ ≤, 𝒫 98 27 62 43, NO : 6 km par rte de Roscanvel et à droite, à St-Fiacre, bord de mer
1,6 ha (90 empl.) 🚰 peu incliné, herbeux – 🎿 ♻ 📛 ⊕ ♨ 🔲
15 juin-15 sept. – **R** conseillée juil.-août – 🏕 *17* 🚗 *6,50* 🔲 *17,50* 🔌 *10 (3A)*

🏔 **Les Pins** ⌂ « Agréable pinède », 𝒫 98 27 21 95, SO : 2 km par D 308 rte de la Pointe de Dinan
2,5 ha (120 empl.) 🚰 plat, peu incliné, herbeux 🌳🌳 – 🎿 ♻ 📛 🔲 ⊕ – half-court
10 juin-20 sept. – **R** conseillée – 🏕 *17,50* 🚗 *6,80* 🔲 *17,50* 🔌 *16 (6A)*

🏔 **Plage de Goulien** ⌂, 𝒫 98 27 17 10, O : 5 km par D 308 rte de la Pointe de Dinan et rte à droite, à 200 m de la plage
1 ha (90 empl.) 🚰 plat et incliné, herbeux 🔲 – 🎿 ♻ 📛 🔲 ⊕ – Location : 🚐
10 juin-15 sept. – **R** conseillée – 🏕 *18* 🚗 *7* 🔲 *18* 🔌 *16 (5A)*

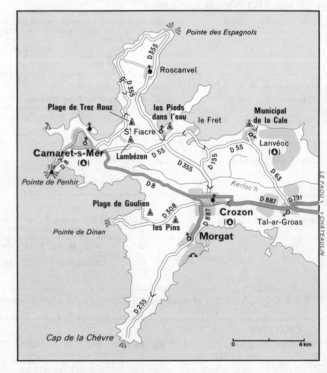

Voir aussi à *Camaret-sur-Mer* et *Lanvéoc*

CRUSEILLES

74350 H.-Savoie – 2 716 h.

🏔 **Parc des Dronières** ≤ « Cadre agréable », 𝒫 50 44 02 91, Fax 50 44 03 44, NE : 0,7 km par D 15 rte de la Roche-sur-Foron, bord d'un plan d'eau – interdit aux caravanes de plus de 6 m
3,7 ha (100 empl.) 🚰 plat, peu incliné et en terrasses, herbeux, pierreux, goudronné 🔲 – 🎿 ♻ 🎿 ♿ ⊕ ♨ 🔲 – 🏊 – A proximité : 🍴 ✕ 🎣 🎾 🏊 parc animalier, vélos
12 juin-14 sept. – **R** conseillée – 🏕 *17* 🔲 *16* 🔌 *16 (3A)*

CRUX-LA-VILLE

58330 Nièvre – 413 h.

🏕 **le Chant du Merle** ⌂ « Cadre et site agréables », 𝒫 86 58 28 27, SO : 4,5 km par D 34 rte de St-Saulge et D 181 à droite rte de Ste-Marie, bord de l'étang du Merle
1,5 ha (94 empl.) 🚰 (saison) plat et peu incliné, herbeux, pierreux 🌳🌳 – 🎿 🔲 🎿 ♿ ⊕ – A proximité : 🍴 🏊 🏊 vélos – Location : 🚐
mai-sept. – **R** conseillée juil.-août – 🏕 *18,50* 🔲 *13,50* 🔌 *12 (6A)*

CUBJAC

24640 Dordogne – 636 h.

🏕 **Municipal de l'Îlot,** au SE du bourg, bord de l'Auvézère
1,6 ha (50 empl.) ⚡ plat, herbeux 🗙 – 🗡 ⚘ 🛁 ὁ ⊙ 🏕 – A proximité : ✗
15 juin-sept. – **R** – 🛉 7 ⇦ 3 🔲 8 [4] 10 (5A)

⬜ 10 – 75 ⑥

CUBLIZE

69550 Rhône – 984 h.

🏕 **Intercommunal du Lac des Sapins** 🏊 ≤, ℘ 74 89 52 83, S : 0,6 km, bord
du Reins et à 300 m du lac
4 ha (152 empl.) ⚡ plat et en terrasses, pierreux 🗙 – 🗡 ⚘ 🕱 🔾 ὁ ⊙ 🏕 ᗊ
– ✗ – A proximité : 🏕 ⇨ 🛥 (plage) toboggan aquatique 🛶 – Location : chalets
avril-sept. – **R** indispensable juil.-août – 🛉 18 🔲 20 [4] 12 (10A)

⬜ 11 – 73 ⑧ ⑨

CUCQ

62780 P.-de-C. – 4 299 h.

🏕 **Municipal de la Mer,** ℘ 21 84 60 60, à **Stella-Plage,** O : 3,5 km par bd de
France et rte à gauche, au sud de la station, à 120 m de la plage (accès direct)
4 ha (181 empl.) ⚡ plat, sablonneux, pierreux – 🗡 ⚘ 🛁 ⊙ 🏕
juin-15 sept. – **R** – Tarif 92 : 🛉 12,40 🔲 12,60 [4] 13,40 (5A)

🏕 **Municipal,** ℘ 21 94 71 04, O : 1 km vers Stella-Plage, 1 014 bd de France
3,8 ha (120 empl.) ⚡ plat et vallonné, sablonneux ♀ – 🗡 🛁 ⊙
juin-15 sept. – **R** – Tarif 92 : 🛉 8 🔲 8

⬜ 1 – 51 ⑪

CUCURON

84160 Vaucluse – 1 624 h.

🏕 **Le Moulin à Vent** 🏊 ≤, ℘ 90 77 25 77, S : 1,5 km par D 182 rte de Villelaure
puis 0,8 km par rte à gauche
2,2 ha (50 empl.) ⚡ (saison) plat et peu incliné, en terrasses, pierreux, herbeux
♀♀ – 🗡 ⚘ 🕱 🔾 ὁ ⊙ – 🏕 ⇨ – A proximité : 🏕
vac. de printemps-sept. – **R** conseillée juil.-août – 🛉 13 ⇦ 6,50 🔲 6,50 [4] 10
(3A) 12 (4A) 15 (6A)

⬜ 16 – 84 ③ G. Provence

CUSY

74540 H.-Savoie – 969 h.

🏕 le Chéran 🏊 ≤ « Site agréable », ℘ 50 52 52 06, N par rte d'Annecy puis
1,4 km par rte à gauche, bord de la rivière
1 ha (29 empl.) ⚡ plat, herbeux – 🗡 ⚘ 🛁 ὁ 🛉 ✗

🏕 **Le Verger,** ℘ 50 52 52 01, au bourg, par D 3 rte d'Héry-sur-Alby, bord d'un
ruisseau
0,5 ha (30 empl.) ⚡ en terrasses, herbeux – 🗡 ⊙
juin-sept. – **R** conseillée – 🔲 2 pers. 35 [4] 8,50 (6A)

⬜ 12 – 74 ⑮ ⑯

CUZORN

47500 L.-et-G. – 901 h.

🏕 **Municipal,** au bourg, bord de la Lemance
0,3 ha (17 empl.) plat, herbeux 🗙 – 🗡 ⚘ 🛁 ⊙ – ✗
15 juin-15 sept. – **R** – 🛉 8 ⇦ 5 🔲 8 [4] 8 (5A)

⬜ 14 – 79 ⑥

DABO

57850 Moselle – 2 789 h.
🅱 Syndicat d'Initiative, pl. de l'Église
(vacances scolaires, 15 juin-15 sept.)
℘ 87 07 47 51 et Mairie (hors saison)
℘ 87 07 40 12

🏕 **Le Rocher,** SO : 1,5 km par D 45, au carrefour de la route du Rocher
0,5 ha (42 empl.) ⚡ plat et peu incliné, herbeux ♀ – 🗡 🔾 ⊙ – Location : gîte
d'étape
Pâques-Toussaint – **R** – 🛉 9,50 ⇦ 10 🔲 5/13 [4] 4 (2A) 7 (6A) 12 (10A)

⬜ 8 – 62 ⑧ G. Alsace Lorraine

DAGLAN

24250 Dordogne – 477 h.

🏕 **Le Moulin de Paulhiac** 🏊 « Cadre agréable », ℘ 53 28 20 88,
Fax 53 29 33 45, N : 4 km par D 57 rte de St-Cybranet, bord du Céou
3 ha (100 empl.) ⚡ plat, herbeux 🗙 ♀♀ (1 ha) – 🗡 ⚘ 🕱 🔾 ὁ ⊙ 🏕 ᗊ 🛥
🛉 🏕 🖳 – 🔾 ✗ ⇨ 🛥 🏕
20 mai-15 sept. – **R** conseillée 10 juil.-20 août – 🛉 21 piscine comprise 🔲 42
[4] 13 (2A) 18 (6A)

🏕 **La Peyrugue** 🏊 ≤, ℘ 53 28 40 26, N : 1,5 km par D 57 rte de St-Cybranet,
à 150 m du Céou
2,6 ha (50 empl.) ⚡ (mars-nov.) peu incliné à incliné, herbeux, pierreux – 🗡 ⚘
🛁 ὁ ⊙ 🛉 🏕 🖳 🏕 🛥 – Location : ᗊ
Permanent – **R** conseillée juil.-août – 🛉 16 piscine comprise 🔲 13 [4] 14 (4A)
18 (6A)

⬜ 13 – 75 ⑰

DAMAZAN

47160 L.-et-G. – 1 164 h.

🏕 **Intercommunal le Lac,** S : 1 km par D 108 rte de Buzet-sur-Baïse puis
chemin à droite, bord du lac
1 ha (66 empl.) plat et peu incliné, herbeux ♀♀ – 🗡 ⚘ 🛁 🔾 ⊙ 🖳 – A proximité :
✗ 🏕 🛥 – Location : ᗊ
15 juin-15 sept. – **R** conseillée – 🛉 10 🔲 8 [4] 10

⬜ 14 – 79 ⑭

DAMBACH-LA-VILLE

67650 B.-Rhin – 1 800 h.

🅸 Syndicat d'Initiative, pl. Marché (15 juin-15 sept.) ℘ 88 92 61 00 et Mairie ℘ 88 92 41 05

🏕 **Municipal** ≤, ℘ 88 92 48 60, E : 1 km par D 210 rte d'Ebersmunster et chemin à gauche
1,8 ha (122 empl.) ⚬┱ plat, herbeux, pierreux ⚲ – 🍴 ⬚ ⚲ & ⊕ – 🔭
A proximité : ✘
15 mai-sept. – **R** conseillée juil.-août – ✱ 13 ⇌ 7 🔲 7/10 🏕 11 (3A)

DAMGAN

56750 Morbihan – 1 032 h.

🏕 **Kerlan** ⚬, ℘ 97 41 11 64, E : 1 km par rte de Kervoyal, à 300 m de la plage
2 ha (100 empl.) ⚬┱ plat, herbeux ⚲ – 🍴 ⬚ ⚲ 🔲 ⊕ ⚲ ⚓ 🔲 – 🔭 –
A proximité : ✘
15 mai-15 sept. – **R** conseillée – Tarif 92 : ✱ 8,50 🔲 37 🏕 9 (2A) 12 (4A)

à Kervoyal E : 2,5 km – ✉ 56750 Damgan :

🏕 Municipal le Mar ⚬, ℘ 97 41 02 31, à 450 m de la plage
1,7 ha (100 empl.) ⚬┱ (saison) plat, herbeux – 🍴 ⬚ ⚬┱ ⊕ 🔲 – 🏠 🔭

🏕 **Oasis-Camping** ⚬, ℘ 97 41 10 52, à 100 m de la plage
2 ha (150 empl.) ⚬┱ plat, herbeux ⚲ – 🍴 ⬚ ⚬┱ ⚲ 🔲 ⊕ 🔲 – 🔭 – Location :
🚐
3 avril-3 oct. – **R** – 🔲 1 ou 2 pers. 50, pers. suppl. 12 🏕 11 (4A)

DAMIATTE

81220 Tarn – 746 h.

🏕 **Le Plan d'Eau St-Charles** ≤, ℘ 63 70 66 07, sortie rte de Graulhet puis 1,2 km par rte à gauche avant le passage à niveau, bord d'un plan d'eau
5 ha/1 campable (67 empl.) ⚬┱ plat, pierreux, herbeux 🔲 – 🍴 ⬚ ⚬┱ & 🔲 ⚲ – 🔲 ⚓ – Location : 🚐
10 avril-oct. – **R** conseillée juil.-août – 🔲 2 pers. 60 🏕 12 (4A)

DAMPIERRE-SUR-LOIRE **49** M.-et-L. – 64 ⑫ – rattaché à Saumur

DANESTAL

14430 Calvados – 199 h.

🏕 **Le Val-es-Loup** ≤, ℘ 31 79 29 59, sur D 281, à 700 m de la N 175
2 ha (75 empl.) ⚬┱ (saison) peu incliné à incliné, en terrasses, herbeux – 🍴 ⬚
⚲ 🔲 & ⊕ ⚲ ⚓ 🔲
avril-1er oct. – **R** conseillée juil.-août – ✱ 15 ⇌ 7 🔲 12,50 🏕 12 (4A) 15 (6A) 21 (10A)

DANGÉ-ST-ROMAIN

86220 Vienne – 3 150 h.

🏕 **Municipal**, sortie O par D 22, rte de Vellèches, près de la Vienne
0,2 ha (15 empl.) plat et peu incliné, herbeux, pierreux ⚲ – 🍴 ⚲ 🔲 & ⊕ ⚲ ⚲
15 juin-15 sept. – **R** – ✱ 10,60 ⇌ 8,25 🔲 10,60 🏕 10,60 (5A)

DAON

53200 Mayenne – 408 h.

🏕 **Municipal**, ℘ 43 06 94 78, sortie O par D 213 rte de la Ricoullière et à droite avant le pont, près de la Mayenne
1,5 ha (110 empl.) ⚬┱ plat, herbeux – 🍴 ⚬┱ ⬚ & ⊕ – 🔲 – A proximité : 🚵
🔭 ⚓
avril-1er oct. – **R** conseillée saison – 🔲 2 pers. 30, pers. suppl. 10 🏕 10 (15A)

DARBRES

07170 Ardèche – 213 h.

🏕 **Les Charmilles** ⚬ ≤ « Cadre agréable », ℘ 75 94 25 22, S : 2,4 km par D 258 rte de Mirabel – Véhicule tracteur pour placer les caravanes
4 ha (90 empl.) ⚬┱ accidenté et en terrasses, herbeux, pierreux ⚲⚲ – 🍴 ⬚ ⚬┱
🔲 ⊕ ⚲ 🍽 ⚓ 🔲 – ✘ 🔭 ⚓ – Location : 🚐
Pâques-sept. – **R** conseillée juil.-août – 🔲 piscine comprise 2 pers. 85, pers. suppl. 15 🏕 15 (5A)

🏕 Les Lavandes ≤, ℘ 75 94 20 65, au bourg
1,5 ha (75 empl.) ⚬┱ plat, en terrasses, herbeux, pierreux 🔲 ⚲ – ⬚ ⚬┱ 🔲 ⊕ 🍽
✘ snack – 🔲 🔭 ⚓ – A proximité : 🚵

🏕 **Les Lorraines** (aire naturelle) ⚬ ≤ vallée et montagne, ℘ 75 94 20 05, S : 1,5 km par D 258 rte de Mirabel puis chemin à gauche
2 ha (25 empl.) ⚬┱ en terrasses, herbeux, pierreux – 🍴 – ⚓ – Location : appartements
15 juin-15 sept. – **R** – 🔲 2 pers. 80, pers. suppl. 20

DAUPHIN

04300 Alpes-de-H.-Pr. – 684 h.

🏕 **L'Eau Vive**, ℘ 92 79 51 91, au NO du bourg, sur D 13 rte de Forcalquier, bord de la Laye
3 ha (120 empl.) ⚬┱ plat, pierreux, herbeux ⚲⚲ (1 ha) – 🍴 ⬚ ⚲ 🔲 ⊕ 🔲 – 🔲
✘ 🚵 ⚓ ⚓ – Location : 🚐
avril-sept. – **R** conseillée juil.-août – 🔲 piscine comprise 2 pers. 70 🏕 12 (3A) 15 (6A)

DAX ⟨SP⟩

40100 Landes – 19 309 h. –
♨ Atrium.
🅸 Office de Tourisme, pl. Thiers
🌶 58 90 20 00

▴▴▴ **Les Chênes**, 🌶 58 90 05 53, O : au Bois de Boulogne, à 200 m de l'Adour
5 ha (230 empl.) ⊶ plat, herbeux, sablonneux, gravillons ⌑ (caravaning) 🏊 –
🗂 ⇔ 🛁 🖫 🖦 🗖 🚿 ⚁ ▽ 🗄 ♈ ✕ 🛒 🗄 – 🖾 – A proximité : 🐎 et poneys,
practice de golf – Location : 🖾, studios

▴▴▴ **les Pins du Soleil**, 🌶 58 91 37 91 ⊠ St-Paul-lès-Dax 40990, NO : 6,4 km
par N 124 rte de Bayonne et à gauche par D 459
6 ha (145 empl.) ⊶ plat, herbeux, sablonneux ⌑ 🏊 (1,5 ha) – 🗂 ⇔ 🛁 🖫 🖦
⚁ ⚁ ▽ 🗄 🗄 – 🏊 – Location : 🖾 🏠
10 avril-oct. – **R** conseillée juil.-août – 🖽 piscine comprise 2 pers. 65 (95 avec
élect. 5A)

▴▴▴ **L'Étang d'Ardy** 🦢, 🌶 58 97 57 74 ⊠ 40990 St-Paul-lès-Dax, O : 5,5 km par
N 124 rte de Bayonne puis 0,6 km par chemin à droite, bord d'un étang
3 ha (68 empl.) ⊶ plat, herbeux, sablonneux ⌑ 🏊 ⇔ 🛁 – 48 sanitaires
individuels (🗂 ⇔ 🛁 wc) 🖦 ⚁ ⚁ ▽ 🗄 – Garage pour caravanes – 🏊 – Location :
🖾
avril-17 oct. – **R** conseillée – 🕴 15,50 🖽 21 (31 avec sanit. indiv.) 🔌 11 (5A)
16 (10A)

▴▴▴ **Christus** 🦢, 🌶 58 91 65 34 ⊠ 40990 St-Paul-lès-Dax, NO : 7,5 km par rte de
Bayonne, D 16 à droite et chemin d'Abesse
4 ha (100 empl.) plat, herbeux, sablonneux ⌑ – 🗂 ⇔ 🛁 🖫 🖦 🖦 ⚁ ⚁ 🛒 🗄 –
🖾 ⚳ – Location : 🖾, chalets

▴▴ **St-Vincent-de-Paul**, 🌶 58 89 99 60 ⊠ 40990 St-Paul-lès-Dax, à **St-Vincent-
de-Paul**, NE : 6 km, par rte de Mont-de-Marsan, à 200 m de la N 124, r. du stade
1,8 ha (97 empl.) ⊶ plat et peu incliné, herbeux ⌑ – 🗂 ⇔ 🛁 🖦 🖦 🖦 ⚁ 🗄 –
A proximité : ⚳ – Location : 🖾
avril-oct. – **R** conseillée – 🕴 10 🖽 18 🔌 10 (3 ou 6A)

▴ **Le Luy**, 🌶 58 74 35 42 ⊠ 40180 Seyresse, à **Seyresse**, S : 2,5 km, bord du Luy
2,3 ha (166 empl.) ⊶ plat, herbeux 🏊 – 🗂 ⇔ 🛁 🖫 ⚁ 🗄 – 🛒 – Location :
🖾
mars-5 oct. – **R** – 🕴 12 🖽 14 🔌 11 (3A) 15 (6A)

DEAUVILLE

14800 Calvados – 4 261 h.
🅸 Office de Tourisme, pl. de la Mairie
🌶 31 88 21 43

à St-Arnoult S : 3 km par D 278 – ⊠ 14800 St-Arnoult :

▴▴▴ **La Vallée** « Cadre agréable », 🌶 31 88 58 17, S : 1 km par D 27 rte de
Varaville et D 275 rte de Beaumont-en-Auge à gauche, bord d'un ruisseau et
près d'un plan d'eau
3 ha (266 empl.) ⊶ plat, herbeux 🏊 (2 ha) – 🗂 ⇔ 🛁 🖦 🖫 ⚁ 🛒 ♈ cafétéria
🖦 🗄 – 🖾 🛒 🏊 – Location : 🖾 🖾 🏠
Pâques-oct. – **R** conseillée juil.-août – 🕴 27,50 piscine comprise 🖽 29,50
🔌 24,20 (4A) 29,70 (6A) 41,80 (10A)

à Touques SE : 3 km – ⊠ 14800 Touques :

▴▴▴ **Les Haras** ≼ « Cadre agréable », 🌶 31 88 44 84, sortie NE par D 62 rte
d'Honfleur et à gauche, chemin du calvaire
4 ha (250 empl.) ⊶ plat et peu incliné, herbeux ⌑ 🏊 – 🗂 ⇔ 🖦 🗄 ⚁ 🖦 ♈
🖦 🗄 – 🖾 🚿

DECAZEVILLE

12300 Aveyron – 7 754 h.
🅸 Office de Tourisme, square
J.-Ségalat 🌶 65 43 18 36

▴▴▴ **Intercommunal Roquelongue** ≼, 🌶 65 63 30 11, NO : 4,5 km par D 963, D 21
et D 42 rte de Boisse-Penchot, bord du Lot
3,5 ha (65 empl.) ⊶ plat, pierreux, herbeux ⌑ – (🗂 🖦 mai-sept.) 🖫 ⚁ ⚁ ▽
♈ – 🖾 ⚳ 🚿

DELLE

90100 Ter.-de-Belfort – 6 992 h.
🅸 Office de Tourisme, av. du Général-
de-Gaulle 🌶 84 36 03 06

à Joncherey N : 2 km rte de Belfort – ⊠ 90100 Joncherey :

▴▴ **Municipal du Passe-Loup** 🦢, 🌶 84 56 32 63, N : 1,5 km par D 3 rte de
Boron et chemin à droite, près d'étangs et à l'orée d'un bois
2,4 ha (150 empl.) ⊶ peu incliné à incliné, herbeux 🏊🏊 (1 ha) – 🗂 ⚁
Pâques-oct. – Places limitées pour le passage – **R** conseillée – Tarif 92 : 🖽 2 pers.
35, pers. suppl. 6,10 🔌 10

DENNEVILLE

50580 Manche – 442 h.

▴▴ **L'Espérance** 🦢, 🌶 33 07 12 71, O : 3,5 km par D 137, à 500 m de la plage
2 ha (100 empl.) ⊶ plat, herbeux, sablonneux 🏊 (1 ha) – 🗂 🖦 ⚁ 🗄 – 🖾
♨ – A proximité : ⚳ – Location : 🖾
avril-oct. – Places disponibles pour le passage – **R** conseillée août – Tarif 92 : 🕴
15 🖽 16 🔌 14 (4A) 20 (6A)

DESCARTES

37160 I.-et-L. – 4 120 h.
🅸 Syndicat d'Initiative, Mairie
🌶 47 59 70 50

▴▴ **Municipal la Grosse Motte** « Parc », 🌶 47 59 85 90, sortie S par D 750
rte du Blanc et allée des Sports à droite, bord de la Creuse
1 ha (50 empl.) ⊶ (saison) plat et accidenté, herbeux 🏊🏊 – 🗂 ⇔ 🖦 🗄 ⚁
– A proximité : ⚳ ♨ 🛒 – Location : gîte d'étape
3 avril-oct. – **R** – 🕴 8,80 🚗 8,80 🖽 8,80 🔌 8,80 (10A)

Les DEUX-ALPES

38860 Isère – alt. 1 660 – 🌨.
🅱 Office de Tourisme ☏ 76 79 22 00

▲▲ **Caravaneige des 2 Alpes** ❄ ≼, ☏ 76 79 20 47, sortie N
0,6 ha (87 empl.) ⟜ plat et peu incliné, herbeux, pierreux – 🚿 🛁 🚻 ▥ ☺ –
A proximité : ✗ – Location : 🛏, studios
26 oct.-2 mai, 26 juin-4 sept. – **R** indispensable hiver, conseillée été – ★ 20 🚗
11 ▣ 12,50 ⚡ 15 (2A) 33 (6A) 40 (8 ou 10A)

DÉVILLE-LES-ROUEN **76** S.-Mar. – ⧉ ⑥ – rattaché à Rouen

DIE ⏤

26150 Drôme – 4 230 h.
🅱 Office de Tourisme, pl. Saint-Pierre
☏ 75 22 03 03

▲▲▲ **La Pinède** 🕭 ≼ « Cadre agréable », ☏ 75 22 17 77, O : sortie par D 93 rte
de Crest puis 1 km par chemin à gauche, bord de la Drôme – Accès peu facile
pour caravanes
5 ha (110 empl.) ⟜ plat et en terrasses, pierreux, herbeux 🚰 ♀ – 🚿 ⇋ 🛁 🛒
☺ 🏊 ✗ ✗ 🎣 – 🛒 ✗ 🏓 🎣
mai-15 sept. – **R** conseillée – ▣ piscine comprise 2 pers. 55, pers. suppl. 20
⚡ 15 (4A) 25 (10A)

▲▲▲ **Le Glandasse** 🕭 ≼, ☏ 75 22 02 50, SE : 1 km par D 93 rte de Gap puis
chemin à droite, bord de la Drôme
1,5 ha (90 empl.) ⟜ peu incliné et plat, herbeux, pierreux 🚰 ♀♀ (1 ha) – 🚿 🛁
🛒 🛁 ☺ – 🛒 🎣 vélos – Location : 🛏
avril-15 sept. – **R** conseillée – Tarif 92 : ★ 16 ▣ 22 ⚡ 12 (3A) 18 (6A)

▲▲ **Chamarges** ≼, ☏ 75 22 14 13, NO : 2 km par D 93 rte de Crest, bord de la
Drôme
2,5 ha (100 empl.) ⟜ (saison) plat, herbeux – 🚿 🛁 🛒 🛁 ☺ 🎣 🎣
Pâques-sept. – **R** juil.-août – ★ 13,80 piscine comprise ▣ 8,10 ⚡ 10,50 (3A)
14 (6A)

DIENVILLE

10500 Aube – 796 h.

▲▲ **le Tertre,** ☏ 25 92 26 50, sortie O sur D 11 rte de Radonvilliers, face à la
Station Nautique et de Loisirs
3,5 ha (102 empl.) ⟜ plat, herbeux 🚰 – 🚿 ⇋ 🛁 🛒 ☺ 🎣 ✗ – Location :
🛏
fermé déc. – **R** – ★ 14 ▣ 20 ⚡ 10 (4A)

DIEPPE ⏤

76200 S.-Mar. – 35 894 h.
🅱 Office de Tourisme, Pont
Jehan-Ango, quai du Carénage
☏ 35 84 11 77 et Rotonde de la Plage
(juil.-août) ☏ 35 84 28 70

▲▲▲ **La Source** « Cadre agréable », ☏ 35 84 27 04 ✉ 76550 Offranville, SO :
3 km par D 925 rte du Havre puis D 153 à gauche, à Petit-Appeville, bord de
la Scie
2,5 ha (120 empl.) ⟜ plat, herbeux ♀ – 🚿 ⇋ 🛁 🛒 🛁 – 🛒 🎣
15 mars-15 oct. – **R** – ★ 17 🚗 6 ▣ 17/22 ⚡ 10,50 (3 à 10A)

▲▲▲ **Vitamin',** ☏ 35 82 11 11, S : 3 km par N 27 rte de Rouen et à droite chemin
des Vertus
6 ha (84 empl.) ⟜ plat, herbeux – 🚿 ⇋ 🛁 ▥ ☺ 🖥 🛒 – 🎣 A l'entrée : ♀ –
A proximité : sauna, squash 🏇 ✗ ✗ 🖥
Permanent – **R** conseillée – ★ 15 piscine comprise ▣ élect. (10A) comprise
20/35

DIEULEFIT

26220 Drôme – 2 924 h.

▲▲ **Municipal les Grands Prés** 🕭, ☏ 75 46 87 50, sortie O par D 540 rte de
Montélimar, près du Jabron – Pour piétons : accès direct au bourg
1,8 ha (110 empl.) ⟜ plat, herbeux ♀♀ (1 ha) – 🚿 🛁 ☺ – 🛒 ✗ – A proximité :
🏇 🎣
avril-sept. – **R** conseillée – ★ 8,50 ▣ 15 ⚡ 10 (3 à 10A)

DIGNE-LES-BAINS ℗

04000 Alpes-de-H.-Pr. – 16 087 h.
alt. 608 – ♨ fév.-déc.
🅱 Office de Tourisme et Accueil de
France, le Rond-Point ☏ 92 31 42 73

▲▲▲ **Les Eaux Chaudes** 🕭 ≼, ☏ 92 32 31 04, Fax 92 33 50 49, SE : 1,5 km par
D 20 rte des thermes, bord d'un ruisseau
3,7 ha (163 empl.) ⟜ plat, herbeux – 🚿 ⇋ 🛁 🛒 ▥ ▥ ☺ 🎣 ✗ 🛒 🎣 – 🛒
– A proximité : ✗ parcours sportif, vélos
avril-oct. – **R** conseillée – ▣ 2 pers. 65, pers. suppl. 18 ⚡ 14 (4A) 18 (6A) 28
(10A)

DIGOIN

71160 S.-et-L. – 10 032 h.
🅱 Office de Tourisme, 8 r.
Guilleminot (avril-1ᵉʳ nov.)
☏ 85 53 00 81 et pl. de la Grève (juil.-
sept.) ☏ 85 88 56 12

▲▲ **Municipal de la Chevrette,** ☏ 85 53 11 49, sortie O en direction de
Moulins, vers le stade municipal, près de la Loire
1,6 ha (100 empl.) ⟜ plat et terrasse, herbeux, gravillons 🚰 – 🚿 ⇋ 🛁 🛒 ▥
☺ 🎣 ✗ 🖥 – A proximité : 🎣
mars-oct. – **R** conseillée juil.-août – ★ 9,60 ▣ 19,50 ⚡ 10 ou 15 (10A)

DINAN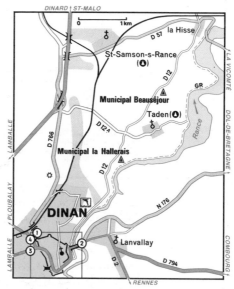

DINAN ⬟

22100 C.-d'Armor – 11 591 h.
🛈 Office de Tourisme, 6 r. de
l'Horloge ☎ 96 39 75 40

4 – 59 ⑮ G. Bretagne

à St-Samson-sur-Rance N : 4,5 km par D 766 rte de Dinard et D 57 à droite
✉ 22100 St-Samson-sur-Rance :

🔺 Municipal Beauséjour �️, ☎ 96 39 53 27, E : 3 km, sur D 12
3 ha (120 empl.) ⊶ plat, herbeux – 🗓 ⬮ ⬮ 🗓 ⊕ 🔲 – �̲ – A proximité : 🍴 ⬮

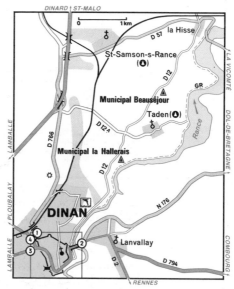

à Taden NE : 3,5 KM par ② et D 2 à droite avant le pont, rte de
Plöuet-sur-Rance – ✉ 22100 Taden :

🔺🔺 **Municipal de la Hallerais** 🌿 « Cadre agréable », ☎ 96 39 15 93, au SO
du bourg, accès direct à la Rance
5 ha (223 empl.) ⊶ plat, peu incliné et en terrasses, herbeux 🔲 ⬮ – 🗓 ⬮ ⬮
🗓 ⬛ ⬮ ⬮ ⬮ 🍴 ⬮ 🔲 – �̲ ⬮ ⬮ ⬮ ⬮
15 mars-oct. – **R** *conseillée juil.-15 août* – *Tarif 92 :* 🔹 *15,90* ⬮ *3,60* 🔲 *21,35*

▶ **Michelinkaarten** *worden voortdurend bijgewerkt.*

DINARD

4 – 59 ⑤ G. Bretagne

35800 I.-et-V. – 9 918 h.
🛈 Office de Tourisme, 2 bd Féart
☎ 99 46 94 12

🔺🔺 **La Ville Mauny** 🌿, ☎ 99 46 94 73, Fax 99 88 14 68, SO : 2 km par bld Jules
Verger, près d'un étang
4 ha (174 empl.) ⊶ plat, herbeux ⬮ – 🗓 ⬮ ⬮ 🗓 sauna ⬛ ⬮ ⬮ ⬮ 🍴 ⬮ 🔲
– �̲ ⬮ ⬮ – Location : ⬮ ⬮
Pâques-15 oct. – **R** *conseillée* – 🔹 *20 piscine comprise* ⬮ *9* 🔲 *40* 🔲 *13 (3A)*
18 (6A) 25 (10A)

🔺🔺 **Le Prieuré,** ☎ 99 46 20 04, sortie SE par D 114, av. de la Vicomté, à 200 m
de la plage
1,4 ha (100 empl.) ⊶ plat et en terrasses, herbeux 🔲 – 🗓 ⬮ ⬮ 🗓 ⊕ ⬮ ⬮
⬮ – �̲ ⬮ – Location : ⬮ ⬮
Pâques-sept. – **R** *conseillée 20 juin-10 sept.* – *Tarif 92 :* 🔹 *15* ⬮ *8* 🔲 *30*
🔲 *10 (3A) 15 (6A) 21 (10A)*

🔺🔺 **Municipal du Port Blanc** ⬮, ☎ 99 46 10 74, O : 1,5 km par D 786 rte de
St-Lunaire, r. du Sergent-Boulanger, bord de plage
7 ha (500 empl.) ⊶ plat, peu incliné, en terrasses, herbeux, sablonneux – 🗓 ⬮
⬮ 🗓 ⊕ ⬮ ⬮ ⬮ 🔲 – �̲ ⬮
avril-sept. – **R** *juil.-août* – *Tarif 92 :* 🔹 *10,40* ⬮ *6,40* 🔲 *10,40* 🔲 *5 par ampère
(1 à 6A)*

à la Richardais SE : 3,5 km par ① – ✉ 35780 la Richardais :

🔺 Municipal, ☎ 99 88 50 80, sortie O, en 2 camps distincts : Bellevue et Les
Étangs
3 ha (270 empl.) ⊶ (avril-sept.) plat et peu incliné, herbeux ⬮ (1,5 ha) – 🗓 ⬮
⬮ ⊕ – A proximité : ⬮

DIOU

11 – 69 ⑮ ⑯

03490 Allier – 1 650 h.

🔺 Municipal du Gué de Loire, au bourg, près du stade et de la Loire
1 ha (25 empl.) plat, herbeux 🔲 ⬮ – 🗓 ⬮ ⬮ ⊕ – A proximité : ⬮

183

DIVES-SUR-MER

14160 Calvados – 5 344 h.

△△△ Municipal les Tilleuls ≤ « Entrée fleurie », ℘ 31 91 25 21, sortie E rte de Lisieux
4 ha (250 empl.) ⊶ vallonné, prairie – 🏠 ↔ 🖒 க ⊛

DOL-DE-BRETAGNE

🖸 – 🖾 ⑥ G. Bretagne

35120 I.-et-V. – 4 629 h.

🖪 Office de Tourisme, Grande Rue
des Stuarts (juin-sept.) ℘ 99 48 15 37

△△△ **Les Ormes** ఉ ≤ « Beau château du 16ᵉ siècle entouré de bois et d'étangs »,
℘ 99 73 49 59, Fax 99 73 49 55 ⊠ 35120 Epiniac, S : 7,5 km par D 795 rte de
Combourg puis chemin à gauche
150 ha/25 campables (450 empl.) ⊶ plat et peu incliné, herbeux ꩜ (5 ha) –
🏠 ↔ 🖒 க ⊛ 🖳 🗜 🍴 ✗ ⚲ 🖰 ☐ – 🚉 discothèque ✗ 🏀 ⛷ ⛳ golf
20 mai-10 sept. – **R** conseillée – ⚡ 26 piscine comprise 🖻 60 🅚 13 (3A) 15
(6A)

△△△ **Ferme-Camping du Vieux Chêne** « Cadre agréable », ℘ 99 48 09 55,
Fax 99 48 13 37 ⊠ 35120 Baguer-Pican, E : 5 km sur N 176 rte de Pontorson,
bord d'étangs
4 ha/2 campables (160 empl.) ⊶ plat, peu incliné, herbeux ☐ ꩜ – 🏠 ↔ 🖒
🅚 ⊛ 🗜 snack ⚖ 🖰 – 🚉 ✗ 🏀 ⛷ ⚲ poneys – Location : 🚐
10 avril-15 sept. – **R** conseillée juil.-août – ⚡ 26 piscine et tennis compris 🖻 42
🅚 13 (4 ou 6A)

△△△ **Municipal des Tendières,** ℘ 99 48 14 68, sortie SO, r. de Dinan, bord du
Guioult et d'un petit étang
1,7 ha (95 empl.) ⊶ plat, herbeux ⚲ (1 ha) – 🏠 ↔ 🖒 🅚 ⊛
mai-sept. – **R** – Tarif 92 : ⚡ 10 ⇔ 4,50 🖻 4,50/9 🅚 9,90 (16A)

DOLE ◁➌➤

🖸🖸 – 🖸🖸 ③ G. Jura

39100 Jura – 26 577 h.

🖪 Office de Tourisme, 6 pl. Grévy
℘ 84 72 11 22 et rte de Paris
(juil.-août) ℘ 84 72 05 41

△△△ **Le Pasquier,** ℘ 84 72 02 61, Fax 84 79 23 44, SE par av. Jean-Jaurès, près du
Doubs
2 ha (120 empl.) ⊶ plat, herbeux ⚲ – 🏠 ↔ 🖒 🅚 ⊛ ⚖ ▽ 🖳 – ⚲ –
A proximité : ≋
15 mars-oct. – **R** conseillée juil.-août – 🖻 2 pers. 50 🅚 13 (4A) 19 (6A) 34 (10A)

à Nenon NE : 10 km par N 73 et D 76 à droite – ⊠ 39100 Nenon :

△△△ **Les Marronniers** ఉ , ℘ 84 70 50 37 ⊠ 39700 Rochefort-sur-Nenon, NE du
bourg
3,8 ha (90 empl.) ⊶ plat, herbeux ☐ ⚲ – 🏠 ↔ 🖒 🅚 ⊛ ⚖ ▽ 🗜 ⚖ 🖰 – 🚉
🏀 ⚲ ≋ (bassin) – Location : 🚐
avril-oct. – **R** conseillée juil.-août – 🖻 2 pers. 60, pers. suppl. 14 🅚 16 (10A)

à Parcey S : 8 km par D 405 – ⊠ 39100 Parcey :

△△△ **Les Bords de Loue** ఉ « Situation agréable au bord de la Loue »,
℘ 84 71 03 82, au SO du bourg
10 ha (200 empl.) ⊶ plat, herbeux ⚲ – 🏠 ↔ 🖒 🏠 🅚 க ⊛ 🗜 🖳 – ✗ ⚲
🖰 ≋ vélos – Location : 🚐
15 avril-sept. – **R** conseillée – ⚡ 18 piscine comprise 🖻 25 🅚 13 (3A)

DOLUS-D'OLÉRON 17 Char.-Mar. – 🖾 ⑭ – voir à Oléron (Ile d')

DOMPIERRE-SUR-BESBRE

🖸🖸 – 🖾 ⑮

03290 Allier – 3 807 h.

△△△ **Municipal** ఉ « Cadre agréable », ℘ 70 34 55 57, sortie SE par N 79 rte de
Digoin, bord de la Besbre
1 ha (57 empl.) ⊶ plat, herbeux ☐ – 🏠 ↔ 🖒 ⊛ ⚖ ▽ – ⚲ – A proximité :
✗ 🎱
mai-sept. – **R** – Tarif 92 : ⚡ 9 ⇔ 2,70 🖻 2,70 🅚 7 (10A)

DOMPIERRE-SUR-CHARENTE

🖸 – 🖾 ⑤

17160 Charente – 398 h.

△ **Municipal la Fontaine du Pré St-Jean,** au sud du bourg, près de la
Charente
1 ha (100 empl.) plat, herbeux – 🏠 ↔ 🖒 ⊛ – A proximité : ✗
15 juin-août – **R** – ⚡ 7 🖻 16 🅚 7 (15A)

DOMPIERRE-SUR-VEYLE

🖸🖸 – 🖾 ③

01240 Ain – 828 h.

△△△ **Municipal** ఉ , sortie O par D 17 et à gauche, bord de la Veyle et à 150 m
d'un plan d'eau
1,2 ha (50 empl.) ⊶ plat, herbeux, gravier ☐ ⚲ (0,5 ha) – 🏠 ↔ 🖒 ⊛ –
A proximité : ✗ ⚲
avril-25 oct. – *Places limitées pour le passage* – **R** conseillée – ⚡ 5,60 ⇔ 2,80
🖻 3,70 🅚 7

Le DONJON

🖸🖸 – 🖾 ⑯

03130 Allier – 1 258 h.

△△ **Municipal** ఉ , sortie N par D 166 rte de Monétay-sur-Loire
0,5 ha (40 empl.) ⊶ peu incliné, herbeux ⚲ – 🏠 ↔ 🖒 🅚 ⊛ ⚖ ▽ – 🚉
juin-15 sept. – **R** – ⚡ 6,80 ⇔ 2,90 🖻 6,80 🅚 12,90 (10A)

DONZENAC
10 – 75 ⑧ G. Périgord Quercy

19270 Corrèze – 2 050 h.
🅱 Syndicat d'Initiative, av. de Paris (juil.-sept.) et Mairie (hors saison) ℰ 55 85 72 33

🔺 **Municipal la Rivière**, ℰ 55 85 63 95, à 1,6 km au S du bourg par rte de Brive et chemin, bord du Maumont
0,8 ha (78 empl.) ⚬ plat, herbeux ♀ – 🏠 ⚶ ⚐ ⊛ 🔲 – ✗ ⚓ ◿ – A proximité : 🛖
20 juin-20 sept. – **R** – ★ 9 🔳 16 🅷 11 (15A)

DORNAS
11 – 76 ⑲

07160 Ardèche – 269 h. alt. 630

🔺 **Municipal la Gandole** ≤, ℰ 75 29 23 45, SO : 0,6 km par rte de Mézilhac, près du Dorne
0,5 ha (11 empl.) peu incliné, herbeux, pierreux – 🏠 ⚶ ⚐ ⚓ ⊛ – ≈
15 juin-15 sept. – **R** – 🔳 2 pers. 40 🅷 10 (6A)

DORNES
11 – 69 ④

58390 Nièvre – 1 257 h.

🔺 **Municipal des Baillys** ⚶, ℰ 86 50 64 55, O : 2,3 km par D 13 et D 22 rte de Chantenay puis 0,5 km par chemin à gauche, près d'un étang
0,7 ha (20 empl.) plat, herbeux – 🏠 ⚶ ⚐ ⚓ ⊛ ⚓
15 juin-août – **R** conseillée – ★ 8,50 ⚗ 4 🔳 4 🅷 12,50

DOUARNENEZ
3 – 58 ⑭ G. Bretagne

29231 Finistère – 16 457 h.
🅱 Office de Tourisme, 2 r. du Docteur-Mével ℰ 98 92 13 35 et Port de Plaisance à Tréboul (15 juin-15 sept.) ℰ 98 74 22 08

à Tréboul O par Bld Jean Moulin et rue du Commandant Fernand
✉ 29100 Douarnenez :

🔺 **Kerleyou** ⚶, ℰ 98 74 13 03, O : 1 km par r. du Préfet-Collignon
3,5 ha (100 empl.) ⚬ plat et peu incliné, herbeux 🔲 ♀ (2 ha) – 🏠 ⚶ ⚐ 🔲 ⊛
♀ – ⚓ – Location : 🏚
16 mai-12 sept. – **R** conseillée juil.-août – ★ 13 ⚗ 7 🔳 13 🅷 10 (10A)

🔺 **Trézulien** ⚶ ≤, ℰ 98 74 12 30, par r. Frédéric-Le-Guyader
3 ha (200 empl.) ⚬ (saison) en terrasses, peu incliné, herbeux – 🏠 ⚶ ⚐ ⚐
⊛ 🔲
vac. de printemps-15 sept. – **R** conseillée – Tarif 92 : ★ 14 ⚗ 6,50 🔳 14,50 🅷 8,50 (2A) 9 (3A) 9,50 (4A)

à Poullan-sur-Mer O : 7,5 km par D 7 – ✉ 29100 Poullan-sur-Mer :

🔺 **Le Pil Koad** ⚶ « Cadre agréable », ℰ 98 74 26 39, Fax 98 74 55 97, à 0,6 km à l'est de la localité de Poullan-sur-Mer
3,5 ha (166 empl.) ⚬ plat, herbeux 🔲 ♀ (2 ha) – 🏠 ⚶ ⚐ 🔲 ⚓ ⊛ ⚐ ⚓ 🌲 ⚓
♀ ⚶ 🔲 – 🏚 discothèque ✗ ⚓ ⚓ ◿ – Location : 🏚 🏚
15 avril-sept. – **R** conseillée juin-sept. – ★ 25 piscine comprise 🔳 55 🅷 18 (10A)

DOUCIER
12 – 70 ⑭ ⑮ G. Jura

39130 Jura – 231 h.

🔺 **Domaine du Chalain** ⚶ ≤ « Site et cadre agréables », ℰ 84 24 29 00, Fax 84 24 94 07, NE : 3 km, bord du lac
110 ha/15 campables (830 empl.) ⚬ plat, herbeux, pierreux ♀♀ – 🏠 ⚶ ⚐ 🔲
⚐ ⚓ ⚓ 🌲 ♀ ✗ crêperie ⚓ 🔲 – ✗ ⚓ ⚓ ⚓ vélos
15 mai-15 sept. – **R** indispensable 10 juil.-16 août – 🔳 3 pers. 108 🅷 14 (7A)

DOUÉ-LA-FONTAINE
9 – 64 ⑪ G. Châteaux de la Loire

49700 M.-et-L. – 7 260 h.
🅱 Office de Tourisme, pl. Champ de Foire (fermé nov.-fév.) ℰ 41 59 20 49

🔺 **Municipal le Douet**, ℰ 41 59 14 47, NO : 1 km par D 761 rte d'Angers, au stade, bord du Doué
2 ha (180 empl.) ⚬ plat, herbeux ♀ (0,8 ha) – 🏠 ⚐ 🔲 ⚓ ⊛ – 🏚 – A proximité :
✗ ⚓ ◿
avril-15 oct. – **R** – ★ 8 🔳 9,50 🅷 7 (4A) 9,50 (10A)

DUCEY
4 – 59 ⑧ G. Normandie Cotentin

50220 Manche – 2 069 h.

🔺 **Municipal la Sélune**, ℰ 33 48 46 49, sortie O par N 176 et D 178 rte de St-Aubin-de-Terregatte à gauche, au stade
0,42 ha (40 empl.) plat, herbeux 🔲 – 🏠 ⚶ ⚐ ⊛ – A proximité : ✗
avril-sept. – **R** – ★ 11,40 ⚗ 2,50 🔳 4,40 🅷 7,40 (6A)

DUN-LE-PALESTEL
10 – 68 ⑱

23800 Creuse – 1 203 h.
🅱 Syndicat d'Initiative, r. des Sabots (15 juin-15 sept.) ℰ 55 89 00 75 et Mairie ℰ 55 89 01 30

🔺 **Municipal de la Forêt**, N : 1,5 km par D 913 rte d'Éguzon et à droite
1,2 ha (40 empl.) plat, peu incliné, herbeux – 🏠 ⚶ ⚐ ⊛
15 juin-15 sept. – **R** – ★ 5 et 12 pour eau chaude et élect. ⚗ 2 🔳 3

DUN-SUR-MEUSE
55110 Meuse – 806 h.

7 – 56 ⑩ G. Alsace Lorraine

▲ **Kity Caravann'Inn,** ℰ 29 80 81 90, N : 1 km par D 964 rte de Stenay, bord d'un étang
7 ha (125 empl.) ⚊ plat, herbeux, gravier ♀ – 🛖 ⛺ 🅿 ⊛ ☂ ▽ ⚊ 🛒 ⚑ – 🏊
avril-oct. – *Places disponibles pour le passage* – **R** *conseillée* – ♣ *10,50* 🚐 *11,50* 🔌 *13,20 (4A)*

DURAVEL
46700 Lot – 894 h.
🛈 Syndicat d'Initiative, pl. Mairie
(15 juin-15 sept.) ℰ 65 24 65 50

14 – 79 ⑦ G. Périgord Quercy

▲▲ **Club de Vacances,** ℰ 65 24 65 06, Fax 65 24 64 96, S : 2,3 km par D 58, rte du Port de Vire, bord du Lot
4,6 ha (241 empl.) ⚊ plat, herbeux 🖵 – 🛖 ⛺ 🖴 🗗 🅺 ⊛ ☂ ▽ ⚊ 🛒 ✕ 🌢
🖳 – 🔌 ✖ 🖵 – Location : 🏠 🚐 🏡
mai-23 oct. – **R** *conseillée juil.-août* – ♣ *24 piscine comprise* 🔲 *46* 🔌 *15 (6A)*

DURFORT
09130 Ariège – 111 h.

14 – 82 ⑱

▲ **Le Bourdieu** 🌢 ≼, ℰ 61 67 30 17, E : 3 km, accès fortement conseillé par D 626 et D 14 rte de Durfort, chemin à droite
16 ha/2,5 campables (24 empl.) ⚊ plat, peu incliné, en terrasses, herbeux, pierreux ♀♀ – 🛖 ⛺ 🖴 🅿 ⊛ ⚊ 🛒 ✕ 🌢 🖳 – 🖵 🗟 🌢 tir à l'arc – Location : 🚐
Permanent – **R** *conseillée juil.-août* – ♣ *12 piscine comprise* 🔲 *40* 🔌 *14 (6A)*

DURTAL
49430 M.-et-L. – 3 195 h.
🛈 Syndicat d'Initiative, Mairie
(juil.-août) ℰ 41 76 30 24

5 – 64 ② G. Châteaux de la Loire

▲▲ **International** 🌢 « Situation et cadre agréables », ℰ 41 76 31 80, sortie NE par rte de la Flèche et à droite, bord du Loir
3,5 ha (150 empl.) ⚊ plat, herbeux ♀ – 🛖 ⛺ 🖴 🅿 🗗 🅺 ⊛ 🖳 – 🖵 🌢
– A proximité : 🌢 parcours sportif
Pâques-sept. – **R** *conseillée* – 🔲 *élect. comprise 2 pers. 33,50, pers. suppl. 10,50*

EAUX-BONNES
64440 Pyr.-Atl. – 536 h. alt. 750 –
🏂 18 mai-sept.
🛈 Office de Tourisme, Jardin Darralde
ℰ 59 05 33 08

13 – 85 ⑯ G. Pyrénées Aquitaine

▲ **Iscoo** 🌢 ≼, E : 1,2 km par rte de Gourette et chemin à droite – alt. 800
1 ha (35 empl.) plat, prairie – 🛖 🗗 ⊛
juin-sept. – **R** – *Tarif 92 :* ♣ *9* 🚐 *6* 🔲 *7* 🔌 *8 (2A) 15 (4A) 18 (6 ou 8A)*

ECLASSAN
07370 Ardèche – 633 h.

11 – 76 ⑩

▲ **L'Oasis** 🌢 ≼, ℰ 75 34 56 23, NO : 4,5 km par rte de Fourany et à gauche, près de l'Ay
4,5 ha (30 empl.) ⚊ en terrasses, pierreux, herbeux 🖵 – 🛖 ⛺ 🖴 🗗 🅺 ⊛ ☂
▽ – 🖵 🌢 vélos, tir à l'arc
avril-15 oct. – **R** *conseillée juil.-août* – 🔲 *piscine comprise 2 pers. 67* 🔌 *12 (3A) 16 (6A)*

ÉCOMMOY
72220 Sarthe – 4 235 h.

5 – 64 ③

▲ Municipal des Vaugeons, ℰ 43 42 14 14, sortie NE rte du stade
1 ha (100 empl.) plat et peu incliné, sablonneux ♀ – 🛖 ⛺ 🖴 🗗 – 🌢 –
A proximité : ✖

EGAT
66120 Pyr.-Or. – 419 h. alt. 1 700

15 – 86 ⑯ G. Pyrénées Roussillon

▲ **Las Clotes** 🌢 ≼ Sierra del Cadi et Puigmal, ℰ 68 30 26 90, à 400 m au nord du bourg, bord d'un petit ruisseau
2 ha (80 empl.) ⚊ (saison) plat et en terrasses, accidenté, pierreux – 🛖 ⛺ 🖴
🕭 🏧 ⊛ 🖳 – 🖵
Permanent – **R** *conseillée juil.-août* – 🔲 *2 pers. 52, pers. suppl. 13* 🔌 *16 (3A) 21 (6A)*

ÉGUISHEIM
68420 H.-Rhin – 1 530 h.

8 – 62 ⑲ G. Alsace Lorraine

▲ **Municipal** 🌢 ≼ « Situation agréable près du vignoble », ℰ 89 23 19 39, sortie O
2 ha (108 empl.) ⚊ plat et peu incliné, herbeux – 🛖 🅿 🗗 ⊛
Pâques-sept. – **R** – *Tarif 92 :* ♣ *9,40* 🔲 *7,60/11,30* 🔌 *12,80 (4A) 20 (6A) 25 (10A)*

ELLIANT
29370 Finistère – 2 591 h.

3 – 58 ⑯

▲ **Municipal de Keryannic** 🌢 « Beaux emplacements délimités »,
ℰ 98 94 19 84, sortie SE rte de Rosporden et à gauche devant le supermarché, rte de Tourch puis à droite
1 ha (40 empl.) plat, herbeux 🖵 – 🛖 ⛺ 🖴 ⊛ – A proximité : ✖
juil.-août – **R** – ♣ *7,50* 🚐 *3,70* 🔲 *13,70* 🔌 *8,80 (5A)*

ELNE

66200 Pyr.-Or. – 6 262 h.
🛈 Office de Tourisme, Mairie
🕿 68 22 05 07

⚠ **Municipal Al Mouly,** 🕿 68 22 08 46, NE : 1,8 km par D 40 près de St-Cyprien, D 11 rte de Canet à gauche et av. Gustave Eiffel à droite
3 ha (285 empl.) ⊶ plat, herbeux, sablonneux – 🕾 ⇄ 🖰 🖰 🛦 ⊕ 🛪 ⌄ – ⍓
🖰
15 juin-15 sept. – **R** conseillée août – Tarif 92 : ⚹ 16 tennis compris 🗉 26,50
[⚡] 13,50 (4 ou 6A)

ÉMAGNY

25170 Doubs – 511 h.

⚠ **Municipal Beau Rivage,** 🕿 81 55 07 13, sortie N par D 8, près du pont, bord de l'Ognon
1,7 ha (97 empl.) ⊶ plat, herbeux ♀♀ (1 ha) – 🕾 ⊕ – 🚖 – A proximité : ⍓
mai-15 oct. – **R** – Tarif 92 : ⚹ 6 🚗 3,80 🗉 4,20 [⚡] 10 (5A)

EMBRUN

05200 H.-Alpes – 5 793 h. alt. 870.
🛈 Office de Tourisme, pl.
Général-Dosse 🕿 92 43 01 80

⚠ **Municipal de la Clapière,** 🕿 92 43 01 83, SO : 2,5 km par N 94 rte de Gap et à droite, près d'un plan d'eau
6,5 ha (446 empl.) ⊶ plat, accidenté et en terrasses, pierreux, herbeux ♀♀ – 🕾 ⇄ 🖰 🖰 🛦 ⊕ 🖰 – 🖾 🖰 – A proximité : 🛒 🍷 🗶 ⌄ ⍓ 🖰 🖾 (découverte l'été) 🚖 🛶 toboggan aquatique, parcours sportif
Pâques-sept. – **R** saison – 🗉 2 pers. 56,65, pers. suppl. 15,45 [⚡] 11,30 (moins de 5A) 20,60 (plus de 5A)

⚠ **Le Moulin** 🕭 ≤, 🕿 92 43 00 41, SO : 2 km par N 94 rte de Gap et route à gauche après le pont
1 ha (45 empl.) ⊶ peu incliné, pierreux, herbeux – 🕾 🖰 ⊕ 🖰
juin-15 sept. – **R** – ⚹ 16,50 🗉 19 [⚡] 10 (3A) 14 (5A)

⚠ **La Tour** 🕭 ≤, 🕿 92 43 17 66, SE : 3 km par D 994D et D 340 à droite après le pont, près de la Durance
1,5 ha (113 empl.) ⊶ peu incliné, herbeux ♀♀ verger – 🕾 ⚞ 🖰 ⊕ 🖰 – 🖾
10 juin-10 sept. – **R** – 🗉 2 pers. 45, pers. suppl. 14 [⚡] 7 (1A) 9 (2A) 12 (3A)

à Baratier S : 4 km par N 94 et D 40 – ✉ 05200 Baratier :

⚠ **Le Verger** Ⓜ 🕭 ≤ « Entrée fleurie et site agréable », 🕿 92 43 15 87, sortie O – Pour caravanes, accès conseillé par le village
2,5 ha (130 empl.) ⊶ peu incliné, en terrasses, herbeux, pierreux 🖂 ♀ – 🕾 ⇄ 🖰 🖰 ▥ ⊕ 🖰 – 🖾 🖰 – Location : pavillons
Permanent – **R** conseillée – Tarif 92 : 🗉 piscine comprise 2 pers. 66, pers. suppl. 21 [⚡] 10 (2A) 15 (5A) 20 (10A)

⚠ **Les Grillons** 🕭 ≤ Embrun et montagnes, 🕿 92 43 32 75, N : 1 km par D 40, D 340 et rte à gauche
1,5 ha (95 empl.) ⊶ peu incliné, herbeux – 🕾 ⚞ ⊕ 🖰 – ⍓ 🖰
21 juin-août – **R** conseillée – 🗉 piscine comprise 2 pers. 68, pers. suppl. 17 [⚡] 14 (3A) 16 (6A) 24 (10A)

⚠ **Les Esparons** 🕭 ≤ « Agréable verger », 🕿 92 43 02 73, sortie N par D 40 et D 340, près d'un torrent
1,5 ha (83 empl.) ⊶ plat et peu incliné, herbeux ♀ – 🕾 ⚞ 🖰 ⊕ 🖰 – 🖾
🖰
15 juin-août – **R** – ⚹ 15,50 piscine comprise 🗉 20 [⚡] 8 (2A) 11 (4A)

⚠ **Les Pommiers** (aire naturelle) ≤, 🕿 92 43 01 93, NO : 1 km, sur D 40
1 ha (25 empl.) ⊶ peu incliné, herbeux – 🕾 ⚞ 🖰 ⊕ – A proximité : 🐎 discothèque
15 juin-août – **R** conseillée juil.-15 août – 🗉 2 pers. 52, pers. suppl. 14 [⚡] 11 (4A)

ENCAMP Principauté d'Andorre – 86 ⑭ – voir à Andorre

ENGUIALES

12140 Aveyron – 186 h.

⚠ **Municipal le Fel** 🕭 ≤ vallée du Lot, 🕿 65 48 61 12, au lieu-dit Le Fel
0,4 ha (25 empl.) non clos, plat, pierreux, herbeux 🖂 – 🕾 ⇄ 🖰 🛦 ⊕ 🛪 – 🖾
⍓ 🖰
juin-sept. – **R** – 🗉 2 pers. 35/45, pers. suppl. 10 [⚡] 11

ENTRAINS-SUR-NOHAIN

58410 Nièvre – 1 052 h.

⚠ Municipal St-Cyr, sortie NE par D 1, 12 rte d'Etais, bord du Nohain et à 300 m d'un étang
0,5 ha (34 empl.) plat, herbeux 🖂 – 🕾 ⊕ 🛪 ⌄

ENTRAUNES

06470 Alpes-Mar. – 127 h.

⚠ Municipal le Tellier 🕭 ≤ « Situation agréable », au NE du bourg par chemin de Castel, près du Bourdoux
0,4 ha (24 empl.) peu incliné, herbeux, pierreux 🖂 – 🕾 🖰 ⊕

ENTRAYGUES-SUR-TRUYÈRE

12140 Aveyron – 1 495 h.

🛈 Syndicat d'Initiative, Tour-de-Ville
⌀ 65 44 56 10

▲ **Le Lauradiol** (Municipal de Campouriez) ⚞ ≪ Situation agréable ≫,
⌀ 65 44 53 95 ✉ 12460 Campouriez, N : 5 km par D 34 rte de St-Amans-
des-Cots, bord de la Selves (plan d'eau)
1,5 ha (47 empl.) ⊶ plat, sablonneux, pierreux, herbeux ☐ ⚲ – 🗊 ⇆ ⛺ 🗗 ⊕
🍴 ▽ 🖭 – 🍽 🔀 🛶 🔲
20 juin-10 sept. – **R** *conseillée* – *Tarif 92 :* 🎫 *tennis compris 1 à 6 pers. 35 à
55/45 à 65 avec élect.*

ENTRE-DEUX-GUIERS

38380 Isère – 1 544 h.

▲ **L'Arc-en-Ciel** ⚞ ≪ Décoration florale ≫, *⌀* 76 66 06 97, près du vieux pont,
bord du Guiers
1 ha (50 empl.) ⊶ plat, herbeux ⚲ – 🗊 ⇆ 🗗 🖭 ⊕ 🖲 – 🔲 – A proximité :
🍴 🛶 – Location : 🏠
mars-oct. – **R** *conseillée* – *⚊ 13,40 ⇌ 6,70* 🎫 *11,30* 😊 *8,20 (2A) 13,40 (4A)*

à *Miribel-les-Échelles* O : 5 km par D 49 – ✉ 38380 Miribel-les-Échelles :

▲ **Les Bourdons** ⚞ ⚞ ≪ Site agréable ≫, *⌀* 76 55 28 53, NO : 1,8 km par D 28
rte du col des Mille Martyrs et chemin à gauche – alt. 640
2 ha (90 empl.) ⊶ incliné et en terrasses, herbeux – 🗊 ⇆ ⇆ 🗗 ⚶ ⊕ ⚲ ▽
🔀 🍴 🔀 🔲 – 🔲 🛶 – 🎫 *piscine comprise 2 pers. 52* 😊 *9,20 (3A)
12,60 (6A) 20 (10A)*
fermé déc.-janv. – **R** *conseillée* –

ENTREMONT-LE-VIEUX

73670 Savoie – 444 h. alt. 820

▲ **L'Ourson** ⚞, *⌀* 79 65 86 48, sortie O par D 7 rte du Désert d'Entremont, bord
du Cozon – alt. 841
1 ha (40 empl.) ⊶ peu incliné, herbeux, gravillons ☐ – 🗊 ⇆ ⇆ 🗗 ⚶ 🖭 ⊕ –
🔲 – A proximité : 🍴 🔀
mai-15 oct. – **R** *conseillée* – *⚊ 17 ⇌ 6* 🎫 *15* 😊 *13,50 (3A) 27 (6A) 45 (10A)*

ÉPINAC

71360 S.-et-L. – 2 569 h.

▲ **Municipal le Pont Vert** Ⓜ ⚞ ≪ Cadre agréable ≫, *⌀* 85 82 18 06, sortie S
par D 43 et chemin à droite, bord de la Drée
2,9 ha (63 empl.) ⊶ (saison) plat, herbeux ☐ ⚲ – 🗊 ⚶ ⇆ 🗗 ⊕ 🍴 🖲 – 🍽 🛶
🔀 – Location : 🏠
mai-oct. – **R** – *⚊ 10,45 ⇌ 8* 🎫 *8,80* 😊 *14,60 (6A)*

ÉPINAL Ⓟ

88000 Vosges – 36 732 h.

🛈 Office de Tourisme, 13 r. de la
Comédie *⌀* 29 82 53 32

▲ **Municipal Parc du Château**, *⌀* 29 34 43 65, E : 2 km par D 11 rte de
Gerardmer et chemin du Petit Chaperon Rouge à droite
2 ha (92 empl.) ⊶ plat et peu incliné, herbeux, goudronné ☐ ⚲⚲ (1 ha) – 🗊
⚶ ⇆ ⛺ 🗗 ⊕ ⚲ ▽ – 🔲 – A proximité : 🔀 parc animalier
Permanent – **R** *juil.-août* – *⚊ 9 ⇌ 4* 🎫 *7/9* 😊 *15A : 13 (hiver 23)*

à *Sanchey* O : 8 km par rte de Darney – ✉ 88390 Sanchey :

▲ **Lac de Bouzey** ⚞, *⌀* 29 82 49 41, Fax 29 64 28 03, S : par D 41, à 50 m du
lac
2 ha (150 empl.) ⊶ plat, peu incliné et en terrasses, herbeux ☐ ⚲⚲ – 🗊 ⚶ ⛺
🗗 ⊕ ⚲ ▽ 🔀 🍴 🔀 🖲 – 🔲 – Location : 🏠
Permanent – **R** *conseillée juil.-août* – *⚊ 20* 🎫 *20* 😊 *15 (4A) 18 (6A) 21
(8A)*

EPISY

77250 S.-et-M. – 324 h.

▲ **Les Peupliers** ⚞, *⌀* (1) 64 45 80 00, NO : 0,9 km par D 148 rte de Fontainebleau, bord du Loing
5 ha (100 empl.) ⊶ plat, herbeux ⚲ – 🗊 ⇆ ⊕ – 🔲 🛶
Permanent – *Places limitées pour le passage* – **R** – *⚊ 12 ⇌ 10* 🎫 *10* 😊 *10
(4A)*

ERDEVEN

56410 Morbihan – 2 352 h.

▲ **Les Sept Saints**, *⌀* 97 55 52 65, Fax 97 55 22 67, NO : 2 km par D 781 rte
de Plouhinec et rte à gauche
5 ha (200 empl.) ⊶ plat et peu incliné, herbeux, pinède ☐ – 🗊 ⚶ ⛺ 🗗 ⊕ ⚲
▽ 🔀 🍴 🔀 🖲 – 🔲 🛶 –
15 mai-15 sept. – **R** *conseillée juil.-août* – *⚊ 22 piscine comprise* 🎫 *60* 😊 *15
(10A)*

▲ **Les Mégalithes**, *⌀* 97 55 68 76, S : 1,5 km par D 781 rte de Carnac et rte
à droite
4,3 ha (100 empl.) ⊶ plat, herbeux ☐ – 🗊 ⚶ ⛺ 🗗 ⚶ ⊕ 🖲 – Location : 🏠
juin-sept. – **R** *conseillée* – *⚊ 16 ⇌ 10* 🎫 *17* 😊 *13 (6 ou 10A)*

▲▲ **La Croëz-Villieu,** ℰ 97 55 68 27, SO : 1 km par rte de Kerhillio
2,5 ha (100 empl.) ⊶ (saison) plat, herbeux ⊡ – 🗂 ⇔ 🛁 🗟 ⊕ 🖳 – Location :
🚐
mai-15 sept. – **R** *conseillée 15 juil.-15 août* – ✚ *13,50* ⇘ *5,40* 🗉 *5,40/11,65*
🚿 10,55 (2 ou 3A) 11,55 (6A)

▲ **Idéal Camping,** ℰ 97 55 67 66, SO : 2,2 km rte de Kerhillio, à Lisveur
0,5 ha (35 empl.) ⊶ plat, herbeux ⊡ – 🗂 🏖 🗟 🕹 ⊕ 🍴 ✗ 🖳 – Location :
appartements
15 juin-15 sept. – **R** – ✚ *18* 🗉 *24* 🚿 *10 (10A)*

ERNÉE

53500 Mayenne – 6 052 h.

▲ **Municipal,** ℰ 43 05 19 90, sortie E rte de Mayenne et à gauche
2 ha (49 empl.) ⊶ plat et peu incliné, herbeux ⊡ 🍴 – 🗂 ⇔ 🛁 🗟 ⊕ – 🚗 –
A proximité : ✗ 🔲
Pâques-fin sept. – **R** – *Tarif 92 :* ✚ *11* ⇘ *7* 🗉 *7* 🚿 *10 (6A)*

ERQUY

22430 C.-d'Armor – 3 568 h.

🚩 Office de Tourisme, bd Mer
(vacances scolaires, mai-15 sept.,
fermé après-midi hors saison)
ℰ 96 72 30 12

▲▲▲ **Les Pins** 🦢, ℰ 96 72 31 12, Fax 96 28 65 91, N : 1 km
8 ha (300 empl.) ⊶ peu incliné et plat, herbeux 🍴 (1,5 ha) – 🗂 ⇔ 🛁 🗟 🕹 ⊕
🚗 ▽ 🖳 🍴 ✗ 🍴 🔲 – 🚙 ✗ 🛠 ⏳ – Location : 🚐
15 mai-15 sept. – **R** *conseillée* – ✚ *19 piscine comprise* ⇘ *13* 🗉 *29* 🚿 *15*
(6A)

▲▲ **Le Vieux Moulin** 🦢 « Cadre agréable » , ℰ 96 72 34 23, Fax 96 72 36 63, E :
2 km
2,5 ha (170 empl.) ⊶ plat et peu incliné, herbeux 🍴 – 🗂 ⇔ 🛁 🗟 🕹 ⊕ 🖳 🍴
crêperie 🛠 🖳 – 🚙 Salle de musculation 🛠 ⏳ half-court – Location :
🚐
avril-20 sept. – **R** *conseillée juil.-25 août* – ✚ *19 piscine comprise* ⇘ *13* 🗉
29 🚿 *15 (3A) 22 (6A)*

▲▲▲ **St-Pabu** 🦢 ≤, ℰ 96 72 24 65, SO : 4 km, près de la plage
4,5 ha (350 empl.) ⊶ plat, peu incliné et en terrasses, herbeux – 🗂 ⇔ 🏖 🗟
🕹 ⊕ 🖳 🍴 🖳 – 🚙 🛠
avril-sept. – **R** *conseillée 15 juil.-18 août – Tarif 92 :* ✚ *13* 🗉 *25* 🚿 *8 (2A) 13*
(6A)

▲ **Bellevue,** ℰ 96 72 33 04, SO : 5,5 km
2,2 ha (148 empl.) ⊶ plat, herbeux ⊡ – 🗂 ⇔ 🏖 🗟 🕹 ⊕ 🖳 – 🚙 🛠 ⏳
– A proximité : crêperie
15 avril-sept. – **R** *conseillée juil.-août* – ✚ *15 piscine comprise* ⇘ *9* 🗉 *17*
🚿13 (6A)

▲ **Les Roches** 🦢 ≤, ℰ 96 72 32 90, SO : 3 km
2,2 ha (120 empl.) ⊶ (saison) plat et peu incliné, herbeux – 🗂 ⇔ 🛁 🕹 ⊕ 🖳
🖳 – 🚙 🛠 🛠
avril-sept. – **R** *conseillée juil.-août* – ✚ *12* ⇘ *6* 🗉 *10* 🚿 *10 (3A) 13 (6A) 17*
(10A)

▲ **Les Hautes Grées** 🦢 ≤, ℰ 96 72 34 78, NE : 3,5 km, à 400 m de la plage
St-Michel
1,5 ha (170 empl.) ⊶ plat et peu incliné, herbeux – 🗂 ⇔ 🛁 🕹 ⊕ 🖳 – Location :
🚐
15 mai-sept. – **R** *conseillée 15 juil.-20 août* – ✚ *15* ⇘ *8* 🗉 *13* 🚿 *12 (3A) 15*
(6A) 18 (15A)

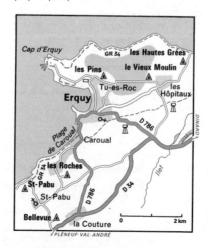

▶ *Demandez à votre libraire le catalogue des* **publications Michelin.**

ERR

66800 Pyr.-Or. – 398 h. alt. 1 384

⚠ **Le Puigmal** ⚘ ≤, ☏ 68 04 71 83, par D 33B, à Err-Bas, bord d'un ruisseau
2,4 ha (110 empl.) ⊶ peu incliné, herbeux ♀ – 🕅 ⇄ ⇌ 🐾 🖫 🛠 ▥ 🐦 ☺ ⚡ –
▭ ◢ – A proximité : 🎣.
Permanent – **R** *conseillée juil.-août* – 🛉 *18,50* 🖫 *18*

⚠ **Las Closas** ❄ ≤, ☏ 68 04 71 42, Fax 68 04 07 20, par D 33B, à Err-Bas
2 ha (110 empl.) ⊶ plat et peu incliné, herbeux – 🕅 ⇄ ⇌ 🖫 🛠 ▥ ☺ ⚡ ⚘
♀ 🖪 – ▭ ◢ – A proximité : 🎣.
Permanent – **R** *conseillée* – 🛉 *19* 🖫 *20* 🕅 *16 (3A) 26 (6A) 37 (10A)*

⚠ **La Riberette** ⚘, ☏ 68 04 75 60, au NO d'Err-Bas, sur chemin C 2 (route de
Bourg-Madame)
0,5 ha (32 empl.) ⊶ plat et terrasse, herbeux – 🕅 🐾 🛠 ☺ – Location : studios
juil.-sept. – **R** *conseillée juil.-août – Tarif 92 :* 🛉 *13,50* 🖫 *13* 🕅 *13 (5A)*

ERVY LE CHATEL

7 – 61 ⑯ G. Champagne

10130 Aube – 1 221 h.

⚠ **Municipal les Mottes** Ⓜ ⚘, ☏ 25 70 07 96, NE : 1,8 km par D 374 rte
d'Auxon puis D 92 à droite, bord de l'Armance
0,7 ha (53 empl.) plat, herbeux – 🕅 🐾 🖫 🛠 ☺
mai-sept. – **R** – 🛉 *10* � *7* 🖫 *8* 🕅 *12 (5A)*

ESCALLES

1 – 51 ①

62179 P.-de-C. – 320 h.

⚠ **Cap Blanc-Nez,** ☏ 21 85 27 38, au bourg, à 500 m de la plage
1,25 ha (85 empl.) ⊶ (saison) plat et peu incliné, herbeux – (🕅 🐾 avril-début
oct.) 🛠 ☺ 🎣 🖪 – Location : ⊨
avril-15 nov. – **R** – 🛉 *9* 🖫 *11,50* 🕅 *11,50 (3A) 15,50 (4A) 30 (6A)*

ESCOT

13 – 85 ⑯

64490 Pyr.-Atl. – 122 h.

⚠ **Le Mont Bleu** ⚘ ≤ « Site agréable », ☏ 59 34 41 92, E : 6,5 km par D 294
rte du col de Marie Blanque, bord d'un ruisseau – alt. 752
3,5 ha (100 empl.) ⊶ plat et en terrasses, pierreux, herbeux ♀ – 🕅 ⇄ 🐾 🖫
– 8 empl. avec sanitaires indiv. (🕅 ⇄ ⇌ wc) ☺ snack 🖪 – ▭ 🏊 vélos – Location :
studios
25 juin-5 sept. – **R** *conseillée* – 🖫 *22 (avec sanitaire individuel jusqu'à 4 pers.
125 tout compris)* 🕅 *15 (10A)*

ESPARRON-DE-VERDON

17 – 81 ⑯ G. Alpes du Sud

04550 Alpes-de-H.-Pr. – 290 h.

⚠ **Le Soleil** ⚘ ≤ « Cadre et situation agréables », ☏ 92 77 13 78, sortie S par
D 82 rte de Quinson, puis 1 km par rte à droite, bord du lac – 🅟 (tentes) – 🏊
2 ha (90 empl.) ⊶ en terrasses, pierreux, gravillons ▭ ♀ – 🕅 ⇄ ⇌ 🐾 🖫 🛠
☺ 🏊 ♀ ✗ 🐾 – ▭ 🐾
Pâques-sept. – **R** *conseillée* – 🛉 *19* 🖫 *23/26*

⚠ **la Grangeonne** ⚘, ☏ 92 77 16 87, SE : 1 km par D 82 rte de Quinson et
rte à droite
1 ha (50 empl.) ⊶ plat, peu incliné et en terrasses, pierreux ♀ – 🕅 ☺ 🛠
30 juin-4 sept. – **R** *conseillée* – 🛉 *11,70* 🖫 *14* 🕅 *11,20 (4A) 16,80 (6A)*

ESPINASSES

17 – 81 ⑦

05190 H.-Alpes – 505 h. alt. 675

⚠ **La Viste** ⚘ ≤ lac, montagnes et barrage, ☏ 92 54 43 39 ✉ 05190 Rousset,
NE : 5,5 km par D 3 rte de Chorges et D 103 à gauche – alt. 900
2 ha (100 empl.) ⊶ plat et accidenté, terrasses, herbeux, pierreux, bois attenant
– 🕅 ⇄ 🐾 🛠 ♀ – ▭
juil.-août – **R** *conseillée* – 🛉 *14* 🖫 *17*

ESPINCHAL

11 – 76 ③

63850 P.-de-D. – 144 h. alt. 1 052

⚠ **Municipal la Prunayre** ≤, sortie O par D 26 rte d'Egliseneuve-d'Entraigues,
bord d'un ruisseau
1 ha (35 empl.) non clos, en terrasses et peu incliné, herbeux, pierreux – 🕅 ⇌
☺ – A l'entrée : ♀ ✗
juil.-août – **R** *conseillée* – 🛉 *5,20* � *2* 🖫 *2/4* 🕅 *7*

Les ESSARTS

9 – 67 ⑭ G. Poitou Vendée Charentes

85140 Vendée – 3 907 h.

⚠ **Municipal le Pâtis** ⚘, O : 0,5 km par rte de Chauché et à gauche, à la
piscine
1 ha (50 empl.) plat, herbeux ♀ – 🕅 🐾 ☺ – ✗ – A proximité : 🏊
15 juin-oct. – **R** *conseillée* – 🛉 *8,70* � *3,60* 🖫 *5,70* 🕅 *7,50 (2A)*

ESSAY

5 – 60 ③

61500 Orne – 516 h.

⚠ **Camp S.I.** ⚘, sortie S sur D 326 rte du Ménil-Broût – ✗
0,5 ha (25 empl.) plat, herbeux – 🕅 ⇄ ⇌ 🛠
avril-sept. – **R** – 🛉 *6,50* � *4,50* 🖫 *5,50*

ESTAING

13 – 85 ⑰ G. Pyrénées Aquitaine

65400 H.-Pyr. – 86 h. alt. 1 000

▲ **Intercommunal le Lac** ⚡ ≤ « Dans un site agréable, près d'un lac de montagne », ℘ 62 97 24 46, SO : 5,5 km par D 103, bord d'un ruisseau – alt. 1 168
5 ha (100 empl.) ⚬ peu incliné, accidenté et en terrasses, pierreux, herbeux ⚹⚹ – 🔥 🛖 🔆 empl. ⚙ ⚑ ✗ 🛒 – 🚗 – A proximité : 🐎
15 juin-15 sept. – **R** – 🚶 *12* 🔲 *13* [梦] *14 (2A) 40 (6A)*

▲ **Le Vieux Moulin** (aire naturelle) ⚡ ≤, ℘ 62 97 23 77, sortie S par D 103 rte du lac, bord du Gave et d'un ruisseau
1,8 ha (25 empl.) ⚬ peu incliné, herbeux – 🔥 🛖 🔆 🔆 – 🚗 🚤 (bassin)
Permanent – **R** – 🚶 *7,50* 🔲 *9* 🔲 *11 (3A) 19 (6A) 27 (10A)*

▲ **La Pose** (aire naturelle) ⚡ ≤, ℘ 62 97 43 10, SO : 2,2 km par D 103, près du Gave de Bun – alt. 1 000
1 ha (25 empl.) ⚬ peu incliné, en terrasses, herbeux – 🔥 🛖 🔆
juin-sept. – **R** *conseillée* – 🚶 *7,20* 🚗 *5* 🔲 *5* [梦] *12 (10A)*

ESTANG
14 – 82 ②

32240 Gers – 724 h.

▲▲ **Les Lacs de Courtès** ⚡, ℘ 62 09 61 98, au sud du bourg par D 152, près de l'église et au bord d'un lac
4 ha (104 empl.) ⚬ plat, peu incliné, en terrasses, herbeux ⚹ – 🔥 🛖 🔆 🔆
🔲 ⚙ 🛒 📶 – 🚗 🏊 🛒 🚤 – Location : 🚐 🏠
Pâques-oct. – **R** *conseillée juil.-août* – 🚶 *18* 🚗 *11* 🔲 *25* [梦] *13 (5A)*

ESTAVAR **66** Pyr.-Or. – **86** ⑯ – rattaché à Saillagouse

ESTIVAREILLES
11 – 76 ⑦

42380 Loire – 558 h. alt. 898

▲▲ **Municipal le Colombier** ⚡ ≤, ℘ 77 50 21 72, à 300 m au nord du bourg – Pour caravanes, détour conseillé par D 44 rte de la Chapelle-en-Lafaye et chemin à droite – Croisement difficile pour véhicules par centre bourg
0,4 ha (24 empl.) peu incliné, herbeux ⚹ – 🔥 🛖 🔆 ⚙
avril-1er nov. – *Places limitées pour le passage* – **R** – 🚶 *5* 🚗 *3* 🔲 *3* [梦] *7 (3A) 10 (6A)*

ÉTABLES-SUR-MER
3 – 59 ③ G. Bretagne

22680 C.-d'Armor – 2 121 h.
🅱 Office de Tourisme, 9 r. de la République ℘ 96 70 65 41

▲▲ **L'Abri-Côtier** ⚡, ℘ 96 70 61 57, Fax 96 70 65 23, N : 1 km par rte de St-Quay-Portrieux et à gauche, rue de la Ville-es-Rouxel
2 ha (140 empl.) ⚬ plat et peu incliné, herbeux – 🔥 🛖 🔆 🔲 ⚙ 🛒 📶 🚤 ⚑
🔲 – 🚗 – Location : 🚐, studios
Pâques-sept. – **R** *conseillée juil.-août* – *Tarif 92 :* 🚶 *15 piscine comprise* 🔲 *25* [梦] *10 (2A) 12 (4A) 15 (6A)*

ÉTAMPES 🆂
6 – 60 ⑩ G. Ile de France

91150 Essonne – 21 457 h.
🅱 Service Municipal du Tourisme, Hôtel Anne-de-Pisseleu ℘ (1) 64 94 84 07

▲▲▲ **Le Vauvert** ◇ « Cadre agréable », ℘ (1) 64 94 21 39 ✉ 91150 Ormoy-la-Rivière, S : 2,3 km par D 49 rte de Saclas, bord de la Juine
8 ha (200 empl.) ⚬ plat, herbeux ⚹ – 🔥 🛖 🔆 🔲 ⚙ 🛒 📶 🚤 ⚑ 🚗 ✗
15 janv.-15 déc. – Location longue durée – *Places limitées pour le passage* – **R** – 🚶 *15* 🔲 *20* [梦] *10 (6A)*

ÉTRÉHAM
4 – 54 ⑭

14400 Calvados – 236 h.

▲▲ **Reine Mathilde** ⚡ « Entrée fleurie », ℘ 31 21 76 55, O : 1 km par D 123 et chemin à droite
3 ha (90 empl.) ⚬ plat, herbeux ⚹ – 🔥 🛖 🔆 🔲 ⚙ ✗ 🛒 📶 – 🚗 🛒 – Location : 🚐
avril-sept. – **R** *conseillée* – 🚶 *20 piscine comprise* 🔲 *20* [梦] *15 (6A)*

ÉTRETAT
5 – 52 ⑪ G. Normandie Vallée de la Seine

76790 S.-Mar. – 1 565 h.
🅱 Office de Tourisme, pl. M.-Guillard (saison) ℘ 35 27 05 21

▲▲ **Municipal,** ℘ 35 27 07 67, r. Guy-de-Maupassant, SE : 1 km par D 39 rte de Criquetot-l'Esneval
1,2 ha (120 empl.) ⚬ plat, herbeux, pierreux – 🔥 🛖 🔆 🔲 ⚙ – 🚗 – A proximité : ✗
Pâques-10 oct. – **R** – *Tarif 92 :* 🚶 *10* 🔲 *10/11* [梦] *8,40 (4A) 12,60 (6A)*

EURO DISNEY **77** S.-et-M. **6 – 56** ⑫ – Voir à Marne la Vallée

ÉVAUX-LES-BAINS
10 – 73 ② G. Berry Limousin

23110 Creuse – 1 716 h.-♨ avril-22 oct

▲▲ **Municipal** ⚡, ℘ 55 65 55 82, au nord du bourg, derrière le château
1 ha (45 empl.) plat et peu incliné, herbeux ⚹ – 🔥 🛖 🔆 🔲 ⚙ – 🚗 🛒 – A proximité : ✗ 🔲 – Location : huttes
avril-oct. – **R** – *Tarif 92 :* 🚶 *7* 🚗 *4,60* 🔲 *3,50/5,70* [梦] *8 (3A) 17 (6A)*

ÉVISA **2A** Corse-du-Sud – **90** ⑮ – voir à Corse

ÉVRON

53600 Mayenne – 6 904 h.
🅸 Office de Tourisme, pl. Basilique
🖉 43 01 63 75

🔺🔺🔺 **Municipal du Parc des Loisirs** « Décoration arbustive », 🖉 43 01 65 36,
sortie O, bd du Maréchal-Juin
3 ha (80 empl.) ⚬━ plat et peu incliné, herbeux ⌕ ⚲ (1 ha) – 🗊 🚻 ⇄ 🗑 ▥ ⊕
⚐ ⊽ 🗒 – 🔄 🛴 ⛵ parcours sportif – A proximité : 🎾 🔲 🏊 – Location :
🏠
Permanent – **R** conseillée 15 mai-15 sept. – 🔳 1 pers. 32, pers. suppl. 5,80
🔌 4,60 (4A) 9,50 (8A) 11,80 (10A)

EXCENEVEX

74140 H.-Savoie – 657 h.
🅸 Syndicat d'Initiative 🖉 50 72 89 22

🔺🔺🔺 **Municipal la Pinède** « Cadre agréable », 🖉 50 72 85 05, SE : 1 km par D 25,
à la plage, bord du lac Léman
10 ha (680 empl.) ⚬━ (juil.-août) plat et accidenté, sablonneux ⚲⚲ – 🗊 🛂 ⛵ 🗑
⛐ ▥ ⊕ ⚎ 🗒 – 🔄 🛴 ⚯ – A proximité : 🍴 🍴 🚿 🛴 🍴
mars-oct. – **R** – 🍴 10 🔳 25 🔌 10 (5A) 15 (10A)

EYGURANDE

19340 Corrèze – 794 h. alt. 730

🔺🔺 **V.A.L. l'Abeille** 🦅 ⚬, 🖉 55 94 31 39, SE : 2 km, à la sortie d'Eygurande-
Merlines, sur N 89 rte de Clermont-Ferrand, accès direct au plan d'eau
3 ha (65 empl.) ⚬━ plat et peu incliné, herbeux, gravier ⌕ ⚲⚲ (camping) – 🗊 🛂
⛐ ▥ ⊕ 🗒 – Au village vacances : 🍴 🍴 🛴 🏊 – A proximité : 🎾 🛴 – Location :
🏠
5 juin-25 sept. – **R** conseillée – Adhésion obligatoire – 🔳 4 pers. 103 (118 avec
élect.)

EYMET

24500 Dordogne – 2 769 h.

🔺 **Municipal** « Cadre agréable », 🖉 53 23 80 28, r. de la Sole, derrière le
château, bord du Dropt
0,4 ha (30 empl.) ⚬━ plat, herbeux, jardin public attenant ⚲⚲ – 🗊 🛂 ⛐ ⊕ –
A proximité : 🛴
mai-1er oct. – **R** – Tarif 92 : 🍴 9,80 🔳 7,80 🔌 5,20 (3A)

EYMEUX

26730 Drôme – 510 h.

🔺 **Municipal la Source Ombragée** 🦅, 🖉 75 48 91 63, au sud du bourg, près
du terrain de sports
2 ha (43 empl.) plat, herbeux, pierreux ⌕ – 🗊 🛂 ⛐ ⚎ ⊕ – 🔄
juin-sept. – **R** – 🍴 10 🔳 15 🔌 10 (10A)

EYMOUTIERS

87120 H.-Vienne – 2 441 h.

🔺 **Municipal** 🦅, 🖉 55 69 13 98, SE : 2 km par D 940, rte de Tulle et chemin
à gauche, à St-Pierre
1 ha (33 empl.) plat, incliné à peu incliné, terrasses, herbeux ⚲ – 🗊 ⚯ ⊕
juin-sept. – **R** – 🍴 6 ⇄ 5 🔳 5,50 🔌 11 (10 ou 16A)

Les EYZIES-DE-TAYAC

24 Dordogne – 853 h.
✉ 24620 les Eyzies-de-Tayac-
Sireuil.
🅸 Syndicat d'Initiative, pl. de la
Mairie (15 mars-oct.) 🖉 53 06 97 05

🔺🔺🔺 Le Mas 🦅 ⋖, 🖉 53 29 68 06, E : 7 km par D 47 rte de Sarlat-la-Canéda puis
2,5 km par rte à gauche
5 ha (130 empl.) ⚬━ plat et peu incliné, en terrasses, herbeux ⌕ – 🗊 🛂 ⛐ 🗑
🛂 ⚎ ⊕ 🛴 🍴 ⛵ 🏊 – A proximité : 🍴
15 avril-sept. – **R** conseillée

🔺🔺🔺 **La Rivière** ⋖, 🖉 53 06 97 14, N : 1,2 km par D 47 rte de Périgueux et à gauche
après le pont, accès direct à la Vézère
3 ha (120 empl.) ⚬━ plat, herbeux ⌕ ⚲ (2 ha) – 🗊 🛂 ⛵ 🗑 🛂 ⚎ ⚐ ⊽ 🍴 🍴
🛴 ▥ – 🔄 🛴 🏊 vélos, half-court – A proximité : 🛴 – Location : 🚐 🛏
4 avril-2 oct. – **R** conseillée juil.-août – 🍴 22 piscine comprise 🔳 31 🔌 13,50
(6A)

🔺 **Le Pech Denissou** 🦅 « Agréable sous-bois », 🖉 53 06 98 62, sortie S par
D 706 rte de Campagne et 2 km par rte à gauche
3 ha (80 empl.) ⚬━ peu incliné, plat, herbeux, pierreux ⚲⚲ – 🗊 ⚯ 🛂 ⊕
avril-sept. – **R** juil.-15 août – 🍴 11 🔳 10 🔌 10 (6A)

à Tursac NE : 5,5 km par D 706 – ✉ 24620 Tursac :

🔺🔺🔺 **Le Vézère Périgord** 🦅 « Cadre agréable », 🖉 53 06 96 31, NE : 0,8 km par
D 706 rte de Montignac et chemin à droite
3,5 ha (103 empl.) ⚬━ peu incliné et en terrasses, herbeux, pierreux ⌕ ⚲⚲ – 🗊
⛐ ▥ 🛂 ⊕ 🍴 crêperie 🛴 ▥ – 🔄 🎾 🛴 🏊 piste de bi-cross
15 mai-sept. – **R** conseillée juil.-août – Tarif 92 : 🍴 25 piscine comprise 🔳 34
🔌 14 (6A)

🔺 Le Pigeonnier 🦅, 🖉 53 06 96 90, accès par rte face à l'église et chemin à
droite
1 ha (25 empl.) ⚬━ peu incliné, herbeux ⌕ – 🗊 🛂 ⛐ 🗑 ⊕ ⊽ – 🛴 🛴 (bassin)

FALAISE

14700 Calvados – 8 119 h.
🏢 Office de Tourisme, 32 r. Georges-Clemenceau ℰ 31 90 17 26

5 – 55 ⑫ G. Normandie Cotentin

⚠ **Municipal du Château** ≼ château, ℰ 31 90 16 55, à l'ouest de la ville, au val d'Ante
2 ha (66 empl.) �o━ plat et peu incliné, herbeux ♀ – 🎪 ⚕ ⊟ ▥ ⊕ – ⌂ ✗
– A proximité : ⚱
Pâques-sept. – **R** *conseillée juil.-août* – ⚹ 15 ▣ 13 ⓖ 12 (5A)

Le FAOUËT

56320 Morbihan – 2 869 h.

3 – 58 ⑰ G. Bretagne

⚠ **Municipal Beg er Roch** ⚲ « Cadre agréable, entrée fleurie »,
ℰ 97 23 15 11, Fax 97 23 11 66, SE : 2 km par D 769 rte de Lorient, bord de l'Ellé
3 ha (85 empl.) �o━ (saison) plat, herbeux – 🎪 ⚕ ⊟ 🗟 ▥ ⊕ ♨ ⚘ 🗟 – ⌂ ⌙ 🚣
half-court
mars-15 sept. – **R** *juil.-août* – ⚹ 18 ⇦ 12 ▣ 18 ⓖ 12 (3A) 20 (5A)

FARAMANS

38260 Isère – 679 h.

12 – 77 ③

⚠ **Municipal des Eydoches,** sortie E par D 37 rte de la Côte-St-André près
d'une rivière et d'un étang
1 ha (40 empl.) plat, herbeux – 🎪 ⚕ ⊟ ⚘ ⊕ ♨ – A proximité : ✗
avril-oct. – **R** – ⚹ 12,50 ▣ 18 ⓖ 12 (3A) 16 (5A)

FARINOLE (Marine de) **2B** H.-Corse – 90 ② ③ – voir à Corse

La FAURIE

05140 H.-Alpes – 224 h. alt. 820

17 – 77 ⑮

⚠ **Municipal la Garrigue** ⚲ ≼, ℰ 92 58 13 16, sortie S par D 428 rte de Seille
et à gauche, près de la Buëch
1 ha (75 empl.) o━ plat, herbeux, pierreux – 🎪 ⚕ ⊟ ⚘ ▥ ⊕ pizzeria
juil.-sept. – **R** *conseillée* – ⚹ 14 ▣ 26 ⓖ 13 (3A)

La FAUTE-SUR-MER

85460 Vendée – 885 h.

Schéma à la Tranche-sur-Mer

9 – 71 ⑪

⚠⚠ **Les Violettes,** ℰ 51 27 19 97, Fax 51 90 31 03, NO : 2,5 km par rte de la
Tranche-sur-Mer, à 350 m de la plage (accès direct)
2,4 ha (105 empl.) o━ plat et peu incliné, terrasses, sablonneux ⛱ ♀♀ pinède
– 🎪 ⚕ ⊟ 🗟 ⚘ ▥ ⊕ ♨ – ⌂ ⌙ 🚣 🏊 vélos – A proximité : parc
ornithologique – Location : 🚐 🚍
15 avril-sept. – **R** *conseillée* – ▣ *piscine comprise 2 pers.* 98 ⓖ 18 (6A)

⚠⚠ **Les Flots Bleus,** ℰ 51 27 11 11, SE : 1 km par rte de la pointe d'Arçay, à
200 m de la plage
1,5 ha (124 empl.) o━ plat, sablonneux, herbeux ⛱ ♀♀ – 🎪 ⚕ ⊟ ⚘ ▥ 🗟 ⚘ ⊕
🗟 – 🚣 – A proximité : ♈ ✗ ⌙ – Location : 🗟
10 avril-15 sept. – **R** *conseillée* – ▣ *3 pers.* 85 ⓖ 16 (5A) 22 (10A)

⚠⚠ **Le Grand R,** ℰ 51 56 42 87, NO : 2 km rte de la Tranche-sur-Mer
2,5 ha (176 empl.) o━ plat, herbeux ♀ (1 ha) – 🎪 ▥ ⚘ ♨ ⚘ 🗟 – ⌂ 🚣 🏊
– Location : 🚐 🚍
vac. de printemps-1ᵉʳ oct. – **R** *conseillée juil.-août* – ▣ *piscine comprise 2 pers.*
60 ⓖ 16 (6A)

⚠ **le Pavillon Bleu,** ℰ 51 27 15 01, NO : 2,7 km par rte de la Tranche-sur-Mer et
chemin à droite
0,8 ha (51 empl.) o━ (saison) plat, sablonneux, herbeux ⛱ – 🎪 ⚕ ⊟ ⚘ ⊕ ♨
⚘
15 juin-15 sept. – **R**

La FAVIÈRE **83** Var – 84 ⑯ – rattaché au Lavandou

FAVONE **2A** Corse-du-Sud – 90 ⑦ – voir à Corse

FAYENCE

83440 Var – 3 502 h.
🏢 Syndicat d'Initiative, pl. Léon-Roux
ℰ 94 76 20 08

17 – 84 ⑦ G. Côte d'Azur

⚠⚠ **Lou Cantaïre,** ℰ 94 76 23 77, SO : 7 km par D 563 et D 562 rte de
Draguignan
3 ha (110 empl.) o━ en terrasses et peu incliné, pierreux, herbeux ⛱ ♀♀ – 🎪
⚕ ⊟ 🗟 ⚘ ⚘ ⚘ snack ⚘ 🗟 – ✗ ⌂ – Location : 🚍
avril-oct. – **R** *conseillée juil.-août* – *Tarif 92 :* ⚹ 20,50 *piscine comprise* ⇦ 7,50
▣ 15,50 ⓖ 9,50 (3A)

▶ *Die im **Michelin-Führer***
*verwendeten Zeichen und Symbole haben - **fett** oder dünn*
*gedruckt, in Rot oder **Schwarz** - jeweils eine andere Bedeutung.*
Lesen Sie daher die Erklärungen aufmerksam durch.

FÉCAMP

🗐 – 🗺 ⑫ G. Normandie Vallée de la Seine

76400 S.-Mar. – 20 808 h.

🖬 Maison du Tourisme, 113 r.
Alexandre Le Grand 🖉 35 28 51 01 et
quai Vicomté (saison) 🖉 35 29 16 34

▲▲ **Municipal de Renéville** ≤ mer et ville « Belle situation dominante »,
🖉 35 28 20 97, rte d'Étretat, à 300 m de la plage
4 ha (157 empl.) ⊶ en terrasses, herbeux – 🗊 🕾 ⇔ ऴ ☺ – 🚉 🛶
mars-déc. – **R** – Tarif 92 : 🔲 élect. comprise 2 pers. 31/41, pers. suppl. 11

FÉLINES

🗐🗐 – 🗺 ①

07340 Ardèche – 876 h.

▲▲ **Bas-Larin,** 🖉 75 34 87 93, SE : 2 km, sur N 82
1,5 ha (67 empl.) ⊶ incliné à peu incliné, en terrasse, herbeux – 🗊 🕾 ⇔ ☺
🖈 ☞ – 🏊 🔀
avril-sept. – **R** conseillée juil.-août – 🔲 piscine comprise 2 pers. 44, pers. suppl.
11 🗐 10 (4A) 16 (10A)

FELLERIES

🗐 – 🗺 ⑥ G. Flandres Artois Picardie

59740 Nord – 1 621 h.

▲▲ **Municipal la Boissellerie** 🕾, 🖉 27 59 06 50, au bourg, rue de la Place,
dans l'ancienne gare
1 ha (60 empl.) ⊶ plat, herbeux – 🗊 ☺ ☺ – 🏠 🛶
15 avril-sept. – Places limitées pour le passage – **R** – Tarif 92 : 🕇 7,90 🚗 3,25
🔲 3,25 🗐 8,50 (6A)

Le FENOUILLER 85 Vendée – 🗺 ⑫ – rattaché à St-Gilles-Croix-de-Vie

FERDRUPT

🗐 – 🗺 ⑦

88360 Vosges – 859 h.

▲ **Les Pommiers** (aire naturelle) 🕾, 🖉 29 25 98 35, sortie vers Remiremont
puis S : 1,5 km par chemin à gauche, à Xoarupt, bord d'un ruisseau
1,2 ha (25 empl.) ⊶ plat, herbeux – 🗊 ☺ – 🏠 🛶
30 avril-5 sept. – **R** conseillée juil.-août – 🕇 8,50 🚗 4,50 🔲 4,50 🗐 7,50 (2A)
12 (4A)

FÈRE-EN-TARDENOIS

🗐 – 🗺 ⑮

02130 Aisne – 3 168 h.

🖬 Syndicat d'Initiative,
r. Étienne-Moreau-Nélaton (saison)
🖉 23 82 31 57

▲▲ **Municipal des Bruyères,** 🖉 23 82 71 22, sortie N par D 967 rte de Fismes
1,5 ha (72 empl.) ⊶ peu incliné et plat, herbeux, sablonneux ⚲ – 🗊 🕾 ⇔ 🖽
🕭 🕮 ☺ – 🏠
Permanent – Places disponibles pour le passage – **R** – 🕇 6,20 🚗 3,80 🔲 3,80
🗐 3A : 5,50 (hiver 14) 6A : 9 (hiver 24)

La FERRIÈRE-AUX-ÉTANGS

🗐 – 🗺 ①

61450 Orne – 1 727 h.

▲▲ **Le Lac** « Situation agréable », 🖉 33 96 00 40, S par D 21, bord du lac
0,9 ha (33 empl.) ⊶ plat, herbeux – 🗊 🕾 🕮 ☺ ✕ – ✖ 🔀
mars-janv. – **R** fermé fév. – 🕇 13 🚗 6 🔲 10 🗐 10

FERRIÈRES

🗐 – 🗺 ⑫ G. Bourgogne

45210 Loiret – 2 896 h.

▲ Municipal du Perray 🕾, 🖉 38 96 64 68, r. du Perray, à l'ouest du bourg, entre
la Cléry et un ruisseau
1 ha (70 empl.) ⊶ plat, herbeux – 🗊 🕾 ☺ – A proximité : ✖

FERRIÈRES-ST-MARY

🗐🗐 – 🗺 ④

15170 Cantal – 402 h. alt. 663

▲▲ **Municipal les Vigeaires** ≤, 🖉 71 20 61 47, SO : 0,5 km par N 122 rte de
Murat, bord de l'Alagnon
0,65 ha (65 empl.) ⊶ plat, herbeux – 🗊 🕾 ⇔ ☺ – ✖
15 juin-août – **R** – Tarif 92 : 🕇 8 🚗 6 🔲 gratuit 🗐 9 (10A)

FERRIÈRES-SUR-SICHON

11 – 73 ⑥

03 Allier – 632 h.
⊠ 03250 Le Mayet-de-Montagne

⚠ **Municipal** ⬙, à 0,7 km au SE du bourg par D 122 rte de Thiers et chemin à gauche après le petit pont, bord du Sichon
0,7 ha (32 empl.) plat, herbeux, pierreux – 🛆 ⬥ 🛁 🗊 ⊕ – 🏃
juin-15 sept. – **R** *conseillée* – ⚹ *7,30* ⇔ *2,10* ▣ *3,15* 🔌 *5,20 (5A) 7,30 (10A)*

La FERTÉ-GAUCHER

6 – 61 ④

77320 S.-et-M. – 3 924 h.

⚠ **Municipal Joël Teinturier,** 𝄞 (1) 64 20 20 40, sortie E par D 14, bord du Grand Morin
4,5 ha (200 empl.) ⟞ plat, herbeux ♀ – 🛆 ⬥ 🛁 🗊 ⅏ 🕮 ⊕ – 🚗 ⟿ – À proximité : 🏃 ⬙
Permanent – *Places limitées pour le passage* – **R** *conseillée juil.-août* – *Tarif 92 :* ⚹ *11* ▣ *11* 🔌 *16 (5A)*

La FERTÉ-MACÉ

5 – 60 ① G. Normandie Cotentin

61600 Orne – 6 913 h.
🅱 Office de Tourisme, 13 r. Victoire
𝄞 33 37 10 97

⚠ **Municipal la Saulaie,** 𝄞 33 37 44 15, sortie N rte de Briouze, près du stade
0,7 ha (33 empl.) ⟞ plat, herbeux – 🛆 ⬥ 🛁 🗊 ⊕ – À proximité : 🏃 ⬙
15 avril-15 oct. – **R** – *Tarif 92 :* ⚹ *8,50* ⇔ *3* ▣ *4* 🔌 *9 (6A)*

La FERTÉ-SOUS-JOUARRE

6 – 56 ⑬

77260 S.-et-M. – 8 236 h.
🅱 Syndicat d'Initiative,
26 pl. de l'Hôtel-de-Ville
𝄞 (1) 60 22 63 43

⚠⚠ **Les Bondons** ◇, réservé aux caravanes ⬙, 𝄞 (1) 60 22 00 98, Fax 60 22 97 01, NE : 2 km par D 402 et D 70 à gauche rte de Saâcy, dans le parc d'un château
30 ha/10 campables (200 empl.) ⟞ plat et peu incliné, herbeux, étang 🖾 ♀♀ (5 ha) – 🛆 ⬥ 🗊 🕮 ⊕ 🜊 ▽ – 🚗 ⟿
Permanent – *Location longue durée (570 F à 1000 F par mois)* – **R** *conseillée* – ⚹ *30* ▣ *45 avec élect. (4A)*

à Saâcy-sur-Marne NE : 7 km par D 402 et rte à droite
⊠ 77730 Saâcy-sur-Marne :

⚠⚠ **Municipal les Usages** ≤, 𝄞 (1) 60 23 75 81, S : 1 km par D 68 rte de Rebais
1,5 ha (100 empl.) ⟞ incliné et terrasses, herbeux, gravier – 🛆 ⬥ 🛁 ⊕
Permanent – *Places limitées pour le passage* – **R** – *Tarif 92 :* ▣ *2 pers. 42,50* 🔌 *15,50 (6A) 22,90 (10A)*

à St-Cyr-sur-Morin SE : 8 km par D 204 rte de Rebais et D 31 à gauche
⊠ 77750 St-Cyr-sur-Morin :

⚠⚠ **Le Choisel** ◇ ⬙ « Cadre agréable », 𝄞 (1) 60 23 84 93, O : 2 km par D 31, à Courcelles-la-Roue
3,5 ha (85 empl.) ⟞ plat, herbeux 🖾 – 🛆 ⬥ 🛁 🗊 🕮 ⊕ 🍽 ▣ – 🚗 🏃 ⟿
mars-nov. – *Location longue durée (7 650 F) – Places limitées pour le passage* – **R** – ⚹ *23 tennis compris* ▣ *30/36 avec élect. (4A)*

FEURS

11 – 73 ⑱ G. Vallée du Rhône

42110 Loire – 7 803 h.
🅱 Syndicat d'Initiative,
3 r. V.-de-Laprade (fermé matin)
𝄞 77 26 05 27

⚠⚠ **Municipal du Palais,** 𝄞 77 26 43 41, Fax 77 26 50 60, sortie N par N 82 rte de Roanne et à droite rte de Civens
9 ha (385 empl.) ⟞ plat, herbeux, sablonneux ♀♀ (2 ha) – (🛆 🛁 ⩊ avril-oct.) ⅊ ⊕ 🜊 ▽ – 🚗 vélos – À proximité : 🏃 🛉 ⬙
Permanent – **R** *conseillée* – *Tarif 92 :* ⚹ *8* ⇔ *5* ▣ *5,50* 🔌 *12 (5A) 22 (10A)*

FIGARETO **2B** H.-Corse – 90 ④ – voir à Corse

FIGEAC ⬥

15 – 79 ⑩ G. Périgord Quercy

46100 Lot – 9 549 h.
🅱 Office de Tourisme, pl. Vival
𝄞 65 34 06 25

⚠⚠ **Municipal les Rives du Célé,** 𝄞 65 34 59 00, à la Base de Loisirs, E : 1,2 km par N 140 rte de Rodez et chemin du Domaine de Surgié, bord du Célé et d'un plan d'eau
14 ha/3 campables (150 empl.) ⟞ plat et terrasse, herbeux – 🛆 ⬥ 🛁 🗊 🕮 ⊕ 🜊 ▽ ▣ – 🚗 🛶 toboggan aquatique tir à l'arc – À proximité : 🏃 ⬙ 🛉 🏃 ⟿ ⩊ – Location : bungalows toilés
15 mai-15 sept. – **R** *conseillée juil.-août* – ⚹ *17* ▣ *28*

FILLIÈVRES

1 – 51 ⑬

62770 P.-de-C. – 536 h.

⚠⚠ **les trois Tilleuls,** 𝄞 21 47 94 15, au bourg, sur D 340 rte de Frévent
1 ha (61 empl.) ⟞ plat et peu incliné, herbeux – 🛆 ⩊ ⊕ – ⟿
avril-sept. – **R** *juil.-août* – ⚹ *10* ⇔ *10* ▣ *10* 🔌 *10 (4A)*

FIQUEFLEUR-EQUAINVILLE

5 – 55 ④

27210 Eure – 496 h.

⚠⚠ **Domaine Catinière,** 𝄞 32 57 63 51, 1 km au sud de Fiquefleur par D 22 rte de Beuzeville, bord de la Morelle
1,6 ha (82 empl.) ⟞ plat, herbeux 🖾 – 🛆 ⬥ 🛁 🗊 ⊕ 🜊 ▽ 🍽 snack – 🚗 🏃 ⩊ (bassin)
avril-oct. – **R** *conseillée* – ⚹ *21* ▣ *24* 🔌 *18 (6A)*

FIRMI
12300 Aveyron – 2 728 h.

△ **Municipal de l'Étang,** sortie NO, entre le bourg et la N 140, à 80 m d'un étang
0,4 ha (33 empl.) plat, herbeux – 🚿 ⊶ ⊕ – A proximité : 🍴
juil.-août – **R** – 🏕 *15* 🚗 *3,50* 🔲 *5* 🔌 *6 (5 ou 10A)*

⬜ **15** – ⬛ **80** ①

FISMES
51170 Marne – 5 286 h.
🛈 Office de Tourisme,
28 r. René-Letilly
🕿 26 48 81 28

⬜ **6** – ⬛ **56** ⑤ G. Champagne

△ **Municipal,** 🕿 26 48 10 26, NO par N 31, près du stade
0,5 ha (20 empl.) ⊶ plat, herbeux, gravillons – 🚿 ⊕ ⊶ ⊕ – 🚐 – A proximité : 🍴
mai-15 sept. – **R** *conseillée* – 🏕 *5,90* 🚗 *5,90* 🔲 *5,90* 🔌 *9,30*

La FLÈCHE ◁🆂🅿▷
72200 Sarthe – 14 953 h.
🛈 Syndicat d'Initiative, Mairie
🕿 43 94 02 53 et Chalet du Tourisme,
prom. Foch (saison) 🕿 43 94 49 82

⬜ **5** – ⬛ **64** ② G. Châteaux de la Loire

🔺 **Municipal de la Route d'Or,** 🕿 43 94 55 90, sortie S vers rte de Saumur et à droite, allée de la Providence, bord du Loir
4 ha (200 empl.) ⊶ plat, herbeux ♀ 🍴 – 🚿 ⊶ 🏊 🔲 🖧 🏛 ⊕ 🍴 – 🚐 🎾 🚣
Permanent – **R** – *Tarif 92 :* 🏕 *13,20* 🚗 *3,50* 🔲 *3,90/5,75* 🔌 *6,25 (6A)* *12,50 (10A)*

FLERS
61100 Orne – 17 888 h.
🛈 Office de Tourisme
pl. Gén.-de-Gaulle
🕿 33 65 06 75

⬜ **5** – ⬛ **60** ① G. Normandie Cotentin

△ **Municipal la Fouquerie** 🦵, 🕿 33 65 35 00, E : 1,7 km par D 924 rte d'Argenton et chemin à gauche
1,5 ha (50 empl.) ⊶ peu incliné, herbeux 🔲 – 🚿 ⊶ ⊶ 🔲 🖧 🏛 ⊕ 🔌
Permanent – **R** – 🏕 *10,50* 🔲 *10,50* 🔌 *6,50 (3A)* *11 (6A)* *23 (10A)*

FLEURIE
69820 Rhône – 1 105 h.

⬜ **11** – ⬛ **74** ① G. Vallée du Rhône

🔺 **Municipal la Grappe Fleurie** 🦵 ≼ « Au cœur du vignoble », 🕿 74 69 80 07, à 0,6 km au sud du bourg par D 119E et à droite
1,6 ha (51 empl.) ⊶ en terrasses, herbeux 🔲 – 🚿 🔲 🖧 🏛 ⊕ 🚐 🔌 🖳 – 🍴 🚣
21 mars-24 oct. – **R** *conseillée saison* – *Tarif 92 :* 🏕 *14,50 tennis compris* 🔲 *15/25*

FLORAC ◁🆂🅿▷
48400 Lozère – 2 065 h.
🛈 Office de Tourisme, av. Jean Monestier (fermé après-midi oct.-mai)
🕿 66 45 01 14

⬜ **15** – ⬛ **80** ⑥ G. Gorges du Tarn

🔺 **Municipal le Pont du Tarn** ≼, 🕿 66 45 18 26, N : 2 km par N 106 rte de Mende et D 998 à droite, accès direct au Tarn
3 ha (170 empl.) ⊶ plat, terrasse, herbeux, pierreux ♀ – 🚿 🔲 ⊕ 🏛 🔌 🖳 – 🍴 – A proximité : 🍴
Pâques-sept. – **R** – 🏕 *10* 🚗 *6* 🔲 *10* 🔌 *10 (10A)*

△ **Municipal la Tière** ≼, 🕿 66 45 04 02, S : 2 km par D 907 rte de Meyrueis, bord du Tarnon
1 ha (50 empl.) ⊶ peu incliné et plat, herbeux, pierreux ♀ – 🚿 🔲 🖧 ⊕ – 🍴
juin-sept. – **R** – 🏕 *10* 🚗 *6* 🔲 *10* 🔌 *10*

La FLOTTE 17 Char.-Mar. – ⬛ **71** ⑫ – voir à Ré (Ile de)

FONTAINE-SIMON
28240 E.-et-L. – 760 h.

⬜ **5** – ⬛ **60** ⑥

🔺 **Municipal,** N : 1,2 km par rte de Senonches et rte de la Ferrière à gauche, bord de l'Eure et d'un plan d'eau
4 ha (80 empl.) plat, herbeux – 🚿 ⊶ 🏊 🔲 🖧 ⊕ 🔌 – 🍴 🚣
Pâques-oct. – **R** – *Tarif 92 :* 🏕 *7* 🚗 *5* 🔲 *7* 🔌 *11 (4A)* *13 (6A)*

FONTANGES
15140 Cantal – 292 h. alt. 681

⬜ **10** – ⬛ **76** ② G. Auvergne

△ **Municipal la Pierre Plate,** au bourg, bord de rivière
0,4 ha (40 empl.) plat, herbeux – 🚿 🏊 ⊕ – A proximité : 🍴
juil.-août – **R** – 🏕 *6* 🚗 *4* 🔲 *4* 🔌 *7*

FONTENAY-LE-COMTE ◁🆂🅿▷
85200 Vendée – 14 456 h.
🛈 Office de Tourisme, quai Poey d'Avant 🕿 51 69 44 99 et rte de Niort (15 juin-15 sept.) 🕿 51 53 00 09

⬜ **9** – ⬛ **71** ① G. Poitou Vendée Charentes

△ **le Pilorge** 🦵 « Situation agréable », 🕿 51 69 24 27, Sortie N par D 938ter rte de Bressuire puis 2,2 km par rue à droite et rte d'Orbrie à gauche, bord de la Vendée
0,4 ha (15 empl.) plat, herbeux ♀ – 🚿 ⊶ 🔲 🖧 ⊕
15 juin-15 sept. – **R** – 🏕 *9,50* 🚗 *12,60* 🔌 *9,30 (6A)*

FONTENOY-LE-CHÂTEAU
88240 Vosges – 729 h.

⬜ **8** – ⬛ **62** ⑮

🔺 **Municipal,** 🕿 29 36 34 74, S : 2,2 km par D 40 rte de St-Loup-sur-Semouse
1,5 ha (69 empl.) peu incliné, herbeux – 🚿 ⊶ 🔲 ⊕ 🖳 – 🚐 🍴
Permanent – **R** – 🏕 *15* 🚗 *6* 🔲 *6*

FONTVIEILLE

13990 B.-du-R. – 3 642 h.

🛈 Office de Tourisme, pl. Honorat (fin mars-oct.) ℰ 90 54 70 01

🔺 **Municipal les Pins** 🦢, ℰ 90 54 78 69, E : 1 km par D 17 rte de Maussane-les-Alpilles et rte à droite
3,5 ha (170 empl.) 👇 plat et peu incliné, pierreux, herbeux 🏕 ♨ (2,5 ha) – 🛖 🕳 🖼 ▵ 🚻 🟤 – 🚗 – A proximité : 🏊
avril-14 oct. – **R** *conseillée juil.-août* – ⚡ *13* 🔲 *24* 🔌 *17 (6A)*

FORCALQUIER ⬦

04300 Alpes-de-H.-Pr. – 3 993 h.

🛈 Office de Tourisme, pl. Bourguet ℰ 92 75 10 02

🔺 **Municipal,** ℰ 92 75 27 94, sortie E sur D 16 rte de Sigonce
2 ha (100 empl.) 👇 plat, peu incliné, pierreux, herbeux – 🛖 🕳 🖼 ▵ 🟤 🖼 – 🚴 vélos – A proximité : 🍴 🏊 – ⚡ *17* 🔲 *14* 🔌 *11 (4A) 17 (10A)*
avril-2 nov. – **R** *conseillée juil.-août* – ⚡ *17* 🔲 *14* 🔌 *11 (4A) 17 (10A)*

FOREST-MONTIERS

80120 Somme – 336 h.

🔺 **La Verte Prairie** 🦢, ℰ 22 28 32 89, O : lieu-dit Neuville
0,9 ha (50 empl.) 👇 plat et peu incliné, herbeux 🏕 – 🛖 ▵ 🖼 🟤 – 🚗 –
Location : 🛖
avril-oct. – **R** *conseillée* – ⚡ *8* 🔲 *8* 🔌 *9,50 (2A) 12,50 (4A)*

La FORÊT-FOUESNANT

29940 Finistère – 2 369 h.

🛈 Office de Tourisme, pl. Église (fermé après-midi hors saison) ℰ 98 56 94 09

🔺 **Manoir de Pen ar Steir** 🦢, ℰ 98 56 97 75, sortie NE rte de Quimper et à gauche
3 ha (105 empl.) 👇 plat et en terrasses, herbeux 🏕 ♀ – 🛖 ♨ 🕳 ▵ 🖼 ♿ 🌳 ▵ 🟤 🖼 – Location : 🛖
Permanent – **R** *conseillée 14 juil.-15 août – Tarif 92 :* ⚡ *19* 🔲 *34* 🔌 *10 (3A) 15 (6A) 25 (10A)*

🔺 **Les Falaises** ⬧, ℰ 98 56 91 26, SE : 2,5 km, accès direct à la mer
1,5 ha (100 empl.) 👇 (saison) peu incliné, en terrasses, herbeux 🏕 ♀ – 🛖 ♨ 🕳 ▵ 🖼 🟤 – Location : bungalows toilés
Pâques-15 sept. – **R** *conseillée juil.-août* – ⚡ *12* 🚗 *6* 🔲 *20* 🔌 *10 (6A)*

🔺 **Pontérec,** ℰ 98 56 98 33, O : 1 km par rte de Bénodet et chemin à gauche (hors schéma)
3 ha (150 empl.) 👇 en terrasses et peu incliné, herbeux 🏕 ♀ (2 ha) – 🛖 ♨ 🕳 ▵ 🖼 🟤 🖼 – 🚗 – Location : 🛖
avril-sept. – **R** *conseillée juil.-août* – ⚡ *10* 🚗 *5* 🔲 *12* 🔌 *10 (3 ou 6A)*

🔺 **Kerleven,** ℰ 98 56 98 83, SE : 2 km, à 300 m de la plage
3 ha (185 empl.) 👇 plat et en terrasses, herbeux 🏕 ♀ – 🛖 ▵ 🖼 ♿ 🟤 ⛵ crêperie 🖼 – 🏓 🚴 🏊 half-court
juin-sept. – **R** *conseillée* – ⚡ *21 piscine comprise* 🚗 *9* 🔲 *23* 🔌 *11 (3A) 13 (5A) 21 (10A)*

🔺 **Les Saules,** ℰ 98 56 98 57, SE : 2,5 km, à 150 m de la plage de Kerleven
1,5 ha (110 empl.) 👇 plat et peu incliné, herbeux 🏕 ♨ – 🛖 ▵ 🖼 🟤 🖼 –
15 mai-20 sept. – **R** *conseillée juil.-août* – ⚡ *20 piscine comprise* 🚗 *7* 🔲 *22* 🔌 *13 (6A)*

🔺 **Stéréden-Vor,** ℰ 98 56 96 43, SE : 2,5 km, près de la plage de Kerleven
1 ha (94 empl.) 👇 plat, herbeux ♀ – 🛖 ▵ 🖼 🟤
15 mai-sept. – **R** – 🔲 *2 pers. 60, pers. suppl. 10* 🔌 *10 (5 ou 6A)*

FORT-BLOQUE 56 Morbihan – 58 ⑫ – voir à Ploemeur

FORT-MAHON-PLAGE

80790 Somme – 1 042 h.

▲▲ **Le Royon,** ℘ 22 23 40 30, S : 1 km rte de Quend
4 ha (280 empl.) ⊶ plat, herbeux, sablonneux ☒ ♀ – 🏠 🛠 🔥 ⚡ 🏢 ⊕ ⚱ 🔳
– 🏊 ⚐ – mars-1er nov. – **R** conseillée juil.-août – 🗐 élect. (4A) comprise 2 pers. 73

▲▲ **A la Belle Étoile,** ℘ 22 23 45 55, Fax 22 23 32 47, S : 1,2 km rte de Quend
2 ha (60 empl.) ⊶ plat, herbeux, sablonneux ☒ – 🏠 ⇆ 🔥 🔳 ⊕ ♈
15 mars-15 oct. – **R** conseillée juil., indispensable août – 🗐 3 pers. 54, pers. suppl. 13 🕑 13 (2A) 16 (3A) 19 (4A)

□ – 🔲 ⑪ G. Flandres Artois Picardie

FOS

31440 H.-Gar. – 319 h.

▲ **Municipal** ⇆ ≼, au sud du bourg, près de l'église, bord de la Garonne
1 ha (43 empl.) plat, herbeux, gravillons – 🏠 ⇆ 🛁 🔳 ⊕ – A proximité : ✗
Permanent – 🏞 – ♈ 7,50 🗐 7,50 🕑 8,50 (4A) 19 (6A) 25 (8A)

🔲 – 🔲 ①

FOSSEMAGNE

24210 Dordogne – 535 h.

▲▲ Municipal le Manoire, ℘ 53 04 43 46, au SO du bourg, près d'un plan d'eau
1 ha (35 empl.) ⊶ plat, herbeux ☒ – 🏠 ⇆ 🛁 🔥 ⊕ ♈ – A proximité : ✗ ⚐
15 juin-15 sept. – **R** conseillée

🔲 – 🔲 ⑥

FOUESNANT

29170 Finistère – 6 524 h.
🚹 Office de Tourisme, 5 r. Armor
℘ 98 56 00 93

▲▲▲ **L'Atlantique** ⇆ « Entrée fleurie », ℘ 98 56 14 44, Fax 98 56 18 67, S : 4,5 km,
à 400 m de la plage (accès direct) – ✗
3 ha (200 empl.) ⊶ plat, herbeux – 🏠 ⇆ 🛁 🏠 🔥 ⊕ ♈ ⚱ ⚐ 🔳 ♈ snack 🔳
– 🏊 ⚐ 🔥 toboggan aquatique – Location : 🏕
avril-sept. – **R** indispensable 14 juil.-15 août – ♈ 22 piscine comprise 🗐 70 🕑
16 (10A)

▲▲ **La Grande Allée** ⇆ « Cadre agréable », ℘ 98 56 52 95, S : 1,5 km
2 ha (120 empl.) ⊶ (saison) plat et peu incliné, herbeux ☒ – 🏠 ⇆ 🏠 ⊕
🔳 – 🔥 – A proximité : ♈ ✗ ⚐ 🔥
Pâques-sept. – **R** conseillée juil.-août – ♈ 12,60 ⚐ 6,30 🗐 12,60 🕑 9,45 (2A)
12,60 (6A)

▲▲ **Cleut Rouz** ⇆, ℘ 98 56 53 19, SO : 4,8 km, à 400 m de la plage
2,5 ha (100 empl.) ⊶ (saison) plat, herbeux ☒ ♀ verger (0,5 ha) – 🏠 ⇆ 🏠 ⊕
🔳 – A proximité : ♈ ✗ discothèque – Location : 🏕
avril-nov. – **R** conseillée 15 juil.-15 août – ♈ 14,50 ⚐ 8 🗐 16 🕑 10 (4A)

③ – 🔲 ⑮ G. Bretagne

à **Beg-Meil** SE : 5,5 km – ✉ 29170 Fouesnant :
🚹 Office de Tourisme (15 juin-15 sept.) ℘ 98 94 97 47

▲▲▲ **La Piscine** ⇆, ℘ 98 56 56 06, NO : 4 km
2,8 ha (160 empl.) ⊶ plat, herbeux ☒ – 🏠 ⇆ 🏠 🔳 🔥 ⊕ ⚱ ♈ ⚐ 🔥 🔳
sauna, solarium – 🏊 🔥 mini-tennis, toboggan aquatique – Location : 🏕
mai-15 sept. – **R** conseillée juil.-août – ♈ 20 piscine comprise 🗐 40 🕑 12 (3A)
15 (6A) 20 (10A)

▲▲▲ **Le Vorlen,** ℘ 98 94 97 36, à 300 m de la plage de Kerambigorn
10 ha (600 empl.) ⊶ plat, herbeux – 🏠 ⇆ 🏠 🔳 🔥 ⊕ ♈ ⚱ 🔥 🔳 – 🏊 ⚐
🔥 – A proximité : 🔥 – Location : 🏕 🏕
mai-20 sept. – **R** conseillée 10 juil.-15 août – ♈ 19 piscine comprise ⚐ 8 🗐
32 🕑 12 (5A) 18 (10A)

198

à Cap-Coz SE : 3 km – ⊠ 29170 Fouesnant :

⚠ **Les Mimosas** « Entrée fleurie », ℘ 98 56 55 81, NO : 1 km
1,2 ha (95 empl.) ⟋ plat et peu incliné, terrasses, herbeux ⊞ – 🏚 ♨ 🛒 🛍 ⊕
– 🚗
juin-15 sept. – **R** *conseillée juil.-août* – ⚡ *14* ⟋ *5* 🔲 *16* ⚙ *9 (4 à 6A)*

⚠ **Kerscolper** ♦, « Entrée fleurie », ℘ 98 56 09 48, SO : 1 km, à 500 m de la plage
2 ha (150 empl.) ⟋ plat et peu incliné, herbeux, verger – 🏚 🛒 🛍 ⊕ 🛍 – 🚗
15 avril-sept. – **R** *indispensable 15 juil.-15 août* – ⚡ *12* ⟋ *6* 🔲 *13,50* ⚙ *9,50
(3A) 13 (6A)*

⚠ **Pen an Cap** ♦, ℘ 98 56 09 23, au nord de la station, à 300 m de la mer
1,3 ha (100 empl.) ⟋ (juil.-août) peu incliné, herbeux, verger – 🏚 🛒 🛍 ⊕
juin-15 sept. – **R** *conseillée* – ⚡ *10,50* ⟋ *6* 🔲 *12,50* ⚙ *8,50 (2A) 10,50 (6A)*

à la Pointe de Mousterlin SO : 6,5 km – ⊠ 29170 Fouesnant :

⚠ **Kost-Ar-Moor** ♦, ℘ 98 56 04 16, à 500 m de la plage
4 ha (360 empl.) ⟋ plat, herbeux ♀ – 🏚 🛒 🛍 ♿ ⊕ 🛍 ⚓ 🍽 🛍 – 🚗 – Location :
🚐 🛏, appartements – Garage pour caravanes
avril-sept. – **R** *conseillée juil.-août* – ⚡ *15,50* ⟋ *8* 🔲 *18,50* ⚙ *11 (5A)*

FOUGÈRES 🚲

35300 I.-et-V. – 22 239 h.
🛈 Office de Tourisme, pl. Aristide-
Briand ℘ 99 94 12 20 et au Château
pl. Pierre-Simon (saison)
℘ 99 99 79 59

4 – 59 ⑱ G. Bretagne

⚠ **Municipal de Paron** « Entrée fleurie et cadre agréable », ℘ 99 99 40 81, E :
1,5 km par D 17 rte de la Chapelle-Janson
2 ha (90 empl.) ⟋ plat et peu incliné, herbeux, gravier ⊞ – 🏚 🛒 🛍 ⊕ 🛍
🍃 – 🚗 🛍 – A proximité : 🛍
Permanent – **R** – *Tarif 92 :* ⚡ *11* ⟋ *7,80* 🔲 *13* ⚙ *12,50 (3A) 14,50 (6A) 18
(10A)*

FOUGÈRES

36 Indre – ⊠ 36190 Orsennes

10 – 68 ⑱

⚠ **Municipal de St-Plantaire** ⟜ « Site agréable », ℘ 54 47 20 01, au bord du
lac de Chambon
3 ha (150 empl.) ⟋ plat, peu incliné et en terrasses, herbeux, pierreux ♀
(0,5 ha) – 🏚 🛒 🛍 🛒 ♿ ⊕ 🛍 🛍 – 🚗 🍽 🚗 ⚓ – A proximité : 🛍
Pâques-Toussaint – **R** – ⚡ *9* 🔲 *8* ⚙ *16 (6 ou 10A)*

La FOUILLADE

12270 Aveyron – 1 041 h.

15 – 79 ⑳

⚠ **Municipal le Bosquet** ♦, ℘ 65 65 76 90, SO : 0,8 km par D 922 rte de
Laguépie et chemin à droite, bord d'un plan d'eau
1,5 ha (47 empl.) ⟋ peu incliné et en terrasses, herbeux, pierreux ⊞ ♀♀ – 🏚
⊕ – 🍽
juin-fin sept. – **R** – ⚡ *6* ⟋ *6* 🔲 *8* ⚙ *8*

FOURAS

17450 Char.-Mar. – 3 238 h.
🛈 Office de Tourisme, Fort Vauban
℘ 46 84 60 69

9 – 71 ⑬ G. Poitou Vendée Charentes

⚠ **le Cadoret,** ℘ 46 84 02 84, Fax 51 90 31 03, côte nord, bord de l'Anse de
Fouras
7 ha (450 empl.) ⟋ plat, sablonneux, herbeux ⊞ ♀♀ – 🏚 🛒 🛍 🛍 ♿ ⊕ 🛍 –
🚗 🚗 🛍 – A proximité : 🛍 🍽 🛍 🛍 – Location : 🚐
Permanent – **R** *conseillée* – 🔲 *piscine comprise 2 pers. 86* ⚙ *18 (6A)*

FRAYSSINET

46310 Lot – 251 h.

13 – 79 ⑧

⚠ **Plage du Relais,** ℘ 65 31 00 16, Fax 65 31 09 60, à Pont-de-Rhodes, N : 1 km
sur N 20, bord du Céou
2 ha (60 empl.) ⟋ plat, herbeux ♀ – 🏚 🛒 🛍 🛍 ⊕ 🛍 – 🚗 🛍 – A proximité :
🛍 🛍 🚗 🛍 – Location : 🛏 (hôtel) 🛍
15 juin-5 sept. – **R** *conseillée* – ⚡ *16* 🔲 *17* ⚙ *10 (3 à 6A)*

FRÉJUS

83600 Var – 41 486 h.
🛈 Office municipal de Tourisme, r.
J.-Jaurès ℘ 94 51 54 14 et pl. Calvini
(juin-sept.) ℘ 94 51 53 87

17 – 84 ⑧ G. Côte d'Azur

⚠ **La Baume** « Bel ensemble avec vastes piscines, palmiers et plantations »,
℘ 94 40 87 87, Fax 94 40 73 50, N : 4,5 km par D 4 rte de Bagnols-en-Forêt
13 ha (500 empl.) ⟋ plat et peu incliné, herbeux, pierreux ⊞ ♀♀ – 🏚 🛒 🛍
🛍 ♿ ⊕ 🛍 ⚓ 🍽 🍽 🛍 🛍 – 🚗 discothèque 🛍 🚗 toboggan aquatique,
tir à l'arc, théâtre de plein air – Location : bastidons (studios)
3 avril-2 oct. – **R** *indispensable 3 juil.-août* – 🔲 *élect. (6 à 10A), piscine et tennis
compris 3 pers. 180*

⚠ **Les Pins Parasols,** ℘ 94 40 88 43, Fax 94 40 81 99, N : 4 km par D 4 rte de
Bagnols-en-Forêt
4,5 ha (189 empl.) ⟋ plat et terrasses, herbeux, pierreux ⊞ ♀ (2 ha) – 🏚 🛒
🛍 🛍 – 48 empl. avec sanit. individuels (🏚 🛒 🛍 wc) ♿ ⊕ 🛍, snack 🚗 🛍 –
🚗 🛍 🚗 half-court, toboggan aquatique
avril-sept. – **R** *juil.-août* – *Tarif 92 :* 🔲 *élect. et piscine comprises 2 pers. 99 ou
134,50, pers. suppl. 26,50*

⋀⋀⋀ **Le Dattier** 🏕 « Entrée fleurie », 🎣 94 40 88 93, Fax 94 40 89 01, N : 2,3 km par D 4 rte de Bagnols-en-Forêt
3,5 ha (181 empl.) ⚬➤ en terrasses, plat, herbeux ⊏⊐ ○○ (3 ha) – 🗐 🍴 🌊 ⚙ ↷ ⛱ ⚑ 🍽 ✗ 🔥 ⅁ – ⚓ ⚑ 🔥 – À proximité : vélos
Pâques-sept. – **R** *conseillée – Tarif 92 :* ▣ *piscine comprise 2 pers. 142, pers. suppl. 24*

⋀⋀⋀ **Fréjus,** 🎣 94 40 88 03, Fax 94 40 87 83, N : 4 km par D 4 rte de Bagnols-en-Forêt
4 ha (200 empl.) ⚬➤ plat et vallonné, herbeux, pierreux – 🗐 🍴 🌊 ⚙ 🔥 ⅁ ⚑ 🍽 ✗ 🔥 ⅁ – 🏚 cases réfrigérées ✗ 🔥 – Location : 🏠
Permanent – **R** *conseillée juil.-25 août* – ▣ *piscine comprise 2 pers. 82 (104,50 avec élect. 6A)*

⋀⋀ Le Pont d'Argens, 🎣 94 51 14 97, S : 3 km par N 98 rte de Ste Maxime, bord de l'Argens
7 ha (500 empl.) ⚬➤ plat, herbeux – 🗐 🌊 🔥 ⅁ ⚙ ⚑ 🍽 ⅁ 🔥 – ↷ vélos
avril-15 oct. – **R** *conseillée*

FRÉLAND   🎱 – 🔢 ⑱

68240 H.-Rhin – 1 134 h.

⋀⋀ **Municipal les Verts Bois** ≤, 🎣 89 47 57 25, sortie NO par rte d'Aubure et à gauche r. de la Fonderie, bord d'un ruisseau
0,6 ha (33 empl.) ⚬➡ (saison) en terrasses, herbeux – 🌊 (🗐 15 juin-sept.) ⚙ ⚑
– 🏚
mai-sept. – **R** *conseillée juil.-15 août* – ⚡ *12* ⚘ *6* ▣ *10* 🔥 *10*

▶ *In this Guide,*
a symbol or a character, printed in red or **black,** *in* **bold** *or light type,*
does not have the same meaning.

Please read the explanatory pages carefully.

Le FRENEY-D'OISANS   🔢 – 🔢 ⑥

38142 Isère – 177 h. alt. 900

⋀⋀ **Le Traversant** ≤, 🎣 76 80 18 84, S : 0,5 km par N 91 rte de Briançon
1 ha (67 empl.) ⚬➤ en terrasses, plat, gravillons – 🗐 🍴 🌊 🔥 ⅁ ⚙ ⚑ 🔥 –
🏚
15 juin-15 sept. – **R** – ▣ *1 pers. 34, 2 pers. 50, 3 pers. 70* 🔥 *10*

FRESNAY-SUR-SARTHE   🔢 – 🔢 ⑬ G. Normandie Cotentin

72130 Sarthe – 2 452 h.
🅱 Syndicat d'Initiative, pl. de Bassum (juin-sept.) 🎣 43 33 28 04

⋀⋀ **Municipal Sans Souci** 🏕 ≤, 🎣 43 97 32 87, O : 1 km par D 310 rte de Sillé-le-Guillaume, bord de la Sarthe
2 ha (100 empl.) ⚬➤ plat, en terrasses, herbeux ⊏⊐ – 🗐 🍴 🌊 ⅁ 🔥 ⚙ ⅁ ⚑ 🔥 –
– 🏚 ✗ – À proximité : 🔥 🔥
avril-sept. – **R** *juil.-août – Tarif 92 :* ⚡ *8* ⚘ *5,20* ▣ *6,40* 🔥 *10,60 (5A)*

FRESSE-SUR-MOSELLE 88 Vosges – 🔢 ⑧ – rattaché au Thillot

FRÉTEVAL   🔢 – 🔢 ⑦ G. Châteaux de la Loire

41160 L.-et-C. – 848 h.

⋀⋀ **La Maladrerie,** 🎣 54 82 62 75, au NO du bourg par rte du Plessis et chemin à gauche après le passage à niveau, bord d'un étang
1 ha (50 empl.) ⚬➤ plat, pierreux, herbeux – (🗐 🍴 ⚙ avril-nov.) ⚙ – 🏚 🔥 ⚓
poneys
Permanent – **R** *– Tarif 92 :* ⚡ *12,50* ▣ *15* 🔥 *10 (6A) 15 (10A)*

FRÉVENT   🔢 – 🔢 ⑬ G. Flandres Artois Picardie

62270 P.-de-C. – 4 121 h.

⋀⋀⋀ **Municipal les Longuigneules** 🏕, 🎣 21 03 78 79, sortie SE par D 339 vers Arras, bord d'un petit cours d'eau
5,5 ha (110 empl.) ⚬➤ plat, herbeux ⊏⊐ – 🗐 🍴 🌊 🔥 ⅁ ⚙ ⚑ – 🏚 ↷ –
A proximité : ✗ 🔥
avril-oct. – **R** *conseillée juil.-août – Tarif 92 :* ⚡ *13,20* ▣ *10,20* 🔥 *12,10 (3A) 18,20 (5A)*

FRIAUCOURT   🔢 – 🔢 ⑤

80940 Somme – 708 h.

⋀⋀ **Municipal Au Chant des Oiseaux** 🏕, 🎣 22 26 49 54, sortie NE par D 63 rte de Bourseville et rue à droite
1,40 ha (100 empl.) ⚬➤ plat, herbeux ⊏⊐ – 🗐 🌊 ⚙
avril-15 oct. – **R** – ⚡ *7,10* ⚘ *4,50* ▣ *4,90/5,70* 🔥 *6,5 (2A) 11 (6A) 16 (10A)*

FRONCLES-BUXIÈRES   🔢 – 🔢 ⑳

52320 H.-Marne – 2 026 h.

⋀ **Municipal les Deux Ponts** 🏕, 🎣 25 02 33 50, sortie N par D 253 rte de Doulaincourt, bord de la Marne et près du canal de la Marne à la Saône
0,3 ha (23 empl.) ⚬➤ plat, herbeux ⊏⊐ – 🗐 ⚙ – A proximité : ✗ 🔥
15 mars-15 oct. – **R** *– Tarif 92 :* ⚡ *5* ▣ *6,20* 🔥 *9,50 (6A)*

FRONTIGNAN

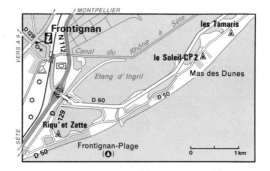

34110 Hérault – 16 245 h.

🛈 Office de Tourisme, rond-point de l'Esplanade 🖉 67 48 33 94

🗔 – 🖪🖪 ⑯ ⑰ G. Gorges du Tarn

à Frontignan-Plage S : 1 km – ⊠ 34110 Frontignan :

△△△ **Les Tamaris,** 🖉 67 48 16 91, Fax 67 51 20 29, NE par D 60, bord de plage
4,5 ha (263 empl.) •━ plat, herbeux, pierreux 🖙 – 🗐 ⇔ 🖆 🖼 🕹 ☺ 🎣 ▽ 🚑
🍴 ✕ 🗷 🖪 – 🥽 – Location : 🖾 🖾
29 mai-18 sept. – **R** *conseillée juil.-août* – 🗉 *élect. (6A) et piscine comprises
2 pers. 96 à 120 (115 à 144 avec plate forme am.)*

△△△ Le Soleil - Camp nº 2, 🖉 67 43 02 02, NE par D 60 et chemin à droite, à 100 m
de la plage
1,3 ha (100 empl.) •━ plat, sablonneux, herbeux 🖙 – 🗐 ⇔ 🖆 🖾 ☺ 🖪 –
A proximité : 🍃 – **R** *conseillée*

△ **Riqu'et Zette,** 🖉 67 48 24 30, sur D 129, à 200 m de la plage et près d'un
étang
1 ha (55 empl.) •━ plat, sablonneux, herbeux – 🗐 🖾 ☺ – A proximité : 🍃 –
Location : 🖾, studios
début avril-fin sept. – **R** *conseillée juil.-août* – 🗉 *1 à 3 pers. 60* 🚻 *15 (5A)*

FUILLA

66820 Pyr.-Or. – 297 h.

🗓 – 🖪🖪 ⑰

△△ **Le Rotja** 🏖 ≼, 🖉 68 96 52 75, au bourg
1,2 ha (42 empl.) •━ plat, herbeux, pierreux, verger 🖙 ☿ – 🗐 🖆 🕹 ☺ 🖪 – ⛵
– A proximité : 🔳 🍴 snack – Location : 🖾
juin-sept. – **R** *conseillée juil.-août* – 🚶 *12* 🗉 *13* 🚻 *11 (4A) 16 (6A)*

Les FUMADES

30 Gard – ⊠ 30500 St-Ambroix

🗔 – 🖪🔾 ⑧

△△△ **Domaine des Fumades** 🏖, 🖉 66 24 80 78, Fax 66 24 82 42, accès par
D 241, à proximité de l'établissement thermal, bord de l'Alauzène
15 ha/5 campables (100 empl.) •━ plat et peu incliné, herbeux, pierreux 🖙 ☿
– 🗐 🖆 🖆 🖾 ☺ 🔳 🍴 ✕ 🗷 🖪 – 🖾 ✕ 🖈 🥽 half-court – A proximité : 🐎
– Location : 🖾 🖾 🖾, appartements
15 mai-sept. – **R** *indispensable* – 🚶 *23 piscine comprise* 🗉 *57* 🚻 *11 (2A) 20
(4A)*

FUMEL

47500 L.-et-G. – 5 882 h.

🛈 Syndicat d'Initiative, pl. G. Escande
🖉 53 71 13 70

🖪🖪 – 🖂🔾 ⑥ G. Pyrénées Aquitaine

△△ Condat 🏖, 🖉 53 71 11 99, E : 2 km par D 911 rte de Cahors puis, à la sortie
de Condat, 1,2 km par rte à droite, bord du Lot
2,3 ha (80 empl.) •━ (saison) plat, herbeux, goudronné ☿☿ (0,5 ha) – 🗐 ⇔ 🖆
🔳 ☺ – 🚐
avril-sept. – **R** *conseillée*

GABARRET

40310 Landes – 1 335 h.

🛈 Syndicat d'Initiative, pl. Mairie
🖉 58 44 34 95

🖪🖪 – 🖂🔾 ⑬

△△ **Parc Municipal Touristique la Chêneraie** 🏖, 🖉 58 44 92 62,
Fax 58 44 35 38, sortie E par D 35 rte de Castelnau-d'Auzan et chemin à droite
0,7 ha (36 empl.) •━ peu incliné, herbeux 🖙 ☿ – 🗐 ⇔ 🖾 ☺ 🖪 – A proximité :
🥽 – Location : 🖾
mars-oct. – **R** *conseillée* – 🚶 *9,70* 🚐 *3,30* 🗉 *5,80/8,60 avec élect. (10A)*

GACÉ

61230 Orne – 2 247 h.

🛈 Office de Tourisme, Mairie
🖉 33 35 50 24

🖸 – 🖂🔾 ④

△ **Municipal le Pressoir**, à l'est du bourg par N 138
0,8 ha (22 empl.) peu incliné à incliné, herbeux – 🗐 ☺
juin-12 sept. – **R** – 🚶 *7,70* 🗉 *6,60* 🚻 *8,80*

▶ *Consultez le tableau des localités citées,*
classées par départements, avec indication éventuelle
des caractéristiques particulières des terrains sélectionnés.

La GACILLY

56200 Morbihan – 2 268 h.

△△ **Municipal,** ℰ 99 08 15 28, Fax 99 08 25 38, SE : 0,5 km par D 777 rte de Sixt-sur-Aff, bord de l'Aff
1,5 ha (93 empl.) ⊶ (juil.-août) plat, herbeux – 🗑 ⛺ 🗑 ⊛
15 juin-15 sept. – **R** – 🛪 *9,50 et 8,50 pour eau chaude* ⇔ *6,50* 🗐 *6,50* 🖹 *8,50*

🗖 – 🖾 ⑤

GAILLAC

81600 Tarn – 10 378 h.
🖪 Office de Tourisme, pl. de la Libération ℰ 63 57 14 65

△ **Municipal le Lido** 🕉 « Près d'un parc », ℰ 63 57 18 30, sortie SE par D 964 rte de Graulhet et r. St-Roch à droite, bord du Tarn
1 ha (33 empl.) ⊶ plat, herbeux ᛩ – 🗑 🛪 ⛺ 🗑 ⊛ ♿ ▽ – A proximité : ✘ 🛥
juin-sept. – **R** *conseillée* – *Tarif 92* : 🛪 *8* ⇔ *8* 🗐 *8* 🖹 *10 (5A)*

🖲 – 🖽 ⑨ ⑩ G. Pyrénées Roussillon

GALÉRIA 2B H.-Corse – 🖽 ⑭ – voir à Corse

GALLARGUES-LE-MONTUEUX

30660 Gard – 1 988 h.

△△ **Les Amandiers,** ℰ 66 35 28 02, sortie SO
3 ha (150 empl.) ⊶ plat, pierreux, herbeux – 🗑 🛪 🗑 ⊛ ♿ 🛒 ᛩ ☕ 🍴 – 🖳 – ✘ 🛥
🛥 – Location : 🖾 🖾
mai-15 sept. – **R** *conseillée 10 juil.-20 août* – 🗐 *piscine comprise 2 pers. 60 (80 ou 90 avec élect. 4 ou 6A), pers. suppl. 20*

🖲 – 🖾 ⑧

GANGES

34190 Hérault – 3 343 h.
🖪 Syndicat d'Initiative, r. Biron (saison) ℰ 67 73 84 79

△ **Le Tivoli,** ℰ 67 73 97 28 ✉ 34190 Laroque, SE : 1 km par D 986 rte de Montpellier, accès direct à l'Hérault
1,2 ha (68 empl.) ⊶ plat, herbeux ᛩ – 🗑 🛴 ⊛
15 juin-août – **R** *conseillée* – 🛪 *13* 🗐 *11/15* 🖹 *10 (3A)*

🖲 – 🖾 ⑯ G. Gorges du Tarn

GANNAT

03800 Allier – 5 919 h.

△△ **Municipal** ⩤, ℰ 70 90 12 16, S : 1 km par N 9 et rte à droite
1,5 ha (66 empl.) ⊶ en terrasses, peu incliné, herbeux – 🗑 ⚓ ⛺ ⊛ – 🏇
juin-sept. – **R** – *Tarif 92* : 🛪 *9* ⇔ *3* 🗐 *4*

🖲 – 🖾 ④ G. Auvergne

GAP ℗

05000 H.-Alpes – 33 444 h.
alt. 733.
🖪 Office de Tourisme, 12 r. Faure du Serre ℰ 92 51 57 03

△△△ **Alpes-Dauphiné** ⩤, ℰ 92 51 29 95, Fax 92 53 58 42, N : 3 km sur N 85 rte de Grenoble – alt. 850
5 ha (100 empl.) ⊶ incliné, en terrasses, herbeux ᛩ – 🗑 ⚓ ⛺ 🛴 🗑 🎱 ⊛ ⏚ ▽ 🛒 ☕ ✘ pizzeria 🖳 🖳 – 🛥 🛥 – Location : 🖾
Permanent – **R** – 🛪 *25 piscine comprise* 🗐 *25* 🖹 *15 (3A) 24 (6A) 38 (10A)*

△△ **S.I. Provence** ⩤, ℰ 92 51 13 25, SO : 3 km par N 85 rte de Sisteron
1,3 ha (89 empl.) ⊶ peu incliné, herbeux ᛩ – 🗑 ⚓ ⛺ ⊛ ♿ ᛩ – 🖾
🛥
mai-15 oct. – **R** *conseillée juil.-août* – 🛪 *15* 🗐 *14* 🖹 *8,50 (3A)*

△ **Napoléon** ⩤ Gap et montagnes, ℰ 92 52 12 41, N : 3,5 km sur N 85 rte de Grenoble – alt. 920
4 ha (50 empl.) ⊶ incliné, terrasses, herbeux ᛩᛩ (2 ha) – 🗑 🛴 🗑 🎱 ⊛
Permanent – **R** *conseillée juil.-août* – 🛪 *11* 🗐 *11* 🖹 *15 (2A) 20 (6A) 25 (10A)*

à la Rochette NE : 9 km par N 94 rte d'Embrun, D 314 et D 14
✉ 05000 la-Rochette :

△ **Le Chapeau de Napoléon** 🕉 ⩤, ℰ 92 51 28 80 – alt. 1 130
1 ha (33 empl.) ⊶ incliné, herbeux – 🗑 🛴 🗑 ⊛ 🍴 snack – 🖾 – Location : 🖾
mai-oct. – **R** *conseillée* – 🛪 *13* ⇔ *6* 🗐 *12* 🖹 *10 (6A)*

🖾 – 🖾 ⑯ G. Alpes du Sud

La GARDE 38 Isère – 🖾 ⑥ – rattaché au Bourg-d'Oisans

La GARDE-FREINET

83310 Var – 1 465 h.

△ **Municipal St-Eloi,** ℰ 94 43 62 40, sortie S par D 558 rte de Grimaus – ℗ (tentes)
1,5 ha (100 empl.) ⊶ plat et en terrasses, herbeux, pierreux ᛩᛩ – 🗑 – A proximité : ✘ 🛥 🏇
juin-15 sept. – 🛪 *12* 🗐 *14*

🖾 – 🖾 ⑰ G. Côte d'Azur

GARIN 31 H.-Gar. – 🖾 ⑳ – rattaché à Luchon

La GARONNE 83 Var – 🖾 ⑮ – rattaché au Pradet

202

GASTES
40160 Landes – 368 h.

⚠️ **La Réserve,** 𝒫 58 09 75 96, Fax 58 09 76 13, SO : 3 km par D 652 rte de Mimizan et chemin à droite, à 100 m de l'étang (accès direct) 27 ha (830 empl.) ⚬⚬ plat, herbeux, sablonneux 💥💥 – 🔟 ⚡ ☁ 🗗 占 ☺ ⚎ 🏹 ⚎ 🛒 ⚑ 🍴 ✕ cafétéria ⚎ 🖥 – 🎦 ✕ ᚷ 🏊 🏊 🏊 ⚎ vélos, practice de golf, tir à l'arc – Location : 🚏 🚐 ⛺
15 mai-18 sept. – **R** *conseillée* – *Tarif 92 :* 🔲 *piscine comprise 2 pers. 110, pers. suppl. 18* 🔌 *17 (6 à 10A)*

13 – 78 ⑬ ⑭

GAVARNIE
65120 H.-Pyr. – 177 h. alt. 1 357.
🅸 Office de Tourisme (juil.-sept., 15 déc.-avril) 𝒫 62 92 49 10

⚠️ **Le Pain de Sucre** ≤, 𝒫 62 92 47 55, N : 3 km par D 921 rte de Luz-St-Sauveur, bord du Gave de Gavarnie – alt. 1 273 1,5 ha (50 empl.) ⚬⚬ plat, herbeux – 🔟 ☺ juil.-sept. – ♣ *7* 🛆 *9* 🔌 *10 (2A) 27 (6A)*

14 – 85 ⑱ G. Pyrénées Aquitaine

Le GÂVRE
44130 Loire-Atl. – 995 h.

⚠️ **Municipal de la Forêt,** sortie S rte de Blain et à droite, bord d'un plan d'eau 2,5 ha (150 empl.) plat, herbeux, forêt attenante – 🔟 ⚡ 🏊 占 ☺ – ✕ ᚷ – A proximité : 🏇 Pâques-oct. – **R** – *Tarif 92 :* ♣ *7,50* 🛆 *4,50* 🔲 *6* 🔌 *10*

4 – 63 ⑯ G. Bretagne

GEAUNE
40320 Landes – 723 h.

⚠️ **Municipal,** sortie SO par D 111, rte de Clèdes, au stade 1 ha (40 empl.) ⚬⚬ en terrasses, peu incliné, herbeux – 🔟 ⚡ ☁ 占 ☺ ⚎ – A proximité : ✕ 🏊 avril-oct. – **R** – ♣ *9* 🛆 *5* 🔲 *9/18 avec élect.*

13 – 82 ①

GÈDRE
65120 H.-Pyr. – 317 h. alt. 1 011

⚠️ **Le Mouscat** ⚎, 𝒫 62 92 47 53, N : 0,7 km par D 921 rte Luz-St-Sauveur et à gauche, bord du Gave de Gavarnie 1 ha (50 empl.) ⚬⚬ plat, herbeux – 🔟 ⚡ 🏊 🗗 占 ☺ 🖥 – A proximité : 🏊 toboggan aquatique 15 juin-15 sept. – **R** – ♣ *12* 🔲 *13* 🔌 *12 (2A) 24 (6A)*

⚠️ **Le Soumaoute** ≤ montagnes, 𝒫 62 92 48 70, près de l'église 0,3 ha (22 empl.) ⚬⚬ plat et en terrasses, herbeux ⛺ �\ – 🔟 🏊 ▥ ☺ – ⚎ 🚏 – 🏊 – A proximité : 🍴 ✕ 🏊 toboggan aquatique – Location : gîte d'étape, appartements vac. de fév., juil.-15 sept. – **R** – ♣ *9,50* 🔲 *11,50* 🔌 *10 (2A)*

⚠️ **Le Relais d'Espagne** ≤, 𝒫 62 92 47 70, N : 2,8 km par D 921 rte de Luz-St-Sauveur, à la station service, bord du Gave de Gavarnie 2 ha (38 empl.) ⚬⚬ plat, pierreux, herbeux 💥 – 🔟 🗗 ☺ 🍴 snack – Location : 🚏 Permanent – **R** *conseillée juil.-août* ♣ *9,30* 🔲 *11* 🔌 *10,50 (2A) 31,50 (6A)*

14 – 85 ⑱ G. Pyrénées Aquitaine

GEMAINGOUTTE
88520 Vosges – 123 h.

⚠️ **Municipal le Violu,** sortie O par N 59 rte de St-Dié, bord d'un ruisseau 1 ha (48 empl.) plat, herbeux – 🔟 占 ☺ avril-oct. – **R** *conseillée* – *Tarif 92 :* ♣ *8* 🛆 *8* 🔲 *9* 🔌 *10 (16A)*

8 – 62 ⑱

GÉMENOS
13420 B.-du-R. – 5 025 h.

⚠️ **Le Clos** ≤, 𝒫 42 32 18 24, sortie S rte de Toulon 1,7 ha (53 empl.) ⚬⚬ plat, herbeux ⛺ 💥💥 – 🔟 ⚡ ☁ 🏊 🗗 ☺ ⚎ 🛒 ✕ 🛒 cases réfrigérées – 🎦 ✕ – A proximité : 🏊 avril-sept. – **R** *conseillée* – *Tarif 92 :* 🔲 *2 pers. 59, 3 pers. 82, 4 pers. 93, pers. suppl. 17* 🔌 *13 (4A)*

16 – 84 ⑭ G. Provence

GÉMOZAC
17260 Char.-Mar. – 2 333 h.

⚠️ **Municipal,** 𝒫 46 94 50 16, sortie O rte de Royan, près de la piscine 1 ha (40 empl.) plat, herbeux – 🔟 ⚡ ☁ ☺ – A proximité : ✕ 🏊 15 juin-15 sept. – **R** – 🔲 *1 à 5 pers. 20 à 46 (29 à 65 avec élect. 5 ou 10A)*

9 – 71 ⑤

GENÊTS
50530 Manche – 481 h.

⚠️ **Les Coques d'Or** ⚎ ≤, 𝒫 33 70 82 57, Fax 33 70 86 83, NO : 0,7 km par D 35E1 rte du Bec d'Andaine 4 ha (109 empl.) ⚬⚬ plat, herbeux – 🔟 ⚡ ☁ 🗗 占 ☺ 🍴 🖥 – ᚷ 🏊 – Location : 🚐 avril-sept. – **R** *conseillée juil.-août* – ♣ *20 piscine comprise* 🛆 *10* 🔲 *11* 🔌 *12 (3A) 15 (6A) 20 (10A)*

4 – 59 ⑦ G. Normandie Cotentin

GENILLÉ
37460 I.-et-L. – 1 428 h.

⚠️ **Municipal,** au sud du bourg par D 764 rte de Loches, au terrain de sports 0,5 ha (18 empl.) plat, herbeux ⛺ 💥 – 🔟 🏊 占 ☺ – A proximité : ✕ 🏊 15 juin-sept. – **R** – *Tarif 92 :* ♣ *9* 🔲 *12* 🔌 *10 (10A)*

10 – 64 ⑯ G. Châteaux de la Loire

GENNES

49350 M.-et-L. – 1 867 h.

▓ Syndicat d'Initiative, square de l'Europe (mai-sept.) ℰ 41 51 84 14

▲ **Districal du Bord de l'Eau,** ℰ 41 38 04 67, Fax 41 51 85 81, sortie N, près du pont, bord de la Loire
2,5 ha (170 empl.) ⊶ plat, herbeux, sablonneux ⚍ – 🗊 ⚲ 🖽 ⊕ 🖽 – 🏇 – A proximité : 🏊
avril-sept. – **R** – 🏕 10 🖹 10 🔌 9 (5A)

GÉNOLHAC

30450 Gard – 827 h.

▓ Syndicat d'Initiative ℰ 66 61 18 32

🔟🔟 – 🟤🟤 ⑦ G. Gorges du Tarn

▲ **Les Esparnettes** ⚝ ≼, S : 4,5 km par D 906 rte de Chamborigaud puis 0,4 km par D 278 à droite, à Pont de Rastel, bord du Luech
1,5 ha (63 empl.) plat, herbeux – 🗊 ⚚ 🖽 🖿 🖦 ⊕ – ⏹
mai-oct. – **R** – 🏕 10 🚗 6 🖹 10 🔌 10 (6A)

GENOUILLÉ

17430 Char.-Mar. – 533 h.

🟤 – 🟤🟤 ③

▲ **Municipal l'Étang des Rosées** ⚝, ℰ 46 27 70 01, S : 1 km, à 50 m de l'étang
1 ha (33 empl.) ⊶ peu incliné et plat, herbeux – 🗊 ⚚ 🖽 ⊕ – A proximité : 🏇
25 juin-15 sept. – **R** conseillée – 🏕 10 🚗 4 🖹 5 🔌 8

GÉRARDMER

88400 Vosges – 8 951 h. alt. 665 – ⚝.

▓ Office de Tourisme, pl. des Déportés ℰ 29 63 08 74

🟤 – 🟤🟤 ⑰ G. Alsace Lorraine

▲▲▲ **Ramberchamp,** ℰ 29 63 03 82, SO : 1,5 km, au bord du lac
3,5 ha (258 empl.) ⊶ plat, herbeux ⚍ – 🗊 ⚚ 🖽 🖽 ⊕ ⚚ 🍷 – ⏹ billard golf – A proximité : 🏇 – Location : 🏠
vac. de printemps-15 sept. – **R** – 🏕 19 🖹 22 🔌 15 (3A)

▲▲▲ **Les Granges-Bas** ⚝, ℰ 29 63 12 03, O : 4 km par D 417 puis, à Costet-Beillard, 1 km par chemin à gauche (hors schéma)
2 ha (100 empl.) ⊶ plat et peu incliné, prairie – 🗊 🖽 🖽 ⊕ – ⏹ ✂
juin-août – **R** – Tarif 92 : 🏕 7 🚗 3,50 🖹 5 🔌 7 (2A) 15 (5A)

▲ **Les Sapins,** ℰ 29 63 15 01, SO : 1,5 km, à 200 m du lac
1,3 ha (70 empl.) ⊶ plat, herbeux – 🗊 ⚚ 🖽 🖽 – A proximité : 🏇
15 avril-sept. – **R** – 🏕 2 pers. 50, pers. suppl. 15 🔌 13,80 (3A) 28 (6A)

Bas-Rupts S : 4 km par D 486 rte du Thillot alt. 800
✉ 88400 Gérardmer :

▲ **Les Ruisseaux** ⚝ ≼, ℰ 29 63 13 06 – alt. 760
1,5 ha (70 empl.) ⊶ vallonné, herbeux – 🗊 🖽 🖽 ⊕ 🍷
Pâques-fin sept. – **R** – 🏕 8 🚗 4 🖹 4 🔌 12 (4A)

▲ **Les Bas-Rupts** ⚝ ≼, ℰ 29 63 37 15, au bord d'un petit torrent – alt. 750
1,5 ha (50 empl.) ⊶ plat, peu incliné, herbeux 🌳 (0,5 ha) – 🗊 ⊕
15 juin-15 sept. – **R** – 🏕 8 🖹 8 🔌 9 (3 ou 4A)

▲ **Les Myrtilles** ≼, ℰ 29 63 21 38
2 ha (65 empl.) plat et peu incliné, prairie – 🗊 ✗ 🖦
Permanent – **R** indispensable hiver – 🏕 9 🚗 4,50 🖹 4,50

à Liézey NO : 9,5 km par D 417 et D 50 à droite alt. 750
✉ 88400 Liézey :

▲ **La Forêt** ⚝ ≼, ℰ 29 60 07 20, au bourg (hors schéma) – ⚡
0,7 ha (35 empl.) ⊶ incliné, herbeux – 🗊 ⚚ 🍷 – 🏕 8 🚗 5 🖹 5/7
Pâques-Toussaint – **R** indispensable juil.-août – 🏕 8 🚗 5 🖹 5/7

▶ *There is no paid publicity in this guide.*

GÉRAUDOT

10220 Aube – 274 h.

▲▲ **L'Épine aux Moines** ⚑ ≤, ℘ 25 41 24 36, SE : 1,3 km par D 43, à 200 m du lac de la Forêt d'Orient
2,8 ha (186 empl.) ⚬—ₐ plat et peu incliné, herbeux – ⌁ ⚐ ⚘ – A proximité : ≧ 숙 ◊
mars-1ᵉʳ nov. – **R** *conseillée juil.-20 août* – 🔲 *1 pers. 22, pers. suppl. 9,50* 🔋 *9 (4A)*

GÈRE-BÉLESTEN

64260 Pyr.-Atl. – 151 h.

▲▲ **Municipal de Monplaisir** ≤, ℘ 59 82 61 18, S : 2 km, à Monplaisir, entre D 934 et le Gave d'Ossau
1,4 ha (100 empl.) ⚬—ₐ (saison) plat, herbeux, pierreux ⌁ – ⌁ ⚶ 숙 ⚐ ⚘ 좀 ♈
– 🛏
Permanent – **R** *conseillée 25 juil.-15 août* – ♣ *5,70 et 4 pour eau chaude* 🚗
3,30 🔲 *9/13* 🔋 *7 (3A) 13,50 (6A) 22,50 (10A)*

GERSTHEIM

67150 B.-Rhin – 2 808 h.

▲▲ **Municipal Au Clair Ruisseau** ⚑, ℘ 88 98 30 04, sortie NE vers le Rhin et chemin à gauche, bord d'un étang et d'un cours d'eau
3 ha (66 empl.) ⚬—ₐ (saison) plat, herbeux ⌁ – ⌁ ⚶ ⌁ 🖥 ⚐ 좀 – 🛏 ᴋ♈
ᴚ
avril-sept. – **R** *conseillée* – *Tarif 92 :* ♣ *6 et 6 pour eau chaude* 🔲 *9* 🔋 *6 (2A) 14 (6A)*

GESTÉ

49600 M.-et-L. – 2 447 h.

▲ **La Thévinière** ⚑ « Agréable cadre boisé près d'un étang », ℘ 41 56 69 46, Fax 41 56 69 90, SE : 2,9 km par D 67 rte de St-Germain-sur-Moine et chemin à gauche, à la base de loisirs
22 ha/1 campable (32 empl.) ⚬—ₐ plat, herbeux, pierreux ⌁ ⚒ – ⌁ ⚶ 숙 🖥
숙 ⚘ – 🛏 ᴋ♈ ◊ vélos
15 juin-15 sept. – **R** – ♣ *10* 🔲 *20* 🔋 *11 (6A)*

Les GETS

74260 H.-Savoie – 1 287 h.
alt. 1 170 – ⛷.
🛈 Office de Tourisme ℘ 50 79 75 55

▲▲ la Grange au Frêne ⚑ ≤ massif du Mt-Blanc, ℘ 50 75 80 60, sortie SO par D 902 rte de Taninges puis 2,3 km par rte des Platons à droite – alt. 1 315
0,3 ha (14 empl.) ⚬—ₐ non clos ⌁ – ⌁ ⚶ 숙 🖥 숙 ⚐ ⚘ – 🛏
15 juin-15 sept. – **R** *conseillée*

GEU 65 H.-Pyr. – 85 ⑱ – rattaché à Lourdes

GEX ⛷

01170 Ain – 6 615 h. alt. 628.
🛈 Office de Tourisme ℘ 50 41 53 85

▲▲ **Municipal** Ⓜ ≤, ℘ 50 41 61 46, E : 1 km par D 984ᶜ rte de Divonne-les-Bains et chemin à droite
3,3 ha (160 empl.) ⚬—ₐ plat et peu incliné, herbeux, gravillons, goudronné ⌁ –
⌁ ⚶ 숙 ⚐ ♈ 좀 – 🛏 – A proximité : ⚹ 숙
10 mai-20 sept. – **R** – ♣ *13* 🚗 *9* 🔲 *9/12* 🔋 *11 (16A)*

GHISONACCIA 2B H.-corse – 90 ⑥ – voir à Corse

GIBLES

71800 S.-et-L. – 604 h.

▲▲ **Château de Montrouant** ⚑ ≤ « Parc au bord d'un étang », ℘ 85 84 51 13, Fax 85 84 52 80, NE : 1,6 km rte de Charolles et chemin
11 ha/1 campable (40 empl.) ⚬—ₐ peu incliné, plat, gravillons ⌁ ⚒ – ⌁ ⚶ 숙
🖥 숙 ⚐ ⚘ – 🛏 ᴚ poneys, half-court
15 juin-5 sept. – **R** *indispensable* – ♣ *19 piscine comprise* 🚗 *17* 🔲 *17* 🔋 *17 (6A)*

GIEN

45500 Loiret – 16 477 h.
🛈 Office de Tourisme, Centre Anne-de-Beaujeu ℘ 38 67 25 28

▲▲▲ **Les Bois du Bardelet** Ⓜ ◇ ⚑ « Cadre agréable », ℘ 38 67 47 39, Fax 38 38 27 16, SO : 5 km par D 940 rte de Bourges et 2 km par rte à gauche – Pour les usagers venant de Gien, accès conseillé par D 53 rte de Poilly-lez-Gien et 1ᵉʳᵉ à droite
12 ha/6 campables (200 empl.) ⚬—ₐ plat, herbeux, étang ⌁ ⚒ – ⌁ 숙 숙 ⌁ 🖥
숙 ▥ ⚐ ⚹ pizzeria ⚶ 🖥 – 🛏 ᴚ ≧ ᴋ♈ ᴚ poneys – Location : 🚐 🚐,
bungalows toilés
mars-nov. – **Location longue durée** – *Places disponibles pour le passage* – **R** *indispensable 14 juil.-15 août* – 🔲 *piscine comprise 2 pers. 96, pers. suppl. 22* 🔋 *22 (15A)*

GIENS

83 Var – ✉ 83400 Hyères
Schéma à Hyères

▲▲ **La Bergerie,** 𝒫 94 58 91 75, NE : 1,5 km sur D 97, à 200 m de la plage (accès direct)
0,8 ha (60 empl.) o⟶ plat, herbeux ⚲ – 🛖 ⇄ 🚻 ⊕ ⚞ snack 🍴 – A proximité : 🏖 – Location : 🛖
fermé 6 janv.-4 fév. – **R** – 🖃 *2 pers. 75* 🔋 *18 (3A) 22 (6A) 28 (10A)*

GIFFAUMONT-CHAMPAUBERT

51290 Marne – 227 h.

▲ **La Plage** ⚲, 𝒫 26 72 61 84, E : 2 km par rte du port de Giffaumont et chemin à droite, à 200 m du lac du Der-Chantecoq
1,5 ha (99 empl.) o⟶ (juil.-août) plat, herbeux, bois attenant ⚲ (0,5 ha) – 🛖 ⊕ –
A proximité : 🚴 🚤
mai-10 sept. – **R** – 🚶 *13* 🖃 *13* 🔋 *10 (6A)*

GIGEAN

34770 Hérault – 2 529 h.

▲ **Municipal,** 𝒫 67 78 82 48, vers sortie SO et 0,5 km par chemin du stade à droite, bord de la N 113
1 ha (63 empl.) o⟶ plat, pierreux – 🛖 ⇄ ♿ ⊕ – 🚗 – A proximité : 🏖
15 juin-15 sept. – **R** *conseillée – Tarif 92 :* 🖃 *1 ou 2 pers. 34,50, 3 pers. 41,50, pers. suppl. 10* 🔋 *12*

GIGNAC

34150 Hérault – 3 652 h.
🏢 Office de Tourisme, pl. Gén.-Claparède
𝒫 67 57 58 83

▲▲ **Municipal la Meuse** ⚲, 𝒫 67 57 92 97, NE : 1,2 km par D 32 rte d'Aniane, puis chemin à gauche, près de la base nautique
3,4 ha (61 empl.) o⟶ plat, herbeux ▭ – 🛖 ⇄ 🛶 🖫 ♿ 🚗 ⊕ – 🍴 parcours sportif
15 juin-15 sept. – **R** – 🚶 *10 tennis compris* 🖃 *45* 🔋 *10 (5A)*

▲ **Moulin de Siau** ⚲, 𝒫 67 57 51 08 ✉ 34150 Aniane, NE : 2,2 km par D 32 rte d'Aniane puis chemin à gauche, bord d'un ruisseau et à 200 m de l'Hérault
2,5 ha (115 empl.) o⟶ plat, pierreux, herbeux ⚲⚲ – 🛖 🖫 ⊕ 🍴
15 juin-15 sept. – **R** *juil.-août* – 🖃 *2 pers. 50* 🔋 *11 (6A)*

▲ **Le Pont,** 𝒫 67 57 52 40, O : 0,8 km, à 300 m de l'Hérault
0,7 ha (36 empl.) o⟶ plat et terrasse, herbeux ⚲ – 🛖 🚻 🖫 ⊕ 🍴 🍴 – 🚗 🛶 –
A proximité : 🏖
Permanent – **R** *conseillée juil.-août* – 🖃 *piscine comprise 2 pers. 55, pers. suppl. 13* 🔋 *13 (6A)*

GIGNY-SUR-SAÔNE

71240 S.-et-L. – 401 h.

▲▲ **Château de l'Epervière** ⚲ « Parc boisé au bord d'un étang », 𝒫 85 44 83 23, S : 1 km, à l'Epervière
7 ha (50 empl.) o⟶ plat, herbeux ▭ ⚲⚲ – 🛖 ⇄ 🚻 🖫 ⊕ 🍴 ✗ 🍴 – 🚗 🚴 – A proximité : 🚤
Pâques-sept. – **R** – 🚶 *16* 🖃 *28* 🔋 *14 (4A) 21 (6A)*

GILETTE

06830 Alpes-Mar. – 1 024 h.

▲▲▲ **Moulin Noï** ⚲ ≤ « Site et cadre agréables », 𝒫 93 08 92 40, sur D 2209, à 1,8 km au SO de Pont Charles-Albert (N 202), bord de l'Estéron
4 ha (125 empl.) o⟶ plat, pierreux ▭ ⚲ (1 ha) – 🛖 ⇄ 🚻 ⊕ ⚞ ⚲ ▽ 🏖 🍴 ✗ 🍴 – 🚗 – 🚗 🚴 🛶 🚤 – Location : 🏠, bungalows toilés
avril-sept. – **R** *conseillée juil.-août* – 🖃 *piscine comprise 2 pers. 83 à 121* 🔋 *12 (3A) 14,50 (4A) 18,90 (6A)*

GILLEY

25650 Doubs – 1 149 h. alt. 870

▲ **Le Lava** ⚲ ≤, 𝒫 81 43 30 88, SE : 2,5 km par D 132 et chemin à gauche
0,8 ha (60 empl.) o⟶ plat et peu incliné, herbeux – 🛖 🛶 – 🚗
Permanent – **R** – 🚶 *10* 🚗 *5* 🖃 *10/12*

GLÈRE

25190 Doubs – 187 h.

▲▲ **Municipal** ⚲ ≤, 𝒫 81 93 97 28, E : 1,5 km par ancienne rte de Brémoncourt (rive droite du Doubs)
3 ha (79 empl.) o⟶ plat, peu incliné et en terrasses, gravillons – 🛖 ⇄ 🚻 🏚 ⊕
🍴 – 🚗 – *Places limitées pour le passage* – **R** – *Tarif 92 :* 🚶 *6 piscine comprise* 🚗 *5* 🖃 *4 à 6* 🔋 *8 (6A) 10 (plus de 6A)*

GODEWAERSVELDE

59270 Nord – 1 738 h.

▲ **Municipal** ⚲, au NE du bourg, par r. Raoul de Godewaersvelde, près d'un petit étang
0,5 ha (13 empl.) plat, herbeux ▭ – 🛖 ⊕ – 🚴
avril-oct. – **R** *conseillée* – 🚶 *6,40* 🚗 *3,20* 🖃 *8,70* 🔋 *11 (4A) 18,50 (6A)*

206

GOLINHAC

15 – 80 ② G. Gorges du Tarn

12140 Aveyron – 458 h. alt. 648

    Municipal Bellevue ⚲ ≤, ℰ 65 44 50 73, au SO du bourg
1 ha (42 empl.) ⊶ incliné, en terrasses, plat, herbeux ⊡ ⵠ – ⛺ ⏚ ⏪ ⊕ ⋜ ⵦ
– ⛱
juil.-15 sept. – **R** – ⋔ 7 ⇔ 4 ⊟ 4 ⒔ 5 (6A)

GONNEVILLE-EN-AUGE 14 Calvados – 54 ⑯ – rattaché à Merville-Franceville-Plage

---

GOUAUX

14 – 85 ⑲

65440 H.-Pyr. – 62 h. alt. 925

    Le Ruisseau ⚲ ≤, au bourg, sur D 25
2 ha (100 empl.) ⊶ (saison) peu incliné, en terrasses, herbeux – ⛺ ⏪ ⏚ ⧠ ⊕
Permanent – **R** conseillée – ⋔ 8,50 ⊟ 8,50/10 ⒔ 19 (4A) 33 (10A)

GOUDARGUES

16 – 80 ⑨ G. Provence

30630 Gard – 788 h.

    Les Amarines ≤, ℰ 66 82 24 92, NE : 1 km par D 23, bord de la Cèze
4 ha (90 empl.) ⊶ plat, herbeux ⊡ – ⛺ ⏪ ⏚ ⏪ ⵝ ⊕ ⋜ ⵦ ⧠ – ⛱ ⛵
⛵ vélos
avril-août – **R** conseillée – ⊟ piscine comprise 2 pers. 65, 3 pers. 77, 4 pers.
89 ⒔ 12 (3 à 10A)

    La Grenouille ⚲, ℰ 66 82 21 36, au bourg, près de la Cèze (accès direct)
et bord d'un ruisseau
0,8 ha (50 empl.) ⊶ plat, herbeux ⊡ ⵠⵠ – ⛺ ⵟ ⧠ ⵝ ⊕ ⧠ – ⛱
avril-sept. – **R** conseillée juil.-août – ⊟ piscine comprise 2 pers. 62, pers. suppl.
15 ⒔ 15 (4A)

    St-Michelet ⚲, ℰ 66 82 24 99, NO : 1 km par D 371 rte de Frigoulet, bord
de la Cèze
3 ha (120 empl.) ⊶ (mai-15 sept.) plat et peu incliné, herbeux ⵠ (1 ha) – ⛺ ⵟ
⏪ ⊕ ⋜ ⵦ ⧠ – ⛵
avril-sept. – **R** – ⊟ 2 pers. 48, pers. suppl. 11 ⒔ 10 (3A) 15 (6A)

    Le Mas de Rome ⚲, ℰ 66 82 25 24, S : 0,5 km par D 23 rte d'Uzès puis
1,5 km par chemin à gauche, bord de la Cèze – Pour caravanes, accès difficile
à certains emplacements, tracteur disponible
7 ha (80 empl.) ⊶ plat et accidenté, en terrasses, pierreux, herbeux ⊡ ⵠⵠ
(3,5 ha) – ⛺ ⏚ ⏪ ⊕ – ⛵
mai-1er oct. – **R** conseillée juil.-15 août – ⊟ 2 pers. 50, pers. suppl. 12 ⒔ 13
(3A)

GOUDET

11 – 76 ⑰ G. Vallée du Rhône

43490 H.-Loire – 65 h. alt. 760

    Le Camping au Bord de l'Eau ⚲ ≤ « Site agréable », ℰ 71 57 16 82,
sortie O par D 49 rte de Costaros et chemin à droite après le pont, près de
la Loire
4 ha (90 empl.) ⊶ plat, herbeux ⊡ – ⛺ ⏪ ⵝ ⏪ ⊕ ⊕ ⵻ ⵝ ⧠ – ⵙ ⛴ ⛵
– A proximité : ⛵ – Location : ⛺
mai-15 sept. – **R** indispensable – Tarif 92 : ⋔ 18 piscine comprise ⊟ 15 ⒔ 13
(2A)

GOUESNACH 29 Finistère – 58 ⑮ – rattaché à Bénodet

GOUMOIS

8 – 66 ⑱ G. Jura

25470 Doubs – 136 h. alt. 400

    Municipal la Forge ⚲ « Site agréable », ℰ 81 44 27 19, N : 1 km par rte
du Moulin de Plain, bord du Doubs
0,9 ha (38 empl.) ⊶ plat et peu incliné, herbeux, pierreux ⊡ – ⛺ ⵝ ⏪ ⊕
mars-1er nov. – **R** conseillée juil.-août – ⋔ 8 ⇔ 13 ⊟ 13 ⒔ 7 (6A)

GOURDON ⟨SP⟩

18 – 75 ⑱ G. Périgord Quercy

46300 Lot – 4 851 h.

🛈 Office de Tourisme, r. du Majou
(fermé après-midi hors saison)
ℰ 65 41 06 40

    Municipal Écoute s'il Pleut ⚲, ℰ 65 41 06 19, NO : 1,6 km par D 704 rte
de Sarlat-la-Canéda et chemin à gauche, près d'un plan d'eau
5 ha (150 empl.) ⊶ peu incliné, en terrasses, pierreux ⊡ (3 ha) – ⛺ ⏪ ⏚
⏪ ⊕ ⵻ ⧠ – �\ ⛱ – A proximité : ⵘ ⛵ – Location : ⛺, gîtes, bungalows
toilés
juin-sept. – **R** – ⋔ 18 piscine et tennis compris ⊟ 20 ⒔ 11 (6A)

    Le Paradis (aire naturelle) ⚲, ℰ 65 41 09 73, SO : 1,6 km par rte de Fumel
et chemin à gauche par le parking de l'Intermarché
1 ha (24 empl.) ⊶ plat, peu incliné, herbeux ⵠ – ⛺ ⏪ ⏚ ⏪ ⊕ ⧠ – ⛱ ⛵
– A proximité : ⵘ – Location : ⛺
Pâques-Toussaint – **R** conseillée juil.-août – ⊟ 1 pers. 20 ⒔ 6 (6A)

GOURETTE

13 – 85 ⑰ G. Pyrénées Aquitaine

64 Pyr.-Atl. – alt. 1 400 – ⛷
✉ **64440** Eaux-Bonnes.

🛈 Office de Tourisme, pl. Sarrière
(juil.-août, déc.-avril) ℰ 59 05 12 17

    Le Ley ❄ ⚲ ≤, ℰ 59 05 11 47, O : 2 km rte d'Eaux-Bonnes, bord du Valentin
– alt. 1 175
1,5 ha (50 empl.) ⊶ plat, en terrasses, goudronné – ⛺ ⏪ ⏚ ⒔ ⏪ ⧠ ⧠ ⛾ ⵘ
15 déc.-avril et juil.-15 sept. – **R** conseillé vac. scolaires hiver – Tarif 92 : ⊟
1 à 5 pers. 42 à 90, pers. suppl. 20 ⒔ 18 à 43 (2 à 16A)

GOUVILLE-SUR-MER

4 - 54 (12)

50560 Manche – 1 324 h.

🔺 **Belle Etoile** 🔊 ≤, 𝒫 33 47 86 87, O : 3 km par D 268 et rte du bord de mer, près de la plage
2,3 ha (168 empl.) ⊶ plat et accidenté, sablonneux, herbeux 🖪 – 🗇 🖑 🖰 ⚲
🖪 ⊕ 🍴 🖪 – 🔄 – Location : 🖵
mai-sept. – **R** *indisponible – Places disponibles pour le passage* – 🔲 *1 ou 2 pers. 60, pers. suppl. 20* 🛦 *18 (6A)*

🔺 Municipal le Sénéquet 🔊 ≤, 𝒫 33 47 84 37, O : 3 km par D 268 et rte du bord de mer, près de la place
3 ha (200 empl.) ⊶ plat et accidenté, sablonneux, herbeux – 🗇 🖑 ⚲ ⊕ – 🔄

GRAMAT

13 - 75 (19) G. Périgord Quercy

46500 Lot – 3 526 h.
🛈 Maison du Tourisme, pl. de la République (mai-oct.) 𝒫 65 38 73 60

🔺 **Municipal les Ségalières,** 𝒫 65 38 76 92, sortie SO par D 677 rte de Cahors et à gauche, 2 km par D 14 rte de Reilhac
7 ha (100 empl.) ⊶ peu incliné, pierreux, herbeux 🔊🔊 (4 ha) – 🗇 🖑 🖰 🖪 🖫 ⊕ 🟰 🖪 – 🔄 ✂ 🖈 🖚 🗲 – À proximité : parc animalier – Location : 🖵
juin-sept. – **R** *conseillée juil.-août* – 🖈 *12 piscine et tennis compris* 🔲 *15* 🛦 *10 (6A)*

Le GRAND-BORNAND

12 - 74 (7) G. Alpes du Nord

74450 H.-Savoie – 1 925 h. alt. 950 – 🚠.
🛈 Office de Tourisme, pl. de l'Église 𝒫 50 02 20 33

🔺 **L'Escale** ❄ 🔊 ≤, 𝒫 50 02 20 69, près de l'église, bord du Borne
2 ha (111 empl.) ⊶ plat, accidenté et terrasse, herbeux, pierreux – 🗇 🖑 🖰 ⚲
🖪 🎞 ⊕ 🖪 – 🔄 ✂ – A proximité : 🖈 🖚 – Location : 🖂, studios et appartements
déc.-avril et juin-sept. – **R** – 🔲 *3 pers. 62 (hiver 80)* 🛦 *15 (2A) 18 (3A)*

GRANDCAMP-MAISY

4 - 54 (3) G. Normandie Cotentin

14450 Calvados – 1 881 h.

🔺 **Joncal,** 𝒫 31 22 61 44, au port, par le quai ouest, bord de mer
4 ha (300 empl.) ⊶ plat, terrasse, herbeux, sablonneux – 🗇 🖑 🖪 ⊕ – 🔄
Pâques-sept. – **R** – 🖈 *15* 🔲 *15* 🛦 *11 (3A) 16 (5A) 21 (6A)*

La GRANDE-MOTTE

16 - 83 (8) G. Gorges du Tarn

34280 Hérault – 5 016 h.
🛈 Office de Tourisme, pl. de la Mairie 𝒫 67 29 03 37

🔺 **Le Garden,** 𝒫 67 56 50 09, sortie O par D 59, à 300 m de la plage
3,5 ha (237 empl.) ⊶ plat, sablonneux, herbeux 🖪 🔊🔊 – 🗇 🖑 🖰 🖪 🖫 ⊕ 🟰
🖚 🖫 🍴 🖪 – 🔄 ✂ – A proximité : 🖈 🖚 – Location : 🖂, studios et appartements
mars-oct. – **R** – *Tarif 92 :* 🔲 *1 à 3 pers. 110 (142 avec élect.), pers. suppl. 21 ou 26*

🔺 **Lous Pibols,** 𝒫 67 56 50 08, Fax 67 56 94 58, sortie O par D 59, à 400 m de la plage
3 ha (237 empl.) ⊶ plat, sablonneux 🖪 🔊🔊 – 🗇 🖑 🖰 🖪 ⊕ 🟰 🖚 🖫 🖪 🍴 🗲
🖪 – 🔄 ✂ – Location : 🖵
mars-oct. – **R** – 🔲 *élect. (6A) et piscine comprises 1 à 3 pers. 148, pers. suppl. 26*

🔺 **Lou Gardian,** 𝒫 67 56 14 14, Fax 67 56 78 30, sortie O par D 59
2,6 ha (160 empl.) ⊶ plat, sablonneux, herbeux 🖪 🔊🔊 – 🗇 🖑 ⚲ 🖪 🖫 ⊕ 🟰
🖚 🖪 – 🔄 – A proximité : 🖈
Pâques-mi oct. – **R** *conseillée* – 🔲 *1 à 3 pers. 113 (143 avec élect. 10A), pers. suppl. 22 ou 26*

🔺 **Intercommunal les Cigales,** 𝒫 67 56 50 85, sortie O par D 59
2,5 ha (180 empl.) ⊶ plat, sablonneux 🔊🔊 – 🗇 🖰 🖪 ⊕ 🟰 🖚 – A proximité :
Pâques-nov. – **R** *conseillée juil.-août* – 🔲 *2 pers. 63,50 (77,50 avec élect.), pers. suppl. 18,20*

208

GRAND-FORT-PHILIPPE

59153 Nord – 6 477 h.

🏕 **Municipal de la Plage,** ℰ 28 65 31 95, Fax 28 65 47 40, au NO de la localité, rue du Maréchal Foch
1,5 ha (84 empl.) ⟶ plat, herbeux – 🗟 😊 🛁 🗟 🕹 ⊕ ∀ 🖿
avril-oct. – **R** *juil.-août* – 🛉 *21* ⟵ *8,50* 🗉 *16* (½) *15*

⬜ – 🖾 ③

GRANDJEAN

17350 Char.-Mar. – 224 h.

🏕 **Municipal** 🌲, à 0,5 km au SO du bourg par D 230ᴱ et à droite, à l'ancienne gare
1,2 ha (50 empl.) plat, peu accidenté et terrasse, herbeux 🔆 – 🗟 😊 ⊕ – A proximité : 🍴
15 juin-sept. – **R** – 🛉 *8* ⟵ *3* 🗉 *3,50/4* (½) *7*

🖯 – 🖾 ④

GRAND'LANDES

85670 Vendée – 407 h.

🏕 **Municipal les Blés d'Or,** au bourg, par D 94
0,7 ha (40 empl.) plat, peu incliné, herbeux 🔆 – 🗟 😊 🛁 ⊕ ⩙ ∀ – A proximité : 🛷
Permanent – **R** *conseillée juil.-août* – 🛉 *12* ⟵ *5* 🗉 *7* (½) *10 (5A)*

🖯 – 🖾 ⑬

GRANDRIEU

48600 Lozère – 844 h. alt. 1 162

🏕 **Le Vieux Moulin** 🌲 ≤, ℰ 66 46 40 37, NE : 5 km par D 5 rte de Laval-Atger puis chemin à droite, bord de rivière – alt. 1 000
1 ha (50 empl.) ⟶ plat et peu incliné, herbeux – 🗟 😊 🛁 ⊕ 🍷
15 avril-15 oct. – **R** *juil.* – 🗉 *2 pers. 40, pers. suppl. 12* (½) *8 (2A) 12 (5A)*

🏕 **Municipal** ≤, ℰ 66 46 31 39, au Sud du bourg, accès par rue devant la poste, à 100 m du Grandrieu
0,5 ha (33 empl.) plat et en terrasses, incliné, pierreux, herbeux – 🗟 😊 🛁 🕹 ⊕ – A proximité : 🍴
juin-sept. – **R** *conseillée août* – 🛉 *10* ⟵ *5* 🗉 *10* (½) *10 (3 à 6A) 20 (10A)*

🖽 – 🖾 ⑯

Le GRAND-VILLAGE-PLAGE 17 Char.-Mar. – 🖾 ⑬ ⑭ – voir à Oléron (Ile d')

GRANGES-SUR-VOLOGNE

88640 Vosges – 2 485 h.

🏕 **Gina-Park** 🌲, ℰ 29 51 41 95, SO par le centre bourg vers Gérardmer puis 1,2 km par chemin à droite, bord d'un étang
4 ha (60 empl.) ⟶ plat, peu incliné, herbeux 🔆 – 🗟 😊 🛁 🗟 🎱 ⊕ ⩙ ∀ 🖿 – 🚃 🛷 – Location : 🏠
Permanent – **R** – *Tarif 92 :* 🛉 *11 piscine comprise* 🗉 *16* (½) *15 (6A) 26 (10A) 32 (16A)*

⑧ – 🖾 ⑰ G. Alsace Lorraine

GRANVILLE

50400 Manche – 12 413 h.
🛈 Maison du Tourisme, cours Jonville ℰ 33 50 02 67

🏕 **La Vague,** ℰ 33 50 29 97, SE : 2,5 km par D 911 rte de St-Pair et D 572 à gauche, quartier St-Nicolas, à 150 m de la plage
1 ha (100 empl.) ⟶ plat, herbeux, sablonneux 🔆 – 🗟 😊 🛁 ⊕
Pentecôte-fin sept. – **R**

à Bréville-sur-Mer NE : 4,5 km par rte de Coutances
✉ 50290 Bréville-sur-Mer :

🏕 **La Route Blanche,** ℰ 33 50 23 31, NO : 1 km par rte de la plage, près du golf
2,5 ha (184 empl.) ⟶ plat, herbeux, sablonneux 🔆 – 🗟 🛁 ⊕ 🖿 – A proximité : 🍴
mai-sept. – **R** *conseillée juil.-août* – 🛉 *9,80* ⟵ *4,50* 🗉 *4,50/9,50 avec élect.*

à Donville-les-Bains NE : 3 km rte de Coutances
✉ 50350 Donville-les-Bains :

🏕 **L'Oasis de la Plage,** ℰ 33 50 52 01, N : 1, 5 km par r. du Champ de Courses, près de l'hippodrome, bord de plage
2 ha (124 empl.) ⟶ (saison) plat, herbeux, sablonneux – 🗟 😊 🛁 🗟 🕹 ⊕ 🖿 – 🚃 🍴 – A proximité : 🐎 – Location : 🚐
Pâques-sept. – **R** *conseillée* – 🛉 *25* 🗉 *30* (½) *10 (2A)*

🏕 **Intercommunal de l'Hermitage,** ℰ 33 50 09 01, N : 1 km par r. du Champ de Courses, à 50 m de la plage
5,5 ha (350 empl.) ⟶ plat et peu incliné, herbeux, sablonneux – 🗟 😊 🛁 🕹 ⊕ ⩙ ∀ 🖿 – 🚃 – A l'entrée : 🖳 🍷 ✗ ⩘ – A proximité : 🍴
Rameaux-Toussaint – **R** *conseillée* – 🛉 *14,90* 🗉 *17,50/29,75* (½) *9,30 (3A) 12,40 (6A)*

au SE : 7 km par D 973 rte d'Avranches – ✉ 50380 St-Pair-sur-Mer :

🏕 **Lez-Eaux** 🌲 « *Parc agréable* », ℰ 33 51 66 09, Fax 33 51 92 02
5 ha/3 campables (100 empl.) ⟶ plat et peu incliné, herbeux 🔆 – 🗟 😊 🛁 🗟 🕹 ⊕ ⩙ ∀ 🖳 🍷 ⩘ 🖿 – 🚃 🍴 🛷
avril-15 sept. – **R** *indispensable juil.-août* – 🗉 *2 pers. 95, pers. suppl. 30* (½) *21 (5A) 28 (10A)*

④ – 🖾 ⑦ G. Normandie Cotentin

209

Le GRAU-DU-ROI

30240 Gard – 5 253 h.

🛈 Office de Tourisme, bd
Front-de-Mer ✆ 66 51 67 70

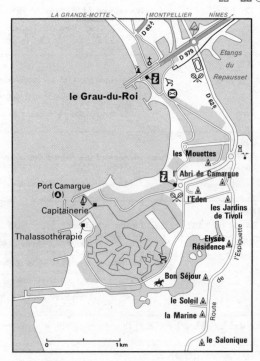

à *Port-Camargue* S : 3,5 km – ⊠ 30240 le Grau-du-Roi :

🛈 Office de Tourisme, Carrefour 2000 (Pâques-sept.) ✆ 66 51 71 68

🔺🔺🔺 **Élysée Résidence,** ✆ 66 51 98 88, Fax 66 51 85 12, rte de l'Espiguette, bord
d'un plan d'eau
30 ha/16 campables (1560 empl.) ⚬⊸ plat, sablonneux ⌧ ♀ – 🔲 🖲 🖰 🖸 ᚘ
ⓐ ♒ ▽ 🍴 ♈ ✕ ﾊ ﾒ – 🖲 cases réfrigérées – salle de sports, salle de musculation ⚒ ᚘ 🍖 théâtre de plein air, vélos, tir à l'arc – A proximité : ﾘ – Location :
🈧
27 mars-3 oct. – **R** *conseillée, indispensable 15 juil.-20 août – Tarif 92 :* 🔲 *élect.
(10A), piscine et tennis compris 1 ou 2 pers. 131, pers. suppl. 43*

🔺🔺🔺 **L'Eden,** ✆ 66 51 49 81, Fax 66 53 13 20, rte de l'Espiguette, près du rond-point
de Port-Camargue
5,25 ha (405 empl.) ⚬⊸ plat, sablonneux, herbeux ⌧ ♀♀ – 🔲 🖲 🖰 🖸 ᚘ ⓐ ♒
♈ 🍴 ✕ ﾊ ﾒ 🖲 – 🖳 ﾊ ﾒ ᚘ avec toboggan aquatique, half-court, tir à
l'arc – A proximité : ﾘ – Location : 🈧 🏠
3 avril-5 oct. – **R** *conseillée 10 juil.-16 août –* 🔲 *piscine comprise 3 pers. 165
à 180 avec élect. 6A*

🔺🔺🔺 **Les Jardins de Tivoli,** ✆ 66 51 82 96, rte de l'Espiguette
7 ha (400 empl.) ⚬⊸ plat, sablonneux ⌧ ♀ – Sanitaires individuels (🔲 lavabo et
évier eau froide, wc) ⓐ ♒ ♈ snack ﾊ 🖲 – ⚒ ﾊ ﾒ ᚘ – A proximité : ﾘ
– Location : 🈧
avril-sept. – **R** *conseillée –* 🔲 *élect. et piscine comprises 1 à 5 pers. 220*

🔺🔺 **L'Abri de Camargue,** ✆ 66 51 54 83, Fax 66 51 76 42, rte de l'Espiguette
4 ha (300 empl.) ⚬⊸ plat, sablonneux, herbeux ⌧ ♀♀ – 🔲 🖲 🖰 🖸 ⓐ ᚘ ▽
♒ ♈ ✕ ﾊ 🖲 – ﾊ ﾒ 🖳 vélos – A proximité : ﾘ – Location : 🈧
avril-oct. – **R** *conseillée juil.-août – Tarif 92 :* 🔲 *élect. (8A) et piscine comprises
1 ou 2 pers. 188, 3 à 5 pers. 208, pers. suppl. 40*

🔺🔺 **La Marine,** ✆ 66 53 36 90, Fax 66 51 50 45, rte de l'Espiguette – ⚒ dans locations
4,2 ha (287 empl.) ⚬⊸ plat, sablonneux, herbeux ⌧ ♀ – 🔲 🖲 🖰 🖸 ᚘ ⓐ ♒
▽ ♈ 🍴 ✕ ﾊ 🖲 cases réfrigérées – ᚘ – A proximité : ﾘ – Location : 🈧
🈧 🈧
avril-15 oct. – **R** *conseillée 10 juil.-août – Tarif 92 :* 🔲 *élect. et piscine comprises
4 pers. 175, pers. suppl. 22,50*

🔺 **Le Salonique,** ✆ 66 51 59 73, Fax 66 53 20 26, rte de l'Espiguette – ⚒ dans
les locations
3,5 ha (180 empl.) ⚬⊸ plat, sablonneux, herbeux ⌧ ♀ – 🔲 🖸 ᚘ ⓐ ♒ ♈ ﾊ
🖲 – ᚘ – A proximité : ﾘ – Location : 🈧
10 avril-26 sept. – **R** *conseillée 27 juin-29 août –* 🔲 *piscine comprise 2 pers.
104 (125 avec élect. 6A), pers. suppl. 24*

⚠️ **Les Mouettes**, ℰ 66 51 44 00, NE rte du Grau-du-Roi, près du rond-point de Port-Camargue
1,2 ha (90 empl.) ⊶ plat, sablonneux, herbeux ♀♀ – 🗻 🖳 🖭 🖬 ☺ ▼ 🖪 –
A proximité : 🖳.
avril-sept. – **R** *conseillée juil.-août* – 🗉 *3 pers. 95 à 115, pers. suppl. 20* 🛦 *10
(6A) 20 (9A)*

⚠️ **Bon Séjour**, ℰ 66 51 47 11, rte de l'Espiguette, bord d'un plan d'eau
4 ha (385 empl.) ⊶ plat, sablonneux, herbeux ♀ – 🗻 🗠 🖬 ☺ 🛬 🖳 ▼ 🖘
– A proximité : 🖳
avril-sept. – **R** *conseillée 15 juin-15 sept.* – 🗉 *3 pers. 77, pers. suppl. 11* 🛦 *16
(6A)*

⚠️ **Le Soleil**, ℰ 66 51 50 07, rte de l'Espiguette, bord d'un plan d'eau – 🕸
3 ha (230 empl.) ⊶ plat, sablonneux, herbeux ♀♀ – 🗻 🖬 ☺ 🛬 🖳 ▼ ✕ 🖘 🖪
– A proximité : 🖳 – Location : 🚐
avril-sept. – **R** *conseillée juil.-août* – 🖈 *13,50* 🚗 *4* 🗉 *12* 🛦 *12 (6A)*

La GRAVE
05320 H.-Alpes – 455 h. alt. 1 526
– 🖳.
🖪 Syndicat d'Initiative ℰ 76 79 90 05

🔢 12 – 77 ⑦ G. Alpes du Nord

⚠️ **Le Gravelotte** ≤, ℰ 76 79 93 14, O : 1,2 km par N 91 rte de Grenoble et à gauche, bord de la Romanche
1,7 ha (70 empl.) ⊶ plat, herbeux – 🗻 🖭 🖭 🖬 ☺ ▼ 🖪
20 juin-15 sept. – **R** – 🗉 *2 pers. 47, pers. suppl. 14* 🛦 *10 (2A)*

GRAVIÈRES 07 Ardèche – 80 ⑧ – rattaché aux Vans

GRAYAN-ET-L'HÔPITAL
33590 Gironde – 617 h.

9 – 71 ⑯

⚠️ **Municipal du Gurp** 🕸, ℰ 56 09 44 53, O : 5 km, à 300 m de la plage
20 ha/8 campables (1000 empl.) ⊶ plat, légèrement accidenté, dunes 💥 pinède
– 🗻 🗠 🖬 🖭 – A proximité : 🖳 ▼ ✕ 🐾 🌣 poneys
juin-10 sept. – **R** – *Tarif 92 :* 🖈 *9* 🚗 *4,50* 🗉 *30*

⚠️ **Les Franquettes** 🕸, ℰ 56 09 43 61, au bourg, près de l'église
3 ha (130 empl.) ⊶ (juil.-août) plat, herbeux – 🗻 mai-oct.) 🖭 ☺ 🛬 🖪 – 🖘
Permanent – **R** *conseillée* – 🖈 *10* 🗉 *25* 🛦 *15 (10A)*

GRÉOUX-LES-BAINS
04800 Alpes-de-H.-Pr. – 1 718 h. –
⚕ 17 fév.-19 déc.
🖪 Office Municipal du Tourisme, av. des Marronniers ℰ 92 78 01 08

17 – 81 ⑮ G. Alpes du Sud

⚠️ **Regain** Ⓜ 🕸 ≤, ℰ 92 78 09 23, SE : 2 km par D 8 rte de St-Pierre, bord du Verdon
2 ha (83 empl.) ⊶ non clos, plat et terrasses, pierreux, sablonneux – 🗻 🖭 🖭
🖬 🖭 🛬 🖪 – 🖘
avril-oct. – **R** *conseillée* – 🖈 *15* 🗉 *20* 🛦 *10 (3A) 13 (6A) 15 (9A)*

⚠️ **La Pinède** 🕸 ≤, ℰ 92 78 05 47, S : 1,5 km par D 8 rte de St-Pierre, à 200 m du Verdon
3 ha (70 empl.) ⊶ peu incliné et en terrasses, pierreux, gravillons ♀ – 🗻 🖭 🗠
🖬 🖭 🛬 🖪 – 🕸 🖘
avril-oct. – **R** – 🖈 *12 piscine comprise* 🗉 *17* 🛦 *8,50 (3A) 14 (6A) 18 (10A)*

GRESSE-EN-VERCORS
38650 Isère – 265 h. alt. 1 250 –
🖳.
🖪 Syndicat d'Initiative, Mairie (saison) ℰ 76 34 33 40

12 – 77 ⑭ G. Alpes du Nord

⚠️ **Les 4 Saisons** ❄ 🕸 ≤ massif du Vercors « Belle situation panoramique »,
ℰ 76 34 30 27, SO : 1,3 km, au lieu-dit la Ville
2,2 ha (100 empl.) ⊶ en terrasses, plat, pierreux, gravillons, herbeux – 🗻 🖭 🖭
🖭 – parcours sportif – A proximité : ▼ 🐾 discothèque 🕸
juin-15 sept., vac. scol., fêtes et w.e. du 22 déc. au 10 mai – **R** *conseillée 4
juil.-15 août* – 🗉 *piscine comprise 2 pers. 55* 🛦 *2 à 10A : 12 à 24 (hiver 15 à
54)*

GRESY-SUR-AIX 73 Savoie 16 – 74 – voir à Aix-les-Bains

La GRÈVE-SUR-MIGNON
17170 Char.-Mar. – 317 h.

9 – 71 ②

⚠️ **Municipal du Mignon**, ℰ 46 01 63 64, E : 0,8 km par D 116E rte de St-Hilaire-la-Palud, près du Mignon
2 ha (133 empl.) plat, herbeux ♀♀ – 🗻 🖭 🖭 🖬 🖭 ☺ – 🖘
avril-sept. – **R** – *Tarif 92 :* 🖈 *8* 🚗 *4,50* 🗉 *7,50* 🛦 *9 (4A) 12 (6A) 15 (10A)*

GREZ-NEUVILLE
49220 M.-et-L. – 1 040 h.

4 – 63 ⑳ G. Châteaux de la Loire

⚠️ **Municipal**, ℰ 41 95 61 19, parc de la mairie, bord de la Mayenne
1,5 ha (70 empl.) ⊶ (saison) plat, peu incliné, herbeux ♀ – 🗻 🖭 🖭 🖬 🖭 ☺ –
🕸
avril-oct. – **R** – *Tarif 92 :* 🖈 *6,60* 🚗 *3,70* 🗉 *4* 🛦 *7,90*

GRIGNY

62140 P.-de-C. – 361 h.

1 – 51 ⑬

⚠ **Municipal le Vert Bocage,** au S du bourg, près du terrain de sports, à 300 m de la Ternoise
0,5 ha (50 empl.) plat, herbeux ⌑ – (⌂ ⚐ saison) ⚐ & ⊕
Permanent – **R** *conseillée* – 🔲 *2 pers. 32* 🔌 *7,50 (6A)*

GRIMAUD

83310 Var – 3 322 h.
🏛 Office de Tourisme, bd des Aliziers
ℐ 94 43 26 98

17 – 84 ⑰ G. Côte d'Azur

à Port Grimaud E : 6 km par D 14 – ⊠ 83310 Cogolin :

⩍⩍⩍ **Les Mûres,** ℐ 94 56 16 97, de part et d'autre de la N 98, bord de plage
7,5 ha (700 empl.) ⌾ plat, accidenté et en terrasses, pierreux, sablonneux ⚑⚑
– ⌂ ⇌ ⊟ ⚐ & ⊕ ⚐ ⟲ self ⩊ – 🔲 – A proximité : 🐎 – Location : ⌗
20 mars-sept. – **R** – *Tarif 92 :* ⭫ *20* ⬅ *7* 🔲 *82* 🔌 *17 (3A) 22 (6A)*

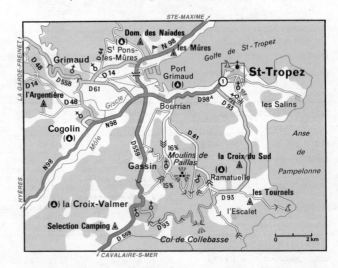

à St-Pons-les-Mûres E : 5,5 km par D 14 – ⊠ 83310 Cogolin :

⩍⩍⩍ **Domaine des Naïades** ≤ « Terrasse fleurie au bord d'une belle piscine »,
ℐ 94 56 30 08, Fax 94 56 35 41, au domaine de la Bagarède
12,5 ha (406 empl.) ⌾ en terrasses, pierreux, sablonneux ⌑ ⚑⚑ – ⌂ ⇌ ⊟ ⚐
& ⊕ ⩊ ⚐ ⟲ 🍽 ⛾ ⩊ – 🔲 – ⌗ discothèque ⩻ ⟰ toboggan aquatique –
Location : ⌗
21 mars-3 oct. – **R** *conseillée, indispensable juil.-août* – 🔲 *piscine comprise*
4 pers. 156, pers. suppl. 30 🔌 *11 (3A) 17 (6A) 23 (10A)*

Voir aussi à *Cogolin, Ramatuelle, La Croix Valmer*

GROLÉJAC

24250 Dordogne – 545 h.

Schéma à la Roque-Gageac

13 – 75 ⑰

⩍⩍⩍ **Les Granges** ⩉, ℐ 53 28 11 15, Fax 53 28 57 13, au bourg
5 ha (160 empl.) ⌾ plat, incliné et en terrasses, herbeux ⌑ ⚑⚑ – ⌂ ⇌ ⊟ ⚐
& ⊕ ⩊ ⚐ ⛾ ⩊ – 🔲 – ⌗ ⩻ ⟰ – A proximité : ⩻ – Location : ⌗,
chalets
mai-25 sept. – **R** *conseillée, indispensable juil.-20 août* – 🔲 *4 pers. 140* 🔌 *17 (6A)*

GROSBREUIL

85440 Vendée – 1 091 h.

9 – 67 ⑬

⚠ **La Vertonne,** ℐ 51 22 65 74, E : 1,3 km par D 36, rte de Nieul-le-Dolent et D 45 à droite
1,1 ha (55 empl.) ⌾ plat, herbeux – ⌂ ⇌ ⊟ ⚐ & ⊕ 🔲 – ⌗ ⩊ ⟰
avril-sept. – **R** *conseillée 14 juil.-20 sept.* – 🔲 *piscine comprise 2 pers. 45, pers. suppl. 13,50* 🔌 *10 (4A)*

Le GROS-THEIL

27370 Eure – 925 h.

5 – 54 ⑳

⩍⩍⩍ **Salverte** ⟡ ⩉, ℐ 32 35 51 34, SO : 3 km par D 26 rte de Brionne et chemin à gauche
17 ha/10 campables (300 empl.) ⌾ plat, herbeux ⌑ ⚑⚑ – ⌂ ⇌ ⊟ ⚐ ⪪ ⊕
⩊ ⛾ ⩊ ⩉ – 🔲 – ⌗ ⚒ ⩊ ⩻ ⟰ – Location : ⌗ – Garage pour caravanes
Permanent – Location longue durée *(Tarif 92 : 6 000 F ou 7 800 F)* – *Places disponibles pour le passage* – **R** *conseillée* – *Tarif 92 :* ⭫ *22 piscine comprise* ⬅ *10* 🔲 *10* 🔌 *15 (4A) 20 (6A)*

212

GUAINVILLE
28260 E.-et-L. – 555 h.

▲▲ Domaine de la Source des Sablons, réservé aux caravanes ⌂, 🅿 32 36 58 65, NO : 3,5 km sur D 301²
7 ha (120 empl.) ⊶ plat et peu incliné, herbeux ⊡ – 🗐 ⇄ ⛺ 🖵 ▥ ⊕ 🎣 ⊽ – 🖼 🛶
fermé 16 déc.-14 janv. – *Places limitées pour le passage*

⑤ – ⑤⑤ ⑱

GUÉMENÉ-PENFAO
44290 Loire-Atl. – 4 464 h.

▲▲ Intercommunal de l'Hermitage ⌂ « Cadre agréable », 🅿 40 79 23 48, E : 1,2 km par rte de Châteaubriant et chemin à droite
2,5 ha (83 empl.) ⊶ plat et accidenté, herbeux ≗≗ – 🗐 ⇄ 🗻 🖵 ⊕ – 🖼 –
A proximité : 🍴 🎯 🛶

④ – ⑥③ ⑯

GUEMENE-SUR-SCORFF
56160 Morbihan – 1 332 h.

▲ **Municipal le Palévart,** sortie O par D 131 rte de St.-Caradec-Trégomel, bord du Scorff
0,23 ha (19 empl.) plat, herbeux – 🗐 ⛖
15 juin-15 sept. – **R** – 🏕 *6,60* 🚗 *4,70* 🅴 *4,70*

③ – ⑤⑨ ⑪

GUÉRANDE
44350 Loire-Atl. – 11 665 h.
🅸 Office de Tourisme,
1 pl. Marché aux Bois
🅿 40 24 96 71

④ – ⑥③ ⑭ G. Bretagne

▲▲▲ **Parc de Lévéno** ⌂, 🅿 40 24 79 30, Fax 40 62 01 23, E : 3 km par rte de Sandun
5 ha (230 empl.) ⊶ plat, herbeux ⊡ ♀ – 🗐 ⇄ ⛺ 🖵 ⛖ ⊕ 🎣 ⊽ 🖳 🍴 ✗ 🛒
🖼 – 🖼 🛶 vélos – Location : 🛖 🛖
22 avril-26 sept. – **R** *conseillée juil.-août* – 🏕 *20 piscine comprise* 🅴 *58/73 ou 84 avec élect. (6A)*

▲▲ **Le Bréhadour** ⌂, 🅿 40 24 93 12, NE : 2 km par D 51 rte de St-Lyphard, D99ᴱ à gauche, rte de la Roche-Bernard et rte à droite
5 ha (270 empl.) ⊶ plat et vallonné, herbeux, bois attenant – 🗐 🗻 🖵 ⛖ ⊕ 🍴
🛖 – 🖼 🎯 🛶 (bassin)
avril-15 oct. – **R** *conseillée juil.-août* – 🏕 *25* 🅴 *28* 🔌 *14 (3A) 18 (6A)*

▲▲ **L'Étang** ⌂, 🅿 40 61 93 51, Fax 40 61 93 21, NE : 5 km par rte de St-Lyphard puis 3 km par D 48 à droite et rte à gauche, près de l'étang
1 ha (80 empl.) ⊶ plat, herbeux ⊡ ♀ (0,5 ha) – 🗐 🗻 🖵 ⊕ 🖳 🛶 – 🛶
– Location : 🛖
juin-15 sept. – **R** *conseillée 14 juil.-15 août* – 🏕 *19 piscine comprise* 🚗 *9* 🅴 *20* 🔌 *14,90 (4A) 18 (10A)*

La GUERCHE-SUR-L'AUBOIS
18150 Cher – 3 219 h.

▲ **Municipal le Robinson** ≼ « Situation agréable », 🅿 48 74 18 86, SE : 1,4 km par D 200 rte d'Apremont puis à droite, 0,6 km par D 218 et chemin à gauche, près d'un plan d'eau
1,5 ha (35 empl.) ⊶ (saison) plat et peu incliné, herbeux ⊡ – 🗐 ⇄ ⛺ 🖵 ⊕
– 🖼 – A proximité : vélos 🍴 🛶 🛒 – Location : 🛖
avril-15 oct. – **R** *conseillée* – 🏕 *9* 🚗 *8* 🅴 *9* 🔌 *13 (10A)*

⑪ – ⑥⑨ ③

GUERET 🅿
23000 Creuse – 14 706 h.
🅸 Office de Tourisme,
1 av. Ch.-de-Gaulle
🅿 55 52 14 29

⑩ – ⑦② ⑨ G. Berry Limousin

▲▲▲ **Municipal du Plan d'Eau de Courtille** ⌂, 🅿 55 81 92 24, SO : 2,5 km par D 914 rte de Benevent et chemin à gauche, près d'un plan d'eau
2,4 ha (70 empl.) ⊶ incliné à peu incliné, plat, herbeux ⊡ – 🗐 ⇄ 🖵 ⛖ ⊕
🖳 – A proximité : 🛒 (plage)
juin-sept. – **R** *conseillée août* – Tarif 92 : 🏕 *10* 🚗 *5* 🅴 *30* 🔌 *8 (3A) 15 (10A)*

Le GUERNO
56190 Morbihan – 580 h.

④ – ⑥③ ⑭ G. Bretagne

▲ **Municipal de Borg-Néhué** ⌂, NO : 0,5 km par rte de Noyal-Muzillac
1,4 ha (50 empl.) plat, herbeux ⊡ – 🗐 🗻 🖵 ⊕
juil.-août – **R** – Tarif 92 : 🏕 *9,65* 🚗 *4* 🅴 *4* 🔌 *6,85 (10A)*

GUEURES
76730 S.-Mar. – 462 h.

① – ⑤② ⑭

▲ la Vallée, 🅿 35 83 08 94, NO : 0,7 km par D 152 rte d'Ouville-la-Rivière, bord de la Saône et près d'un plan d'eau
1 ha (50 empl.) ⊶ (saison) plat, herbeux, sablonneux – (🗐 ⇄ ⛺ saison) ⛖ ⊕

GUEWENHEIM
68116 H.-Rhin – 1 140 h.

⑧ – ⑥⑥ ⑨

▲▲▲ La Doller ⌂, 🅿 89 82 56 90, N : 1 km par D 34 rte de Thann et chemin à droite, bord de la Doller
0,8 ha (40 empl.) ⊶ plat, herbeux – 🗐 ⇄ 🗻 🖵 ⛖ ⊕ 🖳 – 🖼 🛶 🛶 –
A proximité : 🎯 – *Adhésion FFCC obligatoire*

GUIDEL
56520 Morbihan – 8 241 h.

3 – 58 ⑫

▲▲▲ **Kergal** ⑤, ℰ 97 05 98 18, SO : 3 km par D 306 rte de Guidel-Plages et chemin à gauche
5 ha/3 campables (132 empl.) ⟶ (saison) plat, herbeux ⊑ - 🛱 ⇆ 🖸 🖪 & ⊛
🖪 - ✂ 🏌 ⎯⎯ - Location : 🚐 🚐
avril-sept. - **R** conseillée août - 🛉 16 ⊡ 25 🕅 12 (10A)

GUIGNICOURT
02190 Aisne – 2 008 h.

7 – 56 ⑥

▲▲▲ **Municipal,** ℰ 23 79 74 58, sortie SE par D 925, bord de l'Aisne
1,5 ha (100 empl.) ⟶ plat, herbeux ♀ - 🛱 ⇆ 🕰 🏢 ⊛ - ✂ ⎯⎯
avril-sept. - Places limitées pour le passage - **R** - Tarif 92 : 🛉 7,90 ⊡ 7,60

GUILLESTRE
05600 H.-Alpes – 2 000 h.
alt. 1 000.
🅙 Syndicat d'Initiative, pl. Salva
ℰ 92 45 04 37

17 – 77 ⑱ G. Alpes du Sud

▲▲▲ **Le Villard** ❄ ≼, ℰ 92 45 06 54, O : 2 km par D 902A rte de Gap, bord du Chagne
3,2 ha (100 empl.) ⟶ plat et peu incliné, herbeux, pierreux ♀ - 🛱 ⇆ 🖸 🏢 ⊛
🏊 ⟿ 🖪 - 🏓 🏌 ⎯⎯ 🎿 half-court - Location : chalets
Permanent - **R** conseillée juil.-août - ⊡ piscine comprise 2 pers. 80 (hiver 61), pers. suppl. 23 (hiver 14) 🕅 9 (2A) 12 (plus de 2A)

▲▲▲ **St-James-les-Pins** ❄ ≼ « Agréable pinède », ℰ 92 45 08 24, O : 1,5 km par rte de Risoul et rte à droite, bord du Chagne
2,5 ha (117 empl.) ⟶ plat et peu incliné, pierreux, herbeux ♀♀ pinède - 🛱 🕰
(⇆ 🖸 sauf juil.-août) 🖪 🏢 ⊛ 🖪 - 🚐 - A proximité : ✂ 🎿 - Location : 🛏
Permanent - **R** conseillée 14 juil.-15 août - ⊡ 2 pers. 60 🕅 7 (3A) 12 (5A)

▲ **La Ribière** ⑤ ≼, ℰ 92 45 25 54, au sud du bourg par D 86 rte de Risoul et chemin à gauche, bord de la Chagne
1 ha (50 empl.) ⟶ peu incliné, plat, terrasses, herbeux, pierreux - 🛱 🕰 ⊛
juil.-août - **R** conseillée - 🛉 12,50 ⟿ 7 ⊡ 8 🕅 8 (3A)

à Mont-Dauphin-Gare NO : 5 km sur N 94 alt. 900
✉ 05600 Guillestre :

▲▲▲ **Le Lac** (Municipal d'Eygliers) ≼ montagnes et Mont Dauphin, ℰ 92 45 14 18, O : 1,5 km, au lieu-dit les Iscles, par rte de Réotier et chemin à droite, bord du lac et de la Durance
15 ha (165 empl.) ⟶ plat, herbeux, pierreux ♀ - 🛱 ⇆ 🖸 ⊛ 🏊 ⛵ snack 🍴
- 🚢 tir à l'arc - A proximité : 🏓 🏌 🏇
15 juin-15 sept. - **R** - 🛉 14,40 ⊡ 14,40

GUILVINEC
29730 Finistère – 3 365 h.

3 – 58 ⑭ G. Bretagne

▲▲▲ **Grand Camping de la Plage,** ℰ 98 58 61 90, Fax 98 58 89 06, O : 2 km rte de la Corniche vers Penmarch, accès direct à la plage
7 ha (410 empl.) ⟶ plat, herbeux, sablonneux - 🛱 ⇆ 🕰 🖸 ⊛ 🏊 ⟿ 🌊 🍴
🖪 sauna - 🚐 ✂ 🏌 ⎯⎯ 🎿 - Location : 🚐
15 mai-15 sept. - **R** indispensable 14 juil.-15 août - 🛉 25 piscine comprise ⊡
60 🕅 10 (2A) 16 (5A) 20 (10A)

▲▲▲ **Municipal la Grève Blanche,** ℰ 98 58 93 13, sortie O par rte de Penmarch, à 100 m de la plage
1 ha (100 empl.) ⟶ plat, sablonneux, herbeux - 🛱 🕰 🖸 & ⊛ - 🚐
15 juin-15 sept. - **R** 15 juil.-15 août - Tarif 92 : ⊡ 1 pers. 25, 2 pers. 30, pers. suppl. 13 🕅 13

GUIMAËC
29270 Finistère – 880 h.

3 – 58 ⑥

▲ **Municipal de Pont-Pren** ⑤, ℰ 98 78 80 77, NO : 0,5 km par rte de St-Jean-du-Doigt, au stade
1,4 ha (50 empl.) ⟶ plat, herbeux - 🛱 ⇆ 🖸 ⊛ 🚢 - ✂ ⎯⎯
15 juin-15 sept. - **R** - 🛉 7,40 ⟿ 4,60 ⊡ 4,60 🕅 7,40 (2A) 9,60 (4A) 13,60 (6A)

GUÎNES
62340 P.-de-C. – 5 105 h.

1 – 51 ② G. Flandres Artois Picardie

▲▲▲▲ **La Bien-Assise** ⑤ « Cadre agréable », ℰ 21 35 20 77, Fax 21 35 79 20, sortie SO par D 231 rte de Marquise
7 ha/4,5 campables (140 empl.) ⟶ plat, herbeux, petit étang ⊑ ♀♀ (0,4 ha) -
🛱 ⇆ 🖸 🖪 ⊛ 🏊 🍴 ✕ 🚐 🖪 - 🚐 ✂ 🏌 ⎯⎯ 🎿 - Location : 🛏 🚐 - Garage pour caravanes
23 avril-24 sept. - **R** conseillée saison - 🛉 19 piscine comprise ⊡ 38 🕅 14 (6A)

GUISE
02120 Aisne – 5 976 h.

2 – 53 ⑮ G. Flandres Artois Picardie

▲▲▲ La Vallée de l'Oise ⑤, ℰ 23 61 14 86, par sortie SE rte de Vervins et rue à gauche, bord de l'Oise
3,8 ha (100 empl.) ⟶ plat, herbeux - 🛱 🕰 🖸 & ⊛ - Salle d'animation ⎯⎯
- A proximité : ✂

GUJAN-MESTRAS

33470 Gironde – 11 433 h.

🅸 Office de Tourisme, 41 av. de Lattre de Tassigny (fermé après-midi hors saison) ☎ 56 66 12 65

Schéma à Arcachon

🆀 – 🔢 ② G. Pyrénées Aquitaine

à la Hume O : 3,8 km – ✉ 33470 Gujan-Mestras :

🔼 **Plage,** ☎ 56 66 12 15, au N de la localité par av. de la Plage et chemin à droite, près du bassin, à 200 m de la plage, accès direct
3,5 ha (120 empl.) ⟶ plat, herbeux, sablonneux 🔲 – 🔳 🔳 🔳 🔳 🔳 ⊕ 🔳 🔳 – 🔳
🔳 – A proximité : 🔳
mai-15 sept. - **R** *conseillée août* – 🔳 *2 pers. 72/82, pers. suppl. 19* 🔳 *13,50 (3 à 5A) 20 (10A)*

🔼 Municipal de Verdalle, ☎ 56 66 12 62, au N de la localité, par av. de la Plage et chemin à droite, près du bassin, accès direct à la plage
1,5 ha (108 empl.) ⟶ (saison) plat, sablonneux, pierreux – 🔳 🔳 🔳 🔳 ⊕

GUNSBACH

68140 H.-Rhin – 709 h.

🆀 – 🔢 ⑱ G. Alsace Lorraine

🔼 **Beau Rivage** ≤, ☎ 89 77 44 62, sortie NE par D 10 rte de Wihr-au-Val et à droite, bord de la Fecht
1,8 ha (124 empl.) ⟶ plat, herbeux – 🔳 🔳 🔳 ⊕ 🔳 🔳
Permanent - **R** – 🔳 *2 pers. 33* 🔳 *13 (3A)*

GURMENÇON

64400 Pyr.-Atl. – 763 h.

🆀 – 🔢 ⑥

🔼 **Le Relais** 🔳, ☎ 59 39 09 50, Fax 59 39 02 33, au SE du bourg
0,5 ha (29 empl.) en terrasses, plat, herbeux 🔲 🔳 – 🔳 🔳 🔳 🔳 🔳 ⊕ 🔳 – 🔳
– A proximité : 🔳 🔳 🔳 🔳 – Location : 🔳
avril-nov. - **R** *conseillée* – 🔳 *8* 🔳 *6* 🔳 *20/25* 🔳 *10 (6A)*

HABAS

40290 Landes – 1 310 h.

🆀 – 🔢 ⑦

🔼 **Les Tilleuls** (aire naturelle) 🔳, ☎ 58 98 04 21, N : 1 km par D 3
0,5 ha (12 empl.) peu incliné, herbeux 🔲 – 🔳 🔳 🔳 🔳 ⊕ – 🔳 🔳 – Location :
🔳
Pâques-Toussaint - **R** *conseillée juin-août* – 🔳 *1 pers. 16* 🔳 *8*

HAGETMAU

40700 Landes – 4 449 h.

🆀 – 🔢 ⑦ G. Pyrénées Aquitaine

🅸 Syndicat d'Initiative, pl. de la République (fermé matin hors saison) ☎ 58 79 38 26

🔼 **Municipal des Loussets** 🔳 « Cadre agréable », ☎ 58 79 36 36, au sud de la ville par av. du Dr-Edouard-Castera, près des arènes et de la piscine, bord d'une rivière – 🔳
0,4 ha (24 empl.) ⟶ plat, herbeux 🔲 – Sanitaires individuels : 🔳 🔳 🔳 (évier) wc, ⊕ 🔳 🔳 🔳 – A proximité : snack, self, sauna, salle de remise en forme 🔳 🔳 parcours sportif, golf
juin-sept. - **R** *conseillée 15 juil.- 20 août* – 🔳 *élect. comprise 60 sans limitation du nombre de pers.*

HAGUENAU 🔳

67500 B.-Rhin – 27 675 h.

🆀 – 🔢 ⑲ G. Alsace Lorraine

🅸 Office de Tourisme, pl. Gare ☎ 88 93 70 00 et Musée Alsacien ☎ 88 73 30 41

🔼 Municipal les Pins 🔳, SO : 2 km par N 63 rte de Strasbourg et à droite – 🔳
1 ha (70 empl.) plat et peu incliné, herbeux 🔳 – 🔳 ⊕ – A proximité : 🔳 🔳

HAM

80400 Somme – 5 532 h.

🆀 – 🔢 ⑬ G. Flandres Artois Picardie

🔼 Municipal, ☎ 23 81 56 11, sortie SE par D 937 rte de Chauny, près du canal de la Somme
1 ha (30 empl.) plat et peu incliné, herbeux – 🔳 🔳

HANVEC

29224 Finistère – 1 474 h.

🆀 – 🔢 ⑤

🔼 **Municipal de Kerliver** 🔳, ☎ 98 20 03 14, O : 4 km par D 47 et rte d'Hôpital-Camfrout à gauche
1,25 ha (75 empl.) ⟶ peu incliné, herbeux, verger et sous-bois 🔳 (0,5 ha) – 🔳
🔳 🔳 ⊕
15 juin-15 sept. - **R** *conseillée juil.-août* – 🔳 *10,30* 🔳 *3,10* 🔳 *1,50/3,10* 🔳 *5,20 (10A)*

HARSKIRCHEN

67260 B.-Rhin – 871 h.

🆀 – 🔢 ⑯

🔼 **Municipal de l'Étang,** ☎ 88 00 93 65, NO : 0,8 km par D 23 rte d'Albestroff et à droite, bord d'un étang et près du canal des Houillères de la Sarre
2,5 ha (130 empl.) ⟶ plat, herbeux, sablonneux – 🔳 🔳 🔳 ⊕ 🔳 – 🔳
Permanent – *Places limitées pour le passage* - **R** *juil.-août* – 🔳 *5* 🔳 *5* 🔳 *15* 🔳 *5 (3A)*

HASPARREN

64240 Pyr.-Atl. – 5 399 h.

🆀 – 🔢 ③ G. Pyrénées Aquitaine

🔼 **Chapital,** ☎ 59 29 62 94, O : 0,5 km par D 22 rte de Cambo-les-Bains
1 ha (100 empl.) ⟶ (juil.-août) plat, herbeux 🔲 🔳 – 🔳 🔳 🔳 🔳 ⊕ 🔳 🔳 🔳
– 🔳 – A proximité : 🔳 🔳 🔳 – Location : 🔳
Pâques-oct. - **R** *conseillée* – 🔳 *2 ou 3 pers. 56* 🔳 *13 (16A)*

HAULMÉ

08800 Ardennes – 86 h.

ᴧᴧᴧ **Base de loisirs Départementale** ⅊ ≤ « Situation agréable à l'orée d'une forêt », ℘ 24 32 81 61, sortie NE, puis 0,8 km par chemin à droite après le pont, bord de la Semoy
19 ha (400 empl.) ⊶ plat, herbeux ⅊ – 🔟 ⇄ 🛁 🖥 ▥ ⊛ 🖭 – 🐖 ✗ ⚓
parcours sportif, vélos – Location : gîte d'étape
Permanent – **R** – ✦ 10 ⇌ 5,60 ▣ 5,60

HAUTECOURT-ROMANÉCHE

01250 Ain – 588 h.

ᴧᴧᴧ **Municipal de Chambod** ≤, ℘ 74 37 25 41, SE : 4,5 km par D 59 rte de Poncin puis rte à gauche, à 200 m de l'Ain
4 ha (110 empl.) ⊶ (saison) plat, herbeux – 🔟 ⇄ 🛁 🖥 🖳 ⊛ 🖭 – 🛒 –
A proximité : parcours sportif 🏋 ⚓
15 avril-15 oct. – **R** – ✦ 10 ▣ 15 ⊞ 9 (5A)

HAUTEFORT

24390 Dordogne – 1 048 h.

⑩ – ⑺⑸ ⑦ G. Périgord Quercy

ᴧᴧᴧ **Le Moulin des Loisirs** ⅊, ℘ 53 50 46 55 ✉ 24390 Nailhac, SO : 2 km par D 72 et D 71 puis chemin à droite, à 100 m de l'étang du Coucou
9 ha (62 empl.) ⊶ plat, incliné, en terrasses, herbeux, bois attenant 🛒 – 🔟 ⇄ 🔊 🖥 🖳 ⊛ 🖭 ✗ 🖴 – 🛒 🛒 poneys, vélos – Location : 🚐
Pâques-sept. – **R** conseillée juil.-août – ▣ piscine comprise 2 pers. 65, 3 pers. 75 ⊞ 12 (5A)

HAUTERIVES

26390 Drôme – 1 202 h.

⑫ – ⑺⑺ ② G. Vallée du Rhône

ᴧᴧᴧ **Municipal du Château,** ℘ 75 68 80 19, sortie S rte de Romans, accès direct à la Galure
2,5 ha (140 empl.) ⊶ plat et herbeux ⅊ (0,5 ha) – 🔟 ⇄ 🛁 🖳 ⊛ snack – ⚓
🐟 – A proximité : ✗
avril-oct. – Places limitées pour le passage – **R** juil.-août – ✦ 10 ⇌ 6 ▣ 9 ⊞ 8 (10A)

HAUTE-RIVOIRE

69610 Rhône – 1 100 h. alt. 600

⑪ – ⑺⑶ ⑲

▲ **S.I. le Bonheur** ⅊ ≤, ℘ 74 26 38 01, au bourg
1 ha (40 empl.) ⊶ incliné, en terrasses, herbeux – 🔟 ⇄ 🛁 🖥 ⊛ 🍽 – 🛒
juin-sept. – **R**

Le HAVRE ⊶

76600 S.-Mar. – 195 854 h.
🖪 Office de Tourisme et Accueil de France, Forum de l'Hôtel-de-Ville
℘ 35 21 22 88

⑸ – ⑸⑵ ⑪ G. Normandie Vallée de la Seine

ᴧᴧᴧ **Municipal de la Forêt de Montgeon** ⅊, ℘ 35 46 52 39 ✉ 76620 le Havre, N par D 32 rte de Montvilliers et rte à gauche, dans la forêt de Montgeon
3,8 ha (222 empl.) ⊶ plat, herbeux, sablonneux ⅊⅊ – 🔟 ⇄ 🛁 🖥 ⊛ ☲ 🖳
– 🛒 ⚓
vac. de printemps-sept. – **R** conseillée juil.-août pour plus d'une nuit – Tarif 92 :
▣ 2 pers. 41/52, pers. suppl. 16 ⊞ 12 (5A) 24 (10A)

HEIMSBRUNN

68990 H.-Rhin – 1 098 h.

⑻ – ⑹⑹ ⑨

ᴧᴧᴧ **Parc la Chaumière** ⅊, ℘ 89 81 93 43, sortie S par D 19 rte d'Altkirch
1 ha (65 empl.) ⊶ plat, herbeux, gravillons 🛒 ⅊⅊ – 🔟 ⇄ 🛁 🖥 🖭 ▥ 9 (2A)
Permanent – **R** indispensable – ✦ 15 ▣ 20 ⊞ 9 (2A)

HELETTE

64640 Pyr.-Atl. – 588 h.

⑬ – ⑻⑸ ③ G. Pyrénées Aquitaine

▲ **Ospitalia** (aire naturelle) ⅊ ≤ montagne, ℘ 59 37 64 88, SE : 3 km par D 245, rte d'Amendarits et chemin à droite
1 ha (25 empl.) ⊶ peu incliné à incliné, herbeux – 🔟 ⇄ 🛁 ⊛ – 🛒
15 juin- 15 sept. – **R** – ▣ 1 pers. 30, 2 pers. 42, pers. suppl. 8 ⊞ 10 (12A)

HENDAYE

64700 Pyr.-Atl. – 11 578 h.
🖪 Office de Tourisme,
12 r. des Aubépines
℘ 59 20 00 34

⑬ – ⑻⑸ ① G. Pyrénées Aquitaine

à Hendaye-Plage N : 1 km – ✉ 64700 Hendaye :

ᴧᴧᴧ **Ametza,** ℘ 59 20 07 05, E : 1 km, rue de l'Empereur
4,5 ha (320 empl.) ⊶ plat, peu incliné, herbeux ⅊⅊ – 🔟 ⇄ 🛁 🔊 🖥 🖳 ⊛ ☲ ⚓
☲ ☲ ✗ 🖴 🖭 – 🛒 🛒 🛒 – A proximité : ✗ – Location : 🚐 🚐
juin-sept. – **R** conseillée juil.-août – ▣ piscine comprise 2 pers. 85 ⊞ 15 (6A)

ᴧᴧᴧ **Alturan,** ℘ 59 20 04 55, rue de la Côte, à 100 m de la plage
4 ha (305 empl.) ⊶ en terrasses, herbeux 🛒 ⅊⅊ – 🔟 🔊 🖥 🖭 ⊛ ☲ 🖳 ✗ 🖴
🖭 🛒 – 🛒 🛒
juin-sept. – **R** – Tarif 92 : ✦ 17 ⇌ 7,50 ▣ 20 ⊞ 14 (4A) 18 (10A)

ᴧᴧᴧ **La Corniche** ⅊, ℘ 59 20 06 87 ✉ 64122 Urrugne, NE : 3 km (hors schéma)
5 ha (280 empl.) ⊶ en terrasses, plat et peu incliné, herbeux, bois attenant –
🔟 ⇄ 🔊 🖥 🖳 ⊛ 🖭 🍽 ✗ 🖴 – 🛒 – 🛒 ✗ ⚓
15 juin-15 sept. – **R** conseillée – Tarif 92 : ✦ 15 piscine comprise ⇌ 8 ▣ 22 avec élect.

216

⚠️ **Les Acacias,** 🕿 59 20 78 76, E : 1,8 km rte de la Glacière
5 ha (270 empl.) •━ peu incliné, herbeux ♀ - 🗊 ⌦ 🖫 ⊕ 🍴 🖫 - 🖴 🛝 ≥
- Location : 🚐, bungalows toilés
Pâques-sept. – **R** *conseillée juil.-août – Tarif 92 :* 🔳 *2 pers. 63* 🔌 *15,50 (5A)*

⚠️ **Eskualduna,** 🕿 59 20 04 64, E : 2 km
7 ha (266 empl.) •━ plat, incliné et en terrasses, herbeux 👯 (3 ha) - 🗊 🖒 ⌦
🖫 ⊕ ⌵ ⌦ 🖳 🖳 - 🖴 - A proximité : discothèque - Location : 🚐
15 juin-sept. – **R** *conseillée 10 juil.-16 août –* 🕇 *20* 🚗 *12* 🔳 *22* 🔌 *15 (jusqu'à 10A)*

⚠️ **Orio** ⚲ ≤, 🕿 59 20 30 30 ✉ 64122 Urrugne, SE : 3 km
2,5 ha (133 empl.) •━ en terrasses et peu incliné, herbeux ♀ - 🗊 🖒 🖫 ⊕ - 🖴
- A proximité : 🏇
15 juin-15 sept. – **R** *conseillée – Tarif 92 :* 🕇 *14* 🚗 *6* 🔳 *14* 🔌 *12*

⚠️ **Sérès,** 🕿 59 20 05 43, E : 1,5 km, à 350 m de la plage
2,5 ha (194 empl.) •━ peu incliné, herbeux 👯 - 🗊 🖒 ⌦ 🖫 ⊕ ⌵ 🖳 🍴 🛝
🖫 - 🖴
15 juin-5 sept. – **R** *conseillée –* 🔳 *2 pers. 78* 🔌 *15 (6A)*

⚠️ **Le Moulin,** 🕿 59 20 76 35, E : 2 km rte de la Glacière, bord d'un ruisseau
1,5 ha (100 empl.) •━ plat, en terrasses, herbeux 🖂 👯 - 🗊 🖒 🖫 ⊕
15 juin-sept. – **R** *conseillée 14 juil.-15 août –* 🔳 *2 pers. 62 (77 avec élect. 6A)*

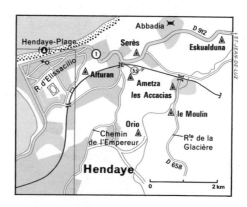

HENRICHEMONT
18250 Cher – 1 845 h.

⚠️ **Municipal du Petit Bois** ⚲, 🕿 48 26 94 71, SE : 1,5 km par D 12 rte des
Aix-d'Angillon, près d'un étang
1,6 ha (38 empl.) •━ (saison) peu incliné, herbeux 👯 (0,6 ha) - 🗊 🖫 ⊕ -
A proximité : ≥
mai-oct. – **R** – 🔳 *1 pers. 22, pers. suppl. 12* 🔌 *6 (10A)*

HENVIC
29231 Finistère – 1 265 h.

⚠️ **Municipal de Kérilis,** 🕿 98 62 82 10, sortie N rte de Carantec, au stade
1 ha (50 empl.) •━ plat, herbeux - 🗊 🖒 🖫 ⊕ - 🛝 - A proximité : 🍴
juil.-août – **R** – *Tarif 92 :* 🕇 *7* 🚗 *5* 🔳 *11/12,50* 🔌 *7*

HÉRIC
44810 Loire-Atl. – 3 378 h.

⚠️ **La Pindière,** 🕿 40 57 65 41, O : 1,3 km par D 16 rte de Bouvron et à gauche
1,5 ha (33 empl.) •━ plat, herbeux 🖂 - 🗊 🖒 ⌦ 🖫 🖒 ⊕ 🖫 - 🖴 poneys -
A proximité : centre équestre - Location : 🚐
Permanent – **R** – 🕇 *12* 🚗 *10* 🔳 *10* 🔌 *14 (10A)*

HERMANVILLE-SUR-MER
14880 Calvados – 2 113 h.

⚠️ **Les Vattaux,** 🕿 31 97 09 62, E : 1 km, Bld de la 3ème D.I.B. prolongée
6 ha (280 empl.) •━ plat, herbeux - 🗊 🖒 🖫 🖒 ⊕ 🖫 - 🖴 - Location : 🚐
15 mars-15 nov. – **R** *conseillée juil.-août –* 🕇 *17,50* 🔳 *17,50* 🔌 *15 (4A) 20 (10A)*

HERMÉ
77114 S.-et-M. – 450 h.

⚠️ Les Prés de la Fontaine ◇ ⚲ « Situation agréable au bord des étangs »,
🕿 (1) 64 01 86 08, SO : 5 km par rte de Noyen-sur-Seine et D 49 à droite
67 ha/20 campables (450 empl.) •━ plat, herbeux 🖂 ♀ - 🗊 🖒 🖫 🍴 ⊕ ⌦
⌵ 🖳 🍴 ✗ - 🖴 🍴 ≥ (plan d'eau) tir à l'arc
Location longue durée – *Places disponibles pour le passage*

HERPELMONT

88600 Vosges – 263 h.

⚠ **Domaine des Messires** ⌂, ℰ 29 58 56 29, à 1,5 km au nord du bourg, bord d'un lac
11 ha/2 campables (100 empl.) ⊶ plat, pierreux, herbeux ☒ ⚏ – 🛋 ⇔ 🛁 🗑
⊛ 🛬 ⊠
15 juin-15 sept. – **R** – 🍴 20 🔲 50 avec élect. (6A)

8 – 62 ⑰

HIRSON

02500 Aisne – 10 173 h.
🛈 Office de Tourisme,
1 bis r. de Guise
ℰ 23 58 03 91

⚠ **La Cascade de Blangy** « Site agréable », ℰ 23 58 18 97, N : 1,8 km par N 43 rte de la Capelle puis 1,5 km par D 963 et chemin à droite, près de l'Oise et d'un plan d'eau
1,5 ha (76 empl.) ⊶ plat et peu incliné, herbeux – 🛋 🔥 🛬 ⊛ – 🛒 🛴
24 avril-26 sept. – **R** conseillée juil.-août – 🍴 6,95 piscine comprise 🚗 4,55
🔲 5,15 🔌 10,50 (6A)

2 – 53 ⑯ G. Flandres Artois Picardie

Le HOHWALD

67140 B.-Rhin – 360 h. – 🏂

⚠ **Municipal** « Site boisé », ℰ 88 08 30 90, sortie O par D 425 rte de Villé – alt. 615
2 ha (100 empl.) ⊶ accidenté, en terrasses, herbeux ⚏ – 🛋 ⇔ 🛁 🗑 🏪 ⊛ 🛬
– 🛒 🛴 – A proximité : parcours sportif
Permanent – **R** conseillée été – 🍴 12,20 🚗 6,70 🔲 7,80 🔌 4,40 (1A) 10,90
(3A) 24 (7,5A)

8 – 62 ⑨ G. Alsace Lorraine

HONDSCHOOTE

59122 Nord – 3 654 h.

⚠ **le Préjoly,** ℰ 28 62 50 71, O par D 947 rte de Bray-Dunes, près du canal
2,5 ha (130 empl.) ⊶ plat, herbeux ☒ – 🛋 🛁 🔥 🗑 ⊛
avril-15 oct. – Places limitées pour le passage – **R** conseillée – 🍴 13 🚗 13 🔲
13 🔌 12 (5A)

1 – 51 ④ G. Flandres Artois Picardie

HONFLEUR

14600 Calvados – 8 272 h.
🛈 Office de Tourisme, pl. A.-Boudin
ℰ 31 89 23 30

⚠ **La Briquerie,** ℰ 31 89 28 32, SO : 3,5 km par rte de Pont-l'Évêque et D 62
à droite, à Équemauville
6,3 ha (280 empl.) ⊶ plat, herbeux ☒ – 🛋 ⇔ 🛁 🗑 🔥 🛬 ⊛ 🛴 🌭 🍴 ✕ 🛒 🔲
– 🛒 🛴 🏊 – A proximité : 🐎 ✕
avril-sept. – Places disponibles pour le passage – **R** conseillée juil.-août – 🍴 24
piscine comprise 🔲 22 ou 29 🔌 17 (3A) 22 (6A)

5 – 54 ⑧ G. Normandie Vallée de la Seine

HON-HERGIES 59 Nord – 53 ⑤ – rattaché à Bavay

Les HÔPITAUX-NEUFS

25370 Doubs – 369 h. alt. 990 –
🏂.
🛈 Office de Tourisme, Métabief
pl. Mairie ℰ 81 49 13 81

⚠ **Municipal le Miroir** ❄, ℰ 81 49 10 64, sortie O rte de Métabief, au pied des pistes
1,5 ha (70 empl.) ⊶ plat, goudronné, herbeux ☒ – 🛋 ⇔ 🛁 🗑 🏪 ⊛ 🛴 🛒
🍴 juin 15 sept., 15 oct.-avril – **R** conseillée été et hiver – Tarif 92 : 🔲 3 pers.
50, pers. suppl. 10,50 🔌 6 (3A) 10,50 (6A)

12 – 70 ⑥ ⑦ G. Jura

HOSSEGOR

40150 Landes
🛈 Office de Tourisme, pl. Pasteur
ℰ 58 43 72 35

⚠ **Municipal la Forêt,** ℰ 58 43 75 92, E : 1 km, av. de Bordeaux
1,6 ha (71 empl.) ⊶ plat et terrasse, sablonneux, herbeux ☒ ⚏ pinède – 🛋 ⇔
🗑 ⊛ 🔲 – 🛒 – A proximité : ✕
13 mars-oct. – **R** conseillée juil.-août – Tarif 92 : 🍴 14 🚗 5 🔲 14 et 9 pour
eau chaude et élect. (5A)

13 – 78 ⑰ G. Pyrénées Aquitaine

Les HOUCHES

74310 H.-Savoie – 1 947 h.
alt. 1 008 – 🏂.
🛈 Office de Tourisme, pl. de l'Église
ℰ 50 55 50 62

⚠ **Air Hôtel du Bourgeat** ≤ Aiguilles de Chamonix et massif du Mont Blanc,
ℰ 50 54 42 14, NE : 1,5 km
0,7 ha (35 empl.) ⊶ plat, herbeux – 🛋 ⇔ 🛁 ⊛ 🛴 🛒 🔲 – 🛒 – A proximité :
🐎 🍴
15 juin-15 sept. – **R** – 🔲 3 pers. 86 🔌 12 (10A)

⚠ **Le Petit Pont** ≤ Brévent et massif du Mont Blanc, ℰ 50 54 41 30, E : 2 km
(accès par N 205)
1,75 ha (99 empl.) ⊶ en terrasses, herbeux ⚏ (0,7 ha) – 🛋 🔥 🗑 ⊛ – 🛒
15 juin-15 sept. – **R** – Tarif 92 : 🍴 15 🔲 15 🔌 9,60 (3A) 15 (10A)

12 – 74 ⑧ G. Alpes du Nord

▶ Si vous recherchez :
  un terrain agréable ou très tranquille,
  ouvert toute l'année, avec tennis ou piscine,
  Consultez le tableau des localités citées, classées par départements.

HOULGATE

14510 Calvados – 1 654 h.
🛈 Office de Tourisme, bd des Belges
🕾 31 24 34 79 et r. d'Axbridge
(saison) 🕾 31 24 62 31

⚠⚠⚠ **La Vallée** ≤, 🕾 31 24 40 69, Fax 31 28 08 29, S : 1 km par D 24ᴬ rte de Lisieux et D 24 à droite, 88 r. de la Vallée
11 ha (270 empl.) ⚞ peu incliné, herbeux ⛫ – 🛖 ⚕ 🛉 🖻 🕭 ⊙ 🛳 ⛱ 🛱 🛎
🏃 🖳 – 🏕 🍴 🛎
avril-sept. – **R** conseillée – 🕯 25 piscine comprise 🖲 30 🔌 12 (2A) 16 (4A) 25 (6A)

⚠⚠⚠ **Les Falaises** ﹩, ≤ « Situation dominante », 🕾 31 24 81 09, Fax 31 28 04 11, NE : 3 km par D 163 rte de la Corniche – accès piétons à la plage par sentier escarpé et escalier abrupt
10 ha (360 empl.) ⚞ plat, incliné et en terrasses, prairies, verger ⛫ – 🛖 ⚕ 🛉
🖻 🕭 ⊙ 🛳 🛱 🍴 🏃 🖳 – 🏕 🐎 ⛲ – Location : 🚐 – Garage pour caravanes
avril-oct. – **R** conseillée juil.-août – 🕯 19 ou 23 piscine comprise 🖲 24 ou 26

⚠⚠ **Municipal des Chevaliers** ≤, 🕾 31 24 37 93, S : 1,5 km par D 24ᴬ rte de Lisieux et D 24 à droite, chemin des Chevaliers
3 ha (195 empl.) ⚞ plat et incliné, herbeux – 🛖 ⚕ 🛉 🕭 ⊙ – A proximité : 🛎 🐎

L'HOUMEAU

17137 Char.-Mar. – 2 486 h.

⚠⚠ **Le Trépied du Plomb,** 🕾 46 50 90 82, sortie NE par D 106 rte de Nieul-sur-Mer
2 ha (132 empl.) ⚞ peu incliné, plat, pierreux, herbeux ⛫ – 🛖 ⚕ 🛉 🖻 ⊙ 🖻
– 🏕 – A proximité : 🛎
20 mai-26 sept. – **R** conseillée 10 juil.-22 août – Tarif 92 : 🖲 2 pers. 46, pers. suppl. 12 🔌 13 (5A)

HOURTIN

33990 Gironde – 2 072 h.

⚠⚠⚠ **La Mariflaude,** 🕾 56 09 11 97, Fax 56 09 24 01, E : 1,2 km par D 4 rte de Pauillac
5,3 ha (250 empl.) ⚞ plat, herbeux, sablonneux 🌳🌳 pinède (2 ha) – 🛖 ⚕ 🛉
🖻 🕭 ⊙ 🖳 🍴 🏃 🖳 – 🏕 🛎 ⛲ 🛳 vélos – Location : 🚐 🚐
mai-15 sept. – **R** conseillée juil.-15 août – 🖲 piscine comprise 2 pers. 90 🔌 20 (4A) 30 (10A)

⚠⚠⚠ **La Rotonde** ﹩, 🕾 56 09 10 60, O : 1,5 km par av. du lac et chemin à gauche, à 500 m du lac (accès direct)
10 ha (300 empl.) ⚞ plat, herbeux, sablonneux 🌳🌳 (pinède) – 🛖 🛳 🛉 🕭 ⊙ 🖳
🍴 🏃 🖳 – 🏕 🛳 – A proximité : centre équestre 🛎 – Location : 🚐
avril-sept. – **R** conseillée – Tarif 92 : 🖲 piscine comprise 2 pers. 49, 3 pers. 60 🔌 14 (4A)

⚠⚠⚠ **Les Ourmes** ﹩, 🕾 56 09 12 76, O : 1,5 km par av. du Lac
6 ha (270 empl.) ⚞ plat, herbeux, sablonneux 🌳🌳 – 🛖 🛳 🛉 🕭 ⊙ 🖳 🍴 🏃
🖻 – 🏕 ⛲ 🛳 – A proximité : 🛎 🐎 (centre équestre) – Location : 🚐
avril-sept. – **R** conseillée juil.-août – 🖲 piscine comprise 2 pers. 70, pers. suppl. 14 🔌 15 (4A) 18 (6A)

⚠⚠ **Le Littoral,** 🕾 56 09 13 73, Fax 56 09 15 13, S : 1,2 km rte de Carcans
2,6 ha (150 empl.) ⚞ plat, herbeux, sablonneux 🌳🌳 – 🛖 ⚕ 🛉 🛳 🕭 ⊙ 🖳 snack
🏃 🖻 cases réfrigérées – 🏕 🛎 ⛲ 🛳 – Location : 🚐
mai-sept. – **R** indispensable – 🖲 piscine comprise 3 pers. 65, pers. suppl. 10 🔌 12

⚠⚠ **L'Orée du Bois,** 🕾 56 09 15 88, S : 1,3 km rte de Carcans
2 ha (100 empl.) ⚞ plat, sablonneux ♀ – 🛖 🛳 🖻 ⊙ snack 🖻 – ⛲ 🛳 vélos
– Location : 🚐
juin-15 sept. – **R** conseillée juil.-août – 🖲 piscine comprise 2 ou 3 pers. 52 🔌 12 (3A)

⚠ **Les Écureuils,** 🕾 56 09 10 47, N : 4 km par D 101 rte de Vendays-Montalivet
3 ha (150 empl.) ⚞ plat, herbeux, sablonneux ♀ pinède – 🛖 ⚕ 🛉 🛳 🖻 🕭 ⊙ 🖳
– 🏕 – Location : 🚐
Pâques-Toussaint – **R** conseillée – Tarif 92 : 🖲 2 pers. 48, pers. suppl. 8 🔌 11 (2 à 10A)

HOURTIN-PLAGE

33990 Gironde

⚠⚠⚠⚠ **La Côte d'Argent** ﹩, 🕾 56 09 10 25, à 500 m de la plage
20 ha (750 empl.) ⚞ plat, accidenté et en terrasses, sablonneux 🌳🌳 pinède –
🛖 ⚕ 🛉 🛳 🖻 🛳 🖣 ⊙ 🛱 🖳 🍴 🏃 🖻 – 🏕 🛎 ⛲ vélos – Location :
🚐 🚐
15 mai-15 sept. – **R** conseillée juil.-août – 🕯 21 🖲 40/50 🔌 20 (10A)

HUELGOAT

29690 Finistère – 1 742 h.
🛈 Office de Tourisme, pl. de la Mairie
(saison) 🕾 98 99 72 32

⚠⚠ **La Rivière d'Argent** ﹩, 🕾 98 99 72 50, E : 3 km par rte de Poullaouen, bord de rivière
1,3 ha (84 empl.) ⚞ (juil.-août) plat, herbeux ⛫ ♀ – 🛖 ⚕ 🛉 🛳 🖻 🕭 ⊙ 🍴 🖻
15 mai-15 sept. – **R** conseillée 14 juil.-15 août – 🕯 14 🖲 15 🔌 12 (6A)

⚠⚠ **Municipal du Lac,** 🕾 98 99 78 80, O : 0,8 km par rte de Brest, bord d'une rivière et d'un étang
1,1 ha (85 empl.) ⚞ plat, herbeux ⛫ – 🛖 ⚕ 🛉 ⊙ – 🛎 – A proximité : 🛳
15 juin-15 sept. – 🏕 – 🖲 1 pers. 24, 2 pers. 35, pers. suppl. 12,50 🔌 11,50

La HUME 33 Gironde – 🄷🄷 ⑳ – voir à Gujan-Mestras

HYÈRES

83400 Var – 48 043 h.

🛈 Office de Tourisme, Rotonde Jean-Salusse, av. Belgique ℘ 94 65 18 55 et Chalet, rte de Toulon (15 juin-15 sept.) ℘ 94 65 33 40

🛆🛆 **St-Pierre-des-Horts,** ℘ 94 57 65 31, à l'Almanarre, S : 5 km
1,6 ha (140 empl.) ⊶ plat, herbeux ♀ – ⓕ 🐟 🏕 🛁 ⚲ 📷 ⊞ 🎖 🍴 snack, pizzeria 🏕 📷 – 🎦 – Location : studios

🛆🛆 **Domaine du Ceinturon Camp n° 3,** ℘ 94 66 32 65, à Ayguade-Ceinturon, SE : 5 km, à 100 m de la mer
2,5 ha (260 empl.) ⊶ plat, herbeux ♀♀ (2 ha) – ⓕ 🐟 🏕 🛁 🔔 🎖 🍴 ✕ 🏕 📷 – Location : 🚐
vac. de printemps-sept. – ⚡ – ⓔ 2 pers. 64,60, 3 pers. 91,30, pers. suppl. 19,80 ⓖ 10,50 (2A) 15,30 (6A) 19,55 (10A)

🛆 **Euro Surf,** ℘ 94 58 00 20, à la Capte, S : 8,5 km par D 97 rte de Giens, au bord de la mer
12 ha (600 empl.) ⊶ accidenté, sablonneux ♀ pinède – ⓕ 🏕 🛁 ♿ 🔔 🎖 ✕ 📷 – 🎦 – Location : 🚐
15 mars-10 oct. – ⚡ indispensable – ⓔ 2 pers. 94 ⓖ 17 (6A)

🛆 **Domaine du Ceinturon-Camp n° 2,** ℘ 94 66 39 66, à Ayguade-Ceinturon, SE : 5 km, à 400 m de la mer
5 ha (400 empl.) ⊶ plat, herbeux ♀ – ⓕ 🔔 🏕 📷 – ✕ vélos
juin-août – ⚡ – ⓔ 2 pers. 56,30, 3 pers. 81,30, pers. suppl. 17,80 ⓖ 11,70 (3A) 15,20 (6A)

🛆 **Bernard,** ℘ 94 66 30 54, à Ayguade-Ceinturon, SE : 5 km, à 100 m de la mer
1,4 ha (100 empl.) ⊶ plat, herbeux ♀ – ⓕ ⚲ 📷 ♿ 🏕 📷
Pâques-sept. – ⚡ – Tarif 92 : ⓔ 2 pers. 51 (63 avec élect.)

🛆 **Le Parc,** ℘ 94 66 31 77, à Ayguade-Ceinturon, SE : 5 km, à 150 m de la mer
2,8 ha (199 empl.) ⊶ plat, herbeux, sablonneux ♀ – ⓕ 🏕 ⚲ 🔔 📷
juil.-août – ⚡ – 🎖 16,85 🚐 14,70 ⓔ 19,45 ⓖ 19,55 (10A)

🛆 **Le Poney,** ℘ 94 38 46 65, O : 2,5 km à partir de la gare par D 276 rte de la Moutonne (hors schéma)
1 ha (60 empl.) ⊶ plat et peu incliné, herbeux – ⓕ 🐟 🛁 🔔 🏕 ⏚ – 🎦 m
Permanent – Places disponibles pour le passage – ⚡ conseillée – 🎖 13,50 ⓔ 15 ⓖ 10 (3A) 18 (6A)

Voir aussi à *Giens*

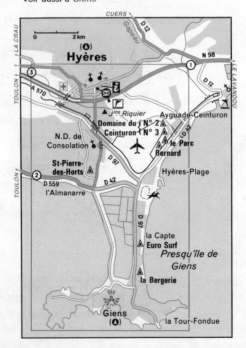

IBARRON **64** Pyr.-Atl. – 78 ⑫ ⑱ – rattaché à St-Pée-sur-Nivelle

---

IHOLDY

64640 Pyr.-Atl. – 527 h.

🛆 Municipal, à l'est du bourg par D 8 et chemin à droite, bord d'un plan d'eau
1,5 ha (50 empl.) plat et peu incliné, herbeux – ⓕ 🐟 🛁 ⚲ ⏚ – 🏊

ILE – voir au nom propre de l'île

ILE-AUX-MOINES

56780 Morbihan – 617 h.
Transports maritimes. Depuis
Port-Blanc. En 1992 : départs toutes
les 1/2 h - Traversée 5 mn - 14 F
(AR). Renseignements : IZENAH
S.A.R.L. ☎ 97 26 31 45

3 – 63 ⑫

⚠ **Municipal du Vieux Moulin**, réservé aux tentes ⚸, ☎ (prévu) 97 26 31 13,
sortie SE du bourg rte de la Pointe de Brouel
1 ha (44 empl.) ⚬ plat et peu incliné, herbeux – 🍴 ⚽ 🏊
15 juin-15 sept. – **R** – 🔲 *1 pers. 22, 2 ou 3 pers. 43, pers. suppl. 12*

L'ÎLE-BOUCHARD

37220 I.-et-L. – 1 800 h.

10 – 68 ④ G. Châteaux de la Loire

⚠ **Municipal les Bords de Vienne**, ☎ 47 95 23 59, près du quartier St Gilles,
en amont du pont sur la Vienne, près de la rivière
1 ha (90 empl.) ⚬ (saison) plat, herbeux ⚫ – 🍴 🏊 🈁 ☺ – 🚣 – A proximité :
🏪 – Location : gîte d'étape
15 juin-15 sept. – **ℝ** – ⚿ *7,91* 🔲 *7,91* 🔩 *8,44 (3A) 10,55 (6A)*

L'ÎLE-ROUSSE **2B** H.-Corse – 90 ⑬ – voir à Corse

ILLIERS-COMBRAY

28120 E.-et-L. – 3 329 h.

6 – 60 ⑰ G. Châteaux de la Loire

⚠ **Municipal de Montjouvin**, ☎ 37 24 03 04, SO : 1,8 km par D 921 rte de
Brou, bord de la Thironne – interdit aux caravanes de plus de 5,50 m
2,5 ha (73 empl.) ⚬ plat et peu incliné, herbeux, sous-bois (1 ha) 🗂 – 🍴 (⚽
🏖 juil.-août) 🈁 🛁 🎱 🈁 – 🚣 vélos – A proximité : ✕ 🏊 – Location : gîte
d'étape
avril-oct. – **R** – ⚿ *10* 🔲 *14* 🔩 *13 (10A)*

INCHEVILLE

76117 S.-Mar. – 1 484 h.

1 – 52 ⑤

⚠ **Municipal** ⚸, ☎ 35 50 30 17, sortie NE rte de Beauchamps et r. Mozart à
droite, près d'un étang
2 ha (190 empl.) ⚬ plat, herbeux – 🍴 ⚽ 🈁 🛁 🈁 ☺ 🚣 – 🈁
avril-sept. – *Places disponibles pour le passage* – **R** – ⚿ *9* 🚗 *8* 🔲 *8* 🔩 *12,50
(6A) 14,50 (10A)*

INGRANDES

86220 Vienne – 1 765 h.

10 – 68 ④

⚠ **Le Petit Trianon** ⚸ ≤ « Cadre agréable autour d'un petit château »,
☎ 49 02 61 47, à St-Ustre, NE : 3 km
4 ha (66 empl.) ⚬ plat et peu incliné, herbeux ⚫ – 🍴 ⚽ 🛁 🈁 ☺ 🚣 – 🈁
🏊 🚣
15 mai-sept. – **R** *conseillée juin, indispensable juil.-août* – ⚿ *29 piscine comprise*
🚗 *16* 🔲 *16* 🔩 *19 (6A)*

IRISSARRY

64780 Pyr.-Atl. – 751 h.

13 – 85 ③

⚠ **Baïgura**, sortie E sur D 8 rte d'Iholdy
0,6 ha (50 empl.) plat, herbeux ⚫ – 🍴 🛁 ☺ – 🈁

ISIGNY-SUR-MER

14230 Calvados – 3 018 h.

4 – 54 ⑬ G. Normandie Cotentin

⚠ **Municipal le Fanal** ⚸, ☎ 31 21 33 20, O : accès par le centre ville, près du
terrain de sports, bord d'un plan d'eau
1 ha (80 empl.) ⚬ plat, herbeux 🗂 – 🍴 ⚽ 🛁 🈁 🛁 🎱 ☺ 🚣 🌊 🈁 – 🈁 ✕
🚣 🏊 (bassin)
avril-15 sept. – **R** – ⚿ *22* 🔲 *22* 🔩 *15 (8A)*

ISLE-ET-BARDAIS

03360 Allier – 355 h.

11 – 69 ⑫

⚠ **Les Écossais** ⚸ « Site agréable », ☎ 70 66 62 57, Fax 70 67 50 96, S : 1 km
par rte des Chamignoux, bord de l'étang de Pirot
2 ha (50 empl.) ⚬ plat, peu incliné, accidenté, herbeux 🗂 ⚫⚫ (1 ha) – 🍴 ⚽
🛁 🈁 ☺ 🍺 🚣 – 🚣 vélos – A proximité : ✕ – Location : 🏠
avril-sept. – **R** *conseillée juil.-août* – ⚿ *12* 🚗 *6* 🔲 *6* 🔩 *15*

L'ISLE-SUR-LA-SORGUE

84800 Vaucluse – 15 564 h.
🛈 Office de Tourisme, pl. de l'Église
☎ 90 38 04 78

16 – 81 ⑫ ⑬ G. Provence

⚠ **La Sorguette**, ☎ 90 38 05 71, SE : 1,5 km par N 100 rte d'Apt, près de la
Sorgue
2,5 ha (164 empl.) ⚬ plat, herbeux, pierreux – 🍴 ⚽ 🛁 🈁 ☺ 🚗 🈁 cases
réfrigérées – 🈁 🚣 half court – Location – 🈁 🈁
15 mars-23 oct. – **R** *conseillée juil.-août* – ⚿ *20* 🔲 *19* 🔩 *15 (4A)*

L'ISLE-SUR-LE-DOUBS

25250 Doubs – 3 203 h.

8 – 66 ⑰ G. Jura

⚠ **Municipal les Lumes**, ☎ 81 92 73 05, accès près du pont, bord du Doubs
1 ha (80 empl.) ⚬ (saison) plat, herbeux, pierreux – 🍴 ⚽ 🏊 ☺ – 🈁
15 mai-15 sept. – **ℝ** – *Tarif 92* : ⚿ *14* 🔲 *8 (30 avec élect.)*

L'ISLE-SUR-SEREIN

7 – 65 ⑥

89440 Yonne – 533 h.

⚠ **Municipal le Parc du Château,** S : 0,8 km par D 86 rte d'Avallon, au stade, à 200 m du Serein
1 ha (40 empl.) plat, herbeux ⚍ – 🛏 ⏚ 🛒 & ☺ ⚍ – 🚗 – A proximité : 🍴
15 juin-15 sept. – **R** – 🏕 *4* 🚐 *4* 🗐 *4* 🕃 *7*

ISOLA

17 – 81 ⑩ G. Alpes du Sud

06420 Alpes-Mar. – 576 h. alt. 873.
🛈 Office de Tourisme (saison)
ℰ 93 23 15 15

⛰ **Le Lac des Neiges** ❄ ≼, ℰ 93 02 18 16, en deux parties distinctes, à 0,5 km à l'ouest du bourg sur D 2 205 rte d'Auron, près de la Tinée et d'un petit lac
3 ha (98 empl.) ⚬➡ plat, gravier ⚍ – 🛏 ⏚ 🛒 🍴 ☺ ⚍ 🗑 – 🛒 🍴 ⛺ piste de bi-cross – Location : 🚃, gîte d'étape

---

ISPAGNAC

15 – 80 ⑥ G. Gorges du Tarn

48320 Lozère – 630 h.

⛰ **Municipal du Pré Morjal** ♨ ≼, ℰ 66 44 23 77, Fax 66 44 23 99, sortie O par D 907bis rte de Millau et chemin à gauche, près du Tarn
2 ha (95 empl.) ⚬➡ (saison) plat, herbeux ⚍ – 🛏 🝤 🛒 🍴 ☺ ⚍ ⚍ – A proximité : 🍴
Pâques-sept. – **R** *conseillée 15 juil.-15 août* – 🗐 *2 pers. 55, pers. suppl. 15*
🕃 *15 (10A)*

ISSARLÈS (Lac d')

16 – 76 ⑰ G. Vallée du Rhône

07 Ardèche – 217 h. alt. 1 003
✉ 07470 Coucouron

⛰ **La Plaine de la Loire** ♨ ≼, ℰ 66 46 25 77, O : 3,5 km par D 16 rte de Coucouron et chemin à gauche avant le pont, bord de la Loire – alt. 900
1 ha (55 empl.) ⚬➡ plat, herbeux – 🛏 🝤 ⏚ ☺ ⚍
15 juin-15 sept. – **R** *conseillée* – 🗐 *2 pers. 45* 🕃 *14,50 (6 ou 8A)*

ISSENDOLUS

14 – 75 ⑲

46500 Lot – 365 h.

⚠ **Le Teulières** « Belle entrée », ℰ 65 40 86 71, NE : 1,5 km, sur N 140 rte de Figeac, au lieu-dit « l'Hôpital »
2 ha (33 empl.) ⚬➡ incliné, plat, herbeux – 🛏 🛒 ☺ snack 🗑 – 🛒 🍴 – Location : 🛏 🏠
Permanent – **R** *conseillée juil.-sept.* – 🏕 *11,50 piscine comprise* 🗐 *11,50*

ISSOIRE ◁⧖▷

11 – 73 ⑭ ⑮ G. Auvergne

63500 P.-de-D. – 13 559 h.
🛈 Office de Tourisme, Hôtel-de-Ville
ℰ 73 89 03 54 et
pl. Gén.-de-Gaulle (15 juin-15 sept.)
ℰ 73 89 15 90

⛰ **La Grange Fort** ♨ ≼ « Autour d'un château dominant l'Allier »,
ℰ 73 71 05 93, Fax 73 71 07 69 ✉ 63500 Les Pradeaux, SE : 4 km par D 996 rte de la Chaise-Dieu puis à droite, 3 km par D 34 rte d'Auzat-sur-Allier – ⓟ
23 ha/4 campables (40 empl.) ⚬➡ plat, herbeux, bois attenant ⚍ – 🛏 ⏚ 🝤
🛒 & 🍴 ☺ 🍴 ✗ 🚲 🗑 – 🛒 🍴 ⛺ 🐎 – Location : 🛏
Permanent – **R** *conseillée juil.-août* – 🏕 *15 piscine comprise* 🗐 *30* 🕃 *13 (4A)*
16 (6A)

⛰ **Municipal du Mas** ♨ ≼, ℰ 73 89 03 59, E : 2,5 km par D 9 rte d'Orbeil et à droite, à 50 m d'un plan d'eau et à 300 m de l'Allier
3 ha (140 empl.) ⚬➡ plat, herbeux – 🛏 ⏚ 🛒 🍴 ☺ ⚍ ⚍ – 🛒 – A proximité : 🍴
Permanent – **℞** – *Tarif 92 :* 🏕 *10,10* 🚐 *5,05* 🗐 *5,05/6,70* 🕃 *6,70 (6A)*

ISSOUDUN ◁⧖▷

10 – 68 ⑨ G. Berry Limousin

36100 Indre – 13 859 h.
🛈 Office de Tourisme, pl. Saint Cyr
ℰ 54 21 74 57

⚠ **Municipal les Taupeaux,** ℰ 54 03 13 46, sortie N par D 918 rte de Reuilly, à 150 m d'une rivière
0,6 ha (100 empl.) plat, herbeux ⚍ – 🛏 ⏚ & ☺ ⚍ ⚍ – A proximité : (1,3 km) parc de loisirs et de sports
7 juin-7 sept. – **R** – 🏕 *8* 🗐 *8* 🕃 *8*

ISSY L'EVEQUE

11 – 69 ⑯

71760 S.-et-L. – 1 012 h.

⛰ **Municipal de l'Étang Neuf** ♨ ≼ « Situation agréable », ℰ 85 24 96 05,
O : 1,1 km par D 42 rte de Grury et chemin à droite, bord d'un étang
0,4 ha (40 empl.) ⚬➡ peu incliné, herbeux, gravier, bois attenant ⚍ – 🛏 🝤 ⏚
🛒 & ☺ 🍴 – 🛒 🍴 – A proximité : 🍴 🐎
15 mai-15 sept. – **R** – *Tarif 92 :* 🏕 *10 piscine comprise* 🚐 *6* 🗐 *10* 🕃 *15 (5A)*

ISTRES

16 – 84 ① G. Provence

13800 B.-du-R. – 35 163 h.
🛈 Office de Tourisme, 30 allée
Jean-Jaurès ℰ 42 55 51 15

⛰ **Vitou** ♨, ℰ 42 56 51 57, NE : 2,5 km par D 16 rte de St-Chamas
3 ha (90 empl.) ⚬➡ plat, pierreux, herbeux ⚍ – 🛏 🝤 ⏚ ☺ ⚍ ⚍ 🍴 – 🝤
Permanent – *Places disponibles pour le passage* – **R** *juil.-août* – 🗐 *4 pers. 54*
à 86/104 avec élect. 10A

ITXASSOU

13 – 85 ③ G. Pyrénées Aquitaine

64250 Pyr.-Atl. – 1 563 h.

⛰ **Hiriberria** ≼, ℰ 59 29 98 09, NO : 1,1 km par D 918 rte de Cambo-les-Bains et chemin à droite
2 ha (60 empl.) ⚬➡ plat, peu incliné, en terrasses, herbeux ⚍⚍ (0,8 ha) – 🛏 🝤
⏚ 🛒 & ☺ 🗑 – 🛒 – Location : 🚃, gîtes
Permanent – **R** *conseillée juil.-août* – 🏕 *15* 🗐 *20* 🕃 *10 (5A) 15 (10A)*

222

IZESTE
64260 Pyr.-Atl. – 498 h.   ▦ – ▦ ⑯

△ **Municipal de la Vallée d'Ossau,** ℰ 59 05 68 67, sortie S rte de Laruns, bord du Gave d'Ossau
1 ha (50 empl.) ⊶ plat, herbeux, pierreux ♀♀ – 🗊 🔊 🗓 ⊕
15 juin-août – **R** conseillée – ★ 6,10 ⇔ 3,80 🗉 5,50 🗓 12 (5A)

JABLINES
77450 S.-et-M. – 333 h.   ▦ – ▦▦ ⑫ G. Ile de France

▟▟ Base de Loisirs de Jablines-Annet « Situation agréable dans une boucle de la Marne », ℰ (1) 60 26 04 31, SO : 2 km par D 45 rte d'Annet-sur-Marne, à 300 m d'un plan d'eau
140 ha/2,5 campables (70 empl.) ⊶ plat, herbeux 🖾 – 🗊 ⇔ 🔊 & ⊕ –
A proximité : 🍽 ⌇ 🏹 🔥 🛥 🚤 🐎 et poneys, practice de golf, tir à l'arc, vélos – Location : bungalows toilés – Conditions d'admission : se renseigner

JABRUN
15110 Cantal – 172 h. alt. 932   ▦ – ▦▦ ⑭

△ **Le Tillet** ⟪ ⋞, ℰ 71 73 80 80, SO : 4 km par D 921 rte de Laguiole puis chemin à gauche après Maison Neuve
1,5 ha (25 empl.) ⊶ plat et incliné, herbeux – 🗊 ⇔ 🗓
15 juin-15 sept. – **R** – ★ 5 ⇔ 3,50 🗉 4

La JAILLE-YVON
49220 M.-et-L. – 239 h.   ▦ – ▦▦ ⑩ G. Châteaux de la Loire

△ **Municipal le Port Ribouet** ⟪, S : 2 km par D 187 et rte à gauche, bord de la Mayenne
0,7 ha (70 empl.) plat, herbeux ♀ – 🗊 ⇔ 🖰 ⊕
mai-sept. – **R** conseillée juil.-août – 🗉 1 ou 2 pers. 23 🗓 8,50 (5A)

JARD-SUR-MER
85520 Vendée – 1 817 h.   ▦ – ▦▦ ⑪

▟▟ **L'Océano d'Or,** ℰ 51 33 65 08, Fax 51 90 31 03, au NE de la station, sur D 21
5 ha (263 empl.) ⊶ plat, herbeux 🖾 – 🗊 ⇔ 🖰 🗓 & ⊕ 🛎 ⌇ ⛉ 🍽 ⌇ 🖳
– salle d'animation, garderie 🏹 🔥 🛥 🏊 vélos – Location : 🚐 🚍
15 avril-sept. – **R** conseillée juil.-août – 🗉 piscine comprise 2 pers. 98, pers. suppl. 23 🗓 18

▟▟ **Les Écureuils** ⟪, ℰ 51 33 42 74, Fax 51 33 91 14, rte des Goffineaux, à 300 m de l'océan – 🏹
4 ha (231 empl.) ⊶ plat, sablonneux 🖾 ♀♀ – 🗊 ⇔ 🖰 🗓 & ⊕ 🛎 ⛉ 🍽 ⌇
⌇ ⊁ – 🔥 🛥 – A proximité : 🏹 – Location : 🚍
15 mai-15 sept. – **R** indispensable juil.-août – ★ 20 piscine comprise 🗉 62 🗓 14 (5A)

▟▟ **le Curtys,** ℰ 51 33 63 42, Fax 51 33 91 31, au nord de la station
4,4 ha (150 empl.) ⊶ plat, herbeux – 🗊 ⇔ 🖰 🗓 & ⊕ 🍽 ⌇ ⊁ – 🖳 – 🚐 🚤
🏊 – A proximité : 🏦 🏹 🔥 – Location : 🚍
15 mai-18 sept. – **R** conseillée juil.-août – 🗉 piscine comprise 2 pers. 90 (105 avec élect. 6A), pers. suppl. 20

▟▟ **La Pomme de Pin,** ℰ 51 33 43 85, Fax 51 90 31 03, SE : r. Vincent-Auriol, à 150 m de la plage de Boisvinet
2 ha (170 empl.) ⊶ plat, sablonneux 🖾 ♀♀ pinède – 🗊 ⇔ 🖰 🗓 & ⊕ 🍽 🖳
– 🚐 🚤 – Location : 🚐 🚍
15 avril-sept. – **R** conseillée – 🗉 2 pers. 98 🗓 18 (6A)

△ **La Mouette Cendrée,** ℰ 51 33 59 04, sortie NE par D 19 rte de St.-Hilaire-la-Forêt – 🏹
1,2 ha (72 empl.) ⊶ plat, herbeux 🖾 – 🗊 ⇔ 🔊 & ⊕ – 🏊
mai-oct. – **R** conseillée 15 juil.-20 août – 🗉 piscine comprise 2 pers. 63 🗓 14 (6A)

△ **Municipal Bosquet de la Maison Forestière,** ℰ 51 33 56 57, au SO de la station, à 150 m de la plage
1 ha (106 empl.) ⊶ accidenté, herbeux, sablonneux ♀♀♀ pinède – 🗊 ⇔ 🖰 ⊕
– A proximité : 🏹 🔥 vélos
Pâques-sept. – **R** – 🗉 3 pers. 48 🗓 14 (5A)

Voir aussi à St-Vincent-sur-Jard

223

JARJAYES

05130 H.-Alpes – 312 h. alt. 960

▲ **La Pirogue** (aire naturelle) ⚘ ≤, ℰ 92 54 39 22, sortie NO par rte du col de la Sentinelle
2 ha (25 empl.) o⊷ peu incliné, herbeux – 🗑 ⚙ ⚙ 🗑 ⊕
juil.-1ᵉʳ oct. – **R** conseillée – ▣ 2 pers. 30, pers. suppl. 10 🗓 10

JARS

18260 Cher – 522 h.

▲ **S.I. le Noyer** ≤ « Situation agréable », ℰ 48 58 74 50, SO : 0,8 km par D 74 et chemin à droite, près d'un plan d'eau
0,9 ha (25 empl.) peu incliné, plat, herbeux – 🗑 ⚙ ⚙ & ⊕ ⚙ – A l'entrée : 🍸
🍽 gîte d'étape 🗑 – A proximité : 🕯
mai-sept. – **R** conseillée – ♣ 5 ⇌ 3 ▣ 4 🗓 8 (12A)

JAULNY

54470 M.-et-M. – 169 h.

▲▲ **La Pelouse** ⚘ « Cadre boisé », ℰ 83 81 91 67, à 0,5 km au sud du bourg, accès près du pont sur le Rupt de Mad
2,9 ha (100 empl.) o⊷ plat et incliné, herbeux ⚙⚙ (2 ha) – 🗑 ⚙ 🗑 ⊕ snack –
🍱 – A proximité : 🔥 ⇙
avril-sept. – **R** juil.-août – ♣ 9 ⇌ 7,50 ▣ 7,50 🗓 12 (4A) 16 (6A)

La JAVIE

04390 Alpes-de-H.-Pr. – 297 h. alt. 700

▲ **Municipal** ⚘ ≤, sortie SE par D107 rte de Prads, près de la Bléone
0,3 ha (25 empl.) plat, herbeux, pierreux – 🗑 ⊕ – 🕯
15 juin-15 sept. – **R** – ♣ 12 ⇌ 5 ▣ 10 🗓 10 (10A)

JENZAT

03800 Allier – 439 h.

▲ **Municipal,** ℰ 70 56 86 35, sortie NO par D 42 rte de Chantelle, près de la Sioule
1 ha (52 empl.) plat, herbeux ⚙ – 🗑 ⚙ ⊕
Pâques-oct. – **R** – Tarif 92 : ♣ 9 ⇌ 3 ▣ 3,50 🗓 8 (6A)

JOANNAS

07110 Ardèche – 224 h.

▲▲ **Le Roubreau** ⚘ ≤, ℰ 75 88 32 07, O : 1,4 km par D 24 rte de Valgorge et chemin à gauche, bord du Roubreau
3 ha (100 empl.) o⊷ plat et incliné, herbeux, pierreux ⚏ ⚙ – 🗑 ⚙ ⚙ 🗑 ⊕ 🍸
⚙ 🗑 – 🍱 🍽 ⇙ – Location : �caravane
Pâques-15 sept. – **R** indispensable juil.-août – ▣ 2 pers. 70 🗓 18 (4 ou 6A)

▲▲ **La Marette** ⚘ ≤, ℰ 75 88 38 88, O : 2,4 km par D 24 rte de Valgorge
4 ha (55 empl.) o⊷ en terrasses et accidenté, pierreux, bois – 🗑 ⚙ 🗑 🗑 & ⊕
– 🍱
Pâques-15 sept. – **R** conseillée juil.-août – ▣ piscine comprise 2 pers. 65, pers. suppl. 18 🗓 15

JONCHEREY 90 Ter.-de-Belfort – 66 ⑧ – rattaché à Delle

JONQUIÈRES

84150 Vaucluse – 3 780 h.

▲▲ Municipal les Peupliers, ℰ 90 70 67 09, sortie E rte de Carpentras, derrière la piscine
1 ha (80 empl.) o⊷ plat, herbeux ⚙ – 🗑 ⚙ 🗑 ⊕ 🗑 – cases réfrigérées –
A proximité : 🍽 ⇙
15 mai-sept. – **R** conseillée

JONZAC ⊕

17500 Char.-Mar. – 3 998 h. –
⚕ 24 fév.-28 nov.
🗓 Office de Tourisme, pl. Château
ℰ 46 48 49 29

▲▲ **Les Castors,** ℰ 46 48 25 65, SO : 1,5 km par D 19, rte de Montendre et chemin à droite
1 ha (45 empl.) o⊷ peu incliné, herbeux, gravier ⚏ – 🗑 ⚙ 🗑 🗑 & 🏢 ⊕ 🍸 🗑
– 🍱
avril-1ᵉʳ nov. – **R** conseillée juil.-août – ♣ 17,60 ▣ 17,55 🗓 14,10 (4A) 18,15 (6A) 22,25 (10A)

▲ **Municipal,** ℰ 46 48 51 20, près du lycée Jean Hyppolite, bord de la Seugne
1,3 ha (61 empl.) o⊷ plat, herbeux ⚙⚙ – 🗑 ⚙ 🗑 🗑 ⊕ – A proximité : ⇙
fév.-20 déc. – **R** conseillée – ♣ 8 ⇌ 4 ▣ 6

JOSSELIN

56120 Morbihan – 2 338 h.
🗓 Syndicat d'Initiative, pl. de la Congrégation (juin-sept., fermé matin sauf juil.-août) ℰ 97 22 36 43

▲ **Le Bas de la Lande** (Intercommunal de Guégon-Josselin) ≤, ℰ 97 22 22 20, O : 2,5 km par N 24 rocade Josselin rte de Lorient et rte à droite après le pont, à 50 m de l'Oust
2 ha (70 empl.) o⊷ plat, peu incliné et en terrasses, herbeux ⚏ – 🗑 ⚙ 🗑
– 🍱
Permanent – **R** – ♣ 7,50 ⇌ 5 ▣ 5 🗓 11 (5A) 15 (10A)

JOURNANS

01250 Ain – 286 h.

△ **Municipal** ⃝ ≤ « Cadre agréable », au nord du bourg rte de Rignat
0,8 ha (30 empl.) en terrasses et peu incliné, herbeux ⊡ ⃝ – ⬚ ⊕
avril-oct. – **R** – ▤ *2 pers. 31* 🅗 *11 (5A)*

JOYEUSE

07260 Ardèche – 1 411 h.
🅘 Office de Tourisme D 104
℘ 75 39 56 76

△△△ **La Nouzarède**, ℘ 75 39 92 01, Fax 75 39 43 27, vers sortie E rte d'Aubenas et rte du stade à gauche
2 ha (60 empl.) ⊶ plat, herbeux, pierreux – ⬚ ⃝ ⃝ ▤ ⃝ ⊕ ⃝ ▦ – ⬚ ⃝
– A proximité : ⬚ – Location : ⬚
avril-sept. – **R** *conseillée* – ▤ *piscine comprise 2 pers. 62* 🅗 *13 (9A)*

△△ **V.T.F la Croix de Vinchannes** ⃝, ℘ 75 39 50 50, N : 2,7 km par D 203 rte de Ribes et rte de Vinchannes à gauche
8 ha (145 empl.) ⊶ en terrasses et peu incliné, pierreux, herbeux ⊡ ⃝⃝ – ⬚ ⃝ ⃝ ▤ ⃝ ⊕ garderie – ⬚ tir à l'arc – Location : ⬚, bungalows toilés

△△ **Le Bois Simonet** ⃝, ℘ 75 39 58 60, N : 3,8 km par D 203 rte de Valgorge
2 ha (70 empl.) ⊶ accidenté et en terrasses ⊡ ⃝ pinède – ⬚ ⃝ ⃝ ▤ ⊕ ⃝
⃝ ⃝ ▦ – Location : ⬚
avril-sept. – **R** *conseillée juil.-août* – ▤ *2 pers. 59, pers. suppl, 12* 🅗 *13 (5A)*

△ Le Sous-Perret ⃝ ≤, ℘ 75 39 50 54, sortie E rte d'Aubenas puis 1,4 km par rte à droite, près de la Beaume
2 ha (75 empl.) ⊶ plat, herbeux ⃝ – ⬚ ⊕ ▦ – A proximité : ⬚

JUGON-LES-LACS

22270 C.-d'Armor – 1 283 h.

△△△ **Municipal le Bocage** ⃝, ℘ 96 31 60 16, SE : 1 km par D 52 rte de Mégrit, bord du Grand Étang de Jugon
4 ha (180 empl.) ⊶ (juil.-août) plat et peu incliné, herbeux ⃝ – ⬚ ⃝ ⃝ ▤ ⃝
⊕ ⃝ ▦ – ⬚ ⬚ – Location : ⬚, bungalows toilés
mai-sept. – **R** – *Tarif 92 :* ⃝ *12* ▤ *15* 🅗 *12 (5A)*

▶ *La catégorie (1 à 5 tentes, **noires** ou **rouges**) que nous attribuons*
aux terrains sélectionnés dans ce guide est une appréciation qui nous est propre.
Elle ne doit pas être confondue avec le classement (1 à 4 étoiles)
établi par les services officiels.

JULLIANGES

43500 H.-Loire – 343 h. alt. 920

△ **Municipal**, au bourg, bord d'un petit plan d'eau
0,16 ha (14 empl.) plat et terrasse ⊡ – ⬚ ⃝ ⃝ ⊕ ⃝ ⬚ – ⬚ ⬚ – A proximité : ⬚
juin-sept. – ⃝ *8* ▤ *10*

JULLOUVILLE

50610 Manche – 2 046 h.
🅘 Syndicat d'Initiative, av. du Mar.-Leclerc (15 juin-15 sept.) ℘ 33 61 82 48

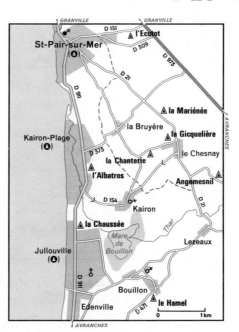

ᴹᴹ **La Chaussée,** $\mathscr{E}$ 33 61 80 18, Fax 33 61 45 26, sortie N rte de Granville, à 100 m de la plage
4,7 ha (250 empl.) o━ plat, sablonneux, herbeux 🅠 – 🗐 ⇌ 占 🖬 ⊕ 🚑 ▣ – 🔁
🛋⁺ – Location : ▥
11 avril-12 sept. – **R** *conseillée juil.-août – Tarif 92 :* ▣ *2 pers. 66, pers. suppl. 18* 🚇 *12 (2A) 16 (6A) 20 (10A)*

ᴹᴹ L'Albatros, $\mathscr{E}$ 33 50 79 73 ⊠ 50380 St-Pair-sur-Mer, **à Kairon-Plage,** N : 2 km rte de Granville, à 300 m de la plage
1,5 ha (100 empl.) o━ plat, herbeux – 🗐 ⇌ 占 ⊕
15 juin-10 sept.

ᴹᴹ Le Hamel ⟋, $\mathscr{E}$ 33 61 84 48, E : 2 km, à la sortie de Bouillon par rte de Groussey
1,5 ha (66 empl.) o━ plat, herbeux – 🗐 ⇌ 占 ⊕ – 🔁
mai-1ᵉʳ sept. – **R** *conseillée*

Voir aussi à *St-Pair-sur-Mer*

JUMIÈGES
76480 S.-Mar. – 1 641 h.

🝙 – 🔢 ⑤ ⑥ G. Normandie Vallée de la Seine

ᴹᴹ Base de Plein Air et de Loisirs ≼, $\mathscr{E}$ 35 37 93 84, SE : 3 km par D 65, rte du Mesnil-sous-Jumièges, à 200 m d'un plan d'eau (accès direct)
70 ha/2 campables (100 empl.) o━ plat et peu incliné, gravillons 🔄 🅠 – 🗐 ⇌ 占 🖬 ⊕ 🛆 ▽ – 🍴 🛋⁺ – A proximité : 🏊 🐎 golf

JUNAS
30250 Gard – 648 h.

🔢 – 🔢 ⑱

ᴹᴹ **L'Olivier** ⟋ ≼, $\mathscr{E}$ 60 80 39 52, sortie E par D 140 et chemin à droite
1 ha (47 empl.) o━ (saison) plat et peu incliné, herbeux, pierreux – 🗐 占 ⊕ – 🛋⁺ ⤨ half-court
vac. de printemps, mai-15 sept. – **R** *conseillée 10 juil.-20 août* – ▣ *piscine comprise 2 pers. 53, pers. suppl. 12* 🚇 *12*

ᴹᴹ **Les Chênes** ⟋, $\mathscr{E}$ 66 80 99 07, S : 1,3 km par D 140 rte de Sommières et chemin à gauche, au lieu-dit les Tuileries Basses
1,7 ha (100 empl.) o━ (saison) plat et peu incliné, pierreux, herbeux 🅠 – 🗐 占 ⊕ ▣ – 🛋⁺ ⤨ – Location : ▥
Pâques-15 oct. – **R** *conseillée juil.-août – Tarif 92 :* ▣ *piscine comprise 1 à 4 pers. 29,50 à 59,30, pers. suppl. 10* 🚇 *8,50 (3A) 11 (6A) 12,40 (10A)*

JUSSAC
15250 Cantal – 1 865 h. alt. 632

🝙 – 🔢 ⑫

ᴹᴹ **Municipal du Moulin,** $\mathscr{E}$ 71 46 69 85, à l'ouest du bourg par D 922 vers Mauriac et chemin près du pont, bord de l'Authre
1 ha (53 empl.) o━ plat, herbeux 🔄 – 🗐 ⇌ 🔊 🖬 占 ⊕ 🛆 – A proximité : 🍴 🎯
juin-15 sept. – **R** *conseillée juil.-août* – 🚶 *8* ⇌ *4,50* ▣ *5/7,50* 🚇 *9 (3A) 15,50 (10A)*

KAYSERSBERG
68240 H.-Rhin – 2 755 h.
🅱 Office de Tourisme, Mairie $\mathscr{E}$ 89 78 22 78

🝙 – 🔢 ⑱ G. Alsace Lorraine

ᴹᴹ **Municipal** ≼, $\mathscr{E}$ 89 47 14 47, sortie NO par N 415 rte de St-Dié et r. des Acacias, bord de la Weiss – ✂ juil.-août
1,6 ha (120 empl.) o━ (juil.-août) plat, herbeux 🅠 – 🗐 ⇌ 🔊 🖬 ⊕ 🛆 ▽ ▣ – 🔁 🍴
avril-sept. – 🅁 – *Tarif 92 :* 🚶 *15* ⇌ *8* ▣ *10* 🚇 *15 (3A) 29 (6A)*

KERVEL 29 Finistère – 🔢 ⑭ – rattaché à Plonévez-Porzay

KERVOYAL 56 Morbihan – 🔢 ⑬ – rattaché à Damgan

KESKASTEL
67260 B.-Rhin – 1 362 h.

🝙 – 🔢 ⑬

ᴹᴹ **Municipal les Sapins,** $\mathscr{E}$ 88 00 19 25, au NE de la commune, bord d'un plan d'eau
3 ha (89 empl.) o━ plat, herbeux – 🗐 ⇌ 占 🖬 占 ⏦ ⊕ – 🔁 🏊 (plage) – A proximité : 🍴
Permanent – *Places limitées pour le passage* – **R** *conseillée juil.-août* – 🚶 *13* ▣ *13* 🚇 *15 (10A)*

KRUTH
68820 H.-Rhin – 976 h.

🝙 – 🔢 ⑰ ⑱ G. Alsace Lorraine

ᴹᴹ **Le Schlossberg** ⟋ ≼, $\mathscr{E}$ 89 82 26 76, NO : 2,3 km par D 13B rte de La Bresse et rte à gauche
3,6 ha (105 empl.) o━ peu incliné, terrasse, herbeux 🅠 (1 ha) – 🗐 ⇌ 🔊 🖬 占 ⊕ – 🔁
15 avril-sept. – **R** *conseillée 15 juil.-15 août* – 🚶 *16* ▣ *13* 🚇 *8 (2A)*

LABAROCHE

68910 H.-Rhin – 1 676 h. alt. 750

☒ – ☒☒ ⑱

⚠ **Municipal des 2 Hohnack** ⌕ « Cadre agréable », 𝒫 89 49 83 72, S : 4,5 km par D 11¹ et D 11 rte des Trois-Epis puis rte du Linge à droite 1,3 ha (66 empl.) ⚬═ plat et en terrasses, herbeux, forêt attenante ⌂ – 🔥 ⚓ ☒ ⊕ ♨ ☏
15 juin-15 sept. – **R** – Tarif 92 : ♦ 10 ⇔ 5 ▣ 10 ⓗ 11 (4A) 20 (6A)

LABASTIDE-ROUAIROUX

81270 Tarn – 2 027 h.
🛈 Syndicat d'Initiative (15 juin-15 sept.) 𝒫 63 98 07 58

☒☒ – ☒☒ ⑫

⚠ **S.I. Cabanès** ◁, sortie E par N 112 rte de St-Pons
0,3 ha (20 empl.) ⚬═ en terrasses, herbeux ⌂ – 🔥 ⊕ – Location : gîte d'étape
10 juin-15 sept. – **R** conseillée juil.-août – ♦ 8 ⇔ 2 ▣ 6/8 ⓗ 10 (15A)

LABENNE

40530 Landes – 2 884 h.

☒☒ – ☒☒ ⑰

⚠ **Sylvamar** Ⓜ ⌕, 𝒫 59 45 75 16, Fax 59 45 40 04, par D 126, rte de la Plage, près du Boudigau
15 ha/8 campables (325 empl.) ⚬═ plat, sablonneux, herbeux ⌂ ⚐ – 🔥 ⚓ ☐ ☒ ☒ ⊕ ♨ ☏ snack ⌇ ▣ – ⛺ ✘ ⚡ avec toboggans aquatiques – A proximité : ☖ – Location : ⛺ ▣
juin-sept. – **R** conseillée – ▣ piscine comprise 2 pers. 105, pers. suppl. 16 ⓗ 30 (6A)

⚠ **Le Boudigau,** 𝒫 59 45 42 07, Fax 59 45 77 76, par D 126 rte de la plage, à proximité d'une rivière
5 ha (320 empl.) ⚬═ plat, herbeux, sablonneux ⚐ – 🔥 ⚓ ☐ ☒ ☒ ⊕ ☏ ✘ ⌇ ▣ – ⛺ discothèque ⚡ ⚡ vélos – A proximité : ✘ ☖ – Location : ⛺ ▣ ▣
22 mai-15 sept. – **R** conseillée juil.-août – ♦ 15 piscine comprise ▣ 57 ⓗ 16 (3A)

⚠ **Côte d'Argent,** 𝒫 59 45 42 02, Fax 59 45 73 31, par D 126 rte de la plage
4 ha (198 empl.) ⚬═ plat, herbeux, sablonneux ⌂ ⚐ – 🔥 ⚓ ☐ ☒ ☒ ⚡ ⊕ ☒ ♨ ☏ ✘ ⌇ ▣ – ☖ ⚡ ⚡ ▣ tir à l'arc – Location : ⛺ ⚡ ▣, studios
Permanent – **R** conseillée juil.-août – ▣ élect. et piscine comprises 1 pers. 80, 2 pers. 98, 3 ou 4 pers. 126, pers. suppl. 20

⚠ **La Mer,** 𝒫 59 45 42 09, par D 126 rte de la plage, bord du Boudigau
6 ha (300 empl.) ⚬═ plat, herbeux, sablonneux ⚐ – 🔥 ☒ ☒ ☒ ⊕ ♨ ☒ ♨ ⚡ ☏ ⌇ ▣ – A proximité : ✘ ☖ – Location : ▣
juin-25 sept. – **R** conseillée juil.-août – ♦ 15 ▣ 34 ⓗ 14 (6A)

▶ *Ihre Meinung über die von uns empfohlenen Campingplätze interessiert uns.*
Teilen Sie uns Ihre Erfahrungen mit und schreiben Sie uns auch,
wenn Sie eine gute Entdeckung gemacht haben.

LABERGEMENT-STE-MARIE

25160 Doubs – 864 h. alt. 880

☒☒ – ☒☒ ⑥

⚠ **Le Lac** ◁, 𝒫 81 69 31 24, r. du Lac, à 300 m du lac de Remoray
1,3 ha (70 empl.) ⚬═ plat, peu incliné et en terrasses, herbeux – 🔥 ⚓ ☐ ⊕ ☏ ✘ ▣ – A proximité : ✘ ⚡
15 mai-15 sept. – **R** juil.-août – ▣ 2 pers. 55, pers. suppl. 14,50 ⓗ 14 (2 à 5A)

LABESSETTE

63690 P.-de-D. – 104 h. alt. 780

☒☒ – ☒☒ ⑫

⚠ **Municipal la Chomette** ⌕, sortie S par D 72
1,2 ha (50 empl.) plat et peu incliné, herbeux, pierreux – 🔥 ☒
juin-sept. – ♦ 9 ⇔ 6 ▣ 10

LABLACHÈRE

07230 Ardèche – 1 562 h.

☒☒ – ☒☒ ⑧

⚠ **Le Franoi** ⌕ ◁, 𝒫 75 36 64 09, NO : 4,3 km par D 4 rte de Planzolles
2,8 ha (40 empl.) ⚬═ plat et peu incliné, pierreux ⌂ – 🔥 ☒ ☒ ⊕ ☒ ♨ ▣ – ✘ ⚡ – Location : ⛺
mai-oct. – **R** – ▣ piscine comprise 2 pers. 70, pers. suppl. 16 ⓗ 16 (6A)

LABRIT

40420 Landes – 666 h.

☒☒ – ☒☒ ⑤

⚠ **L'Estrigon** (aire naturelle) ⌕, au bourg, bord d'un ruisseau
1 ha (19 empl.) plat, sablonneux, herbeux ⚐ – 🔥 ⚓ ☐ ☒ ☒ ⊕ ☒
mai-oct. – **R** – ▣ 1 à 5 pers. 15 à 40, pers. suppl. 5 ⓗ 10

LAC – voir au nom propre du lac

LACALM

12210 Aveyron – 230 h. alt. 1 113

☒☒ – ☒☒ ⑬

⚠ **Municipal le Moulin** ⌕, à 400 m au SO du bourg, bord d'un ruisseau
0,5 ha (25 empl.) plat et en terrasses, herbeux – 🔥 ☐
15 juin-15 sept. – **R** – ♦ 8 ⇔ 6 ▣ 6

LACANAU (Étang de)

33 Gironde – 2 405 h.

🄴 – 🎟️🄸 ⑱ G. Pyrénées Aquitaine

au Moutchic 5,5 km à l'est de Lacanau-Océan – ⊠ 33680 Lacanau :

⋀⋀ **Talaris** « Cadre agréable », ℘ 56 03 04 15, E : 2 km sur rte de Lacanau
6,3 ha (199 empl.) ⊶ plat, herbeux, petit étang ⊏⊐ ♀♀ – 🎐 ⇌ 🖰 🖳 & ⊕ 🗛
🖳 ♟ 🐟 🖩 – 🖵 ✕ 🏊 – Location :
15 mai-15 sept. – **R** *conseillée juil.-août* – 🄴 *piscine comprise 2 pers. 101, pers.*
suppl. 21 🛖 *21 (6A)*

⋀⋀ **Tedey** 🛶 « Situation agréable », ℘ 56 03 00 15, Fax 56 03 01 90, S : 2 km par
rte de Longarisse et chemin à gauche, bord de l'étang
10 ha (650 empl.) ⊶ plat et accidenté, sablonneux ⊏⊐ ♀♀ pinède – 🎐 🔍 🖰 &
🗛 🖳 ♟ 🐟 🖩 – 🏊 🛒 🛶 – Location : 🚚
24 avril-19 sept. – **R** *conseillée juil.-25 août – Mineurs non accompagnés non*
admis – 🄴 *3 pers. 92 (110 avec élect. 2A), pers. suppl. 13,50*

LACANAU-OCÉAN

33 Gironde – ⊠ 33680 Lacanau

🄴 – 🎟️🄸 ⑱ G. Pyrénées Aquitaine

⋀⋀ **les Grands Pins** 🛶, ℘ 56 03 20 77, Fax 57 70 03 89, N : 1 km, à 500 m de
la plage – ⓟ (saison)
11 ha (560 empl.) ⊶ accidenté, incliné, en terrasses, sablonneux ⊏⊐ ♀♀ – 🎐 ⇌
🖰 🖩 & 🗛 🖳 ♟ ✕ 🐟 🖳 – 🖵 ✕ 🏊
10 avril-3 oct. – **R** *indispensable juil.-août* – 🄴 *piscine comprise 3 pers. 120/143*
avec élect.

⋀⋀ **L'Océan,** ℘ 56 03 24 45, Fax 57 70 01 87, r. du Repos
9 ha (550 empl.) ⊶ plat, incliné et accidenté, sablonneux ♀♀ pinède – 🎐 ⇌ 🖰
🖩 ⊕ 🛒 🐟 ♟ ✕ 🐟 🖳 – 🖵 ✕ 🏊 🛶 – Location : 🚚 🚚, bungalows
toilés
mai-sept. – **R** *conseillée – Tarif 92 :* 🄴 *piscine comprise 3 pers. 100/110*
(120/130 avec élect. 15A), pers. suppl. 22

LACANAU-DE-MIOS

33380 Gironde

🄸🄳 – 🎟️🄸 ⑳

⋀ **Samba,** ℘ 56 23 18 81, SO : 0,8 km par D 216 rte de Mios
1,5 ha (50 empl.) ⊶ plat, sablonneux, herbeux ♀♀ – 🎐 ⇌ 🖰 🔍 🖩 🎡 ⊕ 🗛
🖩 – A proximité : ✕
Permanent – *Tarif 92 :* 🄴 *7,50* 🄴 *8,50/9* 🛖 *8,50 (6A) 17 (10A)*

LACAPELLE-MARIVAL

46120 Lot – 1 201 h.
🄸 Syndicat d'Initiative, pl. de la Halle
(15 juin-15 sept.) ℘ 65 40 81 11

🄸🄵 – 🎟️🄵 ⑲ ⑳ G. Périgord Quercy

⋀⋀ **Municipal Bois de Sophie** « Cadre agréable », ℘ 65 40 82 59, NO : 1 km
par D 940 rte de St-Céré
1 ha (80 empl.) ⊶ plat et peu incliné, herbeux ♀♀ – 🎐 ⇌ 🖰 ⊕ – 🖵 🛶 –
A proximité : ✕ 🏊
15 mai-sept. – **R** *conseillée* – 🄴 *8* 🚗 *6* 🄴 *19* 🛖 *10*

LACAPELLE-VIESCAMP

15150 Cantal – 438 h.

🄸🄾 – 🎟️🄵 ⑪

⋀⋀ **Municipal le Puech des Ouilhes** 🛶 ≼ « Dans un site agréable »,
℘ 71 46 42 38, SO : 3 km par D 18 rte d'Aurillac et rte à droite, à 150 m du
lac de St-Étienne-Cantalès (accès direct à une plage) – ✕ juil.-20 août
1,2 ha (90 empl.) ⊶ peu incliné à incliné, pierreux, herbeux ♀ – 🎐 ⇌ 🔍 🖩 &
⊕ 🖳 🖩 – ✕ – A proximité : ♟ ✕ snack 🛒 🐟 – Location : huttes
15 juin-15 sept. – **R** *conseillée juil.-20 août* – 🄴 *1 pers. 40, pers. suppl. 14*
🛖 *10 (6A)*

⋀ **Municipal,** au bourg, sur D 18 rte d'Aurillac
1 ha (26 empl.) plat et peu incliné, herbeux – 🎐 ⇌ 🖰 ⊕ – A proximité : 🖳
juil.-août – **R** – *Tarif 92 :* 🄴 *6,70* 🚗 *3,40* 🄴 *6,70* 🛖 *7,40*

LAC-DES-ROUGES-TRUITES

39150 Jura

🄸🄸 – 🎟️🄾 ⑮

⋀ **Lac des Rouges Truites** 🛶, SE : 0,7 km
0,7 ha (40 empl.) peu incliné et en terrasses, herbeux, pierreux ♀ – 🎐 ⇌ 🖰 &
⊕ – 🛶 vélos – A proximité : ✕ – Location : gîte d'étape
12 juin-12 sept. – **R** – 🄴 *11* 🚗 *6* 🄴 *6* 🛖 *9 (3A)*

LACELLE

19170 Corrèze – 185 h. alt. 650

🄸🄾 – 🎟️🄸 ⑲

⋀ **Municipal,** au bourg, près du pont SNCF et d'un étang
0,9 ha (33 empl.) plat, terrasse, herbeux – 🎐 ⇌ 🖰 🖩 ⊕ – 🖵
15 juin-15 sept. – **R** – 🄴 *7* 🚗 *7* 🄴 *7*

LACHAU

26560 Drôme – 190 h. alt. 700

🄸🄵 – 🎟️🄸 ⑤

⋀ **La Dondelle** (aire naturelle) 🛶, sortie E sur D 201 rte d'Eourres
1 ha (25 empl.) plat, herbeux ⊏⊐ – 🎐 ⊕
mai-sept. – **R** – 🄴 *1 pers. 19*

LADIGNAC-LE-LONG
87500 H.-Vienne – 1 190 h.

🔟 – 🔢 ⑰ G. Berry Limousin

△ **Municipal** ⑳ < « Cadre et situation agréables », 🖉 55 09 39 82, N : 0,8 km, près d'un plan d'eau
1,5 ha (70 empl.) ⚬ en terrasses, herbeux ⊡ ♀ (0,5 ha) – 🗒 ⚙ 🛁 ⊕ 🛆 ▽ – ✂ – A proximité : ☇
15 juin-15 sept. – **R** conseillée – Tarif 92 : 🛉 8 ⇌ 5 🗐 5 🚰 10 (5 à 10A)

LAFRANÇAISE
82130 T.-et-G. – 2 651 h.

🔢 – 🔢 ⑰ G. Pyrénées Roussillon

△ Municipal de la Vallée des Loisirs ⑳, 🖉 63 65 89 69, sortie SE par D 40 rte de Montastruc et à gauche, à 250 m d'un plan d'eau (accès direct)
0,9 ha (56 empl.) ⚬ peu incliné, pierreux, herbeux, bois attenant ⊡ ♀ – 🗒 ⚙ 🛁 ⊕ – A proximité : snack ✂ 🚣 ☇ (bassin) 🐎 🛝 toboggan aquatique

---

LAGNY
60310 Oise – 478 h.

🔢 – 🔢 ② ③

△ **Le Ponchet** ⑳, 🖉 44 93 01 11, sortie SO par D 39, à Sceaucourt, 9 r. du Ponchet – ✂
1,2 ha (31 empl.) ⚬ incliné, herbeux ⊡ ♀ – 🗒 ⚙ 🛁 🗂 ⊕ – A proximité : 🏠
Pâques-oct. – *Places limitées pour le passage* – **R** conseillée juil.-sept. – 🛉 9 ⇌ 7 🗐 8/9 🚰 9,80 (2A) 15 (3A) 17,60 (4A)

LAGORD
17140 Char.-Mar. – 5 287 h.

🔢 – 🔢 ⑫

△ **Municipal le Parc** ⑳, 🖉 46 67 61 54, sortie O, r. du Parc
2 ha (150 empl.) ⚬ plat, herbeux 🌼 (0,5 ha) – 🗒 ⚙ 🛁 🗂 🛆 ⊕ 🖫 – 🏠
15 mai-sept. – **R** conseillée juil.-août – 🗐 1 pers. 20, pers. suppl. 12 🚰 9 (3A) 12 (6A) 19 (10A)

LAGUENNE 19 Corrèze – 🔢 ⑨ – rattaché à Tulle

LAGUÉPIE
82250 T.-et-G. – 787 h.

🔢 – 🔢 ⑳

△ **Municipal les Tilleuls** « Agréable situation au bord du Viaur », 🖉 63 30 22 32, E : 1 km par D 922 rte de Villefranche-de-Rouergue et chemin à droite – Croisement difficile pour caravanes
0,6 ha (30 empl.) ⚬ plat et terrasses, herbeux, pierreux ♀ – 🗒 ⚙ 🛁 🗂 ⊕ – 🏠
✂ 🏃 🚣 – Location : 🏠
Pâques-Toussaint – **R** conseillée juil.-août – 🛉 5 🗐 4,60 🚰 7,20

LAGUIOLE
12210 Aveyron – 1 264 h.
alt. 1 004 – 🍴.
🛈 Syndicat d'Initiative (saison)
🖉 65 44 35 94

🔢 – 🔢 ⑬ G. Gorges du Tarn

△ **Municipal les Monts d'Aubrac** ⑳ <, 🖉 65 44 39 72, Fax 65 44 35 76, sortie S par D 921 rte de Rodez puis 0,6 km par rte à gauche, au stade
2 ha (57 empl.) plat et peu incliné, herbeux – 🗒 ⚙ 🛁 🛆 🛆 – 🏃 – A proximité : ✂
15 juin-15 sept. – **R** août – Tarif 92 : 🛉 9 ⇌ 4,80 🗐 6,40 🚰 6,40 (3 ou 10A)

LAIROUX
85400 Vendée – 514 h.

🔢 – 🔢 ⑪

△ **Municipal les Pacaudières**, sortie NE par D 60 rte de Mareuil-sur-Lay, au stade
0,15 ha (15 empl.) plat, herbeux – 🗒 ⚙ 🛁 🗂 –
Permanent – **R** – 🛉 8,20 ⇌ 3 🗐 6,60 🚰 8,80 (6A)

LALBENQUE
46230 Lot – 878 h.

🔢 – 🔢 ⑱

△ **Municipal** ⑳, au SO du bourg
0,4 ha (25 empl.) peu incliné et plat, pierreux, herbeux ⊡ – 🗒 🦶 🛆 ⊕ – A proximité : ✂ 🛝
mai-oct. – **R** – 🛉 7,50 🗐 8,50 🚰 8 (10A)

LALINDE
24150 Dordogne – 3 029 h.

🔟 – 🔢 ⑮

△ **Municipal du Moulin de la Guillou**, 🖉 53 61 02 91, E : 2 km par D 703 rte du Bugue, bord de la Dordogne et à 100 m du canal
1,7 ha (100 empl.) ⚬ plat, herbeux ♀ – 🗒 ⚙ 🛁 ⊕ – ✂ 🛝 vélos
mai-sept. – **R** conseillée – 🛉 11 ⇌ 3 🗐 11 🚰 6,50 (5A)

LALOUVESC
07520 Ardèche – 514 h. alt. 1 050

🔢 – 🔢 ⑨ G. Vallée du Rhône

△ **Municipal le Pré du Moulin**, 🖉 75 67 84 86, au N de la localité
2,5 ha (70 empl.) ⚬ en terrasses, peu incliné, herbeux – 🗒 ⚙ 🛁 🛆 ⊕ 🛆 ▽ – ✂ 🦶 🚣 – Location : huttes
juin-sept. – **R** – Tarif 92 : 🛉 9 ⇌ 8 🗐 8/9 🚰 13 (5A)

LAMAGDELAINE

46090 Lot – 731 h.

△ **Municipal,** au bourg, sur D 653, bord du Lot
0,6 ha (29 empl.) plat, herbeux ⚲ – 🗑 ⬟ ♨ 🖂 🗟 ⊕ - �
15 juin-15 sept. – **R** - ⚹ *10* 🔲 *15* (🌢) *7*

LAMALOU-LES-BAINS

34240 Hérault – 2 194 h. – ♨.

🎗 Office Municipal de Tourisme,
av. du Docteur-Ménard ⌀ 67 95 70 91

🔺🔺🔺 **Municipal Verdale** ⚲ ≼, ⌀ 67 95 86 89, NE : par la pl. du Marché et chemin
du stade, bord d'un ruisseau
1 ha (75 empl.) plat, gravier, herbeux – 🗑 ⬟ ♨ 🛆 ⊕ - A proximité : 🏊
15 mars-oct. – **R** - ⚹ *10* 🔲 *6,50* (🌢) *10 (14A)*

LAMPAUL-PLOUDALMEZEAU

29830 Finistère – 595 h.

△ **Municipal des Dunes** ⚲, ⌀ 98 48 09 84, à 0,7 km au nord du bourg, à côté
du terrain de sports et à 100 m de la plage (accès direct)
1,5 ha (76 empl.) ⚬ᵥ non clos, accidenté et plat, sablonneux, herbeux – 🗑 🔊
🛆 ⊕
15 juin-15 sept. – **R** – *Tarif 92 :* ⚹ *10* 🚗 *4* 🔲 *5* (🌢) *8,50*

LANAS

07200 Ardèche – 273 h.

△ **L'Arche,** ⌀ 75 37 79 15, N : 0,8 km, bord de l'Ardèche
1,4 ha (35 empl.) ⚬ᵥ en terrasses, herbeux ⚲ – 🗑 ⊕ - 🔊 (bassin)
avril-15 sept. – **R** *conseillée* – 🔲 *2 pers. 52, pers. suppl. 10* (🌢) *10 (4 à 6A)*

LANCHÈRES

80230 Somme – 826 h.

🔺🔺🔺 **Municipal les Prairies de Lanchères** ⚲, ⌀ 22 60 71 87, au bourg
2,1 ha (154 empl.) ⚬ᵥ plat, herbeux ⚏ ⚲ – 🗑 ⬟ ♨ 🖂 🗟 ⊕ 🔲 - 🐄 🚗
Permanent – **R** - ⚹ *8,80* 🚗 *5* 🔲 *9,80* (🌢) *3,20 (1A)*

LANCIEUX

22770 C.-d'Armor – 1 245 h.

🔺🔺 **Municipal des Mielles** ⚲, ⌀ 96 86 22 98, au SO du bourg, rue Jules
Jeunet, à 300 m de la plage
2,5 ha (195 empl.) ⚬ᵥ plat à peu incliné, herbeux – 🗑 🔊 🖂 🗟 🛆 ⊕ 🔲 - A proximité :
✗
avril-sept. – **R** - ⚹ *12* 🚗 *6* 🔲 *11* (🌢) *12 (6A)*

LANDÉDA

29870 Finistère – 2 666 h.

🔺🔺🔺 **Les Abers** ⚲ ≼ « Entrée fleurie, site agréable », ⌀ 98 04 93 35, NO : 2,5 km,
aux dunes de Ste-Marguerite, bord de plage
4,5 ha (180 empl.) ⚬ᵥ plat, en terrasses, sablonneux, herbeux – 🗑 ⬟ 🔊 🗟 ⊕
♨ 🔲 - 🏪 🚗 - A proximité : ♀ ✗
mai-sept. – **R** *conseillée 7 juil.-août* - ⚹ *15* 🚗 *6* 🔲 *20* (🌢) *10 (5A)*

△ **Fort Cezon** ⚲, ⌀ 98 04 93 46, NO : 3 km, à 300 m de la plage (accès direct)
0,6 ha (36 empl.) ⚬ᵥ plat, herbeux – 🗑 🔊 ⊕
juil.-15 sept. – **R** *conseillée* - ⚹ *8,10* 🔲 *9,40* (🌢) *10 (6A)*

△ **Municipal de Pen Enez** ⚲, ⌀ 98 04 99 82, NO : 3,5 km, au nord de la
Presqu'île de Ste Marguerite, à 200 m de la mer
2,6 ha (100 empl.) ⚬ᵥ plat et vallonné, sablonneux, herbeux – 🗑 ⬟ 🛆 ⊕
15 juin-20 sept. – **R** - ⚹ *7* 🚗 *4,60* 🔲 *7,50* (🌢) *10,50*

LANDERNEAU

29800 Finistère – 14 269 h.

🎗 Office de Tourisme, Pont de Rohan
⌀ 98 85 13 09

△ Municipal, ⌀ 98 21 66 59, au SO de la ville, rte de Quimper près du stade et
de la piscine, bord de l'Elorn (rive gauche)
0,35 ha (32 empl.) plat, herbeux, gravillons ⚏ – 🗑 ⬟ 🖂 🛆 ⊕ - ✗ 🚗
A proximité : 🔲
15 mai-15 oct. – **R** *conseillée*

LANDEVIEILLE

85220 Vendée – 646 h.

🔺🔺🔺 **Le Lac** ⚲ ≼ « Situation et cadre agréables », ⌀ 51 22 91 61, NE : 2 km par
D 12 rte de la Mothe-Achard puis 2 km rte à gauche, bord du lac du Jaunay
4,5 ha (128 empl.) ⚬ᵥ plat et peu incliné, en terrasses, herbeux ⚏ ⚲ (2 ha) –
🗑 ⬟ 🖂 🗟 🛆 ⊕ 🔊 ▽ ♀ crêperie 🔲 – 🏪 ✗ 🏊 🔊 - Location : 🏠
mai-sept. - **R** *conseillée 10 juil.-20 août* – 🔲 *piscine comprise 3 pers. 110* (🌢) *16 (6A)*

🔺🔺 **Pong** ⚲, ⌀ 51 22 92 63, sortie NE, chemin du stade
3 ha (162 empl.) ⚬ᵥ plat et peu incliné, herbeux, terrasses, petit étang ⚏ ⚲ (2 ha)
– 🗑 ⬟ 🖂 🔊 🗟 🛆 ⊕ 🔊 ▽ 🔲 – 🏪 🚗 🏊 - A proximité : ✗ - Location : 🏠
Pâques-21 sept. – **R** *conseillée 1er-15 août* – 🔲 *piscine comprise 3 pers. 73*
(🌢) *16 (4A) 20 (6A)*

△ **Municipal,** ⌀ 51 22 96 36, sortie O rte de Brétignolles-sur-Mer, à proximité
d'un étang
1 ha (80 empl.) plat et peu incliné, herbeux – 🗑 ⬟ 🖂 🛆 ⊕ 🔲 – 🚗 - A proximité :
vélos, ✗
juin-sept. – **R** *conseillée 15 juil.-15 août* – 🔲 *2 pers. 35, pers. suppl. 9* (🌢) *9*

LANDOS

43340 H.-Loire – 1 006 h. alt. 1 086

△ **La Prairie** 🌲, ℘ 71 08 22 58, NE : 2,5 km par rte du Puy et D 53 à gauche avant le passage à niveau
1,2 ha (33 empl.) •━ plat à peu incliné, herbeux – 🏠 ☷ ⊕ – ⬩⬩
avril-20 oct. – **R** – 🏕 *12* 🔲 *15* 🚰 *10*

LANDRETHUN-LES-ARDRES

62610 P.-de-C. – 568 h.

🏔 **L'Orée du Bois** 🅼 🌲, ℘ 21 82 67 15, SE : 2,3 km, au lieu-dit Le Val
2,2 ha (88 empl.) •━ (saison) peu incliné, herbeux – 🏠 ☷ ⊕ – ⬩⬩
avril-sept. – *Places limitées pour le passage* – **R** *conseillée* – 🏕 *13* 🔲 *14* 🚰 *9 (5A)*

LANDRY

73210 Savoie – 490 h. alt. 770

△ **Les Guilles** 🌲 ≤, ℘ 79 07 08 89, au bourg, à 100 m d'un torrent
0,33 ha (27 empl.) •━ (juil.-août) peu incliné, herbeux 🌿 verger – 🏠 ⬩ ☷ ⊕ ⬩
avril-oct. – **R** – 🏕 *11* ⬩ *4,20* 🔲 *5,50/6,20* 🚰 *13,50 (4A)*

LANDUDEC

29143 Finistère – 1 183 h.

🏔 **Bel-Air** 🌲 « Décoration florale », ℘ 98 91 50 27, Fax 98 91 55 82, O : 1,3 km rte de Plozévet puis 1 km par rte à gauche
5 ha (140 empl.) •━ plat, en terrasses, prairies, étang ☷ 🌿 – 🏠 ⬩ ☷ ☓ 🔲 sauna
⊕ ⬩ ⬩ 🍴 ⬩ crêperie ⬩ 🔲 – 🔲 ⬩ 🎿 – Location : 🚐
15 juin-15 sept. – **R** *conseillée juil.-août* – 🏕 *18 piscine comprise* ⬩ *10* 🔲 *26*
🚰 *10 (2A) 12 (5A) 18 (10A)*

LANGEAC

43300 H.-Loire – 4 195 h.
🅱 Office de Tourisme, pl. Aristide-Briand (saison, vacances scolaires) ℘ 71 77 05 41

🏔 **Municipal le Prado** 🌲, ℘ 71 77 05 01, r. de Lille, au N par D 585 rte de Brioude, bord de l'Allier
10 ha (200 empl.) •━ plat, herbeux, pierreux, sablonneux 🌿🌿 (5 ha) – 🏠 ⬩ ☷
🔲 ⬩ – 🎿 – Location : 🏠, gîte d'étape
10 avril-3 nov. – **R** *conseillée juil.-août* – 🔲 *2 pers. 47, pers. suppl. 20* 🚰 *11 (3A) 13 (6A) 15 (10A)*

LANGEAIS

37130 I.-et-L. – 3 960 h.
🅱 Syndicat d'Initiative, pl. 14 Juillet (vacances scolaires, saison, après-midi hors saison) ℘ 47 96 58 22

△ **Municipal,** ℘ 47 96 85 80, sortie NE par N 152 rte de Tours, à 50 m d'un plan d'eau
2 ha (90 empl.) •━ plat, herbeux 🌿 – 🏠 ☷ ☓ ⊕ – 🎿 – A proximité : ⬩ 🎿 🎿
juin-15 sept. – **R** – *Tarif 92* : 🏕 *8* ⬩ *8* 🔲 *8* 🚰 *10 (6A)*

Le LANGON

85370 Vendée – 945 h.

△ **Les Baritaudières,** SO : 0,5 km par D 30 rte de Chaillé-les-Marais, près d'un étang
0,5 ha (28 empl.) plat, herbeux ☷ 🌿 – 🏠 ☓ ⊕ – A proximité : crêperie 🎿
15 juin-15 sept. – **R** – 🏕 *6,10* 🔲 *8,60* 🚰 *9,30 (6A)*

LANILDUT

29236 Finistère – 733 h.

🏔 Municipal du Tromeur 🌲, ℘ 98 04 31 13, Fax 98 04 41 15, sortie O par D 27 puis 1,5 km par rte à droite – Chemin piéton direct reliant le camp au bourg
2,7 ha (90 empl.) •━ plat, peu incliné, herbeux, bois attenant – 🏠 ⬩ ☷ ⬩ ⊕
– 🔲 – A proximité : 🎿
15 juin-15 sept. – **R**

LANNION ❤️

22300 C.-d'Armor – 16 958 h.
🅱 Office de Tourisme, quai d'Aiguillon ℘ 96 37 07 35

🏔 **Beg-Léguer** 🌲, ℘ 96 47 25 00, Fax 96 43 08 72, O : 7 km par rtes de Trébeurden et de Servel, à 500 m de la plage
4,4 ha (200 empl.) •━ peu incliné, plat et en terrasses, herbeux – 🏠 ⬩ ☓ 🔲
⊕ ⬩ 🍴 🔲 – 🔲 🎿 – A proximité : ⬩
juin-15 sept. – **R** *conseillée* – *Tarif 92* : 🏕 *13* ⬩ *7,50* 🔲 *13* 🚰 *12 (4 ou 5A)*

LANOBRE

15270 Cantal – 1 473 h.

🏔 **Municipal de la Siauve** 🌲 ≤, ℘ 71 40 31 85, Fax 71 40 36 05, SO : 3 km par D 922 rte de Bort-les-Orgues et rte à droite, à 200 m du lac (accès direct) – alt. 660
8 ha (220 empl.) •━ (juil.-août) en terrasses, herbeux ☷ 🌿 – 🏠 ⬩ ☷ ☓ 🔲 ⬩
⊕ ⬩ ⬩ 🍴 🔲 – 🔲 🎿 – A proximité : 🎿 – Location : 🏠, huttes
juin-15 sept. – **R** – *Tarif 92* : 🏕 *11,50* ⬩ *7* 🔲 *9* 🚰 *11 (6A)*

LANSARGUES

34130 Hérault – 2 130 h.

▲▲ **Le Fou du Roi** ⚓, *ℰ* 67 86 78 08, O : 1 km par D 24 rte de Mauguio et à droite
1,9 ha (82 empl.) ⊶ plat, pierreux, herbeux ♀ – 🍴 ⚒ 🛒 🔄 🛎 ⚓ ☂ ▼ –
🚗🔺 ⛴ – A proximité : 🐎 – Location : 🏠
Pâques-15 sept. – **R** *conseillée juil.-août* – 🅴 *piscine comprise 2 pers. 61,30,*
3 pers. 81,50, 4 pers. 90,50 🔌 *12 (4A)*

16 – 83 ⑧

LANS-EN-VERCORS

38250 Isère – 1 451 h. alt. 1 020 –
☂.
🅷 Office de Tourisme, pl. de l'Église
ℰ 76 95 42 62

▲▲ **le Bois Sigu** ❄ ⚓ ≤, *ℰ* 76 95 47 02, S : 2,8 km par D 106 D 531 rte de
Villard-de-Lans et route à gauche, au hameau de Peuil
0,6 ha (35 empl.) ⊶ peu incliné, herbeux, pierreux – 🍴 ⚒ 🛒 🔄 🛎 ⚓ ☂ ▼
– 🚗 🔺
avril-oct. et week-ends de nov. à mars – **R** *conseillée juil.-août* – 🅴 *1 ou 2 pers.*
60, pers. suppl. 19

12 – 77 ④

LANSLEVILLARD

73480 Savoie – 392 h. alt. 1 479 –
☂.
🅷 Office de Tourisme *ℰ* 79 05 92 43

▲▲▲ **Caravaneige Municipal** ❄ ≤, *ℰ* 79 05 90 52, sortie SO rte de Lanslebourg,
bord d'un torrent
3 ha (133 empl.) ⊶ (saison) plat, herbeux, pierreux – 🍴 ⚒ 🛒 🔄 🛎 ⚓ ☂ ▼
🍴 🛒 ⛴ – 🚗 – A proximité : 🐎
19 déc.-9 mai, 15 juin-15 sept. – **R** *conseillée hiver* – 🅁 *été* – 👤 *11,80* 🅴 *15,60*
🔌 *été : 20 (6 ou 10A) hiver : 30 (6A) 42 (10A)*

12 – 77 ⑨ G. Alpes du Nord

LANTON 33 Gironde – 71 ⑳ – voir à Arcachon (Bassin d')

LANVÉOC

29160 Finistère – 1 857 h.

Schéma à Crozon

▲ **Municipal de la Cale** ≤ rade de Brest, *ℰ* 98 27 58 91, N : 1 km rte de la
Pointe, bord de mer
1 ha (70 empl.) en terrasses, herbeux – 🍴 ⚓
juin-20 sept. – **R** *conseillée* – 👤 *10,50* 🚗 *4,50* 🅴 *5,10* 🔌 *14 (6A) 20 (20A)*

3 – 58 ④

LAPALISSE

03120 Allier – 3 603 h.
🅷 Syndicat d'Initiative, pl. Ch.-Bécaud
(15 juin-20 sept.) *ℰ* 70 99 08 39

▲ **Municipal,** *ℰ* 70 99 26 31, sortie SE par N 7 rte de Roanne, bord de la Besbre
0,8 ha (66 empl.) ⊶ plat, herbeux – 🍴 ⚒ 🛒 ⚓ – A proximité : 🐎
avril-sept. – **R** – 👤 *10* 🚗 *7* 🅴 *7* 🔌 *10*

11 – 73 ⑥ G. Auvergne

LAPEYROUSE

63700 P.-de-D. – 575 h.

▲▲▲ **Municipal les Marins** ≤, *ℰ* 73 52 02 73, Fax 73 52 03 89, E : 2 km par D 998
rte d'Echassières et D 100 à gauche, près d'un plan d'eau
2 ha (73 empl.) ⊶ plat, herbeux 🍴 – 🍴 ⚒ 🛒 🔄 🛎 ⚓ – 🚗 🔺 🚵 vélos
– A proximité : 🐎
15 juin-15 sept. – **R** – 🅴 *élect. comprise 1 à 3 pers. 60, pers. suppl. 10*

11 – 73 ③

LAPOUTROIE

68650 H.-Rhin – 1 981 h.

▲ **Le Clos des Biches** ≤, *ℰ* 89 47 50 86, SE : 1 km sur N 415 rte de
Kaysersberg, bord de la Béhine
1,7 ha (70 empl.) ⊶ plat et terrasse, herbeux – 🍴 🔄 🛎 ⚓
Pâques-oct. – 🅁 – 👤 *13* 🚗 *6,50* 🅴 *6,50* 🔌 *10 (3A) 15 (6A)*

8 – 62 ⑱

LARCHE

04540 Alpes-de-H.-Pr. – 71 h.
alt. 1 698

▲ **Domaine des Marmottes** ⚓ ≤ « Situation agréable », *ℰ* 92 84 33 64, SE :
0,8 km par rte à droite après la douane française, bord de l'Ubayette et d'un
étang
2 ha (50 empl.) ⊶ plat, herbeux, pierreux 🍴 – 🍴 ⚒ 🔄 🛎 ⚓ ☂ 🚤 – Location :
🏠
juin-sept. – **R** *conseillée 15 juil.-20 août* – 👤 *14* 🚗 *10* 🅴 *10* 🔌 *9 (3A) 18 (6A)*

17 – 81 ⑨ G. Alpes du Sud

Le LARDIN-ST-LAZARE

24570 Dordogne – 2 047 h.

▲▲ **La Nuelle** ⚓, *ℰ* 53 51 24 00, NO : 3 km par N 89 rte de Périgueux et chemin
à droite
1 ha (50 empl.) ⊶ plat, herbeux, petit étang 🍴 – 🍴 ⚒ 🛒 🔄 🛎 ⚓ ☂ ▼ snack
– 🚗 🔺 vélos – Location : 🏠
juin-sept. – **R** *conseillée juil.-août*

10 – 75 ⑦

LARMOR-PLAGE

56260 Morbihan – 8 078 h.

▲▲ **la Fontaine** 🅼, *ℰ* 97 33 71 28, Fax 97 33 70 32, à l'Ouest de la station, à
300 m du D 152 (accès conseillé) et à 1,2 km de la Base de Loisirs
1 ha (120 empl.) ⊶ plat, peu incliné, herbeux 🍴 – 🍴 ⚒ 🛒 🔄 🛎 ⚓ ☂ ▼
🚤 🅱
19 mai-13 sept. – **R** *conseillée 12 juil.-16 août* – 🅴 *élect. comprise 2 pers.*
57/73, pers. suppl. 14

3 – 63 ① G. Bretagne

LARNAGOL
46160 Lot – 159 h.

15 – 79 ⑨

ᴍ **Le Ruisseau de Treil** ⌂, ℰ 65 31 23 39, E : 0,6 km par D 662 rte de Cajarc
et à gauche – ⋇ 15 juil.-15 août
4,4 ha (150 empl.) ⊶ plat, herbeux ⚍ – 🗐 ⇄ 🗑 🛁 🔥 ⊛ 🏊 🍴 🖃 – 🍽 🚗
🛶 stand de tir (air comprimé), tir à l'arc, vélos – Location : 🛏
juin-sept. – **R** conseillée juil.-15 août – ✶ 28 piscine comprise 🖃 28 ⒀ 17 (5A)

LARNAS
07220 Ardèche – 70 h.

15 – 80 ⑨ G. Vallée du Rhône

ᴍ **Centre de Vacances d'Imbours** « Cadre et site agréables »,
ℰ 75 98 85 85, Fax 75 04 39 20, SO : 2,5 km par D 262 – Pour caravanes, de
Bourg-St-Andéol passer par St-Remèze et Mas du Gras (D 4, D 362 et D 262)
270 ha/10 campables (370 empl.) ⊶ (juil.-août) plat et accidenté, pierreux,
herbeux ⚑⚑ – 🗐 ⇄ 🗑 🖃 ⊛ 🏊 ⛱ 🛒 🍴 ✕ 🛁 🖪 garderie – 🍽 ⋇ 🏸 🛶
🏃 tir à l'arc, vélos, practice de golf – Location : 🛏 (hôtel), bungalows toilés,
gîtes
15 juin-5 sept. – **R** conseillée 14 juil.-15 août – Cotisation pour non adhérent 35
par séjour et par personne – Tarif 92 : ✶ 27 piscine et tennis compris 🖃 23 (59
avec élect. 6A)

LAROQUE-DES-ALBÈRES
66740 Pyr.-Or. – 1 508 h.

15 – 86 ⑲

ᴍ **Les Albères** ⌂, ℰ 68 89 23 64, sortie NE par D 2 rte d'Argelès-sur-Mer puis
0,4 km par chemin à droite
4 ha (181 empl.) ⊶ peu incliné et en terrasses, pierreux, herbeux ⚍ ⚍ – 🗐 ⇄
🛁 🔥 ⊛ 🏊 🍴 🛁 🖪 – 🍽 ⋇ 🛶 🛶 – Location : 🛏 🍽
avril-sept. – **R** indispensable – ✶ 16,50 piscine comprise 🚗 6 🖃 19

ᴍ **Las Planes** ⌂, ℰ 68 89 21 36, O : 2 km par D 11 rte de Villelongue-
dels-Monts
1,3 ha (90 empl.) ⊶ peu incliné et en terrasses, pierreux, herbeux ⚍ ⚑⚑ – 🗐
⇄ 🖃 ⊛ 🖪 – 🛶 🛶
15 juin-6 sept. – **R** conseillée – piscine comprise 2 pers. 68, pers. suppl. 16
⒀ 12 à 20 (2 à 10A)

▶ *Ne pas confondre :*

⚠ *... à ...* ᴍ *: appréciation* **Michelin**

et

★ *... à ...* ★★★★ *: classement officiel*

LARRAU
64560 Pyr.-Atl. – 241 h. alt. 636

13 – 85 ⑭

⚠ **Ixtila** ⌃, ℰ 59 28 63 09, sortie E par D 26 rte de Tardets-Sorholus
1 ha (17 empl.) ⊶ incliné, herbeux ⚍ – 🗐 🖃 ⊛ – Location : 🛏
15 mars-15 nov. – **R** conseillée juil.-août – ✶ 7 et 4 pour douche chaude 🚗
5 🖃 6 ⒀ 8 (4A)

LARROQUE
81140 Tarn – 129 h.

15 – 79 ⑲

⚠ **Municipal la Pradelle**, sortie SE par D 964 rte de Gaillac, bord de la Vère
0,8 ha (12 empl.) plat, herbeux ⚑⚑ – 🗐 ⇄ 🛁 ⊛
juin-sept. – **R̵**

LARUNS
64440 Pyr.-Atl. – 1 466 h.

13 – 85 ⑯

ᴍ **Les Gaves** ❄ ⌂ ⌃ « Belle entrée », ℰ 59 05 32 37, SE : 1,5 km par rte du
col d'Aubisque et chemin à gauche, bord du Gave d'Ossau
2,4 ha (101 empl.) ⊶ plat, herbeux, gravier ⚍ – 🗐 ⇄ 🛁 🖫 ⊛ 🛶 🍴 – 🍽
🛶 – Location : 🛏, appartements
Permanent – *Places disponibles pour le passage* – **R̵** sauf vac. scol. – Tarif 92 :
✶ 12,50 🖃 25 (hiver 39) ⒀ 10,50 (3A) 26 (6A) 37 (10A)

ᴍ **Pont Lauguère** ⌃, ℰ 59 05 35 99, S : 1 km par rte du col d'Aubisque, à 100 m
du Gave d'Ossau
1 ha (70 empl.) ⊶ (saison) plat, herbeux – 🗐 ⇄ 🛝 🖫 ⊛
Permanent – **R̵** – ✶ 10 🖃 22 (hiver 26) ⒀ 11 (2A) 20 (6A)

⚠ **Ayguebère** ⌃, ℰ 59 05 38 55, sortie N rte de Pau, à 100 m du Gave d'Ossau
0,4 ha (33 empl.) ⊶ (saison) plat, herbeux, pierreux – 🗐 ⇄ 🛝 ⊛ – A proximité :
⋇ 🛶 (couverte l'hiver)
Permanent – **R̵** – ✶ 9 🚗 2,50 🖃 7,50 ⒀ 9 (2A) 17 (6A)

⚠ **Geteu** ⌃, ℰ 59 05 37 15 ✉ 64440 Louvie-Soubiron, N : 1,8 km par rte de Pau,
à 100 m du Gave d'Ossau
1 ha (50 empl.) ⊶ plat, herbeux – 🗐 ⇄ 🛁 🛝 🖃 ⊛
Permanent – **R̵** – Tarif 92 : ✶ 9 🖃 16 ⒀ 10 (2A) 19 (4A)

LARUSCADE
33620 Gironde – 1 679 h.

9 – 71 ⑧

ᴍ **Relais du Chavan,** ℰ 57 68 63 05, N : 7 km sur N 10 - Par A 10 sens NS :
sortie 28 Reignac - sens SN : sortie 30ᵇ St-André-de-Cubzac
3,6 ha (80 empl.) ⊶ plat, herbeux, sablonneux ⚑⚑ (1 ha) – 🗐 ⇄ 🛝 🖃 🛁 ⊛
🏊 – 🍽 🏸 🛶 🛶 – Location : 🛏
mai-sept. – **R** – ✶ 16 piscine comprise 🖃 17,50 ⒀ 13,50 (6A)

LASALLE
30460 Gard – 1 007 h.　　　　　　　　　　　　　　　　　　　　16 – 80 ⑰

▲▲▲ **La Pommeraie** ⚓, ℘ 66 85 20 52 ⊠ 30140 Thoiras, E : 3 km par D 39 et D 57 rte d'Anduze, bord de la Salindrenque
7,3 ha (200 empl.) ⊶ plat, herbeux 🟢🟢 peupleraie – 🔥 ⚙ 🛁 🔊 🖼 🕹 🔊 🛒
🍴 ✗ 🔧 🖼 – 🔲 🎿 🛶 🏊 – Location : 🛖
mai-sept. – **R** conseillé juil.-août – 🔲 piscine comprise 2 pers. 84, pers. suppl. 17
🔌 15 (3A) 20 (6A) 30 (10A)

LATHUILE **74** H.-Savoie – 74 ⑯ – voir à Annecy (Lac d')

LATTES **34** Hérault – 83 ⑦ – rattaché à Montpellier

LAU-BALAGNAS **65** H.-Pyr. – 85 ⑰ – rattaché à Argelès-Gazost

LAUBERT
48170 Lozère – 128 h. alt. 1 200　　　　　　　　　　　　　　　15 – 80 ⑥

▲ **Municipal** ≤, ℘ 66 47 72 09, SO : 0,5 km par N 88 et D 6, rte de Rieutort-de-Randon à droite
2 ha (33 empl.) ⊶ peu incliné et accidenté, pierreux, rochers, herbeux 🟢 – 🔥
⚙ 🛁 🍴 snack 🛒 🖼 – vélos, tir à l'arc – Location : gîte d'étape
Permanent – **R** conseillée juil.-août – 🔲 élect. comprise 1 pers. 35, 2 pers. 50, pers. suppl. 7

LAURIE
15500 Cantal – 139 h. alt. 860　　　　　　　　　　　　　　　11 – 76 ④

▲ **Municipal la Prade** ⚓ ≤ « Agréable situation », E : 0,7 km par D 109 rte de Blesle puis 0,4 km par chemin empierré – alt. 780 – Accès difficile pour caravanes
1 ha (33 empl.) accidenté et en terrasses, pierreux 🟢🟢 pinède – 🔥 ⚙ 🛁 ⚙ –
Location : gîte d'étape
juin-sept. – **R** – 🚿 8 🛶 6 🔲 6/8 avec élect. 10A

LAURIÈRE
87370 H.-Vienne – 601 h.　　　　　　　　　　　　　　　　　10 – 72 ⑧

▲ **Intercommunal du Lac** ⚓ ≤, ℘ 55 71 42 62, N : 2,4 km par D 63 rte de Folles et rte à droite, bord du lac (plage)
3,6 ha (166 empl.) ⊶ (saison) incliné et en terrasses, herbeux 🟢🟢🟢 – 🔥 ⚙ 🔊
⚙ – 🎿 🏊 – A proximité : 🎣 – Location : huttes
Pâques-15 oct. – **R** juil.-août – Tarif 92 : 🚿 11,50 🛶 4 🔲 6 🔌 10 (10A)

LAUTENBACH-ZELL
68610 H.-Rhin – 912 h.　　　　　　　　　　　　　　　　　8 – 62 ⑱

▲▲▲ **Municipal Vert Vallon**, ℘ 89 74 01 80, au bourg, près de l'église
0,5 ha (36 empl.) ⊶ peu incliné à incliné, herbeux – 🔥 ⚙ 🛁 🕹 🍴 ⚙ – 🛖
– A proximité : 🍴 – Location : 🛏
Permanent – **R** conseillée juin-août – 🚿 10 🛶 5 🔲 10 🔌 10A : 10 (hiver 24)

LAUTERBOURG
67630 B.-Rhin – 2 372 h.　　　　　　　　　　　　　　　　8 – 87 ②

▲▲▲ **Municipal des Mouettes** Ⓜ, ℘ 88 54 68 60, SO : 1,5 km par D 3 et chemin, à 100 m d'un plan d'eau, accès direct
3,5 ha (135 empl.) ⊶ plat, herbeux – 🔥 ⚙ 🛁 🖼 🕹 🍴 ⚙ 🎿 🛒 🍴 🖼 – 🛖
🎿 – A proximité : 🏊
fermé 21 déc.-4 janv., 23 janv.-1er mars – **R** conseillée juin-15 sept. – 🚿 15 🛶
9 🔲 15/19 🔌 13 (6A)

LAVAL Ⓟ
53000 Mayenne – 50 473 h.　　　　　　　4 – 63 ⑩ G. Normandie Cotentin
🛈 Office de Tourisme, pl. du 11-Novembre ℘ 43 53 09 39

▲▲▲ **S.I. le Potier** ≤ « Beaux emplacements, décoration florale et arbustive »,
℘ 43 53 68 86, S : 4,5 km par rte d'Angers et à droite après Thévalles, accès direct à la Mayenne
1 ha (42 empl.) ⊶ plat et en terrasses, herbeux, verger ombragé attenant 🔲 🟢
– 🔥 ⚙ 🛁 ⚙ – 🛶 🎿
avril-sept. – **R** conseillée – Tarif 92 : 🚿 9,80 🛶 5,20 🔲 5,20 🔌 5,20 (5A)

Le LAVANDOU
83980 Var – 5 212 h.　　　　　　　　　　17 – 84 ⑯ G. Côte d'Azur
🛈 Office de Tourisme, quai Gabriel-Péri ℘ 94 71 00 61

▲▲▲ **Clau Mar Jo** ⚓, ℘ 94 71 53 39 ⊠ 83234 Bormes-les-Mimosas Cedex, SO : 2 km
1 ha (50 empl.) ⊶ plat, herbeux 🔲 🟢 – 🔥 ⚙ 🛁 🖼 🕹 ⚙ 🎿 🛒 🖼 – Location : 🛖
avril-sept. – **R** conseillée juil.-août – Tarif 92 : 🔲 élect. comprise 2 pers. 85

▲▲▲ **Beau Séjour**, ℘ 94 71 25 30, SO : 1,5 km
1,5 ha (135 empl.) ⊶ plat, pierreux, herbeux 🔲 – 🔥 🔊 🕹 ⚙ snack
Pâques-sept. – **R** – 🚿 16 🔲 14,70/18 🔌 12,60 (3A) 15,80 (6A)

234

à la Favière S : 2,5 km – ⊠ 83230 Bormes-les-Mimosas :

⩙ Le Domaine ⩽ « Site agréable », ℰ 94 71 03 12, S : 2 km, en bord de plage
38 ha (1 200 empl.) ⊶ plat, accidenté et en terrasses, pierreux, rocheux ⊡ ♧♧
pinède – ⛺ ⇌ ⌂ ⊞ ⅍ ☺ ♨ ⊽ ⭲ ⛌ ✕ ▨ cases réfrigérées – ✂ ⚒
avril-oct. – **R** indispensable juil.-août

⩙ **La Célinette,** ℰ 94 71 07 98
1,3 ha (115 empl.) ⊶ (saison) peu incliné, pierreux ♧♧ – ⛺ ☺ – A proximité :
⭲
30 mars-20 oct. – **R** conseillée juil.-août – Tarif 92 : ⭍ 13,90 ▤ 13,80 ⓗ 9,50 (2A)
12,50 (4A) 14,70 (6A)

à St-Clair NE : 2 km par D 559 rte de Cavalière (hors schéma)
⊠ 83980 le Lavandou :

⩙ **St-Clair**, réservé aux caravanes, ℰ 94 71 03 38, sortie E, à 150 m de la plage
1,2 ha (54 empl.) ⊶ plat ⊡ ♧♧ – ⛺ ⇌ ⌂ ⊞ ☺ ♨ ⭲ – A proximité : ✕ ✂
– Location : studios
mars-oct. – **R** indispensable 15 juin-15 sept. – ▤ 2 à 5 pers. 85 à 140 ⓗ 14
(3A) 18 (6A) 21 (10A)

LAVELANET
09300 Ariège – 7 740 h.   ⒖ – ⒃ ⑤

⩙ **Municipal,** ℰ 61 01 55 54, au SO de la ville par rte de Foix et r. des Pyrénées
à gauche, près de la piscine
2 ha (100 empl.) ⊶ (saison) plat, herbeux ⊡ ♀ – ⛺ ⇌ ⌂ ⊞ ⅍ ⅏ ☺ ♨ ▨
– ⛷ ⌁ tir à l'arc – Location : bungalows toilés
avril-oct. – **R** juil.-août – ⭍ 13 ▤ 13 ⓗ 4,50 (2A) 9 (4A) 13 (6A)

LAVILLATTE
07660 Ardèche – 98 h. alt. 1 165   ⒃ – ⒅ ⑰

⩙ Le Moulin du Rayol, ℰ 66 69 47 56, SE : 2 km, carrefour D 300 et D 108 rte
de Langogne, bord de l'Espezonnette – alt. 1 050
1,4 ha (50 empl.) ⊶ plat, peu incliné et en terrasses, herbeux – ⛺ ⇌ ⌂ ⊞ ☺
⭲ ▨ – ⌁
juin-sept. – **R**

LAVIT
82120 T.-et-G. – 1 612 h.   ⒁ – ⒆ ⑯

⩙ **Municipal de Bertranon,** ℰ 63 94 04 70, au NE du bourg par D 15, près
du stade
0,5 ha (25 empl.) ⊶ plat, herbeux ⊡ – ⛺ ⌂ ⊞ ☺ – ⛷
juin-sept. – **R** – ⭍ 13 ▤ 5/9 ⓗ 9

LAVOÛTE-SUR-LOIRE
43800 H.-Loire – 697 h.   ⒒ – ⒃ ⑦ G. Vallée du Rhône

⩙ **Municipal les Longes** ⩽, E : 1 km par D 7 rte de Rosières puis 0,4 km par
rue à gauche, près de la Loire (accès direct)
2 ha (46 empl.) plat, herbeux ⊡ – (⛺ ⇌ ⌂ saison) ⊞ ☺ – ✂
avril-oct. – **R** conseillée – ⭍ 7 ⛟ 6 ▤ 7 ⓗ 10

LECTOURE

32700 Gers – 4 034 h.
🅸 Office de Tourisme, cours de l'Hôtel-de-Ville ℰ 62 68 76 98

⚠ **Lac des 3 Vallées** 🐾 ⩻ « Cadre agréable », ℰ 62 68 82 33, Fax 62 68 88 82, SE : 2,4 km par N 21, rte d'Auch, puis 2,3 km par rte à gauche, au Parc de Loisirs, bord du lac
8,5 ha (400 empl.) ⌁ plat et incliné, herbeux ⛺ 🕰 – 🗐 ⬚ 🛁 🔥 🖺 🔥 🏊 – 🔊 ⚘ 🛂 ⚲ 🍴 ✗ ⛳ ⚿ – 🍴 🔥 🔥 ≋ avec toboggans aquatiques – Location : 🏠, bungalows toilés
10 avril-20 sept. – **R** conseillée juil.-août – 🄴 3 pers. 115 🄵 20 (10A)

🄸🄸 – 🄱🄽 ⑤ G. Pyrénées Aquitaine

LÈGE-CAP-FERRET 33 Gironde – 🄷🄸 ⑲ – voir à Arcachon (Bassin d')

LEIGNECQ

42 Loire – alt. 930
✉ 42380 St-Bonnet-le-Château

⚠ **Municipal** 🐾 ⩻ « Site agréable », S : 1 km, bord d'un plan d'eau
2 ha (100 empl.) en terrasses, peu incliné, herbeux – 🗐 ⬚ 🛁 ⊕
avril-oct. – **R** – Tarif 92 : ⚓ 8 🄴 8 🄵 7 (3A) 18 (6A)

🄸🄸 – 🄷🄶 ⑦

LEMPDES

43410 H.-Loire – 1 403 h.

⚠ **Municipal,** ℰ 71 76 53 69, N : 0,8 km par rte d'Issoire et rte de Chambezon à gauche, bord de l'Alagnon
2 ha (67 empl.) ⌁ (saison) plat, herbeux ⛺ – 🗐 ⬚ 🛁 🖺 ⊕ 🖺 – 🍴 ✗ ⛳
– A proximité : 🏊
mai-15 sept. – **R** conseillée 14 juil.-15 août – 🄴 1 pers. 40 ou 53 avec élect. (10A), pers. suppl. 13

🄸🄸 – 🄷🄶 ⑤

LENS-LESTANG

26210 Drôme – 629 h.

⚠ **Municipal le Regrimet,** ℰ 75 31 82 97, sortie N par D 538 rte de Beaurepaire et à gauche, près de la rivière
2,5 ha (48 empl.) ⌁ plat et peu incliné, herbeux ⛺ – 🗐 ⬚ 🖺 🔥 ⊕ ⚘ –
A proximité : 🍴
mai-sept. – **R** – ⚓ 12 🚗 7 🄴 13 🄵 10 (6A)

🄸🄸 – 🄷🄷 ②

LÉON

40550 Landes – 1 330 h.
🅸 Syndicat d'Initiative, Grand Rue ℰ 58 48 76 03

⚠ **Lou Puntaou** « Cadre agréable », ℰ 58 48 74 30, Fax 58 48 70 42, NO : 1,5 km sur D 142, à 100 m de l'étang de Léon
14 ha (720 empl.) ⌁ plat, herbeux, sablonneux ⛺ (plates-formes) ⚘ – 🗐 ⬚ 🏊 🖺 ⊕ ⚘ 🔥 🖺 – 🍴 ⚘ 🔥 ⚿ – A proximité : 🍴 ✗ ⛳ 🏊 ≋ ◐ –
Location : 🏠 🚐
15 avril-sept. – **R** conseillée, indispensable pour emplacements aménagés caravanes – Tarif 92 : 🄴 piscine comprise 2 à 5 pers. 79 à 116, pers. suppl. 17
🄵 14 (5A)

🄻 **Petit Jean** (aire naturelle) 🐾, ℰ 58 48 73 80, S : 3,3 km par D 142 rte de Castets puis à droite rte de Laguens (caserne de pompiers) et chemin à gauche
1,6 ha (25 empl.) ⌁ plat, herbeux, sablonneux ⚘ – 🗐 ⬚ 🛁 🔥 ⊕
mai-sept. – **R** – 🄴 1 ou 2 pers. 44, pers. suppl. 18 🄵 10 (6A)

🄸🄽 – 🄷🄸 ⑯ G. Pyrénées Aquitaine

LESCHERAINES

73340 Savoie – 495 h. alt. 650

⚠ **Municipal l'Île** 🐾 ⩻, ℰ 79 63 80 00, SE : 2,5 km par D 912 rte d'Annecy et rte à droite, bord d'un plan d'eau et à 200 m du Chéran
7,5 ha (310 empl.) ⌁ (saison) plat, herbeux – 🗐 🖺 🔥 ⊕ 🖺 – A proximité : 🍴
✗ 🔥 🏊 toboggan aquatique
10 avril-17 oct. – **R** conseillée juil.-août – 🄴 1 à 3 pers. 47 (58 avec élect.)

🄸🄽 – 🄷🄸 ⑯

LESCONIL

29740 Finistère

⚠ **Les Dunes** « Entrée fleurie », ℰ 98 87 81 78, O : 1 km par rte de Guilvinec, à 150 m de la plage (accès direct)
2,8 ha (120 empl.) ⌁ plat, herbeux – 🗐 ⬚ 🏊 🖺 🔥 ⊕ – 🍴 ⚿
vac. de printemps-sept. – **R** – 🄴 2 pers. 74,50, pers. suppl. 17,80 🄵 16 (6A)

⚠ **La Grande Plage,** ℰ 98 87 88 27, O : 1 km par rte de Guilvinec, à 400 m de la plage
1,5 ha (80 empl.) ⌁ plat et peu incliné, herbeux – 🗐 ⬚ 🏊 🖺 ⊕ ⚘ 🔽 🔥
– 🍴 🔥
25 mars-sept. – **R** conseillée juil.-août – ⚓ 16 🚗 7,50 🄴 24 🄵 15 (5 à 10A)

🄻 **Keralouet,** ℰ 98 82 23 05, E : 1 km sur rte de Loctudy
0,5 ha (45 empl.) ⌁ (juil.-août) plat, herbeux – 🗐 🏊 🖺 🔥 ⊕ – Location : 🚐
15 juin-15 sept. – **R** conseillée – ⚓ 11 🚗 6 🄴 13 🄵 10 (4A)

🄻 **Les Sables Blancs** 🐾, ℰ 98 87 84 79, E : 1,5 km par rte de Loctudy et rte à gauche
2 ha (60 empl.) ⌁ (saison) plat, herbeux – 🗐 🏊 ⊕
juin-10 sept. – **R** conseillée juil.-août – ⚓ 11 🚗 6,50 🄴 14 🄵 9,50 (2A)
11,50 (4A) 13,50 (6A)

🄸 – 🄱🄸 ⑭ G. Bretagne

LESCUN

64490 Pyr-Atl. – 198 h. alt. 900

⚠ **Municipal le Lauzart** ⚿ ≼ « Site agréable », ℰ 59 34 51 77, SO : 1,5 km par D 340
1 ha (50 empl.) ⊶ (saison) plat et peu incliné, en terrasses, pierreux, herbeux –
🔲 🛁 ▥ ⊕
mai-sept. – **R** conseillée 15 juil.-20 août – ⚱ 8,50 ⇦ 4 ▣ 14 ou 20/20 ⊞ 10 (6A)

LESPERON

40260 Landes – 996 h.

⛰ **Parc de Couchoy**, réservé aux caravanes ⚿, ℰ 58 89 60 15, O : 3 km sur rte de Linxe
1,3 ha (65 empl.) ⊶ plat, herbeux, sablonneux ⚐⚐ – 🔲 ⬥ 🛁 ⊕ ⚄ ☂ ⛉ ♈ – ⛓
– Location : ⬜
mai-sept. – **R** conseillée juil.-août – ⚱ 16,30 piscine comprise ▣ 31 ⊞ 12 (6A)

LESPINASSIÈRE

11160 Aude – 105 h.

⛰ **Camping Vert du Clocher** ⚿ ≼ « Site agréable », ℰ 68 78 03 72, sortie S par D 620 rte de Caunes-Minervois et rte du Castagnet, bord de l'Argent-Double
1,3 ha (33 empl.) ⊶ plat, herbeux ♀ – 🔲 ⬥ 🛁 🖸 ⊕ ⚄ ✕ – ▦
avril-sept. – **R** conseillée – ⚱ 17 ▣ 17 ⊞ 12 (6A)

LEUBRINGHEN

62250 P.-de-C. – 207 h.

⛰ **Les Primevères** ⚿ ≼, ℰ 21 87 13 33, au nord du bourg
1 ha (63 empl.) ⊶ peu incliné, herbeux ⊡ – 🔲 ⬥ 🛁 🖸 ⚅ ⊕ ⚄ ⛉ ♈
avril-oct. – **R** saison – ⚱ 9 ▣ 11 ⊞ 11 (3A) 16 (5A)

LEVIER

25270 Doubs – 1 785 h. alt. 717

⛰ **La Forêt** ⚿, ℰ 81 89 53 46, NE : 1 km par D 41 rte de Septfontaines et chemin
1,5 ha (40 empl.) ⊶ plat et terrasse, herbeux ⚐⚐ (0,7 ha) – 🔲 ⬥ 🛁 🖸 ⚅ ⊕
⚄ ▣ – ▦ ⛵
juin-sept. – **R** conseillée – Tarif 92 : ▣ 2 pers. 48/50 ⊞ 12 (3 ou 6A)

LEYME

46120 Lot – 1 489 h.

⛰ **Municipal**, ℰ 65 38 98 73, à l'ouest du bourg, accès par rte à droite de l'église, au village de vacances
2 ha (33 empl.) plat, gravillons, herbeux – 🔲 🛁 🖸 ⚅ ⊕ ⚄ ☂ ⛉ ▣ – ▦ vélos
– A proximité : ✂ ⬚ – Location : gîtes
15 juin-15 sept. – **R** – ⚱ 15 ▣ 10 ⊞ 5

LÉZAN 30 Gard – 80 ⑰ ⑱ – rattaché à Anduze

LÉZIGNAN-CORBIÈRES

11200 Aude – 7 881 h.
🏢 Office de Tourisme, pl. de la République ℰ 68 27 05 42

⛰ La Pinède ≼ « Décoration arbustive », ℰ 68 27 05 08, NO par N 113 rte de Carcassonne
2,5 ha (94 empl.) ⊶ plat, peu incliné et en terrasses, gravillons ⊡ ♀ – 🔲 ⬥ 🛁
🖸 ⊕ ⚄ ▣ – ▦ – A l'entrée : ✂ ⛵ – A proximité : ✕ sauna, discothèque, squash

LIANCOURT

60140 Oise – 6 178 h.

⛰ La Faloise ◇ ⚿, ℰ 44 73 10 99, SE : 2,5 km par D 29 rte de Pont-Ste-Maxence et rte à droite
2 ha (82 empl.) ⊶ plat, herbeux ⊡ ⚐⚐ – 🔲 ⬥ 🛁 🖸 ⚅ ▥ ⊕ ⚄ ☂ ⛉ ▣ – 🍴
Permanent – **Location longue durée** – Places limitées pour le passage – 🍴

LICQUES

62850 P.-de-Calais – 1 351 h.

⚠ **le Canchy** ⚿, ℰ 21 82 63 41, O : 2,3 km par D 191 rte de St-Omer et rue de Canchy à gauche
1 ha (72 empl.) ⊶ plat, herbeux ⊡ – 🔲 ⚄ ⚅ ⊕
15 mars-oct. – **R** conseillée juil.-août – ⚱ 12 ▣ 14 ⊞ 8,50 (3A)

LIÉZEY 88 Vosges – 62 ⑰ – rattaché à Gérardmer

LIGNY-LE-CHÂTEL

89144 Yonne – 1 122 h.

⚠ **Municipal la Noue Marou** ⚿, sortie SO par D 8 rte d'Auxerre et chemin à gauche, bord du Serein
2 ha (40 empl.) ⊶ plat, herbeux – 🔲 🛁 ⚅ ⊕ – ✂
15 mai-sept. – 🍴 – ⚱ 9 ⇦ 6 ▣ 7/9

LIMERAY
37530 I.-et-L. – 972 h.

🏔 Launay, ℰ 47 30 13 50, à 1,6 km au SE du bourg, r. de la Rivière, à 50 m de la N 152
1,5 ha (69 empl.) ⟿ plat, herbeux ⊏⊐ – 🗐 ⇆ 🔊 📷 🖪 🔥 ⊕ ⚲ ⤙ 🖻 – 🏊 (bassin)
half-court – A proximité : ✗ 🖙

5 – 64 ⑯

LIMOGES 🅟
87000 H.-Vienne – 133 464 h.
🅱 Office de Tourisme et Accueil de France, bd Fleurus ℰ 55 34 46 87

🏔 **Municipal la Vallée de l'Aurence** « Décoration florale », ℰ 55 38 49 43, Fax 55 32 11 87, N : 4,5 km par N 20 rte de Paris, quartier Uzurat, bord d'un plan d'eau et près de l'Aurence – par voie express sens S-N : sortie Poitiers 3 ha (186 empl.) ⟿ plat, gravier, herbeux – 🗐 ⇆ 🖫 🖪 🔥 🐎 ⊕ ⚲ ⤙ – 🖼
– A proximité : ✗ 🏓 ⚓ ◐
Permanent – **R** été – Tarif 92 : ★ 12 ⇔ 5 🗉 5/12 ⑫ 2,50 par ampère (2 à 20A)

10 – 72 ⑰ G. Berry Limousin

LIMOGNE-EN-QUERCY
46260 Lot – 618 h.

🏔 **Municipal Bel-Air,** ℰ 65 24 32 75, O : 0,5 km par D 911 rte de Cahors et chemin à droite
1,5 ha (50 empl.) ⟿ plat, incliné, pierreux, herbeux ♀♀ – 🗐 ⇆ 🖫 🖪 ⊕ – A proximité : ✗ ⤙
avril-1er oct. – **R** – ★ 14 🗉 14

15 – 79 ⑨

LINXE
40260 Landes – 980 h.

🏔 **Municipal le Grandjean** Ⓜ, ℰ 58 42 90 00, NO : 1,5 km par D 42, rte de St-Girons et D 397, rte de Mixe à droite
2 ha (100 empl.) ⟿ plat, sablonneux, gravillons ♀ pinède – 🗐 ⇆ 🖫 🖪 🔥 ⊕ ⚲ 🖻 – 🖼 ⚓
26 juin-4 sept. – **R** conseillée 14 juil.-15 août – ★ 14 🗉 16/27 avec élect. (6A)

13 – 78 ⑮

Le LION-D'ANGERS
49220 M.-et-L. – 3 095 h.

🏔 **Municipal les Frênes** « Entrée fleurie », ℰ 41 95 31 56, sortie NE par N 162 rte de Château-Gontier, bord de l'Oudon
2 ha (100 empl.) ⟿ plat, herbeux ♀ – 🗐 🖪 ⊕ – ⚓ – A proximité : ⤙
15 mai-sept. – **R** – ★ 7 ⇔ 3 🗉 3 ⑫ 8,50 (6A) 10 (10A)

4 – 63 ⑳ G. Châteaux de la Loire

La LISCIA (Golfe de) **2A** Corse-du-Sud – 90 ⑯ – voir à Corse

LISIEUX ⬭
14100 Calvados – 23 703 h.
🅱 Office de Tourisme, 11 r. d'Alençon ℰ 31 62 08 41

🏔 **Municipal de la Vallée,** ℰ 31 62 00 40, sortie N rte de Pont-l'Évêque et D 48 sur la gauche
1 ha (100 empl.) ⟿ plat, herbeux, gravier ♀ – 🗐 ⇆ 🖫 ⊕
avril-sept. – **R** – ★ 6,20 ⇔ 4,20 🗉 4,20 ⑫ 7,40

5 – 55 ⑬ G. Normandie Vallée de la Seine

LISLE
24350 Dordogne – 946 h.

🏔 **Municipal du Pont,** ℰ 53 04 65 80, NO : 0,6 km par D 1 rte de Verteillac, bord de la Dronne
0,6 ha (30 empl.) ⟿ plat, herbeux ⊏⊐ ♀ – 🗐 🔥 ⊕ ⚲ – ✗ 🏊
juin-sept. – **R** – ★ 9,35 ⇔ 3,50 🗉 5,10 ⑫ 7

10 – 75 ⑤

LISSAC-SUR-COUZE
19600 Corrèze – 475 h.

🏔 **Intercommunal la Prairie** ≤ « Belle situation dominante », ℰ 55 85 37 97, SO : 1,4 km par D 59 et chemin à gauche, près de la Couze (plan d'eau)
5 ha (90 empl.) ⟿ en terrasses, herbeux, gravier ⊏⊐ ♀ – 🗐 ⇆ 🖫 🖪 🔥 ⊕ ⚲ 🖻 – 🖼 ✗ ⚓ – A proximité : parc aquatique 🏊 ◐ – Location : huttes
juin-sept. – **R** conseillée saison – 🗉 2 pers. 33 ou 37 (51 ou 57 avec élect. 6A), pers. suppl. 10,50

🏔 **Rotassac** 🅢 ≤, ℰ 55 85 33 34, SO : 2,5 km par D 59, à 300 m de la Couze (plan d'eau)
2 ha (33 empl.) ⟿ accidenté et en terrasses, pierreux ♀♀ – 🗐 🖪
juin-sept. – **R** conseillée – ★ 13 ⇔ 5 🗉 7

10 – 75 ⑧ G. Périgord Quercy

LIT-ET-MIXE
40170 Landes – 1 408 h.

🏔 **Les Vignes** 🅢 « Cadre boisé », ℰ 58 42 85 60, Fax 58 42 74 36, S : 3 km par D 652 et D 89, rte du Cap de l'Homy, bord d'un ruisseau
20 ha (420 empl.) ⟿ plat, herbeux ♀ – 🗐 ⇆ 🖫 📷 🖪 🔥 ⊕ ⚲ ⤙ 🖳 🍴 ✗ 🖙 – ✗ 🏓 ⚓ – Location : 🚐, bungalows toilés
avril-oct. – **R** conseillée – 🗉 piscine comprise 2 pers. 70/98 avec élect. (10A), pers. suppl. 20

🏔 **Municipal du Cap de l'Homy** 🅢, ℰ 58 42 83 47, O : 8 km par D 652 et D 88 à droite, à Cap-de-l'Homy, à 300 m de la plage
10 ha (440 empl.) ⟿ accidenté, sablonneux ♀♀ pinède – 🗐 ⇆ 🖫 🖪 🔥 ⊕ ⚲ 🖻 – 🖼 ⚓ – A proximité : 🛒 🍴 ✗
mai-sept. – **R**

13 – 78 ⑮

LLAURO

15 - 86 ⑲

66300 Pyr.-Or. - 255 h.

Municipal Al Comi < plaine du Roussillon, 68 39 42 08, E : 1 km par D 615 rte de Fourques
1 ha (30 empl.) plat et incliné, en terrasses, pierreux
15 juin-15 sept. - **R** *conseillée - 9 5 7 8,50 (15A)*

LOCHES

10 - 68 ⑥ G. Châteaux de la Loire

37600 I.-et-L. - 6 544 h.
Office de Tourisme, pl. Wermelskirchen 47 59 07 98

Municipal, 47 59 05 91, sortie S par rue Quintefol (N 143) rte de Châtillon-sur-Indre, au stade Général Leclerc, bord de l'Indre
2,5 ha (126 empl.) plat, herbeux - A proximité :
fin mars-15 nov. - **R** *conseillée*

LOCMARIA **56** Morbihan - 63 ⑫ - voir à Belle-Ile-en-Mer

LOCMARIA-PLOUZANE

3 - 58 ③

29263 Finistère - 3 589 h.

Municipal de Portez <, 98 48 49 85, SO : 3,5 km par D 789 et rte à gauche, à 200 m de la plage
1 ha (100 empl.) (juil.-août) en terrasses, herbeux
mai-sept. - **R** *conseillée juil.-août - Tarif 92 : 10 14,20 9,70 (5A)*

LOCMARIAQUER

3 - 63 ⑫ G. Bretagne

56740 Morbihan - 1 309 h.
Syndicat d'Initiative, r. Victoire (avril-sept.) 97 57 33 05

Lann-Brick, 97 57 32 79, NO : 2,5 km par rte de Kérinis, à 200 m de la mer
1,2 ha (100 empl.) plat, herbeux - Location :
juin-15 sept. - **R** *conseillée - 11,50 8,50 9 13*

La Ferme Fleurie « Décoration florale », 97 57 34 06, NO : 1 km par rte de Kérinis
0,5 ha (30 empl.) plat, herbeux - A proximité :
fermé janv. - **R** *conseillée, indispensable juil.-août - Tarif 92 : 11 15 12 (5A)*

LOCMIQUÉLIC

3 - 63 ①

56570 Morbihan - 4 094 h.

Municipal du Blavet, 97 33 91 73, N : sur D 111 rte du port de Pen-Mané, près d'un plan d'eau et à 250 m du Blavet (mer)
1 ha (50 empl.) plat, herbeux
juil.-août - **R** - *Tarif 92 : 8,25 2,70 2,70*

LOCQUIREC

3 - 58 ⑦ G. Bretagne

29241 Finistère - 1 226 h.
Office de Tourisme, pl. Port 98 67 40 83

Le Moulin de la Rive < « Agréable situation dominante », 98 79 30 39, O : 2,8 km par D 64 rte de Morlaix et à droite rte en corniche, à 200 m de la mer
0,8 ha (44 empl.) (saison) plat à incliné, herbeux, pierreux - A proximité :
avril-sept. - **R** *conseillée juil.-août - 15 6,50 13,50 12 (5A) 20 (10A)*

Bellevue <, 98 78 80 80, O : 4,5 km par D 64 rte de Morlaix et à droite rte en corniche, surplombant la mer et à 100 m de la plage
0,6 ha (45 empl.) en terrasses, herbeux - snack -
Pâques-15 sept. - **R** *conseillée juil.-août - 13,50 7 8,50 ou 13,50 10 (4A) 12 (6A)*

LOCRONAN

3 - 58 ⑮ G. Bretagne

29136 Finistère - 796 h.
Syndicat d'Initiative 98 91 70 14

Municipal < Baie de Douarnenez et Monts d'Arrée, 98 91 87 76, E : 0,7 km par D 7 rte de Châteaulin et rte à droite
2,5 ha (155 empl.) en terrasses, herbeux
juin-sept. - **R** - *Tarif 92 : 8 4,80 6,40*

LOCTUDY

3 - 58 ⑮ G. Bretagne

29750 Finistère - 3 622 h.
Syndicat d'Initiative, pl. de la Mairie (saison) 98 87 53 78

Kergall, 98 87 45 93, à 1 km au sud de la localité, près de la plage de Langoz
1,5 ha (105 empl.) (saison) plat, sablonneux, herbeux - A proximité :
3 avril-sept. - *2 pers. 45, pers. suppl. 12 9 (2A) 11 (4A) 13 (6A)*

Les Hortensias, 98 87 46 64, SO : 3 km par rte de Larvor
1,5 ha (100 empl.) plat, herbeux - A proximité :
15 juin-15 sept. - **R** - *12 6 14,50 8,80 (3A) 11,50 (6A) 18 (10A)*

Le Cosquer, 98 87 52 92, SO : 5 km par rte de Larvor, à la Palud du Cosquer, à 400 m de la mer
0,37 ha (30 empl.) plat, herbeux
15 juin-15 sept. - **R** *conseillée - 11 7 13 8 (2A)*

LODÈVE ⟨SP⟩

34700 Hérault – 7 602 h.

🅰 Office de Tourisme,
12 bd de la Liberté
℘ 67 44 24 23

🔺 **Les Vals** ≤, ℘ 67 44 36 57, S : 2 km par D 148, rte du Puech, près de la Lergue
2,8 ha (54 empl.) ⟲ en terrasses et peu incliné à incliné, herbeux, pierreux
– 🔧 ⟲ 🛁 🖼 🔥 ⊕ 🚿 ✕ crêperie 🛒 🖼 – 🛒 ✕ 🎱 🛶 vélos – Location : 🏠
fermé fév. – **R** conseillée – 🔲 piscine comprise 2 pers. 65 (75 avec élect. 4 ou
6A), pers. suppl. 17

🔺 **Les Rials** 🏕 ≤ « Cadre agréable », ℘ 67 44 15 53 ⊠ 34700 Soubès, N :
3 km par N 9 rte de Millau puis 2 km par D 25 et D 149 rte de Poujols, bord
d'un torrent
4,5 ha (100 empl.) ⟲ plat et en terrasses, herbeux 🏕 🎱 – 🔧 ⟲ 🛁 🔧 🖼 ⊕
🖼 – 🌊 (bassin) – A proximité : ✕ – Location : 🚐
juin-1er sept. – **R** conseillée juil.-août – 🔥 18 🔲 23 🔥 15 (4A)

🔺 Municipal **les Vailhès** 🏕 ≤ « Belle situation au bord du lac du Salagou »,
℘ 67 44 25 98, S : 7 km par N 9 rte de Montpellier puis 2 km par D 148 rte
d'Octon et chemin à gauche
2 ha (200 empl.) ⟲ en terrasses, herbeux 🏕 – 🔧 ⟲ 🛁 🔧 ⊕ 🖼 – 🌊 ◊
avril-sept. – 🔥

🔺 **les Peupliers**, ℘ 67 44 38 08, SE : 6 km par N 9 rte de Montpellier puis à
droite en direction de Le Bosc
1,5 ha (54 empl.) ⟲ plat, herbeux 🏕 – 🔧 ⟲ 🛁 🔧 ⊕ – 🌊
Permanent – **R** conseillée juin-sept. – 🔥 11 piscine comprise 🔲 30/40 🔥 12 (5A)

LODS

25930 Doubs – 284 h.

🔺 Municipal **Champaloux** ≤, rive gauche de la Loue, près de l'ancienne gare
0,8 ha (83 empl.) plat, pierreux, herbeux – 🔧 ⟲ 🛁 ⊕ – A proximité : ✕
15 juin-15 sept. – 🔥

LOEUILLY

80160 Somme – 831 h.

🔺 **Municipal** 🏕 « Situation agréable au bord de la Selle », ℘ 22 38 13 88, sortie
S rte de Conty et chemin à droite, près d'un plan d'eau
1,6 ha (88 empl.) ⟲ plat, herbeux 🏕 🎱 – 🔧 ⟲ 🛁 🖼 ⊕ – 🛒 – A proximité :
🔥 ◊
mars-oct. – Places disponibles pour le passage – **R** – 🔲 1 pers. 12,50 🔥 12,50 (6A)

Les LOGES

76790 S.-Mar. – 1 015 h.

🔺 **L'Aiguille Creuse**, ℘ 35 29 52 10, sortie O par D 940 rte d'Étretat
3,8 ha (55 empl.) ⟲ peu incliné et plat, herbeux 🏕 – 🔧 ⟲ 🛁 🔧 ⊕ – 🛒 🚗
– A proximité : ✕
2 avril-29 oct. – **R** conseillée juil.-août – 🔲 1 pers. 20, 3 pers. 38, pers. suppl.
15 🔥 10 (10A)

LOIX-EN-RÉ 17 Char.-Mar. – 🎳⑫ – voir à Ré (Ile de)

La LONDE-LES-MAURES

83250 Var – 7 151 h.

🅰 Office de Tourisme, av. Albert-Roux
℘ 94 66 88 22

🔺 **Les Moulières** 🏕, ℘ 94 66 82 38, Fax 94 05 22 01, S : 2,5 km par rte de
Port-de-Miramar et rte à droite
3 ha (250 empl.) ⟲ plat, herbeux – 🔧 ⟲ 🛁 🔧 ⊕ 🚿 ♨ ✕ 🛒 🖼 – ✕ 🚗
mai-15 sept. – 🔥 – 🔲 tennis compris 3 pers. 80,40, pers. suppl. 18,80 🔥 18,80 (6A)

🔺 **La Pascalinette**, ℘ 94 66 82 72, O : 1,5 km par N 98 rte d'Hyères
4 ha (220 empl.) ⟲ plat, herbeux, pierreux ◊ – 🔧 ⟲ 🛁 🖼 🔧 ⊕ 🚿 snack 🛒
🖼 – 🛒 – Location : 🚐 🚙
juin-sept. – **R** conseillée – Tarif 92 : 🔲 2 pers. 62, 3 pers. 73, pers. suppl. 16
🔥 14 (6A)

🔺 **La Forge**, ℘ 94 66 82 65, sortie N par D 88 rte des Jassons, bord du Pansard
1 ha (30 empl.) ⟲ plat, herbeux, pierreux – 🔧 ⟲ 🛁 🔧 🔧 ⊕ 🚿 ♨ 🖼 – 🛒
– Location : 🚐 🚙
juin-15 sept. – **R** conseillée – 🔲 2 pers. 63,30 🔥 14,65 (3A) 24,15 (6A)

240

LONGCHAUMOIS

39400 Jura – 945 h. alt. 900

▲▲ **Baptaillard** ❄ ≤, ℘ 84 60 62 34, NE : 3 km par D 69 rte de Morez puis chemin à gauche
4 ha (130 empl.) ⊶ vallonné, herbeux – 🏚 ❀ 🗄 🈯 🏢 ⊕ 🗄 – 🗁 🎠 🚣
fermé oct. – **R** – ✦ *12* 🖭 *12,70* 🚰 *11,30 (3A)*

LONGEVILLE-SUR-MER

85560 Vendée – 1 979 h.
🚹 Syndicat d'Initiative,
r. Georges-Clemenceau
℘ 51 33 34 64

▲▲▲ **Jarny Océan** ⑤, ℘ 51 33 42 21, SO : 1,5 km par rte de la Tranche-sur-Mer puis 2 km par rte à droite
7,5 ha (306 empl.) ⊶ plat et peu incliné, herbeux 🖾 ⑨ (3 ha) – 🏚 🏚 ❀ 🗄 🈯 🗄 &
⊕ 🎠 🌭 🍴 snack 🛒 – 🖾 🍳 🚣 🏊 half-court, vélos – A proximité : 🎠
– Location : 🏠
avril-sept. – **R** *conseillée* – 🖭 *piscine comprise 3 pers. 95* 🚰 *14,50 (4A)*

▲▲ **Les Brunelles** ⑤, ℘ 51 33 50 75, SO : 1,5 km par rte de la Tranche-sur-Mer puis 2,2 km par rte à droite
2,9 ha (130 empl.) ⊶ plat, peu incliné, pierreux 🖾 – 🏚 ❀ 🗄 🈯 🗄 & ⊕ 🗄 🍴
🗄 – 🖾 🚣 🏊 – A proximité : 🛝
mai-sept. – **R** *conseillée* – 🖭 *piscine comprise 2 pers. 78 (91 avec élect. 2A)*

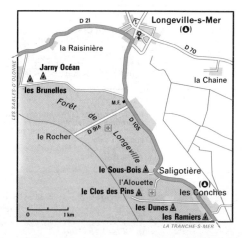

aux Conches S : 5 km par D 105 – ⊠ 85560 Longeville-sur-Mer :

▲▲▲ **Les Dunes,** ℘ 51 33 32 93, r. du Dr-Joussemet (rte de la plage)
5 ha (300 empl.) ⊶ plat et accidenté, sablonneux 🖾 ⑨⑨ – 🏚 ❀ 🗄 🈯 🗄 & ⊕
🎠 🌱 🚗 🍴 snack 🛒 – 🖾 salle de musculation 🍳 🎠 🚣 🏊 vélos –
Location : 🏠
avril-sept. – **R** *conseillée* – 🖭 *élect. (4A) et piscine comprises 3 pers. 145, pers. suppl. 23*

▲▲ **Le Sous-bois** ⑤, ℘ 51 33 36 90, au lieu-dit la Saligotière
1,7 ha (120 empl.) ⊶ plat et en terrasse, sablonneux 🖾 ⑨ (0,8 ha) – 🏚 ❀ 🗄
🗄 & ⊕ 🎠 🌱 🚗 🗄 – 🖾
15 juin-15 sept. – **R** *conseillée* – 🖭 *3 pers. 75* 🚰 *16 (5A)*

▲ **Le Clos des Pins,** ℘ 51 90 31 69, Fax 51 33 91 31, r. du Dr-Joussemet, à 500 m de la plage
1,6 ha (120 empl.) ⊶ plat et peu accidenté, sablonneux ⑨⑨ – 🏚 ❀ 🗄 🈯 ⊕ – 🖾
15 juin-5 sept. – **R** *conseillée juil.-août* – 🖭 *2 pers. 82 (98 avec élect. 6A), pers. suppl. 18*

▲ **Les Ramiers,** ℘ 51 33 32 21
1,4 ha (80 empl.) ⊶ plat et peu accidenté, en terrasses, sablonneux 🖾 ⑨⑨ – 🏚
❀ 🗄 & ⊕ – 🚣
Pâques-sept. – **R** *conseillée* – *Tarif 92 :* 🖭 *3 pers. 45, pers. suppl. 10* 🚰 *12,50 (5A)*

LONS-LE-SAUNIER 🅿

39000 Jura – 19 144 h. –
⚓ 6 avril-oct.
🚹 Office de Tourisme, 1 r. Pasteur
℘ 84 24 65 01

▲▲▲ **la Marjorie,** ℘ 84 24 26 94, sortie NE en direction de Besançon par bd de Ceinture
2,2 ha (158 empl.) ⊶ plat, herbeux, goudronné 🖾 – 🏚 ❀ 🗄 🈯 🗄 & ⊕ 🎠 🌱
🚗 🗄 – 🖾 🚣 – A proximité : 🔲 🏊
avril-oct. – **R** *conseillée* – ✦ *12,50* 🖭 *16/20* 🚰 *13 (6A)*

▶ *Dans ce guide*
un même symbole, un même mot,
imprimés en .oir *ou en rouge, en maigre ou en* **gras,**
n'ont pas tout à fait la même signification.

Lisez attentivement les pages explicatives.

LORRIS

45260 Loiret – 2 620 h.

🅷 Office de Tourisme, près des Halles
ℰ 38 94 81 42 et r. Gambetta
ℰ 38 92 42 76

🄶 – 🄶🄵 ① G. Châteaux de la Loire

⛰ **Etang des Bois** « Cadre boisé », ℰ 38 92 32 00, O : 6 km par D 88 rte de Châteauneuf-sur-Loire, près de l'étang des Bois
3 ha (150 empl.) ⊶ plat, gravillons 🌳🌳 – 🛖 ⊕ 🔥 🖼 🛁 ⊕ 🛒 ▽ – 🛒 –
A proximité : ≋
15 mars-15 nov. – *Places disponibles pour le passage* – **R** *conseillée* – *Tarif 92 :*
👤 *9* 🚗 *7,50* 🅴 *10* ⚡ *9 (5A) 14 (10A)*

LOUAN

77560 S.-et-M. – 427 h.

🄶 – 🄶🄵 ④

⛰ **La Cerclière** ◇ « Agréable cadre boisé », ℰ (1) 64 00 80 14, NE : 1 km sur D 131
9 ha (250 empl.) ⊶ accidenté, en terrasses, gravier 🔲 🌳🌳 – 🛖 ⊕ 🖼 🍴 ⊕ 🔥
🛁 – 🛒 – A proximité : Parc animalier et de loisirs (120 ha) avec 🍴 - 🍸 🐎
🏊 parcours sportif
mars-oct. – **Location longue durée** – *Places disponibles pour le passage*

LOUANNEC 22 C.-d'Armor – 🄵🄴 ① – rattaché à Perros-Guirec

LOUARGAT

22540 C.-d'Armor – 2 128 h.

🄷 – 🄵🄷 ⑧

⛰ **Manoir du Cleuziou** ⚲ « Manoir des 15ᵉ et 17ᵉ siècles », ℰ 96 43 14 90, Fax 96 43 52 59, NO : 2 km par D 33A rte de Trégrom puis 2,8 km par rte à droite
7 ha (200 empl.) ⊶ plat et peu incliné, herbeux 🔲 – 🛖 ⊕ 🖼 ⊕ 🛒 🔥 🛒
🍴 ✗ 🛁 – 🛒 ✗ 🏊 🛗
Permanent – **R** *conseillée* – 🖼 *piscine comprise 2 pers. 90* ⚡ *15 (4 ou 6A)*

LOUBEYRAT

63410 P.-de-D. – 777 h.

🄸🄸 – 🄷🄷 ④

⛰ **Le Colombier** (aire naturelle) ⚲, ℰ 73 86 66 94, S : 1,5 km par D 16 rte de Charbonnières-les-Varennes et chemin à gauche
0,8 ha (25 empl.) peu incliné, herbeux – 🛖 🛁 🖼 ⊕ – 🏊 – A proximité : 🍴 –
Location : 🏠
25 avril-10 oct. – **R** *conseillée juil.-août* – *Tarif 92 :* 👤 *10 piscine comprise* 🅴
12 ⚡ *6,50 (3A)*

LOUBRESSAC

46130 Lot – 449 h.

🄸🄸 – 🄷🄵 ⑲ G. Périgord Quercy

⛰ **La Garrigue** ⚲, ℰ 65 38 34 88, à 200 m au sud du bourg
0,6 ha (38 empl.) ⊶ en terrasses, plat, herbeux 🔲 – 🛖 ⊕ 🛁 🖼 ⊕ 🛒 – 🛒
🏊 🏊 – A proximité : ✗ – Location : 🏠
15 juin-15 sept. – **R** *conseillée 15 juil.-15 août* – 👤 *16 piscine comprise* 🅴 *16*
⚡ *12 (4A) 15 (10A)*

LOUDENVIELLE

65510 H.-Pyr. – 219 h. alt. 960

🄸🄸 – 🄶🄵 ⑲

⛰ **Pène Blanche** ⚲ ≤, ℰ 62 99 68 85, sortie NO par D 25 rte de Génos, près de la Neste de Louron et à proximité d'un plan d'eau
4 ha (92 empl.) ⊶ (saison) en terrasses, peu incliné, herbeux – 🛖 ⊕ 🛁 🖼 🔥
⊕ – A proximité : ✗ 🏊 avec toboggan aquatique 🐎 poneys
Permanent – **R** *conseillée*

LOUER

40380 Landes – 160 h.

🄸🄷 – 🄷🄸 ⑥

⛰ **Municipal de Laubanere**, NO : 0,9 km par D 107, bord d'un petit étang
1 ha (30 empl.) plat et peu incliné, herbeux, sablonneux 🌿 pinède – 🛖 ⊕ 🛁 ⊕
avril-oct. – **R** *conseillée mai et sept., indispensable juin-août*

LOUGRATTE

47290 L.-et-G. – 404 h.

🄸🄸 – 🄷🄸 ⑤

⛰ **Municipal St-Chavit** ≤, SE : 1 km, bord d'un plan d'eau
3 ha (70 empl.) plat à peu incliné, herbeux 🌿 – 🛖 ⊕ 🏊 🖼 🛁 ⊕ – 🛒 🏊 ≋
(Plage) – A proximité : ✗
15 juin-15 sept. – **R** – 👤 *8,40* 🅴 *9* ⚡ *6*

LOUHANS ⊗

71500 S.-et-L. – 6 140 h.

🅷 Office de Tourisme, arcades
St-Jean ℰ 85 75 05 02

🄸🄸 – 🄷🄴 ⑬ G. Bourgogne

⛰ **Municipal**, ℰ 85 75 19 02, SO : 1 km par D 971 rte de Tournus et D 12 rte de Romenay, à gauche après le stade, bord du Solnan
0,5 ha (60 empl.) plat, herbeux 🔲 🌿 – 🛖 🖼 ⊕ 🛒 ▽ – 🏊 – A proximité : ✗
avril-sept. – **R** *conseillée juil.-20 août* – *Tarif 92 :* 👤 *7* 🚗 *7* 🅴 *7* ⚡ *12*

LOUPIAC

46350 Lot – 210 h.

🄸🄷 – 🄷🄵 ⑱

⛰ **Les Hirondelles**, ℰ 65 37 66 25, N : 3 km sur N 20 rte de Souillac
2,5 ha (70 empl.) ⊶ plat, peu incliné, herbeux, pierreux 🌳🌳 – 🛖 🏊 🖼 🛁 ⊕ 🔥
🛒 – 🏊 – A proximité : ✗ snack – Location : 🏡 🏠
Pâques-fin sept. – **R** *conseillée 15 juil.-15 août* – 👤 *20 piscine comprise* 🅴 *35 avec élect. (3A)*

LOUPIAN

34140 Hérault – 1 289 h.

△ **Municipal** ⌂, ℰ 67 43 57 67, sortie S rte de Mèze
1,7 ha (115 empl.) ⊶ plat, herbeux ⊏⊐ – 🚿 ⊛ – A proximité : ✗
juin-sept. – **R** *conseillée* – *Tarif 92 :* ♦ *16* 🔲 *18* 🅗 *8*

LOURDES

65100 H.-Pyr. – 16 300 h.
🚹 Office Municipal de Tourisme, pl.
du Champ-Commun ℰ 62 94 15 64

⚠ Sarsan ≤, ℰ 62 94 43 09, E : 1,5 km par déviation et av. Jean-Moulin
1,5 ha (66 empl.) ⊶ plat et peu incliné, herbeux ♀ – 🚿 ⇆ ⊟ 🖼 ⊛ – 🛒 ⅃

⚠ **Le Moulin du Monge,** ℰ 62 94 28 15, N : 1,3 km
1 ha (67 empl.) ⊶ plat et peu incliné, en terrasses, herbeux ♀♀ (0,5 ha) – 🚿 ⇆
⊟ 🖼 🎢 ⊛ ⇲ 🅱 sauna – 🛒 ⅃
Permanent – **R** – ♦ *18 piscine comprise* 🔲 *18* 🅗 *11 (2A) 16 (4A) 6A : 18*
(hiver 29)

⚠ Plein Soleil ≤, ℰ 62 94 40 93, N : 1 km
0,5 ha (40 empl.) ⊶ en terrasses, pierreux, gravillons – 🚿 ⇆ ⊟ 🖼 🎢 ⊛ ⅂ ⌇
– 🛒 ⅃
Pâques-oct. – **R** *conseillée juin-sept.*

⚠ **Arrouach** ≤, ℰ 62 94 25 75, NO : quartier de Biscaye
13 ha/2 campables (66 empl.) ⊶ plat, peu incliné et en terrasses, herbeux ♀
– 🚿 ⇆ ⊟ ⊛ 🅱 – 🛒 – Location : 🛏
Permanent – **R** *conseillée juil.-août* – ♦ *14* 🔲 *17* 🅗 *13 (2A)*

⚠ **Le Ruisseau Blanc** ⌂ ≤ « Cadre agréable », ℰ 62 42 94 83, E : 1,5 km, à
Anclades par D 97 rte de Jarret – Pour caravanes, accès conseillé par la D 937
en direction de Bagnères-de-Bigorre
1,8 ha (110 empl.) ⊶ plat, herbeux ♀♀ – (🚿 ⇆ 🎢 avril-oct.) 🖼 ⊛ – 🛒
Permanent – **R** *conseillée juil.-août* – *Tarif 92 :* ♦ *7,50* 🔲 *8* 🅗 *10 (2A) 15 (3A)*
20 (5A)

⚠ **Camping du Loup** ≤, ℰ 62 94 23 60, O : 1,5 km par rte de la forêt de
Lourdes, près du sanctuaire
1,5 ha (100 empl.) ⊶ plat, herbeux – 🚿 🎢 🖼 ⚙ ⊛
avril-Toussaint – **R** – *Tarif 92 :* ♦ *12* 🔲 *12* 🅗 *18 (6A)*

⚠ **Domec** ≤, ℰ 62 94 08 79, NE rte de Julos
2 ha (100 empl.) ⊶ plat, incliné et terrasse, herbeux ♀ – 🚿 🎢 ⊛ ⇲
Pâques-oct. – **R** *conseillée* – *Tarif 92 :* ♦ *9,50* 🔲 *10* 🅗 *10 (2A) 15 (3A) 27 (6A)*

△ Le Vieux Berger ≤, ℰ 62 94 60 57, NE : 2 rte de Julos
1,5 ha (67 empl.) ⊶ peu incliné à incliné, plat, herbeux ♀ – 🚿 🎢 ⊛

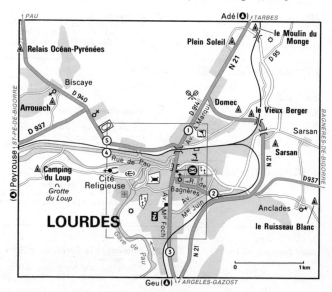

à Adé NE : 4,5 km par ① – ✉ 65100 Adé :

⚠ Le Stade ≤, ℰ 62 94 37 09, NO : 0,5 km (hors schéma)
0,9 ha (70 empl.) ⊶ plat, herbeux ⊏⊐ ♀♀ – 🚿 ⇆ ⊟ ⊛ ⇲ 🍽 – A proximité :
✗ ⅃ squash – Location : 🛏

à Geu S : 8 km par N 21, D 13 à gauche et D 813 – ✉ 65100 Geu :

△ **Et-Bayet** (aire naturelle) ⌂ ≤, ℰ 62 94 02 80, à 0,6 km à l'ouest du bourg,
sur D 13, à 350 m du Gave de Pau (hors schéma)
1,4 ha (25 empl.) ⊶ plat, terrasse, herbeux – 🚿 ⇆ ⊛ – 🚤 – Location :
🛖, gîtes
avril-sept. – **R** – ♦ *9,50* 🚗 *4* 🔲 *5* 🅗 *9 (2A) 27,50 (6A)*

à Peyrouse O : 6,5 km par D 937, rte de Lestelle-Bétharram
⊠ 65270 Peyrouse

▲▲ **Arc-en-Ciel** ≤, ℰ 62 41 81 54, O : 5,5 km par D 937 rte de Pau par Lestelle-Bétharram
3,5 ha (166 empl.) ⚬━ (saison) plat, herbeux ♀♀ (1,5 ha) – ⌂ ⇦ ⌷ ⚲ ⊡ ⊕
⊟ – ⛬ ✕ ⚓ ⅁ – Location : ⚏
juin-sept. – **R** *conseillée 1ᵉʳ-15 août* – ⚑ *13 piscine comprise* ⊡ *13* ⚿ *10 (6A)*

à Poueyferré NO : 4,5 km par ⑤ et D 174 à gauche
⊠ 65100 Poueyferré :

▲▲▲ **Relais Océan-Pyrénées** ≤, ℰ 62 94 57 22, S : 0,8 km, à l'intersection des D 940 et D 174
1 ha (90 empl.) ⚬━ en terrasses, peu incliné, plat, herbeux ♀ – ⌂ ⇦ ⌷ ⊡
⅊ ▥ ⌸ ⊕ ⚲ ▽ ⚏ ⊟ – ⛬ ⚓ ⅁ – ⚘ 8,50 ⊡ 8,50 ⚿ 13 (4A) 19 (6A) 27 (10A)
mars-nov. – **R** – ⚑ *17 piscine comprise*

LOURMARIN
84160 Vaucluse – 1 108 h.
🛈 Syndicat d'Initiative,
av. Ph.-de-Girard (mai-oct.)
ℰ 90 68 10 77

⬜ – ⬛ ③ G. Provence

▲▲▲ **Les Hautes Prairies,** ℰ 90 68 02 89, Fax 90 68 23 83, E : 0,7 km par D 56 rte de Vaugines
2,5 ha (150 empl.) ⚬━ plat, pierreux ; herbeux ⌸ – ⌂ ⇦ ⌷ ⊡ ⊕ ⚲ ▽ ⚏
⅊ ✕ ⚵ ⊟ – ⛬ ⅁ – Location : ⊨(hôtel) ⌂
mars-nov. – **R** *conseillée* – ⚑ *20 piscine comprise* ⚘ *10* ⊡ *16* ⚿ *16 (4A) 20 (10A)*

LOUROUX-DE-BOUBLE
03330 Allier – 268 h.

⬜ – ⬛ ④

▲ **Municipal,** à 2 km au NE du bourg, sur D 129, à l'orée de la forêt de Boismal
0,5 ha (33 empl.) plat, herbeux – ⌂ ⇦ ⌷ ⊕
avril-oct. – **R** *juil.-août* – ⚑ *4,50* ⚘ *3* ⊡ *2,50* ⚿ *7*

LOUVIE-JUZON
64260 Pyr.-Atl. – 1 014 h.

⬜ – ⬛ ⑯ G. Pyrénées Aquitaine

▲ Le Rey ≤, E : 1 km par D 35 rte de Lourdes
3 ha (40 empl.) plat et incliné, herbeux ♀ – ⌂ ⇦ ⌷ ⊕

LOUVIERS
27400 Eure – 18 658 h.
🛈 Office de Tourisme, 10 r.
Maréchal-Foch (mars-déc., fermé
matin sauf juin-sept.) ℰ 32 40 04 41

⬜ – ⬛ ⑯ ⑰ G. Normandie Vallée de la Seine

▲▲▲ **Le Bel Air** ⬦, ℰ 32 40 10 77, O : 3 km par D 81 rte de la Haye-Malherbe
2,5 ha (110 empl.) ⚬━ plat, herbeux – ⌂ ⇦ ⌷ ⊡ ⊕ ⚲ ⚏
15 mars-15 oct. – **Location longue durée** – *Places limitées pour le passage* –
R *conseillée juin-sept.* – ⚑ *20 piscine comprise* ⊡ *25* ⚿ *14 (4A)*

LOZARI 2B H.-Corse – ⬛ ⑬ – voir à Corse

Le LUC
83340 Var – 6 929 h.
🛈 Office de Tourisme, pl. Verdun
(saison) ℰ 94 60 74 51 et Mairie (hors
saison) ℰ 94 60 70 03

⬜ – ⬛ ⑯ G. Côte d'Azur

▲ **Municipal le Provençal,** ℰ 94 60 80 50, sortie N par D 33 rte de Cabasse et à gauche
2,5 ha (110 empl.) ⚬━ plat, peu incliné et en terrasses, pierreux, herbeux ♀
(1 ha) – ⌂ ⇦ ⌷ ⊕ – **R** *conseillée* – ⚑ *15* ⊡ *20* ⚿ *10*
15 juin-15 sept.

LUCHÉ-PRINGÉ
72800 Sarthe – 1 486 h.

⬜ – ⬛ ③ G. Châteaux de la Loire

▲ Municipal ⚵ « Décoration florale », sortie O vers la Flèche et à gauche, r. des Prés, à 200 m du Loir (accès direct)
1 ha (60 empl.) plat et en terrasses, herbeux – ⌂ ⇦ ⊕ – ⚓ – A proximité :
⅊ ✕ ⌸ ⅁

LUCHEUX
80600 Somme – 607 h.

⬜ – ⬛ ⑧ G. Flandres Artois Picardie

▲▲ **Municipal la Forêt,** NE : 1,5 km par D 5 rte d'Avesnes-le-Comte, bord de la Grouches
1,2 ha (82 empl.) ⚬━ plat, herbeux ⌸ ♀ – ⌂ ⇦ ⌷ ⊕ – ⛬
15 avril-15 sept. – **R** – ⚑ *6,50* ⚘ *3,30* ⊡ *6,50* ⚿ *11 (6A)*

LUCHON
31 H.-Gar. – 3 094 h. alt. 630 –
✦ avril-28 oct. – ⚑ à
Superbagnères
⊠ 31110 Bagnères-de-Luchon.
🛈 Office de Tourisme, allées d'Étigny
ℰ 61 79 21 21

⬜ – ⬛ ⑳ G. Pyrénées Aquitaine

▲▲▲ **Les Myrtilles** ≤, ℰ 61 79 89 89, Fax 61 79 09 41 ⊠ 31110 Moustajon, N : 2,5 km par D 125ᶜ, à **Moustajon,** bord d'un ruisseau
1 ha (100 empl.) ⚬━ plat, herbeux – ⌂ ⇦ ⌷ ⊡ ⚲ ▽ ⅁ snack – ⌸
⅁ vélos – A proximité : ⚶ (centre équestre) – Location : ⚏ ⫘, gîte d'étape
juin-oct. – **R** *indispensable juil.-août* – ⊡ *piscine comprise 3 pers. 100* ⚿ *12 (6A)*

▲▲ **Pradelongue** ≤, ℰ 61 79 86 44 ⊠ 31110 Moustajon, N : 2 km par D 125ᶜ rte de Moustajon, près du magasin Intermarché – alt. 620
4 ha (90 empl.) ⚬━ plat, herbeux, pierreux – ⌂ ⇦ ⌷ ⊡ ⚵ ▥ ⊕ ⊟ – ⛬ –
A proximité : ⌇ – Location : bungalows toilés
fermé nov. – **R** *conseillée* – ⚑ *16,80* ⊡ *20* ⚿ *11,50 (2A) 16,50 (5A) 27 (10A)*

▲▲▲ **La Lanette** ⑤ ≤, ℰ 61 79 00 38, à Montauban-de-Luchon, E : 1,5 km par D 27
4,3 ha (270 empl.) ⚬━ plat et peu incliné, herbeux ⚲ – 🗊 ⚙ 🖼 ▥ ⊕ 🚙 ♀ ✕ 🍴 🗑 – ☄ – A proximité : ⚞ ⼎
Permanent – **R** *conseillée saison* – *Tarif 92 :* 🔲 *1 à 3 pers. 65 (75 avec élect. 1,5A), pers. suppl. 16* 🔌 *4 par ampère suppl.*

▲ **Val de l'Air** ≤, ℰ 61 79 10 02, N : 1,5 km par D 125, av. Rémi-Comet
1 ha (80 empl.) ⚬━ plat, herbeux ▭ ⚲⚲ – 🗊 ⚙ 🖼 ⊕
juin-août – **R** – *Tarif 92 :* 🔲 *1 à 3 pers. 48, pers. suppl. 14* 🔌 *7,80 (1,5A)*

à *Salles-et-Pratviel* N : 4 km par D 125 – ✉ 31110 Salles-et-Pratviel :

▲▲▲ **Le Pyrénéen** ❄ ⑤ ≤, ℰ 61 79 37 29, S : 0,6 km par D 27 et chemin, bord de la Pique – ⚞
1,1 ha (85 empl.) ⚬━ plat, pierreux, herbeux ⚲ – 🗊 ⚙ 🖵 🗊 🖼 ⊕ ☄ – ☄
🏊 – Location : 🚐 🏠
Permanent – *Places disponibles pour le passage* – **R** *saison* – 🔲 *piscine comprise 1 à 3 pers. 68, pers. suppl. 17* 🔌 *15 (5A) et 5 par ampère supplémentaire*

à *Garin* O : 8,5 km par D 618 alt. 1 120 – ✉ 31110 Garin :

▲▲▲ **Les Frênes** ❄ ⑤ ≤, ℰ 61 79 88 44, au nord du bourg
0,8 ha (50 empl.) ⚬━ plat, peu incliné, incliné, herbeux ⚲ – 🗊 ⚙ 🖵 ♿ ▥ ⊕ – 🗺
fermé oct.-nov. – **R** *conseillée* – ⼎ *16* 🔲 *18* 🔌 *10 (2A) 20 (6A)*

LUÇON
85400 Vendée – 9 099 h.
🅱 Office de Tourisme, square E.-Herriot ℰ 51 56 36 52

9 – 71 ⑪ G. Poitou Vendée Charentes

▲▲▲ **Base de Loisirs les Guifettes,** ℰ 51 27 90 55, Fax 51 56 93 81, S : 2 km par rte de l'Aiguillon-sur-Mer et rte à droite, à 150 m d'un plan d'eau (plage)
0,9 ha (90 empl.) ⚬━ plat, herbeux, pierreux ▭ – 🗊 ⚙ 🖵 🖼 ♿ ⊕ 🖥 –
A proximité : ♀ ✕ 🗺 salle d'animation ⚞ ⼎ ☄ 🞄 🐎 half-court, vélos, poneys – Location : 🏘(gîtes) 🏠
avril-oct. – **R** *conseillée* – ⼎ *15* 🔲 *23/27* 🔌 *8 (6A)*

LUC-SUR-MER
14530 Calvados – 2 902 h.

5 – 54 ⑯ G. Normandie Cotentin

▲▲▲ **Municipal la Capricieuse,** ℰ 31 97 34 43, Fax 31 96 82 78, à l'Ouest de la localité, allée Brummel, à 200 m de la plage
4,6 ha (232 empl.) ⚬━ plat, peu incliné, herbeux – 🗊 ⚙ 🖵 🖼 ♿ ⊕ ☄ ▿ 🖥
– 🗺 ⚞ – A proximité : 🏊 – Location : 🏠
avril-sept. – **R** *conseillée juil.-août* – ⼎ *17,50 tennis compris* 🔲 *20* 🔌 *14,50 (6A) 21,60 (10A)*

Le LUDE
72800 Sarthe – 4 424 h.
🅱 Office de Tourisme, pl. F. de Nicolay (Pâques-sept.) ℰ 43 94 62 20

5 – 64 ③ G. Châteaux de la Loire

▲▲▲ Municipal, ℰ 43 94 67 70, NE : 0,8 km par D 307 rte du Mans, bord du Loir
4,5 ha (200 empl.) ⚬━ plat, herbeux ⚲ – 🗊 🖵 🖼 ♿ ⊕ ☄ ▿ 🖥 – 🗺 ☄
– A proximité : ⚞ 🗺 🏊 sauna, toboggan aquatique

LUGRIN
74500 H.-Savoie – 2 025 h.

12 – 70 ⑱

▲▲ **Vieille Église** ≤, ℰ 50 76 01 95, Fax 50 76 12 13, O : 2 km
1,2 ha (100 empl.) ⚬━ plat et incliné, herbeux – 🗊 ⚙ 🖵 ⊕ ☄ ▿ 🚙 🖥 – ⼎
– Location : 🚐
avril-20 oct. – **R** *conseillée* – 🔲 *2 pers. 45, pers. suppl. 16* 🔌 *10 (2 ou 3A) 18 (6A) 24 (10A)*

▲ **Les Myosotis** ⑤ ≤, ℰ 50 76 07 59, S : 0,6 km
1 ha (70 empl.) ⚬━ (saison) incliné et en terrasses, herbeux ▭ ⚲ – 🗊 ⚙ ⚙ ⊕
15 avril-sept. – **R** *conseillée juil.-août* – 🔲 *2 pers. 45* 🔌 *9 (2A) 13 (4A) 17 (6A)*

LUMIO 2B H.-Corse – 90 ⑬ – voir à Corse - Calvi

LUNAY
41360 L.-et-Ch. – 1 213 h.

5 – 64 ⑥ G. Châteaux de la Loire

▲ **Municipal la Montellière** ⑤, ℰ 54 72 07 22, sortie N par D 53 rte de Savigny-sur-Braye, près du château et d'un plan d'eau
1 ha (50 empl.) plat, herbeux – 🗊 🖵 🖼 ⊕ – ☄ – A proximité : ⚞ ☄
15 mai-sept. – **R** – *Tarif 92 :* ⼎ *9* 🔲 *6* 🔌 *10 (6A)*

LUNEL
34400 Hérault – 18 404 h.

16 – 83 ⑧

▲ **Mas de l'Isle,** ℰ 67 83 26 52, Fax 67 71 40 13, SE : 1,5 km par D 34 rte de Marsillargues, au carrefour avec D 61
3 ha (180 empl.) ⚬━ plat, pierreux, herbeux – 🗊 🖼 ♿ ⊕ 🖥
15 mai-15 sept. – **R** *conseillée juil.-août* – ⼎ *14* 🔲 *26* 🔌 *13 (3A)*

LUXEUIL-LES-BAINS
70300 H.-Saône – 8 790 h. – ♨.
🅱 Office de Tourisme, 1 av. des Thermes ℰ 84 40 06 41

8 – 66 ⑥ G. Alsace Lorraine

▲ **Municipal Stade Maroselli,** ℰ 84 40 02 39, par sortie ④ rte de Breuches
2 ha (150 empl.) ⚬━ plat, herbeux ⚲⚲ – 🗊 ⚙ 🖵 ⊕ 🖥
avril-oct. – **R** – ⼎ *9* 🚙 *7* 🔲 *7* 🔌 *7 (10A)*

LUYNES

37230 I.-et-L. – 4 128 h.
🛈 Syndicat d'Initiative, Mairie
℘ 47 55 50 31

⑤ – 🖾 ⑭ G. Châteaux de la Loire

🔺 **Municipal les Granges,** ℘ 47 55 60 85, sortie S par D 49
0,8 ha (66 empl.) ⚬╌ plat, herbeux, gravier ☒ – 🗂 ♨ ⚲ ⊕ ⚹ – 🛶 ⟿ –
A proximité : parcours sportif
8 mai-12 sept. – **R** conseillée juil.-août – Tarif 92 : ♦ 9 🗉 9 🛱 14 (10A)

▶ *Si vous recherchez, dans une région déterminée :*
  - *un terrain agréable (🔺 ... 🔺🔺🔺)*
  - *un terrain ouvert toute l'année (Permanent)*
  - *ou simplement un camp d'étape ou de séjour*
Consultez le tableau des localités dans le chapitre explicatif.

LUZ-ST-SAUVEUR

🖾 – 🖾 ⑱ G. Pyrénées Aquitaine

65120 H.-Pyr. – 1 173 h. alt. 711 –
⚘ mai-oct. – ⚕.
🛈 Office de Tourisme, pl. du 8-Mai
℘ 62 92 81 60

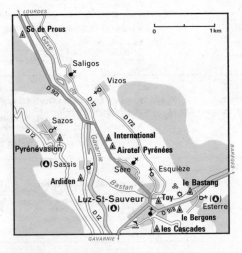

🔺🔺🔺 **Airotel Pyrénées** Ⓜ ❄ ≼, ℘ 62 92 89 18, Fax 62 92 96 50, NO : 1 km par
D 921 rte de Lourdes
2,5 ha (80 empl.) ⚬╌ peu incliné et incliné, plat et en terrasses, herbeux – 🗂 ♨
🖤 🗟 ₺ ▥ ⊕ ⚲ ⚆ ▽ ⚄ ✕ ⚹ 🗉 sauna – 🛶 ⟿ 🖾 ⚄ half-court – A proximité :
centre de loisirs avec ⚹ ⚄ garderie, tir à l'arc – Location : 🖵 🖵
Permanent – **R** conseillée – 🗉 piscine comprise 1 pers. 50, 2 pers. 75, pers. suppl.
20 🛱 10 (3A) 28 (6A)

🔺🔺🔺 **International** ❄ ≼, ℘ 62 92 82 02, NO : 1,3 km par D 921 rte de Lourdes
3 ha (133 empl.) ⚬╌ plat, peu incliné, terrasses, herbeux – 🗂 ♨ 🖤 ⚄ 🗟 ₺
▥ ⚆ ⚲ ▼ ✕ ⚹ ⚄ ▱ – 🛶 ⚄ half-court – Location : 🖵
juin-sept., 15 déc.-1er mai – **R** conseillée – Tarif 92 : ♦ 19 piscine comprise 🗉
19 🛱 10 (2A) 15 (3A) 30 (6A)

🔺🔺🔺 **Pyrénévasion** Ⓜ ≼ vallées de Baréges et de Gavarnie, ℘ 62 92 91 54, à
Sazos, NO : 3 km par D 921 rte de Gavarnie, puis D 12 rte de Luz-Ardiden –
alt. 834
2,8 ha (60 empl.) ⚬╌ en terrasses, peu incliné, herbeux, gravier ☒ – 🗂 ♨ 🖤
🗟 ₺ ▥ ⊕ ⚲ ▽ ▼ 🗉 – 🛶
Permanent – **R** conseillée déc., fév. et juil.-août – 🗉 2 pers. 52, pers. suppl. 14
🛱 12 (3A) 25 (6A) 40 (10A)

🔺🔺 **Le Bastan** ❄ ≼, ℘ 62 92 82 56, à **Esterre** E : 0,8 km par D 918, rte de Baréges,
bord du Bastan
1,2 ha (35 empl.) ⚬╌ (saison) peu incliné et plat, herbeux, pierreux ⚘ – 🗂 ♨ 🖤
🗟 ₺ ▥ ⊕ ⚄ – 🛶
15 déc.-15 avril, 15 juin-15 sept. – ♦ 13 (hiver 13,50) 🗉 12/15 🛱 15 (3A)
30 (6A)

🔺🔺 **Les Cascades** ≼, ℘ 62 92 85 85, au sud de la localité, rue Ste-Barbe, bord
des torrents
2 ha (100 empl.) ⚬╌ peu incliné et en terrasses, herbeux, pierreux ⚘ – 🗂 ♨ 🖤
🗟 ₺ ▥ ⚆ ▼ ✕ ⚄ – 🛶 – A proximité : ⚄ – Location : 🖵
fermé 16 oct.-14 déc. – **R** conseillée hiver – ♦ 13 🗉 13 (hiver 16) 🛱 10 (2A)
15 (3A) 28 (6A)

🔺🔺 **Toy** ≼, ℘ 62 92 86 85, centre bourg, pl. du 8-Mai, bord du Bastan
1,2 ha (100 empl.) ⚬╌ peu incliné et en terrasses, herbeux, pierreux ⚘ – 🗂 ♨
⚄ ▥ ⊕ – A proximité : ⚄
19 déc.-2 mai, 12 juin-24 sept. – **R** conseillée hiver – ⟨R⟩ été – ♦ 13 🗉 13 (hiver
16,50) 🛱 11 (2A) 16,50 (3A) 30 (6A)

🔺🔺 **Le Bergons** ≼, ℘ 62 92 90 77, à **Esterre**, E : 0,5 km par D 918 rte de Baréges
1 ha (78 empl.) ⚬╌ plat, peu incliné et terrasses, herbeux – 🗂 ♨ ⚄ ₺ ▥ ⊕
Permanent – ⟨R⟩ – Tarif 92 : ♦ 13 🗉 13 (15 hiver) 🛱 10 (2A) 15 (3A) 30 (6A)

▲▲ **Saint-Bazerque** ⬙ ≼, ✆ 62 92 49 93, S : 6 km par D 921 rte de Gavarnie (hors schéma) – alt. 900
1,5 ha (65 empl.) ⊶ plat et peu incliné, terrasse, herbeux – 🛋 ⚄ ▥ ☺ ▾
vac. scol., juin-sept. – **R** – ⚹ *10* ▤ *10* 🍴 *9,50 (2A) 19 (4A) 28,50 (6A)*

▲▲ **So de Prous** ≼, ✆ 62 92 82 41, NO : 3 km par D 921 rte de Lourdes, à 80 m du Gave de Gavarnie
2 ha (66 empl.) ⊶ plat, peu incliné, en terrasses, herbeux ⚱ – 🛋 ⇄ ⚄ 🗔 ▥
☺ ▾ ▣ – 🚃 – Location : 🛏
Permanent – **R** – ⚹ *12 (hiver 15,80)* ▤ *13 (hiver 16,80)* 🍴 *9 (2A) 27 (6A)*

▲ **Ardiden** ≼, ✆ 62 92 86 93, à **Sassis**, NO : 2 km sur D 12, à 50 m du Gave de Gavarnie
2 ha (66 empl.) ⊶ plat et peu incliné, herbeux ⚱⚱ – 🛋 ⇄ ⚄ 🗔 ☺
juil.-août – **R** *conseillée 14 juil.-15 août* – ⚹ *15* ▤ *13* 🍴 *12 (2A) 25 (4A)*

LUZY

58170 Nièvre – 2 422 h.

⑪ – ⑥⑨ ⑥ G. Bourgogne

▲▲▲ **Château de Chigy** ⬙ ≼ « Agréable domaine : prairies, bois, étangs », ✆ 86 30 10 80, Fax 86 30 09 22 ✉ 58170 Tazilly, SO : 4 km par D 973 rte de Bourbon-Lancy puis chemin à gauche
70 ha/4,8 campables (136 empl.) ⊶ plat, peu incliné et en terrasses, herbeux – 🛋 ⇄ 🗔 🗔 ⚄ ☺ ▾ ✗ ▣ – 🚃 🎣 ⚲ – Location : 🏠, appartements
avril-sept. – **R** *conseillée juil.-août* – ⚹ *22,50 piscine comprise* ▤ *30* 🍴 *16 (4 à 6A)*

LYNDE

59173 Nord – 544 h.

① – ⑤① ④

▲ **La Becquerelle** ⬙, ✆ 28 43 20 37, O : 1,2 km, accès par rte à gauche de l'église
1 ha (70 empl.) ⊶ plat, herbeux ⊏⊐ – 🛋 ⚄ 🗔 ☺ ▾
mars-nov. – *Places limitées pour le passage* – **R** *conseillée été* – ⚹ *9,50* ⬤ *4,50* ▤ *9,50 avec élect. (4A)*

LYON ℗

69000 Rhône – 415 487 h.

🇧 Office de Tourisme et Accueil de France, pl. Bellecour ✆ 78 42 25 75 et Centre d'Échange de Perrache ✆ 78 42 22 07

⑪ – ⑦④ ⑪ ⑫ G. Vallée du Rhône

▲▲▲▲ **Municipal Porte de Lyon**, ✆ 78 35 64 55, Fax 72 17 04 26 ✉ 69570 Dardilly, à Dardilly, NO : 10 km par N 6 rte de Mâcon – Par A 6 : sortie Limonest
6 ha (150 empl.) ⊶ plat, herbeux, gravillons ⊏⊐ ⚱ – 🛋 ⇄ 🗔 🗔 ⚄ ▥ ☺ ⚲ ▽
🗔 ▾ ✗ – 🚃 🎣 – 🛏
Permanent – **R** – ⚹ *15 piscine comprise* ▤ *30/40* 🍴 *10A : 11 (hiver 20)*

MACHECOUL

44270 Loire-Atl. – 5 072 h.

⑨ – ⑥⑦ ② G. Poitou Vendée Charentes

▲ **Municipal la Rabine**, ✆ 40 02 30 48, sortie S par D 95 rte de Challans, bord de rivière
2,8 ha (66 empl.) ⊶ (saison) plat, herbeux ⚱⚱ (1 ha) – 🛋 ⇄ 🗔 ☺ ▣ – 🎣
– A proximité : ✗ 🗔 (découverte en été)
mai-sept. – **R** *conseillée juil.-août* – ⚹ *6* ⬤ *4* ▤ *5* 🍴 *10 (15A)*

MÂCON ℗

71000 S.-et-L. – 37 275 h.

🇧 Office de Tourisme, 187 r. Carnot ✆ 85 39 71 37

⑪ – ⑥⑨ ⑲ G. Bourgogne

▲▲▲ **Municipal** « Entrée fleurie », ✆ 85 38 16 22, N : 3 km sur N 6
4 ha (280 empl.) ⊶ plat, herbeux ⚱ – 🛋 ⇄ 🗔 🗔 ⚄ ▥ ☺ ⚲ ▾ ✗ 🛒 ▣ – 🚃
🎣
15 mars-15 oct. – **R** – ⚹ *14,50* ⬤ *8* ▤ *10* 🍴 *12 (5A)*

MADIC

15210 Cantal – 239 h.

⑩ – ⑦⑥ ②

▲ **Municipal du Bourg**, O : au terrain de sports
1 ha (33 empl.) plat, herbeux – 🛋 ⇄ ☺
15 mai-15 sept. – **R** – ⚹ *6* ⬤ *2* ▤ *3* 🍴 *8 (5A)*

MAGNAC-BOURG

87 H.-Vienne – 857 h.
✉ 87380 St-Germain-les-Belles

⑬ – ⑦② ⑱

▲ Municipal des Écureuils, ✆ 55 00 80 28, sortie N rte de Limoges
1,3 ha (30 empl.) ⊶ plat, peu incliné, herbeux ⊏⊐ ⚱⚱ – 🛋 🗔

MAICHE

25120 Doubs – 4 168 h. alt. 775

⑫ – ⑥⑥ ⑱ G. Jura

▲▲ **Municipal St-Michel** Ⓜ, ✆ 81 64 12 56, S : 1 km sur D 422 reliant D 464 à D 437, à l'orée d'un bois
2 ha (50 empl.) ⊶ peu incliné, en terrasses, herbeux ⚱ – 🛋 ⇄ 🗔 ⚄ ☺ – 🎣
– Location : gîte d'étape
Permanent – **R** – ⚹ *10,80* ▤ *15,20 Elect. 7,60 (2 à 5A) 15,20 (plus de 5A)*

MAILLÉ

85420 Vendée – 734 h.

⑨ – ⑦① ①

▲ **Municipal** « Agréable situation », à l'ouest du bourg, bord de la Sèvre Niortaise et près d'un canal
0,6 ha (44 empl.) plat, herbeux – 🛋 ⚄ 🗔 ☺ – 🎣
15 avril-sept. – **R** – ⚹ *8,80* ▤ *3,60/5,70* 🍴 *9,80*

MAILLEZAIS

85420 Vendée – 930 h.

🏕 9 – 71 ① G. Poitou Vendée Charentes

🏕 **Municipal de l'Autize,** 𝒫 51 00 70 79, sortie S rte de Courçon
1 ha (38 empl.) plat, herbeux ⌑ – 🖪 ⊕ 🝙 ⊛ – A proximité : ✗
avril-sept. – **R** – ☂ 8 ⊕ 4,50 🗉 3/5 🗐 11 (10A)

MAINTENON

28130 E.-et-L. – 4 161 h.

🏕 5 – 60 ⑧ G. Ile de France

🏕 **Les Ilots de St-Val** ⬍ ≤, 𝒫 37 82 71 30, NO : 4,5 km par D 983 rte de
Nogent-le-Roi puis 1 km par D 101³ rte de Neron à gauche
3 ha (100 empl.) ⊶ plat et incliné, herbeux, pierreux – 🖫 ⊕ 🝙 🖪 ⚹ 🏬 ⊛ 🝖
– 🝮 🝯
fermé 16 déc.-15 janv. – *Places disponibles pour le passage* – **R** *conseillée*
juil.-août – ☂ 17 🗉 17 🗐 5,50 (2A) 11 (4A) 16,50 (6A)

MAISNIL-LÈS-RUITZ

62620 P.-de-C. – 1 235 h.

🏕 1 – 51 ⑭

🏕 **Parc d'Olhain** ⬍ ≤ « Agréable cadre boisé », 𝒫 21 27 94 80, Fax 21 64 17 95
✉ 62150 Houdain, S : 1,5 km, à la Base de Plein Air et de Loisirs
102 ha/2,1 campables (68 empl.) ⊶ (saison) plat, accidenté et en terrasses,
herbeux, gravier ⌑ 灬 – 🖫 ⊕ 🝙 ⊛ – 🝮 salle de sports, golf, practice de golf
– A proximité : 💡 ✗ ⚹ – ✗ 灬 ⚹ 🝯
15 avril-15 sept. – **R** *conseillée juil.-août* – *Tarif 92* : 🗉 *élect.* (5A) *comprise*
jusqu'à 6 pers. 65

MAISON-JEANNETTE

24 Dordogne – ✉ 24140
Villamblard

🏕 10 – 75 ⑤ ⑮

🏕 **Orphéo-Négro** ⬍ ≤ « Agréable situation au bord d'un étang »,
𝒫 53 82 96 58, NE : sur N 21, près de l'hôtel Tropicana
7 ha/2 campables (100 empl.) ⊶ plat, peu incliné, herbeux ⌑ 💡 – 🖫 ⊕ 🝙 🖪
⚹ ⊛ 🝮 💡 – 🝯 ⚹ 🝖 toboggans aquatiques – A proximité : ✗
26 juin-août – **R** – ☂ 21 *piscine comprise* 🗉 23 🗐 13 (6A)

MAISON-NEUVE

07 Ardèche – ✉ 07230 Lablachère

🏕 16 – 80 ⑧

🏕 **Pont de Maisonneuve,** 𝒫 75 39 03 51 ✉ 07460 Beaulieu, sortie S par
D 104 rte d'Alès, après le pont, bord du Chassezac
1,5 ha (65 empl.) ⊶ plat, herbeux 💡 – 🖫 🖪 ⚹ ⊛ 🝮 ⚹ – ✗ ⚹ – Location :
🝹 🝮
avril-sept. – **R** *conseillée juil.-août* – 🗉 *piscine comprise 2 pers.* 55 🗐 10 (3A)

MAISONS-LAFFITTE

78600 Yvelines – 22 173 h.

🏕 6 – 101 ③ ⑬ G. Ile de France

🏕 **International,** 𝒫 (1) 39 12 21 91, Fax 34 93 02 60, par r. Johnson, dans l'Ile de
la Commune, bord de la Seine
6,5 ha (433 empl.) ⊶ plat, herbeux ⌑ 💡 – 🖫 ⊕ 🝙 🖪 ⚹ 🏬 ⊛ 🝖 ✗ 🝹
Permanent – *Places limitées pour le passage* – **R** *conseillée juil.-août* – ☂ 27 ⊕
14 🗉 27/31 🗐 21 (4A) 31 (10A)

MALARCE-SUR-LA-THINES

07140 Ardèche – 244 h.

🏕 16 – 80 ⑧

🏕 **Les Gorges du Chassezac** ⬍ ≤, 𝒫 75 39 45 12, SE : 4 km par D 113 rte
des Vans, lieu-dit Champs d'Eynès, accès direct au Chassezac
2,5 ha (100 empl.) ⊶ peu incliné et en terrasses, pierreux, herbeux 💡 – 🖫 🝙
⊛ 🝮 🝹 – 🝯
Pâques-15 sept. – **R** *conseillée juil.-août* – 🗉 2 *pers.* 45 🗐 9 (6A)

MALAUCÈNE

84340 Vaucluse – 2 172 h.
🆔 Office de Tourisme, pl. de la Mairie
(vacances de printemps, 15 juin-
15 sept.) 𝒫 90 65 22 59

🏕 16 – 81 ③ G. Alpes du Sud et Provence

🏕 **Le Lignol** ⬍ ≤, 𝒫 90 65 22 78, O par r. des Remparts
2 ha (75 empl.) ⊶ en terrasses, peu incliné, herbeux 💡💡 – 🖫 🝡 ⊛ – 🝯
avril-15 sept. – **R** – ☂ 14 ⊕ 8,50 🗉 9,50 🗐 7,50 (3A) 12 (5A) 15 (6A)

MALBOSC

07140 Ardèche – 146 h.

🏕 16 – 80 ⑧

🏕 **Municipal du Moulin de Gournier** ⬍ ≤, 𝒫 75 37 35 50, NE : 7 km par
D 216 rte des Vans, bord de la Ganière
1 ha (29 empl.) ⊶ en terrasses, pierreux, herbeux ⌑ – 🖫 ⊕ 🝙 🖪 ⚹ ⊛ – 🝯
juil.-août – **R** *conseillée* – 🗉 3 *pers.* 60, *pers. suppl.* 10 🗐 10

MALBUISSON

25160 Doubs – 366 h. alt. 900.
🆔 Syndicat d'Initiative, Lac Saint-Point
(fermé après-midi hors saison)
𝒫 81 69 31 21

🏕 12 – 70 ⑥ G. Jura

🏕 **Les Fuvettes** ❄ ≤, 𝒫 81 69 31 50, Fax 81 69 70 46, SO : 1 km, bord du lac
de St-Point
5 ha (300 empl.) ⊶ (saison) plat et peu incliné, herbeux, pierreux – 🖫 ⊕ 🝙 🖪
⚹ 🏬 ⊛ 🝖 🝡 🝢 💡 snack 🝮 – 🖪 – 🝮 🝯 🝯 – Location : 🝹
avril-1er nov., week-ends et vac. scolaires hiver – **R** *conseillée août* – 🗉 2 *pers.*
68 🗐 15 (4A)

MALEMORT-DU-COMTAT

84570 Vaucluse – 985 h.

⚑ **Font Neuve** ⛺ ≤, ℰ 90 69 90 00, SE : 1,6 km par D 5 rte de Méthanis et chemin à gauche
1,5 ha (54 empl.) ⊶ plat et peu incliné, terrasses, herbeux, pierreux ▭ – 🛖 ♨
🏠 🖬 🕹 ⊛ ⚡ 🔽 ✗ – ✖ ♨ – Location : 🚐
mai-sept. – **R** *conseillée juil.-août* – 🕇 *15 piscine comprise* 🚗 *10* 🔳 *20* 🔌 *11*

MALESHERBES

45330 Loiret – 5 778 h.
🛈 Syndicat d'Initiative, 2 r. Pilonne (après-midi seul.) ℰ 38 34 81 94

⚑ **Municipal la Vallée Doudemont** ⛺ « Cadre agréable », ℰ 38 34 85 63, NO : 1,5 km par D 949 rte d'Etampes et D 132 à droite
2 ha (90 empl.) ⊶ plat et peu incliné, gravier ▭ ⥾ – 🛖 🚿 ≈ 🕹 ⚡ 🏵 ⊛ – 🏃
Permanent – *Places limitées pour le passage* – **R** *conseillée* – 🕇 *9* 🔳 *9* 🔌 *5A : 8 (hiver 16)*

MALICORNE-SUR-SARTHE

72270 Sarthe – 1 659 h.

⚑ **Municipal,** ℰ 43 94 80 14, sortie N par D 41 rte de Noyen-sur-Sarthe et à droite, bord de la Sarthe
1 ha (83 empl.) ⊶ plat, herbeux ⥾ – 🛖 ≈ ⊛ – ✖ 🏃
Pâques-sept. – **R** *conseillée juil.-août* – 🕇 *8,60* 🚗 *3,60* 🔳 *8,30 avec élect. (3A)* 🔌 *13,50 (6A)*

MALLEMORT

13370 B.-du-R. – 4 366 h.

⚑ **Durance et Lubéron** ⛺ ≤, ℰ 90 59 13 36, Fax 42 95 03 63, SE : 2,5 km par D 23ᶜ, à 200 m du canal
2 ha (119 empl.) ⊶ plat, herbeux – 🛖 ♨ 🏠 🖬 ⊛ – ✖ ♨ 🏃
avril-oct. – **R** *conseillée juil.-août* – 🔳 *piscine comprise 2 pers. 65, pers. suppl. 20* 🔌 *17 (10A)*

Le MALZIEU-VILLE

48140 Lozère – 947 h. alt. 860

⚑ **Municipal,** sortie S par D 989 rte de St-Chély-d'Apcher, bord de la Truyère
1 ha (100 empl.) ⊶ plat, herbeux ⥾ – 🛖 ≈ 🕹 ⊛
15 juin-15 sept. – **R** *juil.-15 août* – *Tarif 92 :* 🕇 *7,80* 🚗 *4,50* 🔳 *4,50* 🔌 *10,70*

MAMERS ⬗

72600 Sarthe – 6 071 h.
🛈 Syndicat d'Initiative, pl. de la République ℰ 43 97 60 63

⚑ **Municipal,** ℰ 43 97 68 30, N : 1 km par rte de Mortagne-au-Perche et D 113 à gauche rte de Contilly, près de 2 plans d'eau
1,5 ha (50 empl.) ⊶ peu incliné et en terrasses, herbeux – 🛖 ♨ 🏠 🖬 ⊛ – 🏃
– A proximité : ✖ 🏊 🎣 🐎 – 🏃
mars-sept. – **R** – *Tarif 92 :* 🕇 *8,50* 🔳 *2,80* 🔌 *9 ou 21,50*

MAMETZ

62120 P.-de-C. – 1 567 h.

⚑ **Le Moulin,** ℰ 21 39 78 75, au N du bourg, par D 197, rte de Roquetoire, bord de la Lys
2,4 ha (74 empl.) ⊶ plat, herbeux ▭ ⥾ – 🛖 ♨ ≈ 🕹 🕹 ⊛ ⚡ 🔽 🍷 crêperie
– *Places limitées pour le passage*

MANDAILLES-ST-JULIEN

15590 Cantal – 276 h. alt. 932

⚑ **La Cascade du Luc** ⛺ ≤, NE : 0,8 km par D 17 rte du Puy Mary, bord de la Jordanne – du Pas de Peyrol : accès interdit aux caravanes par D 17
3 ha (100 empl.) plat, peu incliné à incliné, terrasse, herbeux – 🛖 ≈ ⊛
juil.-août – **R** – 🕇 *12* 🚗 *6* 🔳 *6* 🔌 *8*

MANDELIEU-LA-NAPOULE

06 Alpes-Mar. – 16 493 h.
✉ 06210 Mandelieu.
🛈 Maison du Tourisme, bd Tavernière gLes Vigiesg ℰ 92 97 86 46 ; av. Cannes ℰ 93 49 14 39 et bd H.-Clews ℰ 93 49 95 31

à Mandelieu :

⚑ **Roc Fleuri** ⛺ « Agréable verger », ℰ 93 93 08 71, N : 2 km par D 109 rte de Grasse, à 300 m de la Siagne – 🚿 juil.-août
2 ha (150 empl.) ⊶ plat et peu incliné, herbeux ⥾ – 🛖 ≈ 🕹 ⊛ 🚮 🍷 – 🚐
🏃 – Location : 🏠
avril-20 sept. – **R** *conseillée juil.-août* – 🔳 *2 pers. 83*

⚑ **Les Pruniers,** ℰ 93 49 99 23, Fax 93 49 37 45, par av. de la Mer, bord de la Siagne
0,8 ha (38 empl.) ⊶ plat, herbeux, gravier ▭ ⥾ – 🛖 ≈ 🕹 ⊛ – 🏃
A proximité : ✖ – Location : studios
15 mars-15 oct. – **R** *juil.-août* – 🔳 *2 pers. 100 ou 120/140 ou 160, pers. suppl. 20* 🔌 *20 (5 ou 10A)*

MANDRES-AUX-QUATRE-TOURS

54470 M.-et-M. – 162 h.

⚑ **Municipal** ⛺, ℰ 83 23 17 31, S : 1,5 km rte de la forêt et du Parc Régional
0,7 ha (33 empl.) ⊶ (saison) plat, herbeux ⥾⥾ – 🛖 ♨ 🏠 🖬 ⊛
avril-oct. – **R** – 🕇 *7* 🚗 *1* 🔳 *2/7* 🔌 *6,50 (10A)*

MANE

31260 H.-Gar. – 1 054 h.

Municipal de la Justale ⑆, ℰ 61 90 68 18, à 0,5 km au SO du bourg par rue près de la mairie, bord de l'Arbas et d'un ruisseau
3 ha (27 empl.) ⌁ plat, herbeux, pierreux ⊡ – ⌂ ⇆ ⌂ ⊡ & ⊕ ♈ ▤ – ⌂
⌂ ⌂ ⌂ – A proximité : ✗ ⚕ – Location : ⌂
mai-sept. – **R** conseillée – ⚭ 10,50 ⇐ 9,50 ⊟ 12

MANOSQUE

04100 Alpes-de-H.-P. – 19 107 h.
🄱 Office de Tourisme, pl. Dr
P.-Joubert ℰ 92 72 16 00

Municipal les Ubacs ⪡, ℰ 92 72 28 08, O : 1,5 km par D 907 rte d'Apt et à gauche av. de la Repasse
4 ha (110 empl.) ⌁ plat et peu incliné, en terrasses, herbeux, gravier ⊡ ♀ – ⌂
⇆ ⌂ ⊡ ⊕ ⚍ ♈ – ⌑ (bassin)
avril-14 oct. – **R** conseillée saison – ⚭ 15 ⊟ 15 ⒅ 12 (3A) 17 (6A)

MANSIGNÉ

72510 Sarthe – 1 255 h.

Municipal de la Plage (ex Piscine), ℰ 43 46 14 17, Fax 43 46 16 65, sortie N par D 31 rte de la Suze-sur-Sarthe, à 100 m d'un plan d'eau (plage)
3 ha (175 empl.) ⌁ (saison) plat, herbeux – ⌂ ⇆ ⌂ ⊡ & ⊕ ♈ ▤ – ✗ ⌂ ⌂
– A proximité : ⌂ ⌑ ⌂
Pâques-oct. – **R** conseillée juil.-août – Tarif 92 : ⚭ 14 piscine comprise ⇐ 5
⊟ 5 ⒅ 8

MANTENAY-MONTLIN

01560 Ain – 256 h.

Municipal ⑆, ℰ 74 52 66 91, à 0,5 km à l'ouest du bourg, bord de la Reyssouze
1,3 ha (30 empl.) plat, herbeux – ⌂ ⇆ ⌂ ⊕ – ✗
15 juin-15 sept. – **R** – ⚭ 10 ⊟ 8 ⒅ 10 (10A)

MARANS

17230 Char.-Mar. – 4 170 h.

Municipal du Bois Dinot « Parc attenant », ℰ 46 01 10 51, N : 0,5 km par N 137 rte de Nantes à 80 m du canal
7 ha/3 campables (170 empl.) ⌁ plat, herbeux ⊡ ♀♀ – ⌂ ⇆ ⌂ ⊡ & ⊕ ▤
– ✗ ⌂ ⌂ vélodrome – A proximité : ⌂
15 mars-15 nov. – **R** – ⚭ 11 ⇐ 7 ⊟ 7 ⒅ 8 (5A)

Les MARCHES

73800 Savoie – 1 416 h.

La Ferme du Lac ⪡, ℰ 79 28 13 48, SO : 1 km par N 90 rte de Pontcharra et D 12 à droite
1,6 ha (80 empl.) ⌁ plat, herbeux ♀ – ⌂ ⌂ ⊕ – ⌂ – Location : ⌂
15 avril-sept. – **R** conseillée 10 juil.-15 août – ⚭ 9,50 ⊟ 11,50 ⒅ 11 (6A)

MARCILHAC-SUR-CÉLÉ

46160 Lot – 196 h.

Municipal ⪡, ℰ 65 40 71 07, sortie N par D 17 rte de Figeac, bord du Célé
1 ha (50 empl.) ⌁ plat, herbeux – ⌂ ⇆ ⌂ ⌂ & ⊕ ▤ – ✗ ⌂ vélos
15 juin-15 sept. – **R** conseillée – Tarif 92 : ⚭ 13 ⊟ 13 ⒅ 15

MARCILLAC-LA-CROISILLE

19320 Corrèze – 787 h.

Municipal de la Plage ⑆, ℰ 55 27 81 38, O : 1,7 km par rte de St-Pardoux, près d'un lac
3,5 ha (250 empl.) ⌁ (saison) plat, peu incliné à incliné, en terrasses, herbeux
♀♀ – ⌂ ⇆ ⌂ ⊡ & ⊕ ▤ – ⌂ ✗ ⌂ – A proximité : ⌂ – Location : chalets
juin-sept. – **R** conseillée – ⚭ 11,50 ⇐ 5,50 ⊟ 5/9 ⒅ 9,50 (6A)

MARCILLAC-ST-QUENTIN

24200 Dordogne – 598 h.

Les Tailladis ⌂ ⪡, ℰ 53 59 10 95, N : 2 km, à proximité de la D 48, bord de la Beune et d'un plan d'eau
25 ha/8 campables (83 empl.) ⌁ plat, incliné et en terrasses, herbeux, pierreux
⊡ ♀♀ – ⌂ ⇆ ⌂ ⊡ ⌂ ♈ ✗ ⌂ – ⌂ ⌂
15 mars-oct. – **R** conseillée juil.-août – ⚭ 22 piscine comprise ⊟ 26 ⒅ 18,50 (6A)

La Veyssière ⑆ « Cadre boisé », ℰ 53 59 10 84, à 0,7 km au N de St-Quentin, rte de Marcillac, en 2 parcelles
1 ha (35 empl.) peu incliné à incliné, plat, herbeux ♀♀ – ⌂ ⇆ ⌂ ⊕
juin-sept. – **R** – ⚭ 9,50 ⇐ 5 ⊟ 5 ⒅ 8 (16A)

MARCILLAC-VALLON

12330 Aveyron – 1 485 h.

Municipal le Cambou, ℰ 65 71 74 96, NO : 0,7 km par rte de Foncourieu et chemin à gauche du cimetière, bord du Créneau
0,5 ha (50 empl.) ⌁ plat et peu incliné, terrasses, herbeux ⊡ – ⌂ ⌂ ⊡ ⊕ ⌂
⚍ – ✗
15 juin-15 sept. – **R** – ⚭ 9 ⇐ 5 ⊟ 4/8 ⒅ 8 (plus de 5A)

MARCILLY-LE-HAYER
10290 Aube – 630 h.

ᴍ **Municipal les Dolmens** ⌂, ℰ 25 21 74 34, au NO du bourg par r. des Dolmens, bord de l'Orvin
2 ha (49 empl.) plat, herbeux, pierreux – 🗐 ⊖ ⊟ 🖽 ⊕ 丛 – 🔄 – A proximité : ✗
mai-fin sept. – **R** – ✦ 6 🔳 14 (28 avec élect.)

MARCILLY-SUR-VIENNE
37800 I.-et-L. – 526 h.

ᴀ **Intercommunal la Croix de la Motte** ⌂, ℰ 47 65 20 38, N : 0,7 km par D 18 rte de l'Ile-Bouchard, bord de la Vienne
1 ha (80 empl.) ⊶ (saison) plat, herbeux 🖾 ♀ – 🗐 ⊖ ⊟ 🖧 ⊕ – 🚣
juin-sept. – **R** – ✦ 9 🔳 12 🈁 10 (6A)

MARCOLS-LES-EAUX
07190 Ardèche – 300 h. alt. 730

ᴀ **Municipal de Gourjatoux** ⌂ <, à 0,5 km au sud du bourg, près de la Glueyre – Accès difficile pour véhicules venant de Mézilhac
0,7 ha (35 empl.) en terrasses, herbeux – 🗐 ⊟ ⊕ – 🔄 ✗ 🚣
juil.-août – **R** – ✦ 7 ⇔ 4 🔳 4/5 🈁 7

MARÇON
72340 Sarthe – 912 h.

ᴍᴍ **Lac de Varennes,** ℰ 43 44 13 72, O : 1 km par D 61 rte du Port Gautier, près de l'espace de loisirs, bord du Loir et du lac de Varennes
4 ha (250 empl.) ⊶ plat, herbeux ♀ (1 ha) – 🗐 ⊖ ⊟ 🖽 🖧 ⊕ 🖪 – 🔄 🚣 ⍾ (plage) vélos – A proximité : ✗ 🔺 ♤
15 mars-14 nov. – **R** conseillée juil.-août – ✦ 15 🔳 13 🈁 9 (6A)

MAREUIL
24340 Dordogne – 1 194 h.

10 – 72 ⑭ G. Périgord Quercy

ᴍ **Les Graulges** ⌂, ℰ 53 60 74 73, N : 5,5 km par D 99, rte de Charras et chemin à droite, bord d'un étang et d'un ruisseau
7 ha/2 campables (50 empl.) ⊶ (saison) peu incliné, pierreux, herbeux ♀♀ – 🗐 ⊖ 🏕 🖧 ⊕ ♈ ✗ – 🔄 🚣 🔺 – **R** – ✦ 13 piscine comprise 🔳 24 🈁 11 (6A)

ᴍ **Municipal du Vieux Moulin** ⌂ « Entrée fleurie », ℰ 53 60 99 80, sortie S par D 708 et D 99 rte de la Tour-Blanche
0,6 ha (20 empl.) plat, herbeux 🖾 – 🗐 🏕 ⊕ – 🔄 🚣 – A proximité : ✗
15 juin-15 sept. – **R** 15 juil.-15 août – ✦ 6 🔳 6,20 🈁 6,60 (6A)

MAREUIL-SUR-CHER
41110 L.-et-Ch. – 977 h.

ᴀ **Municipal le Port** ⌂, ℰ 54 32 79 51, au bourg, près de l'église, bord du Cher
1 ha (50 empl.) plat, herbeux ♀ – 🗐 🏕 ⊕ – 🚣 vélos
15 avril-sept. – **R** conseillée – ✦ 7 ⇔ 6 🔳 7 🈁 10 (5A)

MARIGNY
39130 Jura – 153 h.

ᴍᴀ **La Pergola** <, ℰ 84 25 70 03, Fax 84 25 75 96, S : 0,8 km, bord du lac de Chalain
6 ha (350 empl.) ⊶ en terrasses, herbeux, pierreux 🖾 ♀ – 🗐 ⊖ ⊟ 🖽 🖧 ⊕ 丛 ▽ 🖪 ♈ ✗ 🖀 – 🔄 🚣 ⍾ ♨ vélos – Location : 🏠
mai-sept. – **R** conseillée – 🔳 élect. comprise 2 pers. 110 ou 130

MARIOL
03270 Allier – 714 h.

ᴍ **Les Marants,** ℰ 70 59 44 70, NO : 1,3 km sur D 260, à 300 m du D 906 et à 120 m d'un étang (accès direct)
1,5 ha (45 empl.) ⊶ plat, herbeux – 🗐 ⊖ ⊟ 🖽 🖧 ⊕ 🖪 – 🔄 ✗ 🚣 ♨
15 mai-sept. – **R** conseillée juil.-août – 🔳 élect. (6A), piscine et tennis compris 2 pers. 50, 3 à 6 pers. 60

MARNE-LA-VALLÉE
77206 S.-et-M.

6 – 56 ⑫ G. Île de France

à *Euro Disney :* à 38 km à l'Est de Paris par A⁴
✉ 77777 B.P. 100 Marne-la-Vallée Cedex

ᴍᴀ **Camp Davy Crockett** ⌂ « Agréable cadre boisé », ℰ 60 45 69 00, Fax 60 45 69 33, par A⁴ sortie Euro Disneyland – animaux interdits (chenil à disposition)
57 ha (595 empl.) ⊶ plat, sablonneux et plates-formes aménagées pour caravanes ♀♀ – 🗐 ⊖ ⊟ 🖧 🌡 ⊕ 丛 ▽ 🖳 snack 🖪 – 🔄 théâtre de plein air ✗ 丞 🔲 toboggan aquatique, poneys, vélos, voiturettes électriques – Location : chalets (1 à 6 pers, par nuitée 575 ou 875 selon la période)
Permanent – **R** conseillée ℰ 49 41 49 41 – 🔳 élect., piscine et tennis compris 1 à 6 pers. 270

MARSAC-SUR-DON
44170 Loire-Atl. – 1 192 h.
⚠ **Municipal de la Roche** ⅀ ◁ « Situation agréable au bord d'un étang »,
O : 3 km par D 125 rte de Guénouvry et rte à gauche
1 ha (33 empl.) vallonné, herbeux – 🏠 ⊕ – A proximité : ✗ – Location : gîte d'étape
avril-1ᵉʳ nov. – **R** – 🅔 *2 pers. 18* 🔌 *6,50 (12A)*

4 – 63 ⑯

MARSEILLAN
34340 Hérault – 4 950 h.
à *Marseillan-Plage* S : 6 km par D 51ᴱ – ✉ 34340 Marseillan :

15 – 83 ⑯ G. Gorges du Tarn

⚠⚠ **Charlemagne,** 🖉 67 21 92 49, à 250 m de la plage
6,7 ha (480 empl.) ⟞ plat, sablonneux, herbeux 🖵 ♀♀ – 🏠 ⇆ 🖾 🛒 🖼 👍 ⊕
🗘 ▽ 🞋 🞏 ✗ ⅄ – 🖾 – 🖛 discothèque ⬳ ⅃ – Location : 🚐
3 avril-3 oct. – **R** *conseillée saison* – 🅔 *élect. (4A) et piscine comprises 1 à 3 pers.
155, pers. suppl. 27*

⚠⚠ **Le Galet,** 🖉 67 21 95 61, à 250 m de la plage
3 ha (275 empl.) ⟞ plat, sablonneux, herbeux ♀♀ – 🏠 🔍 🖾 👍 ⊕ 🞋 🞏 🖾
avril-sept. – **R** *conseillée* – *Tarif 92 :* 🅔 *2 pers. 82, pers. suppl. 14* 🔌 *13 (5A)*

⚠⚠ **Europ 2000,** 🖉 67 21 92 85, à 100 m de la plage
2 ha (176 empl.) ⟞ plat, sablonneux, herbeux – 🏠 ⊕ 🟰 🖾 – Location : 🚐
27 mars-29 sept. – **R** *conseillée* – 🅔 *2 pers. 75* 🔌 *14 (3A)*

⚠⚠ **Municipal le Gourg de Maffre,** 🖉 67 21 90 52, près du carrefour avec la
N 112, à 500 m de la plage
3,3 ha (198 empl.) ⟞ plat, sablonneux, gravillons – 🏠 🖾 👍 ⊕
juil.-août – **R** – 🅔 *2 pers. 80* 🔌 *13 (10 ou 16A)*

⚠ **Le Grillon des Mers,** 🖉 67 21 92 89, à 150 m de la plage
0,7 ha (62 empl.) ⟞ plat, herbeux, sablonneux ♀♀ – 🏠 🖾 ⊕ 🖾
juin-sept. – **R** *indispensable* – 🅔 *1 ou 2 pers. 50, pers. suppl. 12* 🔌 *11 (2A)
12,50 (3A) 17 (6A)*

⚠ **La Créole,** 🖉 67 21 92 69, bord de plage
1,5 ha (108 empl.) ⟞ plat, sablonneux, herbeux ♀ – 🏠 🖾 🖾
mai-sept. – **R** *conseillée juil.-août* – 🅔 *1 à 3 pers. 90, pers. suppl. 14* 🔌 *12
(2 ou 4A)*

MARTEL
46600 Lot – 1 462 h.
🅸 Syndicat d'Initiative, Mairie
🖉 65 37 30 03

13 – 75 ⑱ G. Périgord Quercy

⚠ **Les Falaises** ◁, 🖉 65 37 33 59, SE : 5 km par N 140 rte de Figeac, à Gluges,
près de la Dordogne
0,8 ha (45 empl.) ⟞ plat, herbeux 🖵 ♀ – 🏠 🔍 🖾 ⊕ – ⬳ – A proximité :
✗ 🏚
mai-sept. – **R** *conseillée juil.-août* – ⚕ *17* 🅔 *16* 🔌 *10 (16A)*

MARTIGNY
76880 S.-Mar. – 512 h.
1 – 52 ④

⚠⚠ **Municipal,** 🖉 35 85 60 82, NO : 0,7 km rte de Dieppe, bord de la Varenne et
de plans d'eau
3 ha (110 empl.) ⟞ plat, herbeux 🖵 – 🏠 🔍 🖾 ⊕ 🟰 🖾 – 🖾 ⬳ 🖉
27 mars-17 oct. – *Places disponibles pour le passage* – **R** *conseillée* – *Tarif 92 :*
⚕ *10,70* 🚗 *5,55* 🅔 *9,10/19,50 avec élect. (6A)*

MARTRAGNY
14740 Calvados – 310 h.
4 – 54 ⑮

⚠⚠ **Château de Martragny** ⅀ ◁, 🖉 31 80 21 40, Fax 31 08 14 91, sur l'ancienne
N 13, par le centre bourg
8 ha/4 campables (140 empl.) ⟞ plat, herbeux ♀ verger – 🏠 🔍 🖾 👍 ⊕ 🟰
🞋 crêperie ⬳ 🖾 – 🖾 ⬳ 🖉
mai-15 sept. – **R** *conseillée juil.-août* – ⚕ *25 piscine comprise* 🅔 *42/46* 🔌 *16 (10A)*

Les MARTRES-DE-VEYRE
63740 P.-de-D. – 3 151 h.
11 – 73 ⑭

⚠ **Municipal la Font de Bleix** ◁, 🖉 73 39 26 49, vers sortie SE par D 225 rte
de Vic-le-Comte puis 0,9 km par chemin à gauche, bord de l'Allier
0,5 ha (39 empl.) ⟞ plat et peu incliné, herbeux – 🏠 🔍 👍 ⊕ – ⬳ –
A proximité : 🞋
juil.-août – **R** – *Tarif 92 :* 🅔 *3 pers. 35, pers. suppl. 9* 🔌 *10 (15A)*

MARTRES-TOLOSANE
31220 H.-Gar. – 1 929 h.
14 – 82 ⑯ G. Pyrénées Roussillon

⚠⚠ **Le Moulin** ⅀ « Agréable domaine rural, ancien moulin », 🖉 61 98 86 40, SE :
1,5 km par rte du stade, av. de St-Vidian et chemin à gauche après le pont,
bord d'un ruisseau et d'un canal, près de la Garonne (accès direct)
6 ha/1 campable (70 empl.) ⟞ plat, herbeux ♀♀ (0,5 ha) – 🏠 🖾 ⊕ 🗘 ▽
🞋 🖾 – 🖾 🞋 ⅃
15 mars-15 oct. – **R** *conseillée* – 🅔 *piscine comprise 1 pers. 45, 2 pers. 60, pers.
suppl. 14* 🔌 *13 (6A) 22 (10A)*

MARVEJOLS
48100 Lozère – 5 476 h. alt. 651.
🅸 Syndicat d'Initiative, pl. du
Soubeyran 🖉 66 32 02 14
15 – 80 ⑤ G. Gorges du Tarn

⚠⚠ Municipal l'Europe, 🖉 66 32 03 69, sortie E par D 1 rte de Montrodat et chemin
à droite, bord du Colagnet – 🞋
0,9 ha (57 empl.) ⟞ plat, herbeux 🖵 – 🏠 🔍 🖾 👍 ⊕ 🗘 ▽ – 🖾 ⬳
– A proximité : garderie 🞋

MAS-CABARDÈS

11380 Aude – 235 h.

⌂ **Les Eaux Vives** ⚘ ≼, ℘ 68 26 31 05, E : 1 km par D 101 et rte de Roquefère à gauche, bord d'un ruisseau
0,6 ha (20 empl.) ⚬ plat, herbeux ⚲ verger – 🛖 ⊕ ⚘ – 🛖 – A proximité : ⚲
20 avril-20 sept. – **R** conseillée 10 juil.-20 août – ⚲ 15 ▣ 12 ⚡ 13 (8A)

🗓 – 🗓 ⑪ G. Gorges du Tarn

MASEVAUX

68290 H.-Rhin – 3 267 h.
🅸 Office de Tourisme, Fossé Flagellants ℘ 89 82 41 99

▲▲▲ **Municipal** ⚘ « Cadre agréable », ℘ 89 82 42 29, rue du stade, bord de la Doller
3,5 ha (150 empl.) ⚬ plat, herbeux ⚲ – 🛖 ⚙ 🗑 🖉 🛖 ⊕ ⚘ – 🛖 ⚲ 🏊
Pâques-sept. – **R** – Tarif 92 : ⚲ 13,40 ▣ 13,40 ⚡ 13,40 (3A)

🗓 – 🗓 ⑧ G. Alsace Lorraine

La MASSANA Principauté d'Andorre – 🗓 ⑭ – voir à Andorre

MASSAT

09320 Ariège – 624 h. alt. 650

⌂ **Municipal le Pouech** ⚘ ≼, sortie par rte de St-Girons et à gauche après la gendarmerie
0,3 ha (30 empl.) ⚬ en terrasses, herbeux, pierreux – 🛖 ▲▲ ⊕ – A l'entrée : ⚲
juin-sept. – **R** – Tarif 92 : ⚲ 7,40 ▣ 8,50 ⚡ 9

🗓 – 🗓 ③ G. Pyrénées Aquitaine

MASSERET

19510 Corrèze – 669 h.

▲▲ **Intercommunal** ⚘ ≼ « Agréable situation au bord d'un plan d'eau et près d'un bois », ℘ 55 73 44 57, E : 3 km par D 20 rte des Meilhards, à la sortie de Masseret-Gare
100 ha/2 campables (100 empl.) ⚬ plat et incliné, herbeux, gravillons ⚲⚲ – 🛖 ⚙ 🗑 🍴 🖉 – 🛖 🙾 🛶 ⚓ (plage) – A proximité : ⚲ – Location : huttes
avril-sept. – **R** conseillée juil.-août – ⚲ 14 🚗 4 ▣ 12/14 ⚡ 9,50 (12A)

🗓 – 🗓 ⑱ G. Berry Limousin

MASSEUBE

32140 Gers – 1 453 h.

▲▲ **Municipal Julie Moignard** ⚘, ℘ 62 66 01 75, sortie E par D 27 rte de Meilhan, bord du Gers
4 ha (133 empl.) ⚬ plat, herbeux ⚲ (2 ha) – 🛖 ⚙ ▲▲ 🗑 ⊕ – 🛖 – A proximité :
🍴 ⚲ 🙾 🛶
15 juin-août – **R** – ⚲ 10 ▣ 8/14 ⚡ 12

🗓 – 🗓 ⑮

▶ *Ne pas confondre :*
⌂ *... à ...* ▲▲▲ *: appréciation Michelin*
et ★ *... à ...* ★★★★ *: classement officiel*

▶ *Do not confuse :*
⌂ *... to ...* ▲▲▲ *: Michelin classification*
and ★ *... to ...* ★★★★ *: official classification*

▶ *Verwechseln Sie bitte nicht :*
⌂ *... bis ...* ▲▲▲ *: Michelin-Klassifizierung*
und ★ *... bis ...* ★★★★ *: offizielle Klassifizierung*

MASSIAC

15500 Cantal – 1 881 h.
🅸 Office de Tourisme, r. Paix ℘ 71 23 07 76 et av. Gén.-de-Gaulle ℘ 71 23 11 86

▲▲ **Municipal de l'Allagnon,** ℘ 71 23 03 93, O : 0,8 km par N 122 rte de Murat, au bord de l'Alagnon
2,5 ha (90 empl.) ⚬ (saison) plat, terrasse, herbeux ⚲⚲ – 🛖 🗑 🖉 🛖 ⊕ – 🛶
– A proximité : ✗ 🛶 ⚲ 🙾
mai-sept. – **R** conseillée – Tarif 92 : ⚲ 9 🚗 6 ▣ 9 ⚡ 10 (6A)

🗓 – 🗓 ④ G. Auvergne

MASSIGNIEU-DE-RIVES

01300 Ain – 412 h.

▲▲ Municipal le Lit au Roi ⚘ ≼ lac et collines « Site agréable », ℘ 79 42 11 75, N : 2,5 km par rte de Belley et chemin à droite, bord du Rhône (plan d'eau)
1,3 ha (80 empl.) ⚬ en terrasses, herbeux – 🛖 ⚙ 🗑 🖉 🛖 ⊕ ⚘ ▽ 🛖 – 🛖
⚲ 🛶 ⚓ – A proximité : 🍴

🗓 – 🗓 ⑮

MASSILLARGUES-ATTUECH **30** Gard 🗓 – 🗓 ⑰ – rattaché à Anduze

MATHA

17160 Char.-Mar. – 2 183 h.

▲ **Municipal,** bd Bossais, dans le parc du château
0,4 ha (13 empl.) plat, herbeux – 🚿 ⛲ – A proximité : ✕ ⚓ 🛶
15 juin-15 sept. – **R** - ♥ 7,40 ⇔ 2,50 🅴 3 🄪 5 (15A)

Les MATHES

17570 Char.-Mar. – 1 205 h.

▲▲▲ **Les Charmettes** ◇ « Entrée fleurie », ℰ 46 22 50 96, Fax 46 23 69 70, SO :
1 km – ✕
23 ha (630 empl.) ⊶ plat, herbeux, sablonneux 🔲 – 🚿 ⛲ ⛺ ♿ ⊛ 🧺 🍴
✕ pizzeria 🛁 🖼 salle d'animation – ✕ 🎿 ⚓ 🛶 toboggan aquatique, vélos
– Location : 🛖
Pâques-sept. – Location longue durée – Places limitées pour le passage – Tarif
92 : 🅴 piscine et tennis compris 6 pers. 150 (170 avec élect.)

▲▲▲ **La Pinède** 🐾, ℰ 46 22 45 13, Fax 46 22 50 21, NO : 3 km, à la Fouasse
4 ha (200 empl.) ⊶ plat, sablonneux 🔲 👥 – 🚿 ⛲ ⛺ ♿ ⊛ 🛋 🦽 🧺 🍴
pizzeria 🛁 🖼 salle de remise en forme – 🎿 ✕ ⚓ 🛶 toboggan aquatique
– A proximité : 🎿 🐎 – Location : 🛖 🛖 🏠
avril-sept. – **R** conseillée – Tarif 92 : 🅴 piscine comprise 2 ou 3 pers. 115 ou
130, pers. suppl. 18 🄪 19

▲▲▲ **L'Orée du Bois,** ℰ 46 22 42 43, Fax 46 22 54 76, NO : 3,5 km, à la Fouasse
6 ha (400 empl.) ⊶ (saison) plat, sablonneux 🔲 👥 – 🚿 ⛲ ⛺ 🖵 – 40 empl.
avec sanitaires individuels (🚿 ⛲ wc) ♿ ⊛ 🧺 🍴 snack 🛁 🖼 – 🛖 ✕ ⚓
🛶 vélos
15 mai-12 sept. – **R** indispensable saison – 🅴 élect. et piscine comprises 2 pers.
130, pers. suppl. 20

▲▲ **L'Estanquet** « Entré fleurie », ℰ 46 22 47 32, Fax 46 22 51 46, NO : 3,5 km,
à la Fouasse
5 ha (320 empl.) ⊶ plat, sablonneux 🔲 👥 – 🚿 ⛲ ⛺ 🛋 🦽 ♿ ⊛ 🧺 🛋
🍴 ✕ 🖼 – ✕ 🛶 vélos, toboggan aquatique – Location : 🛖 🛖 🏠
15 mai-15 sept. – **R** conseillée 15 juil.-15 sept. – 🅴 piscine comprise 2 pers.
96, pers. suppl. 17 🄪 17 (6A)

▲▲ **La Clé des Champs,** ℰ 46 22 40 53, O : 2,5 km rte de la Fouasse
4 ha (300 empl.) ⊶ plat, sablonneux, herbeux ⚥ – 🚿 ⛺ 🛋 ♿ ⊛ 🧺 🖵 –
🛖 🛶 – A proximité : 🎿 🐎 – Location : 🛖
juin-15 sept. – **R** conseillée – 🅴 piscine comprise 3 pers. 70, 4 pers. 84 🄪 16 (6A)

▲▲ **Monplaisir,** ℰ 46 22 50 31, sortie SO
2 ha (114 empl.) ⊶ plat, sablonneux, herbeux ⚥ – 🚿 ⛲ ⛺ 🖵 ⊛ 🖵 – 🛖 🎿
⚓ – A proximité : 🍴 – Location : appartements
avril-1er oct. – **R** sauf 1er-15 août – 🅴 1 ou 2 pers. 68, 3 pers. 78, pers. suppl.
17 🄪 15 (4 ou 6A)

à la Palmyre SO : 4 km par D 141E1 – ⊠ 17570 les Mathes :

▲▲▲ Bonne Anse Plage ⚓ « Cadre et situation agréables », ℘ 46 22 40 90,
Fax 46 22 42 30, O : 2 km, à 400 m de la plage – ✼
17 ha (850 empl.) ⊶ plat et accidenté, sablonneux, herbeux ☾ ⚋ – 訊 ⇔ ⏚
⬚ & ⊛ ╦ ✕ ⤸ ▣ – ⊡ ⚌ ⤏ ⤐ vélos, toboggan aquatique
22 mai-5 sept. – **R** – *Tarif 92 :* ▣ *piscine comprise 1 ou 2 pers. 98, 3 pers.
120, pers. suppl. 28* ⚡ *18 (6A)*

▲▲▲ Parc de la Côte Sauvage ⚓ « Agréable cadre boisé », ℘ 46 22 40 18,
Fax 46 22 43 05, O : 4,5 km, au phare de la Coubre, bord de plage – ✼ 15 juin-
25 août
12 ha (400 empl.) ⊶ plat et accidenté, sablonneux, herbeux ☾ ⚋ – 訊 ⇔ ⏚
⬚ & ⊛ ╦ ✕ ⤸ ▣ – ⊡ et d'animation ✼ ⤏ ⤐ vélos – Location : ▥
mai-15 sept. – **R** – *Tarif 92 :* ▣ *piscine comprise 1 à 3 pers. 120, pers. suppl.
25* ⚡ *19 (3 à 10A)*

▲▲▲ Palmyre Loisirs ⚓, ℘ 46 23 67 66, Fax 46 22 48 81, NE : 3,2 km par D 141E1
et chemin à droite
8 ha (300 empl.) ⊶ peu accidenté, herbeux, sablonneux ⚋ (3 ha) pinède – 訊
⇔ ⏚ ⬚ & ⊛ ⚌ ╦ snack ⤸ ▣ – ⊡ ✼ ⤏ ⤐ vélos, toboggan aquatique
– Location : ▥
15 mai-15 sept. – **R** *conseillée* – ▣ *piscine comprise 3 pers. 125, pers. suppl.
20* ⚡ *20 (6 ou 8A)*

Voir aussi à *Arvert, Etaules, Ronce-les-Bains, St-Augustin*

MATOUR

71520 S.-et-L. – 1 003 h.
⬛ ⬛ – ⬛ ⑱ G. Bourgogne

▲▲▲ Municipal le Paluet ⚓ « Cadre agréable et entrée fleurie », ℘ 85 59 70 58,
O : rte de la Clayette et à gauche
1,5 ha (65 empl.) ⊶ plat et peu incliné, herbeux, gravillons ☾ ♀ – 訊 ⏚ ⬚ &
⊛ – ⊡ ✼ ⤐
avril-sept. – **R** – ☗ *10* ▣ *18* ⚡ *14*

MAUBEC

84660 Vaucluse – 1 199 h.
⬛ ⬛ – ⬛ ⑬

▲ Municipal ⚓ ≤, ℘ 90 76 50 34, au bourg
1 ha (75 empl.) ⊶ (saison) plat et en terrasses, pierreux, herbeux ♀ ♀ – 訊 ⚰
⊛ – A proximité : ✼
avril-sept. – **R** – ☗ *7,50* ⇔ *3,20* ▣ *3,40* ⚡ *9 (3 ou 5A)*

MAUBEUGE

59600 Nord – 34 989 h.
⬛ – ⬛ ⑥ G. Flandres Artois Picardie
🄱 Office de Tourisme, Porte de Bavay
℘ 27 62 11 93

▲▲▲ Municipal « Décoration florale et arbustive », ℘ 27 62 25 48, N : 1,5 km par
N 2 rte de Bruxelles
2 ha (92 empl.) ⊶ plat, herbeux ☾ ♀ – 訊 ⇔ ⏚ – 8 sanitaires individuels (lavabo
eau froide, wc) ▥ ⬚ ⚰ ▽ ▣
Permanent – **R** – ☗ *11* ▣ *11* ⚡ *10 (3A) 15 (6A) 20 (10A)*

MAULÉON-LICHARRE

64 Pyr.-Atl. – 3 533 h.
⬛ ⬛ – ⬛ ⑤ G. Pyrénées Aquitaine
⊠ 64130 Mauléon-Soule.
🄱 Office de Tourisme, 10 r.
J.-B.-Heugas ℘ 59 28 02 37

▲▲▲ Le Saison ⚓, ℘ 59 28 18 79, S : 1,5 km par D 918 rte de Tardets-Sorholus,
bord du Saison
0,6 ha (33 empl.) ⊶ plat, herbeux ♀ ♀ – 訊 ⇔ ⚰ ⬚ ⊛ ⚰ ▽ ╦ ▣ – ⊡ ≈
Pâques-sept. – **R** *conseillée* – ☗ *12,55* ⇔ *5,30* ▣ *12,45* ⚡ *11 (4A)*

▲ Landran (aire naturelle) ⚓ ≤, ℘ 59 28 19 55, Fax 59 28 23 20, à Ordiarp, SO :
6 km par D 918 rte de St-Jean-Pied-de-Port et chemin à droite
1 ha (25 empl.) ⊶ incliné et en terrasses, herbeux – 訊 ⇔ ⏚ ⬚ & ⊛ ▣ – ⊡
– Location : gîtes
Pâques-fin sept. – **R** – ▣ *2 pers. 36, 3 pers. 42, 4 pers. 50* ⚡ *10 (3A) 13 (6A)*

MAUPERTUS-SUR-MER

50840 Manche – 242 h.
⬛ – ⬛ ②

▲▲▲ L'Anse du Brick ⚓ ≤ « Cadre sauvage », ℘ 33 54 33 57, Fax 33 54 49 66,
NO : sur D 116, à 200 m de la plage
17 ha/7 campables (220 empl.) ⊶ accidenté et en terrasses, pierreux, herbeux,
bois attenant ☾ ♀ ♀ – 訊 ⚰ ⬚ ⊛ ▣ – ⊡ – A proximité : ╦ ✕ – Location : ▥
avril-sept. – **R** *conseillée* – ☗ *15,50* ▣ *17/19* ⚡ *12 (3A) 19,50 (6A) 32,50 (10A)*

MAUREILLAS-LAS-ILLAS

66400 Pyr.-Or. – 2 037 h.
⬛ ⬛ – ⬛ ⑲

▲▲▲ Les Bruyères ≤, ℘ 68 83 26 64, O : 1,2 km par D 618 rte de Céret
4 ha (120 empl.) ⊶ en terrasses, pierreux ☾ ♀ – 訊 ⇔ ⏚ ⬚ & ⊛ ⚰ ▽ ▣
– ⤐ – Location : ⊡ ▥
avril-15 oct. – **R** *conseillée juil.-août* – ☗ *25* ▣ *35* ⚡ *18 (4A) 21 (6A) 25 (10A)*

MAURS

15600 Cantal – 2 350 h.
⬛ ⬛ – ⬛ ⑪ G. Auvergne
🄱 Office de Tourisme,
pl. Champ-de-Foire (vacances scolaires matin seul., 15 juin-15 sept.)
℘ 71 46 73 72

▲ Municipal le Vert, ℘ 71 49 04 15, SE : 0,8 km par rte de Décazeville
1,2 ha (67 empl.) ⊶ plat, herbeux ♀ ♀ – 訊 ⇔ ⊛ – ⊡ ✼
avril-sept. – **R** – *Tarif 92 :* ▣ *1 ou 2 pers. 23,70, pers. suppl. 11,80* ⚡ *11,80
(2 ou 3A) 14 (4 ou 5A)*

MAUSSANE-LES-ALPILLES 🔟 – 🟦🟦 ⑩

13520 B.-du-R. – 1 886 h.　　🔺 **Municipal les Romarins,** *𝒫* 90 54 33 60, sortie N par D 5 rte de St-Rémy-de-Provence
3 ha (150 empl.) ⌐ plat, herbeux, pierreux 🔲 ♀ – 🔼 ⌣ ⌷ ⊕ ♤ ▽ 🔳 – 🔳
🔆 – A proximité : 🔳
15 mars-15 oct. – **R** conseillée – 🔳 2 pers. 59, pers. suppl. 14 🔋 12 (4A)

MAUVEZIN 🔟🔟 – 🟦🟦 ⑨ ⑲ G. Pyrénées Aquitaine

65130 H.-Pyr. – 209 h.　　🔺 **Belle Vue** ≼, sortie SE sur D 938
0,7 ha (25 empl.) ⌐ (saison) plat, incliné, en terrasses, herbeux ♀ – 🔼 ⌣ 🔼
🔳 ⊕
mai-15 oct. – **R** conseillée juil.-août – ♦ 9,40 🔳 8,30 🔋 7,80 (2A) 11,80 (4A)
17,50 (6A)

MAUVEZIN-DE-PRAT 🔟🔟 – 🟦🟦 ②

09160 Ariège – 52 h.　　🔺 **L'Estelas** ≼, *𝒫* 61 96 65 80, à l'est du bourg par D 133
0,6 ha (25 empl.) ⌐ plat, peu incliné, en terrasses, herbeux ♀ – 🔼 ⌣ ⌷ ♤ ⊕
♤ ▽ – 🚗
15 mars-15 oct. – **R** saison – 🔳 2 pers. 45, pers. suppl. 15 🔋 10 (16A)

MAUZÉ-SUR-LE-MIGNON 🟦 – 🟦🟦 ②

79210 Deux-Sèvres – 2 378 h.　　🔺 **Municipal le Gué de la Rivière,** NO : 1 km par D 101 rte de St-Hilaire-la-Palud et à gauche, entre le Mignon et le canal
1,5 ha (74 empl.) plat, herbeux ♀ (0,5 ha) – 🔼 ⊕ – 🔳 🚗
juin-15 sept. – **R** 14 juil.-15 août – ♦ 6,28 🚗 3,10 🔳 3,60 🔋 7,75 (2A) 15,50
(10A)

MAXILLY-SUR-LÉMAN 🔟🔟 – 🟦🟦 ⑰ ⑱

74500 H.-Savoie – 945 h.　　🔺 **Le Clos Savoyard** ⌂ ≼, *𝒫* 50 75 25 84, S : 1,2 km
2 ha (100 empl.) ⌐ incliné et en terrasses, herbeux ♀ – 🔼 🔼 🔳 ⊕ 🔳 –
🔳 – Location : 🔳, studios
avril-sept. – **R** conseillée juil.-août – 🔳 1 pers. 30, 2 pers. 45 🔋 9 (2A) 12 (3A)
15 (4A)

MAYENNE ⬤ 🟦 – 🟦🟦 ⑳ G. Normandie Cotentin

53100 Mayenne – 13 549 h.

🔳 Office de Tourisme, quai de
Waiblingen (fermé après-midi hors
saison) *𝒫* 43 04 19 37

🔺 **Municipal Raymond Fauque,** *𝒫* 43 04 57 14, au Nord de la ville, par Av.
de Loré et rue à droite, bord de la Mayenne
1,8 ha (100 empl.) ⌐ plat, herbeux ♀ – 🔼 ⌣ ⌷ 🔳 ♤ ▦ ⊕ ♥ 🔳 – 🔳 🔳
15 mars-sept. – **R** juil.-août – 🔳 piscine comprise 3 pers. 36, pers. suppl. 8
🔋 8 (10A)

MAYET 🟦 – 🟦🟦 ③

72360 Sarthe – 2 877 h.　　🔺 **Municipal du Fort des Salles** ⌂, *𝒫* 43 46 68 72, sortie E par D 13 rte de
St-Calais et r. du Petit-Moulin à droite, bord d'un plan d'eau
1,8 ha (64 empl.) ⌐ plat, herbeux 🔲 – 🔼 ⌣ ⌷ 🔳 ⊕ – 🚗 vélos
mi avril-mi sept. – **R** – 🔳 2 pers. 24 🔋 4,20 (10A)

Le MAYET-DE-MONTAGNE 🟦🟦 – 🟦🟦 ⑥ G. Auvergne

03250 Allier – 1 609 h.

🔳 Syndicat d'Initiative, Chalet
Cantonal pl. Foires *𝒫* 70 59 38 40

🔺 **Municipal du Lac** ⌂, S : 1,2 km par D 7 rte de Laprugne et chemin de
Fumouse, près du lac des Moines
0,5 ha (33 empl.) peu incliné, plat, herbeux – 🔼 ⌣ ⌷ ⊕ – 🔳 🔆
juin-sept. – **R** conseillée – Tarif 92 : ♦ 10 🔳 3/4 🔋 10 (10A)

MAZAMET 🔟🟦 – 🟦🟦 ⑪ ⑫ G. Gorges du Tarn

81200 Tarn – 11 481 h.

🔳 Office de Tourisme, r. des Casernes
𝒫 63 61 27 07 et D 118, le Plô de la
Bise (juil.-août) *𝒫* 63 61 25 54

🔺 **Municipal de la Lauze,** *𝒫* 63 61 24 69 ✉ 81209 Mazamet Cedex, sortie
E en direction de St-Pons, au stade
1,7 ha (60 empl.) ⌐ plat et peu incliné, herbeux ♀ – 🔼 🔼 ⊕ ♤ ▽ – 🔳 🚗
– A proximité : 🔳 🔳
2 mai-oct. – **R** conseillée – Tarif 92 : 🔳 1 ou 2 pers. 36, 3 ou 4 pers. 50, pers.
suppl. 10 🔋 12 (5A) 15 (plus de 5A)

MAZAN 🔟🟦 – 🟦🟦 ⑬ G. Provence

84380 Vaucluse – 4 459 h.　　🔺 **Le Ventoux** ⌂ ≼ « Cadre agréable », *𝒫* 90 69 70 94, N : 3 km par D 70 rte
de Caromb puis chemin à gauche – De Carpentras, itinéraire conseillé par D 974
rte de Bédoin
1 ha (34 empl.) ⌐ plat, pierreux, herbeux ♀♀ – (🔼 🔼 mars-oct.) 🔳 ⊕ ♤ 🔳
– 🔳
Permanent – **R** conseillée juil.-août – Tarif 92 : ♦ 12,50 🚗 7,50 🔳 7,50
🔋 12,50 (3A) 14,50 (6A)

Le MAZEAU

85420 Vendée – 463 h.   🏕 **Municipal le Relais du Pêcheur** 🏖, *&* 51 52 93 23, à 0,5 km au sud du bourg, près de canaux
1 ha (35 empl.) ⚬━ (saison) plat, herbeux 🏕 – 🍳 ⚑ 😊 ⊕ – 🛶
avril-oct. – **R** *conseillée 14 juil.-15 août* – ⚹ 10 🔲 10 🔋 6 *(5A)*

🔳 9 – 🔳 71 ① ②

MAZÈRES

🔳 14 – 🔳 82 ⑲ G. Pyrénées Aquitaine

09270 Ariège – 2 519 h.   🏕 **Municipal la Plage** 🏖, *&* 61 69 38 82, au SE du bourg par D 11 rte de Belpech puis chemin à gauche, près de l'Hers
5 ha (60 empl.) ⚬━ plat, herbeux – 🍳 😊 🔲 🔲 ⊕ 🔲 garderie – 🎾 🏖 🏊
parcours sportif – Location : 🚐, bungalows toilés
juin-sept. – **R** *conseillée* – 🔲 *élect., piscine et tennis compris 38/45 (sans limitation du nombre de personnes)*

Les MAZES **07** Ardèche – 🔳 80 ⑨ – rattaché à Vallon-Pont-d'Arc

---

MAZET-ST-VOY

🔳 11 – 🔳 76 ⑧

43520 H.-Loire – 1 077 h. alt. 1 043   🏕 **Municipal de Surnette** 🏖, *&* 71 65 05 69, sortie E vers le Chambon-sur-Lignon puis 1 km par rte à gauche
1 ha (50 empl.) plat et peu incliné, herbeux – 🍳 ⚑ 😊 🔲 ⊕ – 🛶 🎾 🏖
Pâques-Toussaint – **R** – ⚹ *6,30* 🚗 *3,15* 🔲 *3,15* 🔋 *7,30 (3A) 9,90 (4A) 14,50 (6A)*

Les MAZURES

🔳 2 – 🔳 53 ⑱

08500 Ardennes – 738 h.   🏕 **Départemental Lac des Vieilles Forges** 🏖, « Cadre boisé », *&* 24 40 17 31, S : 2 km par D 40 rte de Renwez puis 2 km par rte à droite, à 100 m du lac
12 ha/3 campables (287 empl.) ⚬━ en terrasses, gravillons 🏕 ♒♒ – 🍳 ⚑ 😊
🔲 🔲 ⊕ 🔲 – 🛶 🏖 – A proximité : 🎾 🏖 ⚓
Permanent – **R** *conseillée juil.-août – Tarif 92 :* ⚹ *11,80* 🚗 *5,90* 🔲 *6,50* 🔋 *9 (3,5A) 11,60 (6A) 19,30 (10A)*

MÉAUDRE

🔳 12 – 🔳 77 ④ G. Alpes du Nord

38112 Isère – 840 h. alt. 1 012   🏕 **Caravaneige les Buissonnets** ❆ 🏖 ◁, *&* 76 95 21 04, NE : 0,5 km par D 106 et rte à droite, à 200 m du Méaudret
2 ha (80 empl.) ⚬━ peu incliné, herbeux – 🍳 ⚑ 😊 🔲 🔲 ⊕ – 🛶 – A proximité :
🎾 🏔 🏊
Permanent – **R** *conseillée* – 🔲 *2 pers. 48,50, pers. suppl. 13,40* 🔋 *9,50 à 36 (2 à 10A)*

🏕 **La Perrinière** ◁, *&* 76 95 36 98, NE : 4 km par D 106
0,3 ha (20 empl.) ⚬━ plat, pierreux, herbeux – 🍳 ♒ 🔲 ⊕
Permanent – **R** – 🔲 *2 pers. 31, pers. suppl. 10* 🔋 *10 (3A)*

MÉDIS

🔳 9 – 🔳 71 ⑮

17600 Char.-Mar. – 1 965 h.   🏕 **Le Clos Fleuri** 🏖 « Entrée fleurie », *&* 46 05 62 17, SE : 2 km sur D 117 E3
Schéma à Royan   3 ha (140 empl.) ⚬━ plat et peu incliné, herbeux 🏕 ♀ – 🍳 ⚑ 😊 🔲 🔲 ⊕ 🔲
snack 🛒 🔲 sauna – 🛶 🏖 🏊 ⚓
juin-15 sept. – **R** *conseillée* – 🔲 *2 pers. 87, 3 pers. 104, pers. suppl. 23* 🔋 *18 (5A)*

🏕 **Le Bois Roland**, *&* 46 05 47 58, NE : 0,6 km rte de Saujon
2,35 ha (141 empl.) ⚬━ plat, herbeux ♀ (1 ha) – 🍳 ♒ 🔲 ⊕ 🔲 – 🛶 🏊 –
Location : 🚐
Pâques-sept. – **R** *1er-15 août* – 🔲 *2 pers. 65, 3 pers. 72* 🔋 *16 (5A)*

🏕 **Les Chênes**, *&* 46 06 72 46, NE : 1 km rte de Saujon
6 ha (300 empl.) ⚬━ plat, herbeux ♀♀ (3 ha) – 🍳 ♒ 😊 ♀ 🛒 🔲 – 🏖 🏊
– Location : 🚐
Pâques-oct. – **R** *conseillée juil.-août* – 🔲 *piscine comprise 3 pers. 55* 🔋 *15 (4A)*

Les MÉES

🔳 17 – 🔳 81 ⑯ G. Alpes du Sud

04190 Alpes-de-H.-Pr. – 2 601 h.   🏕 **Municipal de la Pinède** 🏖, *&* 92 34 33 89, au bourg – 🅿
1 ha (50 empl.) ⚬━ en terrasses, pierreux, herbeux ♀ – 🍳 ⚑ ⊕ – 🛶
25 juin-10 sept. – **R** – ⚹ *14* 🔲 *14* 🔋 *14 (10A)*

▶ *En juillet et août, beaucoup de terrains sont saturés et leurs emplacements retenus longtemps à l'avance. N'attendez pas le dernier moment pour réserver ; ou mieux : choisissez une autre période.*

MEGÈVE

74120 H.-Savoie – 4 750 h.
alt. 1 113 – ☃.
🄑 Office de Tourisme, r. de la Poste
📞 50 21 27 28

▲▲▲ **La Ripaille** ❀ ←, 📞 50 21 47 24, Fax 50 21 02 47, NE : 1 km par N 212 rte de St Gervais, puis à Pont d'Arbon, 0,8 km par chemin à gauche – pour certains emplacements d'accès peu facile, véhicule tracteur disponible
1 ha (64 empl.) ⚼ en terrasses, herbeux ⌂ – 🗄 ⇔ 🛁 🖸 🛦 🕅 ☺ 🍴
✕ self service 🔧 – 🖂 – 🔄
Permanent – **R** conseillée – 🛉 34 piscine comprise 🔳 47 🗘 21 (2A) 30 (4A) 40 (6A)

▲▲ **Bornand** ←, 📞 50 93 00 86, NE : 3 km par N 212 rte de Sallanches et rte du télécabine à droite, à Demi-Quartier – alt. 1 060
1 ha (60 empl.) ⚬▬ incliné et en terrasses, herbeux – 🗄 ⇔ 🛁 🖸 🛦 ☺ 🔳 – 🔄
20 juin-5 sept. – ℝ▪ – 🛉 15 🔳 15 🗘 11 (2 ou 3A)

▲▲ **Gai-Séjour** ❀ ←, 📞 50 21 22 58, SO : 3,5 km par N 212 rte d'Albertville, à Cassioz, bord d'un ruisseau – alt. 1 040
1,2 ha (60 empl.) ⚬▬ plat, peu incliné, herbeux, pierreux – 🗄 ⇔ 🛁 🕅 ☺ ⚓
10 juin-10 sept., nov.-25 avril – **R** conseillée été, indispensable hiver – 🔳 2 pers. 45 (hiver 59 avec élect. 4A), pers. suppl. 11 (hiver 15) 🗘 9 (4A)

Le MEIX-ST-EPOING

51120 Marne – 217 h.

▲▲ **Aire de Loisirs de la Traconne** ⑤, 📞 26 80 70 76, N : 0,6 km par D 239ᴱ rte de Launat et chemin à droite, près d'un étang et à 100 m du Grand Morin
2,5 ha (48 empl.) ⚬▬ (juil.-août) plat, herbeux ⌂ – 🗄 ⇔ 🛁 🖸 ☺ 🔳 – 🔄 vélos
– Location : gîte d'étape
Permanent – **R** – 🔳 2 pers. 35, pers. suppl. 10 🗘 10 (3A)

MÉLISEY

70270 H.-Saône – 1 805 h.

▲ **La Bergereine** (aire naturelle), 📞 84 20 00 90, sortie E par D 486 rte de Servance
1 ha (25 empl.) ⚬▬ plat, herbeux – (🗄 ⇔ avril-oct.) 🖸 ☺
Permanent – **R** – 🔳 1 pers. 14, pers. suppl. 6 🗘 6 (3A) 9 (6A) 12 (10A)

MELLE

79500 Deux-Sèvres – 4 003 h.
🄑 Syndicat d'Initiative, pl. Poste
(mai-nov.) 📞 49 29 15 10

▲ **Municipal la Fontaine de Villiers** Ⓜ, 📞 49 29 18 04, au N du bourg, près de la Béronne – accès conseillé par r. du Tapis Vert et à gauche, r. de la Béronne
0,3 ha (25 empl.) plat et terrasse, peu incliné, herbeux – 🗄 🗺 🛦 🕅 ☺ – 🏇
– A proximité : parcours botanique
Permanent – **R** conseillée – 🛉 12 🚗 5 🔳 9 🗘 10 (hiver 15)

MELRAND

56310 Morbihan – 1 584 h.

▲ **Municipal,** SO : 0,7 km par D 2 rte de Bubry, bord d'un étang et d'un ruisseau
0,2 ha (12 empl.) plat, herbeux ⌂ – 🗄 🛁 ☺ – 🏇
15 mai-oct. – **R** – Tarif 92 : 🛉 4,45 🚗 2,80 🔳 2,80 🗘 8,85

MELUN ℙ

77000 S.-et-M. – 35 319 h.
🄑 Office de Tourisme, 2 av. Gallieni 📞 (1) 64 37 11 31

▲▲▲ La Belle Étoile, 📞 (1) 64 39 48 12, SE par N 6 rte de Fontainebleau, av. de la Seine et quai Joffre (rive gauche), près du fleuve
3,5 ha (190 empl.) ⚬▬ plat, herbeux ⌂ – 🗄 ⇔ 🛁 🖸 🛦 🕅 ☺ ⚓ ☲ 🔳 – 🏇
– A proximité : salle de remise en forme ✕ 🖸 ☲ ♨

La MEMBROLLE-SUR-CHOISILLE 37 I.-et-L. – 64 ⑮ – rattaché à Tours

MÉNÉTRÉOL-SUR-SAULDRE

18700 Cher – 229 h.

▲ **Municipal le Bout du Pont,** sortie SO par D 924 rte de Salbris, bord de la Petite Sauldre
2 ha (33 empl.) plat, herbeux ♀♀ – 🗄 🗺 ☺
11 avril-sept. – ℝ▪ – 🛉 4,20 🚗 2,80 🔳 3,40 🗘 11,50 ou 21

MENGLON

26410 Drôme – 332 h.

▲ **L'Hirondelle de St-Ferreol** ⑤, 📞 75 21 82 08, NO : 2,8 km par D 214 rte de Die et D 140 à droite, bord du Bez
7,5 ha/4 campables (102 empl.) ⚬▬ plat et peu accidenté, herbeux ⌂ ♨♨ (sous bois) – 🗄 ⇔ 🗺 🖸 ☺ – ☲
10 avril-15 sept. – **R** conseillée juil.-août – 🛉 15 🔳 25 ou 35 selon emplacements 🗘 13 (3A) 18 (6A) 30 (10A)

MENIL

53200 Mayenne – 747 h.

▲ **Municipal** « Cadre et situation agréables », 📞 43 70 24 54, à l'Est du bourg, bord de la Mayenne
0,5 ha (37 empl.) ⚬▬ (saison) plat, herbeux ⌂ ♀ verger – 🗄 ⇔ 🛁 🛦 ☺ – 🏇
mai-15 sept. – **R** – 🔳 1 ou 2 pers. 22 🗘 7 ou 14

MENNETOU-SUR-CHER

41320 L.-et-Ch. – 827 h.
🚹 Syndicat d'Initiative, 1 Grande Rue
🕿 54 98 12 29

🔺 **Municipal Val Rose,** 🕿 54 98 11 02, au sud du bourg, à droite après le pont sur le canal, à 100 m du Cher
0,8 ha (60 empl.) ⚬┳ plat, herbeux ♀ – 🗊 🏠 🛁 🖽 🕹 ☺ – A proximité : 🛱 🏊
4 mai-6 sept. – **R** *conseillée août* – 🏕 *8,80* 🔲 *8,40* 🚗 *8,50*

MENTHON-ST-BERNARD 74 H.-Savoie – 74 ⑥ – voir à Annecy (Lac d')

MERDRIGNAC

22230 C.-d'Armor – 2 791 h.

🔺 **Le Val de Landrouet** Ⓜ, 🕿 96 28 47 98, Fax 96 26 55 44, N : 0,8 km, près de la piscine et de deux plans d'eau
1,5 ha (67 empl.) plat et peu incliné, herbeux 🖽 ♀ – 🗊 🏠 🛁 🖽 🕹 ☺ 🅿 – 🖽
🏊 – A proximité : swin golf, parcours sportif, vélos, tir à l'arc 🛱 🏊 🚣 – Location : gîtes
juin-15 sept. – **R** *conseillée* – 🏕 *14,50* 🔲 *17* 🚗 *11 (5A)*

MERLIMONT

62155 P.-de-C. – 2 212 h.

🔺🔺🔺**Parc Résidentiel du Château St-Hubert** ◇, 🕿 21 89 10 10, Fax 21 89 10 12, S : 3 km, sur D 940
8 ha (500 empl.) ⚬┳ plat, herbeux, sablonneux 🖽 ♀♀ – 🗊 🏠 🛁 🖽 🍽 ☺ 🅰 🏋
🍴 🛱 🚲 🔳 discothèque – 🚗 🛱 🏊 🚣 🐎 poneys – A proximité : parc d'attractions et zoo
avril-11 nov. – **Location longue durée** *(9 300 F)* – *Places limitées pour le passage* – 🏨 – 🔲 *piscine et tennis compris 8 pers. 130*

MERVANS

71310 S.-et-L. – 1 231 h.

🔺 **Municipal** Ⓜ, sortie NE par D 313 rte de Pierre-de-Bresse, près d'un plan d'eau
0,8 ha (46 empl.) plat, herbeux – 🗊 🏠 🏊
15 mai-15 sept. – **R** – 🏕 *6* 🚗 *3* 🔲 *5*

MERVENT

85200 Vendée – 1 023 h.

🔺 **La Joletière,** 🕿 51 00 26 87, Fax 51 00 24 27, O : 0,7 km par D 99
1,3 ha (45 empl.) ⚬┳ (saison) peu incliné, herbeux 🖽 – 🗊 🏠 🛁 🖽 🕹 ☺ 🅰 ▽
snack – 🚣 – A proximité : 🛱 – Location : 🛖
Pâques-Toussaint – **R** *conseillée juil.-août* – 🏕 *13,50 piscine comprise* 🔲 *17* 🚗 *12 (3A) 19 (5A)*

🔺 **Le Chêne Tord** 🔊 « Agréable sous-bois », 🕿 51 00 20 63, O : 0,8 km par D 99 et à droite au calvaire, à 200 m d'un plan d'eau
4 ha (80 empl.) ⚬┳ plat, gravillons ♀♀ – 🗊 🏠 🏊 🖽 ☺ 🔳 – 🚣
Permanent – 🏨 – 🏕 *9,50* 🔲 *12,60* 🚗 *9,30 (12A)*

MERVILLE-FRANCEVILLE-PLAGE

14810 Calvados – 1 317 h.

🔺🔺 Municipal le Point du Jour, 🕿 31 24 23 34, sortie E par D 514 rte de Cabourg, bord de plage – 🏖
2,7 ha (145 empl.) ⚬┳ plat, sablonneux, herbeux 🖽 – 🗊 🏠 🏊 🖽 🕹 ☺ – 🚗

à Gonneville-en-Auge S : 3 km – ✉ 14810 Gonneville-en-Auge :

🔺 **Le Clos Tranquille** 🔊 « Verger », 🕿 31 24 21 36, S : 0,8 km par D 95A
1,3 ha (50 empl.) ⚬┳ plat, herbeux ♀ – 🗊 🏠 🛁 🖽 ☺ 🔳 – 🚣 – Location : 🛖,
appartements – Garage pour caravanes
10 avril-25 sept. – **R** – 🏕 *16,50* 🔲 *16,50* 🚗 *11,50 (4A) 17,50 (6A) 26,50 (10A)*

MESCHERS-SUR-GIRONDE

17132 Char.-Mar. – 1 862 h.
🚹 Syndicat d'Initiative, pl. Verdun (juil.-août) 🕿 46 02 70 39

🔺 **L'Escale** 🔊, 🕿 46 02 71 53, NE : 0,5 km par D 117 rte de Semussac
4,3 ha (300 empl.) ⚬┳ plat, herbeux ♀ (3 ha) – 🗊 🏠 🏊 🖽 🕹 ☺ 🅰 ▽ 🚲 🔳
– 🚗 🛱 🍴 🏊 – Location : 🛖
mars-nov. – **R** *conseillée* – 🔲 *piscine comprise 3 pers. 63* 🚗 *19 (5A)*

🔺 Soleil Levant 🔊, 🕿 46 02 76 62, E : 0,5 km par r. Basse et allée de la Longée
2 ha (200 empl.) ⚬┳ plat, herbeux ♀ (1 ha) – 🗊 🏊 🖽 ☺ 🔳 🔳 – 🚗 🏊 –
Location : 🛖

MESLAND

41150 L.-et-Ch. – 483 h.

🔺🔺🔺 **Parc du Val de Loire** 🔊 « Cadre boisé », 🕿 54 70 27 18, Fax 54 70 21 71, O : 1,5 km rte de Fleuray
12 ha (250 empl.) ⚬┳ plat et peu incliné, herbeux 🖽 ♀♀ (8 ha) – 🗊 🏠 🏊 🖽
🕹 ☺ 🅰 ▽ 🍴 🍴 snack 🔳 – 🛱 🍴 🚣 🏊 poneys, vélos
mai-15 sept. – **R** *conseillée* – 🔲 *piscine comprise 2 pers. 110 à 140 selon emplacement, pers. suppl. 30* 🚗 *20 (6A)*

MESLAY-DU-MAINE

53170 Mayenne – 2 418 h.

Districal de la Chesnaie   ⪕ « Bord d'un beau plan d'eau »,   ☎ 43 98 48 08, NE : 2,5 km par D 152 rte de St-Denis-du-Maine
7 ha/0,8 campable (70 empl.) ⚬— plat, herbeux – 🛖 ⚬ 🖂 🔥 & ☻ – A l'entrée :
🔲 🔥 ⚊ 🛒 🔻
Pâques-sept. – **R** – ✳ 5,70 ⚟ 4,20 🅴 6,20 🔲 10 (6A) 12 (10A) 15 (15A)

MESNARD-LA-BAROTIERE

85500 Vendée – 901 h.

Lac de la Tricherie ,   ☎ 51 66 04 31, SO : 2,2 km par D 53, rte de Vendrennes et rte à droite, à 100 m du lac
1,5 ha (50 empl.) ⚬— plat, herbeux, pierreux, bois attenant 🎏 – 🛖 🔥 & ☻ – 🛒 – A proximité : 🍴 🔥 ⚓ (plage)
mai-sept. – **R** conseillée juil.-août – ✳ 9 ⚟ 7 🅴 3,60/7 🔲 10 (4A)

▶ 🛖 ⚬ 🖂

*Douches, wastafels en washuizen met **warm water**.*
Indien deze symbolen niet in de tekst voorkomen,
zijn bovengenoemde installaties wel aanwezig doch
uitsluitend met koud water.

MESNOIS 39 Jura – 🗂 ⑭ – rattaché à Pont-de-Poitte

MESQUER

44420 Loire-Atl. – 1 372 h.

Le Welcome 🅼,   ☎ 40 42 50 85, NO : 1,8 km par D 352, rte de Kercabellec et rte à gauche
1,6 ha (110 empl.) ⚬— peu incliné, plat, herbeux ⚍ – 🛖 ⚬ 🖂 🔲 & ☻ ⚏ ⚐
🔲 – 🛒 vélos – Location : ⚏ 🔲
avril-sept. – **R** conseillée – Tarif 92 : 🅴 1 ou 2 pers. 57, pers. suppl. 13 🔲 10,50 (3A) 16 (6A)

Soir d'Été,   ☎ 40 42 57 26, NO : 2 km par D 352 et rte à gauche
1,5 ha (70 empl.) ⚬— plat et peu incliné, herbeux, sablonneux 🔲 ⚍ – 🛖 ⚬ 🖂
🔲 ☻ 🍴 snack ⚊ – ⚌ – Location : 🔲
juin-6 sept. – **R** conseillée juil.-20 août – 🅴 piscine comprise 1 ou 2 pers. 70 🔲 15 (4A)

Le Praderoi ,   ☎ 40 42 66 72, NO : 2,5 km, à Quimiac, à 100 m de la plage
0,4 ha (30 empl.) ⚬— peu vallonné, sablonneux, herbeux ⚍ pinède – 🛖 ⚍ & ☻
13 mai-sept. – **R** – 🅴 2 pers. 68, pers. suppl. 14 🔲 15 (3A) 17 (5A)

MESSANGES

40660 Landes – 521 h.

Le Vieux Port 🅼,   ☎ 58 48 22 00, Fax 58 48 01 69, SO : 2,5 km par D 652 rte de Vieux-Boucau-les-Bains puis 0,8 km par chemin à droite, à 500 m de la plage (accès direct)
35 ha/30 campables (1135 empl.) ⚬— plat, sablonneux, herbeux ⚍ pinède –
🛖 ⚬ 🖂 ⚍ 🔲 & 🔲 ☻ ⚏ ⚐ 🍴 ✗ et cafétéria ⚊ 🔲 – 🔲 ⚌ 🛒 🔲
🔻 ⚌ poneys, vélos, toboggan aquatique – A proximité : 🔥 – Location : ⚏ 🔲
🔲
avril-sept. – **R** conseillée – Tarif 92 : 🅴 piscine comprise 1 à 3 pers. 115/130 (150 à 164 avec élect. 4 à 8A), pers. suppl. 22

Lou Pignada 🅼,   ☎ 58 48 03 76, Fax 58 48 01 69, S : 2 km par D 652 puis 0,5 km par rte à gauche
4 ha (270 empl.) ⚬— plat, sablonneux, herbeux ⚍ pinède – 🛖 ⚬ 🖂 🔲 & ☻
⚌ ⚐ 🍴 ✗ ⚊ 🔲 – 🔲 ⚌ 🛒 ⚌ – Location : ⚏ 🔲
15 mai-15 sept. – **R** conseillée – Tarif 92 : 🅴 piscine comprise 1 à 3 pers. 105/120 (145 à 159 avec élect. 4 à 8A), pers. suppl. 22

Les Chevreuils (aire naturelle) ,   ☎ 58 48 93 33, S : 2,3 km par D 652 rte du Vieux-Boucau et chemin à droite
1,8 ha (25 empl.) ⚬— plat, herbeux, sablonneux ⚍ – 🛖 ⚬ 🖂 🔲 & ☻
mai-sept. – **R** conseillée – 🅴 2 pers. 44, pers. suppl. 15 🔲 12 (4A)

MESSIMY-SUR-SAÔNE

01480 Ain – 827 h.

Le Gîte Vert   « Cadre agréable »,   ☎ 74 67 81 24, S : 1,5 km par D 933 rte de Trévoux puis 0,8 km par chemin à droite, à 150 m de la Saône
2 ha (100 empl.) ⚬— plat, herbeux ⚍ – 🛖 🔲 ☻ – 🔲
avril-oct. – **R** conseillée – Places limitées pour le passage – Tarif 92 : 🅴 élect. (6A) comprise 2 pers. 42

MEYMAC

19250 Corrèze – 2 796 h. alt. 702.
🅱 Syndicat d'Initiative,
pl. Hôtel-de-Ville ☎ 55 95 18 43

Municipal la Garenne   ⪕,   ☎ 55 95 22 80, sortie NE par D 30 rte de Sornac, près d'un plan d'eau
4,5 ha (130 empl.) ⚬— incliné et en terrasses, herbeux – 🛖 🖂 ⚍ 🔲 ☻ 🔲 – 🛒
– A proximité : 🍴 ✗ ⚓ – Location : huttes
15 mai-11 sept. – **R** conseillée juil.-août – ✳ 9,50 ⚟ 6 🅴 7 🔲 11 (5A)

MEYRAS

07380 Ardèche – 729 h.

△△△ **Le Ventadour** ≤, ℰ 75 94 18 15, SE : 3,5 km, sur N 102 rte d'Aubenas, bord de l'Ardèche
3 ha (150 empl.) plat et peu incliné, herbeux ☐ – 🛁 ⊕ 🗓 ⴲ 👍 ⫸ ⊕ 🛒 ⲏ snack ▣ – ⲝ – Location : 🚐
15 avril-sept. – **R** conseillée – ▣ 2 pers. 60 🔌 9 (3A) 11 (6A) 17 (10A)

△△ **La Plage,** ℰ 75 36 40 59, à Neyrac-les-Bains, SO : 3 km sur N 102 rte du Puy-en-Velay, bord de l'Ardèche
0,8 ha (33 empl.) ⚓ en terrasses et plat, herbeux – 🛁 ⊼ 👍 ⫸ ⊕ ▣ – 🏠
ⲝ
avril-oct. – **R** conseillée – ▣ 2 pers. 45 🔌 10 (4 ou 6A) 12 (10A)

MEYRUEIS

48150 Lozère – 907 h. alt. 706.
🛈 Office de Tourisme, Tour de l'Horloge (fermé après-midi hors saison) ℰ 66 45 60 33

△△ **Le Champ d'Ayres** ⌖ ≤, ℰ 66 45 60 51, E : 0,5 km par D 57 rte de Campis, près d'un ruisseau
1,5 ha (84 empl.) ⚓ incliné, herbeux ☐ – 🛁 ⊕ ⊼ 👍 ⫸ ⊕ ⲏ – 🏠 ⴲ⁴ –
A proximité : ⛑ 🎣 ⤴
avril-sept. – **R** conseillée – ▣ piscine comprise 2 pers. 60 🔌 12 (3A) 15 (6A)

△△△ **Capelan** ≤ « Site agréable », ℰ 66 45 60 50, NO : 1 km sur D 996 rte du Rozier, bord de la Jonte
1,8 ha (80 empl.) ⚓ plat, peu incliné, herbeux ⴲ – 🛁 ⊕ 👍 ⊼ 🗓 ⊕ ⤴ ⲙ ⲏ
▣ – ⴲ⁴ 丞 – Location : 🚐
mai-25 sept. – **R** conseillée juil.-août – ▣ piscine comprise 2 pers. 65, pers. suppl. 16 🔌 13 (4A) 16 (6A)

△ **Le Pré de Charlet** ⌖ ≤, ℰ 66 45 63 65, NE : 1 km par D 996 rte de Florac, bord de la Jonte
2 ha (66 empl.) ⚓ plat, peu incliné et en terrasses, herbeux ⥁ – 🛁 ⊼ 🗓 👍
⊕ ▣ – ⴲ⁴
mai-sept. – **R** – ▣ 3 pers. 45, pers. suppl. 13 🔌 10 (5A)

△ **Le Pré des Amarines** (aire naturelle) ⌖ ≤, ℰ 66 45 61 65, NE : 6 km par D 996 rte de Florac et à droite, au lieu-dit Gatuzières, bord de la Jonte – accès difficile pour caravanes venant de Florac, demi tour conseillé à la Bragouse – alt. 750
2 ha (25 empl.) ⚓ (saison) plat et peu vallonné, terrasse, herbeux – 🛁 ⊕ ⲑ
🗓 👍 ⊕ ▣
19 mai-19 sept. – **R** – ⚹ 13 ▣ 23 🔌 15 (4A)

MEYSSAC

19500 Corrèze – 1 124 h.

△△ **Intercommunal Moulin de Valane,** ℰ 55 25 41 59, NO : 1 km rte de Collonges-la-Rouge, bord d'un ruisseau
3 ha (140 empl.) ⚓ plat et incliné, herbeux ⥁ – 🛁 ⊼ 🗓 👍 ⊕ ▣ – ⛑ ⴲ⁴
丞 toboggan aquatique
15 avril-oct. – **R** conseillée 15 juil.-20 août – Tarif 92 : ▣ piscine comprise 2 pers. 48 🔌 11 (6A)

MÉZEL

04270 Alpes-de-H.-Pr. – 423 h.

△△ **La Célestine,** ℰ 92 35 52 54 ✉ 04270 Beynes, S : 3 km par D 907 rte de Manosque, bord de l'Asse
2,4 ha (100 empl.) ⚓ plat, herbeux – 🛁 ⊕ ⲑ 🗓 ⊕ ⤴ – ⴲ⁴ ⲝ (bassin)
avril-sept. – **R** conseillée – ⚹ 15 ▣ 17 🔌 13 (4A) 15 (6A) 26 (10A)

MÉZIERES-EN-BRENNE

36290 Indre – 1 194 h.
🛈 Office de Tourisme, « Le Moulin » r. Nord ℰ 54 38 12 24

△ **Municipal la Caillauderie,** E : 0,8 km par D 925 rte de Chateauroux et chemin du stade à droite, bord de la Claise
0,35 ha (30 empl.) plat, pierreux, herbeux – 🛁 ⊕ ⊼ 🗓 👍 ⊕ ⤴ ⲙ – 🏠 –
A proximité : ⲗ
Pâques-Toussaint – ℟ – ▣ 2 pers. 30, pers. suppl. 7,50 🔌 15

MÉZOS

40170 Landes – 851 h.

△△△ **Sen Yan** Ⓜ ⌖ « Cadre agréable, entrée fleurie », ℰ 58 42 60 05, Fax 58 07 34 88, E : 1 km par rte du Cout
8 ha (245 empl.) ⚓ plat, sablonneux ☐ ⥁ pinède – 🛁 ⊕ ⲑ 🗓, sauna 👍 ⊕
⤴ ⲙ ⲛ ⛑ ✗ ⤵ ▣ salle de remise en forme – 🏠 ⛑ ⲏ 丞 ⲑ vélos, tir à l'arc – Location : 🚐 🚐 🏠
juin-15 sept. – **R** conseillée – ▣ piscine comprise 2 pers. 105, pers. suppl. 29 🔌 20 (3A) 28 (6A)

MIELAN

32170 Gers – 1 290 h.

△△ **Le Lac,** ℰ 62 67 51 76, NE : 2,6 km par N 21 et rte à droite, bord du lac
3 ha (70 empl.) ⚓ plat, peu incliné, herbeux ☐ ⥁ – 🛁 ⊕ ⲑ 🗓 👍 ⊕ ⤴ ▣
– ⴲ⁴ 丞 ⲝ ⲑ – A proximité : ⛑ ✗ ⤴ ⲗ ⲏ ⲙ – Location : bungalows toilés, gîtes
mars-oct. – **R** conseillée juin-sept. – ▣ piscine comprise 3 pers. 84, pers. suppl. 25 🔌 16 (10A)

MIERS
46500 Lot – 347 h.

▲▲ **Le Pigeonnier** ⑤ ≪, ℰ 65 33 71 95, E : 0,8 km par D 91 rte de Padirac
0,7 ha (30 empl.) ⊶ plat, peu incliné, herbeux – ☉ ⇔ ⚲ ⊡ ⅍ ⊕ – ☲ ☲
Pâques-sept. – **R** conseillée juil.-août – ✸ 15 piscine comprise ⊡ 15 ⒢ 10 (5A)

MIGNÉ
36800 Indre – 321 h.

▲ **Municipal,** sortie O par D 27 rte de Rosnay
0,4 ha (23 empl.) plat, herbeux – ☉ ⇔ ⚲ ⅍ ⊕
mai-sept. – **R** - ✸ 6 ⇐ 6 ⊡ 6 ⒢ 8 (6A)

MILLAU ◁ⓢⓟ▷
12100 Aveyron – 21 788 h.
�︎ Office de Tourisme,
av. Alfred-Merle ℰ 65 60 02 42

▲▲▲ **Les Rivages** ≪, ℰ 65 61 01 07, Fax 65 60 91 40, E : 1,7 km par D 991 rte de
Nant, bord de la Dourbie
7 ha (314 empl.) ⊶ plat, herbeux, pierreux ⚱⚱ (1 ha) – ☉ ⇔ ⇌ ⊡ ⅍ ⊕ ⚬ ⚲ ⊽
⚲ snack ⚴ – ☲ – ☲ squash ✖ ⚲ ☲ – Location : ☲
mai-sept. – **R** conseillée juil.-août – ⊡ élect. (6A) comprise 2 pers. 100

▲▲▲ **Municipal Millau-Plage,** ℰ 65 60 10 97, sortie E par rte de Nant puis 1,2 km
par D 187 à gauche, bord du Tarn
4 ha (250 empl.) ⊶ plat, herbeux ⚱⚱ – ☉ ⇔ ⇌ ⊡ ⅍ ⊕ ⚬ ⚲ ✖ ⚴ ☲ – ☲
⚲ – A proximité : ☲
avril-sept. – **R** conseillée juil.-août – ⊡ piscine comprise 2 pers. 65 ⒢ 12 (5A)

▲▲▲ **Cureplat,** ℰ 65 60 15 75, Fax 65 61 36 51, NE : 0,8 km par D 991 rte de Nant
et D 187 à gauche rte de Paulhe, bord du Tarn
5 ha (250 empl.) ⊶ plat, herbeux ⚱⚱ – ☉ ⇔ ⇌ ⊡ ⅍ ⊕ ⚬ ☲ ✖ ⚴ ☲ – ☲ ⚲
– A proximité : practice de golf – Location : ☲ ☲
avril-sept. – **R** conseillée – ⊡ 2 pers. 75, pers. suppl. 20 ⒢ 15 (6A)

▲▲ **Les Deux Rivières** ≪, ℰ 65 60 00 27, sortie E par D 991 rte de Nant, bord
du Tarn
1 ha (60 empl.) ⊶ plat, herbeux, pierreux ⚱⚱ – ☉ ⇔ ⇌ ⊡ ⅍ ⊞ ⊕
avril-15 oct. – **R** – ⊡ 2 pers. 60 ⒢ 15 (6 à 10A)

▲▲ Larribal ≪, ℰ 65 59 08 04, NE : 1,5 km par D 991 rte de Nant et D 187 à
gauche, rte de Paulhe, bord du Tarn
1 ha (50 empl.) ⊶ (juil.-août) plat, pierreux, herbeux – ☉ ⇔ ⇌ ⊡ ⊕ – ☲ –
A proximité : practice de golf
15 mai-15 sept. – **R** conseillée

MILLY-LA-FORÊT
91490 Essonne – 4 307 h.

▲▲ **La Musardière** ⑤ « Cadre agréable », ℰ (1) 64 98 91 91, SE : 4 km par
D 141ᴱ, D 16 et rte de la Croix-St-Jérôme à gauche
6 ha (120 empl.) ⊶ plat et accidenté, sablonneux, rochers ☐ ⚱⚱ – ☉ ⇔ (⚲
saison) ⊞ ⚬ ⚴ – A proximité : ⚘
15 fév.-déc. – Places disponibles pour le passage – **R** conseillée mai – ✸ 20 ⇐
12 ⊡ 10/21 avec élect. (3A)

MIMIZAN
40200 Landes – 6 710 h.

▲▲▲ **Municipal du Lac** ⓜ, ℰ 58 09 01 21, N : 2 km par D 87, rte de Gastes, bord
de l'étang
8 ha (300 empl.) ⊶ plat et légèrement accidenté, sablonneux ⚱⚱ pinède – ☉
⇌ ⊡ ⅍ ⊕ ⚬ ⚲ ☲ – ⚬
vac. de printemps-8 oct. – **R** – ✸ 11,60 ⇐ 4 ⊡ 8 ⒢ 10 (5A)

à Mimizan-Plage O : 6 km – ✉ 40200 Mimizan :.
🅱︎ Office de Tourisme, 38 av. Maurice Martin ℰ 58 09 11 20

▲▲ **Marina,** ℰ 58 09 12 66, Fax 58 09 16 40, à 400 m de la plage sud
9 ha (630 empl.) ⊶ plat, sablonneux ☐ ⚱⚱ pinède – ☉ ⇔ ⇌ ⚲ ⊡ sauna ⅍
⊕ ⊽ ☲ ✖ ⚴ ☲ – ☲ salle d'animation ⚲ ⚲ ☲ vélos – A proximité : salle
de remise en forme ⚘ – Location : ☲ ☲, studios
mai-sept. – **R** conseillée juil.-août – Tarif 92 : ⊡ 3 pers. 115/125, pers. suppl.
22 ⒢ 20 (6A) 26 (10A)

▲▲▲ **Municipal la Plage,** ℰ 58 09 00 32, quartier nord, bd de l'Atlantique
16 ha (787 empl.) ⊶ vallonné, sablonneux, herbeux ⚱⚱ pinède – ☉ ⇔ ⇌ ⊡
⊕ ⚲ ☲ – Location : bungalows toilés
avril-1ᵉʳ oct. – **R** conseillée juil.-août – ✸ 18 ⊡ 20 ⒢ 10 (3A)

MIOS
33380 Gironde – 3 786 h.
Schéma à Arcachon

▲▲ **Municipal de l'Eyre,** ℰ 56 26 64 50, au SO du bourg, bord de rivière
1,2 ha (107 empl.) ⊶ plat, herbeux, sablonneux ⚲ – ☉ ⇔ ⇌ ⚲ ⊡ ⅍ ⊕ ⚲
– A proximité : parcours sportif ☲ ⚲
saison – Tarif 92 : ✸ 15 ⊡ 15/25 ⒢ 10 (5A)

MIRABEL-ET-BLACONS
26400 Drôme – 728 h.

▲▲ **Gervanne,** ℰ 75 40 00 20, à Blacons, au confluent de la Drôme et de la
Gervanne
2,5 ha (145 empl.) plat et peu incliné, herbeux ⚱⚱ – ☉ ⇔ ⚲ ⊡ ⊕ ⚴ ☲ ☲ –
☲ ☲ (plan d'eau)
15 mars-15 nov. – **R** – ⊡ 2 pers. 55 ⒢ 15 (4A)

MIRAMBEAU

17150 Char.-Mar. – 1 409 h.

⛰ Municipal, sortie N sur N 137 rte de Saintes
0,7 ha (42 empl.) plat et peu incliné, herbeux – 🗑 ⛲ 👁 🗓 ⊕ – A proximité :
✂ 🛝
15 juin-15 sept. – ℞

9 – 75 ①

MIRAMONT-DE-GUYENNE

47800 L.-et-G. – 3 450 h.

⛰ **Intercommunal le Saut du Loup** ⚓ ≼ « Site agréable », ℘ 53 93 22 35,
E : 2 km par D 227 rte de Cancon et chemin à droite, bord du lac
40 ha/5 campables (150 empl.) ⊶ plat et peu incliné, herbeux 🎠 (3 ha) – 🗑
🗑 👁 🐟 🖐 🐎 ⊕ 🍽 ✗ ⊶ 🖨 – 🛖 ✂ 🏄 ⛵ tir à l'arc – Location : 🏠
15 mars-14 nov. – **R** conseillée juil.-août – 🏕 16,50 🅴 16 🚿 10,70 (6A)

14 – 75 ⑭

MIRANDE ⊛

32300 Gers – 3 565 h.
🅱 Office de Tourisme, r. de l'Évêché
℘ 62 66 68 10

⛰ **Municipal l'Île du Pont** ⚓, ℘ 62 66 64 11, à l'est de la ville, dans une île
de la Grande Baïse
4,5 ha (150 empl.) ⊶ plat, herbeux – 🗑 ⛲ 👁 🗓 🖐 ⊕ 🍳 ⊶ – 🖨 🏄 –
A proximité : 🛝
juin-15 sept. – **R** conseillée – Tarif 92 : 🏕 10,30 ⇦ 4,10 🅴 5,60/10,40 avec
élect.

14 – 82 ⑭ G. Pyrénées Aquitaine

MIRANDOL-BOURGNOUNAC

81190 Tarn – 1 110 h.

⛰ **Les Clots** ⚓ ≼, ℘ 63 76 92 78, N : 5,5 km par D 905 rte de Rieupeyroux et
chemin sur la gauche, à 500 m du Viaur (accès direct)
7,5 ha/2 campables (60 empl.) ⊶ en terrasses, pierreux, herbeux 🌿 – 🗑 ⛲ 🐟
⊕ 🍳 🖨 – 🖨 🐟 🛝 🛝 ⊶ (bassin) – Location : 🚐
Pâques-15 oct. – **R** conseillée juil.-août – 🏕 21 piscine comprise ⇦ 8 🅴 10/11
🚿 15 (10A)

15 – 80 ⑪

MIREMONT

63380 P.-de-D. – 370 h.

⛰ **Intercommunal Plage de Confolant** ⚓ ≼ « Dans un site agréable »,
℘ 73 79 92 76, NE : 7 km par D 19 et D 19ᴱ à droite, près du lac
2,8 ha (90 empl.) ⊶ en terrasses et incliné, herbeux, pierreux 🌿 🎠 – 🗑 🐟 🗓
🖐 ⊕ ⊶ 🖨 🍳 ✗ ⊶ 🐟 🛝 ⊶ – A proximité : ✗ ⊶ 🛝
mai-15 sept. – **R** conseillée juil.-août – 🏕 13,50 🅴 19,50 🚿 14 (5A)

⛰ **Municipal la Rivière** ⚓, au bourg, bord de la Chancelade
0,4 ha (40 empl.) plat, herbeux, pierreux 🌿 – 🗑 ⛲ ⊕
mai-sept. – **R** – 🏕 7,60 🅴 9,80 🚿 11,75

11 – 73 ③ G. Auvergne

MIREPEISSET

11120 Aude – 410 h.

⛰ **Val de Cesse** ⚓, ℘ 68 46 14 94, à 1 km à l'ouest du bourg, bord de la Cesse
2 ha (140 empl.) ⊶ plat, herbeux 🌿 – 🗑 ⛲ 👁 ⊕ 🍳 🛝 🖨 – 🛝 – A proximité :
🍳 ✗ ⊶ 🛝 🐎
avril-sept. – **R** conseillée – 🅴 piscine comprise 1 ou 2 pers. 57, pers. suppl. 14

15 – 83 ⑬

MIREPOIX

32390 Gers – 162 h.

⛰ **Les Mousquetaires** (aire naturelle) ⚓ ≼, ℘ 62 64 33 66, SE : 2 km
1 ha (25 empl.) ⊶ non clos, peu incliné – 🗑 ⛲ 🐟 ⊕ – 🛝 vélos – Location :
🚐
15 juin-15 sept. – **R** conseillée – 🅴 élect. et piscine comprises 2 pers. 58, pers.
suppl. 12

14 – 82 ⑤

MIRIBEL-LES-ÉCHELLES **38** Isère – 74 ⑭ ⑮ – rattaché à Entre-Deux-Guiers

MIRMANDE

26270 Drôme – 497 h.

⛰ **La Poche** ⚓, ℘ 75 63 02 88, SE : 3 km par D 204 et D 57 rte de Marsanne,
bord d'un ruisseau
2 ha (100 empl.) ⊶ plat, peu incliné, terrasse, pierreux, herbeux 🌿 🌿 (1 ha) –
🗑 🐟 ⊕ snack – 🛝 – Location : 🚐
avril-oct. – **R** conseillée juil.-août – 🏕 13 piscine comprise ⇦ 8 🅴 10 🚿 12
(6A)

16 – 77 ⑫ G. Vallée du Rhône

MISCON

26310 Drôme – 38 h.

⛰ **Municipal** ⚓ ≼, ℘ 75 21 36 31, au bourg
0,4 ha (25 empl.) ⊶ plat et terrasses, pierreux – 🗑 🖐 ⊕
15 juin-15 sept. – **R** – 🏕 7,50 ⇦ 4 🅴 4 🚿 10 (5A)

16 – 77 ⑭

MISSILLAC

44160 Loire-Atl. – 3 915 h.

⛰ **Municipal les Platanes,** ℘ 40 88 38 88, O : 1 km par D 2, à 50 m d'un étang
1,5 ha (60 empl.) peu incliné, herbeux 🌿 – 🗑 👁 ⊕ – A proximité : golf
juil.-août – ℞ – Tarif 92 : 🏕 7 ⇦ 4 🅴 8 🚿 10 (3A)

4 – 63 ⑮ G. Bretagne

263

MITTLACH

68380 H.-Rhin – 291 h.

⚠️ **Municipal** ⚠️ ≼ « Site agréable », 𝒫 89 77 63 77, SO : 3 km, bord d'un ruisseau – alt. 620
2 ha (100 empl.) ⚡ (saison) peu incliné, plat et terrasses, herbeux, gravier ⚙️
– 🔟 🖕 ⊕
mai-sept. – **R** conseillée juil.-août – 🍴 – ⭐ 9,50 ⟵ 4 🔲 3/4 🔋 7,20 (2A)

🔲 – 🔲 ⑱

MODANE

73500 Savoie – 4 250 h. alt. 1 057
– 🐕.

🔲 Office de Tourisme, pl. Replaton (saison) 𝒫 79 05 22 35

⚠️ **Les Combes** ≼, 𝒫 79 05 00 23, sur bretelle d'accès au tunnel routier du Fréjus, à 0,8 km au SO de Modane-Ville
3 ha (80 empl.) incliné, pierreux, herbeux – 🔟 🖕 🖕 🏠 ⊕ 🍴 – A proximité : 🍴
Permanent – **R** conseillée – ⭐ 12 🔲 12 🔋 20 (4A) 26 (8A)

🔲 – 🔲 ⑧ G. Alpes du Nord

MOËLAN-SUR-MER

29350 Finistère – 6 596 h.

🔲 Office de Tourisme, r. des Moulins (fermé après-midi sauf vacances de printemps, 15 juin-15 sept.) 𝒫 98 39 67 28

⚠️ **La Grande Lande** 🐕, 𝒫 98 71 00 39, O : 5 km par D 116 rte de Kerfany-les-Pins, à Kergroës
3 ha (100 empl.) ⚡ (saison) plat et peu incliné, herbeux, bois attenant – 🔟 🖕
🔟 🖼️ 🖕 ⊕ 🍴 🍴 – 🔲 🔟 – Location : 🔲
Pâques-sept. – **R** conseillée juil.-août – ⭐ 14 ⟵ 6 🔲 15

🔲 – 🔲 ⑪ ⑫ G. Bretagne

MOIRANS-EN-MONTAGNE

39260 Jura – 2 018 h. alt. 628

⚠️ **Champ-Renard** ≼, 𝒫 84 42 34 98, sortie S par D 470 rte de St-Claude
2 ha (100 empl.) ⚡ peu incliné, en terrasses, herbeux – 🔟 🔟 🏠 ⊕ – 🔟
Permanent – **R** conseillée juil.-août – ⭐ 15 ⟵ 6 🔲 6 🔋 10 (3A)

🔲 – 🔲 ⑭

MOLIÈRES

24480 Dordogne – 315 h.

⚠️ **La Grande Veyière** 🐕, 𝒫 53 22 54 21, SE : 2,4 km par rte de Cadouin et chemin
4 ha (64 empl.) ⚡ peu incliné, en terrasses, herbeux ⚙️ – 🔟 🖕 🖕 🖼️ 🖕 ⊕ 🍴
🔟 🖼️ – 🔲 🔟 🔟 – Location : 🔲
avril-15 nov. – **R** juil.-août – ⭐ 19 piscine comprise 🔲 26 🔋 12,50 (6A)

🔲 – 🔲 ⑯ G. Périgord Quercy

MOLIETS-ET-MAA

40660 Landes – 420 h.

à Moliets-Plage O : 3 km par D 117 – ✉️ 40660 Moliets-et-Maa :

⚠️ **Airotel Saint-Martin** 🐕, 𝒫 58 48 52 30, Fax 58 48 50 73, O : 3,2 km par D 117, à 300 m de la plage
18,5 ha (660 empl.) ⚡ vallonné, peu incliné, plat, en terrasses, sablonneux 🌲 pinède – 🔟 🖕 🔟 🖼️ 🖕 ⊕ 🏠 🍴 🍴 🍴 snack 🍴 – 🖼️ solarium, cases réfrigérées
– 🔟 🔟 – A proximité : 🔟 – Location : 🔲 🔲, bungalows toilés
Pâques-15 oct. – **R** conseillée – 🔲 piscine comprise 3 pers. 87 ou 98 (116 ou 147 avec élect. 5 ou 10A)

⚠️ **Les Cigales** 🐕, 𝒫 58 48 51 18, Fax 58 48 53 27, sur D 117, à 500 m de la plage
15 ha (630 empl.) ⚡ plat et accidenté, sablonneux 🌲🌲 pinède – 🔟 🖕 🔟 🖼️ 🖕
⊕ 🔟 🍴 🍴 🖼️ – 🍴 🔟 🔟 – Location : 🔲 🔲
15 avril-29 sept. – **R** conseillée – Tarif 92 : ⭐ 15 🔲 18 🔋 12 (5A)

🔲 – 🔲 ⑯

MOLITG-LES-BAINS

66500 Pyr.-Or.– 185 h. –
🌡️ avril-2 nov

⚠️ **Municipal Guy Malé** 🐕 ≼, N : 1,3 km, au SE du village de Molitg – alt. 607
0,3 ha (19 empl.) peu incliné, herbeux – 🔟 🖕 🖕 🖕 ⊕
avril-oct. – **R** conseillée juin-août – 🔲 2 pers. 30, pers. suppl. 10 🔋 10

🔲 – 🔲 ⑰ G. Pyrénées Roussillon

MOLOMPIZE

15500 Cantal – 341 h.

⚠️ **Municipal** ≼, 𝒫 71 73 62 90, NE : 0,5 km par N 122 rte de Massiac, au terrain de sports, bord de l'Alagnon
1,9 ha (60 empl.) ⚡ plat, herbeux, sablonneux – 🔟 🖕 🖕 🖕 ⊕ – 🍴
🔟
15 juin-15 sept. – **R** conseillée – ⭐ 7 🔲 6,50 🔋 9

🔲 – 🔲 ④

Le MONASTIER-SUR-GAZEILLE

43150 H.-Loire – 1 828 h. alt. 935

⚠️ **Municipal le Moulin de Savin** 🐕 ≼, 𝒫 71 03 82 24, à 1 km au SO du bourg, bord de la Gazeille – alt. 820
1,2 ha (55 empl.) ⚡ plat, peu incliné, herbeux ⚙️ – 🔟 🖕 🖕 ⊕ 🏠 🔟 – 🔲
🍴 🖼️ – A proximité : 🍴 🍴
juin-sept. – **R** juil.-août – ⭐ 6,50 et 3 pour eau chaude ⟵ 5,50 🔲 15 🔋 10

🔲 – 🔲 ⑰ G. Vallée du Rhône

MONCLAR-DE-QUERCY

82230 T.-et-G. – 1 086 h.

⚠️ **Municipal** ⛺, *&* 63 30 42 85, sortie E rte de Gaillac puis 1 km par chemin à droite, à la base de Loisirs, à 100 m d'un plan d'eau
2 ha (45 empl.) ⚡ (saison) plat et terrasses, pierreux ▦ – 🛱 ⇔ 🛁 🖰 ⊕ 🛒 ⊋ 🍴 – ⚡ – A proximité : toboggan aquatique, snack 🛒 – Location : 🏠
15 juin-15 sept. – **R** *conseillée* – 🏕 *11* 🅴 *10,50* 🖍 *10,50 (3 ou 4A)*

14 – 79 ⑱

MONDRAGON

84430 Vaucluse – 3 118 h.

⚠️⚠️ **Municipal la Pinède** ⛺, *&* 90 40 82 98, NE : 1,5 km par D 26 rte de Bollène et deux fois à droite
3 ha (134 empl.) ⚡ plat et peu incliné, en terrasses, herbeux, pierreux, sablonneux ♀♀ – 🛱 🛁 🖰 🕮 ⊕ 🛒 ▽ – 🗨 🚴
Permanent – **R** – 🏕 *11* 🚗 *3,40* 🅴 *3,20/3,70* 🖍 *11 (5A) 28,40 (10A)*

16 – 81 ①

MONESTIER-DE-CLERMONT

38650 Isère – 905 h. alt. 832.
🅱 Syndicat d'Initiative, Parc Municipal (20 juin-10 sept. matin seul.)
& 76 34 15 99

⚠️ **Municipal les Portes du Trièves** ⛺, *&* 76 34 01 24, O : 0,7 km par chemin des Chambons
1 ha (50 empl.) ⚡ peu incliné, en terrasses, graviers, herbeux ▦ – 🛱 ⇔ 🛁 🖰 🕭 ⊕ – 🗨 vélos – A proximité : 🛒 🚴
mai-sept. – **R** *juil.-août* – 🏕 *17* 🅴 *19* 🖍 *14 (6A)*

12 – 77 ⑭ G. Alpes du Nord

MONESTIÉS

81640 Tarn – 1 361 h.

⚠️ Municipal ⛺, *&* au SO du bourg, bord du Cérou
0,35 ha (22 empl.) plat, herbeux ♀ – 🛱 ⇔ 🛁 🖰 ⊕ 🛒 – A proximité : 🛒

16 – 79 ⑳ G. Pyrénées Roussillon

MONFAUCON

24130 Dordogne – 233 h.

⚠️⚠️ **Étang de Bazange** ⛺, *&* 53 24 64 79, NE : 1 km, bord de l'étang
10 ha/2,5 campables (50 empl.) ⚡ incliné et en terrasses, herbeux ♀ pinède – 🛱 🔊 🕭 ⊕ 🍴 snack – 🗨 🚴 – Location : 🚐 🛖
juin-sept. – **R** *conseillée* – 🏕 *12 piscine comprise* 🅴 *15* 🖍 *10*

9 – 75 ⑭

MONFLANQUIN

47150 L.-et-G. – 2 431 h.
🅱 Maison du Tourisme, pl. Arcades
& 53 36 40 19

⚠️⚠️ Coulon ⛺, *&* 53 36 47 36, Fax 53 36 40 29, SO : 1,8 km par D 676 et D 124 rte de Cancon, bord d'un lac
35 ha/1,8 campable (166 empl.) ⚡ plat et peu incliné, herbeux, pierreux ▦ ♀♀ – 🛱 ⇔ 🛁 🖰 🕭 ⊕ 🛒 🍴 ✗ 🖳 – 🗨 tir à l'arc – A proximité : salle de remise en forme, sauna, piste de bi-cross, garderie 🛒 🎣 🚴 🐎 – Location : 🏠
juin-sept. – **R** *conseillée*

14 – 79 ⑤ G. Pyrénées Aquitaine

MONISTROL-SUR-LOIRE

43120 H.-Loire – 6 180 h. alt. 602

⚠️ **Municipal Beau Séjour** ≤, *&* 71 66 53 90, O : 1 km par D 12 rte de Bas-en-Basset et à droite
1,5 ha (91 empl.) ⚡ plat et incliné, herbeux ▦ ♀ – 🛱 ⇔ 🔊 🛁 ⊕ 🛒 – 🗨 🚴 – A proximité : 🎳 🛒 🎣 🚴
avril-oct. – *Places disponibles pour le passage* – **R** *indispensable* – *Tarif 92 :* 🅴 *3 pers. 80, pers. suppl. 15* 🖍 *15*

11 – 76 ⑧ G. Vallée du Rhône

MONLÉON-MAGNOAC

65670 H.-Pyr. – 385 h.

⚠️ **Municipal,** *&* 62 99 45 45, sortie E par D 33 rte de Bazordan et chemin à gauche
0,5 ha (11 empl.) plat, herbeux ▦ – 🛱 ⇔ 🛁 🖰 ⊕ – ✗
juin-sept. – **R** – 🏕 *8* 🅴 *8/10* 🖍 *10*

14 – 85 ⑩ G. Pyrénées Aquitaine

MONNERVILLE

91930 Essonne – 375 h.

⚠️⚠️ **Le Bois de la Justice** ◇ ⛺, *&* (1) 64 95 05 34, à 1,8 km au sud du bourg
5 ha (150 empl.) ⚡ plat et peu incliné ▦ ♀♀ – 🛱 ⇔ 🛁 🖰 🕭 🕮 ⊕ 🛒 🍴 – 🗨 🚴
mars-nov. – Location longue durée – *Places limitées pour le passage* – **R** *conseillée juin-août* – 🏕 *30 piscine comprise* 🚗 *15* 🅴 *30* 🖍 *15 (4A)*

6 – 60 ⑲

MONNET-LA-VILLE

39300 Jura – 305 h.

⚠️ **Le Git** ⛺ ≤, *&* 84 51 21 17 ✉️ 39300 Montigny-sur-l'Ain, à Monnet-le-Bourg, SE : 1 km par D 40 rte de Mont-sur-Monnet et chemin à droite
4,5 ha (100 empl.) ⚡ plat, peu incliné, herbeux – 🛱 ⇔ 🛁 🖰 🛒 ⊕ – 🗨
15 mai-15 sept. – **R** *conseillée 14 juil.-15 août* – 🏕 *12* 🚗 *8* 🅴 *10* 🖍 *12 (5A)*

⚠️ **Sous Doriat** ≤, *&* 84 51 21 43, sortie N sur D 27E rte de Champagnole
2 ha (90 empl.) ⚡ (juil.-août) plat, herbeux – 🛱 ⇔ 🛁 🖰 🛒 – 🗨
mai-1er oct. – **R** *conseillée 14 juil.-15 août* – 🏕 *13* 🚗 *5,50* 🅴 *8,20* 🖍 *12 (10A)*

12 – 70 ⑤

MONPAZIER

24540 Dordogne – 531 h.
🛈 Syndicat d'Initiative 𝒫 53 22 68 59

△△△ **Moulin de David** ⬙, 𝒫 53 22 65 25, Fax 53 23 99 76 ✉ 24540 Gaugeac,
SO : 3 km par D 2 rte de Villeréal et chemin à gauche, bord d'un ruisseau
2 ha (100 empl.) ⚬⚬ plat, terrasse, herbeux ☐ ♉♉ – 🗟 🍴 ⌂ 🏠 🕹 ⚙ ⚂ ☗ 🎿
🍴 🗙 🖳 🖩 – 🔄 ♣♣² 🎿 half-court, vélos – Location : 🏠 🚐 🖩
mai-15 sept. – **R** *indispensable* – 🐓 *27 piscine comprise* 🔲 *37* 🔩 *16 (3A) 19*
(5A)

△ **le Lac de Véronne** ⬙ « Site et cadre agréables », 𝒫 53 22 65 50,
Fax 53 22 65 23, NO : 2 km par D 660 rte de Bergerac et D 26E à droite rte de
Marsalès, bord d'un plan d'eau – 🍊
3 ha (90 empl.) ⚬⚬ plat, incliné, herbeux, pierreux ♉♉ – 🗟 ⌂ 🗟 ⚙ 🍴 🖩 – 🔄
vélos – A proximité : poneys, tir à l'arc
mai-sept. – **R** – 🐓 *30* 🚐 *10* 🔲 *40* 🔩 *20 (5A)*

MONS

34390 Hérault – 519 h.

△ **Municipal de Tarassac** ⬙ ◁ « Cadre sauvage », 𝒫 67 97 72 64, SE : 2 km
par D 14, bord de l'Orb
3,5 ha (160 empl.) ⚬⚬ plat et accidenté, pierreux, rochers ☐ ♉♉ – (🗟 🔥 avril-oct.)
⚙ 🖳 🖳 🖩 – 🔄
Permanent – **R** *conseillée été* – 🐓 *15* 🚐 *9* 🔲 *11* 🔩 *16 (6A) 18 (10A)*

MONTAGNAC

34530 Hérault – 2 953 h.

△△△ **V.V.F. les Vignes** ⬙ ◁, 𝒫 67 24 07 28, E : 6 km par rte de Villeveyrac et
à droite rte du Parc de Loisirs de Bessille – 🍊
1 ha (80 empl.) ⚬⚬ plat et peu incliné, pierreux, gravier ☐ ♀ – 🗟 ⌂ ⌂ 🗟 ⚙
🎿 🗙 🖩 garderie – 🚐 – A proximité : 🖳 🍴 🗙 🍊 ♣♣² 🔥
juin-15 sept. – **R** *conseillée juil.-août – (V.V.F. 22 r. du Gd-St-Jean 34000*
Montpellier 𝒫 67 92 45 94) – Adhésion V.V.F. obligatoire – 🔲 *piscine comprise*
2 pers. 75 🔩 *15*

△ **Municipal la Piboule** ⬙, 𝒫 67 24 01 31, à 0,7 km à l'est du bourg – Accès par
D 5 rte de Villeveyrac et à droite r. Savignac
0,9 ha (56 empl.) ⚬⚬ peu incliné, herbeux, pierreux ☐ – 🗟 🔥 🕹 ⚙

MONTAIGU

85600 Vendée – 4 323 h.

△ **Lac de la Chausselière** ⬙, 𝒫 51 41 50 32, SE : 6 km par D 23 rte des
Herbiers, bord du lac
1 ha (50 empl.) ⚬⚬ plat, herbeux ♀ – 🗟 ⌂ 🕹 ⚙ 🎿 🔥 – 🚐 – A proximité :
🍴 🗙 🖳 ◊
mars-oct. – **R** – 🐓 *11,60* 🚐 *5,60* 🔲 *10,20* 🔩 *5 (10A)*

MONTAIGUT-LE-BLANC

63320 P.-de-D. – 568 h.

△△ **Municipal** ◁ « Jardin fleuri à l'entrée », 𝒫 73 96 75 07, au bourg, près de la
poste, bord de la Couze de Chambon
3 ha (100 empl.) ⚬⚬ plat, herbeux ☐ ♉♉ – 🗟 🔥 ⚙ – 🔄 ♣♣² – A proximité :
🗙 🔥
juin-15 sept. – **R** *conseillée* – 🐓 *13,50* 🔲 *16* 🔩 *16,80 (6A)*

MONTALIEU-VERCIEU

38390 Isère – 2 076 h.

△△△ **Vallée Bleue** ⬙ ◁, 𝒫 74 88 63 67, sortie N par N 75 rte de Bourg-en-Bresse
puis 1 km par D 52ᶠ à droite, à la Base de Plein Air et de Loisirs, bord du Rhône
(plan d'eau)
120 ha/1,8 campable (119 empl.) ⚬⚬ plat, gravillons, herbeux ♀ (0,5 ha) – 🗟
⌂ 🗟 🗟 🕹 ⚙ 🎿 🔥 – toboggan aquatique – A proximité : vélos, toboggan
aquatique 🍴 🗙 snack 🖳 🍊 ♣♣² 🔥 🎿 🔲 *26 avec élect. (6A)*
avril-oct. – **R** *conseillée juil.-août* – 🐓 *18* 🔲 *26 avec élect. (6A)*

MONTALIVET-LES-BAINS

33 Gironde
✉ 33930 Vendays-Montalivet

△△△ **Municipal,** 𝒫 56 09 33 45, S : 0,8 km
26 ha (830 empl.) ⚬⚬ plat, sablonneux ♉♉ pinède – 🗟 ⌂ 🔥 🗟 🕹 ⚙ 🎿 🔥
🍴 🗙 🖳 🖳 – 🔄 🖩 – 🔄
juin-sept. – **R** *indispensable pour emplacements aménagés caravanes – Tarif 92 :*
🐓 *15,50* 🔲 *22,58/34,76 ou 40,07 avec élect.*

MONTAPAS

58110 Nièvre – 305 h.

△ **Municipal la Chênaie,** par D 259, à 500 m du centre bourg, bord d'un
étang
2 ha (33 empl.) non clos, plat, herbeux ☐ – 🗟 ⌂ 🔥 ⚙ 🎿 🔥 – 🖩 🔄
avril-oct. – **R** *conseillée* – 🐓 *8* 🚐 *8* 🔲 *8* 🔩 *8 (16A)*

MONTAUBAN

35360 I.-et-V. – 3 883 h.

△ Municipal, au bourg sur rte de Médréac, bord d'un plan d'eau
1 ha (33 empl.) ⚬⚬ plat, herbeux ♀ – 🗟 🔥 🔥 ⚙

MONTAURIOL

47330 L.-et-G. – 227 h.

14 – 79 ⑤

⚠ Municipal le Point du Jour, ℘ 53 36 80 87, au SE du bourg, bord d'un plan d'eau
0,56 ha (20 empl.) ⚬━ (saison) plat, herbeux, pierreux ☐ – 🗑 ⇄ 🛁 🖳 🕹 ⊕ –
🏠 ✖ ⚓ (plage)

MONTBARD ⊗

21500 Côte-d'Or – 7 108 h.
🅗 Office de Tourisme, r. Carnot
℘ 80 92 03 75

7 – 65 ⑦ G. Bourgogne

⚠ **Municipal** ≤ « Cadre agréable », ℘ 80 92 21 60, par D 980 déviation NO de
la ville, près de la piscine
2,5 ha (80 empl.) ⚬━ plat, herbeux, gravillons ☐ – 🗑 ⇄ 🛁 🖳 🕹 🖩 ⊕ ⚃ ▽
– 🏠 vélos ✖ – A proximité : ☒ ☂ – Location : ☎
Permanent – **R** juil.-août – Tarif 92 : ⚲ 8,80 ⇌ 5,60 ▣ 8,80 🔌 9 à 44 (2 à
16A)

MONTBAZON

37250 I.-et-L. – 3 354 h.
🅗 Pavillon du Tourisme, av. Gare
(juin-sept.) ℘ 47 26 97 87

10 – 64 ⑮ G. Châteaux de la Loire

⚠ **La Grange Rouge,** ℘ 47 26 06 43, rte de Tours, après le pont sur l'Indre, bord
de la rivière
2 ha (108 empl.) ⚬━ plat, herbeux ♋ – 🗑 ⚞ 🖳 🕹 ⊕ snack – 🏠 🚣
A proximité : parcours sportif ✖ ⛵
mai-15 sept. – **R** conseillée 15 juil.-15 août – ⚲ 13 ▣ 13 🔌 13 (3A)

MONTBLANC

34290 Hérault – 1 857 h.

15 – 83 ⑮

⚠ **Le Rebau** ⚘ « Entrée fleurie, décoration arbustive », ℘ 67 98 50 78, SE :
0,5 km par D 18 rte de St-Thibéry puis rte à gauche – Par A 9 : sortie Agde
3 ha (180 empl.) ⚬━ plat, herbeux ☐ ♋ (0,8 ha) – 🗑 🛁 🖳 🕹 ⊕ ♀ 🛢 – ☂
– Location : 🚐
mars-oct. – **R** conseillée juil.-août – ▣ piscine comprise 1 ou 2 pers. 75, 3 ou
4 pers. 86, 5 ou 6 pers. 100 🔌 11 (5A)

MONTBRISON ⊗

42600 Loire – 14 064 h.
🅗 Office de Tourisme, Cloître des
Cordeliers ℘ 77 96 08 69

11 – 73 ⑰ G. Vallée du Rhône

⚠ **Municipal le Surizet** « Cadre agréable », ℘ 77 58 08 30, à Moingt, S : 3 km
par D 8 rte de St Etienne et rte à droite, bord du Moingt
2,5 ha (96 empl.) ⚬━ plat, herbeux ♀ – 🗑 ⇄ 🛁 🖩 ⊕ ▽ – 🚣 – A proximité :
🏠
avril-oct. – Places limitées pour le passage – **R** conseillée saison – ⚲ 6,50 ⇌
3,20 ▣ 3,20 🔌 16 (5A) 27 (10A)

⚠ **Le Bigi,** ℘ 77 58 79 57 ☒ 42600 Bard, SO : 2 km par D 113 rte de Lérigneux
1,5 ha (35 empl.) ⚬━ en terrasses et peu incliné, herbeux, gravillons – 🗑 ⇄ ♋
⊕ ⚃ ▽ – 🏠 ✖
15 avril-15 oct. – **R** conseillée – ⚲ 9 tennis compris ⇌ 5 ▣ 8 🔌 13 (3 ou 5A)

MONTBRON

16220 Charente – 2 422 h.
🅗 Syndicat d'Initiative, pl. de l'Hôtel-
de-Ville (15 juin-août) ℘ 45 23 60 09

10 – 72 ⑮ G. Poitou Vendée Charentes

⚠ **Les Gorges du Chambon** ⚘ ≤, ℘ 45 70 71 70, Fax 45 70 80 02 ☒ 16220
Eymouthiers, E : 4,4 km par D 6, rte de Piégut-Pluviers, puis 3,2 km par D 163,
rte d'Ecuras chemin à droite, à 80 m de la Tardoire (accès direct) – ✖
7 ha (100 empl.) ⚬━ peu incliné, herbeux – 🗑 ⇄ 🛁 🖳 🕹 ⊕ ♀ ♈ ✕ 🚣 – 🛢
– 🏠 🗜 🚣 ☂ vélos – A proximité : ⚓
15 mai-sept. – **R** conseillée juil.-août – ⚲ 26 piscine comprise ⇌ 12 ▣ 36
🔌 18 (6A)

MONTBRUN

46160 Lot – 95 h.

15 – 79 ⑨ G. Périgord Quercy

⚠ **Municipal,** sortie O par D 662 rte de Cajarc et chemins près du passage à
niveau, bord du Lot
1 ha (60 empl.) ⚬━ plat, herbeux ♀ – 🗑 ⇄ 🛁 ⊕ 🚣 – 🚣 ⚓
15 juin-15 sept. – **R** – ⚲ 10,50 ▣ 10,50 🔌 10 (2A)

MONTCABRIER

46700 Lot – 403 h.

14 – 79 ⑦ G. Périgord Quercy

⚠ **Moulin de Laborde,** ℘ 65 24 62 06, NE : 2 km sur D 673, rte de Gourdon,
bord d'un ruisseau – ✖
4 ha (60 empl.) ⚬━ plat, herbeux – 🗑 ⇄ 🛁 🖳 🕹 ⊕ 🚣 ✕ 🚣 🛢 – 🏠 🗜
☂ vélos
15 mai-sept. – **R** conseillée juil.-août – ⚲ 24 piscine comprise ▣ 30 🔌 12 (4A)

MONTCHAVIN

73 Savoie – alt. 1 175 – ☒ 73210
Aime

12 – 74 ⑱

⚠ **Caravaneige Municipal** ❄ ⚘ ≤ vallée de l'Isère, Mt Blanc et Bellecôte
« Site agréable », ℘ 79 07 83 23
1 ha (90 empl.) ⚬━ en terrasses, pierreux, herbeux – 🗑 ⇄ 🛁 🖩 ⊕
fermé 1ère quinzaine juin et 2ème quinzaine sept. – **R** conseillée – ⚲ 17 ▣ 15
🔌 16 (4A) 22 (6A) 32 (10A)

MONTCLAR 〽️ – 🕄🕄 ⑪

11250 Aude – 159 h.

🗻 **Au Pin d'Arnauteille** ⚓ ≼ « Cadre sauvage », ℰ 68 26 84 53, Fax 68 26 91 10, SE : 2,2 km par D 43
115 ha/4 campables (90 empl.) ⊶ peu incliné, accidenté et terrasses ♉♉ (1 ha)
- 🗚 ♻ ➿ 🖪 ♿ ☺ - 🚾 - Location : 🚐 - Garage pour caravanes
avril-sept. – **R** *conseillée juil.-15 août* – ✴ *17 piscine comprise* 🚗 11 🖲 20
🕅 *15 (3A) 18 (6A) 25 (10A)*

MONT-DAUPHIN-GARE 05 H.-Alpes – 🕖🕖 ⑱ – rattaché à Guillestre

MONTDIDIER 🆘 ⬜ – 🕔🕕 ① G. Flandres Artois Picardie

80500 Somme – 6 262 h.
🛂 Office de Tourisme, Hôtel-de-Ville
ℰ 22 78 92 00

🗻 **Château d'Ayencourt** ◇ « Agréable domaine », ℰ 22 78 06 87 ✉ 80500
Ayencourt-le Monchel, S : 3 km par D 329 rte de St-Just-en-Chaussée et rte
à gauche, bord d'étangs
15 ha/4 campables (100 empl.) ⊶ plat, herbeux ⌁ - 🗚 ♻ ➿ 🏢 ☺ ⚄ 🚾 -
🚿
Permanent – **Location longue durée** *– Places limitées pour le passage* – **R** *– Tarif*
92 : ✴ *14,80* 🚗 *5,80* 🖲 *6,80* 🕅 *14,90 (6A)*

🗻 **Le Pré Fleuri,** ℰ 22 78 93 22, sortie O par D 930 rte de Breteuil et à droite,
0,8 km par D 26 rte d'Ailly-sur-Noye
0,8 ha (24 empl.) ⊶ (saison) en terrasses, plat et peu incliné, herbeux, pierreux
⌁ ♀ (0,3 ha) – 🗚 ♻ 🖪 ☺ ⚄ 🚾 - 🗡 - Location : 🚐
Pâques-Toussaint – **R** *conseillée juil.-août* – 🖲 *tennis compris 2 pers. 35, pers.*
suppl. 10 🕅 *12 (3A) 15 (6A) 20 (10A)*

▶ *Verwar niet :*
🗻 *... tot ...* 🖼️ *: **Michelin** indeling*
en
★ *... tot ...* ★★★★ *: officiële classificatie*

Le MONT-DORE 🕛🕛 – 🕖🕓 ⑬ G. Auvergne

63240 P.-de-D. – 1 975 h. alt. 1 050
- ♨ 15 mai-sept. – 🚉.
🛂 Office de Tourisme, av. de la
Libération ℰ 73 65 20 21

🗻 **Municipal l'Esquiladou** ≼, ℰ 73 65 23 74, à Queureuilh, par sortie ⑤ et rte
des cascades à droite - alt. 1 010
1,8 ha (100 empl.) ⊶ en terrasses, gravillons ⌁ - 🗚 ♻ ➿ 🖪 ♿ ⑤ 🖲 - 🚾
15 mai-15 oct. – **R** – ✴ *12* 🖲 *11* 🕅 *10 (3A) 20 (6A) 35 (10A)*

MONTEMBOEUF 🕙🕙 – 🕖🕑 ⑮

16310 Charente – 708 h.

🗻 **Municipal des Châtaigniers,** sortie SE par D 16 rte de la Belle Étoile, près
de la piscine
1 ha (34 empl.) plat, herbeux ♉♉ - 🗚 ♻ ☺ - A proximité : 🗡 🚿
juin-sept. – **R** *– Tarif 92 :* ✴ *6* 🖲 *6* 🕅 *8*

MONTENDRE 🕘 – 🕖🕐 ⑦

17130 Char.-Mar. – 3 140 h.
🛂 Office de Tourisme, av. de Royan
(juil.-août) ℰ 46 49 46 45

🗻 **La Forêt** ⚓, ℰ 46 49 20 17, Fax 46 69 30 55, S : 2,5 km par D 145 rte de
Bussac-Forêt, à 150 m d'un plan d'eau
2 ha (75 empl.) ⊶ plat, herbeux, petit étang ♀ - 🗚 ♻ ☺ ⚄ 🚾 🖲 - 🚿 🗡
🏊 🚿 (bassin) tir à l'arc - A proximité : practice de golf ♟ ⛳ garderie 🚗 -
Location : gîtes
4 juil.-10 sept. – **R** *conseillée – Adhésion obligatoire pour séjour supérieur à*
1 nuit – 🖲 *1 pers. 23* 🕅 *15 (16A)*

MONTESQUIOU 🕙🕔 – 🕗🕑 ④

32320 Gers – 579 h.

🗻 **Le Haget** ⚓, ℰ 62 70 95 80, Fax 62 70 94 83, O : 0,6 km par D 943 rte de
Marciac puis à gauche 1,5 km par D 34 rte de Miélan
11 ha/8 campables (75 empl.) ⊶ plat, herbeux ♉♉ - 🗚 ♻ 🖪 🖪 ♿ ☺ ⚄ 🚾
🏊 ♟ 🗡 ⛳ - 🖲 - 🚐 🔜 🖿 🖽 vélos - Location : 🚐 🖽
15 mai-1er oct. – **R** *conseillée* – ✴ *25 piscine comprise* 🚗 *6* 🖲 *35* 🕅 *12,50*
(6A)

MONTEUX 🕖🕕 – 🕗🕐 ⑫

84170 Vaucluse – 8 157 h.

🗻 **Municipal Bellerive,** ℰ 90 66 81 88, au nord du bourg par rte de Loriol-
du-Comtat et à droite après le pont, bord de l'Auzon
1 ha (50 empl.) ⊶ plat, herbeux, jardin public attenant ⌁ - 🗚 ♻ ➿ 🖪 ☺ ⚄
🚾 - 🚿 (bassin)
avril-oct. – **R** – ✴ *12* 🖲 *12* 🕅 *9 (6A)*

MONTFARVILLE 🕓 – 🕔🕓 ③

50760 Manche – 866 h.

🗻 **La Haye,** ℰ 33 54 30 31, à 1,5 km au SE du bourg
2 ha (40 empl.) ⊶ (juil.-août) peu incliné, herbeux - ➿ (🗚 ♻ juil.-août) 🖪 ♿
☺
avril-sept. – **R** – ✴ *12* 🖲 *12* 🕅 *12 (3A)*

MONTFERRIER

09300 Ariège – 748 h. alt. 690

⬥ **Municipal Fount de Sicre** ≼, ☏ 61 01 20 97, sortie S par D 9 rte de Montségur, près d'un torrent
0,5 ha (36 empl.) ⚬ (saison) peu incliné et en terrasses, herbeux, pierreux – 🎪
🍴 🛁 🎱 ⊕ 🅰 ☇
Permanent – **R** – ✦ *10* 🅴 *10* 🅖 *10 (4A) 15 (6A) 20 (10A)*

🔲 – 🔳 ⑤

MONTFORT-EN-CHALOSSE

40380 Landes – 1 116 h.

⬥ **La Partence** (aire naturelle) ॐ, ☏ 58 98 52 50, N : 2 km par D 7 rte de Tartas
2 ha (25 empl.) ⚬ plat et peu incliné, en terrasses, herbeux ♀♀ (1,5 ha) – 🎪 ⚏
🔾 ⊕ – 🅰
mai-1ᵉʳ nov. – **R** *conseillée* – ✦ *6* ⚘ *5* 🅴 *6* 🅖 *12*

🔲 – 🔳 ⑦ G. Pyrénées Aquitaine

MONTGIVRAY **36** Indre – 🔳 ⑲ – rattaché à la Châtre

MONTHERMÉ

08800 Ardennes – 2 866 h.
🚩 Office de Tourisme, r. E.-Dolet
(juil.-15 sept.) ☏ 24 53 07 46 et (hors saison) ☏ 24 53 06 50

🔲 – 🔳 ⑱ G. Champagne

⬥ **Municipal des Rapides de Phade** ॐ « Situation agréable au bord de la Semoy », ☏ 24 53 06 73, E : 2,5 km par D 31 rte des Hautes-Rivières
2 ha (100 empl.) ⚬ (juil.-août) plat et peu incliné, herbeux ♀ – 🎪 ⊕
Pâques-15 sept. – **R** *juil.-août* – ✦ *9,50* 🅴 *9,50* 🅖 *9,50 (3A)*

⬥ **Port Diseur,** ☏ 24 53 01 21, sortie S par D 1 rte de Bogny-sur-Meuse, au confluent de la Meuse et de la Semoy
2 ha (100 empl.) ⚬ plat et peu incliné, herbeux – 🎪 ⊕ – A proximité : 🏕 ✕
avril-sept. – **R** – ✦ *7,80* ⚘ *4* 🅴 *4,30* 🅖 *7,50 (4A) 11 (6A)*

MONTIGNAC

24290 Dordogne – 2 938 h.
🚩 Syndicat d'Initiative, pl. Léo Magne
☏ 53 51 82 60

🔲 – 🔳 ⑦ G. Périgord Quercy

⬥ **Municipal le Bleufond,** ☏ 53 51 83 95, S : 0,5 km par D 65 rte de Sergeac, près de la Vézère
1,2 ha (90 empl.) ⚬ plat, herbeux – 🎪 ⚏ 🛁 🔾 ⅏ ⊕ – 🅰 – A proximité : ✕
avril-15 oct. – **R** *conseillée juil.-août* – *Tarif 92 :* ✦ *10,40* ⚘ *5,30* 🅴 *8,70* 🅖 *11 (6A)*

MONTIGNY-EN-MORVAN

58120 Nièvre – 339 h.

🔲 – 🔳 ⑯

⬥ Municipal le Plat ॐ « Site agréable », ☏ 86 84 71 77, NE : 2,3 km accès par D 944 et rte du barrage de Pannesière-Chaumard, au nord du lieu-dit Bonin, près du lac (accès direct)
0,8 ha (59 empl.) plat et peu accidenté, pierreux, herbeux ♀ – 🎪 🔾 ⅏ ⊕ – ⚓

MONTIGNY-SUR-VINGEANNE

21 Côte-d'Or – 312 h.
✉ 21610 Fontaine-Française

🔲 – 🔳 ③

⬥ **Municipal Trou d'Argot** ॐ, sortie O par D 105 rte de Fontaine-Française et chemin à droite, bord de la Vingeanne
0,5 ha (50 empl.) plat, herbeux – 🎪 – ⚡
15 mai-sept. – 🅴 *1 pers. 20, 2 pers. 25, pers. suppl. 6*

Les MONTILS

41120 L.-et-C. – 1 196 h.

🔲 – 🔳 ⑰

⬥ **Municipal de l'Hermitage** ॐ, ☏ 55 44 07 29, SE : 0,5 km par D 77, rte de Seur, près du Beuvron
1 ha (30 empl.) ⚬ plat, herbeux ♀ – 🎪 ⚏ 🛁 🔾 🎱 ☇ – ⚡ – A proximité :
juin-15 sept. – **R** – *Tarif 92 :* ✦ *8,50* ⚘ *6* 🅴 *8* 🅖 *10*

MONTLOUIS-SUR-LOIRE

37270 I.-et-L. – 8 309 h.
🚩 Syndicat d'Initiative, pl. de la Mairie (Pâques-1ᵉʳ oct.) ☏ 47 45 00 16

🔲 – 🔳 ⑮ G. Châteaux de la Loire

⬥ **Municipal les Peupliers,** ☏ 47 50 81 90, O : 1,5 km par D 751 rte de Tours, à 100 m de la Loire
6 ha (252 empl.) ⚬ plat, herbeux 🔲 ♀♀ – 🎪 ⚏ 🛁 🔾 🎱 ⅏ ⊕ 🅰 ☇ ⚡ 🍴
🔾 🔲 – 🅰 ✕ ⚡ – A proximité : 🔾
mars-oct. – **R** – *Tarif 92 :* ✦ *8,80* ⚘ *8,80* 🅴 *8,80* 🅖 *10,50 (6A) 21 (16A)*

MONTMARTIN-SUR-MER

50590 Manche – 880 h.

🔲 – 🔳 ⑫

⬥ **Municipal les Gravelets** ॐ, ☏ 33 47 70 20, Fax 33 47 38 44, sortie NO par D 249 rte de Grimouville
1 ha (100 empl.) ⚬ plat et en terrasses, herbeux 🔲 – 🎪 ⚏ 🔾 ⊕ 🔾 – 🅰
– A proximité : ✕ – Location : chalets
Permanent – **R** *juil.-août* – ✦ *11* 🅴 *14* 🅖 *10*

MONTMÉDY

55600 Meuse – 1 943 h.
🚩 Office de Tourisme, Ville Haute (15 fév.-15 nov.) ☏ 29 80 15 90

🔲 – 🔳 ① G. Alsace Lorraine

⬥ **Municipal la Citadelle** ≼, dans la ville haute, près de la citadelle
0,5 ha (30 empl.) plat, peu incliné, herbeux – 🎪 ⊕
mai-sept. – **R** – ✦ *6,20* ⚘ *4,50* 🅴 *5,50* 🅖 *10*

269

MONTMERLE-SUR-SAÔNE

01090 Ain – 2 596 h.

⚠️ **Municipal Sud,** _&_ 74 69 34 40, sortie SE rte de Trévoux, près de la Saône
10 ha (440 empl.) ⌐ plat, herbeux ⚲ – 🗂 ⬥ 🛁 🖫 ⊕ - 🚗 – A proximité :
🗦 🕱
🌃
avril-oct. – _Places limitées pour le passage_ – **R** – ✸ _11,60_ 🗉 _21_ ⒣ _10,50 (6A)_

○ ── □ ①

MONTMORILLON ◁S▷

86500 Vienne – 6 667 h.
🅳 Office de Tourisme, 21 av.
Fernand-Tribot _&_ 49 91 11 96

⚠️ **Municipal,** _&_ 49 91 02 33, sortie SE par D 54 rte du Dorat, à 50 m de la
Gartempe et bord d'un ruisseau
0,9 ha (80 empl.) ⌐ plat et en terrasses, herbeux – (🗂 🛁 15 avril-15 nov.) 🖫
⊕ 🌣 🗟 – A proximité : ⌇
Permanent – **R** – ✸ _5,60_ 🚗 _3,30_ 🗉 _3,30_ ⒣ _3,50 (3A)_

10 – 68 ⑮ G. Poitou Vendée Charentes

MONTOIRE-SUR-LE-LOIR

41800 L.-et-Ch. – 4 065 h.
🅳 Syndicat d'Initiative, Mairie
(juil.-août) _&_ 54 85 00 29

⚠️ Municipal les Reclusages, _&_ 54 85 02 53, sortie SO rte de Tours et rte à gauche
après le pont, bord du Loir
2 ha (140 empl.) ⌐ plat, herbeux ⚲ – 🗂 ⬥ 🛁 ⚲ 🖫 ♿ ⊕ ⌇ – A proximité :
🕱 🚗 🗟 ⌇

5 – 64 ⑤ G. Châteaux de la Loire

MONTPELLIER ℗

34000 Hérault – 207 996 h.
🅳 Office de Tourisme, 78 av. Pirée
_&_ 67 22 06 16 et au Triangle allée
Tourisme _&_ 67 58 67 58

à Lattes SE : 5 km par D 986 et D 132 à gauche – ✉ 34970 Lattes :

⚠️⚠️ **Eden Camping,** _&_ 67 68 29 68, Fax 67 68 56 12, SO : 2,7 km sur D 986 rte
de Palavas-les-Flots
6 ha (302 empl.) ⌐ plat, herbeux ⚲⚲ – 🗂 ⬥ 🛁 🖫 ♿ ⊕ 🍺 🍽 🗟 cases réfrigérées
– 🖀 🕱 ⌇ – Location : chalets
juin-sept. – **R** _conseillée_ – 🗉 _élect. (5 à 7A) et piscine comprises 2 pers. 120,_
3 pers 150, 4 pers. 180, pers. suppl. 20

⚠️⚠️ **L'Oasis Palavasienne,** _&_ 67 68 95 10, Fax 67 50 90 50, SO : 2,5 km sur
D 986 rte de Palavas-les-Flots
3 ha (160 empl.) ⌐ plat, herbeux ⚲ – 🗂 ⬥ 🛁 🖫 ⊕ 🌣 🏐 🍺 🍽 ✕ cases
réfrigérées 🖢 🗟 – 🖀 ⌇ – Location : 🏠
Pâques-fin sept. – **R** _conseillée_ – Tarif 92 : 🗉 _élect. (7A) et piscine comprises_
2 pers. 86,50

⚠️ **Le Parc,** _&_ 67 65 85 67, NE : 2 km par D 172
1,6 ha (100 empl.) ⌐ plat, herbeux, pierreux 🖾 ⚱ – 🗂 🖫 ⊕ – ⌇ – A proximité :
🕱
vac. de printemps, 6 juin-25 sept. – **R** _conseillée 10 juil.-25 août_ – 🗉 _piscine_
comprise 4 pers. 102,50 ⒣ _14,50 (6A)_

⚠️ **Domaine de l'Estanel,** _&_ 67 65 73 37, NE : 2 km par D 172
2 ha (130 empl.) ⌐ plat, pierreux, herbeux ⚱ – 🗂 🛁 🖫 ⊕ 🗟 – A proximité :
🕱
juin-sept. – **R** _conseillée_ – Tarif 92 : 🗉 _2 pers. 72, pers. suppl. 14,50_ ⒣ _14,50_

16 – 83 ⑦ G. Gorges du Tarn

MONTPEZAT

04 Alpes-de-H.-Pr.
✉ 04730 Montagnac-Montpezat

⚠️⚠️ **Coteau de la Marine** ◣ ≤ « Agréable situation », _&_ 92 77 53 33, SE : 2 km
par rte de Boudinard, bord du Verdon
10 ha (200 empl.) ⌐ plat et accidenté, en terrasses, pierreux, gravier 🖾 ⚲ – 🗂
⬥ 🛁 🖫 ♿ ⊕ 🌣 🏐 🍺 🍽 ✕ 🖢 🗟 – 🖀 🕱 ⌇ – Location : 🏠 🚐
avril-18 oct. – **R** _conseillée 15 juil.-15 août_ – Tarif 92 : 🗉 _piscine comprise 3 pers._
_104_ ⒣ _15 (6A)_

17 – 81 ⑯

MONTPEZAT-DE-QUERCY

82270 T.-et-G. – 1 411 h.
🅳 Syndicat d'Initiative, Mairie
_&_ 63 02 07 04

⚠️ **Municipal du Faillal** ≤, _&_ 63 02 07 08, sortie N par D 20, rte de Cahors et
à gauche
0,9 ha (50 empl.) ⌐ en terrasses, herbeux, pierreux 🖾 – 🗂 ⬥ 🛁 🖫 ♿ ⊕ 🌣
🍺 🗟 – 🕱 🚗 – A proximité : 🍽 ⌇ – Location : gîtes
Pâques-Toussaint – **R** – 🗉 _2 pers. 40, 3 pers. 50, pers. suppl. 5_ ⒣ _10_

14 – 79 ⑱ G. Périgord Quercy

MONTPEZAT-SOUS-BAUZON

07560 Ardèche – 698 h.

⚠️ **Municipal** ◣ ≤, _&_ 75 94 42 55, SE : 0,5 km par centre bourg, bord d'un
ruisseau
1,5 ha (101 empl.) ⌐ plat et peu incliné, herbeux, pierreux ⚲ – 🗂 ⊕ 🌣 🍺 –
🚗 🖾 (plan d'eau aménagé) vélos – A proximité : 🍽 🕱 – Location : 🏠
15 juin-15 sept. – **R** – ✸ _10_ 🚗 _8,50_ 🗉 _8,50_ ⒣ _9,50 (10A)_

16 – 76 ⑱ G. Vallée du Rhône

MONTRÉAL

07110 Ardèche – 381 h.

⚠️ **Le Moulinage** ≤, _&_ 75 36 86 20, SE : 5,5 km par D 5, D 104 et D 4 rte de
Ruoms, bord de la Ligne
4 ha (80 empl.) ⌐ peu incliné, terrasse, herbeux, pierreux ⚲⚲ (0,8 ha) – 🗂 🛁
🖫 ♿ ⊕ 🗟 – 🚗 vélos – Location : 🚐
15 mars-oct. – **R** _conseillée_ – 🗉 _2 pers. 80_ ⒣ _15 (4A) 18 (6A) 21 (10A)_

16 – 80 ⑧ G. Vallée du Rhône

MONTREUIL 🔄

62170 P.-de-C. – 2 450 h.
🚩 Office de Tourisme, pl.
Poissonnerie (15 avril-15 sept.)
𝒫 21 06 04 27 et Mairie (hors saison)
𝒫 21 06 01 33

⚞⚟ **Municipal la Fontaine des Clercs** ⚑ « Site et cadre agréables »,
𝒫 21 06 07 28, sortie N et rte d'accès près du passage à niveau, bord de la
Canche
2 ha (76 empl.) ⚡ plat et en terrasses, herbeux, pierreux 🛒 ♀ – 🛶 ⚙ 🛁 🔲
🔲 ⊕ – 🔫
Permanent – **R** conseillée juil.-août – 🔲 1 pers. 26/1 ou 2 pers. 34 🔋 12 (2A)
18 (4A)

MONTREUIL-BELLAY

49260 M.-et-L. – 4 041 h.
🚩 Syndicat d'Initiative, r. du Marché
(mai-sept.) 𝒫 41 52 32 39 et Mairie
(hors saison) 𝒫 41 52 33 86

⚞⚟ **Les Nobis** ≤ « Situation agréable au pied des remparts du château »,
𝒫 41 52 33 66, sortie NO rte d'Angers et chemin à gauche avant le pont, bord
du Thouet
4 ha (170 empl.) ⚡ plat et terrasse, herbeux ♀ – 🛶 ⚙ 🛁 🔳 🔲 ⚶ ⊕ ⚙ 🍷
grill 🔲 – 🚿 – A proximité : 🏊 🔫 – Location : 🚐
avril-sept. – **R** – 🚹 13 🔲 20,30 🔋 11,50

MONTREUIL-JUIGNÉ

49460 M.-et-L. – 6 451 h.

⚞ **Municipal Léon Delanoue,** 𝒫 41 42 40 18, sortie N par D 768, bord de la
Mayenne
1 ha (92 empl.) ⚡ (saison) plat, herbeux – 🛶 ⚙ 🔳 ⊕ – 🚿 – A proximité :
🔫
mai-oct. – **R** – Tarif 92 : 🚹 5,90 🚗 3,10 🔲 3,10 🔋 6,80 (16A)

MONTREVEL-EN-BRESSE

01340 Ain – 1 973 h.

⚞⚟ **Base de Plein Air et de Loisirs,** 𝒫 74 30 80 52, E : 0,5 km par D 28, à la plage,
bord d'un lac
27 ha/15 campables (500 empl.) ⚡ plat, herbeux, pierreux 🛒 ♀ – 🛶 ⚙ 🛁 🔲
⊕ ⚶ ⚙ 🚤 🍷 ✗ 🎣 🔲 – 🚐 ⚒ 🏊 🚿 ⚓ plage ⚓

MONTS

37260 I.-et-L. – 6 221 h.

⚞ **Municipal du Val de l'Indre,** E : 0,5 km par rte de Montbazon
0,7 ha (30 empl.) incliné et en terrasses, herbeux 🛒 ♀♀ pinède – 🛶 ⚙ 🛁 ⊕
Pâques-sept. – **R** – Tarif 92 : 🚹 6,20 🔲 6,20 🔋 7,20

MONTSALVY

15120 Cantal – 970 h. alt. 800.
🚩 Office de Tourisme 𝒫 71 49 21 43

⚞⚟ **Municipal la Grangeotte** ≤, SE : 1 km par D 920 rte d'Entraygues-sur-
Truyère et à droite
1 ha (50 empl.) ⚡ plat, peu incliné et accidenté, herbeux, pierreux 🛒 – 🛶 🔳
⊕ 🚿 – ✗ 🎣 – **R** – Tarif 92 : 🚹 7 🚗 3,50 🔲 5/8 🔋 10 (3A)
juin-15 sept.

MONTSOREAU

49730 M.-et-L. – 561 h.

⚞ **Municipal Isle Verte,** 𝒫 41 51 76 60, sortie NO par D 947 rte de Saumur,
bord de la Loire
2,5 ha (150 empl.) ⚡ plat, herbeux ♀♀ – 🛶 ⚙ 🛁 ⊕ 🔲 – ✗ 🔫
mai-sept. – **R** – 🚹 8,50 🚗 5 🔲 4,50 🔋 9 (12A)

MONTSURS

53150 Mayenne – 2 073 h.

⚞⚟ **Municipal de la Jouanne,** au bourg, par D 32 rte d'Evron, bord de rivière
1,2 ha (30 empl.) plat, herbeux – (🛶 ⚙ 🛁 avril-1er oct.) 🔲 ⚶ ⊕ ⚶ – 🚐
Permanent – **R** – 🚹 9 🚗 5 🔲 5

MOOSCH

68690 H.-Rhin – 1 906 h.

⚞⚟ **La Mine d'Argent** ⚑ ≤, 𝒫 89 82 30 66, SO : 1,5 km par r. de la Mairie et
r. de la Mine-d'Argent, bord d'un ruisseau
2 ha (75 empl.) ⚡ peu incliné, plat, en terrasses, herbeux ♀ (0,5 ha) – 🛶 ⚙ 🛁
🔲 ⊕ 🔫
mai-sept. – **R** conseillée juil.-25 août – 🚹 10 🔲 11 🔋 14 (4A) 19 (6A)

MORANNES

49640 M.-et-L. – 1 534 h.

⚞ **Municipal** ⚑, 𝒫 41 42 20 32, sortie O par D 26 rte de Chemiré et à droite
avant le pont, bord de la Sarthe
2,5 ha (100 empl.) ⚡ plat, herbeux ♀ – 🛶 ⚙ 🛁 ⊕ – 🔫 🏊
Pâques-1er oct. – **R** – 🚹 8 🚗 4 🔲 6 🔋 10 (6A)

MORCENX

40110 Landes – 4 332 h.

⋀⋀ **Le Clavé** « Parc », ℰ 58 07 83 11, SE : 3 km par D 38 et D 27 rte de Tartas, à Morcenx-Bourg, bord d'un ruisseau
4 ha/2 campables (50 empl.) ⊶ plat et peu incliné, herbeux ⚑⚑ – 🎇 ⇆ 🛁 🎋
⊕ ♒ ⛱ – 🏧 – Location : 🏕
15 avril-sept. – **R** conseillée juil.-août – 🅴 2 pers. 55/70 avec élect. (10A)

MORHANGE

57340 Moselle – 4 460 h.

⋀⋀⋀ **Centre de Loisirs** ≫, ℰ 87 86 21 58, Fax 87 86 38 53, N : 2,5 km par rte de Sarreguemines puis 3,5 km par D 78 rte d'Arprich à gauche et chemin du Centre de Tourisme, bord du lac de la Mutche
5,5 ha (45 empl.) ⊶ plat, gravillons 🖂 – 🎇 🎇 ⚷ ⊕ 🅱 – 🏧 – A proximité :
♈ 🦌 🍴 🎇 🐴 poneys – Location : 🏠, huttes
mai-oct. – **R** conseillée – 🅴 piscine comprise 2 pers. 50, pers. suppl. 10 🕎 15 (20A)

MORIANI-PLAGE 2B H.-Corse – 90 ④ – voir à Corse

MORIEZ

04170 Alpes-de-H.-Pr. – 160 h.
alt. 913

⋀ Municipal, ℰ 92 89 04 77, SO : 0,5 km par N 202 rte de Barrême, accès près du viaduc
1 ha (60 empl.) plat, herbeux, pierreux – 🎇 🎋 ⊕

MORNANT

69440 Rhône – 3 900 h.

⋀⋀⋀ **Municipal de la Trillonière,** ℰ 78 44 16 47, sortie S, carrefour D 30 et D 34, près d'un ruisseau – ⚸
1,5 ha (60 empl.) ⊶ (saison) peu incliné et plat, herbeux – 🎇 ⇆ 🛁 ⚷ ⊕ – A proximité : 🍴
mai-sept. – **R** conseillée – Tarif 92 : ♦ 11,50 🚗 13,50 🅴 13,50 🕎 13

MORNAS

84550 Vaucluse – 2 087 h.

⋀⋀ **Beauregard** ≫ « Cadre agréable dans une belle pinède », ℰ 90 37 02 08, Fax 90 37 07 23, sortie N par N 7 rte de Montélimar puis 1,6 km par D 74 à droite
8 ha (100 empl.) ⊶ plat et accidenté, sablonneux ⚑⚑ – 🎇 ⇆ 🛁 🎇 🎋 ⚷ ⊕
🖹 🗙 ⚖ 🅱 – 🏧 🎇 🎋 🍴 – Location : 🏕 🏠
Permanent – Places disponibles pour le passage – **R** conseillée juil.-août – 🅴 piscine et tennis compris 2 pers. 60 🕎 12 (2A) 16 (3A) 20 (6A)

MORSIGLIA 2B H.-Corse – 90 ① – voir à Corse

MORTEAU

25500 Doubs – 6 458 h. alt. 772.
🄱 Syndicat d'Initiative, pl. Gare
(15 juin-15 sept.) ℰ 81 67 18 53
et Mairie (hors saison) ℰ 81 67 14 78

⋀⋀ **Le Cul de la Lune** ≤, ℰ 81 67 17 52, sortie S par D 48 rte de Neuchâtel, bord du Doubs
2 ha (33 empl.) ⊶ plat, herbeux – 🎇 🎇 🎋 ⊕ – 🏧 – A proximité : 🍴
mai-1er oct. – **R** conseillée 15 juil.-15 août – ♦ 10,50 🅴 15 🕎 9,50

MORTEROLLES-SUR-SEMME

87 H.-Vienne
✉ 87250 Bessines-sur-Gartempe

⋀⋀ **Municipal,** ℰ 55 76 60 18, au bourg, sur N 20
0,8 ha (33 empl.) ⊶ plat, herbeux – 🎇 ⇆ 🛁 🎋 ⊕
Permanent – **R** juil.-août – ♦ 5,80 🅴 6 🕎 5,70 (5A)

MOSTUÉJOULS

12 Aveyron – 249 h.
✉ 12720 Peyreleau

⋀ **L'Aubigue** ≤, ℰ 65 62 60 43, SE : 1,3 km, sur 907, rte de Peyreleau, bord du Tarn
2 ha (50 empl.) ⊶ (juil.-août) plat, herbeux, pierreux ⚑⚑ – 🎇 ⇆ 🛁 🎋 ⚷ ⊕ –
🏧
juin-15 sept. – **R** – 🅴 2 pers. 50, pers. suppl. 10 🕎 10 (6A)

La MOTHE-ACHARD

85150 Vendée – 1 918 h.

⋀⋀ **Le Pavillon,** ℰ 51 05 63 46, SO : 1,5 km rte des Sables-d'Olonne, bord d'un étang
3 ha (90 empl.) ⊶ (saison) plat, herbeux, étang ♈ – 🎇 🎇 ⊕ 🍴 🅱 – 🏧 🦌
🎇 (bassin) – Location : 🏕 🏠 🏠
avril-1er nov. – **R** conseillée 15 juil.-15 août – 🅴 2 pers. 47/60 avec élect. (4 ou 10A)

La MOTTE-CHALANCON
26470 Drôme – 382 h.

△ **le Moulin** 🦌, 𝒫 75 27 24 06, sortie S par D 61 rte de Rémuzat et à droite après le pont, bord de l'Ayguebelle
0,7 ha (36 empl.) ⊶ plat, herbeux ⊡ – 🔥 ⊛
juin-sept. – **R** *conseillée juil.-août* – ⚡ *14* ⇌ *8* ⊟ *14* ⓗ *8 (2A) 12 (5A) 20 (10A)*

La MOTTE-FEUILLY
36160 Indre – 44 h. ⟨⟩ – ⟨⟩ ⑲ **G. Berry Limousin**

△ Aire Naturelle Municipale 🦌 « Dans le parc du château », à l'ouest du bourg
0,4 ha (12 empl.) plat et peu incliné, herbeux – 🔥 ⊕ ⊟ ⊛ – A proximité : 🐎 (centre équestre)

La MOTTE-TERNANT
21210 Côte-d'Or – 185 h. ⟨7⟩ – ⟨65⟩ ⑰

△ **Municipal** 🦌, au sud du bourg, près de la mairie
0,7 ha (30 empl.) peu incliné, herbeux – 🔥 ⊕ ⊟ ⊡ ⊛
mai-oct. – **R** – ⚡ *5,50* ⇌ *3,50* ⊟ *5* ⓗ *16*

MOUCHAMPS
85640 Vendée – 2 398 h. ⟨9⟩ – ⟨67⟩ ⑮ **G. Poitou Vendée Charentes**

△ **Municipal,** 𝒫 51 66 25 72, S : 0,6 km par D 113 rte de St-Prouant, bord d'un ruisseau
0,4 ha (25 empl.) plat, herbeux ⊡ 오 – 🔥 ⊟ ⊛
juin-15 sept. – **R** – ⚡ *10* ⇌ *2,70* ⊟ *5* ⓗ *7*

MOUCHARD
39330 Jura – 997 h. ⟨12⟩ – ⟨70⟩ ④ ⑤

△ **La Halte Jurassienne** ⟨, 𝒫 84 37 83 92, sortie NE, près de la station service – Dans le sens S-N, accès par centre ville
0,5 ha (25 empl.) ⊶ peu incliné, herbeux 오 – 🔥 ⊕ ⊡ ⊛ – ⟨⟩
15 mars-15 oct. – **R** – ⚡ *13* ⇌ *8,60* ⊟ *8,80/9,40* ⓗ *13 (5A)*

MOULEYDIER
24520 Dordogne – 1 049 h. ⟨10⟩ – ⟨75⟩ ⑮

△ **Municipal la Gravière,** 𝒫 53 23 22 38, au stade, E : 1,5 km par D 660, rte de Lalinde et à droite, près de la Dordogne
1,5 ha (71 empl.) ⊶ peu incliné, herbeux 오오 (0,5 ha) – 🔥 ⊕ ⊟ ⊛ – 🍴 ⟨⟩
juil.-fin août – **R** *conseillée – Tarif 92 :* ⊟ *1 à 7 pers. 17 à 46 (25 à 60 avec élect.)*

MOULINS-ENGILBERT
58290 Nièvre – 1 711 h. ⟨11⟩ – ⟨69⟩ ⑥ **G. Bourgogne**

△ **Municipal de l'Escarne,** 𝒫 86 84 26 12, N : 1,5 km par D 37 rte de Château-Chinon, près d'un ruisseau et d'un plan d'eau
1 ha (20 empl.) ⊶ peu incliné et en terrasses, gravier, herbeux ⊡ – 🔥 ⊕ ⊟
⊛ 🏕 ⟨⟩ – 🍴 – A proximité : ⟨⟩
12 juin-12 sept. – **R** *– Tarif 92 :* ⚡ *5.* ⊟ *5* ⓗ *6,50 (5A)*

MOURIÈS
13890 B.-du-R. – 2 505 h. ⟨16⟩ – ⟨84⟩ ①

△△ **Le Devenson** 🦌 ⟨, 𝒫 90 47 52 01, NO : 2 km par D 17 et D 5 à droite – Possibilité d'accès aux emplacements par véhicule tracteur
12 ha/3,5 campables (60 empl.) ⊶ en terrasses, pierreux, rocheux ⊡ 오오 pinède – 🔥 ⊕ ⟨⟩ ⊛ cases réfrigérées – ⟨⟩ ⟨⟩
vac. de printemps-15 sept. – **R** *conseillée – Séjour minimum 1 semaine –* ⚡ *21 piscine comprise* ⊟ *27* ⓗ *18 (5A)*

MOUSTERLIN (Pointe de) **29** Finistère – ⟨58⟩ ⑮ – rattaché à Fouesnant

---

MOUSTIERS-STE-MARIE
04360 Alpes-de-H.-Pr. – 580 h.
alt. 631.
🅱 Syndicat d'Initiative 𝒫 92 74 67 84

△△ **St-Clair** ⟨, 𝒫 92 74 67 15, S : 2,5 km, carrefour des D 952 et D 957, bord de la Maïre et de l'Anguire
3 ha (227 empl.) ⊶ peu incliné, en terrasses, pierreux, herbeux 오 – 🔥 ⊕ ⟨⟩
⟨⟩ ⊛ ⊛ ⟨⟩ – ⟨⟩
Rameaux-25 sept. – **R** – ⚡ *15* ⊟ *15* ⓗ *14 (6A)*

△△ **Le Vieux Colombier** ⟨, 𝒫 92 74 61 89, S : 0,8 km
2,6 ha (70 empl.) ⊶ (saison) en terrasses, peu incliné, pierreux, herbeux – 🔥 ⊕
⟨⟩ ⊟ ⊛ ⊛ ⟨⟩
vac. de printemps-sept. – **R** *conseillée juil.-août –* ⚡ *16* ⊟ *18* ⓗ *12 (3A) 16 (6A)*

△△ **St-Jean** 🦌 ⟨, 𝒫 92 74 66 85, SO : 1 km par D 952 rte de Riez, bord de la Maïre
1,6 ha (110 empl.) ⊶ plat, peu incliné, herbeux 오오 – 🔥 ⊕ ⊛ ⟨⟩ ⊛ – ⟨⟩
3 avril-sept. – **R** *juil.-août –* ⊟ *2 pers. 50, pers. suppl. 16* ⓗ *12 (3A) 18 (6A)*

▲▲ **V.T.F. Le Petit Lac** ≤, ℘ 92 74 67 11, S : 3,5 km par D 952 et D 957 rte d'Aups, à proximité de la Maïre (plan d'eau)
1 ha (100 empl.) ⊶ (saison) plat et peu incliné, sablonneux, pierreux, herbeux ⊏⊐ – (🛖 5 juil.-5 sept.) ⊕ – 🛖 ☲ (bassin) – A proximité : 🍴 👫 ✗
11 avril-sept. – **R** – *3 pers. 85, pers. suppl. 19* 🅗 *14 (4A)*

▲ **Manaysse** 🌭 ≤, ℘ 92 74 66 71, SO : 0,9 km par D 952 rte de Riez
1,6 ha (60 empl.) ⊶ incliné, herbeux – 🛖 ⇆ 🖺 🖫 ⊕
avril-oct. – **R** *conseillée* – ⋆ *14* 🔲 *14* 🅗 *13 (5A)*

Le MOUTCHIC 33 Gironde – 🔢 ⑱ – rattaché à Lacanau (Étang de)

MOUTHE
25240 Doubs – 898 h. alt. 935 – 🌭

🔢 – 🔢 ⑥ G. Jura

▲▲ **Municipal la Source du Doubs** ❄ 🌭 ≤, ℘ 81 69 27 61, Fax 81 69 11 80, E : 1,5 km, à 150 m de la source
1 ha (50 empl.) ⊶ plat, gravier – 🛖 ❄ 🖺 🎰 ⊕ 🍴 snack – gîte d'étape
Permanent – **R** – ⋆ *13* 🚗 *7* 🔲 *10/12* 🅗 *10 (3A) 18 (6A) 26 (10A)*

MOUTIER-D'AHUN
23150 Creuse – 195 h.

🔟 – 🔢 ⑩ G. Berry Limousin

▲▲ Le Moulin du Comte 🌭 « Situation et cadre agréables », ℘ 55 62 53 75, SE : 1 km par D 13, bord de la Creuse
7 ha (20 empl.) ⊶ plat, herbeux ⚬⚬ (0,4 ha) – 🛖 ⇆ 🖺 🖫 ⚹ ⊕ 🍴 ✗ 👫 🖫
garderie – 🖼 ✗ ☲ tir à l'arc – Location : 🛏 – *Adhésion obligatoire pour un séjour supérieur à 3 jours*

Les MOUTIERS-EN-RETZ
44580 Loire-Atl. – 739 h.

🔢 – 🔢 ② G. Poitou Vendée Charentes

▲▲▲ **La Mer - Le Marqueval,** ℘ 40 64 65 90, au bourg
5 ha (160 empl.) ⊶ plat, herbeux ⊏⊐ – 🛖 ⇆ 🖺 🖫 ⚹ ⊕ 🔈 🍴 👫 🖫 – ☲ half-court – Location : 🛖
15 mars-15 oct. – **R** *juil.-août* – ⋆ *17 piscine comprise* 🔲 *18* 🅗 *17 (8A)*

▲▲▲ **Domaine du Collet** 🌭, ℘ 40 21 40 92, SE : 3 km, à 150 m de la mer, bord d'un étang
15 ha (300 empl.) ⊶ plat, sablonneux, herbeux ⊏⊐ ⚬⚬ (2 ha) – 🛖 ⇆ 🖺 🖫 ⊕ 🔈 ✗ 👫 🖫 – 🖼 ✗ ☲ – Location : 🛏 🖮
juin-sept. – **R** *conseillée* – ⋆ *20 piscine comprise* 🔲 *35* 🅗 *15 (6A)*

▲▲ **La Plage,** ℘ 40 82 71 43, NO : 0,8 km par D 97, rte de la Bernerie-en-Retz, bord de la plage
2,5 ha (70 empl.) ⊶ peu incliné et accidenté, herbeux, sablonneux ⚹ – 🛖 ⇆ 🖺 🖧 🖫 ⚹ ⊕ 🍴 👫 🖫 – 🖼 🎰 ☲ vélos – Location : 🖮, gîtes
Permanent – **R** – 🔲 *piscine comprise 2 pers. 75, pers. suppl. 20* 🅗 *15 (10A)*

▲ **Les Brillas** 🌭, ℘ 40 82 79 78, NO : 1 km
0,8 ha (96 empl.) ⊶ peu incliné, herbeux ⊏⊐ – 🛖 ⇆ 🖺 🖫 ⚹ ⊕ ☲ – 🖼
juin-15 sept. – **R** *conseillée 14 juil.-août* – 🔲 *1 à 3 pers. 52* 🅗 *15 (6A) 23 (10A)*

MOUZON
08210 Ardennes – 2 637 h.

🔢 – 🔢 ⑩ G. Champagne

▲▲ **Municipal la Tour St-Jérôme,** ℘ 24 26 28 02, sortie SE par r. Porte de Bourgogne et chemin à droite après le pont, près du stade
1,5 ha (32 empl.) ⊶ plat, herbeux – 🛖 ⇆ 🖺 🖫 ⚹ ⊕ – A proximité : ✗ 🎰 ☲
15 mai-15 sept. – **R** *conseillée juil.-août – Tarif 92 :* ⋆ *11* 🚗 *3,30* 🔲 *8,30* 🅗 *8,30 (16A)*

MOYAUX
14590 Calvados – 1 185 h.

🔢 – 🔢 ⑭

▲▲▲ **Le Colombier** 🌭, ℘ 31 63 63 08, Fax 31 63 15 97, NE : 3 km par D 143 rte de Lieurey
15 ha/6 campables (170 empl.) ⊶ plat, herbeux ⚹ – 🛖 ⇆ 🖺 🖫 ⚹ ⊕ 🖫 🍴 crêperie 👫 🖫 – 🖼 ✗ 🎰 ☲
mai-15 sept. – **R** *conseillée juil.-août –* ⋆ *28 piscine comprise* 🔲 *60* 🅗 *12 (12A)*

MUGRON
40250 Landes – 1 327 h.

🔢 – 🔢 ⑥ G. Pyrénées Aquitaine

▲ **Municipal la Saucille** 🌭, ℘ 58 97 98 50, N : 1,5 km par D 3 et chemin à gauche, bord de l'Adour et à 100 m d'un plan d'eau
1,5 ha (75 empl.) plat, herbeux ⚬⚬ – 🛖 ⇆ 🖫 ⚹ ⊕ – 🖼
juil.-août – **R** – *Tarif 92 :* 🔲 *élect. comprise 2 pers. 37,50, pers. suppl. 13*

MUIDES-SUR-LOIRE
41500 L.-et-Ch. – 1 115 h.

🔢 – 🔢 ⑧

▲ **Municipal Bellevue,** ℘ 54 87 01 56, sortie NO rte de Mer, à gauche avant le pont, bord de la Loire
2,5 ha (100 empl.) plat, herbeux, sablonneux – 🛖 ⇆ 🖺 ⊕ – 🚣 – A proximité : ✗
avril-sept. – **R** – *Tarif 92 :* ⋆ *9,50* 🔲 *5* 🅗 *5,50 ou 6,50 (5A)*

MULHOUSE ⟨SNCF⟩

68100 H.-Rhin – 108 357 h.
🛈 Office de Tourisme, 9 av. du
Maréchal-Foch ☎ 89 45 68 31

🔲 – 🔲🔲 ⑨ ⑩ G. Alsace Lorraine

⚠️ **F.F.C.C. L'ill** « Décoration arbustive et florale », ☎ 89 06 20 66, r. Pierre-de-Coubertin, bord de l'Ill – Par autoroute A 36, sortie Dornach
5 ha (200 empl.) ⟶ plat, herbeux 🟰 – 🔲 🔊 ᗒ ᗜ ⊕ 🔊 ᗒ – 🔲 – A proximité :
✂ 🔊 🔲 🔲
avril-sept. – **R** conseillée été – Tarif 92 : 🛉 14,60 🔲 14,60 🖾 14,60 (5A)

MUNSTER

68140 H.-Rhin – 4 657 h.
🛈 Office de Tourisme, pl. du Marché
☎ 89 77 31 80

🔲 – 🔲🔲 ⑱ G. Alsace Lorraine

⚠️ **Municipal du Parc de la Fecht,** ☎ 89 77 31 08, E : 1 km par D 10 rte de Turckheim, bord de la Fecht
4 ha (280 empl.) ⟶ (saison) plat, herbeux 🟰🟰 – 🔲 ᗜ 🔊 🔲 ⊕ – 🔲 – A proximité : 🔲
mai-sept. – **R** – Tarif 92 : 🛉 10,40 🔲 5,80 🔲 5,80 🖾 15

MURAT-LE-QUAIRE 63 P.-de-D. – 🔲🔲 ⑬ – rattaché à la Bourboule

MUR-DE-BRETAGNE

22530 C.- d'Armor – 2 049 h.
🛈 Syndicat d'Initiative, pl. Église
(15 juin-15 sept.) ☎ 96 28 51 41

🔲 – 🔲🔲 ⑲ G. Bretagne

⚠️ **Municipal du Rond Point** 🔊, ☎ 96 26 01 90, O : 2,4 km par D 18, près de la base de Loisirs du Lac de Guerlédan
1,7 ha (133 empl.) ⟶ terrasses, peu incliné, herbeux – 🔲 ᗜ 🔊 ᗒ ⊕ –
A proximité : parcours sportif, vélos 🍴 🔊
15 juin-15 sept. – **R** – 🛉 9,90 🔲 3,30 🔲 3,40 🖾 6,05 (6A)

MUR-DE-SOLOGNE

41230 L.-et-Ch. – 1 054 h.

🔲 – 🔲🔲 ⑱

⚠️ **Municipal** 🔊, ☎ 54 83 92 76, sortie SE vers Romorantin-Lanthenay et r. de l'Ancien-Lavoir à droite, bord d'un étang
0,5 ha (33 empl.) ⟶ plat, herbeux – 🔲 ᗜ 🔊 ⊕
15 mai-15 sept. – **R** – 🛉 5 🔲 5 🔲 5 🖾 10 (10A)

MUROL

63790 P.-de-D. – 606 h. alt. 833.
🛈 Syndicat d'Initiative, r. de
Jassaguet ☎ 73 88 62 62

Schéma à Chambon (Lac)

🔲🔲 – 🔲🔲 ⑬ G. Auvergne

⚠️ **L'Europe** ⬳, ☎ 73 88 60 46, S : rte de Jassat
4,9 ha (219 empl.) ⟶ plat peu incliné, herbeux – 🔲 (⯈ ᗜ juil.-25 août) 🔲
ᗒ ⊕ 🔊 ▽ 🔊 🍴 snack 🔲 – 🔲 ✂ ᗒ 🔲 – Location : 🔲 🔲
25 mai-9 sept. – **R** conseillée – 🔲 piscine comprise 2 pers. 95 🖾 16 (5A)

⚠️ **La Ribeyre** ⬳, ☎ 73 88 64 29, S : 1,2 km rte de Jassat, bord d'un ruisseau
8 ha (200 empl.) ⟶ (saison) plat, herbeux – 🔲 ᗜ 🔲 🔊 ⊕ – 🔲 ✂ ᗒ 🔲
– Location : 🔲, huttes
mai-15 sept. – **R**

⚠️ **Lou Gravêroux** 🔊 ⬳, ☎ 73 88 63 95, S : 1,4 km rte de Jassat, bord d'un ruisseau
2,5 ha (90 empl.) ⟶ plat, herbeux 🟰 verger – 🔲 ᗜ 🔊 ⊕ 🔲 – 🔲
15 juin-15 sept. – **R** – 🛉 14,50 🔲 6 🔲 12 🖾 9 (3A) 18 (6A) 30 (10A)

MURS

84220 Vaucluse – 391 h.

🔲🔲 – 🔲🔲 ⑬ G. Provence

⚠️ **Municipal des Chalottes** 🔊 ⬳, ☎ 90 72 60 84, S : 2,2 km par rte d'Apt, rte à droite et chemin à droite après le V.V.F.
2 ha (40 empl.) peu incliné à incliné et accidenté, pierreux 🔲 🟰 – 🔲 ⯈ ᗜ 🔲
ᗒ ⊕ – ᗒ
vac. de printemps, 15 juin-15 sept. – **R** conseillée juil.-août – Tarif 92 : 🛉 10,50
🔲 15,50 🖾 10 (2A)

MÛRS-ÉRIGNÉ

49130 M.-et-L. – 4 224 h.

🔲 – 🔲🔲 ⑳

⚠️ Les Varennes 🔊, ☎ 41 57 82 15, N : 1 km, bord du Louet
2,4 ha (100 empl.) ⟶ plat, herbeux 🟰🟰 (1 ha) – 🔲 🔊 ⊕ 🔲 – 🔲 ᗒ
avril-nov. – **R**

MURS-ET-GELIGNIEUX

01300 Ain – 188 h.

🔲🔲 – 🔲🔲 ⑭

⚠️ **Île de la Comtesse** ⬳, ☎ 79 87 23 33, SO : 1 km sur D 992 rte des Abrets, près du Rhône (plan d'eau)
3 ha (100 empl.) ⟶ plat, pierreux, herbeux 🔲 – 🔲 ⯈ ᗜ 🔲 🔊 ⊕ 🔊 🔲
avril-sept. – **R** conseillée 15 juin-20 août – 🛉 17,50 🔲 15 🔲 7,50/15 🖾 12
à 18 (4 à 10A)

▶ *LESEN SIE DIE ERLÄUTERUNGEN aufmerksam durch,*
damit Sie diesen Camping-Führer mit der Vielfalt der gegebenen
Auskünfte wirklich ausnutzen können.

Le MUY

83490 Var – 7 248 h.
🚹 Syndicat d'Initiative, rte de la Bourgade (fermé après-midi)
𝄞 94 45 12 79

▲▲▲ **La Noguière** 🅜 ◇ ⩽, 𝄞 94 45 13 78, E : 2 km par N 7 rte de St. Raphaël
11 ha (300 empl.) ⊶ plat, accidenté, pierreux ⚏ – 🖻 ⇄ ⛿ 🖻 ⽥ ⊕ ✕ ⬚ 🖻
– ⬚ 🏊 (bassin de 3500 m²)
Permanent – Location longue durée – Places disponibles pour le passage –
R *conseillée saison* – 🖻 *piscine et tennis compris 2 pers. 88, pers. suppl. 23*
🄵 *6A : 15 (hiver 28)*

▲▲▲ **Les Cigales** « Cadre agréable », 𝄞 94 45 12 08, Fax 94 45 92 80, SO : 3 km,
accès par l'échangeur de l'autoroute A 8
10 ha/3,8 campables (180 empl.) ⊶ en terrasses, accidenté, pierreux, herbeux
⚏ ⚏ pinède – 🖻 🖻 ⇄ 🖻 ⬚ ⊕ ⬚ 🌂 ⬚ 🖻 – ⬚ ⬚ ⬚ ⬚
avril-15 sept. – **R** *conseillée juil.-août* – 🖻 *piscine comprise 2 pers. 78, pers. suppl.*
22 🄵 *18 (6A) et 2 par ampère suppl.*

MUZILLAC

56190 Morbihan – 3 471 h.

▲▲▲ **Le Relais de l'Océan,** 𝄞 97 41 66 48, O : 3 km par D 20 rte d'Ambon et rte
de Damgan à gauche
1,7 ha (50 empl.) ⊶ plat, herbeux – 🖻 ⇄ ⇄ 🖻 ⬚ ⊕ 🖻 – ⬚ 🌂 ⬚ –
A proximité : 🐾
15 juin-15 sept. – **R** *conseillée juil., indispensable août* – 🖻 *2 pers. 53, pers. suppl.*
15 🄵 *12 (6A)*

▲▲ **Municipal,** 𝄞 97 41 67 01, E : par rte de Péaule et chemin, près du stade
1 ha (100 empl.) ⊶ plat, herbeux – 🖻 ⇄ 🖻 ⬚ ⊕ – ⬚
Pâques-sept. – **R** – 🚹 *12,50* 🖻 *13* 🄵 *12,50 (10A)*

à Billiers S : 2,5 km par D 5 – ✉ 56190 Billiers :

▲ **La Guérandière,** 𝄞 97 41 60 06, sortie S rte de la Pointe de Pen-Lan
2 ha (150 empl.) ⊶ (saison) plat et peu incliné, herbeux ⚏ – 🖻 ⇄ ⊕ 🖻 – ⬚
🏊 – Location : 🚐
mai-oct. – **R** *conseillée août* – 🚹 *18 piscine comprise* ⊶ *8* 🖻 *10* 🄵 *9,30 (2A)*
11,90 (4A) 14,30 (6A)

à Noyal-Muzillac NE : 5 km par D 5 – ✉ 56190 Noyal-Muzillac :

▲ **Moulin de Cadillac** 🦢, 𝄞 97 67 03 47, NO : 4,5 km par rte de Berric, bord
du Kervily
1,2 ha (45 empl.) ⊶ plat, herbeux, petit étang ⬚ – 🖻 ⇄ ⊕ – ⬚ 🌂 ⬚
15 juin-sept. – **R** – 🚹 *8,50 piscine comprise* 🖻 *10* 🄵 *8,50 (2A) 9,50 (4A)*

NABIRAT

24250 Dordogne – 275 h.

▲▲▲ **L'Étang** 🦢, 𝄞 53 28 52 28, N : 4 km par rte de Groléjac et chemin à gauche
2 ha (75 empl.) ⊶ peu incliné et en terrasses ⬚ ⚏ – 🖻 ⇄ ⛿ 🖻 ⬚ ⊕ 🌂 🖻
– ⬚ 🏊 – Location : gîtes
Pâques-Toussaint – **R** *conseillée* – 🚹 *20 piscine comprise* 🖻 *29* 🄵 *10 (6A)*

NAGES

81320 Tarn – 321 h. alt. 800

▲▲▲ **Rieu-Montagné** 🦢 ⩽ lac et montagnes boisées, 𝄞 63 37 40 52, S : 4,5 km
par D 62 à gauche, à 50 m du lac de Laouzas
2,6 ha (160 empl.) ⊶ en terrasses, herbeux, pierreux ⬚ – 🖻 ⇄ ⛿ ⊕ ⬚ ⩘
🌂 snack 🖻 – ⬚ tir à l'arc, vélos – A proximité : ⬚ ⬚ ✕ ⬚ ⬚ ⬚ ⬚
15 juin-10 sept. – **R** – 🖻 *élect. comprise 3 pers. 102/110*

NAILLOUX

31560 H.-Gar. – 1 026 h.

▲▲ **Le Parc de la Thésauque** 🦢 ⩽, 𝄞 61 81 34 67, E : 3,5 km par D 622 rte
de Villefranche-de-Lauragais et chemin à droite, près d'un plan d'eau
2 ha (60 empl.) ⊶ (saison) en terrasses, herbeux – 🖻 ⇄ 🖻 ⬚ ⊕ 🖻 – ⬚ snack
– A proximité : practice de golf, piste de bi-cross 🌂 ✕ ⬚ ⬚ – Location : 🚐 ⬚
mars-oct. – **R** *conseillée juil.-août* – 🖻 *2 pers. 70/80, pers. suppl. 15* 🄵 *14 (6A)*
23 (10A)

NAJAC

12270 Aveyron – 766 h.
🚹 Syndicat d'Initiative, pl. du Faubourg 𝄞 65 29 72 05

▲▲ Camp V.V.F. 🦢 ⩽ « Vieux hameau restauré dans un très beau site »,
𝄞 65 29 73 97, S : 7,5 km par rte de Laguépie et rte à gauche, à Mergieux –
⬚
0,65 ha (30 empl.) incliné et en terrasses, herbeux – 🖻 ⇄ ⛿ ✕ ⬚ 🖻 – ⬚
⬚ 🏊 – A proximité : ✕ – Adhésion V.V.F. obligatoire

▲▲ **Municipal le Païsserou** 🦢, 𝄞 65 29 73 96, NO : 1,5 km par D 39 rte de
Parisot, bord de l'Aveyron
4 ha (100 empl.) ⊶ plat, herbeux ⬚ ⚏ – 🖻 ⇄ 🖻 ⊕ 🖻 – ⬚ – A proximité :
✕ 🏊 – Location : ⬚, gîte d'étape
15 mai-12 sept. – **R** *conseillée* – 🖻 *élect. comprise 2 pers. 59, pers. suppl. 24*

NALLIERS

85370 Vendée – 1 763 h.

▲ **Municipal** « Entrée fleurie », au sud du bourg
1 ha (25 empl.) plat, herbeux ⬚ ⚏ – 🖻 ⇄ ⛿ ⬚ – A proximité : ✕
15 mai-15 sept. – **R** *conseillée juil.-août* – 🚹 *8* ⊶ *4* 🖻 *4* 🄵 *8 (6A)*

NANÇAY

18330 Cher – 784 h.

△ Municipal les Pins ⏃ « Entrée fleurie et agréable pinède », 🅿 48 51 81 80, NO : 0,6 km par D 944 rte de Salbris
4 ha (100 empl.) ⟶ plat, sablonneux, sous-bois 🗮 – 🏚 (🏊 mars-oct.) 🗔 🏢 ◔ – 🚲 vélos – À proximité : 🗡
Permanent – **R**

NANCRAS

17600 Char.-Mar. – 353 h.

△ **Le Pommier Rouge,** 🅿 46 94 73 70, sortie SO sur rte du Gua
0,5 ha (38 empl.) ⟶ plat, herbeux – 🏚 ◔ – 🚲 – À proximité : 🗡
avril-sept. – **R** conseillée août – 🖾 1 à 3 pers. 35, pers. suppl. 9 🗲 12 (6A)

NANCY ℙ

54000 M.-et-M. – 99 351 h.
🄳 Office de Tourisme et Accueil de France, 14 pl. Stanislas
🅿 83 35 22 41

△△ **Municipal de Brabois** ⏃, 🅿 83 27 18 28 ✉ 54600 Villers-les-Nancy, SO : au parc de Brabois – Par A 33 sortie Nancy-Brabois
6 ha (300 empl.) ⟶ plat, herbeux 🗮 – 🏚 🍴 🚿 🛁 ◔ 🌳 ☇ – 🚲
avril-oct. – **R** – 🚻 13 🚗 6 🖾 6/8 🗲 11,50 (6A)

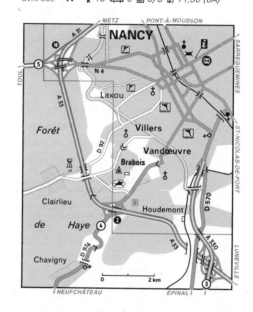

NANS-LES-PINS

83860 Var – 2 485 h.

△△ **International de la Ste-Baume** ⏃ « Agréable cadre boisé », 🅿 94 78 92 68, Fax 94 78 67 37, N : 0,9 km par D 80 et à droite – Par A 8 : sortie St-Maximin-la-Ste-Baume
5 ha (160 empl.) ⟶ plat, peu accidenté, pierreux, gravier 🗮 🞛 – 🏚 🚿 🛁 🗔 🍴 🏢 ◔ 🌳 ☇ 🚻 – 🗡 🍴 🛶 – Location : 🚐 🚌
3 avril-sept. – **R** conseillée juil.-25 août – 🖾 piscine et tennis compris 2 pers. 95 🗲 18 (6A) 26 (10A)

△ **Municipal la Petite Colle** ⏃ « Cadre sauvage », S : 1,5 km par D 80 rte de la Ste-Baume puis à gauche
1,1 ha (45 empl.) ⟶ plat et peu accidenté, pierreux, rochers 🞛 – 🏚 🚿 🛁 ◔
15 juin-15 sept. – **R** – Pers. 11 🖾 6/10,50 🗲 8

NANT

12230 Aveyron – 773 h.

△△ **Val de Cantobre** ⏃ ≼ « Vieille ferme caussenarde du XVᵉ siècle », 🅿 65 62 25 48, Fax 65 62 10 36, Domaine de Vellas, N : 4,5 km par D 991 rte de Millau et chemin à droite, bord de la Dourbie
6 ha (160 empl.) ⟶ en terrasses, rocailleux, herbeux 🗮 – 🏚 🚿 🛁 🗔 🏢 ◔ 🌳 ☇ 🞩 🍷 🗡 pizzeria 🍴 🏢 – 🛒 🗡 🛶 vélos – Location : 🚐
15 avril-15 sept. – **R** conseillée juil.-août – 🖾 élect. (4A) et piscine comprises 2 pers. 123, pers. suppl. 21

△△ **Le Roc qui parle** ⏃ ≼ « Site agréable », 🅿 65 62 22 05, NO : 2,4 km par D 991 rte de Millau, au lieu-dit les Cuns, bord de la Dourbie
4,5 ha (80 empl.) ⟶ plat, en terrasses et incliné, herbeux, pierreux 🗮 – 🏚 🚿 🛁 🗔 ◔ 🌳 ☇ – 🛒 🚲 🔲 vélos
avril-sept. – **R** conseillée juil.-août – 🖾 2 pers. 42, pers. suppl. 15 🗲 11 (10A)

NANTES Ⓟ

44000 Loire-Atl. – 244 995 h.

🅱 Office de Tourisme et Accueil de France, pl. du Commerce
🖉 40 47 04 51 et pl. Marc Elder (saison)

🔺🔺🔺 **Municipal du Val du Cens** « Cadre agréable, décoration florale et arbustive », 🖉 40 74 47 94 ⊠ 44300 Nantes, bd du Petit-Port, bord du Cens
8 ha (200 empl.) ⊶ plat, peu incliné, herbeux, gravillons 🗘 ♀ – 🏕 🍴 ⛺ 🚽 🖩 ⬛
⊕ 🛁 🌿 🏊 🖩 – A proximité : patinoire, bowling ✗ crêperie 🔲

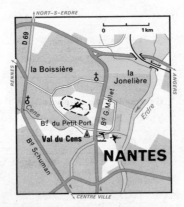

à St-Sébastien-sur-Loire E : 6,5 km par D 119, rive gauche du fleuve (hors schéma) – ⊠ 44230 St-Sébastien-sur-Loire :

🔺 **Municipal de la Grève,** 🖉 40 80 59 38, au N de la commune, près du stade et des îles de la Loire
1,5 ha (100 empl.) ⊶ plat, herbeux 🗘 – 🏕 🛁 🕹 ⊕ 🛁 🌿 – A proximité : 🏇
juin-sept. – 🆁 – 🕺 *8* ⚡ *5* 🖩 *8 (18 avec élect. 3A)*

à Ste-Luce-sur-Loire NE : 6 km par D 68 (hors schéma)
⊠ 44980 Ste-Luce-sur-Loire :

🔺 **Belle Rivière** « Entrée fleurie », 🖉 40 25 85 81, NE : 2 km par D 68 rte de Thouaré puis au lieu-dit la Gicquelière 1 km par rte à droite, accès direct à un bras de la Loire
3 ha (100 empl.) ⊶ (saison) plat, herbeux – 🏕 🍴 ⛺ 🚽 🖩 🕹 ⊕ 🛁
Permanent – 🆁 *indispensable* – 🕺 *15* ⚡ *6* 🖩 *12* 🕌 *12 ou 15 (3A) 17 ou 25 (5A) 21 ou 35 (10A)*

NARBONNE ◀Ⓢ▶

11100 Aude – 45 849 h.

🅱 Office de Tourisme,
pl. Roger-Salengro 🖉 68 65 15 60

🔺🔺🔺 **Port des Galères** ≼, 🖉 68 90 48 19, Fax 68 90 73 39, S : 4,5 km, près de l'étang de Bages – Par A 9 : sortie Narbonne-Sud
15 ha (395 empl.) ⊶ plat et peu incliné à incliné, pierreux 🗘 – sanitaires individuels (🏕 ⛺ wc) ⊕ 🛁 🌿 🏊 🛡 ♀ 🛁 🖩 – ⛺ ✗ 🏊 – A proximité : ♦
avril-oct. – 🆁 *conseillée* – 🖩 *élect. (6A) et piscine comprises 2 pers. 130, pers. suppl. 24*

🔺🔺🔺 **Les Mimosas** « Cadre agréable et fleuri », 🖉 68 49 03 72, Fax 68 49 39 45, SE : 6 km, à Mandirac – Par A 9 : sortie Narbonne-sud
6 ha (160 empl.) ⊶ plat, pierreux, herbeux 🗘 – 🏕 ⛺ 🚽 🕹 ⊕ 🛁 🌿 ✗ 🏊 🖩 – Salle polyvalente ✗ 🏊 🏊 – A proximité : 🏇 – Location : 🚐
Pâques-oct. – 🆁 *conseillée juil.-août* – 🖩 *piscine et tennis compris 2 pers. 64, pers. suppl. 20* 🕌 *12 (4A) 16 (6A)*

à Narbonne-Plage E : 15 km par ② – ⊠ 11100 Narbonne.
🅱 Office de Tourisme, bd des Fleurs (15 juin-sept.) 🖉 68 49 84 86

🔺🔺🔺 **Municipal de la Falaise,** 🖉 68 49 80 77, sortie O rte de Narbonne, à 500 m de la plage
7 ha (380 empl.) ⊶ plat, pierreux 🗘 ♀ – 🏕 ⛺ 🛁 🕹 ⊕ 🌿 ♀ snack 🏊 🖩 – ⛺ 🏇 – A proximité : ✗ 🔥

🔺🔺 **Municipal la Côte des Roses,** 🖉 68 49 83 65, SO : 3 km rte de Gruissan, bord de l'étang de Mateille et à 300 m de la plage
16 ha (825 empl.) ⊶ plat, sablonneux, pierreux – 🏕 🛁 ⊕ 🖩 ♀ 🏊 🖩 – ⛺

NAUCELLE

12800 Aveyron – 1 929 h.

🔺 **Lac de Bonnefon** ঌ, 🖉 65 47 00 67, sortie SE par D 997 rte de Naucelle-Gare puis 1,5 km par rte de Crespin et rte de St-Just à gauche, à 100 m de l'étang (accès direct)
3 ha (88 empl.) ⊶ peu incliné, en terrasses, herbeux – 🏕 🚽 🕹 🛁 ⊕ ♀ 🖩 – 🏊 🏊 🏊 (bassin) – A proximité : 🏇 – Location : 🚐
juin-sept. – 🆁 *conseillée juil.-août* – 🖩 *2 pers. 50, pers. suppl. 13* 🕌 *15 (10A)*

NAUJAC-SUR-MER

9 – 71 ⑰

33990 Gironde – 650 h.

⚠ **Les Grands Chênes** (aire naturelle) ⌂, 🕿 56 73 00 05, O : 5 km sur D 101, rte d'Hourtin et chemin, au lieu-dit Lizan
3 ha (25 empl.) plat, herbeux, sablonneux ♀ – 🗟 🖫
15 juin-sept. – **R** – 🛉 8,50 🚗 6 🅴 6

NAUSSAC

16 – 76 ⑰

48300 Lozère – 117 h. alt. 1 000

⚠ Intercommunal du Lac ≤ lac « Belle situation », 🕿 66 69 23 15, au nord du bourg par D 26 rte de Sauges et à gauche, à 250 m du lac (accès direct)
4,8 ha (150 empl.) 🖛 incliné, en terrasses, herbeux, pierreux – 🗟 ⚕ 🖫 🗟 🖫
⊕ 🖫 – 🚣 - A l'entrée : 🛒 ❣ 💥 🔧 - A proximité : 🚝 🛱

Le NAYRAC

15 – 76 ⑫ ⑬

12190 Aveyron – 581 h. alt. 730

⚠ Municipal la Planque ⌂ ≤, 🕿 65 44 44 50, S : 1,4 km par D 97 rte d'Estaing puis chemin à gauche, bord d'un plan d'eau
3 ha (45 empl.) 🖛 en terrasses, plat, herbeux 🗟 – 🗟 🚤 ⊕ - 💥 🚣 🚝

NAZELLES-NÉGRON

5 – 64 ⑯

37530 I.-et-L. – 3 547 h.

⚠ **Municipal des Patis** « Cadre agréable », 🕿 47 57 71 07, sortie S rte d'Amboise, bord de la Cisse
1,3 ha (65 empl.) 🖛 (saison) plat, herbeux ♀ – 🗟 🚤 🖫 🗟 🖫 🖫 ⊕ – 🛱
10 avril-15 sept. – **R** – 🛉 8 🚗 7 🅴 7 🛱 12 (3A) 20 (5A)

NÉBIAS

16 – 86 ⑥

11500 Aude – 247 h. alt. 600

⚠ **Le Fontaulié-Sud** ⌂ ≤, 🕿 68 20 17 62, au sud du bourg, à 0,6 km du D 117
3,5 ha (80 empl.) 🖛 non clos, plat et incliné, herbeux, pinède – 🗟 ⊕ 🖫 – 🛱
🍽 – Location : 🚐
10 avril-oct. – **R** conseillée juil.-août – 🛉 15 piscine comprise 🅴 12 🛱 12 (4A)

NÉBOUZAT

11 – 73 ⑬

63210 P.-de-D. – 658 h. alt. 880

⚠⚠ **Les Dômes** ≤ « Entrée fleurie », 🕿 73 87 14 06, Fax 73 87 18 81, aux 4 Routes, sur D 216 rte de Rochefort-Montagne – alt. 815
1 ha (70 empl.) 🖛 plat, herbeux 🗟 – 🗟 🚤 🖫 🗟 ⊕ 🖫 🚿 🖫 – 🛱 🖫
(découverte l'été) – Location : 🚐
15 mai-15 sept. – **R** conseillée – 🅴 piscine comprise 1 pers. 37,50, pers. suppl. 25 🛱 15,20 (10A)

NÉFIACH

16 – 86 ⑱

66170 Pyr.-Or. – 835 h.

⚠⚠ **La Garenne,** 🕿 68 57 15 76, O : 0,7 km par N 116 rte d'Ille-sur-Têt
1,5 ha (58 empl.) 🖛 plat, herbeux, pierreux 🗟 ♀ – 🗟 🚤 ⊕ – 🚿
mai-15 sept. – **R** conseillée – 🛉 14 🅴 18 🛱 12 (10A)

NEGREPELISSE

14 – 79 ⑱

82800 T.-et-G. – 3 326 h.

⚠⚠ **S.I. le Colombier,** 🕿 63 64 20 34, au SO de la ville, près du CD 115, r. du Colombier
1 ha (50 empl.) 🖛 plat et peu incliné, en terrasses, pierreux, herbeux ♀ – 🗟 🖫
🖫 ⊕ - A proximité : 🛒 🚣 🚝
juin-sept. – **R** conseillée juil.-août – 🛉 9 🅴 17,50 🛱 9 (16A)

NENON 39 Jura 12 – 70 ③ – rattaché à Dole

NÉRIS-LES-BAINS

11 – 73 ② ③ G. Auvergne

03310 Allier – 2 831 h. –
♨ avril-23 oct.
🛈 Office de Tourisme, carrefour des
Arènes (2 avril-26 oct.) 🕿 70 03 11 03

⚠⚠ Municipal du Lac, au SO de la ville, par av. Marx-Dormoy, à l'ancienne gare, à 300 m d'un lac (accès direct)
2 ha (65 empl.) 🖛 plat, gravillons, herbeux – 🗟 🗟 🖫 ⊕ – A proximité : 💥 🖫
– Location : 🏠, studios

NESPOULS

10 – 75 ⑧

19600 Corrèze – 413 h.

⚠ **La Chapelle** ⌂, NO : 1,6 km, à Belveyre
0,6 ha (21 empl.) 🖛 plat et peu incliné, terrasses, pierreux, herbeux ♀♀ (0,4 ha)
– 🗟 🚤 🖫 ⊕ – 🛱
15 juin-10 sept. – **R** 15 juil.-15 août – 🛉 10 🚗 5 🅴 6 🛱 10 (4A)

NEUF-BRISACH

68600 H.-Rhin – 2 092 h.
🛈 Office de Tourisme, pl. d'Armes
📞 89 72 56 66

⚲ Intercommunal l'Ile du Rhin ⚏ « Situation et cadre agréables »,
📞 89 72 57 95, E : 5 km par N 415 rte de Fribourg puis, à la douane, 1 km vers
l'extrémité nord de l'île, entre le Rhin et le Grand Canal d'Alsace
3 ha (263 empl.) ⌁ plat, herbeux 🖵 ♀ – 🗂 🖩 🖩 ⊕ 🛪 🛒 🖳 🖲 – 🖵 🏕
– A proximité : ✕ 🖼
Permanent – **R** conseillée juil.-août

NEUFCHÂTEL-EN-BRAY

76270 S.-Mar. – 5 322 h.
🛈 Office de Tourisme, 6 pl.
Notre-Dame 📞 35 93 22 96

⚲ **Sainte-Claire** ⚏, 📞 35 93 03 93, sortie NO par D 1 rte de Dieppe, bord de
la Béthune
2,5 ha (100 empl.) ⌁ plat et peu incliné, herbeux – 🗂 ♣ 🔊 🖩 ⊕ 🛪 🛒 ♀
– 🖵 🏕 – A proximité : 🏊
avril-oct. – **R** juil.-août – Tarif 92 : ♣ 15,50 🖲 15,50 🗲 10 (3A)

NEUNG-SUR-BEUVRON

41210 L.-et-Ch. – 1 152 h.

⚲ **Municipal de la Varenne** ⚏ « Cadre agréable », 📞 54 83 68 52, NE : 1 km,
accès par rue à gauche de l'église, bord du Beuvron
4 ha (40 empl.) ⌁ plat, herbeux 🖵 ♀♀ – 🗂 ♣ ⛺ 🖩 ⊕ – 🍴 🏕
Pâques-1ᵉʳ oct. – **R** conseillée juil.-août – ♣ 8,95 🖲 8,50/12,80 🗲 8,40

NEUVÉGLISE

15260 Cantal – 1 078 h. alt. 938.
🛈 Syndicat d'Initiative, le Bourg
📞 71 23 85 43

⚲ **Le Belvédère du Pont de Lanau** ⚏ ≤ gorges de la Truyère « Dans un
site agréable », 📞 71 23 50 50, Fax 92 02 90 62, S : 6,5 km par D 48, D 921 rte
de Chaudes-Aigues et chemin de Gros à droite – alt. 670
3,5 ha (120 empl.) ⌁ en terrasses, herbeux, pierreux 🖵 ♀ – 🗂 ♣ ⛺ 🔊 🖩 sauna
⊕ ⚶ 🛪 ♀ ✕ 🛆 🖲 – 🖵 salle de musculation 🏕 🏊 – Location : 🚐
🛏, studios
22 mai-6 sept. – **R** conseillée juil.-août – 🖲 piscine comprise 1 ou 2 pers. 90
(105 à 180 avec élect. 6A), pers. suppl. 20

⚲ Municipal Fontbielle ⚏ ≤, 📞 71 23 84 08, à 500 m au sud du bourg
1 ha (40 empl.) en terrasses, herbeux, pierreux ♀♀ (0,4 ha) – 🗂 ♣ ⛺ 🖩 ♿ ⊕ ⚶
🛪 – A proximité : 🍴 – Location : huttes
15 avril-sept. – **R** conseillée 14 juil.-15 août

NEUVIC

19160 Corrèze – 1 829 h. alt. 610.
🛈 Syndicat d'Initiative, r. de la Tour
Cinq Pierres 📞 55 95 88 78

⚲ **Municipal de la Plage** ⚏ « Site agréable », 📞 55 95 85 48, E : 2,3 km par
D 20 rte de Bort-les-Orgues et rte de la plage à gauche, bord du lac de
Triouzoune
5 ha (100 empl.) ⌁ (saison) en terrasses et accidenté, herbeux, gravillons 🖵 ♀♀
(1 ha) – 🗂 ♣ ⛺ 🖩 ⊕ 🖲 – 🖵 🏕 – A proximité : ♀ ✕ 🏊 🛆 🖲 ♦ – Location :
gîtes
15 juin-15 sept. – **R** juil.-août – ♣ 14 🖲 9 🗲 9 (10A)

⚲ **Le Soustran,** 📞 55 95 98 99, N : 3,5 km par D 982, rte d'Ussel, à Pellachal,
à 200 m du lac
2 ha (68 empl.) ⌁ plat et peu incliné, terrasse, herbeux – 🗂 ♣ ⛺ 🖩 ♿ ⊕ –
🖵
juil.-août – **R** conseillée 15 juil.-15 août – 🖲 2 pers. 40, pers. suppl. 10 🗲 8 (6A)

NEUVIC

24190 Dordogne – 2 737 h.

⚲ **Plein Air Neuvicois,** 📞 53 81 50 77, N : 0,7 km par D 3 rte de St-Astier, sur
les deux rives de l'Isle
2,5 ha (125 empl.) ⌁ plat, herbeux ♀♀ – 🗂 ♣ ⛺ 🖩 ♿ ⊕ ♀ 🖲 – 🖵 –
A proximité : 🏊 🏊
15 juin-15 sept. – **R** conseillée – ♣ 15 🖲 15 🗲 11 (6A)

NÉVEZ

29920 Finistère – 2 574 h.

⚲ **Les Chaumières** ⚏, 📞 98 06 73 06, Fax 98 06 78 34, S : 3 km par D 77 et
rte à droite, à Kérascoët
1 ha (53 empl.) ⌁ (juil.-août) plat, herbeux ♀ verger (0,3 ha) – 🗂 🔊 ⊕ 🖲
15 juin-15 sept. – **R** conseillée 15 juil.-20 août – ♣ 12,50 🚗 5,50 🖲 10,70
🗲 8,80 (4A) 12,80 (6A)

NEXON

87800 H.-Vienne – 2 297 h.

⚲ **Municipal de l'Étang de la Lande,** 📞 55 58 35 44, S : 1,1 km par rte de
St-Hilaire, accès pl. de l'Hôtel-de-Ville, près d'un plan d'eau
0,6 ha (53 empl.) peu incliné, terrasse, herbeux 🖵 ♀ – 🗂 ♣ ⛺ 🖩 ⊕ – 🚲 vélos
– Location : huttes, chalets
15 juin-15 sept. – **R** conseillée – Tarif 92 : ♣ 9,30 🖲 9,30 🗲 4,50 à 17,30
(5 à 10A et plus)

NIBELLE
45340 Loiret – 697 h.

⬜ – ⬜ ⑳

ᴍ **Nibelle** 🐾, 🕿 38 32 23 55, Fax 38 32 23 15, E : 2 km par D 230 rte de Boiscommun puis D 9 à droite
6 ha (70 empl.) ⊶ plat, pierreux ⊡ ♀ – 🛖 🖾 ⊕ – 🔄 ✕ ♫ ≛ – A proximité : ✕
mars-nov. – *Places disponibles pour le passage* – **R** *conseillée* – *Tarif 92 :* ▣ *élect. et piscine comprises 3 pers. 105, pers. suppl. 25*

NIEDERBRONN-LES-BAINS
67110 B.-Rhin – 4 372 h. – ♨.
🅱 Office de Tourisme, pl. de l'Hôtel-de-Ville 🕿 88 09 17 00

⬜ – ⬛ ⑱ ⑲ G. Alsace Lorraine

ᴍ **Heidenkopf** 🐾, ≼ « A l'orée de la forêt », 🕿 88 09 08 46, N : 3,5 km par rte de Bitche et RF à droite
1,5 ha (70 empl.) ⊶ en terrasses et peu incliné, herbeux ♀♀ (1 ha) – 🛖 🖾 🖾 ⴷ 🏭 ⊕ 🖾 – 🖾 – A proximité : ☂ snack, crêperie ✕ 🅻 (découverte l'été)
Permanent – **R** *conseillée saison* – ♟ *12* �car *1* ▣ *10* ⑭ *12 (3A) 23 (6A) 40 (10A)*

NIEUL-LE-DOLENT
85430 Vendée – 1 714 h.

⬜ – ⬛ ⑬

ᴀ **Municipal les Garnes,** au NE du bourg, près du D 12
0,8 ha (43 empl.) peu incliné, herbeux ♀ – 🛖 🖾 🖾 ⊕ – ⛹
15 juin-15 sept. – **R** *juil.-août* – ♟ *8,50* 🚗 *3,50* ▣ *7,50* ⑭ *6,50*

NIEUL-SUR-L'AUTISE
85240 Vendée – 943 h.

⬜ – ⬛ ① G. Poitou Vendée Charentes

ᴀ **Municipal le Vignaud** 🐾, 🕿 51 52 43 38, au bourg, dans le parc du château, bord de l'Autise
2 ha (25 empl.) plat, herbeux – 🛖 🖾 🖾 🖾 ⴷ ⊕ – ✕ ♫ ⛹ vélos
15 juin-15 sept. – **R** – ♟ *9,70* ▣ *9* ⑭ *8,80 (6A)*

NIÉVROZ
01120 Ain – 1 061 h.

⑫ – ⬛ ⑫

ᴍ **le Rhône,** 🕿 78 06 50 33, SE : 1,2 km sur D 61 rte du pont de Jons, à 300 m du Rhône
3 ha (150 empl.) ⊶ plat, pierreux, herbeux ♀ (1 ha) – 🛖 ◿◿ 🖾 ⊕ 🍺 ☂ 🖾
avril-sept. – *Places disponibles pour le passage* – **R** *conseillée* – ♟ *13* 🚗 *7* ▣ *7* ⑭ *10 (4A) 14 (6A)*

NIORT Ⓟ
79000 Deux-Sèvres – 57 012 h.
🅱 Office de Tourisme, pl. Poste 🕿 49 24 18 79

⬜ – ⬛ ② G. Poitou Vendée Charentes

ᴍ **Municipal de Noron** « Décoration arbustive », 🕿 49 79 05 06, O par bd de l'Atlantique, derrière le Parc des Expositions et des Loisirs, bord de la Sèvre Niortaise
1,9 ha (150 empl.) ⊶ plat, herbeux, gravillons ⊡ ♀ – 🛖 🖾 🖾 🖾 🏭 ⊕ ⴴ ⤳ 🖾 – ⛹ vélos – A proximité : ♪
mars-3 nov. – **R** *conseillée* – ▣ *1 pers. 32* ⑭ *13 (5A) 18 (10A) 21 (15A)*

NIOZELLES
04300 Alpes-de-H.-P. – 170 h.

⑰ – ⬛ ⑮

ᴍ **Lac du Moulin de Ventre** 🐾, 🕿 92 78 63 31, E : 2,5 km par N 100 rte de la Brillanne, bord du Lauzon et près d'un plan d'eau
28 ha/3 campables (100 empl.) ⊶ plat, en terrasses, peu incliné, herbeux, pierreux – 🛖 🖾 ◿◿ 🖾 ⴷ ⊕ ✕ ⴷ 🖾 – ⛹ ≋ – Location : 🏠
avril-sept. – **R** *conseillée* – ▣ *2 pers. 80 (100 avec élect. 6A), pers. suppl. 23*

LA NOCLE-MAULAIX
58250 Nièvre – 376 h.

⑪ – ⬛ ⑥

ᴀ **Municipal de l'Etang,** Sortie O, par D 30, bord d'un étang
1 ha (17 empl.) plat, herbeux – 🛖 🖾 🖾 ⊕ ☂
avril-sept. – **R** *conseillée* – ♟ *6* ▣ *6/8*

NOGENT-LE-ROTROU ⬗
28400 E.-et-L. – 11 591 h.
🅱 Office de Tourisme, 44 r. Villette Gaté 🕿 37 52 22 16

⬜ – ⬛ ⑮ G. Normandie Vallée de la Seine

ᴍ **Municipal des Viennes,** 🕿 37 52 80 51, au N de la ville par av. des Près (D 103) et rue des Viennes, bord de l'Huisne
0,3 ha (30 empl.) ⊶ plat, herbeux ⊡ ♀ – 🛖 🖾 🖾 🖾 ⊕ ☂ ⤳ – ⛹ – A proximité : ⛳ ♫ ≛
mai-26 sept. – **R** – *Tarif 92 :* ♟ *5* 🚗 *5* ▣ *5* ⑭ *8,50 (6A)*

NOIRÉTABLE
42440 Loire – 1 719 h. alt. 722.
🅱 Syndicat d'Initiative, Mairie 🕿 77 24 70 12

⑪ – ⬛ ⑯ G. Auvergne

ᴍ **Municipal de la Roche** ≼, 🕿 77 24 72 68, S : 1 km par N 89 et D 110 à droite, bord d'un plan d'eau
0,6 ha (52 empl.) peu incliné et en terrasses, herbeux – 🛖 🖾 🖾 ⊕ – ✕ ≋
avril-oct. – **R** *conseillée* – *Tarif 92 :* ♟ *5,50* 🚗 *3* ▣ *3* ⑭ *7,50*

NOIRMOUTIER (Île de)

85 Vendée
Accès : - **par le pont routier au départ de Fromentine** : auto et véhicule inférieur à 1,5 t : 8 F ; camion et véhicule supérieur à 1,5 t : 10 F - **par le passage du Gois à basse mer** (4,5 km) - se renseigner à la subdivision de l'Équipement
🅿 51 68 70 07 (Beauvoir-sur-Mer)

Barbâtre – 1 269 h. – ⊠ 85630 Barbâtre

ΛΛΛ **Municipal du Midi,** 🅿 51 39 63 74, Fax 51 39 88 12, NO : 1 km par D 948 et chemin à gauche, bord de la plage (accès direct)
13 ha (740 empl.) •— accidenté, sablonneux, herbeux ♀ (5 ha) – ⌂⌂ ⚇ ⊟ ⚹ ⚇
⚇ – 🛒 ✂ ⚒ - A l'entrée : ⚍, ⌶ self ⚹ – A proximité : ⚹ parcours sportif
– Location : 🏠
Pâques-fin sept. – **℞** – *Tarif 92 :* ⊞ *piscine comprise 3 pers. 78 (96 avec élect.)*

Noirmoutier-en-l'Île – 4 846 h. – ⊠ 85330 Noirmoutier-en-l'Île.

🅷 Office de Tourisme, rte du Pont 🅿 51 39 80 71 et quai Jean-Bart (vacances scolaires) 🅿 51 39 12 42

ΛΛ **C.C.D.F. La Vendette** ≤, 🅿 51 39 06 24, E : 2,7 km, bord de la plage des Sableaux
12 ha (630 empl.) •— plat et peu accidenté, sablonneux, herbeux ♀♀ pinède –
⌂⌂ ⚇ ⊟ ⚇ ⚇ ⊟ - A proximité : ⌶ ⚍ snack ⌇
Pâques-sept. – **℞** *indispensable juil.-août* – Adhésion obligatoire – ⚹ 13 ⇦ 7
⊞ *13* 🅷 *8 (2A) 10 (3A)*

▶ *Parcs résidentiels, camps de week-end...*
(voir chapitre explicatif).
Nous indiquons au texte des terrains concernés
dans quelle mesure ils disposent d'emplacements disponibles
pour les campeurs-caravaniers itinérants et touristes de passage.

NONETTE 63 P.-de-D. – ⑦⑧ ⑮ – rattaché à St-Germain-Lembron

NONTRON ⬙

24300 Dordogne – 3 558 h.
🅷 Syndicat d'Initiative, r. Verdun (saison) 🅿 53 56 25 50

ΛΛ **Municipal Masviconteaux,** 🅿 53 56 02 04, sortie SO par D 675, au stade, bord du Bandiat
1,8 ha (70 empl.) •— plat, herbeux ⊡ – ⌂⌂ ⚇ ⚇ – 🛒 - A proximité : ✂ ⚹
juin-15 sept. – **℞** *conseillée* – ⚹ *8,50* ⊞ *7,70* 🅷 *6,50 (16A)*

NORT-SUR-ERDRE

44390 Loire-Atl. – 5 362 h.

ΛΛ **Municipal du Port-Mulon** ⚹ « Situation et cadre agréables »,
🅿 40 72 23 57, S : 1,5 km par rte de l'hippodrome et à gauche, à 100 m de l'Erdre et d'un plan d'eau
1,8 ha (50 empl.) •— plat, herbeux ⚏ – ⌂⌂ ⚇ ⚇ ⚇ ⚏ ⊟ – A proximité : ✂ poneys
mars-oct. – **℞** – ⊞ *3 pers. 35 (41,70 avec élect.), pers. suppl. 10*

NOTRE-DAME-DE-MONTS

85690 Vendée – 1 333 h.

ΛΛΛ **Le Bois Soret** « Cadre agréable », 🅿 51 58 84 01, N : 2 km
2,5 ha (180 empl.) •— plat, herbeux, sablonneux ⊡ ♀♀ – ⌂⌂ ⚍ ⚇ ⚇ ⊟ ⚇ ⚹
⚏ ⚍ ⚹ ⊟ - 🛒 ⌂ ⚹ ⚹ – **℞** *conseillée* – *Tarif 92 :* ⊞ *piscine comprise 3 pers.*
vac. de printemps-15 sept. – **℞** *conseillée* – *Tarif 92 :* ⊞ *piscine comprise 3 pers.*
83,50 (96,50 avec élect.), pers. suppl. 19

ΛΛΛ **Le Grand Jardin,** 🅿 51 58 87 76, N : 0,6 km
1,3 ha (90 empl.) •— plat, herbeux, sablonneux ⊡ ♀ – ⌂⌂ ⚍ ⚇ ⊟ ⚇ ⊟ – 🛒
⚹ – Location : 🏠, studios
mai-sept. – **℞** *conseillée* – ⊞ *3 pers. 66 (76 avec élect. 4A), pers. suppl. 14*

Λ **La Davière,** 🅿 51 58 85 96, N : 2,2 km
1,3 ha (105 empl.) •— plat, sablonneux, herbeux ♀ – ⌂⌂ ⚇ ⊟ ⚇ – ⚹
15 juin-15 sept. – **℞** *conseillée août* – ⊞ *3 pers. 44* 🅷 *9 (6A)*

Λ **Le Fief Haut,** 🅿 51 58 85 29, N : 2,2 km (hors schéma)
1 ha (85 empl.) •— plat, herbeux, sablonneux – ⌂⌂ ⚇ ⊟ ⚇ ⚇
juil.-sept. – **℞** – ⊞ *3 pers. 49 (59 ou 62 avec élect. 4 ou 10A)*

Λ **Le Pont d'Yeu,** 🅿 51 58 83 76, S : 1 km
1,3 ha (100 empl.) •— plat, sablonneux ⊡ ♀ – ⌂⌂ ⚍ ⊟ ⚇ ⚇ ⚇ – vélos –
Location : 🏠
juin-sept. – **℞** *conseillée juil.-août* – ⊞ *2 pers. 57, pers. suppl. 16* 🅷 *11 (3A) 16 (6A)*

Λ **Les Tranches,** 🅿 51 58 85 37, N : 1,5 km
0,8 ha (70 empl.) •— plat, herbeux, sablonneux ♀ – ⌂⌂ ⚇ ⚇ – Location :
🏠
mai-sept. – **℞** *conseillée juil., indispensable août* – ⊞ *2 pers. 44* 🅷 *12 (4A) 25 (10A)*

Λ **La Ménardière,** 🅿 51 58 86 92 ⊠ 85160 St-Jean-de-Monts, S : 1 km
0,8 ha (70 empl.) •— plat, sablonneux, herbeux ♀ – ⌂⌂ ⚇ ⚇ – 🛒
juin-sept. – **℞** *conseillée août* – ⊞ *2 pers. 35, pers. suppl. 9,50* 🅷 *10 (5A)*

voir aussi *St-Jean-de-Monts*

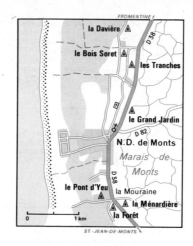

NOUAN-LE-FUZELIER
6 – 64 ⑲

41600 L.-et-Ch. – 2 274 h.
🛈 Syndicat d'Initiative, pl. de la Mairie ☎ 54 88 76 75

🔺 **Municipal de la Grande Sologne,** ☎ 54 88 70 22, sortie S par N 20 puis chemin à gauche en face de la gare, bord d'un étang
14 ha/4 campables (100 empl.) ⊶ plat, herbeux ♀ – 🖄 ⚖ 🖪 ⚅ ⊕ – vélos – A proximité : 🍴 ✖ 🖬 ⚂
15 mars-1ᵉʳ nov. – **R** – ⚦ 9,50 🖻 8,50/10 (ᵗ) 9 (3A) 16 (6A)

Le NOUVION-EN-THIÉRACHE
2 – 53 ⑮

02170 Aisne – 2 905 h.

🔺 **L'Astrée** 🌣, ☎ 23 98 98 58, S : 1,5 km par D 26 rte de Guise et chemin à gauche, bord d'un plan d'eau
1,3 ha (56 empl.) plat et peu incliné, herbeux 🗔 – 🖄 ⚅ ⚖ 🖪 ⚅ ⊕ – 🖛 – A proximité : 🏹 🛶
15 avril-15 oct. – **R** – 🖻 2 pers. 45 (ᵗ) 10

NOVALAISE
73 Savoie – **74** ⑮ – voir à Aiguebelette (Lac d')

NOYAL-MUZILLAC
56 Morbihan – **63** ⑭ – rattaché à Muzillac

NOYANT-LA-GRAVOYÈRE
4 – 63 ⑨

49780 M.-et-L. – 1 813 h.

🔺 **Parc de St-Blaise** 🌣 ⬳ site de la Mine Bleue, ☎ 41 61 75 39, à 0,7 km au nord de la commune, à 200 m d'un étang (accès direct) et à proximité du site de la Mine Bleue (navettes)
1,2 ha (47 empl.) ⊶ peu incliné à incliné, en terrasses, herbeux, pierreux 🗔 – 🖄 ⚅ ⚄ 🖪 ⚅ ⊕ 🏹 ✖ crêperie – 🖬 🛶 🏖 (plage) 🐎 poneys
4 avril-3 oct. – **R** – ⚦ 8 🚗 4 🖻 7 (ᵗ) 11 (3A) 14 (5A)

NOYELLES-SUR-MER
1 – 52 ⑥

80133 Somme – 802 h.

🔺 **Aux Haies de Nolette** 🌣, ☎ 22 23 24 08, NE : 1,5 km par D 111, rte de Nouvion et chemin à droite, à Nolette
1 ha (45 empl.) ⊶ plat, herbeux 🗔 – 🖄 ⚅ ⚖ 🖪 ⚅ ⊕ 🏹 – 🖛 🛶
avril-oct. – **R** – ⚦ 19 🖻 19 avec élect.

NOZAY
4 – 63 ⑰

44170 Loire-Atl. – 3 050 h.

🔺 **Camp du S.I.,** ☎ 40 87 94 33, au N du bourg, par D 121
0,3 ha (20 empl.) ⊶ plat, herbeux 🗔 – 🖄 ⚖ 🖪 ⊕ – A proximité : ⚓
15 mai-sept. – **R** – ⚦ 6 🚗 5 🖻 8 (ᵗ) 10 (6A)

NUEIL-SUR-LAYON
9 – 64 ⑪

49560 M.-et-L. – 1 431 h.

🔺 Municipal le Moulin d'eau (aire naturelle) 🌣, au sud du bourg, allée du stade, à 70 m du layon
0,2 ha (12 empl.) peu incliné, herbeux – 🖄 ⚅ ⚖ – A proximité : ✖
juin-sept. – **R** conseillée

NYONS ⬠

26110 Drôme – 6 353 h.
🛈 Office de Tourisme, pl. de la Libération ✆ 75 26 10 35

🔼🔼 – 🔟🔟 ③ G. Provence

🔼🔼 **Les Clos** ≤, ✆ 75 26 29 90, NE : 1,7 km par D 94, bord de l'Eygues
2,2 ha (130 empl.) ⊶ plat et peu incliné, pierreux ⌂ – 🔟 ⬦ 🗑 🔊 🔊 ⬦ – 🔊 🗑 – 🔊 🔊 🔊 – Location : 🔊

🔼🔼 **L'Or Vert** ≤ « Entrée fleurie », ✆ 75 26 24 85 ✉ 26110 Aubres, **à Aubres**, NE : 3 km par D 94 rte de Serres, bord de l'Eygues – ⚡ juil.-août
1 ha (80 empl.) ⊶ plat et en terrasses, pierreux et petit verger ⚹⚹ – 🔟 🗑 ⊕ 🔊
réfrigérateurs individuels – 🔊 🔊
avril-1er nov. – **R** – ⛺ 12 🔲 12 🔊 10 (3A) 16 (6A)

OBERBRONN

67110 B.-Rhin – 2 075 h.

🔼🔼🔼 – 🔟🔟 ⑱ G. Alsace Lorraine

🔼🔼🔼 **Municipal Eichelgarten** ⬦ ≤, ✆ 88 09 71 96, S : 1,5 km par D 28 rte d'Ingwiller et chemin à gauche, à l'orée d'un bois
2,5 ha (120 empl.) ⊶ plat et peu incliné, herbeux, pierreux – 🔟 ⬦ 🗑 🔊 🔊 🔊
⊕ ⛴ 🔊 – 🔊 🗑 🔊 parcours sportif – A proximité : 🔊 – Location : gîte d'étape
7 mars-déc. – **R** conseillée – Tarif 92 : ⛺ 12 🚗 5,80 🔲 8,20 🔊 4,20 par ampère

OFFRANVILLE

76550 S.-Mar. – 3 059 h.

🔳 – 🔟🔟 ④ G. Normandie Vallée de la Seine

🔼🔼🔼 **Municipal du Colombier,** ✆ 35 85 21 14, au bourg, par la r. Loucheur
1,2 ha (80 empl.) ⊶ plat, herbeux ⌂ – 🔟 ⬦ 🗑 🔊 🔊 ⊕ 🔊 🔊 – A proximité :
🔊 🔊 🔊 🔊 🔊 – Location : 🔊
avril-15 oct. – **R** conseillée – ⛺ 13,50 🚗 8,50 🔲 15 🔊 9 (6A) 12 (10A)

OHAIN

59132 Nord – 1 153 h.

🔲 – 🔟🔟 ⑯

🔼 **Municipal le Hututu** ⬦ « A l'orée d'un bois », ✆ 27 60 07 33, SE : 2 km par D 383 puis, après le poste de douane, 0,7 km par chemin à droite, près d'un étang (accès direct)
3,6 ha (38 empl.) ⊶ plat, herbeux ⚹⚹ – 🔟 ⬦ 🗑 🗑 ⊕
15 avril-15 oct. – **R** – Tarif 92 : ⛺ 5,70 🚗 4,15 🔲 4,15 🔊 7,50 (5A) 10 (10A)

OLÉRON (Île d')

17 Char.-Mar.
Pont-viaduc : Passage gratuit

🔟 – 🔟🔟 ⑬ ⑭ G. Poitou Vendée Charentes

La Brée-les-Bains – 644 h. – ✉ 17840 la Brée-les-Bains

🔼🔼 **Pertuis d'Antioche,** ✆ 46 47 92 00, NO : 1 km par D 273 et à droite, chemin des Proirres, à 150 m de la plage
1,8 ha (110 empl.) ⊶ plat, herbeux ⌂ – 🔟 ⬦ 🗑 🗑 🔊 ⊕ 🔊 – A proximité :
🔊 – Location : 🔊 🔊
3 avril-sept. – **R** conseillée – 🔲 3 pers. 84

Le Château-d'Oléron – 3 544 h. – ✉ 17480 le Château-d'Oléron.
🛈 Office du Tourisme, pl. de la République ✆ 46 47 60 51

🔼🔼🔼 **La Brande,** ✆ 46 47 62 37, Fax 46 47 71 70, NO : 2,5 km, à 250 m de la mer
3 ha (200 empl.) ⊶ plat, herbeux, sablonneux ⚹⚹ – 🔟 🗑 🔊 🗑 🔊 ⊕ 🔊 🔊 🔊
🔊 🔊 – 🔊 🗑 🔊 🔊 toboggan aquatique – A proximité : 🔊 – Location : 🔊
🔊
15 mars-15 nov. – **R** conseillée juil.-août – Tarif 92 : 🔲 piscine comprise 1 ou 2 pers. 78, pers. suppl. 22 🔊 20 (6A)

🔼🔼 **Fief-Melin** ⬦, ✆ 46 47 60 85, O : 1,7 km par rte de St-Pierre-d'Oléron puis 0,6 km par r. des Alizés à droite
2,2 ha (100 empl.) ⊶ plat, herbeux – 🔟 ⬦ 🗑 🗑 ⊕ 🔊 – 🔊 🔊 🔊
juin-15 sept. – **R** conseillée juil.-août – 🔲 piscine comprise 3 pers. 72 🔊 17 (5A) 22 (10A)

La Cotinière – ✉ 17310 St-Pierre-d'Oléron

🔼🔼 **Les Tamaris** « Cadre agréable », ✆ 46 47 10 51, Fax 46 47 27 96, à 150 m de la plage
2,9 ha (150 empl.) ⊶ plat, sablonneux, herbeux ⌂ ⚹⚹ – 🔟 ⬦ 🗑 🗑 ⊕ 🔊 🔊
snack 🔊 🔊 – 🔊 🔊 – Location : 🔊
15 mars-14 oct. – **R** conseillée 11 juil.-15 août – 🔲 3 pers. 85 ou 95 🔊 16 (4A) 20 (6A)

🔼🔼 **Le Sous Bois,** ✆ 46 47 22 46, NO : 0,5 km, à 150 m de la plage
2 ha (169 empl.) ⊶ plat, sablonneux ⚹⚹ – 🔟 ⬦ 🗑 🗑 🔊 ⊕ – A proximité : 🔊 🔊
🔊 🔊 🔊
Pâques-sept. – **R** conseillée juil., indispensable août – Tarif 92 : 🔲 1 à 3 pers. 58 🔊 12 (3A) 16 (6A)

🔼 **Les Pins,** ✆ 46 47 11 32, NO : 0,5 km, bord de plage
1,6 ha (60 empl.) ⊶ plat et en terrasses, sablonneux ⚹⚹ – 🔟 ⬦ 🗑 🗑 ⊕ –
A proximité : 🔊 🔊 🔊 🔊
vac. de printemps-sept. – **R** conseillée juil.-août – Tarif 92 : 🔲 1 à 3 pers. 55, pers. suppl. 14 🔊 9 (2A) 13 (4A) 17 (6A)

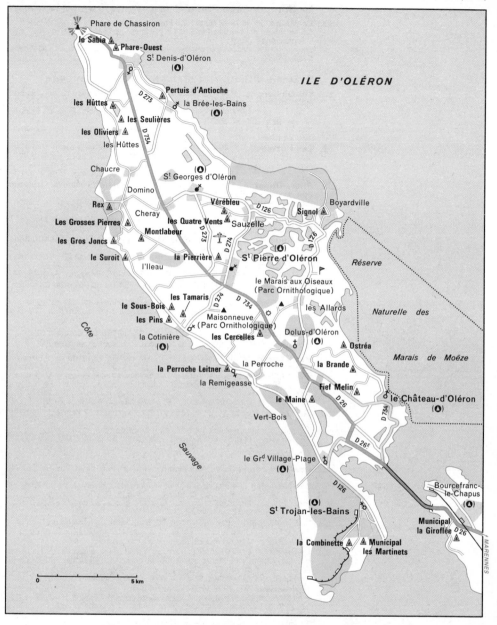

Phare de Chassiron
le Sabia
Phare-Ouest
S! Denis-d'Oléron
(O)

ILE D'OLÉRON

Pertuis d'Antioche
les Hûttes
la Brée-les-Bains
(O)
les Seulières
les Oliviers
les Hûttes

Chaucre
S! Georges d'Oléron
(O)
Domino
Rex
Vérébleu
Signol
Boyardville
Cheray
Les Grosses Pierres
les Quatre Vents
Sauzelle
Montlabeur
les Gros Joncs
le Suroît
la Pierrière
S! Pierre d'Oléron
l'Ileau
Réserve
le Marais aux Oiseaux
(Parc Ornithologique)
les Tamaris
le Sous-Bois
les Allards
Naturelle des
les Pins
Maisonneuve
(Parc Ornithologique)
Dolus-d'Oléron
la Cotinière
(O)
les Cercelles
(O)
Ostréa
Marais de Moëze
la Perroche Leitner
la Perroche
la Brande
la Remigeasse
Fief Melin
le Maine
le Château-d'Oléron
(O)
Vert-Bois
Bourcefranc-
le-Chapus
(O)
le Gr! Village-Plage
(O)
Municipal
la Giroflée
(O)
S! Trojan-les-Bains
la Combinette
Municipal
les Martinets
MARENNES

Côte
Sauvage

0   5 km

Dolus-d'Oléron – 2 440 h. – ⊠ 17550 Dolus-d'Oléron.
🛈 Syndicat d'Initiative, pl. Hôtel de Ville (fermé après-midi 15 sept.-avril)
ℰ 46 75 32 84

⚠ **Ostréa** ⌂, ℰ 46 47 62 36, E : 3,5 km, près de la mer
3,5 ha (180 empl.) ⊶ plat, sablonneux, herbeux ♧♧ – 🏕 ⚓ ⚐ 🍴 ⊕ 🛒 🛥 –
🖼 – 🚗 – Location : 🚐 🚍
avril-sept. – **R** conseillée juil.-août – 🔲 2 pers. 60, pers. suppl. 16,50 🔌 14 (3A)
18 (6A)

⚠ **La Perroche Leitner** ⌂, ℰ 46 75 37 33, SO : 4 km à la Perroche, bord de
mer
1,5 ha (100 empl.) ⊶ plat, sablonneux ♀ – 🏕 ⚓ 🍴 🛒 ⚐ ⊕ 🛒 🛥 – 🛶 –
A proximité : 🍽 ✕
juin-15 sept. – **R** conseillée juil.-août – Tarif 92 : 🔲 3 pers. 76,50 🔌 17,50 (5A)

285

Le Grand-Village-Plage – 718 h. – ⊠ 17370 le-Grand-Village-Plage

⚠ **Le Maine,** 𝒫 46 75 42 76, N : 2,5 km
1,5 ha (95 empl.) ⊶ plat, herbeux ⌂ ⚲ – 🏕 ⚌ 🛁 🖻 👤 ▥ ⊕ 🚿 ☇ ▨ – 🏠
– A proximité : 🏖 🍸
Permanent – *Places limitées pour le passage* – **R** *conseillée juil.-août* – ▣ *2 pers.*
61 🔌 *18 (10A)*

St-Denis-d'Oléron – 1 107 h. – ⊠ 17650 St-Denis-d'Oléron

⚠ **Les Oliviers** ⑤, 𝒫 46 47 93 42, Fax 46 75 90 66, SO : 3,5 km rte de Chaucre,
à 300 m de la plage
4 ha (150 empl.) ⊶ plat, sablonneux, herbeux ⚲⚲ (0,6 ha) – 🏕 ⚌ 🛁 🖻 👤 ▥
🏖 🚴 ▥ – 🛖 ✂ 🏊 – Location : 🏠
Pâques-sept. – **R** *indispensable juil.-août* – ▣ *3 pers. 80, pers. suppl. 22* 🔌 *20*
(6A) 25 (10A)

⚠ **Les Hûttes** ⑤, 𝒫 46 47 86 93, SO : 2 km, à 400 m de la mer
4 ha (300 empl.) ⊶ (saison) plat, herbeux, sablonneux – 🏕 ⚌ 🛁 ⊕ 🍸 ▥ –
A proximité : 🏖 🐎
15 mars-1er nov. – **R** *conseillée* – ▣ *1 à 3 pers. 67, pers. suppl. 15* 🔌 *17 (10A)*

⚠ **Phare-Ouest** ⑤ ⟨, 𝒫 46 47 90 00, NO : 1 km par rte du phare de Chassiron
et à droite, près de la mer
4 ha (298 empl.) ⊶ plat, herbeux, sablonneux – 🏕 ⚌ 🛁 ⊕ 🏖 🚴 – Location :
🏠
Pâques-sept. – **R** *conseillée* – *Tarif 92 :* ▣ *1 à 3 pers. 48,50, pers. suppl. 11*
🔌 *14,50 (5A)*

⚠ **Les Seulières** ⑤, 𝒫 46 47 90 51, SO : 3,5 km rte de Chaucre, à 400 m de
la plage
1,6 ha (100 empl.) ⊶ plat, herbeux, sablonneux – 🏕 ⚌ 🛁 👤 ⊕ ▥ – A proximité :
✂ – Location : 🏠
15 juin-15 sept. – **R** *conseillée juil.-août* – ▣ *3 pers. 58, pers. suppl. 17* 🔌 *15 (5A)*

⚠ **Le Sabia,** 𝒫 46 47 97 84, NO : 1 km par D 734 rte du phare de Chassiron,
à 100 m de la mer
0,5 ha (40 empl.) ⊶ (saison) plat, herbeux, sablonneux ⌂ – 🏕 ⚌ 🛁 ⊕
avril-sept. – **R** *conseillée juil.-août* – ▣ *3 pers. 61, pers. suppl. 16* 🔌 *17 (10A)*

St-Georges-d'Oléron – 3 144 h. – ⊠ 17190 St-Georges-d'Oléron.

🛈 Syndicat d'Initiative, 391 r. de la République (saison) 𝒫 46 76 63 77

⚠ **Vérébleu** ⑤, 𝒫 46 76 57 70, SE : 1,7 km par D 273 et rte de Sauzelle à
gauche
7,5 ha (333 empl.) ⊶ plat, herbeux, sablonneux ⌂ – 🏕 ⚌ 🛁 🖻 👤 ⊕ 🚿 🚴 ☇
🏖 🚴 ▥ – ✂ 🎯 🏊 toboggan aquatique, vélos – Location : 🛖 🏠 🏡
🏡
mai-sept. – **R** *conseillée juil.-août* – ▣ *piscine comprise 2 pers. 74* 🔌 *19 (6A)*

⚠ **Les Quatre Vents** ⑤, 𝒫 46 76 65 47, SE : 2 km par D 273 et rte de Sauzelle
à gauche
1,2 ha (66 empl.) ⊶ plat, herbeux ⌂ – 🏕 ⚌ 🛁 🖻 👤 ⊕
15 juin-août – **R** *conseillée juil.-août* – ▣ *3 pers. 60* 🔌 *15 (10A)*

Côte Ouest :

⚠ **Les Gros Joncs** ⑤ « Décoration florale », 𝒫 46 76 52 29, Fax 46 76 67 74,
SO : 5 km, à 300 m de la mer
3 ha (187 empl.) ⊶ plat, accidenté et en terrasses, sablonneux ⌂ ⚲ – 🏕 ⚌ 🛁
🖻 👤 ⊕ 🚿 ☇ 🏖 🍸 ✕ 🚴 🎯 sauna – 🛖 🐎 🏊 – Location : 🏠 🏡
mars-15 oct. – **R** *conseillée saison* – *Tarif 92 :* ▣ *piscine comprise 2 ou 3 pers.*
128, pers. suppl. 32 🔌 *12 à 22 (3 à 16A)*

⚠ **Rex,** 𝒫 46 76 55 97, Fax 46 76 67 88, O : 5 km, près de la plage de Domino
9 ha (450 empl.) ⊶ accidenté et en terrasses, sablonneux ⚲⚲ – 🏕 ⚌ 🛁 🖻 👤
⊕ 🏖 🍸 ▥ – 🛖 ✂ 🎯 🏊

⚠ **Le Suroît,** 𝒫 46 47 07 25, SO : 5 km, au lieu-dit l'Ileau, accès direct à la plage
5 ha (247 empl.) ⊶ plat et accidenté, sablonneux ⌂ ⚲⚲ (3 ha) – 🏕 ⚌ 🛁 🖻
👤 ▥ ⊕ 🏖 🍸 ✕ 🚴 ▥ – 🛖 – A proximité : 🎯
avril-sept. – **R** *conseillée* – ▣ *1 à 3 pers. 95* 🔌 *22 (10A)*

⚠ **Montlabeur** ⑤, 𝒫 46 76 52 22, SO : 4,3 km
7 ha (368 empl.) ⊶ plat, herbeux ⚲⚲ – 🏕 ⚌ 🛁 🖻 👤 ⊕ 🚿 🏖 🍸 ✕ 🚴 ▥ – 🛖
✂ 🎯 🏊 toboggan aquatique – A proximité : 🎯 – Location : 🏠 bungalows
toilés
15 mai-sept. – **R** *conseillée* – ▣ *piscine comprise 2 pers. 84, pers. suppl. 25*
🔌 *18 (5A)*

⚠ **Les Grosses Pierres,** 𝒫 46 76 52 19, Fax 46 76 54 85, SO : 4 km
4 ha (265 empl.) ⊶ plat, herbeux ⚲ – 🏕 ⚌ 🛁 🖻 👤 ⊕ 🚿 🏖 🍸 🚴 ▥ – 🐎
🏊 – A proximité : ✂ 🎯 – Location : 🏠 🏡
avril-sept. – **R** *conseillée juil.-août* – ▣ *piscine comprise 2 pers. 67, pers. suppl.*
20 🔌 *19 (7A)*

Côte Est :

⚠ **Signol** ⑤ « Agréable pinède », 𝒫 46 47 01 22, Fax 46 47 23 46, à **Boyardville** –
📻 juil.-août
5 ha (300 empl.) ⊶ plat, accidenté, sablonneux ⚲⚲ – 🏕 ⚌ 🛁 🖻 👤 ⊕ ▥ – 🛖
✂ 🏊 – Location : 🏠 🏡
Pâques-sept. – **R** *indispensable juil.-août* – ▣ *piscine comprise 3 pers. 135, pers.*
suppl. 26 🔌 *15 (3 à 6A)*

St-Pierre-d'Oléron – 5 365 h. – ⊠ 17310 St-Pierre-d'Oléron.
🛈 Office de Tourisme, pl. Gambetta 🖉 46 47 11 39

⚠️ **La Pierrière** « Cadre agréable », 🖉 46 47 08 29, sortie NO par rte de St-Georges-d'Oléron
2,5 ha (140 empl.) ⊶ plat, herbeux 🖵 – 🗎 🖒 🖻 🕹 ⊕ ✕ 🔙 🖩 – 🗻 –
A proximité : half court 🏌 🏋
avril-sept. – **R** conseillée – 🖻 piscine comprise 3 pers. 100, pers. suppl. 23
🚿 19 (4A)

⚠️ **Les Cercelles** 🦢, 🖉 46 47 19 24, Fax 46 75 04 96, SE : 4 km, au lieu-dit le Marais Doux
1,2 ha (87 empl.) ⊶ plat, herbeux ♊ – 🗎 🖒 🖻 ⊕ ✕ 🔙 🖩 – 🔜 🏊 (bassin)
Permanent – **R** indispensable juil.-août – 🖻 3 pers. 71, pers. suppl. 19 🚿 17,50
(15A)

St-Trojan-les-Bains – 1 490 h. – ⊠ 17370 St-Trojan-les-Bains.
🛈 Office de Tourisme, carrefour du Port 🖉 46 76 00 86

⚠️ **La Combinette** 🦢, 🖉 46 76 00 47, SO : 1,5 km
4 ha (250 empl.) ⊶ plat et accidenté, sablonneux, herbeux ♊ pinède – 🗎 🏊
🖻 🕹 ⊕ 🖩 ♬ 🍴 🔙 🖩 – 🏋 🔜 – A proximité : 🏌 – Location : studios
avril-1er nov. – **R** indispensable juil.-août – Tarif 92 : 🖻 2 pers. 34,50, 3 pers.
46,50, pers. suppl. 12,60 🚿 12,50 (2 à 4A) 15 (4 à 6A)

⚠️ **Municipal les Martinets** 🦢, 🖉 46 76 02 39, SO : 1,3 km
5 ha (300 empl.) ⊶ accidenté, sablonneux ♊ pinède – 🗎 🖒 🏊 🖻 ⊕ – 🏊
– A proximité : 🔜 🏌 parcours sportif
avril-sept. – **R** – 🕴 11,90 🚗 4,50 🖻 4,50 🚿 12,15 (5A)

OLIVET **45** Loiret – 🗺 ⑨ – rattaché à Orléans

Les OLLIÈRES-SUR-EYRIEUX 🗺 – 🗺 ⑲

07360 Ardèche – 769 h.

⚠️ **Domaine des Plantas** ≤ « Cadre agréable », 🖉 75 66 21 53,
Fax 75 66 23 65, à 2,5 km à l'est du bourg par rte étroite, accès près du pont,
bord de l'Eyrieux
27 ha/7 campables (125 empl.) ⊶ en terrasses, pierreux, herbeux 🖵 ♊ – 🗎
🖒 🖻 ⊕ 🔙 🍴 ✕ 🔙 🖩 – 🔜 discothèque 🏊
mai-sept. – **R** indispensable 15 juil.-15 août – Réservé aux couples et aux familles
– 🖻 2 pers. 86, pers. suppl. 17 🚿 16 (8A)

⚠️ **le Mas de Champel** ≤, 🖉 75 66 23 23, au Nord du bourg par D 120 rte de
la Voulte-sur-Rhône et chemin à gauche, près de l'Eyrieux
2,3 ha (60 empl.) ⊶ en terrasses, pierreux, herbeux – 🗎 🖒 🖻 🕹 ⊕ 🔙 🍴
snack 🔙 🖩 – 🔜 🗻 – Location : 🏠
24 avril-sept. – **R** conseillée juil.-août – 🖻 piscine comprise 3 pers. 90 🚿 24 (4A)
30 (6A) 37 (10A)

⚠️ **Eyrieux-Camping** ≤, 🖉 75 66 30 08, sortie E par D 120 rte de la Voulte-
sur-Rhône et chemin à droite, à 100 m de l'Eyrieux (accès direct)
1,5 ha (58 empl.) ⊶ plat et en terrasses, gravier, herbeux – 🗎 ⊕ 🍴 – 🏌 🗻 vélos
– Location : 🏠 🏠
20 avril-sept. – **R** conseillée juil.-août – Tarif 92 : 🖻 piscine comprise 2 pers.
51, pers. suppl. 15 🚿 12 (2A)

OLMETO **2A** Corse-du-Sud – 🗺 ⑱ – voir à Corse

OLONNE-SUR-MER **85** Vendée – 🗺 ⑫ – rattaché aux Sables-d'Olonne

---

OLORON-STE-MARIE ⟨SP⟩ 🗺 – 🗺 ⑥ G. Pyrénées Aquitaine

64400 Pyr.-Atl. – 11 067 h.
🛈 Office de Tourisme, pl. de la
Résistance 🖉 59 39 98 00

⚠️ **Municipal du Stade** 🦢, 🖉 59 39 11 26, SO : 2 km par rte de Tardets-
Sorholus, bord de la Mielle
3 ha (120 empl.) ⊶ plat, herbeux ♊ – 🗎 🖒 🖻 ⊕ 🖩 – 🔜 🏊 – A proximité :
🏌 🏊
15 juin-15 sept. – **R** conseillée – 🖻 1 à 5 pers. 18 à 58/25 à 60 avec élect.
10A

OMONVILLE 🗺 – 🗺 ⑭

76730 S.-Mar. – 263 h.

⚠️ **Omonvillage** 🦢, 🖉 35 83 70 75, au NE du bourg par D 308, près du Château
1 ha (50 empl.) ⊶ plat, herbeux 🖵 – 🗎 🖒 🖻 ⊕ – 🏊 – Garage pour caravanes
avril-15 oct. – **R** conseillée juil.-août – Tarif 92 : 🕴 11 🖻 12 🚿 9 (4A) 12 (6A)

ONDRES 🗺 – 🗺 ⑰

40440 Landes – 3 100 h.

⚠️ **Lou Pignada** « Entrée fleurie, cadre agréable », 🖉 59 45 30 65, NO : 1,5 km
par D 26 rte de la plage
2 ha (135 empl.) ⊶ plat, herbeux 🖵 ♊ – 🗎 🖒 🏊 🖻 ⊕ 🔜 🖩 🍴 ✕ 🔙
🖩 – A proximité : 🏌 – Location : 🏠 🏠
mai-sept. – **R** conseillée 15 juil.-15 août – 🕴 14 🖻 21/33 🚿 12 (6A)

ONESSE-ET-LAHARIE
40110 Landes – 981 h.

13 – 78 ⑤

▵ **Municipal Bienvenue,** ℰ 58 07 30 49, à Onesse, sortie NO rte de Mimizan
1,2 ha (100 empl.) ⊶ (juil.-août) plat, herbeux, sablonneux ⬟ – 🗐 ⇔ ⩍ 🗓 ⊕
🔥 ▽ – 🖰
15 juin-15 sept. – **R** – Tarif 92 : 🛉 10,60 ⇦ 7,10 🗉 10,60 🛱 4,10 (4A)

ONZAIN
41150 L.-et-Ch. – 3 080 h.

6 – 64 ⑯

⋀⋀ **Nature Galaxie Camping** ⑉, ℰ 54 20 70 66, NE : 1,5 km par rte de Chouzy-sur-Cisse puis 2,7 km par D 45 rte de Chambon-sur-Cisse et chemin à gauche, bord d'un étang
7 ha (157 empl.) ⊶ peu incliné, herbeux, pierreux ⬟ – 🗐 ⇔ 🖰 🗓 ⅘ ▥ ⊕ 🔥
▽ ⒯ snack ⩊ 🖳 – ⟈ poneys – Location : gîtes
Permanent – **R** conseillée juil.-août – 🗉 piscine comprise 1 pers. 27 🛱 10 (10A)

▵ **Municipal,** ℰ 54 20 85 15, SE : 1,5 km par D 1 rte de Chaumont-sur-Loire, à 300 m de la Loire
1,4 ha (66 empl.) plat, herbeux ⬟ – 🗐 ⩍ ⊕ 🖳 – 🗲 – A proximité : ⚒
19 mai-12 sept. – **R** – 🛉 8,30 🗉 6,20 🛱 6,20 (10A)

OPIO
06650 Alpes-Mar. – 1 792 h.

17 – 84 ⑧ ⑨

⋀⋀⋀ **Caravan-Inn,** réservé aux caravanes ⑉ « Cadre agréable », ℰ 93 77 32 00, Fax 93 77 71 89, S : 1,5 km sur D 3 – Par A 8 : sortie Cannes-Grasse puis rte de Valbonne – accès aux emplacements par véhicule tracteur
5 ha (120 empl.) ⊶ en terrasses, pierreux, herbeux ⬟ ⬟⬟ – 🗐 ⇔ 🖰 ⊕ 🔥 ▽
⩊ 🖳 – ⚒ 🗲 ⟈ – Location : 🚐
mars-sept. – Places disponibles pour le passage – **R** conseillée juil.-août – Tarif 92 : 🗉 élect. (2A) et piscine comprises jusqu'à 4 pers. 139,30 à 174 selon emplacement, pers. suppl. 15,30

ORAISON
04700 Alpes-de-H.-Pr. – 3 509 h.
🄳 Office de Tourisme,
allée Arthur-Gouin (juin-15 sept.)
ℰ 92 78 60 80

17 – 81 ⑯

⋀⋀ **Municipal les Oliviers** ⑉, ℰ 92 78 76 52, N : 0,8 km par av. Francis-Richard, à 150 m du canal d'Oraison
2 ha (66 empl.) ⊶ peu incliné, herbeux ⬟ – 🗐 ⩍ 🗓 ⊕ – 🗲 (bassin) –
A proximité : ⚒
15 juin-15 sept. – **R** conseillée – Tarif 92 : 🛉 13,10 🗉 16,10 🛱 13 (6A)

ORANGE
84100 Vaucluse – 26 964 h.
🄳 Office de Tourisme et Accueil de France, cours Aristide-Briand
ℰ 90 34 70 88 et pl. Frères Mounet
(juin-sept.)

16 – 81 ⑪ ⑫ G. Provence

⋀⋀⋀ **Le Jonquier** ⑉, ℰ 90 34 19 83, Fax 90 34 86 54, NO : par N 7 rte de Montélimar et rue à gauche passant devant la piscine, quartier du Jonquier, rue Alexis Carrel
2,5 ha (105 empl.) ⊶ plat, herbeux ⬟ – 🗐 ⇔ 🖰 🗓 ⅘ ⊕ snack 🖳 cases réfrigérées – ⚒ 🗲 🗲 (bassin) poneys, vélos – Location : 🚐
15 mars-oct. – **R** conseillée juil.-août – 🛉 26 🗉 30

ORBEC
14290 Calvados – 2 642 h.
🄳 Syndicat d'Initiative, r. Guillonnière
(juin-15 sept. après-midi seul.)
ℰ 31 32 87 15

5 – 55 ⑭ G. Normandie Vallée de la Seine

⋀⋀ **Districal des Capucins** ⑉, ℰ 31 32 76 22, NE : 1,5 km par D 4 rte de Bernay et chemin à gauche, au terrain de sports
0,8 ha (47 empl.) ⊶ plat, herbeux – 🗐 ⇔ 🖰 🗓 ⊕ 🔥 ▽ – 🖰 – A proximité :
⚒ ⊠
juin-août – **R** – 🛉 11 ⇦ 5 🗉 7 🛱 5 (8A)

ORBEY
68370 H.-Rhin – 3 282 h.
🄳 Office de Tourisme, Mairie
ℰ 89 71 30 11 et à Hachimette
(mi juin-mi sept.) ℰ 89 47 53 11

8 – 62 ⑱ G. Alsace Lorraine

⋀⋀ **Les Moraines** ⬱, ℰ 89 71 25 19, SO : 3,5 km rte des lacs, à Pairis, bord d'un ruisseau – alt. 700
1 ha (54 empl.) ⊶ plat et peu incliné, herbeux, gravier ⬟ ⬟ – 🗐 ⇔ 🖰 🗓 ▥
⊕ ✗ 🖳 – A proximité : ⚒
Permanent – **R** indispensable – 🛉 17 ⇦ 4,60 🗉 8,70 🛱 11,50 (3A) 23 (6A)

ORCIÈRES
05170 H.-Alpes – 841 h. alt. 1 439 – ❄.
🄳 Maison du Tourisme
ℰ 92 55 70 39

17 – 77 ⑰ G. Alpes du Nord

▵ **Base de Loisirs** ⑉ < Parc National des Écrins « Site agréable », ℰ 92 55 76 67, Fax 92 55 62 56, à 3,4 km au SO d'Orcières, à la Base de Loisirs, près du Drac Noir et d'un petit plan d'eau – alt. 1 280
0,6 ha (40 empl.) ⊶ plat, pierreux, gravillons ⬟ – 🗐 ⩍ ▥ ⊕ ⒯ snack (hiver seul.)
🖳 – parcours sportif – A proximité : 🗲 🗲 ⟈ – Location : gîte d'étape
Permanent – **R** – Tarif 92 : 🛉 12 ⇦ 10 🗉 11 🛱 10 ou 30

ORCIVAL
63210 P.-de-D. – 283 h. alt. 890

11 – 73 ⑬ G. Auvergne

⋀⋀⋀ **L'Étang de Fléchat** ⑉ < « Cadre et situation agréables », ℰ 73 65 82 96, S : 1,5 km par D 27 rte du Mont-Dore puis 2,5 km par D 74 rte de Rochefort-Montagne et chemin à droite, bord d'un étang – alt. 920
3 ha (63 empl.) ⊶ plat et en terrasses, herbeux ⬟ ⬟⬟ – 🗐 ⇔ 🖰 🗓 ⊕ 🔥 ⒯
snack – 🖰 🗲 – Location : 🚐
mai-15 sept. – **R** conseillée juil.-août – 🗉 2 pers. 60, pers. suppl. 15 🛱 15 (5A)

ORELLE

73140 Savoie – 324 h. alt. 900

▲▲ **Municipal Cime de Caron** ≤, au SE du bourg
0,4 ha (33 empl.) en terrasses, herbeux, pierreux – 🗂 ♨ 🏠 🗑 ⊕ 🛁 ⟟ –
A l'entrée : ✂
mai-sept. – **R** *juil.-août* – ✦ *11* 🗐 *16* 🕪 *16 (15A)*

ORGNAC-L'AVEN

07150 Ardèche – 327 h.

▲▲ **Municipal,** ℘ 75 38 63 68, sortie N sur D 217 rte de Vallon-Pont-d'Arc
2,6 ha (150 empl.) ⊶ plat, pierreux ♀ chênaie – 🗂 🏠 🗑 👶 ⊕ 🏠 – 🚐 🚗
🛶 – A proximité : ✂ 🏓 – Location : 🚐
juin-15 sept. – **R** *conseillée* – 🗐 *2 pers. 62, pers. suppl. 12,50* 🕪 *12,50 (6A)*

ORLÉANS P

45000 Loiret – 105 111 h.
🛄 Office de Tourisme et Accueil de
France, pl. Albert-Ier ℘ 38 53 05 95

à la Chapelle-St-Mesmin O : 5 km par N 152
🖂 45380 la Chapelle-St-Mesmin :

▲▲ **Municipal du Château** ≤ « Cadre agréable », ℘ 38 43 60 46, rte de Blois
puis à gauche par allée des Tilleuls et rue du Château, près de la Loire
2 ha (90 empl.) ⊶ plat, herbeux, jardin public attenant ♀ – 🗂 ♨ 🏠 🗑 ⊕ 🛁
– 🚐 – A proximité : ✂ 🏓 🚗 🛶 piste de bi-cross, parcours sportif – Location :
gîte d'étape
avril-sept. – **R** *conseillée juil.-août – Tarif 92 :* ✦ *10* 🗐 *9* 🕪 *12 (6A)*

à Olivet S : 4 km par rte de Vierzon 17 945 h. – 🖂 45160 Olivet :
🛄 Office de Tourisme, 226 r. Paul-Génain ℘ 38 63 49 68

▲▲ **Municipal,** ℘ 38 63 53 94, SE : 2 km par D 14 rte de St-Cyr-en-Val, bord du
Loiret
1 ha (82 empl.) ⊶ plat, herbeux ♀ – 🗂 ♨ 🎣 🗑 👶 🍴 ⊕ 🛁 ⟟
avril-15 oct. – **R** – *Tarif 92 :* ✦ *10* 🚗 *6* 🗐 *4/6 (16 avec élect.)*

ORLÉAT

63190 P.-de-D. – 1 569 h.

▲▲ **Municipal** ≤, ℘ 73 53 64 40, E : 5 km par D 85 puis D 224 et chemin, à
Pont-Astier, près de la Dore
1,2 ha (98 empl.) ⊶ plat, herbeux – 🗂 ♨ 🏠 👶 ⊕ – 🚗 – A l'entrée : 🍺 🍴
✂ 🏓 🛶
juin-sept. – **R** – ✦ *10* 🗐 *11* 🕪 *12,50*

Les ORMES

86220 Vienne – 1 386 h.

▲ **Municipal,** rue de Buxière, bord de la Vienne
1 ha (100 empl.) ⊶ peu incliné, herbeux ♀♀ – 🗂 ♨ 🏠
avril-sept. – **R** – ✦ *7,50* 🚗 *3,60* 🗐 *5*

ORNANS

25290 Doubs – 4 016 h.
🛄 Office de Tourisme, r. P.-Vernier
(avril-sept.) ℘ 81 62 21 50

▲▲ **Le Chanet** 🏕 ≤, ℘ 81 62 23 44, SO : 1,5 km par D 241 rte de Chassagne-
St-Denis et chemin à droite, à 100 m de la Loue
1,4 ha (70 empl.) ⊶ incliné et peu incliné, herbeux ♀ (0,5 ha) – 🗂 ♨ 🏠 🗑 ⊕
🛁 🖥 – 🚐 – A proximité : ✂ 🛶 – Location : 🚐, appartements
mars-15 nov. – **R** *conseillée juil.-août – Tarif 92 :* ✦ *14* 🚗 *2,50* 🗐 *11/13*
🕪 *8,50 (2 ou 3A) 12,50 (5 ou 6A) 17 (9 ou 10A)*

ORPIERRE

05700 H.-Alpes – 335 h. alt. 683

▲▲▲ **Les Princes d'Orange** 🏕 ≤ Orpierre et montagnes « Site agréable »,
℘ 92 66 22 53, à 300 m au sud du bourg, à 150 m du Céans – Accès aux
emplacements par pente à 12 %
20 ha/4 campables (100 empl.) ⊶ plat et peu incliné, en terrasses, pierreux,
herbeux – 🗂 ♨ 🎣 🗑 ⊕ 🍴 🖥 – 🚐 🛶 toboggan aquatique – A proximité : ✂
🏓 – Location : 🚐
31 mars-15 nov. – **R** *conseillée* – 🗐 *piscine comprise 3 pers. 95* 🕪 *13 (4A)*

ORTHEZ

64300 Pyr.-Atl. – 10 159 h.
🛄 Office de Tourisme, Maison
Jeanne-d'Albret ℘ 59 69 02 75

▲ **La Source,** ℘ 59 67 04 81, à l'Est de la ville, sur la route reliant N 117 et
D 933, bord d'un ruisseau
2 ha (66 empl.) ⊶ plat et peu incliné, herbeux – 🗂 🏠 ⊕ 🛁 ⟟ – A proximité :
✂
juin-15 sept. – **R** – ✦ *14* 🚗 *4* 🗐 *6/9* 🕪 *8 (10A)*

ORVILLERS-SOREL

60490 Oise – 320 h.

▲▲ Sorel 🏕, ℘ 44 85 02 74, S : 1 km par N 17 et rte à gauche, au château
3,8 ha (100 empl.) ⊶ plat, herbeux – 🗂 ♨ 🎣 🍴 ⊕ 🛁 – 🚐
fermé 16 déc.-janv. – **R**

OSANI **2A** Corse-du-Sud – ⑨⓪ ⑮ – voir à Corse

OSSÉJA

66340 Pyr.-Or. – 1 274 h. alt. 1 247.
🅰 Syndicat d'Initiative, r. St-Roch
🖉 68 04 53 86

⛰ **Municipal Els Pallès** 🏕 ≤, 🖉 68 04 51 73, SE : 1 km sur route forestière, à 200 m de la Vanéra
2 ha (100 empl.) ⊶ en terrasses, herbeux ⚲ verger – 🗆 🖾 ☺ – 🔜 🖾 🏊
15 juin-15 sept. – **R** – 🛉 *12* 🚗 *6* 🗐 *12* 🅑 *12*

OSSES

64780 Pyr.-Atl. – 692 h.

⛰ **Mendikoa** (aire naturelle) 🏕 ≤, 🖉 59 37 70 29, à 2,3 km par D 918 rte de St-Jean-Pied-de-Port et chemin à gauche à la sortie du bourg – Croisement difficile pour caravanes
1 ha (25 empl.) plat, incliné, herbeux – 🗆 🖧 🖾 ☺ – 🔜
15 juin-15 sept. – **R** conseillée – 🗐 *1 à 5 pers. 20 à 56* 🅑 *10 (3A)*

OUCQUES

41290 L.-et-Ch. – 1 473 h.

⛰ **Municipal,** sortie N par rte de Châteaudun
0,8 ha (50 empl.) plat, herbeux 🗔 – 🗆 🖧 🖾 ☺ 🚜 ▽ – A proximité : 🏌 🔀
Pâques-1er nov. – **R** – 🛉 *9* 🗐 *8* 🅑 *6 (3A) 10 (6A)*

OUDON

44521 Loire-Atl. – 2 353 h.

⛰ **Municipal,** 🖉 40 83 80 22, au SO du bourg, derrière la gare, bord de la Loire
0,7 ha (70 empl.) plat, herbeux – 🗆 🖾 ☺
mai-sept. – **R** – *Tarif 92 :* 🛉 *5,25* 🚗 *3,70* 🗐 *5,25* 🅑 *6,60 (6A)*

OUISTREHAM

14150 Calvados – 6 709 h.
🅰 Office de Tourisme, Jardins du Casino (saison) 🖉 31 97 18 63

⛰ **Parc Municipal des Pommiers,** 🖉 31 97 12 66, S : 0,6 km par D 514 rte de Caen, accès direct au canal
4,5 ha (433 empl.) ⊶ ⚲ (2 ha) – 🗆 🖧 🖾 🖾 🖫 🕹 🖩 ☺ 🖾 – 🏌
Permanent – *Places disponibles pour le passage* – **R** – *Tarif 92 :* 🛉 *15,20* 🗐 *15,20* 🅑 *5,90 à 20,90 (2 à 10A)*

⛰ **Municipal les Prairies de la Mer,** 🖉 31 96 26 84, sortie NO par av. Général Leclerc (D 514) rte de Courseulles-sur-Mer et à gauche, bord d'un étang
5 ha (150 empl.) ⊶ plat, sablonneux, herbeux – 🗆 🖧 🖾 🖾 🖫 🕹 ☺ 🚜 ▽ – A proximité : 🏌

OUNANS

39380 Jura – 323 h.

⛰ **la Plage Blanche** 🏕, 🖉 84 37 69 63, S : 1,5 km par D 71 rte de Montbarey et chemin à gauche, bord de la Loue
4 ha (100 empl.) ⊶ plat, herbeux – 🗆 🖧 🖾 🖫 🕹 ☺ 🍷 🚜 🖫 – 🏊 – A proximité : 🏊
avril-sept. – **R** conseillée

OUST

09140 Ariège – 449 h.

⛰ **Le Mirabat** Ⓜ 🏕 ≤ « Site agréable », 🖉 61 96 55 55, sortie SE par rte d'Aulus-les-Bains, bord du Garbet
3 ha (100 empl.) ⊶ plat et peu incliné, herbeux 🗔 – 🗆 🖧 🖾 🖫 🕹 🖩 ☺ 🚜 🍷 🏓 🖫 – A proximité : 🏌 – Location : 🛌 (hôtel)
Permanent – **R** – 🛉 *15* 🗐 *20* 🅑 *10 (5A) 20 (10A) 30 (15A)*

⛰ **Municipal la Côte** ≤, 🖉 61 96 50 53, sortie S, rte de Seix, bord du Salat
1 ha (64 empl.) ⊶ plat, herbeux – 🗆 🖧 🖾 🖫 🕹 ☺ – 🔜
15 juin-sept. – **R** – 🛉 *12* 🚗 *4* 🗐 *4/8*

OUZOUS 65 H.Pyr. – 85 ⑰ – rattaché à Argelès-Gazost

OYE-PLAGE

62215 P.-de-C. – 5 678 h.

⛰ **Les Oyats** 🏕, 🖉 21 85 15 40, NO : 4,5 km, 272 Digue Verte, à 100 m de la plage (accès direct)
3 ha (120 empl.) ⊶ plat, sablonneux, herbeux 🗔 – 🗆 🖧 🖾 🖫 ☺ 🚜 🖫 – 🔜 🏊
15 juin-15 sept. – **R** – 🛉 *16* 🗐 *20* 🅑 *10 (4A)*

La PACAUDIÈRE

42310 Loire – 1 182 h.

⛰ **Municipal Beausoleil,** 🖉 77 64 11 50, E : 0,5 km par D 35 rte de Vivans et à droite, près du terrain de sports et du collège
1 ha (35 empl.) peu incliné, herbeux 🗔 – 🗆 🖧 🖾 🖾 🖫 🕹 ☺ 🚜 – 🏌 🏓 🔀
15 mai-sept. – **R** – 🛉 *10* 🚗 *5,60* 🗐 *6,60* 🅑 *10*

PADIRAC
46500 Lot – 160 h. | ⬛ – 🟥 ⑲

⛰ **Les Chênes,** ☎ 65 33 65 54, Fax 65 33 71 55, NE : 1,5 km par D 90, rte du Gouffre
4 ha (120 empl.) ⟶ (saison) peu incliné et incliné, en terrasses, pierreux, herbeux 🍴🍴 – ⛺ 🚿 🗓 ⬛ ⬆ ⛱ snack 🖼 – 🏠 🏸 🛝 – Location : bungalows toilés, chalets
Pâques-15 sept. – **R** conseillée 1er-15 août – 🚶 17,50 📧 17,50 🅿 12 (6A)

PAIMPOL
22500 C.-d'Armor – 7 856 h. | ⬛ – 🟥 ② G. Bretagne
🎫 Office de Tourisme, r. Pierre-Feutren ☎ 96 20 83 16

⛰ Municipal de Cruckin-Kérity, ☎ 96 20 78 47, à Kérity, SE : 2 km par D 786 rte de St-Quay-Portrieux, attenant au stade, à 100 m de la plage de Cruckin
2 ha (200 empl.) ⟶ (saison) plat, herbeux ⬜ – ⛺ 🚿 ⊙

Le PALAIS 56 Morbihan – 🟥 ⑪ – voir à Belle-Ile-en-Mer

PALAU-DE-CERDAGNE
66340 Pyr.-Or. – 275 h. alt. 1 200 | ⬛ – 🟥 ⑯

⛰ **Las Aspéras** ⌖ ≤, ☎ 68 04 62 08, au sud du bourg, par D 30B rte de la frontière, près de la Vanéra
1,2 ha (75 empl.) ⟶ plat, herbeux, pierreux – ⛺ 🚿 ⊙ – 🏠
3 juil.-29 août – **R** conseillée – 📧 2 pers. 47, pers. suppl. 14 🅿 11 (3A) 15 (5A) 19 (10A)

PALAU-DEL-VIDRE
66690 Pyr.-Or. – 2 004 h. | ⬛ – 🟥 ⑲

⛰ **Le Haras** « Cadre agréable », ☎ 68 22 14 50, sortie NE par D 11
2,3 ha (75 empl.) ⟶ plat, herbeux ⬜🐎 – ⛺ 🚿 🗓 ⬆ ⊙ 🐎 ⛱ 🍷 snack 🖼 – 🏠 🏸 🛝 – Location : 🚗
Permanent – **R** conseillée – 🚶 19 piscine comprise 📧 37 🅿 14,50 (2 ou 3A) 18,50 (5 ou 6A) 22,50 (10A)

PALAVAS-LES-FLOTS
34250 Hérault – 4 748 h. | ⬛ – 🟥 ⑦ G. Gorges du Tarn
🎫 Office de Tourisme, bd Joffre ☎ 67 07 73 34

⛰ **Les Roquilles,** ☎ 67 68 03 47, Fax 67 68 54 98, 267 bis av. St-Maurice, rte de Carnon-Plage, à 100 m de la plage – ⛵
15 ha (792 empl.) ⟶ plat, sablonneux, herbeux ⬜ – ⛺ 🚿 ⊙ ⬆ ⛱ 🍷 🖼 – 🚗 – Location : 🚗
20 avril-20 sept. – **R** conseillée – 🚶 16,20 piscine comprise 🚗 7,50 📧 48 🅿 15 (6A)

PALISSE
19160 Corrèze – 256 h. alt. 600 | ⬛ – 🟥 ①

⛰ **Intercommunal de Palisse** ⌖ ≤ « Ensemble agréable », ☎ 55 95 87 22, N : 1 km par D 47 puis à droite
1 ha (53 empl.) ⟶ plat, peu incliné, herbeux, gravillons, étang ⬜ – ⛺ 🚿 🗓 ⊙ 🖼 – 🏠 🏸 🛝
26 juin-août – **R** conseillée – 🚶 14,80 🚗 8,20 📧 14,30/22 🅿 6,50 (5A)

La PALMYRE 17 Char.-Mar. – 🟥 ⑮ – rattaché aux Mathes

PAMIERS ⬛
09100 Ariège – 12 961 h. | ⬛ – 🟥 ⑤ G. Pyrénées Roussillon

⛰ **Les Ombrages,** ☎ 61 67 12 24, sortie N par D 119, rte de St-Girons, bord de l'Ariège
2 ha (100 empl.) ⟶ plat, herbeux 🍴🍴 – ⛺ 🚿 🗓 ⬆ ⊙ ⛱ snack 🖼 – 🏠 🏸 vélos, tir à l'arc – Location : 🚗
Permanent – **R** conseillée juil.-août – 🚶 10 🚗 4 📧 7 🅿 13 (6A) 22 (10A)

PAMPELONNE
81190 Tarn – 715 h. | ⬛ – 🟥 ⑪

⛰ **Municipal de Thuriès** ⌖ « Site agréable », NE : 2 km par D 78, bord du Viaur
1 ha (35 empl.) ⟶ plat, herbeux 🍴🍴 (0,5 ha) – ⛺ 🚿 🗓 ⊙ – 🏠
15 juin-15 sept. – **R** – 🚶 12 📧 7 🅿 8 (6A)

PAMPROUX
79800 Deux-Sèvres – 1 728 h. | ⬛ – 🟥 ⑫

⛰ **Municipal,** au bourg, près de la piscine
0,7 ha (30 empl.) peu incliné, herbeux ⬜ – ⛺ 🚿 ⊙ 🐎 – A proximité : ⛵ 🛝
juin-sept. – **R** – Tarif 92 : 🚶 6,30 📧 8,50 🅿 8,50

PARAME 35 I.-et-V. ④ – 🟥 ⑥ – voir à St-Malo

PARAY-LE-MONIAL

⑪ – 🔟 ⑰ G. Bourgogne

71600 S.-et-L. – 9 859 h.
🏢 Office de Tourisme, av. Jean-Paul-II
🕾 85 81 10 92

🔺🔺 **Mambré,** 🕾 85 88 89 20, Fax 85 88 87 81, sortie NO vers Digoin et rte du Gué-Léger, près de la Bourbince
3,8 ha (198 empl.) ⚬⊸ plat, herbeux – 🔟 🔟 🔟 🔟 🔟 ⊕ ⚲ 🏐 🔟 – 🔟 vélos – Location : 🔟
15 mars-15 nov. – **R** conseillée – 🔟 17 piscine comprise 🔟 36 🔟 14 (10A)

PARAY-SOUS-BRIAILLES

⑪ – 🔟 ⑤

03500 Allier – 495 h.

🔺 **Municipal le Moulin du Pré,** sortie N par D 142 vers Pont-de-Chazeuil et à gauche, bord d'une rivière
1,5 ha (20 empl.) ⚬⊸ plat, herbeux – 🔟 🔟 🔟 🔟 ⊕ – 🔟
Pâques-sept. – **R** indispensable – 🔟 5,75 🔟 4,45 🔟 4,45 🔟 8,40 (16A)

PARCEY **39** Jura – 🔟 ③ – rattaché à Dole

PARCOUL

🔟 – 🔟 ③ G. Périgord Quercy

24410 Dordogne – 363 h.

🔺🔺 **Le Paradou** 🔟 ≼, 🕾 53 91 42 78, SO : 2 km par D 674 rte de La Roche-Chalais
20 ha/2 campables (100 empl.) ⚬⊸ plat, pierreux, herbeux, étangs, bois 🔟 – 🔟 🔟 🔟 🔟 🔟 ⊕ ⚲ 🔟 🔟 cafétéria 🔟 – 🔟 🔟 🔟 🔟 🔟 (étang) toboggan aquatique, parc de loisirs – A proximité : discothèque – Location : 🔟
vac. de printemps-15 sept. – **R** conseillée juil.-août – 🔟 élect. (10A) et piscine comprises 2 pers. 60, pers. suppl. 14

PARENTIS-EN-BORN

🔟 – 🔟 ③ G. Pyrénées Aquitaine

40160 Landes – 4 056 h.
🏢 Syndicat d'Initiative, pl. Gén.-de-Gaulle 🕾 58 78 43 60

🔺🔺 **L'Arbre d'Or,** 🕾 58 78 41 56, O : 1,5 km par D 43 rte de l'étang
4 ha (200 empl.) ⚬⊸ (saison) plat, sablonneux, herbeux 🔟🔟 pinède – 🔟 🔟 🔟 🔟 🔟 ⊕ 🔟 🔟 🔟 🔟 🔟 – Location : 🔟

🔺 **Municipal Pipiou** 🔟, 🕾 58 78 57 25, O : 2,5 km par D 43 et rte à droite, à 100 m du lac
2,5 ha (127 empl.) ⚬⊸ plat, sablonneux – 🔟 🔟 🔟 🔟 🔟 🔟 snack 🔟 – 🔟 – A proximité : 🔟 🔟 🔟 🔟
avril-15 nov. – **R** indispensable juil.-août – 🔟 1 à 7 pers. 31 à 89,50 ou 41 à 99,50 avec élect., pers. suppl. 9,50

PARIS 🔟

– plan 🔟 et carte 🔟 G. Paris

75 V.-de-Paris – 2 152 333 h.

Voir ressources à *Champigny-sur-Marne, Choisy-le-Roi* et *Maisons-Laffitte.*

PARRANQUET

🔟 – 🔟 ⑥

47210 L.-et-G. – 127 h.

🔺 **Moulin de Mandassagne,** 🕾 53 36 04 02, SO : 0,7 km, bord d'un ruisseau
4 ha/0,8 campable (35 empl.) ⚬⊸ plat, herbeux 🔟 – 🔟 🔟 🔟 🔟 ⊕ 🔟 – 🔟 – A proximité : 🔟
avril-oct. – **R** conseillée – 🔟 15 piscine comprise 🔟 16 🔟 8 (4A)

PARTHENAY 🔟

🔟 – 🔟 ⑲ G. Poitou Vendée Charentes

79200 Deux-Sèvres – 10 809 h.

🔺 **Base de Loisirs,** 🕾 49 94 39 52, sortie SO rte de la Roche-sur-Yon et à droite après le pont sur le Thouet, près d'un plan d'eau
2 ha (86 empl.) ⚬⊸ plat, herbeux 🔟 – 🔟 🔟 🔟 🔟 🔟 snack – A proximité : parcours sportif 🔟 🔟 🔟 🔟
Permanent – **R** – 🔟 11 🔟 10 🔟 9 🔟 9 (3A) 12 (6A) hiver : 12 (3A) 18 (6A) 28 (12A)

PATORNAY **39** Jura – 🔟 ⑭ – rattaché à Pont-de-Poitte

PAU 🔟

🔟 – 🔟 ⑥ ⑦ G. Pyrénées Aquitaine

64000 Pyr.-Atl. – 82 157 h.
🏢 Office Municipal de Tourisme, pl. Royale 🕾 59 27 27 08 et pl. Monnaie 🕾 59 27 41 24

🔺🔺 **Le Terrier** « Entrée fleurie », 🕾 59 81 01 82 🔟 64230 Lescar, NO : 6,5 km par N 117 puis D 501 à gauche, bord du Gave – Par A 64 sens O. E. : sortie Artix
2 ha (110 empl.) ⚬⊸ plat, gravier, herbeux, pierreux 🔟 🔟 – 🔟 🔟 🔟 🔟 🔟 ⊕ 🔟 🔟 🔟 🔟 🔟 – A proximité : golf
Permanent – **R** conseillée été – Tarif 92 : 🔟 15,50 piscine comprise 🔟 24 🔟 11 (2 ou 3A) 18 (6A) 24 (10A)

🔺 **Municipal de la Plaine,** 🕾 59 02 30 49, N : 4,5 km par rte de Bordeaux et bd du Cami-Salié à gauche
1,5 ha (67 empl.) ⚬⊸ plat, herbeux 🔟 – 🔟 🔟 🔟 🔟 ⊕ ⚲ 🔟 – 🔟 🔟 – A proximité : 🔟
Pentecôte-20 sept. – **R** – 🔟 12,70 🔟 24,80 🔟 9,50 (3A) 25,50 (6A) 33,10 (10A)

PAULHAGUET
43230 H.-Loire – 921 h.

11 – 76 ⑤ ⑥

⚠ **Municipal la Fridière** ⌂, 𝄐 71 76 65 54, SE : 0,8 km par D 4, bord de la Senouire
0,8 ha (32 empl.) ⚬ plat, herbeux ⚏ ⛲ – 🛉 ⛺ 🍴 ⊕ ⚘ ▽ – 🚴
avril-oct. – **R** *conseillée 1ᵉʳ-15 août – Tarif 92 :* 🛉 *11* 🚗 *3* 🔲 *4* 🔌 *10*

PAYRAC
46350 Lot – 492 h.

13 – 75 ⑱

▲▲▲ **Les Pins** « Beau parc », 𝄐 65 37 96 32, Fax 65 37 91 08, sortie S par N 20 rte de Cahors
4 ha (125 empl.) ⚬ plat, peu incliné, en terrasses, herbeux ⚎ pinède – 🛉 ⛺
🍴 🛋 🔥 ⊕ 🏊 🍴 🍴 snack 🛒 🔲 – 🛋 ✂ 🚴 🛶 – A proximité : 🛋, parc de loisirs avec toboggan aquatique – Location : 🛏
avril-sept. – **R** *conseillée – Tarif 92 :* 🛉 *28 piscine comprise* 🔲 *41* 🔌 *15 (6A)*

PAYZAC
07230 Ardèche – 436 h.

16 – 80 ⑧ G. Gorges du Tarn

⚠ **Lou Cigalou** ⌂ « Cadre agréable », 𝄐 75 39 48 68, E : 1 km par rte de Lablachère et chemin à droite
1,2 ha (25 empl.) ⚬ plat et en terrasses, herbeux ⚎ – 🛉 🛋 🔥 🛵 ⊕ – 🚴
vélos – Location : 🛏
juil.-août – **R** *conseillée –* 🔲 *2 pers. 39, pers. suppl. 9* 🔌 *10 (3A)*

PÉGOMAS
06580 Alpes-Mar. – 4 618 h.

17 – 84 ⑧

▲▲▲ **Le Cabrol**, 𝄐 93 42 21 56, SO : 0,8 km par rte de Mandelieu et à droite après le pont, près de la Siagne
2 ha (104 empl.) ⚬ plat, herbeux ⚎ (1,5 ha) – 🛉 🔥 ⊕ ⚘ ▽ 🚴 – 🛶
15 avril-15 sept. – **R** *conseillée juil.-août – Tarif 92 :* 🔲 *piscine comprise 3 pers. 85, pers. suppl. 15* 🔌 *14*

▲▲▲ **Le Pré de Fanton**, 𝄐 93 42 29 41, NO : 1,3 km sur D 9 rte de Grasse
1,2 ha (67 empl.) ⚬ plat et peu incliné, terrasses, herbeux ⚲ – 🛉 🔥 ⊕ – 🛋
15 mai-15 sept. – **R** *conseillée 1ᵉʳ-15 aout –* 🔲 *2 pers. 58, pers. suppl. 17* 🔌 *12 (4A) 16 (6A)*

à St-Jean SE : 2 km par D 9 rte de Cannes
✉ 06550 la Roquette-sur-Siagne :

▲▲▲ **Saint-Louis** ⌂ « Cadre agréable », 𝄐 93 42 26 67, NO : 1 km sur D 9
5 ha (150 empl.) ⚬ en terrasses et peu incliné, herbeux ⚏ ⛲ – 🛉 ⛺ ⚎ 🔥
⊕ ⚘ 🏊 🍴 🍴 🛒 🔲 – 🛋 🛶 half-court – A proximité : ✂ – Location : 🛏
15 mars-15 oct. – **R** *conseillée juil.-août – Tarif 92 :* 🔲 *piscine comprise 2 à 4 pers. 85 à 150/124 à 179 avec èlect.*

PEILLON
06440 Alpes-Mar. – 1 139 h.

17 – 84 ⑩ G. Côte d'Azur

⚠ **La Laune** ≼, 𝄐 93 79 91 61, à 3 km au SO du bourg, carrefour de la D 21, au lieu-dit Le Moulin
0,3 ha (33 empl.) ⚬ plat, pierreux, herbeux – 🛉 🔥 ⊕
juin-sept.

PEISEY-NANCROIX
73210 Savoie – 521 h. alt. 1 300.
🅰 Office de Tourisme 𝄐 79 07 94 28

12 – 74 ⑱ G. Alpes du Nord

▲▲ **Les Lanchettes** ⌂ ≼, 𝄐 79 07 93 07, SE : par rte des Lanches, bord du Ponturin et près du Parc National de la Vanoise
2 ha (88 empl.) ⚬ incliné, en terrasses, plat et herbeux – 🛉 ⛺ ⛺ ⊕ ⚘ ▽ 🍴
🛒 🛋 – A proximité : ✂ 🚴 – Location : 🛏
Permanent – **R** *conseillée –* 🛉 *20* 🔲 *20* 🔌 *12 (2A) 27 (5A) 40 (10A)*

⚠ **Municipal les Glières** ⌂ ≼, 𝄐 79 07 92 65, SE : 4 km par rte des Lanches, bord du Ponturin et près du Parc National de la Vanoise – alt. 1 470
2 ha (135 empl.) ⚬ non clos, plat et accidenté, herbeux – 🛉 ⚎ 🛋 – 🛋 ✂
– A proximité : 🍴 ✗ 🚴
15 juin-14 sept. – **R** – *Tarif 92 :* 🛉 *15* 🔲 *14*

PÉLUSSIN
42410 Loire – 3 132 h.

11 – 77 ① G. Vallée du Rhône

▲▲ Bel'Époque du Pilat ⌂ ≼, 𝄐 74 87 66 60, sortie vers Chavanay puis 1,5 km par D 79 rte de Malleval
1,5 ha (50 empl.) ⚬ incliné et en terrasses, herbeux ⚏ – 🛉 ⚎ 🔥 ⊕ 🛋 – 🛶
avril-oct. – **R** *conseillée juil.-août*

PENDÉ
80230 Somme – 1 055 h.

1 – 52 ⑥

▲▲ **La Baie** ⌂, 𝄐 22 60 72 72, N : 2 km, à Routhiauville, r. de la Baie
1,2 ha (50 empl.) ⚬ plat, herbeux, sablonneux – 🛉 ⚎ 🔥 ⊕ – 🛶 🚴
Pâques-15 oct. – **R** – 🛉 *9* 🔲 *12* 🔌 *6,50 (2A) 11 (4A) 15 (6A)*

293

PÉNESTIN

56760 Morbihan – 1 394 h.
🄳 Syndicat d'Initiative, r. Tremer
🖉 99 90 37 74

🔺 **Inly** ⚲ ⩵, 🖉 99 90 35 09, Fax 99 90 40 93, SE : 2 km par D 201 et rte à gauche, bord d'un étang
30 ha/12 campables (500 empl.) ⬦ plat, herbeux, pierreux ⌗ – 🗑 ⇆ ⛢ 🗑
⦿ ♨ ⊽ ⯑ 🗲 ✗ crêperie ⧖ ▣ – 🕳 ℁ ⅃ vélos – Location : 🛏
15 mai-15 sept. – **R** conseillée juil.-août – ⚹ 25 piscine comprise ⇶ 10 ▣ 55
🄵 17 (10A)

🔺 **Les Îles,** 🖉 99 90 30 24, Fax 99 90 44 55, S : 4,5 km par D 201 et rte à droite, à la Pointe du Bile, bord de mer
2 ha (115 empl.) ⬦ plat, herbeux ⌗ ♀ – 🗑 ⇆ ⛢ 🗑 ♿ ⦿ ♨ 🍽 snack ⧖ ▣
– 🕳 ⟜ ⅃ vélos - A proximité : ℁ 🐎 et poneys 10 avril-sept. – **R** conseillée 10 juil.-août – ⚹ 22 piscine comprise ▣ 60 🄵 13 (6A)

🔺 **Le Parc des Îles** Ⓜ, 🖉 99 90 41 41, Fax 99 90 44 55, S : 4,5 km par D 201 et rte à droite, à la Pointe du Bile, à 200 m de la mer
1 ha (60 empl.) ⬦ plat, herbeux, étang ⌗ – 🗑 ⇆ ⛢ 🗑 ♿ ⦿ ♨ ⯑ ⊽ ▣ – 🕳
℁ 🐎 et poneys - A proximité : ♨ 🍽 snack ⧖ ⅃ vélos – Location : 🛏
10 avril-28 sept. – **R** conseillée 10 juil.-28 août – ⚹ 22 piscine comprise ▣ 60
🄵 13 (10A)

🔺 **Le Cénic** ⚲, 🖉 99 90 33 14, Fax 99 90 45 05, E : 1,5 km par D 34 rte de la Roche-Bernard, bord d'un étang
4 ha (180 empl.) ⬦ plat, peu incliné, herbeux – 🗑 ⇆ ⛢ 🗑 ♿ ⦿ ▣ – 🕳 ♣
⅃ - A proximité : 🐎 et poneys - Garage pour caravanes
Pâques-sept. – **R** conseillée juil.-août – ⚹ 16 piscine comprise ▣ 28 🄵 12 (6A)

🔺 **Les Parcs,** 🖉 99 90 30 59, E : 0,5 km par D 34 rte de la Roche-Bernard
1 ha (50 empl.) ⬦ peu incliné, herbeux – 🗑 ⇆ ⛢ 🗑 ⦿ 🍽 ▣ – ⟜
30 avril-sept. – **R** conseillée juil.-août – ⚹ 16 piscine comprise ⇶ 6 ▣ 20
🄵 11 (5A)

PENMARCH

29760 Finistère – 6 272 h.

🔺 **Les Genêts** ⚲, 🖉 98 58 66 93, E : 2,3 km par D 785 et D 53 rte de Loctudy
3 ha (100 empl.) ⬦ plat, herbeux ♀ – 🗑 ⇆ ⛢ 🗑 ⦿ ▣ – ⟜
juin-sept. – **R** conseillée juil.-août – Tarif 92 : ⚹ 11 ⇶ 6 ▣ 12 🄵 10 (10A)

🔺 **Municipal** ⚲, 🖉 98 58 86 88, SE : 1,4 km par rte de Guilvinec par la côte et rte à droite, à 100 m de la plage
3 ha (250 empl.) ⬦ plat, herbeux, sablonneux – 🗑 ⛢ ▣ – ⟜ – A proximité :
♨
juil.-août – **R** – ⚹ 12 ⇶ 7 ▣ 11 🄵 10 (3 ou 6A)

PENNE-D'AGENAIS

47140 L.-et-G. – 2 394 h.

🔺 **Municipal du Lac de Ferrié,** 🖉 53 41 30 97, SO : 1,4 km sur D 159, à 250 m du D 661, bord du lac
1,6 ha (64 empl.) ⬦ plat et peu incliné, herbeux ⌗ ♀♀ – 🗑 ⩕ 🗑 ⦿ ♨ ⊽ ▣
✗ ▣ – 🕳 ⟜ – A proximité : ℁ – Location : 🛏
15 juin-15 sept. – **R** conseillée juil.-août – ⚹ 14 ▣ 10,50 🄵 8,70 (6A)

PENTREZ-PLAGE

29550 Finistère

Schéma à Plomodiern

🔺 **Ménez-Bichen** ⩵, 🖉 98 26 50 82, près de la plage
3 ha (280 empl.) ⬦ (saison) plat et peu incliné, herbeux – 🗑 ⩕ 🗑 ⦿ ▣ – 🕳
⟜ – A proximité : ℁
juin-sept. – **R** – ⚹ 13 ⇶ 6 ▣ 13 🄵 9,50 (2A)

🔺 **Ker-Ys,** 🖉 98 26 53 95, près de la plage
1,8 ha (125 empl.) ⬦ (saison) plat et peu incliné, herbeux – 🗑 ⛢ ⩕ ⦿ ▣ –
🕳 ⟜ – A proximité : ℁
mai-15 sept. – **R** conseillée juil.-août – ⚹ 15 ⇶ 7 ▣ 15 🄵 10 (5A)

🔺 **Les Tamaris,** 🖉 98 26 53 75, près de la plage
0,8 ha (70 empl.) ⬦ plat et peu incliné, herbeux – 🗑 ⩕ ⩕ ⦿ ▣ – A proximité :
℁
Pâques, mai-sept. – **R** conseillée juil.-août – Tarif 92 : ⚹ 12,40 ⇶ 5,50 ▣ 15
🄵 7,90 (2A) 10 (6A)

PÉRIGUEUX Ⓟ

24000 Dordogne – 30 280 h.
🄳 Office de Tourisme, 26 pl.
Francheville 🖉 53 53 10 63

🔺 **Barnabé-Plage** « Situation agréable », 🖉 53 53 41 45, E : 2 km rte de Brive-la-Gaillarde – En deux parties sur chaque rive de l'Isle ; bac pour piétons et cycles
1 ha (80 empl.) ⬦ plat, herbeux ⌗ ♀♀ – 🗑 ⇆ ⛢ 🗑 ♿ ▥ ♨ 🍽 – 🕳 ♣ –
A proximité : ℁ poneys
Permanent – **R** – ⚹ 13,50 ⇶ 8 ▣ 12 🄵 12 (3A) 14 (6A) 20 (10A)

à Atur S : 6 km par D 2 – ✉ 24750 Atur :

🔺 **Le Grand Dague** ⚲, 🖉 53 04 21 01, Fax 53 04 22 01, NE : 3 km par rte de St-Laurent-sur-Manoire et chemin – Par déviation S, venant de Brive ou Limoges, prendre direction Bergerac et chemin à droite
22 ha/7 campables (93 empl.) ⬦ incliné, herbeux ⌗ – 🗑 ⇆ ⛢ 🗑 ♿ ⦿ ♨
♨ 🍽 ✗ ▣ – 🕳 ⟜ ♣ – Location : 🛏 🛏
Pâques-15 oct. – **R** conseillée 7 juil.-20 août – ⚹ 25 piscine comprise ▣ 30
🄵 13 (4A) 15 (6A) 20 (12A)

294

à Razac-sur-l'Isle O : 6 km par N 89 rte de Bordeaux
⊠ 24430 Razac-sur-l'Isle

⚲ **Municipal les Cuves** ⬙, 🖉 53 54 60 20, SO : 2,2 km par D 3E6, rte de
Gravelle et chemin à gauche après le passage à niveau
1 ha (30 empl.) ⊶ (saison) plat, herbeux 🖵 – 🗑 ⬡ 🛁 👶 ⊛ ⌇
Permanent – **R** *conseillée – Tarif 92 :* ⚷ *11* 🔲 *14 avec élect.*

à Trélissac E : 5 km – ⊠ 24750 Trélissac :

⚲ **Municipal les Garennes,** 🖉 53 54 45 88, au bourg
0,5 ha (35 empl.) ⊶ plat, herbeux ♀♀ – 🗑 🛁 🖸 🔄 ⊛
15 mai-sept. – **R** *conseillée août* – ⚷ *8,60* ⬳ *5,25* 🔲 *7,20* 🕏 *9 (16A)*

PÉRONNE ⬷⚲⬎

80200 Somme – 8 497 h.
🖪 Office de Tourisme, pl. Château
🖉 22 84 42 38

🔁 – 🔢 ⑬ G. Flandres Artois Picardie

⚲⚲ **Port de Plaisance,** 🖉 22 84 19 31, Fax 22 83 14 58, sortie S rte de Paris, près
du canal du Nord, entre le port de plaisance et le port de commerce
2 ha (90 empl.) ⊶ plat, herbeux – 🗑 🛁 🖸 👶 🚿 ⊛ 🔄 – ⛵
Permanent – **R** *conseillée juil.-août* – ⚷ *11,70* ⬳ *4,70* 🔲 *10,70* 🕏 *10,50 (5A)*
21 (10A)

Le PERRIER

85300 Vendée – 1 532 h.

🔟 – 🔢 ⑫

⚲⚲ **Municipal de la Maison Blanche,** 🖉 51 68 09 05, près de l'église
3,2 ha (250 empl.) ⊶ plat, herbeux ♀ – 🗑 ⬡ 🛁 🖸 👶 ⊛ – 🚃 ⚒
15 juin-15 sept. – **R** *conseillée 1er-15 août* – 🔲 *2 pers. 36, pers. suppl. 12*
🕏 *13 (5A)*

⚲ **Le Grand Moulin** (aire naturelle), 🖉 51 68 09 17, S : 2 km par D 59, rte de
St-Hilaire-de-Riez
1 ha (25 empl.) ⊶ plat, herbeux, pierreux, petit étang – 🗑 ⬡ 🔄 ⊛ – 🚃 (salle
d'animation) 🟦 – Location : 🔊 🔟
avril-1er oct. – **R** *conseillée* – ⚷ *25 piscine comprise* 🔲 *18* 🕏 *13 (3 à 6A)*

PERROS-GUIREC

22700 C.-d'Armor – 7 497 h.
🖪 Office de Tourisme et Accueil de
France, 21 pl. de l'Hôtel-de-Ville
🖉 96 23 21 15

🔳 – 🔢 ① G. Bretagne

⚲⚲ **Trestraou-Camping,** 🖉 96 23 08 11, 89 av. du Casino, à 100 m de la
plage
3,8 ha (180 empl.) ⊶ plat et peu incliné, herbeux – 🗑 ⬡ 🛆 🖸 👶 ⊛ 🔄 –
A proximité : ⚽ 🏒 ◗
juin-10 sept. – **R** *conseillée juil.-août – Tarif 92 :* 🔲 *2 pers. 90 (110 ou 120 avec*
élect. 3A)

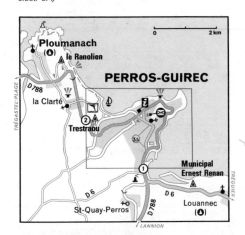

à Ploumanach par ② : 6 km – ⊠ 22700 Perros-Guirec :

⚲⚲⚲ **Le Ranolien** « Ancienne ferme restaurée dans un cadre sauvage »,
🖉 96 91 43 58, Fax 96 91 41 90, SE : 1 km, à 200 m de la mer
10 ha (450 empl.) ⊶ plat, peu incliné et accidenté, herbeux 🖵 ♀ (3 ha) – 🗑
⬡ 🛁 🖸 👶 ⊛ ⌇ 🚿 🔺 ▼ 🍴 ✗ crêperie 🔄 🟦 – 🚃 discothèque ⚽ 🏒 🟦 –
Location : 🔟
fév.-15 nov. – **R** *conseillée* – 🔲 *piscine comprise 2 pers. 100, pers. suppl. 30*
🕏 *18 (4 ou 6A)*

à Louannec par ① : 5 km – ⊠ 22700 Perros-Guirec :

⚲⚲ **Municipal Ernest Renan** ⬙, 🖉 96 23 11 78, O : 1 km, bord de mer
4 ha (200 empl.) ⊶ plat, herbeux – 🗑 ⬡ 🛁 🖸 👶 ⊛ ⌇ ▼ 🔺 🍴 – 🚃 ⛵
◗
juin-15 sept. – **R** *conseillée 14 juil.-15 août* – ⚷ *11,60* 🔲 *22/37 ou 41 avec*
élect. (6A)

PERS
15290 Cantal – 209 h.

▲ **Le Viaduc** ⚡ ≼, ℰ 71 64 70 08, NE : 5 km par D 32, D 61 et chemin du Ribeyres à gauche, bord du lac
1 ha (65 empl.) ⊶ (saison) en terrasses, herbeux, gravillons – (🏠 ⚄ ⚄ juil.-août)
⊕ 🍴 – ✖
mai-sept. – **R** conseillée 14 juil.-14 août – 🔲 2 pers. 52, pers. suppl. 14,50
🔌 12 (5A)

🔟 – 🗖 ⑪

PERTUIS
84120 Vaucluse – 15 791 h.
🅱 Office de Tourisme, pl. Mirabeau
ℰ 90 79 15 56

🔺 **Municipal les Pinèdes** ⚡ ≼ « Cadre agréable », ℰ 90 79 10 98, E : 2 km par D 973 et av. Pierre-Augier à droite
8 ha (200 empl.) ⊶ peu incliné, en terrasses, herbeux, pierreux ⌂ ⚬⚬ – 🏠 ⚄
🔲 ⊕ ⚄ ▽ ⚄ ⚄ – ⚄ ⚄ – A proximité : ⚄ (couverte l'hiver)
mars-oct. – **R** conseillée – ☗ 11,20 ⚬ 7,80 🔲 7,80/8,80 🔌 8,80 (5A) 17
(10A)

🔟 – 🗖 ③ G. Provence

PETICHET
38 Isère – alt. 908
🖂 38119 Pierre-Châtel

🔺 **Ser-Sirant** ⚡ ≼, ℰ 76 83 91 97, sortie E et chemin à gauche, bord du lac de Laffrey
2 ha (100 empl.) ⊶ plat, terrasse, herbeux, pierreux – 🏠 ⚄ ⚄ 🔲 ⊕ – 🗄 –
A proximité : ⚬
juil.-20 août – **R** conseillée – 🔲 1 à 6 pers. 36 à 116 🔌 12 (3A) 22 (6A) 30
(10A)

🔟 – 🗖 ⑤

Le PETIT-BORNAND-LES-GLIÈRES
74130 H.-Savoie – 743 h. alt. 717

🔺 **Municipal les Marronniers** ⚡ ≼ « Situation agréable », ℰ 50 03 54 74, N : 1,6 km par D 12 et rte à gauche, bord d'un torrent et à 100 m du Borne
1,8 ha (60 empl.) ⊶ en terrasses, herbeux, pierreux, gravillons ⚬ – 🏠 ⚄ ⊕ –
A proximité : ⚄
juin-sept. – **R** conseillée juil.-août – ☗ 9,80 ⚬ 3,90 🔲 8,80 🔌 7,80 (2A)

🔟 – 🗖 ⑦ G. Alpes du Nord

PETIT-PALAIS-ET-CORNEMPS
33570 Gironde – 565 h.

🔺 **Le Pressoir** ⚡, ℰ 57 69 73 25, NO : 1,7 km par D 21 rte de St-Médard-de-Guizières et chemin de Queyray à gauche
2 ha (100 empl.) ⊶ peu incliné et plat, herbeux ⌂ – 🏠 ⚄ ⚄ 🔲 ⚄ ⊕ ▽ 🍴
✖ ⚄ ⚄ – ⚄ ⚄ – Location : bungalows toilés
mai-sept. – **R** conseillée juil.-août – ☗ 21 piscine comprise 🔲 23,50 🔌 13

⑨ – 🗖 ⑫ ⑬ G. Pyrénées Aquitaine

PEYNIER
13790 B.-du-R. – 2 475 h.

🔺 Municipal de la Garenne ⚡ « En forêt », ℰ 42 53 05 21, O : 1,5 km par D 56ᴮ et D 57ᴬ rte de Fuveau puis chemin à gauche
1,5 ha (81 empl.) ⊶ peu incliné, en terrasses, pierreux ⚬⚬ pinède – 🏠 ⚄ ⚄
🔲 ⊕ – 🗄 – A proximité : ⚄

🔟 – 🗖 ④ ⑭

PEYRAT-LE-CHÂTEAU
87470 H.-Vienne – 1 194 h.

▲ **Municipal les Peyrades d'Auphelle** ≼ « Site agréable », ℰ 55 69 41 32, E : 7 km par D 13 et D 222 à droite, près du lac de Vassivière – alt. 650
3 ha (134 empl.) ⊶ peu incliné, herbeux ⚬ – 🏠 ⚄ ⊕ – ✖ (plage) ⚬ –
A proximité : ⚄ ✖ ⚄ ⚄
2 mai-sept. – **R** – ☗ 12 🔲 12 🔌 9 (5 ou 16A)

🔟 – 🗖 ⑲ G. Berry Limousin

PEYRIGNAC
24210 Dordogne – 372 h.

🔺 **Municipal la Garenne** ⚡, ℰ 53 50 57 73, au Nord du bourg, près du stade
1,5 ha (40 empl.) plat, herbeux, peu incliné ⚬⚬ – 🏠 ⚄ ⚄ 🔲 ⚄ ⊕ ⚄
15 juin-sept. – **R** conseillée – ☗ 14 🔲 18 🔌 12 (10A)

🔟 – 🗖 ⑦

PEYRILLAC-ET-MILLAC
24370 Dordogne – 214 h.

🔺 **Millac** ⚡ ≼, ℰ 53 29 77 93, N : 2,3 km par rte du Bouscandier
2,8 ha (60 empl.) ⊶ incliné, en terrasses, pierreux, herbeux – 🏠 ⚄ ⚄ 🔲 ⚄ ⊕
⚄ 🍴 ⚄ 🔲 – 🗄 ⚄ ⚄ – Location : ⚄
avril-sept. – **R** 15 juil.-25 août – 🔲 piscine comprise 1 pers. 41, 2 pers. 54, pers.
suppl. 14 🔌 14 (10A)

🔟 – 🗖 ⑱

PEYROUSE **65** H.Pyr. – 🗖 ⑫ – rattaché à Lourdes

PEYRUIS

04310 Alpes-de-H.-P. – 2 036 h.

La Marcouline ≼, ℘ 92 68 07 34, Fax 92 68 10 93, NE : 3,5 km par N 96 rte de Sisteron
3 ha (100 empl.) ⊶ en terrasses, peu incliné, pierreux, herbeux ♀ oliveraie – 🎪 🍴 🔥 🛁 🔥 ▦ 🐟 ▿ ✖ 🖳 – ❄ 🏓 🛒 🔱 toboggan aquatique, vélos – Location : 🏕 🛏 (hôtel)
15 juin-15 sept. – **R** conseillée – 🖲 élect. (10A), piscine et tennis compris 2 pers. 60/100, pers. suppl. 25

PEYSSIES

31390 H.-Gar. – 333 h.

Municipal ঌ, ℘ 61 87 91 54, NO : 1 km par D 73 rte de Labastide-Clermont, bord de la Louge et près de 2 lacs
2 ha (110 empl.) ⊶ plat, herbeux, gravillons ♀♀ – 🎪 🚻 🛁 ⊕ – 🛒 ✖ 🔱 🏊 (bassin) – A l'entrée : 🍸 ✖ – A proximité : ♿
Permanent – Places disponibles pour le passage – **R** conseillée – 🖲 3 pers. 70, pers. suppl. 15 🔋 15 (6A) 18 (10A)

PÉZENAS

34120 Hérault – 7 613 h.

Municipal le Castelsec ≼, ℘ 67 98 04 02, sortie SO rte de Béziers et rue à droite après le centre commercial Montlaur
0,8 ha (36 empl.) ⊶ plat et en terrasses, herbeux, pinède attenante ▭ – 🎪 🍴 🛁 🔥 ⊕ ▦ – 🛒 – A proximité : 🏓 – Location : 🏕, gîtes
30 mars-oct. – **R** conseillée juil.-août – 🗶 12,84 🖲 29,42 🔋 9 (10A)

St-Christol, ℘ 67 98 09 00, NO : 0,6 km par D 30ᴱ rte de Nizas et chemin à droite
1,5 ha (100 empl.) ⊶ plat, herbeux, gravier ▭ ♀ – 🎪 🛁 🔥 ⊕ ▦ – 🛒 🔱
15 juin-10 sept. – **R** conseillée août – 🗶 13 piscine comprise 🖲 32 🔋 9,50 (8A)

PEZOU

41100 L.-et-Ch. – 861 h.

Municipal, sortie SE par D 12 rte de Lignières, à 50 m du Loir
1 ha (33 empl.) plat, herbeux – 🎪 🏞 🔥 ⊕ 🛆 – A proximité : ✖
10 mai-10 sept. – **R** – 🗶 7 🖲 7 🔋 10

PHALSBOURG

57370 Moselle – 4 189 h.
🎫 Syndicat d'Initiative, r. Lobau (juin-sept.) ℘ 87 24 29 97

Municipal du Vieux Château « Cadre agréable », ℘ 87 24 13 72, par centre ville, vers sortie E rte de Saverne, r. de la Manutention
0,8 ha (50 empl.) ⊶ plat, herbeux ♀ – 🎪 🍴 ⊕
avril-sept. – **R** – 🗶 13 🚗 7 🖲 6 🔋 8,50 ou 17

PIANA 2A Corse-du-Sud – 🗟 ⑮ – voir à Corse

PICHERANDE

63113 P.-de-D. – 491 h. alt. 1 125

Municipal ঌ ≼ Monts du Cantal, NE : 0,6 km par chemin face à l'église et à droite
0,7 ha (66 empl.) non clos, plat, peu incliné, herbeux, pierreux – 🎪 🛁 ⊕ – 🛒 ✖ 🔱
15 juin-15 sept. – **R** – 🗶 6,50 🖲 5,70 🔋 9,50 (6A)

PIÉGUT-PLUVIERS

24360 Dordogne – 1 471 h.

Municipal des Garennes ঌ, NO par D 91 vers Montbron et rte du stade à gauche
1 ha (25 empl.) peu incliné, plat, herbeux – 🎪 🍴 🛁 ⊕ – A proximité : ✖
juil.-15 sept. – **R** – 🗶 8,50 🖲 6,50 🔋 6

PIERREFITTE-SUR-SAULDRE

41300 L.-et-Ch. – 835 h.

Sologne Parc des Alicourts ঌ « Site et cadre agréables en Sologne », ℘ 54 88 63 34, Fax 54 88 58 40, NE : 6 km par D 126 et D 126ᴮ, au Domaine des Alicourts, bord d'un étang
21 ha/8 campables (100 empl.) ⊶ plat, herbeux, sablonneux ▭ ♀♀ – 🎪 🍴 🛁 🗄 ▦ 🍸 ✖ 🖳 ▦ – 🛒 ✖ 🔥 🛒 🔱 🏊 (plage) vélos – Location : 🏕
10 avril-26 sept. – **R** conseillée juil.-août – 🖲 piscine comprise 2 pers. 98, pers. suppl. 35 🔋 15 (2A) 19 (4A) 24 (6A)

PIERREFONDS

60350 Oise – 1 548 h.

Municipal de Batigny, ℘ 44 42 80 83, sortie NO par D 973 rte de Compiègne
0,6 ha (60 empl.) ⊶ plat, terrasse, herbeux ▭ – 🎪 🛁 🗄 🔥 ⊕ 🛆 ▿
27 mars-1ᵉʳ nov. – **R** conseillée – 🗶 12,30 🚗 2,70 🖲 2,50

PIERRELONGUE

26170 Drôme – 104 h.

▲ **Les Castors** ≤, ⌀ 75 28 74 67, SO : 0,6 km par D 5 rte de Mollans, bord de l'Ouvèze
1,3 ha (50 empl.) o━ (saison) plat et terrasses, pierreux, herbeux ⚤ – 🛖 🗑 ☺ – ♨ – Location : 🚐
Pâques-sept. – **R** *15 juil.-15 août* – 🅴 *piscine comprise 2 pers. 48,50, pers. suppl. 16* ⒣ *13 (6A)*

PIERREVAL

76750 S.-Mar. – 358 h.

▲ **La Malmaison,** ⌀ 35 34 91 53, à 1 km à l'Est du D 928, au carrefour des D 15 et D 122
2 ha (80 empl.) o━ plat, herbeux 🖾 ⚤ – 🛖 🤸 🖮 🗑 ☺ – 🚠 ✗ 🛶 – Garage pour caravanes
15 mai-15 sept. – **R** – *Tarif 92 :* 🛉 *17,50* 🅴 *17,50* ⒣ *15 (6A)*

Les PIEUX

50340 Manche – 3 203 h.

▲▲▲ **Le Grand Large** ❀ ≤, ⌀ 33 52 40 75, Fax 33 52 58 20, SO : 3 km par D 117 et D 517 à droite puis 1 km par chemin à gauche, bord de la plage de Sciotot
3,7 ha (200 empl.) o━ plat, sablonneux, herbeux 🖾 – 🛖 🤸 🖮 🗑 ᵭ ☺ ♈ 🍸 snack 👶 🍴 – 🚠 ✗ 🛶 🛶 – Location : 🚐
10 avril-12 sept. – **R** *conseillée* – 🅴 *piscine comprise 2 pers. 75, pers. suppl. 18* ⒣ *16 (6A)*

▲▲ **la Forgette,** ⌀ 33 52 51 95, Fax 33 52 40 49, au sud du bourg, rue de la Forgette
4 ha (150 empl.) o━ incliné, herbeux 🖾 ⚤ (1 ha) – 🛖 🤸 🖮 🗑 ☺ 🐎 🛶 🍴 – ✗ 🛶 – A proximité : 🐎 – Location : 🚐
10 avril-sept. – **R** *conseillée juil., indispensable août* – 🛉 *20* 🅴 *20* ⒣ *15 (10A)*

PINARELLU 2A Corse-du-Sud – 90 ⑧ – voir à Corse

PINOLS

43300 H.-Loire – 321 h. alt. 1 020

▲ **Municipal,** sortie E par D 590 rte de Langeac
0,2 ha (19 empl.) plat et terrasse, herbeux – 🛖 🤸 🖮 ᵭ ☺ – Location : gîte d'étape
juil.-août – **R** – 🛉 *10* 🚗 *5* 🅴 *5* ⒣ *10*

PIRIAC-SUR-MER

44420 Loire-Atl. – 1 442 h.

▲▲▲ **Pouldroit** ❀, ⌀ 40 23 50 91, E : 1 km sur D 52 rte de Mesquer, à 300 m de l'océan
12 ha (276 empl.) o━ plat, herbeux – 🛖 🤸 🖮 🗑 ᵭ ☺ ♨ snack 🍴 – 🚠 ✗ 🛶 tir à l'arc – Location : bungalows toilés
29 mai-15 sept. – **R** *conseillée* – 🛉 *23 piscine comprise* 🚗 *16* 🅴 *18* ⒣ *16 (4A) 29 (10A)*

▲▲▲ **Parc du Guibel** ❀ « Cadre agréable », ⌀ 40 23 52 67, E : 3,5 km par D 52 rte de Mesquer et rte de Kerdrien à gauche
10 ha (400 empl.) o━ plat, peu incliné, herbeux 🖾 ⚤ (6 ha) – 🛖 🤸 🖮 🗑 ᵭ ☺ 🐎 🛶 🍴 🍸 snack 👶 🍴 – 🛖 🛶 vélos – Location : 🚐 🚐
Pâques-sept. – **R** *conseillée* – 🛉 *21 piscine comprise* 🚗 *13* 🅴 *20*

▲▲ **Armor Héol,** ⌀ 40 23 57 80, Fax 40 23 59 42, SE : 1 km sur D 333 rte de Guérande
4,5 ha (200 empl.) o━ plat, herbeux, étang 🖾 – 🛖 🤸 🖮 🗑 ᵭ ☺ ♨ 🍴 – 🛶 🛶 vélos – Location : 🚐, chalets
avril-sept. – **R** *conseillée juil.-août* – 🅴 *piscine comprise 2 pers. 70, pers. suppl. 19* ⒣ *15 (5A)*

▲ **Mon Calme,** ⌀ 40 23 60 77, S : 1 km par rte de la Turballe et à gauche, à 450 m de l'océan
1 ha (100 empl.) o━ plat, herbeux ⚤ – 🛖 🖮 ☺ 🍴 – A proximité : 🐎
15 juin-15 sept. – **R** – *Tarif 92 :* 🅴 *2 pers. 56, pers. suppl. 18* ⒣ *12 (6A) 15 (10A)*

La PLAINE-SUR-MER

44770 Loire-Atl. – 2 104 h.

▲▲ **Le Ranch,** ⌀ 40 21 52 62, NE : 3 km par D 96 rte de St-Michel-Chef-Chef
2,3 ha (115 empl.) o━ plat, herbeux – 🛖 🤸 🖮 🗑 ᵭ ☺ 🐎 🛶 🍸 🍴 – 🛶 – Garage pour caravanes
mars-20 oct. – **R** *conseillée août* – 🅴 *piscine comprise 1 ou 2 pers. 77, pers. suppl. 16* ⒣ *15,60 (5A)*

▲▲ **La Tabardière et les Courtyls** ❀, ⌀ 40 21 52 18, E : 3,5 km par D 13 rte de Pornic et rte à gauche
2,5 ha (165 empl.) o━ (saison) en terrasses, herbeux ⚤ (0,5 ha) – 🛖 🤸 🖮 🗑 ᵭ ☺ 🐎 🍸 🍴 – 🚠 🛶 half-court – Location : 🚐 🚐
3 avril-oct. – **R** *conseillée août* – 🛉 *16,50 piscine comprise* 🅴 *19* ⒣ *11 (3A) 13 (4A) 15 (5A)*

▲ **Bernier,** ⌀ 40 21 04 31, N : 1,8 km par rte de Port-Giraud
0,6 ha (60 empl.) o━ plat, herbeux – 🛖 🤸 🖮 🗑 ☺ 🍴 – Location : 🚐
avril-sept. – **R** *conseillée 11 juil.-22 août* – 🅴 *2 pers. 60, pers. suppl. 14,50* ⒣ *10 (4A) 12,50 (5A) 20 (10A)*

PLANCHEZ

58230 Nièvre – 395 h. alt. 640 ⬛ 11 – 65 ⑯

⚠ ▲ Municipal le Renard ⑤ ≤, sortie NE rte de Montsauche et chemin à droite
1 ha (90 empl.) incliné et en terrasses, herbeux 🏕 – 🎋 🔄 🈂 ⊕ 🔄 🔲 – 🍴

PLANCOËT

22130 C.-d'Armor – 2 507 h. ⬛ 4 – 59 ⑤

⛰ Municipal du Verger, 𝒫 96 84 03 42, vers sortie SE rte de Dinan, derrière
la caserne des sapeurs-pompiers, bord de l'Arguenon
1,2 ha (100 empl.) ⊶ plat, herbeux – 🎋 🔄 🔄 ⅌ ⊕ – A proximité : piste de
bi-cross
15 juin-15 sept. – **R** – ✳ *8,70* 🚗 *3,40* ▣ *6,70* 🔋 *7,25 (6 ou 10A)*

PLANGUENOUAL

22400 C.-d'Armor – 1 518 h. ⬛ 4 – 59 ④

⚠ **Municipal** ⑤ ≤, 𝒫 96 32 71 93, NO : 2,5 km par D 59
1,5 ha (64 empl.) ⊶ (juil.-août) plat et en terrasses, herbeux – 🎋 ⊔ 🔄 ⊕ 🔲
15 juin-15 sept. – **R** – *Tarif 92 :* ✳ *7,50* 🚗 *3,20* ▣ *5,40* 🔋 *6,40 ou 8,50*

Le PLANTAY

01330 Ain – 344 h. ⬛ 12 – 74 ②

⚠ **Les Jonquilles** (aire naturelle) ⑤, 𝒫 74 98 16 57, sortie S par D 61 rte de
Versailleux et 3,5 km par chemin à droite
1 ha (25 empl.) plat, herbeux – 🎋 🔄 ⊕ ✖
avril-oct. – **R** – ✳ *12,50* 🚗 *5,50* ▣ *5,50* 🔋 *12 (5A)*

Les PLANTIERS

30122 Gard – 221 h. alt. 779 ⬛ 15 – 80 ⑯

⚠ **Le Caylou** ⑤ ≤, 𝒫 66 83 92 85, NE : 1 km par D 20 rte de Saumane, bord
du Gardon au Borgne
3,6 ha (100 empl.) ⊶ en terrasses et peu incliné, pierreux, herbeux – 🎋 🔄 ⅍
⊕ – ✖ 🔄 🔄
Permanent – **R** *conseillée été* – ▣ *piscine et tennis compris 2 pers. 42, pers. suppl.
11* 🔋 *11 (6A)*

PLAZAC

24580 Dordogne – 543 h. ⬛ 13 – 75 ⑥ G. Périgord Quercy

⛰ Le Lac ⑤, 𝒫 53 50 75 86, SE : 0,8 km par D 45 rte de Thonac, près d'un lac
2,5 ha (100 empl.) ⊶ peu incliné, herbeux 🏕 🔄 (1,5 ha) – 🎋 ⊔ ⊔ 🔄 ⅍ ⊕
🔄 🏴 🍹 snack 🔲 – 🔄 ✖ 🔄 🔄 – Location : 🏠 🏚
Pâques-sept. – **R** *conseillée*

PLEAUX

15700 Cantal – 2 146 h. alt. 642 ⬛ 10 – 76 ①

⛰ **Municipal d'Entassit** ⑤ « Entrée fleurie », 𝒫 71 40 40 05, au nord du
bourg par D 6 rte de Rilhac-Xaintrie et chemin à droite
1,2 ha (109 empl.) ⊶ plat, herbeux 🏕 – 🎋 🔄 ⊕ 🔲 – 🏠 🔄 – A proximité :
✖ 🔄 – Location : huttes
mai-oct. – **R** – *Tarif 92 :* ✳ *8,50* 🚗 *5* ▣ *5* 🔋 *5,50 à 13 (2 à 10A)*

⚠ **Municipal de Longayroux** ⑤ ≤ « Dans un site agréable », 𝒫 71 40 48 30,
S : 13,5 km par rte de Longayroux, près du lac d'Enchanet
0,6 ha (60 empl.) ⊶ (saison) peu incliné, herbeux 🔄 – 🎋 🔄 ⅍ ⊕ – 🔄 –
A proximité : 🍹 ✖
mai-oct. – **R** – *Tarif 92 :* ✳ *7,50* 🚗 *5* ▣ *5* 🔋 *8 (6A)*

PLÉHÉDEL

22290 C.-d'Armor – 1 085 h. ⬛ 3 – 59 ②

⚠ **Municipal,** 𝒫 96 22 31 31, S : 0,5 km par D 21 rte de Plouha et à droite, bord
d'un étang
2 ha (130 empl.) peu incliné, herbeux – 🎋 🔄 ⊕
juil.-août – **R** – *Tarif 92 :* ✳ *15,15* 🚗 *3,97* ▣ *3,97* 🔋 *9,10*

PLÉLO

22170 C.-d'Armor – 2 359 h. ⬛ 3 – 58 ⑨

⛰ **Le Minihy** « Décoration arbustive », 𝒫 96 74 12 92, Fax 96 74 17 07, N : 3 km
par D 79 rte de Lanvollon et D 84 à droite rte de Tréguidel, à l'orée d'une forêt
2 ha (80 empl.) ⊶ plat, herbeux 🏕 – 🎋 ⊔ 🔄 🔄 ⅍ ⊕ 🔄 🔲 – 🔄 ✖ 🔄 🔄
half-court
avril-15 oct. – **R** *conseillée juil., indispensable août* – ✳ *20 piscine et tennis
compris* ▣ *18/28* 🔋 *12 (3A)*

▶
Ⓜ
*Ce signe distingue certains terrains
d'équipement récent dont la conception générale,
le style et les installations
présentent un caractère rationnel et moderne.*

PLÉNEUF-VAL-ANDRÉ

22370 C.-d'Armor – 3 600 h.
🅱 Office de Tourisme, au Val André
1 r. W.-Churchill ♨ 96 72 20 55

⋀⋀ **Municipal les Monts Colleux** ⅏ ⋖, ♨ 96 72 95 10, Fax 96 60 10 49, r. Jean-Le Brun
4 ha (200 empl.) ⊶ plat, incliné et en terrasses, herbeux – ⋔ ⋉ 🖥 ⅙ ⊕ 🗔 – ⛹ – A proximité : ✗ ⬚ – Location : bungalows toilés
avril-sept. – **R** conseillée juil.-août – 🖽 1 pers. 42, pers. suppl. 15 🕪 11 (5A)

⋀⋀ **Le Minihy,** ♨ 96 72 22 95, SO : rte du port de Dahouët, r. du Minihy
1 ha (65 empl.) ⊶ plat et peu incliné, herbeux – ⋔ ⛌ 🛏 🖥 ⊕ 🗔 – 🚐 – Location : 🏠
Pâques, juin-20 sept. – **R** – 🖽 2 pers. 54, pers. suppl. 15 🕪 13 (3A) 15 (6A)

⋀⋀ **Plage de la Ville Berneuf** ⅏ ⋖, ♨ 96 72 28 20, NE : 4 km, à 100 m de la plage
1,2 ha (57 empl.) ⊶ (saison) en terrasses, herbeux – ⋔ ⛌ 🛏 🖥 ⅙ ⊕ 🗔 – A proximité : 🏖 ⛉ – Location : 🚐
avril-sept. – **R** conseillée juil.-août – 🛉 13,50 🚗 10,50 🖽 13,50 🕪 13,50 (5A)

PLÉRIN 22 C.-d'Armor – 59 ③ – rattaché à St-Brieuc

PLESTIN-LES-GRÈVES

22310 C.-d'Armor – 3 237 h.
🅱 Syndicat d'Initiative, Mairie (vacances scolaires) ♨ 96 35 61 93

⋀ **Kerdréhoret** ⅏ ⋖, ♨ 96 35 61 58, NE : 3,5 km par D 786 rte de St-Efflam et D 42 à gauche, à 300 m de la mer
0,6 ha (40 empl.) ⊶ peu incliné, herbeux – 🕁 ⛉ – ⋔ ⛌ 🛏 ⊕
juin-15 sept. – **R** conseillée juil.-août – 🛉 14 🚗 6 🖽 13 🕪 10 (2A)

PLEUBIAN

22610 C.-d'Armor – 2 963 h.

⋀⋀⋀ **Port la Chaîne** ⅏ ⋖, ♨ 96 22 92 38, Fax 96 22 87 92, N : 2 km par D 20 rte de Larmor-Pleubian et rte à gauche, bord de mer
4,9 ha (200 empl.) ⊶ en terrasses et peu incliné, herbeux ⛉ – ⋔ ⛌ 🛏 ⋉ 🖥 ⊕ 🛆 🕁 ⛉ 🖌 🗔 – 🚐 🗔
juin-10 sept. – **R** conseillée juil.-août – 🛉 18 🖽 32 🕪 14 (6A)

PLEUMEUR-BODOU

22560 C.-d'Armor – 3 677 h.
Schéma à Trébeurden

⋀⋀ **Le Port** ⅏ ⋖ « Situation agréable », ♨ 96 23 87 79, Fax 96 47 30 40, à **Landrellec,** N : 6 km, bord de mer
2 ha (80 empl.) ⊶ plat et accidenté, herbeux – ⋔ ⛌ 🛏 🖥 ⊕ 🛆 🗔 – 🏄
Pâques-sept. – **R** conseillée – 🛉 22 🚗 13 🖽 25 🕪 20 (10A)

PLÉVEN

22130 C.-d'Armor – 578 h.

⋀ **Municipal** « Dans le parc de la mairie », ♨ 96 84 46 71, au bourg
1 ha (60 empl.) plat et peu incliné, herbeux ⛉ – ⋔ ⛌ 🛏 ⊕ – 🚐
15 mars-15 oct. – **R** – 🛉 8 🚗 5 🖽 5 🕪 6 (10A)

PLOBANNALEC

29138 Finistère – 3 022 h.

⋀⋀⋀ **Manoir de Kerlut,** ♨ 98 82 23 89, Fax 98 58 89 06, S : 1,6 km par D 102, rte de Lesconil et chemin à gauche
14 ha (200 empl.) ⊶ plat, herbeux – ⋔ ⛌ 🛏 🖥 ⅙ ⊕ 🛆 🗜 ⛉ 🗔 – 🚐 ✗ 🎿 vélos, tir à l'arc – Location : 🚐
15 mai-15 sept. – **R** conseillée 15 juil.-15 août – 🛉 25 piscine comprise 🖽 60 🕪 10 (2A) 16 (5A) 20 (10A)

PLOEMEL

56400 Morbihan – 1 892 h.

⋀⋀ **Kergo** ⅏ « Cadre agréable », ♨ 97 56 80 66, SE : 2 km par D 186 rte de la Trinité-sur-Mer et à gauche
2 ha (135 empl.) ⊶ peu incliné et plat, herbeux ⛉ – ⋔ ⛌ 🛏 🖥 ⊕ 🗔 – 🚐
juin-15 sept. – **R** conseillée juil.-août – 🛉 15,30 🚗 8,10 🖽 19,20 🕪 10,50 (3 ou 6A)

⋀⋀ **St-Laurent,** ♨ 97 56 85 90, NO : 2,5 km rte de Belz, à proximité du carrefour D 22 et D 186
3 ha (90 empl.) ⊶ plat, peu incliné, herbeux ⛉ pinède – ⋔ ⛌ 🛏 🖥 ⊕ 🗔 – 🗔
Permanent – **R** conseillée août – 🛉 19 piscine comprise 🖽 27,50 🕪 11 (5A)

PLOEMEUR

56210 Morbihan – 17 637 h.

à Fort Bloqué O : 5 km par D 162ᴱ – ✉ 56270 Ploemeur :

⋀⋀ **l'Atlantys,** ♨ 97 05 99 81, SE : 0,7 km sur D 152, près de la mer
2 ha (150 empl.) ⊶ plat, sablonneux, herbeux – ⋔ ⛌ 🛏 ⊕ 🗔

PLOÉVEN

29127 Finistère – 450 h.

Schéma à Plomodiern

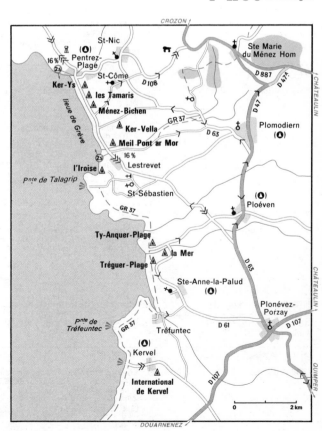

⚠ **La Mer,** ℰ 98 81 52 94, SO : 3 km, à 300 m de la plage de Ty-an-Quer
1 ha (65 empl.) ⟳ plat, herbeux – 🏠 🚻 🚿 ⊕
15 juin-15 sept. – **R** – 👤 10 🚗 6 🅴 10 🅖 10 (6A)

⚠ **Ty-Anquer-Plage** 🦆 ≼ « Situation agréable », ℰ 98 81 52 96, SO : 3 km, à
100 m de la plage
1,6 ha (60 empl.) ⟳ en terrasses, herbeux – 🏠 🚿 ⊕ – 🎠
15 juin-15 sept. – **R** conseillée – 👤 12 🚗 6 🅴 15 🅖 12 (3A)

PLOMBIÈRES-LES-BAINS

88370 Vosges – 2 084 h. –
⚕ 27 avril-3 oct.
🅱 Office de Tourisme, r. Stanislas
(fermé matin oct.-avril) ℰ 29 66 01 30

⚠ **Municipal le Fraiteux** 🦆, ℰ 29 66 00 71, à **Ruaux**, O : 4 km par D 20 et
D 20E
0,8 ha (50 empl.) ⟳ plat et peu incliné, herbeux, gravier 🏕 – 🏠 🚿 🚻 🅖 ⊕
🛁
vac. de printemps et mai-sept. – **R** conseillée juil.-août – Tarif 92 : 👤 12 🚗
7 🅴 7 🅖 10 (jusqu'à 3A) 13 (plus de 3A)

PLOMEUR

29120 Finistère – 3 272 h.

⚠ **La Pointe de la Torche** 🦆, ℰ 98 58 62 82, O : 3,5 km par rte de Penmarch
puis rte de la Pointe de la Torche et chemin à gauche
2,6 ha (155 empl.) ⟳ (saison) plat, sablonneux, herbeux 🏕 – 🏠 🚿 🚻 🅖 ⊕
👤 snack 🛒 🕹 – 🛏 🎠 🏊 – A proximité : 🐎 – Location : 🏚
Pâques-oct. – **R** conseillée juil.-août – 🅴 piscine comprise 2 pers. 70, pers. suppl.
18 🅖 14 (5A)

⚠ **la Crêpe** 🦆, ℰ 98 82 00 75, NO : 3,5 km par D 57 rte de Plonéour-Lanvern
puis à gauche rte de la chapelle Beuzec et chemin de droite
2,2 ha (120 empl.) ⟳ (saison) plat, herbeux – 🏠 🚿 🚿 ⊕ 👤 crêperie – 🎠
15 avril-15 sept. – **R** conseillée 15 juil.-15 août – 👤 12,20 🚗 6,70 🅴 14,60
🅖 11,50 (6A)

PLOMODIERN

29550 Finistère – 1 912 h.

▲▲▲ **L'Iroise** ⌕, ⩽ Lieue de Grève, ✆ 98 81 52 72, SO : 5 km, à 150 m de la plage de Pors ar Vag
2,2 ha (132 empl.) ⊶ peu incliné, en terrasses, herbeux – ⌂ ⇄ ⌃ 🖽 ⅋ ⊚ ⊒
Ⓣ 🖪 – 🔲 ♫ 🚣 half-court – A proximité : ✗ – Location : 🚐 🚏 – Garage
pour caravanes
avril-25 oct. – **R** *conseillée saison* – ⚘ 18 ⇔ 7 🗉 30 🔌 12 (6A)

▲▲ **Ker Vella** ⌕, ✆ 98 26 50 14, O : 3 km par D 63 rte de St-Nic puis 1,3 km par rte à gauche
2 ha (100 empl.) ⊶ plat et peu incliné, terrasses, herbeux – ⌂ ⇄ ⌃ ⋙ 🖽 ⊚
🖪 – 🔲 ♫ – Location : gîtes
juil.-15 sept. – **R** – ⚘ 10,50 🗉 11 🔌 9,50 (3A)

▲ **Meil Pont ar Mor,** ✆ 98 81 58 83, O : 4,5 km, à 150 m de la plage de Lestrevet
1,5 ha (50 empl.) ⊶ (juil.-août) plat et peu incliné, herbeux – ⌂ ⇄ ⋙ ⊚ –
A proximité : 🚣 Ⓣ
15 juin-15 sept. – **R** *conseillée juil.-août* – ⚘ 8 ⇔ 4,40 🗉 7,50 🔌 7,50 (2A) 8,30 (4A)

Voir aussi à *Pentrez-Plage, Ploéven* et *Plonévez-Porzay*

PLONÉOUR-LANVERN
29720 Finistère – 4 619 h.

🔳 – 🔢 ⑭

▲▲▲ **Municipal de Mariano** « Beaux emplacements », ✆ 98 87 74 80, N : impasse du Plateau
0,5 ha (45 empl.) plat, herbeux 🔲 – ⌂ ⋙ ⊚ – ✂
15 juin-15 sept. – **R** – *Tarif 92* : ⚘ 10,50 ⇔ 6 🗉 11,50 🔌 11,50 (1,5A)

PLONÉVEZ-PORZAY
29127 Finistère – 1 663 h.

Schéma à Plomodiern

🔳 – 🔢 ⑮

à Kervel SO : 5 km par rte de Douarnenez et rte à droite
🖂 29127 Plomodiern :

▲▲▲ **International de Kervel** « Décoration arbustive », ✆ 98 92 51 54, Fax 98 92 54 96
7 ha (250 empl.) ⊶ plat, herbeux – ⌂ ⇄ ⌃ 🖽 ⅋ ⊚ ⊒ ⩥ 🚣 Ⓣ ⋧ 🖪 – 🔲
✂ ♫ ⬟ vélos, toboggan aquatique – Location : 🚏
mai-14 sept. – **R** *conseillée juil.-août* – ⚘ 23 *piscine comprise* 🗉 62

à Ste-Anne-la-Palud O : 3 km par D 61 – 🖂 29127 Plomodiern :

▲▲ **Tréguer-Plage** ⌕, ✆ 98 92 53 52, N : 1,3 km, bord de plage
5,6 ha (333 empl.) ⊶ plat, sablonneux, herbeux – ⋙ ⊚ ⅋ 🖪 – 🔲 ♫ vélos
avril-sept. – **R** *conseillée juil.-août* – ⚘ 12 ⇔ 8 🗉 12 🔌 11 (2A) 15 (6A) 25 (10A)

PLOUARZEL
29810 Finistère – 2 042 h.

🔳 – 🔢 ③

▲ Municipal de Portsévigné ⌕, ⩽, ✆ 98 89 69 16, O : 5,2 km par rte de Trezien et rte à droite (île Segal), à 100 m de la mer (plage)
2,2 ha (100 empl.) peu incliné, herbeux – ⌂ ⇄ ⌃ ⅋
15 mai-15 sept. – **R** *conseillée*

▲ Municipal de Ruscumunoc ⌕, ⩽, ✆ 98 89 63 49, SO : 4 km par rte de Trezien, à 100 de la mer
0,6 ha (50 empl.) vallonné, herbeux – ⌂ ⇄ ⌃ ⅋
15 mai-15 sept. – **R**

▲ Municipal de Porscuidic ⌕, ✆ 98 84 08 52, O : 4,2 km par rte de Trezien et rte à droite, (île Ségal), à 100 m de la mer (plage)
1 ha (50 empl.) vallonné, herbeux – ⌂ ⇄ ⌃ ⅋
15 mai-15 sept. – **R**

PLOUBAZLANEC
22620 C.-d'Armor – 3 725 h.

🔳 – 🔢 ②

▲ **Rohou** ⌕, ⩽ archipel bréatin, ✆ 96 55 87 22, à la pointe de l'Arcouest, NE : 3 km par D 789, à 500 m de la mer
1 ha (45 empl.) ⊶ plat, peu incliné, herbeux – ⌂ ⇄ ⋙ 🖽 ⅋ ⊚ ⩥ ⩥ –
A proximité : 🚣
Permanent – **R** *juil.-août* – ⚘ 16 ⇔ 12 🗉 12 🔌 3

PLOUESCAT
29430 Finistère – 3 689 h.
🚩 Syndicat d'Initiative, r. Saint Julien (15 juin-août) ✆ 98 69 62 18
et Mairie ✆ 98 69 60 13

🔳 – 🔢 ⑤ G. Bretagne

▲▲▲ **Municipal de la Baie de Kernic,** ✆ 98 69 86 60, O : 3 km, à 200 m de la plage
4 ha (243 empl.) ⊶ plat, herbeux – ⌂ ⇄ ⌃ 🖽 ⅋ ⊚ – 🔲 ✂
mai-sept. – **R** *conseillée* – ⚘ 9,50 ⇔ 4 🗉 4 🔌 8,50 (10A)

PLOUÉZEC
22470 C.-d'Armor – 3 089 h.

🔳 – 🔢 ②

▲▲ **Le Cap Horn** ⌕, ⩽ Anse de Paimpol et île de Bréhat « Situation et cadre agréables », ✆ 96 20 64 28, Fax 96 20 63 88, à Port-Lazo, NE : 2,3 km par D 77, accès direct à la mer
2 ha (100 empl.) ⊶ en terrasses et peu incliné, herbeux, pierreux – ⌂ ⇄ ⋙
🖽 ⊚ Ⓣ 🖪 – 🔲
avril-sept. – **R** *conseillée juil.-août* – ⚘ 18 🗉 30 🔌 15 (moins de 5A) 25 (plus de 5A)

PLOUÉZOCH

29252 Finistère – 1 625 h.

▲▲▲ Baie de Térénez, ℰ 98 67 26 80, NO : 3,5 km par D 76 rte de Térénez, près de la baie – 🕸
2,3 ha (150 empl.) ⊶ plat et peu incliné, herbeux – 🗟 ⇆ ⏚ 🖼 🕭 ⊕ ☎ 🖵 –
🏚 🔥 🛥 🛶 tir à l'arc

PLOUGASNOU

29630 Finistère – 3 530 h.
🚩 Syndicat d'Initiative, r. des Martyrs
(fermé après-midi hors saison)
ℰ 98 67 31 88

▲ **Municipal Mélin-ar-Mesquéau** ⬙ « Plantations décoratives »,
ℰ 98 67 37 45, S : 3,5 km par D 46 rte de Morlaix puis 0,8 km par rte à gauche,
à 100 m d'un plan d'eau (accès direct)
17 ha/6 campables (100 empl.) ⊶ (saison) plat, herbeux – 🗟 ⇆ ⊕ 🥄 ☎
– 🏚 🕸 🛥
avril-fin sept. – **R** – Tarif 92 : 🛉 7,70 🚗 3,10 🖼 3,20 🔌 7,50 (6 à 10A)

▲ **Trégor** ⬙, ℰ 98 67 37 64, S : 1,5 km par D 46 rte de Morlaix et à droite
1 ha (60 empl.) ⊶ plat, herbeux – 🗟 ⇆ ⏚ 🖎 🕭 ⊕ 🛶 – Location : 🏠
avril-oct. – **R** conseillée août – 🛉 8 🚗 4,50 🖼 7,50 🔌 10 (6A)

PLOUGOULM

29250 Finistère – 1 693 h.

▲ **Municipal du Bois de la Palud** ⬙ ≤, ℰ 98 29 81 82, à 0,9 km à l'ouest
du carrefour D 10-D 69 (croissant de Plougoulm), par rte de Plouescat et
chemin à droite
0,7 ha (34 empl.) ⊶ en terrasses et peu incliné, herbeux 🖵 – 🗟 ⇆ ⏚ 🕭 ⊕
🖎
15 juin-15 sept. – **R** conseillée – 🛉 16 🖼 18 🔌 13 (6A)

PLOUGOUMELEN

56400 Morbihan – 1 544 h.

▲ **Municipal Kergouguec,** ℰ 97 57 88 74, à 0,5 km au sud du bourg, par rte
de Baden, au stade
1,5 ha (78 empl.) plat à peu incliné, herbeux – 🗟 ⇆ ⏚ 🖎 🕭 ⊕ – 🍴
15 juin-15 sept. – **R** août – Tarif 92 : 🛉 7 🚗 3,50 🖼 4,50 🔌 10 (5A)

PLOUGRESCANT

22820 C.-d'Armor – 1 471 h.

▲ **Le Varlen** ⬙, ℰ 96 92 52 15, NE : 2 km rte de Porz-Hir, à 200 m de la mer
1 ha (60 empl.) ⊶ plat, herbeux 🖵 – 🗟 ⇆ 🖎 🖼 🕭 ⊕ 🥄 ☎ – 🏠 – Location :
🏠 🛏
juin-sept. – **R** conseillée 14 juil.-15 août – 🛉 14 🚗 7 🖼 13 🔌 10 (3A) 16 (6A)

▲ **Municipal Beg-ar-Vilin** ⬙ « Situation agréable », ℰ 96 92 56 15, NE :
2 km, bord de mer
3 ha (100 empl.) plat, sablonneux, herbeux – 🗟 🖎 🕭 ⊕ 🖎 – Location : bungalows
toilés
12 juin-18 sept. – **R** – 🛉 7 🚗 4 🖼 5 🔌 8

PLOUGUERNÉVEL

22110 C.-d'Armor – 3 255 h.

▲ Municipal Kermarc'h ⬙, ℰ 96 29 10 95, SO : 3,8 km, au village de vacances
3,5 ha/0,5 campable (29 empl.) ⊶ peu incliné et en terrasses, herbeux 🖵 – 🗟
⇆ ⏚ ⊕ – Location : gîte d'étape

PLOUHA

22580 C.-d'Armor – 4 197 h.

▲▲▲ **Domaine de Kéravel** 🅼 ⬙ « Parc autour d'un manoir », ℰ 96 22 49 13,
Fax 96 20 37 54, NE : 2 km rte de la Trinité, près de la chapelle
5 ha/2,5 campables (90 empl.) ⊶ en terrasses et peu incliné, herbeux 🖵 ♀ –
🗟 ⇆ ⏚ 🖎 🕭 ⊕ 🥄 🔻 🍴 🛒 🖎 – 🏠 🛥 🛶 🛶
15 avril-sept. – **R** conseillée – 🛉 30 piscine comprise 🖼 50/60 🔌 16 (10A)

PLOUHARNEL

56720 Morbihan – 1 653 h.

▲▲▲ **L'Étang de Loperhet** ⬙, ℰ 97 52 34 68, NO : 4 km par D 781 rte de Lorient
et rte à gauche, près de l'étang
2,5 ha (165 empl.) ⊶ plat et peu incliné, sablonneux, herbeux – 🗟 ⇆ ⏚ 🖼 ⊕
🖎 🖎 – 🏠 🛶 – A proximité : 🍴 crêperie
avril-oct. – **R** conseillée – 🛉 19 🖼 20 🔌 9 (6A)

▲▲ **Kersily** ⬙, ℰ 97 52 39 65, NO : 2,5 km par D 781 rte de Lorient et rte de
Ste-Barbe, à gauche
1,6 ha (120 empl.) ⊶ plat et peu incliné, herbeux 🖵 – 🗟 ⇆ ⏚ 🖼 🕭 ⊕ 🖎 –
🏠 🔻 – Location : 🏠
Pâques-oct. – **R** conseillée juil.-août – 🛉 17 piscine comprise 🚗 9 🖼 25 🔌 10
(6 ou 10A)

▲▲ **La Lande,** ℰ 97 52 31 48, O : 0,5 km, sortie vers Quiberon et rte à droite
1 ha (90 empl.) ⊶ plat et peu incliné, herbeux – 🗟 ⇆ ⏚ 🕭 ⊕ – Location : 🏠
15 juin-10 sept. – **R** conseillée – 🛉 11 🚗 5 🖼 11 🔌 8,50 (4A)

▲▲ **Les Goélands** ⬙, ℰ 97 52 31 92, E : 1,5 km par D 781 rte de Carnac puis
0,5 km par rte à gauche
1,6 ha (80 empl.) ⊶ plat, herbeux – 🗟 ⇆ 🖎 🕭 ⊕
20 mai-15 sept. – **R** conseillée juil.-août

PLOUHINEC
29780 Finistère – 4 524 h.   ⬛ – 🔲 ⑭

    ⚠ **Municipal de Kersiny** ⚲ ≤ « Agréable situation », ✆ 98 70 82 44, sortie O par D 784 rte d'Audierne puis sud, à 1 km par rte de Kersiny, à 100 m de la plage
1,5 ha (100 empl.) ⊶ en terrasses, peu incliné, herbeux – 🛖 🚻 🏬 ♿ ☺ – 🔄
– A proximité : 🍴
15 juin-15 sept. – **R** conseillée juil.-août – 🧍 14 🚗 5,80 🅴 11 🔌 8,50 (3A)

    ⚠ **L'Océan** « Cadre agréable », SO : 1,2 km, à 500 m de la plage de Mesperleuc
2 ha (100 empl.) ⊶ peu incliné et plat, herbeux 🏕 – 🛖 🏬 ☺
15 juin-15 sept. – **R** conseillée – Tarif 92 : 🧍 13,50 🚗 6 🅴 12 🔌 10,50 (6A)

PLOUHINEC
56680 Morbihan – 4 026 h.   ⬛ – 🔲 ①

    ⚠ **Moténo,** ✆ 97 36 76 63, Fax 97 85 81 84, SE : 4,5 km par D 781 et à droite, rte du Magouër
4 ha (230 empl.) ⊶ plat, herbeux ⚱ – 🛖 🚻 🏬 ♿ ☺ 🏊 🍴 snack 🛒 🔄 – 🔄
🏄 🏊 – Location : 🏠 🏠
Pâques-sept. – **R** conseillée, indispensable août – Tarif 92 : 🧍 17 piscine comprise
🅴 34 🔌 11 (4A) 13 (6A)

PLOUMANACH **22** C.-d'Armor – 🔲 ① – rattaché à Perros-Guirec

PLOUNÉVEZ-LOCHRIST
29430 Finistère – 2 356 h.   ⬛ – 🔲 ⑤

    ⚠ Municipal Odé-Vras, ✆ 98 61 65 17, à 4,5 km au nord du bourg, sur D 10 , à 300 m de la Baie de Kernic (accès direct)
3 ha (135 empl.) ⊶ plat, sablonneux, herbeux ⚱ – 🛖 🚻 🏬 🏊 🏬 ♿ ☺ – 🔄
🏄

PLOZÉVET
29710 Finistère – 2 838 h.   ⬛ – 🔲 ⑭ G. Bretagne

    ⚠ **La Corniche** ≤, ✆ 98 91 33 94, Fax 98 91 41 53, sortie S par rte de la mer
1,5 ha (80 empl.) ⊶ (saison) plat, herbeux – 🛖 🚻 🏬 🏬 ☺ 🔄 – 🏄 🏊 – Location : 🏠
mai-sept. – **R** conseillée juil.-août – 🧍 18,50 piscine comprise 🚗 8 🅴 25
🔌 14 (6A)

    ⚠ **Cornouaille** ⚲, ✆ 98 91 30 81, SE : 2 km par rte de Pont-l'Abbé puis chemin à droite
1,5 ha (100 empl.) ⊶ plat et peu incliné, herbeux – 🛖 🏬 ☺ – 🏄
15 juin-15 sept. – **R** – 🧍 10 🚗 6 🅴 10 🔌 12 (16A)

    ⚠ **Pors Poulhan** ≤ mer et côte rocheuse, ✆ 98 91 35 31, O : 3 km, bord de mer
0,7 ha (45 empl.) ⊶ en terrasses, peu incliné, herbeux 🏕 – 🛖 🏬 ☺ – A proximité : 🍴
juin-sept. – **R** – 🧍 12 🚗 8 🅴 12 🔌 15 (6A)

PLUFUR
22310 C.-d'Armor – 520 h.   ⬛ – 🔲 ⑦

    ⚠ **Le Rugadello,** ✆ 96 35 16 76, au bourg, sortie S par D 56 (rte face à l'église)
0,4 ha (30 empl.) ⊶ non clos, plat, herbeux – 🛖 🏬 ☺ – A proximité : 🏊 🍴
juin-15 sept. – **R** – 🧍 7,50 🚗 5 🅴 5 🔌 8

PLURIEN
22240 C.-d'Armor – 1 289 h.   ④ – 🔲 ④

    ⚠ Municipal la Saline, ✆ 96 72 17 40, NO : 1,2 km par D 34 rte de Sables-d'Or-les-Pins, à 500 m de la mer
3 ha (150 empl.) ⊶ plat, peu incliné et en terrasses, herbeux – 🛖 🚻 🏬 🏬 ♿ ☺ 🔄 – 🏄

Le POËT-CÉLARD **26** Drôme – 🔲 ⑫ ⑬ – rattaché à Bourdeaux

Le POËT-LAVAL
26160 Drôme – 652 h.   ⑯ – 🔲 ② G. Vallée du Rhône

    ⚠ **Municipal Lorette** ≤, E : 1 km sur D 540 rte de Dieulefit, bord du Jabron
2 ha (60 empl.) peu incliné, herbeux – 🛖 🚻 🏬 🏬 ☺ – A proximité : 🍴 🏬
15 juin-15 sept. – **R** – 🧍 6,70 🚗 4 🅴 4 🔌 10,30 (6A)

POITIERS Ⓟ
86000 Vienne – 78 894 h.   ⑩ – 🔲 ⑳ G. Poitou Vendée Charentes
🅱 Office de Tourisme, 8 r. des Grandes-Écoles ✆ 49 41 21 24

    à *Chasseneuil-du-Poitou* N : 7 km par N 10
    ✉ 86360 Chasseneuil-du-Poitou

    ⚠ **Parc des Ecluzelles,** ✆ 49 52 88 30, au Nord du bourg, rue du stade
0,3 ha (30 empl.) ⊶ plat, herbeux 🏕 – 🛖 🚻 🏬 ♿ ☺ – A proximité : 🍴 🏬 🏄
mai-sept. – **R** conseillée – Tarif 92 : 🅴 2 pers. 35 (45 avec élect. 10 à 16 A), pers. suppl. 10

POIX-DE-PICARDIE

80290 Somme – 2 191 h.
🅸 Office de Tourisme, r. Saint-Denis
🕿 22 90 08 25

🏕 **Municipal le Bois des Pêcheurs,** 🕿 22 90 11 71, sortie O par D 919 rte de Forges-les-Eaux
1,6 ha (86 empl.) ⚬– plat, herbeux – 🍳 ⛺ ⛲ 🏢 ⚓ ⊚ 🛒 ☂ – 🏪
avril-sept. – **R** – 🔳 2 pers. 50 🔌 15 (25A)

POLIGNY

05500 H.-Alpes – 237 h. alt. 1 050

🔺 **Les Écrins** 🐾 ≼ montagnes du Champsaur, 🕿 92 50 50 94, sortie E et à droite
2 ha (35 empl.) ⚬– en terrasses, herbeux, gravier, pinède – 🍳 🕳 🏢 ⚓ ⊚ 🛒 ☂
– 🍴 🛒 (bassin)
20 juin-10 sept. – **R** conseillée – 🛉 12 🚗 4 🔳 28 🔌 8 (5A)

POLMINHAC

15800 Cantal – 1 135 h. alt. 650

🏕 **Municipal le Val de Cère** 🐾 ≼, 🕿 71 47 41 03, SE : 0,8 km par rte de Badailhac, bord de la Cère
2,5 ha (133 empl.) ⚬– plat, herbeux – 🍳 ⛺ ⛲ ⊚ – 🍴 🛶 – A proximité :
🏊
juin-sept. – **R** – Tarif 92 : 🛉 8 🚗 5 🔳 7 🔌 11 (4 ou 5A) 14 (10A)

POMÉROLS

34810 Hérault – 1 584 h.

🏕 **Bahia** 🐾, 🕿 67 77 10 04, S : 0,5 km sur D 161E rte d'Agde
1,1 ha (76 empl.) ⚬– plat, pierreux, herbeux ⚤ – 🍳 🏢 ⊚ – 🏪 🏊
15 juin-15 sept. – **R** conseillée juil.-août – 🔳 piscine comprise 2 pers. 77, pers. suppl. 10 🔌 16 (5A)

La POMMERAIE-SUR-SÈVRE

85700 Vendée – 964 h.

🔺 **Municipal,** sortie NE, sur D 43 rte de Mauléon, à 150 m de la Sèvre Nantaise
0,6 ha (33 empl.) plat, herbeux ⚥ – 🍳 ⛲ – 🍴
15 mars-15 oct. – **R** – 🔳 2 pers. 25/30

POMMIER-DE-BEAUREPAIRE

38260 Isère – 571 h.

🏕 **La Bissera** 🐾 ≼, 🕿 74 54 22 54, O : 3,6 km par D 51, rte de Sonnay et chemin à droite
2,2 ha (60 empl.) ⚬– peu incliné, terrasses, herbeux, pierreux – 🍳 ⛺ ⛲ 🏢 ⚓
⊚ ⚓ ☂ 🍷 – 🍴 🛶 🏦 ☂
Permanent – Places limitées pour le passage – **R** conseillée – 🛉 16 piscine comprise 🚗 8 🔳 15 🔌 16 (4A)

PONCIN

01450 Ain – 1 229 h.

🏕 **Municipal,** 🕿 74 37 20 78, NO : 0,5 km par D 91 et D 81 rte de Meyriat, près de l'Ain
1,5 ha (100 empl.) ⚬– plat et terrasse, herbeux ⚥ – 🍳 ⛺ 🕳 🏢 ⊚ ⚓ – 🏪 🛶
– A proximité : 🍴 🛒
avril-15 oct. – Places disponibles pour le passage – **R** conseillée juil.-15 août –
🛉 8 🚗 4 🔳 4 🔌 7,50 (5A)

PONS

17800 Char.-Mar. – 4 412 h.
🅸 Syndicat d'Initiative, Donjon de Pons (15 juin-15 sept.)
🕿 46 96 13 31

🏕 Municipal « Cadre agréable », 🕿 46 91 36 72, à l'ouest de la ville
1 ha (60 empl.) ⚬– plat, herbeux ⚥ – 🍳 ⛺ ⛲ ⊚ – 🏪 – A proximité : 🏊
mai-août – **R** juil.-août

PONS

12 Aveyron
✉ 12140 Entraygues-sur-Truyère

🏕 **Municipal de la Rivière** 🐾 ≼, 🕿 65 66 18 16, à 1 km au SE du bourg, sur D 526 rte d'Entraygues-sur-Truyère, bord du Goul
0,9 ha (30 empl.) ⚬– plat, herbeux 🗒 – 🍳 ⛺ ⛲ 🏢 ⊚ ⚓ 🛒 – 🍴 🛶 🏦 (bassin)
15 juin-15 sept. – **R** – 🔳 2 pers. 46,50, pers. suppl. 14 🔌 15 (5 à 10A)

PONTAILLER-SUR-SAÔNE

21270 Côte-d'Or – 1 318 h.

🏕 **S.I. la Chanoie,** 🕿 80 36 10 58, NE : 0,8 km par rte de Besançon et chemin à gauche après le pont, bord de la Saône
4,3 ha (120 empl.) ⚬– plat, herbeux ⚥ – 🍳 ⛺ ⛲ ⊚ 🍷 🛒 – 🛶 ☂
mai-sept. – **R** conseillée – 🛉 10 🚗 5 🔳 5 🔌 12 (6A) 20 (10A) 32 (16A)

PONTAUMUR

63380 P.-de-D. – 859 h.

🔺 **Municipal le Grand Pré,** sortie S par D 941 rte de Clermont-Ferrand et à droite, bord du Sioulet
1,3 ha (79 empl.) plat, herbeux – (🍳 🏦 saison) 🏢 ⊚ – 🍴 🛶
avril-oct. – **R** – 🛉 6,60 🚗 3,90 🔳 3,90 🔌 14 (6A)

PONT-AUTHOU
27290 Eure – 613 h.

⬰ **Municipal les Marronniers,** ✆ 32 42 75 06, au sud du bourg, sur D 130 rte de Brionne, bord d'un ruisseau
2,5 ha (64 empl.) plat, herbeux – 🏠 ⛲ 🛁 🔤 🏧 ⊕
Permanent – **R** *juil.-août* – ♦ 12 ⟵ 7 🗐 7/12

5 – 55 ⑮

PONT-AVEN
29930 Finistère – 3 031 h.
🛈 Office de Tourisme,
pl. Hôtel de Ville ✆ 98 06 04 70

⬰ **Le Spinnaker** 🛥 « Agréable cadre boisé », ✆ 98 06 01 77, O : 4 km par D 783 rte de Concarneau et D 77 à gauche, rte de Névez
15 ha (320 empl.) ⟝ plat et accidenté, herbeux ☲ ⚭ – 🏠 ⛲ 🛁 🔤 🏧 ⊕
🏕 ⓨ ✗ ⛱ 🔲 – 🍴 Garderie, nurserie ✂ 🔤 ⟶ 🏊 – Location : 🏠
mai-15 oct. – **R** *conseillée* – ♦ 24 piscine et tennis compris ⟵ 12 🗐 27 🔋
12 (6A)

3 – 58 ⑪ ⑯ G. Bretagne

Le PONT-CHRÉTIEN-CHABENET
36800 Indre – 879 h.

⬰ Municipal les Rives, sortie vers St-Gaultier, à gauche après le pont, bord de la Bouzanne
0,7 ha (50 empl.) plat, herbeux ⓨ – 🏠 ⛲ 🔤 ⊕
15 juin-15 sept. – **R** *août*

10 – 68 ⑰

PONT-CROIX
29790 Finistère – 1 762 h.

⬰ **Municipal de Langroas** 🛥, sortie NE, au stade
2 ha (100 empl.) ⟝ plat, herbeux ⓨ – 🏠 🔤 ⊕ 🔲
15 juin-15 sept. – **R** – ♦ 14 ⟵ 7 🗐 8 🔋 8

3 – 58 ⑭ G. Bretagne

PONT DE MENAT
63 P.-de-D. – ✉ 63560 Menat

⬰ **Municipal les Tarteaux** 🛥 ⟨ « Site agréable », ✆ 73 85 52 47, SO : 0,8 km, rive gauche de la Sioule
1,7 ha (100 empl.) ⟝ (saison) plat et peu incliné, herbeux ⓨ – (🏠 🔤 saison) ⊕
– A proximité : ⓨ ✂ 🔤 – Location : 🏠
avril-sept. – **R** – Tarif 92 : ♦ 12,50 ⟵ 7 🗐 7 🔋 12 (5A)

11 – 73 ③ G. Auvergne

PONT-DE-POITTE
39130 Jura – 638 h.

⬰ **Les Pêcheurs,** ✆ 84 48 31 33, sortie par rte de Lons-le-Saunier et chemin à droite, près de l'Ain
3,2 ha (200 empl.) ⟝ plat, herbeux, pierreux ⓨ – 🏠 ⛲ 🔤 🔤 🏧 ⊕ 🔲 – 🍴
– A proximité : 🔤 – Location : 🏠
fermé du 16 déc.-14 janv. – **R** *conseillée juil.-août* – ♦ 13,50 🗐 18 🔋 11,50 (4A)

à *Mesnois* NO : 1,7 km par rte de Lons-le-Saunier et D 151 à droite
✉ 39130 Clairvaux-les-Lacs :

⬰ **Beauregard** ⟨, ✆ 84 48 32 51, sortie S
3 ha (120 empl.) ⟝ peu incliné et en terrasses, herbeux – 🏠 ⛲ 🛁 🔤 🔤 🔤
⊕ 🔲 – 🏊 half-court
15 avril-sept. – **R** *conseillée* – 🗐 piscine comprise 2 pers. 50, pers. suppl. 15
🔋 10 (5A)

à *Patornay* E : 0,5 km par N 78 – ✉ 39130 Clairvaux-les-Lacs :

⬰ Le Moulin « Site et cadre agréables », ✆ 84 48 31 21, sortie NE par N 78 rte de Clairvaux-les-Lacs et chemin à gauche, bord de l'Ain
5 ha (160 empl.) ⟝ plat et en terrasses, herbeux, pierreux ⓨ – 🏠 ⛲ 🛁 🔤 🔤
⊕ ⓨ snack 🔲 – 🍴 🏊 🔤

12 – 70 ⑭ G. Jura

▶ *Wilt u een stad of streek bezichtigen ?*
Raadpleed de groene Michelingidsen.

PONT-DE-SALARS

🅸🅶 – 🔟🔟 ③

12290 Aveyron – 1 422 h. alt. 690

⏶⏶ **Les Terrasses du Lac** ⬳ ≤ « Situation agréable », ℘ 65 46 88 18, Fax 65 46 85 38, N : 4 km par D 523 rte du Vibal, près du lac
4 ha (73 empl.) ⊶ en terrasses, herbeux ⊏⊐ – 🔲 ⬥ 🖆 🖪 ⊙ ⚲ ⟲ 🍴 🖫
– 🖼 🏊 🏊 – A proximité : ⛵
15 juin-15 sept. – **R** conseillée juil.-août – 🔲 piscine comprise 2 pers. 80 🔌 16 (6A)

⏶⏶ **Le Lac** ≤, ℘ 65 46 84 86, N : 1,5 km par D 523 rte du Vibal, bord du lac –
🎣
4,8 ha (200 empl.) ⊶ peu incliné, en terrasses, herbeux, pierreux ⚲ – 🔲 🖆 🔊
🖪 ⊙ ⚲ ⟲ 🍴 🖫 – 🖼 🏊 🏊 – A proximité : 🏇 🏊 🌊
15 juin-7 sept. – **R** conseillée juil.-25 août – 🔲 piscine comprise 3 pers. 78
🔌 13 (3A) 16 (6A)

PONT DU FOSSÉ **05** H.-Alpes – 🔟🔟 ⑯ ⑰ – rattaché à St-Jean-St-Nicolas

---

PONT DU GARD

🅸🅶 – 🔟🔟 ⑲ G. Provence

30 Gard – ✉ 30210 Remoulins.
🅱 Maison du Tourisme (saison)
℘ 66 37 00 02

⏶⏶ International Gorges du Gardon, ℘ 66 22 81 81, Fax 66 22 90 12, NO : 3,5 km par D 981 rte d'Uzès et rte à gauche, bord du Gardon
3 ha (240 empl.) ⊶ plat et peu incliné, pierreux, herbeux ⊏⊐ ⚲ – 🔲 🔊 ⊙ 🖪
🖳 🖪 – ⛵ vélos – Location : 🏠
3 mars-oct. – **R** conseillée mai-juin, indispensable juil.-août

---

PONT-EN-ROYANS

🔟🔟 – 🔟🔟 ③ G. Alpes du Nord

38680 Isère – 879 h.

⏶ **Municipal Les Seraines** ≤, ℘ 76 36 06 30, en 2 parties distinctes, accès par D 531 rte de Valence, bord de la Bourne
2 ha (113 empl.) ⊶ (saison) plat ou en terrasses, herbeux, pierreux ⊏⊐ ⚲
(0,5 ha) – 🔲 🖪 ⊙ – ✂
15 avril-sept. – **R** – Tarif 92 : 🛉 10 ⚗ 4,20 🔲 11 🔌 10

PONTENX-LES-FORGES

🔟🔟 – 🔟🔟 ④

40200 Landes – 1 138 h.

⏶ **Municipal le Guilleman** ⬳, ℘ 58 07 40 48, sortie SE rte de Labouheyre puis rte de Ménéou et à droite
3 ha (100 empl.) ⊶ plat, herbeux, sablonneux ⚲ pinède – 🔲 🖧 ⊙ 🖪 – 🏊
juin-sept. – **R** – 🛉 11 ⚗ 7 🔲 9 🔌 11 (6A)

Le PONTET **84** Vaucluse – 🔟🔟 ⑫ – rattaché à Avignon

PONT-ET-MASSÈNE **21** Côte-d'Or – 🔟🔟 ⑰ ⑱ – rattaché à Semur-en-Auxois

---

PONTGIBAUD

🔟🔟 – 🔟🔟 ⑬ G. Auvergne

63230 P.-de-D. – 801 h. alt. 672

⏶⏶ **Municipal,** ℘ 73 88 96 99, SO : 0,5 km par D 986 rte de Rochefort-Montagne, bord de la Sioule
4,5 ha (100 empl.) ⊶ (saison) plat, herbeux – 🔲 🖧 🖆 🖪 🖧 ⊙ – 🏊
15 avril-15 oct. – **R** conseillée juil.-août – 🛉 9,30 🔲 13 🔌 11,70 (6A) 18,30 (10A)

PONT-L'ABBÉ-D'ARNOULT

🟫 – 🔟🔟 ⑭ G. Poitou Vendée Charentes

17250 Char.-Mar. – 1 385 h.

⏶⏶ **Municipal la Garenne** ⬳ « Cadre agréable », ℘ 46 97 01 46, sortie SE par D 125 rte de Saintes
2,7 ha (100 empl.) ⊶ plat, herbeux ⊏⊐ ⚲ – 🔲 🖧 🖆 🖪 🖧 ⊙ ⚲ ⟲ 🖪 – 🖼
⛵ 🏊 – A proximité : 🏊
15 juin-15 sept. – **R** conseillée 14 juil.-15 août – 🔲 2 pers. 46, pers. suppl. 15
🔌 12 (6A)

PONT-L'ÉVÊQUE

🟫 – 🔟🔟 ⑰ ⑱ G. Normandie Vallée de la Seine

14130 Calvados – 3 843 h.
🅱 Syndicat d'Initiative, Mairie
℘ 31 64 12 77

⏶⏶ **La Cour de France** ≤, ℘ 31 64 17 38, Fax 31 98 42 85, SE : 2 km par D 48 rte de Coquainvilliers, au Centre de Loisirs, entre la Touques et un plan d'eau
6 ha (288 empl.) ⊶ plat, herbeux – 🔲 🖧 🖆 🔊 🖧 ⊙ ⚲ ⟲ 🖫 🖪 – A proximité :
🍴 grill ⛵ 🏊 🏊 ⛵ 🌊 🏇
mars-1ᵉʳ nov. – **R** – 🛉 25 🔲 25 🔌 24 (6A)

PONT-RÉAN

🟫 – 🔟🔟 ⑥

35580 I.-et-V.

⏶⏶ **La Rivière,** ℘ 99 42 21 91, sortie N par D 177, près de la Vilaine
1 ha (60 empl.) ⊶ plat, herbeux ⊏⊐ ⚲ – 🔲 🔊 🖪 ⊙ 🖪 – 🏊
avril-sept. – **R** juil.-août – 🛉 10 ⚗ 6 🔲 12 🔌 10 (10A)

PONTRIEUX

22260 C.-d'Armor – 1 050 h.

🛈 Syndicat d'Initiative, Mairie
℘ 96 95 60 31

⬜ – 🗟🗗 ②

▲ **Traou-Mélédern** (aire naturelle), ℘ 96 95 68 72, à 400 m au sud du bourg, bord du Trieux
1 ha (25 empl.) ⬗ plat, herbeux – 🕭 ⬥ ⬥ ৬ ⊛
Permanent – **R** – ✦ *10* ⬟ *5* 🝙 *5* ⒂ *10 (3 à 8A)*

PONT-ST-MAMET

24 Dordogne – ✉ 24140 Villamblard

⓵⓪ – 🗖🗟 ⑮

⬜⬜⬜ **Lestaubière** ॐ ≤, ℘ 53 82 98 15, N : 0,5 km par N 21 rte de Périgueux
5 ha (66 empl.) ⬗ plat et incliné, herbeux 🗯 – 🕭 ⬥ ⬥ 🗟 ⊛ ⚡ 🍴 🚬 – 🚐
🏊 🔦 🚤 (étang)
15 mai-7 sept. – **R** conseillée – ✦ *22 piscine comprise* 🝙 *24,50* ⒂ *14 (3A)*

Les PONTS-DE-CÉ **49** M.-et-L. – 🗖🗟 ⑳ – rattaché à Angers

PORDIC

22590 C.-d'Armor – 4 635 h.

⬜ – 🗟🗟 ③

⬜⬜ **Les Madières** ॐ « Cadre agréable et fleuri », ℘ 96 79 02 48, NE : 2 km par rte de Binic et à droite, rte de Vau Madec
1,6 ha (83 empl.) ⬗ plat et peu incliné, herbeux ⚲ – 🕭 ⬥ ⬥ 🗟 ⊛ ⚡ 🍴 ✕
juin-sept. – **R** conseillée – ✦ *16* ⬟ *10* 🝙 *12* ⒂ *15 (10A)*

Le PORGE

33680 Gironde – 1 230 h.

⑨ – 🗗🗗 ①

⬜⬜⬜ **Municipal la Grigne** ॐ « Cadre agréable », ℘ 56 26 54 88, O : 9,5 km par D 107, à 1 km du Porge-Océan
46 ha (700 empl.) ⬗ vallonné et accidenté, sablonneux ⚲⚲ pinède – 🕭 ⬥ ⬥
🗟 ৬ ⊛ ⚘ ▽ 🝘 🍴 🚬 – 🚐 ✖ 🏃 – Location : 🚐

⬜⬜ **Les Lucioles** (aire naturelle), ℘ 56 26 59 22, S : 1,8 km par D 3, rte de Lege-Cap-Ferret
2 ha (25 empl.) ⬗ plat, herbeux, sablonneux ⚲⚲ Pinède – 🕭 ⬥ ⬥ ⊛ ⚘ 🝘 –
A proximité : snack
avril-sept. – **R** juil.-20 août – ✦ *14* 🝙 *18* ⒂ *12 (12A)*

PORNIC

44210 Loire-Atl. – 9 815 h.

🛈 Office de Tourisme, quai du Cdt L'Herminier ℘ 40 82 04 40

⑨ – 🗗🗗 ① G. Poitou Vendée Charentes

⬜⬜⬜ **La Boutinardière** ॐ, ℘ 40 82 05 68, Fax 40 82 49 01, SE : 5 km par D 13 et rte à droite, à 200 m de la plage
5 ha (400 empl.) ⬗ peu incliné, herbeux ⚞ – 🕭 ⬥ ⬥ ⚙ 🗟 ৬ ⊛ ⚘ ▽ 🝘
⚡ ✕ 🏃 🚬 – 🝘 🏃 🏊 half-court – Location : 🚐, chalets
avril-oct. – **R** conseillée juil.-août – 🝙 *piscine comprise 3 pers. 120* ⒂ *13 (3A)*

⬜⬜ **Le Patisseau** ॐ « Cadre agréable », ℘ 40 82 10 39, Fax 40 82 22 81, E : 3 km par D 751 rte de Nantes et rte à gauche
4 ha (236 empl.) ⬗ plat et peu incliné, terrasses, herbeux ⚞ ⚲⚲ (1 ha) – 🕭 ⬥ ⬥ ⬥ 🗟 ৬ ⊛ 🝘 🚬 – 🚐 🏃 🏊 vélos
15 mai-15 sept. – **R** conseillée juil.-août – 🝙 *piscine comprise 2 pers. 82, pers. suppl. 19* ⒂ *15 (4A) 20 (6A) 30 (10A)*

⬜⬜ **Le Port Chéri,** ℘ 40 82 34 57, E : 3 km par D 751 rte de Nantes et rte à gauche
1,9 ha (104 empl.) ⬗ peu incliné, terrasses, herbeux – 🕭 ⬟ 🗟 ৬ ⊛ 🚬 – 🏃
🏊 – Location : 🚐
Permanent – **R** conseillée – 🝙 *piscine comprise 2 pers. 70* ⒂ *12 (3A) 24 (6A)*

PORNICHET

44380 Loire-Atl. – 8 133 h.

🛈 Office de Tourisme, 3 bd de la République ℘ 40 61 33 33 et pl. Aristide-Briand (Pâques-Toussaint) ℘ 40 61 08 92

④ – 🗟🗟 ⑭ G. Bretagne

⬜⬜⬜ **Domaine du Bois de la Grée,** ℘ 40 61 25 50, Fax 40 61 60 57, E : 1,5 km par D 92 rte de St-Nazaire puis, au rond-point, 1 km à gauche par rte des Forges, chemin longeant le cimetière et rte à droite
4,8 ha (252 empl.) ⬗ plat, peu incliné à incliné, pierreux, herbeux ⚞ ⚲⚲ (1 ha) – 🕭 ⬥ ⬥ 🗟 ৬ ⊛ ⚘ ▽ 🝘 ⚡ ✕ 🏃 🚬 – 🚐 🏃 🏊 – Location : 🚐
6 juin-oct. – **R** conseillée – 🝙 *élect. et piscine comprises 2 pers. 119 ou 143*

PORT-CAMARGUE **30** Gard – 🗟🗟 ⑧ ⑱ – rattaché au Grau-du-Roi

Les PORTES-EN-RÉ **17** Char.-Mar. – 🗗⓵ ⑫ – voir à Ré (Ile de)

PORT-GRIMAUD **83** Var – 🗖🗗 ⑰ – rattaché à Grimaud

PORTICCIO **2A** Corse-du-Sud – 🗟⓪ ⑰ – voir à Corse

PORTIGLIOLO **2A** Corse-du-Sud – 🗟⓪ ⑱ – voir à Corse

PORTIRAGNES
34420 Hérault – 1 770 h.

🔲🔲 – 🔲🔲 ⑮

à Portiragnes-Plage S : 4 km par D 37 – ✉ 34420 Portiragnes :

▲▲▲ **Les Sablons,** *&* 67 90 90 55, Fax 67 90 82 91, sortie N rte de Portiragnes, bord de la plage et d'un étang
10 ha (800 empl.) •— plat, sablonneux, herbeux ⛺ ♋♋ (5 ha) – 🗑 ⚄ 🛁 🗟 ⅙ ⛲ ♨ ▽ 💥 ♈ ✗ et snack-pizzeria 🔏 – 🔲 cases réfrigérées – 🔲 discothèque 🔏 🖘 🔏 – A proximité : 🐎 – Location : 🏠, chalets
avril-sept. – **R** *conseillée, indispensable juil.-août* – Tarif 92 : 🔲 élect. (6A) et piscine comprises 1 ou 2 pers. 123 (155 avec plate-forme am.), pers. suppl. 19

▲▲▲ **Les Mimosas** ⧖, *&* 67 90 92 92, Fax 67 90 85 39, NE : 2,5 km par rte de Portiragnes et à droite, puis rte du port à gauche, près du canal du Midi
7 ha (400 empl.) •— plat, herbeux ♋ (1 ha) – 🗑 ⚄ 🛁 🗟 ⅙ ⛲ ♨ ♈ snack 🔏 🔲 cases réfrigérées – 🔲 🔏 vélos – Location : 🏠 🖘 🔲
mai-sept. – **R** *conseillée* – 🔲 piscine comprise 2 pers. 85, pers. suppl. 15 🔲 15 (10A)

▲▲▲ **L'Émeraude,** *&* 67 90 93 76, N : 1 km par rte de Portiragnes
4,2 ha (251 empl.) •— plat, herbeux – 🗑 ⚄ 🛁 🗟 ⛲ ♨ ♈ snack 🔏 – 🔲 cases réfrigérées – 🔲 🔏 – A proximité : 🐎 – Location : 🖘
15 mai-15 sept. – **R** *indispensable juil.-août* – Tarif 92 : 🔲 élect. (6A) et piscine comprises 95, pers. suppl. 15

PORT-LE-GRAND
80132 Somme – 332 h.

🔲 – 🔲🔲 ⑥

▲▲ **Château des Tilleuls** ◁, *&* 22 24 07 75, SE : 1,5 km rte d'Abbeville
20 ha/3 campables (120 empl.) •— incliné, herbeux ⛺ – 🗑 ⚄ 🛁 🗟 ⅙ ⛲ – 🔲 🔲 – Garage pour caravanes
mars-oct. – **R** *conseillée* – 🍴 19,50 � 9 🔲 30 🔲 15 (16A)

PORT-MANECH
29 Finistère – ✉ 29139 Névez

🔲 – 🔲🔲 ⑪ G. Bretagne

▲▲ **St-Nicolas,** *&* 98 06 89 75, au N du bourg, à 200 m de la plage
3 ha (160 empl.) •— plat, incliné et en terrasses, herbeux ⛺ ♋ – 🗑 ⚄ 🗟 ⛲ 🔲 – A proximité : ♈
mai-sept. – **R** *conseillée août* – 🍴 16 🚓 7 🔲 17 🔲 7 (2A) 11,50 (5A)

PORTO
2A Corse-du-Sud – 🔲🔲 ⑮ – voir à Corse

PORTO-VECCHIO
2A Corse-du-Sud – 🔲🔲 ⑧ – voir à Corse

PORT-ST-LOUIS-DU-RHÔNE
13230 B.-du-R. – 8 624 h.

🔲🔲 – 🔲🔲 ⑳ G. Provence

▲▲▲ **Rio Camargue,** *&* 42 86 06 06, SE : 1,4 km par rte Napoléon (route de la plage), près du Rhône
5 ha (130 empl.) •— plat, pierreux – 🗑 ⚄ 🛁 🗟 ⅙ ⛲ ♨ ♋ ▽ ♨ ✗ snack 🔏 🔲 garderie – 🔲 💥 🖘 🔏 🔏 vélos – Location : 🔲, studios, appartements

---

PORT-SUR-SAÔNE
70170 H.-Saône – 2 521 h.

🔲 – 🔲🔲 ⑤

▲▲ **Municipal la Maladière** ⧖, « Parc boisé », *&* 84 91 51 32, au S par D 6, à la baignade, entre la Saône et le canal
3 ha (100 empl.) •— plat, herbeux ⛺ ♋♋ – 🗑 ⚄ 🛁 🗟 ⛲ – 🔲 💥 🔏 – A proximité : ♈ ✗ ⚓
15 mai-15 sept. – **R** – 🍴 8 🚓 5 🔲 8 🔲 12 (20A)

POSES
27740 Eure – 1 024 h.

🔲 – 🔲🔲 ⑦

▲▲ Les Étangs des 2 Amants, *&* 32 59 11 86, SE : 1,5 km par rte de St-Pierre-du-Vauvray, à la Base de Plein Air et de Loisirs, près de la Seine et à 250 m d'un plan d'eau
4 ha (170 empl.) •— plat, herbeux ♋ – 🗑 ⚄ 🛁 ⛲ ♋ ▽ – 🔲 – A proximité : 💥 ♨

La POSSONNIÈRE
49170 M.-et-L. – 1 962 h.

🔲 – 🔲🔲 ⑳ G. Châteaux de la Loire

▲ **Municipal du Port,** *&* 41 72 22 08, sortie S entre le bourg et la Loire, à 50 m du fleuve
1 ha (35 empl.) plat, herbeux – 🗑 🛁 🗟 ⛲ – 🔏
juin-15 sept. – **R** – 🔲 2 pers. 30 (35 avec élect.), pers. suppl. 15

POUANCÉ
49420 M.-et-L. – 3 279 h.
🚩 Syndicat d'Initiative, r. de la Porte Angevine (saison) *&* 41 92 45 86

🔲 – 🔲🔲 ⑧ G. Châteaux de la Loire

▲ **Municipal la Roche Martin** « Cadre agréable », *&* 41 92 43 97, N : 1 km par D 6 et D 72 à gauche rte de la Guerche-de-Bretagne, près d'un étang
1 ha (50 empl.) •— en terrasses et peu incliné, herbeux ♋ – 🗑 ⚄ 🛁 🗟 ⛲ – A proximité : ⚓ ♨
mai-sept. – **R** – 🍴 10 🚓 3,15 🔲 3,15

POUEYFERRÉ **65** H.-Pyr. – 🔲🔲 ⑦ – rattaché à Lourdes

Le POUGET

34230 Hérault – 1 103 h.

15 – 83 ⑥

▲ **Municipal** ⚲, ℰ 67 96 76 14, O : 0,8 km par D 139
0,8 ha (47 empl.) plat, herbeux ⚱ – 🗂 ⊛ – A proximité : ⚔ – Location : gîtes
15 juin-15 sept. – **R** – ☀ 7,20 ▣ 17,50 [t] 11

POUGUES-LES-EAUX

58320 Nièvre – 2 358 h.

🖪 Syndicat d'Initiative, av. Paris
(juin-sept.) ℰ 86 58 71 15 et Mairie
(hors saison) ℰ 86 68 85 79

11 – 69 ③ G. Bourgogne

▲▲ **Municipal les Chanternes,** ℰ 86 68 86 18, sortie NO par N 7 rte de la
Charité-sur-Loire
0,8 ha (75 empl.) ⚬ plat, herbeux ⚱ – 🗂 ⚔ ⊛ – ⚔ – A proximité : ✗ ⚲
avril-oct. – **R** – ☀ 6,50 ⚗ 8 ▣ 8 [t] 9

POUILLY-EN-AUXOIS

21320 Côte-d'Or – 1 372 h.

7 – 65 ⑱ G. Bourgogne

▲ **Municipal le Vert Auxois,** sortie NO et rue du 8-Mai à gauche après l'église
1 ha (70 empl.) plat, herbeux – 🗂 ⚔ ⚱ ⊛ ⚙ ⚲
Pâques-sept. – **R** – ☀ 6,50 ⚗ 2,30 ▣ 2,50 [t] 5,25

POUILLY-SOUS-CHARLIEU

42720 Loire – 2 834 h.

11 – 73 ⑦ ⑧

▲ **Municipal les Ilots** ⚲, ℰ 77 60 80 67, sortie N par D 482 rte de Digoin et
à droite, au stade, bord du Sornin
1,5 ha (30 empl.) ⚬ plat, herbeux ⚱⚱ – 🗂 ⚱ ⊛ 🖾 – A proximité : ✗
Pâques-sept. – **R** – Tarif 92 : ☀ 9 ▣ 4,50 [t] 14 (6A) 28 (10A) 42 (15A)

POULAINES

36210 Indre – 911 h.

10 – 64 ⑱

▲ **Municipal de l'Étang du Plessis,** ℰ 54 40 95 14, O : 2,5 km par D 960
rte de Valençay et chemin à gauche
0,6 ha (23 empl.) plat et peu incliné, herbeux ⚱ – 🗂 ⚱ 🖾 ⚙ ⊛ – ✗
15 juin-sept. – **R** – ☀ 8 ▣ 5/8 [t] 10 (16A)

Le POULDU

29 Finistère – ✉ 29121 Clohars-
Carnoët.
🖪 Office de Tourisme, r. Ch.-Filiger
(fermé oct.) ℰ 98 39 93 42

3 – 58 ⑫ G. Bretagne

▲▲ **Les Embruns,** ℰ 98 39 91 07, au bourg, r. du Philosophe-Alain, à 350 m de
la plage
3 ha (156 empl.) ⚬ (saison) plat et peu incliné, herbeux, sablonneux ⚱ – 🗂
⚱ ⚙ ⊛ 🖾 – 🖾 ⚔ 🗂 – Location : 🖾
10 avril-20 sept. – **R** conseillée – ☀ 15,50 ▣ 27,50 [t] 13,50 (3A) 16 (6A)

▲▲ **Le Quinquis** ⚲ « Cadre agréable », ℰ 98 39 92 40, Fax 98 39 96 56, N :
2,5 km par D 49 rte de Quimperlé et chemin à gauche
5 ha (130 empl.) ⚬ plat, peu incliné et incliné, herbeux ⚐ – 🗂 ⚔ ⚱ 🖾 ⚙
⚱ 🖾 – 🗂 ⚔ ⚲ – A proximité : 🗂 – Location : 🖾 🖾 🖾
avril-15 oct. – **R** conseillée 15 juil.-20 août – ☀ 16 piscine comprise ⚗ 6 ▣
30 [t] 12 (3A) 16 (5A)

▲▲ **Locouarn,** ℰ 98 39 91 79, N : 2 km par D 49 rte de Quimperlé
1,5 ha (100 empl.) ⚬ plat et peu incliné, herbeux – 🗂 ⚱ 🖾 ⊛ 🖾 – ⚔
A proximité : ⚱ ⚱ 🗂 – Location : 🖾
15 juin-15 sept. – **R** – ☀ 8 ⚗ 4 ▣ 10 [t] 12 (5A)

▲▲ **Keranquernat** ⚲ « Entrée fleurie », ℰ 98 39 92 32, sortie NE
1 ha (100 empl.) ⚬ (saison) plat et peu incliné, herbeux ⚱ ⚱ – 🗂 ⚱ ⚱ 🖾 ⊛
🖾 – 🗂 ⚱
15 mars-20 sept. – **R** conseillée juil.-août – ▣ piscine comprise 2 pers. 60, pers.
suppl. 17,50 [t] 12 (3A) 15 (5A)

POULE-LES-ECHARMEAUX

69870 Rhône – 838 h.

11 – 73 ⑨

▲ **Municipal les Echarmeaux** ⚲ ≼, à l'ouest du bourg, près d'un étang
0,5 ha (24 empl.) en terrasses, gravillons ⚱ – 🗂 ⚔ ⊛ – ✗
avril-1ᵉʳ oct. – **R** – ▣ élect. comprise 3 pers. 55

POULLAN-SUR-MER **29** Finistère – 58 ⑭ – rattaché à Douarnenez

---

POUYLEBON

32320 Gers – 178 h.

14 – 82 ④

▲ **Pouylebon** ⚲, ℰ 62 66 72 10, NE : 1 km par D 216 rte de Montesquiou puis
1 km par chemin à droite, près d'un lac
1 ha (13 empl.) ⚬ incliné, herbeux – 🗂 ⚱ 🖾 ⊛ – 🖾 ⚔ ⚳ (bassin) –
Location : 🖾
avril-oct. – **R** conseillée juil.-août – Tarif 92 : ☀ 20 ▣ 25 [t] 10 (4A)

POUZAC **65** H.-Pyr. – 85 ⑱ – rattaché à Bagnères-de-Bigorre

310

POUZAUGES

85700 Vendée – 5 473 h.

🛈 Office de Tourisme, cour de la Poste (fermé matin hors saison) ✆ 51 91 82 46 et Mairie ✆ 51 57 01 37

9 – 67 ⑯ G. Poitou Vendée Charentes

△ **Municipal le Lac,** ✆ 51 91 37 55, O : 1,5 km par D 960 Bis rte de Chantonnay et chemin à droite, à 50 m du lac
0,37 ha (40 empl.) ⚬➡ plat et en terrasse, herbeux – 🛖 ⇌ ⛺ ⊕ – A proximité :
⚓ ≌
avril-nov. – **R** conseillée – 🅴 2 pers. 30,16, pers. suppl. 8,42 ⚡ 10,70 (4A)

Le PRADET

83220 Var – 9 704 h.

17 – 84 ⑮

△ **Lou Pantaï,** ✆ 94 75 10 77, E : 2 km par rte de Carqueiranne et chemin à droite
1 ha (95 empl.) ⚬➡ plat et peu incliné, pierreux, herbeux ⚥ – 🛖 ⊕ 🔲
mars-oct. – **R** conseillée juil.-août – 🅴 élect. (3A) comprise 2 pers. 62,50, pers. suppl. 16,70

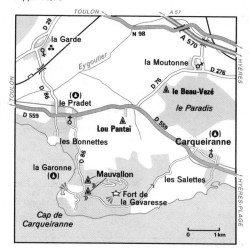

à la Garonne S : 2,5 km par D 86 – ✉ 83220 le Pradet :

△ **Mauvallon** ≼, ✆ 94 21 78 28 et 94 21 31 73, en 2 camps distincts (Mauvallon I et Mauvallon II), chemin de la Gavaresse, à 500 m de la mer
2,2 ha (140 empl.) ⚬➡ plat, peu incliné, pierreux, herbeux ⚥ – 🛖 ⇌ ⛺ 🔲 ⊕ 🔲
– 🛶
15 juin-15 sept. – **R** conseillée juil.-15 août – 🏊 15,50 🅴 20 ⚡ 14 (6A)

Voir aussi à *Carqueiranne*

PRADONS

07120 Ardèche – 220 h.

16 – 80 ⑨

🛖 **Laborie,** ✆ 75 39 72 26, NE : 1,8 km par rte d'Aubenas, bord de l'Ardèche
2 ha (100 empl.) ⚬➡ (saison) plat, herbeux ⚥⚥ – 🛖 ⇌ 🔲 ⊕ 🔲 – 🛶 ⚓ ≌
mai-25 sept. – **R** conseillée – 🅴 2 pers. 58, pers. suppl. 12 ⚡ 12 (5A)

🛖 **Les Coudoulets** ⚲, ✆ 75 93 94 95, au NO du bourg, accès direct à l'Ardèche
1,5 ha (94 empl.) ⚬➡ plat et peu incliné, pierreux, herbeux – 🛖 🔲 ⊕ 🔲 – 🛶
🔅 ≌ – A proximité : ✗
avril-15 sept. – **R** conseillée juil.-août – 🅴 piscine comprise 2 pers. 65 ⚡ 12,50 (5A)

🛖 **Le Pont,** ✆ 75 93 93 98, O : 0,3 km par D 308 rte de Chauzon, accès direct à l'Ardèche (escalier)
1,2 ha (65 empl.) ⚬➡ (juil.-août) plat, herbeux, pierreux ⟚ ⚥ – 🛖 ⇌ ⚮ 🔲 ⚙ ⊕ ⚙ – 🛶 ⚓ ≌ – A proximité : toboggan aquatique
Pâques-sept. – **R** – Tarif 92 : 🅴 2 pers. 55, pers. suppl. 11 ⚡ 11 (3A)

🛖 **International,** ✆ 75 39 66 07, NE sur D 579 rte d'Aubenas, accès direct à l'Ardèche (escalier)
1,5 ha (45 empl.) ⚬➡ peu incliné, herbeux ⚥ – 🛖 ⇌ ⛺ 🔲 ⚙ ⊕ 🔲 – 🛶 ✗ ⚓ ≌
30 mars-sept. – Places limitées pour le passage – **R** conseillée juil.-août – 🅴 2 pers. 94, pers. suppl. 21 ⚡ 16

PRAILLES

79370 Deux-Sèvres – 584 h.

9 – 68 ⑪

△ **Base Districale de Loisirs du Lambon** ⚲ ≼, SE : 2,5 km, à 200 m d'un plan d'eau
1 ha (60 empl.) en terrasses, herbeux – 🛖 ⛺ ⚙ ⊕ ⚘ 🔲 – A proximité : 🍴 ✗
⚓ 🏑 ≌ ⚖ – Location : pavillons
juin-sept. – **R** conseillée juil.-août – 🅴 2 pers. 32, pers. suppl. 12,90 ⚡ 8,50 (4A)

PRALOGNAN-LA-VANOISE

73710 Savoie – 667 h. alt. 1 404 – ❄.

🅱 Office de Tourisme ℰ 79 08 71 68

Parc Isertan ⟋ ≤ « Site agréable », ℰ 79 08 75 24, Fax 79 08 76 73, au sud du bourg, bord d'un torrent
4,5 ha (300 empl.) ⚬⇥ non clos, plat, peu incliné à incliné, pierreux, herbeux – ⋔ ⬥ ⤸ ⬧ ⬜ sauna ▥ ⊛ ✕ ⤸ – ⊷ – A proximité : ✂ ⤴ ⤶ ⤹ Patinoire – Location : ⊨ (gîte d'étape)
15 déc.-oct. – **R** conseillée – ⚡ 19 (hiver 22) ⟞ 10 ⒺⒺ 21 (hiver 28) ⒣ 10 (2A) 14 (4A) 25 (6A)

Municipal le Chamois ⟋ ≤ « Site agréable », ℰ 79 08 71 54, au sud du bourg, bord d'un torrent
3 ha (220 empl.) ⚬⇥ plat, peu incliné à incliné, pierreux, herbeux – ⋔ ⬥ ⤸ ⊛ – A proximité : ✂ ⤴ ⤶ ⤹ Patinoire
19 déc.-10 mai, juin-28 sept. – **R** conseillée juil.-août – ⚡ 15 (hiver 20,50) ⒺⒺ 14 (hiver 20) ⒣ 8,50 à 23 (2 à 10A)

Les PRAZ-DE-CHAMONIX **74** H.-Savoie – ⁊⁊ ⑧ ⑨ – rattaché à Chamonix-Mont-Blanc

---

PRAZ-SUR-ARLY

74120 H.-Savoie – 922 h. alt. 1 036 – ❄.

🅱 Office de Tourisme, pl. de la Mairie ℰ 50 21 90 57

Les Prés de l'Arly ❉ ≤, ℰ 50 21 93 24, à 0,5 km au SE du bourg, à 100 m de l'Arly
1 ha (67 empl.) ⚬⇥ plat et terrasse, gravier, herbeux – ⋔ ⬥ ⤸ ⬧ ⬜ ⊛ ▦ – ⊷
Permanent – **R** conseillée hiver – ⚡ 12 (hiver 14) ⟞ 6 (hiver 7) ⒺⒺ 6/10 (hiver 7) ⒣ été : 11 (3A) hiver : 16 ou 30 (3 à 10A)

PRÉCHAC **65** H.-Pyr. – ⁊⁊ ⑰ – rattaché à Argelès-Gazost

PRÉCIGNÉ

72410 Sarthe – 2 299 h.

Municipal des Lices « Entrée fleurie », ℰ 43 95 46 13, sortie N rte de Sablé-sur-Sarthe et r. de la Piscine à gauche
0,8 ha (50 empl.) plat et peu incliné, herbeux ⬚ – ⋔ ⬥ ⤸ ⬧ ⊛ – ⤴ – A proximité : ✂ ⤹
juin-sept. – **R** – Tarif 92 : ⚡ 6,50 ⟞ 2,60 ⒺⒺ 2,60 ⒣ 8,90

PRÉCY-SOUS-THIL

21390 Côte-d'Or – 603 h.

Municipal « Dans le parc de l'hôtel de ville », ℰ 80 64 57 18, Fax 80 64 43 37, accès direct au Serein
1 ha (33 empl.) ⚬⇥ plat, peu incliné, herbeux ⚲ – ⋔ ⬧ ⊛ – ⊷ ✂ ⤶ – Location : ⌂
Pâques-Toussaint – **R** – ⚡ 8 et 1,50 pour eau chaude ⟞ 4 ⒺⒺ 5,60 ⒣ 8,30

PRÉFAILLES

44770 Loire-Atl. – 857 h.

🅱 Office de Tourisme, Grande-Rue (fermé après-midi sauf juin-15 sept.) ℰ 40 21 62 22

Les Lambertianas ⟋ « Cadre agréable », ℰ 40 21 61 05, E : par r. St-Dominique, à 450 m de l'océan
1 ha (90 empl.) ⚬⇥ peu incliné, en terrasses, herbeux ⬚ ⚲ – ⋔ ⬥ ⤸ ⬧ ⬤ ⊛ – ⊷
15 avril-15 sept. – **R** conseillée – ⚡ 15 à 21 ⒺⒺ 10 à 29 ⒣ 16 (5A)

PREIGNEY

70120 H.-Saône – 103 h.

Le Lac ⟋, S : 1,5 km par D 286 rte de Malvillers, à 150 m d'un plan d'eau
0,9 ha (50 empl.) ⚬⇥ (saison) en terrasses, herbeux – ⋔ ⬧ ⊛ ⍾
mai-15 sept. – **R** – ⚡ 10 ⒺⒺ 12 ⒣ 12 (3A)

PREMEAUX-PRISSEY

21700 Côte-d'Or – 332 h.

Intercommunal Saule Guillaume, ℰ 80 62 30 78, E : 1,5 km par D 109G rte de Quincey, près d'un étang
2 ha (83 empl.) ⚬⇥ plat, herbeux, pierreux ⬚ – ⋔ ⬥ ⤸ ⬤ ⊛ – A proximité : ⍾
15 juin-2 sept. – **R** – Tarif 92 : ⚡ 7,50 ⟞ 7/8 ⒺⒺ 6/8 ⒣ 13 (6A) 22 (12A)

Moulin de Prissey, ℰ 80 62 31 15, E, sur D 115E
0,7 ha (50 empl.) ⚬⇥ plat, herbeux ⚲ – ⋔ ⬧ ⊛ ⍾ ⍾
avril-oct. – **R** conseillée 25 juin à août – ⚡ 10 ⟞ 8,50 ⒺⒺ 8,50 ⒣ 12 (4 à 6A)

PRÉMERY

58700 Nièvre – 2 377 h.

Municipal, sortie NE par D 977 rte de Clamecy et chemin à droite, près de la Nièvre et d'un plan d'eau
1,6 ha (38 empl.) plat et peu incliné, herbeux, gravillons – ⋔ ⬥ ⤸ ⬧ ⬤ ⊛ ⍾ – A proximité : ✂
juin-15 oct. – **R** – Tarif 92 : ⒺⒺ élect. comprise 1 ou 2 pers. 40, pers. suppl. 12

PRÉSILLY
74160 H.-Savoie – 562 h. alt. 683   ⌂ – ⌂ ⑥

▲ **Le Terroir** (aire naturelle) ⚓ ≤, ℰ 50 04 42 07, NE : 2,3 km par D 218 et D 18
à gauche, rte de Viry
1 ha (25 empl.) ⚡ plat, herbeux, bois attenant 🔌 – 🛖 🚻 🏊 🔋 🎮 ⊕ 🍴 – 🛒 ⛳
15 avril-15 oct. – **R** *conseillée* – ⚡ 10 🚗 4 📧 12 🔹 11 (3A) 15 (5A) 20 (10A)

PRESLE **73** Savoie ⌂ – ⌂ ⑯ – rattaché à La Rochette

PRESLES-ET-BOVES
02370 Aisne – 347 h.   ⌂ – ⌂ ⑤

⛰ **Le Domaine de la Nature,** ℰ 23 54 74 55, O : 4 km par D 144, à Pont de
Vailly, sur D 14, près du canal de l'Aisne et d'un étang
0,6 ha (30 empl.) ⚡ plat, herbeux 🔌 – 🛖 🚻 🚾 🔋 🏊 ⊕ 🌊 🚿 – A proximité :
🎯 🚻 🛒 half-court
avril-28 oct. – *Places limitées pour le passage* – **R** *conseillée* – 📧 2 pers. 60
(75 avec élect.)

PREUILLY-SUR-CLAISE
37290 I.-et-L. – 1 427 h.   ⌂ – ⌂ ⑤ ⑥ G. Poitou Vendée Charentes

🅱 Syndicat d'Initiative, Mairie
ℰ 47 94 50 04

▲ **Municipal,** au SO du bourg, près de la piscine, de la Claise et d'un petit plan
d'eau
0,7 ha (66 empl.) plat, herbeux – 🛖 🚻 🚾 ⊕ – A proximité : parcours sportif 🎯
🚻 🛒
mai-15 sept. – **R** – ⚡ 5,80 📧 8,20 🔹 8,20 (6A)

PRIMELIN
29113 Finistère – 931 h.   ⌂ – ⌂ ⑬

⛰ **Municipal de Kermalero** ⚓, ℰ 98 74 84 75, sortie O vers le port
1 ha (90 empl.) (saison) plat et peu incliné, herbeux 🔌 – 🛖 🚻 🚾 ⊕ –
A proximité : half-court 🎯
mars-oct. – **R** *conseillée juil.-août* – 📧 1 pers. 30, 2 pers. 45, pers. suppl. 10
🔹 10 (6A)

PRISCHES
59550 Nord – 956 h.   ⌂ – ⌂ ⑮

▲ Municipal, par centre bourg, chemin du Friset, au stade
0,4 ha (23 empl.) plat, herbeux 🔌 – 🛖 🚻 🚾 ⊕
Permanent – **R**

PRIVAS 🅿
07000 Ardèche – 10 080 h.   ⌂ – ⌂ ⑲ G. Vallée du Rhône

🅱 Office de Tourisme, 3 r.
Elie-Reynier ℰ 75 64 33 35

⛰ **Municipal d'Ouvèze** ≤, ℰ 75 64 05 80, S : 1,5 km par D 2 rte de Montélimar
et bd de Paste à droite, bord de l'Ouvèze
5 ha (166 empl.) ⚡ plat à incliné, herbeux ⚲ – 🛖 🏊 (🚻 🚾 saison) 🔋 🔋 ⊕
📧 – A proximité : 🏊 🎯 🛒
Pâques-oct. (fermé 1 semaine en mai et sept.) – **R** *conseillée* – 📧 2 pers. 44,50
🔹 11 50 (3A) 16,50 (5A)

PROPRIANO **2A** Corse-du-Sud – ⌂ ⑱ – voir à Corse

PROYART
80121 Somme – 514 h.   ⌂ – ⌂ ⑫

▲ **Municipal** ⚓, ℰ 22 85 81 36, NO : 3 km par D 329 rte de Bray-sur-Somme
et D 71 à gauche
1,5 ha (83 empl.) ⚡ plat, herbeux – 🛖 🚻 🏊 🔋 ⊕ – **R** – ⚡ 8 🚗 4 📧 5 🔹
9 (4A) 12 (6A) 15 (10A)

PRUILLÉ
49220 M.-et-L. – 422 h.   ⌂ – ⌂ ⑳

▲ **Municipal le Port** ⚓, au nord du bourg, bord de la Mayenne
1,2 ha (100 empl.) plat, herbeux – 🛖 🚻 🚾 ⊕
mai-20 oct. – **R** – *Tarif 92 :* ⚡ 7 🚗 3,50 📧 3,50 🔹 6,50

PUGET-SUR-ARGENS
83480 Var – 5 865 h.   ⌂ – ⌂ ⑦ ⑧

⛰ **La Bastiane,** ℰ 94 45 51 31, N : 2,5 km
3 ha (250 empl.) ⚡ (saison) plat et accidenté, terrasses, pierreux, herbeux ⚲⚲ – 🛖
🚾 🏊 🔋 🔋 🎮 🚻 🛒 ⛳ – Location : 🏠 🏠 🏠
15 janv.-15 nov. – **R** *conseillée juil.-août* – 📧 *piscine comprise* 2 pers. 75/2 ou
3 pers. 110

⛰ **Les Aubrèdes,** ℰ 94 45 51 46, Fax 94 45 51 46, N : 1 km
3,8 ha (200 empl.) ⚡ plat, peu incliné, herbeux ⚲⚲ pinède – 🛖 🏊 ⊕ 🌊 🚿 🏊
🍴 snack 🍴 📧 – 🛒 🎯 🛒 🏊 – Location : 🏠
avril-sept. – **R** *conseillée juil.-août* – *Tarif 92 :* 📧 *piscine comprise* 2 pers. 78, pers.
suppl. 18, suppl. pour plate-forme am. 15 🔹 14,50 (10A)

⛰ **C.C.D.F. Domaine J.-J.-Bousquet,** ℰ 94 45 42 51 ✉ 83520 Roquebrune-
sur-Argens, O : 2,5 km par N 7 rte du Muy et à droite rte de la Bouverie
5 ha (150 empl.) ⚡ plat, peu incliné et accidenté, terrasses, pierreux, herbeux
🔌 ⚲⚲ – 🛖 🏊 🔋 🎮 ⊕ 🍴 – 🛒 🏊
Permanent – **R** *conseillée juil.-août* – *Adhésion obligatoire* – ⚡ 16 *piscine
comprise* 🚗 9 📧 16 🔹 10 (3A) 12 (5A) 15 (6A)

PUGET-THÉNIERS

06260 Alpes-Mar. – 1 703 h.
🛈 Syndicat d'Initiative (juil.-août)
  🖉 93 05 05 05

▲▲ **Municipal** ≤, 🖉 93 05 04 11, sortie SE par D 2211ª rte de Roquesteron et chemin à gauche, près du Var
1,2 ha (105 empl.) plat et peu incliné, herbeux, pierreux ⚲ – 🗂 ⇄ ⊕ ♿ ☂ – 🏠 ✗ – A proximité : 🔥 ⛵ half-court
avril-oct. – **R** *conseillée*

PUYHARDY

79 Deux-Sèvres – 44 h.
🖂 79160 Coulonges-sur-l'Autize

▲ **Municipal** ⚮, à 0,6 km au sud du bourg, près du Saumort – Accès et croisement difficiles pour caravanes (pente à 15 %)
0,6 ha (20 empl.) incliné et en terrasses, herbeux, pierreux 🗓 – 🗂 ⇄ 🖾 🖥 ⊕
juil.-sept. – **R** – ✗ 10 🖹 10 🔧 9 (16A)

PUIMICHEL

04700 Alpes-de-H.-Pr. – 203 h.
alt. 735

▲ **Les Matherons** ⚮ ≤ « Situation agréable », 🖉 92 79 60 10, S : 3 km par D 12 rte d'Oraison et chemin à droite – alt. 560 – croisement difficile sur chemin empierré
72 ha/3 campables (25 empl.) ⊶ plat et peu incliné à incliné, pierreux, herbeux, bois attenant – 🗂 ⇄ 🖾 🖥 ⊕
avril-sept. – **R** *conseillée juil.-août* – ✗ 10 🖹 35 🔧 12 (3A)

PUIMOISSON

04410 Alpes-de-H.-Pr. – 511 h.
alt. 690

▲ **Municipal** ⚮ ≤, 🖉 92 74 71 49, NE : 1 km par D 953 rte de Digne et chemin à droite
0,5 ha (55 empl.) ⊶ plat, pierreux, herbeux – 🗂 ⇄ 🖾 ♿ ⊕
juil.-août – **R** – ✗ 10 🚗 7 🖹 5 🔧 8 (3A)

PUIVERT

11230 Aude – 467 h.

▲ **Municipal de Font Claire** ⚮ ≤, 🖉 68 20 00 58, Sortie SO du bourg par D 16 rte de Lescale, bord d'un plan d'eau
1 ha (60 empl.) ⊶ plat, incliné, herbeux – 🗂 ⇄ 🖾 ⊕ – A proximité : 🔥 ⛵
15 juin-15 sept. – **R** *conseillée juil.-août* – 🖹 *1 pers. 30, pers. suppl. 10* 🔧 *10 (6A)*

PUYBRUN

46130 Lot – 672 h.

▲▲▲ **La Sole** ⚮, 🖉 65 38 52 37, sortie E rte de Bretenoux et chemin à droite après la station Shell
2,8 ha (72 empl.) ⊶ plat, herbeux 🗓 ⚲ – 🗂 ⇄ 🖾 🖥 ⊕ ☂ ☂ snack 🛒 – 🖥
– 🏠 🏊 – Location : 📻 🚐 🏠, bungalows toilés
avril-sept. – **R** *conseillée juin-25 août* – ✗ *18 piscine comprise* 🖹 *19*

Le PUY-EN-VELAY ℗

43000 H.-Loire – 21 743 h. alt. 630.
🛈 Office de Tourisme, pl. du Breuil
  🖉 71 09 38 41 et 23 r. des Tables
(juil.-août) 🖉 71 05 99 22

à Blavozy E : 9 km par N 88 rte de St-Étienne – 🖂 43700 Blavozy

▲▲ **Le Moulin de Barette** ≤, 🖉 71 03 00 88, Fax 71 03 00 51, O : 1,8 km par N 88 rte du Puy-en-Velay et chemin à droite avant le pont, bord de la Sumène – alt. 690
1,3 ha (100 empl.) ⊶ peu incliné, herbeux – 🗂 ⇄ ⊕ ☂ ☂ ♟ ✗ self 🛒 – 🖥
– ✗ 🏊 tir à l'arc – Location : 🚪(hotel et motel) 🏠
15 mai-20 nov. – **R** *conseillée* – ✗ *18 piscine et tennis compris* 🖹 *15* 🔧 *20 (6A)*

à Brives-Charensac E : 4,5 km par rte de St-Julien-Chapteuil
🖂 43700 Brives-Charensac

▲▲ **Municipal Audinet** ≤, 🖉 71 09 10 18, S : 0,5 km par D 535 et chemin à droite, bord de la Loire – alt. 610
3 ha (133 empl.) ⊶ plat, herbeux 🗓🗓 (2 ha) – 🗂 ⇄ 🖾 🖥 ⊕ ☂ ⚖ – 📻 🛶
🖥 – A proximité : ✗
mai-oct. – **R** – *Tarif 92* – ✗ *14,70* 🚗 *6,80* 🖹 *8,60* 🔧 *8,60 (3A) 17,80 (6A)*

PUY-GUILLAUME

63290 P.-de-D. – 2 634 h.

▲ **Municipal de la Dore,** 🖉 73 94 78 51, sortie O par D 63 rte de Maringues, bord de la Dore
2,5 ha (70 empl.) ⊶ plat, herbeux ⚲ – 🗂 🗺 ⊕ ☂ ☂ – 🛶
mai-sept. – **R** – ✗ *5,30* 🚗 *5,30* 🖹 *5,30* 🔧 *57 pour branchement et 1,80 pour 10A*

PUY-L'ÉVÊQUE

46700 Lot – 2 209 h.

▲▲▲ **L'Évasion** ⚮, 🖉 65 30 80 09, Fax 65 30 81 12, N : 3 km par D 28 rte de Villefranche-du-Périgord et chemin à droite
4 ha/1 campable (40 empl.) ⊶ en terrasses, incliné, pierreux, herbeux 🗓🗓 (1 ha)
– 🗂 ⇄ 🖾 sauna ⊕ ♟ 🖥 – ✗ 🛶 🏊 – Location : 📻 🏠
15 mai-15 oct. – **R** *indispensable juil.-août* – 🖹 *séjour minimum d'une semaine : piscine et tennis compris jusqu'à 5 pers. 1000* 🔧 *10 (10A)*

PUYLOUBIER

13114 B.-du-R. – 1 317 h.　　　　　　　　　　　　　　　　　　　　16 – 84 ④

⚠ **Municipal Cézanne** ⚲ ≤, ℘ 42 66 36 33, sortie E par D 57, au stade
0,7 ha (33 empl.) plat, accidenté, en terrasses, pierreux ⚋⚋ – 🏠 ⚌ ⚐ – �
Pâques-11 nov. – **R** – ⚲ 9,45 🚗 9,45 🅴 9,45 🅷 7,10

PUYMIROL

47270 L.-et-G. – 777 h.　　　　　　　　　　　　14 – 79 ⑮ G. Pyrénées Aquitaine

⚠ Municipal de Laman ⚲, SO : 1,4 km par D 248, D 16 rte d'Agen et chemin
à gauche, près d'un étang
0,3 ha (25 empl.) plat et terrasse, herbeux ⛺ – 🏠 ⚐ – A proximité : ✘✗

PUY-ST-VINCENT

05290 H.-Alpes – 235 h. alt. 1 390　　　　　　　　12 – 77 ⑰ G. Alpes du Sud

⚠⚠ **Municipal Croque Loisirs** ⚲ ≤ « Site et cadre agréables », ℘ 92 23 44 22,
S : 1,8 km par rte de Puy-St-Vincent 1600 et chemin à gauche – alt. 1 400
2 ha (60 empl.) ⚬ plat et terrasses, herbeux, pierreux, bois attenant – 🏠 ⚌ ⚐
⛺ ⚓ ⚐ – 🛏 🏠
15 juin-10 sept. – **R** indispensable 5 juil.-15 août – 🅴 2 pers. 48 🅷 10 (5A) 14
(10A)

▶ *Des vacances réussies sont des vacances bien préparées !*

Ce guide est fait pour vous y aider... mais :
– N'attendez pas le dernier moment pour réserver
– Évitez la période critique du 14 juillet au 15 août

Pensez aux ressources de l'arrière-pays, à l'écart des lieux de grande fréquentation.

PYLA-SUR-MER 33 Gironde – 71 ⑳ – voir à Arcachon (Bassin d')

Les QUATRE-ROUTES

46110 Lot – 588 h.　　　　　　　　　　　　　　　　　　　13 – 75 ⑲

⚠ **Municipal le Vignon,** ℘ 65 32 16 43, SE : 0,6 km par D 32 rte de St-Denis-
lès-Martel, bord d'un étang et d'un ruisseau
1 ha (27 empl.) ⚬ plat, herbeux ⛺ – 🏠 ⚌ ⚐ – ☟
juil.-août – **R** conseillée – ⚲ 13 🅴 13 🅷 11 (6A)

QUEIGE

73720 Savoie – 716 h.　　　　　　　　　　　　　　　12 – 74 ⑰

⚠ **Municipal des Glières** ≤, ℘ 79 38 02 97, Fax 79 38 02 64, à 1 km au SO du
bourg par D 925 rte d'Albertville, bord du Doron de Beaufort
0,5 ha (33 empl.) ⚬ (saison) plat, herbeux, pierreux – 🏠 ⚌ ⚐ – ✘✗ 🚣
15 juin-15 sept. – **R** – ⚲ 10,60 🚗 5,30 🅴 6,30 🅷 11

QUEND

80120 Somme – 1 209 h.　　　　　　　　　　　　　　1 – 51 ⑪

⚠⚠⚠ **Camp des Roses** ⚲ « Beaux emplacements délimités », ℘ 22 27 76 17, à
Monchaux, O : 3 km par D 32 et rte à gauche
5 ha (180 empl.) ⚬ plat, herbeux, sablonneux ⛺ ⚋⚋ – 🏠 ⚌ ⚐ 🔲 ⚐ ⚓ ▽
⬛ 🛏 ✗ 🚣
mars-oct. – **R** conseillée août – 🅴 1 à 3 pers. 54 🅷 15 (3A) 16 (4A) 22 (6A)

⚠⚠ **Les Genêts** ⚲ « Cadre agréable », ℘ 22 27 48 40, à **Routhiauville** : NO : 4 km
par D 32, rte de Fort-Mahon-Plage
2 ha (128 empl.) ⚬ plat, herbeux ⛺ ♀ – 🏠 ⚉ 🔲 ⚐ ⚐ – 🛏 – Location :
⛺
avril-1er nov. – **R** conseillée juil.-août – ⚲ 11,50 🚗 7 🅴 9 🅷 12 (3A)

⚠⚠ **Les Deux Plages** ⚲, ℘ 22 23 48 96, NO : 1,3 km par rte de Quend-Plage-
les-Pins et rte à droite
1,8 ha (100 empl.) ⚬ plat, herbeux ⛺ – 🏠 ⚌ ⚐ ⚐ ⬛ – 🛏 🚣
mars-nov. – **R** conseillée juil.-août – Tarif 92 : 🅴 3 pers. 49, pers. suppl. 13
🅷 11,30 (2A) 18,30 (4A)

QUESTEMBERT

56230 Morbihan – 5 076 h.　　　　　　　　　　　4 – 63 ④ G. Bretagne

⚠⚠ **Municipal de Célac,** ℘ 97 26 11 24, O : 1,2 km par D 1 rte d'Elven, bord
d'un étang
2 ha (85 empl.) ⚬ plat, peu incliné, herbeux – 🏠 ⚌ ⚐ ⚐
15 juin-15 sept. – ⚲ 7 🚗 5,40 🅴 4,80 🅷 9 (12A)

QUIBERON (Presqu'île de)

56 Morbihan　　　　　　　　　　　　　　　　　3 – 63 ⑪ G. Bretagne

　　　　Quiberon – 4 623 h. – ✉ 56170 Quiberon.
　　　　🅱 Office de Tourisme et Accueil de France, 7 r. de Verdun ℘ 97 50 07 84

⚠⚠ **Les Joncs du Roch,** ℘ 97 50 24 37, SE : 2 km, r. de l'aérodrome, à 500 m
de la mer
2,3 ha (148 empl.) ⚬ (saison) plat, herbeux ⛺ – 🏠 ⚌ 🔲 ⚐ ⚐ ⚓ ▽ ⬛
Pâques-sept. – **R** conseillée – ⚲ 20 🅴 35 🅷 13 (4A) 20 (10A)

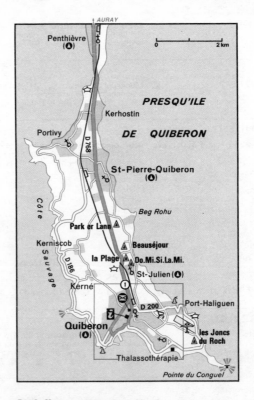

St-Julien – ✉ 56170 Quiberon

⚠ **Do.Mi.Si.La.Mi.,** ✆ 97 50 22 52, N : 0,6 km, à 50 m de la mer – ❄ juil.-août
2,2 ha (170 empl.) ⚡ plat et peu incliné, herbeux ⊡ – ⛺ 🍴 🚻 🏖 🔥 ⊕ ⚐
☂ 🍴 – ⚆ – A proximité : 🛒 🍴 ⚆ – Location : 🏠
avril-1er nov. – 🏕 – 🍴 *16* 🔲 *40* 🔌 *12 (3A) 20 (10A)*

⚠ **la Plage,** ✆ 97 30 46 23, Fax 97 50 40 98, N : 0,5 km, à 150 m de la mer
2,5 ha (180 empl.) ⚡ (saison) plat et peu incliné, herbeux – ⛺ 🍴 🚻 🔥 ⚐
🔲 – ⚆ – A proximité : 🛒 🍴 snack ⚆ – Location : 🏠
Pâques-26 sept. – 🏕 *conseillée juil.-août* – 🍴 *15* 🔲 *40* 🔌 *14 (3A) 20 (10A)*

⚠ **Beauséjour,** ✆ 97 30 44 93, Fax 97 30 52 51, N : 0,8 km, à 50 m de la mer
2,4 ha (150 empl.) ⚡ plat et peu incliné, herbeux, sablonneux – 🍴 🚻 🔥 ⚐
🔲 ⊕ ⚆ ☂ 🔲 – ⚆ – A proximité : 🛒 🍴 snack ⚆
Pâques-sept. – 🏕 *conseillée juil.-août* – 🍴 *13* 🔲 *50* 🔌 *12 (3A) 16 (6A) 20 (10A)*

St-Pierre-Quiberon – 2 184 h. – ✉ 56510 St-Pierre-Quiberon

⚠ **Park er Lann,** ✆ 97 50 24 93, S : 1,5 km par D 768, à 400 m de la mer
1,9 ha (135 empl.) ⚡ plat, herbeux ⊡ – ⛺ ⚆ ⊕ 🍴 ⚐ – 🏠 – Location : 🏠
Ascension-15 sept. – 🏕 *conseillée juil.-août* – Tarif 92 : 🍴 *15,35* 🚗 *6,60* 🔲
17,10 🔌 *16,05 (5A)*

QUIMPER ℗

29000 Finistère – 59 437 h.
🛈 Office de Tourisme, pl. Résistance
✆ 98 53 04 05

3 – 58 ⑮ G. Bretagne

⚠ **L'Orangerie de Lanniron** ⚓ « Prairie fleurie près du château »,
✆ 98 90 62 02, Fax 98 52 15 56, S : 3 km par Bd périphérique puis sortie vers
Bénodet et rte à droite, près de la zone de Loisirs de Creac'h Gwen, bord de
l'Odet
17 ha/4 campables (172 empl.) ⚡ plat, herbeux ⊡ ⚐ (2 ha) – ⛺ 🍴 🚻 🔥 ⚐
⊕ ⚆ ☂ ⚐ 🍴 🔲 – 🏠 ⚆ 🔥 🏠 ⚓ tir à l'arc, vélos
mai-15 sept. – 🏕 *conseillée juil.-août* – 🍴 *23 piscine comprise* 🚗 *15* 🔲 *38*
🔌 *18 (10A)*

QUIMPERLÉ

29300 Finistère – 10 748 h.
🛈 Office de Tourisme, Pont
Bourgneuf ✆ 98 96 04 32

3 – 58 ⑰ G. Bretagne

⚠ Municipal de Kerbertrand, ✆ 98 39 31 30, O : 1,5 km par D 783 rte de
Concarneau et chemin à droite, au stade
1 ha (40 empl.) plat, herbeux ⊡ – 🍴 🚻 ⚆ ⊕ – 🏠 – A proximité : 🛒 ✂

RABASTENS

81800 Tarn – 3 825 h.
🛈 Syndicat d'Initiative, 2 r. Amédée Clausade (saison) ⌀ 63 33 70 18

△△ **Municipal des Auzerals** ≤ « Cadre et situation agréables », ⌀ 63 33 70 36, sortie vers Toulouse puis 2,5 km par D 12 rte de Grazac à droite, près d'un plan d'eau
0,5 ha (44 empl.) ⚬ plat, peu incliné et en terrasses, herbeux ▭ 🛉 – 🛱 🖰 ⚲
🖻 ⊕ 🛋 🗢 – A proximité : 🗲 ⌴
avril-sept. – **R** conseillée juil.-août – 🛉 9,50 🖸 7 🖗 6 (10 ou 15A)

RADONVILLIERS

10500 Aube – 370 h.

△ **Municipal le Garillon,** ⌀ 25 92 21 46, sortie SO par D 11 rte de Piney et à droite, bord d'un ruisseau et à 250 m du lac – (haut de la digue par escalier)
1 ha (55 empl.) ⚬ plat, herbeux – 🛱 🖰 🕭 ⊕ – A proximité : 🗲
mai-sept. – **R** – 🛉 8 🖸 11 🖗 3 (3A) 4,50 (6A)

RAGUENÈS-PLAGE

29 Finistère – ✉ 29920 Névez

△△△ **Raguenès-Plage,** ⌀ 98 06 80 69, Fax 98 06 89 05, à 500 m de la mer
5 ha (287 empl.) ⚬ plat, herbeux 🛉 – 🛱 🗢 🖰 🖰 🕭 ⊕ 🛋 🗢 🖳 🛉 🛋
🖻 sauna – 🖭 🏊 – Location : 🚐
avril-sept. – **R** conseillée juil.-20 août – Tarif 92 : 🛉 22 🖸 43 🖗 10 (2A) 16 (6A)

△△△ **Les Deux Fontaines** 🔈, ⌀ 98 06 81 91, Fax 98 06 71 80, N : 1,3 km par rte de Névez et rte de Trémorvezen
4 ha (240 empl.) ⚬ plat, herbeux ▭ – 🛱 🗢 🖰 🖻 🕭 ⊕ 🛋 🗢 🖳 🖻 – 🗲
🛉 🏊 🏊 – Location : 🚐
15 mai-15 sept. – **R** conseillée juil.-août – 🛉 22 piscine comprise 🚗 15 🖸 30 🖗 15 (6A)

△△ **L'Océan** 🔈 ≤ « Entrée fleurie », ⌀ 98 06 87 13, sortie N par rte de Névez et à droite, à 350 m de la plage (accès direct)
2 ha (150 empl.) ⚬ plat, herbeux, sablonneux – 🛱 🗢 🖰 🕭 ⊕ 🖻 – 🖭 🏊
15 mai-15 sept. – **R** conseillée juil.-août – 🛉 17 🚗 7 🖸 17,50 🖗 11 (3A) 13 (4A) 17 (6A)

△ **Le Vieux Verger,** ⌀ 98 06 83 17, sortie N rte de Névez – En 2 parties distinctes
1,5 ha (100 empl.) ⚬ plat, herbeux – 🛱 🗢 🖰 ⊕ – 🏊
Pâques-sept. – **R** conseillée – Tarif 92 : 🛉 10 🚗 5 🖸 9 🖗 7,80 (4A) 11,50 (6A) 13,70 (10A)

RAMATUELLE

83350 Var – 1 945 h.

Schéma à Grimaud

△△ **Les Tournels** ≤ « Belle entrée fleurie et cadre agréable », ⌀ 94 79 80 54, Fax 94 79 86 19, E : 3,5 km rte du Cap Camarat
20 ha (975 empl.) ⚬ accidenté, en terrasses, herbeux, pierreux ▭ 🛉🛉 pinède
– 🛱 🗢 🖰 🕭 ⊕ 🛋 🗢 🖳 cases réfrigérées – 🗲 🏊 🏊 – A proximité : 🛒 🛉
✗ 🛋 – Location : 🚐 🏠
fermé 5 janv.-3 fév. – **R** conseillée juil.-août – 🛉 28,50 piscine comprise 🖸 40/50 à 74 avec élect. 3A

△△ **La Croix du Sud** ≤, ⌀ 94 79 80 84, Fax 94 79 89 21, E : 3 km par D 93 rte de St-Tropez
2 ha (120 empl.) ⚬ en terrasses, pierreux ▭ 🛉🛉 – 🛱 🗢 🖰 ⊕ 🖳 ✗ 🛋 🖻
– 🖭 🏊 – Location : 🚐
avril-1er oct. – **R** – 🖸 2 pers. 84, 3 pers. 111, pers. suppl. 25 🖗 15 (3A) 19 (5A)

RAMBOUILLET <e>

78120 Yvelines – 24 343 h.
🛈 Office de Tourisme, Hôtel-de-Ville
𝄞 (1) 34 83 21 21

⚠ **L'Étang d'Or** « Situation agréable, entrée fleurie », 𝄞 (1) 30 41 07 34, S : 3 km, près d'un étang
3,7 ha (230 empl.) ⟿ plat, gravier, herbeux 🏕 🎠 – 🚿 ⚒ 🛁 🗗 & ▥ ⊕ ♨ 🛒 ✑ 🖭 – 🍴
Permanent – *Places disponibles pour le passage* – **R** *conseillée juil.-août – Tarif 92 :* ♣ *15* 🔲 *18* 🔌 *4A : 11 (hors saison 16)*

RANSPACH

68470 H.-Rhin – 907 h.

⚠ **Les Bouleaux** ≤, 𝄞 89 82 64 70, S : par N 66
1,75 ha (80 empl.) ⟿ plat, herbeux 🏕 ♀ – 🚿 🔀 🗗 ⊕ ✑ ▽ ♈ – 🍴 🛶
Location : 🏚
avril-sept. – **R** *conseillée juil.-août* – ♣ *16 piscine comprise* 🔲 *20* 🔌 *14 (2A) 18 (4A) 26 (6A)*

RAVENOVILLE

50480 Manche – 251 h.

⚠ **Le Cormoran,** 𝄞 33 41 33 94, Fax 33 95 16 08, NE : 3,5 km sur D 421 rte d'Utah Beach, près de la plage
3 ha (170 empl.) ⟿ plat, herbeux, sablonneux – 🚿 ⚒ 🛁 🔀 🗗 & ⊕ ♨ 🖭 ♈ 🛒 – 🍴 🎮 ✂ 🚴 🛶 ✑ vélos – Location : 🏚
3 avril-27 sept. – *Places disponibles pour le passage* – **R** *conseillée juil.-août* – ♣ *20 piscine comprise* 🔲 *25* 🔌 *16 (3A) 21 (6A)*

RAZAC SUR L'ISLE 24 Dordogne – 75 ⑤ – rattaché à Périgueux

RAZÈS

87640 H.-Vienne – 919 h.

⚠ **Santrop** ৯ ≤ « Situation agréable », 𝄞 55 71 08 08, O : 4 km par D 44, bord du lac de St-Pardoux
4 ha (150 empl.) ⟿ (juil.-août) peu incliné à incliné, herbeux, gravier 🎠 (2 ha) – 🚿 🔀 🗗 & ⊕ ♈ ✗ 🚴 ✑ – 🍴 ✂ – A proximité : 🏖 (plage) ♨ toboggan aquatique – Location : huttes
juin-sept. – **R** *conseillée* – 🔲 *2 pers. 45* 🔌 *14 (16A)*

RÉ (Île de)

17 Char.-Mar
Accès : par le pont routier
(voir à La Rochelle)

Ars-en-Ré – 1 165 h. – ✉ 17590 Ars-en-Ré.

🛈 Syndicat d'Initiative, pl. Carnot (saison) 𝄞 46 29 46 09

⚠ **Le Soleil** ৯, 𝄞 46 29 40 62, 𝄞 46 29 41 74, SO : 0,5 km, à 300 m de l'océan
2 ha (140 empl.) ⟿ plat, sablonneux, herbeux 🏕 ♀♀ – 🚿 ⚒ 🛁 🗗 & ⊕ ♨ 🖭 – 🛶 🚴 – A proximité : ✂ 🎣
Permanent – **R** *conseillée saison – Tarif 92 :* 🔲 *3 pers. 90* 🔌 *16,60 (3A) 23,55 (plus de 3A)*

⚠ **Le Cormoran** ৯, 𝄞 46 29 46 04, Fax 46 29 29 36, O : 1 km
2,2 ha (150 empl.) ⟿ plat, herbeux, sablonneux ♀ – 🚿 ⚒ 🗗 & ⊕ ♨ 🖭 ♈ 🛒 – 🖭 sauna – 🛶 ✂ 🚴 ✑ vélos – Location : 🏚
avril-sept. – **R** *conseillée 15 juin-15 sept.* – 🔲 *piscine comprise 3 pers. 135 ou 160* 🔌 *20 (4A) 23 (6A)*

⚠ **Les Dunes,** 𝄞 46 29 41 41, NO : 1,5 km
2 ha (165 empl.) ⟿ plat, herbeux, sablonneux ♀♀ – 🚿 ⚒ 🛁 🗗 & ⊕ ♨ 🖭 – 🛶
– Location : 🏚 🏚
Permanent – **R** *conseillée juil.-août*

⚠ **Camp du S.I.** ৯, 𝄞 46 29 44 73, SO : 1 km, accès direct à l'océan
1,8 ha (140 empl.) ⟿ plat, sablonneux, herbeux ♀♀ – 🚿 ⚒ 🛁 🗗 & ⊕ ♨ – 🛶
avril-sept. – **R** *conseillée – Tarif 92 :* 🔲 *3 pers. 89* 🔌 *22 (10A) 15 (5A)*

⚠ **Municipal la Combe à l'Eau** ৯, 𝄞 46 29 46 42, O : 1,5 km, accès direct à l'océan
5 ha (400 empl.) ⟿ plat et peu accidenté, sablonneux, herbeux – 🚿 🔀 🗗 ⊕ 🖭 🚴 🛶 ✑ – A proximité : ✂
avril-sept. – 🔲 *1 ou 2 pers. 41,70, pers. suppl. 15,60* 🔌 *15,60 (6A)*

Le Bois-Plage-en-Ré – 2 014 h. – ✉ 17580 le Bois-Plage-en-Ré.

🛈 Syndicat d'Initiative, r. de l'Église (fermé après-midi hors saison) 𝄞 46 09 23 26

⚠ **Interlude-Gros Jonc** ৯ « Entrée fleurie », 𝄞 46 09 18 22, Fax 46 09 23 38, SE : 2,3 km, à 150 m de la plage
6 ha (310 empl.) ⟿ peu accidenté et plat, sablonneux, herbeux ♀ (3 ha) – 🚿 ⚒ 🛁 🗗 & ⊕ ♨ ▽ 🖭 ♈ 🛒 ✗ crêperie 🚴 🖭 – 🛶 salle de remise en forme 🚴 ✑ vélos – A proximité : ✂ – Location : 🏚
10 avril-18 sept. – **R** *conseillée juil.-août* – ♣ *piscine comprise 40* 🔲 *72* 🔌 *26*

⚠ **La Bonne Etoile** ৯, 𝄞 46 09 10 16, SE : 2,2 km
3,2 ha (200 empl.) ⟿ plat, sablonneux, herbeux 🏕 – 🚿 ⚒ 🛁 🗗 & ⊕ ♨ 🛒 ✑ – 🖭 – 🛶 ✂ ✑ vélos – Location : 🏚
Permanent – **R** *conseillée* – 🔲 *piscine comprise 3 pers. 110, pers. suppl. 28* 🔌 *20 (10A)*

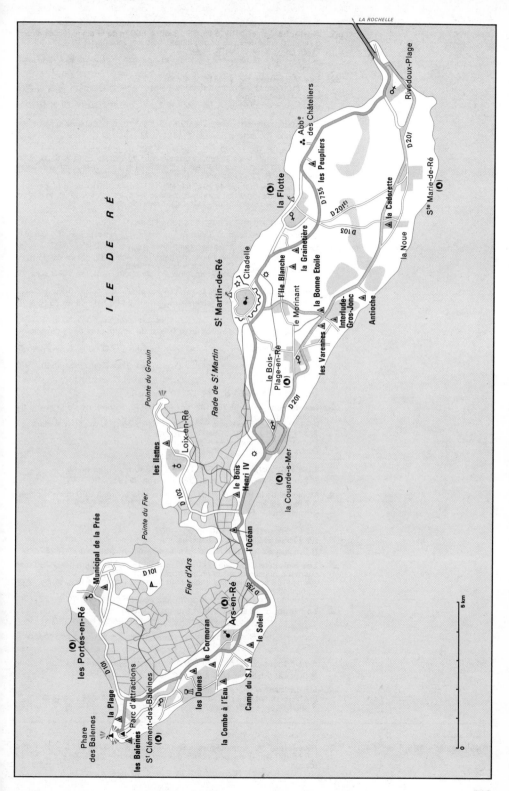

ILE DE RÉ

LA ROCHELLE

Rivedoux-Plage

D 201

Abbᵉ des Châteliers

les Peupliers
D 735

la Flotte
(Ø)

Ste Marie-de-Ré (Ø)

la Cadorette

D 201 E1

D 103

la Noue

la Grainetière
la Bonne Etoile

Citadelle
St Martin-de-Ré

Ile Blanche

le Mérinant

Interlude-
Gros-Jonc

Antioche

les Varennes

Pointe du Grouin

les Ilattes

Loix-en-Ré

Rade de St Martin

le Bois-
Plage-en-Ré
(Ø)

D 201

le Bois
Henri IV

Pointe du Fier

D 102

la Couarde-s-Mer

l'Océan

Pointe du Fier

Municipal de la Prée

D 101

Fier d'Ars

Ars-en-Ré (Ø)

D 735

le Soleil

les Portes-en-Ré (Ø)

le Cormoran

la Plage

Phare
des Baleines

les Baleines
St Clément-des-Baleines (Ø)

Parc d'attractions

les Dunes

la Combe à l'Eau

Camp du S.I.

5 km

0

319

▲▲ **Antioche** ⌂, ☎ 46 09 23 86, SE : 3 km, à 500 m de la plage (accès direct)
3 ha (120 empl.) ⊶ plat et peu incliné, herbeux, sablonneux ⊡ ⚲⚲ (1,5 ha) –
🛖 ⇌ ⊟ ⛱ ⊕ ♨ ⚘ ▽ ▣ – ⛵
10 avril-sept. – **R** conseillée juil.-août – ▣ 2 pers. 88/110 avec élect. (6A), pers.
suppl. 23

▲▲ **Les Varennes** ⌂, ☎ 46 09 15 43, SE : 1,7 km
2 ha (100 empl.) ⊶ plat, sablonneux, herbeux ⚲⚲ – 🛖 ⇌ ⊟ ⋒ ⛱ ⊕ ▣ –
vélos – Location : ⊞
avril-sept. – **R** conseillée – Tarif 92 : ▣ 3 pers. 86, pers. suppl. 19 🔌 16 (6A)

La Couarde-sur-Mer – 1 029 h. – ✉ 17670 la Couarde-sur-Mer.
🛈 Office de Tourisme, r. Pasteur ☎ 46 29 82 93

▲▲▲ **L'Océan,** ☎ 46 29 87 70, NO : 3,5 km, à 200 m de la plage
6 ha (330 empl.) ⊶ plat, sablonneux, herbeux ⚲⚲ – 🛖 ⇌ ⊟ ⛱ ⊕ ♨ ⚞ ♈ ✗
⚘ ▣ – 🍴 salle d'animation ✂ ⛵ vélos – Location : ⊞, bungalows toilés
avril-sept. – **R** 12 juil.-15 août – Tarif 92 : ▣ 3 pers. 105

▲ **Le Bois Henri IV,** ☎ 46 29 87 01, NO : 2,5 km, à 300 m de la plage
1,3 ha (92 empl.) ⊶ (juil.-août) plat, herbeux ⚲ – 🛖 ⇌ ⊟ ⛱ ⊕ ♨ ⚞ – vélos
mai-sept. – **R** conseillée juil.-août – ▣ 3 pers. 86 🔌 15 (3A)

La Flotte – 2 452 h. – ✉ 17630 la Flotte.
🛈 Office de Tourisme, quai Sénac (fermé matin sauf juin-sept.) ☎ 46 09 60 38

▲▲▲ **Les Peupliers** ⌂, ☎ 46 09 62 35, SE : 1,3 km
3 ha (200 empl.) ⊶ (saison) plat, herbeux, sablonneux ⚲⚲ – 🛖 ⇌ ⊟ ⋒ ⛱ ▣
⊕ ⚞ ♈ ▣ – 🍴 ⛵ vélos – Location : ⊞
avril-26 sept. – **R** conseillée juil.-25 août – ▣ piscine comprise 1 à 3 pers. 98
🔌 16 (5A)

▲▲▲ **L'Île Blanche** ⌂, ☎ 46 09 52 43, O : 2,5 km – Accès conseillé par la déviation
3 ha (176 empl.) ⊶ plat, sablonneux, pierreux ⚲ (1,5 ha) – 🛖 ⇌ ⊟ ⛱ ⊕
⚘ ▽ ⚞ ▣ – ✂ ⬚ vélos – Location : ⊞
avril-11 nov. – **R** conseillée – Tarif 92 : ▣ piscine comprise 2 pers. 98 🔌 19 (15A)

▲▲ **La Grainetière,** ☎ 46 09 68 86, à l'ouest du bourg, près de la déviation –
Accès conseillé par la déviation
2,3 ha (150 empl.) ⊶ plat, sablonneux, herbeux ⚲ – 🛖 ⊟ ▣ ⛱ ⊕ ⚘ ▽ ▣
– 🍴 ⬚ vélos – Location : ⊞
mars-oct. – **R** conseillée – Tarif 92 : ▣ piscine comprise 2 ou 3 pers. 65 🔌 17,50
(3A)

Loix-en-Ré – 561 h. – ✉ 17110 Loix-en-Ré.

▲▲▲ **les Ilattes** ⌂, ☎ 46 29 05 43, Fax 46 29 06 79, sortie E rte de la pointe du
Grouin, à 500 m de l'océan
4,5 ha (241 empl.) ⊶ plat, herbeux ⊡ – 🛖 ⇌ ⊟ ⛱ ⊕ ♨ ⚘ ▽ ♈ snack ⚞
▣ – 🍴 ✂ ⛵ ⬚ – Location : ⊞ 🏠
Permanent – **R** conseillée – ▣ élect. et piscine comprises 1 pers. 120/135,
2 pers. 145/160

Les Portes-en-Ré – 660 h. – ✉ 17880 les Portes-en-Ré.
🛈 Syndicat d'Initiative, pl. de la Chanterelle ☎ 46 29 52 71

▲ **Municipal de la Prée,** ☎ 46 29 51 04, à l'est du bourg, à 300 m de la plage
3,7 ha (145 empl.) plat, sablonneux, herbeux ⊡ – 🛖 ⇌ ⊟ ⊕
18 avril-sept. – **R** conseillée juil.-août

St-Clément-des-Baleines – 607 h.
✉ 17590 St-Clément-des-Baleines.
🛈 Syndicat d'Initiative, r. Mairie (fermé après-midi hors saison) ☎ 46 29 24 19

▲▲ **Les Baleines** ⌂, ☎ 46 29 40 76, Fax 49 09 15 77, NO : 2 km par D 735 puis
chemin à gauche avant le phare, accès direct à l'océan
4,5 ha (166 empl.) ⊶ plat, sablonneux, herbeux – 🛖 ⇌ ⊟ ⛱ ⊕ ▣ – ⛵
– Location : ⊞
avril-sept. – **R** conseillée juil.-20 août – ▣ 2 pers. 66 🔌 14 (3A) 18 (6A) 22 (10A)

▲ **La Plage,** ☎ 46 29 42 62, NO : 1,8 km, à 150 m de la plage
2,4 ha (170 empl.) ⊶ plat, herbeux, sablonneux – 🛖 ⇌ ⊟ ⛱ ⊕ ⚞ –
A proximité : ✂ ☗
Pâques-sept. – **R** conseillée, indispensable juil.-août – ▣ 1 à 3 pers. 54, pers.
suppl. 16 🔌 16 (7,5A)

Ste-Marie-de-Ré – 1 806 h. – ✉ 17740 Ste-Marie-de-Ré.
🛈 Syndicat d'Initiative, pl. Antioche ☎ 46 30 22 92

▲ **La Cadorette** ⌂, ☎ 46 30 22 59, à la Noue
0,7 ha (58 empl.) ⊶ plat, sablonneux, herbeux ⊡ ⚲ – 🛖 ⇌ ⊟ ⋒ ▣ ⊕ – ⛵
Pâques-fin sept. – **R** conseillée juil.-août – Tarif 92 : ▣ 3 pers. 72 🔌 17 (5 à 10A)

REALLON

⑰ – ⑰ ⑰

05160 H.-Alpes – 185 h. alt. 1 400

▲▲ **Municipal** ⌂, ≤ montagnes « Site agréable », ☎ 92 44 27 08 – alt. 1 434
0,8 ha (50 empl.) ⊶ peu incliné, pierreux, herbeux – 🛖 ⚘ ⊕ – 🍴 ✂ ⚞
(bassin)
15 juin-15 sept. – **R** conseillée – ▣ 2 pers. 40, pers. suppl. 14 🔌 13

RECOUBEAU-JANSAC
26310 Drôme – 197 h. alt. 500

⛰⛰ **le Couriou** ⬅, ℘ 75 21 33 23, NO : 0,7 km par D 93 rte de Die
4,5 ha (112 empl.) ⊶ non clos, en terrasses, herbeux, pierreux, gravier, bois attenant – 🔥 ⇄ 🔥 🔄 🔥 ⊕ 🔥 snack 🔥 – 🔥 🔥
15 juin-15 sept. – **R** *conseillée* – 🔥 *15 piscine comprise* 🔥 *25* 🔥 *11 (6A)*

16 – 77 ⑭

RÉGUINY
56500 Morbihan – 1 490 h.

⛰ **Municipal de l'Étang,** ℘ 97 38 61 43, SE : 1,5 km par D 11, près d'un plan d'eau
2 ha (65 empl.) ⊶ plat, herbeux 🔥 – 🔥 ⇄ 🔥 🔄 ⊕ – 🔥 – A proximité : 🔥 🔥
🔥 🔥 parcours sportif
juin-sept. – **R** – 🔥 *10* 🔥 *5* 🔥 *5* 🔥 *10 (6A)*

3 – 63 ③

RÉGUSSE
83630 Var – 820 h.

⛰⛰ **Les Lacs du Verdon** 🔥 « *Cadre agréable* », ℘ 94 70 17 95, NE : 2,8 km par rte de St-Jean
14 ha/8 campables (300 empl.) ⊶ plat, pierreux 🔥 🔥 – 🔥 ⇄ 🔥 🔄 🔥 ⊕ 🔥 🔥
🔥 🔥 snack 🔥 – 🔥 – 🔥 🔥 🔥 🔥 🔥 – Location : 🔥 🔥

17 – 84 ⑤

REHAUPAL
88640 Vosges – 163 h.

⛰ **Le Barba** 🔥 ⬅, ℘ 29 33 21 41, au bourg, bord d'un ruisseau
1 ha (100 empl.) plat et peu incliné, herbeux – 🔥 ⇄ – A proximité : 🔥 🔥
mai-sept. – *Tarif 92 :* 🔥 *7,50* 🔥 *4* 🔥 *4*

8 – 62 ⑰

REIMS ⊗
51100 Marne – 180 620 h.
🔥 Office de Tourisme et Accueil de France, 2 r. G.-de-Marchault
℘ 26 47 25 69

⛰⛰ **Airotel le Champagne,** ℘ 26 85 41 22, Fax 26 82 07 33, SE : 3 km par rte de Châlons-sur-Marne. – Par A 4 : sortie conseillée St-Rémi, puis direction Châlons-sur-Marne
5 ha (115 empl.) ⊶ plat, herbeux 🔥 – 🔥 ⇄ 🔥 🔄 ⊕ snack
avril-sept. – **R** – 🔥 *20* 🔥 *4* 🔥 *17* 🔥 *17 (5A)*

7 – 56 ⑥ ⑯ G. Champagne

REMOULINS
30210 Gard – 1 771 h.

⛰⛰ **La Soubeyranne** 🔥, ℘ 66 37 03 21, Fax 66 37 14 65, S : 1,8 km par N 86 et D 986L rte de Beaucaire
5 ha (200 empl.) ⊶ plat, herbeux 🔥 🔥 (3,5 ha) – 🔥 ⇄ 🔥 🔄 🔥 ⊕ 🔥 🔥 🔥
🔥 🔥 🔥 cases réfrigérées – 🔥 🔥 🔥 🔥
mai-19 sept. – **R** *conseillée juil.-août* – *Groupes non admis* – 🔥 *piscine comprise 2 pers. 88 (103 avec élect. 6A), suppl. pour plate-forme am. 20, pers. suppl. 15*

⛰⛰ **Municipal la Sousta** « *Agréable cadre boisé* », ℘ 66 37 12 80, Fax 66 87 23 69, NO : 2 km rte du Pont du Gard, bord du Gardon
12 ha (300 empl.) ⊶ plat et accidenté, herbeux, sablonneux 🔥 🔥 – 🔥 🔥 🔄 🔥 🔥
⊕ 🔥 🔥 snack 🔥 – 🔥 – 🔥 🔥 🔥 🔥 practice de golf – Location : bungalows toilés
Permanent – **R** *conseillée* – 🔥 *piscine comprise 2 pers. 72* 🔥 *16 (6A)*

16 – 80 ⑲ G. Provence

RÉMUZAT
26510 Drôme – 364 h. alt. 447

⛰ **Municipal les Aires** 🔥 ⬅, ℘ 75 27 81 43, sortie S par D 61 et chemin à gauche, à 200 m de l'Oule
0,8 ha (39 empl.) plat et peu incliné, terrasse, pierreux, herbeux 🔥 – 🔥 🔥 🔄 ⊕
15 avril-15 oct. – **R** *conseillée* – *Tarif 92 :* 🔥 *9* 🔥 *9* 🔥 *7* 🔥 *10 (3A)*

16 – 81 ③

RENAGE
38140 Isère – 3 318 h.

⛰⛰ **Le Verdon,** ℘ 76 91 48 02, sortie vers Rives, près de la piscine
1 ha (75 empl.) ⊶ plat, herbeux 🔥 🔥 – 🔥 🔥 🔥 🔥 🔥 🔥 🔥
avril-15 oct. – *Places disponibles pour le passage* – **R** *conseillée juil.-août* – 🔥
2 pers. 42, pers. suppl. 13 🔥 *16 (5A)*

12 – 77 ④

RENESCURE
59173 Nord – 2 221 h.

⛰ **Le Bloemstraete** 🔥 « *Entrée fleurie* », ℘ 28 49 85 65, sortie N par D 406
1 ha (30 empl.) ⊶ plat, herbeux – 🔥 ⇄ 🔥 ⊕ 🔥 🔥 🔥 – 🔥 – Location :
🔥
avril-1er nov. – *Places limitées pour le passage* – **R** *conseillée* – 🔥 *élect. (3A) comprise 1 pers. 30*

1 – 51 ④

RENNES ℙ
35000 I.-et-V. – 197 536 h.
🔥 Office de Tourisme et Accueil de France, Pont de Nemours
℘ 99 79 01 98

⛰⛰ **Municipal des Gayeulles** 🔥 « *Belle décoration arbustive* », ℘ 99 36 91 22, sortie NE vers N 12 rte de Fougères puis av. des Gayeulles et r. Maurice-Audin, près d'un étang
2 ha (100 empl.) ⊶ plat, herbeux – 🔥 🔥 ⊕ – A proximité : 🔥 🔥 🔥 🔥 parc animalier
avril-sept. – 🔥 *11,50* 🔥 *4,60* 🔥 *10,20/13,60* 🔥 *11,35 (4A) 15,80 (5 à 10A)*

4 – 59 ⑯ ⑰ G. Bretagne

RENNES-LES-BAINS
11190 Aude – 221 h. – ♨

15 – 86 ⑦

▲▲ Municipal la Bernède, (en cours de réaménagement) ♒ « Site agréable », 𝒫 68 69 87 01, sortie S par D 14 rte de Bugarach et chemin à gauche, près de la Sals
0,6 ha (50 empl.) ⊶ plat et peu incliné, herbeux – 🗂 ↔ ⅄ ☺ – A proximité : 👯 👯 ↔ ≋
avril-oct.

La RÉOLE
33190 Gironde – 4 273 h.
🅷 Office de Tourisme (fermé matin sauf juin-15 sept.) 𝒫 56 61 13 55

14 – 75 ⑬ G. Pyrénées Aquitaine

▲ **Municipal du Rouergue,** sortie S par D 9, rte de Bazas, bord de la Garonne (rive gauche)
0,3 ha (60 empl.) – 🗂 ↔ ☺
15 mai-15 oct. – **R** – 🏕 9,20 ⇔ 5,20 🅴 7/9 🔌 9 (5 ou 10A)

RÉOTIER
05600 H.-Alpes – 136 h. alt. 900

17 – 77 ⑱ G. Alpes du Sud

▲▲ **Municipal la Fontaine** ♒ ≼, 𝒫 92 45 16 84, NE : 2,5 km sur D 38 rte de St-Crépin, à 150 m de la Durance
1 ha (80 empl.) ⊶ en terrasses, pierreux ⚱ – 🗂 ↔ ⩟ ♿ ☺ 🝗
15 mai-sept. – **R** conseillée – 🏕 11,70 🅴 12,20 🔌 10,50 (5A)

Le REPOSOIR
74300 H.-Savoie – 289 h. alt. 1 000

12 – 74 ⑦ G. Alpes du Nord

▲ **Le Reposoir** ≼ « Site agréable », 𝒫 50 98 01 71, E : 0,4 km par rte de Nancy-s-Cluses, à 250 m du Foron
0,7 ha (44 empl.) ⊶ peu incliné, plat, herbeux – 🗂 ♿ ☺ ✗
15 juin-15 sept. – **R** conseillée août – 🅴 2 pers. 50 🔌 15 (4A) 18 (12A)

RESSONS-LE-LONG
02290 Aisne – 711 h.

6 – 56 ③

▲▲ **La Halte de Mainville,** 𝒫 23 74 26 69, sortie NE du bourg, rue du Routy
1 ha (48 empl.) ⊶ plat, herbeux – 🗂 ↔ ⩟ 🍴 ♿ 🎠 ☺ ⚱ 🝗 – 🚗 mini tennis
Permanent – **R** conseillée juil.-août – 🅴 1 à 5 pers. 50 à 140 🔌 8 à 20 (4 à 8A)

REVEL
31250 H.-Gar. – 7 520 h.
🅷 Syndicat d'Initiative, pl. Philippe-VI-de-Valois 𝒫 61 83 50 06

15 – 82 ⑳ G. Gorges du Tarn

▲ **Municipal du Moulin du Roy,** 𝒫 61 83 32 47, sortie E par D 1 rte de Dourgne et à droite
1,2 ha (54 empl.) ⊶ plat, herbeux – 🗂 ↔ ⩟ 🍴 ♿ ☺ 🎠 ⚱ – A proximité : 👯 👯
15 juin-15 sept. – **R** – 🏕 7,60 ⇔ 2,60 🅴 5 🔌 8,40 (5A)

RÉVILLE 50 Manche – 54 ③ – rattaché à St-Vaast-la-Hougue

REVIN
08500 Ardennes – 9 371 h.
🅷 Syndicat d'Initiative, r. Victor-Hugo 𝒫 24 40 19 59

2 – 53 ⑱ G. Champagne

▲ **Municipal des Bateaux** ≼, 𝒫 24 40 15 65, au nord de la ville par quai Edgar-Quinet, bord de la Meuse
1 ha (100 empl.) ⊶ plat, herbeux – 🗂 ⩟ ☺ ⚱ 🝗
Pâques-fin sept. – **R** conseillée saison – 🏕 10 ⇔ 6 🅴 6 🔌 9,50 (3 ou 6A)

RHINAU
67860 B.-Rhin – 2 286 h.

8 – 62 ⑩ G. Alsace Lorraine

▲▲▲ **Ferme des Tuileries** ♒, 𝒫 88 74 60 45, sortie NO rte de Benfeld – ✂
4 ha (100 empl.) plat, herbeux ⚱ – 🗂 ↔ ⩟ 🍴 ☺ ⚱ – 🚗 👯 🎠
avril-sept. – **R** – 🏕 12 piscine comprise 🅴 12 🔌 9 (2A) 16 (4A) 21 (6A)

RIA-SIRACH
66500 Pyr.-Or. – 1 017 h.

15 – 86 ⑰

▲▲ **Bellevue** ♒ ≼, 𝒫 68 96 48 96, à Sirach, SE : 1,5 km par D 26A
2,2 ha (110 empl.) ⊶ en terrasses, pierreux, herbeux 🔲 ⚱⚱ – 🗂 ⩟ ♿ ☺
👯 🍴 – 🚗 🏄
avril-15 oct. – **R** – Tarif 92 : 🏕 14,50 🅴 15 🔌 11 (3A) 15 (6A)

RIBEAUVILLÉ ⬯
68150 H.-Rhin – 4 774 h.
🅷 Office de Tourisme, Grand'Rue 𝒫 89 73 62 22

8 – 62 ⑲ G. Alsace Lorraine

▲▲▲ **Municipal Pierre-de-Coubertin** Ⓜ ♒ ≼, 𝒫 89 73 66 71, sortie E par D 106 puis rue de Landau à gauche
3,5 ha (280 empl.) ⊶ plat, herbeux ⚱ – 🗂 ↔ ⩟ 🍴 🎠 ☺ 🎠 ⚱ 🏄 🔲 – 🚗
✂ – A proximité : 🔲 🏊
mars-11 nov. – **R** – Tarif 92 : 🏕 15 🅴 17,50 🔌 11 (2A) 22 (4A) 29 (6A)

RIBÉRAC

24600 Dordogne – 4 118 h.

🅱 Syndicat d'Initiative, pl. du Général-de-Gaulle (fermé après-midi sauf 15 avril-15 oct.) ℘ 53 90 03 10

🔺 **Municipal de la Dronne,** ℘ 53 90 50 08, sortie N par D 708 rte d'Angoulême, après le pont, bord de la Dronne
2 ha (100 empl.) ⊶ plat, herbeux ☲ – 🗟 🖳 🖵 🕭 ⊕ – 🏠 🚵 vélos –
A proximité : 📥 🏊
15 juin-15 sept. – **R** – ❄ 9 ▣ 9 🔃 6,50 (16A)

RIBES

07260 Ardèche – 309 h.

🔺 **Les Cruses** 🌲 « Agréable sous-bois », ℘ 75 39 54 69, à 1 km au SE du bourg sur D 450
0,7 ha (45 empl.) ⊶ en terrasses 🏕 – 🗟 🖳 ⊕ – vélos – A proximité : 💥
Pâques-sept. – **R** conseillée juil.-août – ▣ 2 pers. 60, pers. suppl. 15 🔃 12 (4A)

🔺 **Les Châtaigniers** 🌲 < « Belle situation dominante sur la vallée », ℘ 75 39 54 98, au NE du bourg
0,3 ha (23 empl.) en terrasses, pierreux, herbeux ♀ – 🗟 ⊕
15 juin-15 sept. – **R** conseillée – ▣ 2 pers. 32 🔃 10

RIBIERS

05300 H.-Alpes – 637 h.

🔺 La Fontaine <, ℘ 92 62 20 09, SE : 1,3 km par D 948 rte de Sisteron, près d'un plan d'eau
0,8 ha (45 empl.) ⊶ plat, pierreux, herbeux – 🗟 🖳 🖵 🕭 ⊕ – A proximité : 🏊 toboggan aquatique
15 mars-15 oct. – **R** conseillée juil.-août

La RICHARDAIS 35 I.-et-V. – 59 ⑤ ⑥ – rattaché à Dinard

RICHELIEU

37120 I.-et-L. – 2 223 h.

🅱 Office de Tourisme, Grande-Rue (Pâques-sept.) ℘ 47 58 13 62

🔺 **Municipal,** ℘ 47 58 15 02, sortie S par D 749 rte de Châtellerault, à 100 m d'un plan d'eau
1 ha (34 empl.) ⊶ plat, herbeux ☲ – 🗟 🖳 🖵 🕭 ⊕ – 🚵 – A proximité : 💥
15 juin-15 sept. – ❄ 8,50 ▣ 7,50 🔃 7,50 (3A)

RIEC-SUR-BÉLON

29340 Finistère – 4 014 h.

🅱 Syndicat d'Initiative, pl. de l'Église (fermé après-midi hors saison) ℘ 98 06 97 65

🔺 **Château de Bélon** 🌲, ℘ 98 06 41 43, S : 3,5 km par rte de Bélon (rive droite), à 300 m du Bélon (mer)
5 ha (150 empl.) ⊶ (saison) plat, peu incliné, herbeux ♀ – 🗟 🖳 🖵 🕭 ⊕ – 🏠
– A proximité : 🍴 ✗ – Garage pour caravanes et bateaux
avril-15 oct. – **R** conseillée juil.-août – ❄ 12 🚗 8 ▣ 12 🔃 9 (4 à 6A)

RIEL-LES-EAUX

21570 Côte-d'Or – 94 h.

🔺 **Le Plan d'eau de Riel,** ℘ 80 93 72 76, O : 2,2 km, sur D 13 rte d'Autricourt, près du plan d'eau
0,3 ha (18 empl.) plat, herbeux, pierreux ☲ – 🗟 🖳 🖵 🕭 ⊕ – A proximité : 🏊
avril-oct. – ❄ 6,60 🚗 4 ▣ 7,20 🔃 8,50 (20A)

RIGNAC

12390 Aveyron – 1 668 h.

🔺 Municipal la Peyrade 🅼, ℘ 65 64 44 64, au Sud du bourg, pl. du Foirail, près d'un plan d'eau
0,7 ha (33 empl.) ⊶ en terrasses, peu incliné, herbeux ☲ – 🗟 🖳 🖵 🕭 ⊕
🏕 🕊 🖼 – A proximité : 💥 🏊

RIOM-ÈS-MONTAGNES

15400 Cantal – 3 225 h. alt. 842.

🅱 Office de Tourisme, pl. du Général-de-Gaulle ℘ 71 78 07 37

🔺 Municipal le Sédour « Cadre agréable », ℘ 71 78 05 71, sortie E par D 678 rte de Condat, bord de la Véronne
2 ha (180 empl.) ⊶ plat, incliné et en terrasses, herbeux ♀ – 🗟 🖳 🖵 🖼 ⊕ 🏕
🕊 – 🏠

RIOZ

70190 H.-Saône – 883 h.

🔺 **Municipal,** ℘ 84 91 91 59, sortie E par D 15 rte de Montbozon, à 150 m d'un plan d'eau
1,6 ha (57 empl.) plat, peu incliné, herbeux, gravier ♀♀ – 🗟 🖵 ⊕ – A proximité : 💥 🖼 (bassin)
avril-sept. – **R** – ❄ 9 ▣ 13 🔃 9 (5A)

RIQUEWIHR

68340 H.-Rhin – 1 075 h.

🅱 Office de Tourisme, r. de la 1ère-Armée (vacances scolaires, mars-nov.) ℘ 89 47 80 80

🔺 **Intercommunal** <, ℘ 89 47 90 08, E : 2 km, sur D 1B
4 ha (150 empl.) ⊶ plat et peu incliné, herbeux ☲ ♀ – 🗟 🖳 🖵 🖼 ⊕ 🖼 – 🏠
🚵 – A proximité : 💥
Pâques-fin oct. – **R** – Tarif 92 : ❄ 16 ▣ 19 🔃 16 (3A) 29 (6A)

RISCLE

32400 Gers – 1 778 h.

    14 – 82 ②

▲ **Municipal du Pont de l'Adour** 🌊, ℰ 62 69 72 45, sortie N rte de Nogaro et chemin à droite avant le pont, bord de l'Adour
2,5 ha (60 empl.) •⇐ plat, herbeux ⊏⊐ ⚲⚲ – 🗑 🅰 ⊛ – 🛒 🏊 – A proximité :
15 juin-15 sept. – **R** *conseillée* – 🕇 *7,30* 🗐 *15,60* 🔌 *7*

RIVIÈRES

81600 Tarn – 616 h.

    15 – 82 ⑩

⛰ **Les Pommiers d'Aiguelèze,** ℰ 63 41 51 31, Fax 63 57 33 45 ✉ 81600 Gaillac, à **Aiguelèze**, SE : 2,3 km, à 200 m du Tarn (port de plaisance et plan d'eau)
2,7 ha (50 empl.) plat, herbeux, verger – 🗑 🍽 🛁 🅰 ⊛ 🅱 – 🛒 🏊 (bassin) – A proximité : 🍷 ✕ 🏖 🏊 ⚑ 🏊 🎣 golf (practice et compact) – Location : bungalows toilés, studios
mars-nov. – **R** *conseillée saison* – 🗐 *2 pers. 60 (70 avec élect.)*

RIVIÈRE-SUR-TARN

12640 Aveyron – 757 h.

    15 – 80 ④

⛰⛰ **Peyrelade** ≼ « Entrée fleurie », ℰ 65 62 62 54, Fax 65 61 33 59, E : 2 km par D 907 rte de Florac, bord du Tarn
4 ha (140 empl.) •⇐ plat et en terrasses, herbeux, pierreux ⚲⚲ – 🗑 🍽 🛁 🅰 ⊛ 🏊 🅱 🅱 – A proximité : ✕ – Location : 🛖
juin-15 sept. – **R** *conseillée* – 🗐 *piscine comprise 2 pers. 90, pers. suppl. 17* 🔌 *16 (3A)*

⛰ **les Peupliers,** ℰ 65 59 85 17, sortie SO rte de Millau et chemin à gauche, bord du Tarn
1,5 ha (112 empl.) •⇐ plat, herbeux ⊏⊐ ⚲⚲ – 🗑 🍽 🛁 🅰 🅱 🏊 ⊛ 🏊 ⚑ 🍷 🅱 – 🛒 🏊 🅱 vélos
Pâques-Toussaint – **R** *conseillée juil.-août* – 🕇 *25 piscine comprise* 🗐 *20* 🔌 *12 (6A)*

ROCAMADOUR

46500 Lot – 627 h.

🅷 Office de Tourisme, Mairie (mars-nov.) ℰ 65 33 62 59

    13 – 75 ⑱ ⑲ G. Périgord Quercy

⛰ **Les Tilleuls,** ℰ 65 33 64 66, NE : 5 km par D 673, sur N 140 rte de Gramat
0,9 ha (32 empl.) •⇐ peu incliné, herbeux, pierreux ⊏⊐ – 🗑 🍽 🛁 🅰 ⊛ 🅱 – 🛒 🏊 🏊 – Location : 🛖
29 mai-15 sept. – **R** *juil.-août* – 🕇 *13 piscine comprise* 🗐 *13* 🔌 *9 (10A)*

  à L'Hospitalet NE : 1 km

⛰ **Les Cigales** Ⓜ 🌊, ℰ 65 33 64 44, Fax 65 33 69 60, sortie E par D 36 rte de Rignac
3 ha (100 empl.) •⇐ plat et peu incliné, pierreux, herbeux ⚴ – 🗑 🍽 🛁 🅰 🅱 ⊛ 🏊 ⚑ 🍷 snack 🏊 – 🅱 – 🛒 🏊 🏊 – Location : 🛖
juin-15 sept. – **R** *conseillée juil., indispensable août* – 🕇 *22 piscine comprise* 🗐 *22* 🔌 *14 (6A)*

⛰⛰ **Le Roc,** ℰ 65 33 68 50, NE : 3 km sur D 673 rte d'Alvignac, à la gare
0,5 ha (35 empl.) •⇐ peu incliné, pierreux, herbeux ⊏⊐ ⚲⚲ – 🗑 🍽 🛁 🅰 🅱 ⊛ 🏊 ⚑ 🍷 snack 🏊 – 🛒 🏊 🏊 – **R** *conseillée juil.-août* – 🕇 *16/17 piscine comprise* 🗐 *16/17* 🔌 *12 (5A)*

⛰ **Le Relais du Campeur,** ℰ 65 33 63 28, Fax 65 33 69 60, au bourg
1,5 ha (100 empl.) •⇐ plat, pierreux, herbeux – 🗑 🍽 🏊 🅰 ⊛ 🏊 🍷 snack –
avril-15 oct. – **R** *conseillée juil.-août* – 🕇 *16 piscine comprise* 🗐 *16* 🔌 *12 (6A)*

La ROCHE-BERNARD

56130 Morbihan – 766 h.

    4 – 63 ⑭ G. Bretagne

⛰ **Municipal le Pâtis** ≼, ℰ 99 90 60 13, accès par centre ville, sortie SO par rte de la Baule, bord de la Vilaine
1 ha (60 empl.) •⇐ plat, herbeux – 🗑 🍽 🛁 🅰 🅱 ▥ ⊛ 🏊 🅱 – 🛒 🏊 – A proximité : ✕

La ROCHE-CHALAIS

24490 Dordogne – 2 860 h.

    9 – 75 ③

⛰⛰ **Municipal de Gerbes** 🌊, ℰ 53 91 40 65, à 0,8 km, à l'ouest de la localité, par la rue de la Dronne, bord de la rivière
3 ha (100 empl.) •⇐ plat et en terrasses, herbeux ⊏⊐ ⚴ – 🗑 🍽 🛁 🅰 ⊛ 🅱 – 🛒 🏊
Permanent – **R** *conseillée juil.-août* – 🕇 *11* 🗐 *12* 🔌 *10 (5A) 21 (10A)*

ROCHECHOUART

87600 H.-Vienne – 3 985 h.

🅷 Office de Tourisme, r. Victor Hugo (fermé matin hors saison) ℰ 55 03 72 73

    10 – 72 ⑯ G. Berry Limousin

▲ **Municipal du Lac de Boischenu** 🌊 « Cadre boisé près d'un plan d'eau », ℰ 55 03 65 96, S : 1,5 km par D 675, rte de St-Mathieu et D 10 à droite, rte de la Rochefoucauld
1,5 ha (80 empl.) •⇐ en terrasses, herbeux ⊏⊐ ⚲⚲ – 🗑 🏊 ⊛ 🏊 ⚑ – 🛒 – A proximité : 🍷 snack 🏊 🏊 (plage) – Location : huttes
juin-sept. – **R** *conseillée* – Tarif 92 : 🕇 *9,20* 🚗 *5* 🗐 *5* 🔌 *6,50 (moins de 4A) 10,40 (plus de 4A)*

La ROCHE-DE-RAME　　　　　　　　　　　　　12 - 77 ⑱

05310 H.-Alpes – 702 h. alt. 947

⛰ **Le Verger** ⚓ ◁, ℰ 92 20 92 23, NO : 1,2 km par N 94 rte de Briançon et chemin des Gillis à droite
1,6 ha (50 empl.) ⊶ peu incliné, en terrasses, herbeux – 🍴 ⚘ 🚽 ⊛ 🐟 –
Permanent – **R** *conseillée juil.-août* – 🔲 *2 pers. 40* 🔌 *12 (3A) 16 (6A) 22 (10A)*

La ROCHE DES ARNAUDS　　　　　　　　　17 - 77 ⑯

05400 H.-Alpes – 845 h. alt. 940

⛰ **Au Blanc Manteau** ❄ ⚓ ◁, ℰ 92 57 82 56 ✉ 05400 Manteyer, SO : 1,3 km par D 18 rte de Ceüze, bord d'un torrent – alt. 900
4 ha (40 empl.) ⊶ plat, herbeux, pierreux ♀ – 🍴 ⚘ 🚽 🗐 🏪 ⊛ ▼ snack ⇛ 🐟
– ✗ ⚓ 📖
Permanent – **R** *conseillée* – 🔲 *piscine comprise 2 pers. 70* 🔌 *15 (2A) 23 (6A) 35 (10A)*

ROCHEFORT　　　　　　　　　　9 - 71 ⑬ G. Poitou Vendée Charentes

17300 Char.-Mar. – 25 561 h. –
⚕ 10 fév.-19 déc.
Pont de Martrou. Péage en 1992 :
auto 30 F (AR 45 F), voiture et
caravane 45 F. Renseignements :
Régie d'Exploitation des Ponts
ℰ 46 83 01 01

🛈 Office de Tourisme, av. Sadi-Carnot
ℰ 46 99 08 60

⛰ **Le Bateau** ⚓, ℰ 46 99 41 00, par rocade Ouest (Boulevard Bignon) et rte du Port Neuf, près du centre nautique
1 ha (85 empl.) ⊶ plat, pierreux, herbeux ⊡ – 🍴 ⚘ 🚽 🗐 🏪 🛆 ⊛ ⚓ ▽ 🛥
🐟 – 🛒 ✗ ⚓ (bassin) – A proximité : 🐬 (centre nautique) – Location : 🚐
Permanent – **R** *conseillée juil.-août* – *Tarif 92* : 🔲 *jusqu'à 3 pers. 54 (73 avec élect. 6 ou 10A), pers. suppl. 16,50*

ROCHEFORT-EN-TERRE　　　　　　　　4 - 63 ④ G. Bretagne

56220 Morbihan – 645 h.

⛰ **Municipal de Bogeais** ⚓, SO : 1 km par D 774 rte de la Roche-Bernard et à droite, au stade
1 ha (100 empl.) peu incliné, herbeux – 🍴 ⚘ 🚽 ⊛
Pâques-fin sept. – **R** – 👤 *9* ⇛ *4,50* 🔲 *4,50* 🔌 *10*

La ROCHELLE ℙ　　　　　　　　　9 - 71 ⑫ G. Poitou Vendée Charentes

17000 Char.-Mar. – 71 094 h.
Pont de l'île de Ré par ⑤. Péage en
1992 (AR) : auto 110 F (saison)
60 F (hors saison), camion 115 à
335 F, moto 30 F, vélo 10 F,
caravane 110 F (saison) 60 F (hors
saison). Gratuit pour piétons.
Renseignements par Régie d'Exploitation des Ponts ℰ 46 42 61 48

🛈 Office de Tourisme et Accueil de
France, quartier du Gabut, pl. de la
Petite Sirène ℰ 46 41 14 68

⛰ **Municipal du Soleil,** ℰ 46 44 42 53, au SO de la ville, r. des Minimes, près du port de plaisance
2,6 ha (166 empl.) ⊶ (juil.-août) plat, gravier, herbeux ⊡ – 🍴 ⚘ 🚽 🗐 🛆 ⊛
⚓ ▽ – A proximité : ✗
15 mai-25 sept. – **R** *conseillée* – *Tarif 92* : 🔲 *1 pers. 17,50, 2 pers. 38, pers. suppl. 12* 🔌 *12,50 (6A)*

⛰ **Beaulieu (Municipal de Puilboreau),** ℰ 46 68 04 38 ✉ 17138 Puilboreau, NE : 5 km par N 11 rte de Niort, près du centre commercial
1,7 ha (117 empl.) ⊶ (saison) plat, herbeux, gravier ⊡ – 🍴 ⚌ 🗐 🏪 ⊛ ⚓ ▽
– 🛒 – A proximité : 📠

⛰ **Municipal du Port Neuf,** ℰ 46 43 81 20, à l'Ouest de la ville, par av. Jean Guiton, Bld Aristide Rondeau
2,5 ha (167 empl.) ⊶ plat, herbeux, gravier ⊡ (tentes) ♀ – 🍴 ⚌ 🛆 🏪 ⊛ ⚓
🛥 – 🛒 ✗ – A proximité : ✗
Permanent – **R** *conseillée mai-sept.* – *Tarif 92* : 🔲 *1 pers. 17,50, 2 pers. 38, pers. suppl. 12* 🔌 *6A : 12,50 (hiver 15,50)*

Voir aussi à *L'Houmeau* et *Lagord*

La ROCHE-POSAY　　　　　　　　10 - 68 ⑤ G. Poitou Vendée Charentes

86270 Vienne – 1 444 h. – ⚕.
🛈 Office de Tourisme, cours Pasteur
ℰ 49 86 20 37

⛰ **Municipal le Riveau** ⚓, ℰ 49 86 21 23, N : 1,5 km par D 5 rte de Lésigny, bord de la Creuse
4,5 ha (200 empl.) ⊶ plat et peu incliné, herbeux ⊡ ♀ (1 ha) – 🍴 ⚘ 🚽 🗐 ⊛
– 🛒 ⚓ – A proximité : ✗
mars-oct. – **R** – *Tarif 92* : 🔲 *1 pers. 23, pers. suppl. 13* 🔌 *15 (16A)*

ROCHETAILLÉE **38** Isère – 77 ⑥ – rattaché au Bourg-d'Oisans

---

La ROCHETTE **05** H.-Alpes – 77 ⑯ – rattaché à Gap

La ROCHETTE　　　　　　　　　12 - 74 ⑯ G. Alpes du Nord

73110 Savoie – 3 124 h.

⛰ **Municipal du Lac St-Clair** ◁, ℰ 79 25 73 55, SO : 1,4 km par D 202 et rte de Détrier à gauche, bord du lac
1,8 ha (65 empl.) ⊶ plat et incliné, herbeux – 🍴 ⚌ ⊛ ⚓ ▽
juin-15 sept. – **R** *conseillée juil.-août* – 👤 *12,50* ⇛ *5,50* 🔲 *9,50* 🔌 *9,50 (2A) 10,50 (3A) 11,50 (4A)*

à Presle SE : 3,5 km par D 207 – ⊠ 73110 Presle :

⚊ **Combe Léat** ⌕ ≤ « Cadre agréable », ℘ 79 25 54 02, NE : 1,5 km sur D 207
1 ha (50 empl.) ⟜ en terrasses et incliné, herbeux, étang 🖵 ♀ – 🗒 ⇆ ⚖ ⊛
– 🛁
20 juin-15 sept. – **R** *conseillée – Tarif 92 :* ⚹ *12,50* 🔲 *15* 🛈 *8 (3A) 10 (6A et
plus)*

RODEZ ℗

12000 Aveyron – 24 701 h.
alt. 632.
🅱 Office de Tourisme, pl. Foch
℘ 65 68 02 27

⛰ – ⑧⓪ ② G. Gorges du Tarn

⛰ **Municipal de Layoule** ≤ « Cadre agréable », ℘ 65 67 09 52, au NE de la
ville, près de l'Aveyron
2 ha (80 empl.) ⟜ plat et en terrasses, herbeux, gravier 🖵 ♀ – 🗒 ⇆ 凵 🗐 🕹
⊛ ♨ ∀ – 🛁 📼
juin-sept. – **R** *conseillée juil.-août – Tarif 92 :* 🔲 *1 à 3 pers. 52 (68 avec
élect.)*

ROMAGNE-SOUS-MONTFAUCON

55110 Meuse – 193 h.

⑦ – ⑤⑥ ⑩ G. Alsace Lorraine

⚊ **Le Nantrisé** « Cadre agréable », ℘ 29 85 12 63, sortie S sur D 998
0,4 ha (26 empl.) plat, herbeux – 🗒 ⇆ 凵 – 🏇
Pâques-sept. – **R** – ⚹ *7* 🔲 *7* 🛈 *11 (6A)*

ROMANS-SUR-ISÈRE

26100 Drôme – 32 734 h.
🅱 Office de Tourisme, Le Neuilly,
pl. J.-Jaurès ℘ 75 02 28 72

⑫ – ⑦⑦ ② G. Vallée du Rhône

⛰ **Municipal les Chasses,** interdit aux caravanes de plus de 5,80 m,
℘ 75 72 35 27, NE : 3,5 km par N 92 rte de St-Marcellin puis 0,9 km par rte
à gauche, près de l'aérodrome
1 ha (40 empl.) ⟜ plat, herbeux 🖵 ♀ – 🗒 ⇆ 凵 🕹 ⊛ ♨ ∀ – A proximité : ⵌ ✕
✿ 🚤
avril-sept. – **R** – ⚹ *9,30* 🚙 *5,80* 🔲 *11,70* 🛈 *9,60 (2,5A) 12 (6A) 18,80
(10A)*

ROMBACH-LE-FRANC

68660 H.-Rhin – 764 h.

⑧ – ⑥② ⑱

⚊ **Municipal les Bouleaux** ⌕, ℘ 89 58 93 99, NO : 1,5 km par rte de la
Hingrie, bord d'un ruisseau
1,3 ha (50 empl.) ⟜ plat et peu incliné, herbeux, gravillons ♀ (0,5 ha) – 🗒 凵
⊛
mai-sept. – **R** *conseillée juil.-août – Tarif 92 :* ⚹ *6* 🚙 *5* 🔲 *5* 🛈 *8,10 (5A)*

ROMORANTIN-LANTHENAY ⟐

41200 L.-et-Ch. – 17 865 h.
🅱 Office de Tourisme, pl. de la Paix
℘ 54 76 43 89

⑥ – ⑥④ ⑱ G. Châteaux de la Loire

⛰ **Municipal de Tournefeuille** ⌕, ℘ 54 76 16 60, sortie E rte de Salbris,
r. de Long-Eaton, bord de la Sauldre
1,5 ha (96 empl.) ⟜ plat, herbeux ♀ – 🗒 ⇆ 凵 🗐 ⊛ ♨ ∀ – 🛁 – A proximité :
✿ 📼
Rameaux-fin sept. – **R** *conseillée juil.-août –* 🔲 *1 ou 2 pers. 36, pers. suppl. 13*
🛈 *9,50 (6A)*

RONCE-LES-BAINS

17 Char.-Mar. –
⊠ 17390 la Tremblade.
🅱 Syndicat d'Initiative, pl. Brochard
(fermé après-midi hors saison)
℘ 46 36 06 02

Schéma aux Mathes

⑨ – ⑦① ⑭ G. Poitou Vendée Charentes

⛰ **La Pignade,** ℘ 46 36 25 25, Fax 46 36 34 14, S : 1,5 km par av. du Monard
15 ha (448 empl.) ⟜ plat et vallonné, sablonneux 🖵 ♀♀ pinède – 🗒 ⇆ 凵 🗐
🕹 ⊛ ♨ ∀ 🍴 ⵌ pizzeria ♫ ▦ – 🛁 🎱 🚤 ⌁ toboggan aquatique, vélos –
A proximité : ✿
15 mai-18 sept. – **R** *conseillée juil.-août – Tarif 92 :* 🔲 *piscine comprise 2 pers.
95, pers. suppl. 18* 🛈 *17 (5A)*

⛰ **Les Ombrages,** ℘ 46 36 08 41, S : 1,2 km
4 ha (200 empl.) ⟜ plat et peu accidenté, sablonneux ♀♀ pinède – 🗒 🔏 🗐 🕹
⊛ 🎱 ♫ ▦ – 🚤 – A proximité : ✿
juin-15 sept. – **R** *juil. –* **R** *août –* 🔲 *1 à 3 pers. 50* 🛈 *12 (3A) 14 (6A)*

LA RONDE

9 – 71 ②

17170 Char.-Mar. – 703 h.

⚐ **Le Port,** ℰ 46 27 87 92, au nord du bourg par D 116 rte de Maillezais et chemin à droite
0,5 ha (25 empl.) ⚡ (saison) plat, herbeux ◻ – 🗐 ⛺ 🖪 🕁 ⚅ ⏚ ⚐ ⥀ – ⛵
avril-sept. – **R** – ⚡ *10* 🔲 *14/15* 🕪 *11 (5A) 22 (10A)*

ROQUEBILLIÈRE

17 – 84 ⑲ G. Côte d'Azur

06450 Alpes-Mar. – 1 539 h.
alt. 612.

🅷 Syndicat d'Initiative, av. Corniglion-
Molinier ℰ 93 03 51 60

⚑ Les Templiers ⚲ ≤ « Site agréable », ℰ 93 03 40 28, à 0,5 km au sud du vieux village par D 69 et chemin à gauche (forte pente), bord de la Vésubie
1,5 ha (136 empl.) ⚡ plat et terrasses, herbeux, pierreux ♀ (0,7 ha) – 🗐 🔀 ▥
⚅ – 🔲 – A proximité : ✕ – Location : 🏠 – *Places disponibles pour le passage*

ROQUEBRUNE-SUR-ARGENS

17 – 84 ⑦ G. Côte d'Azur

83520 Var – 10 389 h.

⚑ **Lei Suves** ⚲ « Entrée fleurie », ℰ 94 45 43 95, N : 4 km par D 7 et passage sous l'autoroute A 8
7 ha (195 empl.) ⚡ plat et vallonné, en terrasses, pierreux, herbeux ◻ ♀♀ – 🗐 ⛺ 🖪 🕁 🕮 ⚅ ⏚ ♀ ✕ ⥀ – ✕ – ⛵ 🚣
15 mars-oct. – **R** *conseillée juil.-août – Tarif 92 :* 🔲 *piscine comprise 2 pers. 100, 3 pers. 115* 🕪 *14 (4A)*

⚑ **Moulin des Iscles** ⚲, ℰ 94 45 70 74, E : 1,8 km par D 7 rte de St-Aygulf et chemin à gauche, bord de l'Argens
1,5 ha (90 empl.) ⚡ plat, herbeux ♀ – 🗐 🔀 🖪 🕁 🕮 ⚅ ⥀ ♑ ✕ ⥀ ⬜ – 🔲 – Location : 🏠, studios
avril-15 oct. – **R** *conseillée juil.-août – Tarif 92 :* 🔲 *2 pers. 69, 3 pers. 85* 🕪 *13 (2A) 15 (4A) 16 (6A)*

ROQUECOURBE

15 – 83 ①

81210 Tarn – 2 266 h.

⚐ **Municipal de Siloé** ⚲, sortie E par D 30 puis 0,5 km par chemin à droite après le pont, bord de l'Agout
0,7 ha (39 empl.) plat, herbeux – 🗐 🔀 ⚅ – A proximité : ✕
juil.-sept. – **R** – ⚡ *8* 🔲 *12* 🕪 *9 (5A)*

La ROQUE-D'ANTHÉRON

16 – 84 ② G. Provence

13640 B.-du-R. – 3 923 h.

⚑ **Domaine des Iscles** ⚲ ≤, ℰ 42 50 44 25, Fax 42 50 56 29, N : 1,8 km par D 67ᶜ et chemin à droite après le tunnel sous le canal, près d'un plan d'eau et à 200 m de la Durance
10 ha/4 campables (270 empl.) ⚡ plat, herbeux, pierreux ♀ – 🗐 ⛺ 🖪 🕁
🕮 ⚅ ⥀ ✕ ⥀ 🖪 garderie – 🔲 ✕ ⛵ 🚣 practice de golf – A proximité :
⬜ – Location : 🏠
Permanent – **R** *conseillée juil.-août –* ⚡ *22 piscine comprise* 🔲 *30* 🕪 *20 (10A)*

⚑ **Municipal Silvacane en Provence** ≤ « Cadre agréable », ℰ 42 50 40 54, sortie O par D 561 rte de Charleval, près du canal
3 ha (140 empl.) ⚡ plat, peu incliné, en terrasses, pierreux, herbeux 🗺 pinède
– 🗐 ⛺ 🕁 🖪 🕮 ⚅ ⏚ – 🔲
Permanent – **R** *conseillée – Tarif 92 :* 🔲 *piscine comprise 2 pers. 30,50, pers. suppl. 13* 🕪 *12 (7A)*

La ROQUE-ESCLAPON

17 – 84 ⑦

83840 Var – 150 h. alt. 1 000

⚐ **Municipal Notre-Dame** ⚲ ≤, au SO du bourg par rte de Draguignan et chemin à droite
4 ha (230 empl.) en terrasses, peu incliné, herbeux, pierreux – 🗐 ⛺ ⚅ –
A proximité : 🚣 ⛵
Permanent – **R** – ⚡ *12* 🔲 *15* 🕪 *12 (2A)*

ROQUEFORT

13 – 79 ⑪ G. Pyrénées Aquitaine

40120 Landes – 1 821 h.

⚑ **Municipal de Nauton,** ℰ 58 45 59 99, N : 1,7 km par D 932, rte de Bordeaux et rte à gauche après le passage à niveau
1,5 ha (36 empl.) ⚡ plat, herbeux, sablonneux ♀ – 🗐 ⛺ 🕁 🕁 ⚅ ⥀ ⥀ – ✕
avril-oct. – **R** – ⚡ *8* 🔲 *élect. comprise 11/13*

La ROQUE-GAGEAC

13 – 75 ⑰ G. Périgord Quercy

24250 Dordogne – 447 h.

⚑ **Beau Rivage,** ℰ 53 28 32 05, E : 4 km, bord de la Dordogne
6,4 ha (187 empl.) ⚡ plat et en terrasses, herbeux, sablonneux ♀♀ – 🗐 ⛺ 🕁
🖪 🕁 ⚅ ⥀ ♀ 🖪 – 🔲 ✕ ⛵ 🚣 ⬜ tir à l'arc
fermé 16 déc.-14 janv. – **R** *conseillée –* 🔲 *piscine comprise 2 pers. 72, pers. suppl. 22* 🕪 *13 (3A) 17 (4A) 24 (6A)*

⚑ **La Butte** ≤, ℰ 53 28 30 28, E : 4,7 km, bord de la Dordogne
4 ha (130 empl.) ⚡ plat, peu incliné, en terrasses, herbeux ◻ ♀♀ – 🗐 ⛺ 🕁
🖪 🕁 ⚅ ⥀ ⬜ snack ⥀ – 🔲 ✕ ⛵ – Location : 🏠 🏠
Permanent – **R** *conseillée saison –* 🔲 *piscine et tennis compris 2 pers. 75, pers. suppl. 21* 🕪 *15 (6A)*

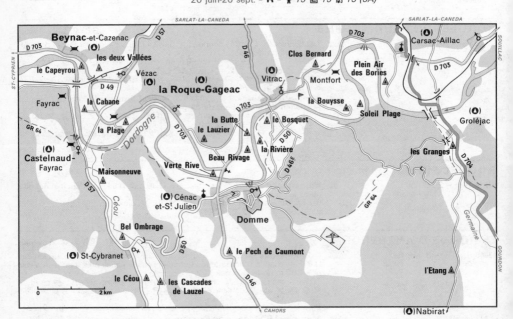

⚠ **La Plage** ≤, ℘ 53 29 50 83 ✉ 24220 St-Cyprien, O : 1 km, bord de la Dordogne
2 ha (83 empl.) ⬥ plat, herbeux ⚲ – 🛖 ⬥ ⬥ ⚙ – 🌊
avril-20 oct. – **R** conseillée juil.-août – 🚶 15 🚗 7,50 🔲 7,50 (⚡) 12 à 18
(3 à 6A)

⚠ Le Lauzier ≤ « Cadre agréable », ℘ 53 29 54 59, SE : 1,5 km
2 ha (70 empl.) ⬥ en terrasses, pierreux, herbeux 🔲 ⚲ – 🛖 ⬥ ⬥ 🔲 ⚙
– 🌊 🌊

⚠ **Verte Rive,** ℘ 53 28 30 04, SE : 2,5 km, bord de la Dordogne
1,5 ha (60 empl.) ⬥ (15 juil.-15 août) plat et peu incliné, herbeux ⚲ – 🛖 ⬥ 🔲
⚙ – 🌊 🌊
20 juin-20 sept. – **R** – 🚶 15 🔲 15 (⚡) 13 (3A)

Voir aussi à *Carsac-Aillac, Castelnaud-Fayrac, Cénac-et-St-Julien, Groléjac, St-Cybranet, Vézac*

ROQUESTERON
06910 Alpes-Mar. – 509 h.

🔢 – 🔢 ⑳ G. Alpes du Sud

⚠ **Les Fines Roches** 🔲 ≤, ℘ 93 05 91 85, SE : 3 km par D 17 rte de Pierrefeu
puis à droite, bord de l'Estéron – Accès aux emplacements par pente à 12 %
3 ha (30 empl.) ⬥ plat, pierreux 🔲 – 🛖 ⬥ ⬥ ⚙ 🔲 ▼ 🍴 – tir à l'arc
Pâques-oct. – **R** juil.-août – 🔲 2 pers. 36/40, pers. suppl. 15 (⚡) 10 (5A)

La ROQUE-SUR-CEZE
30200 Gard – 153 h.

🔢 – 🔢 ⑨

⚠ **la Masade** 🔲 , ℘ 66 79 01 10, S : 2,2 km par D 166 puis 1,4 km par chemin
à gauche, bord de la Cèze – accès conseillé par D 6 pour les caravanes
14 ha/3 campables (90 empl.) ⬥ accidenté, plat et en terrasses, pierreux,
gravier ⚲ – 🛖 ⬥ 🔲 🔲 ⚙ 🔲 ▼ snack – 🌊 🍴 🌊 – Location : 🏠
mai-sept. – **R** conseillée juil.-août – 🔲 2 pers. 55, pers. suppl. 15 (⚡) 15 (6A)

La ROSIÈRE DE MONTVALEZAN
73700 Savoie – alt. 1 820 – 🏂.
🅱 Office de Tourisme
(15 déc.-12 mai) ℘ 79 06 80 51

🔢 – 🔢 ⑱ G. Alpes du Nord

⚠ **La Forêt** ❄ ≤, ℘ 79 06 86 21, S : 2 km par N 90 rte de Bourg-St-Maurice –
accès aux emplacements par véhicule tracteur – croisement difficile pour
caravanes
1,7 ha (67 empl.) ⬥ en terrasses, accidenté, pierreux ⚲ – 🛖 ⬥ ⬥ 🔲 🔲 🍴
⚙ ▼ snack, crêperie – A proximité : 🏂 ✗
15 déc.-10 mai, 20 juin-12 sept. – **R** conseillée vac. scolaires – 🚶 18 (hiver 19)
🔲 14/19 (hiver 20) (⚡) été : 19 (4A) hiver : 23 (4A) 32 (6A)

▶ *Consultez le tableau des localités citées,*
classées par départements, avec indication éventuelle
des caractéristiques particulières des terrains sélectionnés.

ROSIÈRES

07260 Ardèche – 911 h.

⑨ – ⑧⓪ ⑧

Arleblanc « Situation agréable au bord de la Beaume », ℰ 75 39 53 11, Fax 75 39 93 98, sortie NE rte d'Aubenas et 2,8 km par chemin à droite – Croisement difficile pour caravanes
7 ha (167 empl.) ⟶ plat, herbeux ♀♀ – 🔟 ⚲ 🖼 ⊕ 🏊 ▼ ✗ ⭐ – 🖥 – ✗ 🛒 ⚓
🎿 ⬛ vélos – A proximité : ↝ – Location : 🏠, studios
15 mars-11 nov. – **R** conseillée juil.-août – 🖽 piscine comprise 2 pers. 75 🕪 16 (6A)

le Grillou, ℰ 75 39 51 50, sortie SO par rte de Joyeuse, à 100 m de la Beaume
2,2 ha (95 empl.) ⟶ plat et en terrasses, herbeux, pierreux ♀ – 🔟 ⚄ ⚲ 🖼 ₰
⊕ 🏊 ▼ ✗ self service ⭐ 🖥 – 🏠 salle d'animation 🎿 toboggan aquatique
– A proximité : ↝ – Location : 🏠

La Plaine « Entrée fleurie », ℰ 75 39 51 35, NE : 0,7 km par D 104 rte d'Aubenas
1,2 ha (60 empl.) ⟶ plat, peu incliné, herbeux ⛱ ♀♀ – 🔟 ⚲ 🖼 ₰ ⊕ 🖥 – 🏠
✗ ⚓ 🛒 🎿 – **R** conseillée juil.-août – 🖽 piscine comprise 2 pers. 68 🕪 14 (6A) 18 (10A)

Les Platanes ⚲ ≤, ℰ 75 39 52 31, sortie NE rte d'Aubenas et 3,7 km par chemin à droite, bord de la Beaume – Croisement difficile pour caravanes
2 ha (90 empl.) ⟶ (saison) plat, herbeux ♀ – 🔟 ⚲ 🖼 ₰ ⊕ 🏊 🖥 – 🎿 ↝ –
A proximité : ↝
Pâques-sept. – **R** conseillée juil.-août – 🖽 piscine comprise 2 pers. 57, pers. suppl. 13 🕪 13 (6A)

Les ROSIERS

49350 M.-et-L. – 2 204 h.
🚩 Syndicat d'Initiative, pl. Mail (juin-sept.) ℰ 41 51 90 22

⑤ – ⑥④ ⑫ G. Châteaux de la Loire

Districal le Val de Loire « Entrée fleurie », ℰ 41 51 94 33, Fax 41 51 85 81, sortie N par D 59 rte de Beaufort-en-Vallée, près du carrefour avec la D 79
2,2 ha (100 empl.) ⟶ plat, herbeux – 🔟 ⚄ ⚲ 🖼 ₰ ₰ – 🏠 🛒
🎿 – A proximité : ✗ ♫ – Location : 🏠 🏠, bungalows toilés
mai-sept. – **R** conseillée juil.-août – 🖽 piscine et tennis compris 3 pers. 90, pers. suppl. 24 🕪 9 (6A)

ROSNAY

36300 Indre – 537 h.

⑩ – ⑥⑧ ⑯ ⑰

Municipal ⚲, N : 0,5 km par D 44 rte de St-Michel-en-Brenne, bord d'un étang
0,7 ha (18 empl.) plat, herbeux – 🔟 ⚲ 🖼 ₰ – ✗
Permanent – **R** – ✷ 5,50 ⇔ 4 🖽 5 🕪 8 (3A) 15 (6A)

ROSPORDEN

29140 Finistère – 6 485 h.
🚩 Syndicat d'Initiative, r. Ernest Prévost (juil.-août) ℰ 98 59 27 26

③ – ⑤⑧ ⑯ G. Bretagne

Municipal Roz-an-Duc « Cadre agréable », ℰ 98 59 90 27, N : 1 km par D 36 rte de Châteauneuf-du-Faou et à droite à la piscine, bord de l'Aven et à 100 m d'un étang
1 ha (50 empl.) ⟶ plat et en terrasses, herbeux ⛱ – 🔟 ₰ ₰ ₰ ⊕ – A proximité :
✗ ♫
21 juin-5 sept. – **R** – ✷ 11,60 ⇔ 4,50 🖽 10,50 🕪 9,50 (4A)

ROTHAU

67570 B.-Rhin – 1 583 h.

⑧ – ⑥② ⑧

Municipal, ℰ 88 97 07 50, sortie SO par N 420 rte de St-Dié et chemin à droite, bord de la Bruche
1 ha (73 empl.) ⟶ (saison) plat et terrasse, herbeux, gravillons ⛱ – 🔟 ₰ ₰ ₰
avril-sept. – **R** conseillée – ✷ 15 ⇔ 5,50 🖽 5,50 🕪 9 (2A) 16,50 (6A) 24,50 (10A)

ROUEN Ⓟ

76000 S.-Mar. – 102 723 h.
🚩 Office de Tourisme et Accueil de France, 25 pl. de la Cathédrale ℰ 35 71 41 77

⑤ – ⑤⑤ ⑥ G. Normandie Vallée de la Seine

à Déville-lès-Rouen NO par N 15 rte de Dieppe
✉ 76250 Déville-lès-Rouen :

Municipal, ℰ 35 74 07 59, rue Jules-Ferry
1,5 ha (100 empl.) ⟶ plat, herbeux, gravillons – 🔟 ₰ ₰ 🖼 ▥ ⊕ ⭐ ⚓
fermé fév. – **R** conseillée – ✷ 20 ⇔ 6 🖽 6/12 🕪 8 (5A)

ROUFFACH

68250 H.-Rhin – 4 303 h.

⑧ – ⑥② ⑲

Municipal ⚲, ℰ 89 49 78 13, au Sud du bourg, près du stade
0,4 ha (30 empl.) ⟶ (juil.-août) plat, herbeux, pierreux ⛱ – 🔟 ⚲ ⊕ – 🏠 –
A proximité : ✗ 🎿
fin mai-sept. – **R** conseillée – Tarif 92 : ✷ 10 🖽 10 🕪 12 (4A)

ROUFFIGNAC

24 Dordogne – 1 465 h.
✉ 24580 Rouffignac-St-Cernin

⑬ – ⑦⑤ ⑥ G. Périgord Quercy

Cantegrel ≤ « Cadre agréable », ℰ 53 05 48 30, Fax 53 05 40 67, N : 1,5 km par D 31 rte de Thenon et rte à droite
43 ha/7 campables (110 empl.) ⟶ peu incliné et incliné, herbeux ⛱ ♀ – 🔟 ₰
₰ 🖼 ₰ ⊕ 🏊 ▼ ✗ ⭐ 🖥 – 🏠 ✗ ⚓ 🎿 🐎 vélos – Location : chalets
avril-sept. – **R** conseillée à 3 pers. 95 🕪 11 (6A)

La Nouvelle Croze Ⓜ ⚲, ℰ 53 05 38 90, SE : 2,5 km par D 31, rte de Fleurac
1,3 ha (40 empl.) ⟶ (juil.-août) plat, herbeux ⛱ – 🔟 ₰ ₰ 🖼 ₰ ⊕ ₰ ⚓ 🏊
▼ 🖥 – Location : 🏠
Pâques-1ᵉʳ nov. – **R** conseillée juil.-août – ✷ 21 piscine comprise 🖽 26 🕪 14 (5A)

ROUFFILLAC

24 Dordogne – ✉ 24370 Carlux

▲▲▲ **Les Ombrages de la Dordogne,** ✆ 53 29 70 24, près du D 703, bord de la Dordogne
1,3 ha (80 empl.) ⟶ plat, herbeux ♀♀ (0,5 ha) – 🔊 ⇄ 🛁 ⊕ ⚡ 🏠 – ✗ 🛶
– A proximité : 🍷 ✗ ⚓ ⫶ 🛶
15 juin-15 sept. – **R** *conseillée 15 juil.-15 août* – ⚊ 13 ▣ 14 à 18 🔌 9,50 (4A)
13 (6A)

ROUGEMONT

25680 Doubs – 1 200 h.

à Bonnal N : 3,5 km par D 18 – ✉ 25680 Bonnal :

▲▲▲ **Le Val de Bonnal** ⟋ « Site agréable et décoration arbustive »,
✆ 81 86 90 87, Fax 81 86 01 06, bord de l'Ognon et près d'un plan d'eau
120 ha/15 campables (230 empl.) ⟶ plat, herbeux ⛱ ♀ (2 ha) – 🔊 ⇄ 🛁 🔥
🖥 ⚓ ⊕ 🏠 ⫶ ▽ 🛒 🍷 ✗ grill ⚓ 🍽 – 🛒
15 mai-15 sept. – **R** *conseillée juil.-août* – ▣ *élect. (5A) comprise 3 pers.*
136, *pers. suppl.* 25

ROUQUIÉ

81 Tarn – alt. 700 – ✉ 81260 Brassac

▲ **Rouquié** ⟋ ≼, ✆ 63 70 98 06, Fax 63 70 91 13, bord du lac de la Raviège
1,5 ha (66 empl.) ⟶ très incliné, en terrasses, herbeux ♀ – 🔊 ⊕ 🍷 🍽
mars-oct. – **R** *conseillée juil.-août* – ▣ *2 pers.* 48, *pers. suppl.* 14,50 🔌 10 (3A)
15 (6A)

ROUSSES

48400 Lozère – 69 h. alt. 743

▲ **La Quillette** (aire naturelle) ⟋ ≼, ✆ 66 44 00 29, au S du bourg sur D 119
rte du Mont Aigoual, bord du Tarnon
2 ha (25 empl.) en terrasses, peu incliné et plat, herbeux ♀ (1 ha) – 🔊 – 🛒
15 juin-15 sept. – **R** – ⚊ 7,50 ▣ 10

ROUSSILLON

84220 Vaucluse – 1 165 h.
🛈 Office de Tourisme, pl. Poste (avril-oct.) ✆ 90 05 60 25

▲ **Arc-en-Ciel** ⟋ « Cadre et site agréables », ✆ 90 05 73 96, SO : 2,5 km par
D 105 et D 104 rte de Goult
2 ha (84 empl.) accidenté et en terrasses ♀♀ – 🔊 🛒 🖥 ⊕ – 🛒 🛒 (bassins)
20 mars-oct. – **R** *conseillée juil.-août* – ⚊ 11,50 🚗 7,50 ▣ 7,50 🔌 13 (4A)
15 (6A)

ROYAN

17200 Char.-Mar. – 16 837 h.
🛈 Office de Tourisme,
Palais des Congrès ✆ 46 38 65 11
et pl. de la Poste ✆ 46 05 04 71

▲▲▲ **Clairefontaine** « Cadre agréable », ✆ 46 39 08 11, à **Pontaillac**, allée des
Peupliers, à 400 m de la plage
3 ha (300 empl.) ⟶ plat, herbeux ♀♀ – 🔊 ⇄ 🛁 🖥 🔥 ⊕ 🚐 ⚓ 🍽 – 🛒 ✗
🛒 (bassin enfants)
28 mai-10 sept. – **R** *août – Tarif 92 :* ▣ *3 pers.* 117 🔌 20 (5A)

▲ **Le Chant des Oiseaux,** ✆ 46 39 47 47, NO : 2,3 km
1,5 ha (90 empl.) ⟶ plat, herbeux ♀♀ (0,5 ha) – 🔊 ⇄ 🛁 🖥 🔥 ⊕ – 🛒
mai-sept. – **R** *conseillée* – ▣ *3 pers.* 70, *pers. suppl.* 18 🔌 19 (5A)

▲ **Les Coquelicots,** ✆ 46 38 23 21, N : 2 km
3 ha (290 empl.) ⟶ plat, herbeux ♀♀♀ (0,6 ha) – 🔊 ⚓ 🖥 🔥 ⊕ – 🚐 🛒 – 🛶
avril-15 oct. – **R** *conseillée juil.-août* – ▣ *2 ou 3 pers.* 58, *pers. suppl.* 15 🔌 15
(3 à 5A)

▲ **Walmone,** ✆ 46 39 15 81, N : 4 km – ✗
1,5 ha (100 empl.) ⟶ plat, herbeux ♀♀ – 🔊 ⚓ ⚓ 🖥 🍷 🍽 – salle de musculation
✗ 🛒 (bassin)
15 juin-15 sept. – **R** *conseillée* – ▣ *3 pers.* 53

▲ **Le Royan,** ✆ 46 39 09 06, NO : 2,5 km
2 ha (180 empl.) ⟶ plat, herbeux – 🔊 ⚓ ⊕ 🚐 ⚓ 🍽 – 🛒 – Location : 🚐
🚐
avril-oct. – **R** *conseillée 14 juil.-15 août* – ▣ *piscine comprise 3 pers.* 57 🔌 13
(3A) 15 (6A)

▲ **L'Orée des Bois,** ✆ 46 39 07 92, N : 2,5 km
1,5 ha (90 empl.) ⟶ (saison) plat, herbeux ♀ – 🔊 🛁 🖥 🔥 ⊕ 🏠 – 🛒

à Vaux-sur-Mer NO : 4,5 km – ✉ 17640 Vaux-sur-Mer :

▲▲▲ **Municipal de Nauzan-Plage,** ✆ 46 38 29 13, av. de Nauzan, à 500 m de
la plage
3,9 ha (220 empl.) ⟶ plat, herbeux ⛱ – 🔊 ⇄ 🛁 🖥 🔥 ⊕ ⚡ ▽ 🍷 snack ⚓
🍽 – 🛒 🛶 🛒 (bassin) – A l'entrée : 🛒 – A proximité : ✗ 🛶
avril-sept. – **R** *conseillée juil.-août – Tarif 92 :* ▣ *élect. comprise 1 à 3 pers.*
95, *pers. suppl.* 20

▲ **A la Source,** ✆ 46 39 10 51, E : 0,7 km, 58 r. de Royan – ✗
2,5 ha (167 empl.) ⟶ plat, herbeux ♀ – 🔊 ⇄ 🛁 🖥 ⊕ 🚐 🍷 ⚓ 🍽 – 🛒 🛒
Pâques-Toussaint – **R** *conseillée* – ▣ *1 à 3 pers.* 69, *pers. suppl.* 10 🔌 12 (3A)
18 (6A)

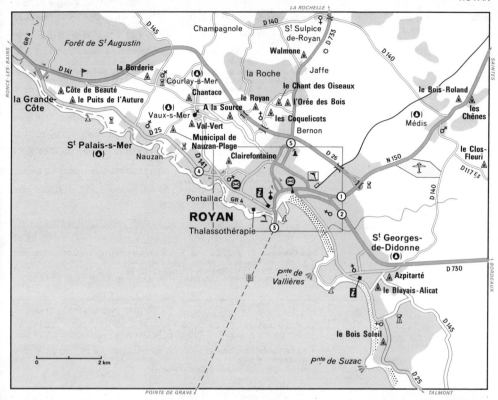

Voir aussi à *Médis, St-Georges-de-Didonne, St-Palais-sur-Mer*

ROYAT

63130 P.-de-D. – 3 950 h. –
🌿 avril-oct.
🛈 Office de Tourisme, pl. Allard
𝄞 73 35 81 87

⛺ **Municipal de l'Oclède,** 𝄞 73 35 97 05, Fax 73 35 67 69, SE : 2 km par
D 941ᶜ rte du Mont-Dore et à droite D 5 rte de Charade
7 ha (197 empl.) ⛽ en terrasses, peu incliné, gravier, herbeux ◻ 🌳 – 🍴 🍽 ⛲
🍳 🎏 🚻 ⊕ 🌊 ▼ – 🍴 🍽 % – Location : 🏠
3 avril-25 oct. – **R** *conseillée* – 🌟 10,50 🚗 6,30 🅴 7,40 🔌 6,20 (2A) 12,40
(4A) 18,60 (6A)

ROYBON

38940 Isère – 1 269 h.

⛺ **Municipal Aigue-Noire,** 𝄞 76 36 23 67, S : 1,5 km par D 20, bord d'un plan
d'eau et d'un ruisseau
1,2 ha (100 empl.) ⛽ plat et peu incliné, terrasses, gravier, herbeux – 🍴 🍳 ⛽
⊕ – 🍽 🛶 – A proximité : toboggan aquatique
avril-sept. – **R** *conseillée juil.-août* – 🌟 13 🚗 6 🅴 11 🔌 12 (5A)

ROYERE-DE-VASSIVIERE

23460 Creuse – 670 h. alt. 718

⛺ Municipal de la Presqu'île 🌊 < « Situation agréable », 𝄞 55 64 78 28, S :
8,5 km par D 8, D 34, D 3 et rte à droite, à Broussas, près du lac de Vassivière
– alt. 650
3 ha (150 empl.) ⛽ (saison) incliné et accidenté, herbeux, gravier ◻ 🌳
(1,5 ha) – 🍴 🍳 🎏 ⊕ – 🍽 – A proximité : discothèque

Le ROZIER

15 - 80 ④ G. Gorges du Tarn

48150 Lozère – 157 h.
Syndicat d'Initiative 65 62 60 89

Les Prades, 65 62 62 09 12720 Peyreleau, O : 4 km par Peyreleau et D 187 à droite rte de la Cresse, bord du Tarn
2 ha (110 empl.) plat, herbeux, sablonneux (1 ha) – –
15 juin-20 sept. – **R** *conseillée juil.-août – piscine et tennis compris 2 pers. 65 10 (3A) 15 (7A)*

International des Gorges du Tarn, 65 62 62 94 12720 Peyreleau, NO : 1,5 km sur D 907 rte de Millau, bord du Tarn
2,3 ha (110 empl.) plat, sablonneux, herbeux, pierreux – – – Location :
mai-sept. – **R** *conseillée – 2 pers. 65, pers. suppl. 15 12 (5A)*

Municipal, 65 62 63 98, au bourg, accès face à l'église, bord de la Jonte
3,5 ha (165 empl.) plat et peu incliné, herbeux, pierreux – – bibliothèque
11 avril-sept. – **R** *conseillée juil.-août – 20 piscine comprise 7,50 10 10,50 (3A) 14 (6A)*

Le Randonneur, 65 62 60 62 12720 Peyreleau, NO : 1,2 km sur D 907 rte de Millau, bord du Tarn
0,5 ha (25 empl.) plat, terrasse, pierreux, herbeux – – – A proximité :
mai-sept. – **R** – *2 pers. 35 8 (5A)*

RUE

1 - 52 ⑥

80120 Somme – 2 942 h.

Les Oiseaux, 22 25 71 82, S : 3,2 km par D 940 rte du Crotoy et chemin à gauche, au lieu-dit Becquerel, bord d'un ruisseau
0,8 ha (48 empl.) plat, herbeux –
avril-oct. – **R** – *Places limitées pour le passage – 14 14 9 (5A)*

RUFFEC

9 - 72 ④ G. Poitou Vendée Charentes

16700 Charente – 3 893 h.
Office de Tourisme, pl. d'Armes 45 31 05 42

Le Rejallant, 45 31 29 06, Fax 45 31 34 76, sortie S par D 911 puis 1,4 km par rte à gauche, à 250 m de la Charente – Croisement difficile pour caravanes
1 ha (60 empl.) plat et terrasses, herbeux, pierreux – – A proximité :
mai-oct. – – *jusqu'à 6 pers. 35 10*

RUFFEC

10 - 68 ⑯

36300 Indre – 594 h.

Municipal, sortie S par D 15 rte de Belâbre, bord de la Creuse
0,7 ha (23 empl.) plat, herbeux – – A proximité :
15 mai-sept. – **R** – *7 7 7 10*

RUFFIEUX

12 - 74 ⑤

73310 Savoie – 540 h.

Saumont, 79 54 26 26, O : 1,2 km par D 991 rte d'Aix-les-Bains et chemin, bord d'un ruisseau
0,5 ha (31 empl.) plat, herbeux – – –
mai-sept. – **R** *conseillée – 12 7 12 10 (4 ou 5A) 16 (10A)*

RUILLE-SUR-LOIR

5 - 64 ④

72340 Sarthe – 1 287 h.

Municipal « Cadre agréable », au sud du bourg, rue de l'Industrie, bord du Loir
0,4 ha (30 empl.) plat, herbeux –
mai-sept. – **R** – *5,60 2,80 2,80 9*

RUMILLY

12 - 74 ⑤ G. Alpes du Nord

74150 H.-Savoie – 9 991 h.

le Madrid M, 50 01 12 57, Fax 50 01 29 49, SE : 3 km par D 910 rte d'Aix-les-Bains puis D 3 à gauche et D 53 à droite rte de St-Félix
3,2 ha (101 empl.) plat, herbeux, pierreux – cases réfrigérées – – Location :
avril-oct. – **R** *conseillée juil.-août – 16 piscine comprise 5 17/22 10 (3A) 15 (5A) 25 (10A)*

▶ *Sie suchen in einem bestimmten Gebiet*
- *einen besonders angenehmen Campingplatz (...)*
- *einen das ganze Jahr über geöffneten Platz*
- *einfach einen Platz für einen mehr oder weniger langen Aufenthalt ...*

In diesem Fall ist die nach Departements geordnete Ortstabelle im Kapitel « Erläuterungen » ein praktisches Hilfsmittel.

🔺🔺 **Domaine de Chaussy** ⌂, ℘ 75 93 99 66, Fax 75 93 96 54, E : 2,3 km par D 559 rte de Lagorce
5,5 ha (183 empl.) ⊶ plat, herbeux ⚌ – 🏕 ⛲ 🛁 🖼 ⅙ ⊕ 🛋 ▼ ✕ 🏊 – 🖼 – 🔳 discothèque ⚒ 🚣 🏊 parcours sportif, tir à l'arc, vélos – Location : 🛖 – 🏠 (hôtel), pavillons
mars-oct. – **R** *indispensable juil.-août* – 🖼 *piscine comprise 2 pers. 115, pers. suppl. 26* ⚡ *17,50 (5A)*

🔺🔺 **La Bastide** ≤, ℘ 75 39 64 72, Fax 75 39 73 28, SO : 4 km, à Labastide, accès direct à l'Ardèche
7 ha (300 empl.) ⊶ plat, herbeux, pierreux ⚌ – 🏕 ⛲ 🛁 🖼 ⅙ ▥ ⊕ 🛋 ▽ 🛋 ▼ 🖼 – 🔳 ⚒ 🚣 vélos – Location : 🛖
15 mars-15 sept. – **R** *conseillée juil.-août* – *Tarif 92* : 🖼 *2 pers. 72, pers. suppl. 16* ⚡ *16 (3A)*

🔺🔺 **Le Ternis** ⌂, ≤, ℘ 75 93 93 15, E : 2 km par D 559 rte de Lagorce puis chemin à droite
3 ha (150 empl.) ⊶ peu incliné et en terrasses, pierreux ⚌ – 🏕 ⛲ 🛁 🖼 ⅙ ⊕ 🛋 ▽ 🛋 ▼ 🚣 🖼 – 🔳 ⚒ 🚣 🏊 vélos – Location : 🛖 🏠
Pâques-20 sept. – **R** *conseillée juil.-août* – 🖼 *2 pers. 85, pers. suppl. 20* ⚡ *16 (3A) 18 (6A)*

🔺🔺 **La Plaine** ⌂, ℘ 75 39 65 83, S : 3,5 km, bord de l'Ardèche
2 ha (100 empl.) ⊶ (saison) plat et accidenté, sablonneux, herbeux ⚌ (1 ha) – 🏕 ⛲ 🛋 🖼 ⊕ 🛋 ▼ 🖼 – 🔳 🚣 🏊
Pâques-sept. – **R** *conseillée* – 🖼 *2 pers. 70, pers. suppl. 16* ⚡ *15*

🔺 Le Mas de Barry ≤, ℘ 75 39 67 61, S : 2 km
1,5 ha (80 empl.) ⊶ plat, peu incliné, herbeux ▱ ♀ – 🏕 ⛲ 🛁 🖼 ⊕ 🛋 ▽ ▼ snack 🖼 – 🔳 🚣

🔺 **Ruoms-Bateaux,** ℘ 75 39 62 05, N : 0,6 km par D 579 rte de Pradons et chemin à gauche
1 ha (40 empl.) ⊶ plat, herbeux ▱ – 🏕 ⛲ 🛁 🖼 ⅙ ⊕ 🛋 ▽ – 🚣 – Location : 🛖
avril-sept. – **R** *conseillée* – 🖼 *2 pers. 85* ⚡ *17 (10A)*

🔺 **La Chapoulière** ⌂, ℘ 75 39 64 98, S : 3,5 km, bord de l'Ardèche
2,5 ha (100 empl.) ⊶ plat et peu incliné, herbeux ⚌ – 🏕 ▥ 🖼 ⅙ ⊕ 🛋 🖼 – 🚣 🚣 vélos
Pâques-oct. – **R** *conseillée* – *Tarif 92* : 🖼 *2 pers. 70* ⚡ *14 (5A)*

🔺 **La Grand'Terre,** ℘ 75 39 64 94, S : 3,5 km, accès direct à l'Ardèche
6 ha (300 empl.) ⊶ plat, sablonneux, herbeux ⚌ – 🏕 ▥ 🖼 ⊕ 🛋 ▼ 🚣 🖼 – ⚒ 🚣 🚣
juin-15 sept. – **R** *conseillée* – *Tarif 92* : 🖼 *2 pers. 66, pers. suppl. 15* ⚡ *13 (6 ou 10A)*

🔺 **Le Petit Bois** ⌂, ℘ 75 39 60 72, à 0,8 km au N du bourg, à 80 m de l'Ardèche (hors schéma) - Accès pietons à la rivière par rampe abrupte
1,2 ha (50 empl.) ⊶ peu incliné et plat, en terrasses, pierreux, herbeux – 🏕 ▥ 🖼 ⅙ ⊕ 🛋 🖼 – 🚣
avril-sept. – **R** *conseillée* – *Tarif 92* : 🖼 *piscine comprise 2 pers. 59, pers. suppl. 12,50* ⚡ *12 (4A) 15 (6A)*

🔺 Le Sartre, ℘ 75 39 68 40 ✉ St-Alban-Auriolles 07120, à **Auriolles**, SO : 3,2 km
1 ha (25 empl.) ⊶ plat et peu incliné, en terrasses, pierreux, herbeux ♀ – 🏕 🛁 ⅙ ⊕

🔺 **Le Carpenti,** ℘ 75 39 74 29, S : 3,6 km, accès direct à l'Ardèche
0,7 ha (45 empl.) ⊶ plat, pierreux, herbeux – 🏕 ▥ 🖼 ⅙ ⊕ 🛋 –
15 juin-10 sept. – **R** *conseillée* – *Tarif 92* : 🖼 *2 pers. 51* ⚡ *12 (5A)*

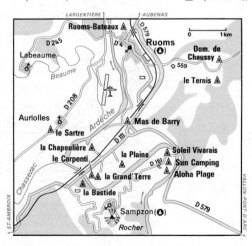

à Sampzon S : 6 km – ⊠ 07120 Sampzon :

▲▲▲ **Soleil Vivarais** ≤, ℰ 75 39 67 56, Fax 75 93 97 10, bord de l'Ardèche
6 ha (200 empl.) ⊶ plat, herbeux, pierreux ⚲ – 🗑 🔆 🗑 ⊕ 🐜 ⵎ 🍴 ✕ 🔭 🍴
🗑 – 🔒 discothèque ✕ 🚣 🏊 vélos – Location : 🏠
2 avril-sept. – **R** *conseillée* – *Tarif 92 :* 🔲 piscine comprise 2 pers. 108, pers. suppl.
26 [🛠] 17 (10A)

▲▲ **Aloha Plage,** ℰ 75 39 67 62, à 50 m de l'Ardèche (accès direct)
1,5 ha (120 empl.) ⊶ plat, terrasses, herbeux ⚲⚲ – 🗑 🔆 🗑 🗑 ⊕ 🍴 snack 🔭
🗑 – 🔭 half-court – Location : 🏠
Pâques-sept. – **R** *conseillée* – 🔲 2 pers. 68 [🛠] 14 (3A) 16 (6A)

▲ **Sun Camping,** ℰ 75 39 76 12, à 200 m de l'Ardèche
1,2 ha (70 empl.) ⊶ plat et en terrasses ⚲⚲ – 🗑 🔆 🗑 ⊕ 🗑 – 🔒 – A proximité :
🚣 🍴 ✕ 🔭 🔭
Pâques-fin sept. – **R** *conseillée 14 juil.-15 août* – 🔲 2 pers. 75 [🛠] 14

RUPPIONE (PLAGE DE) 2A Corse-du-Sud 🗓 – 🗓 ⑰ – voir à Corse

Le RUSSEY
25210 Doubs – 1 824 h. alt. 870   🗓 – 🗓 ⑱

▲▲ **Municipal les Sorbiers,** ℰ 81 43 75 86, au bourg, r. Foch
1 ha (60 empl.) ⊶ plat, gravier – 🗑 🔆 🗑 🗑 🏢 ⊕ – ✕ 🚣 – A proximité :
🔒
Permanent – **R** – 🍴 6 🍴 3 🔲 3 [🛠] 7,20 (6A)

RUSTREL
84400 Vaucluse – 636 h.   🗓 – 🗓 ⑭

▲▲ **Le Colorado** 🔍, ℰ 90 04 90 37, SO : 2 km par D 22 rte d'Apt et chemin à
gauche
4 ha (100 empl.) ⊶ plat, accidenté et terrasses, pierreux, herbeux, sablonneux
🗑 ⚲⚲ – 🗑 🔆 🗑 🗑 ⊕ 🐜 ✕ 🍴 – 🔭 🏊
mars-oct. – **R** *conseillée juil.-août* – 🍴 18 piscine comprise 🚣 4 🔲 10/11 [🛠]
10 (6A)

RUYNES-EN-MARGERIDE
15320 Cantal – 605 h. alt. 914   🗓 – 🗓 ⑭ ⑮ G. Auvergne

▲▲▲ **Municipal le Petit Bois** 🔍 ≤ monts du Cantal et montagne de la
Margeride « Site agréable », ℰ 71 23 42 26, SO : 0,5 km par D 13 rte de
Garabit
10 ha (240 empl.) plat, incliné et accidenté, herbeux, pierreux ⚲⚲ pinède (3 ha)
– 🗑 🔆 🗑 🗑 🗑 ⊕ – 🔒 ✕ 🚣 🏊 vélos – Location : 🏠
Permanent – **R** – *Tarif 92 :* 🍴 9 🚣 8 🔲 8

SAÂCY-SUR-MARNE 77 S.-et-M. – 🗓 ⑬ ⑭ – rattaché à la Ferté-sous-Jouarre

---

Les SABLES-D'OLONNE ◀SP▶
85100 Vendée – 15 830 h.   🗓 – 🗓 ⑫ G. Poitou Vendée Charentes
🄱 Office Municipal de Tourisme et
Accueil de France, r. Mar.-Leclerc
ℰ 51 32 03 28

▲▲▲ Le Puits Rochais, ℰ 51 21 42 33 ⊠ 85100 le Château-d'Olonne, SE :
3,5 km
4,2 ha (220 empl.) ⊶ plat, herbeux 🗑 – 🗑 🔆 🗑 🗑 🗑 ⊕ 🐜 🗑 🍴 🔭 🗑
– 🗑 ✕ 🚣 🏊 – Location : 🔒

▲▲▲ **Municipal les Roses,** ℰ 51 95 10 42, r. des Roses, à 400 m de la
plage
3,9 ha (205 empl.) ⊶ plat et peu incliné, herbeux 🗑 ⚲⚲ – 🗑 🔆 🗑 🗑 ⊕ 🐜
🗑 🗑 – 🔒 🏊 – A proximité : 🍴 🔭 – Location : 🔒
avril-oct. – **R** *conseillée* – 🔲 *élect. et piscine comprises* 2 pers. 94,50, pers.
suppl. 25

▲▲▲ **Les Pirons** 🔍, ℰ 51 95 26 75, SE : 3,5 km, à la Pironnière, à 500 m de
l'océan
4,8 ha (435 empl.) ⊶ plat, herbeux ⚲ – 🗑 🔆 🗑 🗑 🗑 ⊕ 🐜 🗑 🍴 🔭 🗑
– ✕ 🚣 🏊
avril-sept. – **R** *conseillée juil.-août* – 🔲 *piscine comprise 1 à 3 pers.* 87 (108 avec
plate-forme am.), pers. suppl. 16

▲▲ Municipal les Dunes 🔍 ≤, ℰ 51 32 31 21, NO : 4,5 km, près de la plage
7,4 ha (300 empl.) ⊶ accidenté, sablonneux, herbeux, gravier – 🗑 🔆 🗑 ⊕ 🐜
🍴 🔭 🗑 – 🔒
11 juin-12 sept. – **R**

▲▲ **Les Fosses Rouges** 🔍, ℰ 51 95 17 95, SE : 3 km, à la Pironnière
3,5 ha (300 empl.) ⊶ (saison) plat, herbeux ⚲ – 🗑 🔆 🗑 🗑 🗑 ⊕ 🐜 🗑 🍴 🔭 🗑
– 🚣 🏊
avril-sept. – **R** *conseillée juil.-août* – 🔲 *piscine comprise* 2 pers. 65/80 avec élect.
(10A), pers. suppl. 13

▲▲ **Le Petit Paris,** ℰ 51 22 04 44 ⊠ 85100 le Château d'Olonne, SE : 5,5 km
1,3 ha (81 empl.) ⊶ plat, herbeux 🗑 – 🗑 🔆 🗑 🗑 🗑 ⊕ 🐜 🗑 🗑 – 🔒
🏊 – Location : 🔒
mai-20 sept. – **R** *conseillée août* – 🔲 *élect. comprise* 2 pers. 67,50

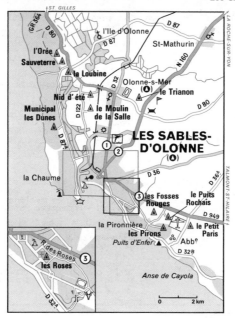

à Olonne-sur-Mer N : 5 km par D 32 – ⊠ 85340 Olonne-sur-Mer :

▲▲▲ **Le Trianon** « Cadre agréable », ✆ 51 95 30 50, Fax 51 90 77 70, E : 1 km
10 ha (515 empl.) ⊶ (saison) plat, herbeux ⊡ ♀ (5 ha) – 🕋 ⇄ 🛏 🖫 🕹 ⊛ ⟲
⛉ 🏊 🍴 ✗ crêperie ⬚ 🖩 – 🚐 discothèque ✗ 🏊 ⛵ 🛶 toboggan aquatique
– Location : 🏚 🏚
Pâques-15 oct. – **R** *conseillée juil.-août* – 🗐 *piscine et tennis compris 1 à 3 pers.*
112 à 157 (124 à 169 avec élect. 3A)

▲▲▲ **La Loubine** « Cadre agréable », ✆ 51 33 12 92, Fax 51 33 12 71, O : 3 km –
🏖
5 ha (226 empl.) ⊶ plat, herbeux ⊡ ♀ – 🕋 ⇄ 🛏 🖫 🕹 ⊛ ⟲ ⛉ 🏊 🍴 self
⬚ 🖩 – 🚐 ✗ 🏊 ⛵ vélos – A proximité : poneys ✗ – Location : 🏚
10 avril-sept. – **R** *indispensable juil.-août* – *Tarif 92* : 🗐 *piscine comprise 2 ou*
3 pers. 130 (145 ou 155 avec élect. 4A), pers. suppl. 20 🔌 *10 (6A)*

▲▲▲ **Le Moulin de la Salle,** ✆ 51 95 99 10, O : 2,7 km
2,7 ha (129 empl.) ⊶ plat, herbeux ⊡ – 🕋 ⇄ 🛏 🖫 🕹 ⊛ ⟲ 🍴 pizzeria ⬚
– 🚐 🏊 ⛵ 🛶 half-court, vélos – Location : 🏚 🛏(gîtes)
juin-1ᵉʳ oct. – *Places disponibles pour le passage* – **R** *conseillée* – 🗐 *élect. et*
piscine comprises 2 pers. 95, pers. suppl. 25

▲▲▲ **L'Orée,** ✆ 51 33 10 59, Fax 51 33 15 16, O : 3 km
5 ha (296 empl.) ⊶ plat, herbeux ⊡ ♀ (3,5 ha) – 🕋 ⇄ 🛏 🖫 🕹 ⊛ ⟲ ⛉ 🏖
🍴 snack ⬚ 🖩 – 🚐 ✗ 🏊 ⛵ 🛶 half-court – A proximité : poneys ✗
Location : 🏚 🏚, gîtes
avril-sept. – **R** *conseillée* – 🗐 *piscine comprise 2 pers. 108* 🔌 *17*

▲▲ **Sauveterre,** ✆ 51 33 10 58, O : 3 km
3 ha (170 empl.) ⊶ plat, herbeux ⊡ ♀♀ – 🕋 ⇄ 🛏 🖫 🕹 ⊛ ⬚ 🖩 – ⛵
A proximité : ✗ poneys
mai-15 sept. – **R** *conseillée juil.-août* – 🗐 *2 pers. 47* 🔌 *11 (6A)*

▲▲ **Nid d'Été** 🏖, ✆ 51 95 34 38, O : 2,5 km
1,5 ha (113 empl.) ⊶ plat, herbeux, petit étang – 🕋 ⇄ 🛏 🕹 ⊛ 🖩 – ⛵
Location : 🏚
15 avril-sept. – **R** *conseillée* – 🗐 *2 pers. 48* 🔌 *12 (6A) 20 (10A)*

SABLÉ-SUR-SARTHE
72300 Sarthe – 12 178 h.
🅱 Office de Tourisme,
pl. Raphaël-Elizé ✆ 43 95 00 60

🔳 – 🔢 ① G. Châteaux de la Loire

▲▲ Municipal de l'Hippodrome 🏖, ✆ 43 95 42 61, S : sortie vers Angers et à
gauche, attenant à l'hippodrome, bord de la Sarthe
2 ha (133 empl.) ⊶ plat, herbeux ⊡ – 🕋 ⇄ 🛏 🖫 🕹 ⊛ – 🚐 ⛵ – A proximité :
🏖
avril-sept. – **R** *conseillée saison*

SABLIÈRES
07260 Ardèche – 149 h.

🔳 – 🔢 ⑧

▲▲▲ La Drobie 🏖 ≤, ✆ 75 36 95 22, O : 3 km par D 220 et rte à droite, bord de
rivière – Pour caravanes : itinéraire conseillé depuis Lablachère par D 4
1,5 ha (80 empl.) ⊶ incliné, en terrasses, herbeux, pierreux – 🕋 ⇄ 🕋 🖫 🕹 ⊛
🏊 🍴 ✗ ⬚ – 🚐 ✗ ⛵ vélos – Location : 🏚

SAHORRE

66360 Pyr.-Or. – 333 h. alt. 677

△ **Fontanelle** ⑤ ≤, ℰ 68 05 53 15, sortie N par D 6 rte de Villefranche-de-Conflent
1,2 ha (45 empl.) ⚬━ plat, herbeux, pierreux – 🏠 🔥 ⊕ 🦶 – 🏠 🔥
mai-oct. – **R** conseillée juil.-août – 🛉 12 ⇔ 12 🗉 12 🗓 9,50 (6A)

SAIGNES

15240 Cantal – 1 009 h.

△ **Municipal Bellevue,** ℰ 71 40 68 40, sortie NO du bourg, au stade
1 ha (42 empl.) ⚬━ plat, herbeux – 🏠 ⚬ 🔥 🗗 ⊕ – 🏠 🔥 – A l'entrée : 🔺
juil.-août – **R** – 🛉 8,60 ⇔ 4,20 🗉 5,20 🗓 9

△ **Municipal de Vialle** ⑤, SO : 0,8 km par D 22 rte de Sauvat et chemin de Rampaneire à gauche
1 ha (33 empl.) plat et peu incliné, herbeux ♀ – 🏠 ⚬ 🔥 🗗 ⊕ – Location : huttes
juil.-août – **R** – Tarif 92 : 🛉 5,20 ⇔ 2,10 🗉 2,60 🗓 7,80

SAILLAGOUSE

66800 Pyr.-Or. – 825 h. alt. 1 305.
🖪 Syndicat d'Initiative (fermé matin)
ℰ 68 04 72 89

△ **Le Cerdan** ⑤ ≤ « Cadre agréable », ℰ 68 04 70 46, à l'ouest du bourg par petite rte d'Estavar derrière l'église
0,8 ha (50 empl.) ⚬━ plat, herbeux ♀♀ – 🏠 ⚬ 🔥 🗗 🔥 🏢 ⊕ 🦶 – 🏠 🔥
fermé oct. – **R** conseillée juil.-août – 🗉 2 pers. 59 (73 avec élect. 3A)

à Estavar O : 4 km par D 33 alt. 1 200 – ✉ 66800 Estavar :

△△△ **L'Enclave** ❀ ⑤, ℰ 68 04 72 27, Fax 68 04 07 15, sortie E près du D 33, bord de l'Angoust
3,5 ha (199 empl.) ⚬━ plat et peu incliné, en terrasses, pierreux, herbeux ⌑ ♀♀ (2 ha) – 🏠 ⚬ 🔥 🗗 🔥 🏢 ⊕ 🏊 ⚬ 🏌 🍽 ✗ 🦶 🦶 – 🏠 🔥 🔺 – A proximité : ✗ 🏌 – Location : 🛏 🏠, appartements
Permanent – **R** juil.-août – 🗉 piscine comprise 2 pers. 75, pers. suppl. 24 🗓 17 (3A) 25 (6A) 35 (10A)

ST-AGNAN-EN-VERCORS

26420 Drôme – 363 h. alt. 804

△ **Municipal** (en cours de réaménagement) ≤, N : 1 km par D 518 rte de la Chapelle-en-Vercors
2 ha (100 empl.) ⚬━ plat, herbeux – 🏠 ⊕
saison – **R** conseillée juil.-août – 🛉 14 🗉 34 🗓 17 (4A)

ST-AGRÈVE

07320 Ardèche – 2 762 h.
alt. 1 050.
🖪 Syndicat d'Initiative, Mairie
(juin-1er oct., vacances scolaires)
ℰ 75 30 15 06

△△ **Lacour** ≤ « Cadre agréable », ℰ 75 30 27 09, accès par centre ville en direction d'Annonay puis E : 2,1 km par rte à droite
3 ha (70 empl.) ⚬━ plat, peu incliné, herbeux ⌑ ♀♀ – 🏠 ⚬ 🔥 ⊕ 🦶 – A proximité : 🔥
15 juin-15 sept. – **R** – 🛉 14 ⇔ 8 🗉 13 🗓 13 (15A)

ST-AIGNAN

41110 L.-et-Ch. – 3 672 h.
🖪 Office de Tourisme (juil.-août)
ℰ 54 75 22 85

△△ **Municipal les Cochards,** ℰ 54 75 15 59, SE : 1 km par D 17 rte de Couffi, bord du Cher
4 ha (227 empl.) ⚬━ plat, herbeux ♀ – 🏠 ⚬ 🔥 🗗 🔥 ⊕ 🏊 🦶 – 🏠 🔥
15 mars-15 oct. – **R** conseillée – 🛉 12 🗉 12

ST-ALBAN

22400 C.-d'Armor – 1 662 h.

△△ **Municipal les Jonquilles** ≤, ℰ 96 32 96 05, sortie N par D 58 rte de Pléneuf
1 ha (98 empl.) ⚬━ en terrasses, plat et peu incliné, herbeux – 🏠 🔥 🦶 ⊕ – A proximité : ✗
15 juin-15 sept. – **R** – 🛉 8,70 ⇔ 3,10 🗉 3,10 🗓 8,30 (3A)

ST-ALBAN-AURIOLLES

07120 Ardèche – 584 h.

△△△ **Le Ranc Davaine,** ℰ 75 39 60 55, Fax 75 39 38 50, SO : 2,3 km par D 208 rte de Chandolas, près du Chassezac
7 ha (200 empl.) ⚬━ plat et peu incliné, rocailleux, herbeux ♀ – 🏠 ⚬ 🔥 🔥 🗗 🦶 ⚬ 🏌 🍽 ✗ 🦶 🦶 – 🏠 🔥 🔺 – 🏊 🚲 vélos – Location : 🛏 🏠
avril-19 sept. – **R** indispensable juil.-août – 🗉 piscine comprise 2 pers. 120, pers. suppl. 26 🗓 17 (3 à 10A)

ST-ALBAN-DE-MONTBEL

73 Savoie – 74 ⑮ – rattaché à Aiguebelette (Lac d')

ST-ALBAN-LES-EAUX

42370 Loire – 843 h.

△ **La Belle Étoile** ⑤ ≤, ℰ 77 65 84 07, NE : 1,5 km par D 8 et chemin à droite
0,3 ha (30 empl.) 🛉 plat et peu incliné, herbeux ⌑ – 🏠 🔥 🗗 ⊕ – 🔥 (bassin)
avril-oct. – **R** – 🛉 10 🗉 12 🗓 10 (4A)

ST-ALBAN-SUR-LIMAGNOLE

48120 Lozère – 1 928 h. alt. 950

⚠ **Le Galier**, ℰ 66 31 58 80, O : 1,5 km par D 987 rte d'Aumont-Aubrac, bord de la Limagnole
4 ha (50 empl.) ⊶ plat et accidenté, herbeux – 🛖 🕭 🖳 ⊕ 🗗 – 🗂 🏊 – A proximité : ✖
mars-15 nov.– **R** conseillée juil.-août – 🅴 piscine comprise 1 pers. 38, pers. suppl. 13 🚮 14 (5A)

ST-ALYRE-D'ARLANC

63220 P.-de-D. – 219 h. alt. 842

⚠ **Municipal les Besses** 🕭, au NO du bourg, bord d'un ruisseau
0,6 ha (32 empl.) plat et peu incliné, herbeux – 🛖 🕭 🖳 🗗 🏊
juil.-15 sept.– **R** – ✛ 5 🚗 3 🅴 3,50/5 🚮 4,50

ST-AMANDIN

15190 Cantal – 284 h. alt. 820

⚠⚠ **Municipal** 🕭 ≤, ℰ 71 78 18 28, sortie NE sur D 678 rte de Condat
1 ha (40 empl.) ⊶ plat, peu incliné, herbeux, pierreux – 🛖 🕭 🖳 🗗 🖳 ⊕ 🗗 – ✖ 🏊 – A proximité : 🛒
15 juin-15 sept.– **R** conseillée 15 juil.-août – 🅴 piscine comprise 2 pers. 25, pers. suppl. 7 🚮 10 (15A)

ST-AMAND-LES-EAUX

59230 Nord – 16 776 h. –
⚓ avril-oct.
🛈 Office de Tourisme,
91 Grand'Place ℰ 27 27 85 00

⚠⚠⚠ **Mont des Bruyères** 🕭, ℰ 27 48 56 87, SE : 3,5 km, en forêt de St-Amand
3,5 ha (94 empl.) ⊶ plat et en terrasses, sablonneux, herbeux 🗂 – 🛖 🕭 🖳 🖳 🏢 ⊕ 🗗 🏊 🖳 🛒 – 🗂 🚣 🚴
mars-nov. – **R** – Tarif 92 : 🅴 2 pers. 43, pers. suppl. 16 🚮 20 (4A) 30 (7,5A)

ST-AMAND-MONTROND ⟨🆂⟩

18200 Cher – 11 937 h.
🛈 Office de Tourisme, pl. République
ℰ 48 96 16 86

⚠⚠ Municipal de la Roche 🕭 « Cadre agréable », ℰ 48 96 09 36, sortie SE par N 144 rte de Montluçon et chemin de la Roche à droite avant le canal, près du Cher
4 ha (120 empl.) ⊶ (saison) plat, peu incliné, herbeux 🗂 – 🛖 🕭 🏊 🗗 🖳 ⊕ 🛒 🖳 – 🗂 – ✖
avril-sept. – 🍴

ST-AMANS-DES-COTS

12460 Aveyron – 859 h. alt. 730

⚠⚠⚠ **Les Tours** 🕭 ≤, ℰ 65 44 88 10, Fax 65 44 83 07, SE : 6 km par D 97 et D 599 à gauche, bord du lac de la Selves – alt. 600
15 ha/10 campables (195 empl.) ⊶ incliné, en terrasses, herbeux, pierreux 🗂 ♀ (3,5 ha) – 🛖 🕭 🖳 🗗 🖳 ⊕ 🗗 🖳 ✖ 🖳 – 🗂 ✖ 🚣 🏊 🚤 vélos – Location : 🏠
15 mai-25 sept. – **R** conseillée 25 juin-25 août – 🅴 piscine comprise 2 pers. 97, pers. suppl. 22 🚮 15 (5A)

⚠⚠⚠ **La Romiguière** 🕭 ≤ « Site agréable », ℰ 65 44 44 64 ⊠ 12210 Montpeyroux, SE : 8,5 km par D 97 et D 599 à gauche, près du lac de la Selves, accès direct – alt. 600
1 ha (40 empl.) ⊶ en terrasses, pierreux, herbeux – 🛖 🕭 🖳 🗗 ⊕ 🗗 ✖ 🖳 – 🚤
juin-sept. – **R** conseillée 14 juil.-août – 🅴 2 pers. 70, pers. suppl. 20 🚮 15 (10A)

ST-AMANT-ROCHE-SAVINE

63890 P.-de-D. – 500 h. alt. 900

⚠⚠⚠ **Municipal Saviloisirs,** ℰ 73 95 73 60, à l'est du bourg
0,3 ha (15 empl.) ⊶ plat et en terrasses, herbeux 🗂 – 🛖 🕭 🖳 🗗 🏢 ⊕ 🗗 🖳 – 🗂 🚣 – A proximité : ✖
mai-sept. – 🍴 – ✛ 10 🚗 4 🅴 3/5 avec élect.

ST-AMBROIX

30500 Gard – 3 517 h.
🛈 Office de Tourisme, pl. de l'Ancien Temple (fermé après-midi hors saison) ℰ 66 24 33 36

⚠⚠⚠ **Le Clos** ≤, ℰ 66 24 10 08, accès par centre ville en direction d'Aubenas puis rue à gauche par place de l'église, bord de la Cèze
1,5 ha (50 empl.) ⊶ plat, herbeux – 🛖 🕭 🏊 🗗 🖳 ⊕ 🗗 🖳 🖳 – 🗂 🚣 🏊 – A proximité : ✖ – Location : 🏠 🏠
avril-oct. – **R** conseillée – ✛ 16 piscine comprise 🅴 19 🚮 12 (3A) 14 (6A) 16 (10A)

⚠⚠ **Moulinet-Beau-Rivage** 🕭 ≤, ℰ 66 24 10 17, SE : 3,5 km par D 37 rte de Lussan, bord de la Cèze
3,5 ha (132 empl.) ⊶ en terrasses, herbeux, pierreux 🗂 – 🛖 🏊 ⊕ 🖳 – 🚣 🚤
avril-sept. – **R** conseillée – ✛ 15 🅴 17,50 🚮 10 (2A) 12 (4A) 14 (6A)

⚠⚠ **La Tour** ≤ « Site et cadre agréables », ℰ 66 24 17 89, Fax 66 24 26 42, sortie SO par D 904 rte d'Alès
0,7 ha (35 empl.) ⊶ en terrasses, herbeux, pierreux – 🛖 🏊 🗗 ⊕ – 🚤 (bassin) – A proximité : 🛒 🚣
Pâques-15 oct. – **R** conseillée 10 juil.-20 août – 🅴 2 pers. 40, pers. suppl. 11 🚮 10 (10A)

ST-ANDIOL

13670 B.-du-R. – 2 253 h. ▲▲ St-Andiol, ℰ 90 95 01 13, sortie SE par N 7 rte d'Aix-en-Provence 16 – 84 ①
1 ha (44 empl.) ⊶ plat, herbeux ⊡ ⬭⬭ – 🗻 🔊 ☉ ♨ ▽ 🛒 – 🛶

ST-ANDRÉ-DE-ROQUEPERTUIS

30630 Gard – 361 h. 16 – 80 ⑨

▲▲ **Municipal la Plage,** ℰ 66 82 26 11, NO : 1 km sur D 980 rte de Barjac, bord de la Cèze
1,8 ha (80 empl.) ⊶ plat, herbeux ⬭⬭ – 🗻 🍴 🍽 🔊 ☉ ♨ 🛒 🐎 – 🛒 🚤 🏊
15 juin-août – **R** conseillée – 🅴 2 pers. 45, pers. suppl. 10 🔌 10

▲▲ **Le Martel,** ℰ 66 82 25 44, NO : 2 km sur D 980 rte de Barjac, bord de la Cèze
1,4 ha (70 empl.) ⊶ plat, herbeux ⬭⬭ – 🗻 🍴 🍽 🔊 ☉ 🛒 – 🛒
15 juin-15 sept. – **R** conseillée – 🅴 2 pers. 42, pers. suppl.15 🔌 12 (6A)

▲ **Municipal la Rouvière,** ℰ 66 82 29 81, NO : 1,5 km par D 980, rte de Barjac et D 167 à gauche puis chemin à droite, à 100 m de la Cèze (accès direct) – Accès au camping et aux emplacements par pente à 10 %
0,5 ha (40 empl.) en terrasses, pierreux, herbeux ⬭⬭ – 🗻 🍴 🍽 🔊 ☉ ♨ 🛒 – 🏊
🚤 – A proximité : 🛒
juin-sept. – **R** conseillée – 🅴 2 pers. 42, pers. suppl. 10 🔌 11

▶ *Don't get lost, use Michelin Maps which are kept up to date.*

ST-ANDRÉ-DE-SANGONIS

34150 Hérault – 3 472 h. 15 – 83 ⑥

▲▲ **Le Septimanien** 🐾, ℰ 67 57 84 23, SO : 1 km par D 4 rte de Brignac
2,3 ha (60 empl.) ⊶ plat et en terrasses, pierreux ⬭ – 🗻 🍽 🔊 ☉ 🍴 🛒 – 🛒 🏊
avril-oct. – **R** conseillée juil.-août – 🅴 piscine comprise 2 pers. 55, pers. suppl.
18 🔌 15 (5A)

ST-ANDRE-DES-EAUX

44117 Loire-Atl. – 2 919 h. 4 – 63 ⑭

▲▲ **Municipal des Chalands Fleuris** Ⓜ 🐾, ℰ 40 01 20 40, à 1 km au NE du bourg, près du complexe sportif
2,5 ha (74 empl.) ⊶ plat, herbeux ⬭ – 🗻 🍽 🔊 🛒 ☉ ♨ 🛒 – 🛒
A proximité : 🏊 🏊 ▣ (découverte l'été)
mai-sept. – **R** juil.-août – Tarif 92 : 🍴 18 piscine comprise 🅴 35 (45 avec élect.)

ST-ANDRE-DE-SEIGNANX

40390 Landes – 1 271 h. 13 – 78 ⑰

▲▲ **Le Ruisseau** 🐾, ℰ 59 56 71 92, O : 1 km par D 54 rte de St-Martin-de-Seignanx
1 ha (60 empl.) ⊶ peu incliné, en terrasses, herbeux ⬭ 🍴 – 🗻 🍽 🔊 🔊 🛒 ☉
🛒 – 🛒 🚤 (bassin)
Permanent – **R** conseillée juil.-août – 🍴 15 🅴 20 🔌 10 (2A) 15 (4A) 20 (6A)

ST-ANDRE-DE-VALBORGNE

30940 Gard – 437 h. 15 – 80 ⑯

▲▲ Municipal le Pont de Lelze ⪡, ℰ 66 60 33 25, SE : 1,2 km par D 907, rte de St-Jean-du-Gard, près du Gardon de St-Jean
0,5 ha (37 empl.) ⊶ en terrasses, herbeux, pierreux – 🗻 🍽 🔊 🛒 ☉

ST-ANDRE-LES-ALPES

04170 Alpes de H.-Pr. – 794 h. 17 – 81 ⑱ G. Alpes du Sud
🄱 Syndicat d'Initiative, pl. M-Pastorelli
(15 juin-15 sept.) ℰ 92 89 02 39

▲▲ **Municipal les Iscles,** ℰ 92 89 02 29, S : 1 km par N 202 rte d'Annot et à gauche, à 300 m du Verdon – alt. 894
2,5 ha (200 empl.) ⊶ plat, pierreux, herbeux ⬭⬭ pinède – 🗻 🍽 🔊 🛒 ☉ 🛒 –
🏊 – A proximité : 🏊 🍴 🏃 parcours sportif, vélos
avril-sept. – **R** juil.-août – 🍴 16 🅴 9,50 🔌 6,60 (4A)

ST-ANTOINE-DE-BREUILH

24230 Dordogne – 1 756 h. 9 – 75 ⑬

▲▲ Municipal St-Aulaye 🐾, ℰ 53 24 82 80, SO : 3 km, à St-Aulaye, à 100 m de la Dordogne
2,5 ha/1,5 campable (60 empl.) ⊶ plat, herbeux 🍴 – 🗻 🍽 🔊 🛒 ☉ ♨ 🛒 – 🛒
🏊
15 juin-15 sept. – **R** – Tarif 92 : 🍴 8,50 🅴 8,50 (17 avec élect. 4A)

ST-ANTONIN-NOBLE-VAL

82140 T.-et-G. – 1 867 h. 14 – 79 ⑲ G. Périgord Quercy
🄱 Office de Tourisme, Mairie
ℰ 63 30 63 47

▲▲▲ **Les Trois Cantons** 🐾, ℰ 63 31 98 57, NO : 8,5 km, près du D 926 (rte Caussade-Villefranche-de-R.) – Entre Septfonds (6 km) et Caylus (9 km)
20 ha/4 campables (80 empl.) ⊶ plat, peu incliné, pierreux, herbeux ⬭ ⬭⬭ –
🗻 🍽 🔊 🍴 🛒 ☉ ♨ 🛒 🐎 🛒 – 🛒 🏊 ▣ (découverte l'été) vélos
mai-sept. – **R** conseillée juil.-20 août – 🍴 23 piscine comprise 🅴 27 🔌 10 (2A)
20 (5A)

ST-APOLLINAIRE
05160 H.-Alpes – 99 h.

⚠ **Municipal le Clos du Lac** 🏊 ≤ lac de Serre-Ponçon et montagnes « Belle situation dominante », ℰ 92 44 27 43, NO : 2,3 km par D 509, à 50 m du lac de St-Apollinaire – alt. 1 450
2 ha (73 empl.) ⟶ en terrasses et peu incliné, herbeux – 🗊 🔊 🗓 ⊕ – A proximité : 🍴 snack 🏓 ➤
15 juin-15 sept. – **R** – 📧 *2 pers. 40, pers. suppl. 14*

〖17〗 – 〖77〗 ⑰

ST-ARNOULT **14** Calvados – 〖54〗 ⑰ – rattaché à Deauville

ST-ASTIER
24110 Dordogne – 4 780 h.

🔺🔺🔺 **Municipal du Pontet** « Situation agréable », ℰ 53 54 14 22, sortie E par D 41 rte de Montanceix, bord de l'Isle
3,5 ha (100 empl.) ⟶ plat, herbeux ♀ – 🗊 ♺ 🗓 ⊕ 📮 – 🍴 🏓 ➤ ➤ –
Location : bungalows toilés
mai-sept. – **R** *conseillée juil.-août* – ☀ *15* 📧 *20* 〔4〕 *15 (3A)*

〖10〗 – 〖75〗 ⑤ G. Périgord Quercy

ST-AUBIN-DE-NABIRAT
24250 Dordogne – 124 h.

⚠ **Municipal la Vieille Église** 🏊, à 1,5 km au NO de la commune, au lieu-dit St-Aubin, près des ruines de l'église
2 ha (33 empl.) en terrasses et peu incliné, pierreux, herbeux ♀ – (🗊 ♺ 🗓 15 juil.-août) 🗓 ⊕ – ➤
15 juin-sept. – **R** *conseillée 15 juil.-août* – ☀ *14* 📧 *16* 〔4〕 *10 (6A)*

〖13〗 – 〖75〗 ⑰

ST-AUBIN-DU-CORMIER
35140 I.-et-V. – 2 040 h.

⚠ **Municipal,** au SE du bourg, rue du Four Banal, près d'un étang
0,4 ha (40 empl.) peu incliné, herbeux – 🗊 ♺ 🗓 ⊕
10 avril-oct. – **R** – ☀ *8,75* 📧 *7,10* 〔4〕 *8,75 (6A) 12,50 (10A)*

〖5〗 – 〖59〗 ⑱ G. Bretagne

ST-AUBIN-SUR-MER
76740 S.-Mar. – 281 h.

🔺🔺🔺 **Municipal le Mesnil** 🏊 « Ancienne ferme normande », ℰ 35 83 02 83, O : 2 km par D 68 rte de Veules-les-Roses
2,2 ha (114 empl.) ⟶ plat et en terrasses, herbeux ⊡ – 🗊 ♺ 🗓 🗓 ⅙ 🎠 ⊕
➤ 📮 – ⊡
avril-oct. – **R** *conseillée juil.-août* – Tarif 92 : ☀ *18,60* 🚗 *9,30* 📧 *15* 〔4〕 *16,60 (10A)*

〖1〗 – 〖52〗 ③ G. Normandie Cotentin

ST-AUBIN-SUR-MER
14750 Calvados – 1 526 h.
🚩 Office de Tourisme, Digue Favereau (vacances scolaires, juin-sept.) ℰ 31 97 30 41

🔺🔺🔺 **La Côte de Nacre,** ℰ 31 97 14 45, Fax 31 97 22 11, au sud du bourg par D 7b
5,6 ha (350 empl.) ⟶ plat, herbeux – 🗊 ♺ 🗓 🗓 ⅙ ▥ ⊕ 🎠 ▽ 🖲 🍴 snack
➤ 📮 – ⊡
Permanent – **R** *indispensable juil.-août* – ☀ *22 piscine comprise* 📧 *25* 〔4〕 *17 (4A) 23 (6A) 30 (10A)*

〖5〗 – 〖55〗 ① G. Normandie Cotentin

ST-AUGUSTIN-SUR-MER
17570 Char.-Mar. – 742 h.
Schéma aux Mathes

🔺🔺 **Le Logis du Breuil** 🏊 « A l'orée de la forêt de St-Augustin, agréable sous-bois », ℰ 46 23 23 45, Fax 46 23 43 33, SE : sur D 145 rte de Royan
8,5 ha (300 empl.) ⟶ plat, sablonneux, herbeux, terrasse ♀♀ (4 ha) – 🗊 🔊 🗓
⅙ ⊕ ➤ 🖲 – ⊡ ➤ ➤ – A proximité : pizzeria ☕ ⏱ ✕ ➤ – Location : gîtes
mai-sept. – **R** *conseillée* – 📧 *piscine comprise 2 pers. 60* 〔4〕 *14 (3A) 16 (6A)*

🔺🔺 **La Ferme de St-Augustin N° 1 et N° 2,** ℰ 46 39 14 46, Fax 46 23 43 59, au bourg - (en 2 parties distinctes)
5,3 ha (320 empl.) ⟶ plat et peu incliné, herbeux, sablonneux ♀♀ – 🗊 ♺ 🗓
🗓 ⅙ ▥ ⊕ 🎠 🖲 – 🖲 ♺ 🖲 – vélos – A proximité : ✕ ➤
Permanent – **R** *conseillée juil.-août* – Tarif 92 : 📧 *3 pers. 65, pers. suppl. 15*
〔4〕 *18 (10A)*

🔺 Municipal Côtes de Saintonge, ℰ 46 23 23 48, SE : sur D 145 rte de Royan
2 ha (83 empl.) ⟶ accidenté, sablonneux, herbeux ♀♀ – 🗊 🔊 🗓 ⊕ 🖲 – ➤
(bassin) – A proximité : ✕
mai-sept. – **R** *conseillée*

⚠ **Les Vignes** 🏊, ℰ 46 23 23 51, à l'est du bourg
1,3 ha (96 empl.) peu incliné, herbeux, pierreux – 🗊 ♺ 🗓 🗓 ⅙ – A proximité :
☕
juil.-15 sept. – **R** – 📧 *3 pers. 42, pers. suppl. 12*

〖9〗 – 〖71〗 ⑮

ST-AVIT-DE-VIALARD
24260 Dordogne – 113 h.

🔺🔺🔺 **St-Avit Loisirs** 🏊 ≤, ℰ 53 02 64 00, Fax 53 02 64 39, NO : 1,8 km par C 201 rte de St-Alvère
40 ha/6 campables (150 empl.) ⟶ plat, peu incliné, herbeux ⊡ ♀♀ – 🗊 ♺ 🗓
🗓 ⅙ ⊕ ➤ ▽ ▦ 🍴 ✕ ➤ 🖲 – ⊡ ✕ ➤ ➤ vélos – Location : 🏠
appartements
3 avril-10 oct. – **R** *conseillée juil.-août* – ☀ *29 piscine comprise* 📧 *45* 〔4〕 *17 (6A)*

〖13〗 – 〖75〗 ⑯

ST-AVOLD

57500 Moselle – 16 533 h.
🛈 Office de Tourisme, Mairie
📞 87 91 30 19

ⵜ **Base de Plein Air du Felsberg** M 🕭, 📞 87 92 75 05, au nord du centre ville, près N 3, accès par rue en Verrerie, face à la station service Record – Par A 4 : sortie St-Avold Carling
1,2 ha (30 empl.) o━ plat et peu incliné, terrasses, herbeux, pierreux ⚏ – 🏠 ⚤
⚄ ⅋ ⅋ - ▱ – Location : ⊨ (aub. jeunesse)
Permanent– **R** *conseillée juil.-août* – ⚿ 10 ▣ 14/20 [½] 10 (4A) 20 (6A) 30 (10A)

ST-AVRE

73130 Savoie – 627 h.

ⵜ **Le Bois Joli** 🕭 « Cadre boisé », 📞 79 56 21 28, N : 1 km rte de St-Martin-sur-la-Chambre, bord d'un ruisseau
3 ha (70 empl.) o━ (saison) plat et accidenté, herbeux, rocheux ⚏ – 🏠 ⚄ 🗟
⚄ ⅋ - ▱ ⬳ 🛶 – Location : 🏠
vac. de printemps, juin-15 sept. – **R** *15 juil.-15 août* – *Tarif 92 :* ▣ *piscine comprise 2 pers. 45, pers. suppl. 20* [½] *10 (2A) 15 (plus de 2A)*

ST-AYGULF

83370 Var
🛈 Office de Tourisme, pl. Poste
📞 94 81 22 09

ⵜ **L'Étoile d'Argens** 🕭, 📞 94 81 01 41, NO : 5 km par D 7 rte de Roquebrune-sur-Argens et D 8 à droite, bord de l'Argens
10 ha (420 empl.) o━ plat, herbeux ▭ ⚏ – 🏠 🛱 ⚄ ⚄ ⚄ ⅋ ⚄ 🗙 🍴 🖳
– 🖳 🏠 🛶 port privé, navette pour les plages
avril-sept. – **R** *indispensable* – *Tarif 92 :* ▣ *3 pers. 156/176 avec élect. (10A), 4 pers. 217 ou 234 avec élect. (20A), pers. supp. 31*

ⵜ **Résidence du Campeur**, 📞 94 81 01 59, NO : 3 km par D 7 rte de Roquebrune-sur-Argens
10 ha (450 empl.) o━ plat, herbeux ⚏ – Sanitaires individuels : 🏠 ⚄ éviers wc, ⚄ 🛱 ⅋ 🗙 🍴 – 🖳 discothèque 🗙 🛶 🏠 – Location : 🏠
Pâques-fin sept. – *Places disponibles pour le passage* – **R** *indispensable juil.-août* – ▣ *élect., piscine et tennis compris 3 pers. 175*

ⵜ **Au Paradis des Campeurs**, 📞 94 96 93 55, S : 2,5 km par N 98 rte de Ste-Maxime, à la Gaillarde, accès direct à la plage
1,5 ha (130 empl.) o━ plat, herbeux ⚏ – 🏠 ⚄ ⚄ 🗟 ⚄ ⅋ ⚄ ⅋ pizzeria
🛶 🖳 - 🖳 🛶 – A proximité : discothèque
avril-1er oct.– **R** –*Tarif 92 :* ▣ *3 pers. 71 à 103, pers. suppl. 22* [½] *14 (3A) 20 (6A)*

ⵜ **Les Lauriers Roses** ⬳, 📞 94 81 24 46, NO : 3 km par D 7 rte de Roquebrune-sur-Argens
2 ha (108 empl.) o━ accidenté, en terrasses, pierreux ⅋ – 🏠 ⚄ ⚄ 🗟 ⚄ 🖳 –
🖳 🛶 – A proximité : 🏠 🛠 – Location : 🏠
Pâques-1er oct.– **R** *indispensable 29 juin-août* – *Tarif 92 :* ▣ *piscine comprise 2 pers. 89/94 (107 avec élect. 5A), pers. suppl. 25*

ⵜ **St-Aygulf**, 📞 94 81 20 14, Fax 94 81 03 16, sortie N rte de St-Raphaël, accès direct à la plage
22 ha (1 600 empl.) o━ plat, herbeux ⅋ – 🏠 ⚄ ⚄ ⚄ 🛱 ⚄ 🖳 – 🏠 🐎
avril-oct. – **R** *conseillée* – ▣ *élect. (10A) comprise 2 pers. 109, pers.suppl. 24*

ⵜ **Vaudois**, 📞 94 81 37 70 ✉ 83520 Roquebrune-sur-Argens, NO : 4,5 km par D 7 rte de Roquebrune-sur-Argens, à 300 m d'un plan d'eau
3 ha (50 empl.) o━ plat, herbeux ▭ ⅋ – 🏠 ⚄ 🖳 – 🖳 🛠
juin-sept. – **R** – ▣ *2 pers. 75, pers. suppl. 15* [½] *13 (3A)*

ST-BAUZILLE-DE-PUTOIS

34190 Hérault – 1 021 h.

ⵜ **Municipal les Mûriers** 🕭, 📞 67 73 73 63, S : par D 108E et chemin des Sauzèdes
1 ha (90 empl.) o━ plat, herbeux ⅋ – 🏠 ⚄ ⚄ ⚄ – A proximité : 🗙

ST-BÉAT

31440 H.-Gar. – 547 h.

ⵜ **Municipal Clef de France** ⬳ « Site agréable », sortie SE par N 125 rte de Fos, au confluent de la Garonne et d'un torrent
1 ha (72 empl.) plat, herbeux ⅋ (0,7 ha) – 🏠 ⚄ ⚄ 🎦 ⚄ – 🖳
Permanent – *Pas de places pour le passage l'hiver* – **R** – ⚿ 7 ▣ 6 [½] 8 (moins de 5A) 18 (plus de 5A)

ⵜ **Theï La Garonnette** ⬳, 📞 61 79 41 36, sortie E par D 44 rte de Boutx, bord de la Garonne
1 ha (60 empl.) o━ plat, herbeux, pierreux – 🏠 ⚄ ⚄ 🎦 ⚄ – 🖳 – A proximité : 🗙 🛶 – *Places limitées pour le passage*

ST-BEAUZÉLY

12620 Aveyron – 487 h.

ⵜ **Municipal la Muze**, sortie N par D 30 rte de Millau, bord d'un ruisseau
0,6 ha (30 empl.) plat, herbeux, pierreux ⅋ – 🏠 ⚄ – 🗙 – A proximité : ⅋
15 juin-sept. – **R** – *Tarif 92 :* ⚿ 10 ▣ 10 [½] 10

ST-BERTRAND-DE-COMMINGES

31510 H.-Gar. – 217 h.

ⵜ **Es Pibous** 🕭 ⬳ cathédrale, 📞 61 88 31 42, SE : 0,8 km par D 26 A rte de St-Béat et chemin à gauche
2 ha (82 empl.) o━ plat, herbeux ⚏ – 🏠 ⚄ ⚄ 🎦 ⚄ ⚄ 🖳 – 🖳 – Location : 🏠
mai-sept. – **R** *conseillée août* – ⚿ 10 ▣ 10 [½] 10 (10A)

ST-BLIMONT

80960 Somme – 1 046 h.

$1 - \boxed{52}$ ⑥

▲▲ **Municipal les Aillots** ⌖, ℰ 22 30 62 55, au bourg, r. des Écoles
1,5 ha (71 empl.) ⚬⌐ (saison) plat, herbeux ♀ – 🍴 ⚏ 📛 🖼 ⊕ – 🚐 – A proximité :
⚞
avril-sept. – **R** juil.-août – Tarif 92 : 🛉 7,50 ⇌ 3,30 🅴 6,50 🅙 9 (3A) 15 (6A)

ST-BONNET-DE-JOUX

71220 S.-et-L. – 845 h.

$11 - \boxed{69}$ ⑱

▲ **Municipal,** sortie E par D 7 rte de Salloray-sur-Guye et chemin à gauche, bord
d'un étang
0,5 ha (21 empl.) plat et peu incliné, herbeux, gravillons – 🍴 – ⚞
juin-oct. – **🅁** – 🛉 6 ⇌ 5 🅴 10/20

ST-BONNET-EN-CHAMPSAUR

05500 H.-Alpes – 1 371 h.
alt. 1 025.

🄸 Syndicat d'Initiative, r. des
Maréchaux ℰ 92 50 02 57

$17 - \boxed{77}$ ⑯ G. Alpes du Nord

▲▲ **Camp V.V.F.** ⌖ ≼, ℰ 92 50 01 86, Fax 92 50 11 85, SE : 0,8 km par D 43 rte
de St-Michel-de-Chaillol et à droite – ⚞
0,6 ha (28 empl.) ⚬⌐ en terrasses, peu incliné, herbeux, pierreux 🔲 ♀ – 🍴 ⚏
📛 🖣 – 🖼 garderie – 🚐 ⛴ – A proximité : ⚞ ⛴
mai-15 sept. – **R** conseillée juil.-août – Adhésion V.V.F. obligatoire – 🅴 2 pers.
50, pers. suppl. 18

ST-BONNET-LE-CHÂTEAU

42380 Loire – 1 687 h. alt. 870

$11 - \boxed{76}$ ⑦ G. Vallée du Rhône

▲▲ Municipal du Stade ≼, ℰ 77 50 03 16, E : par D 3 rte de Firminy et chemin, à
450 m d'un plan d'eau
1,4 ha (55 empl.) ⚬⌐ peu incliné, herbeux 🔲 – 🍴 ⚏ 📛 🖼 ⊕ 🛈 – ⚞ ⛴ –
A proximité : 🛶 – Places limitées pour le passage

ST-BONNET-TRONÇAIS

03360 Allier – 913 h.

$11 - \boxed{69}$ ⑫ G. Auvergne

▲▲▲ **Champ Fossé** ⌖ ≼ « Belle situation au bord de l'étang de St-Bonnet »,
ℰ 70 06 11 30, Fax 70 67 50 96, SO : 0,7 km
3 ha (110 empl.) ⚬⌐ peu incliné, herbeux – 🍴 📛 ⊕ 🖼 – 🚐 ⚞ ⚓ ⛴ ⚞
– Location : gîtes
avril-sept. – **R** conseillée juil.-août – 🛉 12 ⇌ 6 🅴 6 🅙 15 (7A)

ST-BRÉVIN-LES-PINS

44250 Loire-Atl. – 8 688 h.
Pont de St-Nazaire N : 3 km - voir à
St-Nazaire

🄸 Office de Tourisme, 10 r. de
l'Église (saison) ℰ 40 27 24 32 et pl.
d'Ouessant (saison) ℰ 40 27 24 33

$4 - \boxed{67}$ ①

▲▲▲ **Les Pierres Couchées** « Agréable cadre boisé », ℰ 40 27 85 64,
Fax 40 64 97 03, S : 5 km par D 213, au lieu-dit l'Ermitage, à 450 m de la plage
14 ha/9 campables (350 empl.) ⚬⌐ (juil.-août) plat et accidenté, sablonneux,
herbeux ♀♀ – 🍴 🔊 🖼 ⚏ ⊕ 🛎 ▼ ✗ ⛴ – 🖼 – 🚐 ⚞ ⚓ ⛴ ⛴ – A proximité :
🛶 – Location : 🏠
Permanent – **R** conseillée juil.-août – Adhésion obligatoire pour les non-mutua-
listes – 🅴 piscine comprise 3 pers. 97, pers. suppl. 21,20 🅙 19,85 (6A)

▲▲▲ **le Fief,** ℰ 40 27 23 86, Fax 40 64 46 19, S : 2,4 km par rte de Saint-Brévin-
l'Océan et à gauche, chemin du Fief
6 ha (425 empl.) ⚬⌐ plat, herbeux 🔲 ♀ – 🍴 ⚏ 📛 🖼 🔊 ⚓ ▽ 🛎 ▼ ✗ ⛴ –
🖼 ⛴ salle d'animation ⚞ ⚓ ⛴ – Location : 🖼 🏠
Permanent – **R** conseillée août – 🅴 piscine comprise 2 pers. 79, pers. suppl. 21
🅙 18 (5A)

▲▲▲ **Municipal de la Courance,** ℰ 40 27 22 91, sortie S, 100-110 av. du
Maréchal-Foch, bord de l'océan
4,6 ha (347 empl.) ⚬⌐ accidenté, sablonneux ♀♀ – 🍴 📛 🔊 🖼 ⚏ ⊕ 🛎 🖼 –
🚐 ⚓ – A proximité : ⚞ – Location : 🏠
Permanent – **R** juil.-août – 🅴 élect. (5A) comprise 2 pers. 67,60, pers. suppl.
16,70

ST-BRIAC-SUR-MER

35800 I.-et-V. – 1 825 h.

🄸 Syndicat d'Initiative, 49
Grande-Rue (vacances de printemps,
15 juin-15 sept.) ℰ 99 88 32 47

$4 - \boxed{59}$ ⑤ G. Bretagne

▲▲ **Émeraude** ⌖ « Entrée fleurie », ℰ 99 88 34 55, chemin de la Souris
2,5 ha (200 empl.) ⚬⌐ plat et peu incliné, herbeux – 🍴 🔊 🖼 ⊕ ⚓ ▽ ⛴ – 🚐
🖼
Pâques-sept. – **R** – 🛉 16 🅴 16 🅙 10 (3A)

▲ **Municipal** ⌖, ℰ 99 88 34 64, SE : 0,5 km par D 3 rte de Pleurtuit
3 ha (200 empl.) ⚬⌐ plat, peu incliné, herbeux – 🍴 🔊 ⊕ – A proximité : ⚞
juil.-15 sept. – **R** – Tarif 92 : 🛉 8 🅴 14 🅙 11 (3A) 19 (6A)

ST-BRIEUC 🄿

22000 C.-d'Armor – 44 752 h.

🄸 Office de Tourisme, 7 r.
Saint-Guéno ℰ 96 33 32 50

$4 - \boxed{59}$ ③ G. Bretagne

à Plérin N : 3 km – ✉ 22190 Plérin :

▲▲ **Municipal le Surcouf,** ℰ 96 73 06 22, à St-Laurent-de-la-Mer, E : 4 km, r. Surcouf
2,8 ha (110 empl.) ⚬⌐ (saison) plat et peu incliné, herbeux – 🍴 ⚏ 📛 🖼 ⊕ ⚓
▽ 🖼 – 🚐
Pâques-sept. – **R** – Tarif 92 : 🛉 10,90 ⇌ 8,70 🅴 15,30 🅙 9,80 (moins de 3A)

▲ **Les Mouettes,** ℰ 96 74 51 48, N : 2,5 km par D 1b rte des Rosaires et à droite
0,7 ha (43 empl.) ⚬⌐ plat, herbeux – 🍴 ⚏ 📛 ⊕ 🖼
15 mai-oct. – **R** conseillée – 🛉 12 ⇌ 5 🅴 8 🅙 12 (15A)

341

ST-CALAIS

72120 Sarthe – 4 063 h.

🅘 Office de Tourisme, pl. de l'Hôtel-de-Ville 🖉 43 35 82 95

⑤ – 🔢 ⑤ G. Châteaux de la Loire

🄰🄰 **Municipal du Lac,** 🖉 43 35 04 81, sortie N par D 249 rte de Montaillé, près d'un plan d'eau
1,8 ha (60 empl.) ⚬— plat, herbeux 🖵 – 🔥 🌿 📛 🗟 🕭 ⊛ 🗆 – 🔲 🔸
A proximité : 🏓 🔸
avril-15 oct. – **R** conseillée – Tarif 92 : 🌟 6,20 🚗 3,50 🗉 3,60 🅑 6 (3A) 9,70 (6A)

ST-CAST-LE-GUILDO

22380 C.-d'Armor – 3 093 h.

🅘 Office de Tourisme, pl. du Général-de-Gaulle 🖉 96 41 81 52

④ – 🔢 ⑤ G. Bretagne

🄰🄰 **Le Châtelet** 🔸 ≤, 🖉 96 41 96 33, Fax 96 41 97 99, O : 1 km, r. des Nouettes, à 250 m de la mer et de la plage (accès direct)
7,6 ha/3,9 campables (180 empl.) ⚬— en terrasses, plat et peu incliné, herbeux, petit étang 🖵 – 🔥 🌿 📛 🗟 🕭 ⊛ 🗆 ⏚ 🗆 crêperie 🔸 🔳 – 🔲 🔸 – Location : 🛖
vac. de printemps-20 sept. – **R** conseillée juil.-août – 🌟 24 piscine comprise 🗉
65 🅑 14 (3A) 16 (6A) 18 (10A)

🄰🄰 **Château de Galinée** 🔸, 🖉 96 41 10 56, Fax 96 41 03 72, S : 7 km, accès sur D 786, près du carrefour avec la rte de St-Cast-le-Guildo
11 ha (272 empl.) ⚬— plat, herbeux 🖵 🔹 – 🔥 🌿 📛 🗟 🕭 ⊛ 🗆 🍽 🔳 – 🗆
🏓 🔸
vac. de printemps, mai-15 oct. – **R** conseillée – 🌟 22 piscine comprise 🗉 45
🅑 15 (6A)

🄰 **Municipal de la Mare** 🔸 ≤ Fort la Latte et mer, 🖉 96 41 89 19, à l'Isle, au NO de St-Cast-le-Guildo, près de la plage de la Mare et face au V.V.F.
1,5 ha (160 empl.) ⚬— (saison) en terrasses et peu incliné, herbeux – 🔥 🌿 📛
🗟 ⏚ ⊛

🄰 **Municipal les Quatre Vaulx,** SE : 10 km par D 19 rte de Notre-Dame-de-Guildo et à gauche, bord de la plage des Quatre Vaulx
2 ha (60 empl.) plat, herbeux – 🔥 🌿 📛 ⏚ ⊛
juil.-août – **R**

ST-CÉRÉ

46400 Lot – 3 760 h.

🅘 Office de Tourisme, pl. de la République (fermé matin oct.-mai)
🖉 65 38 11 85

🔟 – 🔢 ⑲ G. Périgord Quercy

🄰🄰 **Le Soulhol** 🔸 « Cadre agréable », 🖉 65 38 12 37, sortie SE par D 48, quai Auguste-Salesses, bord de la Bave
2,5 ha (150 empl.) ⚬— plat, herbeux 🔹🔹 (1,5 ha) – 🔥 📛 🗟 ⏚ ⊛ 🔸 🔳 –
🔲 🔸 🔸 vélos – A proximité : 🏓 🔸 – Location : 🛖
avril-sept. – **R** – 🌟 14 🗉 14 🅑 10 (6A)

ST-CHÉRON

91530 Essonne – 4 082 h.

⑥ – 🔢 ⑩

🄰🄰 **Le Parc des Roches** ◇ 🔸 « Cadre agréable en sous-bois », 🖉 (1) 64 56 65 50, à la Petite Beauce, SE : 3,4 km par D 132 rte d'Étrechy et chemin à gauche
23 ha/12 campables (300 empl.) ⚬— plat et accidenté 🖵 🔹🔹 – 🔥 🌿 🔥 🗟 🎵
⊛ 🔸 🍽 snack – 🔲 salle d'animation 🏓 🔸🔸
mars-15 déc. – **Location** longue durée – Places limitées pour le passage – **R** conseillée 15 juin-15 sept. – 🌟 22 piscine comprise 🚗 7 🗉 19 🅑 11 (4A)

ST-CHRISTOLY-DE-BLAYE

33920 Gironde – 1 765 h.

⑨ – 🔢 ⑧

🄰 **Le Maine Blanc** 🔸, 🖉 57 42 52 81, NE : 2,5 km par D 22 rte de St-Savin et chemin à gauche
2 ha (50 empl.) ⚬— (saison) plat, herbeux, sablonneux 🔹 – 🔥 🌿 📛 ⏚ ⊛ 🗆
🔸 🔳 – 🔲 🔸🔸 🔸 (bassin) – Location : 🛖 🛖 🛖
Permanent – **R** – 🌟 14 🗉 14/17 🅑 10 (3A) 16 (6A) 20 (10A)

ST-CHRISTOPHE-DE-DOUBLE

33230 Gironde – 564 h.

⑨ – 🔢 ③

🄰 **Municipal du Centre Nautique et de Loisirs** 🔸 ≤, 🖉 57 49 50 02, E : 0,8 km par D 123 et à droite, près d'un lac
0,7 ha (54 empl.) ⚬— peu incliné, sablonneux, pierreux 🔹 pinède – 🔥 🔥 🗟 📛
⊛ 🔸 🗆 snack – A proximité : 🏓 🔸
juin-sept. – **R** – 🌟 9 🗉 16 🅑 12 (16A)

ST-CHRISTOPHE-EN-OISANS

38143 Isère – 103 h. alt. 1 468

⑫ – 🔢 ⑯ G. Alpes du Nord

🄰🄰 **Municipal la Bérarde** 🔸 ≤ Parc National des Écrins, 🖉 76 79 20 45, SE : 10,5 km par rte de la Bérarde, bord du Vénéon – D 530 avec fortes pentes, difficile aux caravanes – alt. 1 738 – Croisement parfois impossible à certains passages
2 ha (165 empl.) ⚬— peu incliné et plat, en terrasses, pierreux – 🔥 🌿 🗟 📛 ⊛ – 🔲
juin-sept. – **R** 14 juil.-15 août – Tarif 92 : 🗉 3 pers. 65, pers. suppl. 12 🅑 11 (10A)

ST-CIRGUES-EN-MONTAGNE

07510 Ardèche – 361 h. alt. 1 044

⑯ – 🔢 ⑱ G. Vallée du Rhône

🄰🄰 **Les Airelles** ≤, 🖉 75 38 92 49, sortie N rte du Lac-d'Issarlès, rive droite du Vernason
0,7 ha (50 empl.) ⚬— en terrasses et peu incliné, pierreux, herbeux – 🔥 🔥 🗟
⊛ – 🔲 – A proximité : 🏓 🔸 – Location : 🛖
mai-oct. – **R** – 🗉 2 pers. 50, pers. suppl. 13 🅑 13 (3A)

342

ST-CIRQ
13 – 75 ⑯

24260 Dordogne – 104 h.

▲▲ **Brin d'Amour** ⚲ ≼, ℰ 53 54 18 06, N : 3,5 km par D 31, rte de Manaurie
et chemin à droite
4 ha (60 empl.) ⚬━ plat, peu incliné, en terrasses, herbeux, pierreux ⌐ ♀ (0,5 ha)
– ⛅ ⇄ 🛁 🖻 🗓 & ⚠ ✆ ♈ snack ⚖ – 🖾 – 🖾 ✗ ⚿ 🟰 – Location : 🖮 –
Tarif 92 : 🖻 *élect. et piscine comprises 4 pers. 2 000 pour une semaine*

ST-CIRQ-LAPOPIE
14 – 79 ⑨ G. Périgord Quercy

46330 Lot – 187 h.

▲▲ **La Plage** ≼ village « Situation agréable », ℰ 65 30 29 51, Fax 65 30 26 48, NE :
1,4 km par D 8 rte de Tour-de-Faure, à gauche avant le pont, bord du Lot
2,5 ha (100 empl.) ⚬━ plat, herbeux, pierreux ♀♀ – ⛅ ⇄ 🛁 🖻 🗓 & ⚠ ⚲ ♈
snack ⚖ – 🖾 🟰 – A proximité : 🏇
Permanent – **R** *conseillée –* 🖻 *1 pers. 32* 🔌 *13 (5 ou 6A) 20 (10A)*

▲ **La Truffière** ⚲ ≼ « Agréable chênaie », ℰ 65 30 20 22, Fax 65 30 26 48, S :
3 km sur D 42 rte de Concots
4 ha (50 empl.) ⚬━ accidenté, en terrasses et incliné, herbeux, pierreux ♀♀ – ⛅
⇄ 🛁 ⚠ – 🟰 🏇 – Location : 🛏 (hôtel)
mai-1er oct. – **R** *conseillée juil.-août –* 🖻 *piscine comprise 1 pers. 30* 🔌 *13
(5 ou 6A) 20 (10A)*

▶ *Avant de vous installer, consultez les tarifs en cours,*
affichés obligatoirement à l'entrée du terrain,
et renseignez-vous sur les conditions particulières de séjour.
Les indications portées dans le guide ont pu être modifiées depuis la mise à jour.

ST-CLAIR **83** Var – 84 ⑯ – rattaché au Lavandou

ST-CLAUDE ⊛
12 – 70 ⑮ G. Jura

39200 Jura – 12 704 h.
🆔 Office de Tourisme 1 av. de Belfort
ℰ 84 45 34 24

▲▲▲ Municipal du Martinet ≼ « Site agréable », ℰ 84 45 00 40, SE : 2 km par rte
de Genève et D 290 à droite, au confluent du Flumen et du Tacon
2,9 ha (150 empl.) ⚬━ plat et incliné, herbeux ♀♀ – ⛅ ⇄ 🛁 🖻 🗓 ⚠ ♈ snack
⚖ – 🖾 🟰 – A l'entrée : ⚲

ST-CLÉMENT-DES-BALEINES **17** Char.-Mar. – 71 ⑫ – voir à Ré (Ile de)

ST-CLÉMENT-DE-VALORGUE
11 – 73 ⑰

63660 P.-de-D. – 237 h. alt. 919

▲▲ **Les Narcisses** ⚲ ≼, ℰ 73 95 45 76, NO : 1,2 km par rte de Mascortel
1,4 ha (35 empl.) ⚬━ plat et terrasse, herbeux – ⛅ ⇄ 🛁 🗓 ⚠ – 🖾
15 juin-15 sept. – **R** *–* 🕴 *10* 🚗 *5* 🖻 *6/7* 🔌 *7 (5A)*

ST-CLEMENT-SUR-DURANCE
17 – 77 ⑱

05600 H.-Alpes – 191 h. alt. 875

▲ **les Mille Vents** ≼, E : 1 km par N 94 rte de Briançon et D 994ᴰ à droite
après le pont, bord de la rivière
1,6 ha (100 empl.) ⚬━ plat et terrasse, pierreux, herbeux – ⛅ ⚍ & ⚠
vac. scolaires, juin-sept. – **R** *–* 🕴 *10* 🖻 *20* 🔌 *10 (5A)*

ST-CONGARD
4 – 63 ④

56140 Morbihan – 664 h.

▲ **Municipal du Halage,** au bourg, près de l'église et de l'Oust
0,8 ha (60 empl.) plat à peu incliné, herbeux ⌐ – ⛅ ⇄ 🛁 – 🏄
15 juin-15 sept. – 🕴 *5,30* 🚗 *2,70* 🖻 *2,70 et 6,50 pour eau chaude*

ST-CONSTANT
15 – 76 ⑪

15600 Cantal – 659 h.

▲▲ **Moulin de Chaules** ⚲ « Cadre et situation agréables », ℰ 71 49 11 02, E :
3 km par D 28 rte de Calvinet, bord de la Ressègue et d'un ruisseau – Tracteur
à la disposition des caravaniers
2,7 ha (60 empl.) ⚬━ plat et en terrasses, pierreux, herbeux ♀ – ⛅ ⚍ 🗓 ⚠ ⚌
✗ ⚖ – 🖾 🟰 (bassin) – Location : 🚐
30 mars-oct. – **R** *conseillée juil.-20 août –* 🖻 *2 pers. 58,50* 🔌 *12,50 (4A)*

ST-COULOMB
4 – 59 ⑥

35350 I.-et-V. – 1 938 h.

▲ **Du Guesclin** ⚲ ≼, ℰ 99 89 03 24, NE : 2,5 km par D 355 rte de Cancale et
rte à gauche
0,45 ha (30 empl.) ⚬━ (saison) peu incliné, herbeux – ⛅ ⚍ & ⚠
avril-sept. – **R** *conseillée –* 🕴 *12,20* 🖻 *13,50* 🔌 *9 (6A)*

343

ST-CRÉPIN-ET-CARLUCET
13 – 75 ⑰ G. Périgord Quercy

24590 Dordogne – 372 h.

⋀⋀⋀ **Les Peneyrals** Ⓜ ⅏, ℘ 53 28 85 71, Fax 53 28 80 99, à St-Crépin, sur D 56 rte de Proissans
8 ha/3,5 campables (160 empl.) ⚬━ en terrasses, herbeux, pierreux, étang ⌑
⚗ – ⅏ ⚏ ⅃ ⌑ & ⊛ ⚎ ▼ ✕ ఒ ⚎ – ⌑ ✕ ⅀ ⚎ ⅃ piste de bi-cross, vélos – Location : ⌑
15 mai-15 sept. – **R** conseillée juil.-août - ⚑ 26,50 piscine comprise ▣ 39
⒣ 13 (5A) 16 (10A)

⋀⋀ **Le Pigeonnier - Club 24,** ℘ 53 28 92 62, NO : 1,3 km sur D 60 rte de Sarlat-la-Canéda
1,7 ha (85 empl.) ⚬━ peu incliné, herbeux ⌑ – ⅏ ⚏ ⅃ ⌑ & ⊛ ⚎ ⅀ ▼ snack
ఒ ▣ – ⌑ discothèque ⅃ – Location : ⌑
juin-sept. – **R** conseillée août - ⚑ 18 piscine comprise ⬅ 10 ▣ 22 ⒣ 12 (6A)
16 (10A)

ST-CYBRANET
13 – 75 ⑰

24250 Dordogne – 310 h.

Schéma à la Roque-Gageac

⋀⋀⋀ **Bel Ombrage,** ℘ 53 28 34 14, NO : 0,8 km, bord du Céou
5 ha (180 empl.) ⚬━ plat, herbeux ⌑ ⚗ – ⅏ ⚏ ⅃ ⌑ & ⊛ ▣ – ⌑ ⚎ ⅀
⚎
juin-5 sept. – **R** conseillée juil.-août - ⚑ 20 piscine comprise ▣ 36 ⒣ 15 (6A)

⋀⋀⋀ **Le Céou** ⅏ ≤, ℘ 53 28 32 12, S : 1 km, à proximité du Céou – ⅏ (juil.-août)
2 ha (66 empl.) ⚬━ plat et en terrasses, herbeux, pierreux ⌑ ⚗ – ⅏ ⚏ ⅃ ⌑
⊛ ✕ ఒ ▣ – ⌑ ⅃ – A proximité : ⚎ – Location : ⌑
mai-25 sept. – **R** conseillée juil.-août - ⚑ 30 piscine comprise ▣ 36 ⒣ 15 (6A)

⋀⋀ **Les Cascades de Lauzel** ⅏, ℘ 53 28 32 26, SE : 1,5 km, bord du Céou
2 ha (100 empl.) ⚬━ plat, herbeux ⚗ – ⅏ ⚏ ⅃ ⌑ & ⊛ – ⌑ ⚎ ⅃ ⚎
15 mai-sept. – **R** conseillée juil.-août – Tarif 92 : ⚑ 18 piscine comprise ▣ 19
avec élect.

ST-CYPRIEN
13 – 75 ⑯ G. Périgord Quercy

24220 Dordogne – 1 593 h.

⋀⋀ **Municipal le Garrit** ⅏, ℘ 53 29 20 56, S : 1,5 km par D 48 rte de Berbiguières, près de la Dordogne
1,2 ha (90 empl.) ⚬━ plat, herbeux ⚗ – ⅏ ⚏ ⅃ ⊛ ▣ – ⌑ – A proximité :
⚎
mai-sept. – **R** - ⚑ 14 ▣ 18 ⒣ 12 (4A) 15 (6A)

ST-CYPRIEN
15 – 86 ⑳ G. Pyrénées Roussillon

66750 Pyr.-Or. – 6 892 h.
🅱 Office de Tourisme, parking Nord du Port ℘ 68 21 01 33

⋀⋀ **Municipal Bosc d'en Roug,** ℘ 68 21 07 95, sortie N vers Perpignan et à droite
12 ha (660 empl.) ⚬━ plat, herbeux ⚗ – ⅏ & ⊛ ⚎ ⅂ ⅀ snack ఒ ▣ – ✕
juin-sept. – **R** conseillée juil.-août - ⚑ 21 ▣ 25 ⒣ 15 (5 ou 10A)

à St-Cyprien-Plage NE : 3 km – ✉ 66750 St-Cyprien :

⋀⋀⋀ **Cala Gogo,** ℘ 68 21 07 12, Fax 68 21 02 19, S : 4 km, aux Capellans, bord de plage
11 ha (694 empl.) ⚬━ plat, sablonneux, herbeux, pierreux ⌑ – ⅏ ⚏ ⅃ ⌑ &
⊛ ⚎ ▼ ✕ ఒ ▣ discothèque ⌑ ✕ ⚎ ⅃ ⚎
juin-sept. – **R** conseillée juil.-août - ⚑ 32 piscine comprise ▣ 48 ⒣ 14 (10A)

ST-CYR
10 – 68 ④

86 Vienne – 710 h.
✉ 86130 Jaunay-Clan

⋀⋀⋀ **Parc de Loisirs de St-Cyr** ≤, ℘ 49 62 57 22, Fax 49 60 28 58, NE : 1,5 km par D 4, D 82 rte de Bonneuil-Matours et chemin, près d'un plan d'eau – Sur N 10, accès depuis la Tricherie
5,4 ha (80 empl.) ⚬━ plat, herbeux, gravillons – ⅏ ⚏ ⅃ ⌑ & ⊛ ⚎ ⚎ ⅀ snack
▣ – ⌑ salle de musculation ✕ ⚎ – A proximité : ⚎ ▼ ⚎ (plage) ⚐ golf –
Location : ⌑
27 mars-3 oct. – **R** conseillée 14 juil.-15 août – Tarif 92 : ⚑ 20 tennis compris
▣ élect. comprise 50

ST-CYR
12 – 69 ⑲

71240 S.-et-L. – 519 h.

⋀⋀ **Le Grison** ⅏, au sud du bourg, au lieu-dit Chasaux
0,9 ha (56 empl.) ⚬━ (saison) plat, herbeux ⌑ – ⅏ ⚏ ⅃ ⌑ & ⊛ ⚎ ⚎ ⅀ –
⌑ ⅃ – A proximité : ▼
Permanent – **R** conseillée juil.-août - ⚑ 11 piscine comprise ▣ 13 ⒣ 13 (6A)

ST-CYR-SUR-MER
17 – 84 ⑭

83270 Var – 7 033 h.
🅱 Office de Tourisme, pl. Appel 18 Juin aux Lecques ℘ 94 26 13 46

⋀⋀ **Le Clos Ste-Thérèse** ≤, ℘ 94 32 12 21, SE : 3,5 km sur D 559 rte de Bandol
– Accès possible aux emplacements avec véhicule tracteur
1,9 ha (90 empl.) ⚬━ accidenté et en terrasses, pierreux ⌑ ⚗ – ⅏ ⚏ ⅃ ⌑ ⊛ ⅀
▣ – ⅃ – A proximité : ⚎, poneys – Location : ⌑
avril-sept. – **R** conseillée juil.-août – ▣ piscine comprise 2 pers. 68/77 ⒣ 12 (2A)
15,50 (4A) 19 (6A)

ST-CYR-SUR-MORIN **77** S.-et-M. – **56** ⑬ – rattaché à la Ferté-sous-Jouarre

ST-DENIS-D'OLÉRON 17 Char.-Mar. – 🔟 ⑬ – voir à Oléron (Ile d')

ST-DENIS-DU-PAYRÉ

85580 Vendée – 387 h.

🔺 **Municipal la Fraignaye** 🦥, ℰ 51 27 21 36, N : 0,6 km par rte de Chasnais et r. du Beau Laurier à gauche
0,3 ha (32 empl.) ⊶ plat, herbeux ⚊ – 🗊 🔊 ☺
juil.-15 sept. – **R** *14 juil.-15 août* – 🛉 *8,70* 🚗 *2,80* 🗐 *6* 🔌 *7,10*

🔲 – 🔟 ⑪

ST-DIDIER-EN-VELAY

43140 H.-Loire – 2 723 h. alt. 835

🔺 **La Fressange,** ℰ 71 66 25 28, S : 0,8 km par D 45 rte de St-Romain-Lachalm et à gauche, près d'un ruisseau
1,5 ha (104 empl.) ⊶ peu incliné, en terrasses, herbeux – 🗊 🔊 🖥 ⅄ ☺ 🔲 –
🛶 – A proximité : 🗙 🏊
30 avril-2 oct. – **R** *conseillée juil.-août* – 🛉 *10* 🚗 *6* 🗐 *8* 🔌 *12 (5A)*

🔳 – 🔲 ⑧

ST-DIÉ ⊛

88100 Vosges – 22 635 h.
🅱 Office de Tourisme, 31 r. Thiers
ℰ 29 56 17 62

🔺🔺 **S.I. la Vanne de Pierre,** ℰ 29 56 23 56, à l'est de la ville par le quai du Stade, près de la Meurthe
3,5 ha (118 empl.) ⊶ plat, herbeux ⚊ – 🗊 ⅏ 🍴 🖥 ⅄ 🏭 ☺ 🔊 🍺 – 🛒 –
Location : 🏠
Permanent – **R** *vac. scolaires* – 🗐 *1 à 6 pers. 33 à 103* 🔌 *11 (3A) 17 (6A) 20 (10A)*

🔳 – 🔲 ⑰ G. Alsace Lorraine

ST-DISDIER

05250 H.-Alpes – 157 h. alt. 1 020

🔺 **La Combe de l'Eau** (aire naturelle) 🦥 ❤, ℰ 92 58 87 25, S : 2,3 km par D 937 rte de Veynes, bord de la Ribière – alt. 1 090
2 ha (25 empl.) ⊶ plat et peu incliné, herbeux, petit étang – 🗊 🖥 ☺ – 🛒 –
Location : 🏠
avril-1er nov. – **R** – 🛉 *8* 🚗 *5* 🗐 *7 ou 8/8* 🔌 *6 (5A)*

🔢 – 🔲 ⑮ G. Alpes du Nord

ST-DONAT

63680 P.-de-D. – 334 h. alt. 1 050

🔺 **Municipal** ❤, au bourg, près de l'église
0,8 ha (50 empl.) plat à peu incliné, herbeux, pierreux – 🗊 🔊 🖥 ☺
15 juin-15 sept. – **R** *conseillée août* – 🛉 *6* 🚗 *4* 🗐 *4* 🔌 *8 (10A)*

🔲 – 🔲 ⑬

ST-DONAT-SUR-L'HERBASSE

26260 Drôme – 2 658 h.

🔺🔺 **Les Ulezes,** ℰ 75 45 10 91, sortie SE par D 53 rte de Romans et chemin à droite, bord de l'Herbasse
2,5 ha/0,7 campable (40 empl.) ⊶ plat, herbeux, petit étang 🔲 – 🗊 🖥 🖥 ☺
🏊 ⅏ 🍺 🗙 – 🛒 🗠 🏊
15 avril-15 oct. – **R** *conseillée* – 🗐 *piscine comprise 2 pers. 60* 🔌 *15 (6A) 20 (10A)*

🔢 – 🔲 ② G. Vallée du Rhône

SAINTE – voir après la nomenclature des Saints

ST-ÉLOY-LES-MINES

63700 P.-de-D. – 4 721 h.

🔺🔺 **Municipal la Poule d'Eau** ❤, ℰ 73 85 45 47, sortie S par N 144 rte de Clermont puis à droite, 1,3 km par D 110, bord de deux plans d'eau
1,8 ha (50 empl.) ⊶ peu incliné, herbeux 🔲 – 🗊 🔊 ⅄ ☺ – A proximité : 🏊
juin-sept. – **R** – 🛉 *8,80* 🚗 *4,30* 🗐 *6,70* 🔌 *10 (3A)*

🔲 – 🔲 ③

ST-ÉMILION

33330 Gironde – 2 799 h.
🅱 Office de Tourisme,
pl. des Créneaux ℰ 57 24 72 03

🔺🔺 **La Barbanne** 🦥, ℰ 57 24 75 80, N : 3 km par D 122 rte de Lussac et rte à droite, bord d'un plan d'eau
4,5 ha (160 empl.) ⊶ plat, herbeux, gravier ⚊ (2 ha) – 🗊 ⅏ 🖥 ☺ 🔊 snack
🖥 🔊 – 🛒 🗙 🗠 🏊 vélos
4 avril-10 oct. – **R** *conseillée juil.-août* – 🛉 *19 piscine comprise* 🗐 *23* 🔌 *14 (6A)*

🔳 – 🔲 ⑫ G. Pyrénées Aquitaine

ST-ÉTIENNE-DE-CROSSEY

38960 Isère – 2 081 h.

🔺🔺 **Municipal de la Grande Forêt** ❤, ℰ 76 06 05 67, sortie NO par D 49 rte de Chirens, au stade
2 ha (50 empl.) ⊶ plat, herbeux 🔲 – 🗊 ⅏ 🖥 ☺ 🏊 ⅏ – 🗙 vélos
juin-sept. – *Tarif 92 :* 🗐 *tennis compris 3 pers. 32/44 (54 avec élect.), pers. suppl. 11*

🔢 – 🔲 ④

ST-ÉTIENNE-DE-MONTLUC
44360 Loire-Atl. – 5 759 h.

▲▲ **Municipal la Colleterie** « Entrée fleurie », *ℰ* 40 86 97 44, en ville, sortie vers Sautron
0,75 ha (53 empl.) ⊶ plat et peu incliné, herbeux (camping), gravillons (caravaning) ⌁ – ⅗ ⇔ ⊟ ₺ ⊛ ⊼ ▽ 🛁
Permanent – *Places limitées pour le passage* – **R** – 🕇 *8,40* 🔲 *9,15* 🌢 *15,80 (15A)*

🄸 – 🄶🄱 ⑯

ST-ÉTIENNE-DE-VILLERÉAL **47** L.-et-G. – 🗌🗌 ⑤ – rattaché à Villeréal

---

ST-ÉTIENNE-DU-GRÈS
13150 B.-du-R. – 1 863 h.

▲ **Municipal,** *ℰ* 90 49 00 03, sortie NO par D 99 rte de Tarascon, au stade, à 50 m de la Vigueira
0,6 ha (50 empl.) plat, herbeux, pierreux ⌁ ᰔᰔ (0,3 ha) – ⅗ ⇔ ⊟ ₔ ⊼ ▽
avril-sept – **R** – 🔲 *2 pers. 50, pers. suppl. 12* 🌢 *13 (6A)*

🄸🄶 – 🄱🄱 ⑩

ST-ÉTIENNE-EN-DÉVOLUY
05250 H.-Alpes – 538 h. alt. 1 280

▲ **Municipal les Auches** 🌢 ≼, *ℰ* 92 58 84 71, SE : 1,3 km sur D 17 rte du col du Noyer, bord de la Souloise
1,2 ha (69 empl.) ⊶ plat, pierreux, gravier, herbeux – ⅗ ⇔ 🏛 ⊛ – Location : gîte d'étape
fermé 16 oct. au 14 déc. – **R** *conseillée* – 🕇 *15* 🚗 *10* 🔲 *9/21* 🌢 *12 (3A) 25 (6A)*

🄸🄷 – 🄷🄷 ⑮ ⑯ **G. Alpes du Nord**

ST-EVROULT-NOTRE-DAME-DU-BOIS
61550 Orne – 383 h.

▲▲ **Municipal de Saints-Pères** 🌢 « Agréable situation », au SE du bourg, bord d'un plan d'eau
0,6 ha (27 empl.) ⊶ (saison) plat et terrasse, herbeux, gravillons, bois attenant ⌁ – ⅗ ⇔ ₺ ⊛ – 🛖 ⚓ – A proximité : ✄ 🏛
avril-oct. – **R** – 🕇 *8* 🚗 *5* 🔲 *4,50* 🌢 *6 (4A) 10 (10A)*

🄴 – 🄶🄾 ④ **G. Normandie Vallée de la Seine**

ST-FARGEAU
89170 Yonne – 1 884 h.

▲ Municipal la Calanque 🌢 « Cadre et site agréables », *ℰ* 86 74 04 55, SE : 6 km par D 85, D 185 à droite et rte à gauche, près du Réservoir de Bourdon
6 ha (270 empl.) ⊶ plat et accidenté, sablonneux, herbeux ᰔᰔ – ⅗ ⚓ – A proximité : ♟ ≌ ◊

🄶 – 🄶🄱 ③ **G. Bourgogne**

ST-FERRÉOL
74210 H.-Savoie – 758 h.

▲▲ **Municipal** ≼, *ℰ* 50 32 47 71, à l'est du bourg, près du stade, bord d'un ruisseau
1 ha (83 empl.) ⊶ plat, herbeux ⚲ – ⅗ ⇔ ⊟ 🖼 ₺ ⊛ 🛁
15 juin-15 sept. – **R** – 🕇 *7,50* 🚗 *9,30* 🔲 *9,30* 🌢 *7 (10 ou 16A)*

🄸🄸 – 🄷🄸 ⑯ ⑰

ST-FERRÉOL
31350 H.-Gar. – 63 h.

▲ **Las Prades** 🌢, *ℰ* 61 83 43 20, S : 1,5 km par D 79D² et chemin à gauche, à 1 km du lac (haut de la digue)
1,2 ha (54 empl.) ⊶ plat, herbeux ⚲ – ⅗ ⇔ ⩕ 🖼 ₺ ⊛ – 🛖 🛝 – A proximité : ♟ ≌ ◊
avril-oct. – **R** – 🕇 *11 piscine comprise* 🚗 *4,30* 🔲 *11* 🌢 *9,90 (3A) 21 (10A)*

▲ **En Salvan** 🌢, *ℰ* 61 83 55 95, SO : 1 km sur D 79D rte de Vaudreuille, près d'une cascade et à 500 m du lac (haut de la digue)
2 ha (150 empl.) ⊶ plat et accidenté, herbeux – ⅗ ⩕ 🖼 ₺ ⊛ – 🛝 🛁 garderie – ♟ 🛝 – A proximité : poneys ✄ 🏛 ≌ – Location : 🛖 –
avril-oct. – **R** *conseillée juil.-août* – *Adhésion F.F.C.C. obligatoire* – 🕇 *11* 🚗 *4,80* 🔲 *11* 🌢 *8,70 (3A) 13 (6A) 19,75 (10A)*

🄸🄶 – 🄱🄱 ⑳ **G. Gorges du Tarn**

ST-FERRÉOL-TRENTE-PAS
26110 Drôme – 191 h.

▲ **Le Pilat** 🌢 ≼, *ℰ* 75 27 72 09, N : 1 km par D 70 rte de Bourdeaux, bord d'un ruisseau
1 ha (53 empl.) ⊶ (saison) plat, pierreux, herbeux ⌁ – ⅗ ⩕ 🖼 ⊛ 🛝 – 🛖 🛝 ≌ – Location : 🛖
mai-oct. – **R** *conseillée juil.-août* – 🕇 *14,50 piscine comprise* 🚗 *3* 🔲 *14,50* 🌢 *11 (3A) 13 (6A)*

🄸🄶 – 🄱🄸 ⑨

ST-FIRMIN
05800 H.-Alpes – 408 h. alt. 900

▲ **La Pra** 🌢 ≼, *ℰ* 92 55 26 72, 0,8 km au NE du bourg – Pour caravanes accès conseillé par D 985ᴬ rte de St-Maurice en V. et D 58 à gauche.
0,5 ha (32 empl.) ⊶ en terrasses, pierreux, herbeux – ⅗ ⇔ ⊟ 🖼 ⊛
juin-15 sept. – **R** – 🕇 *12* 🔲 *12* 🌢 *10 (5A)*

▲ **La Villette** 🌢 ≼, *ℰ* 92 55 23 55, NO : 0,5 km par D 58 rte des Reculas
0,5 ha (33 empl.) ⊶ en terrasses, peu incliné, herbeux, pierreux ⚲ – 🖼 ⊛ – A proximité : ✄ 🛝
15 juin-15 sept. – **R** – 🕇 *11,50* 🔲 *12* 🌢 *10 (3A) 17 (5A)*

🄸🄷 – 🄷🄷 ⑯ **G. Alpes du Nord**

ST-FLORENT 2B H.-Corse – 🗺 ③ – voir à Corse

ST-FLOUR ⟨⑤⟩
🎱 – 🗺 ④ ⑭ G. Auvergne

15100 Cantal – 7 417 h. alt. 881.
🅱 Office Municipal de Tourisme,
2 pl. d'Armes ℘ 71 60 22 50

▲▲ Municipal de Roche-Murat (International RN 9) ≤, ℘ 71 60 43 63, NE : 4 km
par D 921 et N 9 rte de Clermont-Ferrand
3 ha (130 empl.) ⊶ en terrasses, herbeux, pinède attenante – 🏕 ⛺ 🚽 🏠 ⅙
▥ ⊕ 🏊 ⅏ – 🚗
Pâques-Toussaint – **R**

▲▲ Municipal les Orgues ≤, ℘ 71 60 44 01, 19 av. Dr.-Mallet (Ville-haute)
1 ha (100 empl.) ⊶ (saison) peu incliné, herbeux – 🏕 ⛺ 🚽 🏠 ⊕ – ✂
🚗
Pâques-Toussaint – **R**

ST-FORT-SUR-GIRONDE
⑨ – 🗺 ⑥

17240 Char.-Mar. – 1 012 h.

▲ Le Port Maubert ⑤, ℘ 46 49 91 45, SO : 4 km par D 2 rte de Port-Maubert
et D 247 à gauche
1,5 ha (50 empl.) ⊶ plat, herbeux ⊡ – 🏕 🚽 🏠 ⊕ – 🚗
mai-sept. – **R** – ✶ 9,25 et 4,35 pour eau chaude ▤ 8,50 ⑭ 10,30 (6A)

ST-FORTUNAT-SUR-EYRIEUX
🎱 – 🗺 ⑳

07360 Ardèche – 531 h.

▲ **Municipal** ≤, ℘ 75 65 22 80, sortie S par D 265 rte de St-Vincent-de-Durfort,
à gauche après le pont, à proximité de l'Eyrieux
0,7 ha (55 empl.) ⊶ plat, herbeux – 🏕 ⛺ 🚽 ⊕ – 🚗 ✂ – A proximité : 🏊
avril-oct. – **R** – ✶ 9,50 ⇔ 4,20 ▤ 4,20

ST-GALMIER
🎱 – 🗺 ⑱ G. Vallée du Rhône

42330 Loire – 4 272 h.
🅱 Office Municipal du Tourisme,
bd du Sud ℘ 77 54 06 08

▲▲▲ Val de Coise, ℘ 77 54 14 82, E : 2 km par D 6 rte de Chevrières et chemin à
gauche, bord de la Coise
1 ha (100 empl.) ⊶ plat, en terrasses, herbeux – 🏕 ⛺ 🚽 🏠 ⊕ ▥ – 🚗 🎣 🏊
avril-15 oct. – **R**

ST-GAL-SUR-SIOULE
🎱 – 🗺 ④

63440 P.-de-D. – 131 h.

▲ Le Pont-St-Gal ⑤, ℘ 73 97 44 71, sortie E par D 16 rte d'Ebreuil, bord de
la Sioule
0,75 ha (36 empl.) ⊶ en terrasses et plat, herbeux ⊡ – 🏕 ⛺ 🚽 🏠 ⊕ ▥ –
🚗 – Location : 🏚
mars-1er nov. – **R** conseillée juil.-août – ✶ 12 ⇔ 10 ▤ 10 ⑭ 10 (5A) 20 (12A)

ST-GAULTIER
🎱 – 🗺 ⑰ G. Berry Limousin

36800 Indre – 1 995 h.

▲ Municipal l'Ilon ⑤, ℘ 54 47 11 22, au sud de la ville, près de la Creuse
2 ha (110 empl.) ⊶ (saison) plat, herbeux ♀ (0,5 ha) – 🏕 🏞 ⊕ – A proximité :
✂ 🚗

ST-GENIÈS
⑬ – 🗺 ⑰ G. Périgord Quercy

24590 Dordogne – 735 h.

▲▲▲ La Bouquerie ⑤, ℘ 53 28 98 22, Fax 53 29 19 75, NO : 1,5 km par D 704 rte
de Montignac et chemin à droite
7 ha/4 campables (180 empl.) ⊶ plat, peu incliné et en terrasses, herbeux,
pierreux, étang ⊡ ♀♀ – 🏕 ⛺ 🚽 🏠 ⅙ ⊕ 🏊 ⅏ 🛒 ✕ 🍽 ▥ – 🚗 ✂ 🚗
🏊 🏖 (bassin de natation) – Location : 🏚
Pâques-15 sept. – **R** conseillée juil.-août – ✶ 30 piscine comprise ▤ 40 ⑭ 17
(4 à 10A)

ST-GENIEZ-D'OLT
⑮ – 🗺 ④ G. Gorges du Tarn

12130 Aveyron – 1 988 h.
🅱 Syndicat d'Initiative, les Cloîtres
(saison) ℘ 65 70 43 42

▲▲▲ Club Marmotel ⑤, ≤ « Cadre agréable », ℘ 65 70 46 51, Fax 65 47 41 38,
O : 1,8 km par D 19 rte de Prades-d'Aubrac et chemin à gauche, à l'extrémité
du village artisanal, bord du Lot
3 ha (100 empl.) ⊶ plat, herbeux ⊡ – 🏕 ⛺ 🚽 🏠 sauna ⅙ ⊕ 🏊 ⅏ ▤ grill
(dîner) ▥ – 🚗 ✂ 🏊 🏖 tir à l'arc
10 juin-15 sept. – **R** conseillée juil.-août – ▤ élect. (10A) et piscine comprises
2 pers. 95, 3 pers. 125, 4 pers. 140

▶ *Terrains agréables :*
Ces terrains sortent de l'ordinaire par leur situation,
leur tranquillité, leur cadre et le style de leurs aménagements.
Leur catégorie est indiquée dans le texte par les
signes habituels mais en rouge (▲▲▲ ... ▲).

ST-GEORGES-DE-DIDONNE

17110 Char.-Mar. – 4 705 h.
🅱 Office de Tourisme, bd Michelet
℘ 46 05 09 73

Schéma à Royan

▲▲▲ **Bois-Soleil,** ℘ 46 05 05 94, Fax 46 06 27 43, S par D 25 rte de Meschers-sur-Gironde, bord de plage, en deux parties distinctes de part et d'autre du D 25 – 🐟
8 ha (344 empl.) •—• plat, accidenté et en terrasses, sablonneux 🖙 ♀♀ – 🗂 🕭
🖐 🔥 ♿ 🖩 ♨ 🕭 🌳 🍴 🍽 snack 🔥 – 🛒 🎿 🔥 🏊 – A proximité : 🗡 – Location : 🚐 🚚 🏠, studios
avril-sept. – **R** conseillée juil.-août – 🔳 3 pers. 82 à 86/94 à 107 avec élect. (1 ou 2A)

▲▲ **Le Blayais-Alicat,** ℘ 46 05 31 92, en 2 parties : av. de Béteille, à 450 m de la plage
3,5 ha (154 empl.) •—• plat, terrasses, sablonneux, herbeux ♀♀ chênaie – 🗂 🕭
🖐 🔥 ♿ 🔥 🍽 🗡 🔥 – 🕭 – Location : 🚐 🚚
avril-sept. – **R** conseillée – 🔳 3 pers. 87,80, pers. suppl. 23,40 🔟 12,50 (3A) 16,70 (5 ou 6A)

▲▲ **Azpitarté,** ℘ 46 05 26 24, en ville, 35 r. Jean Moulin
1 ha (61 empl.) •—• plat et peu incliné, herbeux, pierreux – 🗂 🕭 🖐 🔥 ♿ 🌳 🕭 – 🛒 – Location : 🛏
Permanent – **R** conseillée juil.-août – 🔳 jusqu'à 3 pers. 75,50, pers. suppl. 20,20 🔟 23

ST-GEORGES-DE-LA-RIVIÉRE

50270 Manche – 183 h.

▲▲▲ **les Dunes de St-Georges** 🐟, ℘ 33 04 80 87, SO : 2 km par D 132, à 200 m de la plage
1 ha (75 empl.) •—• plat, sablonneux, herbeux 🖙 – 🗂 🕭 🖐 🔥 ♿ ♨ 🌳 🗡 🔥 🔥
mars-oct. – **R** conseillée juil.-août – 🔳 2 pers. 55, pers. suppl. 13,50 🔟 12 (6A)

ST-GEORGES-DE-MONS

63780 P.-de-D. – 2 451 h. alt. 730

▲ **Municipal,** au NE du bourg
1 ha (50 empl.) plat, herbeux – 🗂 ♨ – A proximité : 🎿 🥾 – Location : huttes
juin-sept. – **R** – 🔥 9,80 🚗 2,80 🔳 3,20/5,20 🔟 4,30 (6A)

ST-GEORGES-D'OLÉRON 17 Char.-Mar. – 🟦 ⑬ – voir à Oléron (Ile d')

ST-GERMAIN-DU-BEL-AIR

46310 Lot – 422 h.

▲▲▲ Municipal le Moulin Vieux 🐟 ≼ « Belle restauration extérieure d'un moulin », ℘ 65 31 00 71, au NO du bourg, bord du Céou
2 ha (90 empl.) •—• plat, herbeux ♀ – 🗂 🕭 🖐 🔥 ♨ – 🛒 🎿 🔥 (plan d'eau) – A l'entrée : 🔥 – A proximité : 🔥 🔥

ST-GERMAIN-DU-BOIS

71330 S.-et-L. – 1 856 h.

▲ **Municipal de l'Étang Titard,** ℘ 85 72 06 15, sortie S par D 13 rte de Louhans, bord de l'étang
0,8 ha (40 empl.) •—• plat, terrasse, herbeux – 🗂 🕭 🖐 ♨ – A proximité : 🎿 🔥
juin-15 sept. – **R** conseillée juil.-août – 🔥 7 🚗 7 🔳 6 🔟 12

ST-GERMAIN-DU-TEIL

48340 Lozère – 804 h. alt. 800

▲▲▲ **Le Levant** ≼, ℘ 66 32 63 80, au sud du bourg par rte de Montagudet et r. Peyre-de-Roses à gauche
2 ha/0,4 campable (33 empl.) •—• en terrasses et peu incliné, herbeux, pierreux – 🗂 🕭 🖐 🔥 ♨ 🍽 🗡 – 🛒 🔥 🐴 vélos – Location : 🚐 🏠
mai-10 oct. – **R** conseillée – 🔳 piscine comprise 2 pers. 52, pers. suppl. 18 🔟 15 (2A) 18 (5A)

ST-GERMAIN-LAVAL

42260 Loire – 1 510 h.
🅱 Syndicat d'Initiative, Mairie
℘ 77 65 41 30

▲▲▲ **Municipal la Pra,** ℘ 77 65 44 35, E : 1,3 km par D 1 rte de Balbigny, bord de l'Aix (plan d'eau)
1,2 ha (100 empl.) •—• (juin-15 oct.) plat, herbeux – 🗂 🕭 ♨ – 🎿
avril-15 oct. – Places limitées pour le passage – **R** – Tarif 92 : 🔥 5 🚗 2,80 🔳 2,80 🔟 10 (3A) 15 (6A)

ST-GERMAIN-LEMBRON

63340 P.-de-D. – 1 671 h.

à Nonette NE : 6,5 km par D 214 et D 123 – ✉ 63340 Nonette :

▲▲▲ **Les Loges** 🐟 « Cadre agréable », ℘ 73 71 65 82, S : 2 km par D 722 rte du Breuil-s-Couze puis 1 km par chemin près du pont, bord de l'Allier
3 ha (126 empl.) •—• plat, herbeux ♀♀ – 🗂 🕭 🔥 🖐 🔥 ♨ 🍽 🍴 – 🔥 – Location : 🚐 🚚
15 avril-sept. – **R** conseillée juil.-août – 🔥 14 piscine comprise 🔳 20 🔟 12 (6 à 10A)

ST-GERMAIN-LES-BELLES

87380 H.-Vienne – 1 079 h.

▲ Municipal de Montréal ⚲ ≼, ℰ 55 71 86 20, sortie SE, rte de la Porcherie, bord d'un plan d'eau
0,6 ha (70 empl.) ⚬━ plat et terrasse, herbeux ⌖ – ⌂ ⚲ ⛺ ⍭ ⚄ ☺ ♀ – A l'entrée :
⚞ ⚟ ≃ (plage) 🛶
juin-sept. – **R**

⑩ – 🔲 ⑱ G. Berry Limousin

ST-GERMAIN-L'HERM

63630 P.-de-D. – 533 h. alt. 1 000

▲ **Municipal St-Éloy** ≼, sortie SE sur D 999 rte de la Chaise-Dieu
0,8 ha (50 empl.) plat et peu incliné, herbeux – ⌂ ⍭ ⛺ ⚄ ⚎ – 🛶 – Location : huttes
juin-15 sept. – **R** – ★ 6,20 ⚙ 3,60 🅔 3,60 🔌 6,20 (2A) 12,40 (4A) 22,80 (7 ou 8A)

⑪ – 🔲 ⑯ G. Auvergne

ST-GERMAIN-SUR-AY

50430 Manche – 638 h.

▲▲ **Aux Grands Espaces** ⚲, ℰ 33 07 10 14, Fax 33 07 22 59, O : 4 km par D 306, à St-Germain-Plage
11 ha (580 empl.) ⚬━ plat et accidenté, sablonneux, herbeux ⌖ ⚲ – ⌂ ⍭ ⛺
⚄ ⚞ ♀ ☶ – 🏠 ⚒ ⛾ 🛶 ≃ – Location : 🚐
mai-15 sept. – **R** conseillée juil.-août – ★ 16 piscine comprise 🅔 23 🔌 17 (4A)

④ – 🔲 ⑫

ST-GERONS

15150 Cantal – 179 h.

▲ La Presqu'île d'Espinet ⚲, ℰ 71 62 28 90, SE : 8,5 km, à 300 m du lac de St-Etienne-Cantalès
1 ha (100 empl.) ⚬━ peu incliné, herbeux – ⌂ ⍭ ⛺ ⚄ ⚄ ☺ – 🛶 – A proximité :
♀ ⚒ ≃

⑩ – 🔲 ⑪

ST-GERVAIS-D'AUVERGNE

63390 P.-de-D. – 1 419 h. alt. 725.
🅑 Syndicat d'Initiative, Mairie
ℰ 73 85 71 53

▲ **Municipal de l'Étang Philippe,** ℰ 73 85 74 84, sortie N par D 987 rte de St-Pourçain-sur-Sioule, bord d'un plan d'eau
3 ha (130 empl.) ⚬━ plat et peu incliné, herbeux ⌖ – ⌂ ⚋ ⚄ ⚄ ☺ – 🏠 ⚒
🛶 ≃
Pâques-sept. – **R** conseillée juil.-août – 🅔 élect. comprise 1 à 3 pers. 47, pers. suppl. 6,50

⑪ – 🔲 ③ G. Auvergne

ST-GERVAIS-LES-BAINS

74170 H.-Savoie – 5 124 h. alt. 807
– ⚕ 4 mai-21 nov – 🏂.
🅑 Office de Tourisme, av. Mont Paccard ℰ 50 78 22 43

▲ **Les Dômes de Miage** ⚲ ≼, ℰ 50 93 45 96, S : 2 km par D 902 rte des Contamines-Montjoie, au lieu-dit les Bernards – alt. 890
3 ha (150 empl.) ⚬━ plat, herbeux, pierreux – ⌂ ⍭ ⛺ ⚄ ⚄ ☺ ♀ ✗ ⚒ – 🏠 –
🏠 vélos – A proximité : practice de golf – Location : 🏠(hôtel)
juin-20 sept. – **R** juil.-août – 🅔 2 pers. 70, 3 pers. 75, pers. suppl. 18 🔌 15 (3A) 17 (4A) 22 (6A)

⑫ – 🔲 ⑧ G. Alpes du Nord

ST-GILDAS-DE-RHUYS

56730 Morbihan – 1 141 h.

Schéma à Sarzeau

▲▲ **Le Menhir,** ℰ 97 45 22 88, Fax 97 41 32 12, N : 3,5 km – Accès conseillé par D 780 rte de Port-Navalo – 🏂
3 ha (190 empl.) ⚬━ plat et peu incliné, herbeux ⌖ ⚲ (2 ha) – ⌂ ⍭ ⛺ ⚄ ⚄
⚄ ☺ ⚎ ⚞ ♀ 🅔 – 🏠 ⚒ 🛶 ⚒ half-court, vélos
mai-20 sept. – **R** conseillée – ★ 20 piscine comprise 🅔 60 🔌 12 (2 à 6A)

▲▲ **Les Govelins** « Entrée fleurie », ℰ 97 45 21 67, N : 1,5 km, à 300 m de la plage
1 ha (100 empl.) ⚬━ plat et peu incliné, herbeux ⌖ ⚲ – ⌂ ⍭ ⛺ ⚄ ☺ 🅔 –
A proximité : ⚞
Pâques-20 sept. – **R** conseillée – ★ 16 🅔 19 🔌 12 (10A)

③ – 🔲 ⑫ ⑬ G. Bretagne

ST-GILLES-CROIX-DE-VIE

85800 Vendée – 6 296 h.
🅑 Office de Tourisme, forum du Port de Plaisance, bd de l'Égalité
ℰ 51 55 03 66

Schéma à St-Hilaire-de-Riez

▲▲▲ **Domaine de Beaulieu,** ℰ 51 55 59 46, Fax 51 90 31 03, SE : 4 km
7 ha (340 empl.) ⚬━ plat, herbeux ⌖ – ⌂ ⍭ ⛺ ⚄ ⚄ ⚎ ⚞ ♀ crêperie ⚒
🅔 – ⚒ salle d'animation ⚒ ☶ 🛶 ⚒ vélos – Location : 🚐 🏠
Pâques-sept. – **R** conseillée – 🅔 piscine comprise 2 pers. 98 🔌 18 (6A)

▲ **Europa** « Belle délimitation des emplacements et entrée fleurie »,
ℰ 51 55 32 68 ✉ 85800 Givrand, E : 4 km
3 ha (172 empl.) ⚬━ plat, herbeux, petit étang ⌖ – ⌂ ⍭ ⛺ ⚄ ☺ ⚎ ⚞ ♀ ⚒
🅔 – 🏠 ⚒ 🅔 – Location : 🚐
mai-sept. – **R** conseillée – Tarif 92 : ★ 21 piscine comprise 🅔 48 (65 avec élect. 3 à 10A)

▲▲▲ **Les Cyprès** ⚲, ℰ 51 55 38 98, SE : 2,4 km par D38 puis 0,8 km par chemin à droite, accès direct à la mer
3,6 ha (300 empl.) ⚬━ plat et peu accidenté, sablonneux ⌖ ⚲ – ⌂ ⍭ ⛺ 🅔
⚄ ⚞ ♀ ⚒ 🅔 – 🏠 🛶 ⚒
Pâques-sept. – **R** conseillée – 🅔 piscine comprise 2 pers. 69,50 🔌 20 (10A)

⑨ – 🔲 ⑫ G. Poitou Vendée Charentes

349

au Fenouiller NE : 4 km par D 754 – ⊠ 85800 le Fenouiller :

⋀⋀⋀ **Domaine le Pas Opton** ⚲, ℰ 51 55 11 98, Fax 51 55 44 94, NE : 2 km, bord de la Vie – ⚘
4,5 ha (183 empl.) ⊶ plat, herbeux ⌑ ♀ – 🖫 ⚮ 🖳 🖩 ⚐ ⊕ 🛒 ⚑ 🖳 ⚑ ▾ self
🛒 🖩 – 🖫 ⚑ – Location : 🚐
20 mai-10 sept. – **R** *conseillée* – 🔳 *piscine comprise 3 pers. 106 à 142*

ST-GIRONS ⊛   🔟4 – 8️⃣6️⃣ ③

09200 Ariège – 6 596 h.
🄱 Office de Tourisme, pl. Alphonse-Sentein ℰ 61 66 14 11

⋀⋀⋀ Parc Thermal ⚲, ℰ 61 66 44 50 ⊠ 09200 Montjoie-en-Couserans, à **Audinac-les-Bains**, NE : 4,5 km par D 117 rte de Foix et D 627 rte de Ste-Croix-Volvestre
15 ha/1,5 campable (100 empl.) ⊶ peu incliné, en terrasses, herbeux ♀♀ (0,5 ha) – 🖫 ⚮ 🖳 🖩 ⚑ 🎱 ⊕ 🖳 ▾ Salle de remise en forme – 🖫 ⚑ 🖳 squash – Location : gîte d'étape, bungalows toilés

⋀ **Pont du Nert,** ℰ 61 66 58 48 ⊠ 09200 Encourtiech, SE : 3,6 km par D 3, carrefour avec D 33, près du Salat
1 ha (40 empl.) plat à incliné, herbeux – 🖫 ⊕
10 juin-15 sept. – **R** *25 juil.-15 août* – ☀ *9,50* 🔳 *11* ⓗ *8 (10A)*

▶ *Ne prenez pas la route au hasard !*
Michelin vous apporte à domicile
ses conseils routiers, touristiques, hôteliers :
36.15 MICHELIN sur votre Minitel !

ST-GOAZEC **29** Finistère – 5️⃣8️⃣ ⑯ – rattaché à Châteauneuf-du-Faou

---

ST-GUINOUX   4️⃣ – 5️⃣9️⃣ ⑥

35430 I.-et-V. – 736 h.

⋀ **Municipal le Bûlot,** ℰ 99 58 88 56, sortie E par D 7 rte de la Fresnais
0,4 ha (48 empl.) ⊶ plat, herbeux – 🖫 🖳 ⊕
15 juin.-août – **R** – *Tarif 92 :* ☀ *7 et 6 pour eau chaude* 🔳 *4,60* ⓗ *8,40*

ST-HILAIRE-DE-RIEZ   9️⃣ – 6️⃣7️⃣ ⑫ G. Poitou Vendée Charentes

85270 Vendée – 7 416 h.

⋀⋀⋀ **La Puerta del Sol** Ⓜ « Cadre agréable », ℰ 51 49 10 10, N : 4,5 km
4 ha (216 empl.) ⊶ plat, herbeux ⌑ ♀ – 🖫 ⚮ 🖳 🖩 ⚑ ⊕ 🛒 ⚑ 🖳 ▾ ✗ 🛒 🖩 garderie – 🖫 salle d'animation ⚑ 🖳 – Location : chalets, bungalows toilés
vac. de printemps, mai-sept. – **R** *conseillée – Tarif 92 :* 🔳 *élect. (6A) et piscine comprises 3 pers. 150 ou 154, pers. suppl. 29 ou 31*

⋀⋀⋀ **Les Biches** ⚲ « Agréable cadre boisé », ℰ 51 54 38 82, Fax 51 54 30 74, N : 2 km
13 ha/9 campables (400 empl.) ⊶ plat, herbeux, sablonneux ⌑ ♀♀ pinède – 🖫 ⚮ 🖳 🖩 ⊕ 🛒 ⚑ 🖳 ▾ 🛒 🖩 – 🖫 ⚑ 🖳 🖳 vélos – Location : 🚐 🚐
20 mai-15 sept. – **R** *indispensable 10 juil.-20 août* – 🔳 *piscine comprise 3 pers. 140, pers. suppl. 28* ⓗ *25 (10A)*

⋀⋀⋀ **Sol à Gogo,** ℰ 51 54 29 00, Fax 51 54 88 74, NO : 4,8 km, accès direct à la plage
3,6 ha (196 empl.) ⊶ plat, sablonneux ⌑ – 🖫 ⚮ 🖳 🖩 ⚑ ⊕ 🛒 ▾ ✗ 🛒 🖩 – 🖫 ⚑ 🖳 🖳 toboggan aquatique, half-court – A proximité : vélos 🖳
15 mai-20 sept. – **R** – *Tarif 92 :* 🔳 *élect. et piscine comprises 3 pers. 150, pers. suppl. 20*

⋀⋀⋀ **Les Écureuils** ⚲, ℰ 51 54 33 71, Fax 51 55 69 08, NO : 5,5 km, à 200 m de la plage
3 ha (210 empl.) ⊶ plat, herbeux, sablonneux ⌑ ♀ – 🖫 ⚮ 🖳 🖩 ⚑ ⊕ 🛒 ▾ ▾ ✗ crêperie 🛒 🖩 – 🖫 ⚑ 🖳 🖳 – A proximité : 🖳 🖩
mai-15 sept. – **R** *conseillée juil.-août – Tarif 92 :* 🔳 *piscine comprise 3 pers. 120 (126 ou 132 avec élect. 2 ou 6A), pers. suppl. 19*

⋀⋀⋀ **La Plage,** ℰ 51 54 33 93, NO : 5,7 km, à 200 m de la plage
5 ha (347 empl.) ⊶ plat, herbeux, sablonneux ⌑ ♀ – 🖫 ⚮ 🖳 🖩 ⚑ ⊕ 🛒 ▾ snack 🛒 🖩 – 🖫 ⚑ 🖳 🖳 – A proximité : 🖳 🖩
Pâques-sept. – **R** *juil.-août – Tarif 92 :* 🔳 *piscine comprise 2 pers. 90, pers. suppl. 20* ⓗ *15 (10A)*

⋀⋀⋀ **La Prairie** ⚲, ℰ 51 54 08 56, NO : 5,5 km, à 500 m de la plage
4 ha (250 empl.) ⊶ plat, herbeux, petit étang ♀ – 🖫 ⚮ 🖳 🖩 ⚑ ⊕ 🛒 ▾ snack 🛒 🖩 – 🖫 ⚑ 🖳 🖳 toboggan aquatique – A proximité : 🖳
20 mai-sept. – **R** *juil.-août* – 🔳 *piscine comprise 3 pers. 88 (100 avec élect. 10A), pers. suppl. 16*

⋀⋀⋀ **Château-Vieux** ⚲, ℰ 51 54 35 88, N : 1 km
6 ha (330 empl.) ⊶ plat, sablonneux, herbeux ⌑ ♀ (0,8 ha) – 🖫 ⚮ 🖳 🖩 ⚑ 🛒 ⊕ 🛒 ▾ ✗ ▾ 🖩 – 🖫 ⚑ 🖳 🖳 toboggan aquatique – Location : 🚐
mai-sept. – **R** *conseillée* – 🔳 *élect. (8A) et piscine comprises 3 pers. 130, pers. suppl. 25*

▲▲▲ **Les Chouans,** ✆ 51 54 34 90, NO : 2,5 km
3,7 ha (202 empl.) ⊶ plat, sablonneux, herbeux ☒ – 🗲 🖾 🖾 ⊛ 🗲 🛉 🚲 🖾
– 🖾 ✖ 🛷 🗲 – A proximité : 🛬 – Location : 🖂
Pâques-15 sept. – **R** *conseillée juil.-août* – 🖃 *piscine comprise 3 pers. 85* 🕅 *13*
(6A)

▲▲▲ **Le Bois Tordu** « Entrée fleurie et cadre agréable », ✆ 51 54 33 78,
Fax 51 54 88 74, NO : 5,3 km, à 200 m de la plage
1,7 ha (86 empl.) ⊶ (saison) plat, sablonneux, herbeux ☒ 🗩 – 🗲 🖾 🖾 🖾
🖾 ⊛ 🗲 🗩 🛒 🛉 🚲 🖾 – 🛷 🗲 toboggan aquatique – A proximité : ✖ 🗲 half-
court
15 mai-15 sept. – **R** – 🖃 *élect. et piscine comprises 3 pers. 150, pers. suppl.*
20

▲▲▲ **Riez à la Vie,** ✆ 51 54 30 49, NO : 3 km
3 ha (248 empl.) ⊶ plat, sablonneux, herbeux ☒ 🗩 – 🖾 🖾 🖾 🗲 🖾 ⊛ 🗲
🗩 🚲 🛉 🚲 🖾 – 🖾 🗲 🛷 🗲 toboggan aquatique – Location : 🖂 🖂
15 avril-18 sept. – **R** *conseillée juil.-août* – 🖃 *piscine comprise 3 pers. 82*
(95 avec élect. 3A)

▲▲ **La Ningle** 🦢, ✆ 51 54 07 11, NO : 5,7 km
1 ha (107 empl.) ⊶ plat, herbeux, petit étang – 🗲 🖾 🖾 🗲 🚲 ⊛ 🖾 – 🖾 🛷 🗲
🗲 – A proximité : 🛉 🛉 🚲 🗲
15 juin-15 sept. – **R** *conseillée* – *Tarif 92* : 🖃 *piscine comprise 3 pers. 82,50*
🕅 *12 (6A)*

▲▲ **Municipal de la Plage de Riez,** ✆ 51 54 36 59, O : 3 km, accès direct à
la plage
9 ha (590 empl.) ⊶ (saison) plat et accidenté, sablonneux ☒ 🗩 pinède – 🗲
🖾 🖾 🗲 🚲 🖾 ⊛ 🛉 ✖ 🗲 – A l'entrée : 🚲 🛉 ✖ 🗲 – A l'entrée : 🖾 – A l'entrée : 🚲 🛉 ✖ 🗲
Pâques-sept. – **R** – *Tarif 92* : 🖃 *2 pers. 67, pers. suppl. 14* 🕅 *14 (10A)*

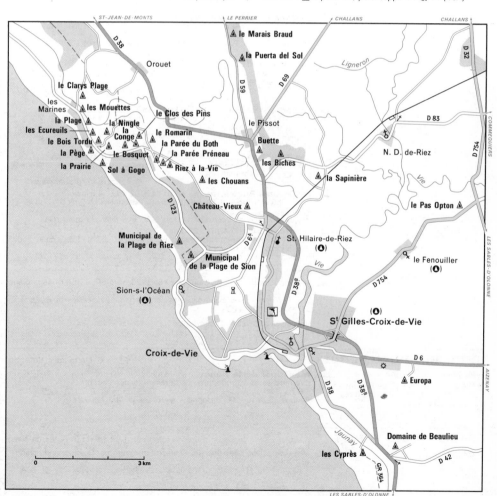

351

ᐯ **La Sapinière,** ℱ 51 54 45 74, NE : 2 km
3,6 ha (190 empl.) ⊶ plat, sablonneux, herbeux ⊡ ⚹⚹ – ⌂ ⇌ 台 🖬 ఉ ⊕ ⚡
🍴 ⊰ 🖬 – ✖ ⚡⚹ 🔻 vélos – Location : 🖼
22 mai-15 sept. – **R** *conseillée juil.-août – Tarif 92 :* 🔲 *piscine comprise 3 pers.*
86, pers. suppl. 17 🅷 *12 (6A) 15 (10A)*

ᐯ **Le Bosquet,** ℱ 51 54 34 61, NO : 5 km, à 250 m de la plage
2 ha (131 empl.) ⊶ plat, herbeux, sablonneux ⚹ – ⌂ ⇌ 台 🖬 ఉ ⊕ ⚡ snack
🖬 – 🖼 🔻 vélos – A proximité : 🐎 ⊰ 🔥
juin-15 sept. – **Ⓡ** – 🔲 *piscine comprise 3 pers. 85,50* 🅷 *10 (6A)*

ᐯ **Le Romarin,** ℱ 51 54 43 82, NO : 3,8 km
4 ha/1,5 campable (90 empl.) ⊶ plat, vallonné, sablonneux, herbeux ⊡ ⚹ – ⌂
⇌ 台 🖬 ⊕ 🖬 – ✖ ⚡⚹ 🔻 – Location : 🖼
20 juin-10 sept. – **R** *conseillée* – 🔲 *piscine comprise 3 pers. 73* 🅷 *13 (6A)*

ᐯ **Le Clarys-Plage** 🏊, ℱ 51 58 10 24 ✉ 85160 St-Jean-de-Monts, NO :
6,5 km, au lieu-dit les Vases, à 500 m de la plage
1,5 ha (124 empl.) ⊶ plat, sablonneux, herbeux ⊡ ⚹⚹ – ⌂ ⇌ 台 🖬 ⊕ 🗚 ✌
🖬 – ⚡⚹ 🔻 – A proximité : 🐎 🍴 ✖ ⊰ 🔥
juin-10 sept. – **R** – *Tarif 92 :* 🔲 *piscine comprise 3 pers. 76, pers. suppl. 16*
🅷 *13, supplément pour plate-forme am. 12,50*

ᐯ **La Parée Préneau,** ℱ 51 54 33 84, NO : 3,5 km
1,5 ha (100 empl.) ⊶ plat, herbeux, sablonneux ⊡ ⚹⚹ – ⌂ ⇌ 台 🖬 ⊕ 🗚 ✌
🖬 – ⚡⚹ 🔻 – A proximité : 🐎 🍴 ✖ ⊰ 🔥
Pâques-10 sept. – **R** – *Tarif 92 :* 🔲 *piscine comprise 3 pers. 79* 🅷 *11 (6A)*

ᐯ **Le Marais Braud** 🏊, ℱ 51 68 33 71, N : 6 km par D 38 et D 59 rte de
Perrier
3 ha (105 empl.) ⊶ plat, sablonneux, herbeux, étang ⊡ ⚹ – ⌂ ⇌ 台 🖬 ఉ ⊕
snack 🖬 – 🖼 ✖ 🔻 toboggan aquatique – Location : 🖼
juin-15 sept. – **R** *conseillée* – *Tarif 92 :* 🔲 *piscine comprise 2 pers. 58* 🅷 *12,50*
(6A)

ᐯ **La Conge,** ℱ 51 54 32 47, NO : 4 km
2 ha (150 empl.) ⊶ plat et accidenté, sablonneux ⊡ ⚹⚹ pinède – ⌂ ⇌ 台 🖬
ఉ ⊕ 🖬 – 🔻
15 juin-15 sept. – **Ⓡ** *sauf juil.* – 🔲 *piscine comprise 3 pers. 83 (93 avec élect.*
5A)

ᐯ **La Parée du Both,** ℱ 51 54 78 27, NO : 3,8 km
1,4 ha (96 empl.) ⊶ plat, sablonneux ⊡ – ⌂ ⇌ 台 🖬 ఉ ⊕ 🖬 – 🖼 🔻 –
Location : 🖼 🖼
avril-sept. – **R** *conseillée* – 🔲 *piscine comprise 2 pers. 67, pers. suppl. 18* 🅷 *12*
(6A)

ᐯ **La Pège,** ℱ 51 54 34 52, NO : 5 km, à 150 m de la plage
1 ha (100 empl.) ⊶ plat, sablonneux, herbeux ⊡ – ⌂ ⇌ 台 🖬 ఉ ⊕ 🖬 – ✌
🔻 – A proximité : vélos 🐎 🍴 ⊰ 🔥
15 juin-10 sept. – **Ⓡ** – *Tarif 92 :* 🔲 *piscine comprise 3 pers. 85, pers. suppl. 15,50*
🅷 *11 (6A)*

ᐯ **Les Mouettes,** ℱ 51 54 33 68, NO : 6 km, à 300 m de la plage
2,3 ha (209 empl.) ⊶ plat, sablonneux, herbeux ⚹ – ⌂ ⇌ 台 🖬 ఉ ⊕ snack 🖬
– 🔥 ⚡⚹ – A proximité : 🐎
Pâques-fin oct. – **R** *conseillée* – *Tarif 92 :* 🔲 *3 pers. 64 (75 avec élect.)*

ᐃ **Les Petites Roselières** 🏊, ℱ 51 54 30 02, NO : 4,5 km
0,7 ha (65 empl.) ⊶ plat et peu accidenté, sablonneux ⊡ ⚹ pinède – ⌂ ⇌ 台
🖬 ⊕ 🖬 – ⚡⚹
15 juin-10 sept. – **R** *conseillée* – *Tarif 92 :* 🔲 *3 pers. 63* 🅷 *14 (6A)*

ᐃ **Buette,** ℱ 51 54 32 42, N : 2,5 km
3,5 ha (100 empl.) ⊶ plat, herbeux ⚹⚹ (1,5 ha) – (⌂ ⇌ 台 avril-nov.)
⊕ – Location : 🖼
Permanent – **R** *conseillée* – 🔲 *2 pers. 46, pers. suppl. 12* 🅷 *13 (10A)*

à Sion-sur-l'Océan SO : 3 km par D 6ᴬ – ✉ 85270 St-Hilaire-de-Riez :

ᐯ Municipal de la Plage de Sion, ℱ 51 54 34 23, sortie N, à 350 m de la plage
(accès direct)
3 ha (173 empl.) ⊶ plat, sablonneux, gravillons ⊡ ⚹ (0,7 ha) – ⌂ ⇌ 台 🖬 ⊕
🗚 ✌ 🖬 – 🖼 ✌

Voir aussi à *St-Gilles-Croix-de-Vie*

ST-HILAIRE-DU-HARCOUËT
④ – ⑤⑨ ⑨ G. Normandie Cotentin

50600 Manche – 4 489 h.
🅱 Office de Tourisme, pl. de l'Église
(saison) ℱ 33 49 15 27 et Mairie (hors
saison) ℱ 33 49 10 06

ᐯ **Municipal de la Sélune,** ℱ 33 49 43 74, NO : 0,7 km par N 176 rte
d'Avranches et à droite, près de la rivière (accès direct)
1,9 ha (100 empl.) ⊶ plat, herbeux – ⌂ ⇌ 台 🖬 ఉ ⊕ – 🖼 ⚡⚹
Pâques-15 sept. – **R** *conseillée* – 🛉 *10* 🚗 *5* 🔲 *10* 🅷 *10 (16A)*

ST-HILAIRE-DU-TOUVET
⑫ – ⑦⑦ ⑤ G. Alpes du Nord

38720 Isère – alt. 1 000

ᐃ **Municipal les Mandières** ≤, au sud du bourg par D 30, près du stade –
🅿 (tentes)
1 ha (40 empl.) non clos, incliné et terrasses, herbeux, pierreux – ⌂ ⇌ 台 ఉ ⊕
– ✖
15 mai-sept. – **Ⓡ** – 🛉 *11* 🚗 *8* 🔲 *8/11* 🅷 *12*

ST-HILAIRE-LA-FORÊT

85440 Vendée – 363 h.

🏔 **Les Batardières** ⚐, ℰ 51 33 33 85, à l'ouest du bourg par D 70 et à gauche rte du Poteau
1,6 ha (73 empl.) ⚬━ plat, herbeux ⊞ ♀ – 🗂 ❖ ⇆ 🗟 ⊕ ♨ ☇ ▽ 🍴 – 🖼 ✖
🏊 ⚐
15 juin-5 sept. – **R** *conseillée* – 🔳 *élect. et tennis compris 2 pers. 95*

🏔 **La Grand' Métairie** ⚐, ℰ 51 33 32 38, au nord du bourg par D 70
1,8 ha (86 empl.) ⚬━ plat, herbeux 🗂 ❖ ⇆ 🗟 ◔ ♨ 🖼 – 🚣 ⚓ (bassin enfants)
15 juin-15 sept. – **R** *conseillée juil.-août* – 🔳 *2 pers. 50 (60 avec élect.), pers. suppl. 10*

ST-HILAIRE-LES-ANDRÉSIS 45 Loiret – 🖽 ⑬ – rattaché à Courtenay

ST-HILAIRE-LES-PLACES

87800 H.-Vienne – 785 h.

🏔 **Municipal du Lac,** ℰ 55 58 12 14, à 1,2 km au sud du bourg par D 15A, à 100 m du lac Plaisance
2,5 ha (85 empl.) ⚬━ en terrasses, herbeux ⊞ ♀ – 🗂 ❖ ⇆ 🗟 🖼 & ♨ 🖼 – 🖼
🏊 – A proximité : toboggan aquatique ✖ ⚓ 🐎 – Location : gîtes
15 juin-15 sept. – **R** *conseillée* – 🟊 *14* 🔳 *12* 🔋 *9 (4A) 12 (6A) 18 (10A)*

ST-HILAIRE-SOUS-ROMILLY

10100 Aube – 347 h.

🏔 **La Noue des Rois** ⚐, ℰ 25 24 41 60, Fax 25 24 34 18, NE : 2 km, bord d'un étang et d'une rivière
30 ha/5 campables (120 empl.) ⚬━ plat, herbeux 🗂 – 🗂 ❖ ⇆ 🗟 🃏 ♨ ☇ ▽
♀ crêperie 🖼 – ✖ 🚣 ⚓ half-court, piste de bi-cross
Permanent – *Places limitées pour le passage* – **R** – 🟊 *20* 🚗 *10* 🔳 *30* 🔋 *12 (3A)*

ST-HILAIRE-ST-FLORENT 49 M.-et-L. – 🖾 ⑫ – rattaché à Saumur

ST-HIPPOLYTE 63 P.-de-D. – 🆛 ④ – rattaché à Châtelguyon

ST-HIPPOLYTE

25190 Doubs – 1 128 h.
🅸 Syndicat d'Initiative (saison)
ℰ 81 96 53 75 et Mairie (hors saison)
ℰ 81 96 55 74

🏔 Les Grands Champs ⚐ ≤, ℰ 81 96 54 53, sortie E par D 121 rte de Montécheroux et chemin à droite, à 100 m du Doubs, accès direct
2,2 ha (80 empl.) ⚬━ (juil.-août) en terrasses et peu incliné, herbeux, pierreux ♀
– 🗂 ❖ ⇆ 🗟 & ♨ – 🖼

ST-HIPPOLYTE-DU-FORT

30170 Gard – 3 515 h.

🏔 **Graniers,** ℰ 66 85 21 44 🖂 30170 Monoblet, NE : 4 km par rte d'Uzès puis D 13 rte de Monoblet et à droite, bord d'un ruisseau
1,5 ha (50 empl.) ⚬━ peu incliné, herbeux, bois attenant – 🗂 ♨ ♀ – 🏊
15 juin-5 sept. – **R** *14 juil.-15 août* – 🔳 *piscine comprise 2 pers. 60, pers. suppl. 14* 🔋 *13 (4A)*

🏔 **Le Figaret,** ℰ 66 77 26 34, N : 1 km par D 39 rte de Lasalle et chemin à gauche, près du Vidourle
1,4 ha (60 empl.) ⚬━ plat, herbeux ♀♀ – 🗂 ♨ – A proximité : ✖
juil.-août – **R** – 🟊 *10* 🔳 *13* 🔋 *10 (3A)*

ST-HONORÉ-LES-BAINS

58360 Nièvre – 754 h. –
♨ 30 mars-sept.
🅸 Office de Tourisme, pl. F.-Bazot (mai-sept.) ℰ 86 30 71 70

🏔 **Les Bains,** ℰ 86 30 73 44, Fax 86 30 61 88, 15 av. Jean-Mermoz, sortie O rte de Vandenesse
3 ha (100 empl.) ⚬━ plat, herbeux, gravier ⊞ ♀♀ – 🗂 ❖ ⇆ 🗟 & ♨ ♀ 🖼 – 🖼
🏊 toboggan aquatique, poneys – A proximité : ✖ 🏓 – Location : gîtes
avril-oct. – **R** *conseillée juil.-août* – 🔳 *piscine comprise 3 pers. 85, pers. suppl. 19* 🔋 *13 (2A) 16,50 (6A)*

ST-ILLIERS-LA-VILLE

78980 Yvelines – 228 h.

🏔 **Domaine d'Inchelin** ◇ ⚐, ℰ (1) 34 76 10 11, à 0,8 km au sud du bourg par rte de Bréval et chemin à gauche
8 ha/4 campables (130 empl.) ⚬━ plat, herbeux ⊞ ♀ – 🗂 ❖ ⇆ 🗟 ♨ ☇ ♀ 🖼
– 🖼 🚣 🏊
avril-oct. – Location longue durée – *Places disponibles pour le passage* – **R** *conseillée – Tarif 92 :* 🔳 *piscine comprise 1 pers. 65* 🔋 *20 (4A) 40 (6A)*

ST-JACQUES-DES-BLATS

15580 Cantal – 352 h. alt. 991

🏔 **Municipal** ⚐ ≤, ℰ 71 47 06 00, à l'Est du bourg, bord de la Cère
0,6 ha (32 empl.) ⚬━ plat, herbeux ⊞ – 🗂 ⇆ 🗟 & ♨ ☇ ▽ – 🖼 🚣
A proximité : ✖
juin-sept. – **R** – 🟊 *9* 🚗 *5,50* 🔳 *5,50* 🔋 *11*

353

ST-JACUT-DE-LA-MER

4 – 59 ⑤ G. Bretagne

22750 C.-d'Armor – 797 h.
🅱 Syndicat d'Initiative, r. du Châtelet
(15 juin-15 sept.) ✆ 96 27 71 91

⋀⋀ **Municipal la Manchette** 🏕, ✆ 96 27 70 33, au parc des Sports, près de la plage
3,5 ha (374 empl.) o━ plat, herbeux, sablonneux – 🗊 ♻ ⛌ 🖎 ⅙ ⌾ 🔟
Rameaux-sept. – **R** – *Tarif 92 :* ✦ *12* ⇔ *4* 🔲 *7* 🅟 *7 (4A) 14 (8A)*

ST-JACUT-LES-PINS

4 – 63 ⑤

56220 Morbihan – 1 570 h.

⋀ **Municipal les Étangs de Bodéan** 🏕, SO : 2,5 km par D 137 rte de St-Gorgon, bord d'un étang
1 ha (50 empl.) plat et peu incliné, herbeux – 🗊 🖾 ⌾
juil.-août – **R** – *Tarif 92 :* ✦ *6* 🔲 *6* 🅟 *6*

ST-JANS-CAPPEL

2 – 51 ⑤

59270 Nord – 1 351 h.

⋀⋀ **Domaine de la Sablière**, ✆ 28 49 46 34, NE : 3,5 km par D 10 rte de Poperinge et D 318 à droite, rte de Mont-Noir
3,6 ha (100 empl.) o━ en terrasses, pierreux, herbeux 🖾 🞊 – 🗊 ♻ ⛌ ⌾ 🍷
avril-oct. – *Places limitées pour le passage* – **R** – ✦ *13* ⇔ *10* 🔲 *11* 🅟 *10 (6A)*

ST-JEAN 06 Alpes-Mar. – 84 ⑧ – rattaché à Pégomas

ST-JEAN (Col)

17 – 81 ⑦ G. Alpes du Sud

04 Alpes-de-H.-Pr. – alt. 1 333
🏕 – ✉ 04140 Seyne-les-Alpes

⋀⋀ **L'Étoile des Neiges** 🏕 ≼, ✆ 92 35 07 08, Fax 92 35 12 55, S : 0,8 km par D 207 et chemin à droite
1 ha (80 empl.) o━ incliné, en terrasses, pierreux, herbeux 🖾 🞊 – 🗊 ♻ ⛌ 🖎
🔟 ⌾ ⚶ 🖥 🖾 snack ⛐ 🖥 – 🖵 🗶 🛝 🎣 🏊 – A proximité : 🗶 🗶 🚶 ⌁
Location : 🏠
Permanent – **R** *conseillée* – 🔲 *piscine comprise 2 pers. 57/70 avec élect.*
(2A), pers. suppl. 20

ST-JEAN-D'ANGÉLY ⟨SP⟩

9 – 71 ③ ④ G. Poitou Vendée Charentes

17400 Char.-Mar. – 8 060 h.
🅱 Syndicat d'Initiative, square de la Libération (fermé matin hors saison)
✆ 46 32 04 72

⋀ **Municipal du Val de Boutonne** 🏕, ✆ 46 32 26 16, sortie NO rte de la Rochelle, puis à gauche av. du Port et à droite avant le pont quai de Bernouet, près de la Boutonne
1,8 ha (100 empl.) o━ plat, herbeux 🖾 🞊 – 🗊 ♻ ⛌ 🖎 ⅙ ⌾ ⚶ – A proximité : 🎣 ⌁
15 mai-sept. – **R** *conseillée juil.-août* – ✦ *12* ⇔ *7* 🔲 *8* 🅟 *8*

ST-JEAN-D'AULPS

12 – 70 ⑱

74430 H.-Savoie – 914 h. alt. 820

⋀⋀ **Le Solerey** Ⓜ ❄ ≼, ✆ 50 79 64 69, sortie SE par D 902 rte de Morzine, bord de la Dranse
0,6 ha (35 empl.) o━ (été et hiver) peu incliné et en terrasses, gravillons, herbeux
🖾 – 🗊 ♻ ⛌ 🖎 🔟 ⌾ 🖥 – 🖵
Permanent – **R** *indispensable vac. scolaires* – 🔲 *2 pers. 55* 🅟 *15 (3A) 25 (6A)*
30 (10A)

ST-JEAN-DE-COUZ

12 – 74 ⑮

73160 Savoie – 180 h. alt. 626

⋀⋀ **La Bruyère** 🏕 ≼ « Site agréable », S : 2 km par N 6 et rte de Côte Barrier
1 ha (65 empl.) o━ (juil.-août) plat, herbeux – 🗊 ♻ ⛌ ⌾ snack – 🖵
15 avril-15 oct. – **R** *conseillée 14 juil.-20 août* – ✦ *11* 🔲 *10* 🅟 *9,50 (4 ou 6A)*

ST-JEAN-DE-LA-RIVIÈRE 50 Manche – 54 ① – rattaché à Barneville-Carteret

ST-JEAN-DE-LUZ

13 – 85 ② G. Pyrénées Aquitaine

64500 Pyr.-Atl. – 13 031 h.
🅱 Office de Tourisme, pl. du Maréchal-Foch ✆ 59 26 03 16

⋀⋀ **Itsas-Mendi**, ✆ 59 26 56 50, Fax 59 54 88 40, NE : 5 km, à 500 m de la plage
6 ha (336 empl.) o━ incliné et en terrasses, herbeux 🞊 – 🗊 ♻ ⛌ 🖎 ⅙ ⌾
🏊 🗶 🗶 ⛐ 🖥 cases réfrigérées – 🖵 sauna, solarium 🗶 🎣 🏊 vélos,
half-court – Location : 🏠
mai-sept. – **R** *conseillée* – 🔲 *piscine et tennis compris 2 pers. 90* 🅟 *13 (6A)*

⋀⋀ **Airotel International Erromardie** « Entrée fleurie », ✆ 59 26 07 74, Fax 59 23 44 47, NE : 2 km, près de la plage
4 ha (216 empl.) o━ plat, herbeux – 🗊 ♻ ⛌ 🖎 ⌾ ⚶ 🖾 🏊 🗶 ⛐ – 🖥 – 🏊
– Location : 🏠
15 mai-sept. – **R** *conseillée juil.-août* – 🔲 *élect. et piscine comprises 2 pers. 100*
(130 avec plate forme am.), pers. suppl. 20

⋀⋀ **Iratzia**, ✆ 59 26 14 89, NE : 1,5 km, à 300 m de la plage
4,2 ha (300 empl.) o━ plat, peu incliné et en terrasses, herbeux ⵈ – 🗊 ♻ ⛌ 🖾
🖎 ⅙ ⌾ ⚶ 🗶 ⛐ 🖥 – Location : 🏠
15 mars-14 oct. – **R** *conseillée juil.-août* – ✦ *20* ⇔ *10* 🔲 *22* 🅟 *9 (3A) 18 (6A)*

⋀⋀ **Les Tamaris-Plage** Ⓜ, ✆ 59 26 55 90, NE : 5 km, à 80 m de la plage
1,5 ha (52 empl.) o━ (saison) plat, peu incliné et en terrasses, herbeux – 🗊 ♻
⛌ 🖾 🖎 ⌾ 🖥 – 🖵 🎣 – A proximité : 🏊 🗶 🗶 snack ⛐ salle de
musculation 🛝 – Location : 🏠
avril-sept. – **R** *conseillée* – 🔲 *2 pers. 100/130 avec élect.*

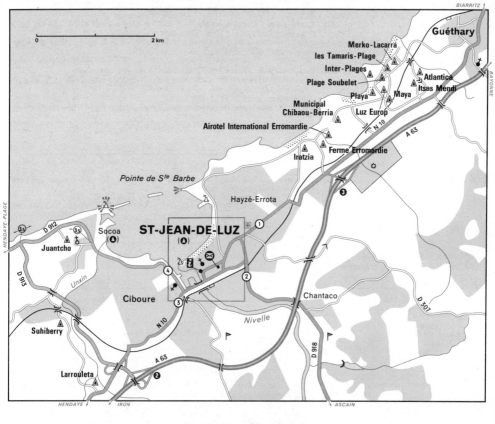

Municipal Chibaou-Berria, ☎ 59 26 11 94, NE : 3 km – Sur une falaise, accès direct à la plage
4 ha (290 empl.) ⟁ peu incliné et en terrasses, herbeux ⟁ – ⟁ ⟁ ⟁ ⟁ ⟁
⟁ ⟁ ⟁ ⟁ ⟁ – ⟁
juin-sept. – **R** *conseillée* – *Tarif 92 :* ⟁ *15,50* ⟁ *21* ⟁ *10,50 (5A) 21 (10A)*

Inter-Plages ⟁ ⟁ « Cadre agréable », ☎ 59 26 56 94, NE : 5 km – Sur une falaise, à 150 m de la plage (accès direct)
2,5 ha (100 empl.) ⟁ plat, herbeux ⟁ ⟁ – ⟁ ⟁ ⟁ ⟁ ⟁ ⟁ ⟁ ⟁ ⟁ –
A proximité : ⟁ ⟁ ⟁ salle de musculation ⟁ – Location : ⟁
avril-15 oct. – **R** – *Tarif 92 :* ⟁ *2 pers. 85, pers. suppl. 19* ⟁ *17 (4A) 23 (6A) 32 (10A)*

La Ferme Erromardie, ☎ 59 26 34 26, NE : 1,8 km, près de la plage
2 ha (200 empl.) ⟁ plat, herbeux ⟁ ⟁ (0,5 ha) – ⟁ ⟁ ⟁ ⟁ ⟁ ⟁ ⟁ ⟁
⟁
15 mars-14 oct. – **R** *conseillée* – ⟁ *2 pers. 63* ⟁ *13,60 (4A) 19 (6A)*

Merko-Lacarra ⟁, ☎ 59 26 56 76, NE : 5 km, à 150 m de la plage
2 ha (150 empl.) ⟁ peu incliné à incliné, herbeux – ⟁ ⟁ ⟁ ⟁ ⟁ ⟁ ⟁
⟁ – A proximité : ⟁ ⟁ ⟁ ⟁ ⟁ salle de musculation, sauna, solarium
mars-fin oct. – **R** *conseillée juil.-août* – *Tarif 92 :* ⟁ *14* ⟁ *20* ⟁ *14 (16A)*

Maya, ☎ 59 26 54 91, NE : 4,5 km, à 300 m de la plage
1 ha (115 empl.) ⟁ en terrasses, peu incliné, herbeux ⟁ – ⟁ ⟁ ⟁ ⟁ ⟁ – ⟁
– A proximité : ⟁ ⟁ snack – Location : ⟁, studios
juin-sept. – **R** – *Tarif 92 :* ⟁ *14* ⟁ *7,50* ⟁ *12,50* ⟁ *14 (4 à 6A)*

Playa ⟁ ⟁, ☎ 59 26 55 85, NE : 5 km, bord de plage
2,5 ha (125 empl.) ⟁ plat et en terrasses, herbeux ⟁ – ⟁ ⟁ ⟁ ⟁ ⟁ ⟁ ⟁
⟁ ⟁ – ⟁ – A proximité : ⟁ ⟁ ⟁ – Location : ⟁
avril-11 nov. – **R** – ⟁ *22,50* ⟁ *50* ⟁ *20 (4A)*

Luz-Europ ⟁, ☎ 59 26 51 90
2 ha (151 empl.) ⟁ plat, peu incliné, en terrasses, herbeux ⟁ – ⟁ ⟁ ⟁ ⟁
⟁ ⟁ – ⟁ – A proximité : snack ⟁ ⟁ ⟁ ⟁ ⟁
Pâques-sept. – **R** – ⟁ *19* ⟁ *28* ⟁ *18 (3A)*

Plage Soubelet, ☎ 59 26 51 60, NE : 5 km, à 80 m de la plage
1,5 ha (120 empl.) ⟁ incliné, en terrasses, herbeux – ⟁ ⟁ ⟁ – A proximité :
⟁ ⟁ ⟁ ⟁ salle de musculation ⟁
vac. de printemps-15 oct. – **R** *conseillée* – *Tarif 92 :* ⟁ *14* ⟁ *6* ⟁ *13* ⟁ *13,50 (6A)*

à Socoa 2 km par ④ - ⊠ 64122 Urrugne :

▲▲▲ **Larrouleta** « Cadre agréable », ℰ 59 47 37 84, Fax 59 47 42 54, S : 3 km, bord d'un plan d'eau et à 150 m d'une rivière
5 ha (263 empl.) ⊶ plat et peu incliné, herbeux ⚲ - 🗂 ⊕ 🛁 🔥 🖪 ⊕ 🌡 🌄 🖥 🔆 - 🍴 ❄ 🐟 ⚡ 🛶
Permanent - **R** *conseillée juil.-août - Tarif 92 :* ⭑ *14* 🖪 *22* (½) *10 (5A)*

▲▲▲ **Suhiberry** ◁, ℰ 59 47 06 23, S : 2 km, à 50 m d'une rivière
3 ha (170 empl.) ⊶ en terrasses, herbeux ⚲ - 🗂 🔥 🖪 🔥 ⊕ 🌄 🖥 - 🍴 ❄ 🛶
juin-sept. - **R** - ⭑ *13* 🚗 *6,10* 🖪 *15,90* (½) *11 (4A) 14 (6A)*

▲▲ **Juantcho,** ℰ 59 47 11 97, O : 1 km
5 ha (300 empl.) ⊶ en terrasses, peu incliné, herbeux ⚲⚲ (2,5 ha) - 🗂 ⊕ 🛁 🖪 ⊕
mai-sept. - **R** *conseillée juil.-août - Tarif 92 :* ⭑ *13,60* 🚗 *6,90* 🖪 *13,20* (½) *13,10 (5A)*

ST-JEAN-DE-MARUÉJOLS
30430 Gard - 766 h.

🔢 – 🔢 ⑧

▲▲ **Universal,** ℰ 66 24 41 26 ⊠ 30430 Rochegude, SO : 2,5 km par D 51 rte de St-Ambroix, bord de la Cèze
4 ha (90 empl.) ⊶ plat, herbeux ⚲⚲ - 🗂 🔥 🖪 🔥 ⊕ 🖥 - 🌄
mai-sept. - **R** *conseillée 14 juil.-15 août* - ⭑ *14* 🖪 *20* (½) *10 (2A) 13 (4A) 16 (6A)*

▶ *Die Klassifizierung (1 bis 5 Zelte,* schwarz *oder rot), mit*
der wir die Campingplätze auszeichnen, ist eine Michelin-eigene Klassifizierung.
Sie darf nicht mit der staatlich–offiziellen Klassifizierung
(1 bis 4 Sterne) verwechselt werden.

ST-JEAN-DE-MONTS
85160 Vendée – 5 959 h.

🔢 – 🔢 ⑪ G. Poitou Vendée Charentes

🔠 Office de Tourisme, Palais des Congrès, espl. de la Mer
ℰ 51 58 00 48 et r. Plage
(15 juin-15 sept., fermé après-midi sauf juil.-août) ℰ 51 58 02 21

▲▲▲▲ Le Bois Masson, ℰ 51 58 62 62, SE : 2 km
7,5 ha (485 empl.) ⊶ plat, herbeux, sablonneux, petit étang 🔲 ⚲ - 🗂 ⊕ 🛁 🖪 🔥 🎰 🌡 🌄 🍴 ❌ crêperie 🔆 🖥 sauna - 🍴 salle de remise en forme ❄ 🛶 🖥 🏊 toboggan aquatique vélos - Location : 🚐 🚾 🏠, appartements

▲▲▲▲ Les Amiaux, ℰ 51 58 22 22, Fax 51 58 26 09, NO : 3,5 km
12 ha (500 empl.) ⊶ plat, herbeux, sablonneux 🔲 ⚲ - 🗂 ⊕ 🛁 🖪 🔥 ⊕ 🌡 🌄 🌄 🍴 ❌ 🔆 🖥 sauna - 🍴 salle d'animation ❄ 🛶 🏊 toboggan aquatique, vélos - Location : 🚐
Pâques-sept. - **R** *saison* - ⭑ *15 piscine comprise* 🖪 *110 avec élect. (6 ou 10A)*

▲▲▲▲ Zagarella, ℰ 51 58 19 82, SE : 4 km
4 ha (165 empl.) ⊶ plat et accidenté, terrasse, sablonneux 🔲 ⚲ - 🗂 ⊕ 🛁 🖪 🔥 ⊕ 🌄 🌡 🌄 🍴 ❌ 🔆 🖥 sauna, salle de musculation - 🍴 ❄ 🛶 toboggan aquatique - A proximité : 🔥 - Location : 🏠, appartements
mai-26 sept. - **R** *conseillée* - 🖪 *élect. et piscine comprises 3 pers. 162*

▲▲▲ Les Genêts, ℰ 51 58 93 94, SE : 7 km
7 ha (250 empl.) ⊶ plat et vallonné, sablonneux, herbeux, pinède attenante 🔲 ⚲⚲ pinède (1 ha) - 🗂 ⊕ 🛁 🖪 🔥 ⊕ 🌄 🌡 🖥 - 🍴 ❄ 🛶 🖥 🏊 toboggan aquatique, vélos - A proximité : 🔥 - Location : 🚐
mai-20 sept. - **R** *conseillée* - 🖪 *élect. (8A) et piscine comprises 3 pers. 140, pers. suppl. 25*

▲▲▲ L'Abri des Pins « Entrée fleurie », ℰ 51 58 83 86, Fax 51 59 30 47, NO : 4 km
3 ha (225 empl.) ⊶ plat, herbeux, sablonneux 🔲 ⚲ - 🗂 ⊕ 🛁 🖪 🔥 ⊕ 🌄 🌡 🌄 🍴 snack 🔆 🖥 salle d'animation - 🍴 ❄ 🔥 🛶 🏊 - Location : 🚐 🚾
15 mai-15 sept. - **R** *conseillée juil.-août* - 🖪 *piscine comprise 3 pers. 121 (128 ou 136 avec élect.), pers. suppl. 19,70*

▲▲▲ La Yole 🦢 « Entrée fleurie, cadre agréable », ℰ 51 58 67 17, Fax 51 59 05 35, SE : 7 km - 🦢
3 ha (163 empl.) ⊶ plat, sablonneux, herbeux, pinède attenante (2 ha) 🔲 ⚲ - 🗂 ⊕ 🛁 🖪 🔥 ⊕ 🌄 🌡 🌄 🍴 ❌ 🔆 🖥 - ❄ 🛶 🏊 - Location : 🚐
17 mai-12 sept. - **R** *conseillée - Tarif 92 :* 🖪 *élect. (6A) et piscine comprises 3 pers. 141 ou 153*

▲▲▲ Le Bois Dormant, ℰ 51 58 01 30, SE : 2,2 km
4,5 ha (388 empl.) ⊶ plat et en terrasses, sablonneux, herbeux, petit étang ⚲ - 🗂 ⊕ 🛁 🖪 🔥 ⊕ 🌄 🌡 🌄 🍴 ❌ 🔆 🖥 - 🍴 ❄ 🔥 🛶 🏊 toboggan aquatique - A proximité : ❌ crêperie 🔲 - Location : 🚐

▲▲▲ Le Bois Joly Ⓜ, ℰ 51 59 11 63, NO : 1 km
5 ha (267 empl.) ⊶ (saison) plat, herbeux, sablonneux 🔲 - 🗂 ⊕ 🛁 🖪 🔥 🎰 ⊕ 🌄 🌡 🍴 snack 🔆 🖥 - 🛶 🏊 - A proximité : 🔥 - Location : 🚾 🚐
Pâques-sept. - **R** *conseillée juil.-août - Tarif 92 :* 🖪 *piscine comprise 2 pers. 74, pers. suppl. 16* (½) *18 (4A) 22 (6A)*

▲▲▲ Aux Cœurs Vendéens, ℰ 51 58 84 91, NO : 4 km
1,5 ha (117 empl.) ⊶ plat, herbeux, sablonneux 🔲 ⚲ - 🗂 ⊕ 🛁 🖪 🔥 🌡 🌄 🌡 🍴 crêperie 🔆 🖥 - 🍴 🔥 🛶 🏊 - A proximité : ❄
15 mai-12 sept. - **R** *indispensable juil.-25 août* - 🖪 *piscine comprise 3 pers. 125* (½) *7 (4A)*

▲▲▲ Plein Sud, ℰ 51 59 10 40, NO : 4 km
2 ha (110 empl.) ⊶ plat, herbeux, sablonneux 🔲 - 🗂 ⊕ 🛁 🖪 🔥 ⊕ 🌄 🌡 🍴 🖥 - 🍴 ❄ 🔥 🛶 🏊 - A proximité : crêperie 🔆 🔥 - Location : 🚐
15 juin-15 sept. - **R** *conseillée* - 🖪 *élect. et piscine comprises 3 pers. 98*

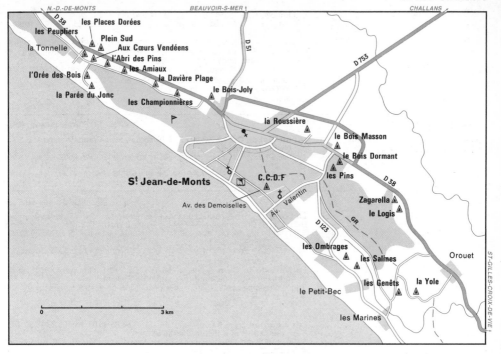

▲▲ **La Forêt** Ⓜ « Belle décoration arbustive », 🖉 51 58 84 63, NO : 5,5 km (voir schéma de Notre-Dame-de-Monts)
0,93 ha (63 empl.) o━ plat, herbeux, sablonneux ⊡ ♀ – ⅏ ⇔ ⇔ 🖺 ☺ ♨ ☗
🖺 – 🖾 ⚓
juin-15 sept. – **R** conseillée – Tarif 92 : ⸙ 20 piscine comprise ▣ 70 🕪 10 (6A)

▲▲ **Les Pins,** 🖉 51 58 17 42, SE : 2,5 km
1,2 ha (129 empl.) o━ plat et en terrasses, sablonneux ⊡ ♀ – ⅏ ⇔ ⇔ 🖺 ☺
🖺 – 🖾 – A proximité : ⚒ ⏧ ⚓ ⚓
12 juin-10 sept. – **R** conseillée – ▣ 3 pers. 90, pers. suppl. 15 🕪 12 (3 à 10A)

▲▲ **Les Places Dorées,** 🖉 51 59 02 93, Fax 51 59 30 47, NO : 4 km
0,8 ha (45 empl.) o━ plat, sablonneux, herbeux ⊡ – ⅏ ⇔ ⇔ 🖺 ☺ ☺ 🖺 – ⚓
– A proximité : ⚒ ⏧ snack ⚒ ⚓ ⚓ ⚓
juil.-1er sept. – **R** conseillée – ▣ 3 pers. 83 (93 ou 107,50 avec élect.), pers. suppl. 14

▲▲ **C.C.D.F. les Sirènes** ⚓, 🖉 51 58 01 31, SE : av. des Demoiselles, à 500 m de la plage
15 ha/5 campables (500 empl.) o━ plat et accidenté, dunes ♀♀ pinède – ⅏ ⚒
🖺 ☺ ☺ – A l'entrée : ⚒ ⏧ snack ⚓
Pâques-17 sept. – **R** conseillée juil.-août – Adhésion obligatoire – ⸙ 13,50 ⚓
9 ▣ 15 🕪 8 (2A) 10 (3A) 12 (5A)

▲▲ **La Davière-Plage,** 🖉 51 58 27 99, NO : 3 km
3 ha (162 empl.) o━ plat, sablonneux, herbeux – ⅏ ⇔ ⇔ 🖺 ⚓ ☺ ⚒ 🖺 – ⚒
⚒ – A proximité : ⏧ ✗ – Location : 🚐
15 juin-15 sept. – **R** conseillée – ▣ piscine comprise 3 pers. 84 🕪 14 (4A)

▲ **Le Logis,** 🖉 51 58 60 67, SE : 4,3 km
0,8 ha (40 empl.) o━ plat et en terrasses, sablonneux, herbeux ⊡ – ⅏ ⇔ ⇔ 🖺
⚓ ☺ – 🖾 ⚓ vélos – A proximité : ⏧ ✗ ⚒ – Location : 🚐
10 avril-15 sept. – **R** conseillée – ▣ 2 pers. 60

▲ Les Salines, 🖉 51 58 11 95 ✉ 85270 St-Hilaire-de-Riez, SE : 5 km, sur D 123
3 ha (140 empl.) o━ plat et vallonné, herbeux, sablonneux ♀♀ – ⅏ ⇔ 🖺 ☺ 🖺 – ⚓
mai-sept. – **Ř**

▲ **Les Ombrages,** 🖉 51 58 91 14 ✉ 85270 St-Hilaire-de-Riez, SE : 5 km sur D 123
3 ha (140 empl.) o━ plat et vallonné, herbeux, sablonneux ♀♀ – ⅏ ⚒ ⚓ ☺ 🖺
Pâques-sept. – **Ř** – ▣ 3 pers. 54, pers. suppl. 16 🕪 11 (5A)

▲ **La Roussière,** 🖉 51 58 65 73, SE : 1,5 km
1 ha (77 empl.) o━ plat, herbeux, sablonneux ⊡ – ⅏ ⇔ ⇔ ☺ 🖺 – ⚓
Pâques-sept. – **Ř** – Tarif 92 : ▣ 2 pers. 49

▲ **La Parée du Jonc** ⚓, 🖉 51 58 81 19, NO : 4,5 km, à 250 m de la plage
2,9 ha (200 empl.) o━ (juil.-août) plat et vallonné, sablonneux – ⅏ ⇔ ⚒ ☺ ⚒
🖺 – A proximité : ⏧ ✗ crêperie
juin-15 sept. – **R** conseillée juil.-août – ▣ 2 pers. 53 ou 54, pers. suppl. 12 🕪 14,50 (4A) 16 (6A)

357

▲ **Les Peupliers** Ⓜ, ℊ 51 58 46 07, NO : 4,3 km
0,5 ha (25 empl.) ⏻ plat, herbeux, sablonneux 🚪 – 🟩 ⏬ 🗳 📖 ♿ ☀ – A proximité : 🚲, ✉ snack ⚒

▲ **L'Orée des Bois** ⌸, ℊ 51 58 45 82, NO : 4,2 km, à 500 m de la plage
0,7 ha (40 empl.) ⏻ plat et peu incliné, sablonneux, pinède attenante 🚪 – 🟩 🚲 ♿ ☀ – A proximité : ✉ ✗ crêperie
15 juin-15 sept. – **R** *conseillée juil.-août* – 📗 *2 ou 3 pers. 50* ㊖ *11 (4A) 12 (6A)*

▲ **Les Championnières**, ℊ 51 58 61 54, NO : 2,5 km
1,2 ha (102 empl.) ⏻ plat, herbeux, sablonneux – 🟩 🚲 ☀
mai-sept. – ℝ

ST-JEAN-DE-SIXT
㊼ – ㊴ ⑦ G. Alpes du Nord

74450 H.-Savoie – 852 h. alt. 956.
🗪 Office de Tourisme ℊ 50 02 70 14

▲ **Municipal du Crêt** ⌸, ℊ 50 02 38 89, sortie vers le Grand-Bornand et 0,5 km par chemin à gauche
1,5 ha (54 empl.) ⏻ peu incliné, plat et en terrasses, gravillons, herbeux 🚪 – 🟩 🚲 ☀
15 juin-15 oct. – **R** – *Tarif 92 :* 🕴 *13* 📗 *15* ㊖ *8 (2A) 12 (5A)*

ST-JEAN-DU-GARD
㊺ – ㊀ ⑰ G. Gorges du Tarn

30270 Gard – 2 441 h.

▲▲ **La Forêt** ⌸ ⌸ « A l'orée d'une vaste pinède », ℊ 66 85 37 00, N : 2 km par D 983 rte de St-Étienne-Vallée-Française puis 2 km par D 333 rte de Falguières
3 ha (60 empl.) ⏻ plat et en terrasses, pierreux, herbeux – 🟩 🚲 🚲 📖 ☀ 🚲 ⚒ 📖 – 🚪 🟮 ♿
avril-15 sept. – **R** *conseillée juil.-août* – 📗 *piscine comprise 2 pers. 65, pers. suppl. 15* ㊖ *13 (4A)*

▲▲▲ **Le Mas de la Cam** ⌸ ⌸, ℊ 66 85 12 02, NO : 3 km par D 907 rte de St-André-de-Valborgne, bord du Gardon de St-Jean
6 ha/2,8 campables (200 empl.) ⏻ peu incliné, en terrasses, herbeux 🚲🚲 – 🟩 🚲 📖 ☀ ✉ 📖 – 🟮 ⚒ ⚊ ⏻ – Location : gîtes
avril-sept. – **R** *conseillée juil.-août* – *Tarif 92 :* 📗 *2 pers. 55, pers. suppl. 13* ㊖ *12 (3A) 14 (6A)*

▲▲▲ **Les Sources** ⌸ ⌸ « Cadre agréable », ℊ 66 85 38 03, Fax 66 38 18 36, NE : 1 km par D 983 et D 50 rte de Mialet
1,5 ha (100 empl.) ⏻ peu incliné et en terrasses, herbeux 🚲🚲 – 🟩 🚲 🗳 📖 📖 – 🟮 ♿ ⚲
avril-sept. – **R** *indispensable saison* – 📗 *piscine comprise 2 pers. 50 (63 avec élect. 6A), pers. suppl. 13*

ST-JEAN-EN-ROYANS
㊼ – ㊷ ③ G. Alpes du Nord

26190 Drôme – 2 895 h.
🗪 Syndicat d'Initiative, Pavillon du Tourisme
ℊ 75 48 61 39

▲ Municipal ⌸, ℊ 75 47 74 60, sortie SO par D 70 rte d'Oriol-en-Royans, bord de la Lyonne
2 ha (140 empl.) ⏻ plat, herbeux 🚪 🚲🚲 (1 ha) – 🟩 🚲 🗳 📖 ☀ – A proximité : ✗ ⚒
mai-sept. – ℝ

ST-JEAN-LA-BUSSIÈRE
㊻ – ㊳ ⑧

69550 Rhône – 847 h.

▲ **Municipal** ⌸ ⌸, sortie S rte de Tarare et chemin à droite, au terrain de sports
0,7 ha (20 empl.) peu incliné, herbeux 🚪 – 🟩 🚲 🗳 ☀ – 🚲
mai-oct. – **R** – 🕴 *9* ⚊ *5* 📗 *6* ㊖ *7 (3A) 8 (6A)*

ST-JEAN-LE-CENTENIER
㊺ – ㊶ ⑲

07580 Ardèche – 508 h.

▲ **Les Arches** ⌸, ℊ 75 36 72 06, SO : 0,5 km par D 458, bord de la Gladuègne
1,8 ha (47 empl.) ⏻ peu incliné, terrasses, herbeux – 🟩 ♿ ⚲ ☀ – ⚊
juin-sept. – **R** *conseillée* – 📗 *2 pers. 42, pers. suppl. 11* ㊖ *12 (6A)*

ST-JEAN-LE-THOMAS
㊄ – ㊹ ⑦ G. Normandie Cotentin

50530 Manche – 398 h.

▲▲ **Municipal Pignochet**, ℊ 33 48 84 02, SO : 1 km par D 483, près de la plage
3 ha (130 empl.) ⏻ plat, sablonneux, herbeux – 🟩 ♿ ☀ 📖 – ⚊ – A proximité : ✉
Pâques-fin sept. – **R** *conseillée juil.-août* – 🕴 *10* 📗 *8,50/12* ㊖ *8,50*

ST-JEAN-PIED-DE-PORT
㊽ – ㊅ ③ G. Pyrénées Aquitaine

64220 Pyr.-Atl. – 1 432 h.
🗪 Syndicat d'Initiative, pl. Charles-de-Gaulle
ℊ 59 37 03 57

▲▲▲ **Europ'Camping** Ⓜ ⌸, ℊ 59 37 12 78, Fax 59 37 29 82, NO : 2 km par D 918 rte de Bayonne et chemin à gauche, à Ascarat
1,8 ha (94 empl.) ⏻ peu incliné, herbeux – 🟩 🚲 🗳 📖 sauna ♿ 🚲 ☀ ⚲ 🚲 ✗ ⚒ – 🟮 ⚊
Pâques-oct. – **R** *conseillée juil.-août* – 🕴 *28 piscine comprise* 📗 *39* ㊖ *19 (6A)*

▲▲ **Narbaïtz** ⌸, ℊ 59 37 10 13, NO : 2,5 km par D 918 rte de Bayonne et D 303 à gauche, à 50 m de la Nive et bord d'un ruisseau
1,8 ha (133 empl.) ⏻ (saison) plat et peu incliné, herbeux 🚲🚲 (1 ha) – 🟩 🚲 📖 ☀ – 🟮
avril-nov. – ℝ – *Tarif 92 :* 🕴 *9* ⚊ *5* 📗 *7* ㊖ *10 (moins de 5A)*

ST-JEAN-PLA-DE-CORTS

66400 Pyr.-Or. – 1 456 h.

    🛆 Les Casteillets ≤ Chaîne des Albères, ℰ 68 83 26 83, sortie vers Amélie-les-Bains par D 115 et chemin à gauche, bord du Tech
5 ha (150 empl.) ⊶ plat, pierreux, herbeux ⊏┐ ⚏ – 🗐 ⇆ ⊟ 🗐 & ⊛ ⊕ 📇, snack 🗐 – 💥 🛶 ⤳

    🛆 **Les Deux Rivières** ⟨🌳⟩, ℰ 68 83 23 20, SE : 0,5 km par D 13 rte de Maureil-las-las-Illas, au confluent du Tech et du Sabaro
8,5 ha (100 empl.) ⊶ plat, pierreux, herbeux ⊏┐ ⚏ – 🗐 ⇆ ⊟ & ⊛ ⊕ 🖍 – 📇
🔥 🛶 ⤳
mai-sept. – **R** conseillée juil.-août – 🗲 25 piscine comprise 🔲 20 🛱 13,50 (3A) 16,50 (5A) 21 (10A)

ST-JEAN-ST-NICOLAS

05260 H.-Alpes – 865 h. alt. 1 125

    à Pont du Fossé sur D 944 – ☒ 05260 Chabottes :

    🛆 **Le Diamant** ≤ « Cadre agréable », ℰ 92 55 91 25, SO : 0,8 km sur D 944 rte de Gap, bord du Drac
4 ha (80 empl.) ⊶ plat, herbeux, peu pierreux ⚏⚏ pinède – 🗐 ⇆ 🖍 ⊛ – 📇
🔥 – A proximité : 🖼
juin-sept. – **R** conseillée juil.-août – 🔲 2 pers. 67, 3 pers. 89, pers. suppl. 10 🛱 9 (1A) 11 (2A) 13 (3A)

    🛆 **Municipal le Châtelard** 🌳 ≤, ℰ 92 55 94 31, NO : 1,1 km par D 944 et chemin à droite, bord du Drac
2 ha (60 empl.) ⊶ plat, herbeux, pierreux ⚏ – 🗐 ⇆ ⊟ ⊛ – 📇 💥
15 juin-15 sept. – **R** conseillée – Tarif 92 : 🗲 16 🔲 15/20 🛱 10 (3A)

ST-JODARD

42590 Loire – 421 h.

    🛆 **Municipal,** au bourg, rte de Neulise
0,8 ha (30 empl.) plat, herbeux ⚏ – 🗐 🖍 ⊛ – A proximité : 💥 🔥
avril-oct. – **R** – 🗲 6,40 et 3,90 pour eau chaude ⇌ 3,20 🔲 3,20 🛱 11,60 (3A) 16,40 (5A)

ST-JORIOZ **74** H.-Savoie – 🔢 ⑥ – voir à Annecy (Lac d')

ST-JOUAN-DES-GUÉRETS **35** I.-et-V. – 🔢 ⑥ – rattaché à St-Malo

---

ST-JULIEN **56** Morbihan – 🔢 ⑪ ⑫ – voir à Quiberon (Presqu'île de)

ST-JULIEN-CHAPTEUIL

43260 H.-Loire – 1 664 h. alt. 821.
🛈 Syndicat d'Initiative, Mairie (juil.-août)
ℰ 71 08 77 70

    🛆 **Municipal de la Croix-Blanche,** ℰ 71 08 70 01, sortie N par D 28 rte du Pertuis, à 50 m de la Sumène
0,6 ha (29 empl.) ⊶ plat, terrasse, herbeux – 🗐 🖍 🖼 ⊛ 🔥 🌲 🗐 – 📇
💥 🛶
juin-15 sept. – **R** conseillée juil.-août – Tarif 92 : 🗲 9 🔲 14 🛱 10

ST-JULIEN-DE-CONCELLES

44450 Loire-Atl. – 5 418 h.

    🛆 **Municipal du Plan d'Eau du Chêne,** ℰ 40 54 12 00, E : 1,5 km par D 37 (déviation), près du plan d'eau
2 ha (100 empl.) ⊶ plat, herbeux – 🗐 ⇆ ⊟ 🖍 🖩 ⊛ 🔥 🖼 – 📇 🔥 – A l'entrée : 💥
avril-oct. – **R** conseillée – 🗲 12 ⇌ 6 🔲 12 🛱 12 (6A) 19 (10A)

ST-JULIEN-DE-LAMPON

24 Dordogne – 586 h.
☒ 24370 Carlux

    🛆 **Le Mondou** 🌳, ℰ 53 29 70 37, E : 0,8 km par D 50 rte de Mareuil et chemin à droite
1,2 ha (60 empl.) ⊶ (juil.-août) peu incliné, pierreux, herbeux ⊏┐ – 🗐 ⇆ ⊟ 🖍
& ⊛ – 📇 🛶 – A proximité : 💥
15 juin-sept. – **R** indispensable 14 juil.-15 août – Tarif 92 : 🗲 17 piscine comprise
🔲 20 🛱 18 (6A)

ST-JULIEN-DE-PEYROLAS

30760 Gard – 1 088 h.

    🛆 **Le Peyrolais** 🌳, ℰ 66 82 14 94, Fax 66 82 31 70, E : 3 km par D 141, D 901 rte de Pont-St-Esprit et chemin à gauche avant le pont, bord de l'Ardèche
5 ha (100 empl.) ⊶ plat, herbeux ⚏⚏ – 🗐 ⇆ ⊟ 💥 🍴 🖼 – 📇 🔥 🛶 ⤳ 🏊
10 mars-10 nov. – **R** conseillée juil.-août – 🔲 2 pers. 72 🛱 16 (3 à 6A)

▶ *Donnez-nous votre avis sur les terrains que nous recommandons.*
Faites-nous connaître vos observations et vos découvertes.

ST-JULIEN-DES-LANDES

85150 Vendée – 1 075 h.　　　　🔼 **La Garangeoire** ⏚ « Agréable domaine : prairies, étangs et bois », ℰ 51 46 65 39, Fax 51 46 60 82, N : 2,8 km par D 21
200 ha/5,5 campables (240 empl.) ⊶ plat et vallonné, herbeux 🔄 ♨ (1 ha)
– 🔺 ⏚ 🖭 🖿 🚿 ⊕ ♨ 🔥 ✷ 🍴 ✕ crêperie 🔜 🖿 cases réfrigérées – 🔲 ✻
🔥 🎣 vélos
15 mai-15 sept. - **R** conseillée – Mineurs non accompagnés non admis – 🔳 élect.
(10A) et piscine comprises 3 pers. 134, pers. suppl. 26

🔼 **La Forêt** ⏚ « Dans les dépendances d'un château », ℰ 51 46 62 11,
Fax 51 46 60 87, sortie NE par D 55 rte de Martinet
50 ha/5 campables (148 empl.) ⊶ plat, herbeux, étangs et bois 🔄 ⏚ – 🔺 🔄 🖿 ⌷
🔺 🖿 ♨ ⊕ ♨ 🔥 ✷ crêperie 🔜 🖿 – 🔲 discothèque ✷ 🔥 🎣 ⚓ ⏚
15 mai-12 sept. - **R** conseillée – piscine comprise 3 pers. 101, pers. suppl.
24 🍴 14 (4A)

ST-JULIEN-DU-VERDON

04170 Alpes-de-H.-Pr. – 94 h.
alt. 914

🔺 **Le Lac** ≼, ℰ 92 89 07 93, sortie N sur N 202 rte de St-André-les-Alpes
1 ha (70 empl.) ⊶ plat, peu incliné, herbeux, pierreux – 🔺 🖿 ♨ ⊕ – 🔲 ⚓
15 juin-15 sept. - **R** – 🔥 12 🔳 15 🍴 10 (6A)

17 – 81 18 G. Alpes du Sud

ST-JULIEN-EN-BORN

40170 Landes – 1 285 h.

🔼 **Municipal la Lette Fleurie** ⏚, ℰ 58 42 74 09, NO : 4 km par rte de Mimizan
et rte de Contis-Plage
8,5 ha (345 empl.) ⊶ accidenté, sablonneux ♧♧ pinède – 🔺 🔄 🖿 🖿 ♨ ⊕ ♨ 🔺
🔥 ✷ 🔜 🖿 – ✷ ⚓
Pâques-sept. - **R** conseillée – 🔥 11,40 ⚗ 4,65 🔳 11,40/14 🍴 10,40 (3A)

🔺 **Le Grand Pont**, ℰ 58 42 80 18, sortie N par D 652, rte de Mimizan, près d'un
ruisseau
2 ha (75 empl.) ⊶ plat, herbeux, sablonneux ♧♧ pinède – 🔺 🔺 ⊕ 🖿 – 🔲
juin-sept. - **R** conseillée août – 🔥 9,90 ⚗ 3,80 🔳 8,50 🍴 11 (10A)

🔺 **Le Très** (aire naturelle) ⏚, ℰ 58 42 80 24, NO : 3,3 km rte de Mimizan puis
à gauche rte de Contis-Plage
1,5 ha (25 empl.) ⊶ plat, herbeux, sablonneux ♧♧ pinède – 🔺 🔄 🔺 ⊕ 🖿 –
🔲 ⚓
15 juin-15 sept. - **R** conseillée 14 juil.-20 août – 🔳 2 pers. 32 (44 avec élect.)

13 – 78 15

ST-JULIEN-EN-ST-ALBAN

07000 Ardèche – 924 h.

🔺 **Le Pampelonne**, ℰ 75 66 00 97, sortie O par N 104 rte de Pouzin et à droite,
près de l'Ouvèze
1,5 ha (30 empl.) ⊶ plat, herbeux – 🔺 🔄 🔺 🖿 ♨ ⊕ 🔥
Pâques-oct. - **R** – 🔳 2 pers. 60 🍴 13 (4A)

16 – 76 20

ST-JUST

15390 Cantal – 248 h. alt. 885

🔼 **Municipal**, ℰ 71 73 72 57, Fax 71 73 71 44, au SE du bourg, bord d'un ruisseau
2 ha (60 empl.) ⊶ plat et peu incliné, terrasse, herbeux 🔄 ♨ – 🔺 🔄 🖿 🖿 ♨ ⊕
🖿 – A proximité : ✷ 🔲 – Location : 🏠
avril-sept. - **R** conseillée juil.-août – 🔥 10,30 ⚗ 6,50 🔳 9 🍴 9,50 (10A)

11 – 76 14

ST-JUSTIN

40240 Landes – 917 h.

🔼 **Le Pin**, ℰ 58 44 88 91, N : 2,3 km sur D 626 rte de Roquefort, bord d'un étang
3 ha (50 empl.) ⊶ plat, herbeux ♧♧ – 🔺 🔄 🖿 ♨ ⊕ ✕ – ⚓ 🔲 – Location : 🚐
Permanent - **R** conseillée juil.-août – 🔥 18 piscine comprise 🔳 22 🍴 12 (6A)

14 – 79 12

ST-LAGER-BRESSAC

07210 Ardèche – 569 h.

🔼 **Municipal les Civelles d'Ozon**, ℰ 75 65 01 86, sortie E sur D 322 rte de
Baix, bord d'un ruisseau
1,3 ha (40 empl.) ⊶ (saison) plat, pierreux, herbeux 🔄 – 🔺 🔄 🖿 🖿 ♨ ⊕ 🔺 ✷
– 🔲 ✷
mai-sept. - **R** conseillée 15 juil.-15 août – 🔳 2 pers. 28/40 avec élect. (4A)

16 – 76 20

ST-LAMBERT-DU-LATTAY

49750 M.-et-L. – 1 352 h.

🔺 **S.I. la Coudraye** ⏚, au sud du bourg, près d'un étang
0,5 ha (20 empl.) peu incliné, herbeux – 🔺 🔺 ⊕ 🔺 ✷ – ⚓
15 avril-oct. - **R** – 🔥 10 🔳 8 🍴 11

5 – 63 20 G. Châteaux de la Loire

ST-LARY-SOULAN

65170 H.-Pyr. – 1 108 h. alt. 830 –
⏚.

🅸 Office de Tourisme, r. Principale
ℰ 62 39 50 81

🔼 **Municipal** Ⓜ ❄ ⏚ ≼, ℰ 62 39 41 58, au bourg, à l'est du D 929
1,4 ha (76 empl.) ⊶ plat et peu incliné, herbeux ♧♧ – 🔺 🔄 🖿 🖿 ♨
🔺 ⊕ 🖿 – ⚓ – A proximité : ✷ 🔲 – Location : 🏠
fermé nov. - **R** conseillée – 🔥 22 🔳 23 🍴 14 à 32 (2 à 10A)

14 – 85 19 G. Pyrénées Aquitaine

ST-LAURENT-D'AIGOUZE

30220 Gard – 2 323 h.

△ **Port Viel,** ℰ 66 88 15 42, S : 2,8 km par D 46
1,2 ha (100 empl.) ⊶ plat, pierreux, herbeux – 🗊 ☺ 🔥 – 🍴 – Location : 🚐
avril-oct. – **R** conseillée août – ⚹ 24 piscine comprise ▣ 21,50 ⚡ 16 (6A) 19 (10A)

ST-LAURENT-DE-CERDANS

66260 Pyr.-Or. – 1 489 h. alt. 675

⚠ **Municipal Verte Rive** ॐ ≤, ℰ 68 39 54 64, sortie NO par D 3 rte d'Arles-sur-Tech, bord de la Quéra
1,4 ha (74 empl.) ⊶ peu incliné, herbeux – 🗊 ☐ ☺ – 🔥 – A proximité : 🍴
juin-sept. – **R** – ⚹ 9,60 🚗 4,10 ▣ 9,60 ⚡ 13 (3 ou 5A)

15 – 86 ⑱ G. Pyrénées Roussillon

ST-LAURENT-DU-PAPE

07800 Ardèche – 1 206 h.

11 – 76 ⑳ G. Vallée du Rhône

⚠ **le Plein Sud** Ⓜ ॐ ≤ montagnes, ℰ 75 40 81 96, NO : 1,5 km par D 120 rte des Ollières-sur-Eyrieux puis 2,8 km par D 21 rte de Vernoux-en-Vivarais
100 ha/6 campables (135 empl.) ⊶ en terrasses, pierreux, herbeux 🗗 – 🗊 ☺ ☐ 🗓 ⚓ 🗓 ♟ ☐ – 🍴 ✗ – A proximité : ✗
vacances de fév., avril-6 janv. – **R** conseillée – ▣ élect. et piscine comprises 2 pers. 100/120

⚠ **La Garenne,** ℰ 75 62 24 62, au nord du bourg, accès près de la poste
3,5 ha (120 empl.) ⊶ plat, en terrasses, pierreux, herbeux – 🗊 ☺ ☐ 🔥 ☺ 🔋
snack 🗓 – 🚐 ✂ 🔥 🍴
avril-oct. – **R** conseillée juil.-août – ▣ piscine comprise 2 pers. 89, pers. suppl. 21 ⚡ 13 (3A) 20 (6A)

ST-LAURENT-DU-VERDON

04480 Alpes-de-H.-Pr. – 71 h.

17 – 81 ⑯

⚠ **La Farigoulette** ॐ, ℰ 92 74 41 62, Fax 92 74 00 97, NE : 1,5 km par rte de Montpezat, près du Verdon (plan d'eau)
11 ha (280 empl.) ⊶ peu incliné, pierreux ♋♋ – 🗊 ⚓ 🗓 🔥 ☺ 🔋 ✗ 🍴 🗓 – 🚐 ✂ 🔥 🍴 vélos – Location : studios
15 mai-15 sept. – **R** – ▣ piscine comprise 2 pers. 67 ⚡ 15 (5A)

ST-LAURENT-EN-BEAUMONT

38350 Isère – 282 h. alt. 850

12 – 77 ⑮

△ **Belvédère de l'Obiou** ≤, ℰ 76 30 40 80, SO : 1,3 km sur N 85, au lieu-dit les Egats
1 ha (35 empl.) ⊶ peu incliné, herbeux – 🗊 ⚓ ☺ – 🔥 🍴 – A proximité : 🍴 snack – Location : 🛏
mai-sept. – **R** conseillée – ⚹ 18 piscine comprise ▣ 18 ⚡ 15 (4A)

ST-LAURENT-EN-GRANDVAUX

39150 Jura – 1 781 h. alt. 908

12 – 70 ⑮ G. Jura

⚠ **Municipal Champ de Mars** Ⓜ ≤, ℰ 84 60 19 30, sortie E par N 5
3 ha (150 empl.) ⊶ plat et peu incliné, herbeux – 🗊 ⚓ 🗓 – 🔥
fermé oct. – **R** indispensable hiver – **R** été – ⚹ 7,80 (hiver 15) 🚗 4,20 ▣ 4,20 (hiver 10,50) ⚡ été : 7,50 (6A) hiver : 17 ou 26 (10A)

ST-LAURENT-LES-ÉGLISES

87340 H.-Vienne – 636 h.

10 – 72 ⑧

⚠ **Municipal Pont du Dognon** ॐ ≤ « Site agréable », ℰ 55 56 57 25, SE : 1,8 km par D 5 rte de St-Léonard-de-Noblat, bord du Taurion (plan d'eau)
3 ha (90 empl.) ⊶ (saison) en terrasses, pierreux, herbeux 🗗 – 🗊 ☐ 🗓 🔥 ☺ 🗓 – 🚐 ✂ 🔥 🍴 – A proximité : 🔥 – Location : huttes
mai-oct. – **R** conseillée – ▣ piscine comprise 2 pers. 37 ⚡ 12 (5 à 20A)

ST-LÉGER-DE-FOUGERET **58** Nièvre – 69 ⑥ – rattaché à Château-Chinon

ST-LÉGER-LES-MÉLÈZES

05260 H.-Alpes – 182 h. alt. 1 250

17 – 77 ⑯

△ **La Pause** ❄ ॐ ≤, ℰ 92 50 44 92, à 300 m à l'est du bourg
2,5 ha (80 empl.) ⊶ peu incliné et en terrasses, herbeux, pierreux – 🗊 ⚓ ☐ 🗓 ☺ – 🚐 🔥 – A proximité : ✂ 🐴

ST-LÉONARD-DE-NOBLAT

87400 H.-Vienne – 5 024 h.
🛈 Office de Tourisme,
r. Roger-Salengro
ℰ 55 56 25 06

10 – 72 ⑱ G. Berry Limousin

⚠ **Municipal de Beaufort,** ℰ 55 56 02 79, S : 3 km, bord de la Vienne
2 ha (100 empl.) ⊶ plat et peu incliné, herbeux 🗗 ♟ – 🗊 ⚓ ☐ 🗓 🔥 ☺ ☺ 🔋 🗓 – 🔥
juin-1er oct. – **R** – ▣ 3 pers. 38, pers. suppl. 8,40 ⚡ 17 (10A)

ST-LÉON-SUR-VÉZÈRE

24290 Dordogne – 427 h.

ᨑᨑᨑ **Le Paradis** ⌂, ℰ 53 50 72 64, Fax 53 50 75 90, SO : 4 km sur D 706 rte des
Eyzies-de-Tayac, bord de la Vézère
4,4 ha (200 empl.) ⊶ plat, herbeux 🞬 ⚲ – 🛍 ⇆ 🖽 🛉 🗗 ⊛ 🛋 🗢 🛒 🍽
🗙 🛱 🛢 – 🛋 🎾 🖈 vélos, piste de bi-cross – Location : 🛖
avril-23 oct. – **R** *conseillée* – ⚹ *28,75 piscine comprise* 🗐 *46,20* 🗓 *14 (6A)*

ST-LEU-D'ESSERENT

60340 Oise – 4 288 h.

ᨑ **Campix** ⌂, ℰ 44 56 08 48, NE : 3,5 km dans une ancienne carrière-accès
conseillé par D12 rte de Cramoisy
6 ha (170 empl.) ⊶ en terrasses, accidenté, herbeux, pierreux ⚲ – 🛍 ⇆ 🖽 🛉
⊛ 🛢 – 🛋
22 mars-1ᵉʳ déc. – **R** – ⚹ *25* 🗐 *25/30* 🗓 *15 (6A)*

ST-LORMEL

22130 C.-d'Armor – 787 h.

ᨑ **Municipal,** au bourg, près de l'église
1 ha (50 empl.) plat, herbeux – 🛍 🞬 ⊛ – 🎾 🖈
Permanent – **R** – *Tarif 92 :* ⚹ *4,60* 🚗 *3,10* 🗐 *3,10* 🗓 *8,30*

ST-LUNAIRE

35800 I.-et-V. – 2 163 h.

ᨑᨑᨑ **La Touesse,** ℰ 99 46 61 13, Fax 99 46 61 13, E : 2 km par D 786 rte de Dinard,
à 400 m de la plage
1,8 ha (135 empl.) ⊶ plat, herbeux 🞬 – ⇆ 🖽 🛉 🗗 ⊛ 🛋 🗢 🛢 🌲 🛢
– 🛋 – A proximité : crêperie – Location : 🚐 🛖
avril-10 oct. – **R** *conseillée* – ⚹ *20* 🚗 *13* 🗐 *23* 🗓 *13 (5A) 15 (10A)*

ST-LYPHARD

44410 Loire-Atl. – 2 889 h.

ᨑ **Les Brières du Bourg,** ℰ 40 91 43 13, SE : 0,3 km par D 47, près d'un plan
d'eau
2 ha (130 empl.) ⊶ plat et peu incliné, herbeux ⚲ – 🛍 ⇆ 🖽 🛉 ⊛ 🛋 🛢 – 🛋
🖈 – A proximité : 🗢 🛶
10 avril-sept. – **R** *conseillée* – ⚹ *16* 🚗 *8,50* 🗐 *8,50* 🗓 *14 (5A)*

ST-MALO ⊗

35400 I.-et-V. – 48 057 h.
🅱 Office de Tourisme, esplanade
Saint-Vincent ℰ 99 56 64 48

ᨑ **La Ville Huchet,** ℰ 99 81 11 83, Fax 99 56 37 08, S : 5 km par N 137 et rte
de la Passagère
6 ha (100 empl.) ⊶ plat, herbeux ⚲ – 🛍 ⇆ 🞬 🖽 ⊛ – 🛋 🖈
Pâques-sept. – **R** *conseillée août* – *Tarif 92 :* ⚹ *12* 🚗 *6* 🗐 *12*

à *Paramé* NE : 5 km – ⌧ 35400 St-Malo :

ᨑ **Municipal Le Nicet** ⋖, ℰ 90 40 26 32, à Rotheneuf, av. de la Varde, à
100 m de la plage, accès direct par escalier
2,5 ha (250 empl.) ⊶ (juil.-août) plat et peu incliné, en terrasses, herbeux – 🛍
⇆ 🖽 ⊛
Pâques-27 sept. – **R** – *Tarif 92 :* ⚹ *14,50* 🚗 *5,75* 🗐 *20* 🗓 *10,50 (5A)*

à *St-Jouan-des-Guérets* SE : 5 km par ③
⌧ 35430 St-Jouan-des-Guérets :

ᨑᨑᨑ **Le P'tit Bois** ⌂ « Entrée fleurie », ℰ 99 81 48 36, Fax 99 81 74 14, accès par
N 137
3 ha (160 empl.) ⊶ plat, herbeux ⚲ (1 ha) – 🛍 ⇆ 🖽 🛉 ⊛ 🛋 🗢 🛢 🍽 🗙
🌲 🛢 – 🛋 🗢 🖿 🖈 🛶 vélos – Location : 🛖
mai-14 sept. – **R** *conseillée* – ⚹ *23 piscine comprise* 🗐 *58* 🗓 *16 (5A)*

ST-MALÔ-DU-BOIS

85490 Vendée – 1 085 h.

ᨑ **Base de Plein Air de Poupet** ⌂, ℰ 51 92 31 45, SE : 3 km par D 72 et
rte à gauche, bord de la Sèvre Nantaise
1,8 ha (90 empl.) plat, prairie ⚲ (0,5 ha) – 🛍 ⇆ 🖽 ⊛ 🌲 – 🖈 – A proximité :
🍽 🗙 poneys
mai-sept. – **R** – ⚹ *10* 🚗 *7* 🗐 *10* 🗓 *10 (10A)*

ST-MANDRIER-SUR-MER

83430 Var – 5 175 h.

ᨑ La Presqu'île, ℰ 94 94 23 22, O : 2,5 km, carrefour D 18 et rte de la Pointe de
Marégau, près du port de plaisance
1,8 ha (150 empl.) ⊶ plat et en terrasses, pierreux ⚲ – 🛍 🖽 ⊛ 🍽 snack –
A proximité : 🕏 🛶
15 mai-28 sept. – **R**

ST-MARC **44** Loire-Atl. – 🗗🗗 ⑭ – rattaché à St-Nazaire

ST-MARCAN

35120 I.-et-V. – 401 h.

△ **Le Balcon de la Baie** ⟨⟩ ≤, ☎ 99 80 22 95, SE : 0,5 km par D 89 rte de Pleine-Fougères et à gauche
2,8 ha (50 empl.) ⟶ peu incliné, plat, herbeux ᵠᵠ (1,5 ha) – 🛖 ⬧ 🏊 ☺ 🅱 – 🚙
15 juin-15 sept. – **R** conseillée juil.-août – ♣ 12 ⬅ 4,50 🅴 7 ⑭ 10 (5A)

ST-MARTIAL-DE-NABIRAT

24250 Dordogne – 512 h.

△△△ **Le Carbonnier** ⟨⟩, ☎ 53 28 42 53, sortie E par D 46, rte de Cahors, bord d'un petit étang
6 ha (150 empl.) ⟶ peu incliné et en terrasses, pierreux, herbeux ⟼ ᵠᵠ – 🛖 ⬧ 🗑 🍴 ⑆ ☺ ☕ 🛒 🍽 🍷 ✗ 🏕 – 🅱 garderie – 🚗 🎾 🏓 ⚓ 🎣 vélos, tir à l'arc
– Location : 🏠
Pâques-sept. – **R** conseillée juil.-août – ♣ 35 piscine comprise 🅴 35 ⑭ 13,50 (6A)

ST-MARTIN-CANTALÈS

15140 Cantal – 207 h. alt. 633

△ **Municipal** ⟨⟩ ≤ « Site agréable », ☎ 71 69 42 76, SO : 6,5 km par D 6 et D 42 à droite, au pont du Rouffet, bord du lac d'Enchanet – Croisement peu facile pour caravanes
0,7 ha (45 empl.) plat à incliné, en terrasses, herbeux – 🛖 🏊 🔥 ☺
juil.-sept. – ℝ – ♣ 6 ⬅ 4 🅴 5 ⑭ 6

ST-MARTIN-D'ARDÈCHE

07700 Ardèche – 537 h.

△△△ **Les Gorges** ≤, ☎ 75 04 61 09, NO : 1,5 km, au lieu-dit Sauze, bord de l'Ardèche
1,2 ha (100 empl.) ⟶ plat, terrasses, herbeux, pierreux ᵠᵠ – 🛖 ⬧ 🔥 🏊 ▦ ☺ 🍲 🍷 snack 🏓 🅱 – 🚗
Pâques-sept. – 🅴 2 pers. 80, pers. suppl. 15 ⑭ 15 (5A)

△△△ **Le Pontet** ⟨⟩, ☎ 75 04 63 07, E : 1,5 km par D 290 rte de St-Just et chemin à gauche
1,8 ha (100 empl.) ⟶ plat et terrasse, herbeux ᵠ – 🛖 ⬧ 🔥 🗑 ☺ 🍷 snack 🅱 – 🚗 🏓
avril-sept. – **R** conseillée – Tarif 92 : 🅴 piscine comprise 2 pers. 63 ⑭ 13,50 (6A)

△ **La Cerisaie,** NO : 1,5 km, au lieu-dit Sauze, à 150 m de l'Ardèche (accès direct)
0,8 ha (45 empl.) ⟶ plat, en terrasses, herbeux, pierreux ᵠᵠ – 🛖 ⬧ 🔥 ☺ 🅱 – A proximité : 🍲 🍷 ✗ 🏓 🛶
avril-sept. – ℝ – 🅴 2 pers. 65, pers. suppl. 14 ⑭ 10 (2A) 13 (4) 15 (6A)

△ **Le Castelas** ≤, ☎ 75 04 66 55, sortie NO par D 290 et chemin à gauche, à 250 m de l'Ardèche
1,1 ha (65 empl.) ⟶ peu incliné, herbeux ᵠ – 🛖 🏊 🗑 ☺ 🅱 – 🚗 🛶 – A proximité : 🎾 🏓 🛶
avril-sept. – **R** conseillée saison – 🅴 2 pers. 48 ⑭ 11 (3A) 12 (4A)

Voir aussi à *Aiguèze*

ST-MARTIN-D'AUBIGNY

50190 Manche – 427 h.

△ **Municipal** (aire naturelle) ⟨⟩, au bourg, derrière l'église
0,4 ha (15 empl.) plat, herbeux – 🛖 ⬧ – ✗
15 juin-15 sept. – **R** – ♣ 7 ⬅ 5 🅴 5

ST-MARTIN-DE-CLELLES

38930 Isère – 122 h. alt. 700

△ Municipal la Chabannerie ⟨⟩ ≤ « Belle situation panoramique », ☎ 76 34 00 38, au nord du bourg, à proximité de la N 75
2,5 ha (33 empl.) ⟶ non clos, accidenté et en terrasses, pierreux, herbeux ⟼ ᵠ – 🛖 🏊 ☺ – 🛶 (bassin)

ST-MARTIN-DE-LA-PLACE

49160 M.-et-L. – 1 129 h.   ⬧   **Districal de la Croix Rouge,** sortie SE rte de Saumur, bord de la Loire
2,8 ha (150 empl.) ⚬⚬ plat, herbeux ⚬⚬ – 🎪 🔥 ♿ ⊕
juin-sept. – **R** – 🚶 *10* 🗐 *10* 🕯 *9 (5A)*

⑤ – 64 ⑫

ST-MARTIN-DE-LONDRES

34380 Hérault – 1 623 h.   🏔   **Pic St-Loup** 🌲 ≼, ℘ 67 55 00 53, sortie E par D 122 rte de Mas-de-Londres
et chemin à gauche
2 ha (80 empl.) ⚬⚬ plat, pierreux, herbeux – 🎪 ⬧ 🛁 🗐 ⊕ 🖃 – ⬧ 🏊 – Location :
🚐
avril-sept. – **R** – 🗐 *piscine comprise 2 pers. 50* 🕯 *11 (6A)*

15 – 83 ⑥ G. Gorges du Tarn

ST-MARTIN-DE-SEIGNANX

40390 Landes – 3 047 h.   🏔🏔   **Lou P'tit Poun,** ℘ 59 56 55 79, SO : 4,7 km par N 117 rte de Bayonne et
chemin à gauche
3 ha (80 empl.) ⚬⚬ plat et peu incliné, en terrasses, herbeux ☐ – 🎪 ⬧ 🛁 🗐
♿ ⊕ ⬥ ☂ 🖃 – 🛒 ⬧ 🏊 – Location : 🚐
15 juin-15 sept. – **R** *conseillée 15 juil.-15 août* – 🚶 *18 piscine comprise* 🗐 *33*
🕯 *18 (4A) 22 (6A) 26 (10A)*

13 – 78 ⑰

ST-MARTIN-DE-VALAMAS

07310 Ardèche – 1 386 h.   🏔   **Municipal la Teyre** ≼, ℘ 75 30 47 16, N : 0,9 km par D 120 rte de St-Agrève
et au pont à droite, près de l'Eyrieux
0,5 ha (40 empl.) ⚬⚬ (saison) plat et peu incliné, herbeux, pierreux – 🎪 ⬧ 🛁
♿ ⊕ – A proximité : 🛒 🚣
mai-oct. – **R** *conseillée juil.-août* – 🗐 *1 à 3 pers. 35/51 avec élect., pers.*
suppl. 11

11 – 76 ⑲ G. Vallée du Rhône

ST-MARTIN-D'URIAGE

38410 Isère – 3 678 h. alt. 680   🏔   **Le Luiset** 🌲 ≼, ℘ 76 89 77 98, derrière l'église
0,8 ha (60 empl.) ⚬⚬ en terrasses, herbeux ⚬ – 🎪 ⊕ 🖃 – A proximité : 🛒 🏊
mai-sept. – **R** *conseillée* – 🗐 *2 pers. 30, pers. suppl. 10* 🕯 *10 (2A) 12 (4A) 14*
(6A)

12 – 77 ⑤ G. Alpes du Nord

ST-MARTIN-EN-VERCORS

26240 Drôme – 275 h. alt. 840   ⬧   **Municipal** ≼, ℘ 75 45 51 10, sortie N par D 103
1,5 ha (66 empl.) ⚬⚬ plat, incliné et en terrasses, herbeux – 🎪 ⬧ 🛁 🔥 ♿ ⊕
mai-oct. – **R** – *Tarif 92 :* 🚶 *9* 🚗 *4* 🗐 *4* 🕯 *10*

12 – 77 ④ G. Alpes du Nord

ST-MARTIN-VALMEROUX

15140 Cantal – 1 012 h. alt. 630   🏔   **Municipal,** ℘ 71 69 27 62, sur D 922, au bourg, bord de la Maronne
0,4 ha (40 empl.) ⚬⚬ plat, herbeux ⚬ – 🎪 🔥 🗐 ⊕ 🖃 – 🛒 🏊 – A proximité :
🛒
15 juin-15 sept. – **R** *conseillée 15 juil.-15 août* – 🚶 *7* 🚗 *4* 🗐 *4* 🕯 *10*

10 – 76 ② G. Auvergne

ST-MARTIN-VÉSUBIE

06450 Alpes-Mar. – 1 041 h.
alt. 960.
🅱 Syndicat d'Initiative, pl. Félix-Faure
(saison) ℘ 93 03 21 28

⬧   **St-Joseph** ≼, ℘ 93 03 20 14, S : 1 km par D 2565 rte de Nice, à 200 m de
la Vésubie
1 ha (50 empl.) ⚬⚬ incliné, herbeux ⚬ verger – (🎪 🔥 mai-sept.) 🗐 ⊕ – 🛒 –
A proximité : 🛒
Permanent – **R** – 🚶 *11* 🚗 *9* 🗐 *17* 🕯 *12 (3A)*

17 – 84 ⑲ G. Côte d'Azur

ST-MARTORY

31360 H.-Gar. – 940 h.   🏔   **Municipal** 🌲 ≼, ℘ 61 90 44 93, S : 0,8 km par D 117 et chemin à droite
1,3 ha (50 empl.) ⚬⚬ plat, herbeux ☐ – 🎪 ⬧ 🛁 ♿ ▥ ⊕ – A proximité : 🛒
mai-15 sept. – 🗐 *1 pers. 35, pers. suppl. 10* 🕯 *10 (5A)*

14 – 82 ⑯ G. Pyrénés Aquitaine

ST-MATHURIN-SUR-LOIRE

49250 M.-et-L. – 1 995 h.   ⬧   **Districal,** ℘ 41 57 30 11, r. des Gabares, près du pont, à 50 m de la Loire
0,8 ha (67 empl.) ⚬⚬ plat, herbeux ⚬ (0,4 ha) – 🎪 🔥 ⊕ – 🛒 – A proximité :
🛒 🏊
mai-oct. – **R** – 🚶 *9* 🗐 *10* 🕯 *9 (5A)*

⑤ – 64 ⑪

ST-MAURICE-D'ARDECHE

07200 Ardèche – 214 h.   ⬧   **Le Chamadou** 🌲 ≼, ℘ 75 37 70 68, ✉ 07120 Balaruc, SE : 3,2 km, par
D 579, rte de Ruoms et chemin à gauche
1 ha (40 empl.) ⚬⚬ peu incliné, plat, herbeux – 🎪 ⬧ 🔥 🗐 ⊕ 🖃 – 🛒 🏊
avril-sept. – **R** *conseillée* – 🗐 *piscine comprise 2 pers. 58*

16 – 80 ⑨

ST-MAURICE-DE-GOURDANS
01800 Ain – 1 575 h.

⚞ᐃ **Sous le Moulin,** ℰ 74 61 88 35, SO : 1,5 km
2,5 ha (75 empl.) ⊶ plat et peu incliné, herbeux – 🔲 🖼 ⊛ ⚓ ☞ – A proximité :
🦅
Permanent – **R** – 🔲 *jusqu'à 5 pers. 40*

⚞ ⚎ – ⚎ ⑬ G. Vallée du Rhône

ST-MAURICE-D'IBIE
07170 Ardèche – 163 h.

⚞ᐃᐃ **Le Sous-Bois** ⚞, ℰ 75 94 86 95, S : 2 km par D 558 rte de Vallon-Pont-d'Arc,
bord de l'Ibie
2 ha (50 empl.) ⊶ plat, herbeux, pierreux ⚍ – 🔲 ⚎ 🗻 🖼 ⊛ ⚎ – ⚎ vélos –
Location : 🚐
15 juin-15 sept. – **R** *conseillée 15 juil.-15 août – Tarif 92 :* 🔲 *piscine comprise
2 pers. 55* 🔌 *10 (3A)*

⚞ ⚎ – ⚎ ⑨ G. Vallée du Rhône

ST-MAURICE-EN-VALGODEMARD
05800 H.-Alpes – 143 h. alt. 990

⚞ᐃ **Le Bocage** ⚞ ≤ « Cadre agréable », NE : 1,5 km, au Roux, bord de la
Séveraisse
0,6 ha (50 empl.) ⊶ plat, pierreux, herbeux ⚍⚍ – 🔲 ⊛ ⚎ – 🚐
juil.-août – **R** – ⚎ *7,50* 🔲 *9,50* 🔌 *9,50 (2A) 10,50 (3A) 16 (5A)*

⚞ ⚎ – ⚎ ⑯ G. Alpes du Nord

ST-MAURICE-SUR-MOSELLE
88560 Vosges – 1 615 h. – 🚠 au
Ballon d'Alsace et à la Tête du
Rouge Gazon.
🅱 Syndicat d'Initiative, au Chalet
(juil.-août) ℰ 29 25 12 34 et Mairie
ℰ 29 25 11 21

⚞ᐃᐃ **Les Deux Ballons** ❄ ≤, ℰ 29 25 17 14, sortie SO par N 66 rte du Thillot,
bord d'un ruisseau
3 ha (180 empl.) ⊶ plat et en terrasses, herbeux ⚍ – 🔲 ⚎ ⚎ 🖼 🏛 🛉 ⊛ ⚎
– 🚐 ⚎ ⚎ – A proximité : ⚎ – Location : 🏠
vac. de Noël et fév.-Toussaint – **R** *conseillée* – ⚎ *17 piscine comprise* 🔲 *20*
🔌 *16 (2A) 18 (4A) 25 (15A)*

⚞ ⚎ – ⚎ ⑧ G. Alsace Lorraine

ST-MAXIMIN-LA-STE-BAUME
83470 Var – 9 594 h.
🅱 Syndicat d'Initiative, Hôtel-de-Ville
ℰ 94 78 00 09

⚞ᐃᐃᐃ **Provençal** ⚞ « Cadre agréable », ℰ 94 78 16 97, S : 2,5 km par D 64 rte de
Mazaugues
5 ha (100 empl.) ⊶ en terrasses et accidenté, pierreux ⚍⚍ – 🔲 ⚎ 🗻 🖼 ⊛ ⚎
⚎ ⚎ 🔲 – Location : 🚐
avril-sept. – **R** *conseillée juil.-août* – ⚎ *20 piscine comprise* 🔲 *22* 🔌 *11 (3A)
17 (10A)*

⚞ ⚎ – ⚎ ④ ⑤ G. Provence

ST-MICHEL-CHEF-CHEF
44730 Loire-Atl. – 2 663 h.

⚞ᐃᐃᐃ **Thar-Cor** ⚞ « Entrée fleurie », ℰ 40 27 82 81, à Tharon-Plage, 43 av. du
Cormier, à 300 m de la plage
3 ha (202 empl.) ⊶ plat et peu incliné, herbeux ⚍ (2 ha) – 🔲 ⚎ ⚎ 🖼 🛉 ⊛
🔲 – 🚐 ⚎

⚞ᐃ **La Poplinière,** ℰ 40 27 85 71, SO : 1,2 km rte de Tharon-Plage
3,5 ha (200 empl.) ⊶ plat et peu incliné à incliné, herbeux ⚍⚍ (0,7 ha) – 🔲 🗻
⊛ – 🚐 – A proximité : 🦅
mai-15 sept. – **R** *conseillée* – 🔲 *2 pers. 52, pers. suppl. 15* 🔌 *10 (2A) 20 (6A)*

⚞ ⚎ – ⚎ ①

ST-MICHEL-DE-CHAILLOL
05260 H.-Alpes – 336 h. alt. 1 470

⚞ᐃ **Lou Seignour** ❄ ⚞ ≤, ℰ 92 50 48 11, NO par rte de Chaillol, à la Villette
– alt. 1 371
0,6 ha (50 empl.) ⊶ peu incliné, herbeux – 🔲 ⚎ ⚎ 🏛 ⊛ – 🚐
nov.-1ᵉʳ mai, 15 juin-15 sept. – **R** – ⚎ *12,30* ⚎ *4,40* 🔲 *4,40/5,50* 🔌 *9,80 (2A)*

⚞ ⚎ – ⚎ ⑯

ST-MICHEL-EN-GRÈVE
22300 C.-d'Armor – 376 h.

⚞ᐃᐃᐃ **Les Capucines** ⚞ « Cadre agréable », ℰ 96 35 72 28, N : 1,5 km par rte de
Lannion et chemin à gauche – ❄❄
4 ha (90 empl.) ⊶ peu incliné, herbeux ⚍ ⚍ (1,5 ha) – 🔲 ⚎ ⚎ 🗻 🖼 ⊛ ⚓
⚎ ⚎ 🔲 – 🚐 ⚎ ⚎ ⚎ ⚎
12 juin-5 sept. – **R** *conseillée 10 juil.-15 août* – ⚎ *22 piscine comprise* 🔲 *30/44*
🔌 *8 (2A) 12 (4A) 16 (6A)*

⚞ᐃᐃ **La Pinède,** ℰ 96 35 44 56, NE : 2 km par rte de Lannion
1,8 ha (85 empl.) ⊶ peu incliné et en terrasses, herbeux ⚍ ⚍ pinède – 🔲 ⚎
⚎ ⊛ – ⚎ ⚎ half-court
15 juin-15 sept. – **R** *conseillée – Tarif 92 :* ⚎ *9* ⚎ *4* 🔲 *7* 🔌 *9*

⚞ ⚎ – ⚎ ⑦ G. Bretagne

ST-MICHEL-EN-L'HERM
85580 Vendée – 1 999 h.

⚞ᐃ **Les Mizottes,** ℰ 51 30 23 63, SO : 0,8 km par D 746 rte de l'Aiguillon-sur-Mer
2 ha (43 empl.) ⊶ plat, herbeux – 🔲 ⚎ ⚎ 🖼 🛉 ⊛ 🔲 – 🚐
juin-sept. – **R** *conseillée août* – 🔲 *élect. comprise 3 pers. 60*

⚞ ⚎ – ⚎ ⑪ G. Poitou Vendée Charentes

ST-MICHEL-ESCALUS

40550 Landes – 161 h.

▲▲ **Fontaine St-Antoine** ⟋ « Cadre sauvage », ℘ 58 48 78 50, sur D 142, sortie O de St-Michel, à 200 m d'un ruisseau
11 ha/3 campables (233 empl.) ⊶ vallonné, accidenté, sablonneux, herbeux ♧♧ pinède – 🗊 ⇄ 👝 🖼 ⊕ ▾ ✗ 🖼 – Location : 🚐
15 fév.-15 nov. – **R** conseillée 15 juil.-20 août – ⚹ 13 ⇔ 10 🗐 16 ⑭ 11 (5A) 12 (10A) 16 (15A)

ST-NAZAIRE ⟨🚄⟩

44600 Loire-Atl. – 64 812 h.
Pont de St-Nazaire - Péage en 1992 : auto 22 à 30 F (conducteur et passagers compris), auto avec caravane 38 F, camion et véhicule supérieur à 1,5 t. : 38 à 95 F, moto 5 F (gratuit pour vélos et piétons). Tarifs spéciaux pour les résidents de la Loire Atlantique
🏢 Office de Tourisme, pl. François-Blancho ℘ 40 22 40 65

à St-Marc SO : 8 km par D 92 et D 292 – ✉ 44600 Saint-Nazaire :

▲▲▲ **L'Ève,** ℘ 40 91 90 65, Fax 40 19 08 07, E : 1 km par D 292, rte de St-Nazaire
– Passage souterrain donnant accès à la plage
8 ha (402 empl.) ⊶ plat et peu incliné, herbeux ▭ ♀ – 🗊 ⇄ 👝 🖼 ⊕ ⊱ ✗ crêperie 🍴 🖼
mai-sept. – **R** conseillée – ⚹ 19 ⇔ 12 🗐 20 ⑭ 16 (5 ou 10A)

Voir aussi à *Pornichet*

ST-NAZAIRE-EN-ROYANS

26190 Drôme – 531 h.

▲▲ **Municipal** « Entrée fleurie », ℘ 75 48 41 18, SE : 0,7 km rte de St-Jean-de-Royans, bord de la Bourne (plan d'eau)
0,75 ha (75 empl.) ⊶ plat et peu incliné, herbeux ♀ – 🗊 ⇄ 👝 ♿ ⊕ 🖼 – 🚐
🏊 – A proximité : 🎾
mai-oct. – **R** – Tarif 92 : 🗐 2 pers. 36, pers. suppl. 12 ⑭ 12 (3A) 17 (6A)

ST-NAZAIRE-LE-DÉSERT

26340 Drôme – 168 h.

▲ **Municipal** ⟋ ≼, ℘ 75 27 50 03, SE : 1 km par D 135 rte de Volvent et à gauche
0,85 ha (43 empl.) ⊶ en terrasses et peu incliné, pierreux, herbeux – 🗊 ⚲ ⊕ snack – 🚐 🏊
15 juin-15 sept. – **R** – ⚹ 15 piscine comprise 🗐 22 avec élect.

ST-NECTAIRE

63710 P.-de-D. – 664 h. alt. 760 – ⚕ 3 avril-15 oct.
🏢 Office de Tourisme, Anciens Thermes (15 mai-sept.) ℘ 73 88 50 86

▲▲ **Municipal le Viginet** ⟋ ≼, ℘ 73 88 53 80, sortie SE par D 996 puis 0,6 km par chemin à gauche (face au garage Ford)
2 ha (90 empl.) ⊶ plat, peu incliné et incliné, herbeux, pierreux ♀ – 🗊 ⇄ 👝 🖼 ♿ ⊕ – 🍴 – Location : huttes
juin-sept. – **R** conseillée août – ⚹ 15 ⇔ 9 🗐 15 ⑭ 15 (6A)

▲▲ **La Clé des Champs,** ℘ 73 88 52 33, sortie SE par D 996 et D 146E rte des Granges, bord d'un ruisseau et à 200 m de la Couze de Chambon
1 ha (50 empl.) ⊶ (saison) plat, peu incliné et en terrasses, herbeux ▭ ♀ – 🗊 ⇄ 👝 🖼 ⊕ ⚲ ▽ – 🚐 🏊
avril-sept. – **R** conseillée – ♣ 1er au 15 août – Tarif 92 : ⚹ 12 ⇔ 6 🗐 11 à 13 ⑭ 9,50 (2A) 12 (3A) 19 (6A)

▲▲ **L'Oasis,** ℘ 73 88 52 68, sortie SE par D 996 et D 146E rte des Granges, bord d'un ruisseau et de la Couze de Chambon
2 ha (150 empl.) ⊶ (saison) plat et peu incliné, herbeux ▭ ♀ – 🗊 ⇄ 👝 🖼 ⊕
mai-sept. (annexe 15 juin-1er sept.) – **R** conseillée juil.-août – Tarif 92 : ⚹ 12 ⇔ 5,50 🗐 11 ⑭ 12 (3A)

ST-NICOLAS-DE-LA-GRAVE

82210 T.-et-G. – 2 024 h.

▲ Intercommunal du Plan d'Eau, ℘ 63 95 94 61, N : 2,5 km par D 15 rte de Moissac, à 100 m du plan d'eau du Tarn et de la Garonne
1,6 ha (42 empl.) ⊶ plat, herbeux ♀ – 🗊 ⚲ ⊕ – A proximité : 🎾 ⚓ 🚣 🏊 ✻
15 juin-15 sept. – **R** conseillée

ST-NICOLAS-DES-EAUX

56 Morbihan – ✉ 56310 Bubry

▲ **Municipal la Couarde,** ℘ 97 51 83 07, O : 0,8 km rte de Guémené-sur-Scorff
2 ha (50 empl.) ⊶ plat et incliné, herbeux – 🗊 👝 🖼 ⊕ – 🚣
15 juin-15 sept. – **R** – ⚹ 5 ⇔ 2,50 🗐 2,50 ⑭ 8

ST-NICOLAS-DU-PÉLEM

22480 C.-d'Armor – 1 922 h.

▲▲ Municipal, à 1 km à l'ouest du centre ville sur rte de Rostrenen, bord d'un ruisseau
1,5 ha (100 empl.) plat à peu incliné, herbeux – 🗊 ⇄ 👝 ⊕ – A proximité : snack 🚣
15 juin-15 sept. – **R**

ST-NIZIER-LE-BOUCHOUX

01560 Ain – 625 h.

⬭ **12** – **70** ⑫

⚠ Municipal, SE : 3 km par D 56 rte de St-Amour, bord du plan d'eau de Mépillat
1,7 ha (28 empl.) ⚬➡ (juil.-août) plat et en terrasses, herbeux – 🚿 ⊕ – 🏊 (bassin)
mai-15 sept. – **R**

ST-OMER ⬗

62500 P.-de-C. – 14 434 h.
🚩 Office de Tourisme,
bd Pierre-Guillain 🖉 21 98 70 00

1 – **51** ③ G. Flandres Artois Picardie

🔺🔺🔺 **Château du Ganspette** ◇ 🕭 « Parc boisé », 🖉 21 93 43 93,
Fax 21 95 74 98 ✉ 62910 Moulle, **à Eperlecques-Ganspette**, NO : 11,5 km par N 43
et D 207 rte de Watten
8 ha/2 campables (126 empl.) ⚬➡ peu incliné, herbeux – 🚿 📶 📶 🖻 ⊕ 🍽 grill
🖻 – 🏊 🕭 🐎 poneys
avril-sept. – **Location longue durée** – *Places limitées pour le passage* – **R**
conseillée juil.-août – Tarif 92 : 🖻 piscine comprise 2 pers. 75 🔌 12 (3A)

ST-PAIR-SUR-MER

50380 Manche – 3 114 h.
🚩 Syndicat d'Initiative, r. Charles-
Mathurin (Pâques-15 sept.)
🖉 33 50 52 77

Schéma à Jullouville

4 – **59** ⑦ G. Normandie Cotentin

🔺🔺 **La Chanterie** 🕭, 🖉 33 90 79 62, SE : 3,5 km par D 21 et rte à droite
2,5 ha (168 empl.) ⚬➡ plat, herbeux – 🚿 📶 ⊕ – 🏊 – Location : 🏚

🔺🔺 **Angomesnil** 🕭, 🖉 33 51 64 33, SE : 4,9 km par D 21 rte de St-Michel-
des-Loups et D 154 à gauche, rte de St-Aubin-des-Préaux
1,2 ha (40 empl.) ⚬➡ plat, herbeux – 🚿 📶 📶 🖻 🖻 ⊕ – 🏚 🚵
20 juin-10 sept. – Tarif 92 : 🛉 12,40 🖻 8,50

🔺🔺 **L'Ecutot**, 🖉 33 50 26 29, Fax 33 50 64 94, E : 1,3 km par D 309 et D 151 rte
de St-Planchers
2 ha (170 empl.) ⚬➡ plat et peu incliné, herbeux 🍴 – 🚿 🍴 🚻 ⊕ 🍽 🖻 – 🏚
🚵 🏊 – Location : 🏚, studios et appartements
15 avril-15 sept. – **R** – 🛉 23 piscine comprise 🚗 19 🖻 19 🔌 9 (2A) 13 (4A)
17 (6A)

🔺🔺 **La Mariénée** 🕭, 🖉 33 50 05 71, SE : 2,5 km, sur D 21
1,2 ha (70 empl.) ⚬➡ peu incliné, herbeux, sablonneux – 🚿 📶 🖻 ⊕ – 🏚
avril-sept. – **R** conseillée juil.-août – Mineurs non accompagnés non admis – Tarif
92 : 🛉 11 🖻 8,50 🔌 8,50 (2A) 11,50 (3A) et 2 par ampère suppl.

⚠ **La Gicquelière** 🕭, 🖉 33 50 62 27, SE : 3 km par D 21 et rte à droite
1,5 ha (50 empl.) ⚬➡ peu incliné et plat, herbeux – 🚿 🍴 🚻 ⊕
15 juin-15 sept. – **R** 1ᵉʳ-15 août – 🛉 11,50 🚗 4,70 🖻 4,70 🔌 8 (3A)

Voir aussi à *Granville*

ST-PALAIS

64120 Pyr.-Atl. – 2 055 h.
🚩 Syndicat d'Initiative, pl. de l'Hôtel-
de-Ville 🖉 59 65 71 78

13 – **78** ⑧ ⑨ G. Pyrénées Aquitaine

🔺🔺🔺 Municipal Ur-Alde « Cadre agréable », 🖉 59 65 72 01, sortie E rte de Mauléon-
Licharre, bord de la Bidouze
2 ha (80 empl.) ⚬➡ plat, herbeux 🍴 🍴 (1 ha) – 🚿 🍴 🚻 ⊕ 🌲 🚵 – 🏚 🚵
– A proximité : 🏊 🏊 🐎

ST-PALAIS

33820 Gironde – 409 h.

9 – **71** ⑦

⚠ **Chez Gendron** 🕭 ≼, 🖉 57 32 96 47, O : 1,5 km par rte de St-Ciers-sur-
Gironde et rte à droite
1,5 ha (33 empl.) ⚬➡ en terrasses, incliné, herbeux 🍴 – 🚿 🍴 🚻 ⊕ 🍽 snack –
🏚 🚵 🏊 – Location : 🏚 🏚
Permanent – **R** – 🛉 14 piscine comprise 🚗 10 🖻 24 🔌 11 (5A)

ST-PALAIS-SUR-MER

17420 Char.-Mar. – 2 736 h.
🚩 Syndicat d'Initiative, Résidence
Saint-Palais (fermé après-midi
nov.-fév.) 🖉 46 23 11 09

Schéma à Royan

9 – **71** ⑮ G. Poitou Vendée Charentes

🔺🔺🔺 **Le Puits de l'Auture** « Cadre agréable », 🖉 46 23 20 31, Fax 46 23 26 38,
NO : 2,5 km, à 50 m de la mer
5 ha (400 empl.) ⚬➡ plat, herbeux 🍴 🍴 – 🚿 🍴 🚻 🖻 ⊕ 🌲 🍽 🍴 🖻 – 🚵
🏊 – Location : 🏚
mai-sept. – **R** conseillée – Tarif 92 : 🖻 1 à 3 pers. 125 (145 avec élect. 5A), pers.
suppl. 27

⚠ **Côte de Beauté** « Entrée fleurie », 🖉 46 23 20 59, NO : 2,5 km, à 50 m de la
mer
1 ha (100 empl.) ⚬➡ plat, herbeux 🍴 🍴 – 🚿 🍴 📶 🖻 ⊕ 🖻 – A proximité : 🚲
🍴 ✗ 🚵

à *Courlay-sur-Mer* NE : 2 km – ✉ 17420 St-Palais-sur-Mer :

⚠ **La Borderie** 🕭, 🖉 46 23 30 58, O : 0,5 km par av. des Châtaigniers
2 ha (100 empl.) ⚬➡ plat, herbeux 🍴 – 🚿 📶 🖻 ⊕ – 🏚
15 mai-sept. – **R** conseillée août – 🖻 3 pers. 65, pers. suppl. 15 🔌 14 (6A)

ST-PAL-DE-CHALENCON

43500 H.-Loire – 1 029 h. alt. 870

11 – **76** ⑦ G. Vallée du Rhône

⚠ **Municipal Sainte-Reine** 🕭 ≼, 🖉 71 61 33 87, sortie E par D 12 rte de
Bas-en-Basset et à droite, à la piscine
0,2 ha (18 empl.) ⚬➡ (juil.-août) plat, herbeux 🍴 🍴 – 🚿 🍴 🚻 🖻 ⊕ – 🏚 – 🏊
avril-oct. – **R** conseillée juil.-août – 🛉 8 🖻 10 🔌 11 (4A) 15 (6A)

ST-PANTALÉON
46800 Lot – 160 h.

⛰ **Moulin de Saint-Martial** « Belle restauration d'un moulin », ☎ 65 22 92 27, E : 5,3 km sur D 653 rte de Cahors, au lieu-dit St-Martial, bord de la Barguelonnette
12 ha/2,6 campables (33 empl.) ⊶ plat, herbeux, pierreux, petit étang ⌫ ♋ – 🎪 ⏣ ⚒ 🏕 ⊕ ♨ ♨ ▾ ✗ 🚲 ▣ – 🛖 🚗 🛶 vélos, tir à l'arc – Location : 📞
mai-15 nov. – **R** *conseillée* – ♣ *19 piscine comprise* ▣ *23* (½) *14 (6A)*

14 – 79 ⑰

ST-PANTALEON-DE-LAPLEAU
19160 Corrèze – 65 h. alt. 612

⛰ **Municipal les Combes** ⚲, ☎ 55 27 56 90, sortie N par D 55, rte de Lamazière-Basse
0,7 ha (30 empl.) ⊶ peu incliné, herbeux – 🎪 ⏣ ⛱ ⊕ – 🛖 ✗ 🚗 – A proximité : ▾ ✗
Permanent – **R** *conseillée juil.-août* – ♣ *11* ▣ *10* (½) *10 (16A)*

10 – 76 ①

ST-PARDOUX
87250 H.-Vienne – 482 h.

⛰ **Le Friaudour** ⚲ ≤ « Situation agréable », ☎ 55 76 57 22, S : 1,2 km, bord du lac de St-Pardoux, à la base de loisirs
2 ha (100 empl.) ⊶ (juil.-août) peu incliné, herbeux ⌫ ♋ (0,3 ha) – 🎪 ⏣ 🏕 ♿ ⊕ – 🛖 ✗ – A proximité : 🏖 (plage) – Location : gîtes
juin-sept. – **R** *conseillée*

10 – 72 ⑦

ST-PATERNE-RACAN
37370 I.-et-L. – 1 449 h.

⛰ **Intercommunal de l'Escotais,** sortie NO par D 6 rte de St-Christophe-sur-le-Nais, bord de la rivière
1 ha (33 empl.) plat, herbeux ♋ – 🎪 🏕 ⊕ – 🚗 – A proximité : ✗ 🛶
avril-oct. – **R** – ♣ *5,90* 🚗 *7* ▣ *7* (½) *11 (16A)*

5 – 64 ④ G. Châteaux de la Loire

ST-PAUL 60 Oise – 55 ⑨ – rattaché à Beauvais

ST-PAUL
04530 Alpes-de-H.-Pr. – 198 h.
alt. 1 470

⛰ **Bel Iscle** ⚲ ≤ « Situation agréable », ☎ 92 84 32 05, Fax 92 84 37 14, au NE du bourg, par D 25 et chemin à droite, bord de l'Ubaye (petit plan d'eau)
1 ha (50 empl.) ⊶ plat, peu incliné, accidenté, pierreux, rocheux, herbeux ⌫ ♋ (0,8 ha) – 🎪 ⏣ 🏕 🏕 ♿ ⊕ – ✗ 🏖 – A proximité : snack
15 juin-15 sept. – **R** *conseillée juil.-août* – ♣ *10* 🚗 *9* ▣ *11*

17 – 81 ⑧ G. Alpes du Sud

ST-PAUL-DE-VARAX
01240 Ain – 1 081 h.

⛰ **Municipal Étang du Moulin** « Dans un site agréable », ☎ 74 42 53 30, à la Base de Plein Air, SE : 2 km par D 70B rte de St-Nizier-le-Désert puis 1,5 km par rte à gauche, près d'un étang
34 ha/3 campables (140 empl.) ⊶ plat, herbeux, bois attenant ♋ – 🎪 ⏣ ⛱ 🏕 ♿ ⊕ – ✗ 🎯 🚗 🏖 (beau plan d'eau avec toboggan aquatique)
mai-15 sept. – **R** *conseillée* – *Tarif 92 :* ♣ *18* ▣ *35 avec élect. 5A*

12 – 74 ② G. Vallée du Rhône

ST-PAUL-DE-VÉZELIN
42590 Loire – 308 h.

⛰ **Arpheuilles** ⚲ ≤ « Belle situation dans les gorges de la Loire », ☎ 77 63 43 43, N : 4 km, à Port Piset, près du fleuve (plan d'eau) – Croisement peu facile pour caravanes
1,5 ha (68 empl.) ⊶ peu incliné, en terrasses, herbeux ⌫ – 🎪 ⏣ ⛱ 🏕 ♿ ⊕ – 🚩 🛖 🚗
avril-sept. – **R** *conseillée juin-juil.* – ♣ *12* ▣ *24* (½) *14 (5A) 20 (10A)*

11 – 73 ⑦

ST-PAUL-EN-BORN
40200 Landes – 597 h.

⛰ **Lou Talucat** ⚲, ☎ 58 07 44 16, sortie E rte de Pontenx-les-Forges et 1 km par chemin à gauche, bord d'un ruisseau
3,3 ha (166 empl.) ⊶ plat, herbeux, sablonneux ♋ (1,5 ha) – 🎪 ⏣ ⛱ ⊕ ♨ 🚩 ▾ snack ▣ – 🚗 – Location : 📞
avril-sept. – **R** *conseillée juil.-août* – *Tarif 92 :* ▣ *2 pers. 52, pers. suppl. 12* (½) *14 (5A)*

13 – 78 ④ ⑭

▶ *Utilisez les* **cartes Michelin** *détaillées à 1/200 000, complément indispensable de ce guide.*

○ *Localité sélectionnée dans le* **guide Michelin** *« CAMPING CARAVANING FRANCE ».*

ST-PAUL-EN-FORÊT

83440 Var – 812 h.

⩗⩗ **Le Parc** ⚄ « Cadre agréable », ⌂ 94 76 15 35, N : 3 km par D 4 rte de Fayence puis chemin à droite
3 ha (100 empl.) ⊶ accidenté et en terrasses, pierreux, herbeux ⚋⚋ – ⛺ ⇄ ⚏
⬚ ⚐ ✗ ⬚ – ⬚ ⬚ ⚷ ⚹ ⬚ ⚊ – Location : ⚑
Permanent – **R** conseillée juil.-août – ⚘ 24 piscine comprise ▤ 28 [⚡] 13 (10A)

⩗ **Trestaure** (aire naturelle) ⚄ « Cadre agréable », ⌂ 94 76 15 56, N : 3,5 km par D 4 rte de Fayence puis chemin à droite
3 ha (25 empl.) non clos, accidenté, en terrasses, pierreux, herbeux ⚋⚋ – ⛺ ⇄
⚏ ⚛
Permanent – **R** conseillée – ⚘ 14 ▤ 14 [⚡] 15 ou 18

ST-PAUL-TROIS-CHÂTEAUX

26130 Drôme – 6 789 h.
⚑ Office de Tourisme,
r. de la République ⌂ 75 96 61 29

⩗⩗ **Municipal de Bellevue,** ⌂ 75 04 90 13, O : 1,2 km par D 59 rte de Pierrelatte et à gauche
1 ha (88 empl.) ⊶ plat, herbeux – ⛺ ⇄ ⚏ ⚛ ⚊ ⚻ – ⬚ – A proximité : ⚑
15 mai-sept. – **R** juil.-août – ⚘ 8 ⚗ 6 ▤ 6 [⚡] 10 (5A) 20 (10A) 30 (15A)

ST-PÉE-SUR-NIVELLE

64310 Pyr.-Atl. – 3 463 h.

à Ibarron O : 2 km par D 918 rte de St-Jean-de-Luz – ✉ 64310 Ascain :

⩗⩗ **Goyetchea** ⚄ ⚗ « Cadre agréable », ⌂ 59 54 19 59, N : 0,8 km rte d'Ahetze et à droite
1,7 ha (130 empl.) ⊶ plat et peu incliné, herbeux ⚋ ⚋⚋ – ⛺ ⚏ ⬚ ⚷ ⚙ ⚊
⚹ ⚐ – ⬚ ⬚
juin-20 sept. – **R** conseillée juil.-août – ▤ piscine comprise 2 pers. 65, pers. suppl. 16 [⚡] 13,50 (6A)

⩗ **Ibarron,** ⌂ 59 54 10 43, sortie O rte de St-Jean-de-Luz, près de la Nivelle
2,8 ha (200 empl.) ⊶ plat, herbeux ⛊ ⚋⚋ – ⛺ ⚏ ⬚ ⚙ – ⬚ ⚑
15 avril-10 oct. – **R** conseillée 1er-20 août – ⚘ 12,90 ▤ 21,90 [⚡] 12,80 (6A)

ST-PÈRE 89 Yonne – 65 ⑮ ⑯ – rattaché à Vézelay

ST-PÈRE

35430 I.-et-V. – 1 516 h.

⩗⩗ **Bel Évent,** ⌂ 99 58 83 79, SE : 1,5 km par D 74 rte de Châteauneuf et chemin à droite
2,5 ha (96 empl.) ⊶ plat, herbeux – ⛺ ⇄ ⚏ ⬚ ⚷ ⚙ – ⬚ ⚊ vélos
fermé 11 janv.-15 fév. – **R** conseillée – ⚘ 13 piscine comprise ▤ 29 [⚡] 10 (10A)

ST-PÈRE-EN-RETZ

44320 Loire-Atl. – 3 250 h.

⩗ Municipal le Grand Fay, ⌂ 40 21 77 57, sortie E par D 78 rte de Frossay puis 0,5 km par rue à droite, près de la salle des sports
1,2 ha (100 empl.) ⊶ (juil.-août) plat et peu incliné, herbeux – ⛺ ⇄ ⚏ ⚛ –
A proximité : ⚹

ST-PÈRE-SUR-LOIRE

45600 Loiret – 1 043 h.

⩗⩗ **Caravaning St-Père,** ⌂ 38 36 35 94, à l'ouest du bourg, sur D 60 rte de Châteauneuf-sur-Loire, près du fleuve
2,7 ha (80 empl.) ⊶ plat, herbeux, pierreux, gravier – ⛺ ⇄ ⚏ ⬚ ⚏ ⚙ ⚊ ⚐
– ⬚ ⚹ ⚊ ⬚
avril-oct. – **R** conseillée juil.-août – ⚘ 11,40 ⚗ 5,30 ▤ 11,10

ST-PÉREUSE

58110 Nièvre – 260 h.

⩗⩗ **Manoir de Bezolle** ⚄ ⚗ « Parc », ⌂ 86 84 42 55, Fax 86 84 43 77, SE : sur D 11, à 300 m de la D 978 rte de Château-Chinon
8 ha/5 campables (100 empl.) ⊶ en terrasses, plat, peu incliné, herbeux ⚋⚋
(2 ha) – ⛺ ⇄ ⚏ ⬚ ⚷ ⚊ ⚏ ⛺ ⚊ – ⬚ ⚹ ✗ ⚊ ⚑ – ⬚ ⚊ – ⚑
15 mars-oct. – **R** conseillée – ▤ piscine comprise 2 pers. 84, pers. suppl. 20
[⚡] 16 (4A) et 5 par 2 ampères suppl.

ST-PHILIBERT

56470 Morbihan – 1 187 h.
Schéma à Carnac

⩗⩗ **Le Chat Noir** « Entrée fleurie », ⌂ 97 55 04 90, N : 1 km
1,5 ha (100 empl.) ⊶ plat et peu incliné, herbeux ⛊ ⚏⚏ – ⛺ ⇄ ⚏ ⬚ ⚙ ⬚
– ⬚ ⚊ – A proximité : ✗
juin-sept. – **R** conseillée – ⚘ 18 ▤ 24 [⚡] 10 (4 ou 6A)

⩗⩗ **Au Vieux Logis** « Ancienne ferme fleurie », ⌂ 97 55 01 17, O : 2 km, à 500 m de la Rivière de Crach (mer)
1,5 ha (90 empl.) ⊶ plat et peu incliné, herbeux ⚋ – ⛺ ⇄ ⚏ ⬚ ⚙ ⬚ – ⚊
– A proximité : ⚹ – Location : ⬚
3 avril-19 sept. – **R** – ⚘ 17 ⚗ 6,50 ▤ 19,50 [⚡] 12 (3A) 15 (6A)

ST-PIERRE
67140 B.-Rhin – 460 h.

⚠ **Municipal Beau Séjour** ⚓, ℰ 88 08 52 24, au bourg, derrière l'église, bord du Muttlbach
0,6 ha (47 empl.) plat, herbeux ☐ – 🚿 ⚌ 📤 ⚐ ⊕ – 🍴
juin-sept. – **R** – ⚹ 12 🚗 7 📧 9/10 📳 10 (3A) 20 (6A)

〔8 – 62 ⑨〕

ST PIERRE D'ALBIGNY
73250 Savoie – 3 151 h. alt. 450

⚠ **C.C.D.F. Le Carouge** Ⓜ ≤, ℰ 79 28 58 16, S : 2,8 km par D 911 et chemin à gauche, à 300 m de la N 6, bord d'un plan d'eau
1 ha (100 empl.) ⚯ plat, herbeux, pierreux ☐ – 🚿 ⚌ 📤 ⚐ ⊕ ⚏ – A proximité :
🍽 ─ 15 juin-15 sept. – **R** – Adhésion obligatoire – ⚹ 13 🚗 7 📧 13 📳 8 (2A) 10 (3A) 12 (5A)

〔12 – 74 ⑯〕

ST-PIERRE-DE-BOEUF
42410 Loire – 1 174 h.

⚠ **La Lône,** ℰ 74 87 14 24, à la Base de Loisirs, E : sortie vers Chavanay et av. du Rhône à droite, bord d'un canal
1,5 ha (100 empl.) ⚯ plat, herbeux, pierreux ⚘ – 🚿 ⚏ ⚐ ⊕ ⚏ – ⟁ – A proximité :
avril-sept. – Places limitées pour le passage – **R** conseillée – ⚹ 15 piscine comprise 🚗 8 📧 19 📳 10 (4A) 18 (6A)

〔11 – 77 ①〕

ST-PIERRE-DE-CHARTREUSE
38380 Isère – 650 h. alt. 888 – ☜.
🚩 Office de Tourisme ℰ 76 88 62 08

〔12 – 77 ⑤ G. Alpes du Nord〕

⚠ **Martinière** ❄ ≤ « Site agréable », ℰ 76 88 60 36, SO : 2,5 km par rte de Grenoble
1,5 ha (100 empl.) ⚯ non clos, plat et peu incliné, herbeux – 🚿 ⚌ 📤 ⚏
🎱 ⊕ ✕ 🌲 – 🚣 déc.-avril, 19 mai-19 sept. – **R** conseillée – 📧 2 pers. 51, pers. suppl. 15 📳 12 (2A) 16 (3A)

ST-PIERRE-DE-CURTILLE
73310 Savoie – 277 h.

⚠ Municipal Bel Air, ℰ 79 54 57 41, au bourg
1 ha (35 empl.) peu incliné, herbeux – 🚿 📤 📅 ⚐ ⊕ ⚏ 🍸 – 🍴

〔12 – 74 ⑮〕

ST-PIERRE-DE-MAILLÉ
86260 Vienne – 959 h.

⚠ **Municipal,** ℰ 49 48 64 11, sortie NO par D 11 rte de Vicq, bord de la Gartempe
1 ha (93 empl.) plat et peu incliné, herbeux ⚘ – 🚿 ⚌ 📤 ⚐ ⚏ – 🚣
15 avril-15 oct. – **R** – Tarif 92 : ⚹ 7,20 🚗 3,60 📧 3,60/6,20 📳 7,20

〔10 – 68 ⑮〕

ST-PIERRE-DE-TRIVISY
81330 Tarn – 668 h.

⚠ **Municipal la Forêt,** ℰ 63 50 48 69, au bourg
1 ha (48 empl.) ⚯ incliné à peu incliné, en terrasses, herbeux ☐ ⚘ – 🚿 ⚌
⚏ ⊕ ⚏ – A l'entrée : 🍴 ⚏ 🌲 – A proximité : 🍽 – Location : bungalows toilés
26 juin-26 sept. – **R** conseillée 15 juil.-15 août – ⚹ 8 📧 8 📳 8

〔15 – 83 ②〕

ST-PIERRE-D'OLÉRON 17 Char.-Mar. – 71 ⑬ – voir à Oléron (Ile d')

ST-PIERRE-DU-VAUVRAY
27430 Eure – 1 113 h.

〔5 – 55 ⑰ G. Normandie Vallée de la Seine〕

⚠ **Le Saint-Pierre,** ℰ 32 61 01 55, au SE de la localité par rue du château
3 ha (42 empl.) ⚯ plat, herbeux ☐ – 🚿 ⚏ 📅 ⚐ ⚏ 🍴 ⊕ ⚏ ⚏ ⚏ – 🍴
Permanent – **R** conseillée – ⚹ 14 🚗 8 📧 17

ST-PIERRE-EN-PORT
76540 S.-Mar. – 832 h.

⚠ **Municipal les Falaises** ⚓, ℰ 35 29 51 58, à l'ouest du bourg
1 ha (70 empl.) ⚯ plat, herbeux ☐ – 🚿 ⚌ 📤 ⚐ – 🚣
avril-sept. – **R** – ⚹ 12 🚗 3 📧 3 📳 8 (6A) 11 (10A)

〔1 – 52 ⑫〕

ST-PIERRE-LAFEUILLE
46090 Lot – 217 h.

〔14 – 79 ⑧〕

⚠ **Quercy-Vacances** Ⓜ ⚓, ℰ 65 36 87 15, NE : 1,5 km par N 20, rte de Brive et chemin à gauche – 🍴 juil.-août
3 ha (80 empl.) ⚯ peu incliné, herbeux – 🚿 ⚌ 📤 ⚐ ⊕ 🍸 ✕ (dîner seulement)
⚏ ⚏ – 🍴 🍽 ⟁
15 mai-15 sept. – **R** – ⚹ 20 piscine comprise 📧 25 📳 8 (2A) 15 (6A)

⚠ **Les Graves,** ℰ 65 36 83 12, NE : 0,4 km par N 20, rte de Brive
1 ha (25 empl.) ⚯ peu incliné à incliné, herbeux – 🚿 ⚌ 📤 ⚏ ⊕ ⚏ – 🍴
avril-oct. – **R** juil.-août – ⚹ 16 📧 15 📳 8 (3A) 12 (5A)

ST-PIERRE-QUIBERON 56 Morbihan – 63 ⑪ ⑫ – voir à Quiberon (Presqu'île de)

ST-PIERRE-SUR-DIVES

⑤ – 🖽 ⑫ ⑬ **G. Normandie-Cotentin**

14170 Calvados – 3 993 h.
🛈 Syndicat d'Initiative,
12 r. Saint-Benoist 𝒫 31 20 81 68

🏔 **Municipal** 🏊, sortie SE par D 102 rte de Lieury et à gauche
1,5 ha (40 empl.) plat, herbeux – 🗊 🔥 🕭 ⊕ – A proximité : ✗ 🝙
15 juin-15 sept. – **R** – 🕴 *13 piscine comprise* 🗉 10 🖂 7 (6A)

ST-POINT-LAC

⑫ – 🖾 ⑥ **G. Jura**

25160 Doubs – 134 h. alt. 900

🏔 **Municipal** ≼, 𝒫 81 69 61 64, au bourg, bord du lac
1 ha (84 empl.) ⊕ (juil.-août) plat, herbeux – 🗊 ⏚ 🖾 🖹 ⊕ 🛒 ⊽ 🝙 – 🝙 –
A proximité : ✗ 🛶
mai-sept. – **R** *conseillée* – 🗉 *2 pers. 35/47 (60 avec élect.)*

ST-POL-DE-LÉON

③ – 🖾 ⑥ **G. Bretagne**

29250 Finistère – 7 261 h.
🛈 Office de Tourisme, pl. de l'Évêché
𝒫 98 69 05 69

🏔 **Ar Kleguer** ≼ « Situation agréable », 𝒫 98 69 18 81, à l'est de la ville, rte de
Ste-Anne, près de la plage
2,5 ha (110 empl.) ⊶ (saison) plat, peu incliné, accidenté, herbeux, rochers 🗔
– 🗊 ⏚ 🖾 🕭 ⏥ 🝙 🝙 – ✗ 🛶
avril-sept. – **R** *conseillée juil.-août* – 🕴 *20 piscine comprise* 🚗 9 🗉 30 🖂 15 (5A)

ST-POMPONT

⑬ – 🖾 ⑰

24170 Dordogne – 452 h.

🏔 Le Trel 🏊, 𝒫 53 28 43 78, E : 1,3 km par D 60 et chemin à droite, bord d'un
ruisseau
3 ha (100 empl.) ⊶ plat, peu incliné, herbeux – 🗊 🖾 🝙 – 🝙 ✗ 🛶 🝙 (bassin)
– Location : 🛖

ST-PONS-LES-MÛRES **83** Var – 🖾 ⑰ – rattaché à Grimaud

ST-POURÇAIN-SUR-SIOULE

⑪ – 🖾 ⑭ **G. Auvergne**

03500 Allier – 5 159 h.
🛈 Syndicat d'Initiative, bd Ledru-Rollin
𝒫 70 45 32 73

🏔 **Municipal de l'Ile de la Ronde** « Cadre agréable », 𝒫 70 45 45 43, quai
de la Ronde, bord de la Sioule
1,5 ha (50 empl.) ⊶ plat, herbeux 🗔 – 🗊 ⏚ 🖾 🖹 ⊕ – 🛶
juin-15 sept. – **R** *conseillée juil.-août* – 🕴 *10* 🚗 5 🗉 10 🖂 10 (6A)

🏔 **Municipal de la Moutte** 🏊, 𝒫 70 45 91 94, au stade par r. de la Moutte,
bord de la Sioule
0,5 ha (35 empl.) ⊶ plat, herbeux 🟡 – 🗊 🖾 ⊕ – ✗ 🛶
15 mai-sept. – **R** *conseillée juil.-août* – 🕴 *7,50 tennis compris* 🚗 5,50 🗉 6,50
🖂 10,50 (4A)

ST-PRIEST-DES-CHAMPS

⑪ – 🖾 ③

63640 P.-de-D. – 662 h. alt. 680

🏔 **Municipal,** au bourg, face à la mairie
0,2 ha (12 empl.) plat, herbeux – 🗊 ⏚ 🖾 ⊕
15 juin-15 sept. – **R** – 🕴 *5,40* 🗉 *6,60* 🖂 *7,40 (5A)*

ST-PRIM

⑫ – 🖾 ⑪

38370 Isère – 733 h.

🏔 Le Bois des Sources 🏊 « Cadre boisé », 𝒫 74 84 95 11, SE : 2,5 km par D 37
rte d'Auberives et chemin à droite, bord de la Varèze – Accès conseillé par N 7
et D 37
3 ha (80 empl.) ⊶ plat, herbeux, pierreux 🗔 🟡🟡 – 🗊 ⏚ 🖾 ⊕ 🛒

ST-PRIVAT **07** Ardèche – 🖾 ⑲ – rattaché à Aubenas

ST-PRIVAT-D'ALLIER

⑪ – 🖾 ⑯

43460 H.-Loire – 430 h. alt. 800

🏔 **Municipal** ≼, au N du bourg
0,5 ha (19 empl.) peu incliné et en terrasses, herbeux, pierreux 🗔 – 🗊 ⏚ 🖾 ⏥
⊕ – A proximité : ✗
mai-oct. – **R** – 🕴 *15* 🚗 *2,50* 🗉 5 🖂 7

ST-QUAY-PORTRIEUX

③ – 🖾 ③ **G. Bretagne**

22410 C.-d'Armor – 3 018 h.
🛈 Office de Tourisme et Accueil de
France, 17 bis r. Jeanne-d'Arc
𝒫 96 70 40 64

🏔 **Bellevue** 🏊 ≼ mer « Site agréable », 𝒫 96 70 41 84, vers sortie N rte de
Paimpol et bd du Littoral à droite, accès direct à la mer
2,8 ha (200 empl.) ⊶ plat, incliné et en terrasses, herbeux – 🗊 ⏚ 🖾 🖾 🖹 ⊕
🖹 – 🝙
10 mai-15 sept. – **R** – 🗉 *2 pers. 54, pers. suppl. 16* 🖂 *6 (2A) 9 (4A) 14 (6A)*

ST-QUENTIN ◁🅿▷

② – 🖾 ⑭ **G. Flandres Artois Picardie**

02100 Aisne – 60 644 h.
🛈 Office de Tourisme, espace
Saint-Jacques, 14 r. de la Sellerie
𝒫 23 67 05 00

🏔 **Municipal** « Décoration florale et arbustive », 𝒫 23 62 68 66, NE : bd J.-Bouin,
à 50 m du canal
1,3 ha (66 empl.) ⊶ plat et terrasse, herbeux, gravillons 🗔 – 🗊 ⏚ ⊕ 🛒 ⊽
– A proximité : 🔲 (découverte l'été)
mars-nov. – **R** – 🕴 *6* 🚗 *3,20* 🗉 *3,40/4* 🖂 *8 (moins de 5A) 12 (5A et plus)*

ST-QUENTIN-EN-TOURMONT

80120 Somme – 309 h.

▲▲▲ **Le Bout des Crocs,** *ℰ* 22 25 73 33, S : 1 km par D 204, rte de Rue et à droite
1,4 ha (100 empl.) •━ plat, herbeux ⌱ – ℝ ⌂ ⊞ ⊕ ⊕ – ⊇
avril-1er nov. – *Places limitées pour le passage* – **R** – ⊞ *2 pers. 35* ⑭ *9 (3A) 10*
(4A) 11 (5A)

1 – 51 ⑪

ST-RAPHAËL

83700 Var – 26 616 h.
🛈 Maison du Tourisme, r. Waldeck-
Rousseau *ℰ* 94 95 16 87

17 – 84 ⑧ G. Côte d'Azur

▲▲▲ **Douce Quiétude** ⚠ ⩽ « Cadre agréable », *ℰ* 94 44 30 00, Fax 94 44 30 30,
sortie NE vers Valescure puis 3 km par Boulevard Jacques Baudino
10 ha (400 empl.) •━ plat, peu incliné, en terrasses, herbeux, pierreux ⚲ – ⟱
⊟ ⊞ ⊛ ⊕ ☂ ⩊ ⚑ ⊒ ⟵ ✗ ⩰ – ⊞ – ⟞ salle de musculation, discothèque ⚞
⟵ ⟶ – Location : ⟳
Pâques-sept. – **R** *conseillée* – ⊞ *élect. (6A) et piscine comprises 3 pers. 175*

▲▲▲ **Le Val Fleury** « Cadre agréable », *ℰ* 94 95 21 52, **à Boulouris**, E : 4 km, à 50 m
de la plage
1 ha (80 empl.) •━ en terrasses ⌱ ⚲⚲ – ℝ ⇆ ⊟ ⊞ ⟿ ⊕ ✗ ⩰ – ⊞ – ⟞ ⟵
– A proximité : ⚞
Permanent – **R** *indispensable été* – ⊞ *1 à 4 pers. 145 ou 175 selon*
emplacement, pers. suppl. 30 ⑭ *18 (2A) 23 (6A)*

ST-REMÈZE

07700 Ardèche – 454 h.

16 – 80 ⑨

▲ **Carrefour de l'Ardèche** ⩽, *ℰ* 75 04 15 75, sortie E sur D 4 rte de Bourg-
St-Andéol
1,7 ha (66 empl.) •━ plat et peu incliné, herbeux, pierreux – ℝ ⟱ ⊠ ⊞ ⊕ ⩊ –
⊞ – ⟞ ⟵ – Location : ⟳ ⌂
juin-15 sept. – **R** *conseillée* – ⊞ *piscine comprise 2 pers. 65, pers. suppl. 14* ⑭
15 (6A)

ST-REMY

24700 Dordogne – 358 h.

9 – 75 ⑬

▲▲▲ **La Tuilière,** *ℰ* 53 82 47 29, O : 2,8 km par D 708 rte de Montpon et chemin
à gauche, bord d'un plan d'eau
8 ha (50 empl.) •━ plat et peu incliné, herbeux ⚲⚲ (2 ha) – ℝ ⟿ ⊟ ⊞ ⊛ ⊕
⩊ ✗ snack ⩰ – ⟞ ⚞ ⟵ ⟶ vélos – Location : ⟳ ⟳
15 avril-sept. – **R** *conseillée juil.-août* – ⚞ *18 piscine comprise* ⊞ *24* ⑭ *10 (3A)*
12,50 (5A) 15 (10A)

ST-REMY-DE-MAURIENNE

73660 Savoie – 962 h.

12 – 74 ⑯

▲ **Le Lac Bleu** ⩽, *ℰ* 79 83 16 59, au NE du bourg, à 300 m de la N 6, bord d'un
ruisseau et près d'un plan d'eau
2 ha (100 empl.) •━ plat, herbeux – ℝ ⊕ – ⟞ – A proximité : ⚞
juin-15 sept. – **R** *conseillée* – ⚞ *12* ⟵ *6,50* ⊞ *6,50* ⑭ *14*

ST-RÉMY-DE-PROVENCE

13210 B.-du-R. – 9 340 h.
🛈 Office de Tourisme, pl. Jean-Jaurès
ℰ 90 92 05 22

16 – 81 ⑫ G. Provence

▲▲▲ **Municipal Mas de Nicolas** ⚠ ⩽ « Cadre agréable », *ℰ* 90 92 27 05, sortie
N rte d'Avignon puis 1 km par rte de Mollégès et r. Théodore-Aubanel
4 ha (138 empl.) •━ plat, peu incliné, herbeux ⌱ ⚲ – ℝ ⟿ ⊟ ⊞ ⊛ ⊕ ☂ ⚞
⊞ – ⟞ ⟵
15 mars-oct. – **R** *conseillée* – ⊞ *piscine comprise 2 pers. 63* ⑭ *13 (6A)*

▲▲ **Pégomas,** *ℰ* 90 92 01 21, Fax 90 92 56 17, sortie E rte de Cavaillon et D 30
rte de Noves à gauche
2 ha (100 empl.) •━ plat, herbeux ⌱ ⚲ – ℝ ⟿ ⊟ ⊞ ⊞ ⊕ ⩊ ⩰ – ⊞ cases
réfrigérées – ⟞ – A proximité : ⚞
mars-oct. – **R** *conseillée juil.-août* – ⊞ *piscine comprise 2 pers. 75* ⑭ *17 (5A)*

▲▲ **Monplaisir** ⚠, *ℰ* 90 92 22 70, NO : 0,8 km par D 5 rte de Maillane et rte à
gauche
1,3 ha (90 empl.) •━ plat, herbeux ⌱ ⚲ – ℝ ⊠ ⊞ ⊕ ⚑ ⊞ – ⟵
mars-15 nov. – **R** *conseillée* – *Tarif 92 :* ⚞ *14,50* ⊞ *15* ⑭ *10,50 (4A)*

ST-RÉMY-SUR-AVRE

28380 E.-et-L. – 3 568 h.

5 – 60 ⑦

▲▲ Municipal du Pré de l'Église, *ℰ* 37 48 93 87, au bourg, bord de l'Avre
0,7 ha (50 empl.) •━ plat, herbeux ⌱ – ℝ ⟿ ⊟ ⊠ ⊞ ⊛ ⊞ ⊕ – ⟞ ⟵
A proximité : ⚞

ST-RÉMY-SUR-DUROLLE

63550 P.-de-D. – 2 033 h. alt. 650

11 – 73 ⑥ G. Auvergne

▲▲▲ **Municipal les Chanterelles** ⩽ « Situation agréable », *ℰ* 73 94 31 71, NE :
3 km par D 201 et chemin à droite, à proximité d'un plan d'eau
5 ha (150 empl.) •━ incliné et en terrasses, herbeux ⚲ – ℝ ⟿ ⊠ ⊞ ⊕ – ⟞
⟵ squash – A proximité : au plan d'eau : ⊒ ⩊ ✗ ⚞ ⟵ ⟶
mai-sept. – **R** *conseillée août* – *Tarif 92 :* ⚞ *9,50* ⟵ *5* ⊞ *5/6,30* ⑭ *12,10 (5A)*

ST-RENAN

29290 Finistère – 6 576 h.
🛈 Syndicat d'Initiative, Les Halles,
r. Saint-Yves (saison) ☎ 98 84 23 78

⛰ **Municipal de Lokournan** 🏖, ☎ 98 84 37 67, sortie NO par D 27 et chemin
à droite, près du stade et d'un petit lac
0,8 ha (30 empl.) ⚬⚬ plat, sablonneux, herbeux – 🛖 🏊 ♿ ☺ – 🛒 – A proximité :
✂
juin-15 sept. – **R** – 🚶 *11,50* 🔲 *10* 🔌 *12,50 (6A)*

③ – ⑤⑧ ③

ST-REVEREND

85220 Vendée – 812 h.

⛰ **Municipal** 🏖, ☎ 51 54 68 50, sortie sud par D 94, bord d'un ruisseau
2,2 ha (25 empl.) plat et peu incliné, herbeux 🏠 – 🛖 ♨ 🚽 🚿 ♿ ☺ 🏊 – 🛒
🏊
juil.-août – **R** – 🔲 *élect. et piscine comprises 3 pers. 70, pers. suppl. 15*

⑨ – ⑥⑦ ⑫

ST-ROME-DE-DOLAN

48500 Lozère – 54 h. alt. 850

⛰ **Municipal** 🏖 < vallée du Tarn, ☎ 66 48 80 66, au bourg – Route et croisement
difficiles pour caravanes venant des Vignes
0,6 ha (50 empl.) ⚬⚬ plat et en terrasses, pierreux, herbeux – 🛖 🏊 🚿 ☺ –
A proximité : ✂
juin-sept. – **R** – 🚶 *10* 🚗 *6* 🔲 *12* 🔌 *8 (3A) 10 (6A)*

⑮ – ⑧⓪ ④

ST-ROME-DE-TARN

12490 Aveyron – 676 h.

⛰ **La Cascade** 🏖 <, ☎ 65 62 56 59, N : 0,3 km par D 993 rte de Rodez, bord
du Tarn
3 ha (45 empl.) ⚬⚬ en terrasses et peu incliné, herbeux 🏠 ⚓ (1 ha) – 🛖 ♨ 🏊
🚿 ☺ 🏊 🏊 – 🛒 ✂ 🛶 🏊
avril-sept. – **R** *conseillée* – *Tarif 92 :* 🔲 *2 pers. 58/71 avec élect. (6A)*

⑮ – ⑧⓪ ⑬

ST-SALVADOU

12200 Aveyron – 505 h.

⛰ **Le Muret** 🏖, ☎ 65 81 80 69, SE : 3 km, bord d'un plan d'eau – Pour caravanes,
accès conseillé par D 911, D 905A et chemin à droite
1,5 ha (40 empl.) ⚬⚬ plat et peu incliné, herbeux – 🛖 🏊 ♿ ☺ ♟ – 🏊 –
A proximité : 🛒 – Location : 🛏
15 juin-15 sept. – **R** – 🚶 *11,50* 🚗 *6,20* 🔲 *10,30/12,50* 🔌 *12 (15A)*

⑮ – ⑦⑨ ⑳

ST-SALVADOUR

19700 Corrèze – 292 h.

⛰ Municipal 🏖, S : 0,7 km par D 173E rte de Vimbelle et chemin à droite, bord
d'un plan d'eau
0,6 ha (25 empl.) plat et terrasse, herbeux – 🛖 ♨ 🚽 ♿ ☺ – 🏊

⑩ – ⑦⑤ ⑨

ST-SAMSON-SUR-RANCE **22** C.-d'Armor – ⑤⑨ ⑤ ⑥ – rattaché à Dinan

---

ST-SARDOS

82600 T.-et-G. – 563 h.

⛰ **La Tonere** 🏖, ☎ 63 64 36 16, au N du bourg, près des lacs et de la base de
loisirs, accès direct
2 ha (65 empl.) ⚬⚬ plat, en terrasses, herbeux 🏠 – 🛖 ♨ 🚽 🏊 🚿 ♿ ☺ 🏊 –
A proximité : snack ✂ 🎣 🏌 🏊
3 juil.-5 sept. – **R** *conseillée* – 🚶 *10* 🔲 *12* 🔌 *8 (3A) 12 (6A)*

⑭ – ⑧② ⑦

▶ *Ce guide n'est pas un répertoire de tous les terrains de camping
mais une sélection des meilleurs camps dans chaque catégorie.*

ST-SAUD-LACOUSSIÈRE

24470 Dordogne – 951 h.

⛰ **Château Le Verdoyer** ॐ ≤ « Site agréable », ☎ 53 56 94 66, Fax 53 56 38 70 ✉ 24470 Champs-Romain, NO : 2,5 km par D 79 rte de Nontron et D 96 rte d'Abjat-sur-Bandiat, près d'étangs
9 ha/3 campables (150 empl.) ⚡ peu incliné a incliné, en terrasses, pierreux, herbeux ⌂ ♀♀ – ⚄ ❄ ⛄ 🍴 ⚂ 🅿 ⓧ ✕ ⅃ ⌸ – 🖭 – ⚒ ♒ ♒ 🌊 ⅃
A proximité : ≋ – Location : ⛺ ⚑ ⛪
15 avril-sept. – **R** conseillée juil.-août – ⚽ 27 piscine comprise 🔳 39 🔌 14 (5A) 25 (10A)

ST-SAUVEUR-D'AUNIS

17540 Char.-Mar. – 899 h.

⛰ Municipal, au bourg, derrière la mairie
0,3 ha (20 empl.) plat, herbeux ♀♀ – ⚄ ⛄ – A proximité : ⚞ poneys (centre équestre) ✕ ⅃

ST-SAUVEUR-DE-CRUZIÈRES

07460 Ardèche – 441 h.

⛰ **La Claysse,** ☎ 75 39 30 61, au NO du bourg, bord de rivière
1 ha (60 empl.) ⚡ plat, herbeux ♀ – ⚄ ♒ ❄ ⛄ 🅿 – ⛺ 🛶 🌊 ≋ – Location : ⛽
Pâques-sept. – **R** indispensable juil.-août – 🔳 piscine comprise 2 pers. 52 🔌 12 (6A)

ST-SAUVEUR-DE-MONTAGUT

07190 Ardèche – 1 396 h.

⛰ **L'Ardéchois** ≤ « Dans un site agréable », ☎ 75 66 61 87, O : 8,5 km sur D102 rte d'Albon, bord de la Glueyre
37 ha/3,5 campables (95 empl.) ⚡ en terrasses, herbeux – ⚄ ⛅ ⛄ ❄ ⚂ ⊛
✕ ⚐ 🖭 – ⛺ ≋ vélos – Location : ⛪
10 avril-sept. – **R** conseillée 10 juil.-15 août – 🔳 2 pers. 80, pers. suppl. 15 🔌 15 (3 à 15A)

ST-SAUVEUR-EN-RUE

42220 Loire – 1 053 h. alt. 790

⛰ **Municipal des Régnières** ≤, ☎ 77 39 24 71, SO : 0,8 km par D 503 rte de Monfaucon, près de la Deûme
1 ha (40 empl.) en terrasses, plat, herbeux, pierreux ⌂ – ⚄ ⛅ ♒ ⊛ ⚂ ⚐
⛺ ≋ (bassin) – A proximité : 🛶
2 avril-oct. – Places limitées pour le passage – **R** – Tarif 92 : ⚽ 11 🔳 10,50/12,50 🔌 9 (6A)

ST-SAUVEUR-SUR-TINÉE

06420 Alpes-Mar. – 337 h.

⛰ Municipal ≤, ☎ 93 02 03 20, N : 0,8 km sur D 30 rte de Roubion, avant le pont, bord de la Tinée – Chemin piétons direct pour rejoindre le village – 🅿 (tentes)
0,37 ha (20 empl.) ⚡ plat et terrasses, pierreux, gravillons – ⚄ ⛅ ⛄ ⊛ – ✕
15 juin-15 sept. – **R** conseillée – ⚽ 12 🔳 26/30 🔌 14 (3A)

ST-SAVIN

86310 Vienne – 1 089 h.

⛰ **Municipal du Moulin de la Gassotte** ॐ, ☎ 49 48 18 02, vers sortie N par D 11 rte de St-Pierre-de-Maillé, bord de la Gartempe
1,5 ha (45 empl.) ⚡ plat, herbeux – ⚄ ♒ ⚂ ⊛ – ⛺ – A proximité : ⅃ –
Location : ⚑ (gîte d'étape)
15 juin-15 sept. – **R** – ⚽ 7,60 🚗 5,20 🔳 4,55/6,45 🔌 7,10

ST-SAVINIEN

17350 Char.-Mar. – 2 340 h.
🛈 Office de Tourisme, r. Bel Air
☎ 46 90 21 07

⛰ **La Grenouillette,** ☎ 46 90 35 11, O : 0,5 km par D 18 rte de Pont-l'Abbé-d'Arnoult, entre la Charente et le canal, à 200 m d'un plan d'eau
1,8 ha (67 empl.) ⚡ plat, herbeux ♀ – ⚄ ♒ ⚂ ⊛ ✕ – A proximité : ✕ ⅃ ≋
toboggan aquatique, parcours sportif
juin-15 sept. – **R** conseillée – Tarif 92 : 🔳 2 pers. 39, pers. suppl. 12 🔌 12 (6A)

ST-SÉBASTIEN-SUR-LOIRE 44 Loire-Atl. – 🔳 ③ – rattaché à Nantes

ST-SERNIN

47120 L.-et-G. – 340 h.

⛰ **Lac de Castelgaillard** ॐ ≤ « Site agréable », ☎ 53 94 78 74, Fax 53 94 77 63, S : 2,5 km par D 311 et rte à gauche, bord du lac
2 ha (83 empl.) ⚡ peu incliné, herbeux ⌂ ♀♀ (1 ha) – ⚄ ⛅ ⛄ ♒ ⚂ ⚐ ⊛
⚑ snack ⚂ – ⛺ 🛶 🌊 toboggans aquatiques ⚞ vélos
mai-sept. – **R** conseillée juil. août – ⚽ 16 🔳 18,50 🔌 15 (10A)

⛰ **Le Moulin de la Borie Neuve** (aire naturelle), ☎ 53 94 76 57, à 2,5 km au N du bourg, accès conseillé par D 708, rte de Ste-Foy-la-Grande et D 244 à droite, bord d'un ruisseau
1 ha (25 empl.) ⚡ plat, herbeux ⌂ – ⚄ ⛅ ⛄ ⊛
15 mai-15 oct. – **R** – ⚽ 11,50 🔳 12,50 🔌 11 (8A)

ST-SEURIN-DE-PRATS
24230 Dordogne – 491 h.

  ▲▲▲ **La Plage** ⌗, ☎ 53 58 61 07, S : 0,7 km par D 11, bord de la Dordogne (rive droite)
5 ha (70 empl.) ⊶ plat et peu incliné, herbeux ♀♀ – ⌂ ⌗ 🌳 ☺ ⚡ ⚐ ▼ ▤
– ▣ 🛒 ⚡ 🛶 ⊒ – Location – 🏨(hôtel), studios
15 mai-15 sept. – **R** conseillée 15 juil.-15 août – ⚑ 16 piscine comprise ⇔
14 ▣ 25 ⚡ 15 (6A) 17 (10A)   ⑨ – ⑦⑤ ⑬

ST-SEURIN D'UZET
17 Char.-Mar. – ✉ 17120 Cozes

  ▲ **Municipal** ⌗, ☎ 46 90 67 23, au bourg, près de l'église, bord d'un chenal
1 ha (55 empl.) ⊶ (juil.-août) plat, herbeux ⊡ – ⌂ ☺
juin-sept. – **R** conseillée – Tarif 92 : ▣ 2 pers. 26, pers. suppl. 8,25 ⚡ 10,50   ⑨ – ⑦① ⑯

ST-SEVER
40500 Landes – 4 536 h.
🛈 Office de Tourisme, pl. Tour-du-Sol
☎ 58 76 34 64

  ▲ **Municipal les Rives de l'Adour** ⌗, ☎ 58 76 04 60, N : 1,5 km, au stade municipal Louis-Lafaurie, accès direct à l'Adour
2 ha (100 empl.) ⊶ plat, herbeux ♀ – ⌂ ⚡ ⊟ ☺ – ▤ 🛒 ⚡ ⊒
Permanent – **R** conseillée – Tarif 92 : ⚑ 8,40 tennis compris ⇔ 3,70 ▣ 4,20
⚡ 8,40   ⑬ – ⑦⑧ ⑥ G. Pyrénées Aquitaine

ST-SORNIN
17600 Char.-Mar. – 322 h.

  ▲ **Le Valerick** ⌗, ☎ 46 85 15 95, NE : 1,3 km par D 118 rte de Pont-l'Abbé
1,5 ha (50 empl.) ⊶ plat, incliné, herbeux – ⌂ ⚡ ⊟ ☺ – 🛶
avril-sept. – **R** conseillée août – ▣ 3 pers. 41, pers. suppl. 12 ⚡ 12 (4A) 15 (6A)   ⑨ – ⑦① ⑭ G. Poitou Vendée Charentes

ST-SULPICE
46160 Lot – 126 h.

  ▲ **Municipal** ⪥, au sud du bourg, bord du Célé
1 ha (80 empl.) ⊶ (saison) plat, herbeux – ⌂ ⚡ ⊟ – ⚔
15 mars-15 oct. – **R** conseillée – Tarif 92 : ⚑ 9 ▣ 9   ⑮ – ⑦⑨ ⑨ G. Périgord Quercy

ST-SULPICE-LES-FEUILLES
87160 H.-Vienne – 1 422 h.

  ▲ **Municipal du Mondelet** ⌗, ☎ 55 76 77 45, sortie S sur D 84 rte d'Arnac-la-Poste
0,6 ha (30 empl.) ⊶ plat, peu incliné, herbeux – ⌂ ⚡ ⊟ ☺ – ⚔
mars-oct. – **R** – ⚑ 8 ▣ 10 ⚡ 15 (15A)   ⑩ – ⑥⑧ ⑰

ST-SYLVESTRE-SUR-LOT
47140 L.-et-G. – 2 040 h.

  ▲▲▲ **Le Sablon** (aire naturelle) ⌗, ☎ 53 41 37 74, sortie O par D 911, rte de Villeneuve-sur-Lot et 0,8 km par chemin à gauche, bord d'un étang
1,5 ha (25 empl.) ⊶ plat, herbeux ♀ – ⌂ ⚡ ⊟ ☺ – ⚔ 🛶 ⊒ avec toboggan aquatique
Permanent – **R** conseillée – ⚑ 7 ▣ 7 ⚡ 7 (6A) 10 (10A)

  ▲▲▲ **Municipal,** dans le bourg, derrière la mairie, près du Lot
0,4 ha (22 empl.) ⊶ plat, herbeux ⊡ – ⌂ ⚡ ⊟ ⚡ ☺ – A proximité : ⪤
15 juin-sept. – **R** – Tarif 92 : ⚑ 8 ▣ 8,50/8,50 ou 10 ⚡ 8 (10 ou 15A)   ⑭ – ⑦⑨ ⑤ ⑥

ST-SYMPHORIEN-DE-THÉNIÈRES
12460 Aveyron – 251 h. alt. 750

  ▲▲▲ **Municipal St-Gervais** ⌗ ⪥, ☎ 65 44 82 43, à St-Gervais, O : 5 km par D 504, près d'un plan d'eau et à proximité d'un lac
1 ha (41 empl.) ⊶ plat, en terrasses et peu incliné, herbeux ⊡ – ⌂ ⚡ ⊟ ⊟
☺ ⚡ ⚐ – 🛒 ⚔ – A proximité : ⛴ ◖
avril-oct. – **R** conseillée – Tarif 92 : ▣ élect. comprise 1 ou 2 pers. 54, pers.
suppl. 16   ⑮ – ⑦⑥ ⑬

ST-SYMPHORIEN-SUR-COISE
69590 Rhône – 3 211 h.

  ▲▲▲ **Intercommunal Centre de Loisirs de Hurongues** ⌗, ☎ 78 48 44 29, O : 3,5 km par D 2 rte de Chazelles-sur-Lyon, à 400 m d'un plan d'eau
3,6 ha (118 empl.) ⊶ peu incliné et en terrasses, pierreux ⊡ ♀♀ – ⌂ ⚡ ⊟ ⊟
☺ ▤ – 🛒 – A proximité : ⚔ 🛶 ⊒ (couverte l'hiver)
15 avril-15 oct. – **R** – ⚑ 11,35 ▣ 13 ⚡ 7 (3A) 11,40 (5A)   ⑪ – ⑦⑧ ⑲ G. Vallée du Rhône

ST-THURIAL
35310 I.-et-V. – 1 273 h.

  ▲▲▲ **Ker-Landes,** ☎ 99 61 39 95, sortie O par D 36, près d'un étang
2 ha (50 empl.) ⊶ peu incliné et en terrasses, herbeux, pierreux ⊡ ♀♀ – ⌂ ⚡
⊟ ☺ – 🛶
Permanent – **R** juil.-août – ⚑ 13,30 ⇔ 5,60 ▣ 10,80 ⚡ 11 (6A)   ④ – ⑥③ ⑥

ST-TROJAN-LES-BAINS **17** Char.-Mar. – ⑦① ⑭ – voir à Oléron (Ile d')

375

ST-VAAST-LA-HOUGUE

4 – 54 ③ G. Normandie Cotentin

50550 Manche – 2 134 h.

🏛 Syndicat d'Initiative, quai Vauban
(avril-sept.) ☎ 33 54 41 37

à *Réville* N : 3 km – ✉ 50760 Réville :

△△ **Jonville,** ☎ 33 54 48 41, Fax 33 54 12 44, SE : 2 km sur D 328, à la Pointe de
Saire, accès direct à la plage
1,8 ha (149 empl.) ⊶ plat, herbeux, sablonneux – 🛖 ⚲ 🖤 ⊕
3 avril-sept. – **R** *conseillée juil.-août* – 🛉 16 🗐 22 🛱 14 (6A) 20 (10A)

ST-VALERY-EN-CAUX

1 – 52 ③ G. Normandie Vallée de la Seine

76460 S.-Mar. – 4 595 h.

🏛 Office de Tourisme, pl. Hôtel de
Ville (transfert prévu) ☎ 35 97 00 63

△△△ **Municipal Etennemare** ⟨⟩, ☎ 35 97 15 79, au SO de la ville, vers le hameau
du bois d'Entennemare
4 ha (116 empl.) ⊶ plat, herbeux 🖂 – 🛖 🖧 🖦 🖤 🖧 🔟 ⊕ ⚲ ☲ 🖿 – 🏚
🚗 – Location : 🏠
Permanent – **R** – 🗐 *élect. (6A) comprise 2 pers.* 70 🛱 8 (10A)

ST-VALERY-SUR-SOMME

1 – 52 ⑥ G. Flandres Artois Picardie

80230 Somme – 2 769 h.

△△△ **Domaine du Château de Drancourt** ⟨⟩, ☎ 22 26 93 45, Fax 22 26 85 87,
S : 3,5 km par D 48 et rte à gauche après avoir traversé le CD 940
5 ha (200 empl.) ⊶ plat et peu incliné, herbeux 🔟 verger et parc – 🛖
🖦 🖤 🖧 ⊕ ⚲ 🖢 🍽 ☲ 🖿 – 🏚 discothèque 🍴 🚗 🔟 practice de golf, vélos,
poneys
avril-14 sept. – **R** *conseillée* – 🛉 25 *piscine comprise* 🚗 8 🗐 38 🛱 13 (6A)

△△ **Le Picardy** « Cadre agréable », ☎ 22 60 85 59, SE : 2,5 km par D 3, à Pinche-
falise
2 ha (70 empl.) ⊶ plat et peu incliné, herbeux 🖂 – 🛖 🖧 ⚲ 🖤 ⊕ 🍽 🖿 – 🏚
15 mars-oct. – *Places limitées pour le passage* – **R** *indispensable juil.-août* – 🛉
17 🚗 6,50 🗐 13,50 🛱 9,50 (3A) 19 (6A)

ST-VALLIER

12 – 77 ① G. Vallée du Rhône

26240 Drôme – 4 115 h.

△△ **Municipal** ≤, ☎ 75 23 22 17, N par av. de Québec (N7) et chemin à gauche,
près du Rhône
1,35 ha (94 empl.) ⊶ plat, herbeux 🖂 ⚲ – 🛖 🖧 🖦 🖤 ⊕ 🖿 – A proximité :
🖧 🍴
15 mars-15 nov. – **R** – 🛉 12 🗐 15 🛱 12 (6A)

ST-VARENT

9 – 67 ⑱

79330 Deux-Sèvres – 2 557 h.

△ **Municipal,** NO : 1 km par D 28, près de la piscine
0,5 ha (25 empl.) plat, herbeux 🖂 – 🛖 🖧 🖦 ⊕ – 🚗 – A proximité : 🍴 🖂
15 mars-sept. – **R** – 🛉 6 🚗 4 🗐 6 🛱 9

ST-VAURY

10 – 72 ⑨ G. Berry Limousin

23320 Creuse – 2 059 h.

△ **Municipal la Valette,** N : 2 km par D 22 rte de Bussière-Dunoise, bord de
l'étang
1,6 ha (36 empl.) non clos, plat et terrasses, herbeux – 🛖 🖧 🖦 🖤 ⊕
15 juin-15 sept. – **R** – *Tarif 92* : 🛉 4,80 🚗 2,40 🗐 2,40 🛱 4,80 (3A)

ST-VICTOR

11 – 69 ⑫

03410 Allier – 1 752 h.

△△ **Municipal de l'Écluse de Perreguines,** NO : 1,8 km par D 302 et chemin
à droite, entre le Cher et le canal du Berry
2,2 ha (50 empl.) ⊶ plat, herbeux ⚲ – 🛖 🖧 🖦 🖤 ⊕ ⚲ ☲ – 🚗
Pâques-15 oct. – **R** – *Tarif 92* : 🛉 6,50 🚗 3 🗐 5 🛱 10 (6A) 18 (10A)

ST-VICTOR-DE-MALCAP

16 – 80 ⑧

30500 Gard – 506 h.

△△ **Domaine de l'Abeiller,** ☎ 66 24 15 27, SE : 1 km, accès par D 51 rte de
St-Jean-de-Maruéjols, bord d'un ruisseau
3 ha (60 empl.) ⊶ en terrasses, pierreux, herbeux 🖂 ⚲ – 🛖 🖧 🖦 ⚲ 🖤 🖧
⊕ 🍽 🖢 ☲ 🖿 – 🚗 🔟 toboggan aquatique – A proximité : 🍴 – Location : 🖽
mai-sept. – **R** *conseillée* – 🗐 *piscine comprise 2 pers.* 65, *pers. suppl.* 15 🛱 18 (6A)

ST-VINCENT-DE-BARRÈS

16 – 76 ⑳ G. Vallée du Rhône

07210 Ardèche – 524 h.

△△ Municipal le Rieutord ⟨⟩, ☎ 75 65 07 73, O : 2 km par D 322 et chemin à
gauche
1,4 ha (67 empl.) ⊶ (saison) plat et incliné, herbeux, pierreux ⚲ – 🛖 🖧 🖦 🖤
🖧 🔟 ⊕ ⚲ ☲ 🖢 🍴 snack 🖿 – 🚗 🍴 🔟 toboggan aquatique

ST-VINCENT-SUR-JARD

9 – 67 ⑪ G. Poitou Vendée Charentes

85520 Vendée – 658 h.

🏛 Syndicat d'Initiative, le Bourg
(juil.-août) ☎ 51 33 62 06

Schéma à Jard-sur-Mer

△△△ **La Bolée d'Air,** ☎ 51 90 36 05, Fax 51 90 31 03, E : 2 km par D 21 et à droite
5,7 ha (280 empl.) ⊶ plat, herbeux 🖂 – 🛖 🖧 🖦 🖤 🖧 🔟 ⊕ ⚲ ☲ ⚲ 🖢 🍴
🖿 – 🚗 🛖 🔟 toboggan aquatique – Location : 🖽 🖽, chalets,
bungalows toilés
15 avril-sept. – **R** *conseillée* – 🗐 *piscine comprise 2 pers.* 98 🛱 18 (6A)

ST-VINCENT-SUR-OUST
56350 Morbihan – 1 112 h.

⚠ **Municipal de Painfaut-Île-aux-Pies** 🅂, NE : 2,2 km par rte de l'Île-aux-Pies et chemin à gauche, à 250 m de l'Oust (canal)
1,5 ha (30 empl.) peu incliné, herbeux, bois attenant – 🗟 🖙 🖴 🕭 ④
15 juin-15 sept. – **R** – ✱ *5,50* 🚗 *3,50* 🔲 *3,50* 🔌 *9*

ST-YORRE
03270 Allier – 3 003 h.
⛰⛰ **Municipal la Gravière,** ✆ 70 59 21 00, sortie SO par D 55ᴱ rte de Randan, près de l'Allier avec accès direct (rive gauche)
1,5 ha (82 empl.) ⚓ plat, herbeux 🖾 ♀♀ – 🗟 🖙 🖈 🖻 🕭 🎟 ④ – A proximité :
✗ ✚ 🎿
avril-sept. – **R** *conseillée juil.-août – Tarif 92 :* ✱ *11,20* 🔲 *13,50* 🔌 *10 (5A)*

ST-YRIEIX-LA-PERCHE
87500 H.-Vienne – 7 558 h.
🄸 Office de Tourisme, 6 r. Plaisances (saison) ✆ 55 75 94 60 et Mairie (hors saison) ✆ 55 75 00 04

⛰⛰ **Municipal d'Arfeuille** 🅂 ≤ « Cadre et situation agréables », ✆ 55 75 08 75, N : 2,5 km par rte de Limoges et chemin à gauche, bord d'un étang
2 ha (102 empl.) ⚓ en terrasses, pierreux, herbeux 🖾 ♀ (0,8 ha) – 🗟 🖙 🖴 🖻 🎟 – 🛉 ✚ 🎿 (plage) 🛥 – A proximité : tir à l'arc ☗ ✗
juin-15 sept. – **R** *conseillée juil.-15 août* – ✱ *13* 🔲 *20 avec élect. (10A)*

ST-YVI
29140 Finistère – 2 386 h.
⛰⛰⛰ **Municipal du Bois de Pleuven** 🅂 « Cadre agréable en forêt », ✆ 98 94 70 47, SO : 4 km
12 ha (320 empl.) ⚓ plat, herbeux, gravier 🖾 ♀♀ – (🗟 🖙 🖴 saison) ④ 🏖 ☗
🖻 – 🛏 ✗ 🎿 – A proximité : ✗ – Location : bungalows toilés
Pâques-15 sept. – **R** *conseillée* – ✱ *10,50* 🚗 *5,40* 🔲 *18,80* 🔌 *11*

⛰⛰ **Koatmor** 🅂, ✆ 98 94 71 25, SO : 3,7 km, dans le bois de Pleuven
1,5 ha (95 empl.) ⚓ (juil.-août) plat, herbeux, gravier 🖾 ♀♀ – 🗟 🖙 🖈 🖻 ④
– 🛏 ✗ ✚ – A proximité : ☗ ✗
15 juin-15 sept. – **R** *conseillée 14 juil.-15 août – Adhésion obligatoire* – ✱ *10*
🔲 *15* 🔌 *12 (4 ou 6A)*

STE-ANASTASIE-SUR-ISSOLE
83136 Var – 1 205 h.
⛰⛰ La Vidaresse ≤, ✆ 94 72 21 75, S : sur D 15
1,8 ha (130 empl.) ⚓ plat et terrasses, pierreux 🖾 – 🗟 🖙 🖻 🎟 ④ ☗ pizzeria
– ✗ 🎿 – Location : 🚐

STE-ANNE-D'AURAY
56400 Morbihan – 1 630 h.
⛰⛰ **Municipal du Motten,** ✆ 97 57 60 27, SO : 1 km par D 17 rte d'Auray et r. du Parc à droite
1 ha (100 empl.) ⚓ plat, herbeux – 🗟 🖙 🖴 ④ – 🛏 ✗ ✚
juin-sept. – **R** *juil.-août* – ✱ *7,80* 🚗 *4* 🔲 *5,80* 🔌 *9 (6A)*

STE-ANNE-LA-PALUD 29 Finistère – 🄝🄟 ⑭ – rattaché à Plonévez-Porzay

---

STE-CATHERINE
69440 Rhône – 770 h. alt. 691
⛰⛰ **Municipal du Châtelard** 🅂 ≤ Mont Pilat, ✆ 78 81 80 60, S : 2 km – alt. 800
4 ha (61 empl.) en terrasses, gravier – 🗟 🖙 🖴 🖻 ④
mars-nov. – **R** – ✱ *9* 🔲 *11* 🔌 *11 ou 13*

STE-CATHERINE-DE-FIERBOIS
37800 I.-et-L. – 539 h.
⛰⛰⛰ **Parc de Fierbois** 🅂, ✆ 47 65 43 35, Fax 47 65 53 75, S : 1,2 km
100 ha/6 campables (150 empl.) ⚓ plat et terrasses, prairie, sous-bois, lac 🖾
♨♨ (3 ha) – 🗟 🖙 🖴 🖻 🕭 ④ 🏖 🛥 🔄 🏊 ✗ (dîner seulement) 🛏 🖻 – 🚐 ✗
✚ 🎿 🛟 (plage) vélos – Location : gîtes
24 mai-14 sept. – **R** *conseillée juil.-août – Tarif 92 :* 🔲 *piscine comprise 3 pers. 123, pers. suppl. 17* 🔌 *15*

STE-COLOMBE-SUR-L'HERS
11230 Aude – 530 h.
⚠ La Prade, O : 0,6 km par D 620 rte de Lavelanet
0,8 ha (25 empl.) plat, herbeux – 🗟 🖙 🖴 ④ – Location : gîtes
juin-sept. – **R** – 🔲 *1 pers. 20, pers. suppl. 10* 🔌 *10*

▶ *The Guide changes,*
so renew your Guide every year.

STE-ÉNIMIE

48210 Lozère – 473 h.
🅱 Office de Tourisme, Mairie
℘ 66 48 53 44

🔟🔟 – 🔟🔟 ⑤ G. Gorges du Tarn

🔺 **Couderc,** ℘ 66 48 50 53, SO : 2 km par D 907 bis rte de Millau, bord du Tarn
1,5 ha (50 empl.) ⛟ en terrasses, pierreux, herbeux ⚌⚌ – 🎋 🍴 🛁 📺 ♿ ⊙ 🛎
📺 – 🍴
avril-15 oct. – **R** *conseillée* – 🔲 *2 pers. 60* 🔌 *12*

🔺 **le Site de Castelbouc** 🏞 ⪅ gorges « Site agréable », ℘ 66 48 58 08, SE :
7 km par D 907ᴮ, rte d'Ispagnac puis 0,5 km par rte de Castelbouc à droite,
bord du Tarn
0,7 ha (45 empl.) ⛟ plat, peu incliné, herbeux ⚍ – 🎋 🔄 🛁 📺 ♿ ⊙ 📺 – 🍴
15 avril-15 sept. – **R** – 🔲 *2 pers. 48, pers. suppl. 14* 🔌 *10 (5A)*

STE-EUGENIE-DE-VILLENEUVE

43230 H.-Loire – 102 h. alt. 965

🔟🔟 – 🔟🔟 ⑥

🔺 **Les Sources** 🏞 ⪅ montagnes, ℘ 71 74 20 26 ✉ 43300 Langeac, S :
3,5 km, à **Lachaud-Curmilhac**
5 ha (45 empl.) ⛟ incliné et en terrasses, herbeux – 🎋 🔄 🛁 📺 ⊙ 🛎 – 🍴
mai-oct. – **R** *juil.-août* – 🔲 *2 pers. 40, pers. suppl. 10* 🔌 *14 (6A)*

STE-EULALIE-D'OLT

12130 Aveyron – 310 h.

🔟🔟 – 🔟🔟 ④

🔺 **Municipal la Grave** 🏞, à l'est du bourg, bord du Lot
0,6 ha (25 empl.) plat, herbeux – 🎋 🔄 🛁 📺 ⊙ – 🍴 ✂ 🍴

STE-EULALIE-EN-BORN

40200 Landes – 773 h.

🔟🔟 – 🔟🔟 ⑭

🔺 **Les Bruyères** 🏞, ℘ 58 09 73 36, N : 2,5 km par D 652 et rte de Lafont
1,2 ha (90 empl.) ⛟ plat, sablonneux, herbeux ⚍ – 🎋 🔄 🛁 📺 ♿ ⊙ ☂ 🛎 🍴
🐎 📺 – 🍴 ✂ vélos – Location : 🏠
juin-sept. – **R** *conseillée 14 juil.-août* – 🕴 *16,60 piscine comprise* 🚗 *5,50* 🔲
21,50 🔌 *12 (6A)*

🔺 **Domaine de Labadan** 🏞, ℘ 58 09 71 98, S : 2,7 km par D 652 rte de
St-Paul-en-Born et rte à droite
3 ha (240 empl.) ⛟ plat, herbeux, sablonneux ⚌⚌ (1,5 ha) – 🎋 🔄 🛁 📺 ♿
📺 – 🐎
15 juin-15 sept. – **R** *conseillée* – Tarif 92 : 🕴 *13* 🚗 *4* 🔲 *20* 🔌 *10 (6A)*

🔺 **Municipal du Lac** 🏞, ℘ 58 09 70 10, N : 4 km par D 652 et rte à gauche
après le château d'eau, à 100 m d'un étang
3 ha (150 empl.) ⛟ plat, sablonneux, herbeux ⚌⚌ – 🎋 🔄 🛁 📺 ♿ ⊙ 📺 –
A proximité : 🍴
juin-15 sept. – **R** – Tarif 92 : 🕴 *10,50* 🚗 *3,50* 🔲 *11* 🔌 *8,50 (4A) 11 (6A)*

STE-HÉLÈNE-DU-LAC

73800 Savoie – 543 h.

🔟🔟 – 🔟🔟 ⑯

🔺 **L'Escale** ⪅, ℘ 79 84 04 11, sur D 923, à la gare
1,5 ha (33 empl.) ⛟ plat, herbeux ⚍ – 🎋 🔄 🛁 📺 ⊙ 🛎 🛎
mai-sept. – **R** *conseillée 15 juil.-15 août* – 🕴 *7* 🚗 *3,50* 🔲 *7* 🔌 *9 (4A)*

STE-LIVRADE-SUR-LOT

47110 L.-et-G. – 5 938 h.
🅱 Syndicat d'Initiative, av.
René-Bouchon (saison) ℘ 53 01 45 88
et Mairie (hors saison) ℘ 53 01 04 76

🔟🔟 – 🔟🔟 ⑤

🔺 **Municipal Fonfrède,** ℘ 53 01 00 64, E : 1 km par D 911ᴱ, rte de Villeneuve-
sur-Lot et chemin à gauche, derrière le stade
2 ha (100 empl.) ⛟ plat, herbeux – 🎋 🔄 🛁 📺 ⊙ – 🍴 🚗 – A proximité :
✂ 🍴
15 juin-15 sept. – **R** – 🕴 *9* 🚗 *8* 🔲 *8*

▶ *Zoekt u in een bepaalde streek*
  - *een fraai terrein (* 🔺 *...* 🔺🔺 *)*
  - *een terrein dat het hele jaar open is* (Permanent)
  - *of alleen een terrein op uw reisroute of een terrein voor een langer verblijf,*
  raadpleeg dan de lijst van plaatsnamen in de inleiding van de gids.

STE-LUCE-SUR-LOIRE **44** Loire-Atl. – 🔟🔟 ③ – rattaché à Nantes

STE-LUCIE-DE-PORTO-VECCHIO **2A** Corse-du-Sud – 🔟🔟 ⑧ – voir à Corse

STE-MARIE

66470 Pyr.-Or. – 2 171 h.

🔟🔟 – 🔟🔟 ⑳

🔺 **Le Lamparo,** ℘ 68 73 83 87, Fax 68 80 69 77, sortie E vers Ste-Marie-Plage et
à droite
2,5 ha (171 empl.) ⛟ plat, sablonneux, herbeux ⌕ – 🎋 🔄 🛁 📺 ⊙ 🛎 🛎 🍴
🐎 – 🚗 ✂ 🏊 half-court
Pâques, juin-sept. – **R** *conseillée* – 🕴 *21 piscine comprise* 🔲 *40* 🔌 *18 (10A)*

à *Ste-Marie-Plage* E : 2 km – ⊠ 66470 Ste-Marie :

▲▲▲ **Le Palais de la Mer,** ℱ 68 73 07 94, à 600 m au nord de la station, à 150 m de la plage, accès direct
2,6 ha (185 empl.) ⊶ plat, sablonneux ⊏⊐ ⊉ – ⚊ ⇄ ⇆ ⌷ ⅋ ⊕ ⅍ ⋎ ⚌ ⍩ snack ⬞ ⬛ – ⎚ salle de musculation ⤧ ⅂ half-court – Location : ⟐,
bungalows toilés
juin-15 sept. – **R** *conseillée juil.-août* – ⬛ *piscine comprise 2 pers. 92, pers. suppl. 24* [⚡] *15 (6A)*

▲▲▲ **Municipal de la Plage,** ℱ 68 80 68 59, à 600 m au nord de la station, à 150 m de la plage, accès direct
7 ha (378 empl.) ⊶ plat, sablonneux ⊏⊐ – ⚊ ⇄ ⇆ ⌷ ⅋ ⊕ ⅍ ⋎ ⚌ ⍩ snack ⬞ ⬛ – ⎚ ⅍ ⅂ tir à l'arc, vélos – Location : ⟐ ⟐
mars-oct. – **R** *indispensable juil.-août* – ⬛ *piscine comprise 2 pers. 64, pers. suppl. 20* [⚡] *11 (6A)*

▲▲▲ **La Pergola,** ℱ 68 73 03 07, Fax 68 73 04 67, Av. Frédéric Mistral, à 500 m de la plage
3 ha (194 empl.) ⊶ plat, herbeux ⊏⊐ ⊉⊉ – ⚊ ⇄ ⇆ ⌷ ⅋ ⊕ ⅍ ⋎ snack ⬞ ⬛ – ⎚ ⤧ ⅂ – Location : ⟐ ⟐
15 mai-15 sept. – **R** *conseillée juil.-août* – ⬛ *2 pers. 83* [⚡] *16 (10A)*

STE-MARIE-AUX-MINES
▯ – ▮▮ ⑯ G. Alsace Lorraine

68160 H.-Rhin – 5 767 h.

▲▲ **Les Reflets du Val d'Argent** ≤, ℱ 89 58 64 83, SO : 0,8 km par D 48 rte du Col du Bonhomme et chemin à gauche, bord de la Liepvrette
1,5 ha (70 empl.) ⊶ (saison) plat et peu incliné, herbeux – ⚊ ⇄ ⚌ ⌷ ⅍ ▦ ⊕ ⬛
Permanent – **R** *conseillée été* – ⚹ *15* ⬛ *17* [⚡] *12 (5A) 24 (10A) 36 (15A)*

STE-MARIE-DE-CAMPAN
▯▯ – ▮▮ ⑲

65 H.-Pyr. – alt. 857 – ⊠ 65710 Campan

▲▲▲ **L'Orée des Monts** ❄ ≤, ℱ 62 91 83 98, SE : 3 km par D 918 rte du col d'Aspin, bord de l'Adour de Payolle – alt. 950
1,8 ha (88 empl.) ⊶ plat et peu incliné, herbeux – ⚊ ⇄ ⚌ ⌷ ▦ ⊕ ⬛ ⬞ – ⎚ ⤧ ⅂ – Location : ⟐ ⟐
Permanent – **R** *conseillée – Tarif 92* : ⚹ *18 piscine comprise* ⬛ *18* [⚡] *5,25 par ampère*

▲▲ **Les Rives de l'Adour** ≤, ℱ 62 91 83 08, S : 1 km par D 918 rte de la Mongie, accès direct à la rivière – alt. 898
1 ha (50 empl.) ⊶ incliné, en terrasses, plat, herbeux – ⚊ ⚌ ▦ ⊕ ⬛ – ⎚
Permanent – **R** *conseillée* – ⚹ *9 (hiver 10)* ⬛ *9* [⚡] *12 (2A) 24 (4A) 36 (6A)*

STE-MARIE-DE-RÉ 17 Char.-Mar. – ▮▮ ⑫ – voir à Ré (Ile de)

STE-MARIE-DU-LAC-NUISEMENT
▯ – ▮▮ ⑨ G. Champagne

51290 Marne – 237 h.

▲▲ **La Cornée du Der,** ℱ 26 72 66 23, à 1,5 km au SE de Ste-Marie-du-Lac (les Grandes Côtes) par D 60, D 560 et rte de la plage, à 200 m du lac
4 ha (100 empl.) ⊶ plat, herbeux ⊉⊉ – ⚊ ⚌ ⅋ ⊕ ⅍ – ⚊ – Location : ⟐
mai-sept. – **R** *conseillée 10 juil.-20 août* – ⚹ *10* ⬛ *8* [⚡] *10 (10A)*

STE-MARIE-DU-MONT
▯ – ▮▮ ③ G. Normandie Cotentin

50790 Manche – 779 h.

▲ **La Baie des Veys,** ℱ 33 71 56 90, SE : 5 km par D 913 et D 115 à droite, au Grand Vey, près de la mer
0,5 ha (50 empl.) ⊶ plat, herbeux ⊏⊐ – ⚊ ⇄ ⇆ ⌷ ⅋ ⊕ – ⤧ – A proximité : ⚌
15 juin-15 sept. – **R** *conseillée août – Tarif 92* : ⚹ *9* ⇌ *3,50* ⬛ *6* [⚡] *9,50 (4A) 12,50 (6A)*

▲ **Utah-Beach** ⟊, ℱ 33 71 53 69, NE : 6 km par D 913 et D 421, à 150 m de la plage
3,2 ha (100 empl.) ⊶ plat et peu incliné, herbeux – ⚊ ⇄ ⇆ ⊕ ⬞ ⬛ – ⅍ – A proximité : ⅍ ⤧ – Location : ⟐
avril-sept. – **R** *conseillée* – ⚹ *13* ⬛ *21,50* [⚡] *15 (3A) 21 (6A)*

STE-MARINE 29 Finistère – ▮▮ ⑮ – rattaché à Bénodet

STE-MAURE-DE-TOURAINE
▯▯ – ▮▮ ④ G. Châteaux de la Loire

37800 I.-et-L. – 3 983 h.
🛈 Syndicat d'Initiative, r. du Château (juil.-août) ℱ 47 65 66 20

▲▲ Municipal de Marans, ℱ 47 65 44 93, SE : 1,5 km par D 760 rte de Loches, et à gauche, r. de Toizelet, à 150 m d'un plan d'eau
1 ha (66 empl.) ⊶ plat et peu incliné, herbeux, pierreux – ⚊ ⇄ ⇆ ⊕ ⅍ – ⅍ ⤧

STE-MENEHOULD ⏎

7 – 66 ⑲ G. Champagne

51800 Marne – 5 177 h.

🛈 Office de Tourisme, 15 pl. du Général-Leclerc (fermé matin sept.-juin) ℰ 26 60 85 83

⩕ **Municipal de la Grelette,** sortie E rte de Metz et 1er pont à droite après la gare, bord de l'Aisne
0,5 ha (50 empl.) plat, herbeux – 🗑 ⛺ ⛭ 🗄 ⊕ – A proximité : 🏊
mai-sept. – **R** – Tarif 92 : 🅔 2 pers. 22, pers. suppl. 9 🅷 8 (4A)

STE-MÈRE-ÉGLISE

4 – 54 ③ G. Normandie Cotentin

50480 Manche – 1 556 h.

⩕ **Municipal** 🔊, ℰ 33 41 35 22, sortie E par D 17 et à droite, près du terrain de sports
1,3 ha (78 empl.) ⚬⚬ plat, herbeux, verger – 🗑 ⛺ 🗄 ⊕ – 🚐 ✗ 🛶
Permanent – **R** juil.-août – Tarif 92 : 🕴 9,50 🚗 5 🅔 14 🅷 10 (16A)

STE-MONTAINE

6 – 64 ⑳

18700 Cher – 206 h.

⩕ **Municipal,** au bourg, par D 79 rte de Ménétréol-sur-Sauldre
0,6 ha (33 empl.) plat, herbeux – 🗑 ⛺ 🗄 ⊕ – 🛶
15 avril-15 oct. – **R** – Tarif 92 : 🕴 6,50 🅔 3,50 🅷 5A : 11,50 (hors saison 21)

STE-REINE-DE-BRETAGNE

4 – 63 ⑮

44160 Loire-Atl. – 1 779 h.

⩕⩕ **Château du Deffay** 🔊 « Parc boisé près d'un étang », ℰ 40 01 63 84, Fax 40 01 66 55, E : 3 km par D 33 rte de Pontchâteau et à gauche
60 ha/2 campables (70 empl.) ⚬⚬ plat, peu incliné, en terrasses, herbeux 🖙 🏕
(1 ha) – 🗑 ⛺ ⛭ 🗄 🖰 & ⊕ 🍽 ✗ 🖬 – 🚐 ✗ 🛶 🏊 – Location : appartements, chalets
15 mai-15 sept. – **R** conseillée 10 juil.-20 août – Tarif 92 : 🕴 19 piscine et tennis compris 🅔 47 (62 ou 71 avec élect. 4A)

SAINTES ⏎

9 – 71 ④ G. Poitou Vendée Charentes

17100 Char.-Mar. – 25 874 h.

🛈 Office de Tourisme, Villa Musso, 62 cours National ℰ 46 74 23 82

⩕ **Au Fil de l'Eau,** ℰ 46 93 08 00, N : 1 km par D 128, rte de Courbiac, bord de la Charente
3 ha (214 empl.) ⚬⚬ plat, herbeux 🖙 ⚬⚬ (2 ha) – 🗑 ⛺ 🗄 🖰 & ⊕ snack 🖬
– 🚐 🖲 🛶 – A l'entrée : 🏊
15 mai-15 sept. – **R** – 🕴 16 🅔 18 🅷 12 (3A) 14 (5A)

STE-SÉVÈRE-SUR-INDRE

10 – 68 ⑲ G. Berry Limousin

36160 Indre – 939 h.

⩕ **Municipal,** au bourg, sur rte de la Châtre
0,5 ha (20 empl.) plat et terrasse, herbeux – 🗑 🖲 🗄 ⊕ – 🚐 🛶
avril-15 oct. – **R** – 🕴 7,50 🚗 7,50 🅔 7,50 🅷 8 (6A)

STE-SIGOLÈNE

11 – 76 ⑧

43600 H.-Loire – 5 236 h. alt. 810

⩕ **Camping de Vaubarlet** 🔊 ⪡ « Site agréable », ℰ 71 66 64 95, SO : 6 km par D 43 rte de Grazac, bord de la Dunière - alt. 600
5 ha (131 empl.) ⚬⚬ plat, herbeux – 🗑 ⛭ 🗄 🖰 ⊕ 🍽 – 🚐 🛶 vélos – Location : bungalows toilés
avril-oct. – **R** conseillée juil.-août – 🕴 11 🚗 6 🅔 11/20 avec élect. (10A)

STES-MARIES-DE-LA-MER

16 – 83 ⑲ G. Provence

13460 B.-du-R. – 2 232 h.

🛈 Office de Tourisme, av. Van-Gogh ℰ 90 47 82 55

⩕⩕ Municipal le Clos du Rhône, ℰ 90 97 85 99, Fax 90 97 72 01 ✉ 13731 Stes-Maries-de-la-Mer, O : 2 km par D 38 et à gauche, près du Petit Rhône et de la plage
7 ha (450 empl.) ⚬⚬ plat, sablonneux 🖙 – 🗑 ⛺ 🗄 🖰 ⊕ 🛶 ♈ 🖲 🖬 cases réfrigérées – 🚐 🏊 vélos – A proximité : 🐎 – Location : 🏠
15 avril-sept. – **R** conseillée juil.-août

⩕⩕ Municipal la Brise, ℰ 90 97 84 67, Fax 90 97 72 01 ✉ 13731 Stes-Maries-de-la-Mer Cedex, sortie NE par D 85A et à droite, près de la plage est
27 ha (1 910 empl.) ⚬⚬ plat, sablonneux – 🗑 🖰 ⊕ 🖬 cases réfrigérées – 🚐 🛶 – A proximité : 🏊 🍽 ✗ ♈
Permanent – **R** conseillée juil.-août

STE-TULLE

17 – 84 ④

04220 Alpes-de-H.-Pr. – 2 855 h.

⩕ **Municipal le Chaffère** « Cadre agréable », ℰ 92 78 22 75, sortie O, bord du Chaffère – ⓟ
0,8 ha (56 empl.) ⚬⚬ plat et peu incliné, terrasses, herbeux 🖙 ⚬⚬ – 🗑 🖲 🗄 🖰 ⊕ 🖬 – 🛶 – A proximité : ✗ 🏊
mai-sept. – **R** été – 🕴 10 🅔 10,80 🅷 8,80 (3A) 17,30 (6A)

SAISIES (Col des)

12 – 74 ⑰ G. Alpes du Nord

73 Savoie – alt. 1 633 – ⏎

⩕ Caravaneige Intercommunal du Grand Tétras ❄ 🔊, ℰ 79 38 93 92 ✉ 73270 Villard-sur-Doron, sortie S par D 218 rte d'Auteluce et 1,8 km par route à droite
0,8 ha (50 empl.) ⚬⚬ plat, gravillons – 🗑 ⛺ ⛭ 🗄 🏧 ⊕ – 🚐 – A proximité : 🍽 ✗ – interdit aux tentes hors saison

SAISSAC

11310 Aude – 867 h.

10 – 88 ⑪ G. Gorges du Tarn

⚠ **Val** ⬿, ℰ 68 24 44 89, sortie NO par D 629 rte de Revel et à gauche
1,9 ha (92 empl.) ⚬ plat et peu incliné, herbeux – 🏠 🛒 🖼 ও ⊛ 🖼 – 🔟 – 🔟 –
A proximité : 🍴
3 juil.-4 sept. – **R** *conseillée* – *Adhésion association V.A.L obligatoire pour séjour*
supérieur à une nuit – 🖼 *piscine comprise 4 pers. 103/118 avec élect.*

SALAVAS 07 Ardèche – 80 ⑨ – rattaché à Vallon-Pont-d'Arc

SALBRIS

41300 L.-et-Ch. – 6 083 h.

🔠 – 84 ⑲ G. Châteaux de la Loire

⚠ **Municipal de Sologne**, ℰ 54 97 06 38, sortie NE par D 55 rte de Pierrefitte-
sur-Sauldre et à droite, bord de la Sauldre et d'un plan d'eau
2 ha (67 empl.) ⚬ plat, herbeux, caillouteux 🖙 ♀ (0,5 ha) – 🏠 🛒 🖼 ⊛ 🖼 🖊
🖙 – 🖾 – A proximité : 🍴 🏕 🛶 🖼 🔟

SALENCY

60400 Oise – 861 h.

⚓ – 56 ③

⚠ **L'Étang du Moulin** ⬿, ℰ 44 43 06 78, au bourg, 54 rue du Moulin
0,36 ha (30 empl.) ⚬ plat et peu incliné, herbeux – 🏠 ও ♀ 🖼 – A proximité :
🍴 ♒
Permanent – **R** *conseillée été* – 🖊 *6,60* 🚗 *4* 🖼 *11* 🔟 *6 (4A) 15 (6A)*

SALERNES

83690 Var – 3 012 h.

🔟 – 84 ⑥ G. Côte d'Azur

⚠ **Municipal des Arnauds** Ⓜ, ℰ 94 67 51 95, sortie NO par D 560 rte de
Sillans-la-Cascade et chemin à gauche, près de la Bresque
0,75 ha (60 empl.) ⚬ plat, pierreux – 🏠 🛒 🖼 ⊛ 🖼 🖊 🖼 cases réfrigérées
– A proximité : ♒ (plan d'eau aménagé)
mai-sept. – **R** *juil.-août* – 🖊 *20* 🖼 *25/40 avec élect.*

SALERS

15140 Cantal – 439 h. alt. 951

🔟 – 76 ② G. Auvergne

⚠ **Municipal le Mouriol**, ℰ 71 40 73 09, NE : 1 km par D 680 rte du Puy Mary
1 ha (45 empl.) ⚬ (saison) plat, peu incliné, herbeux – 🏠 🛒 🖼 🖼 ও ⊛ 🖼 –
🖾 – A proximité : ♒
15 mai-15 oct. – **R** – *Tarif 92 :* 🖊 *9,80* 🚗 *3,60* 🖼 *3,60*

SALIES-DE-BÉARN

64270 Pyr.-Atl. – 4 974 h. –
♨ fév.-déc.
🖸 Office de Tourisme,
1 bd Saint-Guily ℰ 59 38 00 33

🔢 – 78 ⑧ G. Pyrénées Aquitaine

⚠ **Municipal de Mosqueros** ⬿, ℰ 59 38 12 94, sortie O rte de Bayonne, à
la Base de Plein Air
0,7 ha (55 empl.) ⚬ en terrasses, plat, herbeux ♀ – 🏠 🛒 🖼 🖼 ⊛ 🖼 🖊 – 🖾
– A proximité : 🍴 🔟
15 mars-15 oct. – **R** *conseillée juil.-août* – 🖊 *12,50* 🖼 *26*

SALIGNAC-EYVIGUES

24590 Dordogne – 964 h.

🔢 – 75 ⑰ G. Périgord Quercy

⚠ **Le Temps de Vivre** ⬿, ℰ 53 28 93 21, S : 1,5 km par D 61, rte de Carlux
et chemin à droite
1 ha (50 empl.) ⚬ en terrasses et peu incliné, pierreux, herbeux, bois attenant
🖙 – 🏠 🛒 🖼 🖼 ও ♀ 🖼 – 🔟 – Location : 🏠
juin-15 sept. – **R** *conseillée 15 juil.-15 août* – 🖊 *15 piscine comprise* 🖼 *13,50*
🔟 *11,50 (3A)*

SALINS-LES-BAINS

39110 Jura – 3 629 h. –
♨ 6 avril-28 nov.
🖸 Syndicat d'Initiative, pl. des Salines
ℰ 84 73 01 34

🔟 – 70 ⑤ G. Jura

⚠ **Municipal**, sortie N rte de Besançon, près de l'ancienne gare
1 ha (40 empl.) ⚬ plat, herbeux, gravillons – 🏠 🛒 🖼 ও ⊛

SALLANCHES

74700 H.-Savoie – 12 767 h. – ⬿.
🖸 Office de Tourisme, 31 quai
Hôtel-de-Ville ℰ 50 58 04 25

🔟 – 74 ⑧ G. Alpes du Nord

⚠ **Mont-Blanc-Village** ⬿ « Cadre agréable », ℰ 50 58 43 67 ⬠ 74703
Sallanches Cedex, SE : 2 km
6,5 ha (130 empl.) ⚬ plat, herbeux, pierreux, plan d'eau ♀♀ – 🏠 🛒 🖼 🖼 🖼
⊛ ♒ ♀ 🍴 🖼 🖼 – 🖾 – Location : 🏠
20 mars-15 sept. – **R** – 🖊 *19* 🚗 *16* 🖼 *16* 🔟 *13 (7A)*

⚠ **Les Îles** (Municipal de Passy) ⬿ « Cadre agréable », ℰ 50 58 45 36 ⬠
74190 Passy, SE : 2 km, bord d'un ruisseau et à 250 m d'un plan d'eau
3 ha (220 empl.) ⚬ plat, herbeux, pierreux 🖙 ♀ (1,5 ha) – 🏠 🛒 🖼 ও ⊛ 🖼
– A proximité : ♒
juin-mi sept. – **R** *conseillée* – *Tarif 92 :* 🖊 *19* 🚗 *6* 🖼 *16* 🔟 *12 (8A)*

SALLERTAINE

85300 Vendée – 2 245 h.

△ **Municipal de Bel Air** 🏊, 𝒻 51 35 30 00, à 0,5 km à l'est du bourg
0,7 ha (69 empl.) plat, herbeux – ⌂ ⇔ 😀 🗑 ⊕ ⚲
15 juin-15 sept. – **R** – ✳ *9,10* 🔲 *7,20* 🗓 *8,60 (6A)*

SALLES

33770 Gironde – 3 957 h.

🛆 **Le Val de l'Eyre** 🏊, 𝒻 56 88 47 03, sortie SO par D 108ᴱˢ, rte de Lugos,
bord de l'Eyre et d'un étang - par A 63 : sortie 21
13 ha/4 campables (100 empl.) ⊶ (saison) plat, vallonné, sablonneux, herbeux
💦 (6 ha) – ⌂ ⇔ 😀 🗑 ⚹ ⊕ ⚲ 🍽 snack 🗐 – ⚡
Permanent – **R** *juil.-août* – ✳ *16* 🚗 *5* 🔲 *16/20 avec élect. (6A)*

🛆 **Le Bilos** 🏊, 𝒻 56 88 40 27, SO : 4 km par D 108 rte de Lugos et rte à droite
1,5 ha (85 empl.) ⊶ plat, herbeux, sablonneux 💧 - (⌂ ⇔ 😀 ⚲ avril-oct.) 🗑
⚹ ⊕ ⚱
Permanent – **R** *conseillée juil.-août* – ✳ *11* 🔲 *9* 🗓 *7,50 (3A) 13 (5A) 15 (6A)*

SALLES

47150 L.-et-G. – 289 h.

🛆🛆 **Les Bastides** ≤, 𝒻 53 40 83 09, NE : 1 km par D 150 rte de Lacapelle-Biron
au carrefour avec D 152
6,1 ha (80 empl.) ⊶ plat, peu incliné, en terrasses, herbeux, sablonneux 💧 💧
– ⌂ ⇔ 😀 🗑 ⚹ ⊕ ⚹ 🍽 – ⚡🛶 🏊 – Location : 🚐
30 mai-12 sept. – **R** *conseillée 15 juil.-15 août* – ✳ *23 piscine comprise* 🚗
8 🔲 *25* 🗓 *11 (2A) 14 (4A)*

SALLES-CURAN

12410 Aveyron – 1 277 h. alt. 833

🛆🛆 **Beau Rivage** ≤ « Situation agréable au bord du lac de Pareloup »,
𝒻 65 46 33 32, Fax 65 46 01 64, N : 3,5 km par D 993 et D 243 à gauche
2 ha (81 empl.) ⊶ en terrasses, herbeux 💧 – ⌂ ⇔ 😀 🗑 ⊕ ⚲ ▽ ⚱ ⚹ 🗐
– 🚘 🏊 ⚓ 🜄
juin-sept. – **R** *conseillée – Tarif 92* : 🔲 *piscine comprise 3 pers. 110* 🗓 *20*
(6 ou 10A)

🛆🛆 **Les Genêts** 🏊 ≤, 𝒻 65 46 35 34, Fax 65 78 00 72, O : 5 km par D 577 puis
2 km par chemin à droite, bord du lac de Pareloup
3,5 ha (140 empl.) ⊶ peu incliné et incliné, herbeux 💧 💧 (1,5 ha) – ⌂ ⇔ 😀
🗑 ⊕ ⚲ ▽ ⚱ ⚹ 🍽 snack 🗐 – 🚘 discothèque 🏊 ⚓ – Location : 🚐
juin-sept. – **R** *conseillée juil.-août* – 🔲 *élect. (6A) et piscine comprises 2 ou 3 pers.*
100 ou 130, pers. suppl. 25

SALLES-ET-PRATVIEL **31** H.-Gar. – 85 ⑳ – rattaché à Luchon

Les SALLES-SUR-VERDON

83630 Var – 154 h.

🛆 **Les Pins,** 𝒻 94 70 20 80, Fax 94 84 23 27, sortie S par D 71 puis 1,2 km par
chemin à droite, à 100 m du *lac de Ste-Croix* – Accès direct pour piétons du centre
bourg
2 ha (100 empl.) ⊶ plat et en terrasses, gravier, pierreux, herbeux 💧 – ⌂ ⇔
😀 🗑 ⊕ ⚲ ▽ 🗐 cases réfrigérées – ⚡🛶 – A proximité : ⚓ 🜄
avril-oct. – **R** *conseillée juin-sept., indispensable juil.-août* – ✳ *20* 🔲 *avec élect.*
20 à 48

🛆 **La Source,** 𝒻 94 70 20 40, Fax 94 70 20 74, sortie S par D 71 puis 1 km par
chemin à droite, à 100 m du *lac de Ste-Croix* – Accès direct pour piétons du centre
bourg
2 ha (89 empl.) ⊶ plat et en terrasses, gravier, pierreux, herbeux 💧 – ⌂ ⇔ 😀
🗑 ⚹ ⊕ ⚲ ▽ 🗐 – ⚡🛶 – A proximité : ⚓ 🜄
avril-oct. – **R** *indispensable juil.-août* – ✳ *19* 🔲 *20* 🗓 *15 (6A)*

▶ *Les cartes Michelin sont constamment tenues à jour.*

SALORNAY-SUR-GUYE
71810 S.-et-L. – 663 h.

⑪ – 𝟞𝟫 ⑱

△ **Municipal de la Clochette** ⌂, ℘ 85 59 90 11, au bourg, accès par chemin devant la poste, bord du Guye
2 ha (70 empl.) plat et terrasse, herbeux ♀ (0,3 ha) – ⊓ & ☺ – A proximité : ✗
15 avril-15 oct. – **R** – ♦ 7 ▣ 8 🅷 8 (4A) 10 (plus de 4A)

La SALVETAT-SUR-AGOUT
34330 Hérault – 1 153 h. alt. 663

⑮ – 𝟠𝟥 ③ G. Gorges du Tarn

△ **La Blaquière,** ℘ 67 97 61 29, sortie N rte de Lacaune, bord de l'Agout
0,8 ha (60 empl.) ⊶ plat, herbeux – ⊓ ☜ ☺
15 juin-15 sept. – **R** – Tarif 92 : ▣ 2 pers. 40, pers. suppl. 14 🅷 13

SAMOËNS
74340 H.-Savoie – 2 148 h. alt. 714 – ⛷.

🅕 Office de Tourisme ℘ 50 34 40 28

⑫ – 𝟟𝟦 ⑧ G. Alpes du Nord

△ Municipal le Giffre ❁ < « Site agréable », ℘ 50 34 41 92, SO : 1 km sur D 4 rte de Morillon, bord du Giffre et près d'un lac
6 ha (275 empl.) ⊶ plat, herbeux, pierreux ♀ – ⊓ ⇌ ⇄ 🖻 & ⊪ ☺ ♨ ⚲ ⚐ – 🛒 – A proximité : crêperie ✗ ⌁ toboggan aquatique ⚞ – Location : studios
Permanent – **R** conseillée 15 déc.-15 avril et juil.-août

△ **Le Chanosset** (aire naturelle) ⌂ < « Agréable situation dominante », ℘ 50 34 43 54, SO : 2,5 km, à Vercland – alt. 820
1 ha (25 empl.) ⊶ plat et incliné, herbeux, verger – ⊓ ☺ – A proximité : ♈ ✗
20 juin-août – **R** – ▣ 1 pers. 13/14

SAMPZON **07** Ardèche – 𝟠𝟘 ⑧ ⑨ – rattaché à Ruoms

SANARY-SUR-MER
83110 Var – 14 730 h.

🅕 Maison du Tourisme,
Jardins de la Ville ℘ 94 74 01 04

⑰ – 𝟠𝟦 ⑭ G. Côte d'Azur

🔺 **Le Mas de Pierredon,** ℘ 94 74 25 02, Fax 94 74 03 65, N : 3 km par rte d'Ollioules et à gauche après le pont de l'autoroute (quartier Pierredon)
3,8 ha (180 empl.) ⊶ plat et en terrasses, pierreux, herbeux ♀♀ – ⊓ ⇌ ⇄ 🖻 -18 sanitaires individuels (⊓ ⇌ wc) ☺ ⚲ ☷ ✗ ⚞ ☜ ▣ – 🛒 ✗ ⌁ – Location : ⊡, bungalows toilés
avril-15 oct. – **R** conseillée 20 juin-25 août – ♦ 21 piscine comprise ▣ 44 🅷 16 (6A) 22 (10A)

SANCHEY **88** Vosges – 𝟞𝟤 ⑮ – rattaché à Épinal

SANGUINET
40460 Landes – 1 695 h.

⑬ – 𝟟𝟠 ③ G. Pyrénées Aquitaine

🔺 Municipal Lou Broustaricq ⌂ « Cadre agréable », ℘ 58 78 62 62, NO : 2,8 km par rte de Bordeaux et chemin de Langeot, à 300 m de l'étang de Cazaux
16 ha (555 empl.) ⊶ plat, sablonneux, gravillons ⊡ ♀♀ – ⊓ ⇌ ⇄ 🖻 ⊪ 🛒 ☺ ⚲ ☷ ♈ 🍖 ☇ ▣ – 🛒 ✗ ⚞ ⌁ – A proximité : ⚓ – Location : 🛖

🔺 **Les Grands Pins,** ℘ 58 78 61 74, O : 1,4 km rte du lac, près de l'étang de Cazaux
5,7 ha (190 empl.) ⊶ (saison) plat, sablonneux, herbeux ♀♀ pinède – ⊓ ⇌ ⇄ 🖻 & 🛒 ☺ ⚲ ☷ ☇ ♈ snack ☇ – ✗ ⌁ vélos – A proximité : ⚓ ⚐ – Location : 🛖 🛒

🔺 Municipal le Lac, ℘ 58 78 61 94, O : 1,8 km, près de l'étang de Cazaux
8,5 ha (330 empl.) ⊶ (saison) plat, sablonneux ♀ (3 ha) – ⊓ ⇌ ⇄ 🖻 & ☺ ⊪ – A proximité : ♈ ⚓

SANXAY
86600 Vienne – 630 h.

⑨ – 𝟞𝟠 ⑫ G. Poitou Vendée Charentes

△ **Municipal,** sortie O par D 3 rte de Ménigoute, près de la Vonne
0,6 ha (30 empl.) plat, herbeux ♀ – ⊓ ☜ ☺ – A proximité : ♈ ⌁
15 avril-15 oct. – ℞ – ♦ 8 ⚘ 5,30 ▣ 5,30 🅷 9

SAOU
26400 Drôme – 378 h.

⑯ – 𝟟𝟟 ⑫ G. Vallée du Rhône

△ **Municipal** ⌂ < « Site pittoresque », NE : 1,5 km par D 136 et chemin à droite, bord de la Vèbre
1 ha (40 empl.) plat et peu incliné, herbeux, pierreux ♀ – ⊓
15 mars-15 nov. – **R** – Tarif 92 : ♦ 10 ▣ 11

SARBAZAN
40120 Landes – 940 h.

⑬ – 𝟟𝟫 ⑪

△ **Municipal** ⌂, à l'est du bourg, près d'un plan d'eau
1 ha (50 empl.) non clos, plat, herbeux, sablonneux ♀♀ pinède – ⊓ ⇌ ⇄ 🖻 & ☺ – A proximité : ✗
avril-oct. – **R** – ♦ 9 ⚘ 4 ▣ 12 🅷 10 (5A) 20 (10A)

SARE

64310 Pyr.-Atl. – 2 054 h.

⚠ **La Petite Rhune** ⑤ ≤, S : 2 km sur rte reliant D 406 et D 306
1,5 ha (52 empl.) ⊶ (saison) peu incliné, herbeux ⊙ – ⛺ ⇌ 🚿 ⊘ ⌕ ⓢ –
🛏 ✗ – A proximité : ⚑ ✗
avril-sept. – **R** conseillée – ⓔ 2 pers. 41, pers. suppl. 11,50 ⓗ 10 (6A)

⚠ **Goyenetche** ≤, ✎ 59 54 21 71, S : 3,5 km par D 306 rte des grottes, bord
d'un ruisseau
1 ha (70 empl.) ⊶ plat, prairie ⊙ – ⛺ ⇌ 🚿 ⊘ ⌕ – 🛏
juin-sept. – **R** conseillée juil.-août – ⓔ 2 pers. 34, pers. suppl. 10 ⓗ 10

SARLAT-LA-CANÉDA ◇⑤◇

24200 Dordogne – 9 909 h.
🅱 Office de Tourisme, pl. de la
Liberté ✎ 53 59 27 67 et av. du
Général-de-Gaulle (juil.-août)
✎ 53 59 18 87

⚠ **La Palombière** Ⓜ ⑤, ✎ 53 59 42 34, Fax 53 28 45 40 ⊠ 24200 Ste-
Nathalène, NE : 9 km
7 ha (120 empl.) ⊶ peu incliné et en terrasses, pierreux, herbeux ⊠ ⊙⊙ – ⛺ ⇌ 🚿 ⓢ
🖐 ✈ ⛾ ⛤ ✗ ✍ 🖭 – 🛏 ✗ 🏊 ☂ ⊿ vélos – Location : 🚐
15 avril-sept. – **R** conseillée juil.-août – ✚ 29,20 piscine comprise ⓔ 42,30
ⓗ 14 (4 à 6A)

⚠ **Les Grottes de Roffy** ⑤ ≤ « Cadre agréable », ✎ 53 59 15 61,
Fax 53 59 19 27 ⊠ 24200 Ste-Nathalène, E : 8 km
5 ha (125 empl.) ⊶ en terrasses, herbeux ⊠ – ⛺ ⇌ ⛾ ⓢ 🖐 ⊘ ⊿ ☂ ⛤ ⚑
✗ ✍ 🖭 – 🛏 ✗ 🏊 ⊿
15 avril-sept. – **R** conseillée juil.-août – Tarif 92 : ✚ 29,50 piscine comprise ⓔ
40,50 ⓗ 14 (6A)

⚠ **Le Moulin du Roch** « Cadre agréable », ✎ 53 59 20 27, Fax 53 29 44 65 ⊠
24200 St-André-d'Allas, NO : 10 km, bord d'un ruisseau – ⚞
7 ha/5 campables (195 empl.) ⊶ plat, peu incliné et en terrasses, herbeux ⊠ ⊙⊙
– ⛺ ⇌ ⛾ ⓢ 🖐 🏁 ⊘ ☂ ✈ ⛤ ⚑ ✗ ✍ 🖭 – 🛏 ✗ ☂ ⊿ vélos – Location : 🚐
mai-sept. – **R** conseillée juin, indispensable juil.-août – ⓔ piscine comprise 3 pers.
129 ⓗ 15 (6A)

⚠ **Aqua Viva** ⑤, ✎ 53 59 21 09, Fax 53 29 36 37 ⊠ 24200 Carsac-Aillac, SE :
7 km, bord de l'Énéa et d'un petit étang
10 ha (166 empl.) ⊶ plat, accidenté et en terrasses, herbeux ⊙⊙ – ⛺ ⇌ ⛾ ⓢ
🖐 🏁 ⊘ ⛤ ⚑ snack ✗ – 🛏 ✗ 🏊 ⚓ vélos – Location : 🚐 🏠
Pâques-24 oct. – **R** conseillée – ✚ 27 piscine comprise ⓔ 39 ⓗ 14 (3A) 16 (6A)
21 (10A)

⚠ **Les Périères** ⑤ ≤ « Cadre agréable, belle entrée fleurie », ✎ 53 59 05 84,
Fax 53 28 57 51 ⊠ 24203 Sarlat-la-Canéda Cedex, NE : 1 km
11 ha/4 campables (100 empl.) ⊶ en terrasses, herbeux ⊙⊙ – ⛺ ⇌ ⛾ ⓢ 🖐
⊘ ☂ ✈ ⛤ ⚑ snack 🖭 – 🛏 ✗ 🏊 parcours sportif – Location : villas
avril-sept. – **R** conseillée juin-août – ⓔ élect. (5A) et piscine comprises 145, pers.
suppl. 27,30

⚠ **Les Chênes Verts** ⑤ « Cadre agréable », ✎ 53 59 21 07 ⊠ 24370 Calviac-
en-Périgord, SE : 8,5 km
8 ha (123 empl.) ⊶ plat, peu incliné, en terrasses, herbeux ⊠ ⊙⊙ – ⛺ ⇌ ⛾
ⓢ 🖐 ⊘ ☂ ✈ ⛤ 🖭 – 🛏 ✗ ✍ vélos
mai-sept. – **R** conseillée juil.-août – ✚ 20 piscine comprise ⓔ 35 ⓗ 14 (10A)

⚠ **La Châtaigneraie** ⑤ « Cadre agréable », ✎ 53 59 03 61 ⊠ 24370
Prats-de-Carlux, E : 10 km
3 ha (70 empl.) ⊶ en terrasses, plat, herbeux, sablonneux ⊠ ⊙⊙ (0,5 ha) – ⛺
⇌ ⛾ ⓢ 🖐 ⊘ ☂ ✈ ⛤ ⚑ ✗ ✍ 🖭 – 🛏 ✗ 🏊 ⊿ – A proximité : piste de
bi-cross
15 mai-15 sept. – **R** conseillée juil.-15 août – ✚ 21 piscine comprise ⓔ 27,50
ⓗ 16 (6A)

⚠ **Maillac** ⑤, ✎ 53 59 22 12, Fax 53 29 60 17 ⊠ 24200 Ste-Nathalène, NE :
7 km – 4 ha (160 empl.) ⊶ plat, peu incliné, herbeux ⊠ ⊙⊙ – ⛺ ⇌ ⛾ ⓢ 🖐
⊘ ☂ ✈ ⛤ ⚑ ✗ 🖭 – 🛏 ✗ 🏊 – Location : studios
15 mai-15 sept. – **R** conseillée juil.-août – ✚ 20 piscine comprise ⓔ 25 ⓗ 15 (6A)

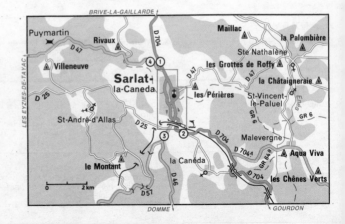

▲▲▲ **le Montant** ⑤ ≤, ℰ 53 59 18 50, SE : 2 km par D 57 rte de Bergerac puis 2,3 km par chemin à droite
3 ha (70 empl.) ⊶ (juil.-août) en terrasses, herbeux ☐ – 祝 ⇔ ☷ ⫖ & ⊕ ⚘
⛺ 🏪 – 🏠 🛶 –
juin-sept. – **R** conseillée juil.-août – 🏊 17 piscine comprise ▣ 20 ⑼ 10 (3A) 15 (5A) 20 (10A)

▲▲ **Les Charmes** ⑤, ℰ 53 31 02 89 ⊠ 24200 St-André-d'Allas, O : 12 km par D 47, rte des Eyzies-de-Tayac et rte à gauche (hors schéma)
1,8 ha (85 empl.) ⊶ plat et peu incliné, en terrasses, herbeux 00 (1 ha) – 祝 ℛ
⫖ & ⊕ ▼ snack – 🏠 🛶 – Location : 🚐
avril-15 oct. – **R** conseillée 15 juil.-15 août – 🏊 16 piscine comprise ▣ 16/19,50 ⑼ 12,50 (4A)

▲▲ **Rivaux** ≤, ℰ 53 59 04 41, NO : 3,5 km
4 ha (100 empl.) ⊶ plat, peu incliné et accidenté, herbeux ☐ 00 pinède (1 ha)
– 祝 ⇔ ☷ ℛ ⫖ & ⊕ ⚘ ▼ – 🏠 🛶 vélos
avril-sept. – **R** – 🏊 12 ⇜ 5 ▣ 15

▲ **Villeneuve** ⑤ ≤, ℰ 53 59 23 13 ⊠ 24200 St-André-d'Allas, NO : 8 km par D 47 et rte à gauche
2,5 ha (60 empl.) incliné, terrasses, herbeux ☐ 000 (0,5 ha) – 祝 ⇔ ☷ ⫖ & ⊕
– 🏠 🛶 – Location : 🚐
mai-oct. – **R** conseillée août – 🏊 15 piscine comprise ▣ 14 ⑼ 11 (4 ou 6A)

SARRIANS

84260 Vaucluse – 5 094 h.

▲▲ **Municipal Ste-Croix** ≤, ℰ 90 12 21 16, au SE du bourg, accès par D 221
2 ha (40 empl.) ⊶ plat, herbeux – 祝 ⇔ ℛ ⊕ – ❀ piste de bi-cross – A proximité :
⛺
15 juin-15 sept. – **R** – 🏊 8,50 ▣ 5/8,50 ⑼ 8

SARZEAU

56370 Morbihan – 4 972 h.
🛈 Syndicat d'Initiative, Bâtiment des Trinitaires, r. du Général-de-Gaulle (fermé après-midi hors saison) ℰ 97 41 82 37

▲▲▲ **Le Bohat** ⑤, ℰ 97 41 78 68, O : 2,8 km
4 ha (225 empl.) ⊶ plat, herbeux ⚘ verger (2 ha) – 祝 ⇔ ☷ ℛ ⫖ & ⊕ ⚘
crêperie ▣ – 🏠 🛶 🛶 vélos
15 mai-15 sept. – **R** conseillée – 🏊 18 piscine comprise ▣ 40 ⑼ 11 (6 ou 10A)

▲▲ **Le Treste** « Entrée fleurie », ℰ 97 41 79 60, Fax 97 41 36 21, S : 2,5 km rte du Roaliguen
2,5 ha (190 empl.) ⊶ plat, herbeux – 祝 ⇔ ☷ ⫖ ⊕ ⚘ – 🏠 🛶
11 avril-20 sept. – **R** conseillée – Tarif 92 : 🏊 15,10 ▣ 29,50 ⑼ 10 (4A) 12 (6A) 13 (8A)

Voir aussi à *Arzon, St-Gildas-de-Rhuys, Surzur*

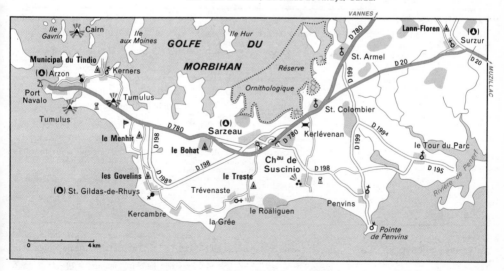

SASSETOT-LE-MAUCONDUIT

76450 S.-Mar. – 944 h.

▲▲ **Les Trois Plages** ⑤ ≤, ℰ 35 27 40 11, SO : 1,3 km, entre le bourg et la D 925
4 ha (67 empl.) ⊶ plat et peu incliné, herbeux – 祝 ⇔ ☷ ⊕ ⚘ ▣ – 🏠
🛶
4 avril-15 sept. – **R** – 🏊 16 ▣ 21 ⑼ 10,50 (3A) 18,50 (6A)

SATILLIEU
07290 Ardèche – 1 818 h.

11 – 76 ⑨

△△ **Le Grangeon** ≤, ℰ 75 34 96 41, Fax 75 34 96 06, SO : 1,1 km par D 578^A rte de Lalouvesc et à gauche, bord de l'Ay
1 ha (70 empl.) ⚬⇥ en terrasses, herbeux – 🚿 ⚕ 🚱 🛁 ⚘ ⚐ ⟳ – A proximité : 🎣 (plan d'eau aménagé)
mai-sept. – **R** *conseillée* – ✶ 9,50 ⇔ 8,50 🅴 8,50 /13 🔌 14 (5A)

SAUGUES
43170 H.-Loire – 2 089 h. alt. 960.
🅱 Syndicat d'Initiative,
Mairie (juil.-15 sept.) ℰ 71 77 84 46

11 – 76 ⑯ G. Auvergne

△△ **Sporting de la Seuge** ≤, ℰ 71 77 80 62, sortie O par D 589 rte du Malzieu-Ville et à droite, bord de la Seuge et près de deux plans d'eau et d'une pinède
3 ha (100 empl.) ⚬⇥ plat, herbeux, pierreux – 🚿 ⚕ 🚱 🛁 🛒 & ⚘ 🛒 – 🛖 ✗ tir à l'arc, parcours sportif – A proximité : 🛝 🎣 🐎 – Location : gîte d'étape
15 juin-15 sept. – **R** – ✶ 16 🅴 13 🔌 11

SAULIEU
21210 Côte-d'Or – 2 917 h.
🅱 Maison du Tourisme, r. d'Argentine
ℰ 80 64 00 21

7 – 65 ⑰ G. Bourgogne

△△△ **Municipal le Perron,** ℰ 80 64 16 19, NO : 1 km par N 6 rte de Paris, près d'un plan d'eau
3,5 ha (135 empl.) ⚬⇥ plat et peu incliné, herbeux 🚽 – 🚿 ⚕ 🛒 🛁 & ⚘ ⚐ ⟳ ✗- 🛒 ✗ 🕹 vélos – Location : huttes
avril-Toussaint – **R** *juil.-août* – *Tarif 92 :* ✶ 12 *piscine et tennis compris* 🅴 20/25 🔌 10 (10A)

SAULT
84390 Vaucluse – 1 206 h. alt. 765.
🅱 Office de Tourisme, av. Promenade (saison) ℰ 90 64 01 21

16 – 81 ⑭ G. Alpes du Sud

△△ **Municipal du Deffends,** ℰ 90 64 07 18, NE : 1,7 km par D 950 rte de St-Trinit, au stade
9 ha (175 empl.) ⚬⇥ plat et peu incliné, pierreux, sous-bois ♒♒♒ – 🚿 🛁 & ⚘ – 🕹 – A proximité : ✗
juin-sept. – **R** – ✶ 13 🅴 10 🔌 9,50 (5 ou 6A)

SAUMANE
30125 Gard – 183 h.

16 – 80 ⑯ ⑰

△ **Le Verdier,** ℰ 66 83 92 22, SE : 1 km sur D 907 rte de St-Jean-du-Gard, à 50 m du Gardon
1,6 ha (70 empl.) ⚬⇥ plat, peu incliné et en terrasses, herbeux ♒♒♒ – 🚿 ⚘ 🛒 half-court – A proximité : 🎣
15 juin-15 sept. – **R** *conseillée* – 🅴 1 pers. 35, 2 pers. 47, pers. suppl. 11 🔌 8,50 (3A) 11,50 (6A)

SAUMUR ⟨S⟩
49400 M.-et-L. – 30 131 h.
🅱 Office de Tourisme et Accueil de France, pl. Bilange ℰ 41 51 03 06

5 – 64 ⑫ G. Châteaux de la Loire

△△ **L'Ile d'Offard** Ⓜ ≤ château, ℰ 41 67 45 00, Fax 41 67 37 81, accès par centre ville, dans une île de la Loire
3,5 ha (250 empl.) ⚬⇥ plat, herbeux – 🚿 ⚕ 🛁 & 🏢 ⚘ ⚐ ⟳ 🛒 ⚐ ♈ brasserie 🛒 – 🛒 🛖 🕹 🛝 🔼 – A proximité : ✗ – Location : 🚐
Permanent – **R** *conseillée juil.-août* – ✶ 22,50 *piscine comprise* 🅴 40,50 🔌 16 (6A)

à Dampierre-sur-Loire SE : 4 km par D 947 – ⊠ 49400 Saumur :

△ **Municipal,** ℰ 41 67 87 99, au bourg, bord d'un bras de la Loire
1 ha (100 empl.) ⚬⇥ plat, herbeux ♀ – 🚿 ⚕ 🛁 ⚘ 🛒
juin-15 sept. – **R** *conseillée* – **R** – ✶ 11 ⇔ 5,50 🅴 5,50 🔌 16 (5A)

à St-Hilaire-St-Florent NO : 2 km – ⊠ 49400 Saumur :

△△ **Chantepie** ⚲ ≤ vallée de la Loire (accueil spécial pour familles accompagnées d'enfants handicapés), ℰ 41 67 95 34, NO : 5,5 km par D 751 rte de Gennes et chemin à gauche, à la Mimerolle
3,5 ha (150 empl.) ⚬⇥ plat, herbeux 🚽 – 🚿 ⚕ 🛁 🛒 ⚘ ⚐ 🔼 🛒 – 🛒 🛖 🔼 🔼 poneys
15 mai-15 sept. – **R** *conseillée juil.-août* – ✶ 20,50 *piscine comprise* ⇔ 25 🅴 27,50 🔌 16 (6A)

SAUVE
30610 Gard – 1 606 h.

16 – 80 ⑦

△△△ **Domaine de Bagard,** ℰ 66 77 55 99, SE : 1,2 km par D 999 rte de Nîmes, bord du Vidourle
12 ha/6 campables (150 empl.) ⚬⇥ plat, herbeux, pierreux 🚽 ♀♀ – 🚿 ⚕ 🛁 🛒 ⚘ ⚐ ⟳ ♈ ✗ ✗ – 🛒 – 🛒 ✗ 🔼 vélos – Location : gîtes

---

SAUVETERRE-DE-BÉARN
64390 Pyr.-Atl. – 1 366 h.
🅱 Syndicat d'Initiative, Mairie ℰ 59 38 50 17

13 – 85 ④ G. Pyrénées Aquitaine

△ **Municipal le Gave** ⚲, ℰ 59 38 53 30, sortie S par D 933 rte de St-Palais puis chemin à gauche avant le pont, bord du Gave d'Oloron
1,3 ha (100 empl.) ⚬⇥ plat, herbeux ♀ – 🚿 ⚕ 🛁 ⚘ 🛒
Permanent – **R** *conseillée* – ✶ 8,80 🅴 6,20/9,30 🔌 8,80 (3A) 14,50 (6A)

SAUVETERRE DE GUYENNE
33540 Gironde – 1 715 h.

▲▲ **Municipal,** ✆ 56 71 56 95 sortie S par le sens giratoire
0,5 ha (30 empl.) ⚬ non clos, plat, herbeux, sablonneux, gravillons ☒ – ⌂ ⚬
⛺ 🆓 👶 ⊕ ⚘ ▽ – A proximité : ⊿
Permanent – **R** juil.-août – ⚡ 8 ⚗ 5 🅴 5/12 🈂 11 (moins de 3A) 18 (plus de 3A)

🄶 – 🗓🗓 ⑫

SAUVETERRE-LA-LÉMANCE
47500 L.-et-G. – 685 h.

▲▲▲ **Moulin du Périé** 🔉 « Ancien moulin restauré », ✆ 53 40 67 26, Fax 53 40 62 46, E : 3 km par rte de Loubejac, bord d'un ruisseau
3,5 ha (75 empl.) ⚬ plat, herbeux ☒ 🎵 peupleraie – ⌂ ⚬ ⛺ 🆓 👶 ⊕ ⚘ ▼
✗ 🍴 – 🛏 🏊 ⊿ ≌ (petit étang) – Location : 🏠
avril-sept. – **R** conseillée juil.-août – ⚡ 28 piscine comprise ⚗ 7 🅴 35 🈂 16 (6A)

🄶 – 🗓🗓 ⑥

SAUVIAN
34410 Hérault – 3 178 h.

▲▲▲ **La Gabinelle,** ✆ 67 39 50 87, au SE du bourg, rte de Sérignan
3 ha (193 empl.) ⚬ plat, herbeux, pierreux – ⌂ 🎵 🆓 👶 ⊕ ▼ 🍴 – 🛏 ⊿ –
A proximité : 🏊
15 juin-15 sept. – **R** conseillée – Tarif 92 : 🅴 piscine comprise 2 ou 3 pers. 72,20, pers. suppl. 12,50 🈂 11,40 (5A)

▲ **Municipal,** ✆ 67 32 33 16, sortie O, av. du Stade
1 ha (50 empl.) ⚬ plat, herbeux ☒ – ⌂ 🎵 ⊕
avril-sept. – **R** conseillée août – 🅴 1 ou 2 pers. 50, pers. suppl. 15 🈂 11,50 (6A)

🄶 – 🗓🗓 ⑮

SAUZÉ-VAUSSAIS
79190 Deux-Sèvres – 1 755 h.

▲ **Municipal,** ✆ 49 07 61 33, SO : 1 km par D 1 rte de Chef-Boutonne
1 ha (40 empl.) incliné à peu incliné, plat, herbeux, bois attenant ☒ – ⌂ ⚬ 🎵
⊕ – 🏊 piste de bi-cross – A proximité : 🏊 ⊿ – Location : gîtes
16 juin-15 sept. – **R** – ⚡ 6,30 ⚗ 4,10 🅴 5,30 🈂 6,80

🄶 – 🗓🗓 ③

SAVENAY
44260 Loire-Atl. – 5 314 h.

▲▲▲ **Municipal du Lac** 🔉 « Site agréable », ✆ 40 58 31 76, E : 1,8 km par rte de Malville, au lac
1 ha (97 empl.) ⚬ en terrasses, herbeux – 🎵 ⚬ ⛺ 🆓 👶 ▥ ⊕ ⚘ ▽ – A l'entrée
🏊 ⊿ – A proximité : ▼ crêperie 🎵
mai-sept. – **R** – ⚡ 6,75 ⚗ 3,30 🅴 4,15 🈂 6,35 (2A) et 2,20 par ampère suppl.

🄶 – 🗓🗓 ⑮

SAVERNE ◁▷
67700 B.-Rhin – 10 278 h.
🄸 Office de Tourisme,
Château des Rohan ✆ 88 91 80 47

🄶 – 🗓🗓 ⑱ G. Alsace Lorraine

▲▲▲ **Municipal** « Entrée fleurie », ✆ 88 91 35 65, SO : 1,3 km par D 171 rte du Haut-Barr et r. Knoepffler à gauche
2,1 ha (145 empl.) ⚬ peu incliné, plat, herbeux – 🎵 ⚬ ⛺ 🆓 👶 ⊕ ⚘ ⚘ –
🛏 🏊
avril-sept. – **R** conseillée juil.-août – ⚡ 11 🅴 16 🈂 8 (2A) 17 (4A) 25 (6A)

SAVIGNY-LÈS-BEAUNE 21 Côte-d'Or – 🗓🗓 ⑨ – rattaché à Beaune

SAVINES-LE-LAC
05160 H.-Alpes – 759 h. alt. 810.
🄸 Office de Tourisme ✆ 92 44 20 44

🄶 – 🗓🗓 ⑰ G. Alpes du Sud

▲▲ **Le Nautic** « lac et montagnes, ✆ 92 50 62 49, Fax 92 54 30 67 ✉ 05230 Prunières, O : 4,5 km par N 94 rte de Gap, bord du lac de Serre-Ponçon
2,6 ha (100 empl.) ⚬ en terrasses, pierreux, gravillons ♀ (1 ha) – 🎵 🎵 🆓 ⊕
🏊 ▼ ⊿ 🏊 ≌
juin-15 sept. – **R** – 🅴 piscine comprise 3 pers. 114, pers. suppl. 26 🈂 18 (5A)

SCIEZ
74140 H.-Savoie – 3 371 h.

🄶 – 🗓🗓 ⑰

▲▲ **Le Grand Foc** 🔉, ✆ 50 72 62 70, NE : 3 km par N 5 rte de Thonon-les-Bains et rte du port de Sciez-Plage à gauche, à 300 m de la plage
1,3 ha (65 empl.) ⚬ peu incliné, plat, herbeux, pierreux ☒ ♀ – 🎵 ⚬ 🎵 ⊕ ▼
✗ ⚘ 🍴 – A proximité : ≌ – Location : 🛏
25 mars-sept. – **R** conseillée juil.-août – ⚡ 13 ⚗ 6 🅴 11 🈂 10,50 (2A) 13 (3A) 16,50 (3A)

▲▲ **Le Chatelet** 🔉, ✆ 50 72 52 60, NE : 3 km par N 5 rte de Thonon-les-Bains et rte du port de Sciez-Plage à gauche, à 300 m de la plage
1,6 ha (43 empl.) ⚬ plat, herbeux, pierreux – 🎵 🎵 🆓 👶 ⊕ 🍴 – A proximité : ≌
15 avril-sept. – Places limitées pour le passage – **R** – 🅴 2 pers. 48, pers. suppl. 16 🈂 11 (4A) 15 (6A)

▲ **Brise du Léman** 🔉, NE : 2 km par N 5 rte de Thonon-les-Bains et rte du port de Sciez-Plage à gauche, à 100 m de la plage
1,8 ha (100 empl.) ⚬ plat et peu incliné, herbeux ♀ – 🎵 🎵 ⊕ 🍴 – A proximité : ≌
avril-sept. – **R** – 🅴 jusqu'à 3 pers. 47 🈂 12 (3A) 18 (6A)

SECONDIGNY

79130 Deux-Sèvres – 1 907 h.

▲ **Municipal du Moulin des Effres,** sortie S par D 748 rte de Niort et chemin à gauche, près d'un plan d'eau
2 ha (60 empl.) peu incliné et plat, herbeux ⚲ – 🖳 ⏚ ⊛ – A proximité : 🍴 ✗ ✘
🔥 ⛵ 🛶
avril-15 oct. – ℟ – Tarif 92 : 🏃 7,50 ⇔ 6 🔲 6 🔌 12

SEDAN

08200 Ardennes – 21 667 h.
🅱 Office de Tourisme, parking du Château (fermé matin 16 sept.-14 mars) ℘ 24 27 73 73

▲▲ **Municipal,** ℘ 24 27 13 05, à la prairie de Torcy, Bd Fabert, bord de la Meuse
1,5 ha (130 empl.) ⊶ plat, herbeux ⚲ (0,5 ha) – 🖳 ⏚ 🖩 & ⊛ – ⛷ vélos
15 avril-15 oct. – ℟ conseillée juil.-août – Tarif 92 : 🏃 11 🔲 12 (16 ou 22 avec élect. 5 ou 10A)

SÉDERON

26560 Drôme – 245 h. alt. 809

▲ **Municipal les Biaux** ⧏, à l'est du bourg, bord de la Méouge
1 ha (26 empl.) plat, herbeux – 🖳 ⏚ ⊛
juin-août – ℟ – 🏃 11 ⇔ 5 🔲 7 🔌 12

SÉEZ

73700 Savoie – 1 662 h. alt. 904.
🅱 Syndicat d'Initiative ℘ 79 41 00 15

▲▲ **Le Reclus** ❀, ℘ 79 41 01 05, sortie NO par N 90 rte de Bourg-St-Maurice, bord du Reclus
1,5 ha (108 empl.) ⊶ peu incliné et en terrasses, herbeux, pierreux ⚲⚲ – 🖳 🖩 ⊛ 🖩 – 🛖
Permanent – ℟ conseillée été et hiver – 🏃 15,50 ⇔ 6,50 🔲 9,50 🔌 12,50 à 36 (3 à 10A)

SEICHES-SUR-LE-LOIR

49140 M.-et-L. – 2 248 h.

▲ Municipal de la Vallée du Loir ⧏, ℘ 41 76 63 44, NO : par D 79 rte de Tiercé puis à droite, rte de l'église, bord de la rivière
1 ha (108 empl.) plat, terrasse, herbeux ⚲ (0,5 ha) – 🖳 🖩 & ⊛
15 avril-15 sept. – ℟

SEIGNOSSE

40510 Landes – 1 630 h.

▲▲ **La Pomme de Pin,** ℘ 58 77 00 71 ✉ 40230 Saubion, SE : 2 km par D 652 et D 337 rte de Saubion
2,8 ha (150 empl.) ⊶ plat, sablonneux ⚲ – 🖳 ⏚ 🖩 ⊛ 🖩
25 juin-6 sept. – ℟ conseillée août – 🏃 14 ⇔ 6,50 🔲 16 🔌 13 (5A)

à *Seignosse-le-Penon* O : 5 km – ✉ 40510 Seignosse :

▲▲ **Les Oyats,** ℘ 58 43 37 94, N : 4,5 km par D 79 et rte des Casernes à gauche
15 ha (360 empl.) ⊶ plat, vallonné, sablonneux ⚲⚲ pinède – 🖳 ⏚ 🖩 ⊛ 🖩 🍴 ✗ & – 🛖 ✘ 🔥 ⛵ – Location : 🛖 🚐, bungalows toilés
juin-sept. – ℟ conseillée

▲▲▲ **Les Chevreuils** ⧏, ℘ 58 43 32 80, N : 3,5 km sur D 79 rte de Vieux-Boucau-les-Bains
8 ha (240 empl.) ⊶ plat, sablonneux ⚲⚲ pinède – 🖳 ⏚ 🖩 ⊛ 🖩 🍴 ✗ & –
🖩 – 🛖 ✘ 🔥 ⛵ – Location : 🚐 🛖
juin-15 sept. – ℟ conseillée 14 juil.-20 août – Tarif 92 : 🔲 piscine et tennis compris 2 à 6 pers. 70 à 120 (91 à 141 avec élect. 3A), pers. suppl. 18,50

▲▲▲ **V.V.F. Les Estagnots** ⧏, ℘ 58 43 30 20, sortie S, à 300 m de la plage – ❀
6 ha (240 empl.) ⊶ accidenté, sablonneux ▭ (caravanes) ⚲⚲ – 🖳 ⏚ 🖩 🖩
& crêperie, pizzeria 🖩 garderie – 🛖 ✗ ⛵ 🔥 – A proximité : 🖩 ✗ & –
13 juin-11 sept. – ℟ conseillée juil.-août – Adhésion V.V.F. obligatoire ℘ 56 34 57 57 - mineurs non accompagnés non admis – 🔲 piscine comprise 2 pers. 84, pers. suppl. 26 🔌 15 (5A)

▲▲▲ **Municipal,** ℘ 58 43 30 30, sur D 79E
16 ha (350 empl.) ⊶ plat, accidenté, sablonneux ⚲⚲ pinède – 🖳 ⏚ 🖩 🖩
⊛ 🖩 🍴 & – A proximité : ✗
juin-sept. – ℟ conseillée – 🏃 16,50 ⇔ 6 🔲 15 🔌 12,50 (10A)

SEILHAC

19700 Corrèze – 1 540 h.

▲▲▲ **Municipal lac de Bournazel** ⧏, ≤, ℘ 55 27 05 65, NO : 1,5 km par N 120 rte d'Uzerche puis 1 km à droite, à 100 m du lac
4 ha (155 empl.) ⊶ en terrasses, pierreux, herbeux ▭ ⚲ – 🖳 ⏚ 🖩 🖩
⊛ 🖩 🖩 – 🛖 🔥 – A proximité : snack 🍴 ✗ ✘ ⛷ 🐎 – Location : 🚐
15 mars-15 oct. – ℟ conseillée – 🏃 11 🔲 10,50/15 🔌 12,50 (6 à 10A)

SEIX

09140 Ariège – 806 h.

▲▲ **Le Haut Salat** ❀ ⧏ ≤ « Cadre et site agréables », ℘ 61 66 81 78, NE : 0,8 km par D 3 rte de St-Girons, bord du Salat
1,5 ha (127 empl.) ⊶ plat, herbeux ▭ ⚲⚲ – 🖳 ⏚ 🖩 ⊛ 🍴 🖩 – 🛖 – Location : 🚐
3 janv.-14 sept. et 15 oct.-21 déc. – ℟ conseillée juil.-août – 🏃 14,60 🔲 14,60 🔌 10,90 (5A) 30 (7A)

SÉLESTAT

67600 B.-Rhin – 15 538 h.

🖪 Office de Tourisme, La
Commanderie, bd du Général-Leclerc
✆ 88 92 02 66

🛆 **Municipal les Cigognes,** ✆ 88 92 03 98, rue de la 1ère D.F.L.
0,7 ha (50 empl.) ⚬━ plat, herbeux ⚲ (0,3 ha) – 🏚 ⇔ 🗴 ⊛ – A proximité : ✼
🔼
mai-15 oct. – **R** – 🖈 *6,20* ⇔ *5,20* 🔳 *5,20* 🔋 *7,20 (10A)*

🔳 – 🔲🔲 ⑲ G. Alsace Lorraine

SELONGEY

21260 Côte-d'Or – 2 386 h.

🔲 – 🔲🔲 ⑩

🛆 **Municipal les Courvelles,** au S du bourg par rte de l'Is-sur-Tille, près du
stade, rue Henri Gevain
0,6 ha (22 empl.) peu incliné, herbeux – 🏚 ⇔ 🗴 ⊛ – A proximité : ✼
mai-sept. – **R** – 🖈 *6,50* ⇔ *5,50* 🔳 *5,50/6,50* 🔋 *6,50 (18A)*

SEMBADEL-GARE

43160 H.-Loire – alt. 1 091

🔲🔲 – 🔲🔲 ⑥

🛆 **Municipal les Casses,** O : 1 km par D 22 rte de Paulhaguet
1 ha (24 empl.) plat et peu incliné, pierreux, herbeux ⚲ – 🏚 ⇔ 🗴 🔲 ⊛ – ✼
15 juin-sept. – **R** – 🖈 *10* 🔳 *10* 🔋 *10 (10A)*

SEMUR-EN-AUXOIS

21140 Côte-d'Or – 4 545 h.

🖪 Maison du Tourisme, 2 pl. Gaveau
✆ 80 97 05 96

🔲 – 🔲🔲 ⑰ ⑱ G. Bourgogne

à Allerey S : 8 km par D 103B et D 103F – ✉ 21230 Allerey :

🛆🛆🛆 Camp V.V.F ⚶, ✆ 80 97 12 99, à 0,6 km à l'est du hameau, à 250 m du lac
de Pont (accès direct) – ✼
1 ha (20 empl.) ⚬━ peu incliné et incliné, gravier, herbeux ⊏⊐ – Sanitaires
individuels : 🏚 ⇔ 🗴 wc, ⊛ 🔲 garderie – 🛋 ✼ 🛶 – Adhésion V.V.F
obligatoire

à Pont-et-Massène SE : 3,5 km par D 103B
✉ 21140 Pont-et-Massène :

🛆🛆🛆 Municipal du Lac de Pont ⚶ ≤, ✆ 80 97 01 26, par D 103F, à 50 m du lac
2 ha (120 empl.) ⚬━ plat, peu incliné, herbeux ⊏⊐ ⚲⚲ – 🏚 ⇔ 🕀 🔲 ⅙ ⊛ 🛒
🔲 – 🛋 ✼ 🛶 – A proximité : 🍴 ✗ 🛥

SEMUSSAC

17120 Char.-Mar. – 1 208 h.

🔲 – 🔲🔲 ⑮

🛆 **Le Bois de la Chasse** ⚶ « Agréable sous-bois », ✆ 46 05 18 01, SE : 0,8 km
par rte de Bardécille et rte de Fontenille à gauche
2,5 ha (150 empl.) ⚬━ plat, herbeux 🍂🍂🍂 chênaie – 🏚 ⇔ 🕀 🔲 ⊛
juin-15 sept. – **R** *conseillée* – *Tarif 92 :* 🖈 *13,90* 🔳 *12* 🔋 *14 (3A) 18 (6A)*

SÉNÉ **56** Morbihan – 🔲🔲 ③ – rattaché à Vannes

SÉNERGUES

12320 Aveyron – 608 h.

🔲🔲 – 🔲🔲 ②

🛆🛆🛆 **Camp de l'Etang,** ✆ 65 44 62 25, Fax 65 72 81 58, SO : 6 km par D 242 rte
de St-Cyprien-sur-Dourdou
2,5 ha (60 empl.) ⚬━ plat, peu incliné, herbeux ⊏⊐ ⚲ (0,4 ha) – 🏚 ⇔ 🗴 🔲 ⅙
⊛ 🍃 – 🛋 🛶
juin-15 oct. – **R** *conseillée juil.-août* – 🔳 *3 pers. 55, pers. suppl. 11* 🔋 *6*

SENONCHES

28250 E.-et-L. – 3 171 h.

🔲 – 🔲🔲 ⑥

🛆 **Municipal du Lac** ⚶, ✆ 37 37 94 63, sortie S vers Belhomert-Guéhouville,
r. de la Tourbière, bord d'un étang
0,8 ha (40 empl.) plat, herbeux ⊏⊐ – 🏚 ⊛ – A proximité : ✼ 🔼
mai-sept. – **R** – 🖈 *6* ⇔ *7* 🔳 *7* 🔋 *10,60 (4A)*

SENONES

88210 Vosges – 3 157 h.

▲▲ **Municipal Jean-Jaurès** ⑤ ⚭ « Cadre intime et agréable », ℰ 29 57 94 47, E : 1 km par D 49B rte de Vieux-Moulin et chemin du Plateau St-Maurice à droite
0,5 ha (30 empl.) ⚬ plat et peu incliné, herbeux ⊡ 00 – ⚏ ⛺ 🖼 ⊛
15 juin-15 sept. – **R** – ⚮ *7,50* 🚗 *4,30* 📵 *5,40* ⚡ *12*

SENS-DE-BRETAGNE

35490 I.-et-V. – 1 393 h.

▲ **Municipal,** sortie E par D 794 et à droite avant le carrefour de la N 175, près d'un étang
0,8 ha (20 empl.) peu incliné, herbeux – ⚏ ⚭ ⛺ ⚭ ⊛ – ⛵ – A proximité : ⚔
10 avril-sept. – **R** – Tarif 92 : ⚮ *8* 🚗 *5* 📵 *5* ⚡ *8 (4A)*

SEPPOIS-LE-BAS

68580 H.-Rhin – 836 h.

▲▲▲ Municipal les Lupins ⑤, ℰ 89 25 65 37, sortie NE par D 17ᴵᴵ rte d'Altkirch et r. de la gare à droite
3 ha (133 empl.) ⚬ plat, herbeux – ⚏ ⚭ ⛺ 🖼 ⚭ ⊛ 🖼 – 🛖 ⚓ ⛵ ⌇
A proximité : ⚔

SÉRANON

06750 Alpes-Mar. – 280 h.
alt. 1 080

▲▲ **Séranon,** ℰ 93 60 30 49, sur N 85
1,4 ha (90 empl.) ⚬ peu incliné, herbeux 00 pinède – ⚏ ⚭ ⚏ 🖼 �🪧 ⊛ ⚏
✕ ⚓ – ⌇ – A proximité : ⚔ – Location : 🏠
Permanent – **R** conseillée juil.-août – 📵 piscine comprise 2 pers. 44 ⚡ 11,50
(2 ou 3A) 13,80 (4A) 23,90 (6 ou 10A)

SERAUCOURT-LE-GRAND

02791 Aisne – 738 h.

▲▲ **le Vivier aux Carpes,** ℰ 23 60 50 10, Fax 23 60 51 69, au nord du bourg, sur D 321, près de la poste, bord de deux étangs et à 200 m de la Somme
2 ha (50 empl.) ⚬ plat, herbeux – ⚏ ⚭ ⛺ 🖼 ⚭ 🪧 ⊛ – 🛖
Permanent – **R** – 📵 élect. comprise 2 pers. 70

SÉRENT

56460 Morbihan – 2 686 h.

▲▲ **Municipal du Pont Salmon,** ℰ 97 75 91 98, au bourg, vers rte de Ploërmel, au stade
1 ha (65 empl.) ⚬ plat, herbeux – ⚏ ⚭ ⛺ 🖼 ⚭ 🪧 ⊛ – ⛵ ⌇ – A proximité : ⚔
Permanent – **R** – ⚮ *6* 🚗 *5* 📵 *5* ⚡ *9,90 (hiver 40)*

SÉRIGNAN

34410 Hérault – 5 173 h.

▲▲ **Le Paradis,** ℰ 67 32 24 03, S : 1,5 km par rte de Valras-Plage
1,5 ha (125 empl.) ⚬ plat, herbeux ⊡ 00 – ⚏ ⚏ ⊛ 🖼 – 🛖 ⛵ ⌇
A proximité : ⚓ – Location : 🏠
avril-sept. – **R** conseillée – 📵 piscine comprise 3 pers. 80, pers. suppl. 18 ⚡ 11,50 (4A)

à Sérignan-Plage SE : 5 km par D 37ᴱ – ✉ 34410 Sérignan :

▲▲▲ **Le Clos Virgile,** ℰ 67 32 20 64, Fax 67 32 05 42, à 500 m de la plage
5 ha (300 empl.) ⚬ plat, sablonneux, herbeux ⚥ – ⚏ ⚭ ⛺ 🖼 ⚭ ⊛ ⚏ ⚑ ✕
⚓ 🖼 – ⌇ – A proximité : ⚓ – Location : 🏠
mai-sept. – **R** conseillée juil.-août – 📵 piscine comprise 1 ou 2 pers. 99 ⚡ 16 (5A)

▲▲▲ **La Camargue,** ℰ 67 32 19 64, Fax 67 39 78 20, bord de la Grande Maïre et près de la plage
2,6 ha (162 empl.) ⚬ plat, sablonneux, gravillons – ⚏ ⚭ ⚏ 🖼 ⊛ ⚏ ⚑ ⚓
🖼 – A proximité : ⚓ poneys – Location : 🏠 🏠
Pâques-oct. – **R** conseillée – 📵 élect. (10A) comprise 2 pers. 105

SERQUES

62910 P.-de-C. – 893 h.

▲ **le Frémont,** ℰ 21 93 01 15, SO : 1,5 km, sur N 43 rte de St-Omer – ✄
1,5 ha (50 empl.) ⚬ peu incliné, herbeux ⊡ – ⚏ ⚏ ⚭ ⊛
avril-1ᵉʳ oct. – Places disponibles pour le passage – **R** – ⚮ *9* 🚗 *8,50* 📵 *8,50* ⚡ *11 (3A)*

SERRAVAL

74230 H.-Savoie – 430 h. alt. 763

▲ La Bottière (aire naturelle), ℰ 50 27 50 56, N : 2 km par D 12 rte de Thônes et chemin à droite
1,8 ha (25 empl.) ⚬ non clos, incliné, herbeux ⚥ – ⚏ 🖼 ⊛ – 🛖

SERRES

05700 H.-Alpes – 1 106 h. alt. 663.
🛈 Syndicat d'Initiative, pl. Lac
☎ 92 67 00 67

▲▲ **Domaine des Deux Soleils** ⟋ « Belle situation ⩽ montagnes et vallée du Buëch, site agréable », ☎ 92 67 01 33, SE : 0,8 km par N 75 rte de Sisteron puis 1 km par rte à gauche, à Super-Serres – alt. 800
26 ha/12 campables (72 empl.) ⟜ en terrasses, pierreux, herbeux ⌑ ♀ – 🗟 ⇌
📷 🖪 ☺ snack 🍴 – 🖪 – 🕳 ⤓ toboggan aquatique – Location : 🏚
mai-sept. – **R** conseillée juil.-août – 🖹 piscine comprise 2 pers. 84,70 🔌 15 (3A)
17,50 (4A) 19,20 (5A)

SERRIERES-DE-BRIORD

01470 Ain – 834 h.

▲▲ **Municipal du Point Vert** ⟋ ⩽ « Cadre agréable », ☎ 74 36 13 45, O : 2,6 km, à la base de Loisirs, bord d'un plan d'eau
1,9 ha (100 empl.) ⟜ plat, herbeux – 🗟 ⇌ 🕳 🖪 ⅖ ☺ ⤓ ☂ ♈ 🍴 ✗ ⤓ 🖪 –
�fo9 ⍓ ⤓ (plage) vélos
15 avril-sept. – **R** conseillée – 🖹 14 ⤒ 5 🖪 11 🔌 11

SERVERETTE

48700 Lozère – 324 h. alt. 976

▲ **Municipal,** S : 0,4 km par rte d'Aumont-Aubrac, bord de la Truyère
0,9 ha (33 empl.) plat et en terrasses, pierreux, herbeux, gravillons – 🗟 ⇌ 🕳 🖪
⅖ ☺
15 juin-15 sept. – **R** – 🖹 9,50 ⤒ 9,50 🖪 9,50

SERVIÈRES-LE-CHÂTEAU

19220 Corrèze – 772 h.

▲▲ **Municipal du Lac de Feyt** ⟋ ⩽ « Site et cadre agréables », ☎ 55 28 25 42, NE : 4 km par D 75 et rte à droite après le barrage, bord du lac
2,8 ha (84 empl.) ⟜ peu incliné, herbeux ⌑ ♀♀ – 🗟 ⇌ 📷 🖪 ☺ 🖪 – 🚐 ♈
🛶 ⍓ – À proximité : ♈ ✗ – Location : 🏚
Permanent – **R** conseillée – 🖹 10 🖪 7 🔌 8,50 (5A)

SERVON

50170 Manche – 202 h.

▲▲ **Espace de Vacances St-Grégoire,** ☎ 33 60 27 97, sortie SE par D 107
1,2 ha (97 empl.) ⟜ (saison) plat, herbeux – 🗟 ⇌ 🕳 🖪 ☺ 🖪 – 🚐 🛶 ⤓
15 mars-sept. – **R** – 🖹 18 piscine comprise ⤒ 15 🖪 12/20 🔌 11 (10A)

SERVOZ

74310 H.-Savoie – 619 h. alt. 815.
🛈 Syndicat d'Initiative, Le Bouchet,
pl. de l'Église (saison) ☎ 50 47 21 68

▲▲ **La Plaine St-Jean** ⩽, ☎ 50 47 21 87, sortie E par D 13 rte de Chamonix-Mont-Blanc, au confluent de l'Arve et de la Diosaz
5 ha (200 empl.) ⟜ plat, herbeux, étang – 🗟 ⇌ 🕳 🖪 ⅖ ☺ 🖪 – 🚐 ♈ 🛶
– Location : 🚊
15 mai-15 sept. – **R** conseillée – 🖹 23 🖪 23 🔌 14 à 35 (2 à 10A)

SÈTE

34200 Hérault – 41 510 h.
🛈 Office de Tourisme, 60 Grand'Rue
Mario-Roustan ☎ 67 74 71 71

▲▲▲ **Le Castellas,** ☎ 67 53 26 24, SO : 11 km par N 112 rte d'Agde, près de la plage
19 ha (856 empl.) ⟜ plat, sablonneux, gravillons – 🗟 ⇌ 📷 🖪 ⅖ ☺ 🗟 ♈ ✗
⤓ 🖪 cases réfrigérées – 🚐 ♈ 🛶 ⤓ ⍓ – Location : 🚊 🏚
15 mai-25 sept. – **R** conseillée – 🖹 piscine comprise 2 pers. 110 (130 avec élect. 6A)

Les SETTONS

58 Nièvre
✉ 58230 Montsauche-les-Settons

▲▲ **Plage du Midi** ⩽ « Cadre agréable », ☎ 86 84 51 97, SE : 2,5 km par D 193 et rte à droite, bord du lac
4 ha (160 empl.) ⟜ peu incliné, herbeux ♀ (0,5 ha) – 🗟 ⇌ 🕳 🖪 ⅖ ☺ 🚊 ♈
🖪 – 🚐 ⍓ vélos – À proximité : ✗ ♓ ⤓
Pâques-sept. – **R** indispensable juil.-août – Tarif 92 : 🖹 18 ⤒ 10 🖪 12 🔌 15 (4A)

▲▲ **Les Mésanges** Ⓜ ⟋, ☎ 86 84 55 77, S : 4 km par D193, D 520 rte de Planchez et rte de Chevigny à gauche, à 200 m du lac
3,5 ha (76 empl.) ⟜ en terrasses, herbeux, étang ⌑ – 🗟 ⇌ 🕳 🖪 ⅖ ☺ ☂ ♈
🚊 – 🛶 – À proximité : ⍓
mai-15 sept. – **R** conseillée juil.-août

▲▲ **La Plage des Settons** Ⓜ ⟋ ⩽, ☎ 86 84 51 99, à 300 m au S du barrage, bord du lac
2,6 ha (68 empl.) ⟜ en terrasses – 🗟 ⇌ 🕳 🖪 ♈ ☺ ☂ – 🚐 ⍓ – À proximité :
♈ ✗ ♓ ⤓ – **R** conseillée – 🖹 16 ⤒ 10 🖪 10 🔌 10 (3A) 15 (5A) 22 (10A)
mai-15 sept.

▲▲ **La Cabane Verte** ⟋, ☎ 86 84 52 33 ✉ 58230 Moux-en-Morvan, S : 8 km par D 193, D 520 rte de Planchez puis à gauche, par Chevigny, rte de Gien-sur-Cure et D 501 à gauche, près du lac
2 ha (107 empl.) ⟜ en terrasses, peu incliné, herbeux ⌑ – 🗟 ⇌ 🕳 🖪 ♈ ☺
– 🚐 – À proximité : ⍓
20 mai-20 sept. – **R** conseillée août – 🖹 16 ⤒ 10 🖪 13 🔌 15 (10A)

SEVERAC-LE-CHATEAU

12150 Aveyron – 2 486 h. alt. 750.
🛈 Syndicat d'Initiative, r. des Douves
(15 juin-août) 𝄞 65 47 67 31

15 – 80 ④ G. Gorges du Tarn

ⵜ **Municipal les Calquières** ⌖ ≼, 𝄞 65 47 64 82, S : 1,2 km par N 9 rte de Millau et chemin à droite
1,3 ha (110 empl.) ⊶ plat, en terrasses, herbeux ⊠ – 🛉 ⚶ 🖼 ⊕ – A proximité :
✗ ⚐
15 juin-15 sept. – **R** 15 juil.-août – Tarif 92 : 🛉 8,30 ⇔ 3,40 ▣ 4,60 Ⓗ 1,70
par ampère

SÉVRIER 74 H.-Savoie – 74 ⑥ – voir à Annecy (Lac d')

SEYNE

04 Alpes-de-H.-Pr. – 1 222 h.
alt. 1 200 – 🌂
⊠ 04140 Seyne-les-Alpes.
🛈 Syndicat d'Initiative, pl. d'Armes
(vacances scolaires) 𝄞 92 35 11 00

17 – 81 ⑦ G. Alpes du Sud

ⵜ **Les Prairies** ⌖ ≼, 𝄞 92 35 10 21, S : 1 km par D 7 rte d'Auzet et chemin à gauche, bord de la Blanche
3,6 ha (100 empl.) ⊶ plat, pierreux, herbeux – 🛉 ⚶ ⌂ 🖼 ▥ ⊕ ▣ – 🏕 ⚐
– A proximité : ✗ ⚐ – Location : ⌂
Permanent – **R** conseillée juil.-août – 🛉 17,50 piscine comprise ▣ 17,50

SEYSSEL

74910 H.-Savoie – 1 630 h.
🛈 Office de Tourisme,
Maison du Pays 𝄞 50 59 26 56

12 – 74 ⑤ G. Jura

ⵜ **le Nant-Matraz** ≼, 𝄞 50 59 03 68, sortie N par D 992, près du Rhône (accès direct)
1 ha (80 empl.) ⊶ plat et peu incliné, herbeux ⚐ – 🛉 ⌂ 🖼 ⊕ ▣ – 🏊 –
A proximité : ✗
juin-15 sept. – **R** conseillée juil.-20 août – ▣ 2 pers. 40, pers. suppl. 15 Ⓗ 6 (3A)
10 (6A)

SÉZANNE

51120 Marne – 5 829 h.
🛈 Syndicat d'Initiative, pl. de la
République (saison) 𝄞 26 80 51 43

7 – 61 ⑤ G. Champagne

ⵜ **Municipal,** 𝄞 26 80 57 00, O : 1,5 km par D 239 rte de Launat
1 ha (100 empl.) ⊶ incliné, herbeux ⚐ – 🛉 ⌂ 🏊 – A proximité : ✗
Pâques-5 oct. – **R** conseillée juil.-août – Tarif 92 : 🛉 6 ⇔ 3,50 ▣ 3,50 Ⓗ 8,60
(5A)

SIGEAN

11130 Aude – 3 373 h.

15 – 86 ⑩ G. Pyrénées Roussillon

ⵜ **la Grange Neuve,** 𝄞 68 48 58 70, N : 5,6 km par N 9 rte de Narbonne, à 800 m de la « Réserve Africaine »
2,45 ha (65 empl.) ⊶ vallonné, en terrasses, pierreux – 🛉 ⚶ ⌂ 🖼 ▥ ⊕ ▣
snack ⚐ ▣ – 🏊 (bassin) – A proximité : ✗ – Location : ⌂
Permanent – **R** conseillée juil.-août – ▣ 2 pers. 69, pers. suppl. 19 Ⓗ 16 (4A)
20 (6A)

SIGNES

83870 Var – 1 340 h.

17 – 84 ⑭ ⑮

ⵜ **Les Promenades,** 𝄞 94 90 88 12, sortie E par D 2 rte de Méounes-lès-Montrieux, à la station Avia
2 ha (91 empl.) ⊶ plat et peu incliné, pierreux ⊠ – 🛉 ⌂ ⚶ 🖼 ⊕ 🏊 ▭ – 🚲
⚐ – A proximité : ✗ 🏊
Permanent – Places disponibles pour le passage – **R** conseillée juil.-août – 🛉 17
▣ 19 Ⓗ 15 (4A) 17 (6A) 25 (10A)

SIGNY-L'ABBAYE

08460 Ardennes – 1 422 h.

2 – 53 ⑰ G. Champagne

ⵜ **Municipal l'Abbaye,** au Nord du bourg, près du stade, bord de la Vaux
1,2 ha (60 empl.) ⊶ plat, herbeux – 🛉 ⚶ ⌂ ⊕ – A proximité : ✗
mai-sept. – **R** – 🛉 5 ⇔ 3 ▣ 3,50 Ⓗ 9,50 (6A)

SIGNY-LE-PETIT

08380 Ardennes – 1 280 h.

2 – 53 ⑰

ⵜ **Municipal du Pré Hugon** ⌖, 𝄞 24 53 54 73, NE : 1 km rte de la Base de Loisirs
0,6 ha (50 empl.) plat, herbeux ⊠ – 🛉 🏊 ▥ ⊕
mai-sept. – **R** juil.-août – 🛉 6,50 ⇔ 4,50 ▣ 5,50 Ⓗ 11 (9A)

SIGOULES

24240 Dordogne – 603 h.

14 – 75 ⑭

ⵜ **Intercommunal,** 𝄞 53 58 81 94, N : 1,4 km par D 17, rte de Pomport, bord de la Gardonnette et d'un lac
14 ha/ 2 campables (90 empl.) ⊶ plat, peu incliné, herbeux ⚐ – 🛉 ⚶ ⌂ 🖼
▥ 🏊 ⊕ snack – ▭ ✗ 🚲 🏊 toboggan aquatique – Location : gîtes
juin-sept. – **R** – 🛉 11,50 ▣ 15 Ⓗ 7

SILLANS-LA-CASCADE

83690 Var – 438 h.

17 – 84 ⑥ G. Côte d'Azur

ⵜ **le Relais de la Bresque** ⌖, 𝄞 94 04 64 89, N : 2 km par D 560 et D 22 rte d'Aups et r. de la Piscine à droite
1,3 ha (66 empl.) ⊶ plat et peu accidenté, pierreux ⊠ ⚐ – 🛉 ⚶ ⌂ ▥ ⊕ ▣
▭ ✗ ⚐ – ⌂ – A proximité : 🏊 (découverte l'été) – Location : ⌂, gîte d'étape
Permanent – **R** conseillée – 🛉 22 ▣ 15 Ⓗ 10 (5A)

392

SILLÉ-LE-GUILLAUME

72140 Sarthe – 2 583 h.

⑤ – ⑥⓪ ⑫ G. Normandie Cotentin

▲ **Le Landereau**« Décoration arbustive » , ℰ 43 20 12 69, NO : 2 km par D 304 rte de Mayenne
2 ha (75 empl.) •⊸ plat, peu incliné et en terrasses, herbeux ☐ – ⛺ ↔ ⛲ ⚲
☐ ⊕ ☒ – ⛺ ⚞ ⚓ – Location : ⚞
avril-1ᵉʳ nov. – **R** conseillée – ⚹ 11 ⇔ 5 ▣ 3,50/4,50 ⚡ 8,50 (2 ou 3A) 11 (4A) 16 (6A)

▲ **Les Mollières** ⚲ « Cadre agréable en sous-bois » , ℰ 43 20 16 12, N : 2,5 km par D 5, D 105, D 203 et chemin à droite, bord de l'étang du Defais
3 ha (122 empl.) •⊸ plat ⚟ – ⛺ ↔ ⚲ ⊕ – ⚓ – A proximité : ⚑ ✗ ⚕

SILLINGY

74330 H.-Savoie – 2 116 h.

⑫ – ⑦④ ⑤

▲ **La Mandallaz** ≤, ℰ 50 68 86 49, E : 1,6 km par D17 et N 508 rte d'Annecy, au lieu-dit Chaumontet, près d'un ruisseau
1,4 ha (42 empl.) •⊸ (juil.-août) peu incliné, plat, herbeux ☐ – ⛺ ↔ ⛲ ☐ ⚕
⊕ ⚲ ⚑ ⚑ ☒ – ⚞ – A proximité : discothèque
Permanent – **R** indispensable juil.-août – ▣ 2 pers. 62 ⚡ 13 (3A) 15 (5A) 17 (7A)

SINGLES

63690 P.-de-D. – 214 h. alt. 730

⑩ – ⑦③ ⑫

▲ **Le Moulin de Serre** ⚲ ≤, ℰ 73 21 16 06, à 1,7 km au sud de la Guinguette sur D 73 rte de Bort-les-Orgues, bord de la Burande
2 ha (90 empl.) •⊸ plat, herbeux ☐ – ⛺ ↔ ⛲ ☐ ⊕ ⚑ snack – ✗ ⚒
fermé 1ᵉʳ nov.-14 déc. – **R** – Tarif 92 : ▣ 2 pers. 31, pers. suppl. 9,80 ⚡ 9,80 (5A)

SION-SUR-L'OCÉAN **85** Vendée – ⑥⑦ ⑫ – rattaché à St-Hilaire-de-Riez

SIORAC-EN-PERIGORD

24170 Dordogne – 904 h.

⑬ – ⑦⑤ ⑯ G. Périgord Quercy

▲ **Municipal le Port,** ℰ 53 31 63 81, au bourg par D 703, rte du Bugue et à gauche avant le Pont, bord de la Dordogne
1,5 ha (60 empl.) •⊸ plat, herbeux ☐ ⚕ – ⛺ ↔ ⛲ ☐ ⊕ – ⚞ ⚓ – A proximité : ⚑ ✗
juin-sept. – **R** – ⚹ 15 ▣ 12 ⚡ 8 (10A)

▶ Benutzen Sie
  – zur Wahl der Fahrtroute
  – zur Berechnung der Entfernungen
  – zur exakten Lokalisierung eines Campingplatzes (mit Hilfe der Angaben im Ortstext)
  die für diesen Führer unentbehrlichen **Michelin-Karten** im Maßstab 1 : 200 000.

SIRAN

15150 Cantal – 606 h.

⑩ – ⑦⑤ ⑳

▲ **Municipal** ⚲, sortie NE par D 653 rte de Laroquebrou et chemin à gauche face au cimetière
1 ha (58 empl.) plat, peu incliné à incliné, herbeux – ⛺ ⊕ – ✗
juil.-août – **R** – ⚹ 6,30 ⇔ 3,40 ▣ 3,40 ⚡ 6,30 (5A)

SISTERON

04200 Alpes-de-H.-P. – 6 594 h.
🛈 Office de Tourisme, Hôtel-de-Ville
ℰ 92 61 12 03

㉑ – ⑧① ⑥ G. Alpes du Sud

▲▲ Municipal des Prés-Hauts ⚲ ≤, ℰ 92 61 19 69, N : 3 km par rte de Gap et D 951 à droite rte de la Motte-du-Caire, près de la Durance
4 ha (200 empl.) •⊸ plat et peu incliné, herbeux ☐ – ⛺ ↔ ⛲ ☐ ⚕ ⪫ ⊕ ⚲
⚑ ⚑ ⚒ ⚒
mars-nov. – **R**

SIVRY-SUR-MEUSE

55110 Meuse – 358 h.

⑦ – ⑤⑥ ⑩

▲ **Le Brouzel,** ℰ 29 85 86 45, à l'ouest du bourg, bord d'un ruisseau et près du canal de l'Est
1,5 ha (50 empl.) •⊸ plat et peu incliné, herbeux ☐ – ⛺ ⚲ ⚕ ⊕ – ⚞
avril-oct. – **R** – ⚹ 10 ⇔ 6 ▣ 10 ⚡ 13 (4) 17 (6A)

SIX-FOURS-LES-PLAGES

83140 Var – 28 957 h.
🛈 Syndicat d'Initiative, plage de Bonnegrâce ℰ 94 07 02 21 et au Brusc, quai Saint-Pierre (juil.-août)
ℰ 94 34 03 88

⑰ – ⑧④ ⑭ G. Côte d'Azur

▲ **Les Playes** ⚲, ℰ 94 25 57 57, NO : 3 km
1,5 ha (100 empl.) •⊸ en terrasses, pierreux ⚟ – ⛺ ↔ ⛲ ⊕ ⚑
mars-1ᵉʳ nov. – **R** – ▣ 3 pers. 68, pers. suppl. 18 ⚡ 16 (5A)

▲ **Héliosports,** ℰ 94 25 62 76, Fax 94 25 82 93, O : 1 km
1,3 ha (40 empl.) •⊸ plat, herbeux, gravier ⚟⚕ – ⛺ ↔ ⛲ ☐ ⊕ ⚑ ⚑ cases réfrigérées – A proximité : ⚞
25 mars-15 oct. – **R** – ▣ 3 pers. 72, pers. suppl. 13 ⚡ 13,50 (3A) 16 (5A)

393

SIXT-FER-À-CHEVAL

12 – 74 ⑧ G. Alpes du Nord

74740 H.-Savoie – 715 h. alt. 760

△ Municipal du Fer à Cheval ⚓ ≤ Cirque du Fer à Cheval, ℰ 50 34 12 17, NE : 5,5 km par D 907, à 300 m du Giffre - alt. 915
2,7 ha (100 empl.) o—ᵤ peu incliné, herbeux, pierreux – 🛖 ⚤ 🍳 ⚙ – 🛖

SIZUN

3 – 58 ⑤ G. Bretagne

29237 Finistère – 1 728 h.
🅱 Office de Tourisme, pl. Abbé-Broch
(15 juin-15 sept.) ℰ 98 68 88 40

ᴍᴍ **Municipal du Gollen** ⚓, S : 1 km par D 30 rte de St-Cadou et à gauche, bord de l'Elorn - Passerelle piétons pour rejoindre le centre du bourg
0,6 ha (29 empl.) plat, herbeux - (🛖 ⚤ 🍳 15 mai-sept.) 🚿 ⚙ 🛁 – A proximité :
🍴
15 avril-sept. – **R** juil.-août – Tarif 92 : 🛉 10 ⇔ 4 🅴 4/5

SOCOA 64 Pyr.-Atl. – 85 ② – rattaché à St-Jean-de-Luz

SOINGS-EN-SOLOGNE

5 – 64 ⑯

41230 L.-et-C. – 1 289 h.

△ **Municipal le Petit Mont-en-Jonc** ⚓, sortie S par D 119 puis 0,5 km par rte à gauche et chemin
0,35 ha (22 empl.) plat, herbeux – 🛖 ⚙ 🛁 – A proximité : 🍴
juin-15 sept. – **R** – 🛉 5,50 🅴 5,50 🅿 8

SOLESMES

2 – 53 ④

59730 Nord – 4 892 h.

ᴍᴍ **L'Étang des Peupliers** ⚓, ℰ 27 37 32 08, S : 0,8 km par D 109 rte de Briastre, près de la Selle
0,57 ha (37 empl.) o—ᵤ plat, herbeux, étangs ▭ ♀♀ – 🛖 ⚤ 🗠 🚿 ⚙ ⚙ 🍽 brasserie - 🍳
avril-oct. – **R** conseillée juil.-août – 🛉 7,50 ⇔ 5 🅴 12 🅿 10 (3A) 11,50 (5A) 14,50 (10A)

SOLIGNAC-SUR-LOIRE

11 – 76 ⑰

43370 H.-Loire – 1 029 h. alt. 850

△ **Municipal** ⚓ ≤, SO : 0,8 km par rte de Montagnac, près du terrain de sports
0,8 ha (33 empl.) peu incliné et plat, herbeux – 🛖 ⚤ 🍳
15 juin-15 sept. – **R** – 🛉 10 ⇔ 5 🅴 6/11 🅿 10 (10 ou 16A)

SOLLIÉRES-SARDIÈRES

12 – 77 ⑧

73500 Savoie – 171 h. alt. 1 298

△ Municipal le Chenantier ≤, ℰ 79 20 52 34, à l'entrée de Sollières-Envers, à 50 m de l'Arc et de la N 6
1,5 ha (50 empl.) incliné, accidenté et en terrasses, herbeux, pierreux – 🛖 ⚙

SOMMIÈRES

16 – 80 ⑱ G. Gorges du Tarn

30250 Gard – 3 250 h.
🅱 Office de Tourisme,
pl. des Docteurs-Dax ℰ 66 80 99 30

△ **Municipal de Garanel,** ℰ 66 80 33 49, derrière les arènes, près du Vidourle
1 ha (84 empl.) o—ᵤ plat, pierreux, herbeux ♀ – 🛖 ⚙ 🛁 ⛵ – A proximité : 🍴
10 avril-sept. – **R** – 🛉 7,88 🅴 12,60 🅿 10,50 (4A) 12,60 (6A) 15,75 (10A)

SONGEONS

7 – 52 ⑰

60380 Oise – 883 h.

△ **Aire Naturelle** ⚓, ℰ 44 82 31 32, NE : 2,9 km, à Séronville
0,7 ha (18 empl.) o—ᵤ plat, herbeux ♀ – 🛖 ⚤ 🛁 ⚙
15 mars-nov. – Places limitées pour le passage – 🛉 5 🅴 15 🅿 10 (4A et plus)

SORE

13 – 78 ④

40430 Landes – 883 h.

ᴀᴀ **Municipal** (aire naturelle) ⚓, au sud du bourg, 1,2 km par D 651
1 ha (16 empl.) plat, sablonneux, herbeux ♀ – 🛖 ⚤ 🛁 🛠 ⚙ 🛁 🍳 – 🍴 ⚡🚲
🏊 parcours sportif – Location : gîtes
15 juin-sept. – **R** – 🅴 élect. comprise 1 à 4 pers. 17 à 46, pers. suppl. 11

SOREZE

81540 Tarn – 1 954 h.

△△ **Municipal les Vigariés,** ℘ 63 74 18 06, au nord du bourg, accès par r. de la Mairie, au stade
1 ha (47 empl.) ⊶ plat, herbeux – 🚿 ⇄ ⊕ – ✗
juil.-août – **R** – ⚡ 7 ⇔ 3 🅴 7 🅿 8 (16A)

SORGEAT

09110 Ariège – 81 h. alt. 1 050

△△ **Municipal** Ⓜ ⅜ ⋜ « Situation agréable », ℘ 61 64 36 34, N : 0,8 km
2 ha (40 empl.) ⊶ (saison) en terrasses, plat, herbeux – 🚿 ⇄ ⊟ ⅙ ▥ ⊕ ⚘
▽ – Location : gîtes
Permanent – **R** conseillée – ⚡ 11 ⇔ 6 🅴 13 🅿 8 (5A) 20 (10A) 30 (plus de 10A)

SORNAC

19290 Corrèze – 972 h. alt. 736

△ **Municipal** ⅜, ℘ 55 94 63 49, NO : 1,5 km par D 117 et rte à gauche, bord d'un plan d'eau
4 ha (50 empl.) ⊶ non clos, peu incliné, herbeux ⚏ pinède – 🚿 ⇄ ⚄ 🅵 ⊕
– ✗ ⚫ (bassin)
juin-15 sept. – **R** – ⚡ 6,80 🅴 4,75 🅿 5,80

SOSPEL

06380 Alpes-Mar. – 2 592 h.

△ **Domaine Ste-Madeleine** ⅜ ⋜, ℘ 93 04 10 48, NO : 4,5 km par D 2566 rte du col de Turini
3 ha (90 empl.) ⊶ en terrasses, herbeux, pierreux ⚑ – 🚿 ⇄ ⚄ 🅵 ⅙ ⊕ 🔲 –
⚒ – Location : 🛏
Permanent – **R** conseillée juil-aout – 🅴 piscine comprise 2 pers. 70 🅿 12 (6A)

SOTTA **2A** Corse-du-Sud – 90 ⑧ – voir à Corse

SOUILLAC

46200 Lot – 3 459 h.
🄱 Office de Tourisme, bd Louis-Jean-Malvy ℘ 65 37 81 56

△△△ **Domaine de la Paille Basse** ⅜ ⋜ « Vaste domaine accidenté autour d'un vieux hameau restauré », ℘ 65 37 85 48, NO : 6,5 km par D 15 rte de Salignac-Eyvignes puis 2 km par chemin à droite
80 ha/12 campables (220 empl.) ⊶ plat, accidenté et en terrasses, pierreux, herbeux ⚏ – 🚿 ⇄ ⊟ ⊕ ⚘ ▽ 🥤 ⚑ ✗ (dîner) crêperie 🔲 – 🛒
discothèque ✗ ⚒ – Location : 🚐
15 mai-15 sept. – **R** conseillée juil.-20 août – ⚡ 28 piscine comprise 🅴 46/46 ou 57 🅿 17 ou 30

△△△ **La Draille** ⅜ ⋜, ℘ 53 28 90 31, Fax 65 37 06 20 ⊠ 24590 Salignac-Eyvignes, NO : 6 km par D 15, à Bourzoles, bord de la Borrèze
26 ha/6 campables (150 empl.) ⊶ plat, incliné et en terrasses, herbeux ⚑ (3 ha) – 🚿 ⇄ ⊟ 🅵 ⅙ ⊕ ✗ cafétéria 🔲 – 🛒 ✗ ⅙ ⚒ ⚒ vélos – Location : 🚐 🞐 🏠
Pâques-sept. – **R** conseillée juil.-août – ⚡ 25 piscine comprise ⇔ 13 🅴 17,50/31 🅿 13 (6A)

△△△ **Verte Rive** ⅜ « cadre boisé », ℘ 65 37 85 96, sortie S par N 20 vers Cahors puis 2,5 km par D 43 rte de Pinsac et à droite, bord de la Dordogne
1,4 ha (65 empl.) ⊶ plat, herbeux ◻ ⚏ – 🚿 ⇄ ⊟ 🅵 ⅙ ⊕ ⚘ ▽ 🔲 –
🛒 ⅙ ⚒
mai-sept. – **R** conseillée juil.-août – ⚡ 22 🅴 22 🅿 13 (4A) 17 (6A) 23 (10A)

△△ **Le Pit** ⅜ ⋜ « Site et cadre agréables », ℘ 65 32 25 04 ⊠ 46200 Mayrac, E : 9 km par D 703 rte de Martel puis 3 km par D 33 rte de St-Sozy
5 ha (50 empl.) ⊶ en terrasses, herbeux, bois attenant – 🚿 ⚄ 🅵 ⊕ 🔲 – 🛒
⅙ ⚒ – Location : 🚐
15 mai-sept. – **R** indispensable juil.-août – ⚡ 23 piscine comprise ⇔ 8 🅴 28 🅿 10 (3A)

△ **Municipal les Ondines,** ℘ 65 37 86 44, O : par D 703 rte de Sarlat, près de la Dordogne
3 ha (242 empl.) ⊶ plat, herbeux ⚏ – 🚿 ⇄ ⊟ 🅵 ⊕ – ⚒ – A proximité : ✗
⅙ ⚒ toboggan aquatique ✹
mai-sept. – **R** juil.-août – ⚡ 10,50 ⇔ 5,20 🅴 7,60 🅿 6 (5A)

▶ Ne pas confondre :
△ ... à ... △△△△ : appréciation **Michelin**
et ★ ... à ... ★★★★ : classement officiel

▶ Do not confuse :
△ ... to ... △△△△ : **Michelin** classification
and ★ ... to ... ★★★★ : official classification

▶ Verwechseln Sie bitte nicht :
△ ... bis ... △△△△ : **Michelin**-Klassifizierung
und ★ ... bis ... ★★★★ : offizielle Klassifizierung

SOULAC-SUR-MER

33780 Gironde – 2 790 h.

🚉 Office de Tourisme, r. de la Plage
✆ 56 09 86 61

🔺🔺 **Palace** « Cadre agréable », ✆ 56 09 80 22, Fax 56 09 84 23, SO : 1 km rte de l'Amélie-sur-Mer, à 500 m de la plage
7 ha (550 empl.) ⊶ plat et accidenté, sablonneux 🏊🏊 – 🍴 🚿 ⛺ 🏪 🛒
✗ ⚓ 🛖 garderie – 🏕 🚵 🎿 – A proximité : ✗ 🐎 – Location : 🛏 🏠
avril-sept. – **R** indispensable juil.-août – Tarif 92 : 🏕 22 piscine comprise 🅴 40/60 avec élect. (5A) 🔌 15 (10A)

🔺🔺 **Les Sables d'Argent** 🐌, ✆ 56 09 82 87, SO : 1,5 km par rte de l'Amélie-sur-Mer, accès direct à la plage
2,6 ha (150 empl.) ⊶ accidenté et plat, sablonneux, dunes 🏊🏊 – 🍴 🚿 🅴 🎿 🍴
🅱 – 🚵 🎿 – A proximité : ✗ 🐎 parcours sportif – Location : 🛏 🛏
Pâques-sept. – **R** conseillée – Tarif 92 : 🅴 2 pers. 65, pers. suppl. 12 🔌 16 (4A) 18 (6A)

🔺🔺 **Cordouan,** ✆ 56 09 71 42 ✉ 33123 le Verdon-sur-Mer, sortie NE sur D 1 rte du Verdon-sur-Mer
4 ha (250 empl.) ⊶ plat, herbeux 🏊🏊 – 🍴 🎿 🅴 🎿 🍴 – 🅱
Permanent – **R** conseillée – 🅴 2 pers. 45/50 🔌 5,50 (2A) 8 (4A) 11 (6A)

à l'Amélie-sur-Mer SO : 4,5 km – ✉ 33780 Soulac-sur-Mer :

🔺🔺🔺 **L'Océan** 🐌, ✆ 56 09 76 10, sortie E par D 101E2 et D 101, à 300 m de la plage
6 ha (300 empl.) ⊶ plat, sablonneux, herbeux 🌳 pinède – 🍴 🚿 🎿 🅴 🚿 🅰 🎿
🍴 🚵 🅱 – 🏕 ✗ 🎿 – Location : 🛏
juin-15 sept. – **R** conseillée juil.-août – Tarif 92 : 🅴 1 pers. 52, pers. suppl. 12 🔌 15,50 (3A) 17 (6A) 18,50 (10A)

🔺🔺🔺 **Le Lilhan** 🐌, ✆ 56 09 77 63, E : 2,8 km par D 101E2 et D 101
4 ha (120 empl.) ⊶ plat, sablonneux 🏊🏊 – 🍴 🚿 🎿 🅴 🚿 🅰 snack 🍴 – 🛖
✗ 🚵 🅱 – 🎿 🎿 🎿 – Location : 🛏
juin-15 sept. – **R** conseillée 10 juil.-15 août – Tarif 92 : 🏕 11 piscine comprise 🚗 5 🅴 37

🔺🔺 **Les Genêts,** ✆ 56 09 85 79, NE : 2 km sur D 101E2
4 ha (300 empl.) ⊶ plat, sablonneux, herbeux 🏊🏊 – 🍴 🅰 🅴 🚿 🅰 snack 🍴
🅱 – 🏕 🚵 🎿 – Location : 🛏 🛏, bungalows toilés

🔺 **Les Pins** 🐌, ✆ 56 09 82 52, Fax 45 39 75 47, E : 1,5 km par D 101e2
3,2 ha (160 empl.) plat, vallonné, sablonneux 🏊🏊 – 🍴 🅰 🅴 🚿 🍴 🍴 🅱 – 🎿
– Location : 🛏 🛏
15 juin-15 sept. – **R** conseillée – 🅴 2 pers. 55, pers. suppl. 12 🔌 13 (5A)

Voir aussi au Verdon-sur-Mer

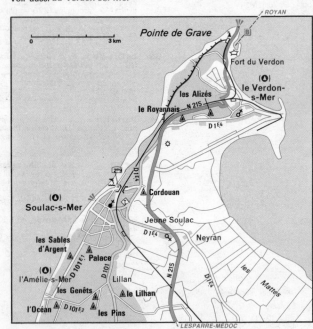

SOULAINES-DHUYS

10200 Aube – 254 h.

🔺 **Municipal de la Croix Badeau,** au NE du bourg, près de l'église
1 ha (39 empl.) peu incliné, herbeux, gravillons 🎿 – 🍴 🚿 🅰 🅴 🎿 🍴 – 🛏
– A proximité : ✗ 🎿
mai-sept. – **R** – 🏕 8 🅴 20 🔌 8

SOULLANS
85300 Vendée – 3 045 h.

▲ **Municipal le Moulin Neuf** ⚲, sortie N par rte de Challans et chemin à droite
1,2 ha (95 empl.) plat, herbeux – 🗑 ⚒ 🚻 ⊕ 🏢 – A proximité : ✗
15 juin-15 sept. – **R** conseillée – Tarif 92 : 🗐 2 pers. 29, pers. suppl. 8 🗓 7 (4A)

⬜ **9 – 67** ⑫

SOURAÏDE
64250 Pyr.-Atl. – 937 h.

▲▲ **Alegera** ⚲ « Cadre agréable », 🖉 59 93 91 80, sortie E par D 918 rte de Cambo-les-Bains, bord d'un ruisseau
3 ha (222 empl.) ⚬ plat et peu incliné, herbeux, gravillons ☒ ♋ – 🗑 ⚒ 🚻
🗑 ⊕ 🏢 – 🗺 ✗ ♏ 🔟 half-court – A proximité : 🏊, – Location : 🚐, appartements
Permanent – **R** – Tarif 92 : ★ 12 piscine comprise 🗐 18 🗓 12 (4A)

▲ **Epherra** (aire naturelle) ⚲ ◁, N : 2,1 km par rte à droite après l'église
1 ha (25 empl.) en terrasses, herbeux – 🗑 🚻 ⊕ – A proximité : practice de golf, golf
juil.-août – **R** – 🗐 2 pers. 35 🗓 9

⬜ **13 – 85** ②

SOURNIA
66730 Pyr.-Or. – 376 h.

▲ **La Source** ⚲ « Agréable sapinière », au bourg – Accès par rue étroite
0,8 ha (48 empl.) peu incliné, herbeux, pierreux ☒ ♋ – 🗑 ⊕ – A proximité : ✗
🏊‍♂️
avril-oct. – **R** – ★ 6,10 🚗 3,30 🗐 6,10 🗓 7 (16A)

⬜ **15 – 86** ⑱

SOURSAC
19550 Corrèze – 569 h.

▲▲ **Municipal de la Plage** ⚲ ◁ « Site et cadre agréables », 🖉 55 27 55 43, NE : 1 km par D 16 rte de Mauriac et à gauche, bord d'un plan d'eau
2,5 ha (90 empl.) ⚬ peu incliné, en terrasses, herbeux – 🗑 🚻 🗑 ⚓ ⊕ 🚳 ⚓
garderie – 🗺 ♏ tir à l'arc – A proximité : 🏊 (bassin) – Location : 🏠

⬜ **10 – 76** ①

SOUSTONS
40140 Landes – 5 283 h.
🅸 Maison du Tourisme, « La Grange de Labouyrie » 🖉 58 41 52 62

▲▲▲ **Municipal l'Airial** « Belle entrée et cadre agréable », 🖉 58 41 12 48, O : 2 km par D 652 rte de Vieux-Boucau-les-Bains, à 200 m de l'étang de Soustons
12 ha (400 empl.) ⚬ plat, vallonné, sablonneux ♋ pinède – 🗑 🚻 🗑 🚳 ⊕ 🏊,
🏋 🏢 – 🗺 ✗ ♏ 🚗 🔟
Pâques-15 oct. – **R** conseillée juil.-août – ★ 16 piscine comprise 🗐 19 🗓 11,50

⬜ **13 – 78** ⑯ G. Pyrénées Aquitaine

La SOUTERRAINE
23300 Creuse – 5 459 h.

▲▲ **Municipal le Cheix** ◁ « Situation agréable », 🖉 55 63 33 32, E : 1,8 km par D 912 rte de Guéret et chemin à gauche, près de l'étang de Cheix
2 ha (60 empl.) ⚬ en terrasses, herbeux ☒ ♋ – 🗑 ⚒ 🚻 🗑 🚳 🗺 ⊕ 🚗 ♈
– A proximité : 🏊 (plage)
avril-15 nov. – **R** 14 juil.-15 août – ★ 11 🚗 6 🗐 11 🗓 11 (10A)

⬜ **10 – 72** ⑧ G. Berry Limousin

STAPLE
59190 Nord – 624 h.

▲ **La Rabaude** ⚲, 🖉 28 40 03 28, NE : 1,5 km par D 161 rte de Hondeghem et chemin à gauche
1,5 ha (50 empl.) ⚬ plat, herbeux – 🗑 ⊕ ♈ ✗
Permanent – **R** conseillée – ★ 10 🚗 10 🗐 10/15 🗓 7 (3A)

⬜ **1 – 51** ④

STEENBECQUE
59189 Nord – 1 553 h.

▲ **Le Paradiso** ⚲, 🖉 28 42 15 08, SE : 1,2 km, 40 r. du Bois, à 400 m du canal de la Nieppe
1 ha (50 empl.) ⚬ plat, herbeux ☒ – 🗑 ⚒ ⊕ ♏ – 🗺
avril-15 oct. – Places limitées pour le passage – **R** – ★ 9 🗐 7/9 🗓 9 (2A) 18 (4A)

⬜ **1 – 51** ⑭

SUARTONE **2A** Corse-du-Sud – ⬜ **90** ⑨ – voir à Corse

SUÈVRES
41500 L.-et-Ch. – 1 360 h.

▲▲▲ **Château de la Grenouillère** « Parc boisé et verger agréables », 🖉 54 87 80 37, Fax 54 87 84 21, NE : 3 km sur rte d'Orléans
11 ha (250 empl.) ⚬ plat, herbeux ☒ ♋ (6 ha) – 🗑 ⚒ 🗑 🗑 🚳 ⊕ 🚗 🏊 🏋
snack 🚗 sauna – 🗺 ✗ 🚗 🔟 vélos, squash – Location : 🚐
15 mai-15 sept. – **R** conseillée – ★ 30 piscine comprise 🗐 100 🗓 20 (5A)

⬜ **5 – 64** ⑦ G. Châteaux de la Loire

SURRAIN
14710 Calvados – 123 h.

▲▲ **la Roseraie,** 🖉 31 21 17 71, au sud du bourg
1 ha (40 empl.) ⚬ plat, herbeux – 🗑 🚻 🗑 🚳 ⊕ 🚗 ♈ – 🗺 ✗ ♏ 🚐
juin-12 sept. – **R** conseillée – 🗐 2 pers. 80/90 🗓 16 (4A) 24 (6A)

⬜ **4 – 54** ⑭

SURTAINVILLE
⬛ – 🔲 ①

50270 Manche – 977 h.

🏕 **Municipal les Mielles** 🚳, 🏕 33 04 31 04, O : 1,5 km par D 66 et rte de la mer, à 80 m de la plage, accès direct
1,6 ha (130 empl.) •━ plat, herbeux, sablonneux, gravillons – 🏕 🛠 🚻 🖻 🕹 🎡
🚾 🔥 ▽ 🖻 – 🏕 – A proximité : 🛶 ▼ – Location : gîtes
Permanent – **R** – ❄ 12,05 🅴 12,05 🚿 14,20 (4A) et 3,60 par ampère suppl.

SURZUR
⬛ – 🔲 ⑬

56450 Morbihan – 2 081 h.

Schéma à Sarzeau

🏕 Municipal Lann-Floren 🚳, 🏕 97 42 10 74, au N du bourg, au stade
2,5 ha (75 empl.) •━ plat, herbeux 🟢🟢 (0,5 ha) – 🏕 🛠 🚻 🖻 🚾 – 🏊 –
A proximité : 🍴
15 juin-15 sept. – **R**

SUSSAC
🔟 – 🔲 ⑲

87130 H.-Vienne – 427 h.

🏕 **Municipal Beauséjour** 🚳 ◁, à l'est du bourg, bord d'un étang
1 ha (33 empl.) en terrasses, herbeux 🟢 – 🏕 🛠 🚾 – A proximité : 🎣 🏊 🚣 (plage)
– Location : gîtes
15 juin-15 sept. – **R** conseillée – ❄ 6,20 🚗 3,20 🅴 3,60 🚿 7,40

SUZE-LA-ROUSSE
🔟 – 🔲 ② G. Provence

26790 Drôme – 1 422 h.

🏕 **Le Lez,** 🏕 75 98 82 83, au nord du bourg, près du Lez
1 ha (35 empl.) •━ (saison) plat, herbeux 🟢 – 🏕 🚾 – 🏊 (bassin)
Pâques-sept. – **R** conseillée juil.-août – ❄ 14 🅴 13 🚿 9,50 (2A) 12,50 (5A)

TADEN 22 C.-d'Armor – 🔲 ⑯ – rattaché à Dinan

TAIN-L'HERMITAGE
🔟 – 🔲 ②

26600 Drôme – 5 003 h.
🅱 Office de Tourisme,
70 av. J. Jaurès 🏕 75 08 06 81

🏕 **Municipal les Lucs,** 🏕 75 08 32 82, sortie SE par N 7 rte de Valence, près du Rhône
2 ha (100 empl.) •━ plat, herbeux, pierreux 🚗 🟢 (1 ha) – 🏕 🚾 🖻 🕹 🚾 –
A l'entrée : snack 🛠 – A proximité : 🎣 🍴 🏊
15 mars-oct. – **R** – ❄ 12 🅴 13 🚿 13,50 (6A)

TALLOIRES 74 H.-Savoie – 🔲 ⑥ – voir à Annecy (Lac d')

TALMONT-ST-HILAIRE
🔟 – 🔲 ⑪ G. Poitou Vendée Charentes

85440 Vendée – 4 409 h.

🏕 **le Littoral,** 🏕 51 22 04 64, Fax 51 22 05 37, SO : 9,5 km par D 949, D 4ᴬ et après Querry-Pigeon, à droite par D 129 rte côtière des Sables-d'Olonne, à 200 m de l'océan
8 ha (452 empl.) •━ plat, herbeux 🚗 🟢 (4 ha) – 🏕 🛠 🚻 🖻 🕹 🚾 🔥 ▽ 🏊
▼ 🗙 🚾 🖻 sauna – 🏕 🍴 🛠 🎣 vélos – Location : 🛖
avril-sept. – **R** conseillée – ❄ 20,90 piscine comprise 🅴 105,60 avec élect.

🏕 **Le Bois Robert** « Cadre agréable », 🏕 51 90 61 24, O : 1,3 km sur D 949 rte des Sables-d'Olonne
2,2 ha (138 empl.) •━ plat et peu incliné, herbeux 🚗 🟢 (0,8 ha) – 🏕 🛠 🚻 🖻
🕹 🚾 🔥 🎣 🛠 – A proximité : 🍴 self
20 juin-5 sept. – 🅴 piscine comprise 2 pers. 70, pers. suppl. 19 🚿 12 (2A) 14 (4A) 16 (6A)

🏕 **Le Bouc Etou,** 🏕 51 22 20 38, SO : 7 km par D 949, D 4ᴬ et à gauche après Querry-Pigeon
1 ha (95 empl.) •━ plat, herbeux 🚗 🟢 – 🏕 🚻 🚾 🖻 – 🎣 – mini tennis – Location : 🛖 🛖
mai-sept. – **R** conseillée – 🅴 2 pers. 38 🚿 8,50 (2A)

TAMNIES
🔟 – 🔲 ⑰

24620 Dordogne – 313 h.

🏕 **le Pont de Mazerat,** 🏕 53 29 14 95, SE : 2 km, bord de la D 48
1,8 ha (73 empl.) •━ plat et en terrasses, herbeux – 🏕 🛠 🚻 🖻 🕹 🚾 ▼ 🎣 🛠
– 🎣 – A proximité : 🍴 🏊
juin-sept. – **R** conseillée – ❄ 17 piscine comprise 🅴 18 🚿 12 (3A) 15 (6A)

TANINGES
🔟 – 🔲 ⑦ G. Alpes du Nord

74440 H.-Savoie – 2 791 h. alt. 640.
🅱 Office de Tourisme, av. Thézières
🏕 50 34 25 05

🏕 **Municipal des Thézières** 🚳 ◁, 🏕 50 34 25 59, sortie S rte de Cluses, bord du Foron et à 150 m du Giffre
2 ha (113 empl.) plat, herbeux – 🏕 🛠 🚻 🖻 🎡 🚾 – 🍴
Permanent – **R** – 🅴 2 pers. 25,30, pers. suppl. 9,30 🚿 9,90 à 31,90

TARASCON

13150 B.-du-R. – 10 826 h.
🅸 Office de Tourisme,
59 r. des Halles 𝒫 90 91 03 52

⚠ **St-Gabriel**, 𝒫 90 91 19 83, SE : 5 km par N 570 rte d'Arles et D 32 à gauche rte de St-Rémy-de-Provence, près d'un canal
1 ha (44 empl.) o—ᴥ plat, herbeux 🖂 ⚈⚈ – 🗂 ⚑ ⊛ – 🏠
avril-sept. – **R** – ★ *13,50* 🔳 *16* 🔟 *12 (6A)*

⚠ **Tartarin**, 𝒫 90 91 01 46, sortie NO par D 81A rte de Vallabrègues, près du château, bord du Rhône
0,8 ha (80 empl.) o—ᴥ (saison) plat, herbeux ⚈⚈⚈ – 🗂 ♈
15 mars-sept. – **R** – ★ *18* 🔳 *18*

TARASCON-SUR-ARIÈGE

09400 Ariège – 3 533 h.
🅸 Office de Tourisme,
pl. 19 Mars 1962 𝒫 61 05 63 46

⚠⚠ **Le Sédour** ≤, 𝒫 61 05 87 28 ✉ 09400 Surba, NO : 1,8 km par D 618 rte de St-Girons et chemin de Florac à droite
1,5 ha (100 empl.) o—ᴥ (saison) peu incliné et plat, herbeux, pierreux 🖂 ♀ verger – 🗂 ⚑ 🔚 🛍 ⊛ 🖳 – 🏠
mars-oct. – **R** *conseillée juil.-août* – ★ *13 (hiver 10)* 🔳 *13 (hiver 10)* 🔟 *10A :* *13 (hiver 20)*

⚠⚠ **Le Pré Lombard** ≤, 𝒫 61 05 61 94, SE : 1,5 km par D 23 rte d'Ussat, bord de l'Ariège
4 ha (180 empl.) o—ᴥ plat, herbeux ⚈⚈ – 🗂 ⚆ 🕍 ⚑ 🛍 ⚓ ⊛ ♈ snack 🖳 – 🏠 ⚓ ㊉ – Location : mai-cuite
15 janv.-15 nov. – **R** *conseillée juil.-août* – 🔳 *piscine comprise 2 pers. 56* 🔟 *12 (4A) 18 (6A) 25 (10A)*

⚠⚠ Les Grottes ≤, 𝒫 61 05 88 21 ✉ 09400 Niaux, sortie S par N 20 rte d'Ax-les-Thermes puis 3,5 km par D 8 à droite rte de Vicdessos, à **Niaux**, près d'un torrent
4 ha (140 empl.) o—ᴥ (saison) plat, herbeux, étang ♀ – 🗂 ⚆ ⚑ 🛍 ⚓ ⊛ ♈ 🖳 – 🏠 ⚓
– 🏠 ⚓

⚠ **La Prairie** ≤, 𝒫 61 05 81 81 ✉ 09400 Capoulet-et-Junac, sortie S par N 20 rte d'Ax-les-Thermes puis 4 km par D 8 à droite rte de Vicdessos, bord d'un torrent
1 ha (80 empl.) o—ᴥ plat, herbeux – 🗂 ⚆ ⚑ 🛍 ⚓ 🖳 – 🏠
15 juin-sept. – **R** *conseillée août* – ★ *12* 🔳 *16*

TARDETS-SORHOLUS

64470 Pyr.-Atl. – 704 h.

⚠⚠ **Pont d'Abense** ≤, 𝒫 59 28 58 76, O : 0,5 km par D 57 rte d'Etchebar, à droite après le pont, bord du Saison
1,5 ha (50 empl.) o—ᴥ (saison) plat, herbeux ♀ – 🗂 ⚆ ⚑ 🛍 🖳 ⊛ – A proximité : ✖ ㎡
Pâques-1er nov. – **R** – *Tarif 92 :* 🔳 *2 pers. 47,65, pers. suppl. 12,65* 🔟 *12,65*

TARNAC

19170 Corrèze – 403 h. alt. 700

⚠⚠ **Municipal de l'Enclose** ⚆, sortie SO par D 160 rte de Toy-Viam et chemin à droite, près d'un plan d'eau (accès direct)
1,5 ha (46 empl.) en terrasses, peu incliné, herbeux, pierreux 🖂 ⚈⚈ – 🗂 ⚆ 🛍 🖳 ⊛ – A proximité : ✖ ㎡
15 mai-oct. – **R** – ★ *10,30 vehicule et emplacement gratuits* 🔟 *9 (3A) 16,50 (6A)*

TAUPONT

56800 Morbihan – 1 853 h.

⚠⚠ **La Vallée du Ninian** ⚆, 𝒫 97 93 53 01, sortie N par D 8 rte de la Trinité-Porhoët, puis 2,5 km par rte à gauche
1,2 ha (50 empl.) o—ᴥ plat, herbeux 🖂 – 🗂 ⚆ 🕍 🛍 ⚓ ⊛ 🖳 – 🏠 ⚓ – Location : mai-cuite
mai-sept. – **R** *conseillée juil.-25 août* – 🔳 *piscine comprise 2 pers 52* 🔟 *5 (2A) 10 (4A) 15 (6A)*

TAUTAVEL

66720 Pyr.-Or. – 738 h.

⚠⚠ **Le Priourat** ≤, 𝒫 68 29 41 45, sortie O, rte d'Estagel
0,5 ha (21 empl.) o—ᴥ plat, peu incliné, herbeux 🖂 – 🗂 ⚆ 🛍 ⚓ ⊛ – ⚓
avril-15 oct. – **R** *conseillée* – 🔳 *piscine comprise 2 pers. 62, pers. suppl. 28* 🔟 *20 (16A)*

TAUVES

63690 P.-de-D. – 940 h. alt. 840

⚠⚠ **Municipal les Aurandeix**, 𝒫 73 21 14 06, à l'est du bourg, au stade
1 ha (90 empl.) o—ᴥ plat, en terrasses, incliné, herbeux 🖂 – 🗂 ⚆ 🛍 ⚓ 🖳 ⊛ 🖳 – 🏠 ⚓ – A l'entrée : ✖ – Location : huttes
juin-15 sept. – **R** *conseillée – Tarif 92 :* 🔳 *2 pers. 33, pers. suppl. 10,30* 🔟 *9,30 (4A)*

▶ 🍴✖ *Attention...*
⚆ 🦆 *ces éléments ne fonctionnent généralement qu'en saison,*
⚓ 🐎 *quelles que soient les dates d'ouverture du terrain.*

TELGRUC-SUR-MER

29560 Finistère – 1 811 h.

🔺🔺 **Le Panoramic** ⚫ ≤ « Situation et cadre agréables », 🏕 98 27 78 41, Fax 98 27 36 10, SO : 1,5 km par rte de Trez-Bellec Plage
4 ha (173 empl.) ⚬ (saison) en terrasses, herbeux ☐ ⚫ – 🔥 ⚬ 🔲 🗟 ⚫ 🦺 ⚫ 🏕 🦺 ⚫ 🏕 – A proximité : ✕ – Location : 🏠
15 mai-15 sept. – **R** conseillée – ✱ 22 piscine comprise ⚫ 10 🔲 40 🔋 20 (6A) 25 (10A)

🔺🔺 **Les Mimosas** ≤, 🏕 98 27 76 06, SO : 1 km rte de Trez-Bellec Plage
1 ha (90 empl.) ⚬ (saison) en terrasses, herbeux – 🔥 ⚬ 🔲 🗟 ⚫ ⚫ – Location : 🏠
15 mars-oct. – **R** conseillée – ✱ 16 ⚫ 5,50 🔲 12 🔋 11 (10A)

TENCE

43190 H.-Loire – 2 788 h. alt. 840.
🅱 Office de Tourisme, pl. Chatiague 🏕 71 59 81 99

🔺🔺 Municipal la Levée des Frères ⚫ « Cadre et situation agréables », 🏕 71 59 83 10, SO : 1,5 km par rte d'Yssingeaux et rte de Mazelgirard à gauche, bord du Lignon
3 ha (120 empl.) ⚬ (saison) plat, peu incliné et terrasses, herbeux ⚫⚫ – 🔥 ⚬ 🔲 🗟 ⚫ ⚫ – 🔲 🦺 – Places disponibles pour le passage

TENNIE

72480 Sarthe – 850 h.

🔺🔺 **Municipal de la Vègre,** 🏕 43 20 59 44, sortie O par D 38 rte de Ste-Suzanne, bord de rivière
1 ha (50 empl.) ⚬ (saison) plat, herbeux ⚫ – 🔥 ⚬ 🔲 🗟 ⚫ – ✕ 🦺 🦺 ⚫ (bassin) – A l'entrée : ✕
15 mai-15 oct. – **R** juil.-août – ✱ 6,30 ⚫ 3,70 🔋 5,30(2A) 10,50(6A) 13,70(10A)

TERMIGNON

73500 Savoie – 367 h. alt. 1 300

🔺🔺 **la Fennaz** ⚫ ≤, 🏕 79 20 52 46, à 0,8 km au N de la commune
1 ha (83 empl.) ⚬ incliné et plat, en terrasses, herbeux, pierreux ☐ – 🔥 ⚬ 🔲 – ✕
fin juin-août – **R** – ✱ 13 ; 50 🔲 10

TERRASSON-LA-VILLEDIEU

24120 Dordogne – 6 004 h.
🅱 Syndicat d'Initiative, Porte du Périgord 🏕 53 50 37 56

🔺 **Île de France,** 🏕 53 50 02 81, par la pl. de la Libération, bord de la Vézère (rive droite)
0,7 ha (50 empl.) ⚬ plat, herbeux ⚫ – 🔥 ⚬ 🔲 🗟 ⚫ – 🔲
mai-oct. – **R** conseillée juil.-août – ✱ 18 🔲 20 🔋 15 (3 ou 5A)

La TESSOUALE

49280 M.-et-L. – 2 781 h.

🔺 **Municipal du Verdon** ⚫ ≤, 🏕 41 56 37 86, NE : 2,3 km par rte du barrage du Verdon, à 75 m du lac (accès direct)
1 ha (28 empl.) incliné à peu incliné, herbeux ☐ – 🔥 ⚬ 🔲 🗟 ⚫ – A proximité : ⚫ ✕
15 juin-15 sept. – **R** – 🔲 1 à 3 pers. 43, pers. suppl. 10,20 🔋 7,30(3A) 11,90(5A)

La TESTE 33 Gironde – 🔳 ⑳ – rattaché à Arcachon (Bassin d')

TÉTEGHEM

59229 Nord – 5 839 h.

🔺🔺 Le Pont à Cochons, 🏕 28 26 03 04, sortie S par D 4 rte de West-Cappel, bord du canal
1 ha (77 empl.) ⚬ plat, herbeux ☐ – 🔥 ⚫
15 mars-oct. – Places limitées pour le passage – **R**

THEIX

56450 Morbihan – 4 435 h.

🔺🔺 **La Peupleraie** ⚫ « Agréable peupleraie », 🏕 97 43 09 46, N : 1,5 km par D 116 rte de Treffléan puis 1,2 km par chemin à gauche
3 ha (100 empl.) ⚬ plat, herbeux ⚫⚫⚫ – 🔥 ⚬ 🔲 🗟 ⚫ – 🔲
15 avril-15 oct. – **R** conseillée juil.-août – ✱ 10 ⚫ 3,50 🔲 10 🔋 10(3A) 12 (5A)

🔺🔺 **Rhuys,** 🏕 97 54 14 77, à 3,5 km au NO du bourg – Par N 165 venant de Vannes : sortie Sarzeau
2 ha (50 empl.) ⚬ peu incliné, herbeux – 🔥 ⚬ 🔲 🗟 ⚫ ⚫ 🦺 🦺 🔲 – 🦺
– A proximité : ⚫ – Location : 🏠
15 avril-sept. – **R** conseillée juil.-août – ✱ 17 🔲 36 🔋 11,50 (6A)

THÉRONDELS

12600 Aveyron – 505 h. alt. 960

🔺🔺🔺 **La Source** ⚫ ≤ lac et collines boisées « Belle situation au bord du lac de Sarrans », 🏕 65 66 05 62, Fax 65 66 21 00, S : 8 km par D 139, D 98, D 537 rte de la presqu'île de Laussac – alt. 647 – Accès aux emplacements par rampe à 12 %
4,5 ha (80 empl.) ⚬ (saison) en terrasses, peu incliné, herbeux, pierreux – 🔥 ⚬ 🔲 🗟 ⚫ ⚫ 🦺 🦺 ⚫ snack 🦺 🔲 – 🔲 ✕ 🦺 toboggan aquatique – Location : studios
juil.-4 sept. – **R** conseillée – 🔲 élect. (6A) et piscine comprises 2 pers. 99

THEYS
38570 Isère – 1 321 h. alt. 620

▲ **Les Sept Laux** ❄ ⚇ ≼, ℰ 76 71 02 69, S : 3,8 km, à 400 m du col des Ayes – alt. 920
1 ha (55 empl.) ⚬┳ plat, peu incliné, en terrasses, herbeux, pierreux, bois attenant – 🗊 ⚏ ⚊ 🖫 ⚙ 🖥 – 🔙
mai-sept., vac. scol. et w.e. en hiver – **R** *conseillée juil.-août – Tarif 92 :* 🔲
1 à 6 pers. 52 à 90,50, pers. suppl. 18 🕃 *11,50 à 34*

THEY-SOUS-MONTFORT **88** Vosges – 🔢 ⑭ – rattaché à Vittel

THIÉZAC
15450 Cantal – 693 h. alt. 805.
🚩 Syndicat d'Initiative, Mairie
ℰ 71 47 01 21

▲ Municipal de la Bédisse ⚇ ≼, ℰ 71 47 00 41, sortie SE par D 59 rte de Raulhac et à gauche, sur les deux rives de la Cère
1,5 ha (150 empl.) ⚬┳ plat, herbeux ⚏⚏ – 🗊 ⚗ ⚙ – A proximité : ✖
15 juin-15 sept. – 🍴

Le THILLOT
88160 Vosges – 4 246 h.

▲ **Municipal l'Étang de Chaume,** ℰ 29 25 10 30, NO : 1,3 km par N 66 rte de Remiremont et chemin à droite, bord d'un étang
1 ha (67 empl.) ⚬┳ peu incliné et en terrasses, herbeux, pierreux 🖾 – 🗊 ⚏ ⚊
⚙ – A proximité : ✖ 🔲
Permanent – **R** *conseillée juil.-août* – 🕴 *5,50* 🔲 *15/18 ou 21* 🕃 *6A : 7,50 (hiver 13,50)*

à *Fresse-sur-Moselle* E : 2 km par N 66 rte de Bussang
✉ 88160 Fresse-sur-Moselle :

▲ **Municipal Bon Accueil,** ℰ 29 25 08 98, sortie NO par N 66 rte du Thillot, à 80 m de la Moselle
0,6 ha (50 empl.) ⚬┳ plat, herbeux – 🗊 ⚙ – A proximité : ✖
avril-11 nov.– **R** – 🕴 *6,75 et 4,30 pour douches chaudes* 🔲 *6,15* 🕃 *5,40 à 14,40 (1 à 5A)*

Le THOLY
88530 Vosges – 1 541 h.
🚩 Syndicat d'Initiative, Mairie
ℰ 29 61 81 18

▲ **Noirrupt** ≼, ℰ 29 61 81 27, NO : 1,3 km par D 11 rte d'Epinal et chemin à gauche
1,2 ha (35 empl.) ⚬┳ plat, herbeux ⚆ (0,5 ha) – 🗊 ⚏ ⚊ 🖫 sauna ⚙ ⚂ ⛟ 🍵 pizzeria ✖ ⚑ 🏊 🖾 – Location : 🏠
15 avril-15 oct. – 🍴 – 🔲 *piscine et tennis compris 3 pers. 87,50, pers. suppl. 22* 🕃 *14 (2A) 28 (6A)*

THONAC
24290 Dordogne – 257 h.

▲ **La Castillanderie** ⚇, ℰ 53 50 76 79, NE : 2,5 km par rte de Fanlac puis chemin à droite, bord d'un plan d'eau
15 ha/2 campables (65 empl.) ⚬┳ plat et terrasse, peu incliné, herbeux – 🗊 ⚏
⚊ 🖳 ⚙ ⚑ ✖ 🖥 – 🔙 ⚂ 🏊 – Location : ⛺ 🛏
avril-oct. – **R** *conseillée* – 🕴 *20 piscine comprise* 🔲 *20* 🕃 *12 (4A)*

THÔNES
74230 H.-Savoie – 4 619 h. alt. 626.
🚩 Office de Tourisme, pl. Avet
ℰ 50 02 00 26

▲ **Les Grillons** ≼, ℰ 50 02 06 63, NO : 1 km rte d'Annecy et chemin à gauche
0,7 ha (60 empl.) ⚬┳ plat, pierreux, bois attenant – 🗊 ⚏ ⚙ – 🔙 ⚑ –
A proximité : ✖
26 juin-août – **R** – 🕴 *10,70* 🔲 *15* 🕃 *11,80 (2A)*

▲ **Le Tréjeux** ⚇ ≼, ℰ 50 02 06 90, O : 1,5 km rte de Bellossier, bord du Malnant
1,5 ha (98 empl.) ⚬┳ plat, pierreux, gravillons ⚆ – 🗊 ⚏ ⚐ ⚙ 🖥 – 🔙 – Location :
🏠
juin-sept. – 🍴 – 🕴 *10* 🔲 *18* 🕃 *10 (2A)*

▲ **le Lachat** ≼, ℰ 50 02 96 65, NE : 1,5 km par D 909 rte de la Clusaz, bord du Nom
1,3 ha (70 empl.) ⚬┳ (juil.-août) plat, herbeux, pierreux ⚆ – 🗊 ⚏ ⚙
avril-15 oct. – **R** *conseillée juil.-août* – 🕴 *12* 🔲 *16* 🕃 *10 (3A) 12 (4A) 17 (6A)*

THONON-LES-BAINS ⊛
74200 H.-Savoie – 29 677 h. –
🕆 2 janv.-30 déc.
🚩 Office de Tourisme, pl. du Marché
ℰ 50 71 55 55

▲ **Morcy,** ℰ 50 70 44 87, SO : 2,5 km par N 5 et chemin à gauche
1 ha (60 empl.) ⚬┳ plat et peu incliné, herbeux ⚆ – 🗊 ⚏ 🖥 ⚙ – 🔙
Pâques-15 sept. – **R** – 🕴 *18,50* 🔲 *18,50* 🕃 *9 (4A)*

Le THOR
84250 Vaucluse – 5 941 h.

▲ **Lejantou** ⚇, ℰ 90 33 90 07, Fax 90 33 90 07, O : 1,2 km par sortie N vers Bédarrides et rte à gauche, accès direct à la Sorgue
2 ha (100 empl.) ⚬┳ plat, herbeux ⚆ – 🗊 ⚏ ⚊ 🖫 ⚙ ⚂ 🖥 – 🔙 ⚑
avril-oct. – **R** *conseillée juil.-20 août* – 🕴 *19* 🔲 *26* 🕃 *13 (3A) 18 (6A)*

12 – 77 ⑤ ⑥ G. Alpes du Nord
11 – 76 ⑫ ⑬ G. Auvergne
8 – 66 ⑦ ⑧ G. Alsace Lorraine
8 – 62 ⑰
13 – 75 ⑦
12 – 74 ⑦ G. Alpes du Nord
12 – 70 ⑰ G. Alpes du Nord
16 – 81 ⑫ G. Provence

THOUARCÉ
49380 M.-et-L. – 1 546 h.

▲ **Municipal de l'Écluse,** au SO du bourg par av. des Trois-Ponts, bord du Layon
0,5 ha (35 empl.) plat, herbeux ⚑ – 🛖 ⚲ ⊕ – A proximité : ✕
15 avril-15 oct. – **R** conseillée – ⚓ 6,30 ⚗ 2,70 🗐 2,70 🗗 8

5 – 67 ⑦

THOUX
32430 Gers – 136 h.

🛖🛖🛖 **Le Lac** ⩽ « Cadre agréable », ℰ 62 65 71 29, NE sur D 654, bord du lac
1,5 ha (70 empl.) plat, peu incliné, herbeux 🛖 – 🛖 ⚙ 🔥 🗐 ⊕ 🍽 🖥 – 🛶
🛥 (bassin) – A proximité : 🍴 ✕ ✕ 🔥 ⚗ 🜕
Permanent – **R** – 🗐 3 pers. 60 🗗 10A : 15 (hors saison 21)

14 – 82 ⑥

THURY-HARCOURT
14220 Calvados – 1 803 h.
🛈 Office de Tourisme, pl.
Saint-Sauveur (Ascension-15 sept.)
ℰ 31 79 70 45

🛖🛖🛖 Vallée du Traspy 🍃 « Entrée fleurie », ℰ 31 79 61 80, à l'est du bourg par bd du 30-Juin-1944 et chemin à gauche, bord du Traspy et près d'un plan d'eau
1,3 ha (92 empl.) ⚡ plat et terrasse, herbeux – 🛖 ⚙ 🔥 🗐 ⊕ 🍽 ⚲ 🖥 – 🛶
⚗

5 – 55 ⑪ G. Normandie Cotentin

TIERCÉ
49125 M.-et-L. – 3 047 h.

▲ **Municipal,** ℰ 41 42 62 17, sortie E rte de Seiches-sur-le-Loir
2 ha (100 empl.) plat, herbeux – 🛖 ⚙ 🔥 🗐 ⊕ – ⚗ – A proximité : 🜕 ✕ 🛶
15 juin-août – **R** – 🗐 1 ou 2 pers. 25, pers. suppl. 5 🗗 10 (6 ou 10A)

5 – 64 ①

TIGNES
73320 Savoie – 2 005 h. alt. 2 100 – 🜲
🛈 Office de Tourisme, au lac
ℰ 79 06 15 55

🛖 **L'Escapade** 🍃 ⩽, ℰ 79 06 41 27, NE : 7 km entre les Brévières et les Boisses, sur vieille rte de Tignes – Pour les caravanes venant de Bourg-St-Maurice, accès conseillé par rte du barrage – alt. 1 750
3 ha (120 empl.) ⚡ (saison) en terrasses et peu incliné, herbeux, pierreux – 🛖
⚙ 🔥 🗐 🔥 ⊕ 🍽 🖥 – 🛶 🛥
15 juin-sept. – **R** conseillée – ⚓ 16 piscine comprise ⚗ 8 🗐 8 🗗 12 (10A)

12 – 74 ⑲ G. Alpes du Nord

TINTÉNIAC
35190 I.-et-V. – 2 163 h.

🛖🛖🛖 **Les Peupliers** ◇ « Agréable sapinière », ℰ 99 45 49 75, SE : 2 km par N 137 rte de Rennes, à la Besnelais, bord d'étangs
4 ha (100 empl.) ⚡ plat, herbeux 🔥 ⚑⚑ – 🛖 ⚙ 🔥 🗐 🔥 ⊕ 🍽 ⚲ 🍴 🛒 🖥
– 🛶 ✕ ⚗ 🛥 – A proximité : 🜕 – Location : 🚐
mars-nov. – **Location longue durée** – Places disponibles pour le passage – **R** conseillée – ⚓ 16,50 piscine comprise 🗐 18,50 🗗 11 (3A) 15 (5A) 30 (10A)

4 – 59 ⑯ G. Bretagne

TIUCCIA **2A** Corse-du-Sud – 90 ⑯ – voir à Corse

TOCANE-ST-APRE
24350 Dordogne – 1 377 h.

🛖🛖 **Municipal le Pré Sec** 🍃, ℰ 53 90 40 60, au nord du bourg, bd Charles-Roby, bord de la Dronne
1,8 ha (80 empl.) ⚡ (saison) plat, herbeux 🔥 ⚑⚑ (0,5 ha) – 🛖 ⚙ 🔥 🗐 🔥 ⊕
🔥 🖥 – 🛶 ✕ ⚗ 🛥
15 mai-sept. – **R** conseillée juil.-août – ⚓ 6 🗐 20 🗗 7 (5A)

10 – 75 ④ ⑤

TOLLENT
62390 P.-de-C. – 82 h.

🛖🛖🛖 Le Val d'Authie ◇ « Ancienne ferme picarde », ℰ 21 47 14 27, sortie SE par D 119 rte d'Auxi-le-Château
3,3 ha (80 empl.) ⚡ plat et peu incliné, terrasse, herbeux, petit étang ⚑ – 🛖 🛖
⚙ 🗐 🔥 ⊕ 🍽 ⚲ 🍴 🖥 – 🛶 🛥 (bassin)
avril-sept. – **Location longue durée** (3 750 F) – Places limitées pour le passage – **R** conseillée

1 – 51 ⑫

TONNAY-CHARENTE
17430 Char.-Mar. – 6 814 h.

▲ **Municipal des Capucins,** ℰ 46 88 72 16, au SE de la ville, en amont du vieux pont suspendu, bord de la Charente
1 ha (76 empl.) ⚡ plat, herbeux, gravillons – 🛖 ⚙ 🔥 🗐 ⊕
mai-sept. – **R** – ⚓ 8 🗐 10 🗗 7,20 à 25 (2 à 32A)

9 – 71 ⑬ G. Poitou Vendée Charentes

TONNEINS
47400 L.-et-G. – 9 334 h.
🛈 Office de Tourisme, 3 bd Charles-de-Gaulle ℰ 53 79 22 79

🛖🛖 Municipal Robinson « Décoration florale et arbustive », ℰ 53 79 02 28, sortie S par N 113 rte d'Agen, à 100 m de la Garonne
0,6 ha (40 empl.) ⚡ plat, herbeux 🔥 ⚑ – 🛖 ⚙ 🔥 🗐 🔥 ⊕ 🖥 – ⚗

14 – 79 ④

TONNOY
54210 M.-et-M. – 607 h.   8 – 62 ⑤

🏕 **Municipal le Grand Vanné,** ℰ 83 26 62 36, O : par D 74, à 0,5 km de la N 57, bord de la Moselle
7 ha (270 empl.) o━ (saison) plat, herbeux, sablonneux – 🗑 ⇔ 📛 🗔 ☺ - 🚣
– A proximité : ✖
28 mai-6 sept., week-ends du 10/4 au 24/5 et du 10/9 au 11/10 –
R conseillée juil.-août – 🔳 2 pers. 28 🛠 10,80 (3A)

TORIGNI-SUR-VIRE
50160 Manche – 2 659 h.   4 – 54 ⑭ G. Normandie Cotentin

🏕 **Municipal du Lac,** ℰ 33 56 91 74, SE : 0,8 km par N 174 rte de Vire, à proximité d'un étang et d'un parc boisé
0,75 ha (40 empl.) o━ plat, herbeux 🗔 – 🗑 ⇔ 📛 🗔 ☺ – 🚗 – A proximité : ✖
15 juin-15 sept. – **R** – 🛉 9 🚗 6 🔳 6 🛠 8

TORREILLES
66440 Pyr.-Or. – 1 775 h.   15 – 86 ⑳

à Torreilles-Plage NE : 3 km par D 11ᴱ – ✉ 66440 Torreilles :

🏕 **Les Dunes de Torreilles-Plage,** ℰ 68 28 38 29, à 150 m de la plage
16 ha/8 campables (615 empl.) o━ plat, sablonneux 🗔 – Sanitaires individuels
(🗑 ⇔ wc), ☺ 🌲 ✖ 🍴 ✖ 🛒 🗔 – 🚗 ✖ 🚣 🚤 – Location : 🏠
15 mars-15 oct. – **R** conseillée juil.-août – 🔳 élect. (10A) et piscine comprises jusqu'à 6 pers. 179

🏕 **Mar I Sol** 🅂, ℰ 68 28 04 07, Fax 68 28 18 23, à 350 m de la plage
7 ha (380 empl.) o━ plat, sablonneux 🗔 – 🗑 ⇔ 📛 🗔 🕭 ☺ 🌲 ✖ 🚤 🍴 ✖
🛒 🗔 – ✖ 🄵 🚲 tir à l'arc – Location : 🏠 🚐 🏠
mai-15 oct. – **R** conseillée – 🛉 28 🔳 39 🛠 20 (3A)

🏕 **Le Trivoly** 🅂 « Entrée fleurie », ℰ 68 28 20 28
8 ha/3 campables (150 empl.) o━ plat, sablonneux, herbeux 🗔 – 🗑 ⇔ 📛 🗔
🕭 ☺ snack 🛒 🗔 – 🚗 ✖ 🚣 🚤 tir à l'arc
avril-sept. – **R** indispensable été – 🛉 24 piscine comprise 🔳 32 🛠 18 (6A)

🏕 **Le Calypso,** ℰ 68 28 09 47, Fax 68 28 24 76
5 ha (230 empl.) o━ plat, sablonneux, herbeux 🗔 ♀ – 🗑 ⇔ 📛 🗔 🔥 Sanitaires individuels (🗑 ⇔ wc) 🕭 ☺ 🌲 ✖ ✖ 🗔 – 🚗 ✖ – Location : 🚐 🏠
avril-sept. – **R** conseillée juil.-août – 🛉 25 piscine comprise 🔳 37 🛠 15 (3A) 20 (6A) 25 (10A)

🏕 **La Palmeraie** « Décoration originale », ℰ 68 28 20 64
3,2 ha (160 empl.) o━ plat, sablonneux, herbeux 🗔 – 🗑 ⇔ 📛 🗔 🕭 ☺ 🍴 ✖
🛒 🗔 – 🚗 🚣 🚤 – A proximité : 🛒 – Location : 🚐 🏠

TORTEQUESNE
62490 P.-de-C. – 719 h.   2 – 53 ③

🏕 **Municipal de la Sablière** 🅂, ℰ 21 55 85 22, sortie NE par D 956 rte de Férin et 0,5 km par chemin à droite, bord de deux étangs
1,5 ha (81 empl.) plat, herbeux, pierreux 🗔 – 🗑 ⇔ 📛 ☺ – ✖ – A proximité : 🍴 ✖
mars-nov. – **R** – 🛉 8 🚗 5 🔳 15

TOUËT-SUR-VAR
06710 Alpes-Mar. – 342 h.   17 – 81 ⑳ G. Alpes du Sud

🏕 **Camping de l'Amitié** 🅂, ℰ 93 05 74 32, accès conseillé par centre ville, SE : 1 km par av. Jian Glauffret et chemin à gauche, près du Var – croisement difficile pour caravanes
0,7 ha (30 empl.) o━ plat, herbeux, pierreux, gravier – 🗑 📛 🗔 🕭 ☺ 🌲 🚤 🚲
– A proximité : ✖
Permanent – **R** conseillée – 🔳 1 à 4 pers. 31 à 73/30 à 91, pers. suppl. 16 🛠 17 (3A)

TOUFFAILLES
82190 T.-et-G. – 359 h.   14 – 79 ⑯

🏕 **Municipal,** sur D 41, face à la mairie
0,3 ha (11 empl.) plat, herbeux ♀ – 🗑 – A proximité : ✖
juin-sept. – **R** – 🛉 5 🔳 6

TOUFFREVILLE-SUR-EU
76910 S.-Mar. – 175 h.   1 – 52 ⑤

🏕 **Municipal les Acacias** 🅂, ℰ 35 50 87 46, SE : 1 km par D 226 et D 454 rte de Guilmecourt
1 ha (50 empl.) plat, herbeux – 🗑 ⇔ 🔥 🗔 ☺
Pâques-15 oct. – **R** – 🛉 10 🔳 5 🛠 10 (6A)

TOULON-SUR-ARROUX
71320 S.-et-L. – 1 867 h.   11 – 69 ⑰

🏕 **Municipal du Val d'Arroux,** ℰ 85 79 51 22, à l'ouest de la commune, rte d'Uxeau, bord de l'Arroux
1 ha (68 empl.) o━ (saison) plat, herbeux – 🗑 ⇔ 📛 🗔 🕭 ☺ – 🄵
10 avril-2 nov. – Places disponibles pour le passage – **R** juil.-août – 🛉 6,50 🚗 4,90 🔳 5 🛠 10,10 (10A)

La TOUR-D'AIGUES
🔟🔟 – 🔲 ③ G. Provence

84240 Vaucluse – 3 328 h.

△ **Municipal** ॐ, sortie NE par D 956 rte de Forcalquier et chemin à droite, bord de la Leze
1 ha (100 empl.) ⚬₋ plat, herbeux ♀ – 🔊 ⚫ ⊕ – A proximité : ✗
juil.-août – **R** conseillée – ∦ 9,50 ⇔ 5 🔲 5 (🔋) 13 (8A)

La TOUR-D'AUVERGNE
🔟🔟 – 🔲 ⑬ G. Auvergne

63680 P.-de-D. – 778 h. alt. 990 –
🐟.
🚩 Syndicat d'Initiative,
Mairie ✆ 73 21 54 80

△ **Municipal la Chauderie** ≼, ✆ 73 21 55 01, SE : 1 km par D 203 rte de Besse-en-Chandesse, bord de la Burande
1,5 ha (92 empl.) ⚬₋ plat, incliné, accidenté, herbeux – 🔊 ⚫ ⚫ 🗎 & ⊕ – 🏠 vélos
15 juin-15 sept. – **R** conseillée – Tarif 92 : ∦ 7,75 ⇔ 3,90 🔲 3,90 (🔋) 7,75 (3A) 15,45 (10A)

△ **La Vallée** ॐ ≼, ✆ 73 21 54 43, à 1,7 km au sud du bourg, accès par sortie SO rte de Bagnols et chemin à gauche à la hauteur des tennis, bord de la Burande
3 ha (50 empl.) ⚬₋ plat, incliné, terrasse, herbeux – 🔊 ⚫ ⚫ ⊕ 🏃 –
Location : 🏠
15 juin-15 sept. – **R** conseillée 15 juil.-15 août – 🔲 2 pers. 36 (🔋) 10 (3A) 15 (6A)

La TOUR-DU-MEIX
🔟🔟 – 🔟🔟 ⑭

39270 Jura – 167 h.

△△ **Surchauffant** ॐ ≼ « Entrée fleurie », ✆ 84 25 41 08, Fax 84 24 94 07, au Pont de la Pyle, SE : 1 km par D 470 et chemin à gauche, à 150 m du lac de Vouglans (accès direct)
2,5 ha (200 empl.) ⚬₋ plat, herbeux, pierreux – 🔊 ⚫ ⚫ 🗎 & ⊕ 🏃 ▽ 🔊 –
🏠 🏃 – A proximité : ≋ – Location : bungalows toilés
mai-sept. – **R** conseillée juil.-août – 🔲 2 pers. 65 (🔋) 14 (7A)

TOURNEHEM-SUR-LA-HEM
🔟 – 🔲 ② ③

62890 P.-de-C. – 1 069 h.

△△ **Bal Caravaning** ≼, ✆ 21 35 65 90, Fax 21 36 74 90, sortie E par D 218
2,5 ha (63 empl.) ⚬₋ peu incliné, herbeux – 🔊 ⚫ 🗎 ▥ ⊕ – 🏠 – A proximité :
🍴 ✗ 🕹 🔊 🏃 (parc d'attractions) – Location : 🏠
Permanent – **R** juil.-août – ∦ 16 🔲 26 (🔋) 16 (4A) 39 (10A)

TOURNON-D'AGENAIS
🔟🔟 – 🔟🔟 ⑥ G. Pyrénées Aquitaine

47370 L.-et-G. – 839 h.

△△△ **Camp Beau** ≼, ✆ 53 40 78 88, N : 1 km par D 102 rte de Fumel, près de la Base de Loisirs et d'un plan d'eau
2 ha (25 empl.) ⚬₋ plat, peu incliné, herbeux – 🔊 ⚫ ⚫ 🗎 & ⊕ 🏃 ▽ 🍴 ✗
🕹 🔊 – A proximité : ✗ 🏃 ≋ – Location : gîtes
avril-oct. – **R** conseillée juil.-août – ∦ 19 🔲 21 (🔋) 11 (2A)

TOURNON-SUR-RHÔNE 🔷
🔟🔟 – 🔟🔟 ⑩ G. Vallée du Rhône

07300 Ardèche – 9 546 h.
🚩 Office de Tourisme, Hôtel Tourette
✆ 75 08 10 23

△△ **Les Acacias,** ✆ 75 08 83 90, O : 2,6 km par D 532 rte de Lamastre, accès direct au Doux
2,7 ha (80 empl.) ⚬₋ plat, herbeux ♀ – 🔊 ⚫ & ⊕ 🔊 – 🏠 🏃 ⚊ – Location :
🏠
avril-sept. – **R** – 🔲 2 pers. 68 (🔋) 13 (4A)

△△ **Municipal** ≼ « Entrée fleurie », ✆ 75 08 05 28, sortie NO, près de la N 86, digue du Doux, bord du Rhône
1 ha (80 empl.) ⚬₋ plat, herbeux ♀♀ – 🔊 ⚫ ⚫ 🗎 ▥ ⊕ 🔊 – 🏠 🏃
mars-1ᵉʳ nov. – **R** – ∦ 16,50 ⇔ 10 🔲 10 (🔋) 10 (6A)

TOURS 🅿
🔟 – 🔲 ⑮ G. Châteaux de la Loire

37000 I.-et-L. – 129 509 h.
🚩 Office de Tourisme et Accueil de France, bd Heurteloup ✆ 47 05 58 08

à la Membrolle-sur-Choisille NO : 7 km, rte du Mans
✉ 37390 la Membrolle-sur-Choisille :

△ **Municipal,** ✆ 47 41 20 40, rte de Fondettes, au stade, bord de la Choisille
1,2 ha (88 empl.) ⚬₋ plat, herbeux ♀ – 🔊 ⚫ ⚫ 🗎 ⊕ 🏃 – ✗
mai-sept. – **R** – Tarif 92 : ∦ 6 et 2 pour douches chaudes 🔲 7,50 (🔋) 9,50

à la Ville-aux-Dames E : 6 km par D 751 – ✉ 37700 St-Pierre-des-Corps :

△△ **Municipal les Acacias,** ✆ 47 44 08 16, au NE du bourg, près du D 751
1,5 ha (120 empl.) ⚬₋ plat, herbeux ♀♀ (0,5 ha) – 🔊 ⚫ ⚫ ▥ ⊕ – 🏃 –
A proximité : 🍴
avril-sept. – **R** – 🔲 2 pers. 31,50 (🔋) 12 (4A) 24 (8A) 50 (16A)

Voir aussi à *Ballan-Miré*

La TOUR-SUR-ORB

34260 Hérault – 1 039 h.

🅖 – 🅑🅑 ④

⚠ **La Sieste** ⌘, ☏ 67 23 72 96, NE : 3,5 km par D 35 rte de Lodève, à Véreilles, bord de l'Orb
2 ha (60 empl.) ⊶ plat, pierreux, herbeux, bois ♀ – 🗑 🖥 ⊕ 🐄 🏋 🖼 – 🛒 –
Location : 🏚
juin-sept. – **R** conseillée – 🗉 2 pers. 50, 4 pers. 60 🔌 12 (6A)

TOURTOIRAC

24390 Dordogne – 654 h.

🅘🅞 – 🅦🅖 ⑦ G. Périgord Quercy

⚠ **Les Tourterelles** ⌘ « Cadre boisé », ☏ 53 51 11 17, Fax 53 50 53 44, NO :
1,5 km par D 73, rte de Coulaures
12 ha/ 3,5 campables (93 empl.) ⊶ plat et peu incliné, en terrasses, herbeux
♀ – 🗑 🍽 🛏 🚿 ♿ 🖥 ⊕ 🏋 ✕ 🛒 🖼 – 🛖 🏐 ⚓ 🏊 🐎 half-court, vélos –
Location : 🏚
avril-oct. – **R** conseillée juil.-août – 🏕 20 piscine comprise 🗉 46 🔌 18 (10A)

▶ *Informieren Sie sich über die gültigen Gebühren,*
bevor Sie Ihren Platz beziehen. Die Gebührensätze
müssen am Eingang des Campingplatzes angeschlagen sein.
Erkundigen Sie sich auch nach den Sonderleistungen.
Die im vorliegenden Band gemachten Angaben
können sich seit der Überarbeitung geändert haben.

TOUSSAINT

76400 S.-Mar. – 741 h.

🅑 – 🅑🅑 ⑫

⚠ **Municipal du Canada**, ☏ 35 29 78 34, NO : 0,5 km par D 26 rte de Fécamp
et chemin à gauche
2,5 ha (100 empl.) ⊶ plat et peu incliné, herbeux 🏕 ♀♀ – 🗑 🚿 🛏 🖥 ⊕
🐄 – A proximité : ✕
avril-15 oct. – **R** conseillée – 🏕 9 ⇦ 3 🗉 3 🔌 8 (4 ou 6A)

La TOUSSUIRE

73 Savoie – alt. 1 690 – 🎿
✉ **73300** Fontcouverte-la-
Toussuire.
🅱 Office de Tourisme ☏ 79 56 70 15

🅘🅘 – 🅦🅦 ⑥ ⑦ G. Alpes du Nord

⚠ **Caravaneige du Col** ❄ ⌘ ⇐ Aiguilles d'Arves, ☏ 79 83 00 80, à 1 km à
l'est de la station sur rte de St-Jean-de-Maurienne – alt. 1 560
1 ha (62 empl.) ⊶ plat, peu incliné, pierreux, herbeux 🏕 – 🗑 🚿 🛏 🖥 ⧉ ⊕
– 🛖 – Location : 🏚
19 déc.-8 mai, 26 juin-4 sept. – **R** conseillée 17 juil.-21 août – 🏕 19 🗉 10 (hiver
10,50) 🔌 2 à 10A : 18 à 33 (hiver 22 à 37,50)

TOUZAC

46700 Lot – 412 h.

🅘🅓 – 🅦🅓 ⑥

⚠ **Le Clos Bouyssac** ⌘ ⇐, ☏ 65 36 52 21, S : 2 km par D 65, bord du Lot
1,5 ha (85 empl.) ⊶ plat et en terrasses, herbeux, pierreux ♀♀ – 🗑 🚿 🛏 🏊
🖥 ⊕ 🏋 🖼 – 🛖 ⚓ 🏊 – Location : 🏠
avril-sept. – **R** conseillée juil.-août – 🏕 21 piscine comprise 🗉 23 🔌 12 (5A)
⚠ **Le Ch'Timi**, ☏ 65 36 52 36, E : 0,8 km par D 8
2 ha (70 empl.) ⊶ plat et peu incliné, herbeux ♀♀ – 🗑 🛏 ⊕ 🐄 🏋 ✕ (dîner
seulement) 🛒 🖼 – 🛖 ✕ ⚓ 🏊 – Location : 🏚
15 mai-sept. – **R** indispensable 15 juil.-20 août – 🏕 20 piscine comprise 🗉 25
🔌 10 (5A)

La TRANCHE-SUR-MER

85360 Vendée – 2 065 h.
🅱 Office de Tourisme,
pl. de la Liberté ☏ 51 30 33 96

🅑 – 🅦🅑 ⑪ G. Poitou Vendée Charentes

⚠ **Le Jard**, ☏ 51 27 43 79, Fax 51 27 42 92, à la Grière, E : 3,8 km rte de l'Aiguillon
– ✕ juil.- 25 août
6 ha (350 empl.) ⊶ plat, herbeux 🏕 – 🗑 🚿 🛏 🖥 ♿ ⊕ ⚓ 🔽 🐄 🏋 ✕ 🛒
🖼 sauna et salle de remise en forme – 🛖 ✕ 🏐 ⚓ 🏊 vélos – A proximité : 🎿
25 mai-15 sept. – **R** conseillée – Tarif 92 : 🗉 piscine comprise 2 ou 3 pers.
97,50/113 avec élect. (4A)
⚠ **La Savinière** ⌘, ☏ 51 27 42 70, Fax 51 27 40 48, NO : 1,5 km par D 105 rte
des Sables-d'Olonne
2 ha (106 empl.) ⊶ plat, peu accidenté, sablonneux 🏕 ♀♀ pinède – 🗑 🚿 🛏
🖥 ♿ ⊕ ⚓ 🐄 self-service 🛒 🖼 – 🛖 🏐 half-court – Location : 🏚
10 avril-sept. – **R** indispensable juil.-août – 🗉 piscine comprise 3 pers. 86
(97 ou 108 avec élect. 10A), pers. suppl. 17
⚠ **Camping'Bel**, ☏ 51 30 47 39, Fax 51 27 72 81, sortie E rte de l'Aiguillon et à
gauche, à 250 m de l'océan
3,5 ha (200 empl.) ⊶ plat, sablonneux, herbeux 🏕 ♀ – 🗑 🚿 🛏 🖥 ♿ ⊕ ⚓
🔽 🖼 – 🛖 ⚓ 🏊 half-court – A proximité : 🎿
25 mai-15 sept. – **R** indispensable – 🗉 élect. (10A) et piscine comprises 2 pers.
110
⚠ **Les Préveils**, ☏ 51 30 30 52, Fax 51 27 70 04, à la Grière, E : 3,5 km rte de
l'Aiguillon et à droite, à 300 m de la plage (accès direct)
4 ha (160 empl.) ⊶ vallonné, sablonneux 🏕 ♀♀ pinède – 🗑 🚿 🛏 🖥 ♿ ⊕ ⚓
🔽 ✕ 🛒 🖼 – 🛖 ✕ ⚓ 🏊 – A proximité : 🎿 – Location : 🏨, appartements
avril-sept. – **R** conseillée juil.-août – Adhésion familiale obligatoire – 🗉 élect. (10A)
et piscine comprises 1 à 3 pers. 125, pers. suppl. 25

△△△ **La Baie d'Aunis** Ⓜ, ℰ 51 27 47 36, Fax 51 27 44 54, sortie E rte de l'Aiguillon, à 50 m de la plage – 🌾 juil.-août
2,5 ha (160 empl.) •– plat, sablonneux ⌗ ♀ – 🍴 ⏚ ➿ 🗓 👃 ▥ ⊕ ➰ ⛱ ▼ ✕
🛶 🖥 – 🛖 🚲 🏊 – Location : 🚐
avril-sept. – **R** *conseillée* – 🅴 *piscine comprise 3 pers. 1 12,50 (129,50 avec élect. 10A), pers. suppl. 21*

△△△ **Les Jonquilles,** ℰ 51 30 47 37, à la Grière, E : 3 km rte de l'Aiguillon
3,5 ha (170 empl.) •– plat, herbeux ⌗ – 🍴 ➿ ⏚ 🗓 👃 ⊕ ➰ ▽ 🖥 – 🛖 ❨ ✂
🐟 🚲 🏊 – Location : 🚐
mai-sept. – **R** conseillée – 🅴 élect. et piscine comprises 3 pers. 102

△△△ **Le Cottage Fleuri** ⚶, ℰ 51 30 34 57, Fax 51 27 74 77, à la Grière, E : 2,5 km rte de l'Aiguillon, à 500 m de la plage
5 ha (280 empl.) •– plat, sablonneux, herbeux, étang ♀ (1 ha) – 🍴 ⏚ 🗓 ⊕
🐟 ▽ snack 🖥 – 🛖 ❨ 🚲 🏊 ⛱ – A proximité : 🐎 – Location : 🚐
20 mars-15 oct. – **R** *conseillée juil.-août* – 🅴 *piscine comprise 2 pers. 94* 🔌 *19 (3A) 24 (6A) 30 (10A)*

△△△ **Le Sable d'Or,** ℰ 51 27 46 74, NO : 2,5 km par D105 rte des Sables-d'Olonne et à droite, près du D 105 bis
4 ha (198 empl.) •– plat, sablonneux, herbeux ⌗ – 🍴 ➿ ⏚ 🗓 👃 ⊕ ➰ ➰
🖥 – 🛖 🚲 🏊 – Location : 🚐 🏠
15 mai-15 sept. – **R** *conseillée juil.-août* – 🅴 *piscine comprise 3 pers. 98 (113 avec élect. 6 ou 10A)*

△△△ **L'Escale du Pertuis,** ℰ 51 30 38 96, E : 4 km rte de l'Aiguillon, bord de l'océan
6 ha (500 empl.) •– plat, sablonneux, herbeux ♀♀ – 🍴 ➿ ➰ 🗓 👃 ⊕ 🖥
– 🛖 ✂ 🚲 🏊 toboggan aquatique – A proximité : 🐎 ▼ 🐟 discothèque
ᵐ
avril-sept. – *Places disponibles pour le passage* – **R** – 🅴 *piscine comprise 3 pers. 72, pers. suppl. 15* 🔌 *10 (2A) 20 (10A)*

Voir aussi à *l'Aiguillon-sur-Mer, la Faute-sur-Mer*

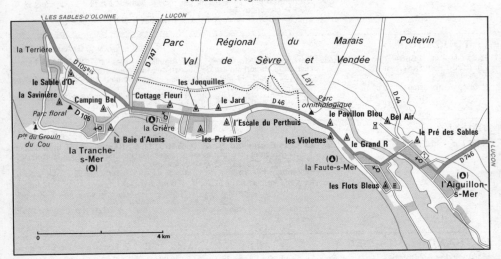

TRÈBES

11800 Aude – 5 575 h.

🔟🔟 – 🔟🔟 ⑫

△△ **Municipal,** ℰ 68 78 61 75, chemin de la Lande, bord de l'Aude
1,5 ha (85 empl.) •– plat, herbeux ♀♀ – 🍴 🗓 👃 ⊕ 🖥 – A proximité : ✂
🏊
11 avril-10 oct. – **R** *juil.-août* – 🚸 *12* 🅴 *16/22* 🔌 *16 (6A)*

TRÉBEURDEN

22560 C.-d'Armor – 3 094 h.
🅱 Office de Tourisme, pl. Crech'Héry (fermé après-midi oct.-déc.)
ℰ 96 23 51 64

🔟 – 🔟🔟 ① G. Bretagne

△△ Roz ar Mor ⚶ ≤ « Entrée fleurie », ℰ 96 23 58 12, S : 1,5 km, à 200 m de la plage de Porz Mabo – Accès peu facile pour caravanes
0,8 ha (35 empl.) •– en terrasses, herbeux – 🍴 ➿ ➰ 🗓 👃 ⊕ – 🛖 –
A proximité : ▼ crêperie – Location : 🚐
Pâques-15 sept. – **R** conseillée

△ **Kerdual** ⚶ ≤ « Entrée fleurie », ℰ 96 23 54 86, S : 1,5 km, à la plage de Porz Mabo (accès direct) – Accès peu facile pour caravanes
0,4 ha (33 empl.) •– (saison) en terrasses, herbeux ♀ – 🍴 ➿ ➰ 🗓 👃 ⊕ –
A proximité : ✕ crêperie
mai-20 sept. – **R** *conseillée juil.-août* – 🅴 *3 pers. 89, pers. suppl. 19* 🔌 *15 (3A)*

Voir aussi à *Pleumeur-Bodou*

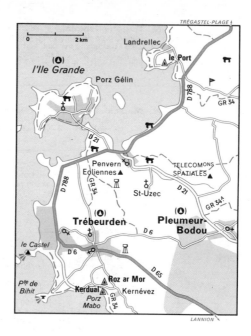

TRÉBOUL **29** Finistère – 🔲🔲 ⑭ – rattaché à Douarnenez

TRÉDION   ④ – 🔲🔲 ③ G. Bretagne

56250 Morbihan – 875 h.

△ **Municipal l'Étang aux Biches** ⚬ ≤ « Situation agréable au bord de deux étangs », ℰ 97 67 14 06, S : 1,3 km par D 1 rte d'Elven
10 ha/0,5 campable (34 empl.) peu incliné et plat, herbeux, bois 🔲 – 🔲 🔲 ⊛ – ⚬ 🔲 – A proximité : parcours sportif
juil.-15 sept. – 🔲 – ⭑ 6,30 🔲 5,20 🔲 5,20 🔲 9,80 (3A)

TREFFIAGAT   ③ – 🔲🔲 ⑭

29115 Finistère – 2 333 h.

△ **Les Ormes** ⚬ , ℰ 98 58 21 27, S : 2 km, à Kerlay, à 500 m de la plage (accès direct)
1 ha (75 empl.) ⚬ plat, herbeux – (🔲 🔲 juil.-sept) ⊛ – 🔲 – A proximité : 🔲
juin-sept. – **R** août – groupes non admis – Tarif 92 : ⭑ 10 🔲 7 🔲 11,50 🔲 9 (3A) 11 (6A)

△ **Municipal le Merlot,** ℰ 98 58 03 09, à 1 km au SE du bourg, au stade
3,5 ha (125 empl.) ⚬ plat, herbeux – 🔲 🔲 ⊛ – 🔲
15 juin-15 sept. – **R** 14 juil.-15 août – ⭑ 10 🔲 6 🔲 12 🔲 10 (4A)

△ **Karreg Skividen** ⚬ , ℰ 98 58 22 78, SE : 1,8 km par rte de Lesconil et à droite, à 400 m de la plage (accès direct) – en 2 parties distinctes
1 ha (75 empl.) ⚬ plat, herbeux 🔲 – 🔲 🔲 🔲 🔲 ⊛ – A proximité : 🔲 🔲 –
Location : 🔲 – Garage pour caravanes
15 juin-15 sept. – **R** conseillée – ⭑ 13 🔲 7 🔲 11 🔲 12 (6A)

TRÉFLEZ   ③ – 🔲🔲 ⑤

29221 Finistère – 763 h.

△ **Municipal Ker Emma** ⚬ « Cadre sauvage », ℰ 98 61 62 79, NO : 3,5 km, chemin d'accès sur D 10, près de la Grève de Goulven (accès direct)
4,5 ha (240 empl.) ⚬ plat, herbeux, sablonneux 🔲 – 🔲 🔲 🔲 ⊛ 🔲 –
15 juin-15 sept. – 🔲 – Tarif 92 : 🔲 1 pers. 22, pers. suppl. 10 🔲 10

TREGARVAN   ③ – 🔲🔲 ⑮ G. Bretagne

29146 Finistère – 164 h.

△ **Ker Beuz** ⚬ , ℰ 98 26 02 76, Fax 98 26 01 20, S : 2 km à Kerbeuz, accès par D 60 rte de Chateaulin et chemin à droite
5 ha (35 empl.) ⚬ plat, herbeux 🔲 🔲 – 🔲 🔲 🔲 🔲 🔲 🔲 ⊛ 🔲 🔲 – 🔲 salle d'animation ⚬ 🔲 🔲 – Location : 🔲
15 juin-15 sept. – **R** conseillée – Adhésion obligatoire – 🔲 piscine et tennis compris 1 pers. 23/25 🔲 10

TREGASTEL

22730 C.-d'Armor – 2 201 h.

🅱 Office de Tourisme, pl. Ste-Anne
℘ 96 23 88 67

🏕 **Tourony-Camping,** ℘ 96 23 86 61, E : 1,8 km par D 788 rte de Perros-Guirec, près de la mer et d'un étang, à 500 m de la plage
2 ha (100 empl.) ⚊ plat, herbeux ⚍ – 🛖 ⚙ ⚶ 🏠 ⚘ ⚆ ⚐ 🖤 – 🏚 ⚒ –
A proximité : ⚔ – Location : 🚐
juin-sept. – **R** – 🛉 18 ⚗ 10 🔲 20 🔌 15 (4A) 18 (6A) 25 (10A)

TREGOUREZ

29155 Finistère – 939 h.

🏕 **Municipal,** au bourg, par chemin à gauche de la mairie, au stade
0,6 ha (40 empl.) plat, herbeux ⚍ – 🛖 ⚙ ⚶ ⚆ – ⚔
juin-15 sept. – **R** – 🛉 5,50 ⚗ 3 🔲 10 🔌 6

TRÉGUENNEC

29167 Finistère – 303 h.

🏕 **Kerlaz,** ℘ 98 87 76 79, au bourg, sur D 156
1,25 ha (66 empl.) ⚊ saison plat, herbeux – 🛖 ⚶ 🏠 ⚘ ⚆ ⚐ – A proximité :
crêperie – Location : 🚐
avril-oct. – **R** conseillée juil.-août – 🛉 18 ⚗ 10 🔲 20 🔌 11 (3A) 13 (6A) 15 (10A)

TRÉGUNC

29910 Finistère – 6 130 h.

🏕 **Le Pendruc** ⚘, ℘ 98 97 66 28, SO : 2,8 km rte de Pendruc et à gauche
3,6 ha (160 empl.) ⚊ plat, herbeux ⚍ – 🛖 ⚙ ⚶ 🏠 ⚆ ⚐ – 🏚 ⚒ ⚓ –
Location : 🚐
15 avril-sept. – **R** conseillée – 🛉 19,50 piscine comprise 🔲 23,50 🔌 12 (6A)

🏕 **Les Étangs** ⚘ ⚌, ℘ 98 50 00 41, sortie SO par rte de Pendruc puis à gauche
5 km par rte de Trevignon, à Kerviniec
3 ha (180 empl.) ⚊ plat, herbeux ⚍ – 🛖 ⚙ ⚶ 🏠 ⚆ ⚐ – 🏚 ⚒ –
juin-15 sept. – **R** conseillée 14 juil.-15 août – 🛉 19,50 piscine comprise ⚗ 8,30
🔲 21,20 🔌 11,30 (4A)

🏕 **Loc'h-Ven** ⚘ « Cadre agréable », ℘ 98 50 26 20, SO : 4 km, à Pendruc-Plage,
à 100 m de la mer
2,8 ha (199 empl.) ⚊ (juil.-août) plat et peu incliné, herbeux – 🛖 ⚶ ⚆ –
⚒
juin-fin sept. – **R** juil.-août – 🛉 10 ⚗ 5 🔲 10 🔌 9,50 (4A)

TREIGNAC

19260 Corrèze – 1 520 h.

🏕 **Municipal de la Plage** ⚘ ⚌, ℘ 55 98 08 54, N : 4,5 km par rte d'Eymoutiers,
à 50 m du lac des Barriousses
3,5 ha (120 empl.) ⚊ en terrasses et peu incliné, pierreux, herbeux ⚓ ⚘ –
🛖 ⚙ ⚶ 🏠 ⚆ ⚐ – 🏚 vélos – A proximité : ⚒ ⚲ – Location : 🚐
avril-10 oct. – **R** conseillée juil.-août – 🔲 2 pers. 36 🔌 12 (10A)

TRÉLÉVERN

22660 C.-d'Armor – 1 254 h.

🏕 **Port-l'Épine** ⚘ ⚌, ℘ 96 23 71 94, NO : 1,5 km puis chemin à gauche à
Port-l'Épine, bord de mer
2,5 ha (120 empl.) ⚊ plat, peu incliné, herbeux ⚓ ⚘ – 🛖 ⚙ ⚶ 🏠 ⚆ ⚐ ⚆ ⚐
⚒ ⚐ crêperie ⚙ – ⚒ –
mai-sept. – **R** conseillée juil.-août – 🔲 piscine comprise 2 pers. 75, pers. suppl.
25 🔌 17 (4 à 10A)

TREMOLAT

24510 Dordogne – 625 h.

🏕 **Bassin Nautique** « Site et cadre agréables », ℘ 53 22 81 18, Fax 53 09 51 41,
NO : 0,7 km par D 30ᵉ, rte de Mauzac et chemin de la Base Nautique, bord
de la Dordogne (plan d'eau)
2 ha (100 empl.) ⚊ plat, herbeux ⚓ ⚘ – 🛖 ⚙ ⚶ 🏠 ⚆ ⚐ – 🏚 ⚒ –
A proximité : toboggans aquatiques, parcours sportif ⚐ snack ⚔ ⚒ ⚲ –
Location : 🚐, studios
mai-sept. – **R** conseillée juil.-août – (Office Départemental Touristique 16 r. Wilson
24000 Périgueux ℘ 53 53 44 35) – 🛉 28 🔲 40 🔌 16

TRENTELS

47140 L.-et-G. – 836 h.

🏕 **Municipal de Lustrac** ⚘, E : 1,7 km par rte de Lustrac, bord du Lot
0,7 ha (30 empl.) ⚊ plat, herbeux ⚓ ⚘ – 🛖 ⚙ ⚶ ⚆ – A proximité : ⚔
15 juin-15 sept. – **R** conseillée juil.-août – 🛉 10 ⚗ 6 🔲 10 🔌 15 (5A)

Le TRÉPORT

76470 S.-Mar. – 6 227 h.

🖪 Office de Tourisme, esplanade de la Plage Louis-Aragon ℰ 35 86 05 69

⬚ – 🔢 ⑤ G. Normandie Vallée de la Seine

▲▲▲ **Parc International du Golf** « Parc agréable », ℰ 35 86 33 80, Fax 35 50 33 54, sortie SO sur D 940 rte de Dieppe
5 ha/3 campables (200 empl.) o╌ plat, herbeux ⊏⊐ ᎧᎧ – 🔊 ⇆ 🖑 🗓 🕹 ⊛ ᗱ ⊽ 🗺 🍴 – 🔄
avril-15 sept. – **R** conseillée juil.-août – Tarif 92 : 🔲 2 pers. 75, pers. suppl. 18 🕯 19 (2A) 25 (4A) 34 (8A)

▲▲▲ Municipal les Boucaniers, ℰ 35 86 35 47, av. des Canadiens, près du stade
5,5 ha (400 empl.) o╌ plat, herbeux – 🔊 ⇆ 🖑 🗓 🕹 ⊛ – 🔄 🛒 – A proximité :
✖ – Location : 🏠
Pâques-sept. – 🗶

TREPT

38460 Isère – 1 164 h.

🔢 – 🔢 ⑬

▲▲▲ **Les 3 lacs** ⏳, ℰ 74 92 92 06, E : 2,7 km par D 517 rte de Morestel et chemin à droite, près de deux plans d'eau
25 ha/3 campables (160 empl.) o╌ plat, herbeux – 🔊 ⇆ 🖑 🗓 🕹 ⊛ ᗱ – 🔄
✖ 🍟 – A proximité : 🍺 ✖ 🛶 🛒 🚤 toboggan aquatique - Location : 🏠
11 avril-sept. – **R** conseillée juil.-août – 🕇 25 🚗 5 🔲 25 🕯 14 (6A)

TRÉVIÈRES

14710 Calvados – 889 h.

🖪 – 🔢 ⑭

▲ **Municipal,** sortie N par D 30 rte de Formigny, près d'un ruisseau
1,2 ha (76 empl.) o╌ (juil.-août) plat, herbeux ⊏⊐ – 🖑 🗓 ⊛
Pâques-15 sept. – 🗶 – 🕇 14 🚗 6 🔲 11 🕯 13 (10A)

TRÉVOU-TRÉGUIGNEC

22660 C.-d'Armor – 1 210 h.

🖪 – 🔢 ①

▲▲▲ **Port le Goff,** ℰ 96 23 71 45, sortie N rte de Port Blanc et à gauche, à 500 m de la mer
1 ha (45 empl.) o╌ plat, herbeux ⊏⊐ Ꭷ – 🔊 ᗱ ⊛
mai-sept. – **R** conseillée juil.-août – 🕇 8 🚗 4,40 🔲 6,60/8,40 🕯 9,40 (6A)

TRÉZELLES

03220 Allier – 414 h.

⬚⬚ – 🔢 ⑮

▲ **Municipal** ⏳, au sud du bourg, bord de la Besbre
1,5 ha (33 empl.) plat, herbeux – 🔊 ⇆ 🖑 ⊛ ᗱ – ✖ 🛒 🚤
juin-sept. – **R** – Tarif 92 : 🕇 8 🚗 4,50 🔲 4,50 🕯 8 (5A)

TRIAIZE

85580 Vendée – 1 027 h.

🔢 – 🔢 ⑪

▲ **Municipal** ⏳, ℰ 51 56 12 76, au bourg, par r. du stade
0,7 ha (70 empl.) plat, pierreux, herbeux, petit étang ⊏⊐ – 🔊 🖑 ⊛ – ✖ 🛒
juil.-août – **R** – Tarif 92 : 🕇 9 🚗 4 🔲 6,50 🕯 8 (2 à 10A)

La TRINITÉ-PORHOËT

56710 Morbihan – 901 h.

🖪 – 🔢 ⑳

▲ **Municipal St-Yves** ⏳, sortie NE par D 175 rte de Gomené et à gauche, près d'un plan d'eau
0,6 ha (60 empl.) plat, herbeux – 🔊 ⇆ ⊛ – 🛒 🚤 (bassin) parcours sportif
15 juin-15 sept. – **R** – Tarif 92 : 🕇 4,20 et 2,10 pour eau chaude 🚗 2,60 🔲 2,60 🕯 10,50

La TRINITÉ-SUR-MER

56470 Morbihan – 1 433 h.

🖪 Office de Tourisme, Môle Loïc-Caradec ℰ 97 55 72 21

Schéma à Carnac

🖪 – 🔢 ⑫ G. Bretagne

▲▲▲ **La Plage** « Cadre et site agréables », ℰ 97 55 73 28, Fax 97 55 88 31, S : 1 km, accès direct à la plage de Kervilen
3 ha (200 empl.) o╌ plat, herbeux, sablonneux ⊏⊐ Ꭷ – 🔊 ⇆ 🖑 🗓 🕹 ⊛ ᗱ ⊽
🗺 – 🔄 🛒 🔆 toboggan aquatique vélos - A proximité : 🎿 🍺 crêperie 🛶
8 mai-18 sept. – **R** conseillée – 🕇 20 piscine comprise 🔲 90 🕯 12,50 (6A)

▲▲▲ **La Baie** « Entrée fleurie », ℰ 97 55 73 42, Fax 97 55 88 81, S : 1,5 km, à 100 m de la plage de Kervilen
2,2 ha (170 empl.) o╌ plat, herbeux, sablonneux ⊏⊐ Ꭷ – 🔊 ⇆ 🖑 🗓 🕹 ⊛ ᗱ
⊽ 🗺 – 🔄 🛒 🔆 toboggan aquatique, vélos - A proximité : 🎿 🍺 crêperie 🛶 ✖ 🍟 – Location : 🏠
19 mai-19 sept. – **R** conseillée – Tarif 92 : 🕇 20 piscine comprise 🔲 88 🕯 13 (6A) 16 (10A)

▲▲▲ **Park-Plijadur,** ℰ 97 55 72 05, NO : 1,3 km sur D 781 rte de Carnac, bord d'un petit plan d'eau
5 ha (198 empl.) o╌ plat, herbeux, sablonneux ⊏⊐ – 🔊 ⇆ 🖑 🗓 🕹 ⊛ 🎿 🍺 🗺 – 🔄 🛒 🔆
juin-sept. – **R** conseillée juil.-août – 🔲 piscine comprise 2 pers. 73,20 🕯 11 (6A)

▲▲▲ **Kervilor** ⏳ « Entrée fleurie », ℰ 97 55 76 75, Fax 97 55 87 26, N : 1,6 km
3,5 ha (200 empl.) o╌ plat et peu incliné, herbeux ⊏⊐ Ꭷ – 🔊 ⇆ 🖑 🖾 🕹 🗓 🕹 ⊛ 🍺
🗺 – ✖ 🍟 🛒 🔆 vélos - Location : 🏠
15 mai-15 sept. – **R** conseillée juil.-août – 🕇 20 piscine comprise 🚗 11 🔲 40

▲▲ **Le Lac** ⚲ « Cadre et site agréables », ℰ 97 55 78 78, Fax 97 55 86 03
⊠ 56340 Carnac, N : 4,5 km par D 186 et à droite, bord de la Rivière de Crach
(mer)
2,5 ha (140 empl.) ⊶ (saison) vallonné, herbeux – 🗂 🖧 🕹 ⊕ 🖭 🔳 – 🖵 ♨
Pâques-sept. – **R** conseillée juil.-août – 🏕 20 🔳 25 🔌 11 (4 ou 6A)

▲▲ **La Rivière** ⚲ « Cadre agréable », ℰ 97 55 78 29 ⊠ 56340 Carnac, N :
4,5 km par D 186 et à droite, près de la Rivière de Crach (mer)
0,5 ha (33 empl.) plat, herbeux 🖾 ⚲ – 🗂 🖧 🖰 🔳 ⊕ – ♨
Pâques-1er nov. – **R** – Tarif 92 : 🏕 9 ♒ 5,20 🔳 6,50 🔌 9,60 (3A) 12 (6A)

TRIZAC
15400 Cantal – 754 h. alt. 960.
🅱 Office de Tourisme, Mairie
ℰ 71 78 60 37

▲▲ **Municipal le Pioulat** ≤, ℰ 71 78 64 34, sortie S rte de Mauriac, près d'un
petit lac
1,5 ha (66 empl.) ⊶ plat, peu incliné et en terrasses, herbeux – 🗂 🖧 🖰 ⊕ –
🖾 – A proximité : 🍽 – Location : 🏠
juin-15 sept. – **R** – 🏕 8 ♒ 5 🔳 6 🔌 11 (2 à 5A)

TROGUES
37220 I.-et-L. – 292 h.

▲ **La Rivière et les Étangs** ⚲ « Entrée fleurie », ℰ 47 95 24 04, S : 2 km par D 109
rte de Pouzay et chemin à droite, bord d'un étang et près de la Vienne
2,7 ha (80 empl.) ⊶ plat, herbeux ⚲ – 🗂 🖧 ⊕
juin-sept.

TROYES 🅿
10000 Aube – 59 255 h.
🅱 Office de Tourisme et Accueil de
France, 16 bd Carnot ℰ 25 73 00 36
et 24 quai Dampierre (juil.-15 sept.)
ℰ 25 73 36 88

▲▲ Municipal, ℰ 25 81 02 64 ⊠ 10150 Pont-Ste-Marie, NE : 2 km par rte de Nancy
3 ha (100 empl.) ⊶ plat, herbeux ⚲ – 🗂 🖧 🔳 ⊕
avril-15 oct. – **R**

Le TRUEL
12430 Aveyron – 384 h.

▲▲ **Municipal la Prade** ≤ « Situation agréable », ℰ 65 46 41 46, à l'est du bourg
par D 31, à gauche après le pont, bord du Tarn (plan d'eau)
0,6 ha (28 empl.) ⊶ plat, pierreux, herbeux 🖾 – 🗂 🖧 🔳 ⊕ – 🖵 – A la
Base de Loisirs : 🍽 🛝 ♒
15 juin-15 sept. – **R** – Tarif 92 : 🏕 9 🔳 18 🔌 10 (5 ou 6A)

TULETTE
26790 Drôme – 1 575 h.

▲▲ **les Rives de l'Aygues** ⚲ « Cadre agréable », ℰ 75 98 37 50, S : 3 km par
D 193 rte de Cairanne et à gauche
3 ha (99 empl.) ⊶ plat, pierreux, herbeux 🖾 – 🗂 🕹 ⊕ ♒ – 🛝
Pâques-oct. – **R** conseillée – 🔳 piscine comprise 3 pers. 75, pers. suppl. 16
🔌 15 (4A)

TULLE 🅿
19000 Corrèze – 17 164 h.
🅱 Office de Tourisme, quai Baluze
ℰ 55 26 59 61

▲▲ **Municipal Bourbacoup**, ℰ 55 26 75 97, NE : 2,5 km par D 23, bord de la
Corrèze
1 ha (68 empl.) ⊶ plat et terrasse, herbeux ⚲ (0,5 ha) – 🗂 🖧 🖰 🔳 🕹 ⊕ ♒
– 🖵 – A proximité : 🍸 🍽 🔌 9,80/12,80
mai-sept. – **R** – 🏕 9,80 🔳 9,80/12,80

à Laguenne SE : 4,2 km par N 120 rte d'Aurillac – ⊠ 19150 Laguenne :

▲▲ **Le Pré du Moulin** ⚲ « Agréable situation », ℰ 55 20 18 60, sortie NO rte
de Tulle puis 1,3 km par chemin à droite avant le pont, bord de la St-Bonnette
– 🍽
0,8 ha (28 empl.) ⊶ plat, herbeux 🖾 – 🗂 🖧 🖾 🔳 🕹 ⊕ ♒ 🖭
juil.-20 sept. – **R** conseillée 15 juil.-15 août – 🏕 15 🔳 12 🔌 8 (3A)

La TURBALLE
44420 Loire-Atl. – 3 587 h.
🅱 Office de Tourisme,
pl. Charles-de-Gaulle
ℰ 40 23 32 01

▲▲▲ **Municipal des Chardons Bleus**, ℰ 40 62 80 60, S : 2,5 km, bd de la
Grande Falaise, bord de plage
5 ha (300 empl.) ⊶ (juil.-août) plat, sablonneux, herbeux – 🗂 🖰 🔳 🕹 ⊕ ♒ 🍸
🖧 🖭 – 🖵 – A proximité : 🎯 parcours sportif, toboggan aquatique
Pâques-sept. – **R** – 🏕 16,50 ♒ 7,50 🔳 18,80 🔌 12,50 (6A)

▲▲ **Parc Ste-Brigitte** « Agréable domaine boisé », ℰ 40 23 30 42 et 40 24 88 91,
SE : 3 km rte de Guérande
10 ha/4 campables (150 empl.) ⊶ plat, herbeux 🎋 – 🗂 🖧 🖰 🔳 ⊕ ♒ 🛝 🖭
❌ 🖧 🖭 – 🖵 ♨
avril-1er oct. – **R** conseillée juil.-août – 🏕 22 piscine comprise ♒ 12 🔳 23 (47
avec plate-forme am. 4 ou 6A)

▲ **Le Panorama**, ℰ 40 24 79 41, SE : 3 km rte de Guérande
1,2 ha (70 empl.) ⊶ plat et peu incliné, herbeux – 🗂 🖧 🔳 🕹 ⊕ 🖭
avril-oct. – **R** conseillée – 🏕 15 ♒ 8 🔳 14 🔌 10 (8A)

TURCKHEIM

68230 H.-Rhin – 3 567 h.

🅸 Office de Tourisme, pl. Turenne
℘ 89 27 38 44

🔒 – 🔟 ⑱ ⑲ G. Alsace Lorraine

▲▲▲ **Municipal les Cigognes,** ℘ 89 27 02 00, sortie O rte de Munster, près de la Fecht
2,5 ha (125 empl.) ⊶ plat, herbeux ⌂ 🖁 – 🗄 🕁 🛁 🔲 🔟 ⊕ 🏢 – 🏠 🚃
– A proximité : 🏸
mars-oct. – **R** – ⭐ 16 📧 18

TURSAC 24 Dordogne – 🔟🔟 ⑯ – rattaché aux Eyzies-de-Tayac

URBÈS

68121 H.-Rhin – 502 h.

🔒 – 🔟🔟 ⑧

▲▲▲ **Municipal Benelux-Bâle** ◁, ℘ 89 82 78 76, sortie O rte de Bussang et chemin à droite
3,5 ha (200 empl.) ⊶ (saison) plat, herbeux – 🗄 🛋 ⊕
Pâques-15 oct. – **R** conseillée juil.-août – ⭐ 5,80 📧 6,60 [⫲] 12,10 (4A) 18,70 (6A) 26,20 (10A)

URÇAY

03360 Allier – 294 h.

🔟🔟 – 🔟🔟 ⑪ ⑫

▲ **Municipal la Plage du Cher,** sortie O par rte de Saulzais-le-Potier, bord du Cher
0,7 ha (30 empl.) plat, herbeux – (🗄 🛋 saison) ⊕
Pâques-sept. – **R** – 📧 1 pers. 9,50, pers. suppl. 5 [⫲] 8 (3A) 12 (5A)

URDOS

64490 Pyr.-Atl. – 162 h. alt. 760

🔟🔟 – 🔟🔟 ⑯

▲ **Municipal** 🐾 ◁, ℘ 59 34 88 26, NO : 1,5 km par N 134 et chemin devant l'ancienne gare, bord du Gave d'Aspe
1,5 ha (40 empl.) ⊶ plat et terrasse, pierreux, herbeux – 🗄 🕁 🛁 ⊕ – 🏠 –
A proximité : 🏸
15 déc.-avril, 15 juin-15 sept. – **R** – Tarif 92 : ⭐ 10 🚗 5 📧 5/12 (hiver 15,50) [⫲] 2A : 10 (hiver 12)

URRUGNE

64122 Pyr.-Atl. – 6 098 h.

🔟🔟 – 🔟🔟 ② G. Pyrénées Aquitaine

▲▲▲ **Col d'Ibardin** 🐾 « Entrée fleurie », ℘ 59 54 31 21, Fax 59 54 62 28, S : 4 km par D 4 rte d'Ascain, bord d'un ruisseau
4,5 ha (183 empl.) ⊶ peu incliné, herbeux ⌂ 🖁🖁 chênaie – 🗄 🕁 🛁 🖨 🖧 ⊕
🌊 🏹 🖳 🍽 🛝 🖥 – 🏠 🏸 🚃 – **R** conseillée juil.-août – Tarif 92 : 📧 piscine comprise 2 pers. 75, pers. suppl. 17 [⫲] 12 (4A)
juin-sept.

▲▲ **Mendi Azpian** ◁, ℘ 59 54 33 46, SE : 3,5 km par D 4 rte du col d'Ibardin et chemin à droite
3 ha (100 empl.) ⊶ peu incliné, en terrasses, herbeux – 🗄 🕁 🛁 🛋 ⊕ 🏢 –
🏠 🚃 – Location : 🖭 🖭
avril-1er nov. – **R** conseillée août – ⭐ 14 📧 20 [⫲] 12 (6A)

USSEL ◁◉▷

19200 Corrèze – 11 448 h. alt. 631.

🅸 Office de Tourisme, pl. Voltaire
℘ 55 72 11 50

🔟🔟 – 🔟🔟 ⑪ G. Berry Limousin

▲▲ **Municipal de Ponty** « Site agréable », O : 2,7 km par rte de Tulle et D 157 à droite, près d'un plan d'eau
3,5 ha (140 empl.) ⊶ plat et peu incliné, herbeux, pierreux 🖁🖁 (pinède) – 🗄 🛋
🖥 ⊕ 🏢 – 🏠 🚃 – A proximité : 🍽 🏸 🚤
mars-nov. – **R** conseillée juil.-août – ⭐ 11,80 📧 11,80 [⫲] 8,50 (6A)

+ one at Auduson Rel in woods! wonderful.

UZÈS

30700 Gard – 7 649 h.

🅸 Office de Tourisme,
av. de la Libération
℘ 66 22 68 88

🔟🔟 – 🔟🔟 ⑲ G. Provence

▲▲▲ **Le Moulin Neuf** 🐾 « Cadre agréable », ℘ 66 22 17 21 ✉ 30700 St-Quentin-la-Poterie, NE : 4,5 km par D 982 rte de Bagnols-sur-Cèze et D 5 à gauche
4 ha (100 empl.) ⊶ plat, herbeux ⌂ 🖁🖁 – 🗄 🕁 🛁 ⊕ 🌊 🏹 🖳 🛝 🖥 –
🏠 🏸 🛝 🍽 – Location : 🖭
Pâques-15 sept. – **R** conseillée saison – Tarif 92 : 📧 piscine comprise 2 pers. 71, pers. suppl. 13,50 [⫲] 11,50 (2,5A)

▲▲ **Le Mas de Rey** 🐾, ℘ 66 22 18 27 ✉ 30700 Arpaillargues, SO : 3 km par D 982 rte d'Arpaillargues puis chemin à gauche
2,5 ha (60 empl.) ⊶ plat, herbeux ⌂ 🖁 – 🗄 🕁 🛁 🛋 ⊕ 🛝 – 🏠 🍽 –
Location : 🖭
avril-15 oct. – **R** conseillée juil.-août – 📧 piscine comprise 2 pers. 63 [⫲] 12 (6A)

▲▲ **La Paillote** 🐾, ℘ 66 22 38 55, N : 1 km par r. du Collège et chemin du cimetière
1 ha (60 empl.) ⊶ peu incliné et en terrasses, herbeux, pierreux ⌂ 🖁 – 🗄 🕁
🛁 🖥 ⊕ 🛝 🏢 – 🍽 - A l'entrée : 🏸 – A proximité : 🐎 et poneys – Location : 🏠
20 mars-20 oct. – **R** conseillée juil.-août – 📧 piscine comprise 2 pers. 75 [⫲] 15 (10A)

411

VACQUEYRAS
84190 Vaucluse – 943 h.

⬜ **16 – 81** ⑫

△ **Municipal les Queirades,** sortie N rte de Bollène
1 ha (40 empl.) ⚬ plat, herbeux, pierreux ⌂ – 🎏 🅰 ⊕ 🛁 – ✖ ⚓
juil.-août – **R** – *Tarif 92 :* ✶ *6* 🔲 *9/13* 🅷 *10*

VAGNAS
07150 Ardèche – 383 h.

⬜ **16 – 80** ⑨

🔺 **La Rouvière-Les Pins** ⚲ , 🕿 75 38 61 41, sortie S par rte de Barjac puis 1,5 km par chemin à droite
2 ha (100 empl.) ⚬ plat et peu incliné, herbeux ⌂ – 🎏 🍴 🛁 🅰 🎪 ⊕ 🛁 ✖
▾ – ⚓ 🛶 – Location : 🛏
Pâques-sept. – **R** *conseillée* – 🔲 *piscine comprise 2 pers. 79, pers. suppl. 19*
🅷 *19 (3A)*

VAGNEY
88120 Vosges – 3 772 h.

⬜ **8 – 62** ⑰

△ **Municipal du Mettey** ⚲ ≼ « Cadre boisé », E : 1,3 km par rte de Gérardmer et chemin à droite
2 ha (100 empl.) ⚬ peu incliné et en terrasses, herbeux, pierreux ♀ – 🎏 🛁 ⊕
15 juin-15 sept. – **R** – *Tarif 92 :* 🔲 *1 ou 2 pers. 30, pers. suppl. 9* 🅷 *7 (9A)*

VAIRÉ
85150 Vendée – 942 h.

⬜ **9 – 67** ⑫

△ **Municipal la Croix,** 🕿 51 33 75 69, sortie E rte de la Mothe-Achard
2,2 ha (170 empl.) ⚬ plat, herbeux – 🎏 🍴 🛁 🅱 – ✖
juil.-août – **R** – *Tarif 92 :* 🔲 *3 pers. 38*

△ **Le Roc,** 🕿 51 33 71 89, NE : 1,5 km par D 32, rte de Landevieille et rte de Brem-sur-Mer à gauche
1,4 ha (24 empl.) ⚬ peu incliné, herbeux ⌂ – 🎏 🍴 🛁 🅱 ⊕
juin-1er oct. – **R** – 🔲 *3 pers. 49* 🅷 *10 (6A)*

VAISON-LA-ROMAINE
84110 Vaucluse – 5 663 h.
🛈 Maison du Tourisme,
pl. Chanoine-Sautel 🕿 90 36 02 11

⬜ **16 – 81** ② ③ G. Provence

🔺 **Le Voconce** ⚲ ≼ Mont Ventoux, 🕿 90 36 28 10 ✉ 84110 St-Marcellin, SE : 3 km par D 151 et chemin à droite à l'entrée de St-Marcellin, accès direct à l'Ouvèze
2 ha (150 empl.) ⚬ (saison) plat, pierreux, herbeux ⌂ – 🎏 🍴 🛁 🅰 🅱 ⊕ ▾
🖥 – 🛶
Pâques-sept. – **R** – ✶ *14* 🔲 *14* 🅷 *14 (10A)*

🔺 **L'Ayguette** ⚲ « Cadre sauvage », 🕿 90 46 40 35 ✉ 84110 Faucon, sortie E par D 938 rte de Nyons et 4,1 km par D 71 à droite et D 86
3 ha (100 empl.) ⚬ plat, accidenté et en terrasses, herbeux, pierreux ⌂ ♀♀
pinède – 🎏 🍴 🛁 ⊕ 🖥 – 🛶
15 mars-15 oct. – **R** *conseillée juil.-août* – 🔲 *piscine comprise 2 pers. 65, pers. suppl. 20* 🅷 *15 (3A)*

VAL-D'ISÈRE
73150 Savoie – 1 701 h. alt. 1 840
– 🚡.
🛈 Office de Tourisme, Maison de Val-d'Isère 🕿 79 06 10 83

⬜ **12 – 74** ⑲ G. Alpes du Nord

△ **Les Richardes** ⚲ ≼, 🕿 79 06 26 60, sortie E par D 902 rte du col de l'Iseran, bord de l'Isère
0,9 ha (75 empl.) ⚬ plat et accidenté, herbeux, pierreux – 🎏 🅰 ⊕ – A proximité : ✖
15 juin-sept. – **R** – *Tarif 92 :* ✶ *8,50* 🚗 *5* 🔲 *6* 🅷 *11 (3A) 19 (5A)*

VALENÇAY
36600 Indre – 2 912 h.
🛈 Office de Tourisme, Hôtel-de-Ville 🕿 54 00 14 33 et av. Résistance (15 juin-15 sept.) 🕿 54 00 04 42

⬜ **10 – 64** ⑱ G. Châteaux de la Loire

🔺 **Municipal les Chênes** Ⓜ, 🕿 54 00 03 92, O : 1 km sur D 960 rte de Luçay-le-Mâle
4 ha (50 empl.) ⚬ plat et peu incliné, herbeux, étang ⌂ – 🎏 🍴 🛁 🅱 ⊕ – ✖
⚓ 🛶
15 avril-sept. – **R** *conseillée juil.-août* – ✶ *14* 🔲 *12/15* 🅷 *10 (10A)*

VALENCE Ⓟ
26000 Drôme – 63 437 h.
🛈 Office de Tourisme, pl. Leclerc 🕿 75 43 04 88

⬜ **12 – 77** ⑫ G. Vallée du Rhône

🔺 **L'Épervière,** 🕿 75 42 32 00, Fax 75 56 20 67, S : 2 km par av. de Provence et chemin de l'Épervière, bord du Rhône
2,5 ha (150 empl.) ⚬ plat, pierreux, herbeux, gravier ⌂ ♀♀ (1,5 ha) – 🎏 🍴 🛁
🅱 🅱 🏢 ⊕ 🛁 🖥 – ⚓ – A proximité : ▾ ✖ self 🖥 ✖ 🎣 🛶 ♨ – Location :
🏠 (hôtel et Auberge de jeunesse)
fermé 23 déc.-1er janv. – **R** – 🔲 *piscine comprise 1 pers. 41, pers. suppl. 23*
🅷 *16 (6A)*

VALEUIL
24310 Dordogne – 283 h.

⬜ **10 – 75** ⑤

🔺 **Le Bas Meygnaud** ⚲ « Cadre boisé », 🕿 53 05 72 11, E : 2,3 km par chemin de Lassère – accès par D 939
1,5 ha (50 empl.) ⚬ plat et peu incliné, herbeux ♀♀ – 🎏 🍴 🛁 🅱 ⊕ – 🖥
avril-sept. – **R** – ✶ *12,50* 🚗 *9* 🔲 *12,50* 🅷 *10 (3A)*

VALLABRÈGUES

30300 Gard – 1 016 h.

⚏ **Lou Vincen** ⚐, ℰ 66 59 21 29, à l'ouest du bourg, à 100 m du Rhône et d'un petit lac
1,4 ha (75 empl.) ⊶ plat, herbeux ♀ – 🔥 ⚏ ⚏ 🔄 ⊕ 🛁 ⚐ – ⚏ – 🛏 – A proximité : 🏊 🔥 ⚏
mars-oct. – **R** juil.-août – 🔳 piscine comprise 2 pers. 54, pers. suppl. 18 🔌 13 (6A) 25 (10A)

VALLERAUGUE

30570 Gard – 1 091 h.

⚏ **Le Pied de l'Aigoual** ⚐, ℰ 67 82 24 40, O : 2,2 km par D 986 rte de l'Espérou, à 60 m de l'Hérault
2,7 ha (80 empl.) ⊶ (juil.-août) plat, herbeux ♀♀ verger – 🔥 ⚏ ⊕ – 🔳 🔥
🛏
juin-22 sept. – **R** conseillée juil.-août – 🔳 piscine comprise 2 pers. 45, pers. suppl. 13 🔌 11 (3A) 14 (6A)

▶ *Consultez le tableau des localités citées,*
classées par départements, avec indication éventuelle
des caractéristiques particulières des terrains sélectionnés.

VALLET

44330 Loire-Atl. – 6 116 h.
🄴 Syndicat d'Initiative, 4 pl. Charles-de-Gaulle (15 avril-sept.)
ℰ 40 36 35 87

△ **Municipal les Dorices,** ℰ 40 33 95 03, N : 2 km par D 763 rte d'Ancenis et chemin à droite
0,9 ha (100 empl.) ⊶ (saison) plat, herbeux ♀♀♀ – 🔥 ⚏ ⚏ ⊕ – 🏊 🔥
15 mai-sept. – **R** – Tarif 92 : 🚶 7,20 🚗 3,60 🔳 5,90 🔆 6,70 (6A)

VALLOIRE

73450 Savoie – 1 012 h. alt. 1 430

⚏ **Ste Thècle** Ⓜ ⚐, ℰ 79 83 30 11, au N de la localité, au confluent de 2 torrents
1,5 ha (81 empl.) ⊶ (été) peu incliné et plat, pierreux, herbeux – 🔥 ⚏ ⚏
⚏ 🚿 ⊕ – 🔳 – A proximité : 🏊 🔥 🛏
déc.-12 mai, 15 juin-15 sept. – **R** conseillée été sauf 25 juil.-4 août – 🔳 1 pers. 24 🔌 8 (8A)

VALLON-PONT-D'ARC

07150 Ardèche – 1 914 h.

⚏ **L'Ardéchois** ⚐, ℰ 75 88 06 63, Fax 75 37 14 97, SE : 1,5 km, accès direct à l'Ardèche
5 ha (244 empl.) ⊶ plat, herbeux ♀♀ – 🔥 ⚏ ⚏ ⚏ 🔳 🚿 ⊕ 🛁 ⚐ 🛏 ⚏ 🍴 snack
⚏ 🔳 – 🔳 🏊 🔥 🛏 🛏 – A proximité : 🔥 – Location : 🚐
Pâques-1er oct. – **R** – 🔳 piscine comprise 2 pers. 115 🔌 18 (6A)

⚏ **Mondial-Camping** ⚐, ℰ 75 88 00 44, Fax 75 37 13 73, SE : 1,5 km, accès direct à l'Ardèche
4 ha (240 empl.) ⊶ plat, herbeux ♀♀ – 🔥 ⚏ ⚏ ⚏ 🔳 🚿 ⊕ ⚏ snack ⚏ 🔳
– 🔳 🏊 🔥 🛏 – A proximité : 🔥 – Location : 🚐
15 mars-10 oct. – **R** indispensable juil.-août – 🔳 piscine comprise 2 pers. 125 🔌 18 (5 à 10A)

⚏ **International** ⚐, ℰ 75 88 00 99, Fax 75 88 07 81, SO : 1 km, bord de l'Ardèche
1,5 ha (130 empl.) ⊶ plat, peu incliné, herbeux, sablonneux 🔒 ♀♀ – 🔥 ⚏ ⚏
🔳 ⚏ ⊕ ⚏ 🍴 snack ⚏ 🔳 – 🏊 🔳 🔥 🛏 – 🔥
20 avril-sept. – **R** conseillée 6 juil.-25 août – 🔳 2 pers. 78 🔌 14 (6A)

⚏ **La Roubine** ⚐ ⚐, ℰ 75 88 04 56, O : 1,5 km, bord de l'Ardèche
3 ha (135 empl.) ⊶ plat, herbeux, sablonneux ♀♀ – 🔥 ⚏ ⚏ ⊕ ⚏ 🍴 snack
⚏ 🔳 – 🔥 🛏 half-court
Pâques-sept. – **R** – Tarif 92 : 🔳 2 pers. 84, pers. suppl. 14

⚏ **Le Chauvieux,** ℰ 75 88 04 57, SO : 1 km, à 100 m de l'Ardèche
1,8 ha (100 empl.) ⊶ plat et peu incliné, herbeux, sablonneux ♀♀ – 🔥 ⚏ ⚏
🔳 ⚏ ⊕ ⚐ 🛏 ⚏ 🔳 – 🔳 🔥 – A proximité : snack ⚏ 🔥 🛏
mai-20 sept. – **R** conseillée – 🔳 2 pers.70 🔌 13 (4A)

⚏ **Le Provençal** ⚐, ℰ 75 88 00 48, Fax 75 37 18 69, SE : 1,5 km, accès direct à l'Ardèche
3,5 ha (240 empl.) ⊶ plat, herbeux ♀♀ – 🔥 ⚏ ⚏ 🔳 ⚏ ⊕ ⚏ 🍴 🍴 ✕ ⚏ 🔳
– 🔳 🔥 🛏 🛏 🔥 – A proximité : 🔥
avril-15 oct. – **R** conseillée juil.-août – 🔳 piscine comprise 2 pers. 110 🔌 17 (6A)

⚏ **Le Midi** ⚐ ⚐, ℰ 75 88 06 78, SE : 6,5 km par D 290 rte des Gorges, à Chames, bord de l'Ardèche (hors schéma)
1,6 ha (52 empl.) ⊶ en terrasses, peu incliné, herbeux, sablonneux ♀♀ – 🔥 ⚏
⚏ 🔳 ⚏ ⊕ 🔳 – 🔳
avril-sept. – **R** – 🔳 2 pers. 80 🔌 15 (6A)

⚏ **Municipal Zamenhof,** ℰ 75 88 04 73, SO : 1 km, à 30 m de l'Ardèche
1,5 ha (150 empl.) ⊶ (saison) plat, herbeux, sablonneux 🔒 ♀ (0,8 ha) – 🔥 ⚏
⚏ 🔳 ⚏ ⊕ – 🛏
Rameaux-sept.- **R** conseillée juil.-août – 🔳 2 pers. 50, pers. suppl. 12 🔌 12 (5A)

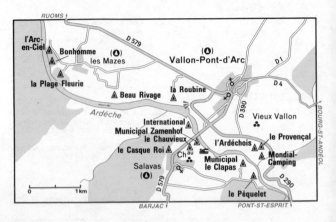

aux Mazes O : 3,5 km – ⊠ 07150 Vallon-Pont-d'Arc :

⋏⋏⋏ La Plage Fleurie ⊗, ≼, ℰ 75 88 01 15, bord de l'Ardèche – ℗
(150 empl.)
12 ha/6 campables (300 empl.) ⊶ plat et peu incliné, terrasse, herbeux, pierreux ♀♀ (7 ha) – ⌂ ⇌ ⚲ 🖼 🔥 ⊕ ⚑ 🍴 ⇲ 🖥 – 🛶 ≚
Pâques-sept. – **R** – 🗉 2 pers. 70, pers. suppl. 18 🕅 14 (4A)

⋏⋏ Arc-en-Ciel ⊗, ℰ 75 88 04 65, bord de l'Ardèche
5 ha (218 empl.) ⊶ plat et peu incliné, herbeux, pierreux ♀♀ – ⌂ ⚲ 🖼 🔥 ⊕
⚑ ☕ snack ⇲ 🖥 – 🗀 🛶 ≚ – Location : 🛖
Pâques-sept. – **R** conseillée – 🗉 2 pers. 85, pers. suppl. 16 🕅 16 (6A)

⋏⋏ Beau Rivage ⊗ « Entrée fleurie », ℰ 75 88 03 54, bord de l'Ardèche
2 ha (100 empl.) ⊶ plat et terrasse, herbeux ♀♀ – ⌂ ⇌ ⚲ 🖼 ⊕ ⚑ 🖥 –
≚
mai-15 sept. – **R** conseillée – 🗉 2 pers. 84 🕅 14,50 (3A) 16 (6A)

⋏⋏ Bonhomme ⊗, ℰ 75 88 04 62, Fax 75 37 15 95, bord de l'Ardèche
1,5 ha (100 empl.) ⊶ plat, herbeux, pierreux ♀ – ⌂ ⇌ ⇌ ▥ ⊕ snack 🖥 – ≚
– A proximité : ⚑, – Location : 🛖 🛖
Permanent – **R** conseillée – 🗉 2 pers. 75

à Salavas SO : 2 km – ⊠ 07150 Salavas :

⋏⋏ Le Péquelet ⊗, ℰ 75 88 04 49, sortie S par D 579 rte de Barjac et 2 km par
rte à gauche, bord de l'Ardèche
2 ha (60 empl.) ⊶ (saison) plat, herbeux ⌁ ♀♀ – ⌂ ⇌ ⚲ 🖼 ⊕ ⚑ 🖥 – 🗀
✻ 🛶 ≚
Pâques-sept. – **R** conseillée – 🗉 2 pers. 64 🕅 14 (3 à 10A)

⋏⋏ Municipal le Clapas ⊗, ℰ 75 37 14 76, sortie S par D 579 rte de Barjac
et 2 km par rte à gauche, bord de l'Ardèche
1,8 ha (85 empl.) ⊶ (saison) peu incliné et terrasse, pierreux, herbeux ♀ (0,8 ha)
– ⌂ ⚲ 🖼 ⊕ ⚑ – ≚
15 mai-20 sept. – **R** conseillée 15 juil.-15 août – ☀ 12 🗉 36 🕅 12

⋏ Le Casque Roi, ℰ 75 88 04 23, à la sortie N du bourg, rte de Vallon-Pont-
d'Arc
0,4 ha (40 empl.) ⊶ plat, herbeux ♀♀ – ⌂ 🖼 ⊕ – 🗀 🛶
mars-oct. – **R** conseillée juil.-août – 🗉 piscine comprise 2 pers. 80, pers. suppl.
15 🕅 13 (6A)

VALRAS-PLAGE

🗓 – 🅱🅱 ⑮ G. Gorges du Tarn

34350 Hérault – 3 043 h.
🛈 Office de Tourisme, pl. R.-Cassin
ℰ 67 32 36 04

⋏⋏⋏ La Yole, ℰ 67 37 33 87, Fax 67 37 44 89, SO : 2 km, à 500 m de la
plage
20 ha (1007 empl.) ⊶ plat et peu incliné, herbeux, sablonneux ⌁ ♀♀ (12 ha)
– ⌂ ⇌ ⇌ ⚲ 🖼 ⊕ ⚑ ▽ 🍴 🍴 ✗ ⇲ 🖥 – 🗀 ✻ 🔥 🛶 ≚ half-court, vélos
– Location : 🛖 🛖
8 mai-25 sept. – **R** conseillée juil.-août – 🗉 élect. (5A) et piscine comprises 2 pers.
120 ou 135, pers. suppl. 25

⋏⋏ Les Foulègues « Cadre agréable », ℰ 67 37 33 65, Fax 67 37 54 75, à Grau-
de-Vendres, SO : 5 km, à 400 m de la plage
4 ha (290 empl.) ⊶ plat, herbeux, sablonneux ⌁ ♀♀ – ⌂ ⇌ ⇌ 🖼 ⊕ ⚑ ▽
⚑ 🍴 ⇲ 🖥 – ✻ 🔥 🛶 ≚ – A proximité : 🐎
15 mai-sept. – **R** conseillée juil.-août – 🗉 piscine comprise 2 pers. 105, pers.
suppl. 16 🕅 14 (5A)

⋏⋏ Lou Village, ℰ 67 37 33 79, Fax 67 37 53 56, SO : 2 km, à 100 m de la plage
(accès direct)
10 ha (520 empl.) ⊶ plat, sablonneux, herbeux ⌁ ♀♀ (6 ha) – ⌂ ⚲
🖼 ⊕ ⚑ 🍴 ✗ ⇲ 🖥 – 🗀 ✻ 🔥 🛶 ≚ (étang) – A proximité :
10 mai-20 sept. – **R** conseillée – 🗉 piscine comprise 2 pers. 105, pers. suppl.
13 🕅 14 (10A)

⚠️ **La Plage et du Bord de Mer** « Entrée fleurie », ✆ 67 37 34 38, SO : 1,5 km, bord de plage – 🐴
10 ha (500 empl.) ⊶ plat, herbeux, sablonneux 🔲 – 🛖 ⬆ ⚄ 🗄 ⚄ ⊕ ⚐ ♈
✕ 🔥 – ⚠️ 🔥 vélos – A proximité : 🐴
juin-10 sept. – **R** – 🔥 *15* 🚐 *16* 🔲 *55* 🔥 *14 (6A)*

⚠️ **Les Vagues,** ✆ 67 37 33 12, Fax 67 37 50 36, **à Grau-de-Vendres**, SO : 2,5 km, à 450 m de la plage (accès direct)
5 ha (300 empl.) ⊶ plat, sablonneux, herbeux ♀ (2 ha) – 🛖 ⬆ ⚄ ⚄ 🗄 ⚄ ⊕
⚐ ♈ snack 🔥 🔲 – 🦯 – Location : 🚐
15 mai-sept. – **R** *conseillée* – 🔲 *piscine comprise 1 ou 2 pers. 100, 3 ou 4 pers. 117* 🔥 *14 (3A)*

⚠️ Monplaisir 🐴, ✆ 67 37 35 92, Fax 67 37 54 64, **à Grau-de-Vendres**, SO : 2,5 km, à 400 m de la plage (accès direct)
3,4 ha (240 empl.) ⊶ plat, sablonneux, herbeux ♀ (1,5 ha) – 🛖 ⬆ ⚄ 🗄 ⚄ ⊕
🔥 ⚐ ♈ ✕ 🔥 🔲 – 🔥 vélos – Location : 🚐 🚐, bungalows toilés
Pâques-fin sept. – **R** *conseillée juil.-août*

⚠️ **Le Méditerranée,** ✆ 67 37 34 29, SO : 1,5 km rte de Vendres, à 200 m de la plage
4,5 ha (347 empl.) ⊶ plat, herbeux, sablonneux 🔲 ♀♀ – 🛖 ⬆ ⚄ ⚄ 🗄 ⚄ ⊕
⚐ ♈ snack, pizzeria 🔥 🔲 – 🦯 – Location : 🚐 🚐
Pâques-15 sept. – **R** *conseillée juil.-août* – 🔲 *2 pers. 100, 3 pers. 110, 4 pers. 120, pers. suppl. 15* 🔥 *15 (5A)*

⚠️ **Blue-Bayou** 🐴, ✆ 67 37 41 97, Fax 67 37 53 00, **à Grau-de-Vendres** SO : 5 km, à 400 m de la plage
4,5 ha (256 empl.) ⊶ – 🛖 ⬆ ⚄ 🗄 ⚄ ⊕ 🔥 ⚐ ♈ 🔲 – 🚐 – A proximité :

Pâques-sept. – **R** *conseillée juil.-août* – 🔲 *élect. comprise 2 pers. 125*

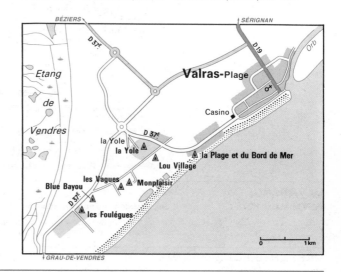

VALRÉAS

84600 Vaucluse – 9 069 h.
🅱 Office de Tourisme, pl. Aristide-Briand ✆ 90 35 04 71

⚠️ **Municipal la Coronne** 🐴 « Cadre agréable », ✆ 90 35 03 78, N : 1 km par D 10 et D 196 à droite rte du Pègue, bord de la Coronne
1,8 ha (130 empl.) ⊶ plat, herbeux, pierreux ♀♀ – 🛖 ⚄ ⊕
mars-15 oct. – **R** – 🔥 *10,50* 🔲 *9,50* 🔥 *8,50 (3A) 10,50 (6A)*

VALROS

34290 Hérault – 1 021 h.

⚠️ **Domaine de Mont Rose,** ✆ 67 98 52 10 ✉ 34120 Tourbes Pézenas, NE : 2 km par N 113, rte de Pézenas et chemin à gauche
2,2 ha (140 empl.) ⊶ plat, pierreux 🔲 ♀ – 🛖 ⬆ ⚄ 🗄 ⚄ ⊕ 🔥 ⚐ 🔥 🔲 –
🚐 🦯 – Location : 🚐 🚐 🚐
mai-sept. – **R** *conseillée juil.-août* – 🔲 *piscine comprise 1 pers. 53, pers. suppl. 10* 🔥 *11 (4 ou 6A)*

VALVIGNÈRES

07400 Ardèche – 336 h.

⚠️ **Municipal les Termes** 🐴, sortie E vers St-Thome et chemin à droite
1 ha (40 empl.) plat, herbeux, pierreux – 🛖 ⊕ – 🐴
juin-15 sept. – *Tarif 92* : 🔲 *1 pers. 10* 🔥 *8*

▶ *De gids wordt jaarlijks bijgewerkt.*
Doe als wij, vervang hem, dan blijf je bij.

VANDENESSE-EN-AUXOIS

21320 Côte-d'Or – 220 h.

△△△ **Le Lac de Panthier** ⑤ ≤ « Site agréable », ℰ 80 49 21 94, Fax 80 49 25 80, NE : 2,5 km par D 977 bis rte de Commarin et rte à gauche, près du lac
1,7 ha (100 empl.) ⌑ plat et peu incliné, herbeux – 🛠 ⇔ 🖳 🖻 ⊕ 🖳 ▾ grill, pizzeria 🖳 – 🖳 – 🖳 🖳
mai-sept. – **R** *conseillée juil.-août* – 🛉 *16* 🗉 *20* 🕃 *13 (6A)*

△△△ **Les Voiliers** ⑤ ≤ « Site agréable », ℰ 80 49 21 94, Fax 80 49 25 80, NE : 2,5 km par D 977 bis rte de Commarin et rte à gauche, près du lac
3,5 ha (120 empl.) ⌑ en terrasses, herbeux 🖳 – 🛠 ⇔ 🖳 🖻 ⊕ 🖳 ▾ 🖳 – 🖳
🖳 ⚲ – A proximité : 🖳 grill-pizzeria
mai-sept. – **R** *conseillée juil.-août* – 🛉 *19* 🗉 *30* 🕃 *13 (6A)*

VANNES Ⓟ

56000 Morbihan – 45 644 h.

🚹 Office de Tourisme, 1 r. Thiers
ℰ 97 47 24 34

à Séné S : 5 km par D 199 – ⊠ 56860 Séné :

△△△ **Moulin de Cantizac**, ℰ 97 66 90 26, N : 1 km par D 199 rte de Vannes, bord de rivière
4 ha (100 empl.) ⌑ plat, herbeux 🖳 – 🛠 ⇔ 🖳 🖻 🖳 ⊕ – 🖳 – Location : 🖳
Pâques-15 oct. – **R** *conseillée juil.-août* – 🛉 *15* 🗉 *25* 🕃 *10 (6A)*

Les VANS

07140 Ardèche – 2 668 h.

🚹 Office de Tourisme, pl. Ollier (fermé après-midi hors saison) ℰ 75 37 24 48

△ **le Pradal,** ℰ 75 37 25 16, O : 1,5 km par D 901 rte de Villefort
1 ha (25 empl.) ⌑ en terrasses, peu incliné, herbeux – 🛠 🖻 🖳 ⊕ – 🖳 – 🖳
avril-sept. – **R** *10 juil.-20 août* – 🗉 *piscine comprise 2 pers. 50, pers. suppl. 20* 🕃 *15 (6A)*

à Chassagnes E : 4 km par D 104A rte d'Aubenas et D 295 à droite ⊠ 07140 les Vans :

△ **Lou Rouchétou** ⑤ ≤, ℰ 75 37 33 13, bord du Chassezac
1,5 ha (100 empl.) ⌑ plat et peu incliné, herbeux, pierreux ⚲ – 🛠 🖳 ⊕ 🖻 – 🖳
Pâques-fin oct. – **R** *conseillée* – *Tarif 92 :* 🗉 *2 pers. 48,50* 🕃 *11 (3 ou 6A)*

△ **Les Chênes** ⑤ ≤, ℰ 75 37 34 35
2,5 ha (85 empl.) ⌑ peu incliné et en terrasses, herbeux, pierreux ⚲ – 🛠 🖳 ⊕
🖻 – 🖳 – Location : 🖳
Pâques-oct. – **R** *conseillée juil.-août* – 🗉 *piscine comprise 2 pers. 65* 🕃 *12 (4A)*

à Gravières NO : 4,5 km par D 901 rte de Villefort et D 113 à droite ⊠ 07140 Gravières :

△ **Le Mas du Serre** (aire naturelle) ⑤ ≤, ℰ 75 37 33 84, SE : 1,3 km par D 113 et chemin, à 300 m du Chassezac
1 ha (25 empl.) ⌑ plat, peu incliné, herbeux ⚲ – 🛠 🖻 ⊕ – A proximité : 🖳 – Location : 🖳
Permanent – **R** *conseillée* – 🗉 *1 pers. 23* 🕃 *10 (5A)*

La VARENNE

49270 M.-et-L. – 1 278 h.

△ **Municipal des Grenettes** ⑤, ℰ 40 98 58 92, sortie E rte de Champtoceaux puis à gauche 2 km par rte du bord de Loire – 🖳
0,7 ha (50 empl.) plat et peu incliné, herbeux 🖳 ⚲ – 🛠 🖻 ⊕ – 🖳 – A proximité : 🖳
juin-sept. – **R** – *Tarif 92 :* 🛉 *8* 🗉 *10,50/19* 🕃 *8,50 (5A)*

VARENNES-EN-ARGONNE

55270 Meuse – 679 h.

△△ **Municipal le Paquis** ⑤, près du pont, bord de l'Aire
1,5 ha (150 empl.) plat, herbeux – 🛠 🖳 🖻 ⊕
4 avril-sept. – **R** – 🛉 *6,70* 🖳 *3,10* 🗉 *4,10* 🕃 *12,50 (jusqu'à 6A)*

VARENNES-SUR-ALLIER

03150 Allier – 4 413 h.

🚹 Syndicat d'Initiative, Mairie (15 juin-15 sept.)
ℰ 70 45 84 37

△△△ **Château de Chazeuil** ⑤ « Agréable parc boisé », ℰ 70 45 00 10, NO : 2 km rte de Moulins, carrefour N 7 et D 46
12 ha/1,5 campable (60 empl.) ⌑ plat, herbeux ⚲ – 🛠 ⇔ 🖳 🖻 🖳 ⊕ 🖳 ▾
🖳 – 🖳 🖳 parcours sportif
15 avril-15 sept. – **R** *conseillée juil.-15 août* – 🛉 *22 piscine comprise* 🖳 *16* 🗉 *17* 🕃 *16 (8A)*

△△ **Les Plans d'Eau**, ℰ 70 45 01 55, NO : 4 km par N 7 et D 46 à gauche rte de St-Pourçain-sur-Sioule
3,5 ha (83 empl.) ⌑ plat, prairie, sous-bois, plans d'eau ⚲ (2 ha) – 🛠 ⇔ 🖳 🖻
⊕ – 🖳 🖳 🖳
15 mai-15 sept. – **R** – 🛉 *20 piscine et tennis compris* 🖳 *12* 🗉 *12* 🕃 *12 (3A) 20 (5A)*

VARENNES-SUR-LOIRE

49870 M.-et-L. – 1 847 h.

△△△ **L'Étang de la Brèche** ⑤, ℰ 41 51 22 92, Fax 41 51 27 24, O : 6 km par N 152 rte de Saumur, bord d'un étang
14 ha/7 campables (175 empl.) ⌑ plat, herbeux, sablonneux 🖳 ⚲ – 🛠 ⇔ 🖳
🖻 🖳 ⊕ 🖳 ▾ 🗙 🖳 🖻 – 🖳 🖳 🖳 🖳 vélos
15 mai-14 sept. – **R** *indispensable juil.-août* – Mineurs non accompagnés non admis – 🗉 *piscine comprise 2 pers. 110, 3 pers. 120, pers. suppl. 20* 🕃 *14 (6A)*

VARENNE-SUR-LE-DOUBS

71270 S.-et-L. – 46 h.

12 – 70 ②

⚠ **Municipal La Jeannette** (aire naturelle) ⚘, sortie NO par D 473, bord du Doubs
1 ha (25 empl.) plat, herbeux – 🏕 ⚘ 🚻 ⊕
avril-sept. – **R** *indispensable* – 🛉 *7* 🔳 *7* 🛇 *13 (5A)*

VARREDDES

77910 S.-et-M. – 1 520 h.

6 – 56 ⑬

⚠ L'Ile du Bac ◇ ℱ (1) 64 34 80 80, E : 1 km par D 121 rte de Congis-sur-Thérouanne, près de la Marne (accès direct) et du canal de l'Ourcq
6,8 ha (224 empl.) ⊶ plat, peu incliné, herbeux 🖵 – 🏕 ⚘ 🗚 🎠 ⊕ ⚓ ⊽ –
🏠 💥 🚣 –
Location longue durée – *Places disponibles pour le passage*

VARZY

58210 Nièvre – 1 455 h.

6 – 65 ⑭ G. Bourgogne

⚠ **Municipal du Moulin Naudin** ≤, ℱ 86 29 43 12, N : 1,5 km par D 977, près d'un plan d'eau
1,5 ha (35 empl.) ⊶ plat, peu incliné et terrasse, herbeux 🖵 – 🏕 ⚘ 🚻 ⊕ ⚓
⊽ – A proximité : 🍴 💥 🚣
mai-sept. – **R** *conseillée* – 🛉 *10* 🚗 *7* 🔳 *7* 🛇 *11 (5A)*

VATAN

36150 Indre – 2 022 h.
🚹 Syndicat d'Initiative (juil.-août)
ℱ 54 49 71 69 et Mairie (hors saison)
ℱ 54 49 76 31

9 – 68 ⑧ ⑨ G. Berry Limousin

⚠ Municipal ⚘, ℱ 54 49 91 37, sortie O par D 34 rte de Guilly, derrière le collège et bord d'un étang
2,3 ha (27 empl.) plat, herbeux, petit étang 🖵 – 🏕 ⚘ 🚻 🎠 🕭 ⊕ ⚓ – A proximité :
💥 🚣

VAUFREY

25190 Doubs – 157 h.

8 – 66 ⑱

⚠ **Municipal le Paquier** ≤, O : 0,3 km, près du Doubs
1 ha (40 empl.) plat, pierreux, herbeux – 🏕 🕭 🎠 ⊕
15 mars-15 oct. – *Places limitées pour le passage* – **R** – 🛉 *5* 🚗 *5* 🔳 *5*

VAUVERT

30600 Gard – 10 296 h.
🚹 Syndicat d'Initiative, pl. E.-Renan
ℱ 66 88 28 52

16 – 83 ⑧

⚠ **Les Tourrades,** ℱ 66 88 80 20, Fax 66 88 33 80, O : 3 km par N 572 et D 135 à droite rte de Nîmes
7,5 ha (180 empl.) ⊶ plat, herbeux, pierreux – 🏕 ⚘ 🚻 🎠 🕭 🛋 ⊕ ⚓ ⊽ 🍸
💥 🛁 🔳 – 🏠 💥 🚣 – Location : 🚐 🏡
Permanent – **R** *conseillée* – 🔳 *piscine comprise 2 pers. 60/70* 🛇 *10 (3 à 10A)*

⚠ **Les Mourgues,** ℱ 66 73 30 88 ✉ Gallician 30600 Vauvert, SE : 5 km par N 572 rte de St-Gilles
2 ha (100 empl.) ⊶ plat, pierreux – 🏕 🕭 🎠 ⊕ 🛋 – 🚣 – Location : 🏠
avril-sept. – **R** *conseillée juil.-août – Tarif 92 :* 🔳 *piscine comprise 2 pers. 54, pers. suppl. 16* 🛇 *12 (2A) 16 (4A) 19 (6A)*

VAUX-SUR-MER **17** Char.-Mar. – **71** ⑮ – rattaché à Royan

VAYRAC

46110 Lot – 1 166 h.

13 – 75 ⑲

⚠ **Municipal la Palenquière** ⚘, ℱ 65 32 43 67, S : 1,1 km par D 116 en direction de la base de loisirs
1 ha (33 empl.) ⊶ plat, herbeux 🎾 – 🏕 ⚘ 🚻 🎠 🕭 ⊕ ⚓ – 🏊 – Location : huttes
15 juin-15 sept. – **R** – *Tarif 92 :* 🛉 *9* 🔳 *8* 🛇 *9*

VEBRET

15240 Cantal – 533 h.

11 – 76 ② G. Auvergne

⚠ **Municipal** ⚘, au sud du bourg, sur D 15, bord de rivière
0,8 ha (50 empl.) plat, herbeux – 🏕 🎠 ⊕
juin-sept. – **R** – 🛉 *6* 🚗 *2* 🔳 *3* 🛇 *8 (15A)*

VEDÈNE

84270 Vaucluse – 6 675 h.

16 – 81 ⑫

⚠ **Flory,** ℱ 90 31 00 51, NE : 1,5 km par D 53 rte d'Entraigues
6 ha (134 empl.) ⊶ (saison) plat, peu incliné, accidenté, herbeux, sablonneux, rocheux 🎾 (3 ha) – 🏕 🕭 ⊕ 🛋 💥 🏊 – 🚣 –
15 mars-15 oct. – **R** *conseillée juil.-août* – 🛉 *15,80 piscine comprise* 🔳 *15,80* 🛇 *13,20 (6A)*

VEIGNE

37250 I.-et-L. – 4 520 h.

▲▲ **La Plage,** ℰ 47 26 23 00, sortie N par D 50 rte de Tours, bord de l'Indre
2 ha (125 empl.) ⊶ plat, herbeux ⚲ – ⚏ ⇌ ⚏ ▤ ⊙ � ⊸ ▦ – ⌂ ⚑ vélos
– A proximité : ⛌ – Location : ⊞, bungalows toilés
29 avril-sept. – **R** *conseillée juil.-août – Interdit aux caravanes de plus de 6 m –*
✦ *14 piscine comprise* ⇔ *6* ▣ *11* ⓰ *10 (3A)*

VENAREY-LES-LAUMES

21150 Côte-d'Or – 3 544 h.

▲▲ **Municipal Alésia,** ℰ 80 96 07 76, NE : 1 km par D 954 rte des Laumes et
à gauche après le 2ᵉ pont, près de la Brenne et d'un plan d'eau
1,5 ha (67 empl.) ⊶ plat, herbeux, goudronné ⌓ – ⚏ ⇌ ⚏ ▦ ⊙ ⊸ ▽ – ⌂
⚓ – A proximité : ⚓ (plage)
Permanent – **R** – *Tarif 92 :* ✦ *6,50* ⇔ *3,80* ▣ *3,80* ⓰ *10 (5A)*

VENCE

06140 Alpes-Mar. – 15 330 h.
🄸 Office de Tourisme,
pl. Grand-Jardin ℰ 93 58 06 38

▲▲▲ **Domaine de la Bergerie** ⚲, ℰ 93 58 09 36, O : 4 km par sortie ②
30 ha/13 campables (310 empl.) ⊶ plat et accidenté, rocailleux, herbeux ⌓
⚒ – ⚏ ⇌ ⚏ ▦ ⚏ ⊙ ⊸ ▽ ⚏ ▾ ✗ ⋨ – ⚓ – A proximité : parcours sportif
15 mars-fin oct. – **R** *indispensable seulement pour empl. aménagés caravanes
– Mineurs non accompagnés non admis – Tarif 92 :* ▣ *3 pers. 68 (82,50 ou 97,50
avec élect. 2A), pers. suppl. 16,50*

VENDAYS-MONTALIVET

33930 Gironde – 1 681 h.

▲ **Laouba** (aire naturelle) ⚲, ℰ 56 41 71 52, SO : 1,2 km par D 101 rte d'Hourtin
et 0,4 km par chemin à droite
1,75 ha (25 empl.) plat, herbeux ⚲ (1 ha) – ⚏ ⊙
juin-sept. – **R** *conseillée juil.-août –* ✦ *11* ▣ *10* ⓰ *12 (6A)*

VENDOEUVRES

36500 Indre – 1 042 h.

▲▲ **Municipal de Bellebouche-Vendoeuvres** ⚲ ≼ « Site agréable »,
ℰ 54 38 32 36, O : 4 km par D 925 rte de Mézières-en-Brenne et chemin à
gauche, à 80 m de l'étang
1,8 ha (100 empl.) ⊶ plat et peu incliné, herbeux – ⚏ ⇌ ⚏ ▦ ⚏ ⊙ ▦ – ⚓
– A proximité : ⚓ (plage) ₰
mars-12 déc. – **R** *conseillée août –* ▣ *2 pers. 40, pers. suppl. 10* ⓰ *15*

VENEUX-LES-SABLONS

77250 S.-et-M. – 4 298 h.

▲▲ **Les Courtilles du Lido,** ℰ (1) 60 70 46 05, NE : 1,5 km, chemin du Passeur
3,5 ha (150 empl.) ⊶ plat, herbeux ⌓ ⚲ – ⚏ ⇌ ⚏ ▦ ⊙ ▾ ▦ – ⌂ ⛌ ⚓
⚑ half-court
10 avril-sept. – *Places disponibles pour le passage –* **R** – *Tarif 92 :* ✦ *16,50 piscine
comprise* ⇔ *9* ▣ *11/14* ⓰ *11,50 (2A) 14,50 (6A)*

VENSAC

33590 Gironde – 658 h.

▲▲ **Les Acacias,** ℰ 56 09 58 81, NE : 1,5 km par N 215 rte de Verdon-sur-Mer
et chemin à droite
3,5 ha (170 empl.) ⊶ plat, herbeux, sablonneux ⚲ – ⚏ ⇌ ⚏ ▦ ⊙ snack ⋨
▦ – ⌂ ⚓ – Location : ⊞ ⊞
20 juin-10 sept. – **R** – ▣ *élect. comprise 2 pers. 55/68, pers. suppl. 10*

▲ **Tastesoule** ⚲, ℰ 56 09 54 50, à 5 km à l'ouest de la commune – Accès
conseillé par D 101
3 ha (100 empl.) ⊶ plat, sablonneux, herbeux ⚲ pinède – ⚏ ⚏ ⊙ pizzeria – ⚓
⚑ – Location : ⊞
27 juin-6 sept. – **R** *conseillée –* ▣ *piscine comprise 1 à 4 pers. 43 à 67, pers.
suppl. 12* ⓰ *16 (3A)*

▲ **Les Chênes** (aire naturelle) ⚲, ℰ 56 09 40 57, O : 3 km – Accès conseillé par
D 101
0,5 ha (14 empl.) ⊶ plat, herbeux, sablonneux ⚲⚲ – ⚏
juin-sept. – **R** *conseillée juil.-25 août –* ✦ *9,50* ▣ *14*

VENTHON 73 Savoie – 74 ⑰ – rattaché à Albertville

VERCHAIX

74440 H.-Savoie – 391 h. alt. 787

▲▲ **Municipal Lac et Montagne** ❄ ≼, ℰ 50 90 10 12, S : 1,8 km sur D 907,
à Verchaix-Gare, bord du Giffre – alt. 660
2 ha (100 empl.) ⊶ non clos, plat, pierreux, herbeux, bois attenant – ⚏ ⇌ ⚏
▦ ⊙ – ⌂ ⚓
Permanent – **R** *conseillée –* ✦ *10* ⇔ *4* ▣ *6* ⓰ *5A : 10 (hiver 20) 10A : 20
(hiver 40)*

VERCHENY
26340 Drôme – 427 h.

△△ **Les Acacias** « Cadre et site agréables », ℰ 75 21 72 51, SO : 2 km sur D 93 rte de Crest, bord de la Drôme
3 ha (90 empl.) ⚬╼ plat, pierreux, herbeux ⚭⚭ – 🎡 ⚘ 🏖 ⊕ � ⚒ – 🏠 🚤
avril-sept. – **R** *conseillée* – ⚡ *13,50* 🔲 *15,50* 🅖 *10 (3A)*

△ **Le Gap** ≤, ℰ 75 21 72 62, NE : 1,2 km par D 93 rte de Die, accès direct à la Drôme
4 ha (90 empl.) ⚬╼ plat, herbeux – 🎡 ⚘ ⊕ – 🎣 – A proximité : ◑
mai-sept. – **R** – ⚡ *15* 🚗 *8* 🔲 *7* 🅖 *10 (3A) 13 (6A)*

VERDELOT
77510 S.-et-M. – 613 h.

△△ **Ferme de la Fée** Ⓜ ◇ ⚘ ≤, ℰ (1) 64 04 86 52, S : 0,5 km par rte de St-Barthélémy et à droite, bord du Petit Morin et d'un petit étang
4 ha (80 empl.) ⚬╼ peu incliné, herbeux ⌂🟫 ᐧ verger – 🎡 ⚘ 🆙 🔳 🎿 ⊕ ⚒ ☘
– 🚗 🚙 – A proximité : ☕
fév.-15 déc. – **Location longue durée** *(7 760 F)* – *Places limitées pour le passage* – **R** *conseillée juil.-sept.* – ⚡ *28* 🔲 *élect. (3A) comprise 38*

La VERDIÈRE
83560 Var – 646 h.

△ **Municipal de Fontvieille** ⚘, N : 0,5 km par D 554 rte de Manosque
1,8 ha (31 empl.) plat et peu incliné, en terrasses, herbeux – 🎡 ⚘ 🆙 ⊕ – ☕
🚤 ⛵ – **R** – ⚡ *12* 🔲 *15* 🅖 *15*
15 juin-15 sept.

Le VERDON-SUR-MER
33123 Gironde – 1 344 h.

🅱 Syndicat d'Initiative, r. F.-Lebreton
ℰ 56 09 61 78 et à la Pointe de Grave (juil.-août) ℰ 56 09 65 56

Schéma à Soulac-sur-Mer

△△ **Les Alizés** ⚘, ℰ 56 09 67 54, SO : 1,6 km par l'ancienne rte de Soulac-sur-Mer puis 0,7 km par rue à droite, chemin de Grayan
1,8 ha (75 empl.) ⚬╼ plat, sablonneux ⌂🟫 ⚭⚭ – 🎡 ⚘ 🏖 ⚓ ⊕ ☘ 🔲 – Location :
🚐

△△ **Le Royannais**, ℰ 56 09 61 12, SO : 2 km, sur l'ancienne rte de Soulac-sur-Mer
2 ha (116 empl.) ⚬╼ (saison) plat, sablonneux ⚭⚭ – 🎡 ⚘ 🏖 ⚓ ⊕ ⚒ ☘ –
Location : 🚐
15 juin-15 sept. – **R** *conseillée* – *Tarif 92 :* 🔲 *2 pers. 39,50, pers. suppl. 11,50*
🅖 *17 (4A)*

VERDUN
09310 Ariège – 154 h.

△ **Camp de M. Paul Bernadac** (aire naturelle) ⚘ ≤, ℰ 61 64 77 48, à l'est du bourg
1 ha (25 empl.) ⚬╼ plat, peu incliné, herbeux – 🎡 ⚘ 🆙 ⊕ – Location : gîtes
juin-sept. – **R** *conseillée* – 🔲 *1 pers. 20* 🅖 *10 (5A)*

VERETZ
37270 I.-et-L. – 2 709 h.

△ **Municipal,** ℰ 47 50 50 48, sur N 76, rte de Bléré, près du Cher
1 ha (64 empl.) ⚬╼ plat, herbeux, pierreux ⚭⚭ – 🎡 ⚘ 🆙 🔳 ⚓ ⊕ ☘ ⛵
juin-sept. – **R** – *Tarif 92 :* ⚡ *9* 🚗 *7* 🔲 *9* 🅖 *10 (6A) 15 (16A)*

VERGEROUX
17300 Char.-Mar. – 551 h.

△△ **Municipal le Pré Cornu,** ℰ 46 99 72 58, au nord du bourg, près de la N 137 et à 200 m d'un étang
2,7 ha (130 empl.) ⚬╼ (juil.-août) plat, herbeux – 🎡 ⚘ 🆙 ⚓ ⊕ – 🚗 ☕ –
A proximité : 🚤
15 juin-15 sept. – **R** – ⚡ *10,50* 🔲 *17,50* 🅖 *9 (4A)*

VERGT DE BIRON
24540 Dordogne – 190 h.

△△ **Las Patrasses** ⚘ ≤, ℰ 53 63 05 87, S : 3,6 km par D 2E, rte de Monflanquin et rte à gauche, au lieu-dit Las Patrasses
34 ha/ 7 campables (60 empl.) ⚬╼ plat, peu incliné, en terrasses, herbeux – 🎡
⚘ 🆙 🔳 ⚓ ⊕ snack 🍴 – 🏠 🚤 ⛵
mai-sept. – **R** *15 juil.-15 août* – ⚡ *20 piscine comprise* 🔲 *avec élect. 30*

VERMENTON
89270 Yonne – 1 105 h.

△△ Municipal les Coulemières, ℰ 86 81 53 02, au SO de la localité, derrière la gare, près de la Cure
1 ha (40 empl.) ⚬╼ plat, herbeux ᐧ – 🎡 ⚘ 🆙 🔳 ⚓ 🔲 ⊕ – ☕ – A proximité :
⛵
15 avril-15 oct. – **R** *conseillée*

VERNANTES
49390 M.-et-L. – 1 749 h.

△ **Intercommunal de la Grande Pâture,** E : 1 km par D 58 rte de Vernoil puis chemin à gauche
1,8 ha (33 empl.) plat, herbeux – 🎡 ⊕ – ☕ 🚤 – A proximité : 🍴
juin-août – **R** – ⚡ *5,90* 🚗 *3,20* 🔲 *3,20* 🅖 *6,90*

Le VERNET

04140 Alpes-de-H.-Pr. – 110 h.
alt. 1 200

🏕 **Lou Passavous** ≼, 𝒫 92 35 14 67, N : 0,8 km par rte de Roussimat, bord du Bès
1,5 ha (80 empl.) ⊶ peu incliné et plat, pierreux – 🖪 🕏 🛱 ᵫ ▥ 🌐 🛎 pizzeria – A proximité : 🐎
Permanent – **R** *conseillée juil.-août* – 💧 14 (hiver 16) 🔲 12 (hiver 14) 🗲 13 (3A)

VERNET-LA-VARENNE

63580 P.-de-D. – 642 h. alt. 817

🏕 **Municipal Bellevue**, 𝒫 73 71 30 41, O : 1,3 km par rte d'Issoire puis chemin à gauche
2 ha (70 empl.) ⊶ peu incliné à incliné, herbeux, petit sous-bois – 🖪 🛱 🌐 – 🏇

VERNET-LES-BAINS

66820 Pyr.-Or. – 1 489 h. alt. 650 –
♨ 27 janv.-19 déc.
🛈 Office de Tourisme, pl. de la Mairie
𝒫 68 05 55 35

🏕 **L'Eau Vive** ⅍ « Site agréable », 𝒫 68 05 54 14, sortie vers Sahorre puis, après le pont, 1,3 km par av. St-Saturnin à droite, près du Cady
1,2 ha (58 empl.) ⊶ plat et peu incliné, herbeux – 🖪 🕏 🛱 🖪 🛦 🌐 🛎 🖂 🐎 🏐 🛳 – 🖪 – 🛒 ⛴ (petit plan d'eau) vélos – Location : 🏠
fermé 13 nov.-15 déc. – **R** *conseillée juil.-août* – 🔲 élect. (3A) comprise 3 pers. 99, pers. suppl. 9

🏕 **Del Bosc** « Cadre sauvage », 𝒫 68 05 54 54, sortie N rte de Villefranche-de-Conflent, près d'un torrent (accès direct)
2,5 ha (115 empl.) ⊶ (saison) accidenté et en terrasses, pierreux, rochers 🗔 ▧ – 🖪 🖪 🛦 🌐 🛎 🖪
avril-oct. – **R** *conseillée juil.-août* – Tarif 92 : 💧 16 🔲 17 🗲 10 (3 ou 6A)

à Corneilla-de-Conflent N : 2,5 km par D 116
✉ 66820 Corneilla-de-Conflent :

🏕 **Las Closes** ⅍ ≼, 𝒫 68 05 64 60, E : 0,5 km par D 47 rte de Fillols – alt. 600
2,2 ha (79 empl.) ⊶ peu incliné et en terrasses, herbeux ⅋⅋ verger – 🖪 🖾 🌐 🖪 – 🛒 🏇 ⛴ – Location : 🚐
avril-oct. – **R** *conseillée* – 💧 13 piscine comprise 🔲 13 🗲 11 (6A)

VERNEUIL-SUR-AVRE

27130 Eure – 6 446 h.
🛈 Syndicat d'Initiative, 129 pl. de la Madeleine 𝒫 32 32 17 17

🏕 **Le Vert Bocage**, 𝒫 32 32 26 79, O : 1 km par N 26 rte d'Argentan
3,5 ha (103 empl.) ⊶ plat, herbeux 🗔 – 🖪 🕏 🛱 ▥ 🌐 🛎 🖂 🐎 – 🖾 🏇 – Location : 🚐
fermé janv. – **R** *conseillée juil.-août* – Tarif 92 : 💧 22 🔲 11 🗲 23 (10 à 16A)

VERNIOZ

38150 Isère – 798 h.

🏕 **Bontemps** ⅍, 𝒫 74 57 83 52, à St-Alban-de-Varèze, E : 4,5 km par D 37 et chemin à droite, bord de la Varèze
6 ha (100 empl.) ⊶ plat, herbeux ⅋ – 🖪 🕏 🛦 🖪 🌐 🛎 🖹 snack 🖪 – 🖾 🎋
🛒 🏇 🛷 🖹 🐎 tir à l'arc
avril-sept. – **R** – Tarif 92 : 💧 16 piscine comprise 🚗 8 🔲 25 🗲 15

VERNOU-EN-SOLOGNE

41 L.-et-Ch. – 543 h.
✉ 41230 Mur-de-Sologne

🏕 **Aire naturelle municipale**, au Nord du bourg, carrefour D 13 et D 63, à 100 m de la Bonneure et d'un petit étang
1 ha (25 empl.) plat, herbeux ⅋ – 🖪 🕏 🛱 🖪 🌐 – A proximité : 🎋
15 avril-sept. – **R** – 💧 6,50 🔲 6,50 🗲 6,50

VERNOUX-EN-VIVARAIS

07240 Ardèche – 2 037 h.

🏕 **Municipal Bois de Pra** ≼, 𝒫 75 58 14 54, sortie NE sur D 14 rte de Valence
2 ha (83 empl.) ⊶ peu incliné, herbeux ⅋ – 🖪 🕏 🛱 🖪 🌐 – 🖾 🏇
A proximité : 🟦 (découverte l'été) avec toboggan aquatique 🐎 🎋 🛒
Pâques-Toussaint – **R** *conseillée juil.-août* – 💧 10 🚗 6,50 🔲 7 🗲 12

VERS

46090 Lot – 390 h.

🏕 **La Chêneraie** ⅍ « Cadre agréable », 𝒫 65 31 40 29, SO : 2,5 km par D 653 rte de Cahors et chemin à droite après le passage à niveau
0,4 ha (24 empl.) ⊶ plat, pierreux, herbeux 🗔 ⅋ – 🖪 🕏 🛱 🖪 🌐 🖹 grill – 🖾
🎋 🏇 ⛴ – Location : 🏠
mai-15 sept. – **R** *conseillée juil.-août* – 🔲 2 pers. 60, pers. suppl. 16 🗲 15

Le VERT

79170 Deux-Sèvres – 148 h.

🏕 **Municipal** ⅍ « Situation agréable au bord de la Boutonne », au bourg, devant la mairie
0,26 ha (20 empl.) plat, herbeux ⅋ – 🖪 🕏 🛱 🌐
15 juin-15 sept. – **R** – 💧 7,20 🔲 4,50 🗲 5,90 (4A) 13,90 (10A)

VESDUN
18360 Cher – 683 h.

🔺 **Municipal les Bergerolles** 🛇, NE du bourg, au terrain de sports
0,5 ha (31 empl.) plat, herbeux – 🗂 ⚡ 🛁 ⊕ – À proximité : ✗
Pentecôte-sept. – **R** *juil.-août* – ⚹ *4,50* 🔲 *5* 〔刔〕 *7*

⑩ – 🔢 ⑪

VESOUL ℙ
70000 H.-Saône – 17 614 h.
🅱 Office de Tourisme, r. des Bains
℘ 84 75 43 66

🔺🔺 International du Lac 🛇, ℘ 84 76 22 86, O : 2,5 km, près du lac
3 ha (160 empl.) ⊶ plat, herbeux 🖂 – 🗂 ⚡ 🛁 🖪 ▥ ⊕ ▽ 🍽 ▤ – ✗ 🚣
🕿

⑧ – 🔢 ⑤ ⑥ G. Jura

VEULES-LES-ROSES
76980 S.-Mar. – 753 h.
🅱 Syndicat d'Initiative, r. du Docteur-Girard (juil.-août) ℘ 35 97 63 05

🔺 **Municipal des Mouettes** 🛇, ℘ 35 97 61 98, sortie E sur D 68 rte de Sotteville-sur-Mer
1,5 ha (100 empl.) ⊶ plat, herbeux – 🗂 ⚡ 🛁 🖪 ⊕ ▤ – 🖴
15 fév.-15 nov. – **R** – ⚹ *12,65* 🔲 *10* 〔刔〕 *12,20 (10A)*

① – 🔢 ③ G. Normandie Vallée de la Seine

VEYNES
05400 H.-Alpes – 3 148 h. alt. 814

🔺 **les Prés** 🛇 ≤, ℘ 92 57 26 22, NE : 3,4 km par D 994 rte de Gap puis 5,5 km par D 937 rte du col de Festre et chemin à gauche, au lieu-dit le Petit Vaux, près de la Béoux – alt. 960
0,35 ha (25 empl.) ⊶ plat et peu incliné, herbeux – 🗂 ⚡ 🛁 🚹 ⊕ ▥
juin-sept. – **R** *conseillée 15 juil.-15 août* – 🔲 *2 pers. 40* 〔刔〕 *8 (4A) 10 (6A)*

⑯ – 🔢 ⑤

VEYRINES-DE-DOMME
24250 Dordogne – 219 h.

🔺🔺 **Les Pastourels** 🛇 ≤, ℘ 53 29 52 49, N : 3,6 km par D 53 rte de Belvès et chemin à droite, au lieu-dit le Brouillet
2,3 ha (55 empl.) ⊶ plat, peu incliné, en terrasses, herbeux, pierreux 🌳🌳 (1,5 ha)
– 🗂 ⚡ 🛁 🚹 ⊕ – 🖴
avril-15 sept. – **R** *conseillée* – ⚹ *16* 🔲 *13* 〔刔〕 *12 (4A) 15 (6A)*

⑬ – 🔢 ⑰

VÉZAC
24220 Dordogne – 620 h.

Schéma à la Roque-Gageac

🔺🔺 **La Cabane** 🛇 ≤, ℘ 53 29 52 28, SO : 1,5 km, bord de la Dordogne
2,25 ha (80 empl.) ⊶ non clos, plat, herbeux, sablonneux 🌿 – 🗂 ⚡ ﴾ 🖪 🚹
⊕ ▥ – 🖴 ✗ 🏊 🕿 – Location : ⛺ ➤ 🏠
avril-15 oct. – **R** *conseillée juil.-août* – ⚹ *14 piscine comprise* 🚗 *7* 🔲 *6* 〔刔〕 *10 (3A) 13 (4A) 17 (6A)*

🔺🔺 **Les Deux Vallées** 🛇, ℘ 53 29 53 55, O : par D 57, D 49, chemin à droite près d'une gare désaffectée
2,5 ha (100 empl.) ⊶ plat, herbeux 🖂 🌿 – 🗂 ⚡ 🛁 🖪 🚹 ⊕ 🔌 🍽 snack 🛒
▥ – 🖴 🚣 🏊 – Location : ⛺
Pâques-sept. – **R** *conseillée juil.-août* – ⚹ *23 piscine comprise* 🔲 *28* 〔刔〕 *14 (6A)*

⑬ – 🔢 ⑰

VÉZELAY
89450 Yonne – 571 h.
🅱 Syndicat d'Initiative, r. Saint-Pierre (avril-oct.) ℘ 86 33 23 69

à **St-Père** SE : 2 km par D 957 – ✉ 89450 Vézelay :
🔺 **Municipal**, sortie SE par D 36 rte de Quarré-les-Tombes, bord de la Cure
1 ha (60 empl.) ⊶ (juil.-août) plat, herbeux – 🗂 ⚡ ﴾ 🖪 ⊕ – À proximité : ✗
Pâques-sept. – **R** – ⚹ *7* 🔲 *5* 〔刔〕 *8 (3A)*

⑦ – 🔢 ⑮ G. Bourgogne

VIAM
19170 Corrèze – 133 h.

🔺 **Municipal Puy de Veix** 🛇 ≤ « Situation agréable », au S du bourg, près d'un plan d'eau, accès direct – alt. 696
2 ha (50 empl.) ⊶ (saison) en terrasses et plat, herbeux, pierreux 🖂 🌿 – 🗂 ﴾
🚹 ⊕ – 🖴
juin-15 sept. – **R** *juil.-août* – ⚹ *7,50* 🚗 *3,60* 🔲 *4,50/7* 〔刔〕 *6 (2A) 8 (4A) 13,50 (6A)*

⑩ – 🔢 ⑲

VIAS
34450 Hérault – 3 517 h.

🔺🔺🔺 La Carabasse « Cadre agréable », ℘ 67 21 64 01, Fax 67 21 76 87, S : 2 km
20 ha (995 empl.) ⊶ plat, herbeux 🖂 🌿🌿 (12 ha) – 🗂 ⚡ 🛁 ﴾ 🖪 – 116
sanitaires individuels (🗂 ⚡ wc) 🚹 ⊕ 🔌 🚣 ▽ 🍽 ▤ ✗ ▥ – cases réfrigérées –
🖴 ✗ 🏓 🚣 🏊 vélos – À proximité : 🏌 – Location : ⛺, studios
15 mai-18 sept. – **R** *conseillée*

🔺🔺🔺 **Domaine de la Dragonnière**, ℘ 67 21 67 65, Fax 67 21 73 39, O : 4,5 km par N 112 rte de Béziers (hors schéma)
10 ha (350 empl.) ⊶ plat, herbeux, sablonneux – 🗂 ⚡ 🛁 🖪 🚹 ⊕ 🚣 ▽ 🏇
🍽 ✗ ▤ ▥ cases réfrigérées – 🖴 🏊 – Location : ⛺ ⛺ 🏠
avril-sept. – **R** *conseillée* – 🔲 *élect. (5A), piscine et tennis compris 2 ou 3 pers. 155*

⑮ – 🔢 ⑮ G. Gorges du Tarn

Farret, ℰ 67 21 64 45, Fax 67 21 70 49, S : 3 km, bord de plage
7 ha (464 empl.) ⊶ plat, sablonneux, herbeux ⊡ ♀ – 🗐 ⇔ ⌂ ⚲ ⅙ ⊛ ⛱
🍴 ✕ ⓢ – 🔲 – salle de spectacle et d'animation ↖ ⚊ vélos – A proximité : ✖
– Location : 🚐 🚐 🏠
mai-sept. – ℞ – 🔲 *élect. (6A) et piscine comprises 2 pers. 115*

Les Salisses, ℰ 67 21 64 07, Fax 67 21 76 51, S : 2 km
7 ha (448 empl.) ⊶ plat, herbeux ⊡ ♀♀ – 🗐 ⇔ ⌂ 🔲 sauna ⅙ ⊛ ⛱ 🍴 ✕ ⓢ
🔲 garderie – 🔲 ✖ ↖ ⚊ toboggan aquatique et half-court – A proximité :
🐎 – Location : 🚐, bungalows toilés
Pâques-sept. – ℞ *conseillée juil.-août* – 🔲 *élect. et piscine comprises 1 ou 2 pers.
125, pers. suppl. 23*

Le Napoléon, ℰ 67 21 64 37, Fax 67 21 75 30, S : 2,8 km, à Vias-Plage, à
250 m de la plage
3 ha (200 empl.) ⊶ plat, herbeux, sablonneux ♀♀ – 🗐 ⇔ ⌂ 🔲 ⅙ ⊛ ⚊ 🍴 ✕
pizzeria ⓢ – 🔲 cases réfrigérées – 🔲 🏔 ↖ ⚊ half-court, vélos – A l'entrée :
discothèque – Location : 🚐 🏠
Pâques-fin sept. – ℞ *conseillée* – 🔲 *élect. et piscine comprises 2 pers. 118, pers.
suppl. 22*

L'Air Marin, ℰ 67 21 64 90, Fax 67 21 26 73, S : 1,5 km, près du canal du
Midi
8 ha (350 empl.) ⊶ plat, herbeux ♀ – 🗐 ⚲ 🔲 ⅙ ⊛ ⚐ 🍴 ✕ ⓢ – 🔲 – 🔲 ✖
↖ ⚊ vélos – A proximité : parcours sportif – Location : 🚐
Pâques-Toussaint – ℞ *conseillée* – 🔲 *élect.(6A) et piscine comprises 2 pers. 120,
3 ou 4 pers. 160, pers. suppl. 35*

Californie Plage, ℰ 67 21 64 69, Fax 67 21 70 66, SO : 4 km, bord de
plage
5,8 ha (381 empl.) ⊶ plat, herbeux, sablonneux ♀♀ (4 ha) – 🗐 ⇔ ⚲ 🔲 ⅙ ⊛
⚊ 🍴 ✕ ⓢ – 🔲 ↖ ⚊ – Location : 🚐
mars-15 nov. – ℞ *conseillée* – 🔲 *élect. (6A) et piscine comprises 2 pers. 130, pers.
suppl. 25*

Hélios ⊱, ℰ 67 21 63 66, S : 3,5 km, près du Libron et à 250 m de la plage
2,5 ha (160 empl.) ⊶ plat, sablonneux, herbeux ⊡ ♀♀ – 🗐 ⚲ 🔲 ⊛ ⚐ ⚐ ⚊
snack ⓢ – 🔲 – 🔲 ↖
28 mai-sept. – ℞ *conseillée* – 🔲 *2 à 5 pers. 78 à 116, pers. suppl. 14* 🔌 *12
(2A) 14 (3A) 17 (4A)*

La Plage, ℰ 67 21 64 45, Fax 67 21 70 49, S : 3 km, à 300 m de la plage
1,5 ha (75 empl.) ⊶ plat, sablonneux, herbeux ♀ – 🗐 ⇔ ⚲ 🔲 ⅙ ⊛ ⚐ ⚐ 🔲
– ✖ – A proximité : 🐎 🍴 ✕ ⓢ salle de spectacle et d'animation ⚊ vélos –
Location : 🏠
mai-sept. – ℞ – 🔲 *élect. (6A) comprise 2 pers. 115*

Le Bourricot ⊱, ℰ 67 21 64 27, S : 3 km, à Vias-Plage, à 200 m de la
plage
2 ha (155 empl.) ⊶ plat, herbeux, sablonneux ⊡ ♀♀ – 🗐 ⚲ 🔲 ⊛ ⚊ 🍴 snack
ⓢ 🔲 cases réfrigérées – ↖
28 mai-20 sept. – ℞ *conseillée 3 juil.-28 août – Tarif 92 :* 🔲 *1 ou 2 pers. 84,
3 pers. 110, pers. suppl. 24* 🔌 *13 (4A)*

La Petite Cosse, ℰ 67 21 63 83, S : 3 km, à 120 m de la plage, accès direct
0,7 ha (50 empl.) ⊶ plat, sablonneux, herbeux – 🔲 ⅙ ⊛ ⚐ ⚐ ⚐
juin-sept. – ℞ *conseillée juil.-août* – 🔲 *2 pers. 85* 🔌 *14,50 (6A)*

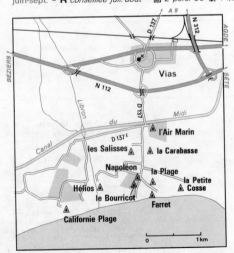

▶ *Si vous recherchez :*
un terrain agréable ou très tranquille,
ouvert toute l'année, avec tennis ou piscine,
Consultez le tableau des localités citées, classées par départements.

VICDESSOS
09220 Ariège – 483 h. alt. 730

14 – 86 ⑭ G. Pyrénées Roussillon

▲▲▲ **Municipal la Bexanelle** ⑤ <, ℰ 61 64 82 22, au S du bourg, par rte d'Olbier, rive droite du Vicdessos – Passerelle piétons reliant le camp au bourg
1,5 ha (120 empl.) •━ plat, peu incliné, terrasse, pierreux, herbeux ⚲ (0,8 ha) – 爫 ⇆ ⊟ ▥ ⊕ ⚲ ▽ ▣ – ⛴ ⇆ ⇉ A proximité : ✼ (centre équestre), poneys – Location : bungalows toilés, chalets
Permanent – **R** conseillée juil.-août – ⭑ 10 ▣ 10 ⊠ 7 (5 ou 10A)

VICHY ⬦
03200 Allier – 27 714 h. – ♨ fév.-nov.
🅓 Office de Tourisme et de Thermalisme avec Accueil de France, 19 r. du Parc ℰ 70 98 71 94

11 – 73 ⑤ G. Auvergne

à Abrest SE : 3 km par D 426 – ⊠ 03200 Abrest :

▲▲ **Municipal de la Croix-St-Martin**, ℰ 70 32 67 74, N par av. des Graviers et chemin, près de l'Allier
2 ha (100 empl.) •━ plat, herbeux ⊏⊐ – 爫 ⇆ ⊟ ▣ ⚬ ⊕ – ⇉
mai-sept. – **R** conseillée juil.-août

à Bellerive-sur-Allier SO par D 984 – ⊠ 03700 Bellerive-sur-Allier :

▲▲▲ **Les Acacias** « Cadre agréable, décoration arbustive », ℰ 70 32 36 22, r. Claude-Decloître, près de l'Allier
2 ha (90 empl.) •━ plat, herbeux ⊏⊐ ⚲⚲ – 爫 ⇆ ⊟ ⚘ ▣ ⚬ ⊕ ▽ ▣ – ⛴ ⇆ ⅃ – A proximité : ⛊ ✕ ⚒ ⌕ ▣ – Location : ⟲
25 mars-15 oct. – **R** conseillée juil.-août – ▣ piscine comprise 2 pers. 78, pers. suppl. 24 ⊠ 13 (5A)

▲▲▲ **Beau-Rivage** ⑤, ℰ 70 32 26 85, rue Claude-Decloître, bord de l'Allier
1,5 ha (80 empl.) •━ plat, herbeux ⚲⚲ – 爫 ⇆ ⊟ ⚘ ⚬ ▣ ⵁ ⇇ ▣ – ⛴ ⇉ ⅃ toboggan aquatique – A proximité : ⛊ ✕ ⚒ ⌕ ▣ – Location : ⟲
mai-sept. – **R** conseillée – ▣ piscine comprise 2 pers. 87 ⊠ 13 (4A)

VIC-LA-GARDIOLE
34110 Hérault – 1 607 h.

16 – 83 ⑰

▲▲▲ **L'Europe** ⑤, ℰ 67 78 11 50, O : 1,5 km par D 114ᴱ
4,5 ha (280 empl.) •━ plat, herbeux, pierreux ⊏⊐ – 爫 ⚘ ⊟ ▣ ⚬ ⊕ ▽ ⚲ ▥
⛊ snack ⇇ ▣ cases réfrigérées – ⛴ ⌕ ⇆ ⅃ toboggan aquatique, vélos, tir à l'arc – Location : ⟲ ⟳ ⟲
juin-sept. – **R** conseillée – ▣ piscine comprise 2 pers. 100 ou 115, pers. suppl. 20 ⊠ 15 (6 ou 10A)

▲▲ **L'Oustalet**, ℰ 67 78 14 09, NO : 1,5 km, carrefour des N 112 et D 114
1,6 ha (78 empl.) •━ plat, herbeux ⊏⊐ ⚲ – 爫 ⚲ ▣ ⚬ ⛊ ⇇ ▣ – ⛴ ⌕ ⇉
Location : ⟲ ⟳
mai-sept. – **R** conseillée – ▣ piscine comprise 2 pers. 72 ⊠ 15 (3A)

VIC-SUR-CÈRE
15800 Cantal – 1 968 h. alt. 681.
🅓 Office de Tourisme, av. Mercier ℰ 71 47 50 68

11 – 76 ⑫ G. Auvergne

▲▲▲ **La Pommeraie** ✳ < les Monts, la vallée et la ville, ℰ 71 47 54 18, Fax 71 49 63 30, SE : 2,5 km par D 54, D 154 et chemin à droite – alt. 750
2,8 ha (80 empl.) •━ en terrasses, herbeux, pierreux ⊏⊐ ⚲ – 爫 ⚘ ⊟ ▣ ⚬ ⚲ ▽ ⅃ ⛊ ✕ ⇇ ▣ sauna – ⛴ ✕ ⇆ ⅃ tir à l'arc – Location : ⟲ ⟳ studios
juin-15 sept., vac. de février et de printemps – **R** conseillée juil.-25 août – ▣ piscine et tennis compris 2 pers. 95, pers. suppl. 16 ⊠ 15 (10A)

▲▲ **Municipal** <, ℰ 71 47 51 04, rte de Salvanhac, bord de la Cère
3 ha (250 empl.) •━ plat, herbeux ⚲⚲ – 爫 ⚲ ▣ ⊕ ⊟ – ⛴ – A proximité : ⛊ ✕ ⌕ ⇆ ⅃
avril-sept. – **R** juil.-août – Tarif 92 : ⭑ 11,50 ⇌ 5,50 ▣ 5,50 ⊠ 9,50 (4A) 11,50 (6A)

VIDAUBAN
83550 Var – 5 460 h.
🅓 Syndicat d'Initiative, pl. F.-Maurel (15 juin-15 sept.) ℰ 94 73 00 07

17 – 84 ⑦

▲▲ **Les Ombrages**, ℰ 94 73 06 95, SO : 4 km par N 7 rte du Luc puis 0,8 km par chemin du hameau de Ramatuelle à gauche
3,6 ha (140 empl.) •━ plat, sablonneux ⚲⚲ – (爫 ⊟ 15 avril-15 oct.) ⊕ ⛊ snack ⇇ ⅃
mars-nov. – **R** conseillée juil.-20 août – ⭑ 15,50 piscine comprise ▣ 17,50 ⊠ 10,50 (3A) 13,50 (6A) 16,50 (10A)

▲ **Municipal** ⑤, NO par r. du Général-Castelneau, bord de l'Argens
1 ha (60 empl.) •━ plat, herbeux, pierreux – 爫 ⚘ ⊟ ⊕

VIELLE
40 Landes –
⊠ 40560 Vielle-St-Girons

13 – 78 ⑯

▲▲▲ **Le Col Vert** « Site agréable », ℰ 58 42 94 06, Fax 58 42 91 88, SO : 1,5 km, bord de l'étang de Léon
24 ha (500 empl.) •━ plat, sablonneux ⊏⊐ ⚲⚲ pinède – 爫 ⚘ ⊟ ▣ ⚲ ▣ ⚬ ⊕ ▽ ⅃ ⛊ ✕ ⇇ ▣ sauna – ▣ salle de remise en forme ⚒ ⇆ ⅃ ✼ – A proximité : ⌕ – Location : ⟲ ⟳, chalets
Pâques-oct. – **R** conseillée, indispensable 15 juil.-15 août – ▣ piscine comprise 2 pers. 98, pers. suppl. 25 ⊠ 16 (6A) 28 (10A)

VIELLE-AURE

65 H.-Pyr. – 285 h. alt. 800
✉ 65170 St-Lary-Soulan

▲▲▲ **Le Lustou** ❄ ≤, ℰ 62 39 40 64, NE : 2 km sur D 19, à Agos, près de la Neste d'Aure et d'un étang
2,8 ha (65 empl.) ⊶ plat, gravier, herbeux – 🏠 ⊷ 🏠 🖫 🏛 ⊕ ᴧ ᴠ 🛒 🖳 –
🏠 ✕ ⛵ – Location : ⊨(gîtes)
Permanent – **R** conseillée – 🟊 14 (hiver 14,80) 🔲 17 (hiver 17,20) 🔌 11 (2A)
29 (6A) 40 (10A)

VIERVILLE-SUR-MER

14710 Calvados – 256 h.

▲▲▲ **Omaha-Beach** ⅏ ≤, ℰ 31 22 41 73, sortie NO rte de Grandcamp-Maisy et chemin à droite, accès direct à la plage
4 ha (293 empl.) ⊶ plat, en terrasses, herbeux ▭ – 🏠 ⊷ 🏠 🖫 🖾 ⅙ ⊕ 🖳 🖳
– ⛵ – A proximité : 🏠
Pâques-15 sept. – **R** – 🟊 15 🔲 15 🔌 15 (6A) 20 (10A)

VIERZON ⊰⊱

18100 Cher – 32 235 h.
🚩 Office de Tourisme, pl. de l'Hôtel
de Ville ℰ 48 75 20 03

▲ **Municipal de Bellon,** ℰ 48 75 49 10, au SE de la ville par rte d'Issoudun et à gauche, quartier de Bellon, près du Cher
1,8 ha (100 empl.) ⊶ plat et peu incliné, herbeux ▭ 🟉🟉 (0,4 ha) – 🏠 ⊷ 🏠 🖫
⅙ ⊕ ᴧ 🖳
mai-sept. – **R** – 🟊 6,85 et 3,70 pour eau chaude 🔲 8 🔌 8,70

VIEURE

03430 Allier – 287 h.

▲▲▲ Intercommunal la Borde ⅏, ℰ 70 07 20 82, E : 0,5 km par D 94 rte de Bourbon-l'Archambault, puis 2,4 km par chemin à droite, à 150 m d'un plan d'eau
1 ha (50 empl.) ⊶ (saison) peu incliné et plat, herbeux ▭ – 🏠 ⊷ 🏠 ⅙ ⊕ –
A proximité : 🟊 ✕ 🏠 ✕ ⛵ 🖾 ᴅ – Location : 🏠

VIEUX-BOUCAU-LES-BAINS

40480 Landes – 1 210 h.

▲▲▲ **Municipal les Sablères,** ℰ 58 48 12 29, au nord du bourg, à 200 m de la plage, accès direct
11 ha (648 empl.) ⊶ (saison) plat, incliné, sablonneux, herbeux ▭ 🟉🟉 (3 ha) –
🏠 ⊷ 🏠 🖫 🖳 🖳 – ⛵ – A proximité : 🟊
avril-15 oct. – **R** – Tarif 92 : 🔲 45 (55 ou 60 avec élect. 5 ou 10A), pers.
suppl. 9

Le VIGAN ⊰⊱

30120 Gard – 4 523 h.
🚩 Office de Tourisme, pl. Marché
ℰ 67 81 01 72

▲▲ **Le Val de l'Arre,** ℰ 67 81 02 77, E : 2,5 km par D 999 rte de Ganges et chemin à droite, bord de l'Arre
4 ha (190 empl.) ⊶ plat, peu incliné et en terrasses, herbeux 🟉🟉 – 🏠 ᴧ 🖫 ⊕
🖳 🖳 – 🏠
avril-sept. – **R** conseillée – 🔲 piscine comprise 2 pers. 58, 3 pers. 72, 4 pers.
82, 5 pers. 94 🔌 14 (4A)

▲ **Laparot** ⅏, ℰ 67 81 13 82 ✉ 30120 Molières-Cavaillac, SO : 2,8 km par D 999 rte de Millau puis 1,8 km par rte à gauche, bord de l'Arre – Croisement difficile pour caravanes
1,7 ha (50 empl.) ⊶ plat, herbeux 🟉🟉 – 🏠 ⊕ – 🏠 – Location : 🏠
juin-15 sept. – **R** conseillée juil.-août – 🟊 10,50 🔲 10,60 🔌 12,60 (4A)

▲ **La Tessonne** ≤, ℰ 67 81 17 35 ✉ 30120 Molières-Cavaillac, SO : 2,5 km par D 999 rte de Millau, à 80 m de l'Arre
0,6 ha (50 empl.) ⊶ (juil.-août) plat, herbeux, pierreux 🟉 verger – 🏠 🖫 ⊕ –
A proximité : 🟊
Pâques-sept. – **R** conseillée saison – Tarif 92 : 🟊 10 🏠 3 🔲 7 🔌 12 (10A)

Le VIGAN

46300 Lot – 922 h.

▲▲ **Le Rêve** ⅏, ℰ 65 41 25 20, N : 3 km par D 673 puis 2,5 km par chemin à gauche
2,5 ha (52 empl.) ⊶ plat et peu incliné, en terrasses, herbeux ▭ – 🏠 ⊷ 🏠 🖫
⅙ ⊕ 🖳 – ᴅ vélos – Location : 🏠
mai-sept. – **R** conseillée 5 juil.-18 août – 🟊 14 piscine comprise 🔲 18 🔌 8 (3A)
11 (6A)

VIGEOIS

19410 Corrèze – 1 210 h.

▲▲ **Municipal du Lac de Pontcharal** ⅏ ≤ « Site agréable », ℰ 55 98 90 86, SE : 2 km par D 7 rte de Brive, bord du lac
1,7 ha (85 empl.) ⊶ (juil.-août) peu incliné et en terrasses, herbeux 🟉 – 🏠 ᴧ
🖫 ⊕ 🟊 ᴅ 🖳 – 🏠 – A proximité : 🖾 (plage)
15 juin-15 sept. – **R** conseillée juil.-août – Tarif 92 : 🟊 8,40 🏠 4,19 🔲 5,55
🔌 7,04

▲ **Le Bois Coutal** (aire naturelle) ⅏, ℰ 55 73 19 33 ✉ 19410 Estivaux, S : 5,5 km par D 156 rte de Perpezac-le-Noir et à droite rte de la Barrière
1 ha (25 empl.) ⊶ (saison) peu incliné, herbeux – 🏠 🖫 🖳 –
mai-1ᵉʳ oct. – **R** conseillée 14 juil.-15 août – 🟊 9 🏠 4,50 🔲 6,50 🔌 7,50
(2 ou 3A) 15 (6A)

VIGNEC
65170 H.-Pyr. – 135 h. alt. 820   🏕   **14 – 85** ⑲

Artiguette-St-Jacques 🏕 ⩽, ℰ 62 39 52 24, sortie N par D 123, près d'une chapelle, bord d'un ruisseau
1 ha (50 empl.) ⚡ (saison) plat, herbeux – 🗐 ⇔ ⚍ 🖼 ⊕
Permanent – **R** conseillée juil.-août – ✝ 10,10 🔳 11,30 [4] 13,20 (2A) et 6,60 par ampère suppl.

Les VIGNES
48210 Lozère – 103 h.   **15 – 80** ⑤ G. Gorges du Tarn

Beldoire ⩽ « Site agréable », ℰ 66 48 82 79, N : 0,8 km par D 907Bis rte de Florac, bord du Tarn – Quelques empl. d'accès difficile aux caravanes : véhicule tracteur disponible
3,5 ha (141 empl.) ⚡ incliné, en terrasses, herbeux, pierreux ⚲ – 🗐 ⇔ ⚍ 🖄
🖼 ᕕ ⊕ 🔳 🖥
Pâques-1er oct. – **R** conseillée juil.-août – 🔳 2 pers. 48, pers. suppl. 15 [4] 10 (5A) 15 (10A)

La Blaquière, ℰ 66 48 54 93, NE : 6 km par D 907Bis rte de Florac, bord du Tarn
1 ha (50 empl.) ⚡ plat et terrasse, herbeux, pierreux ⚲⚲ – 🗐 🖄 🖼 ⊕ 🖥 🖥
– 🍽
mai-10 sept. – **R** 10 juil.-20 août – 🔳 2 pers. 48 [4] 11 (4A)

VIGNOLES **21** Côte-d'Or – **69** ⑨ – rattaché à Beaune

VIHIERS
49310 M.-et-L. – 4 131 h.   **9 – 67** ⑦

Municipal de la Vallée du Lys 🏕, ℰ 41 75 00 14, sortie O par D 960 rte de Cholet puis D 54 à droite rte de Valanjou, bord du Lys
0,4 ha (35 empl.) ⚡ plat, herbeux – 🗐 ⇔ ⚍ ᕕ ⊕ – 🖾 🚗 vélos

VILLAMBLARD
24140 Dordogne – 813 h.   **10 – 75** ⑤

Municipal 🏕, ℰ 53 81 91 87, E : 0,8 km par D 39 rte de Douville
1 ha (40 empl.) peu incliné, plat, herbeux ⚲ – 🗐 ⇔ ⚍ ᕕ ⊕
15 juin-15 sept. – **R** – ✝ 10 🔳 10 [4] 8 (5A) 11 (plus de 5A)

VILLAR-D'ARÊNE
05480 H.-Alpes – 178 h. alt. 1 650   **12 – 77** ⑦

Municipal d'Arsine 🏕 ⩽ « Site agréable », ℰ 76 79 93 07, sortie E par rte de Briançon puis 2 km par D 207 à droite, bord d'un torrent
1,5 ha (40 empl.) ⚡ plat et peu accidenté, herbeux, pierreux ⚲ – 🗐 🖄 ⊕ –
A proximité : 🍴 ✕ ☕ 🍽 🔖
15 juin-15 sept. – **R** conseillée – Tarif 92 : ✝ 7 🔳 14 [4] 6 (3A) 10 (6A)

VILLARD-DE-LANS
38250 Isère – 3 346 h. alt. 1 023 –   **12 – 77** ④ G. Alpes du Nord
🏔.
🖪 Office de Tourisme,
pl. Mure-Ravaud ℰ 76 95 10 38

L'Oursière ❄ ⩽, ℰ 76 95 14 77, sortie N par D 531 rte de Grenoble
3,8 ha (200 empl.) ⚡ plat, peu incliné, pierreux, herbeux – 🗐 ⇔ ⚍ 🖼 ᕕ 🎐
⊕ 🖥 – 🖾 🚗
fermé 10 au 19 mai et oct. – **R** vac. scolaires – Pers. 18 🔳 23,50, 36 avec élect. (2A)

VILLAREMBERT
73300 Savoie – 209 h. alt. 1 300   **12 – 77** ⑦

Municipal la Tigny ⩽, ℰ 79 83 02 51
0,3 ha (27 empl.) plat et peu incliné, terrasses, herbeux, pierreux – 🗐 ⇔ ⊕ 🖄
🖤
juil.-août – **R** – ✝ 15 🔳 10 [4] 10

VILLAR-LOUBIÉRE
05800 H.-Alpes – 59 h. alt. 1 000   **12 – 77** ⑯

Municipal les Gravières 🏕 ⩽, E : 0,7 km par rte de la Chapelle-en-Valgaudemar et chemin à droite, bord de la Séveraisse (rive gauche)
2 ha (50 empl.) plat, pierreux, herbeux, sous-bois attenant – 🗐 🖄 ⊕ –
🖤
20 juin-10 sept. – **R** – Tarif 92 : ✝ 7 🔳 7/10 [4] 7 (2A) 10 (5A)

VILLARS-COLMARS
04640 Alpes-de-H.-Pr. – 203 h. alt. 1 200   **17 – 81** ⑧

Le Haut-Verdon 🏕 ⩽, ℰ 92 83 40 09, sur D 908, bord du Verdon
3,5 ha (130 empl.) ⚡ plat, pierreux ⛺ ⚲⚲ pinède – 🗐 ⇔ 🖄 🖼 ᕕ ⊕ 🍽 🖤 🖥
🍴 ✕ ☕ 🍽 – 🖾 🚗 🚣
25 juin-5 sept. – **R** conseillée – ✝ 25 piscine comprise 🔳 30 [4] 10 (3A) 15 (6A) 20 (10A)

VILLARS LES DOMBES

01330 Ain – 3 415 h.

⌂⌂⌂ – 🔲🔲 ② G. Vallée du Rhône

▲▲▲ **Municipal les Autières** « Entrée fleurie et cadre agréable », ℰ 74 98 00 21, sortie SO par rte de Lyon, bord de la Chalaronne
4 ha (250 empl.) ⊶ (saison) plat, herbeux ☶ ⚱ – ⅋ ⇆ ⊟ ⊕ ☺ – ⌂
– A proximité : ✗ ⅂
avril-sept. – *Places limitées pour le passage* – 🅡 *pour le passage – Tarif 92 :*
✶ *12* ⇔ *7* 🅴 *12* 🄚 *10 (6A)*

La VILLE-AUX-DAMES **37** I.-et-L. – 🔲🔲 ⑮ – rattaché à Tours

VILLECOMTAL

12580 Aveyron – 418 h.

🔲🔲 – 🔲🔲 ②

▲ **Municipal Au Vert Dourdou,** sortie SE rte de Rodez, bord du Dourdou
1 ha (53 empl.) plat, herbeux ⚱ – ⅋ ⚲ ⊕ – A l'entrée : ⟿
15 mai-15 sept. – **R** *juil.-août* – ✶ *11* ⇔ *8* 🅴 *5/8* 🄚 *6 (10A)*

VILLEDIEU-LES-POÊLES

50800 Manche – 4 356 h.
🇧 Office de Tourisme, pl. des Costils (mai-nov.) ℰ 33 61 05 69

🔲 – 🔲🔲 ⑧ G. Normandie Cotentin

▲▲▲ Municipal le Pré de la Rose 🌳, ℰ 33 61 02 44, accès par centre ville, r. des Costils à gauche de la poste, bord de la Sienne
1,2 ha (100 empl.) ⊶ plat, herbeux, sablonneux, gravillons ☶ – ⅋ ⇆ ⊟ ⊕
– ⌂ ✗ ⟿

VILLEDÔMER

37110 I.-et-L. – 1 095 h.

🔲 – 🔲🔲 ⑮

▲ **Municipal du Moulin** 🌳, ℰ 47 55 05 50, sortie O par D 73 rte de Crotelles et r. du Lavoir à gauche, bord d'un ruisseau
1 ha (33 empl.) plat, herbeux ☶ ⚱ – ⅋ ⇆ ⊟ ⊟ – A proximité : ✗
15 juin-15 sept. – **R** – ✶ *9,50* 🅴 *7,50*

VILLEFORT

48800 Lozère – 700 h. alt. 605.
🇧 Office de Tourisme, r. Église (juil.-août) ℰ 66 46 87 30

🔲🔲 – 🔲🔲 ⑦ G. Gorges du Tarn

▲▲▲ **La Palhère** 🌳 ⩻, ℰ 66 46 80 63, SO : 4 km par D 66 rte du Mas-de-la-Barque, bord d'un torrent – alt. 750
1,8 ha (45 empl.) ⊶ en terrasses, herbeux, pierreux ⚱ – ⅋ ⇆ ⚲ ⊕ ⇆ ⅁ ⇆
– ⌂
avril-oct. – **R** *conseillée juil.-août* – ✶ *10* ⇔ *4,50* 🅴 *5/6,50* 🄚 *10,50 (5A) 12 (6A) 15 (10A)*

VILLEFRANCHE-DE-LONCHAT

24610 Dordogne – 735 h.

🔲 – 🔲🔲 ⑬

▲▲▲ **Intercommunal de Gurson,** ℰ 53 80 77 57, SE : 2km, près du lac
2 ha (80 empl.) ⊶ peu incliné et plat, sablonneux ⚿ – ⅋ ⇆ ⊕ – ⌂ –
A proximité : ⛴ avec toboggan aquatique, poneys ⛱ ☺ ✗ ✗ ⌂ ⟿ – Location : gîtes
mars-oct. – **R** *conseillée* – ✶ *14* 🅴 *12* 🄚 *16 (6A)*

VILLEFRANCHE-DE-ROUERGUE ⓢⓟ

12200 Aveyron – 12 291 h.
🇧 Office de Tourisme, Promenade Guiraudet ℰ 65 45 13 18

🔲🔲 – 🔲🔲 ⑳ G. Gorges du Tarn

▲▲▲ **Municipal le Teulel** ⩻ « Cadre agréable », ℰ 65 45 16 24, SO : 1,5 km par D 47 rte de Monteils
1,8 ha (100 empl.) ⊶ plat, herbeux ☶ ⚱ – ⅋ ⚲ ⊟ ⊕ – ⌂ – A proximité :
✗
Pâques-1ᵉʳ oct. – *Tarif 92 :* 🅴 *2 pers. 45 élect. comprise, pers. suppl. 15*

VILLEFRANCHE-SUR-SAÔNE ⓢⓟ

69400 Rhône – 29 542 h.
🇧 Office de Tourisme, 290 rte de Thizy ℰ 74 68 05 18

🔲🔲 – 🔲🔲 ① G. Vallée du Rhône

▲▲▲ **Municipal,** ℰ 74 65 33 48, SE : 3,5 km, bord de la Saône et d'un plan d'eau
2 ha (127 empl.) ⊶ plat, herbeux ⚿ – ⅋ ⇆ ⊟ ⊕ ☺ ☺ – ⌂ ≈ (plage)
24 avril-26 sept. – 🅡 – *Tarif 92 :* 🅴 *1 ou 2 pers. 33 (43 avec élect. 6A), pers. suppl. 10*

VILLELONGUE-DELS-MONTS

66740 Pyr.-Or. – 831 h.

🔲🔲 – 🔲🔲 ⑲

▲ **Le Soleil d'Or** ⩻, ℰ 68 89 72 11, sortie N rte de St-Génis-des-Fontaines
0,6 ha (47 empl.) ⊶ plat, pierreux, herbeux ☶ ⚱ verger – ⅋ ⚲ ⚖ ⊕
15 avril-oct. – **R** *conseillée* – 🅴 *2 pers. 43, pers. suppl. 12,50* 🄚 *11 (5A)*

VILLEMOUSTAUSSOU

11600 Aude – 2 729 h.

🔲🔲 – 🔲🔲 ⑪

▲▲▲ **Das Pinhiers** ⩻, ℰ 68 47 81 90, à 1 km au nord du bourg
2 ha (49 empl.) ⊶ plat à incliné, en terrasses, sous-bois attenant ☶ – ⅋ ⇆ ⚲
⊟ ⊕ – ⌂ 🏊 vélos
15 mars-oct. – **R** *conseillée juil.-août* – ✶ *16 piscine comprise* 🅴 *16* 🄚 *12 (3A) 16 (6A) 20 (10A)*

VILLENAVE-D'ORNON **33** Gironde – 🔲🔲 ⑨ – rattaché à Bordeaux

VILLENEUVE-DE-BERG

16 – 80 ⑨ G. Vallée du Rhône

07170 Ardèche – 2 290 h.

🆔 Syndicat d'Initiative, Hôtel du Sénéchal, N 102 (15 juin-15 sept.) 🖉 75 94 70 55

▲▲▲ **Le Pommier** 🌳 ≤ vallée et montagne « Situation agréable », 🖉 75 94 82 81, Fax 75 94 83 90, NE : 2 km sur N 102, bord de la Claduègne – Accès aux emplacements par forte pente
28 ha/5 campables (275 empl.) ⊶ plat et en terrasses, herbeux – 🛠 🗄 📛 ⊕
🏊 ▾ ✕ 🖪 – 🛏 🌊 🖗 📶 ⚡ –
avril-sept. – **R** conseillée – 🖾 piscine et tennis compris 2 pers. 90, pers. suppl. 30 ⚡ 10 (3A)

VILLENEUVE-DE-LA-RAHO

15 – 86 ⑲

66200 Pyr.-Or. – 3 189 h.

▲▲ **Les Rives du Lac** 🌳 ≤, 🖉 68 55 83 51, Fax 68 55 83 51, O : 2,4 km par D 39, rte de Pallestres et chemin à gauche, bord du lac
2 ha (159 empl.) ⊶ plat, herbeux 🔲 – 🛠 🌊 🖗 ⚡ ⊕ ♨ – A proximité : 🏊 toboggan aquatique
Permanent – **R** conseillée – 🖾 2 pers. 48/78 ⚡ 15 (4A)

VILLENEUVE-DES-ESCALDES

15 – 86 ⑯

66760 Pyr.-Or. – 457 h. alt. 1 350

▲▲ **Municipal Sol y Neu** ≤, 🖉 68 04 66 83, sortie NE par D 618, rte de Font-Romeu, à 100 m de l'Angoustrine
2,5 ha (110 empl.) ⊶ plat et en terrasses, herbeux – 🛠 🌊 ⚡ 📶 ⊕ –
🔺
Permanent – **R** conseillée hiver – 🖾 2 pers. 57, pers. suppl. 16 ⚡ 7 (3A) 10 (5A) 15 (10A)

VILLENEUVE-LÈS-AVIGNON

16 – 81 ⑪ ⑫ G. Provence

30400 Gard – 10 730 h.

🆔 Office de Tourisme, 1 pl. Charles-David 🖉 90 25 61 33

▲▲▲ **Municipal de la Laune** « Plantations décoratives », 🖉 90 25 76 06, au NE de la ville, chemin St-Honoré, accès par D 980, près du stade et de deux piscines
2,3 ha (127 empl.) ⊶ plat, herbeux 🔲 ♀ – 🛠 🌊 📛 🖗 ⚡ ⊕ ♨ – 🛏 🔺
– A proximité : ✂ 🖪 🏊
avril-sept. – **R** conseillée – 🏃 19 🚗 11 🖾 14/16 ⚡ 16 (6A)

VILLENEUVE-LÈS-BÉZIERS

15 – 83 ⑮

34420 Hérault – 2 972 h.

▲▲ **La Vendangeuse,** 🖉 67 39 62 80, sortie N par D 37ᵉ, 32 chemin de la gare, entre la N 112 et la voie ferrée
1 ha (50 empl.) ⊶ plat, herbeux – 🛠 🌊 🖗 ⚡ ⊕ 🔺 ▾ ▾ 🖪 – 🛏
Permanent – **R** conseillée – 🖾 1 pers. 50, pers. suppl. 10 ⚡ 12 (5A) 16 (10A) 19 (20A)

VILLENEUVE-LES-GENÊTS

6 – 65 ③

89350 Yonne – 230 h.

▲▲ **Le Bois Guillaume** 🌳 « Agréable cadre boisé », 🖉 86 45 45 41, NE : 2,7 km
8 ha/2 campables (60 empl.) ⊶ plat, sous-bois, étang ♀♀ – 🛠 🌊 📛 🖗 📶 ⊕
🔺 ▾ ▾ ✕ 🔺 – ✂ – Location : 🚐 🏚
Permanent – Places disponibles pour le passage – **R** conseillée – Tarif 92 : 🏃 7 🚗 4 🖾 6 ⚡ 9,50 (hiver 17,50)

VILLENEUVE-LOUBET

17 – 84 ⑨ G. Côte d'Azur

06270 Alpes-Mar. – 11 539 h.

▲▲▲ **Le Sourire et la Tour de la Madone,** 🖉 93 20 96 11, Fax 93 22 07 52, O : 2 km sur D 2085 – ✂ dans locations
8 ha (380 empl.) ⊶ plat et terrasses, herbeux, gravier 🔲 ♀♀ – 🛠 🌊 🖗 sauna 📶 ⊕ ♨ 🔺 🏊 ▾ ✕ 🔺 🖪 – 🛏 📛 🔺 – A proximité : ✂ practice de golf – Location : 🚐 🏚
20 mars-16 oct. – **R** conseillée saison – Tarif 92 : 🖾 piscine comprise 2 ou 3 pers. 84,60 à 155/128,10 à 177,50 ⚡ 9,50 (2A) 14,10 (5A)

à **Villeneuve-Loubet-Plage** S : 5 km – ✉ 06270 Villeneuve-Loubet :

▲▲▲ **Parc des Maurettes,** 🖉 93 20 91 91, 730 av. du Dr. Lefebvre par N 7 – 🅿
tentes
2 ha (140 empl.) ⊶ en terrasses, pierreux, gravier 🔲 ♀♀ – 🛠 🌊 📛 🖗 📶 ⊕
🔺 ▾ ✕ 🔺 🖪 – 🛏 🔺 – A proximité : 🏒 – Location : 🏚 🏠
10 janv.-15 nov. – **R** conseillée – 🖾 2 Pers. 79, 4 pers 146, pers. suppl. 23 ⚡ 12,50 (3A) 14,50 (6A) 17,60 (10A)

▲▲ **L'Orée de Vaugrenier,** réservé aux caravanes 🌳 « Cadre agréable », 🖉 93 33 57 30, S : 2 km, près du Parc
0,9 ha (51 empl.) ⊶ plat, herbeux, gravier 🔲 ♀ (0,3 ha) – 🌊 📛 🖗 ⊕ 🔺 ▾ 🖪 – Location : 🚐
15 mars-oct. – **R** conseillée Pâques, juil.-août – Tarif 92 : 🖾 2 pers. 65 à 76, 3 pers. 95, 4 pers. 117 ou 128, pers. suppl. 15 ou 18 ⚡ 9 à 15 (2 à 6A)

▲▲ **L'Hippodrome,** 🖉 93 20 02 00, 1 et 2 av. des Rives, à 400 m de la plage
0,8 ha (72 empl.) ⊶ plat, pierreux ♀♀ – 🛠 🌊 📛 📶 ⊕ 🔺 ▾ 🖪 – 🛏 –
A proximité : 🏒 cafétéria – Location : studios
Permanent – **R** conseillée saison

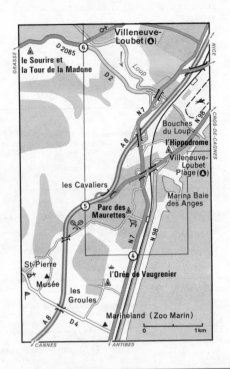

le Sourire et la Tour de la Madone
Villeneuve-Loubet (⊙)
Bouches du Loup
l'Hippodrome
Villeneuve-Loubet Plage (⊙)
les Cavaliers
Marina Baie des Anges
Parc des Maurettes
St-Pierre
Musée
l'Orée de Vaugrenier
les Groules
Marineland (Zoo Marin)

0   1 km

↑ CANNES   ↑ ANTIBES

VILLERÉAL

14 – 79 ⑤ G. Pyrénées Aquitaine

47210 L.-et-G. – 1 195 h.
🛈 Maison du Tourisme, pl. Halle
𝒫 53 36 09 65

Château de Fonrives Ⓜ ⌂ ≤ « Agréable domaine boisé autour d'un lac »,
𝒫 53 36 63 38, NO : 2,2 km par D 207 rte d'Issigeac et à gauche, au château
20 ha/6 campables (200 empl.) ⌒ plat, peu incliné, en terrasses, pierreux,
herbeux ⌂ ♀ (2 ha) – 🛉 ⇌ 🚿 ⊡ 🚻 ⚁ ⊛ ⚘ ⊽ 🔎 🍴 ✗ ⛳ 🖻 – 🛖 🖩 ⚓
🏊 ⚆ parcours sportif – Location : 🛏
15 mai-sept. – **R** conseillée juil.-août – 🛉 25 piscine comprise 🔲 40 ⚡ 18 (4A)
20 (6A) 25 (10A)

Fontaine du Roc ⌂, 𝒫 53 36 08 16, SE : 7,6 km par D 104 rte de Monpazier
et à droite par C 1 rte d'Estrade
1,7 ha (22 empl.) ⌒ plat, herbeux ♀ (0,8 ha) – 🛉 ⇌ 🚿 ⊡ 🚻 ⊛ ⚘ – 🛖 ⚓
– Location : 🛖
avril-sept. – **R** conseillée juil.-août – 🛉 20 piscine comprise 🔲 28 ⚡ 16 (5A)

Centre de Loisirs du Pesquié ⌂, 𝒫 53 36 05 63, sortie N par D 207 rte
d'Issigeac et à droite, bord d'un plan d'eau et d'un ruisseau
3 ha (60 empl.) ⌒ (saison) plat, herbeux ⌂ ♀ – 🛉 ⇌ 🚿 ⊡ ⊛ 🖻 – 🛖 ✗
🏊 – Location : 🚐 🛖, bungalows toilés

à St-Étienne-de-Villeréal SE : 3 km par D 255 et à droite
✉ 47210 St-Étienne-de-Villeréal :

Les Ormes ⌂, 𝒫 53 36 60 26, à 0,9 km au sud du bourg, bord d'un petit
lac
20 ha/6 campables (140 empl.) ⌒ plat, peu incliné et en terrasses, incliné,
herbeux, bois attenant ⌂ ⚌ (1,5 ha) – 🛉 ⇌ 🚿 ⊡ 🚻 ⊛ ⚘ ✗ ⛳ 🖻 – 🛖
✗ ⚆ 🏊 – Location : chalets
avril-sept. – **R** conseillée – 🛉 22 piscine comprise 🔲 29 ou 33 ⚡ 14 (6A)

VILLEREST

11 – 73 ⑦ G. Vallée du Rhône

42300 Loire – 4 104 h.

L'Orée du Lac ⌂ ≤, 𝒫 77 69 60 88, SE : 2 km par D 56 rte du barrage
2,5 ha (38 empl.) ⌒ peu incliné, en terrasses, herbeux ⌂ – 🛉 ⇌ 🚿 ⊛ – 🛖
– A proximité : 🍴 🖩 ⚓ parc de loisirs
Pâques-15 oct. – **R** conseillée – 🔲 piscine comprise 2 pers. 56, pers. suppl. 18
⚡ 11 (4A)

VILLERS-BRÛLIN

1 – 53 ①

62690 P.-de-C. – 315 h.

La Hulotte ⌂, 𝒫 21 59 00 68, NO : 2 km, à Guestreville
2 ha (48 empl.) ⌒ plat et peu incliné, herbeux ♀ – 🛉 ⇌ 🚿 ⊡ ⊛ ⊽ 🍴 ✗ –
🏊
avril-oct. – Places disponibles pour le passage – **R** conseillée – 🛉 15 🔲 15
⚡ 16

VILLERSEXEL

70110 H.-Saône – 1 460 h.

8 – 66 ⑦

⚐ **Le Chapeau Chinois** ⟋, ℰ 84 63 40 60, N : 1 km par D 486 rte de Lure et chemin à droite après le pont, bord de l'Ognon
1 ha (56 empl.) ⟶ plat, herbeux – 🚿 ⊛ – A proximité : ⚑ half-court – Location : 🏠(gîte d'étape)
avril-oct. – **R** conseillée juil.-15 août – ♦ 8 ⇔ 6 ▣ 20 🅿 12 (6A)

VILLERS-HÉLON

02600 Aisne – 173 h.

6 – 56 ④

⚐⚐ Castel des Biches ◇ ⟋, ℰ 23 96 04 99, sortie N rte de Longpont, au château
7 ha/5 campables (100 empl.) ⟶ plat, herbeux, gravillons 🚿 ♊ – 🚿 ⇌ 🏊
🖼 🕭 🕳 ⊛ ⚖ ⚐ 🍴 ✕ – 🚐 ✕ 🐎 – Garage pour caravanes
Location longue durée – Places disponibles pour le passage

VILLERS-SUR-AUTHIE

80120 Somme – 354 h.

1 – 51 ⑪

⚐ **Le Val d'Authie** ⟋, ℰ 22 29 92 47, sortie S rte de Vercourt
3,5 ha (117 empl.) ⟶ plat et peu incliné, herbeux 🚿 – 🚿 ⇌ 🏊 ⊛ ⚐ – 🚐
🏊
avril-oct. – Places limitées pour le passage – ▣ 3 pers. 53 🅿 11 (3A)

VILLERS-SUR-MER

14640 Calvados – 2 019 h.
🅱 Office de Tourisme, pl. Mermoz (vacances scolaires, 21 mars-15 nov.) ℰ 31 87 01 18

5 – 54 ⑰ G. Normandie Vallée de la Seine

⚐⚐ **Les Ammonites** ⟋ ≼, ℰ 31 87 06 06, SO : 3,5 km par rte de Cabourg et, à Auberville, D 163 à droite – 🐾
3,2 ha (100 empl.) ⟶ plat, peu incliné, herbeux 🚿 – 🚿 ⇌ 🏊 🖼 sauna ⊛ 🚿
🍴 crêperie ⚖ 🖼 – 🚐 ✕ 🏊
mai-15 sept. – **R** – ▣ piscine comprise 2 pers. 89 🅿 15 (3A)

VILLES-SUR-AUZON

84570 Vaucluse – 915 h.

16 – 81 ⑬ G. Alpes du Sud

⚐⚐ **Les Verguettes** ⟋ ≼ Mont Ventoux « Cadre agréable », ℰ 90 61 88 18, Fax 90 61 97 87, sortie O par D 942 rte de Carpentras
2 ha (80 empl.) ⟶ plat, peu incliné et terrasses, herbeux, pierreux 🚿 – 🚿 ⇌
🏊 🏊 🖼 ⊛ ⚐ 🚿 grill (dîner seulement) 🖼 – cases réfrigérées ✕ ⚑ 🏊
15 mai-sept. – **R** conseillée – Tarif 92 : ♦ 21 piscine comprise ⇔ 11 ▣ 17

VIMOUTIERS

61120 Orne – 4 723 h.
🅱 Office de Tourisme, 10 av. Général-de-Gaulle (fermé janv.-fév.) ℰ 33 39 30 29

5 – 55 ⑬ G. Normandie Vallée de la Seine

⚐⚐ **Municipal la Campière** « Entrée fleurie », ℰ 33 39 18 86, N : 0,7 km vers rte de Lisieux, au stade, bord de la Vie
1 ha (55 empl.) ⟶ plat, herbeux ♊ – 🚿 ⇌ 🏊 ⚖ 🌡 🕭 ⊛ ⚐ 🚿 – 🚐 ✕ 🏊
– A proximité : 🍴
Permanent – **R** – ♦ 12,30 ⇔ 7 ▣ 8,45 🅿 3 à 10A : 9 (hiver 13,40)

VINAY

38470 Isère – 3 410 h.

12 – 77 ③

⚐ Municipal la Vendée, ℰ 76 36 91 00, au bourg, accès sur N 92 en direction de Valence, près de la piscine
0,8 ha (55 empl.) ⟶ plat, herbeux ♊ – 🚿 🏊 ⊛ – A l'entrée : 🏊

VINON-SUR-VERDON

83560 Var – 2 752 h.

17 – 84 ④

⚐ Municipal du Verdon, ℰ 92 78 81 51, sortie N par D 952 rte de Greoux-les-Bains et à droite après le pont, près du Verdon et d'un plan d'eau
1 ha (70 empl.) ⟶ plat, pierreux, gravier ♊♊ (0,5 ha) – 🚿 ⊛ – A proximité : 🏊
🏊
mai-sept. – **R** – ♦ 13 ▣ 14 🅿 11,50 (6A)

VINSOBRES

26110 Drôme – 1 062 h.

16 – 81 ②

⚐⚐ Sagittaire ≼ « Cadre agréable », ℰ 75 27 64 39, Fax 75 27 68 44, au Pont-de-Mirabel, angle des D 94 et D 4, près de l'Eygues (accès direct)
14 ha/3 campables (120 empl.) ⟶ plat, herbeux, gravillons 🚿 ♊♊ – 🚿 ⇌ 🏊
🖼 🕭 ⚐ 🚿 ⚖ 🍴 ✕ ⚑ – 🖼 🏊 ✕ 🏊 (plan d'eau) – Location : chalets
Permanent – **R** conseillée juil.-août – ▣ 3 pers. 65 🅿 9 (3A) 16 (6A)

⚐ Municipal ≼, ℰ 75 27 61 65, au sud du bourg par D 190, au stade
1,9 ha (35 empl.) ⟶ (saison) plat, pierreux, herbeux ♊ (1 ha) – 🚿 🏊 ⊛ – 🏊
avril-sept. – **R** conseillée saison – ♦ 8,40 ⇔ 4,20 ▣ 4,20

VIOLS-LE-FORT

34380 Hérault – 670 h.

15 – 83 ⑥ G. Gorges du Tarn

⚐⚐ **Domaine de Cantagrils** ⟋ ≼ « Site sauvage », ℰ 67 55 01 88, S : 4,5 km sur D 127 rte de Murles
500 ha/4 campables (100 empl.) ⟶ non clos, accidenté et en terrasses, pierreux
🚿 ♊♊ – 🚿 🏊 🖼 ⊛ 🚿 🍴 ✕ – 🚐 ✕ 🏊 – A proximité : 🐎
avril-15 oct. – **R** conseillée 15 juil.-août – ▣ 2 pers. 60, pers. suppl. 15 🅿 13 (4A)

VION
07610 Ardèche – 701 h.

11 – 76 ⑩ G. Vallée du Rhône

L'Iserand ≤, ℰ 75 08 01 73, N : 1 km par N 86 rte de Lyon
1,3 ha (80 empl.) ⚬━ en terrasses, pierreux, herbeux ⚲ – ⛺ ⏚ 🍴 🔥 ⚖ ⊛ ≗
– 🔥 🚗 ≤
15 mars-15 oct. – **R** conseillée juil.-août – 🅑 piscine comprise 2 pers. 50, pers.
suppl. 20 🇫 10 (4 ou 6A)

VIRIEU-LE-GRAND
01510 Ain – 922 h.

12 – 74 ④

Municipal du Lac ≤, ℰ 79 87 82 02, S : 2,5 km par D 904 rte d'Ambérieu-
en-Bugey et chemin à gauche, bord du lac
1 ha (70 empl.) ⚬━ plat et en terrasses, caillouteux, sablonneux – ⛺ ≗ – ⚖
juin-20 sept. – **R** conseillée juil.-août – 🕴 11 🅑 12 🇫 13,50 (6A)

VIRONCHAUX
80150 Somme – 427 h.

1 – 51 ⑫

Les Peupliers, ℰ 22 23 54 27, au bourg, 221 r. du Cornet
0,9 ha (30 empl.) ⚬━ plat, herbeux – ⛺ 🍴 ⚖ ⊛ –
avril-oct. – **R** conseillée août – 🕴 9,50 🅑 9,50 🇫 9 (3A) 12 (5A)

VISAN
84820 Vaucluse – 1 514 h.

16 – 81 ②

L'Hérein ⚲, ℰ 90 41 95 99, O : 1,1 km par D 161 rte de Bouchet, près d'un
ruisseau
1,2 ha (75 empl.) ⚬━ plat, herbeux, pierreux ⚓ ⚲⚲ (0,6 ha) – ⛺ ⏚ ≗ 🍴
⚖ ⊛ ≗ ☂ – 🍴
Pâques -sept. – **R** juil.-août – 🅑 piscine comprise 2 pers. 50 🇫 10 (3A) 13 (6A)
15 (10A)

VITRAC
24200 Dordogne – 743 h.
*Pour les usagers venant de
Beynac, prendre la direction
Vitrac-Port*

Schéma à la Roque-Gageac

13 – 75 ⑰

Soleil Plage ⚲ ≤ « Cadre agréable », ℰ 53 28 33 33, Fax 53 29 36 87, E :
2,5 km, bord de la Dordogne
5 ha (180 empl.) ⚬━ plat, herbeux ⚓ ⚲⚲ – ⛺ ⏚ ≗ 🍴 ⚖ 🔥 ⊛ ☂ ≗ ⚖ 🍴
✗ ⚖ 🔥 – 🍴 ✗ 🍴 🚗 ⚖ 🚴
avril-sept. – **R** conseillée – 🕴 26 piscine comprise 🅑 40 🇫 15 (5A) 20 (10A)

La Bouysse de Caudon ⚲ ≤, ℰ 53 28 33 05, E : 2,5 km, près de la
Dordogne
3 ha (150 empl.) ⚬━ plat, peu incliné, herbeux ⚲ – ⛺ ≗ 🍴 ≗ 🍴
🚗 🔥 – 🍴 ✗ 🚴 ≗ vélos – Location : appartements
Pâques-sept. – **R** conseillée juil.-août – 🕴 21 🅑 23

Clos Bernard, ℰ 53 28 33 44, NE : 1 km
1,7 ha (95 empl.) ⚬━ plat, peu incliné et en terrasses, herbeux ⚲ – ⛺ ≗ ⏚ 🍴
⊛ ⚖ 🔥 – 🍴 – A proximité : ✗ – Location : 🚗
Pâques-15 sept. – **R** conseillée juil.-août

Le Bosquet ⚲ ≤, ℰ 53 28 37 39 ✉ 24250 Domme, S : 0,9 km de Vitrac-Port
0,6 ha (60 empl.) ⚬━ plat, herbeux – ⛺ ≗ ⏚ ≗ 🍴 ⚖ ⊛ – 🍴
15 mars-15 oct. – **R** – 🕴 12 🅑 12 🇫 12 (5A)

La Rivière ⚲, ℰ 53 28 33 46 ✉ 24250 Domme, S : 1,6 km, à 300 m de
la Dordogne
1,5 ha (25 empl.) ⚬━ plat et peu incliné, herbeux ⚓ – ⛺ ≗ 🍴 ⚖ – 🍴 🍴
– A proximité : ≗
15 avril-sept. – **R** conseillée juil.-août – 🕴 14 piscine comprise 🅑 12

VITRAC-SUR-MONTANE
19800 Corrèze – 244 h.

10 – 75 ⑩

Municipal du Pont de la Rivière ⚲, SE : 0,5 km par D 143 rte d'Égletons,
de part et d'autre de la Montane
1,5 ha (83 empl.) ⚬━ plat et peu incliné, herbeux – ⛺ ⏚ ≗ ⚖ – 🚴
A proximité : ✗
15 juin-15 sept. – **R** – 🕴 8,40 🅑 6,30 🇫 7,50 (6A)

VITTEFLEUR
76450 S.-Mar. – 678 h.

1 – 52 ⑬

Municipal les Grands Prés, ℰ 35 97 53 82, N : 0,7 km par D 10, rte de
Veulettes-s-Mer, bord de la Durdent
2,6 ha (100 empl.) ⚬━ plat, herbeux – ⛺ ≗ ⏚ 🍴 ⊛ ☂ 🍴 – 🍴
avril-sept. – **R** juil.-août – 🕴 12,60 🅑 12,60 🇫 8,90 (6A)

VITTEL
88800 Vosges – 6 296 h. –
♨ 10 fév.-déc.
🅱 Syndicat d'Initiative, av. Bouloumié
ℰ 29 08 08 88

7 – 62 ⑭ G. Alsace Lorraine

Municipal, ℰ 29 08 02 71, sortie NE, par D 68 rte de Domjulien
2,5 ha (132 empl.) ⚬━ plat et peu incliné, herbeux, gravillons ⚓ – ⛺ ≗ ⏚ 🍴
▥ ⊛ 🍴 – 🍴

à They-sous-Montfort NE : 4 km par D 68 rte de Domjulien
✉ 88800 They-sous-Montfort :

Les Hierottes, ℰ 29 08 42 42, SO : 0,7 km par D 68 rte de Vittel
0,5 ha (35 empl.) ⚬━ plat et peu incliné, herbeux, pierreux, gravillons, étangs ⚓
⚲ (0,2 ha) – ⛺ ≗ ⏚ ⚖ ⊛ 🍴 ✗
mai-sept. – **R** juil.-20 août – 🕴 7 et 3 pour eau chaude 🚗 5 🅑 7 🇫 12 (16A)

VIVIERS

07220 Ardèche – 3 407 h.

⋀⋀ Rochecondrie-Loisirs, ℰ 75 52 74 66, NO : 1,5 km sur N 86 rte de Lyon, accès direct à l'Escoutay
1,5 ha (80 empl.) ⟜ plat, herbeux ♀ – ⚏ ⚏ 🖫 ⊕ 🏆 – 🏠 ⚒

VIZILLE

38220 Isère – 7 094 h.

⋀⋀ **Municipal du Bois de Cornage** ⚘ ≼, ℰ 76 68 12 39, sortie N vers N 85 rte de Grenoble et av. de Venaria à droite – interdit aux caravanes de 5 m et plus
2,3 ha (128 empl.) ⟜ peu incliné, en terrasses, herbeux ♀ – ⚏ ⚏ 🖫 ⊕
15 mai-sept. – **R** conseillée juil.-août – Tarif 92 : 🅴 1 pers. 22, 2 pers. 32, pers. suppl. 11 ⚡ 15 (6A) 20 (10A)

VOGÜÉ

07200 Ardèche – 631 h.

⋀⋀⋀ **Domaine du Cros d'Auzon** ⚘ « Site et cadre agréables », ℰ 75 37 75 86, Fax 75 37 01 02 ✉ 07200 St-Maurice-d'Ardèche, S : 2,5 km par D 579 et chemin à droite avant la station Elf, à Vogüé-Gare, bord de l'Ardèche
18 ha/3 campables (200 empl.) ⟜ plat, pierreux, sablonneux, herbeux ⊏⊐ ♀♀ – ⚏ ⚏ ⚏ ⚏ ⚏ ⚏ 🛒 🏆 ✗ ⚏ 🖧 – 🏠 salle de musculation ✂ ⚏ ⚏⚏ ⚒ ≈ poneys, parcours sportif, half-court, vélos – Location : ⌂ (hôtel)
juin-15 sept. – **R** indispensable – 🅴 piscine comprise 2 pers. 82, pers. suppl. 16 ⚡ 13 (4 à 6A)

⋀⋀⋀ **Les Peupliers** ⚘, ℰ 75 37 71 47, S : 2 km par D 579 et chemin à droite avant la station Elf, à Vogüé-Gare, bord de l'Ardèche
3 ha (100 empl.) ⟜ (saison) plat, herbeux, sablonneux, pierreux ♀♀ – ⚏ ⚏ ⚏ ⚏ 🖫 ⊕ ⚏ 🏆 – ⚒ ⚒ ⚒
Pâques-début sept. – **R** conseillée juil.-août – Tarif 92 : 🅴 piscine comprise 2 pers. 73, pers. suppl. 15 ⚡ 13 (4A)

⋀⋀⋀ **Les Roches** ⚘ « Cadre sauvage », ℰ 75 37 70 45, S : 1,5 km par D 579, à Vogüé-Gare, à 200 m de l'Auzon et de l'Ardèche
2,5 ha (120 empl.) ⟜ accidenté, plat, herbeux, rocheux ♀♀ – ⚏ ⚏ ⚏ 🖫 ⚏ ⊕ 🖧 – 🏠 ✂ ⚒ – A proximité : ≈
avril-sept. – **R** conseillée juil.-août – 🅴 piscine comprise 2 pers. 78, pers. suppl. 16 ⚡ 14 (6A)

⋀ **les Chênes Verts** « Cadre agréable », ℰ 75 37 71 54, SE : 1,7 km par D 103 rte de St-Germain – véhicule tracteur pour placer les caravanes
1 ha (42 empl.) ⟜ en terrasses, peu accidenté, pierreux, herbeux ♀♀ – ⚏ ⚏ ⊕ ⚏ – ⚒ vélos
avril-oct. – **R** conseillée juil.-août – 🅴 piscine comprise 2 pers. 62 ⚡ 9 (2A) 15 (8A)

VOIRON

38500 Isère – 18 686 h.
🄱 Office de Tourisme, 3 r. P.-Vial
ℰ 76 05 00 38

⋀⋀ Municipal la Porte de Chartreuse, ℰ 76 05 14 20, NO : 1,5 km par N 75 rte de Bourg-en-Bresse
1,5 ha (70 empl.) ⟜ plat et peu incliné, herbeux, gravier ♀ – ⚏ ⚏ ⚏ 🖫 ⊕ ⚏ ⚏ – 🏠 – A proximité : discothèque

VOLESVRES

71600 S.-et-L. – 536 h.

⋀ **Municipal les Eglantines,** au bourg, par rte de St-Léger-les-Paray
0,4 ha (21 empl.) plat, herbeux – ⚏ ⚏ ⚏ ⊕ – A proximité : ✂
10 avril-10 nov. – **R** – ⚏ 9 ⚏ 12 🅴 12 ⚡ 10 (4A)

VOLLORE-VILLE

63120 P.-de-D. – 697 h.

⋀ **Le Mont Bartoux** ⚘ ≼ chaîne des Dômes, ℰ 73 53 70 05, NE : 2 km par D 7 et D 7ᴱ rte de Vollore-Montagne – alt. 650
2 ha (66 empl.) ⟜ peu incliné à incliné, herbeux – ⚏ ⊕ 🏆 – 🏠 ⚒
15 mai-sept. – **R** conseillée – ⚏ 11 ⚏ 5 🅴 14 ⚡ 14 (15A)

VOLONNE

04290 Alpes-de-H.-Pr. – 1 387 h.
🄱 Syndicat d'Initiative, Mairie (saison)
ℰ 92 64 07 57

⋀⋀⋀ **L'Hippocampe** ≼ « Cadre agréable », ℰ 92 64 05 06, Fax 92 33 50 49, SE : 0,5 km par D 4, bord du lac
5 ha (260 empl.) ⟜ plat, herbeux ⊏⊐ ♀ – ⚏ ⚏ ⚏ ⚏ 🖫 ⚏ ⊕ ⚏ ⚏ ⚏ 🏆 self 🏠 🖧 – Discothèque ✂ ⚒ tir à l'arc – Location : 🚐 bungalows toilés
avril-sept. – **R** conseillée – Tarif 92 : 🅴 piscine comprise 2 pers. 96 (117 avec élect. (6A), 129 ou 144 avec plate-forme aménagée), pers. suppl. 15

VOLX

04130 Alpes-de-H.-Pr. – 2 516 h.

⋀⋀ **Municipal la Vandelle** ⚘, ℰ 92 79 35 85, à 1,3 km au SO du bourg
1 ha (50 empl.) ⟜ plat, peu incliné et terrasses, herbeux – ⚏ ⚏ ⊕ – ≈ (bassin)
fin juin-début sept. – **R** 15 juil.-15 août – ⚏ 13 ⚏ 5,50 🅴 14,50

VONNAS
01540 Ain – 2 381 h.

⛰ **Municipal** ⚲, ℰ 74 50 02 75, sortie O par D 96 rte de Biziat, bord de la Veyle
1,8 ha (70 empl.) plat, herbeux ⚲ – 🗑 ⇆ 🛁 ⊕ – A proximité : ✕ 🏊
avril-oct. – *Places limitées pour le passage* – **R** *conseillée* – *Tarif 92 :* ♣ 9 🗉 18
⒧ 11

VOREY
43800 H.-Loire – 1 315 h.

⛰ **les Moulettes,** ℰ 71 03 70 48, à l'Ouest du centre bourg, bord de l'Arzon
1 ha (40 empl.) ⊶ (saison) plat, herbeux ⛱ – 🗑 ⇆ 🛁 🖪 ⅙ ⊕ 🏖 ☂ – 🖭
✕ 🏊
mai-sept. – **R** *conseillée* – ♣ 12 🚗 8 🗉 12

VOUGLANS
39 Jura – ✉ 39260 Lect

⛰ **Les Cyprès** ⮜, sortie NO par D 299 rte de Chancia
1,4 ha (100 empl.) ⊶ (saison) peu incliné, plat, en terrasses, herbeux, pierreux
– 🗑 ⊕
avril-oct. – **R** *juil.-août* – ♣ 10 🗉 15 ⒧ 12 (5A)

VOUILLÉ
86190 Vienne – 2 574 h.

⛰ **Municipal,** au bourg, bord d'un ruisseau
0,5 ha (43 empl.) plat, herbeux ⚲ – 🗑 ⇆ 🛁 🖪 ⊕ – 🏊 – A proximité : ✕ tir à l'arc
juin-sept. – **R** *conseillée* – ♣ 8 🚗 5 🗉 5,50 ⒧ 10 (jusqu'à 16A)

VOUILLÉ-LES-MARAIS
85450 Vendée – 528 h.

⛰ **La Tublerie** ⚲, ℰ 51 52 54 97, Fax 51 52 58 77, E : 2,2 km par D 25 et chemin
à gauche, bord de 2 canaux
1,5 ha (32 empl.) plat, herbeux ⛱ – 🗑 ⇆ 🛁 🖪 ⅙ ⊕ parcours sportif – ✕ –
Au village vacances (adhésion obligatoire) ⍩ ✕ 🖪 🖭 ⍭ (bassin) – Location : 🏠
15 juin-15 sept. – **R** – 🗉 *élect. et tennis compris 1 pers. 20*

VUILLAFANS
25840 Doubs – 649 h.

⛰ **Municipal le Pré Bailly** ⮜, au bourg, rive gauche de la Loue
0,8 ha (50 empl.) plat et terrasse, herbeux, gravier – 🗑 🛁 🏛 ⊕ – ✕ – Location :
gîte d'étape
mars-sept. – **R** *conseillée juil.-août* – 🗉 *2 pers. 24,50, pers. suppl. 8,50* ⒧ 9 à
26 (4 à 16A)

WARHEM
59380 Nord – 1 916 h.

⛰ La Becque ⚲, ℰ 28 62 00 40, E : 0,8 km et chemin à gauche
1 ha (87 empl.) ⊶ plat, herbeux ⛱ – 🗑 ⊕ – 🖭 ☂
Permanent – **R**

WARLINCOURT-LÈS-PAS
62760 P.-de-C. – 136 h.

⛰ La Kilienne ⚲, ℰ 21 48 21 74, au bourg, sur D 25E, bord de rivière
7 ha (240 empl.) ⊶ plat et en terrasses, herbeux ⛱ – 🗑 ⇆ 🛁 ⊕ 🏖 ⍩ ⍨ 🖪
– 🗑
avril-oct. – *Places limitées pour le passage* – **R** *conseillée* – 🗉 *élect. (4A) comprise
2 pers. 60, pers. suppl. 10*

WASSELONNE
67310 B.-Rhin – 4 916 h.
🛈 Office de Tourisme, pl. du Général-
Leclerc (15 juin-15 sept.)
ℰ 88 87 17 22 et Mairie (hors saison)
ℰ 88 87 03 28

⛰ **Municipal** ⮜, ℰ 88 87 00 08, O : 1 km par D 224 rte de Wangenbourg
1,5 ha (100 empl.) ⊶ en terrasses, herbeux ⛱ ⚲ – 🗑 ⇆ 🛁 🖪 ⊕ 🗒 – 🏖
🏊 (découverte l'été) – A proximité : ✕
avril-oct. – **R** *conseillée juil.-août* – ♣ *12,90 piscine comprise* 🗉 *7,20* ⒧ *8,60 (4A)*

WATTEN
59143 Nord – 3 030 h.

⛰ **Le Val Joly,** ℰ 21 88 23 26, à l'ouest du bourg, près de l'Aa
2,4 ha (68 empl.) ⊶ plat, herbeux ⛱ – (🗑 saison) 🖪 ⊕
avril-oct. – *Places disponibles pour le passage* – **R** – ♣ *12,50* 🗉 *12,50* ⒧ *9,80 (3A)*

WATTWILLER
68700 H.-Rhin – 1 506 h.

⛰ **Les Sources** ⚲, ℰ 89 75 44 94, Fax 89 75 71 98, O : 1,7 km par D 5 III, vers
la rte des Crêtes
12 ha (250 empl.) ⊶ (saison) en terrasses, pierreux, gravillons ⛱ ⚶ – 🗑 ⊕
🛁 🖪 ⅙ ⊕ 🏖 ⍨ ⍭ ✕ ⌸ – 🖭 ✕ ⍫ ⍖ 🏊 ⍩ et poneys (centre équestre)
– Location : 🚐 🚍
avril-oct. – **R** *conseillée juil.-août* – *Tarif 92 :* ♣ *19 piscine comprise* 🚗 *10* 🗉
20 ⒧ *16 (5A)*

WIHR-AU-VAL

68230 H.-Hrin – 1 089 h.

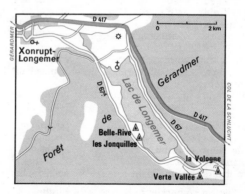

⚠ **La Route Verte** ≤, ☎ 89 71 10 10, 13 r. de la Gare
0.8 ha (40 empl.) ⟶ peu incliné, herbeux ⬤ – 🗓 📺 ⊕ – 🚐 🛥
15 avril-sept. – **R** – 🛉 *10* 🔲 *8* ⚡ *8 (2A) 16 (4A) 20 (6A)*

WILLER-SUR-THUR

68760 H.-Hrin – 1 947 h.

⚠ **Le Long Pré** ⤳, ☎ 89 82 32 96, NE : 1 km par D 13BVI rte du Grand Ballon, bord d'un ruisseau
1 ha (50 empl.) ⟶ peu incliné, herbeux ⬤⬤ – 🗓 ⬥ ⩘ 📺 ⊕
mai-sept. – *Places disponibles pour le passage* – **R** – 🛉 *12* 🚗 *7* 🔲 *7/9* ⚡ *16 (6A) 22 (10A)*

WILLIES

59740 Nord – 128 h.

⚠ **Départemental du Val Joly** ⤳ « Site agréable », ☎ 27 61 83 76, E : 1,5 km par D 133 rte d'Eppe-Sauvage, à 300 m du lac
9 ha (250 empl.) ⟶ plat et peu incliné, herbeux – 🗓 ⬥ ⩘ 📺 ⊕ 🔲 – 🚐 🛥
– A proximité : 🛖 ◊
23 mars-10 oct. – **R** – 🔲 *élect. comprise 1 pers. 34, pers. suppl. 12*

XONRUPT-LONGEMER

88400 Vosges – 1 415 h. alt. 780 – ⤳

⚠ **Verte Vallée** ✣ ≤, ☎ 29 63 21 77, SE : 4 km, bord de la Vologne
3 ha (90 empl.) ⟶ plat, herbeux – 🗓 ⬥ ⩘ ⬥ 📺 ⊕ 🔲 – 🚐 🛥 – Location : gîte d'étape
Permanent – **R** *conseillée hiver* – **R** *été* – 🛉 *10 (hiver 10,50)* 🚗 *4,80 (hiver 5)* 🔲 *6,20 (hiver 6,50)* ⚡ *9,50 (2A) 16 (4A) 40 (6A)*

⚠ **Les Jonquilles** ≤ lac et montagnes boisées, ☎ 29 63 34 01, SE : 2,5 km, bord du lac
3 ha (220 empl.) ⟶ peu incliné, herbeux – 🗓 ⬥ ⩘ ⊕ 🚰 🍴 🛒 ⬤
avril-15 oct. – **R** *conseillée 1er juil.-15 août* – *Tarif 92 :* 🔲 *2 pers. 41, pers. suppl. 10* ⚡ *13 (5A) 18 (6A)*

⚠ **La Vologne** ≤, ☎ 29 63 06 57 (juil.-août), SE : 4,5 km, bord de la Vologne
2,5 ha (70 empl.) ⟶ (saison) plat, herbeux – 🗓 🔲 – 🚐 🛥
15 mai-15 sept. – **R** – 🛉 *10* 🚗 *5* 🔲 *5* ⚡ *10 (2A) 14 (4A) 20 (6A)*

⚠ **Belle-Rive** ≤ lac et montagnes boisées, ☎ 29 63 31 12, SE : 2,5 km, bord du lac
1,5 ha (66 empl.) ⟶ plat et incliné, herbeux – 🗓 ⊕ – 🚐 🛥 – A proximité : 🚰 🛥
15 mai-15 sept. – **R** – *Tarif 92 :* 🛉 *8* 🚗 *4* 🔲 *4* ⚡ *6 (1A) 8 (2A) 10 (3A)*

YPORT

76111 S.-Mar. – 1 141 h.

⚠ **Municipal la Chênaie,** ☎ 35 27 33 56, sortie SE sur D 104, rte d'Épreville
1,3 ha (65 empl.) ⟶ plat et accidenté, herbeux ⬤⬤ (0,5 ha) – 🗓 ⬥ 📺 ⊕ – 🚐
– A proximité : 🏌
mars-1er nov. – **R** – 🛉 *6,90* 🚗 *3,25* 🔲 *3,35* ⚡ *7,45 (4A) et 1,95 par amp. suppl.*

YZEURES-SUR-CREUSE

37290 I.-et-L. – 1 747 h.

⚠ **Municipal Bords de Creuse** ⤳, ☎ 47 94 48 32, sortie S par D 104 rte de Vicq-sur-Gartempe, près de la Creuse
1,7 ha (130 empl.) plat et peu incliné, herbeux – 🗓 ⬥ ⩘ ⬥ ⊕ – A proximité :
🚰 🛥
15 juin-15 sept. – **R** – 🛉 *7 piscine comprise* 🔲 *7* ⚡ *12*

Lexique

Lexicon – Lexikon – Woordenlijst

accès difficile	difficult approach	schwierige Zufahrt	moeilijke toegang
accès direct à	direct access to...	Zufahrt zu ...	rechtstreekse toegang tot...
accidenté	uneven, hilly	uneben	heuvelachtig
adhésion	membership	Beitritt	lidmaatschap
août	August	August	augustus
après	after	nach	na
Ascension	Ascension Day	Himmelfahrt	Hemelvaartsdag
assurance obligatoire	insurance cover compulsory	Versicherungspflicht	verzekering verplicht
automne	autumn	Herbst	herfst
avant	before	vor	voor
avenue (av.)	avenue	Avenue	laan
avril	April	April	april
baie	bay	Bucht	baai
bois, boisé	wood, wooded	Wald, bewaldet	bebost
bord de...	shore	Ufer, Rand	aan de oever van...
boulevard (bd)	boulevard	Boulevard	boulevard
au bourg	in the town	im Ort	in het dorp
«Cadre agréable»	pleasant setting	angenehme Umgebung	aangename omgeving
«Cadre sauvage»	wild setting	ursprüngliche Umgebung	woeste omgeving
carrefour	crossroads	Kreuzung	kruispunt
château	castle	Schloß, Burg	kasteel
chemin	path	Weg	weg
conseillé	advisable	empfohlen	aanbevolen
cotisation obligatoire	membership charge obligatory	ein Mitgliedsbeitrag wird verlangt	verplichte bijdrage
en cours d'aménagement, de transformations	work in progress, rebuilding	wird angelegt, wird umgebaut	in aanbouw, wordt verbouwd
crêperie	pancake restaurant, stall	Pfannkuchen-Restaurant	pannekoekenhuis
décembre (déc.)	December	Dezember	december
«Décoration florale»	floral decoration	Blumenschmuck	bloemversiering
derrière	behind	hinter	achter
discothèque	disco	Diskothek	discotheek
à droite	to the right	nach rechts	naar rechts
église	church	Kirche	kerk
électricité (élect.)	electricity	Elektrizität	elektriciteit
entrée	way in, entrance	Eingang	ingang
«Entrée fleurie»	flowered entrance	blumengeschmückter Eingang	door bloemen omgeven ingang
étang	pond, pool	Teich	vijver
été	summer	Sommer	zomer
exclusivement	exclusively	ausschließlich	uitsluitend
falaise	cliff	Steilküste	steile kust
famille	family	Familie	gezin
fermé	closed	geschlossen	gesloten
février (fév.)	February	Februar	februari
forêt	forest, wood	Wald	bos

garage	parking facilities	üderdachter Abstellplatz	parkeergelegenheid
garderie (d'enfants)	children's crèche	Kindergarten	kinderdagverblijf
gare (S.N.C.F.)	railway station	Bahnhof	station
à gauche	to the left	nach links	naar links
gorges	gorges	Schlucht	bergengten
goudronné	surfaced road	geteert	geasfalteerd
gratuit	free, no charge made	kostenlos	kosteloos
gravier	gravel	Kies	grint
gravillons	fine gravel	Rollsplitt	steenslag
herbeux	grassy	mit Gras bewachsen	grasland
hiver	winter	Winter	winter
hors saison	out of season	Vor- und Nachsaison	buiten het seizoen
île	island	Insel	eiland
incliné	sloping	abfallend	hellend
indispensable	essential	unbedingt erforderlich	noodzakelijk, onmisbaar
intersection	crossroads	Kreuzung	kruispunt
janvier (janv.)	January	Januar	januari
juillet (juil.)	July	Juli	juli
juin	June	Juni	juni
lac	lake	(Binnen) See	meer
lande	heath	Heide	hei
licence obligatoire	camping licence or international camping carnet	Lizenz wird verlangt	vergunning verplicht
lieu-dit	spot, site	Flurname, Weiler	oord
location annuelle, longue durée	long-term booking (weekend and residential site)	Jahresmiete, lang- fristige Miete	jaarverhuur, lange termijn verhuur
mai	May	Mai	mei
mairie	town hall	Bürgermeisteramt	stadhuis
mars	March	März	maart
matin	morning	Morgen	morgen
mer	sea	Meer	zee
mineurs non accom- pagnés non admis	people under 18 must be accompanied by an adult	Minderjährige ohne Begleitung werden nicht zugelassen	minderjarigen zonder geleide niet toegelaten
montagne	mountain	Gebirge	gebergte
Noël	Christmas	Weihnachten	Kerstmis
non clos	open site	nicht eingefriedet	niet omheind
novembre (nov.)	November	November	november
océan	ocean	Ozean	oceaan
octobre (oct.)	October	Oktober	oktober
ouverture prévue	opening scheduled	Eröffnung vorgesehen	vermoedelijke opening
Pâques	Easter	Ostern	Pasen
parcours de santé	fitness trail	Fitneßparcours	trimbaan
passage non admis	no touring pitches	kein kurzer Aufenthalt	niet toegankelijk voor kampeerders op doorreis
pente	slope	Steigung, Gefälle	helling
Pentecôte	Whitsun	Pfingsten	Pinksteren
personne (pers.)	person	Person	persoon
pierreux	stony	steinig	steenachtig
pinède	pine grove	Kiefernwäldchen	dennenbos
place (pl.)	square	Platz	plein
places disponibles pour le passage	touring pitches available	Plätze für kurzen Aufenthalt vorhanden	plaatsen beschik- baar voor kam- peerders op doorreis

places limitées pour le passage	limited number of touring pitches	Plätze für kurzen Aufenthalt in begrenzter Zahl vorhanden	beperkt aantal plaatsen voor kampeerders op doorreis
plage	beach	Strand	strand
plan d'eau	stretch of water	Wasserfläche	watervlakte
plat	flat	eben	vlak
plate-forme aménagée	caravan bay equipped with electricity, water and drainage	Plattform mit Strom-, Wasser- und Abwasseranschluß	staanplaats met elektriciteit, watertoe- en afvoer
poneys	ponies	Ponys	pony's
pont	bridge	Brücke	brug
port	port, harbour	Hafen	haven
prairie	grassland	Wiese	weide
près de...	near	nahe bei ...	bij...
presqu'île	peninsula	Halbinsel	schiereiland
prévu	projected	geplant	verwacht, gepland
printemps	spring	Frühjahr	voorjaar
en priorité	giving priority to...	mit Vorrang	voorrangs...
à proximité	nearby	in der Nähe von	in de nabijheid
quartier	(town) quarter	Stadtteil	wijk
Rameaux	Palm Sunday	Palmsonntag	Palmzondag
réservé	reserved	reserviert	gereserveerd
rive droite, gauche	right, left bank	rechtes, linkes Ufer	rechter, linker oever
rivière	river	Fluß	rivier
rocailleux	stony	steinig	vol kleine steentjes
rocheux	rocky	felsig	rotsachtig
route (rte)	road	Landstraße	weg
rue (r.)	street	Straße	straat
ruisseau	stream	Bach	beek
sablonneux	sandy	sandig	zanderig
saison	(tourist) season	Reisesaison	seizoen
avec sanitaires individuels	with individual sanitary arrangements	mit sanitären Anlagen für jeden Standplatz	met eigen sanitair
schéma	local map	Kartenskizze	schema
semaine	week	Woche	week
septembre (sept.)	September	September	september
site	site	Lage	landschap
situation	situation	Lage	ligging
sortie	way out, exit	Ausgang	uitgang
sous-bois	underwood	Unterholz	geboomte
à la station	at the filling station	an der Tankstelle	bij het benzinestation
supplémentaire (suppl.)	additional	zuzüglich	extra
en terrasses	terraced	in Terrassen	terrasvormig
tir à l'arc	archery	Bogenschießen	boogschieten
toboggan aquatique	water slide	Rutschbahn in Wasser	waterglijbaan
torrent	torrent	Wildbach	bergstroom
Toussaint	All Saints' Day	Allerheiligen	Allerheiligen
tout compris	everything included	alles inbegriffen	alles inbegrepen
vacances scolaires (vac. scol.)	school holidays	Ferientermine	schoolvakanties
vallonné	undulating	hügelig	heuvelachtig
vélos	bicycles	Fahrräder	fietsen
verger	orchard	Obstgarten	boomgaard
vers	in the direction of	nach (Richtung)	naar (richting)
voir	see	sehen, siehe	zien, zie

Notes

MANUFACTURE FRANÇAISE DES PNEUMATIQUES MICHELIN

Société en commandite par actions au capital de 2 000 000 000 de francs.

Place des Carmes-Déchaux – 63 Clermont-Ferrand (France)

R.C.S. Clermont-Fd B 855 200 507

© MICHELIN et Cie, propriétaires-éditeurs ; 1993

Dépôt légal : 2-93 – ISBN 2-06-006139-3

Printed in France – 1-93-160

Photocomposition et impression : MAURY Imprimeur S.A., Malesherbes

Brochage : S.I.R.C., Marigny-le-Chatel

Populations : INSEE – 32e recensement général de la population (1990)

CARTES DÉTAILLÉES

1/200 000

La France en 40 cartes

CARTES RÉGIONALES

1/200 000

La France en 17 cartes